FUDAN UNIVERSITY ALMANAC · 2015

复旦大学年鉴 2015

复旦大学年鉴编纂委员会

10月24日,中组部宣布任命许宁生为复旦大学校长,杨玉良不再担任复旦大学校长职务。

11月18日,根据教育部办公厅印发的《中华人民共和国教育部高等学校章程核准书》(第36号),正式发布《复旦大学章程》。

3月31日,召开中央第十二巡视组巡视复旦大学工作动员会。

2月20日,复旦大学与中国商用飞机有限责任公司签署战略合作框架协议。

2月24日,厦门市人民政府、复旦大学、厦门大学在沪签署"两校一市"深化战略合作协议。

5月9日,复旦大学与福州市人民政府签订全面合作协议。

7月17日，复旦大学与贵州省人民政府在贵阳市签订战略合作协议。

7月25日，复旦大学与山东省人民政府签署战略合作协议。

12月9日,复旦大学与中国日报社签署战略合作协议。

3月21日,上海市肝病研究所在复旦大学附属中山医院挂牌成立。

4月10日,成立"复旦大学老年医学研究中心"。

4月16日,成立"复旦大学儿科医疗联合体"。

4月17日，成立"复旦大学生殖与发育研究院"。

5月20日，全国护理领域首家区域性循证护理中心——"上海市循证护理中心"挂牌成立。

6月7日，成立"中国金融消费权益保护研究中心"。

6月7日，复旦大学医学形态学平台"两馆一中心"（人体科学馆、病理标本博物馆、临床解剖中心）落成。

11月8日,成立"复旦大学城市发展研究院"。

11月30日,成立"复旦大学中华古籍保护研究院"暨"国家古籍保护人才培训基地"。

6月6日,复旦大学附属妇产科医院举行130周年院庆活动。

10月18日,"复旦大学光源与照明工程系建系30周年系庆暨先进照明技术趋势发展论坛"在复旦大学逸夫科技楼报告厅召开。复旦大学校友会照明同学会在大会上正式揭牌,成为复旦大学第一个正式揭牌的行业分会。

10月25日，复旦大学举行法科教育设立百年纪念会。会上，复旦大学与上海市高级人民法院正式签署战略合作协议。

11月16日，复旦大学附属公共卫生临床中心百年华诞庆典暨中山医院南院揭牌仪式举行，公共卫生医疗中心正式成为复旦大学附属中山医院南院。

1月7日,解放日报报业集团原党委书记、社长尹明华受聘新闻学院新一任院长。

3月20日,图书馆馆长换届,历史地理研究所教授葛剑雄不再担任馆长职务,中文系教授陈思和任图书馆馆长。

4月18—27日,召开六届教师代表大会暨十七届工会代表大会第二次会议。与会代表投票表决,原则通过《复旦大学教职工代表大会实施细则》(修订草案)、《复旦大学工会章程》(草案)。

复旦大学牵头承担的《我国临床医学教育综合改革的探索和创新》("5+3"医学人才培养模式)获得第七届高等教育国家级教学成果特等奖。

4月1日，复旦大学登陆全球MOOCs平台的首门课程《大数据与信息传播》在Coursera平台上线。

复旦大学生命科学学院青年教师吴燕华获得全国第二届青年教师教学竞赛一等奖，上海市"五一"劳动奖章。

9月,数学学院教授陈纪修获评"全国模范教师"。

11月26日,中国科学院院士、复旦大学化学系教授赵东元获宝钢优秀教师特等奖。

10月31日—11月3日,复旦大学生命科学学院iGEM团队获得国际遗传工程设计竞赛世界锦标赛金奖。

12月13日,计算机科学技术学院"睿齐团队"(队员:屠仁龙、杨悦、周传杰)提交的作品获得2014年全国高校移动互联网应用开发创新大赛全国一等奖。

12月2日,"航天英雄"杨利伟将军应邀到校,为《军事理论》共享课程作题为"勇于担当 共筑梦想"的跨校直播互动课。

4月1日，2013年度上海市科学技术奖励大会在上海展览中心举行。复旦大学获奖21项，其中一等奖3项，二等奖12项，三等奖6项。图为一等奖获得者：物理系封东来（上图右）、附属华山医院耿道颖（中图）、附属眼耳鼻喉科医院孙兴怀（下图中）。

3月26日,复旦大学化学系侯军利获2013年度中国化学会青年化学奖。

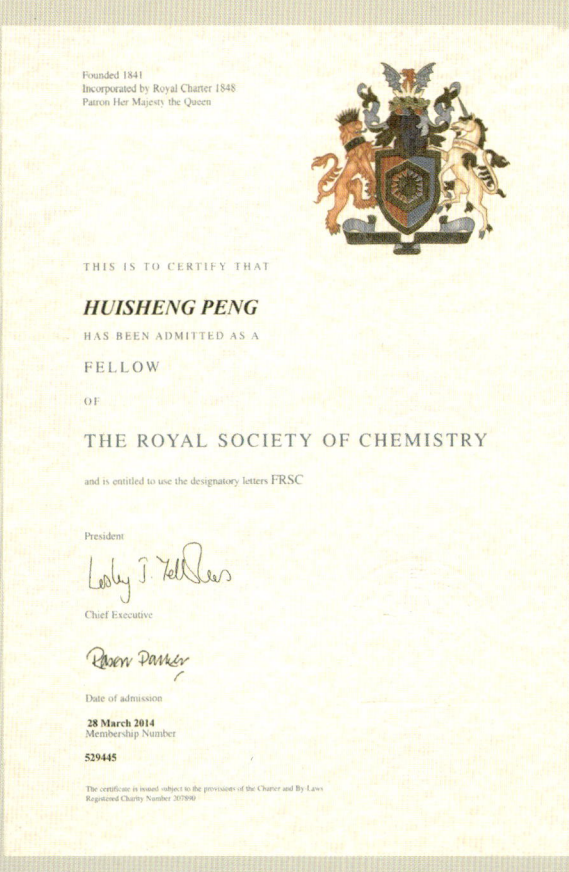

5月15日,复旦大学高分子科学系教授彭慧胜当选为英国皇家化学学会会士(FRSC)。

9月15日，国际工业与应用数学联合会（ICIAM）网站公布中科院院士、数学学院教授李大潜获得第三届ICIAM苏步青奖（ICIAM Su Buchin Prize）。

10月3日，复旦大学文史研究院前院长葛兆光教授凭借《中国再考——その領域・民族・文化》（《中国再考——领域・民族・文化》）一书，获得第26届亚洲・太平洋奖的最高奖。

10月29日，何梁何利基金2014年度颁奖大会在北京举行，复旦大学数学科学学院陈恕行院士获颁何梁何利"科学与技术进步奖"。

11月6日，上海市社会科学界第十二届学术年会暨第十届邓小平理论研究和宣传成果、第十二届哲学社会科学优秀成果奖颁奖典礼在上海展览中心举行。复旦大学共获奖96项，其中一等奖26项。哲学系教授陈学明获本届邓小平理论研究和宣传优秀成果一等奖，经济学院教授伍柏麟（右）、外国语言文学学院教授陆谷孙（左）获哲学社会科学优秀成果学术贡献奖。

8月30日，复旦大学附属儿科医院教授黄国英课题组发现一种在新生儿出生后24至72小时内采用"心脏听诊和经皮血氧饱和度测试"的简易方法，两三分钟内就可对新生儿先天性心脏病进行筛查，对早期识别和诊断先心病具有重要意义。该成果刊登于国际顶尖学术期刊《柳叶刀》（*The Lancet*）。

8月31日，复旦大学生命科学学院教授钟涛研究团队，在心脏发育和细胞纤毛生物学领域取得突破性进展。研究发现，前列腺素信号通路能够调控细胞纤毛生长和心脏左右不对称发育。最新成果在国际著名细胞生物学杂志《自然·细胞生物学》（*Nature Cell Biology*）上在线发表。

8月31日,复旦大学物理系教授吴施伟、刘韡韬课题组,与龚新高教授的计算组合作,由博士研究生江涛、刘珩睿等通过"折纸"方式,研究与天然结构截然不同的二硫化钼双层材料,并通过样品实现对二硫化钼能带结构、能谷、自旋电子态的操控。该项研究工作(Valley and band structure engineering of folded MoS2 bilayers)在《自然·纳米技术》(*Nature Nanotechnology*)上在线发表。

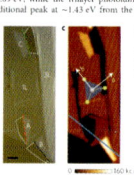

11月18日,先进材料实验室郑耿锋教授课题组论文"Reduced Mesoporous Co₃O₄ Nanowires as Efficient Water Oxidation Electrocatalysts and Supercapacitor Electrodes",在《先进能源材料》(*Advanced Energy Materials*)期刊上发表,并被选为该期杂志的封面。该论文第一作者为先进材料实验室2012级硕士研究生王永成。

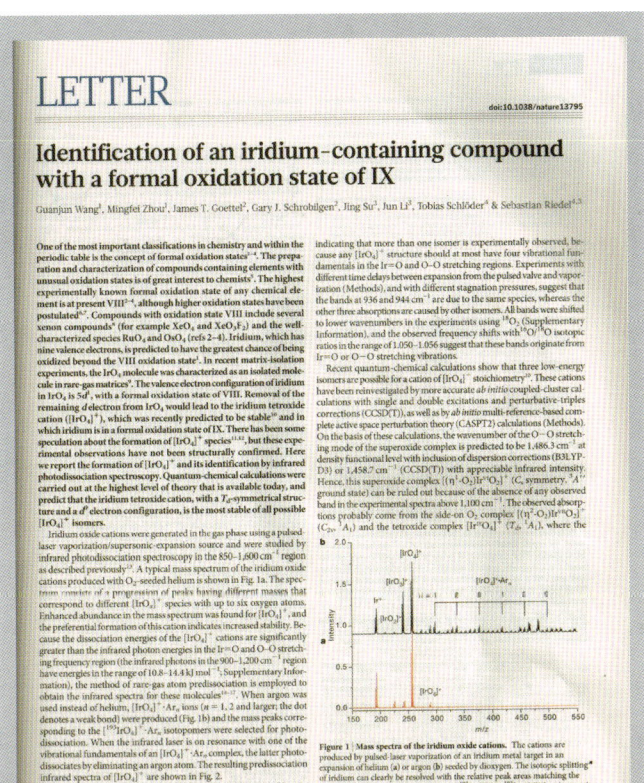

12月26日,《化学化工新闻》(Chemical & Engineering News,简称C&EN)杂志发布2014年十大化学研究成果,复旦大学化学系教授周鸣飞科研团队关于过渡金属高氧化价态研究成果入选。相关论文曾发表在《自然》(Nature)上。

8月29日,召开"《美国哈佛大学图书馆藏未刊中国旧海关史料(1860—1949)》新书发布暨旧海关出版物与近代中国研究报告会"。

11月8日,《长沙马王堆汉墓简帛集成》出版座谈会在逸夫科技楼举行,座谈会由校出土文献与古文字研究中心主办。

12月6—7日,首届"中国大学智库论坛"年会在上海举行。主题是"建设法治中国,推进国家治理体系和治理能力现代化"。

12月29日,复旦大学社会科学数据平台正式上线仪式在上海举行。

5月17日,著名大气科学家、芬兰赫尔辛基大学教授Markku Kulmala受聘为复旦大学荣誉教授。

6月30日,"复旦特聘教授授聘仪式暨学术报告会"在邯郸校区逸夫科技楼多功能厅举行,美国科学院院士、加州大学伯克利分校教授沈元壤受聘为复旦大学特聘教授。

3月24日,美国历史学家、耶鲁大学荣誉教授史景迁在光华楼作题为"在西方书写中国历史"的讲座。

5月15日,"纪念中法建交50周年"官方系列活动之一——复旦大学法国研究中心成立仪式暨第一届复旦中法论坛在复旦大学举行。

5月20日,巴基斯坦总统马姆努恩·侯赛因到访。

5月22日,联合国秘书长潘基文到访,发表题为"我们想要一个什么样的世界——以联合国和普通公民的视角"的演讲。

5月24—26日,上海论坛2014年年会举行,来自40个国家和地区的700余名政商学界人士参与。图为2013年诺贝尔经济学奖获得者、耶鲁大学经济学斯特林讲座教授席勒(Robert Shiller)在上海论坛上演讲。

9月9日,美国前总统吉米·卡特携夫人罗斯琳·卡特和美国卡特中心人员一行到访。复旦大学美国研究中心与美国卡特中心正式签署合作备忘录,双方将围绕"中美新型大国关系"开展合作研究。

9月30日,美国纽约西奈山医院肝病科主任、复旦大学美国籍顾问教授思考特·劳伦斯·福瑞德曼(Scott Laurence Friedman)获颁2014年中国政府友谊奖。

11月4日,复旦大学校长许宁生会见德国法兰克福校长穆勒·埃斯特尔(Muller Esterl)。

11月12日,《21世纪资本论》作者、巴黎经济学院经济学教授托马斯·皮凯蒂作题为"财富与收入分配"的报告。

12月12日,爱尔兰总统迈克尔·希金斯(President Michael D. Higgins)偕夫人一行到访。

11月14日,复旦大学第五届董事会第四次会议在枫林校区治道楼召开,来自国内外二十多位校董及校董代表出席会议。

11月14日,感恩之夜——复旦大学教育发展基金会十周年庆活动在上海东方艺术中心举行。

11月20日,校长许宁生与美国唐仲英基金会执行董事徐小春共同签署复旦大学唐仲英科研院"PM2.5"研究项目捐赠协议。根据协议,美国唐仲英基金会捐资1000万元人民币支持复旦大学的"PM2.5"研究。

11月29日,2014年复旦管理学奖励基金会颁奖典礼在中国科学院大学礼堂举行。

3月26日,复旦大学先进材料实验室2012级博士研究生仰志斌获"2013上海大学生年度人物"称号。

5月25日,复旦大学第四十三次学生代表大会在逸夫科技楼举行。大会对学生委员会提交的《复旦大学学生会章程(草案)》提出修正案,并表决通过。

9月9日,举办2014中美青年高峰论坛,主题为"青年桥梁:学习,体验和联系"(Youth as Bridge: Learning, Experience and Connection)。

11月12日,复旦大学艺术教育中心复旦剧社的原创军旅题材话剧《天之骄子》获中国校园戏剧奖金奖,复旦大学获优秀组织奖。

2月22日,复旦大学附属医院6名医生启程赴疆,将在喀什地区第二人民医院开展为期3年的援疆工作。

6月1日,复旦大学附属儿科医院厦门分院——厦门市儿童医院开业。

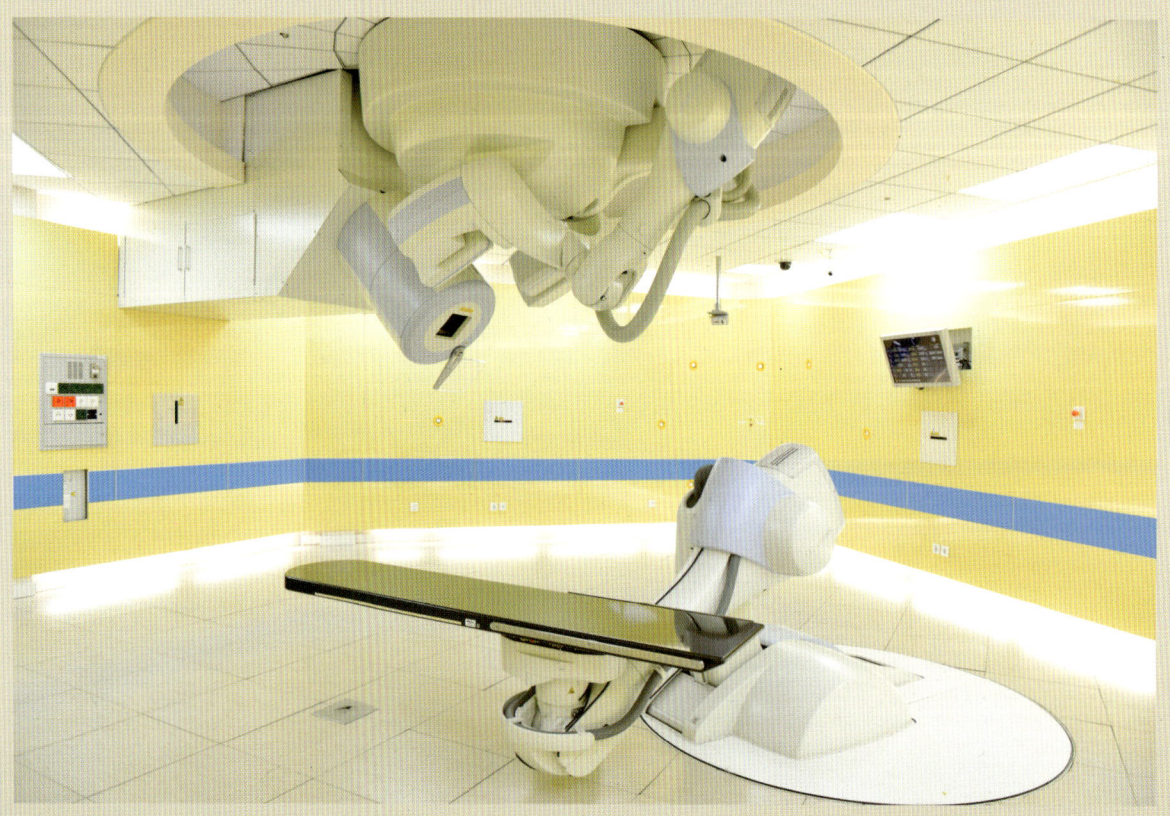

6月14日,复旦大学附属肿瘤医院质子重离子中心(上海市质子重离子医院)专业团队运用重离子(碳离子)放射治疗技术正式进入临床阶段。

11月2日上午,上海市第五人民医院在闵行体育馆举办百名专家大型医疗咨询活动,以医疗咨询活动的形式迎接建院110周年、成为复旦大学附属医院10周年。

11月3日,复旦大学校党委书记朱之文、副校长桂永浩等会见即将赴西非塞拉利昂抗击埃博拉疫情的复旦大学附属公共卫生临床中心教授、传染病专家卢洪洲。

1月10日，中国共产党党员，我国著名医学教育家、胸心外科专家，新中国胸心外科奠基人之一，原上海第一医学院院长，复旦大学上海医学院教授、上海市心血管病研究所原所长石美鑫，因病逝世，享年96岁。

2月5日，著名经济学家，中国世界经济学会原副会长，复旦大学经济学院原院长、教授洪文达在上海病逝，享年91岁。

2月8日,复旦大学中文系教授、复旦大学中国语言文学研究所原所长王运熙逝世,享年88岁。

10月31日,复旦大学哲学学院教授俞吾金因病逝世,享年66岁。

复旦大学年鉴编纂委员会

主　　任：许宁生　朱之文
副 主 任：陈晓漫　陈立民　袁正宏　刘承功　尹冬梅　蔡达峰
　　　　　桂永浩　许　征　金　力　冯晓源　陆　昉　林尚立
委　　员：（按姓氏笔画排序）
　　　　　丁光宏　王德耀　包江波　许　平　李粤江　陈玉刚
　　　　　苟燕楠　周立志　周亚明　周　虎　钟　扬　钱　飚
　　　　　徐　雷　殷南根　萧思健
主　　编：周立志
副 主 编：罗英华　艾　竹　岳娟娟
编辑部主任：甄炜旎
编　　辑：（按姓氏笔画排序）
　　　　　王安华　季穗穗　赵　昕　奕丽萍　贾英男
责任编辑：胡春丽
摄　　影：刘　畅等

凡 例

一、《复旦大学年鉴》是全面记载复旦大学年度工作和发展成就的资料工具书,由《复旦大学年鉴》编纂委员会主持编纂,复旦大学各部(处)、各院系等有关单位供稿,复旦大学出版社出版。

二、本年鉴以马列主义、毛泽东思想、邓小平理论和"三个代表"重要思想为指导,落实科学发展观,贯彻科教兴国主战略,真实、客观、全面、准确地记载复旦大学的年度历史进程和重大事项。

三、本年鉴收编事项起自2014年1月,迄于2014年12月。为方便查检并求得内容的完整,部分内容在时间上略有延伸。

四、本年鉴在卷首设专文、学校综述。其后共分13个栏目记录学校2014年度工作,采用栏目—分目—子目—条目四级结构层次。卷末有复旦大学文件、人物、表彰与奖励、大事记、统计数据和索引。

五、本年鉴各分目之首设"概况"条目,集中记述各单位、各领域的总体情况,便于各年度间的延续和相互比较。各单位以概况、条目、附录顺序编写。

六、本年鉴"人物"栏目,主要包括"教授名录"和"逝世人员名录"等分目。"教授名录"以所在单位为序排列,"逝世人员名录"收录正高级职务(含离休)逝世人员,以逝世先后为序排列。

七、"表彰与奖励"栏目刊录获局级以上(含局级)表彰与奖励的集体和个人名单。

八、本年鉴所刊内容由复旦大学各单位确定专人负责提供,并经本单位领导审定。

九、本年鉴有关全校的综合统计数据,由复旦大学办公室提供;各职能部门统计数据由各部处提供、审定。统计数据截止日:按学年统计者,截至2014年9月30日;按自然年统计者,截至2014年12月31日,具体见统计表下注释。有少数数据,由于统计口径不一致,数值也不尽相同。

十、本年鉴的索引,主要采用主题分析索引的方法,按主题词首字汉语拼音字母顺序排列。同时,附表亦有辅助索引。索引使用方法,详见索引说明。

目　录

·特　载· ············· 1
中共复旦大学委员会关于巡视整改情况的通报 ············· 1
复旦大学关于推进校院两级管理体制改革的若干意见 ············· 6
复旦大学章程 ············· 9

·专　文· ············· 14
复旦大学 2014 年院士迎春团拜会致辞(杨玉良) ············· 14
在 2014 年加强党风廉政建设干部大会上的讲话(朱之文) ············· 14
在复旦大学六届二次教代会上的讲话(朱之文) ············· 18
在机关作风建设大会上的讲话(朱之文) ············· 20
中国一流大学的文化自觉与文化担当(杨玉良) ············· 24
心目中的阳光少年(杨玉良) ············· 26
在复旦大学纪念中国共产党成立 93 周年暨基层党组织建设座谈会上的讲话(朱之文) ············· 26
在部署中央巡视组专项巡视整改工作专题会议上的讲话(朱之文) ············· 29
在复旦师生纪念邓小平同志诞辰 110 周年座谈会上的讲话(朱之文) ············· 33
在校党委十四届五次全体(扩大)会议开幕会上的讲话(朱之文) ············· 36
科学是无止境的前沿(杨玉良) ············· 42
在就任复旦大学校长时的讲话(许宁生) ············· 43

·学校综述· ············· 44
概况 ············· 44
2014 年发展综述 ············· 44
【概况】 ············· 44
【中央专项巡视整改工作】 ············· 47
【学生多次获奖】 ············· 47
【获国家科技进步奖 2 项】 ············· 47
【新增 973 计划和重大科学研究计划项目 6 项】 ············· 47
【获国家杰出青年科学基金项目 7 项】 ············· 47
【多篇论文在国际顶级学术刊物发表】 ············· 48
【开展校地、校企合作】 ············· 48
【首推《大数据与信息传播》上线 MOOCs 平台】 ············· 48
【成立复旦大学法国研究中心】 ············· 48
【多位外国政要到访】 ············· 48
【举办卢鹤绂院士百年诞辰纪念大会】 ············· 48
【举办复旦大学附属妇产科医院建院 130 周年院庆】 ············· 48
【1 项成果获第七届高等教育国家级教学成果特等奖】 ············· 48
【许宁生任校长】 ············· 49
【举办法科教育设立百年纪念活动】 ············· 49
【发布《复旦大学章程》】 ············· 49
【举行复旦大学"中华古籍保护研究院"暨国家古籍保护人才培训基地揭牌仪式】 ············· 49
【杨利伟到校授课】 ············· 49
【举办首届"中国大学智库论坛"】 ············· 49
【社会科学数据平台上线】 ············· 49
学校领导班子成员及组织、机构负责人 ············· 49
复旦大学党委领导成员 ············· 49
复旦大学行政领导成员 ············· 49
中共复旦大学第十四届委员会委员 ············· 49
中共复旦大学第十四届纪律检查委员会委员 ············· 49
复旦大学校务委员会 ············· 50
复旦大学第六届学术委员会名单 ············· 50
复旦大学第三届学术规范委员会委员名单 ············· 50
复旦大学学位评定委员会第十届委员会 ············· 50
复旦大学第十七届工会委员会 ············· 51
复旦大学党政部门及群众团体负责人 ············· 51
复旦大学院系所党政负责人一览表 ············· 52
复旦大学直属单位及附属医院党政负责人 ············· 54
新增和调整各类委员会、领导小组(非常设机构)及其成员名单 ············· 55

一、院系所与公共教学单位 ············· 56
中国语言文学系 ············· 56
【概况】 ············· 56
【举办《路翎全集》发布及现代文学文献整理座谈】 ············· 57
【举办"言语与听觉科学"和"实验语言学"暑期高级研修班】 ············· 57
【1 篇论文获第六届鲁迅文学奖文学理论评论奖】 ············· 57
【1 人获授法国棕榈教育骑士勋章】 ············· 57

【《复旦宋代文学研究书系》获得上海市第十二届哲学社会科学优秀成果一等奖】 …… 57
【召开第八届国际吴方言研讨会】 …… 57

哲学学院 …… 57
【概况】 …… 57
【为东方讲坛·文汇讲堂开设系列演讲】 …… 58
【举行上海市逻辑学会2013年年会】 …… 58
【举行"跨学科研究：现代民族国家·国族"圆桌论坛】 …… 58
【举办首届"台大—复旦哲学论坛"】 …… 58
【参加"全球语境中的宗教与现代性：中国视角"学术论坛】 …… 59
【举行"科技元勘工作坊"】 …… 59
【与巴黎第一大学哲学系签订合作意向书】 …… 59
【俞吾金教授逝世】 …… 59
【举行第七届南北五校哲学博士生论坛】 …… 59
【举行上海市伦理学第二届道德哲学高层论坛】 …… 59
【举行第四届中国哲学、西方哲学、马克思主义哲学专家论坛】 …… 59
【成立复旦大学杜威中心】 …… 59

历史学系 …… 59
【概况】 …… 59
【任免历史学系分党委书记】 …… 60
【举办"旅游发展与社会转型"国际学术讨论会】 …… 60
【承办第三届上海数学史会议】 …… 60
【举办"重绘中古中国的时代格：知识、信仰与社会的交互视角"学术研讨会】 …… 60
【举办"变化中的明清江南社会与文化"国际学术研讨会】 …… 60
【举办第二届东亚青年史家研讨会】 …… 60

文物与博物馆学系 …… 60
【概况】 …… 60
【举办第七期全国省级博物馆馆长培训班】 …… 61
【与日本爱媛大学签订学术交流协议书】 …… 61
【与苏州博物馆签署合作框架协议】 …… 61
【与浙江省文物考古研究所签署共建协议】 …… 61
【召开全国文博专业学位研究生教育指导委员会议】 …… 61

外国语言文学学院 …… 61
【概况】 …… 61
【举行《安徒生在中国》论文集首发式】 …… 63
【举办复旦—弗里堡"中国与欧洲'个人观念'之比照"国际研讨会】 …… 63
【举办"第8时区文化——新的时代新的区域"国际学术研讨会】 …… 63
【举办"跨文化阅读"国际研讨会】 …… 63
【举办"跨文化北欧文学"国际研讨会】 …… 63
【举办2014年"外研社杯"全国英语写作、演讲大赛】 …… 63
【举办"奥地利文学在中国"2014年国际学术研讨会】 …… 63
【举办2014年全国EFL写作教学与理论实践研讨会】 …… 64
【举办第一届日本语学国际研讨会】 …… 64

法学院 …… 64
【概况】 …… 64
【主办"战后亚洲战争罪犯审判与史料整理"国际研讨会】 …… 64
【1个研究中心入选国家人权教育与培训基地】 …… 64
【成立高级律师学院理事会】 …… 65
【与上海市第一中级人民法院签订法学教学科研实践基地合作协议】 …… 65
【获联合国国际刑事法院中文模拟法庭比赛冠军】 …… 65
【召开中国共产党复旦大学法学院第二次党员代表大会】 …… 65
【举办法科教育设立百年纪念活动】 …… 65
【章武生受聘为上海法官检察官遴选（惩戒）委员会委员】 …… 65
【王志强入选国务院学位委员会第七届法学学科评议组】 …… 65

国际关系与公共事务学院 …… 65
【概况】 …… 65
【获全球QS大学排名第19位】 …… 66
【成立复旦大学两岸政治与经济研究中心】 …… 66
【举行青年全球治理创新设计大赛（YICGG2014）】 …… 66
【举行2014年复旦管理学国际论坛】 …… 66
【15项成果获上海市哲学社会科学奖项】 …… 67
【举行"中国宗教走出去战略"高层论坛】 …… 67
【发布《复旦中国国家安全战略报告》】 …… 67
【举行国际政治系五十周年系庆】 …… 67

新闻学院 …… 67
【概况】 …… 67
【创新"2+2"本科培养模式】 …… 68
【新增1个专业硕士方向】 …… 68
【尹明华任院长】 …… 68
【获得中宣部"舆情好信息奖"】 …… 68
【获批上海市卓越新闻传播人才教育培养基地】 …… 68
【举办2014"传播驿站"】 …… 68
【举办2014批判传播学年会】 …… 68
【获上海市优秀大学生暑期社会实践项目】 …… 68
【出版《上海市政府系统舆情应对案例分析研究（2013）》】 …… 68
【启动"社区领袖"新闻调研项目】 …… 68
【举办2014年"传播与中国"复旦论坛】 …… 68

【"复旦新闻大讲堂"开讲】……69
【举办第十四届中国新闻传播学科研究生学术年会】……69
【4位高级驻所访问学者完成访学】……69
【多项调研被中宣部等单位采纳】……69
【1人获得第二届范敬宜新闻教育奖"新闻教育良师奖"】……69

经济学院……69
【概况】……69
【复旦—乌尔姆"保险1+1双硕士学位项目"获批国家创新型人才国际合作培养项目】……70
【复旦大学就业与社会保障研究中心入选上海高校人文社会科学研究基地】……70
【洪远朋获得世界马克思主义经济学奖】……70
【华民受聘国家发改委专家委员】……70
【举办第三届"中国区域、城市和空间经济学"国际学术研讨会】……70
【举办2014年"复旦—艾伯特论坛"】……70
【举办复旦大学世界经济研究所成立50周年所庆研讨会】……71
【举办复旦大学经济学院经济学、金融专硕夏令营活动】……71
【一批教授受聘为上海发展战略研究公众咨询委员会委员】……71
【伍柏麟获得上海哲社学术贡献奖】……71
【举办首届中国宏观经济论坛（2014年）】……71
【陈诗一入选2013—2014年度长江学者名单】……71
【举办中国大问题讲堂系列】……71

管理学院……71
【概况】……71
【举行政立院区合作协议签署仪式】……73
【举行复旦管理学院—伦敦商学院国际商务硕士双学位项目签约仪式】……73
【举行"中国金融消费权益保护研究中心"揭牌仪式暨中国行为监管与金融消费权益保护研讨会】……73
【召开东方管理研究院揭牌暨首届理事会预备会议】……73
【召开第十八届世界管理论坛暨东方管理论坛】……73
【举行第一届国际顾问委员会第二次全体会议】……73
【举办首届复旦全球领袖论坛】……73
【召开第五届GMAC亚太区年会】……73
【举行复旦大学管理学院—新南威尔士大学商学院合作MBA项目签约仪式】……74

社会发展与公共政策学院……74
【概况】……74
【成立人类学民族学研究所】……74

【1项文科项目获批国家自然科学基金重大项目】……75
【创立对分课堂教学法】……75
【成立复旦大学城市发展研究院】……75

数学科学学院……75
【概况】……75
【多名本科生在学术竞赛中获奖】……76
【举行第二届"谷超豪奖"颁奖仪式】……76
【中法首个数学国际联合实验室落户复旦大学】……76
【举行第七届全国优秀大学生数学学科夏令营】……76
【召开"数学与科学前沿"协同创新推进会】……76
【本科生在"青春力量"一二·九主题歌会中获得佳绩】……76

物理学系……77
【概况】……77
【在美国"三月会议"举办联合人才宣讲招待会】……78
【4篇论文在《自然》（Nature）子刊发表】……78
【举办首次全国高校物理基础课程青年教师讲课比赛（上海赛区）】……78
【举行第11届光子和电磁晶体结构国际研讨会】……78
【沈元壤受聘为复旦大学特聘教授】……78
【系行政领导班子换届】……78
【1人获"求是杰出青年学者奖"】……78
【举行第六届"复旦—科大—南大"凝聚态物理前沿联合研讨会】……78
【"人工微结构科学与技术协同创新中心"入选"2011协同创新中心"】……78
【获得国家自然科学基金、创新研究群体项目立项】……78
【1人获评"973计划"首席科学家】……78
【1人获评国家重点基础发展研究计划青年科学家】……78

现代物理研究所/核科学与技术系……79
【概况】……79
【反冲离子动量谱仪研制成功并取得初步实验成果】……79
【召开第五届电子束离子阱和先进光源物理学国际会议】……79
【举办卢鹤绂院士百年诞辰纪念大会】……79

化学系……79
【概况】……79
【举办纪念中国科学院院士吴浩青百年诞辰暨电化学学术论坛】……80
【周鸣飞研究成果在《自然》（Nature）杂志上发表】……80
【赵东元和李富友入选2014高引用科学家名录】

……	80
【举办上海化学嘉年华】……	80
【举办复旦大学全国优秀大学生暑期夏令营(化学)活动】……	80
【3名本科生在第九届全国大学生化学实验邀请赛中获奖】……	80
【1名本科生获第八届上海市大学生化学实验竞赛一等奖】……	80
【赵东元及其学生同获宝钢教育奖特等奖】……	80
高分子科学系 ……	81
【概况】……	81
【1项成果获2013年度教育部自然科学奖一等奖】……	82
【1项研究获新进展】……	82
【聚合物分子工程国家重点实验室评估良好】……	82
环境科学与工程系 ……	82
【概况】……	82
【召开第三届全球教育项目——可持续性、科学、技术和政策国际研讨会,亚洲(SUSTEP)】……	82
【1位外国专家参加习近平总书记座谈会】……	82
【研究工作被IPCC第五次评估报告分组报告引用】……	82
【1项成果在《应用化学》发表】……	82
【成立复旦大学城市发展研究院】……	83
【成立中国—澳大利亚空气质量科学与管理研究中心】……	83
【启动唐仲英科学研究院PM2.5研究项目】……	83
【上海市大气颗粒物污染防治重点实验室通过验收】……	83
信息科学与工程学院 ……	83
【概况】……	83
【2部专著出版】……	84
【举办光源与照明工程系30周年系庆活动】……	84
电子工程系 ……	84
【概况】……	84
光科学与工程系 ……	84
【概况】……	84
通信科学与工程系 ……	84
【概况】……	84
光源与照明工程系 ……	84
【概况】……	84
微纳系统中心 ……	85
【概况】……	85
微电子学院 ……	85
【概况】……	85
【"长三角集成电路设计与制造协同创新中心"培育工作取得重要进展】……	85
【专用集成电路与系统国家重点实验室通过整改核查】……	85
【获批"国家集成电路人才国际培训(上海)基地"】……	85
计算机科学技术学院 ……	85
【概况】……	85
【1人获2013年ACM上海卓越科学家奖】……	86
【任命新一任党委书记】……	86
【上海市数据科学重点实验室(筹)举行揭牌仪式】……	86
【承办ACM国际会议CIKM2014】……	86
【1人获首届ACM中国新星奖】……	86
软件学院 ……	87
【概况】……	87
【1名研究生在国际会议作报告】……	87
【启动2014IBM—复旦大学学生创新实验室项目】……	87
【1人获"上海IT青年十大新锐"称号】……	87
国家保密学院 ……	87
【概况】……	87
【参加首届"中软吉大·问鼎杯"大学生信息安全与保密知识大赛】……	87
【举办"国家保密学院第二届保密专业师资培训"】……	87
【编写完成《泄密取证技术》教材】……	87
【成立密码研究协同创新中心】……	87
【成立网络空间安全研究中心】……	88
材料科学系 ……	88
【概况】……	88
【举办复旦大学高端访问学者课程】……	88
【举办2014年上海液晶研究进展交流会】……	88
力学与工程科学系 ……	88
【概况】……	88
生命科学学院 ……	89
【概况】……	89
【举办4场谈家桢生命科学讲坛】……	90
【召开遗传工程国家重点实验室学术委员会会议】……	90
【2项成果在国际权威期刊发表】……	90
【举行2014年度谈家桢遗传学国际论坛】……	91
【1项研究取得重要进展】……	91
【完成学院整体搬迁】……	91
【吴燕华获得上海市"五一"劳动奖章】……	91
【与波士顿儿童医院签署合作意向书】……	91
【学生团队获得国际遗传工程机器设计竞赛世界锦标赛金奖】……	91
【召开遗传与发育协同创新中心理事会会议】……	91
【与宾州州立大学签署合作协议】……	91
国际文化交流学院 ……	91
【概况】……	91
马克思主义学院 ……	92
【概况】……	92
【成立复旦大学国家意识形态建设研究中心】……	93

【社会科学基础部更名为马克思主义学院】……… 93
【举办多元文化背景下的国家认同学术研讨会】
 ……… 93
【"基于实践性的《概论》课教学改革和建设整体
 推进探索"获得国家级教学成果奖二等奖】…… 93
【承办第九届亚太道德教育年会】……… 93
【召开上海市哲学社会科学界"思想理论动态
 座谈会"】……… 93
艺术教育中心 ……… 93
【概况】……… 93
【原创肢体剧《1925·身影》上演】……… 94
【参加2014"新声力"上海大学生合唱音乐会】…… 94
【参加拜罗伊特青年音乐节】……… 94
【承办上海国际艺术节"天天演"教育系统演出】
 ……… 94
【原创大戏《天之骄子》公演】……… 94
【教师作品入选第十二届全国美展】……… 94
体育教学部 ……… 95
【概况】……… 95
【领导班子换届】……… 95
【召开2014年度体育运动委员会第二次会议】…… 95
【举办首届乐跑比赛】……… 95
 附录
  2014年复旦大学体育竞赛成绩一览 ……… 95
分析测试中心 ……… 100
【概况】……… 100
古籍整理研究所 ……… 100
【概况】……… 100
【举办章培恒讲座之高端讲座】……… 100
【举办第六届中国文学古今演变研究学术研讨会】
 ……… 100
【举办光华人文基金系列讲座】……… 100
【举办印度古文献学系列讲座】……… 100
【举办中国古籍研讨会】……… 100
【1项成果获上海市第十二届哲学社会科学优秀
 成果奖】……… 100
中国历史地理研究所 ……… 100
【概况】……… 100
【举办"纪念禹贡学会成立80周年学术座谈会"】
 ……… 101
【博士研究生参加东亚环境史青年论坛】……… 101
【6位教师赴莫斯科测量与制图国立大学作学术
 报告】……… 101
【承办"远东历史地理与制图学"国际学术研讨会】
 ……… 101
【新增1项国家社科重大项目】……… 101
【与云南大学历史系签订合作协议书】……… 101
【6部专著出版】……… 101
高等教育研究所 ……… 102
【概况】……… 102

社会科学高等研究院 ……… 102
【概况】……… 102
【举办"中国梦：价值建构与制度建设"学术论坛】
 ……… 102
【举办第六届海峡两岸"社会科学暑期高级讲
 习班"】……… 102
【举办"全面深化改革时代与国家治理体系现代化"
 学术论坛】……… 102
神经生物学研究所 ……… 102
【概况】……… 102
发育生物学研究所 ……… 103
【概况】……… 103
国际问题研究院 ……… 103
【概况】……… 103
【发布一系列国际战略报告和专题研究报告】…… 103
【成立研究院发展委员会】……… 103
【成立法国研究中心】……… 104
【美国前总统卡特夫妇到访】……… 104
【澳大利亚前总理陆克文到访】……… 104
先进材料实验室 ……… 104
【概况】……… 104
【赵东元获得2014年宝钢优秀教师特等奖】…… 104
【召开多孔无机材料研讨会(Porous Inorganic
 Materials Symposium)】……… 104
【主办第三届电子化学和表面催化研讨会(The
 3rd PIRE-China Meeting,2014)】……… 104
【举办2014年复旦大学博士生学术论坛之材料
 科学篇】……… 105
【1项科研成果获系列进展】……… 105
【1项研究获突破性进展】……… 105
【仰志斌获得"2013上海大学生年度人物"称号】
 ……… 105

二、上海医学院 ……… 106
综述 ……… 106
【概况】……… 106
【举行"一健康基金"颁奖仪式暨《微生物与感染
 研究荟萃》首发仪式】……… 107
【上海医学院全科医学系全科住院医师规范化培训
 项目通过世界家庭医师组织标准认证】……… 108
【召开国际老年医学学术研讨会】……… 108
【召开复旦大学附属医院工作扩大会议】……… 108
【举行复旦大学上海医学院第一届董事会第二次
 会议】……… 108
【1项成果获第七届高等教育国家级教学成果特
 等奖】……… 108
【举行上海市第一康复医院去"筹"冠名暨复旦大
 学上海医学院临床教学基地揭牌仪式】……… 108
【举行第二届上医文化论坛】……… 108

【组建上海医学院招生宣传讲师团】……… 108
基础医学院 ……… 108
　【概况】 ……… 108
　【举办国家级继续医学教育项目——PBL 导师
　　培训班】 ……… 110
　【举办第二届学生实践创新论坛】 ……… 110
　【组织完成学生集体搬迁工作】 ……… 110
　【举行学科国际评估】 ……… 110
　【举行 2014 病毒进入抑制剂国际学术研讨会】
　　……… 110
　【帮扶援建大理大学基础医学院】 ……… 110
　【与中山医院签署学科建设合作协议】 ……… 110
公共卫生学院 ……… 110
　【概况】 ……… 110
　【1 人获中华医学科技奖卫生政策奖】 ……… 113
　【1 个研究团队获教育部"创新团队发展计划"滚
　　动支持】 ……… 113
　【举行"学生健康素养评价指标体系研究"开题
　　研讨会】 ……… 113
　【1 个项目中标《面向未来 30 年的上海》发展战略
　　研究课题】 ……… 113
　【发布《上海市民就医情况调查报告》】 ……… 113
　【举行"上海论坛 2014"公卫分论坛】 ……… 113
　【举办复旦管理学"医改与公共治理"分论坛】
　　……… 113
　【加州大学洛杉矶分校公共卫生学院院长一行
　　到访】 ……… 113
　【《预防医学》慕课课程正式上线】 ……… 113
药学院 ……… 113
　【概况】 ……… 113
　【举办"基因、细胞治疗及药物递送纳米载体的发
　　展趋势"国际学术报告会】 ……… 114
　【承办第八届国际天然药物大会】 ……… 114
　【承办 MAQC 国际研究计划第十六次会议】 ……… 114
　【承办美国药学会（AAPS）亚洲学生分会年会】
　　……… 114
　【承办"2014 长三角药物化学研讨会"】 ……… 114
　【承办 2014 上海地区跨国药企药物创制研讨会】
　　……… 115
　【与 2 家单位开展合作】 ……… 115
　【成立上医校友会药学分会】 ……… 115
护理学院 ……… 115
　【概况】 ……… 115
　【成立上海市循证护理中心】 ……… 116
　【"高级循证护理"混合模式课程正式上线】 ……… 116
　【举行张祖华、南丁格尔铜像揭幕仪式】 ……… 116
生物医学研究院 ……… 116
　【概况】 ……… 116
　【多项研究取得重要进展】 ……… 117
　【与基础医学院共同开展国际评估】 ……… 117
　【徐彦辉获上海市多项学术荣誉】 ……… 117
　【新增 1 个国家重大科学研究计划项目】 ……… 117
　【举行 2014 年表观遗传学年会】 ……… 117
脑科学研究院 ……… 117
　【概况】 ……… 117
　【人才团队建设取得突出成果】 ……… 118
　【多项研究取得创新进展】 ……… 118
　【承办 2 次"中国脑计划"教育部专家研讨会】 ……… 118
　【举办神经科学新技术讲座】 ……… 118
放射医学研究所 ……… 118
　【概况】 ……… 118
　【发布 2 项放射专业标准规范】 ……… 119
实验动物科学部 ……… 119
　【概况】 ……… 119

三、发展规划与学科建设 ……… 120
　【概况】 ……… 120
　【召开复旦大学第三届学术规范委员会换届工作
　　会议】 ……… 121
　【召开复旦大学第六届学术委员会第五次全体
　　会议】 ……… 121
　【召开复旦大学上海医学院学术委员会第六次
　　会议】 ……… 121
　【召开复旦大学上海医学院学术委员会第七次
　　会议】 ……… 121
　　附录 ……… 121
　　　复旦大学发展与规划委员会名单 ……… 121
　　　复旦大学国家重点学科名单 ……… 121
　　　复旦大学上海市重点学科名单 ……… 122
　　　复旦大学国家中医药管理局"十二五"中医
　　　　药重点学科名单 ……… 122
　　　复旦大学上海高校一流学科名单 ……… 123

四、人才培养 ……… 124
本专科生教育 ……… 124
　【概况】 ……… 124
　【举行"复旦水平测试"】 ……… 125
　【首批书院新生研讨课开课】 ……… 125
　【首推《大数据与信息传播》上线 MOOCs 平台】
　　……… 125
　【举办教师教学发展研修班】 ……… 125
　【举办创新教与学年会】 ……… 125
　【启用教师教学发展中心场地】 ……… 125
　【多人获高校青年教师教学竞赛奖】 ……… 125
　【举办信息学特长生夏令营】 ……… 125
　【获得创新创业工作奖】 ……… 125
　【举行"箬政基金"管理委员会第十六次会议】
　　……… 125
　【复旦招办—上海中学"创新素养培育实验项目

签约】 …………………………………… 125
【多人获优秀教师奖】 ………………………… 125
【1项成果获国家级教学成果特等奖】 ……… 125
【启动首届"福庆师培"计划】 ………………… 125
【举办青年教师拓展交流活动】 ……………… 125
　　附录 …………………………………… 126
　　　2014年复旦大学本专科专业设置 …… 126
　　　2014年复旦大学本科修读第二专业及第二学位专业设置 …… 128
　　　2014年"十二五"国家级规划教材复旦大学获奖一览表 …… 128
　　　2014年国家级教学成果奖复旦大学获奖一览表 …………… 131
　　　2014年第二届全国高校青年教师教学竞赛奖复旦大学获奖一览表 …… 131
　　　2014年教育部精品视频公开课复旦大学获奖一览表 …… 131
　　　2014年上海市精品课程复旦大学获奖一览表 …… 131
　　　2014年上海市师范性全英语教学课程复旦大学获奖一览表 …… 131
　　　2014年上海高校本科重点教学改革项目复旦大学获奖一览表 …… 132
　　　2014年首届上海高校青年教师教学竞赛奖复旦大学获奖一览表 …… 132
　　　2014年上海市高校外国留学生英语授课示范性课程复旦大学获奖一览表 …… 132
　　　2014年高教社杯全国大学生数学建模竞赛复旦大学获奖一览表 …… 133
　　　第五届全国大学生数学竞赛(决赛)复旦大学获奖一览表 …… 133
　　　2014年全国大学生电子设计竞赛嵌入式系统专题邀请赛(英特尔杯)复旦大学获奖一览表 …… 133
　　　2014年全国大学生电子设计竞赛模拟电子系统专题邀请赛(TI杯)复旦大学获奖一览表 …… 133
　　　第38届ACM国际大学生程序设计竞赛全球总决赛复旦大学获奖一览表 …… 133
　　　第五届中国大学生物理学术竞赛(团队赛)复旦大学获奖一览表 …… 133
　　　2014年国际遗传工程机器设计竞赛世界锦标赛(团队赛)复旦大学获奖一览表 …… 134
　　　2014年复旦大学基础医学院第二届学生实践创新论坛复旦大学获奖一览表 …… 134
　　　2014年第二届北京大学大学生基础医学创新论坛复旦大学获奖一览表 …… 134
　　　第三届全国大学生基础医学创新论坛暨实验设计大赛复旦大学获奖一览表 …… 134
　　　2014年全国大学生药苑论坛复旦大学获奖一览表 …… 134

研究生教育 …………………………………… 134
【概况】 ………………………………………… 134
【召开复旦大学研究生教育会议】 …………… 136
【开展问题驱动型研究生培养质量大检查】 … 136
【成立学风建设领导小组】 …………………… 136
【召开研究生管理干部和导师培训大会】 …… 136
【创建研究生服务中心】 ……………………… 136
【首创机关双重领导新模式】 ………………… 136
【二级学科的自主设置及调整工作】 ………… 136
【举办全国优秀大学生暑期夏令营活动】 …… 136
【启用研究生迎新系统】 ……………………… 136
【制订并颁布新的奖助方案】 ………………… 136
【加强监考人员培训】 ………………………… 136
【1个项目获国家留学基金委首批"创新型人才国际合作培养项目"资助】 …………… 137
【1个项目入选2014年上海市研究生教育创新计划学术论坛】 …………………… 137
【支援西部和少数民族地区】 ………………… 137
　　附录 …………………………………… 137
　　　国务院学位委员会第六届学科评议组成员名单(复旦大学) …… 137
　　　国务院学位委员会成员(复旦大学) …… 137
　　　复旦大学一级学科博士学位授权点一览表 …… 138
　　　复旦大学培养研究生学科、专业目录(学术学位) …… 139
　　　复旦大学培养研究生学科、专业目录(专业学位) …… 144
　　　2014年复旦大学博士生指导教师一览表 …… 146

留学生教育 …………………………………… 189
【概况】 ………………………………………… 189
【设立上海暑期学校(金砖国家项目)】 ……… 190
【推出"留学复旦"移动终端应用软件】 ……… 190
【建成留学生事务中心】 ……………………… 190

继续教育 ……………………………………… 190
【概况】 ………………………………………… 190
　　附录 …………………………………… 191
　　　2014年复旦大学成人高等学历教育专业设置 …… 191

网络教育 ……………………………………… 192
【概况】 ………………………………………… 192
　　附录 …………………………………… 192
　　　网络教育学院专业设置 ……………… 192

五、科学研究与产业 …………………… 194
理工科、医科科研 …………………………… 194
【概况】 ………………………………………… 194

【新增国家 973 计划首席科学家项目 1 项】 …… 195
【新增国家重大科学研究计划首席科学家项目
　　4 项】 …… 195
【新增国家 973 计划青年科学家项目 1 项】 …… 195
【新增国家自然科学基金委员会重大科研仪器研制
　　部委推荐项目 1 项】 …… 195
【获国家自然科学基金委员创新研究群体项目
　　1 项】 …… 195
【获国家自然科学基金委员会重点项目 12 项】
　　…… 195
【获国家杰出青年科学基金项目 7 项】 …… 195
【获国家优秀青年科学基金项目 13 项】 …… 195
【5 人入选科技部创新人才推进计划】 …… 195
【新增上海市重点实验室 2 个】 …… 195
【新增上海市工程技术研究中心 1 个】 …… 195
【成立 5 个虚体研究所/中心】 …… 195
【成立 6 个校企联合中心/实验室】 …… 195
　　附录 …… 195
　　　　复旦大学重点实验室一览表 …… 195
　　　　国家林业局野外台站一览表 …… 196
　　　　教育部工程研究中心一览表 …… 197
　　　　上海市工程研究中心一览表 …… 197
　　　　复旦大学理工科、医科研究所一览表 …… 197
　　　　复旦大学理工科、医科研究中心一览表 …… 199
　　　　复旦大学联合实验室一览表 …… 202
　　　　2014 年新增重要理工科、医科科研项目一
　　　　　览表 …… 203
　　　　2014 年度新增理工科、医科人才项目一览表
　　　　　…… 206
　　　　2014 年度复旦大学科技成果一览表 …… 208
文科科研 …… 212
【概况】 …… 212
【举办"上海论坛 2014"】 …… 213
【举办首届"中国大学智库论坛"】 …… 213
【六家上海市高校智库通过上海市教委验收】
　　…… 213
【社会科学数据平台上线】 …… 213
【1 项文科项目获批国家自然科学基金重大
　　项目】 …… 213
【丝绸之路历史地理信息系统正式上线】 …… 214
　　附录 …… 214
　　　　复旦大学国家哲学社会科学创新基地一览
　　　　　表 …… 214
　　　　复旦大学教育部人文社会科学重点研究基
　　　　　地一览表 …… 214
　　　　复旦大学上海市社会科学创新研究基地、上
　　　　　海发展战略研究所工作室一览表 …… 214
　　　　复旦大学文科研究机构一览表 …… 214
　　　　2014 年度复旦大学获国家社科基金重大项
　　　　　目、重点项目立项一览表 …… 219

　　　　2014 年度复旦大学获教育部哲学社会科学
　　　　　研究后期资助项目立项一览表 …… 220
　　　　2014 年复旦大学文科科研获奖一览表 …… 220
学术刊物 …… 223
　　《复旦学报(社会科学版)》 …… 223
　　《复旦教育论坛》 …… 224
　　《新闻大学》 …… 224
　　《当代修辞学》 …… 224
　　《世界经济文汇》 …… 224
　　《复旦学报(自然科学版)》 …… 224
　　《复旦学报(医学版)》 …… 225
　　《数学年刊》 …… 225
　　《研究与发展管理》 …… 225
　　《中国眼耳鼻喉科杂志》 …… 225
　　《微生物与感染》 …… 226
　　《中国循证儿科杂志》 …… 226
　　《中国临床神经科学》 …… 226
　　《中国医学计算机成像杂志》 …… 227
　　《中国临床医学》 …… 227
　　《中国癌症杂志》 …… 227
　　《肿瘤影像学》 …… 227
　　《中国感染与化疗杂志》 …… 227
　　《中华手外科杂志》 …… 228
产业化与校产管理 …… 228
【概况】 …… 228
【联合举办"第一期沪港创意创业夏令营"】 …… 229
【召开学校科技产业交流座谈会】 …… 229
【对全资控股企业实行统一审计】 …… 229
【召开复旦大学校产业 2014 年职工代表大会(暨
　　工会代表大会)】 …… 230

六、人事工作 …… 231

队伍建设 …… 231
【概况】 …… 231
【刘利民到校调研】 …… 232
【完成文科资深教授遴选工作】 …… 232
【教育部"长江学者奖励计划"特聘与讲座教授入
　　选人数取得新突破】 …… 232
【举办"2014 求是奖"颁奖典礼】 …… 232
　　附录 …… 233
　　　　中国科学院、中国工程院院士(复旦大学)
　　　　　…… 233
　　　　复旦大学(文科)杰出教授 …… 234
　　　　复旦大学(文科)特聘资深教授 …… 234
　　　　千人计划(国家、地方)入选表 …… 234
　　　　"长江学者奖励计划"特聘/讲座教授名录
　　　　　…… 234
　　　　复旦大学特聘教授(研究员)1 …… 237
　　　　复旦大学特聘教授(研究员)2 …… 241

国家级有突出贡献的中青年科技专家(在职)
　　名录 …………………………………… 243
复旦大学2014年度享受政府特殊津贴专家
　　(在职)名录 ……………………………… 244
2014年复旦大学新增名誉教授、顾问教授、
　　兼职教授名录 …………………………… 248
2014年复旦大学奖教金一览表 …………… 249

退休教职工

【概况】………………………………………… 249
【修订"复旦大学退休教职工医疗补充金实施办
　　法"】……………………………………… 250
【制定"复旦大学退休教职工'特困'补助办法"】
　　………………………………………………… 250
【举办复旦大学老教授协会和退(离)休教师协会
　　换届大会】……………………………… 250
【老年理论研究成果获市级奖励】………… 250
【社团活动获佳绩】………………………… 251
【三位退休教师获嘉奖】…………………… 251
　　附录 ………………………………………… 251
　　　　复旦大学老龄工作委员会 ………… 251

七、对外交流与合作 ………………………… 252

【概况】………………………………………… 252
【英国外交大臣气候变化特使到访】……… 252
【台北市副市长一行到访】………………… 252
【美国亚洲基督教高等教育联合董事会主席一
　　行到访】………………………………… 252
【召开教育部"香港与内地高等学校师生交流
　　计划"2013年项目总结会】…………… 252
【成立法国研究中心】……………………… 253
【巴基斯坦总统到访】……………………… 253
【4名外国专家受邀参加外国专家座谈会】… 253
【联合国秘书长到访】……………………… 253
【韩正一行访问孔子学院】………………… 253
【台南市市长率团到访】…………………… 253
【美国国立卫生研究院院长到校演讲】…… 253
【德国于利希研究所所长代表团到访】…… 253
【承办第14届U21卫生科学年会】………… 253
【诺丁汉大学校长一行到访】……………… 253
【德国法兰克福大学校长率团到访】……… 253
【印度驻华大使到访】……………………… 254
【爱尔兰总统到访】………………………… 254
　　附录 ………………………………………… 254
　　　　2014年重要代表团来访情况一览 … 254
　　　　2014年复旦大学新签合作协议(海外)一
　　　　　览表 ……………………………… 258
　　　　2014年复旦大学举办海内外国际会议一
　　　　　览表 ……………………………… 259

八、校董、校友、捐赠与基金会管理 …… 261

【概况】………………………………………… 261
【举行复旦大学珠海校友会成立大会】…… 262
【开通上医校友会网站】…………………… 262
【举行复旦大学陈树渠博士百年诞辰纪念仪式】
　　………………………………………………… 262
【举办复旦大学校庆109周年联合捐赠仪式】
　　………………………………………………… 262
【举办2014复旦大学校友返校日活动】…… 262
【举办复旦管理学奖励基金会"获奖人前沿讲座"
　　活动】…………………………………… 262
【召开复旦大学校友会第二届理事会第二次会议】
　　………………………………………………… 262
【举行上海校友会成立三十周年庆典】…… 262
【举行上海校友会第七届会员代表大会】… 262
【举行复旦管理学国际论坛】……………… 262
【校友年度捐赠网正式上线】……………… 262
【举行复旦大学发展研究院发展基金捐赠签约
　　仪式】…………………………………… 262
【举行第二届复旦华盛顿论坛】…………… 262
【举行复旦大学钰翔助学金捐赠签约仪式】… 262
【召开复旦基础教育联盟理事会一届六次会议】
　　………………………………………………… 263
【举行复旦大学柏年助学金签约仪式】…… 263
【举办复旦大学陈灏珠院士医学人才培养基金启
　　动仪式】………………………………… 263
【召开复旦大学第五届董事会第四次会议】… 263
【举办感恩之夜——复旦大学教育发展基金会十
　　周年庆活动】…………………………… 263
【召开上海复旦大学教育发展基金会第二届理事
　　会、复旦大学教育发展基金会(海外)董事会会
　　议】……………………………………… 263
【举办第二届上医文化论坛】……………… 263
【召开第四届上医校友会第三次理事(扩大)会议】
　　………………………………………………… 263
【开通手机在线捐赠平台】………………… 263
【签署复旦大学唐仲英科研院"PM2.5"研究项目
　　捐赠协议】……………………………… 263
【召开复旦管理学奖励基金会理事会二届十四次
　　会议】…………………………………… 263
【举行复旦管理学奖励基金会颁奖典礼】… 263
【举行复旦—盛大创新创业大会】………… 264
【举行复旦—瑞南"一带一路"战略合作暨丝绸之
　　路奖教金奖学金签约仪式】…………… 264
【举办"致青春——我们的八十年代"主题晚会】
　　………………………………………………… 264
【上海复旦大学教育发展基金会获得5A评级称
　　号】……………………………………… 264
　　附录 ………………………………………… 264

复旦大学第五届董事会名单 …………… 264
复旦大学校友会第二届理事会成员名单
　……………………………………………… 264
复旦大学及原上海医科大学校友会一览表
　……………………………………………… 265
2014年复旦大学基金会接受大额捐赠一览
　（人民币100万及以上）………………… 266
毕业生名录 ……………………………… 266

九、办学条件与保障 …………………… 300
校园建设与管理 ……………………………… 300
基本建设 …………………………………… 300
【概况】……………………………………… 300
【完成江湾校区生活园区外墙面砖脱落、一期
　外墙石材脱落事故整改工程】…………… 300
【完成枫林校区部分危旧楼拆除工作】…… 300
【江湾校区环境科学楼项目正式开工】…… 300
【江湾校区物理科研楼项目正式开工】…… 300
【江湾校区化学楼项目正式开工】………… 300
【枫林校区一号医学科研楼项目正式开工】
　……………………………………………… 300
【建立基建处廉政风险点及风险防控措施】
　……………………………………………… 300
枫林校区 …………………………………… 300
【概况】……………………………………… 300
【《枫林校区危旧房》视频首播】…………… 301
【完成枫林校区搬迁工作】………………… 301
【举办"上医建筑与上医文化"专题论坛】… 301
张江校区 …………………………………… 301
【概况】……………………………………… 301
【完成分校区管理体制改革】……………… 301
江湾校区 …………………………………… 301
【概况】……………………………………… 301
图书情报 ……………………………………… 302
【概况】……………………………………… 302
【图书馆馆长调整】………………………… 303
【举行复旦大学"中华古籍保护研究院"暨国家
　古籍保护人才培训基地揭牌仪式】……… 303
【成立复旦大学医学图书馆联盟】………… 303
【新增1个专业硕士点】…………………… 303
档案管理 ……………………………………… 304
【概况】……………………………………… 304
【举办"档案馆日"系列活动】……………… 304
【首度公开日军侵华铁证档案】…………… 304
【出版《复旦兰台》】………………………… 304
【举办《上海高校建筑文化》新书首发仪式】… 304
出版 …………………………………………… 304
【概况】……………………………………… 304
【王德耀出任出版社董事长、总经理】……… 304

【《东吴学术》年谱丛书陆续出版】………… 305
【举办《上海自贸区解读》新书发布会】…… 305
【举行第七届全国学前教育高峰论坛暨"复旦学
　前"十周年纪念研讨会】…………………… 305
【举办2014高等院校英语教学研讨会】… 305
【《科学外史》入选首张"解放书单"】……… 305
【举办"中小学生中医药科普读物"系列新书发布
　会】………………………………………… 305
【1项成果获国家级教学成果一等奖】…… 305
【与光华教育集团签署战略合作框架协议】… 305
【2种图书在第八届华东书籍装帧设计双年展上
　获奖】……………………………………… 305
信息化校园与服务 …………………………… 305
【概况】……………………………………… 305
资产管理 ……………………………………… 308
【概况】……………………………………… 308
【实施《复旦大学国有资产管理暂行办法》】… 308
【获评上海市大型科学仪器设施共享服务先进
　个人】……………………………………… 308
　　附录 ……………………………………… 309
　　2014年复旦大学实验室一览表 ……… 309
后勤 …………………………………………… 311
【概况】……………………………………… 311
财务与审计 …………………………………… 313
财务 ………………………………………… 313
【概况】……………………………………… 313
【推进校院两级财务管理体制改革】……… 313
【新旧会计制度转换】……………………… 313
【调整科室设置】…………………………… 313
【优化财务信息系统】……………………… 313
【提升预约报销服务质量】………………… 313
【规范科研经费管理】……………………… 313
审计 ………………………………………… 313
【概况】……………………………………… 313
【开展校际业务交流】……………………… 314
【制定（修订）定多项审计规章制度】……… 314
【开展1项审计研究课题】………………… 314
【组织建设项目审计宣传和培训】………… 314
【开展科研项目审计准入资格的邀请招标】
　……………………………………………… 314
【组织审计人员参加职业培训】…………… 314

十、党建与思想政治工作 …………… 315
纪检监察工作 ………………………………… 315
【概况】……………………………………… 315
【编印新版《复旦大学领导干部廉政手册》】… 316
【建立"三重一大"事项定期报告和不定期抽查
　制度】……………………………………… 316
【深化重点领域廉政风险防控机制建设】… 316

【开展首批校内巡视工作】 …………………… 316
组织工作 …………………………………………… 316
　【概况】 ………………………………………… 316
　【做好迎接中央巡视组专项检查和后续整改工作】
　　 ………………………………………………… 317
　【召开中央专项巡视党建主要问题整改工作推
　　进会】 ………………………………………… 317
　【召开全校组织工作培训会议】 ……………… 317
　【协调做好校党政工作部门党组织设置调整
　　工作】 ………………………………………… 317
　【开展教职工党支部党建特色活动资助】 …… 317
　　附录 …………………………………………… 317
　　　复旦大学党委下属二级党组织一览表（排序
　　　　不分先后） ……………………………… 317
党校工作 …………………………………………… 318
　【概况】 ………………………………………… 318
　【开通党校专题网站】 ………………………… 318
宣传工作 …………………………………………… 318
　【概况】 ………………………………………… 318
　【举行文化建设委员会第十八次会议】 ……… 319
　【举办"文明·梦想——明代名士笔下的中华传统
　　文化"专题展览】 …………………………… 319
　【举行2014年首次宣传工作会议】 …………… 319
　　附录 …………………………………………… 319
　　　复旦大学2014亮点十组数字 …………… 319
　　　2014年党委中心组学习一览表 ………… 321
　　　2014年复旦大学举办橱窗展一览表 …… 322
　　　2014年复旦大学东方讲坛一览表 ……… 322
统战工作 …………………………………………… 323
　统战工作 ………………………………………… 323
　【概况】 ………………………………………… 323
　【举行无党派人士开展坚持和发展中国特色社
　　会主义学习实践活动】 ……………………… 323
　【举办杨浦区2014年侨法宣传月主题活动】
　　 ………………………………………………… 323
　【召开党派团体负责人联席会议】 …………… 324
　【举办2014年民主党派新成员培训班】 ……… 324
　【召开党外代表人士双月座谈会】 …………… 324
　【举行上海市欧美同学会复旦分会理事扩大会
　　议】 …………………………………………… 324
　　附录 …………………………………………… 324
　　　复旦大学当选全国和上海市、区人大代
　　　　表名录 …………………………………… 324
　　　复旦大学担任全国和上海市、区政协委员
　　　　名录 ……………………………………… 324
　　　上海市人民政府参事室参事 ……………… 325
　　　上海市文史馆馆员 ………………………… 325
　民主党派工作 …………………………………… 325
　【概况】 ………………………………………… 325
　【举办九三学社上海高校论坛第51次会议】

　　 ………………………………………………… 325
　【举行"2014创新教育论坛"】 ……………… 326
　【组织医疗专家团赴安徽黄山义诊活动】 …… 326
　【民盟复旦大学委员会枫林分委妇产科医院
　　支部成立】 …………………………………… 326
　　附录 …………………………………………… 326
　　　复旦大学当选各民主党派中央、市委领导
　　　　成员名录 ………………………………… 326
　　　复旦大学各民主党派委员会成员名录

学生工作 …………………………………………… 327
　本科生工作 ……………………………………… 327
　【概况】 ………………………………………… 327
　【建设全国高校首家校园智慧屋】 …………… 328
　【完成枫林校区学生大搬迁】 ………………… 328
　【深入推进本科生党建工作】 ………………… 328
　【书院项目获上海市教委表彰】 ……………… 328
　【举行"人才工程"20周年系列纪念活动】 …… 328
　【举行光华公司成立30周年系列庆祝活动】
　　 ………………………………………………… 329
　【举办心理健康教育中心成立20周年纪念研
　　讨活动】 ……………………………………… 329
　【1人获评2014上海高校辅导员年度人物】
　　 ………………………………………………… 329
　【开拓西部、基层、重点单位就业市场】 …… 329
　【加强个性化生涯发展与就业指导】 ………… 329
　　附录 …………………………………………… 329
　　　2013—2014学年本（专）科生奖学金项目
　　　　一览表 …………………………………… 329
　研究生工作 ……………………………………… 332
　【概况】 ………………………………………… 332
　【举办首个宪法日主题教育活动】 …………… 333
　【研究生微信平台正式上线】 ………………… 333
　【举行首个烈士纪念日主题教育活动】 ……… 333
　【1人获"2014全国大学生年度人物"】 ……… 333
　【1人获全国辅导员年度人物提名奖】 ……… 333
　【发展辅导员工作室】 ………………………… 333
　【完成枫林改扩建医科研究生搬迁工作】 …… 334
　【成立烛心社】 ………………………………… 334
　【开展西部、基层就业引导系列宣传活动】 … 334
　【加强校企合作，开拓重点单位市场】 ……… 334
　　附录 …………………………………………… 334
　　　2014年度复旦大学研究生校内外自由申
　　　　报奖项获奖一览表 ……………………… 334
　　　第六届"研究生心目中的好导师"名单（排
　　　　名不分先后） …………………………… 334
　　　复旦大学2014年学术之星名单（30人）
　　　　 …………………………………………… 335
　　　复旦大学2014年研究生奖学金设置情况
　　　　一览表（不含自筹专业学位硕士生）

	……………………………………………………… 335
保卫及人民武装工作	……………………………………… 337
保卫工作	……………………………………………………… 337
【概况】	………………………………………………… 337
【建立"安全教育微课程"体系】	……………… 338
【开展"法制校园宣传行"系列活动】	………… 338
【实行邯郸校区校园责任区域管理制度】	…… 338
【邯郸校区室外篮排球场实行封闭化管理】	… 338
人民武装工作	………………………………………… 338
【概况】	………………………………………………… 338
【射击队屡获佳绩】	………………………………… 339
老干部工作	…………………………………………… 339
【概况】	………………………………………………… 339
【获"离退休干部先进集体和先进个人"评选多项表彰】	… 340
【完成枫林、邯郸校区老干部党总支换届选举】	… 340
【1项研究获市级荣誉】	…………………………… 340
【落实离休干部各类补贴调整政策】	………… 340

十一、群众团体 …………………………… 341

工会	…………………………………………………………… 341
【概况】	…………………………………………………… 341
【召开复旦大学六届教代会暨十七届工代会第二次会议】	… 342
【组建教代会民主管理专门委员会】	………… 342
【开展"复旦大学教职工系列文化活动"】	…… 342
【开展"重温百年辉煌,共筑复旦梦"健走活动】	… 342
附录	…………………………………………………… 342
复旦大学第六届教职工代表大会执行委员会	… 342
复旦大学第十七届工会经费审查委员会	… 342
团委	…………………………………………………………… 342
【概况】	…………………………………………………… 342
【举行2014届毕业生毕业晚会】	………………… 343
【举办"中国力量"系列讲座】	……………………… 343
【参与星巴克中国青年领导力发展项目】	…… 344
【组织参加"创青春"全国大学生创业大赛】	… 344
【举办社会实践30周年主题纪念活动】	……… 344
附录	…………………………………………………… 344
2014年度复旦大学学生社团一览表	……… 344
复旦大学第十七届研究生支教团志愿者	… 348
2014年复旦大学团委颁发奖项获奖名单	… 349
妇女委员会	…………………………………………… 351
【概况】	…………………………………………………… 351
【召开复旦大学纪念"三八"国际劳动妇女节104周年暨表彰大会】	… 351
【开展"复旦巾帼环保行"系列公益活动】	…… 351
【组织"健康与美丽同在"公益活动】	………… 351

十二、附属医院 ……………………………… 352

综述	…………………………………………………………… 352
复旦大学附属中山医院	……………………………… 353
【概况】	…………………………………………………… 353
【急诊室护士团队职业精神得到表彰】	……… 357
【完成亚信峰会医疗保障任务】	………………… 357
【赴地震灾区开展医疗救援】	…………………… 357
【协办第二届全国医院品管圈大赛】	………… 357
【东院区急诊开诊】	………………………………… 357
【建设复旦大学附属中山医院厦门医院】	…… 357
【建设上海市老年医学中心】	…………………… 357
复旦大学附属华山医院	……………………………… 358
【概况】	…………………………………………………… 358
【1项成果获国家科技进步奖】	…………………… 360
【3名专家参与昆明暴恐事件伤员抢救工作】	… 360
【综合楼改扩建工程规划调整工作获批复】	… 360
【完成亚信峰会医疗保障工作】	………………… 360
【成立肿瘤转移研究所】	…………………………… 360
【华山临床医学中心正式开工】	………………… 360
【配合完成学生宿舍搬迁工作】	………………… 360
【管莹获评"感动上海十大人物特别奖"】	…… 360
复旦大学附属肿瘤医院	……………………………… 360
【概况】	…………………………………………………… 360
【成功开展3D腹腔镜下超低位直肠癌根治术】	… 361
【1人作为援疆干部赴疆】	…………………………… 361
【美国塔夫兹大学高层访问团到访】	………… 361
【获评上海市十大优秀志愿者服务基地】	…… 361
【在第45届美国妇科肿瘤协会年会作主题发言】	… 361
【协办第二十六届上海市肿瘤防治宣传周活动】	… 361
【2项研究获得重要进展】	…………………………… 361
【1项研究获第50届美国临床肿瘤学会年会优秀论文】	… 362
【举办第53届国际粒子放射治疗大会】	……… 362
【王国强副主任到院调研】	………………………… 362
【1项研究获中国抗癌协会科技奖一等奖】	… 362
【1人在MSKCC胸部肿瘤外科年会上发言】	… 362
【2项研究获第二十六届上海市优秀发明奖】	… 362
【权威研究数据在沪国际乳腺癌论坛发布】	… 362
【吉恩·德斯里耶(Jean Deslauriers)到院做访问学者】	… 362
【质子重离子中心完成临床试验工作】	……… 362

复旦大学附属妇产科医院 …………………… 362
　【概况】 …………………………………… 362
　【成立生殖与发育研究院】 ……………… 364
　【正式启用"微平台"】 …………………… 364
　【供精人工授精助孕治疗项目获批运行】 … 364
　【举办复旦大学附属妇产科医院建院130周年
　　院庆】 …………………………………… 364
　【院史陈列馆正式开馆】 ………………… 364
　【药物临床试验机构通过复核检查】 …… 365
　【检验科通过ISO15189监督评审】 ……… 365
　【4名护士通过国内首批国际认证哺乳顾问考核】
　　…………………………………………… 365
　【开展PICC置管新技术】 ……………… 365
　【乳腺科开展新技术】 …………………… 365
复旦大学附属儿科医院 …………………… 365
　【概况】 …………………………………… 365
　【举行四方合资设立上海万科儿童医院签约仪式】
　　…………………………………………… 366
　【王国强到院调研】 ……………………… 366
　【特立尼达和多巴哥总理到访】 ………… 366
　【主办"2014年世界孤独症关爱日主题活动"】
　　…………………………………………… 366
　【成立"复旦大学围产医学中心"】 ……… 366
　【成立"复旦大学儿科医疗联合体"】 …… 366
　【举行大型义诊活动】 …………………… 366
　【举行复旦大学附属儿科医院厦门分院——厦门
　　市儿童医院开业揭牌仪式】 …………… 366
　【通过第五版JCI认证】 ………………… 367
　【召开第四届上海孤独症国际论坛暨第二届中国
　　孤独症家长论坛】 ……………………… 367
　【举行第三届复旦—辛辛那提儿科高峰论坛】
　　…………………………………………… 367
复旦大学附属眼耳鼻喉科医院 …………… 367
　【概况】 …………………………………… 367
　【1项研究成果获上海市科学技术进步奖一等奖】
　　…………………………………………… 367
　【院长孙兴怀获得"优秀医院院长"称号】 … 368
复旦大学附属金山医院 …………………… 368
　【概况】 …………………………………… 368
　【迁建二期一阶段开工】 ………………… 369
　【加盟"复旦大学儿科医疗联合体"】 …… 369
　【金山医院警务室挂牌】 ………………… 369
　【获得国家药物临床试验机构资格认定】 … 370
　【通过大型医院巡查】 …………………… 370
　【对口支援昭通市第一人民医院】 ……… 370
　【金山医院志愿者服务基地挂牌】 ……… 370
　【洪震当选中国抗癫痫协会第三届理事会会长】
　　…………………………………………… 370
　【取得职业病诊断资质】 ………………… 370
复旦大学附属上海市第五人民医院 ……… 370
　【概况】 …………………………………… 370
　【院领导班子换届】 ……………………… 371
　【获评"节约型公共机构示范单位"】 …… 372
　【举办百名专家大型医疗咨询活动】 …… 372
　【召开党的群众路线教育实践活动】 …… 372
　【3·21伤医案件】 ……………………… 372
上海市(复旦大学附属)公共卫生临床中心 … 372
　【概况】 …………………………………… 372
　【通过大型医院巡查】 …………………… 373
　【应对埃博拉疫情】 ……………………… 373
　【卢洪洲赴西非抗击埃博拉】 …………… 373
　【沈银忠赴WHO总部工作】 …………… 373
　【获国家感染病临床重点专科建设项目】 … 373
　【举行公卫中心百年院庆暨中山医院南院揭牌
　　仪式】 …………………………………… 373
复旦大学附属华东医院 …………………… 373
　【概况】 …………………………………… 373
　【市领导新春慰问住院老同志】 ………… 374
　【召开党的群众路线教育实践活动总结大会】
　　…………………………………………… 374
　【复旦大学老年医学研究中心正式挂牌成立】
　　…………………………………………… 374
　【获得"上海市五一劳动奖状"】 ………… 374
　【承担亚信峰会医疗保障工作】 ………… 374
　【与云南省普洱市人民医院签订对口支援协议】
　　…………………………………………… 374
　【院领导班子调整】 ……………………… 375

十三、附中、附小 …………………… 376
复旦大学附属中学 ………………………… 376
　【概况】 …………………………………… 376
　【复旦附中文理学院揭牌】 ……………… 376
　【浙江省教育厅厅长到访】 ……………… 376
复旦大学第二附属中学 …………………… 376
　【概况】 …………………………………… 376
复旦大学附属小学 ………………………… 377
　【概况】 …………………………………… 377

·复旦大学文件· …………………………… 379
规章制度 …………………………………… 379
　复旦大学学术规范实施条例(试行) …… 379
　复旦大学合同审核与备案规定 ………… 381
　复旦大学"固定聘期研究员"、"固定聘期副研究
　　员"工作岗位聘任暂行办法(试行) …… 382
　复旦大学国有资产管理暂行办法 ……… 383
　复旦大学上海高校智库管理实施细则 … 387
　复旦大学领导干部经济责任审计规定 … 388
　复旦大学领导干部经济责任审计联席会议制度
　　…………………………………………… 392

学校文件选目 ·················· 394
  党委文件选目 ··············· 394
  学校通知一览 ··············· 395
  学校批复一览 ··············· 396

·人物· ························ 402
教授名录 ····················· 402
逝世人员名录 ················ 425

·表彰与奖励· ··············· 427
先进集体 ····················· 427
先进个人 ····················· 430

·大事记· ····················· 443

·统计数据· ··················· 458
2014年复旦大学综合统计数据(1) ···· 458
2014年复旦大学综合统计数据(2) ···· 459
2014年复旦大学本科生分专业学生人数统计
  ··················· 460
2014年复旦大学授予学生学士学位情况统计(1)
  ··················· 462
2014年复旦大学授予学生学士学位情况统计(2)
  ··················· 463
2014年复旦大学全国高考分省市录取分数统计
  ··················· 463
2014年复旦大学上海市高考分专业录取分数统计
  ··················· 464
2014年复旦大学分办学形式研究生数统计 ···· 464
2014年复旦大学攻读博士学位研究生分学科、分
  专业学生数统计 ··········· 465
2014年复旦大学攻读硕士学位研究生分学科、分
  专业学生数统计 ··········· 476
2014年复旦大学授予博士学位人员分学科门类
  统计 ················· 487
2014年复旦大学授予硕士学位人员分学科门类
  统计 ················· 487
2014年复旦大学外国留学生人数统计 ······ 488
2014年复旦大学成人本专科分专业学生数统计
  ··················· 488
2014复旦大学高等教育自学考试毕业生统计
  ··················· 489
2014年复旦大学继续教育学院各类学生数统计
  ··················· 490
2014年复旦大学网络教育本专科分专业学生数
  统计 ················· 490
2014年复旦大学科研经费与科技成果统计 ··· 491
2014年复旦大学文科科研成果统计(1) ····· 492
2014年复旦大学文科科研成果统计(2) ····· 493
2014年复旦大学教职工人员统计 ········ 493
2014年复旦大学退休人员情况统计 ······· 494
2014年复旦大学附属医院人员情况统计 ···· 494
2014年复旦大学因公出国(境)情况统计 ···· 495
2014年复旦大学接受境内外各类捐赠收入统计
  ··················· 500
2014年复旦大学占地面积统计 ········· 500
2014年复旦大学校舍面积统计 ········· 500
2014年复旦大学施工、竣工房屋情况统计 ·· 501
2014年复旦大学图书馆情况统计 ········ 502
2014年复旦大学档案馆基本情况统计 ····· 502
复旦大学2014届毕业生情况统计 ········ 504
复旦大学2014年国家学生体质健康标准测试统
  计表 ················· 504
2014年各附属医院工作量情况统计 ······· 505
2014年各附属医院工作质量情况统计 ····· 505
2014年复旦大学附属中学基本情况统计 ···· 506
2014年复旦大学第二附属中学基本情况统计
  ··················· 506
2014年复旦大学附属小学基本情况统计 ···· 506

索引 ························· 507
附表索引 ···················· 521

· 特 载 ·

中共复旦大学委员会关于巡视整改情况的通报

(2014年10月10日)

根据中央统一部署,2014年3月31日至5月8日,中央第十二巡视组对复旦大学进行了专项巡视。7月7日,中央巡视组向我校反馈了巡视意见。校党委高度重视巡视整改工作,将其作为当前首要政治任务抓紧抓实,确保巡视反馈问题和事项件件有着落、事事有回音。按照党务公开原则和巡视工作有关要求,现将巡视整改情况予以公布。

一、学校落实反馈意见和开展整改工作的总体情况

为切实抓好整改工作,校党委成立了专项巡视整改工作领导小组,校党委书记朱之文、校长杨玉良任组长,履行第一责任人职责。学校先后召开7次党委常委会、1次党委全体(扩大)会议、1次纪委全体(扩大)会议、1次中层干部会议以及19次专题会议,全面部署和落实整改工作。期间,学校还接受了教育部、科技部等上级部门关于巡视整改工作的4次专项现场核查。

一是认真学习习近平总书记重要讲话精神,增强做好巡视整改工作的责任感、紧迫感。中央巡视组向我校反馈意见后,学校及时召开党委常委会和中层干部会议,传达学习习近平总书记关于巡视工作的重要讲话精神,部署整改落实工作。大家一致认为,要切实把思想和行动统一到习近平总书记重要讲话精神上来,统一到党要管党、从严治党的要求上来,统一到中央关于党风廉政建设和反腐败斗争的决策部署上来,深化落实党委主体责任和纪委监督责任,真正把整改的过程变成解决问题、堵塞漏洞的过程,变成加强管理、完善制度的过程,变成振奋精神、推进发展的过程。

二是深刻对照检查,认真研究制订整改方案。学校主要领导多次召集会议,针对中央巡视组指出的突出问题,逐条逐项研究整改方案,理清整改思路,细化整改措施。经过多次讨论修改,学校制订了《关于中央巡视组专项巡视反馈意见的整改方案》和《任务分解表》,包括4个方面、56项整改任务,并细化为91项整改事项,每一项都明确了牵头校领导、主办部门、协办部门和时限要求。校党委要求,推进整改工作,不仅要着眼于解决当前存在的突出问题,更要从体制、机制、制度、监管上查找分析原因,加大源头治理力度。

三是严格落实责任,全力推进各项整改任务。学校明确了整改工作责任制,要求把抓好巡视整改,作为强化党委主体责任的重要工作,作为领导干部"一岗双责"的具体内容,按照整改工作方案的要求,一件事一件事地抓,一个环节一个环节地推动,一个问题一个问题地解决。校党委召开了多次会议,研究分析全校整改任务推进情况,协调解决整改工作出现的问题,认真审议讨论制度性文件。全校各部门、各单位均按照学校部署,全面开展了专项清查和整改工作,上报了整改工作进展情况。整改工作领导小组办公室定期与各部门、各单位沟通联络,跟踪项目进展,加强工作督查,保证整改有序推进。

四是确保质量和进度,各项工作初见成效。在校党委领导下,经过全校上下共同努力,整改工作取得明显进展。在91项整改事项中,预定于9月底前完成的60项已基本完成,其余31项正按计划有序推进。启动实施10项专项清理检查工作,其中8项已基本完成,另有2项正在抓紧推进。起草制定校级规章制度87项,修订校级规章制度27项,制定和修订部门规章制度26项。顺利完成中央巡视组交办的114件信访件的调查核实工作,并向中央巡视组作了反馈,做到了件件有核实、事事有结论。

二、具体整改任务的落实进展情况

(一)切实履行党委主体责任和纪委监督责任

针对中央巡视组指出的我校在落实"两个责任"方面存在的主要问题,校党委进行了深入研究和剖析,进一步提高思想认识,明确工作要求,抓好整改落实。

1. 切实履行党委主体责任

一是加强校党委对全校党风廉政建设工作的统一领导。制定了校党委《关于落实党风廉政建设主体责任的实施意见》,将党委主体责任的内容具体化。制定并落实《建立健全惩治和预防腐败体系2013—2017年工作规划》的实施方案。修订了《复旦大学党政会议议事规则》,健全了党委常委会党风廉政建设专题学习、专题听取纪委工作报告、专题研究学校党风廉政建设工作等制度。校党委将加强对学校党风廉政建设特点和规律的研究,结合实际推进重点工作。

二是全面落实党风廉政建设责任制。制定了《校党政领导班子成员执行党风廉政建设责任制实施办法》和《二级单位和机关部门领导班子及其成员执行党风廉政建设责任制的指导意见》，明确了校党委书记、校长作为党风廉政建设第一责任人责任，校领导班子其他成员职责范围内的领导责任以及各级领导干部"一岗双责"的具体内容，明确了相关工作机制、责任追究办法等，建立起职责清晰、上下贯通的责任体系。制定了《领导干部经济责任制暂行规定》，进一步明确学校各级经济责任人的责任内容和要求。学校计划于10月启动开展对二级单位和机关部门落实党风廉政建设责任制情况的监督检查。

三是坚持正确导向选好用好干部。修订了《中层领导干部选拔任用工作办法》，并严格执行选人用人制度，坚持多渠道、多层次、多侧面考察干部，严格考察人选对象的党风廉政情况，充分听取纪检监察部门意见。落实后备干部培养选拔工作制度，加强对人岗匹配的研究分析，不断提高知人善任能力。严明组织人事工作纪律，认真执行干部选拔任用工作"一报告两评议"制度，接受干部群众的评议和监督，提高选人用人公信度。

四是加强制度建设，全面落实中央八项规定精神。继续抓好落实中央八项规定精神的配套制度建设，修订完善了《财务管理条例》《差旅费管理办法》《国内公务接待管理办法》《公用房产管理暂行办法》《因公出国（境）审批管理办法》等制度。健全了校领导班子成员联系基层、师生以及党员干部联系群众制度。根据上级部署，开展了贯彻执行中央八项规定精神、严肃财经纪律和"小金库"专项治理工作，因公临时出国管理工作自查等。重点抓好教师节中秋节国庆节期间纠正"四风"的工作。进一步完善了干部和机关作风建设考核评价机制，计划于10月开展对机关部门履行服务承诺情况的监督检查。

五是加大源头防治腐败的力度。针对专项巡视中发现的薄弱环节，组织各部门、各单位开展了廉政风险排查，进一步健全权力运行监督和制约机制。以制定规则、标准、程序、规范为重点，完善制度建设，更好地用制度管人管事管权。建立了二级单位"三重一大"决策制度执行情况的定期报告和不定期抽查制度。编印了《领导干部廉政手册》，综合运用正面教育和警示教育的手段，增强党员领导干部和师生的"红线"和"底线"意识，教育引导干部筑牢思想道德防线。

六是做好校内巡视准备工作。根据《校党委巡视工作实施方案》，计划于10月启动首轮巡视工作。明确将执行民主集中制情况、作风建设情况、落实党风廉政建设责任制和勤政廉政情况等作为巡视监督的重要内容。在巡视的基础上，加强成果运用，对发现的问题，督促相关单位认真整改，下决心、动真格推动干部能上能下。

2. 强化纪委监督责任

一是加大重点领域和关键环节监督检查力度。校纪委加强对权力运行的监督检查，探索程序监控、过程监管、结果监督、信息公开、上下结合等多种监督方式。修订完善了基建修缮项目、本科生招生、研究生招生的监察实施办法。制定了《领导干部经济责任审计规定》《预算执行和决算审计规定》等制度，进一步加大审计监督力度。结合学校管理信息公共服务平台建设，提高重点领域管理监控信息化水平。

二是严肃查办违纪违法案件。制定了《纪检监察信访举报工作处理办法》，完善工作流程，明确各级纪委的信访线索处置和案件查办在向同级党委报告的同时须向上级纪委报告。加大办信查案力度，完成了中央巡视组和上海市纪委、市教卫纪工委转交信访件的调查核实工作。严格执纪问责，严肃处理违纪违规行为，实验动物部有关人员涉嫌违法行为的案件已进入司法审理阶段。

三是强化责任追究机制。实行"一案双查"和"责任倒查"制度，对于在办信查案过程中发现的问题，按照有关规定严肃追究相关当事人责任以及管理和领导责任。及时制发纪律检查建议书或监察建议书，要求相关单位认真分析原因，查找和堵塞管理、制度上的漏洞。专项巡视以来，学校纪检监察部门已制发6件纪律检查建议书或监察建议书，其中3件为中央巡视组交办信访件。

四是完善约谈诫勉和教育警示机制。进一步明确了诫勉谈话的程序，对发现问题较多、群众来信来访反映较多、民主测评满意度较低、违纪违法案件较多的单位，由党委或纪委负责同志约谈相关领导干部，提出严肃批评，责令整改到位。对党风廉政方面有问题的干部，由党委或纪委负责同志及时进行批评教育或诫勉谈话，做到抓早抓小。专项巡视以来，已进行4次诫勉谈话。进一步改进案件通报和警示教育方法，通过会议通报、文件通报、编制《案例手册》等方式，用发生在干部教师身边的案例开展警示教育。

3. 加强纪检监察体系建设

一是加强校纪委班子和纪检监察部门干部队伍建设。增配了专职校纪委副书记和专职纪检员。制定了《纪委领导班子会议议事规则》《纪委委员履行职责的暂行规定》，完善校纪委向校党委和上级纪委报告的制度，进一步发挥纪委委员作用。优化了学校纪检监察干部队伍结构，选优配强纪检监察部门内设科室干部，形成适应需要、胜任岗位、可持续发展的纪检监察队伍建设机制。

二是健全两级纪检监察体系。研究提出了加强院系和机关部门纪检工作力量的具体措施，明确要有一位副书记或党员班子成员负责本单位纪检监察工作，规模较大的院系增配分管纪检监察工作的党委副书记。选优配强附属医院纪委书记，实行医院纪委书记任期制和轮岗交流制度；加强附属医院纪检监察部门岗位人员配置，各医院设立纪检监察办公室，配备专职纪检监察干部。强化学校纪委对下级纪委的领导，建立健全报告工作、定期述职等制度，明确下级纪委书记的提名和考察以学校纪委会同组织部门为主，落实纪检工作双重领导体制。

三是提高纪检监察部门履职能力。2014年，校纪委召开多次全体（扩大）会议、附属医院纪委书记专题会议和全校纪检干部会议，传达学习十八届中央纪委三次全会精神,进一步明确纪检监察部门职责定位,突出监督、执纪、问责三项职能,努力做到"转职能、转方式、转作风"。进一步完善了纪检监察干部培养激励、在岗培训、挂职锻炼、轮岗交流等制度。着手编制《纪检监察工作制度汇编》,组织开展廉政理论研究和纪检监察实务研究,及时向上级部门报送信息、提出工作建议。

(二)着力解决专项巡视中发现的突出问题,有针对性地加强管理工作和制度建设

1. 坚决纠正科研经费管理使用中的问题,切实加强和改进科研项目与经费管理

对于中央巡视组指出的科研经费管理使用中存在的问题,学校科研管理部门会同财务部门,开展了科研项目进展和结题、专利成果使用、财务报销等情况的专项排查,先后接受教育部、科技部的专项现场核查。经排查,2008—2013年,我校有25个项目在同一时间多渠道申请获得资助,属于重复申报课题;有2个项目涉及的4个专利授权日在项目执行期前,属于用旧专利充抵新课题成果。此外,学校还对配套资金不到位、违规报销经费、未按规定退还结余经费等问题进行了排查。针对排查中发现的问题,学校对相关项目的负责人进行了约谈,并将严格按照国家科研经费管理有关规定进行处置;涉嫌违法行为的实验动物部有关人员正由司法机关依法审理。同时,学校将认真总结经验,举一反三,规范内部管理,强化预算控制,落实监管责任,加强科研政策的宣传教育,并配合国家科研管理体制改革的要求做好相关工作。

一是落实校院两级科研项目管理权责。认真梳理各类科研项目管理流程,细化项目申请、立项、实施、结题、评奖等各环节的管理要求,研究制定了《财政拨款类科研项目管理办法》、《国际科技合作项目管理办法》等制度。明确学校科研管理部门要加强科研项目分类管理,加强对重大项目的源头介入和组织统筹;各二级单位要全面掌握本单位教职工承担科研项目的情况,落实科研项目管理责任。

二是健全科研经费管理制度和流程。修订完善了科研经费管理办法,进一步明确科研项目各类经费支出的范围和标准,明确有关职能部门、二级单位、课题组负责人和相关人员的分级责任。实行全面预算控制,提升预算编制质量,强化预算执行过程监管。在财务部门设立科研经费管理办公室,规范财务收支和报销工作流程,加强报销环节审核和管理,建立院系报销初审机制,规范项目结题结账手续。

三是完善科研经费管理和成果转化政策。对学校现行科研管理政策进行了梳理和完善,明确中央财政资助科研项目的间接费用将由学校统筹安排。完善科研经费支出成本核算和分担机制,提高经费使用效益。制定和修订了《专利管理办法》、《科技成果转化暂行办法》、《技术转移中心建设和运行管理办法》等制度,明确职务发明的国有资产性质,进一步完善激励机制,切实保护科研人员合法权益。

四是用信息化手段加强科研管理。以学校管理信息公共服务平台建设为契机,进一步加强数据整合,逐步建立完善科研工作档案,形成全面完整的数据链,做到电子信息"一人一册,一项一档"。在财务管理系统上设置科研经费预算控制模块,对各类重大项目实行全面预算控制。完善"查重"机制和手段,加强重复申报项目审核和项目过程管理,严格结题审核,防止"重复申请课题经费"和"用旧专利充抵新课题成果"现象的发生。

五是规范科研公共服务平台建设。制定了《实验室服务项目管理办法》,进一步明确全校科研公共服务平台的定位,以服务水平、服务态度、服务实效作为考核评价的主要指标;规范服务审批流程,明确以二级单位为单元设立校内服务和校外服务专用账号,防止项目经费混用串用。认真吸取实验动物部有关案件的教训,改革管理体制,建立全校统一的实验动物管理和生产服务体系,明确归口管理部门,规范内部管理制度,健全实验动物生产和服务标准,严格执行收支两条线,健全廉政风险防控机制。

2. 严肃认真整改江湾校区基建工程问题,健全学校基建修缮领域廉政风险防控机制

对照中央巡视组指出的江湾校区基建工程中存在的问题,学校进行了全面自查自纠,并举一反三,修订完善相关制度,加强工程项目监管。重点开展了以下几项工作。

一是限时完成江湾校区建筑幕墙修缮工程。目前,已经完成对江湾校区食堂、图书馆、教学楼A楼、B楼建筑幕墙的修缮整改任务。法学楼、先进材料楼、后勤楼建筑幕墙修缮工作正全力推进中,确保在年内按期完成。学校加大了安全防护和安全宣传教育力度,确保施工期间校区内的人员和财产安全。学校还将对江湾校区基建工程质量事故责任追究进行复查。

二是通过法律诉讼程序维护学校正当权益。2014年6月,学校已向上海市杨浦区人民法院提起诉讼,要求相关石材供应商承担相应法律责任并作出经济赔偿,由法院委托鉴定机构对该石材供应商供应的石材质量进行司法鉴定。目前,杨浦区人民法院已立案并将择期进行庭审。

三是进一步完善基建、修缮工作的制度和流程。认真吸取江湾校区2004—2008年基建工程事故教训,在已修订8项校级基建管理制度和15项基建部门内设制度的基础上,有针对性地制定或修订了《基建项目立项报批和计划管理办法》、《基建项目工程变更及签证管理办法》、《建设工程投资控制管理办法》、《建设工程质量管理办法》等制度,进一步规范基建各环节工作流程。重新设计修缮工作管理架构和基本流程,修订了《修缮工程管理办法》。加强基建部门内控管理,确定了廉政风险防控等级和防控措施,组织专家开展了风险评估,继续强化矩阵式管理。学校还会同有关部门进行了基建工程领域廉政风险防控机制建设情况专项检查。

四是实施对基建项目的现场监管和全过程跟踪审计。根据当前大规模校园基本建设的实际,学校切实加强施工现场的监管,落实各方责任,严把质量关、安全关,控制现场工程变更和工程总投资,坚决防止出现严重超概算、违规转包和大幅增加合同总价等现象。对目前在建的重点

基建工程项目实行全过程跟踪审计。学校还与上海市杨浦区检察院共同开展了"创双优工程"活动,确保做到工程优质、干部优秀。

3. 加强对校办企业的监管,推进校办企业按照现代企业制度规范运行

针对中央巡视组指出的"一手办学、一手经商"的问题,学校开展了专项清理排查,并接受了教育部的专项核查,认真推进整改工作。

一是开展校办企业专项摸底清理和规范处置工作。经过摸底调查,进一步明确了校办企业的权属关系,对应划转到资产经营公司但尚未划转的企业,分门别类地制定管理处置方案。正在划转的企业加快办理手续;准备划转的企业已启动划转程序;对于长期亏损、扭亏无望的企业,将分类分步骤实行关、停、并、转。

二是理顺校办企业国有资产管理体制。制定了《经营性国有资产管理暂行办法》,明确学校通过党委常委会、校长办公会,研究决定校办企业国有资产管理、经营的重大事项;资产管理处代表学校制定经营性国有资产监督、考核管理办法;资产经营公司代表学校持有对企业投资形成的股权,经营和管理学校国有经营性资产。进一步加强对校办企业的管理,坚持保值增值原则,切实履行出资人职责,建立并落实企业国有资产管理的责任追究制度。

三是加快推进资产经营公司及其控股企业建立健全现代企业制度。落实资产经营公司企业法人治理结构,目前正在进行董事会、监事会换届工作。完善学校对全资、控股企业的董事、监事委派制度,制定了《复旦大学外派董事监事管理暂行办法》,明确派出董事、监事人选的遴选原则。逐步建立职业经理人制度。制定学校对全资、控股企业主要负责人的考核办法,实现经营目标管理。规范和完善企业财务管理、财务报表报送和内审制度建设,加强企业监管,控制企业经营风险。

四是规范干部教师的企业兼职行为。在开展党政领导干部在企业兼职(任职)情况专项清理的基础上,进一步修订完善相关管理办法,明确处级以上干部未经学校批准一律不得在企业兼职。对教师办企业和在企业兼职取酬情况开展了专项清查。下一步,将研究出台规范教师开办企业、在企业和其他单位兼职行为的管理制度。

4. 加强和改进附属医院管理,通过创新体制机制强化有效监管

针对中央巡视组指出我校附属医院存在"摊子大、权属杂、监管难"的问题,学校进行了认真梳理,研究制定了加强附属医院监督管理工作的整体方案和配套文件,切实加强对附属医院的有效监管。

一是对附属医院开展专项排查工作。开展了附属医院权属关系情况的专项梳理,对附属医院在行政和党组织关系、干部任命权限、财务及资产等所有权和行业管理权等方面的不同情况进行梳理和分析。对6家直接管理的附属医院大型医疗器械和药品采购管理情况进行了全面排摸。针对上述两项排查中发现的问题,研究制定相应的规章制度,完善管理程序,加强管理档案建设,运用信息化手段加强动态监管。

二是加强和改进附属医院领导班子建设和监管。完善附属医院党政联席会议制度、"三重一大"决策机制及信息公开制度,进一步提升附属医院科学管理、民主管理、规范管理水平。制定了《附属医院党政负责人考核工作方案》,形成对附属医院领导班子明确有效的激励和约束机制。进一步落实医院领导班子成员不得兼任科室负责人的规定,确保任职期间把主要精力投入医院管理工作。研究制定附属医院管理干部轮岗交流的制度。学校还将通过常规巡视、专项巡查和审计监督等方式,加强对附属医院工作的有效监督。

三是加强对附属医院大型医疗器械、药品和耗材采购的监管。进一步落实附属医院党风廉政责任制,加强附属医院纪委对采购环节的监督。严格执行国家和上海市有关规定,依托有关平台进行集中公开招标采购管理。在大型医疗器械、药品及耗材采购等领域建立附属医院共享专家库。加强附属医院法制宣传教育,定期开展专项督查。

(三)坚持党要管党、从严治党,进一步增强党组织的创造力凝聚力战斗力

针对中央巡视组指出的我校党建工作中存在的薄弱环节,校党委进行了深入对照检查,聚精会神地抓好党的建设,把党要管党、从严治党的要求落实到党的建设各项工作中去。

1. 加强思想政治工作,用社会主义核心价值观引领广大师生

一是强化党委抓思想政治工作的职责。建立党委常委会定期研究党建和思想政治工作、意识形态工作、群团组织和统一战线工作等议题的机制。开展师生思想政治状况调研,及时了解掌握师生思想政治动态。坚持意识形态工作导向和政治纪律要求,坚守法律底线,不给错误思想和言论提供阵地。完善思想政治工作责任制,形成党委统一领导、党政齐抓共管、部门协同配合、基层党组织具体实施、广大干部师生共同参与的工作格局。

二是着力加强教师思想政治工作。制定了《关于进一步加强和改进教师思想政治工作的意见》,对在新形势下丰富教师思想政治工作的内容、创新手段载体、强化条件保障等提出要求。强化教师教书育人的职责,大力开展职业理想、职业道德和学术规范教育,引导教师用理想抱负、学识学风、人格魅力感召学生,用正确的价值观引领学生。高度重视中青年教师思想政治工作,加强教育引导,搭建成长发展平台,拓宽参与社会调研和挂职锻炼的渠道,促进中青年教师坚定政治方向,服务国家战略,强化社会责任,坚持育人为本,树立优良学风。2014年暑期,组织中青年骨干教师130人次参加各类人才培训班。以校党委名义在《求是》杂志上发表《引领中青年教师队伍健康成长》一文,交流了学校在加强中青年教师思想政治工作方面的思考和举措。

三是坚持以马克思主义指导哲学社会科学教学和研究。积极参与马克思主义理论研究和建设工程,进一步加强马克思主义理论学科建设,制定了《马克思主义学院发

展规划》(征求意见稿)。进一步整合各学科力量,加强与国家有关部门合作对接,瞄准国家重大需求,着力建设复旦发展研究院、国际问题研究院等研究平台。进一步加强高校智库建设,组织和吸引一大批中青年学术骨干,围绕中国特色社会主义重大理论和现实问题开展深入研究。积极筹备12月在我校举行的首届"全国高校智库论坛"。

四是切实加强对学生的思想政治引领。在广大学生中深入开展"中国梦"主题教育活动,引导学生深入学习习近平总书记五四重要讲话精神,培育和践行社会主义核心价值观。围绕纪念邓小平同志诞辰110周年、设立"烈士纪念日"、庆祝建国65周年等重大时间节点,开展主题教育活动,引导学生树立报效祖国、服务人民的远大理想。针对广大学生关注的国内外热点、难点问题,组织专家学者开展理论宣讲,编写出版了《中国特色社会主义"五大建设"丛书》《中国超越》等通俗理论读物,引导学生正确认识和分析形势,理性看待前进中的矛盾和问题,坚定"三个自信"。广泛开展社会实践、支教支边、志愿者服务等活动。2014年暑期,组织了270多支队伍、3400多名学生到全国各地开展社会实践,引导学生全面了解国情社情民情,增强服务国家社会的使命感。

五是加强学生心理健康教育和人文关怀。研究制定加强和改进学生心理健康教育工作的实施意见。深入了解学生的学习、生活和思想状况,完善心理危机预防和干预工作机制。加快文化场所和体育设施建设改造,改革学生综合评价标准,引导学生积极参加文体活动,促进身心健康。落实全员育人职责,更好发挥书院和导师在学生全面成长中的作用。

2. 进一步加强基层党组织建设和党员队伍建设,增强生机活力

一是大力加强党支部建设。对全校132个教职工党支部、294个学生党支部进行了摸底调查,了解分析党支部建设状况;发放8348份调查问卷,听取党员和群众对基层党建工作的意见和建议。针对工作比较薄弱的党支部,要求限期进行整改。在此基础上,更加注重对党支部建设的分类指导,就加强和改进教职工党支部、本科生党支部和研究生党支部建设分别提出了指导意见,创新和优化党支部设置,明确党支部工作要求,建立党支部工作评价制度,推动每一个党支部在原有基础上都有新的提高。

二是着力增强组织生活的吸引力和有效性。积极鼓励基层党建工作创新,引导基层党组织紧密围绕学校中心工作,贴近党员思想、工作和生活实际,运用党员喜闻乐见的手段,精心设计组织生活内容和形式,积极开展学习型、服务型、创新型党组织创建活动。学校和院系党组织定期提出组织生活的主题内容,下发学习参考,使组织生活有要求、有指导、有检查、有质量。搭建党建特色创新工作交流展示平台,推出开放式、经常性党支部创新活动申报项目,组织开展"优秀组织生活案例"评选,在校内营造重视和加强基层党建、推动工作改革创新的良好氛围。

三是切实提高发展党员工作质量。制定了《关于加强学生党员发展和教育管理工作的意见》,按照新的《发展党员工作细则》要求,进一步规范工作流程。加大在中青年骨干教师、学科带头人、优秀留学归国人员中发展党员的力度,明确要求学校各级党组织在掌握基本情况和思想状况的基础上,做到主动联系、积极引导。坚持把政治标准放在首位,把工作着力点放在对入党积极分子的培养特别是思想上入党教育上。制定《2014—2018年党员教育培训工作规划》,以增强党性、提高素质为重点,提升党员教育培训的针对性和有效性。

四是在发挥先锋模范作用中不断增强党员意识。巩固教育实践活动成果,健全党组织和党员立足本职岗位创先争优的长效机制。在教师党员中推广"全员导师制"、"为人、为学、为师"活动等做法,引导党员争做教书育人的表率;在机关、后勤和公共服务部门党员中推行党员承诺、党员示范岗等做法,引导党员争做管理育人、服务育人的表率;在医务工作者党员中广泛开展义诊和志愿服务活动、设立党员服务窗口,引导党员争做全心全意为患者服务的表率;在学生党员中深化"党员成长计划"和"创建示范党支部"等品牌建设,引导党员做全面发展、成长成才的表率。学校还进一步明确了党员干部联系和服务群众工作制度,形成贯彻党的群众路线的长效机制。2014年底,全校将集中开展民主评议党员活动。

五是加强基层党务工作者队伍建设。选优配强分党委(党总支)书记,明确在规模较大的基层单位,分党委书记一般由专职管理干部担任;专业教师兼任分党委书记的,必须把主要精力投入到管理岗位。配齐分党委组织员(干事)队伍,切实加强队伍的管理和培训。督促基层单位选好配强党支部书记,注重选拔中青年学科带头人、业务骨干担任教职工党支部书记。修订了《党支部书记工作手册》,进一步明确支部书记的工作职责和规范要求,启动新一轮党支部书记轮训工作,完善有利于党支部书记发挥作用的工作机制。

六是健全基层党建工作责任制。把加强对基层党建工作的指导检查列入党员校领导联系基层单位的职责内容。研究制定了《关于建立健全基层党委党建工作责任制的实施办法》,明确将抓基层党建工作情况作为分党委及其主要负责人考评的重要内容,通过日常检查、自查评议、巡视检查、责任追究等手段,强化对基层党建工作的检查和考核。

3. 强化组织纪律和组织观念,加强对干部的严格管理

一是建设专业化职业化的干部队伍。抓好干部队伍源头建设,强化干部基层锻炼和培养机制,逐步做到机关干部有基层一线经历,院系专职管理干部有学生工作经历,处级以上领导干部有挂职和多岗位锻炼经历。进一步健全校院两级党委中心组学习制度,制定了《2014—2018年干部教育培训规划》,针对不同干部群体的特点,突出分层分类要求,开展有针对性的培训,全方位提高干部能力和素质。创新干部培养举措,加大轮岗交流和挂职锻炼力度,完善干部多渠道培养、多岗位锻炼、多途径发展的体制机制。制定《管理人员职员职级聘用办法》,加强管理人员队伍建设,完善管理人员发展通道,鼓励干部走专业化、职业化发展道路。

二是严格干部管理和监督。制定了校党委《关于加强干部严格管理的意见》，对干部管理监督提出具体要求。强化干部的组织纪律和组织观念，严格执行民主集中制、工作请示报告制度、出国出境审批和出差报备制度、个人有关事项报告制度等。强化干部的党性修养和作风养成，践行"三严三实"要求。落实诫勉谈话、函询、经济责任审计等日常管理监督制度，对干部出现的苗头性问题早提醒早教育。执行干部问责制度，切实加强对不胜任、不称职干部的组织调整工作。

三是完善干部考核评价制度。制定了《中层党政领导班子和领导干部考核办法（试行）》。改进年度考核，完善任期考核，注重日常考核，围绕完成工作目标和履行岗位职责等情况，分类设置不同岗位考核评价的具体指标，增强考核的针对性、科学性和有效性。注重对考核结果的运用，把考核评价与干部选拔任用、管理监督、激励约束等相结合，形成正确的用人导向。

三、全面深化学校综合改革，从源头上规范完善权力运行和监督制约的体制机制

针对巡视中发现的问题和党风廉政建设中存在的薄弱环节，校党委要求，不仅要着眼于治标，更要注重治本，按照构建中国特色现代大学制度的要求，着力深化内部治理体系和基本运行模式改革，带动资源配置方式和一系列综合配套改革。通过改革，深入查找并解决学校在管理体制、运行机制、制度建设、监督手段等方面存在的问题和漏洞，使权力运行更加科学、民主、规范、有序，从源头上预防和治理腐败。

一是推进学校内部治理体系改革。坚持和完善党委领导下的校长负责制，进一步明确和规范了议事决策程序，建立重大问题决策的前置机制，把深入调查研究、充分听取各方意见作为决策必经环节，提高决策的科学化、民主化、规范化水平。制定和完善《复旦大学章程》，进一步规范学校内部治理架构和办学行为。目前，章程已完成了核准程序，近期将由教育部发布。继续做好制度的"废改立"工作，废止和宣布失效文件、制度655件，结合实际新建和修订一批制度，为建立健全系统配套的管理制度体系打下了坚实基础。健全各类学术组织的运行机制，修订《学术委员会章程》《学术规范实施条例（试行）》《学位评定委员会章程》，完善教学指导委员会的运行制度，支持各类群团组织、党派团体、专业咨询机构开展工作，健全校院两级教职工代表大会制度，不断完善学校民主管理、民主监督体系。

二是推进校院两级管理体制改革。进一步理顺校部机关机构设置，梳理明确各部门职责，规范和精简内设科室。有序推进权力下放，减少审批事项，简化办事程序，实现管理重心下移，推动机关职能由注重审批管理向加强监督管理转变。加强学院内部管理体制和能力建设，明确学院两级管理的基本要求和准入标准，切实加强学院领导班子和党政管理人员队伍建设，合理设置学院自主办学运行所必需的管理服务机构和岗位，建立健全学院内部管理制度和运行规则。

三是深化人财物等领域的配套改革。按照推进校院两级管理的要求，制定了深化人事、财务、资产、后勤等领域综合改革的方案。进一步规范教师队伍管理，继续推进人事聘任制度改革和学术评价体系改革，深化收入分配制度改革，引导教师全身心投入人才培养工作。实行校院两级财务全额预算制度，实施会计委派制，建立以目标为导向配置院系发展经费的机制，切实提高办学经费的使用效益。按照各类资产的运行特点和规律，制定分类管理办法，推动资产的有偿使用、资源的优化配置和资本的保值增值。深化后勤服务社会化改革，合理配置后勤资源，加强后勤服务监管，提高后勤服务标准化、规范化水平。建立集服务师生、信息公开、民主监督等功能为一体的校级管理信息公共服务平台，实现对学校教学、科研、人事、财务、资产、后勤等运行状况的实时监控，为校院两级加强监管、考核和信息公开提供有力支撑。

我校专项巡视整改工作虽然取得了一些进展，但我们清醒地认识到，这仅仅是全面深化改革、改进学校工作的一个新起点。我们将深入贯彻落实党的十八大和十八届三中全会精神，认真学习贯彻习近平总书记关于巡视工作和在党的群众路线教育实践活动总结大会上的重要讲话精神，认真落实从严治党责任，改革创新、攻坚克难、常抓不懈、持之以恒，通过全力推进中央专项巡视整改工作，继续深化学校各项改革，扎实推进党风廉政建设工作，为加快建设世界一流大学、实现中华民族伟大复兴的中国梦而努力奋斗！

复旦大学关于推进校院两级管理体制改革的若干意见

（2014年10月22日）

为贯彻落实党的十八届三中全会关于深化教育领域综合改革的精神，进一步加强学校治理体系和治理能力建设，充分调动校院两级办学积极性，全面提高教育质量和办学水平，加快建设世界一流大学，现就推进校院两级管理体制改革提出如下意见。

一、充分认识推进校院两级管理体制改革的重要性和紧迫性

1. 校院两级管理体制改革是建设世界一流大学的重要内涵。建设世界一流大学，必须有一流的管理。推进校院两级管理体制改革，建立健全符合高校科学发展要求的

管理体制和机制,是建设世界一流大学的应有之义。

2. 校院两级管理体制改革是构建现代大学制度的基本任务。学院是大学的基本办学主体,校院两级管理是现代大学的基本运行模式。推进校院两级管理体制改革,真正落实学院办学主体地位,完善学校治理体系,提高学校治理能力和管理水平,充分激发办学活力,符合建立中国特色现代大学制度的改革方向。

3. 校院两级管理体制改革是解决突出问题、加快学校发展的紧迫要求。随着高等教育事业的迅猛发展,学校原有的内部管理体制逐渐显现权力过于集中、管理效率不高、办学缺乏活力等弊端。推进校院两级管理体制改革,是切实解决"深入基层大走访大调研活动"中广大师生反映强烈的突出问题,深入贯彻学校第十四次党代会精神和党的群众路线教育实践活动整改落实要求,加快学校发展的关键切入点。

二、明确推进校院两级管理体制改革的指导思想、主要目标和基本原则

4. 推进校院两级管理体制改革的指导思想是：深入贯彻党的十八届三中全会精神,坚持党委领导下的校长负责制,紧紧围绕全面提高教育质量、加快建设世界一流大学的办学目标,按照构建中国特色现代大学制度、推进学校治理体系和治理能力现代化的要求,以理顺、优化校院两级权责关系为基础,深化学校内部管理运行模式改革,转变校部机关职能,扩大学院办学自主权,带动学校一系列综合配套改革,充分调动校院两级积极性,充分激发校院两级发展的内在动力,全面提高学校管理水平和办学效益。

5. 推进校院两级管理体制改革的主要目标是：用两年左右时间,建立健全学校宏观管理、学院自主运行的校院两级管理体制,提升校部机关谋划运作、组织协调、监督管理及综合服务能力,推动学院自主管理、自我约束、规范运行、加快发展,形成校院两级互动联动、协调统一、充满活力、合力发展的管理运行机制,学校治理体系进一步完善,学校治理能力显著提高。

6. 推进校院两级管理体制改革的基本原则是：统一领导与分级管理相结合,落实两级管理主体及各自职责,实现权力两级运作,围绕学校办学总体目标形成有机整体;目标定位与资源配置相结合,明确学院在学校总体发展中的目标定位,以此为导向配置相应的权力和资源;权力下放与加强监督相结合,在学校管理重心下移、权力下放的同时,对学院的自主管理运行加强监督检查和考核评估;推进改革与加快发展相结合,通过推进校院两级管理改革和综合配套改革,激发校院两级办学活力,加快建设世界一流大学。

三、转变机关职能,提升学校管理服务水平

7. 精简校部机关和管理人员。按照精简、高效的原则调整校部机关,核减机关部门及科室数量,规范设置,明确职责,理顺部门间关系及部门内部关系;核定校部机关人员岗位和编制,精兵简政,提高效率;加强管理队伍建设,形成校院两级管理岗位人员统一招聘、双向流动、多途径发展的机制。

8. 切实转变机关职能。机关部门简政放权,公布"权力清单",减少审批事项,进一步优化工作流程;围绕国家战略和学校重点工作,主动加强谋划运作,提升对外联络和拓展能力;加强宏观统筹管理和主动协调,建立跨部门跨单位组织协调的有效手段和长效机制;强化监督管理,完善工作机制,加强事中、事后监管。

9. 加强机关管理制度建设。机关部门梳理现行各项管理制度,做好制度的"废改立";与简政放权相适应,着力加强以制定规则、标准、程序和规范为重点的新制度建设;按照现代大学制度要求,建立健全系统配套的管理制度体系。

10. 提高机关服务水平。机关部门优化办事流程,减少环节,提高效率,为师生提供便捷的日常服务;建立各部门工作信息库,在此基础上建成并运行学校统一的管理信息公共服务平台,实现管理信息共享和师生员工基本信息自动生成表格;面向二级单位和师生员工,积极开展信息、政策、业务、对外交往等方面的组织联络服务。

11. 改进机关作风。认真贯彻落实群众路线,遵从《复旦大学机关工作人员行为规范》,牢固树立服务意识,强化服务理念;注重深入基层开展经常性调查研究,及时发现工作中的问题,加强有针对性的指导;进一步畅通群众反映问题的日常渠道,及时回应师生关切;推行"首问责任制"、"限时办结制"等,为基层和群众提供主动、高效的服务。

四、推进权力下放,增强学院办学活力

12. 规范完善二级单位设置。梳理学校现有教学科研机构,逐步调整和规范校内二级单位设置,以一级学科或若干一级学科为基础,把学院建设成为统筹人才培养和学科、平台建设的办学实体。

13. 加强学院自主办学能力建设。切实加强学院领导班子建设,健全学院党政联席会议制度,完善学术委员会、学位分委员会、教学指导委员会、教职工代表大会等基本治理组织;建立健全学院内部管理制度和运行规则,规范工作流程,完善内部监督和信息公开制度;合理设置学院自主办学运行必要的管理服务机构和岗位,调整充实学院党政管理队伍。

14. 做好学院学科发展规划和人力资源规划。根据学校学科发展总体规划确定的目标、任务和要求,学院制定学科发展规划,明确学科建设的目标、重点和举措;结合学科发展规划,在学校匡定的学院人员总体控制数范围内,学院制定人力资源规划,明确各类人才队伍的规模、结构及实施计划。

15. 扩大学院财务管理自主权。以目标为导向核拨办学经费,根据不同学科的特点和学院管理运行的实际需要,核定学院基本运行经费、基本发展经费及重点支持经费;调整学校财务管理、资产管理、科研管理、平台基地管理、创收和捐赠收入管理等政策,增强学院整体财力,支持学院对办学经费统筹实施自主管理。

16. 扩大学院人事管理自主权。学校根据校内基本政

策及校院两级人力资源规划,将各类岗位及相关资源整体配置给学院;学院在人力资源规划框架内,根据学校基本的准入条件,自主开展教学科研人员预聘和流动科研人员聘任,自主使用学校整体下达的高级职务晋升名额,自主评聘七级及以下职员职级;增强学院统筹开展各类人才队伍培养的能力,支持学院自主开展青年教师和教学科研支撑队伍建设;加大岗位津贴浮动范围,整体下拨绩效奖励,优化科研项目间接费和创收收入分配管理办法,扩大学院收入分配自主权。

17. 扩大学院教学、科研和其他事务管理自主权。强化学院教学管理职责,学院在学校指导下完善培养方案、专业及学位标准,自主加强课程、教材建设;加强科研项目和经费管理,细化管理办法,明确校院两级在科研项目及经费管理中的具体职责;依据国家和学校相关规定,在加强规范管理的基础上,鼓励学院积极拓展国内、国际学生交流、师资交流和学术合作;从资产有效使用出发,区分不同类别、不同层次资产,扩大学院采购、分配、使用和管理自主权。

五、加强宏观管理,确保校院两级联动

18. 深化学校综合配套改革。完善各类科研项目、科研经费和专利管理制度,根据国家相关规定调整、规范科研管理政策;推进人事聘任、收入分配制度及评价体系改革,进一步规范教师队伍管理,完善职员职级制,加强实验技术和流动科研队伍建设;实行校院两级财务全额预算制度,进一步加强预决算管理和考核监督,推行会计委派制;实施《复旦大学国有资产管理暂行办法》,按照各类资产的运行特点和规律,建立各类资产配置标准体系,制定分类管理办法;深化后勤体制改革,合理配置后勤资源,实行能源和水资源校院两级管理,规范、改进物业管理。

19. 建立校院两级统筹联动的管理运行体系。加强校院两级工作统筹协调,密切上下互动,形成有机整体,强化有组织、体系化的工作能力;健全校院两级规划体系,建立对学院规划的论证评估机制,促进校院两级规划的互动和统筹推进。

20. 强化管理监督。加强校院两级纪检监察体系建设,全面落实党风廉政建设责任制;健全权力运行制约和监督机制,以决策与执行为重点环节,以人财物管理为重点部位,规范管理制度,明确管理责任,完善内控机制,加强审计监督;充分发挥各级群团组织和专业咨询机构作用,自觉接受广大师生和社会监督。

21. 扩大信息公开。完善校院两级信息公开制度,进一步扩大和规范信息公开的内容;通过管理信息公共服务平台,实现对学校教学、科研、人事、财务、资产、后勤等运行状况的实时监控,为校院两级信息公开提供有力支撑。

22. 完善考核评估体系。加强绩效管理,建立校院两级绩效考评体系及奖惩机制;充分依托管理信息公共服务平台,推进校部机关和院系工作绩效公开、透明;改进机关考评办法,把作风建设状况和群众评议纳入机关部门考核体系。

23. 落实校党委巡视制度。贯彻《中共复旦大学委员会巡视工作办法(试行)》,加强对基层领导班子工作状况的监督检查,确保校院两级管理有效实施和学校事业科学发展。

六、强化组织保障,有序推进改革

24. 加强组织领导。学校成立推进校院两级管理体制改革领导小组,由党政主要领导担任组长,相关校领导参加,负责统筹推进改革。领导小组下设办公室,负责协调、督办、落实相关工作。

25. 明确纪律要求。树立大局观念,严明组织纪律,明确工作职责和进度要求,严格按照学校确定的改革目标、工作方案及实施步骤推进落实。

26. 加强干部队伍建设。严格对各级干部的管理和监督,加强干部培养锻炼和教育培训,增强党性修养和宗旨意识,提高谋划运作、组织协调、执行落实、科学管理的能力,建设专业化、职业化的干部队伍。

27. 分批有序推进。选取若干设置比较规范、管理基础较好的学院进行学科规划论证、人力资源规划论证以及两级管理总体方案认定,先行试点,边实施、边总结、边完善,制定切实可行的过渡时期两级管理运行规范,力争用两年左右时间在全校所有学院分批推进。

2011年11月7日，学校发布《关于成立〈复旦大学章程〉制定工作小组的通知》（校通字〔2011〕34号），章程制定工作正式开始。在章程制定过程中，章程制定工作小组反复讨论审议章程内容，多次组织校内各机构和群体对章程内容进行讨论，并广泛向校内外公开征求意见。

2014年4月10日，章程制定工作小组向校长办公会议汇报了章程制定工作，经校会讨论同意，章程草案递交教职工代表大会讨论。4月18日，章程草案递交学校教职工代表大会讨论，经过为期7天的学校教职工代表大会充分讨论吸取意见后，章程制定工作小组对章程草案进行了修改完善。6月4日，章程草案面向校内师生和与学校密切相关的机构和人士征求意见。经过为期10天的校内外公开征求意见后，章程制定工作小组对文本继续修改完善，由学校党委会审定后，最终形成《复旦大学章程（核准稿）》。

《复旦大学章程》在6月20日提交教育部核准后，于7月29日由教育部2014年第24次部务会议讨论通过，拟予以核准。8月28日，由政策法规司将专家及主管部门修改意见反馈至我校，并要求在9月3日前确认修改情况。学校由法定代表人签字确认并反馈教育部。之后，教育部法制办公室又与学校多次联系，对某些修改细节作明确确认。9月初，修改后的《复旦大学章程》提交教育部核准。

2014年10月20日，教育部办公厅印发第36号《中华人民共和国教育部高等学校章程核准书》，《复旦大学章程》在7月29日教育部第24次部务会议审议通过，于10月11日予以核准，自即日起生效。2014年11月18日，学校发布《关于发布〈复旦大学章程〉的通知》（复委〔2014〕48号），根据教育部办公厅印发的《中华人民共和国教育部高等学校章程核准书》（第36号），正式发布《复旦大学章程》。

复旦大学章程

序　言

复旦大学前身是1905年创办的复旦公学，是中国最早由民间自主创办的高等学校之一。1952年院系调整后，学校成为以文理基础教学和研究为主的综合性大学。上海医科大学前身是1927年创办的国立第四中山大学医学院，是国人自主创办的第一所国立高等医科院校。2000年，复旦大学与上海医科大学合并，组建新的复旦大学。

复旦校名取自《尚书大传》之"日月光华，旦复旦兮"，喻示大学是社会之光，与日月同辉。学校的办学理念是其校歌所传颂的学术独立和思想自由，强调学术的价值在于探究真理，守护文明，正谊明道，不计其功。学校以"博学而笃志，切问而近思"为校训，同样强调以学术精神滋养师生，坚持理想，坚守价值，治学严谨，为学有恒。学校始终秉持团结、服务与牺牲的精神，强调学校、师生的社会责任和国家使命。

当此国家发展、民族复兴之际，复旦师生谨建此章程。立志继承先贤创校的初志，坚持学校办学定位，致力于培养服务国家和民族未来的各类人才，鼓励各种旨在增进人类福祉与健康的创造性研究，保护学术和思想的多样性，尊重文化传统，促进文明互信，通过学术和思想的事业，引领并服务于整个社会的进步和人类的文明进程。

复旦大学全体师生员工均当自觉维护学校声誉，共同推进改革和进步。

第一章　总　则

第一条　本章程根据教育法、高等教育法制定。

第二条　为了推动学校面向社会依法自主办学，规范学校内部治理和运行的制度，制定本章程。

第三条　学校由国家举办，学校的行政主管部门为国务院教育行政部门。

第四条　学校是事业单位法人，按照党委领导、校长负责、师生治学、民主管理的基本原则运行。

第五条　学校坚持通识教育的培养理念，注重学生的全面发展，尊重学生自我管理，培养具有人文情怀、科学精神、国际视野、专业素养的人才。

第六条　师生依法独立自主开展学术研究，相互支持与协作，享有表达学术思想以及发表学术成果，对学术思想进行质疑、检验的权利，并且承担遵守学术规范、维护学术诚信的义务。

第七条　学校在招生、学科和专业设置、教学活动、科学研究、技术开发与社会服务、国际交流与合作、机构设置与人员配备、财产处置等方面依法享有办学自主权。

第八条　学校举办者和主管部门为学校提供办学经费和资源支持，保障学校办学条件；支持学校按照法律、法规和学校章程独立自主办学；依法综合应用立法、拨款、规划等手段对学校办学进行管理和监督，通过专门机构或者指定社会中介机构对学校的学科、专业和办学质量进行评估。

根据事业发展需要，经举办者和主管部门同意，学校可以设立或者调整校区。

第二章　治理体系与基本职能

第九条　学校实行中国共产党复旦大学委员会（简称学校党委）领导下的校长负责制，学校党委是学校的领导核心，统一领导学校工作，支持校长独立负责地行使职权。学校党委的主要职责是：

（一）坚持社会主义办学方向，贯彻执行中国共产党的路线、方针、政策；

（二）审定学校基本管理制度，讨论决定学校改革发展稳定以及教学、科研、行政管理中的重大事项；

（三）讨论决定学校内部组织机构的设置及其负责人；

（四）领导学校的思想政治工作和德育工作，坚持立德树人，推进全员育人；

（五）领导学校的工会、共青团、妇委会、学生会等群众组织和教职工代表大会，对学校内民主党派的基层组织实行政治领导，支持他们依照各自的章程开展活动；

（六）法律、党内法规和有关规定确定的其他职责。

学校党委委员由学校党员代表大会选举产生，任期一般为五年。学校党委设立常务委员会（简称党委常委会），党委常委会由学校党委全体会议（简称党委全委会）选举产生，对学校党委负责并定期报告工作。

中国共产党复旦大学纪律检查委员会为负责党内监督的专门机关，由学校党员代表大会选举产生，根据相关规定履行职责。

学校党的基层组织按照相关规定设置，接受学校党委的领导。

党委全委会会议、党委常委会会议、校长办公会议等学校重要会议，由学校党委制定议事规则加以规范。

第十条 校长是学校的法定代表人。校长全面负责组织学术活动和行政管理工作，其主要职权是：

（一）拟订发展规划，制定具体规章制度和年度工作计划并组织实施；

（二）拟订院系、学科和专业设置及调整的方案；

（三）组织招生、教学活动和德育工作、科研管理、对外合作与交流、校园基本建设、公共服务与保障等活动；

（四）拟订内部组织机构的设置方案，推荐副校长人选，任免内部组织机构的负责人；

（五）聘任与解聘教师、职员，对学生进行学籍管理并且给予奖励或者处分；

（六）拟订和执行年度经费预算方案，保护和管理学校资产，维护学校的合法权益；

（七）法律规定的其他职权。

校长办公会议是学校行政议事决策机构，是校长行使职权的基本形式，处理前款规定的事项。

学校设置副校长、总会计师，在校长领导下分管学校的学术活动和其他行政工作。校长、副校长、总会计师的任免方式、任期按照国家有关规定实施。

第十一条 学校设置学术委员会。学术委员会是学校的最高学术机构，根据相关章程统筹行使学术事务的决策、审议、评定和咨询等职权。学术委员会委员由各学术分委员会提名，根据学科与教师规模确定人数并选举产生，其中学术委员会主任委员由校长提名、全体委员选举产生。学术委员会委员实行任期制，每届任期四年，委员可以连任，但连任人数不应超过上届总人数的三分之二，连任委员任期一般不超过两届。学校党政领导不参加学术委员会。学术委员会的主要职权是：

（一）建议学科发展方向，审议与学术事务相关的重要发展规划、发展战略及教学与科研重大项目的申报；

（二）审议学术机构设置方案；

（三）决定学校教师职务聘任的学术标准与办法；

（四）评定并推荐研究成果；

（五）决定学术评价、争议处理规则，维护学术道德规范；

（六）维护学校教师、学生在学术上的正当权利；

（七）受理对学术不端行为的举报，调查并认定学术违规行为，裁决学术纠纷；

（八）学校委托的其他需要学术委员会审议或者决定的事项。

学校应当就预决算中教学与科研经费的分配及使用、开展中外合作办学、重大项目合作等问题听取学术委员会意见，对学术委员会提出明确不同意见的学术事项应作出说明、重新协商或者暂缓执行。

各院系设立学术分委员会，根据学术委员会的授权以及相关章程开展活动，接受学术委员会的指导和监督。其他学术机构设置的学术委员会根据其章程开展活动。

第十二条 学校设置学位评定委员会。学位评定委员会是学校的学位管理机构，根据法律规定及相关章程开展活动。学位评定委员会委员原则上根据学校学科设置情况在研究生导师中遴选产生，校长任学位评定委员会主席。学位评定委员会委员实行任期制，每届任期四年，委员可以连任。学位评定委员会的主要职权是：

（一）审议、制定与学位授予及导师遴选相关的标准及细则；

（二）审议硕士、博士学位授权学科、专业的设置和调整；

（三）作出批准授予学士、硕士、博士学位的决定；

（四）通过授予名誉博士学位的人员名单；

（五）处理授予学位的争议，作出撤销已授学位的决定；

（六）审议通过博士生导师岗位任职资格人员名单，作出暂停或撤销博士生导师岗位任职资格的决定；

（七）学校委托的其他需要学位评定委员会审议或者决定的事项。

学位评定委员会根据学科门类下设学位评定分委员会。

第十三条 学校设置教学指导委员会。教学指导委员会是学校教学工作的指导、咨询、审议和监督机构，根据相关章程开展活动。教学指导委员会委员人数根据学科分布和院系专业设置情况确定，委员候选人在征求各方面意见的基础上确定，由校长聘任。教学指导委员会委员实行任期制，每届任期四年，学生委员任期两年，委员可以连任。教学指导委员会的主要职权是：

（一）提出与学校人才培养、教学相关的政策建议或者重大议题；

（二）审议学校招生改革、教学体系改革和人才培养模式改革方案，审议通识教育整体规划和各学科培养方案，审议本科专业的设置方案；

（三）推进教学研究，评议教学成果和奖励；

（四）指导教学质量评估工作；

（五）学校委托的其他需要教学指导委员会审议或者决定的事项。

第十四条 学校设置校务委员会。校务委员会是学校重大事务的咨询和审议机构，对学校事业发展总体规划、年度工作计划、财务预决算、重大发展项目、重大改革方案和举措等进行咨询和审议。校务委员会委员由学校党政领导、学术治理系统各委员会的负责人、院系和职能部门代表以及师生代表组成，学校党委书记任校务委员会主任。校务委员会委员实行任期制，每届任期四年，学生委员任期两年，委员可以连任。校务委员会领导下设各专

门咨询委员会,根据相关章程开展活动:

(一)发展与规划委员会是学校发展改革与规划工作的咨询机构,参与学校重要规划和重大改革方案的制订工作,受学校党委和校长委托,组织调查研究,提供论证报告和咨询意见;

(二)预决算委员会是学校预决算管理工作的咨询机构,负责对学校预决算的编制、调整、执行等工作提出咨询意见;

(三)根据学校发展要求,可设置其他专门咨询委员会。

第十五条 学校通过教职工代表大会等组织形式,依法保障教职员工行使民主权利,参与学校民主管理和监督。

教职工代表大会根据相关章程开展活动,其代表由教职员工民主选举产生,实行任期制,任期五年,代表可以连任。教职工代表大会每学年至少召开一次全体会议,其意见和建议以会议决议的方式作出。教职工代表大会的主要职权是:

(一)听取学校章程制定和修订情况报告、学校年度工作报告、学校重大改革和重大问题解决方案等报告,提出意见和建议;

(二)审议与教职员工切身利益有关的重大事项和重要规章制度;

(三)按照有关规定和安排评议学校各级党政负责人;民主评议学校各项工作,监督学校章程、重要规章制度和重大决策的落实情况,提出整改意见和建议;

(四)学校委托的其他需要教职工代表大会审议或者决定的事项。

复旦大学工会是复旦大学教职员工自愿结合的群众组织,是教职工代表大会的日常工作机构,以维护教职员工的合法权益为基本职责,根据相关章程开展活动。

共青团复旦大学委员会是中国共产主义青年团在复旦大学的基层组织,受学校党委和上级团委领导,以组织、引领和服务青年,维护青年权益为基本职能,根据相关章程开展活动。

复旦大学妇女工作委员会是复旦大学妇女群众组织,以代表和维护女性教职员工和学生的权益,促进男女平等为基本职责,根据相关章程开展活动。

第十六条 学校依法建立监察、审计制度,设立相关机构,对学校各机构和工作人员的履职行为依法进行监督。监察、审计机构依法行使职权,不受其他部门、团体和个人的干涉。

第三章 学术活动与机构

第十七条 学校是以学术为核心的共同体,教学与研究是学校的基本学术活动。教学推动研究,研究促进教学,保持最高水准的教学和研究是学校学术发展的目标。

第十八条 学校尊重和保护学术自由,尊重教师的教学权利和学生的学习权利,鼓励师生挑战未知领域,开展原创性的研究活动,开创新的学术领域,主办学术期刊等学术交流平台,推动跨校、跨国的研究合作,在全球性合作研究中发挥引领作用。学校以最优秀的教学和研究成果回馈社会,认真对待社会各界与学校在基础研究、人才培养和研究成果开发等领域的合作。

第十九条 学校是综合性研究型大学,研究领域涵盖艺术和人文、社会科学和管理、数学和自然科学、医学和健康领域、工程科学和技术。学校根据国家和区域经济社会发展的需求、高等教育和人才成长的规律,结合学校发展目标和人才培养条件,依法自主设置和调整学科与专业门类。

第二十条 学校的基本教育形式是全日制本科生教育和研究生教育。在本科生教育中,学校构建以通识教育为基础、专业教育为核心、研究性学习和书院生活为特征的教育教学体系,并且坚持不懈地自我完善。在研究生教育中,学校以培养学术研究人员和高级专门人才为目标,构建多样、复合的学术型和专业型学位体系。学校设置本科生院和研究生院,分别是本科生和研究生招生及教育教学全过程事务的管理机构。

第二十一条 学校依法自主确定学位标准,授予学士、硕士以及博士学位;依法向为社会发展和人类文明进步作出突出贡献的卓越学者或著名社会活动家授予名誉博士学位,自主设置与境外高校联合学位项目。

第二十二条 学校向世界开放,接纳来自世界各国各地区的教师、学者和学生,并且积极派遣本校教师和学生到海外学习访问,主动构建和参与国际学术网络。学校积极面向社会和区域发展的需求,利用现代化教育手段和多样化办学机制,开展继续教育和终身教育。

第二十三条 学校实行学校、院系两级管理体系。

院系是学校学术活动的主体机构,其设立、变更或者撤销由校长提议,报学术委员会审议后,由学校党委全委会或者党委常委会审议决定。

行政部门是保障学校运行的管理和服务机构,根据校长的授权履行职责。其设立、变更或者撤销由校长提议,学校党委全委会或者党委常委会审议决定。

第二十四条 学校根据人才培养的要求和学科属性设置学院,并且根据发展需要予以调整。学校按照事权相宜和权责一致的原则,在人、财、物等方面规范有序地赋予学院相应的管理权力,指导和监督学院相对独立地自主运行。

学院根据学校的规划、规定和授权,履行以下职权:

(一)发展学科和建设师资队伍;
(二)制订专业教学计划并组织实施;
(三)组织开展学术活动;
(四)负责学生的教育与管理;
(五)围绕学术优势和专业能力组织社会服务活动;
(六)在学校统一协调下开展国际交流与合作;
(七)拟订内设机构方案,选聘和管理学院内部的各类岗位人员;
(八)管理使用学校核拨的经费和资产;
(九)行使学校授予的其他职权。

具有独立建制的学系享有与学院同等的职权;其他学术单位按照设定目标和学校授权履行职责。

第二十五条 根据医学学科特性和办学传统,学校设置上海医学院和附属医院。

第二十六条 上海医学院在医学发展规划、人事及资源配置、学科建设、人才培养、学术活动、对外交流等方面,具有相对独立的管理权限。学校确定一名副校长兼任上海医学院院长,在校长授权下统筹管理与医学相关的学术活动、对外交流和行政事务。

第二十七条　附属医院是学校医学教育和研究的重要组成部分,也是面向社会提供医疗服务的重要机构。上海医学院根据学校授权对其履行管理职能。

第二十八条　研究机构是学校研究体系的重要组成部分,原则上依托所在学科的院系管理。各级重点研究机构根据相关管理规定由学校和院系共同予以支持,并且接受学校监督。

第二十九条　学校根据学科发展规划或者重大研究任务需要,可以设置直属学校的研究机构和公共平台。校属研究机构和公共平台的负责人由校长任命或者聘任。

第三十条　学校图书馆系统通过优化馆藏为学术活动、决策咨询提供文献信息资源服务,为知识学习、学术思想交流提供开放式空间,激发探索与创造。

第四章　教职员工、学生和校友

第一节　教职员工

第三十一条　教职员工由教师、教学科研辅助人员、管理人员和工勤技能人员等组成。学校对教职员工队伍实行分类管理。

第三十二条　教师是由学校聘任专职从事教学科研工作的人员。学校通过预聘与长聘结合的聘任制度和代表性成果为核心的晋升制度,建设具有国际竞争力的教师队伍,保持学校的学术水准和人才培养的水平。

第三十三条　职员包括教学科研辅助人员、管理人员、工勤技能人员,以服务师生为准则,为学校学术活动等工作的有序运行与发展提供管理、服务、技术和保障。

第三十四条　教职员工享有以下权利:
(一)开展教学和研究活动,进行学术交流,在学术活动中充分发表意见;
(二)公平、公正地获得学校提供的各项服务,按照规定条件获得职业发展的机会、相应的荣誉和奖励;
(三)按工作需要使用学校的公共资源;
(四)在品德、能力等方面获得公正评价;
(五)知悉校务以及涉及自身利益的各类事项,并且提出意见和建议;
(六)参与学校民主管理和决策,对学校改革、发展和建设的重大事项提出意见和建议;
(七)对学校给予的处理进行陈述、申辩,向学校或者教育行政主管部门提出申诉;
(八)法律规定和合同约定的其他权利。

第三十五条　教职员工负有以下义务:
(一)遵守国家法律法规和学校规章制度;
(二)珍惜学校名誉,维护学校利益,爱护学校财产;
(三)为人师表,爱护学生,立德树人;
(四)不断提高教学质量,追求高水平研究;
(五)遵守学术规范,维护学术诚信;
(六)法律规定的其他义务。

第三十六条　学校对取得突出成绩或者为学校争得荣誉的教职员工集体和个人进行表彰;对违反法律、法规以及学校规定的教职员工进行相应处理。

第三十七条　学校建立教职员工发展制度,建立培训体系,支持教职员工的职业发展与自我完善。

第三十八条　学校设立人事争议调解机构,处理教职员工的申诉。

第三十九条　兼职教授、顾问教授、名誉教授、在站博士后、访问学者、进修教师等其他教育工作者,在本校从事学术活动期间,根据法律、学校规定和合同约定,享受相应权利,履行相应义务,学校为其提供必要的条件和帮助。

第四十条　学校设立离退休教职员工管理委员会,关心和服务离退休教职员工。

第二节　学　　生

第四十一条　学生是指由学校录取并且取得入学资格,在学校注册并且获得学籍的受教育者。

第四十二条　学校根据国家政策和自主认定的人才选拔标准,招收具有良好综合素质和创新潜质的优秀学生。

第四十三条　学生在校,应当以学习为要务。学生在规定年限内达到规定学业标准,可以获得相应的学历证书、学位证书。成绩优异,符合国家政策且通过学校规定选拔程序的学生,可受推荐免试攻读更高学位。

第四十四条　学生享有以下权利:
(一)公平、公正地获得学校提供的各项服务、机会,使用教学设施和公共资源;
(二)在品德、学业、综合素质等方面获得公正评价;
(三)依照学校规章制度组织和参与各类学生团体;
(四)知悉校务和涉及自身利益的学校各类事项,并且提出意见和建议;
(五)参与学校民主管理和决策,对学校教育、管理和服务提出意见和建议;
(六)对学校给予的处理进行陈述、申辩,向学校或者教育行政主管部门提出申诉;
(七)法律规定的其他权利。

第四十五条　学生负有以下义务:
(一)遵守国家法律法规和学校规章制度;
(二)珍惜学校名誉,维护学校利益,爱护学校设施;
(三)尊重师长,友爱同学,修德践行;
(四)追求卓越的学业水准,遵守学术道德和规范;
(五)按规定交纳学费;
(六)法律规定的其他义务。

第四十六条　学校对取得突出成绩或者为学校争得荣誉的学生集体和个人进行表彰;对违反法律、法规以及学校相关规定的学生进行相应处理。

第四十七条　学校通过助学金、勤工助学等方式帮助家庭经济困难学生,保障学生不因家庭经济困难影响学业。

第四十八条　学生群体内部事务,原则上由学生自主管理、自我完善;学校积极为学生团体开展健康有益活动、参与学校治理提供保障。

复旦大学学生会以及研究生会是学校党委领导下的学生群众团体,是学生自我服务、自我管理、自我教育、自我监督的组织,根据其章程开展活动。复旦大学学生代表大会以及研究生代表大会是全校本（专）科学生以及研究生参与学生事务的最高权力机关。

第四十九条　学校设立学生申诉处理机构，处理学生的申诉。

第五十条　交换学生、进修生等其他在校学习或者接受继续教育的学员，在学校从事学术活动期间，根据法律、政策和学校的规定，享受相应权利，履行相应义务，学校为其提供必要的条件和帮助。

第三节　校　友

第五十一条　校友是曾经在学校学习、工作过的人员。学校向校友通报学校发展情况与发展设想，听取校友的意见和建议，鼓励校友参与学校建设与发展，努力为校友提供必要的支持。校友应维护学校形象和声誉。

第五章　保障体系

第五十二条　学校经费来源以财政拨款为主，学校通过多种渠道筹措辅助办学经费。

第五十三条　学校积极拓展办学经费来源，筹集办学资金。对校友以及社会各界友好人士的捐赠，学校本着节俭高效的原则加以使用，确保捐赠目的的实现。

第五十四条　学校实行统一领导、分级管理的财务管理体制，通过实施全额预决算管理，明确财权事权，规范收支行为，全面提升办学绩效，充分发挥财务管理在学校治理中的重要基础和支柱作用。

第五十五条　学校资产为国家所有，由学校依法依规占有、使用和处置。学校实行统一领导、归口管理的资产管理体制，推动资源的优化配置和资本的保值增值，切实维护学校的权益，确保国有资产的安全、完整。

第五十六条　学校设置和完善公共服务机构，为教职员工和学生提供服务，保障学术、行政管理等各项工作的开展。各公共服务机构根据学校规定履行保障和服务等职能。

第五十七条　校园为全体师生、校友共同的精神家园，校园规划必须珍视传统，着眼长远，服务学术发展，促进师生交流，注重保护校园生态、文化环境与优秀历史建筑。

第五十八条　学校保障校园安全与稳定，维护信息与网络安全，倡导校园文明，加强节能管理，建设和谐校园。

第六章　外部关系

第五十九条　学校设立董事会。学校董事会是由热心教育事业并且关心支持学校发展的社会各界人士、知名校友和学校代表组成的咨询、议事和监督机构，旨在促进学校与社会建立广泛联系与合作，筹措学校办学资金，健全监督机制。

第六十条　学校主动拓展社会服务，积极开展社会合作，回应社会需求，扩大办学社会参与，建立合作联动的有效机制，积极争取更多的发展机遇和资源，促进地方和社区成为充满活力的居住地和工作地，并且使学校发展更可持续化。

第六十一条　学校坚持面向世界，走向世界，根据需要依法建立与境外学术机构的合作关系，发起、组织、参加或者退出有关学术活动的国际联盟和合作组织，广泛开展协同合作，并且致力于在全球视野下传播和发展中国文化，不断提高学校的国际影响力。

第六十二条　学校实行信息公开制度，及时向社会以及新闻媒体发布办学信息，主动接受社会监督和评价，塑造学校良好社会形象。

第六十三条　学校校园是公共设施，在保障学术活动和师生生活秩序的基础上，适当向社会开放。

第六十四条　复旦大学校友会和上海医科大学校友会是复旦大学和原上海医科大学校友自愿组成的具有法人资格的全国性非营利社会组织。校友会根据国家有关规定以及相关章程，促进海内外各地域、各行业校友组织发展，开展各类校友活动，广泛联络和服务校友。

第六十五条　学校依法设立基金会，接受面向学校的所有捐赠，其教育基金主要用于支持学校发展。基金会根据法律和相关章程开展活动。学校在充分尊重捐赠人意愿的前提下，按照科学、规范、高效的原则使用捐赠资金。

第六十六条　学校的分立、合并、终止以及变更名称等重要事项，由学校提议，经全校教职员工和学生充分讨论，由校长办公会、学校党委全会分别审议通过，并报举办者审批，方可实施。

第七章　学校标识

第六十七条　学校名称是复旦大学，英文名称是FUDAN UNIVERSITY。

第六十八条　学校的标识系统包括题名、徽志等。

题名繁体中文"復旦大學"由毛泽东主席题写。

徽志为正圆形，内圈正中为小篆繁体中文"復旦"字样，内外圈间为复旦大学英文名称"FUDAN UNIVERSITY"以及建校年份"1905"。

标识系统主要色彩是复旦蓝（R：14，G：65，B：156）、复旦红（R：204，G：26，B：26）。

校旗、学校徽章是印有题名、徽志的旗帜、徽章。

第六十九条　学校的校训是"博学而笃志，切问而近思"。

第七十条　学校的校歌创作于1925年，由刘大白作词，丰子恺作曲。

第七十一条　学校的校庆日是每年的5月27日。

第七十二条　学校住所是上海市杨浦区邯郸路220号。

第七十三条　学校官方网站地址是www.fudan.edu.cn。

第八章　附　则

第七十四条　本章程的修改由校长办公会议或者教职工代表大会提出，经由学校教职工代表大会以会议决议方式提出修改意见和建议，递交校长办公会议审议，通过学校党委全会审定，由法定代表人签发，报学校主管部门核准。

第七十五条　本章程解释权由学校党委常委会行使。

第七十六条　本章程自学校主管部门核准发布之日起生效实施。本章程生效后，学校或者学校各机构原有规章制度与本章程规定不一致的，均以本章程的规定为准进行修订。

·专 文·

复旦大学 2014 年院士迎春团拜会致辞

(2014 年 1 月 16 日)

校长　杨玉良

各位院士、专家：

银蛇摆尾辞旧岁，金马奋蹄迎新春，在农历新年即将来临之际，首先给各位拜个早年！

下面我简要介绍一下过去一年学校在学科建设和高层次人才队伍建设方面取得的新突破。2013 年，汤钊猷院士当选"上海市教育功臣"，周良辅院士获何梁何利科技进步奖。物理学系孙鑫教授、数学科学学院陈恕行教授、生命学院金力教授分别当选中科院数学物理学部、生命科学和医学学部院士，另有四位校友分别当选中国科学院外籍院士、中国科学院院士和中国工程院院士。

学校积极推进服务国家、服务上海战略，以复旦发展研究院为支撑，复旦有五个智库入选首批上海市智库建设项目，全国高校智库论坛秘书处也落户我校。我校共获得 10 项第九届上海市决策咨询研究成果奖项，居上海高校之首。面向国家重大需求，学校组建培育了微电子学院以及一批重要的科研平台和协同创新中心。新增重大科学研究计划青年首席科学家项目 1 项、教育部创新团队 4 个，新增上海市重点实验室 3 个、教育部工程研究中心 1 个。

在队伍建设方面，我校共有 20 人入选国家"千人计划"（含创新长短期、溯及既往、外专项目、青年项目），7 人入选教育部"长江学者"，3 人入选国家杰青，4 人入选百千万人才工程国家级人选，1 人入选科技部创新人才推进计划，15 人入选国家优青，14 人入选上海市"千人计划"，11 人获上海市优秀学科带头人称号，11 人入选上海市领军人才，12 人入选上海市"东方学者"。2013 年引进了 1 名院士、2 名长江学者，5 名杰青获得者、1 名东方学者，高水平领军人才引进人数超过历年之和。此外，学校以"卓越人才计划"为核心，完善人才队伍培养体系，为各类人才铺设"成长阶梯"。

新的一年，学校将以党的十八届三中全会精神为指引，大力推进学校管理创新和制度创新，为事业发展提供强劲的驱动力，推动学科建设和师资队伍建设更上一个台阶。

最后，再次祝大家新春愉快，身体健康，阖家幸福！

在 2014 年加强党风廉政建设干部大会上的讲话

(2014 年 4 月 15 日)

党委书记　朱之文

这次加强党风廉政建设干部大会的主要任务是学习贯彻十八届中央纪委三次全会和教育系统党风廉政建设工作会议精神，结合我校当前实际，部署推进今年的党风廉政建设工作。刚才，袁正宏同志代表纪委作了工作报告，杨玉良校长就加强一些重点领域和关键环节的监管作了部署。下面，我结合今年党风廉政建设的重点任务和学校的重点工作，讲四点意见。

一、认真落实主体责任和监督责任

党风廉政建设责任制是反腐倡廉建设的一项重要基础性制度。去年召开的党的十八届三中全会对落实党风廉政建设责任制提出了新的要求，强调"党委负主体责任，纪委负监督责任，要制定实施切实可行的责任追究制度"。我们要按照中央要求，切实抓好党风廉政建设责任制的落实。

第一，强化党委的主体责任。党委是全校的领导核心，发挥总揽全局、协调各方的作用。我们要切实加强对党风廉政建设的统一领导，认真落实习近平总书记提出的党委在选好用好干部、纠正损害群众切身利益的行为、强化权力运行制约和监督、领导和支持专门机关查处违纪违法问题、当好廉洁从政表率等五个方面的主体责任。一要制定工作规划。前不久,中央颁布了《建立健全惩治和预防腐败体系 2013—2017 年工作规划》,这个规划是今后几年开展党风廉政建设和反腐败工作的指导性文件。我们要抓紧制定我校的实施办法,关键是根据中央要求,结合我校实际,抓住群众反映强烈的突出问题,抓住重点领域和关键环节,提出有针对性的思路举措,以改革的精神抓好学校党风廉政建设和反腐败工作,使反腐倡廉工作与学校发展和党的建设其他方面工作良性互动、协调推进。二要加强教育监督。我们要加强对干部的经常性教育、经常性提醒、经常性监督,把廉洁自律作为新上岗干部的第一课、党校干部教育的必修课,把培养廉洁价值理念贯穿于党员干部教育、培养、使用和管理全过程。最近,教育部就一些高校在经济责任审计中发现的问题以及教育系统一些典型案例作了通报,我们要运用这些案例进行有针对性的教育,全面开展自查自纠,举一反三,强化监督管理,防止类似问题发生。三要解决突出问题。联系我校党风廉政建设工作的实际,当前我们要着力研究解决一些领域制度不够完善、相互不够衔接、不够配套的问题,着力研究解决一些领域基础工作比较薄弱、管理不够规范、监督不够有力的问题,着力研究解决一些干部执行党风廉政建设责任制自觉性不高的问题,着力研究解决干部作风和机关作风方面存在的问题,要以党风廉政建设的实际成效取信于师生、取信于社会。

第二,强化纪委的监督责任。党的纪律检查委员会是加强党内监督、执行党的纪律的专门机关。学校纪委履行监督责任,重点要做好三方面工作。一是抓好党风廉政建设任务落实。要根据上级纪委和学校党委的部署,确定年度重点工作任务,特别是要加强对各级领导班子和干部执行党的政治纪律、组织纪律的监督检查,加强对落实党风廉政建设责任制的监督检查,加强对执行"三重一大"决策制度的监督检查,加强对贯彻中央八项规定、反对"四风"的监督检查,加强对其他违纪违规问题的监督检查。分析带有普遍性的问题,发现苗头性、倾向性问题,及时向党委提出加强党风廉政建设的工作建议。二是加强重点领域和关键环节监管。按照教育部党组的部署,结合我校实际,今年我们既要抓好招生录取、基建项目、科研经费、财务管理、资产管理等传统领域的监管,又要抓好对外合作、知识产权、资产经营等新兴领域的监管,对这些权力相对集中、经济活动比较活跃的领域,要切实盯紧盯住,督促有关部门从完善制度、健全机制、加强管理入手,堵塞漏洞,防止腐败问题发生。三是加大查办违纪违规案件力度。要坚持从严执纪,认真对待来信来访,严格规范办信查案工作,做到有信必办、有案必查、有腐必反。要高度重视办信查案的治本功能,深入剖析案件发生的原因,注重从管理和制度层面查找问题,用发生在干部教师身边的案例开展警示教育,达到处理一个人、教育大多数,查办一个案件、解决一类问题的目的。

第三,强化各级领导干部的"一岗双责"意识。这些年来,随着党风廉政责任制的落实,随着反腐倡廉建设的力度加大,干部"一岗双责"的意识总体上得到了加强,但仍然存在不平衡现象。比如,有的同志思想认识不到位,觉得反腐倡廉与本单位本部门关系不大,与自己联系更少;有的同志对自己要求比较严格,但对分管领域抓得不紧,不敢大胆管理、从严要求;有的同志对一些基本的规章制度学习了解不够,工作线条较粗,对管理漏洞麻痹大意。各级党员领导干部要从更深的层次来认识腐败问题对高校的危害,从更高的站位来认识抓党风廉政建设是一项重要的政治责任,进一步增强"一岗双责"意识,切实做到守土有责。一要把党风廉政建设与业务工作一起部署、一起落实、一起检查。按照"谁主管、谁负责"的要求,对分管领域的党风廉政建设要经常思考、经常研究、经常推进。管理工作拓展到哪里,党风廉政建设的职责就要延伸到哪里。二要切实发挥示范带头作用。各级领导干部,首先从我做起,从校领导班子成员做起,要以身作则,率先垂范,要求别人做到的,自己首先做到,要求别人不做的,自己坚决不做,以实际行动树标杆、作表率。三要大胆管理、严格管理。从严管理是对学校事业的高度负责,也是对干部的最大爱护。各级领导干部既要严于律己管住自己,又要严格要求管好部下,对不良现象要坚持原则、敢抓敢管,对不良苗头要早发现、早提醒、早纠正,对违纪违规问题要旗帜鲜明,不能姑息迁就。

二、以改革的精神推进党风廉政建设

近年来,随着学校事业快速发展,办学规模不断扩大,经济活动日益频繁,党风廉政建设存在不少老问题,也面临很多新情况。我们要站在更高的起点,从更深的层次上来思考党风廉政建设,既要着眼于治标,又要着眼于治本,既要解决具体问题,又要从管理体制、运行机制、制度建设、监督手段上查找和分析原因,堵塞漏洞,不断提高党风廉政建设工作的水平。

第一,通过深化改革推进党风廉政建设。今年是学校全面深化改革之年。深化改革既是激发各领域办学活力,推动学校事业发展的需要;也是加强基础管理,完善权力运行和监督机制,从源头上预防和治理腐败的需要。一是深化决策体系改革。我们要坚持和完善党委领导下的校长负责制,进一步健全党委常委会、党委全委会、校长办公会议事规则,确保民主集中制的贯彻执行,确保"三重一大"都是经过集体讨论决定,确保权力科学规范有序运行。我们要把深入调查研究、充分听取各方面意见作为重大问题决策的必经环节、前置程序,充分发挥各类学术组织、群团组织、党派团体、专业咨询机构以及教职工代表大会和全校师生的作用,确保重大决策建立在充分发扬民主、科学研究论证的基础上,最大限度地减少决策失误。我们还要建立全校统一的管理信息公共服务平台,实现各条线信息的集成共享、定期更新,在此基础上加强对学校运行情况的实时监测和对各类数据的利用分析,提高决策的科学化水平。二是深化校院两级管理体制改革。当前,学校管理中一个比较突出的问题是权力相对集中在学校层面、集中在校部机关。一方面,院系缺乏积极性主动性,办学活力不足；另一方面，大量事务集中在机关，容易造成既管不了，又管不好，还会带来很多潜在的问题。从这个意义说，推进校院两级管理改革，不断完善学校的基本运行模式，既有利于激发校院两级的办学活力，又有利于从根本上健全权力运行和监督机制。目前，学校正在加快制订《校院两级管理体制改革的若干意见》，从机关部门来讲，要加快机关职能转变，推进管理重心下移，取消调整审批事项，把不该管的坚决放给院系，把该管的切实管起来。从院系来讲，要健全内部治理结构，完善相关管理规范，加强管理队伍和管理能力建设，为承接两级管理做好准备。要特别强调的是，机关权力下放绝不等于一放了之，要从注重事前审批向注重事中事后的监管转变，学会运用规则、标准、程序进行管理，把该管的事情管住、管好，管得科学、有效。**三是深化综合配套改革**。包括深化人事管理改革，完善校院两级人力资源规划和人力资源配置方案；深化财务管理改革，推进校院两级实行财务全额预决算，明确以目标为导向配置办学经费；深化资产管理改革，推动资产的有偿使用、资源的优化配置和资产的保值增值；深化后勤管理改革，进一步明确主管部门的监管职能，优化监管体系等等。总之，要通过人财物等重要领域的改革，进一步健全权力运行监督和制约机制，切实提高资源的使用效益。

第二，通过完善制度推进党风廉政建设。制度建设是一项全局性、基础性工程。在教育实践活动中，我们制定了《制度建设计划》，确定拟新建或修订的制度72项，目前已经完成28项，其他部分有的已形成初稿或征求意见稿，有的已进入送审程序，接下来要进一步加快进度。具体来看，完善制度包括三个方面的内容：**一要针对薄弱环节完善制度**。目前，学校引进了第三方机构，正在对资产管理、修缮管理以及两个试点院系的内部控制体系进行梳理，有针对性地查找风险点，健全规章制度，完善工作程序。这项工作完成后，我们要及时总结，争取形成一批可复制的经验，在全校范围内推广，针对工作中的薄弱环节，着力查找漏洞、完善制度，全面推进内部控制体系的规范建设。**二要针对新兴领域健全制度**。我们要把问题想在前面，把工作做在前面。比如，在知识产权管理方面，要加快完善相关规定，既防止国有知识产权流失，又保护好科研人员；在对外合作监管方面，要加强合同管理，从源头上防止损害学校利益、影响学校声誉的问题发生；在国有资产管理方面，要在不久前出台的《国有资产管理办法》基础上，进一步推进资产分类管理，健全全过程全方位的监管体系。**三要围绕深化改革建立制度**。改革的全面深入推进，既会带来管理模式的创新，也涉及管理手段的变化，还涉及管理政策的调整，与之相适应有一系列制度需要建立或重新修订。我们要在人事管理、财务管理、资产管理、教学管理、科研管理、后勤管理等领域加快制度建设的步伐，还要抓好制度的衔接，避免各条线制度交叉重复或相互打架的情况，力争形成一套科学合理、系统配套的体系，切实做到用制度管人、管事，为惩防体系建设提供坚强保障。

第三，通过强化监督推进党风廉政建设。加强监督，目的是确保权力在阳光下运行。权力运行到哪里，监督就应该延伸到哪里。具体来看，**一要通过信息公开强化监督**。今年教育部将出台"高校信息公开50条"，明确公开的具体事项。我们要根据教育部的要求，进一步扩大信息公开的范围和内容，要在全面梳理基础上，推动机关各部门公开职能职责、审批事项和办事流程，推动二级单位加大信息公开的力度，努力做到决策公开、管理公开、服务公开、结果公开。我们还要进一步拓展信息公开的形式，坚持和完善党内情况通报和校情报告制度，积极运用新媒体增强信息公开的实效性。**二要通过考核强化监督**。今年我们要完善针对中层领导班子和干部、机关部门和干部的考核评价办法，建立健全下级考核上级、上级考核下级、同级相互考核的机制。校领导要接受中层领导班子和干部以及全校师生员工的考核评议，校部机关和干部要接受基层单位和服务对象的考核评议，院系领导班子和干部要接受学校和机关部门、所在单位师生员工的考核评议。还要把对个人的考核和对单位的考核结合起来，把对工作的考核和对落实党风廉政建设责任制的考核结合起来，切实发挥考核在民主监督中的作用。**三要通过审计强化监督**。在加强审计力量、普遍进行审计的同时，要把工作重点放在与财务和资产管理紧密相关、经济活动比较活跃的重点领域、关键环节和关键岗位上。通过审计，一方面规范财务收支和经济活动，另一方面要在发现问题的基础上总结经验，防范风险，提高资金使用效益。**四要通过巡视强化监督**。今年，校党委将选取一批单位开展校内巡视工作。根据中央精神，我们要紧紧围绕党风廉政建设和反腐败工作这个核心，紧紧抓住加强权力运行监督这个主题，加强对基层单位领导班子及其主要负责人的监督检查。要加强巡视成果的运用，对巡视发现的问题，督促相关单位切实整改，同时下决心、动真格推动干部能上能下。

三、把作风建设不断引向深入

作风是党风的重要组成部分。在党的群众路线教育实践活动中，我们着力加强干部和机关作风建设，聚焦反对"四风"的要求，联系我校实际，重点抓领导班子和干部队伍中存在的精神懈怠、工作不实、脱离群众、铺张浪费等突出问题，增强了活动的针对性，取得了较好的效果。作风问题具有顽固性、反复性，必须一抓到底，常抓不懈。各级党员领导干部要认真落实习近平总书记关于弘扬焦裕禄精神、践行"三严三实"的要求，努力做到严以修身、严以用权、严以律己，谋事要实、创业要实、做人要实，不断把作风建设引向深入。

一要提升思想道德修养。抓反腐倡廉，抓作风建设，起决定性作用的是理想信念和道德修养，最根本的问题是如何看待公和私。作为党员干部，就是要公私分明、先公后私、公而忘私，就是要一心为公、克己奉公、秉公办事。我们每一位党员领导干部都要按更高的标准来要求自己，加强党性修养，坚定理想信念，带头践行社会主义核心价值观，提升思想、品德和文化修养，追求高尚情操；要坚持党的教育方针，牢固树立服务国家的意识，坚定建设世界一流大学的信心和决心，把个人的发展与学校的发展紧密联系起来；要坚持实实在在做人做事，忠诚老实、为人厚道,襟怀坦白、公道正派;要心存敬畏之心,敬畏组织、敬畏法纪、敬畏群众,坚持自重、自省、自警、自励,始终按规则、按制度办事,不搞特殊化、不为个人谋私利。

二要深入贯彻八项规定。中央颁布改进工作作风、密切联系群众的八项规定以来,校党委研究制定了具体的实施办法,细化为22条具体措施,同时,我们还制定了贯彻《党政机关厉行节约反对浪费条例》的实施意见,从多个方面细化了标准要求,提出了具体举措。下一步,我们要进一步完善相关配套制度,特别是根据新的要求,修订财务报销、出国出境、办公用房、节能管理等方面的制度,更重要的是,要强化制度的约束力,强化制度的执行,强化违反制度的处理。这里我还要特别指出的是,我们还要从规划、机制、管理入手,来切实做到厉行节约、反对浪费。要加强重大项目规划、计划的论证,规划计划的节约是最大的节约,做不好规划计划的浪费是最大的浪费,要从源头上进行管控,加强科学论证,深化具体方案,实现资源有效配置;要完善大型仪器设备共享机制,最大限度实现资源开放共享,尽最大努力避免不必要的重复购置;要加强经费使用的管理,今年学校机关部门的日常办公经费预算一律在去年执行数基础上再压缩5%,不得突破;同时我们在学术研究、学术交流和学术活动中也要落实好反对浪费、厉行节约的要求,加强科研经费的管理,用好每一分公共资源。

三要践行党的群众路线。为了健全党员干部联系基层、联系群众的长效机制,校党委先后研究制定了《校领导联系基层制度》、《校领导定点联系基层单位分工》、《校领导接待日制度》、《关于加强党内情况通报制度的实施意见》等一系列文件。特别是在《校领导联系基层制度》中,我们作出了一系列的具体规定,包括:校领导要经常深入联系单位调查研究、检查指导工作;要面向干部群众宣讲党的路线方针政策,做好重要校情的通报阐释;要参加联系单位领导班子民主生活会和其他重要会议;每年与联系单位党政负责人谈心;每学期要到联系单位听课等。同时建立校领导联系基层情况工作记录,年终总结和述职时要进行专题报告。希望同志们加强对我们的监督。同时,各部处、各院系的负责同志也要经常深入基层、深入一线、深入师生中,开展调查研究,了解群众需求,做好群众工作。校党委正在研究制定建立健全党员干部联系和服务群众制度的实施办法。文件下发后,希望大家结合各自实际,抓好贯彻落实。

四要弘扬真抓实干精神。无论是贯彻党代会精神,还是落实教育实践活动整改任务,无论是推进改革发展,还是加强党风廉政建设,都离不开真抓实干。"不干,半点马克思主义都没有。"我们要坚持求真务实,从实际出发谋划事业和工作,使思路、政策、方案符合学校实际、符合客观规律、符合科学精神,不搞形式主义,不搞华而不实,不图虚名,不做虚功;要坚持用心投入,担任领导干部就要有牺牲精神,敢于牺牲自己的时间和业务,在其位、谋其政,用心想事、用心干事;要坚持奋发有为,面对工作要勇于担当、敢抓敢管,面对机遇要善于谋划运作、积极争取资源,面对困难要迎难而上、勇于破解难题;要坚持狠抓落实,坚决克服"说过就算做过,做过就算做好了"的现象,定下来的事情要雷厉风行、抓紧实施,部署了的工作要一抓到底、抓出成效,以高度的执行力确保各项工作落到实处。

此外,我们还要坚持不懈地抓好机关作风建设。校党委已经研究制定了《关于进一步加强机关作风建设的若干意见》等三个制度性文件。下一步,我们要专门召开机关作风建设大会进行部署。有关内容我在这里就不展开了。

四、严明党的纪律,强化组织观念

今年,学校各项工作任务很重,体现出三个方面的特点。一是改革力度大,党代会部署的各项改革将全面展开,领域广、层次深、难度大,牵一发而动全身。二是发展任务重,提高人才培养质量、完善学科建设规划、提高科学研究水平、加强人才队伍建设、构建重大研究平台、拓展对外合作以及推进校区建设和校园改扩建等,都有大量的工作要做。三是稳定要求高,校园安全稳定面临不小的压力,特别是因为校园改扩建的需要,枫林校区在暑假前要完成4 000多人的搬迁和安置,有序做好这项工作,既是确保建设项目如期启动的需要,也是学校事业长远发展的需要。面对如此艰巨繁重的任务,强调大局、强调纪律、强调步调一致就显得特别重要。按照中央要求,结合我校实际,今年在纪律建设上要重点强调以下四项工作。

一是严明政治纪律。遵守政治纪律,不是空洞的口号,而是有着具体的、实在的要求。遵守政治纪律,就是要认真学习党的十八大和十八届二中、三中全会精神,认真学习习近平总书记系列重要讲话精神,自觉维护中央权威,在思想上、政治上、行动上同以习近平同志为总书记的党中央保持高度一致,做到在大是大非面前头脑清醒、立场坚定;就是要全面贯彻党的教育方针,始终坚持社会主义办学方向,始终把培养中国特色社会主义事业的合格建设者和可靠接班人作为学校的根本任务;就是要加强对课堂、讲座、报告会和网络的管理,严格遵守宪法和法律,坚持"学术研究无禁区,课堂讲授有纪律",自觉践行教师职业道德规范。

二是强化组织观念。组织观念说到底就是如何看待个人与组织关系的问题。我们有的干部在岗位时间长了就随心所欲、忘乎所以了,有的对组织决定合意的执行、不合意的就不执行,有的对组织交给的任务、安排的工作,拈轻怕重、讨价还价,还有的干部学校开会不来参加、也不请假,想来就来、想走就走,布置了工作不知道,也不来补课、不去落实等等,这些都是组织观念不强、党性不纯的表现。我们每一位党员干部都要自觉强化党的意识、强化组织观念,牢记自己的第一身份是党员,第一职责是为党工作。要认真参加组织活动。我在这里要特别强调会议纪律。作为党员干部,参加学校党委和行政召开的重要会议就是你的工作之一,回去以后抓好会议精神的传达和组织落实就是你的工作任务,有特殊原因不能参会的必须请假,事后必须通过各种形式补课。要自觉服从组织决定,牢固树立全校"一盘棋"思想,对组织作出的决策要坚决执行;对组织交给的任务,不挑三拣四、不拈轻怕重;完成组织布置的工作,不讲条件、不打折扣,确保中央和学校政令畅通,各项工作能够落到实处。要正确对待组织培养,党员干部的成长与进步,既靠个人努力,更离不开组织的教育和培养,离不开组织提供的机会和平台,离不开同志们的关心和帮助,要始终做到谦虚谨慎、戒骄戒躁,以感恩的心态投入到工作中去。

三是遵守组织制度。党的组织制度很多,特别是民主集中制、党内生活制度等都必须严格执行。这里我重点强调一下落实请示报告制度。当前,在请示报告制度方面存在不少问题,有的干部自由散漫、松松垮垮,外出不请假、出差不报批,干了什么、去了哪里,组织上都不知道;有的单位和干部对一些应当请示的工作,搞先斩后奏、边斩边奏,甚至斩而不奏,等到出了问题学校才知道;还有的对一些棘手的、较难解决的工作,借口请示汇报搁置不办、久拖不决、推诿扯皮。我们这么大的学校,这么多单位和教职员工,当前改革发展任务又这么重,如果都各行其是、自作主张,想干什么就干什么,想不干什么就不干什么,那么很多政策措施就不能落实到位,很多工作就会被耽搁掉。因此,有必要进一步强化请示报告制度。**要坚持领导干部外出报告和出差审批制度**,学校已经作出了规定,各级领导干部都要严格执行,不允许未经批准擅自离开工作岗位,保证把更多的精力投入到学校管理工作中。**要严格执行工作报告制度**,对于上级业务主管部门下达的有关重要政策、重要文件和重要工作,对于条线工作中应该让上级知道、由上级决策的重要工作、重大事项,对于基层的有关重要情况、重大问题,各部门、各单位都要坚持该请示的必须请示,该报告的必须报告,而且要及时、客观、全面、准确地报告。要认真落实领导干部个人有关事项报告制度,今年年初,全校各级领导干部都进行了个人有关事项集中申报,今后我们还要落实年度定期申报和重大事项日常报告制度,要做到如实申报。学校层面还将根据有关规定进行抽查核实。

四是加强组织管理。要完善干部监督管理制度。今年,校党委将制定《进一步从严管理干部的意见》,针对我校实际,对从严管理干部提出若干具体要求,切实做到严格教育、严格约束、严格监督、严格考核。要加强经常性监督,强化正风肃纪、严格要求,落实诚勉、函询、谈话提醒、经济责任审计、巡视等日常管理监督制度。要严格纪律的执行,对违反纪律的行为要严肃追究责任,督促纠正整改,做到纪律面前人人平等、遵守纪律没有特权、执行纪律没有例外。

最近,中央巡视组来到我校开展专项巡视。这既是对我们的鞭策和激励,也是我们进一步加强党风廉政建设的重要契机。我们要全力支持中央巡视组开展工作,自觉诚恳接受监督,诚心诚意接受巡视。要把接受巡视的过程变成发现问题、查找差距的过程,变成加强管理、完善制度的过程,变成振奋精神、加快发展的过程。只要全校上下共同努力,我校的党风廉政建设就一定能够抓得更好,一定能够取得新的更大的成绩。

在复旦大学六届二次教代会上的讲话

(2014年4月25日)

党委书记 朱之文

经过全体代表的共同努力,复旦大学第六届教代会暨第十七届工代会第二次会议圆满完成了各项议程,就要闭幕了。会议期间,各位代表以高度负责的精神,认真履行职责,围绕学校事业发展和教代会工作,共商大计,提出了许多好的意见和建议。在这里,我代表学校党委,向大会的圆满成功表示热烈的祝贺!向各位代表,并通过你们向为学校事业发展付出辛勤劳动的全校教职员工表示衷心的感谢和崇高的敬意!

这次教代会的一项重要任务,就是讨论《复旦大学章程(草案)》。大学章程将对学校的治理结构、运行模式、师生权益和外部关系等作出明确规定,是学校依法自主办学、实施管理和履行公共职能的基本准则,是办学治校的总章程,是指导和规范学校各项工作的总纲。制定大学章程是一项重大改革,是全校上下的一件大事,需要广大师生员工的积极参与。这次教代会上,广大代表围绕章程草案,提出了很多很好的意见和建议,这对于我们把章程草案修改好、完善好具有十分重要的作用。下一步,学校相关部门要认真研究大家的意见建议,充分吸收到章程草案的修改中去。同时,我们要以章程制定为契机,进一步推进学校内部治理体系和权力运行机制改革,逐步建立以大学章程为核心,由各类规章制度构成的现代大学制度体系,为加快创建世界一流大学提供坚强保障。

今天,借这个机会,我想就学校治理体系和治理能力建设的一个重要方面,即如何推进决策体系改革,提高决策的科学化、民主化水平,谈几点意见,与大家交流。

一、决策体系改革是学校全面深化改革的重要组成部分

今年是学校全面深化改革之年。我们要推进内部治理体系改革、校院两级管理体制改革、人才培养模式改革,以及人事管理、财务管理、资产管理、后勤管理等一系列综合配套改革。这是一项系统工程,而决策体系改革是其中的重要组成部分。我们考虑,推进决策体系改革,要把握好三条基本原则。**首先,决策体系改革的基础是师生员工的广泛参与**。师生员工是创建世界一流大学的主体,是学校历史的创造者,在他们中蕴藏着极大的激情、智慧和力量。我们推进决策体系改革,就是要着眼于让更多的师生员工参与到学校各项工作中来,把师生员工的意见建议体现到学校的各项决策中去,调动和发挥师生员工的热情和干劲,凝聚起建设一流大学的无穷智慧和强大力量。**其次,决策体系改革的关键是提高决策的科学化民主化水平。**实现学校的健康、和谐、持续发展,最大限度地避免失误,离不开科学决策、民主决策。我们推进决策体系改革,就是要通过深入的调查研究、充分的咨询论证、科学的方法手段,让决策更加符合办学规律,符合广大师生员工的根本利益;就是要通过对决策方案的评估、修订、完善,通过对执行过程的跟踪、反馈和纠错,让决策更加切合学校实际,切合事业发展需要。**第三,决策体系改革的保障是规范化的制度建设。**衡量一所学校的内部治理体系是不是完善,一条重要标准就是看学校工作的各个方面是否形成了一整套比较成熟、比较定型的制度。决策体系也是如此。我们推进决策体系改革,就是要着眼于将科学决策、民主决策的有关要素通过规则、程序、制度的形式固定下来。哪些事项通过什么形式决策,经过哪几项程序,需要哪些人参与讨论,都要有章可循、有规可依。只有这样,才能最大限度地减少决策的随意性、盲目性,为正确决策提供制度保障。

二、深入推进决策体系改革

近年来,随着学校事业的发展、各项改革的推进、管理监督的加强,我们的决策体系也在不断完善。但是,与科学决策、民主决策的要求相比,还有不小的差距,还需要不断改革和完善。深入推进决策体系改革,首先要坚持和完善党委领导下的校长负责制,坚持和完善民主集中制,坚持和完善校院两级管理的基本运行模式。在这一基本框架之下,我们要充分尊重师生员工的主体地位,坚持民主办学、民主管理、民主监督,在全校建立起一套科学、民主、规范的决策体制机制。在这方面,我想至少可以做好5项工作。

一是加强决策的基础信息建设。充分占有各种信息并进行科学分析判断和有效利用,是正确决策的前提和基础。我们既要了解掌握国家层面的重大战略、规划和政策措施,又要了解掌握区域的重大需求、资源和合作机会;既要了解掌握国外一流大学的最新发展态势,又要了解掌握国内各高校的改革发展状况;既要了解掌握学校整体的发展情况,又要了解掌握各院系的发展动态。我们还要加强信息库和公共信息服务平台建设,健全信息共享机制,提高数据处理和分析能力,更好地服务科学决策。

二是建立决策前期预研制度。开展前期预研,有利于提高决策的前瞻性、预见性。校领导班子和各职能部门在做好日常工作的同时,对于涉及学校中长期发展规划和跨年度工作计划的重大问题,对于事关全局和长远发展的关键问题,对于改革发展中的热点难点问题,要开展前瞻性研究,提出解决问题的思路和办法。我们可以采取设立重大课题的形式,吸收各类学术组织、专业咨询机构的专家学者以及师生代表参与前期预研,站在相对超脱的角度,从全局视野和专业视角开展决策的可行性探讨,调动各种力量为学校改革发展建言献策。

三是设立决策的前置程序。决策前广泛听取意见,这样的工作我们以前也在做,但还不够规范。我们要进一步明确,所有重大决策,都要将调查研究作为必经环节,将广泛听取各方面意见作为前置程序。学校的重大发展规划、重大改革方案、重大决策举措,要广泛听取师生员工的意见;学术领域的重大事务要交给各类学术组织去审议评定;涉及师生员工切身利益的重大问题要更多听取各类群团组织的意见,提交教代会审议通过;学校改革发展的重大议题,要加强与各党派各团体的协商;涉及财务预决算、事业发展和校园建设规划等一些比较专业性的问题,要更多听取各类咨询机构的意见,等等。我们要通过设立这样的前置程序,从制度上保证科学决策、民主决策的落实。

四是完善决策反馈评估机制。决策不能发布出去后就万事大吉,还要对实施效果进行反馈和评估。我们要加强决策执行中的过程监控,及时掌握决策产生的实际效果,及时了解师生员工的反映,及时发现存在的问题,及时对不适当的政策进行修正和调整。在一个阶段完成后,我们还要对决策实施效果进行全面评估,总结经验教训,为改进完善工作、制定新的决策打下良好基础。为了保证评估的客观性,也可以引入第三方评估。

五是健全经常性联系群众制度。经常深入基层、深入群众、深入一线,广泛听取师生员工的意见,是民主决策的重要保证。前不久,学校印发了《校党政领导联系基层制度》《校领导接待日制度》等文件,从制度上对校领导班子联系群众作出了明确规定。我们要抓好制度的落实,确保领导班子成员了解到一线的真实情况,听到师生员工的意见和呼声。同时要进一步拓展联系群众的途径,确保校长信箱、校园网络、学校官方微博、校园服务平台等群众反映问题的渠道都畅通有效,不仅做到及时解决群众反映的具体问题,还要善于从中发现共性问题,不断改进学校各项工作。

三、为决策体系改革提供支撑保证

决策体系改革是一项系统工程。我们既要抓紧完善相关制度和机制,又要做好各类民主管理机构的支撑保障工作。**要健全各类组织设置,完善组成人员的遴选机制**,注重推荐思想品德好、公道正派、有事业心和责任感、有宽广视野和大局观念、有较高学术水平和群众威望、有较强议事能力的教职工参加到民主管理机构中来。**要完善各类组织章程**,帮助它们建立健全运行机制,完善议事规则和决策程序,强化内部监督和制约,提高工作的科学化、民主化、规范化水平。**要提供相关信息**,通过多种渠道和形式,及时提供有关文件、规划和信息资料,让大家了解相关的政策法规、决策背景、宏观目标、具体措施等。在此基础上,鼓励大家围绕学校改革发展提出高质量、有价值、建设性的意见建议。**要创造良好条件**,为各类组织提供必要的经费、场所支持,依托相关部门,配备得力的工作人员。只有这些组织真正地运转起来,有效地发挥作用,民主决策、民主管理才能落到实处,学校的决策体系才能不断健全和完善。

各位代表，教职工代表大会是广大教职工依法参与学校民主管理、民主监督的基本形式，也是学校决策体系建设的重要环节。推进决策体系改革的一项重要内容，就是要不断完善教代会制度，切实发挥好它在学校决策体系中的作用。这次大会审议通过了新修订的《教职工代表大会实施细则》。学校将全力支持教代会依法履行职权，切实发挥教代会在审议学校重大问题、重大事项和维护教职工合法权益中的作用。我们也希望各位代表不断增强责任意识、大局意识、服务意识，站在建设世界一流大学的高度，积极关心和参与学校发展改革，积极反映广大教职工的意见和呼声，积极维护教职工的整体利益，切实履行好代表职责。

总之，全校广大师生员工，全校各党派、各团体、各组织、各机构，都要团结起来、行动起来，积极参与到学校全面深化改革的各项工作中去，增进共识，凝聚力量，贡献智慧，朝着建设世界一流大学的目标不断向前迈进，共同创造学校更加美好的明天！

在机关作风建设大会上的讲话

（2014年5月14日）
党委书记 朱之文

这次机关作风建设大会，是继去年12月召开机关教育实践活动整改工作推进会部署转变机关职能工作后，校部机关召开的又一次重要会议。会议的主要任务是认真学习习近平总书记五四重要讲话精神，围绕建设世界一流大学的宏伟目标，部署和推进机关作风建设工作，以优良作风、优质服务、优异成绩推动学校各项事业又好又快发展。

校党委一直高度重视机关作风建设工作。2002年，学校召开了新世纪以来第一次机关作风建设大会，强调要树立优良的思想作风和工作作风，建设精干、高效、高水平的机关。此后，在先进性教育、学习实践科学发展观、创先争优等活动中，党委都把机关作风建设作为一个十分重要的命题提出来，强调机关作风建设要常抓不懈。2011年底，在深入基层大走访大调研活动中，广大师生和基层干部对机关作风提出了中肯的意见。党委提出要多管齐下，从根本上抓好机关作风建设。特别是开展党的群众路线教育实践活动以来，我们一方面要求各部门大力转变作风，强化服务意识，改进服务态度，创新服务手段，提高服务实效；另一方面强调要按照深化校院两级管理体制改革的要求，转变机关职能，推进简政放权，从体制机制上为机关作风建设提供保障。回顾这一过程可以看到，近10多年来，我们抓机关作风建设的步伐一直没有停止，转变机关作风的工作在不断深入。作风建设是一个永恒的课题，我们要不断加深理解，不断对照检查，努力站在更高的站位来看待作风建设的意义，按照更高的标准来把握作风建设的要求。正是基于这样的认识，今天我们在这里再次召开机关作风建设大会，不断把作风建设引向深入。

下面，我讲三点意见。

一、站在新的高度充分认识加强机关作风建设的重要性紧迫性

今年五四青年节，习近平总书记到北京大学考察，出席师生座谈会并发表重要讲话。总书记在讲话中深入论述了社会主义核心价值观的重大意义、丰富内涵、历史渊源和实践要求，对广大青年自觉践行社会主义核心价值观寄予了殷切期望。同时，总书记在讲话中还再次发出了建设世界一流大学的总动员令，对深化高等教育改革，办好中国的世界一流大学提出了明确要求。总书记在讲话中点到了复旦，这不仅是对复旦办学历史、办学传统和办学水平的肯定，更重要的是，这体现了以习近平同志为总书记的党中央对复旦的期待和要求，寄托了中央对复旦广大师生的厚望。认真学习总书记讲话精神，进一步增强责任感、紧迫感，紧紧抓住发展机遇，加快建设世界一流大学，这是包括我们机关工作人员在内的每一位师生员工肩负的历史使命。

建设世界一流大学对机关作风建设提出了更高要求。习近平总书记强调，"办好中国的世界一流大学，必须有中国特色"，"没有特色，跟在他人后面亦步亦趋，依样画葫芦，是不可能办成功的"，"越是民族的越是世界的"，"我们要认真吸收世界上先进的办学治学经验，更要遵循教育规律，扎根中国大地办大学。"回顾近一个阶段学校的工作，特别是去年召开的第十四次党代会，我们在集中全校广大党员和师生员工智慧的基础上，提出了加快建设具有中国特色的世界一流大学的奋斗目标，凝练出服务国家等五大战略，作出了一系列任务部署，这些与总书记讲话和中央精神是相符合的。扎根中国大地建设世界一流大学，就要求我们立足中国实际，从中国优秀传统文化中吸取智慧和营养，充分尊重教育规律，借鉴各国先进办学理念，面向国家重大目标和战略，努力培养合格人才，产出高水平研究成果，解决国家和区域发展中面临的重大问题，推动国家发展进步和民族伟大复兴。实现这样的目标，离不开全体师生员工和机关全体干部职工的共同努力。机关是学校运转的枢纽环节、服务师生的重要平台、对外联系的主要窗口，机关干部队伍的思想和工作作风如何，理念观念和精神面貌如何，管理能力和服务水平如何，都直接影响着学校的办学水平，影响着学校事业发展，也影响着向一流大学进军的步伐。因此，我们加强机关作风建设,就是要进一步强化建设世界一流大学的目标意识,进一步强化国家战略、社会责任、历史使命,始终站在国家战略全局和发展前沿思考问题,想国家之所想,急国家之所急,不断提升机关干部的胸怀境界和精神面貌,不断提升谋划运作能力和管理服务水平,加快推动学校各项事业发展。

当前机关存在的突出问题迫切要求我们进一步加强作风建设。应该说,当前机关干部队伍的素质整体是高的,作风总体是好的。特别是教育实践活动以来,机关各部门在转变作风、改进服务方面做了不少工作,基层和师生总体是肯定的。但是在看到成绩的同时,也要保持清醒的认识。我们要看到,与加快建设世界一流大学的宏伟目标相比,与广大师生的要求和期待相比,与机关肩负的责任相比,机关作风还有很多不足,特别是在一些领域、一些部门、一些同志身上还存在比较突出的问题。在教育实践活动中,我们已经对这些问题多次进行了查摆,也点了不少现象,比如学习研究不够,谋划运作能力不够强的问题;服务意识淡薄,宗旨观念不够强的问题;工作作风不够实,执行力不够强的问题;创新精神不足,不敢担当的问题;一些部门管理基础薄弱,内部管理不够严格的问题,等等。这些现象,在教育实践活动中有了一定的改善,但有的依然在不同领域、不同程度、不同形式地存在。我们还要看到,有的部门、有的同志对机关作风建设存在模糊认识和倦怠情绪,认为作风建设是与师生有直接联系的窗口部门、窗口岗位的事,与本部门关系不大,或者认为作风建设抓了很多年,可以解决的问题已经解决了,剩下来的问题很难解决。我们要努力纠正这种模糊认识。机关每一位工作人员都要认识到,作风问题具有反复性、顽固性,机关作风建设是一项长期的任务,不可能一蹴而就、毕其功于一役,也不可能一劳永逸。我们还要认识到,弘扬优良作风永无止境,随着作风建设的不断深入,广大师生对机关作风的期盼也在不断提高,不仅要求机关要有好的态度、好的形象,做到"门好进"、"脸好看",更重要的是,要求机关要有比较高的管理服务水平,做到"事好办"、"事办好",真正服务于基层、服务于师生,从而促进学校各项事业发展。因此,我们要牢固树立"作风建设永远在路上"的理念,坚持不懈、持之以恒地把作风建设抓下去。

二、按照更高的标准把握机关作风建设的要求

当前,学校正在深入推进内部治理体系改革和校院两级管理体制改革。对于机关部门来说,就是要切实转变职能,从权力相对集中向适度简政放权转变,从被动应付事务向主动谋划运作转变,从注重审批管理向加强监督管理转变。因此,我们今天讲机关作风建设,不是从一般意义上讲,而是在转变机关职能的基础上讲作风,从更好适应校院两级管理体制的要求上讲作风,从着眼于建设与一流大学相适应的校部机关和机关干部队伍来讲作风。我们提出,机关作风建设的总目标是,建设学习型、服务型、创新型、效能型机关,建设政治坚定、业务精湛、作风优良的专业化、职业化干部队伍,以优良的作风、优质的服务推动学校各项事业发展。应该说,相比传统意义而言,机关作风建设的内涵更丰富了,要求更高了,意义也更加深远。

根据这样新的目标和要求,校党委研究制定了《关于进一步加强机关作风建设的若干意见》、《机关工作人员行为规范》、《机关作风与效能建设考评监督办法》。这三个文件既有宏观要求,又有行为约束,还有考核措施,形成了一个比较完整的制度体系。这次大会后,这三个文件将正式印发,作为学校加强机关作风建设的长效机制。在这里,对文件的具体内容我不展开了,重点讲一讲贯穿其中的指导原则,也就是我们在机关干部队伍中要大力倡导哪些良好风气。

第一,大力倡导学习研究的风气。

我们提出的建设"四型"机关目标,把"学习型"放在首位,这是因为学习是做好一切工作的前提,只有好学才能不断上进。从总体上看,与建设世界一流大学的目标和使命相比,与推进校院两级管理的要求相比,我们机关干部的能力和素质有适应的一面,也有不适应的一面。随着形势和任务的不断发展,新情况新问题不断涌现,特别是随着校院两级管理的逐步深入,我们适应的一面正在下降,不适应的一面正在上升,"本领恐慌"的问题是客观存在的。我们要有这种危机意识、忧患意识,在机关大力倡导学习研究的良好风气。

*一要提升工作站位。*心中的格局有多大,做的事情就有多大。我们要认真学习党和国家的方针政策,学习习近平总书记系列重要讲话特别要五四讲话精神,深刻理解国家战略,深刻认识我们肩负的责任。当前,我们国家正处在大变革、大发展、大转折的重要历史时期,党的十八届三中全会吹响了全面深化改革的号角,也对深化高等教育改革提出了明确要求。作为国家重中之重的大学,我们每一位机关工作人员都要充分认识肩负的历史责任,不断提升自己的精神境界和工作站位,把个人的发展与学校的发展紧密结合起来,始终站在服务国家战略的高度来推进学校事业发展,始终按照建设世界一流大学的标准来做好我们的工作。*二要了解宏观大势。*当前需要我们学习了解的东西很多。我们要学习了解国家的重大规划、重大政策、重大部署以及区域的重大需求,只有了解国家和区域需要什么、关注什么,谋划运作才有基础;我们要学习了解世界一流大学的先进教育理念,学习了解国内外高校的最新动向和学科发展的前沿,在实践中不断丰富对办学规律的认识,只有这样才能在更高层次上把握发展的大势;我们还要学习了解与本职工作相关的一切知识,鼓励大家多学习历史人文、现代科技、管理科学、法律法规以及外语等各方面知识,不断充实自己、完善自己。*三要形成研究风气。*我们要把管理作为一门学问,认真研究和思考新情况新问题,在更高层面上审视我们的工作。比如要认真研究国家战略对我们提出了哪些新的要求,如何在校院两级管理的新模式下做好机关的工作,如何破解改革发展中面临的难题,如何运用科学的管理理论、手段和方法来改进基础管理工作,等等。我们希望机关的每一位工作人员都能用心思考,深入研究,努力成为你这个领域的管理专家,成为所在岗位的行家里手。

第二，大力倡导自觉服务的风气。

管理和服务是机关部门的两项基本职能。我们强调服务，并不否认管理的重要性。但从根本上讲，加强管理是为了营造良好的环境，保证学校有序运转，从而更好地为学校和各单位事业发展服务。从这个意义上讲，管理也是服务。机关每一位工作人员都要牢固树立服务理念，增强宗旨意识，自觉为师生服务，为基层服务，为教学科研服务。在校党委《关于进一步加强机关作风建设的若干意见》中，我们提出了要推行"首问责任制"、"限时办结制"、"AB角工作制"、"挂牌服务制"、"服务评价制"等举措，目的就是要通过一些实实在在的措施，让加强机关作风建设的要求可操作、可检查，让广大师生能感受到、体会到。在此基础上，我们还要根据新的形势和要求，不断创新服务形式，提升服务质量。

一要在转变职能的基础上拓展服务内容。机关转变职能，核心就是要把不该管的，也管不好，管不了的事放下去、放到位，把该管的切实管起来，而且要管住管好。在此基础上，机关部门要把更多精力花在对院系工作的指导上，帮助院系解决实际问题；把更多精力花在为院系发展出谋划策上，积极为学科发展创造条件，为承接重大项目穿针引线；把更多精力花在对院系工作的监督上，引导院系严格执行规则、制度、标准和程序，确保院系健康有序发展。总之，我们要使对基层服务做得更加主动、更加靠前、更加深入一线。二要运用信息化手段提升服务水平。学校正在加紧建设统一的管理信息公共服务平台，实现各条线管理信息的集成共享。依托信息化平台，我们可以建立个人数据中心，减少师生重复填报表格直至实现"一表通"；可以实现网上审批和网上办事功能，减少师生不必要的奔波；可以扩大信息公开，促进师生对学校重大政策、规章制度和发展现状的了解；还可以运用信息化手段实现对各类数据的综合利用和分析，服务学校科学决策。三要通过简化流程提升服务效率。办事程序比较繁琐是不少师生对我们机关部门的意见。各部门要根据转变职能、简政放权的要求，以解决问题为导向，以师生需求为指针，对办事流程和工作流程进行优化，充分运用信息化手段实现流程再造，尽可能做到环节最少、时间最短。刚才，几位同志代表本部门作了服务承诺，更多部门的承诺也将通过校内媒体向师生公开。希望各部门能把对师生的服务承诺、服务制度真正落到实处，让每一位师生都感受到温馨的服务、人性化的服务、无处不在的服务。

第三，大力倡导改革创新的风气。

机关工作有不少是开创性的，但更多的则是常规工作。一个人在机关、在一个部门、在一个岗位待久了，年复一年，日复一日，就容易陷入"老机关"的惰性，满足于按部就班，满足于过去怎么做就一直怎么做，工作就不容易创新。因此我们要注意克服这种思维惯性，在机关工作人员中大力提倡积极进取、奋发有为的精神状态，以改革创新的思路和办法创造性地做好工作。

一要从全面深化改革入手推进体制机制创新。今年是学校全面深化改革之年。我们正在着力推进内部治理体系改革、校院两级管理体制改革、人才培养模式改革、科研管理体制改革，以及人事管理、财务管理、资产管理、后勤管理等一系列综合配套改革。可以说，改革涉及学校工作的方方面面，几乎涉及机关的所有部门。改革是一项系统工程。机关每一个部门都要推动改革，机关的每一位同志都要做改革的促进派。对于学校已经提出和部署的改革任务，不能一味等着上级发指令，而是要主动思考，把改革的思路化为具体的步骤、具体的举措，积极稳妥地推进。二要从夯实基础入手推进管理创新、制度创新。一些部门、一些领域基础管理薄弱是机关工作中存在的一个突出问题。在接受中央巡视组专项巡视的过程中，我们就发现了不少这样的问题，比如有的基本管理制度存在缺失，有的重要档案归档不齐全、不及时，有的监督制约机制不到位，有的审批审核不够严格，有的基本数据不准确、各部门的数据相互对不上，有的重要会议没有记录、形成的重要决策没有纪要，等等。我们要把加强管理作为一项十分重要和紧迫的任务来抓，站在更高的层面来全面审视我们的管理制度是不是健全，监管手段是不是到位，工作程序是不是规范，基本数据是不是准确，等等，该加强的加强，该改进的改进，该规范的规范，推进管理创新、制度创新，确保工作更加到位。三要以积极的姿态对待基层的创新探索。在征求基层意见的时候，我们经常听到有同志反映，说机关的同志容易固守成规，对基层提出的创新探索简单地说不，生硬地拒绝。我想，这要从两方面来看。一方面，机关的同志当然要模范地执行政策规定；但另一方面，我们也要具体情况具体分析，不能只把自己定义为"守门员"。我们现在正处在大发展的时期，碰到的很多情况是以前没有遇到过的，基层同志提出的诉求有些是合理的。我们要耐心地倾听基层同志的意见，在不违反国家政策法规的前提下，只要是有利于学校事业发展、有利于基层单位发展、合情合理的，我们就要积极地对待，大家一起来商量该怎么办，认准了的就大胆地试，一时办不了的要耐心细致地解释。

第四，大力倡导谋划运作的风气。

现在国家对教育科技卫生事业的投入，很多是以问题为导向，以任务为牵引的，需要我们去谋划、去争取、去承接。在这方面，我们总体上还不够适应。如果我们不了解国家的重大需求，不了解兄弟高校的发展动向，不了解相关学科的最新进展，不善于谋划，不善于组织，不善于运作，就算是有机会摆在眼前，也白白错过了，更不要谈去争取机会、争取资源了。因此，谋划运作是机关部门重要的工作内容，也是重要的工作方法。谋划运作能力强不强，在一定程度上也是检验一个部门工作站位够不够、水平高不高的重要标准。

一要善于科学谋划。科学谋划的关键是把国家和区域的重大需求同我们的优势特点结合起来，前提是摸清底数，做到知己知彼。只有情况明，关键时刻才能思路清。我们要在深入了解国家和区域需要什么、关注什么，我们能提供什么的基础上，加强科学分析，找到其中的结合点、切入点、着力点，抓住机遇，争取资源，在服务国家战略和区域发展中实现事业的发展突破。二要善于主动对接。过去,我们有一种习惯,总觉得自己有优势,"酒香不怕巷子深",总是坐等机会上门。对上级部门的人员不熟悉,对重要信息不敏感,对政策动向不了解,这样我们怎么可能把握住机遇?今后,机关每个部门都要主动走出去,加强与国家部委、地方政府、大型企业、科研院所等的联系,主动了解需求,主动推介自己,主动寻求合作。我们不仅要自己走出去,还要带领院系的相关同志一起走出去,调动和发挥院系的积极性,让院系也能与有关部门、有关机构对接上,形成体系作战能力。只要我们每个部门、每个条线都把对外交往的局面打开了,我们的信息来源就会更及时、更广泛,我们能够发现和把握的机遇就会更多。三要善于组织协调。自由宽松的文化、自由地探索研究是我们的优良传统,必须保持和发扬。但过分强调自由、过分强调宽松,就形不成合力,争取不到重大资源和重大项目,也不能适应新的形势、新的要求。在这方面,我们机关的同志要提高组织协调的能力,通过有力的组织把各院系、各学科分散的力量集中起来,通过有效的协调调动方方面面的积极性,打出我们的"复旦牌",去承接国家重大项目,服务国家重大战略,实现学校的更大发展。

第五,大力倡导勤俭办学的风气。

艰苦奋斗、勤俭节约是中华民族的传统美德,是我们党的优良作风。从学校实际来看,一方面,资源不足仍然是制约我们发展的瓶颈之一,今年国家专项建设经费的核拨量大幅减少,而一些刚性支出的需求量很大,大规模校园基本建设也需要大量资金,学校财力资源十分紧张;另一方面,有限的资源还没有发挥出最大的使用效益。据统计,2013年全校能耗3.79万吨标准煤,比上一年度增长9.2%。全校物业管理费支出8 500万元,比上一年度增长10.4%。能耗和物业管理费支出增长较快,当然与事业快速发展对资源的需求量增大有关,但也有管理比较粗放,科学有效的成本分担机制不健全等因素,使得资源的使用效益不高。今后几年,全校都要有过紧日子的思想准备。在这方面,机关既要起好表率作用,也要承担起管理责任。

一要带头勤俭节约。今年学校作出决定,机关的行政经费预算在去年实际支出的基础上,一律压缩5%。同时,学校还制订了贯彻《党政机关厉行节约反对浪费条例》的实施意见。机关部门要带头执行"八项规定",带头厉行节约反对浪费,要加强"三公经费"管理,强化成本控制、预算约束,把有限的资金和资源用在刀口上。二要加强重点领域管理。比如,在财务管理领域,要严格实行校院两级财务全额预决算制度,完善科研和专项经费管理办法,加强对资金的监管;在资产管理领域,要完善大型仪器设备共享机制,加强设备采购管理,防止低水平重复购置;在基建、修缮领域,要进一步完善管理制度,加强预算控制,尽最大可能减少设计图纸的变更,减少资源浪费。三要提高资源使用效益。比如,我们要建立行政、科研用房定额使用标准,实行超定额有偿使用机制;加快推进节约型校园建设,制订单位能耗标准,推广节能环保技术,建立成本分担机制,降低水电煤能耗;采用新的手段改进物业管理,杜绝重复购买服务,尽可能降低物业管理费支出,等等。

树立优良作风,不是靠说出来的,是靠做体现出来的。我们要以坚决有力的行动将优良作风落到实处。要下决心向办事拖拉、光说不练的作风宣战!要讲求效率,任何工作都要有时间观念,师生办事要明确办结时间,基层来文要限时予以答复。要求真务实,从实际出发谋划工作,使思路、政策、方案符合学校实际、符合客观规律、符合科学精神,不搞形式主义,不搞华而不实。要狠抓落实,坚决克服"说过就算做过,做过就算做好了"的现象,部署了的工作要一抓到底、抓出成效,以高度的执行力确保各项工作落到实处。

三、为机关作风建设提供坚强有力的保障

校部机关所属部门最多,党员最集中,管理干部也最集中。我们要充分发挥各级组织的优势,发挥党员的先锋模范作用,发挥干部的带头表率作用,为加强机关作风建设提供有力保障。

一要加强组织领导。要明确领导责任,机关作风建设由机关党工委和各党总支统筹负责、协调落实,各部门主要负责人和党支部书记对本部门作风建设负总责,不仅要以身作则、率先垂范,还要大胆管理,严格要求,带好队伍。要强化监督保障。刚才,机关党工委聘请了一批师生代表担任机关作风建设监督员,希望各位监督员切实发挥作用。要加大明察暗访力度,建立健全服务投诉举报制度,对核实无误的违规行为要进行批评教育、严肃处理。要完善考评机制,学校将结合年度考核,开展基层单位和服务对象评议机关活动,把基层和师生评价作为机关部门考核的重要组成部分,同时要把部门的考核和个人的考核有机结合,把考核评价与收入分配、激励约束有机结合,发挥考评体系的导向作用。

二要加强机关党的建设。长期以来,机关党委和后勤党委的同志立足本职,勤奋工作,任劳任怨,在加强机关和后勤部门党的建设、作风建设、文化建设以及关心支持青年干部成才、做好离退休老同志工作等方面开展了大量卓有成效的工作。学校党委对此充分肯定。为了进一步理顺和优化校部机关组织设置,统筹配置组织资源,更好地适应校院两级管理体制改革和机关职能转变等工作的要求,学校党委决定对机关党政工作部门的党组织设置进行调整,撤销原机关党委和后勤党委建制,成立新的机关党工委,并按照职能相近、业务相关原则以及有利于党组织开展活动、党员发挥作用的要求,成立5个机关党总支。具体调整办法,刚才立民同志已经作了介绍。校党委希望,这次机关党组织体系调整,机关党的建设不仅不能削弱,而且必须加强。这是这次调整的着眼点、落脚点,也是学校党委对机关党工委、各党总支的工作要求。希望机关党工委和各党总支要增强政治意识、大局意识,细化有关工作方案,会同原机关党委和后勤党委积极稳妥地做好交接工作;要抓紧配好机关各党总支班子,加强调查研究,谋划工作思路,明确工作内容,着力加强机关党的建设和作风建设。机关各党支部要充分发挥战斗堡垒作用,把党的工作与部门业务工作统筹考虑,把党的建设与作风建设同步推进,围绕转变工作作风、提高管理服务水平,精心组织好支部活动,积极创建学习型、服务型、创新型党支部。**机关全体党员**要立足岗位履职尽责、创先争优,通过带头承诺践诺、设立党员先锋岗、坚持党员挂牌服务等做法,切实发挥先锋模范作用,做转变作风、服务师生的表率。

三要加强机关干部队伍建设。树立优良的机关作风,离不开机关每一位同志的努力。希望机关全体工作人员积极参与到机关作风建设中来,模范执行《机关工作人员行为规范》,爱岗敬业,勤奋工作,转变作风,改进服务,努力为学校事业贡献力量。学校要像关心教师队伍建设一样关心机关干部队伍建设,既要严格要求,又要关心培养;既要加强人文关怀,又要解决实际问题。**要加大教育培训力度**,加强入职教育、岗位培训、骨干培训,构建全覆盖、分层次、递进式的培训体系,让每一位机关干部都有参加培训的机会。要完善实践锻炼措施,加强校内轮岗交流和多岗位培养锻炼,积极选派机关干部赴校外挂职锻炼。**要拓宽机关干部发展路径**,既可以向学校专职党政管理干部的方向培养,也要加大向中央部委、地方政府推荐干部的力度,还要鼓励机关干部在学校锻炼一段时间后到校外企事业单位任职,建立和完善机关干部多元发展机制。**要解决机关干部关心的实际问题。**学校已经研究制定了科级干部选拔任用工作办法,将在规范科室设置的基础上尽快启动科级干部选任工作;学校将进一步完善专业技术职务评审政策,按照国家的有关规定,对一些专业性较强的管理岗位恢复专业技术职务评审;学校还正在研究制定职员职级制实施方案,建立一套适合机关人员自身特点和成长规律的制度,鼓励走专业化、职业化的道路。总之,我们要关心机关干部的成长,创造良好的学习环境、工作条件和生活保障,进一步增强机关同志的光荣感、责任感、归属感,大家齐心协力推进学校事业发展。

我相信,只有我们大家共同努力,学校机关作风建设就一定能取得新的成效,就一定能为实现第十四次党代会确定的目标任务,加快建设世界一流大学提供更加坚强有力的保障。

中国一流大学的文化自觉与文化担当

(2014 年 6 月 15 日)

校长 杨玉良

近日,习近平同志在"五·四"青年节时考察北京大学,与师生座谈,并勉励广大青年要自觉践行社会主义核心价值观。他在讲话中提到,"办好中国的世界一流大学,必须有中国特色。没有特色,跟在他人后面亦步亦趋,依样画葫芦,是不可能办成功的⋯⋯我们要认真吸收世界上先进的办学治学经验,更要遵循教育规律,扎根中国大地办大学"。结合我们在大学日常管理中遇到的机遇和挑战,我们对习近平同志的这番讲话感触尤深。

中国是现代化后发国家,人们通常会认为,发展中国家会具有某种"后发优势",其实并不尽然。美国著名经济学家奥尔森(Mancur Olson)就有"后发劣势"(curse to the late comer)这样的提法,字面意思就是"对后来者的诅咒"。这一观点指出,后发的发展中国家在很多方面有很多空间可以模仿发达国家,短期内可能取得快速发展,但如果这些国家只是拘泥于模仿发达国家的某些技术和管理模式,而不按自己的国情民意进行改革,则其长期发展将隐患四伏,甚至会面临失败。因此,中国要发展,必须自力更生,走一条自己的路。这是关系到民族未来的大事,只能依靠自己,不能对他人抱有任何幻想。

中国的教育现代化面临着同样的问题。我们当前的教育体系延续的是近代以来的"新学"传统,实质是模仿西方大学制度建立起来的一种后发外生模式。这样的模式只有技术、方法或者一般架构和制度层面的模仿,而没有理念和环境上的根本性改变,很容易导致所谓"后发劣势"。如果中国的大学建设依然停留在模仿、追随西方大学的水平上,就不可能真正跻身于世界知识体系的中心和前沿,进而也不可能吸引和培养世界一流的人才,或产出世界一流的科研创新成果,所谓世界一流大学那就只能是空谈。更何况,我国高等教育的发展还要努力适应中国正在形成的世界性大国的地位、责任和影响,还要努力体现中华民族伟大复兴的深刻要求。所以,我们大有必要认真思考如何突破所谓的"后发劣势",探索中国大学建设世界一流的道路。

那么,怎样来界定"中国大学"呢?涂又光先生曾经提出过这样一个问题:中国所办的大学应该办成"在"中国的大学(a university in China),还是中国"的"大学(a university of China)?这个问题背后的潜台词就是,"中国的"大学应该是在文化、思想和学术上独立自主的大学,应该是坚守并体现中华民族文化特征的大学。借用北京大学陈平原教授的话来说,中国的世界一流大学不应是"欧美大学制度"的凯旋!他认为,今天谈论的大学改革和发展的人,"缺的不是'国际视野',而是对'传统中国'以及'现代中国'的理解与尊重。"这个观点是有道理的。一般说起世界各国大学的成功,往往涉及两个前提:一是大学自治,二是学术自由。但是,对中国的一流大学建设来说,还必须加上一条,这就是中国文化的自觉。

费孝通先生在 1997 年首先提出了"文化自觉"的概念,它是指生活在一定文化中的人对其文化有"自知之明",即明白它的来历、特色和发展趋向。他指出,"文化自觉"是中国文化对全球化潮流的回应,是在全球范围内倡导"和而不同"文化观的一种具体体现,它不带任何"文化回归"的意思,不是要单纯地"复古",也绝不是主张"全盘西化"。他还指出:"文化自觉是一个艰巨的过程,只有在认识了自己的文化,理解所接触到的多种文化的基础上,才有条件在这个正在形成中的多元文化世界里确立自己的位置,然后经过自主的适应,和其他文化一起,取长补短,共同建立一个有共同认可的基本秩序和一套各种文化都能和平共处、各抒所长、联手发展的共处守则。"可见,自知之明绝不是自我封闭、沾沾自喜,而是在充分了解多元文化的基础上,提升文化转型的自主能力,取得文化选择的自主地位,以适应新环境、新时代的发展要求。

早在现代教育与学术在中国兴起之初,就有不少有见识的教育家、学问家对"文化自觉"有所意识,呼吁光大中国本来的教育传统。蔡元培先生曾十分期盼把中国的传统教育精神结合到现代的教育道路上去,因而把废除书院制度视作引入新制度所带来的最大遗憾。复旦早期的毕业生陈寅恪说过:"其真能于思想上自成系统,有所创获者,必须一方面吸收输入外来之学术,一方面又不忘本来民族之地位。"复旦大学创始人马相伯认为,引进外来文化、教育不能不注意中国的学术传统和国情民性。他创办震旦学院的理念即是"崇尚科学,注重文艺,不谈教理"。其中,"崇尚科学",主要指崇尚西方的科学知识;而"注重文艺"则是指广义的东西方人文知识。在 1905 年的《复旦公学章程》中特别注明,凡投考者若有意唾弃国学,即使录取之后,也将随时开除。马相伯老校长用制度捍卫了中国的文化精神。

大学,对自身民族文化的过往、现实和发展趋向有着明确的体悟和感知,对适应新环境、新时代的新型文化的培育、重构具有浓烈的自主意识和行动使命。世界各国的一流大学无不具有鲜明的民族文化特质和性格。曾经担任哈佛大学校长长达 40 年之久的艾略特(Charles W. Elliot)说过:"在任何社会中,高等教育机构都往往是一面鲜明反映该国历史与民族性格的镜子","一所名副其实的大学,必须是发源于本土的种子,而不能在枝繁叶茂、发育成熟之际,从英格兰或德国移植而来。……美国的大学在成立之初就绝不是外国体制的翻版。"纵观世界各国,凡拥有世界一流大学者,无不是在秉承共同理念的基础上拥有自己独特的大学模式的。美国如此,早期的英国、法国、德国也是如此,后来的日本同样如此。各国大学植根于各自不同的民族文化和环境,孕育着一个民族最为丰厚的文化积淀,作为民族精神和文化的圣殿,在民族文化的传承、转化和创新过程中发挥着巨大作用。

所以,在中国建设世界一流大学,更应当自觉地从自身的文化传统切入去寻找制度创新的生长点,并最终发展出不同于西方大学制度的新制度、新模式来。中国的大学应当成为中国文化自觉体现得最为充分的场所,同时也就应当义不容辞地承载起自己的文化使命、体现出自己的文化担当。否则,中国大学培养出来的人才,终将陷入不懂中国文化的尴尬境遇,这是十分危险的。

作为大学校长,我们必须考虑到十年甚至二十年之后,和中国国际地位相适应的一流大学到底该怎样,我们培养的人才应该是怎样的。中国在国际上的地位与作用将会愈来愈重,我越来越迫切地感到,中国的大学,尤其是一流大学面临着一个重要的任务,这就是要建立一个在全球视野下宏大的中国文化发展和传播战略。如果说,一流大学有什么文化担当的话,这就是一个只有一流大学才能承担起来的文化担当。这种文化担当,一方面固然体现为对民族文化传统的坚守和传承,体现为对社会精神和文化的守护和引领;另一方面,在全球化和中国发展的大背景下也必然体现为对多元文化的整合和创新。20 世纪 80 年代,我在德国做博士后,时任联邦德国总统赫尔佐克(R. Herzog)请我们到官邸饭聚。他问我学德语了吗?我回答没有,因为我所在的科研机构的国际化程度非常高,大家都能讲英文,导师认为我没必要先到歌德学院学德语。总统说,我希望你能学,世界哪里有人会说德语,那里就有德国的利益。现在中国在海外建了很多孔子学院,正是在做这个工作。但是总统还说了第二句话,他说,这个世界上任何一个人,只要知道一点点康德、黑格尔,他就知道德国人是怎么思考问题。这一点,我们现在还没有做到,就是推广中国的理念与文化。在物质条件上,中国大学正迅速赶上世界一流高校的平均水平,有些大学甚至可能还超过了世界一流高校。但是,我们在理念、体制机制上的优势还不够明显;我们在国际社会和学术界提出问题、发出声音的力度还有待加强;我们的观点被他人理解、采纳、信服的程度还有待提高。

季羡林先生有所谓"三十年河西、三十年河东"的说法。他认为"21 世纪,三十年河西的西方文化就将逐步让位于三十年河东的东方文化,人类文化的发展将进入一个新时期"。在他看来,以中国为代表的东方文化是一种悟性的文化。悟性文化适合于研究非常复杂的问题,这样的问题需要综合判断才整理出条理的范围。当今世界很多事情已不是割裂,独立的问题,并不能以简单的形式逻辑推演加以解决。所以季先生说,21 世纪应该以中华文化为代表的东方文化成为全世界的主流文化。对此观点,我有个小小的补充,即我认为中国悟性文化吸收了古希腊传统的理性精神及逻辑思维以后所产生的混合文化,这才是 21 世纪的主流文化。这就符合"文化自觉"的本义。世界上的文化从来不是轮流坐庄的,而是某个国家的文化吸收外来文化以后组合成新文化,才能主导世界范围内未来文化的发展方向。

中国有着悠久而又坚实的教育传统和学术传统。今天,已经到了在全球化和现代文明的背景下使这些宝贵的传统得以创造性转化和发扬的时候了。只有这样,我们才能不再局限于后发外生模式,实现从理念、范式到制度、环境的根本性创新,并引领出一流大学建设的中国模式。我们期盼,中国的一流大学在文化自觉的基础上创造一流大学建设的中国模式,为中国的发展、为中国和世界更加美好的未来担当起我们神圣的文化使命。

心目中的阳光少年

(2014年6月22日)

校长　杨玉良

"阳光少年"是一个很有诗意的题目。人们喜欢用"阳光"一词形容青少年的乐观、开朗、朝气和创造。首先我想界定何谓"阳光"。青年人的本质是阳光的，因为他们充满朝气，勇于进取。但"阳光"不仅仅来源于青年们与生俱来的活力，更应指后天养成的健全身心与完善人格。我们不能想当然地觉得青年人就是阳光的。青年在成长过程中，会面临许多困难与困境，会因遭遇挫折而气馁，逐渐失去了阳光的一面，甚至积聚起负面能量。

所以，在讨论"阳光少年"这个话题时，我们更应该思考，如何为塑造阳光的青年人创造良好环境和条件，引导他们成长。保护青年人的阳光，使其散发出光和热，是教育工作者的责任。张伯苓老先生曾说过："作为一个教育者，我们不仅要教会学生知识，教会学生锻炼身体，更重要的是要教会学生如何做人。"

"阳光"的内容十分丰富，我将其概括为四个方面内容。一是人文关怀。人文关怀是基于对人性的体认和人类文化的欣赏而形成的内在修养。一个人不仅要认识自己，也要学会理解、悦纳身边的人，对社会宽容。第二是科学精神。科学追求"真"，科学精神的本质是用理性和逻辑推得"真"。年轻人思维活跃，相对也容易片面，而科学精神恰恰能教会他们如何全面地认识客观世界和他人，用讲道理的而非蛮横粗暴的方式来探讨问题，寻找解决问题的办法。其次是专业素养。青年人有远大的志向，这是难能可贵的。可惜的是，很多青年人也正是在追求志向不得的过程中，丧失了信心和热情，不再阳光。专业素养是支撑我们实现抱负的"器"与"才"。最后还要有国际视野，以便在更广泛的世界中汲取智慧，在更大的舞台上发出中国的声音，展示中国的风采。这些内容，也正是复旦大学的育人理念和目标。

我们希望培养学生独立思考的能力，在与人相处和沟通的过程中养成包容、尊重、公正和坦诚的精神，在纷杂的未来世界里保持清醒的头脑和独特的个性，并且有能力去实现自己的理想与目标。为此，我们着力推进通识教育改革和住宿书院建设，统筹协调教学和学生工作的方方面面。

我们更加注重挖掘育人工作的内涵，突出学生的主体地位，为他们的成长提供优质资源和良好环境。在复旦大学2013年度的奖学金颁奖典礼上，多位复旦学子以其优异成绩和全面发展向全社会传递了勤勉好学、追求卓越的正能量。正是阳光少年的这些特质，赋予了我们的青少年充满自信的力量与无限发展的可能。

我们相信，大学更要重视对青年人"德性"的培养，成为守护青年人心灵和想象力的精神家园。一颗没有精神家园的心灵，不可能去思考自己生命的意义和价值，也就不可能对他人有真正的情感关切，对社会有真正的责任心，更谈不上拥有积极的人生观和振奋豁达的心境了。

青年人的价值观决定了社会未来的价值取向，青年人的作为将影响社会未来的发展趋势。"青年人"不是由年龄决定的。一个人如果保持了阳光的一面，那么即使他年龄再大，他的心是年轻的，他依然有追求真理、完善自我、服务社会的动力。而一个人哪怕年纪轻轻，如果在困境和挫折中自怨自艾，不思进取，甚至抱怨身边的人和事，那他的生命也会因此而暗淡。梁启超先生的《少年中国说》至今读来，依旧震耳发聩。愿我们都保持"阳光少年"的状态，为中国民生福祉之增进、社会之发展和国家之强健而共同努力！

在复旦大学纪念中国共产党成立93周年暨基层党组织建设座谈会上的讲话

(2014年7月1日)

党委书记　朱之文

今天是7月1日，我们在这里举行座谈会，表彰党建研究优秀成果，交流基层党组织建设经验，以这种方式来纪念党的生日。首先，我代表校党委，向全校广大共产党员和党务工作者致以亲切的问候！向获得优秀党建研究成果奖的同志表示由衷的祝贺！

中国共产党从诞生到现在，已经走过了93年不平凡的历程。回首近一个世纪的峥嵘岁月，我们党勇担历史使命，带领全国人民完成了新民主主义革命和建立新中国、社会主义革命和确立社会主义基本制度、进行改革开放和开创发展中国特色社会主义等三件大事，从根本上改变了中国人民和中华民族的命运，开启了实现中华民族伟大复兴的壮丽征程。今天，我们党已经成为拥有8600多万名党员，在一个13亿人口的大国长期执政的大党，成为中国特色社会主义事业的坚强领导核心。作为党的一分子，我们每一名党员都感到无比的光荣和自豪！

党在复旦大学的活动史和党的创建史几乎是同步的。1920年，复旦教师陈望道、邵力子成为上海共产主义小组的成员，他们也是我们党最早的一批党员。1925年，复旦成立了第一个党支部，这也是全国高校最早成立的中共党组织之一。自那时起，复旦就成为中国共产党领导下的宣传马克思主义的阵地、爱国民主运动的堡垒，复旦党组织和党员为民族独立、人民解放作出了自己的贡献。新中国成立以后，党组织成为学校的领导核心，共产党员成为学校各项事业发展的中坚力量，一批又一批共产党员为国家的教育、科技和卫生事业勤奋工作、不懈探索，贡献了智慧和力量。今天，复旦的党组织已经从1个支部、10多名党员发展成为一个拥有49个二级分党委、总支，694个党支部，17 500多名共产党员的基层党组织，各级党组织和广大共产党员正和全校师生员工一道，为加快建设中国特色的世界一流大学而奋斗。作为复旦的一名共产党员，我们对党的生日最好的纪念，就是要发扬历代复旦共产党人的优良作风和光荣传统，努力把学校各级党组织和党员队伍建设好，团结带领全校师生员工，为实现建设世界一流大学的复旦梦和实现中华民族伟大复兴的中国梦作出更大的贡献。

刚才，几位同志分别从不同角度谈了如何加强基层党组织和党员队伍建设，如何更好地发挥党组织和党员在学校事业中的战斗堡垒和先锋模范作用。讲得都很好，我听了以后很有感触、很受教育。特别是我们关工委的老同志怀着对党的事业高度负责的精神，围绕学校党委的重点工作，围绕青年党员队伍建设，开展了深入细致的调查研究工作，提出了许多有针对性、有价值的建议。在这里，我代表校党委，向老同志们、向全体特邀党建组织员表示衷心的感谢！

昨天，在中央政治局第十六次集体学习时，习近平总书记再次强调了加强党的建设特别是作风建设，落实管党治党责任。我们要认真领会总书记讲话精神，结合我校实际，把从严治党的要求落实到党的建设各项工作之中。关于如何加强学校党的建设特别是基层组织建设，校党委在两年前专门印发了文件，去年的党代会也作出了全面部署。在这里，我不面面俱到，重点结合当前的工作和任务，强调四个方面。

第一，坚持把政治标准放在首位，做好发展党员工作。

发展党员工作是党的建设一项经常性重要工作。党的十八大后，中央对发展党员工作提出了新的十六字方针，即"控制总量、优化结构、提高质量、发挥作用"。中央对党员队伍的总体规模作了宏观控制，提出"未来10年，全国党员数量年均净增1.5%左右"，这比过去10年年均增长率下降了一半。与此相应，我校的发展党员数量也由过去的每年1 500名左右下降到1 000名左右。前不久，中央颁布了新修订的《中国共产党发展党员工作细则》，对发展党员工作提出了新的要求，作出了更加严格的规定。

总体上看，我校各级党组织在发展党员工作中把关是比较严格的，发展党员的质量也比较高。去年全校发展新党员1 102人，其中学生党员1 017人。下一步，我们要在全面理解、准确把握中央关于发展党员工作新要求的基础上，结合我校实际，认真总结经验，抓紧制定完善我校发展党员工作的实施办法，把严格标准、提高质量贯穿在发展党员工作的全过程。

这里我特别强调一下把政治标准放在首位。强调政治标准，实际上就是重视从思想上建党，重视每一位入党积极分子要树立正确的入党动机。我们看一个发展对象是否具备党员条件，最基本的、最重要的是看他在政治上是不是符合党员的标准和要求。**一是看理想信念**。重点考察发展对象是否具有共产主义信仰和中国特色社会主义信念，能否自觉用中国特色社会主义理论体系武装头脑，从政治上、思想上、情感上认同中国特色社会主义道路，立志为实现中华民族伟大复兴的中国梦而奋斗。**二是看党的观念**。重点考察发展对象对党的基本知识和党的历史是否有一定的认识，是否了解党的组织制度和组织原则，了解党员的义务和权利，在日常学习工作和生活中能否以党员标准严格要求自己。**三是看纪律意识**。重点考察发展对象是否了解党的政治纪律、组织纪律和其他各项纪律，能否按照党的纪律来约束自己的言行，在大是大非面前头脑清醒、立场坚定。**四是看群众观点**。重点考察发展对象能否坚持党的群众路线，心系群众，服务群众，虚心向群众学习，诚心接受群众监督，受到群众认可，团结带领广大群众一起学习工作。**五是看模范作用**。重点考察发展对象能否自觉践行社会主义核心价值观，立足本职岗位发挥先锋模范作用，要把教师的师德师风、医务工作者的医德医风、机关干部的工作作风、学生的综合素质作为重要考察内容，把一贯表现和关键时刻表现、自我评价和群众评议相结合，坚持成熟一个发展一个。

加强在中青年教师中发展党员工作是学校各级党组织一项十分重要的任务。这两年，一些单位加大了在优秀中青年教师中发展党员的力度。去年至今，全校共发展教职工党员109人，其中具有高级职称的12人，正高3人。从现有党员队伍来看，全校专任教师中党员比例为47.4%，高级职称中党员比例为49.7%。我们要继续加大在学科带头人、优秀中青年教师、优秀留学归国人员中发展党员的力度，特别是要在主动关注、主动联系、主动引导上下功夫，深入细致地做好工作，改进和优化培养考察环节，把各类优秀人才团结和凝聚到党的事业和学校发展中来，使党员队伍始终保持勃勃生机和旺盛活力。

第二，发挥党组织作用，引导广大党员和师生积极投身学校改革发展。

2014是全面深化改革之年。从国家来说，十八届三中全会对深化改革作出全面部署，各项重大改革措施正在陆续出台。从学校来说，党委提出今年工作的主题是"加快建设世界一流大学"，工作主线是"全面深化改革，加快事业发展"。从大的方面讲，我们正在谋划和推进四个方面的重大改革，也就是内部治理体系改革、人才培养机制改革、校院两级管理体制改革以及科研、人事、财务、资产、后勤等相关综合配套改革，我们要通过全面深化改革，充分激发学校各个层面、各个领域的办学活力，形成一种蓬勃向上、加快发展的生动局面。

全面深化改革，需要全校师生员工的共同努力，更需要全校各级党组织和广大共产党员发挥核心和骨干的作用。各分党委、总支都要行动起来，团结带领广大共产党员做改革的支持者、推动者、宣传者、实践者。**一要积极参与学校改革方案的制订完善。**改革是一项系统工程。我们正在推进的几项重大改革，都带有综合性、根本性、协同性的特点，涉及全校各个领域、各个单位、各个部门，因此，必须集中全校的智慧，凝聚全校的力量。目前，这些改革方案都已经形成了征求意见稿，校领导正分别召集有关座谈会听取意见。在此基础上，改革方案将在新学期开学前提交中层正职干部研讨班继续讨论、修改完善，并在下半年启动试点工作。各级党组织和各单位、各部门都要积极参与学校改革方案的研讨工作，多提建设性意见，大家一起来把方案制订好、修改好、完善好，使这个方案能够符合建设世界一流大学的要求，符合学校当前实际，体现科学性、前瞻性、操作性。**二要积极谋划本单位的改革。**学校改革方案最终要落地，还是要靠各单位、各部门的支持和参与。**机关各部门要按照转变职能、精兵简政、加强管理、改善服务、科学谋划的要求，推进本部门各项工作的改革和完善，努力建设学习型、服务型、创新型、效能型机关，建设专业化、职业化的机关干部队伍。各院系、各单位**要与学校全面深化改革尤其是推进校院两级管理体制改革的方案相衔接，积极谋划本单位的改革，特别要在完善学科和队伍建设规划上下功夫，在加强学院管理能力建设上下功夫，在健全内部治理架构上下功夫，在完善规章制度上下功夫，在谋划发展、增强自主办学活力上下功夫，为承接两级管理做好准备。**三要动员广大党员和师生员工积极投身改革。**各级党组织要把调动党员和师生员工的参与热情、扩大知情权贯穿改革方案的谋划、制定、实施全过程。要加强宣传和舆论引导工作，把改革的背景、意义、措施和预期成效告诉群众，积极听取群众意见，妥善处理涉及群众切身利益的问题，组织动员广大党员和师生员工理解改革、支持改革、参与改革，为全面深化改革贡献力量。

第三，发扬钉钉子精神，深入抓好教育实践活动整改落实工作。

党的群众路线教育实践活动结束后，全校各级党组织按照中央和校党委的要求继续抓好整改工作。总体上看，整改落实工作进展顺利。学校层面的整改项目有的已经完成或基本完成，有的正在推进，已取得阶段性进展。列入《制度建设计划》拟新建的制度有不少已经正式发布或经常委会、校长办公会审议原则通过，其他一些制度，有关部门已形成初稿或正在进入送审程序。院系层面的整改项目，根据各单位自查的情况和督导联络组"回访"了解的情况看，绝大多数单位的整改工作也在有条不紊地展开，进展情况总体是好的，许多单位的整改工作做到了有进展、有成效、有亮点。在看到成绩的同时，我们也不能估计过高。当前存在的主要问题：一是在思想认识上存在不平衡现象，有的同志认识还没有完全到位，存在整改方案制定了、总结大会开过了可以松口气、歇一歇的想法，抓整改落实的紧迫感和责任感还不够强；二是一些整改项目虽然有推进，但推进力度还不够大，进展还不够快，成效还不够明显，与干部群众的预期还有差距；三是一些整改项目涉及多个领域、多个部门，存在有时责任还不够落实、相关部门或领导等待观望的现象，工作推进的力度不够理想，等等。

整改方案是各级领导班子今年的重点工作目标和计划，也是向广大师生员工作出的庄严承诺。整改落实抓得好不好，直接影响教育实践活动的实效，也影响广大师生员工对我们的信任。下一步，我们要继续按照总书记提出的"善始善终、善作善成，持续努力、久久为功"的要求，进一步增强深化整改工作的责任感紧迫感，切实抓好整改落实工作。**一要进一步强化整改责任。**机关各部门要对照学校整改方案和制度建设计划中涉及本部门的整改事项，逐项进行梳理；同时要对本部门自身提出的整改计划和向师生员工作出的公开承诺进行一次自查。各院系、各单位要对照本单位提出的整改事项逐项进行自查，进一步明确整改责任。各单位主要负责人要切实履行第一责任人的职责，带头抓好本单位整改项目，协调解决重点难点问题，同时要传递压力，督促和推动班子其他成员抓好整改落实。班子全体成员还要抓好个人整改措施的落实。**二要进一步落实整改要求。**对已经基本完成的整改事项，要跟踪问效、持续用力，不断巩固扩大整改成果；对正在推进的整改事项，要坚持高标准严要求，进一步加大工作力度，确保整改实效；对推进情况不够理想的整改事项，要认真分析原因，对照时间表、任务书，落实整改责任，抓紧推动、加快进度。**三要进一步加大督查督办力度。**在前一阶段督查督办的基础上，学校教育实践办和学校办公室要对一些进展情况不够理想的项目开展重点督查，对整改工作推进不力的单位负责人要进行约谈，督促各单位、各部门把整改措施落到实处。下学期开学前后，各单位要把整改项目的推进和完成情况向干部群众进行一次通报，接受群众的监督。

第四，创新活动内容和方式，加强基层服务型党组织建设。

加强基层服务型党组织建设是党的十八大提出的一项重大任务，是当前和今后一个时期基层党组织建设的重点。前不久，中央印发了《关于加强基层服务型党组织建设的意见》，对这项工作提出了具体要求。我们要认真贯彻中央的精神，强化党组织的服务功能，以服务型党组织建设引领基层党建工作，使服务成为基层党组织建设的鲜明主题，在强化服务中更好地发挥基层党组织战斗堡垒作用和党员的先锋模范作用。

建设基层服务型党组织,要着眼于服务改革、服务发展、服务群众、服务党员、服务社会。**服务改革**,就是要贯彻落实学校全面深化改革的各项部署,做好宣传引导、统一思想工作,调动广大党员和师生员工支持改革、参与改革的积极性,为深化改革建言献策,作改革的推动者、实践者。**服务发展**,就是要紧紧围绕建设世界一流大学的目标要求,围绕学校和本单位中心工作开展党组织的活动,谋划发展,凝聚力量,营造氛围,动员广大党员立足本职岗位创先争优,将党的政治优势和组织优势转化为促进事业发展的强大力量。**服务群众**,就是要坚持党的根本宗旨,践行党的群众路线,把群众的需求作为第一信号,机关要为基层和师生服务,干部要为一线和群众服务,教师要为学生服务,医务工作者要为病人服务。**服务党员**,就是要尊重党员主体地位,保障党员民主权利,大力倡导党内人文关怀,政治上引领党员思想进步,工作上关心党员成长发展,生活上帮助党员解决实际问题,让党员切实感受到组织的温暖,增强党组织的凝聚力和党员的归属感。**服务社会**,就是要通过发挥党组织和党员的作用,更好地服务国家战略、服务区域发展,更好地以党风带校风带学风、引领社会风尚,更好地服务民生,服务人民对教育文化卫生事业的需求。

这些年来,全校各级党组织在创新基层组织活动内容方式上作了许多好的探索,其中有不少都是围绕如何建设基层服务型党组织展开的。比如管理学院开展的"红墨水计划",物理系实施的寝室导师制,各附属医院开展的义诊活动,不少学生党支部开展的志愿者服务活动等,都是服务型党组织建设的有效载体。这些好的品牌,我们要继续坚持和发扬,同时我们也希望更多的基层党组织,围绕建设服务型党组织,丰富活动内容,创新活动载体,多开展服务群众实际需要的活动,多开展党员喜闻乐见、参与度高的活动,多开展服务中心工作、促进事业发展的活动,使基层党组织的工作方式、活动方式更加符合群众的意愿,更加符合党员的需求,更加符合学校事业发展的需要。希望今后我们能产生出更多有创意、有实效、受欢迎的活动载体和形式,希望有更多的党组织能来交流经验、展示成果。

同志们,明年是复旦大学建校110周年,也是复旦第一个党支部建立90周年。让我们更加紧密地团结起来,扎扎实实做好各项工作,以学校事业发展的新成绩和党的建设的新成效,迎接这两个节日的到来!

在部署中央巡视组专项巡视整改工作专题会议上的讲话

(2014年7月30日)
党委书记 朱之文

今天,校党委在这里召开中层正职以上干部会议,主要任务是,认真传达学习习近平总书记关于巡视工作的重要讲话精神,部署我校专项巡视整改工作。

刚才,杨玉良校长传达了习近平总书记关于巡视工作的重要讲话。习近平总书记的讲话站在党和国家事业发展全局的高度,深刻阐述了反腐败斗争面临的严峻形势,强调了党要管党、从严治党的重大任务,对保持惩治腐败的高压态势、切实用好巡视成果、狠抓整改落实提出了明确要求,也为我们做好巡视整改工作指明了方向。我们一定要认真学习、深刻领会、全面贯彻。

对于专项巡视整改工作,校党委高度重视,先后召开了3次党委常委会、3次专题工作会议,研究部署整改落实工作,在深入讨论的基础上形成了我校《关于中央巡视组专项巡视反馈意见的整改工作方案》以及《整改任务分解表》。会前已经印发给大家了。接下来的任务就是要狠抓整改,狠抓落实。因此,今天的会议,既是动员会,也是部署会。利用这个机会,我讲三点意见。

一、增强做好巡视整改工作的责任感和紧迫感

开展巡视工作,是党中央在新的历史时期加强党的建设、改进党的作风、严明党的纪律的重大举措,是党要管党、从严治党的重要手段,是加强和改进党内监督的一项战略性制度安排。这次中央巡视组到我校开展专项巡视,既是对我校工作的一次全面把脉,也是我们加强和改进工作的重要契机。中央巡视组的反馈意见,既肯定了我校的工作,又尖锐地指出了专项巡视中发现的突出问题,帮助我们查找了在落实"两个责任"和党的建设方面存在的主要问题。这些意见很具体、很直接、很深刻,符合实际、切中要害,值得我们深思和警醒。我们的态度,一是诚恳接受、照单全收,二是对照整改、狠抓落实。

我们要深刻认识到,做好巡视整改工作,是全校各级党组织肩负的一项重要政治责任。党的十八大以来,以习近平同志为总书记的党中央高度重视党风廉政建设和反腐败工作,高度重视巡视工作,作出了一系列重要指示和工作部署。刚才,我们学习了总书记的讲话。我感到,总书记的讲话很有震撼力、穿透力,从这一讲话中我们感受到了一种忧党忧国忧民的情怀,体会到了一种强烈的责任感使命感,受到了一次深刻的教育。我们每一位共产党员,每一位领导干部,都要有敢于担当的精神。发现问题并不可怕,怕的是对问题视而不见、无动于衷,怕的是不敢直面问题,没有勇气、没有魄力、没有智慧去解决问题。作为党员干部,我们要把抓好巡视整改,作为强化党委主体责任的重要工作,作为领导干部"一岗双责"的具体内容,切实增强责任感、使命感,努力解决专项巡视中发现的突出问题和主要问题。

我们还要深刻认识到,做好巡视整改工作,也是加快建设具有中国特色的世界一流大学的重要保证。建设具有中国特色的世界一流大学,要求有一流的党风校风,有一流的内部管理。这次中央巡视组反馈意见,确实指出了不少学校管理中存在的突出问题,指出了我们工作的薄弱环节。比如科研经费管理的问题、基建项目管理的问题、校办企业监管的问题、附属医院监管的问题、基层党组织建设的问题,等等。这些问题,以往我们也有感觉、有认识,但都没有这次巡视感受这么全面、认识这么深刻。这些问题解决不好,势必会影响学校事业的发展,影响创建世界一流大学的进程。这次巡视,既为我们敲响了警钟,又为我们提供了加快发展的重要契机。当然,也有同志可能会说,巡视中反映的一些问题,在高校带有普遍性,相比其他一些院校而言,复旦的情况可能还算好的。我想我们要克服这种模糊认识,不管别人如何,既然我们存在这些突出问题,我们就要高标准、严要求地进行整改,努力在科学管理、严格管理、规范管理方面探索更多经验,走在全国高校前列。总之,我们要切实把思想统一到中央要求上来,把力量凝聚到建设世界一流大学的目标上来,以专项巡视整改工作为抓手,扎扎实实地解决制约学校发展的突出问题和薄弱环节,真正使整改的过程成为解决问题、堵塞漏洞的过程,成为加强管理、完善制度的过程,成为振奋精神、推进发展的过程。

二、将整改工作各项任务落到实处

抓好巡视整改工作,要坚持正确的指导思想。党委常委会在研究这个问题时,特别强调要做到"六个坚持":一是坚持标本兼治,重在治本;二是坚持加强教育,重在筑牢思想道德防线;三是坚持深化改革,重在创新体制机制;四是坚持强化管理,重在完善制度;五是坚持党建创新,重在发挥党组织作用;六是坚持查办案件,重在警示震慑。我们要切实抓好巡视整改工作,确保中央巡视组反馈的问题和事项"件件有着落、事事有回音",努力实现在落实"两个责任"上有新提高,在制度建设上有新进展,在加强管理上有新提升,在深化改革上有新突破,在党的建设上有新成效的目标,为加快建设中国特色的世界一流大学提供坚强保障。

关于具体的整改任务,在整改工作方案和任务分解表中都一一列出了。我这里把重点和关键的内容强调一下。

第一,关于落实"两个责任"。

"落实党风廉政建设责任制,党委负主体责任,纪委负监督责任。"这是中央着眼于加强党风廉政建设,完善反腐倡廉工作体制机制作出的重大部署,也是中央巡视组向我校指出的一项主要问题。前不久,校党委已经研究制定了《关于落实党风廉政建设主体责任的实施意见》,接下来我们要通过切实可行的举措,将"两个责任"落到实处。

一要建立健全责任体系。我们一直讲要实行党风廉政建设责任制,各级领导干部要切实履行"一岗双责",但是责任的具体内容是什么,有什么要求,怎么检查、追究,都不是太明确。因此,我们提出,要通过整改,进一步明确书记、校长的第一责任、校领导班子其他成员职责范围内的领导责任以及各级领导干部"一岗双责"的具体内容,进一步明确领导干部经济责任制的主要内容,同时还要完善党风廉政建设责任制检查实施细则、责任追究办法等配套制度,加大检查、抽查力度。通过这些工作,建立职责清晰、上下贯通的责任体系,真正形成一级抓一级、层层抓落实的工作格局。

二要落实党委主体责任。在校党委制定的《关于落实党风廉政建设主体责任的实施意见》中,我们根据习近平总书记强调的党委主体责任五个方面要求,把主体责任的内容具体化,明确了党委领导班子承担的领导责任的主要内容。从当前来讲,要着力抓好的重点工作包括:坚持正确的用人导向,严格执行干部选拔任用工作制度,落实后备干部培养制度,选好用好干部,提高知人善任能力;贯彻中央八项规定精神,进一步完善有关配套制度,抓好制度执行,纠正损害群众利益的行为,健全作风建设的长效机制;综合运用正面教育和警示教育手段,深入开展党风廉政宣传教育;加大源头防治腐败的力度,夯实管理基础,完善规章制度,改革体制机制;支持纪检监察部门办信查案,严肃处理违纪违规行为;全面启动校内巡视工作,把执行民主集中制情况、作风建设情况、落实党风廉政建设责任制和勤政廉政情况等作为巡视监督的重要内容。

三要切实履行纪委监督责任。纪委的监督责任,概括起来说就是要聚焦中心工作,突出监督、执纪、问责三项职能。纪委要加强重点领域和关键环节的监管,综合运用纪律检查、行政监察、经济审计、财务管理、信息公开等多种手段,探索采取程序监控、过程监管、结果监督、上下结合等多种方式开展监督检查;要加大办信查案的力度,完善信访举报工作流程和制度,认真做好中央巡视组移交信访件的办理工作,做到件件有核实,事事有结论,对违纪违规行为要严肃处理,决不姑息迁就;要强化责任追究机制,对抓党风廉政建设和反腐败工作不力,导致发生重大腐败案件和严重违纪行为的,既要追究当事人责任,也要追究相关管理和领导责任;要完善约谈诫勉和警示机制,坚持抓早抓小,对党风廉政方面有问题的单位或个人,及时进行约谈或诫勉谈话,开展严肃批评。

四要加强纪检监察体系建设。中央巡视组在反馈意见中指出了我校纪委系统力量配置薄弱、兼职干部过多的问题。下一步,我们要把加强各级纪检监察干部队伍建设作为一项十分重要工作来抓。一方面,配强配齐人员力量。加强校纪委领导班子建设,充实部门人员,优化队伍结构;各院系、各部门要有一位副书记或党员班子成员负责本单位纪检监察工作;附属医院纪委书记要实行任期制和轮岗交流制度。另一方面,要提高干部履职能力。完善纪检监察干部教育培训、挂职锻炼、轮岗交流等制度,不断提高队伍的政治素质、职业素养和业务能力。

第二,关于解决专项巡视中发现的突出问题。

针对中央巡视组指出的四个方面突出问题,我们要逐条研究,开展专项清理排查,解决存在的突出问题,着力从体制、机制、制度和监管上查找原因,将整改工作向纵深推进。

在科研经费管理方面,中央巡视组在反馈意见中指出我校科研经费管理使用混乱,包括重复申请课题经费、配套资金不到位甚至虚假配套、用旧专利冲抵新课题成果、违规报销费用、未按规定退还结余经费等问题。针对以上问题,学校决定,近期要集中开展科研项目进展和结题情况排查,开展科研政策专项梳理,开展专利成果及其使用情况排查,并在此基础上,进一步加强科研的规范管理。一是进一步加强科研项目管理,梳理管理的流程,细化各环节管理办法,特别是要明确和落实校院两级在科研项目管理中的职责,落实二级单位主体责任,用信息化手段加强科研管理。二是修订完善科研经费管理办法,明确经费支出范围和标准,规范财务报销工作流程,规范项目结题结项手续。三是根据不同项目特点,调整完善科研政策,健全和规范科技成果转化制度。四是认真吸取实验动物部有关案件的教训,支持司法机关依法办案,严肃查处相关责任人,同时要改革实验动物管理体制,建立全校统一的实验动物管理和生产服务体系。以此为契机,进一步规范和加强包括实验动物部、分析测试中心等在内的科研公共服务平台建设,规范内部管理,严格执行收支两条线。

在基建项目管理方面,针对巡视组反馈意见指出的江湾校区基建工程严重违规,发生质量事故,存在安全和腐败隐患等问题,我们要举一反三,着力抓好整改。一方面,要严肃整改江湾校区基建工程问题,抓紧完成江湾校区建筑幕墙修缮工作,排除安全隐患;积极配合教育部开展的江湾校区基建审计核查工作,启动质量事故责任追究复查程序,对有关责任人进行严肃处理,同时通过法律诉讼维护学校正当权益。另一方面,要针对当前大规模校园基本建设的实际,深刻吸取事故教训,建立健全学校基建修缮领域廉政风险防控机制。一是全面梳理基建和修缮工作制度,进一步规范项目立项报批、招标与合同管理、资金支付、竣工移交和质量保修等各环节的工作流程。二是加强基建部门内部管理,完善风险防控机制,持续开展"创双优工程"活动。三是加强基建项目的现场监管,严格控制现场工程变更,严格控制工程总投资,严格把好质量关。四是对重点基建工程项目实行全过程跟踪审计。总之,我们要确保将每个在建项目都建成优质工程、文明工程、廉洁工程。

在校办企业管理方面,中央巡视组指出了我们部分企业未按规定划转、现代企业制度不健全、监管制度不完善、"一手办学、一手经商"现象突出等问题。针对这些问题,学校决定,对校办企业、院系办企业、教师办企业和在企业兼职的情况,开展一次全校性的摸底清理工作。在此基础上,一是理顺校办企业国有资产管理体制,明确学校资产管理部门管理全校国有资产的职责,资产经营公司代表学校履行出资人责任,改革资产管理制度,实现国有资产保值增值。二是提出加强校办企业管理的意见,一方面加快推进校办企业建立健全现代企业制度,完善法人治理结构,逐步建立职业经理人制度,实现经营目标管理,加强企业监管,控制经营风险;另一方面对长期亏损、扭亏无望、对学校没有贡献的企业,建立退出机制。三是规范干部教师的兼职行为,明确处级以上干部未经学校批准一律不得在企业兼职,同时建立教师在企业和其他单位兼职取酬的报告、审批制度。在摸底调查的基础上,就教师开办企业、在企业和其他单位兼职行为作出明确规定,建立相应制度。

在附属医院管理方面,针对校辖附属医院摊子大、权属杂、监管难,极易诱发腐败等问题,学校将在对有关情况全面排摸的基础上,从四个方面加强对附属医院的管理。一是加强附属医院领导班子建设和监管。进一步完善附属医院党政联席会议制度和"三重一大"决策机制、重大信息院内公开制度、院领导班子成员向校党委报告个人有关事项的制度等,严格执行院领导班子成员不得兼任科室负责人的规定,建立和完善对医院领导班子和干部的考核评价制度,推行医院管理干部轮岗交流制度,加强对附属医院工作的常规巡视、专项巡查和审计监督。二是加强对附属医院大型医疗器械、药品和耗材采购的有效监管,督促医院严格执行国家和上海市有关规定,依托有关平台进行集中公开招标采购管理。三是加强附属医院纪检工作,特别是要充实纪检部门人员力量,提高工作能力和水平,切实发挥监督作用。四是进一步加强学校与上级行政主管部门的信息沟通,形成监管合力。

第三,关于从深化改革入手加大源头治理力度。

加强党风廉政建设和反腐败工作,既要治标,又要治本。我们感到,从深化改革、创新体制机制入手,从加强管理、完善制度、形成有效的权力运行和监督机制切入,是反腐倡廉的治本之策。因此,针对巡视发现的问题和党风廉政建设中存在的薄弱环节,我们要按照构建中国特色现代大学制度、推进学校治理体系和治理能力现代化的要求,通过深化内部治理体系和基本运行模式改革,深化资源配置方式和一系列综合配套改革,深入查找并解决学校在管理体制、运行机制、制度建设、监督手段等方面存在的问题和漏洞,使权力运行更加科学、民主、规范、有序,从源头上预防和治理腐败。结合当前实际,我们要着力做好三方面工作。

一要推进学校内部治理体系改革。完善科学民主的决策体系,修订完善领导班子"三重一大"决策制度和党委常委会、党委全委会、校长办公会议事规则,在坚持和完善党委领导下的校长负责制的基础上,把深入调查研究、充分听取各方面意见作为重大决策的必经环节、前置程序,最大限度地降低决策的随意性、盲目性,避免决策失误。完善内部治理的制度体系,以制定和实施大学章程为抓手,进一步规范学校内部治理架构,健全学术组织、群团组织、党派团体、专业咨询机构和教职工代表大会参与学校民主管理、民主监督的制度和途径,充分发挥它们的作用。

二要推进校院两级管理体制改革。实行校院两级管理,一方面有利于调动校院两级的积极性,激发办学活力,另一方面也有利于形成权力运行的监督和制约机制,降低管理的风险。下一步,我们要推进机关切实转变职能,既要有序推动权力下放,减少审批事项,实现管理重心下移,又要做好对二级单位执行制度和规则、标准、程序等情况的监督。学院要加强内部管理体制和能力建设,加强领导班子和管理人员队伍建设,完善相关组织建设,健全规章制度和运行规则,强化内部监督和信息公开,为学院规范运行、健康发展打下坚实基础。

三要深化人财物等领域的综合配套改革。人财物等领域,办学资源集聚,也是监管的重点部位。我们要深化人事管理改革,进一步规范教师队伍管理,完善学术评价体系和职称职务评审办法,引导教师全身心投入教学科研工作;要深化财务管理改革,建立校院两级财务全额预算制度,健全以目标为导向配置办学经费的机制,加强财务监督和审计监督,提高二级单位财务管理水平和经费使用效益;要深化资产管理改革,开展学校房屋资产和大型仪器设备专项清理,制定资产分类管理办法,建立各类资产配置标准体系,推动资产的有偿使用、资源的优化配置和资本的保值增值;要深化后勤管理体制改革,进一步明确主管部门的监管职能,优化监管体系;还要建成管理信息公共服务平台,发挥平台在服务师生、信息公开、民主监督等方面的作用,为加强对校院两级运行状况的实时监控和各方面工作有效监管提供支撑。

第四,关于落实党要管党、从严治党要求。

中央巡视组在反馈意见中指出了我校党建工作中存在的薄弱环节,包括:党建工作针对性不强,对教师队伍的思想政治引领不够;党员干部党的意识不强,纪律松弛;对基层党组织建设重视不够,基层党组织凝聚力不强、战斗力不强,组织生活缺乏吸引力等。应该说,中央巡视组提出的意见建议是客观、中肯的,党建工作我们过去一直在抓,但问题在于缺少有效抓手,特别是面对新情况新问题,我们的思路还不够宽,办法还不够多,措施还不够有力。接下来,全校各级党组织,包括校党委和各职能部门,各院系、医院党委,各党支部都要对照中央巡视组的意见认真整改,聚精会神抓党的建设,把党要管党、从严治党的要求落实到党的建设各项工作中去。

一要加强对师生的思想政治引领。核心是要引导广大师生树立和培育社会主义核心价值观,坚定"三个自信"。要加强对师生思想政治动态和意识形态领域倾向性问题的研究,建立党委常委会定期研究党建和思想政治工作、意识形态工作等议题的制度;要以马克思主义指导哲学社会科学教学和研究,抓好师生政治理论学习,引导师生正确认识和分析形势,理性看待前进中的矛盾和问题;要大力开展多种形式的社会实践活动,鼓励师生在实践中了解国情社情民情,增强服务国家社会的使命感;要大力加强师德师风建设,激发教师教书育人、为人师表的责任感;加强学生心理健康教育和人文关怀,培养学生的健全人格。

二要狠抓基层党组织特别是党支部建设。基层党组织是党的全部工作和战斗力的基础。当前我们要以党支部建设为重点,抓好基层党建工作,充分发挥基层党组织战斗堡垒作用和党员先锋模范作用。要集中开展整顿薄弱涣散党支部工作,对薄弱党支部分别提出整改措施,限期进行整改;要落实校党委《关于进一步加强基层党组织建设的若干意见》要求,加强对支部组织生活的指导,鼓励基层党组织大胆创新,精心设计组织生活内容和形式,切实增强组织生活的有效性和吸引力;要巩固教育实践活动成果,根据不同群体党员特点,设计特色鲜明、务实管用的活动载体,健全党组织和党员立足本职岗位创先争优的长效机制,引导党员在发挥先锋模范作用中不断增强党员意识;要加强二级单位党委、党总支建设,完善党政联席会议制度,发挥保证监督作用,提高领导和推动改革发展的能力;要加强基层党务工作者队伍建设,选优配强分党委书记和党支部书记,完善队伍的培训、考核、激励机制,建立基层党建工作责任制和党支部工作评价制度。

三要加强干部队伍的严格管理和监督。着眼于建设一支适应创建世界一流大学要求的、专业化职业化的干部队伍,我们要抓好干部队伍源头建设,强化干部基层锻炼和培养机制,加强干部分层分类培训,完善职员职级制等政策,建立健全干部多渠道培养、多岗位锻炼、多途径发展的体制机制。要严格干部管理和监督,落实干部管理监督制度,强化干部党的意识、宗旨意识,遵守政治纪律、组织纪律和廉政纪律。要完善干部年度考核评价办法,把考核评价与干部选拔任用、管理监督、激励约束结合起来,形成正确的用人导向。

三、对整改工作的几点要求

今天动员部署会之后,校领导班子全体同志,机关各部门的同志,各院系、各直属单位、各附属医院的同志都要立即行动起来,投入到巡视整改工作中。各单位、各部门要召开领导班子和相关人员会议,传达学校关于巡视整改工作的要求,结合本单位实际,具体部署和落实整改任务。首先是要认真研读学校整改方案的要求。校党委非常重视整改方案的制订,多次召开常委会和专题工作会进行研究,我们的目的就是要集思广益,把整改的思路议清楚,把整改的措施想明白,真正发挥党委领导集体的作用,落实党委的主体责任。因此,我们在制订整改方案时,不是简单地就事论事,而是举一反三,不仅着眼于解决当前的问题,更注重从体制、机制、制度、监管上查找和分析原因、堵塞漏洞;整改的思路举措尽可能做到切实可行,可操作,可检查,对于一些需要在调查摸底基础上再研究具体政策的,则写明整改的大思路、大方向。因此,请大家回去以后,认认真真研读整改方案,在此基础上结合本单位、本部门实际,抓好贯彻落实。

一要围绕明确责任抓整改。在整改任务分解表中,我们将整改任务具体分为91项整改事项,每一项都明确了牵头校领导、主办单位和协办单位,涉及了所有的党员校领导、所有的领域、所有的部门和单位,每位领导干部、每个部门、每个单位都不能置身事外。校党委成立了专项巡视整改工作领导小组,我和玉良校长担任组长,我们将切实履行第一责任人责任,抓好整改工作。校领导班子成员要切实履行职责范围内的领导责任,对本人牵头负责的整改事项要亲自推动、亲自过问、亲自研究、亲自督办,整改任务推进不力的首先追究校领导的责任。各部门、各单位的负责同志要增强"一岗双责"意识,进一步细化任务举措,明确责任分工,狠抓工作落实。整改工作领导小组办公室要加强对整改工作的统筹协调和检查督办,及时跟踪整改进展情况,推动各项整改任务的落实。

二要围绕解决问题抓整改。整改工作的成效最终要看中央巡视组反馈的突出问题和主要问题有没有解决,党风廉政建设的薄弱环节是不是得到了加强,学校的各项管理工作是不是更加科学、规范、有序。我们要坚持问题导向,全面审视我们的各项工作,管理制度是不是健全,监管手段是不是到位,工作程序是不是规范,党风廉政建设责任是不是落实。要通过深化整改工作,进一步增强干部廉洁自律和"一岗双责"意识,形成认识成果;解决一批师生反映强烈的突出问题,形成实践成果;建立和完善一批规章制度,形成制度成果;推动和实施几项重大改革,形成体制机制成果。机关每个部门、每个院系、每家附属医院,也都要按照学校整改方案提出的要求,梳理本单位在党风廉政建设中存在的薄弱环节,认真开展专项清理检查,进一步完善规章制度,建立健全权力运行监督和制约机制,该加强的加强,该改进的改进,该规范的规范,确保各项工作更加扎实到位。

三要围绕时限要求抓整改。根据中央要求,被巡视单位要在反馈之日起 2 个月内向中央巡视工作领导小组报送整改情况,领导小组将适时组织开展监督检查。因为我们是和其他省区市一起列入 2014 年第一批巡视单位的,巡视整改工作不可能因为我们放暑假而有所延后,这就意味着我们在 9 月初就要向中央上报整改情况。因此,我们必须把握好时间节点,不等不拖,迅速行动,尽快实施。能利用暑假完成的尽可能利用暑假完成,特别是一些专项清理和制度建设任务,原则上要在 9 月初之前完成;其他一些工作能往前提的尽量往前提,争取在 9 月初能基本完成或取得阶段性成果;还有一些确实需要一定时间才能解决的问题,要抓紧开展摸底调研,制定好路线图、时间表,一件事一件事地抓,一个环节一个环节地推动、一个问题一个问题地解决。8 月底之前,各部门、各院系、各直属单位、各附属医院都要向校党委报送本单位自查自纠和整改进展情况报告。

四要围绕推动发展抓整改。抓好巡视整改工作与促进学校事业发展在根本上是一致的,我们要把专项巡视整改工作与全面落实学校第十四次党代会精神相结合,与全面推动党的群众路线教育实践活动整改落实工作相结合,与深入推进以校院两级管理为核心的学校综合改革相结合,切实做到两手抓、两不误、两促进,今年 9 月 1 日至 5 日,学校还将组织中层正职以上干部围绕推进学校综合改革进行深入研讨,以深化改革为动力推进学校事业发展。总之,我们要通过巡视整改,通过正风肃纪和解决突出问题,把正气聚起来,把干劲鼓起来,把全校师生的智慧和力量凝聚到深化改革、加快发展上来,加快建设世界一流大学的步伐。

在复旦师生纪念邓小平同志诞辰 110 周年座谈会上的讲话

(2014 年 8 月 22 日)

党委书记 朱之文

今天是敬爱的邓小平同志诞辰 110 周年纪念日。我们在这里举行座谈会,深切缅怀邓小平同志为国家富强、民族振兴、人民幸福建立的不朽功勋,追思他对教育、科技事业的亲切关心和作出的卓越贡献,学习他的思想精髓和崇高风范,进一步激励全校师生为加快建设具有中国特色的世界一流大学而奋斗。

邓小平同志是全党全军全国各族人民公认的享有崇高威望的卓越领导人,伟大的马克思主义者,伟大的无产阶级革命家、政治家、军事家、外交家,久经考验的共产主义战士,中国社会主义改革开放和现代化建设的总设计师,中国特色社会主义道路的开创者,邓小平理论的主要创立者。习近平同志在中央纪念邓小平同志诞辰 110 周年座谈会上强调,信念坚定是邓小平同志一生最鲜明的政治品格,热爱人民是邓小平同志一生最深厚的情感寄托,实事求是是邓小平同志一生最重要的思想特点,开拓创新是邓小平同志一生最鲜明的领导风范,战略思维是邓小平同志一生最恢宏的革命气度,坦荡无私是邓小平同志一生最光辉的人格魅力。邓小平同志对党和人民的贡献,是历史性的,也是世界性的;他不仅改变了中国人民的历史命运,而且改变了世界的历史进程。正是由于有邓小平同志的卓越领导,正是由于有邓小平同志大力倡导和全力推进的改革开放,中国特色社会主义才能欣欣向荣,中国人民才能过上小康生活,中华民族和中华人民共和国才能以新的姿态屹立于世界东方。中央对小平同志历史功绩和崇高风范的评价,反映了全党全国各族人民的共同心声,我们表示衷心拥护。

作为教育工作者,我们深切缅怀邓小平同志对中国教育事业特别是高等教育事业作出的卓越贡献。1977 年邓小平同志再次复出后,面对"文革"后百业待兴的复杂局面,他自告奋勇管科技教育方面的工作。他说,"我们国家要赶上世界先进水平,从何着手呢？我想,要从科学和教育着手。"这反映出小平同志对世界和中国发展大势的深刻思考和敏锐洞察。在他的领导下,教育和科学领域率先开始了解放思想、拨乱反正。他推翻了"两个估计",强调"尊重知识,尊重人才"、"从事脑力劳动的人也是劳动者"、"知识分子是工人阶级的一部分",这些论断使教育战线及广大教育工作者在精神上获得了解放,极大地焕发了为社会主义教育事业服务的热情。小平同志以政治家的胆略和气魄,以超常的效率恢复了高等学校招生考试制度,这是教育战线拨乱反正的重大突破,也是历史转折时期的一个重要标志,它不仅改变了一代有志青年的人生命运,也引领了整个中国社会的走向,对改革开放和社会主义现代化建设产生了极其深远的影响。我们这一批恢复高考后的第一届大学生,我们这一代人都由衷地感谢小平同志。作为主管科教工作的领导,小平同志既把握大政方针,又对具体工作管得深入细致,他作出了扩大派遣留学生的战略决策,提出要建立学位制度和学术、技术职称制度,提出有条件的重点大学要办成教育和科研两个中心,提出教育必须同国民经济发展的要求相适应,他还要加强教师队伍建设、教材建设,整顿教学秩序、提高教学质量,加强纪律问题、学风问题、后勤工作问题等等,作出了具体明确的指示。小平同志的教育思想十分丰富,提出了一系列重要论断。在教育的属性和地位上,他强调教育是一个民族最根本的事业,教育的基本任务是为社会主义现代化建设服务,要把教育放在优先发展的战略地位,"要在别的方面忍耐一些,甚至于牺牲一点速度,把教育问题解决好";在教育的目标方针上,小平同志强调坚持社会主义办学方向,培养"有理想、有道德、有文化、有纪律"的一代新人;在教育发展战略上,小平同志作出了"教育要面向现代化,面向世界,面向未来"的著名论断;在教育与科技的关系上,小平同志强调"科学技术是第一生产力"、"科学技术人才的培养,基础在教育";在支持教育发展的外部环境上,小平同志强调全社会要形成尊师重教的良好氛围,他说"忽视教育的领导者,是缺乏远见的、不成熟的领导者",他愿意给教育、科技部门的同志当后勤部长。小平同志这些重要论述至今我们听上去仍然感到十分亲切,这些重要论断至今仍具有很强的指导意义。

邓小平同志心系教育,情系复旦,我校师生对他怀有特殊的感情。刚才几位同志的精彩发言、深情回忆就充分说明了这一点。小平同志数次接见我校苏步青、谢希德、周谷城、汤钊猷等专家学者,十分关心、关注学校的发展。在1977年8月召开的具有历史转折意义的科学和教育工作座谈会上,小平同志虚心听取我校教师和校友苏步青、童第周、黄家驷、郝柏林等同志的意见。苏步青教授第一个发言,他提出了推翻教育战线的"两个估计"、推荐十多位青年报考研究生、复旦数学所"十八罗汉"归队、恢复办学术刊物等建议,小平同志一一作了指示。他要求教育部专门下发通知,让那十多位青年"到苏步青同志那里考研究生,来回路费由国家负担";他让有关部门通知"十八罗汉"中尚未归队的16人,"叫他们统统回来";他还要求把"学术刊物办起来,解决一下科研、教育方面的出版印刷问题"。在邓小平同志的亲自关心下,1978年2月国务院批转了教育部关于恢复和办好全国重点高等学校的报告,复旦大学、上海第一医学院两所学校都继1959年后再次被确定为国家重点建设的高校。1979年7月,我校78级新闻系四位学生在黄山偶遇小平,小平同志怀着对恢复高考后首批大学生的深情与他们合影,并在他们的学生证上亲笔签名。这一生动的故事已成为那个时代中国大学生的共同记忆,成为后来复旦人的美好回忆,小平同志亲笔签名的学生证也成为学校宝贵的校史资料。

复旦一直是全国理论研究和创新的重镇,为真理标准讨论和中国特色社会主义理论研究、创新、普及作出了突出贡献。1978年,曾担任复旦大学党委书记的杨西光同志,时任《光明日报》总编辑,主持修改、发表《实践是检验真理的唯一标准》特约评论员文章,其中"唯一"二字还是杨西光亲自加上去的,这篇文章引发了全国范围内的真理标准讨论和思想解放运动。当年,《复旦学报》(社会科学版)复刊第1期即开设了"关于真理标准问题的讨论"专栏,发表了时任校党委书记夏征农同志《没有民主就没有社会主义》,哲学系胡曲园教授《论真理没有阶级性》,哲学系林永民同志《理论由实践赋予活力》等系列文章。该期学报呈送中央后,受到胡耀邦同志的好评,他给中央党校主办的《理论动态》批示道:"今天收到这本刊物,翻了一下,觉得敢于接触实际问题,内容多彩,文风也比较好。现在,意识形态领域的空气仍很沉闷,哼哼哈哈的东西很多,相比之下,就感到这个刊物可爱"。他要求《理论动态》转载专栏中的文章,在全国引发了强烈反响。复旦学者的文章有力地支持了小平同志主导下的真理标准问题讨论,为冲破"两个凡是"的思想枷锁起了重要作用。积极参与理论研究和创新的传统一直延续下来,蒋学模教授的《一切从社会主义初级阶段的实际出发》、张熏华教授的《论社会主义经济中的地租的必然性——兼论上海土地使用问题》、陈其人教授的《资本主义无计划、社会主义无市场理论的终结》等文章,都在当时理论界和社会上产生了重大影响,为突破理论禁锢、推动改革开放作出了重大贡献。20世纪90年代初,复旦大学在全国高校中率先开设了《邓小平理论》必修课,并不断创新教学方法、改革考核方式,多次荣获国家级教学成果奖;小平同志逝世后不久,学校就成立了由学生自发组织的邓小平理论研究会,吸引了一批有志于理论研究和宣传的大学生积极参与。在邓小平理论"三进"方面,复旦走在了全国高校前列。

敬爱的邓小平同志离开我们已经17年了。可以告慰小平同志的是,在党中央的坚强领导下,中国高等教育沿着他指引的正确方向不断迈进,高等教育事业发展取得了辉煌成就,实现了历史性跨越。高等院校毛入学率从1978年的2.7%到2013年超过了30%,在校生规模从不到100万增长到3300多万,每年为国家培养近700万名毕业生。还可以告慰小平同志的是,复旦广大师生牢记他的教诲,奋发有为,开拓进取,各项事业蓬勃发展,综合办学实力得到了显著提升。与1978年相比,目前在校本科生人数增长了近10倍,研究生招生数增长了24倍,具有高级职称的教师人数增长了18倍,派遣出国人员从1978年的26人增长到6 650人次,增长了250多倍。改革开放30多年来,学校面貌发生了历史性变化,这种巨变是全国高等教育大发展、大跨越的缩影。这一切雄辩地证明:党关于教育事业发展的一系列重大历史决策是完全正确的,邓小平同志的教育思想具有强大的生命力,中国特色高等教育发展之路展现出光明灿烂的前景!

复旦人永远感谢小平同志,爱戴小平同志,怀念小平同志!今天,我们对小平同志最好的纪念,就是继续沿着他开辟的道路前进,按照中央的要求,把复旦的事业发展得更好,加快建设中国特色世界一流大学的步伐。

沿着小平同志开辟的道路前进,我们要始终高举中国特色社会主义伟大旗帜。 小平同志带领党和人民开创的中国特色社会主义,创立的邓小平理论,是他留给我们最重要的思想和政治遗产。我们要以中国特色社会主义教育为核心,深入开展理想信念教育,引导师生深刻理解世情国情、正确认识形势变化,坚定"三个自信",增强"三个认同",矢志不渝为中国特色社会主义共同理想而奋斗;要发挥学科优势,鼓励学者立足中国实际,研究中国问题,打造中国特色、中国风格、中国气派的话语体系,深入推进中国特色社会主义理论创新发展;要发挥高校作为社会文化高地的作用,大力开展理论宣传普及,使中国特色社会主义为更多人民群众所理解、所认同、所践行。

沿着小平同志开辟的道路前进,我们要坚持全面深化改革、扩大内外开放。 小平同志指出:"改革开放是中国的第二次革命","改革也是解放生产力","没有一点闯的精神,没有一点'冒'的精神,没有一股气呀、劲呀,就走不出一条好路,走不出一条新路,就干不出新的事业。"当前,复旦的发展到了一个关键阶段,在新形势下加快建设世界一流大学,必须大力发扬改革创新精神,解放思想,转变观念,从高等教育规律和学校实际出发,深化体制机制改革,推进学校管理创新和制度创新,为事业发展不断注入新的生机和活力;要拓展对内对外开放,坚持面向国家现代化建设,加强与有关部门和单位的合作对接和协同创新,坚持面向世界,与世界一流大学开展高水平、深层次的交流合作,敢于并善于到国际舞台上进行竞争,更好地向世界宣传展示中国文化和中国形象。

沿着小平同志开辟的道路前进,我们要时刻牢记服务国家的责任使命。 小平同志说:"能否实现四个现代化,决定着我们国家的命运、民族的命运","四个现代化,关键是科学技术现代化","发展战略第一位就是发展教育和科学技术"。根据他的思想,我们党提出了科教兴国战略,近年来中央又根据新的实际提出了创新驱动发展战略,并要求上海加快向具有全球影响力的科技创新中心进军。我们要敏锐地把握这一时代的新要求,更加自觉地把学校发展与国家发展结合起来,把学术研究与国家战略结合起来,树立国家意识,牢记国家使命,面向国家重大目标、重大需求、重大任务、重大理论和现实问题,更加自觉地在国家战略前沿和区域发展前沿谋大事、做大事,努力提升科学研究的能级和水平,实现跟踪追赶向跨越引领的转变,为创新驱动、转型发展作出更大贡献。

沿着小平同志开辟的道路前进,我们要大力提高人才培养质量。 人才培养质量关系国家的未来。小平同志说,"学校应该永远把坚定正确的政治方向放在第一位",促进学生"德智体全面发展",培养"有理想、有道德、有文化、有纪律"的社会主义新人。作为国家重点建设的大学,我们最根本的任务就是不断提升人才培养质量。我们有责任思考和回答在开放的条件下,如何培养通晓多元文化背景、能够参与国际竞争、立志为民族复兴而奋斗的社会主义事业建设者和接班人。我们要着力推进人才培养机制改革,强化教书育人,促进学生全面发展,努力使我们的学生都能成为具有人文情怀、科学精神、专业素质、国际视野,与中国未来地位和责任相适应的领袖人才和栋梁人才,担当起实现中华民族伟大复兴的历史重任。

沿着小平同志开辟的道路前进,我们要扎实推进高校党的建设。 小平同志指出,办好中国的事情,关键在我们党,关键在人。"只要坚持并且改善党的领导,由此带动其他工作,我们的任务就能够完成。"要实现加快建设世界一流大学的宏伟目标,实现跨越发展,就必须坚持党要管党、从严治党的方针,着力提高学校党的建设科学化水平。我们要坚持和完善党委领导下的校长负责制这一根本领导体制,进一步完善民主决策、科学决策的体制机制,提高办学治校水平;要大力加强干部队伍建设,使干部队伍的素质和能力与建设世界一流大学的要求相适应;要充分激发基层党组织特别是党支部的生机与活力,不断增强党员意识,切实发挥基层党组织战斗堡垒作用和党员先锋模范作用,为学校事业发展提供坚强的组织保证。

老师们、同学们、同志们!在1978年召开的全国教育工作会议上,小平同志说:"任何好主意不会自动实现。为了在不长的时间内实现四个现代化,我们需要大力提倡能把崇高理想逐步变为现实的脚踏实地的革命作风。"去年召开的学校第十四次党代会已经描绘了学校改革发展的宏伟蓝图,明确了思路举措,我们接下来的任务就是狠抓落实。我们要进一步学习贯彻党的十八大和十八届三中全会以及习近平总书记系列重要讲话精神,大力弘扬求真务实、真抓实干的优良作风,加快建设世界一流大学步伐,以实际行动纪念邓小平同志,为实现中华民族伟大复兴的中国梦作出新的更大贡献。

在校党委十四届五次全体(扩大)会议开幕会上的讲话

(2014年9月1日)

党委书记 朱之文

这次会议的主要任务是：深入学习习近平总书记系列重要讲话和党的十八届三中全会精神，认真研究提高人才培养质量方案和深化校院两级管理体制改革及综合配套改革方案，统一思想，增进共识，凝聚智慧，努力使改革方案更加符合学校实际，更具有前瞻性、合理性、操作性，动员全校师生员工以全面深化改革为动力，为加快建设中国特色的世界一流大学而奋斗。

这次会议打算开4天，除了开幕会、闭幕会以外，主要的时间都用来讨论学校关于提高人才培养质量、校院两级管理体制改革以及人事管理、科研管理、财务管理、资产管理、后勤管理等综合配套改革方案。今天上午由我和杨玉良校长分别作一个报告，谈一谈学校关于改革的一些总体考虑，供同志们参考。

下面，我就校院两级管理体制改革和综合配套改革讲几点意见。

一、切实增强深化改革、加快发展的责任感、紧迫感

在年初的干部大会上我们就提出，今年的工作要以"深化改革、加快发展"为主线。"改革"和"发展"，是今年全校工作的主题词。为什么要强调深化改革，主要基于以下几点考虑：

（一）全面深化改革是中央对高校提出的明确要求

围绕党的十八大提出的"两个一百年"的奋斗目标，党的十八届三中全会对全面深化改革作出了总体部署，也对深化高等教育改革提出了明确要求。今年5月4日，习近平总书记在北京大学师生座谈会上发表重要讲话，再次发出了建设世界一流大学和深化高校改革的总动员令。总书记的讲话为世界一流大学建设指明了方向，他强调，"办好中国的世界一流大学，必须有中国特色。没有特色，跟在他人后面亦步亦趋，依样画葫芦，是不可能办成功的。""我们要认真吸收世界上先进的办学治学经验，更要遵循教育规律，扎根中国大地办大学。"总书记的讲话为高等教育改革指明了方向，他强调"全国高等学校要走在教育改革前列，当好教育改革排头兵"，他指出高等教育改革的重点是"紧紧围绕立德树人的根本任务，加快构建充满活力、富于效率、更加开放、有利于学校科学发展的体制机制"。总书记在讲话中还点到了复旦，这不仅是对我们办学历史、办学传统和办学水平的肯定，更体现了党中央对复旦大学走在高校改革前列的期待和要求。我们决不能辜负党中央的信任和期望，必须加快改革发展的步伐，争当高校改革的排头兵、先行者。

（二）全面深化改革是加快世界一流大学建设的必然要求

实现"两个一百年"的奋斗目标，实现中华民族伟大复兴的中国梦，呼唤着教育科技的有力支撑，呼唤着中国特色的世界一流大学。加快世界一流大学建设，首先要认清我们所处的时代背景。进入21世纪以来，以信息技术、生物技术、新材料技术、新能源技术广泛渗透为标志，以绿色、智能为主要特征的新一轮科技革命和产业变革正在孕育兴起。科技创新日益成为综合国力竞争中的核心要素。世界主要国家都在积极寻找突破口，抢占新一轮工业革命的先机。在这样的形势下，在国家创新体系中占据怎样位置，发挥怎样的作用，就成为大学发展的关键因素。从我国的情况看，加快转变经济增长方式和新一轮工业革命正在发生历史性的交汇。党和国家审时度势，将科技创新摆在了国家发展全局的核心位置，提出了创新驱动发展战略，并采取了一系列举措。这些措施主要体现在两个方面：一是加大投入力度。新一批体现国家战略意图的重大科技项目和重大工程即将上马，与创新人才引进相关的法律法规在抓紧修改完善，上海正在加快建设具有全球影响力的科技创新中心。二是加大改革力度。国家科技体制改革持续推进，科技与经济社会发展的融合不断深化，创新治理体系、科技资源配置、科技评价、科技成果转化、科研组织模式等都将作出相应调整。这对我们建设世界一流大学，既提供了难得的机遇，也提出了新的更高要求。

在这样的形势下，兄弟高校、科研院所纷纷摩拳擦掌，行动起来，通过深化改革、加快调整，掌握先机，赢得主动，占领未来竞争的制高点。总的看来，大家的着力点主要集中在三个方面：一是改革体制机制。中国科学院制定了《"率先行动"计划暨全面深化改革纲要》，把原有100多个科研院所进行重大调整精简，分为面向国家重大需求、面向基础科学前沿、依托国家重大科技基础设施、依托特色优势学科四个大类，分类指导、分类支持，把重点科研力量集中到国家战略需求和世界科技前沿，构建适应国家发展要求、有利于重大成果产出的治理体系。清华大学、北京大学、上海交通大学等都已制定了各自的综合改革方案，一方面使校内改革更加全面系统；另一方面通过改革积极向中央部委、地方政府争取政策和资源支持。浙江大学确定了8个院系开展综合改革试点，扩大学院的办学自主权，并自筹了6个亿直接投入院系。二是瞄准国家目标。中国工程院会同工信部等单位，提出了"中国制造2025"计划，提出要以数字化、网络化、智能化制造为核心，推动制

造业转型升级,引起了中央领导同志的高度重视。如果分析一下最近两轮申报成功的2011协同创新中心,不难发现,一个共同的特点就是它们都站在了国家战略前沿。比如南京大学的南海研究、同济大学的新能源汽车、北京航空航天大学的先进航空发动机等,在聚焦国家目标方面都是看得准、动作快、力度大。三是拓展战略合作。截至2013年底,清华大学已经与20多个省(市、自治区)签署了合作协议,几乎覆盖了全中国的版图。上海交大在过去半年时间里,又相继与云南、江西、广西、军事科学院等签署或深化了战略合作协议。从这一系列新思路、新办法、新举措中我们能够深切地感受到,全面深化改革已经是大势所趋、不容回避。谁不改革,谁就可能落后。能不能在创建世界一流大学的征程上赢得机遇,抢得先机,就看我们能不能审时度势,深化改革,加快发展自己。

（三）全面深化改革是解决我校存在的突出问题的内在要求

清醒地认识差距和存在的问题,是我们进步的前提和基础。相比于兄弟院校快速发展的势头,近年来我校在一些指标上不够理想。这里我提四方面的数据,供大家思考。一是重大平台少。最近两轮2011协同创新中心申报,我们没有项目入选,而上海交大入选了3项,清华、浙大、南大各2项,其他C9高校至少入选了1项。如果将国家实验室、国家重点实验室、国家工程实验室、国家工程（技术）研究中心放在一起进行统计,我们的数字更难看,只有5个,排C9高校最后1名。清华有27个,浙大和上海交大各有19个。二是重大项目少。以2010年到2014年"973"计划首席项目为例,北大51项,清华46项,我校只有17项,在C9高校列第7位。三是重大成果少。理工医领域的国家科技三大奖,最近3年清华23项,浙大22项,我们只有7项,在C9高校列第7位。人文社会科学领域教育部第六届优秀成果奖,北大61项,武汉大学43项,中国人民大学40项,连浙大都有29项,我校只有17项。四是重大人才计划入选数量少。近几年国家层面重大人才计划,无论是长江学者、千人计划还是青年千人计划,我们入选数量都不多,"青年千人计划"只有40人,不到清华和中科大的一半(清华87人、中科大86人)。当然,由于各高校在学科结构、师资规模上的差异,这些指标不能完全作为衡量我们发展水平的标准。但必须引起我们足够的重视。这类指标偏少,必然会制约我们服务国家战略需求、解决国家重大问题的能力。

在清醒地看到差距的同时,我们还要对存在的问题做深入思考。在深入基层大走访大调研活动中,在为十四次党代会建言献策活动中,在党的群众路线教育实践活动征求意见环节,我们都对问题进行过梳理。概括地讲,当前的问题主要有四个方面。一是校院活力不足。一直以来,我们的校部机关掌握着人财物等资源的统筹权,这在一个历史阶段是难以避免的。但太集中了,就影响了活力。一方面,机关管了很多不该管的事,该管的该做的,反而没有管好做好,在激烈的高校竞争中走出去少,发现机遇、争取资源的能力比较弱。另一方面,院系觉得,既然机关什么都管,我就"等靠要",缺乏一种推动事业发展的积极性主动性。二是组织协调不力。自由宽松的文化、自由地探索研究是我们学校的优良传统,我们要继续保持和发扬。但同时也要看到,在当今的条件下,太自由了,就变得很"散"。一方面,我们的教师组织起来比较困难,组建团队联合攻关也比较困难。另一方面,学校层面不善于去组织,不要说跨院系跨单位的组织,本院系本单位也很难整合到一起,对外只有游击队,没有集团军。三是管理基础薄弱。一方面,我们对一些管理基础信息底数不清、情况不明,对学校运行监管不力、协调不畅,因此管理中盲点很多,漏洞不少。另一方面,我们的管理理念、管理手段无法适应时代飞速发展的要求,科学化专业化水平不高,对学校管理中出现的新情况新问题应对不快、办法不多。四是资源配置不合理。一方面,学校资源总体上还不足,我们争取外部资源的渠道不多,手段单一。另一方面,现有资源的利用效率较低,资源整体不足和资源空置闲置的现象并存,有限的资源没能全部用在刀刃上。

深入分析这些差距和问题,我们感到,这背后反映的是我们的体制还不够顺、机制还不够活、管理还不够严。只有下决心通过全面深化改革释放体制机制的活力,才能适应高等教育发展的新形势新要求,才能为加快建设世界一流大学提供源源不断的动力。

二、全面深化校院两级管理体制和综合配套改革

改革是由问题倒逼而产生,又在不断解决问题中得以深化。要克服学校内部管理体制中存在的权力过于集中、管理效率不高、组织协调不力、办学活力缺乏等弊端,就必须深化校院两级管理体制改革以及相关领域的综合配套改革,从而充分调动校院两级的积极性,全面提高学校的管理水平和办学效益。因此,从这个意义上讲,校院两级管理体制改革是学校全面深化改革的重要内容,也是当前学校各项改革的总抓手、"牛鼻子"。

（一）准确把握校院两级管理体制和综合配套改革的指导思想

建设若干所具有世界一流水平的大学是国家战略,是实现中华民族伟大复兴的重要组成部分。把复旦大学建设成为世界一流大学,是国家对我们的定位,是历史赋予我们的责任,也是我们深化改革的根本目的。扎根中国大地建设世界一流大学,必须构建中国特色现代大学制度。我们认为,建立和完善中国特色现代大学制度,党委领导下的校长负责制是根本领导体制,校院两级管理是基本运行模式。我们深化校院两级管理体制和综合配套改革,主要目标就是要从学校和院系两个方面入手,建立起一套充满活力、富有效率、更加开放、有利于学校科学发展的体制机制,形成一种系统完备、科学规范、相互协调、务实管用的制度体系,完善学校的基本运行模式,切实提高学校的治理能力和管理水平,为完善中国特色现代大学制度作出积极贡献。

深化校院两级管理体制和综合配套改革,核心问题是调动学校和院系两个积极性,激发学校和院系两个办学活力。办好一所大学,光有学校的积极性,院系被统得过多、管得过死、缺乏活力不行；院系过于独立、分散，学校没有宏观调控能力，不能集中优势、重点突破也不行。因此，充分调动校院两级的积极性，充分激发校院两级发展的内在动力就显得十分重要。我们要通过深化改革，建立健全学校宏观管理、学院自主运行的两级管理体制，提升校部机关谋划运作、组织协调、监督管理和综合服务能力，推动学院自主管理、自我约束、规范运行、加快发展，形成校院两级互动联动、协调统一、充满活力、合力发展的管理运行机制。

总之，我们制定出台校院两级管理的相关政策制度，判断校院两级管理体制和综合配套改革成功与否的标准，就是看是不是有利于调动校院两级的积极性，激发全校的办学活力，是不是有利于完善学校的治理体系，提高管理水平和办学效益，是不是有利于加快建设世界一流大学的步伐。如果不能做到这"三个有利于"，我们的改革就失去了意义。

（二）校部机关在校院两级管理体制改革中要做到"四个转变"

推进校院两级管理，要求我们校部机关的思想观念、职能定位、工作方式、服务作风都要有新的转变。从这个意义上讲，机关工作的任务不是减轻了，而是加重了；要求不是降低了，而是提高了。

第一，转变思想观念。思想是行动的先导。观念不先行，改革寸步难行。从根本上，全校都要牢固树立建设世界一流大学的目标意识，坚定建设世界一流大学的信心和决心。我们要把学校的发展看作我们每一个人的责任，看作自己的责任，大家都来关心学校，关心国家，我们的学校、我们的国家才会有希望。各级领导干部和机关各部门的干部要带头增强责任感、使命感。我们要有更高的站位、更宽的视野。一要树立大局观念。过去，我们各部门相对都比较关心自己的事，注重把手头的任务完成好，不太注重从大局看问题，从全局谋划发展。从建设世界一流大学的要求来讲，我们要看到学校发展的大局，自觉从学校事业发展的全局出发谋划部门的工作；看到高等教育的大局，及时了解国际同行在做什么，国内一流高校在干什么，把握世界高等教育发展的趋势；要看到国家发展的大局，清醒地认识国家对我们的要求是什么，我们的使命是什么，我们能做什么，切实增强服务国家战略的意识。二要树立协同观念。过去，我们部门与部门、部门与院系、校内与校外，相互之间的协调、协作、协同都做得不够多、不够好。今后我们要大力倡导协同的观念，校内各部门、各单位之间，机关与基层之间都要开展协同，围绕学校办学目标，合力推进事业发展；我们与校外相关单位和机构之间也要大力协同，围绕国家重大目标，拓展高层次战略合作。尤其要注意的是，我们拓展对外合作，不是简单地签个协议，而是要真正让合作项目落地，真正把协同落到实处，真正让它开花结果。三要树立基层观念。推进校院两级管理，一批事项的审批权将逐步下放到院系。机关有的部门和工作人员可能存在一种顾虑，担心基层承接不了，担心"一放就乱"。我想，在这方面我们还是要解放思想，坚持群众路线，树立群众观念。我们要相信基层，相信一线，相信院系的干部有能力、有办法承接起二级管理；我们要帮助基层尽快地提高管理能力，更好地担负起二级管理的职责；我们要看到，院系的管理能力提高了，机关就能够站得更高，就有更多的时间和精力去谋划学校改革发展的大事，只要每个院系都强起来了，学校的整体管理水平就会上一个新台阶。四要树立服务观念。过去，我们认为的服务，比较多的是我坐在办公室里，别人找我来审批，我帮他签字盖章了，这就是服务。现在我们所强调的服务，则是自觉的服务、主动的服务，是更加便捷、高效的服务，是全方位、高层次的服务，是深入基层、深入一线的服务，是引领院系发展的服务，是人性化的服务，甚至是无处不在的服务。总之，只要我们在内心深处真正树立了大局的观念、协同的观念、基层的观念、服务的观念，机关的管理能力、管理水平、管理效益，就会有一个新的提高。

第二，转变机关职能。机关转变职能主要是解决机关应该做什么，不应该做什么的问题，也就是职能往哪里转，怎么转。我曾经讲过，机关转变职能的总方向，就是围绕建设世界一流大学的目标，加强科学谋划，争取发展资源，提供优质服务，保障有序运转，营造良好环境。结合当前的实际，我感到机关要重点加强四个方面的工作。一是简政放权。我们已经开展了精简职能部门、梳理部门职责、规范科室设置等工作，还有一些收尾的工作要继续做好。下一步，要抓紧做好减少审批事项、推进权力下放的工作。要下决心把那些院系管得了又管得好，有利于院系统筹资源、谋划发展的权力放下去，把那些机关既管不了又管不好，牵扯大量精力，影响机关效能发挥的权力放下去，防止出现放小不放大、放责不放权、放虚不放实的现象。在这次配套改革方案中，我们提出了一些权力下放的事项，这样做行不行、够不够，请大家讨论。机关每一个部门都要按照校院两级管理的要求，对自己掌握的审批事项进行认真细致的梳理，提出可以下放的审批事项清单。学校将在适当的时候公布"权力清单"，不在学校清单中的事项原则上不需要报学校审批。二是谋划运作。谋划运作的前提是加强学习研究。要学习研究国家的重大规划、重大政策、重大部署以及区域的重大需求，学习研究高等教育发展趋势以及国内外高校的最新动向。谋划运作的关键是善于抓住机遇。要学会从上级的文件中去捕捉政策走向，学会从国家的重大规划中去把握发展的先机，学会从国家和区域的重大需求中找到与我校的结合点，如果我们没有这种敏感性、主动性，谋划运作就是一句空话。谋划运作的重点是提高统筹能力。有好的思路，关键还是要落地，要通过搭建合作平台、深化战略合作、推进协同创新等方式，整合学校的力量，把好的思路转化成具体的项目、具体的政策、具体的措施，真正做到在服务国家战略和区域重大需求中争取发展资源、实现发展突破。三是宏观管理。形象一点说，就是要"抓大放小"。比如，机关要把更多的精力放在关系学校全局和长远发展的重大政策制定和调整上，一些具体的管理规定可以由院系结合自身的实际去制定；机关要把更多的精力放在高端人才队伍建设、重大项目推进上，具体的人事管理、科研项目管理可以更多地依靠院系去实施，强化院系的责任；机关要把更多的精力放在全校资源的宏观调控和科学配置上，各单位的经费怎么使用、资源怎么配置可以由院系依照一定的程序自主决定；机关要把更多精力放在解决一些长期制约学校发展的瓶颈问题上，一些具体的矛盾、问题能依靠院系自身解决的尽可能让院系去统筹，等等。**四是监督管理**。我们强调，机关放权，并不是"一放了之"，而是要加强监管。该放的必须放下去，要放到位，保证权责利一致；但该管也要切实管起来，而且要管住管好，管得科学有效，要实现事前审批向事中事后监管的转变，下决心改变重审批、轻监管，重部署、轻检查的现象。基层单位执行制度的情况怎么样，落实学校重大部署的情况如何，内部运转是不是规范，工作成效是不是明显，这些都应该成为机关部门经常性了解掌握的信息。执行落实得不好，工作不到位的，要及时指出、督促改进。

第三，转变工作方式。机关的职能变了，一些权力下放了，我们的工作方式也要相应地转变。应该说，这对我们机关部门来讲，是一个很大的挑战。谁能够尽快调整工作方式，适应新职能、新任务、新要求，谁的工作就能够早见成效。从转变工作方式来讲，我这里提四个方面。**一要善于对外沟通**。发展机遇不会主动送上门来。我们要改变过去那种封闭在校内办学、坐在办公室里看文件、批文件的习惯，敢于走出去，善于走出去，加强对外沟通联络，主动了解需求，主动推介自己，主动探寻合作。这里我要强调的是，我们走出去拓展对外交流合作，不是不加选择地找一些对象，不是与一般的单位开展一般层次、一般意义的合作，而是要围绕提高服务国家的能力这个核心，重点加强与国家部委、地方政府、承担国家使命的大型企业和单位的合作，在国家战略前沿、区域发展前沿、世界科技发展前沿做事，争取作出有影响、引领性的贡献。只有这样，才符合国家对我们这类层次大学的定位要求。**二要善于组织协调**。这次2011协同创新中心申报失利，给我们很大的触动，也是很大的教训。其中的原因固然有多方面，但十分重要的一条就是我们不善于组织协调，推动落实抓得不够，校内各单位之间、协作单位之间没有实现真正意义上的协同，难以形成合力，也就难以取得实效。通过这件事，我们应该深刻地认识到，当前，现代科研的组织模式正在发生重大的变化，国家的经费投入机制也发生了重大的变化，而我们在组织模式、管理方式、整合能力、运行机制存在诸多不适应。如果我们再不转变工作方式，转变我们的战法，下次还会重蹈覆辙，还会吃大亏。因此，我们要加大组织协调的力度，不仅要我们自己动起来，还要把兄弟部门的力量整合起来，把各院系的相关力量组织起来，把游击队变为集团军，把单兵作战变为体系作战，通过有力的组织把分散的力量集中起来，通过有效的协调调动方方面面的积极性，去争取大平台、大基地、大项目、大科学装置等等，获取更多的资源，努力实现重大突破。**三要善用制度管理**。机关要把主要精力放在规则、标准、程序、制度的制定上，善于用制度来管人管事，在制度允许的范围内，应该做什么，不应该做什么，怎么做，可以由学院自主决定，机关主要是监督他们执行规则、标准、程序、制度的情况怎么样。通过这样的方式，激发起学院的主体意识和自主办学活力，使学院真正成为办学实体。**四要善用考核评价**。通过一定的形式，定期对学院的中长期发展状况进行把脉会诊，逐步实现通过若干关键指标来科学客观地衡量学院发展水平，评价学院的管理绩效。通过考核评价，一方面为学校制定政策、配置资源、分类管理提供有价值的参考，另一方面发挥引领导向作用，鼓励大家向做得好的单位学习，向他们看齐。

第四，转变服务作风。当前，机关的服务态度已经有了较大的改善，但是我们的服务层次、服务水平、服务能力、服务实效还有很大的提升空间。在更高的起点上转变机关的服务作风，就要在提升服务的层次、水平、能力和实效上下功夫，创新服务形式，探索新的服务载体。比如，**我们要提供更多的服务渠道**。机关部门代表学校与校外相关部门沟通联络，往往认识的人多，掌握的信息多，可用的资源也多。我们不仅要自己走出去加强与校外的沟通联络，还要带着院系的同志一起走出去，开辟到战略前沿做事的渠道，让他们知道办什么事该找什么人，哪里可以得到有价值的信息，哪里有可争取的资源，让他们与有关部门对接上，开展深入交流，这就是实实在在地为院系发展服务。**我们要提供更高效的服务平台**。当前学校正在加快推进公共信息服务平台建设，实现基本信息集成和共享。依托这个平台，我们可以通过个人数据中心，减少师生重复填报表格直至实现"一表通"；可以通过推进网上审批和网上办事功能，减少师生不必要的奔波；还可以运用信息化手段实现对各类数据的利用和分析，为院系掌握自身的发展运行状况、加强内部管理提供支撑。**我们要提供更便捷的服务流程**。以解决问题为导向，以师生需求为指针，对办事流程和工作流程进行优化，实现流程再造，把方便留给基层、留给师生，切实提高服务效率、提升服务满意度。**我们要提供更有价值的服务信息**。国家和区域的最新发展规划、最新政策文件，国内外高校最新动向、学科前沿动态，典型的经验、做法和案例等，都可以通过一定的形式提供给院系，以此为基础，更好地为院系发展出谋划策，为学科发展创造条件，为承接重大项目穿针引线。

（三）学院在校院两级管理体制改革中要加强"四大建设"

学院是教学科研的基本组织单位，是教师、学生的基本管理单位，是学校二级办学实体。长期以来，尽管我们也讲要发挥学院的主体作用，但在实际运行中还是更多地把学院作为了指令的接受单位、政策的执行单位，学院自主办学的积极性和活力没有充分发挥出来。我们推动机关职能转变，管理重心下移，扩大学院对人财物管理等方面的统筹权，最终的目的是要让每个学院成为拥有相当自主权和活力的办学实体。当然，实现这样的转变，对学院提出了更高的要求。过去，学院都是比较被动地执行学校的政策指令，今后则要根据学校指导意见，结合本单位实际创造性地开展工作，主动谋划学院的发展；过去，学院的大事一般都会提交到学校拍板决定,今后除了一部分特别重大的事还会继续由学校拍板以外,将会有更多的事需要由学院领导班子拍板决定;过去,学院习惯于按部就班地接受学校各条线划拨的资源,今后学院可以统筹支配的资源更多了,需要学会开源节流,学会把有限的资源用在刀刃上,学会集中力量办大事,等等。我们学院的每一位干部,特别是党政主要负责人都要认识到自己肩负的责任,敢于担当,勇于负责,全身心投入学院管理,尽心尽力把工作做好。

当然,在现有的条件下推进两级管理,还有一些制约的因素,主要是我们院系的设置还不够规范,就像过去同志们常说的"大大小小、高高低低、坑坑洼洼"一样。接下去,我们要对学校现有的教学科研机构进行梳理,以一级学科或若干一级学科为基础,逐步调整和规范校内二级单位设置。但我们也要看到,这个过程不是一蹴而就的,要在系统规划的基础上把握时机、火候,做到水到渠成、有序过渡。如果等到学院设置完全规范以后再去推进两级管理体制改革,我们可能就会错失发展契机。因此,我们坚持在规范完善二级单位设置的同时,逐步推进学院的二级管理。

对学院来讲,当前最重要的是抓好四件事。

第一,加强规划建设。规划是学院发展的头等大事,也是实行二级管理的重要基础。有了好的规划,学院才可以始终沿着正确的目标前进,学院事业发展才有所遵循。在学院的各项规划中,有"两个规划、一个方案"显得特别重要。一是编制学科发展规划。学校的学科发展规划和学院的学科发展规划是相辅相成的,学校规划是学院编制规划的重要指导,学院规划是学校编制规划的重要基础。去年召开的十四次党代会,我们提出,到2020年我们要力争学校现已布局的学科全部进入ESI前1%,三分之一以上的学科进入前1‰。我们还提出,在冲击世界一流学科的院系,以国际学术标准评估教学科研人员,按世界一流大学相关学科的聘任方式和薪酬水平,择优聘任,采取特殊的支持政策。那么哪些学科是冲击世界前1‰的,哪些是冲击世界一流学科的,这既要看我们现有学科的发展状况、发展潜力,也要看各单位学科规划做得怎么样,学科布局谋划得怎么样。因此,各院系要充分重视学科规划的编制,按照学校学科发展总体规划确定的目标、任务和要求,以全球视野把握学科发展的趋势,紧密结合国家战略,明确学科建设的目标、重点和举措,为学院的学科发展绘制蓝图。二是编制人力资源规划。在这次讨论的配套文件中,人事部门提供了学校人力资源规划编制办法和学院人力资源规划编制指导意见,对学院如何做好人力资源规划提出了要求。编制人力资源规划,最重要的是做到"三个心中有数",也就是对学院现有的队伍建设状况(包括水平、效率、潜力等)要心中有数,对完成学科发展目标需要的人力资源配置状况要心中有数,对国内外院校同类学科人才队伍状况特别是世界范围内相关学科领域领军人才的情况要心中有数。只有这样,我们才能编制出高质量的、符合本单位实际和发展要求的人力资源规划。三是编制人才培养方案。人才培养是大学的根本任务,学院是教学和思想政治工作的具体组织实施单位。因此,各学院在编制学科和队伍建设规划的同时,也要高度重视人才培养方案的制订和修订工作。强化学院在教学管理、课程和教材建设、人才培养机制改革、促进学生全面成长、青年教师教学能力培养等方面的职责,发动全体教职工参与育人工作,把育人为本的理念真正落到实处。

第二,加强组织建设。从学院内部的基本治理组织来讲,大致可以分为三类:一是党政领导班子;二是学术组织,如教授大会、学术委员会、学位分委员会、教学指导委员会等;三是群团组织,包括教职工代表大会和工青妇组织等。这些组织构成了学院的基本组织体系。加强组织建设,重点要做好三方面工作。一要合理界定各类组织的职责和权限。哪些事情该由党政领导班子讨论决定,哪些事情该由学术组织讨论决定,哪些事情需要教职工代表大会讨论决定,哪些事情要听取学术组织、群众组织的意见、向教代会报告等等,都要予以明确。二要切实规范各类组织的运行规则。要完善院系党政联席会议制度,严格执行民主集中制,确保"三重一大"问题都经过集体讨论决定;要完善各类学术组织的章程,确保发扬学术民主,做到学术领域的事务由各类学术组织按有关程序和规则进行审议、评定;要完善教职工代表大会制度,确保涉及师生员工切身利益的重大问题在充分听取教职工意见的基础上,提交教代会审议和通过。三要不断完善学院重大问题决策机制。要完善信息沟通机制,为各类组织充分发挥作用、师生员工参与民主管理监督创造条件;要设立决策的前置机制,学院党政班子作出重大决策前,必须将调查研究、充分听取各方面意见作为必经环节,减少决策的随意性、盲目性;要完善决策实施的跟踪机制,决策执行过程中及时听取各类组织的意见,及时发现问题,及时调整纠错。学院党委要充分发挥协调各方的作用,正确处理好各类组织之间的关系,既要充分发扬民主,又要实现正确集中,推动学院的科学管理、民主管理。

第三,加强制度建设。制度是对权力运行的规范,是需要大家共同遵守的办事规程或行动准则。建立了良好的制度体系就是建立了一种自主发展、自我管理的良性机制。我们都知道管理学院在二级管理方面做出了积极的探索,不仅比较有活力,而且内部运行比较规范,这些都与完善的自主运行体系、完备的内部管理制度是分不开的。据统计,管理学院现有的各类制度共有70多种,涵盖了学院管理的方方面面。这值得我们各单位学习借鉴。对一个自主运行的学院来说,至少应该拥有几个方面的基本制度:一是各类议事决策制度,特别是党政联席会议制度、教职工代表大会制度;二是各类委员会、各类组织的工作制度;三是与人事管理相关的各项制度,包括教师职务评审及聘任制度、教职工年度考核制度、奖惩制度、收入分配制度等;四是与教学科研管理相关的制度;五是学院财务、资产等行政管理制度,等等。今年以来,各院系结合教育实践活动整改工作,对本单位的制度建设进行了梳理和完善,希望大家把这项工作继续抓好。一方面要根据新的要求对学院的相关制度进行修订完善、细化深化,形成有本学院特色的管理制度体系;另一方面要抓好制度的执行,做到管理的严格、规范、有序。

第四,加强能力建设。学院自主管理的能力强不强,是影响和决定学院办学活力、运行水平、管理绩效的关键因素。从当前我校实际来看,学院一级急需提高四种能力。一是提高科学管理能力。如何承接好机关下放的权力,这对学院的领导班子和管理队伍是一种考验。提高科学管理能力,首先就要有一支高素质的管理团队。要加强学院党政领导班子的配备,尤其要选优配强党政一把手;要按照学院自主办学运行的要求,合理设置必要的管理服务机构和必要的管理岗位;要调整充实学院党政管理人员,加强人员培训,提高队伍的整体素质,提升承接二级管理的能力。二是提高谋划发展能力。从学院来讲,每一个历史阶段都有每一个阶段的任务,每一任领导班子都有每一任班子的责任和使命。在客观分析本单位发展现状的基础上,我们这一任班子要推动哪些重大工作,实现什么样的目标,争取哪些突破,都要有清晰的规划,而不能"脚踩西瓜皮,滑到哪里是哪里"。要及时了解本学科发展的最新前沿和趋势,善于把握人才培养和学科发展的规律,善于从国家战略需求和学校工作全局出发谋划本单位事业发展,善于把机遇转化为发展的动力,通过一届一届班子的努力,把学院发展推上一个新台阶。三是提高组织动员能力。制定了好的规划,明确了发展目标,要把它变成现实离不开师生员工的参与和奋斗。我们有的单位、有的干部不善于组织群众、动员群众,教师个人能力都很强,但学院层面相对比较"散",很难把大家组织起来。我们要切实改变这种现象。要善于发动群众,用发展目标和美好前景凝聚师生员工,让师生知晓、支持和参与学院的各项工作;要善于组织群众,围绕大目标、大项目,把教师团结起来,组织起来,凝聚起来,形成整体合力;要善于依靠群众,通过加强学院文化建设,营造各类人才心情舒畅干事业的良好氛围,让每一位人才都能充分发挥作用,都能找到一片用武之地。四是提高统筹协调能力。学院要统筹学科建设,既促进传统优势学科取得新发展,又加大对相对薄弱学科的扶植力度,培育新的学科生长点,营造良好的学科生态,提升学科整体优势。要统筹平台建设,把重点实验室、重点研究基地等科研平台纳入学院整体布局,统筹考虑支持政策,统筹完成重大项目,统筹编制发展规划。要统筹各类资源,科学合理使用,抓好开源节流,把有限的资源用在最需要的地方。

(四)健全机关和院系互动联动的有效机制

推进校院两级管理体制改革,对机关和院系都提出了一系列新要求,还会产生一些新变化,为了使机关和院系互动联动、协调统一,还需要建立和完善有效的工作机制。

第一,完善相互监督制约的机制。机关下放权力后要加强对学院自主运行情况的监督,学院也要加强对机关正确行使权力的监督,形成相互监督、相互制约的机制。加强日常监督。机关要加强对院系落实学校重大工作部署情况的监督检查,加强对院系执行规则、标准、程序、制度情况的监督检查,加强对院系人财务管理等重点环节的监督检查。院系可以通过机关作风建设监督机制开展对机关履职情况的日常监督。加强巡视监督。通过落实校内巡视制度,开展对基层领导班子运行状况的经常性了解和对干部作风建设情况的经常性监督。加强审计监督。严格执行审计制度,一方面规范财务收支和经济活动,另一方面要在发现问题的基础上总结经验,加强内部科学管理,健全内部控制机制,防范风险,提高资金使用效益。加强信息公开监督。扩大校院两级信息公开,特别是要通过管理信息公共服务平台,实现对学校教学、科研、人事、财务、资产、后勤等运行状况的实时监控。加强考评监督。建立校院两级绩效评价体系,让机关参与对院系管理绩效的评价,让基层单位和服务对象评议机关,把考核评价与收入分配、激励约束有机结合,发挥考评体系的导向作用,努力改变"干好干坏一个样"的现象。

第二,完善科学配置资源的机制。深化资源配置方式改革是这次综合配套改革的一项重要内容,体现在人事、财务、资产和后勤管理等改革方案中。主要的指导思想是三条。一是建立以目标为导向的资源配置机制。实行校院两级财务全额预算制度。在确保基本运行和基本发展需要的前提下,其他资源怎么配置主要看要做多少事、能做多少事、做成了多少事,确保重点发展的需要。二是建立资源有偿使用机制。建立成本核算和分摊机制,根据不同学科大类、不同使用性质的情况建立资源、资产定额使用或配置标准,超出定额的部分实行有偿使用,减少资源闲置和浪费。三是切实提高资源使用效益。各类资源配置都要考虑它的使用效益,所有的评价导向都要有利于提高办学水平和办学效益。总之,我们要通过资源配置方式改革,把有限的资源使用好,让资源朝着最有利于产生重大成果的方向流动,朝着最有利于冲击世界一流学科的方向聚集,推动资源配置实现效益最大化和效率最优化。

第三,完善干部专业化职业化培养的机制。推进校院两级管理体制改革,管理干部队伍的素质和能力十分重要。我们提出要建立一支专业化、职业化的管理干部队伍。一要建立校院两级管理岗位人员统一招聘、双向交流机制。严把干部队伍"入口关",建立统一招聘体系。按照"盘活存量、结构调整、上下交流"的原则,鼓励一些年资较长、从专业技术岗位继续发展有困难的教师转岗从事管理工作,促进机关与院系管理人员的交流,逐步做到机关干部有基层一线经历,院系专职管理干部有学生工作经历。二要完善干部多渠道培养、多岗位锻炼、多途径发展机制。加强校内轮岗交流和多岗位培养锻炼,有计划地选派优秀管理干部赴校外挂职锻炼,积极向校外推荐和输送干部,拓宽干部多元发展路径。三要完善干部教育培训机制。加大教育培训力度,加强入职教育、岗位培训、骨干培养,构建全覆盖、分层次、递进式的培训体系,让每一位干部都能接受有针对性的培训。四要完善相关配套政策,如职员职级制、专业技术职务评审等政策,鼓励干部走专业化、职业化的发展道路。

三、切实抓好改革的组织实施工作

改革是一项系统工程，我们要注重它的整体性、关联性，也要注重它的科学性、可行性。在具体组织实施过程中，要注意把握四个方面。

第一，加强总体谋划。改革涉及面广，情况复杂，因此每一项具体改革方案出台前，都要做好整体设计，明确改革的方向、原则和措施，明确改革的路线图和时间表。改革不是毕其功于一役的，需要逐步推进和深化，因此在总体谋划的基础上，要按照渐进改革的思路，从实际出发，分阶段分步骤推进。

第二，坚持试点先行。在讨论方案的过程中我们感到，对于校院两级管理体制改革，机关和院系的准备尚未完全到位，这里的准备既包括思想上的准备，也包括队伍上的准备、能力上的准备。为了保证改革积极稳妥向前推进，我们考虑在条件成熟的单位先行试点。试点单位要严格准入标准，主要是看学院设置比较规范、管理基础比较好、规章制度比较完备、学科规划和人力资源规划比较科学合理等。要稳步推进试点，边实施、边总结、边完善，在此基础上争取用两年左右时间在全校所有学院分批推进。

第三，注重政策协同。这次校院两级管理体制和综合配套改革涉及多个领域、多个条线，要使各项改革方案相衔接、相配套，避免相互矛盾、相互打架，协同就显得至关重要。制定方案时要有部门间征求意见机制，保证有充足的时间沟通；改革方案出台时要有会签机制，不能一个部门自说自话把方案公布出去；改革方案执行中要有会商机制，遇到问题相关部门要及时沟通，共同商讨妥善处理的办法。

第四，坚持群众路线。从群众中来，到群众中去，是改革应遵循的一条基本原则。制定方案时，要深入调研，充分听取基层和群众的意见，而且特别要重视不同的意见，在此基础上对方案进行修改完善；方案推进过程中要及时听取师生的反馈，及时发现存在的问题，及时调整纠错；还要积极对待基层的首创精神，鼓励基层一线联系实际，大胆创新，对基层好的经验做法，要及时吸收和推广。

科学是无止境的前沿

（2014 年 10 月 24 日）*

校长　杨玉良

科学探索永无止境。在科学研究自身规律和经济社会不断出现的巨大需求的推动下，其前沿会不断拓展，形成新的研究领域和新的突破。而新的发现、思想、概念和范式的产生，又会反过来促进科学领域系统性研究的发展，从而构成了当代科学研究蓬勃发展的大观，使人类对自然界的认识上升到新的高度。

正如美国著名的科学史学家杰拉尔德·霍尔顿（Gerald Holton）所说，"从科学实验室开始的一系列活动，能够引起神话般的巨大进步和突然事件的发生"。希格斯（Higgs）粒子的疑似发现，让我们更加逼近物质本元和宇宙起源；首个"人造单细胞生物"的创造，开启了合成生物学时代；大型强子对撞机（LHC）的建成和运行，为研究宇宙起源和物质质量来源提供了重要保障；国际空间站、大型地球轨道天文台等观测装置极大增强了人类认识宇宙和地球的能力，为暗物质、暗能量研究和太空资源开发奠定了基础。这些重大成果的不断涌现不仅对科学的许多原有概念提出了挑战，而且深刻影响到经济和社会生活的各个方面，包括人们的思维方式、生产方式、工作方式和生活方式。

尽管如此，人类对世界的探索和自身的认知仍然十分有限，仍然需要我们像伽利略那样，勇于开拓和执着探索。作为本次浦江创新论坛的分论坛之一，未来科学分论坛将以"拓展认知的疆界"为主题，聚焦当今未来科学领域最有吸引力的部分重要领域，邀请顶尖科学家和富有经验的科研管理者，围绕大宇宙、大脑、大数据和学科大交叉四个中心议题，发表精彩的主旨演讲。同时，作为本届论坛的主宾国代表，俄罗斯总统顾问、科学教育技术部部长富尔先科 Andrey A. Fursenko 也将出席论坛并作主旨报告。

基础研究的成果具有超前性，其深刻的内在价值，往往当时并不被认识，但基础研究的每一个重大突破，都将提高人们认识世界和改造世界的能力，对经济发展与社会进步乃至人们的生活方式产生深刻的影响。我们期待通过此次论坛，吸引越来越多的科学家、研究人员和科技爱好者投入到对未来科学的无尽探索。

---

* 本文原载于《解放日报》2014 年 10 月 24 日。

在就任复旦大学校长时的讲话

(2014年10月24日)

许宁生

首先向大家致意问好。

按照组织的安排,从今天开始,我很荣幸地成为复旦的一员。任务来得很突然,这几天,我心情很不平静,尤其是今天。除了感谢上级的信任,我所能想的,就是如何与大家一起为这个学校的发展而努力工作。下面讲三点粗浅的想法:

第一,"用心"当好一名复旦人。当一名复旦人是光荣的,是值得骄傲的。我没有什么可以作为献礼,但带来一颗心,一颗要与复旦人打成一片的心;也带来了一个决心,一个与大家心连心的决心。只要我们同心同德,我们就能把复旦的事情办好。

第二,鞠躬尽瘁为复旦。复旦是个伟大的学校,有机会为复旦大学的发展而出力,无上光荣。我与很多人一样,对复旦大学充满了仰望。复旦历史悠久、文化积淀深厚、学术大师和当代优秀青年云集,享誉国内外。复旦学科结构综合优势明显、前沿创新研究活跃、成果不断凸显、人才辈出、校友遍布天下、对外开放办学影响广泛,为国家和上海的创新驱动发展和文化创新传承的贡献突出,综合实力提升快速。当前我们的任务除了弘扬复旦优良传统,还要把复旦建设成为风清气正、按现代大学制度办事、具有中国特色的世界一流大学。我将和大家一起鞠躬尽瘁,为之奋斗。

第三,按照规律办学,做好继承与发展。作为一名新人,我还没有资格讲办学新思路。我想,每个学校都要不断追求卓越,我们学校接下来如何做好这件事情,需要调研、讨论并形成共识,我愿意与大家一起,不断研究新形势、新情况,提出新想法,不断去探索与实践。而作为我的工作的起点,下面有四个基本点,我想应该会是大家认可的:一是要尊重我们学校自身的发展规律,尊重她的文化传统,尊重在座各位和广大师生员工的共同选择。二是要继承与发展,尤其是在改革开放以来,特别是十多年来的发展成果要继承,党代会、教代会做出的重大决策要坚持,而要在继承中做好发展,重点是要抓住新的重大机遇开拓创新。近年来,我们学校在人才引进与培育、国际学术影响力扩大、科研任务承接、教师聘任制度完善等方面的良好势头应该加以因势利导,扩大战果。三是要坚定地与党中央保持高度一致,对于党中央、国务院的要求与决定,教育部和上海市布置的工作,我们要不折不扣地完成。最后也是最重要的,我们学校是国家举办的社会主义大学,要坚定不移地坚持好社会主义办学方向,坚持校训精神,为完成两个百年的目标,为中国梦的实现立德树人。我想,这肯定是所有复旦人的心愿。

最后,我要借此机会向复旦全体教职员工、全体复旦学子、全体复旦校友和全体离退休老同志及教职员工问个好,并致敬意!

·学校综述·

概况

复旦大学创建于1905年,原名复旦公学,是中国人自主创办的第一所高等院校,创始人为中国近代知名教育家马相伯。校名"复旦"二字选自《尚书大传·虞夏传》中"日月光华,旦复旦兮"的名句,意在自强不息,寄托当时中国知识分子自主办学、教育强国的希望。1917年复旦公学改名为私立复旦大学;1937年抗战爆发后,学校内迁重庆北碚,并于1941年改为"国立";1946年迁回上海江湾原址;1952年全国高等学校院系调整后,复旦大学成为文理科综合大学;1959年成为全国重点大学。

上海医科大学创建于1927年,是中国人自主创办的第一所高等医学院校。建院时定名为第四中山大学医学院,1932年改名为国立上海医学院,1952年更名为上海第一医学院,1959年成为全国重点大学,1985年改名为上海医科大学。

2000年,复旦大学与上海医科大学合并,成立新的复旦大学,进一步拓宽学校的学科结构,形成文、理、医三足鼎立的学科格局,办学实力进一步增强,发展成为一所拥有哲学、经济学、法学、教育学、文学、历史学、理学、工学、医学、管理学、艺术学等十一个学科门类的综合性研究型大学。

2014年,复旦大学有直属院(系)29个(不含继续教育学院和网络教育学院),附属医院15所(其中5所筹建),设有本科专业70个,一级学科博士学位授权点35个,一级学科硕士学位授权点6个(不重复计算一级学科博士学位授权点),博士专业学位授权点2个,硕士专业学位授权点27个。博士后科研流动站35个,一级学科国家重点学科11个,二级学科国家重点学科19个。在校普通本、专科生12 747人,硕士研究生10 888人,博士研究生5 711人,留学生3 103人(其中攻读学位的留学生1 906人)。有专任教师2 542人,专职科研人员554人。有中国科学院、中国工程院院士37人,中央"千人计划"90人,教育部"长江学者奖励计划"特聘教授82人、讲座教授41人,"国家重点基础研究发展计划(含重大科学研究计划)"项目首席科学家34人。

学校已经形成"一体两翼"的校园格局:即以邯郸校区、江湾新校区为一体,以枫林校区、张江校区为两翼。占地面积245万平方米,校舍建筑面积195.66万平方米。

一百多年来,学校在培养人才、科学研究、服务社会、文明传承与创新等方面为国家作出了突出贡献。复旦师生谨记"博学而笃志,切问而近思"的校训;严守"文明、健康、团结、奋发"的校风;力行"刻苦、严谨、求实、创新"的学风,发扬"爱国奉献、学术独立、海纳百川、追求卓越"的复旦精神,正按照党和国家的要求,发扬优良传统,不断开拓创新,以服务国家为己任,以培养人才为根本,以改革开放为动力,深入推进内涵建设,全面提高教育质量,加快建设具有中国特色的世界一流大学,为实现中华民族伟大复兴的中国梦作出新的更大的贡献。

(甄炜旎)

2014年发展综述

【概况】 一、学校综合改革。(1)研究制定《关于推进校院两级管理体制改革的若干意见》和相关配套文件,进一步明确两级管理改革的指导思想、主要目标、具体措施和工作步骤。(2)加快转变校部机关职能,提升管理服务水平。一是在精简机关部门设置的基础上,2014年机关科室数减少1/4;二是推进职能梳理工作,分两批完成33个机关部门和9个群团组织、公共服务部门的职能认定工作;三是对全校规章制度进行梳理,确定有效制度545件。(3)加强院系能力建设,积极推进两级管理试点工作。研究制定《学院两级管理准入方案》,确定11家院系进入校院两级管理改革试点学院候选名单。(4)统筹推进人事管理、财务管理、资产管理、后勤体制等综合配套改革。

二、发展规划与学科建设。(1)2014年10月,经教育部核准,学校正式颁布《复旦大学章程》。(2)2014年,在QS学科排行中,学校有21个学科进入榜单,占总数的70%,其中政治与国际关系列19位,哲学列17位;在U. S. News的学科排行榜中,材料科学仅次于MIT,列全球第2。在ESI学术论文总被引次数排名中,化学、材料科学和临床医学3个学科领域进入全球前1‰。(3)完成"985工程"验收收尾工作,启动新一轮院系学科规划。组织7个一级学科申报上海市"高峰高原"计划。(4)加强学科数据分析,建设"ESI监测系统",完成《复旦大学ESI全景报告》。(5)修订《复旦大学学术委员会章程》,公布实施《复旦大学学术规范(试行)》和《复旦大学学术规范实施条例(试行)》,完成校学术规范委员会换届,组成第三届学术规范委员会。

三、人才培养工作。(1)教学成果显著。2014年,我校作为成果第一完成单位,共获得国家级教学成果奖特等奖1项、二等奖5项;上海市教学成果奖特等奖4项、一等奖22项。其中由上海医学院领衔的《我国临床医学教育综合改革的探索和创新》("5+3"医学人才培养模式)获得国家级教学成果特等奖。10门课程入选上海高校市级精品课程,22门课程入选上海市高校外国留学生英语授课示范性课程,3门课程入选上海高校示范性全英语教学课程,5项课题获上海高校本科重点教学改革立项,5门课程作为共享课程向上海乃至全国开放。"环境科学虚拟仿真实验教学中心"成功申报国家级虚拟仿真实验教学中心。(2)做好招生录取工作。2014年,学校共招收中国本科生2904人,硕士生3824人(其中:学术型1665人,专业型2159人),博士生1391人;录取各类外国留学生本科生190人,新招收外国留学生研究生371人。在本科生招生方面,文科、医科高招录取线在全部29个省市排名前三。首度实施面向农村贫困地区的专项计划"腾飞计划",复旦本科新生中农村考生比例达到18.8%。在研究生招生方面,985高校博士生生源比例近70%,专业学位硕士生比例超过50%。(3)加强本科人才培养工作。一是进一步完善人才培养方面的文件,制订校院两级教学管理、本科教学工作考评、通识教育核心课程建设管理、拔尖计划实施、书院整体规划、本科教学国际化、教师教学基本规范、助教工作实施等方案。二是构筑"核心课程—大类基础课程—专业课程"衔接递进的本科课程体系。全年开设本科课程共6238门次,承担本科教学的教授占全体在编教授的比例达76.5%,教授参与主讲的本科课程在全部本科课程中占比为32.6%。三是创新教学方法,推进小班化教学和研讨型课程,全年推出55门次书院新生研讨课。四是推进书院建设。对学生宿舍楼进行修缮和改造,颁布实施《复旦大学本科生书院导师工作条例(试行)》。五是健全教学质量保障体系。探索实施"学业警示与试读"制度;组建教学督导组,对本科教学的各个环节进行巡视检查和评估指导。六是开展教学增能活动。举办"青年教师教学发展研修班"、"青年教师教学比赛"。生命学院教师吴燕华获得全国高校青年教师教学比赛一等奖。(4)提高研究生培养质量。一是进一步完善制度性文件,制定修订《关于加强我校研究生师生关系工作的若干意见》《研究生教育校院两级管理实施办法》,完成《2014年研究生教育质量报告》。二是实施研究生质量大检查。4月,聘请全国各高校、科研院所和研究生教育主管部门的36名专家对全校12个院系进行质量检查,以访谈和问卷相结合的形式,掌握了大量一手数据和材料。三是创新研究生培养模式。新增研究生FIST(暑期集中授课)课程62门;制定并实施新的研究生奖助方案;成立研究生服务中心,向师生提供一站式服务。(5)促进学生就业创业。截至2014年12月31日,2014届毕业生总体就业率为97.04%。继续推动大学生创新创业资助平台("登辉计划")建设,获评"2012—2014年度国家级大学生创新创业训练计划实施工作先进单位"。积极引导毕业生赴西部、基层、国家重点单位就业。其中进入重点单位的毕业生超过65%,赴西部就业同比增长6.82%,赴基层就业同比增长20%。

四、科学研究与社会服务。(1)理工医科到款科研经费10.18亿万元,获批"973计划"和重大科学研究计划6项,列全国高校第三位;获国家自然科学基金立项595项,资助总额超过5亿元;获国家杰出青年科学基金7项,居全国第三;优秀青年科学基金13项,居全国第四;首次获得国家基金委重大科学仪器专项;新增7个省部级科研平台;获得1项基金委创新研究群体项目;获国家科技进步二等奖2项,高等学校科学研究优秀成果奖(科学技术)奖18项。申请国内专利576项,授权专利数量287项,其中发明专利258项。全校累计有效专利数量超过1500项。(2)哲学社会科学全年获批的总经费1.165亿元,争取各类经费总额1.634亿元,获得国家社科基金项目44项,其中重大项目5项、重点项目9项;教育部人文社会科学规划项目66项,其中一般项目26项,列全国第二;上海市哲学社会科学规划项目33项。获上海市第十二届哲学社会科学研究优秀成果奖、第十届邓小平理论研究和宣传优秀成果97项;首次在人文社科领域作为牵头单位承担国家自然科学基金重大项目;推出国内高校首个社会科学数据平台;《长沙马王堆汉墓简帛集成》、《丝绸之路地理信息系统》等一批重大成果产生重要影响。成立古籍保护研究院等跨学科交叉研究平台,新成立城市发展研究院等15个校级研究中心;继续加强发展研究院大平台建设,发展研究院形成包含10个研究中心、上海论坛和中国高校智库论坛2个常设大型论坛秘书处、上海市高校智库研究和管理中心、金融家俱乐部等的高校文科学术咨政复合体。举办首届"中国大学智库论坛",发挥现有智库平台作用,建成6个上海高校智库。(3)推进服务国家战略,服务地方发展。2014年,与贵州省、山东省、福州市以及中国商飞、上海市高等法院、中国日报社等单位签署战略合作协议,与甘肃省合作成立全国高校首条丝绸之路经济带协同发展研究院,新成立的中华古籍保护研究院成为文化部"国家古籍保护人才培训基地",国际问题研究院入选外交部"政策研究课题重点合作单位"。全年与地方及企业签订技术合同416个,合同总金额达1.84亿元。建立联合实验室/研究中心6个,探索校企合作新模式。定点帮扶云南省大理州永平县,对口支援云南大学、河西学院、新疆医科大学、重庆医科大学、大理学院等西部高校,获国务院扶贫开发领导小组授予的"中央国家机关等单位定点扶贫先进集体"称号。

五、师资队伍建设。推进实施各项人才计划。学校新增国家"千人计划"(含创新长期、创新短期、溯及既往、外专项目、青年项目)22人,教育部"长江学者奖励计划"特聘与讲座教授19人(其中人文社会科学7人),百千万人才工程国家级人选1人,上海领军人才9人,上海"千人计划"16人。全年共引进各类高层次人才106人,其中直接从海外引进90人,约占引进人才总数的85%。共招聘新进教职员工174人,其中教学科研人员117人,管理人员24人,思政人员10人,其他人员23人。聘任7位文科资深教授。

一些专家教授获得国际、国家和上海市各类奖项,如李大潜院士获国际工业与应用数学联合会苏步青奖,陈纪修教授获"全国模范教师"荣誉称号,赵东元院士获宝钢优秀教师特等奖,陆谷孙、王安忆教授获上海文学艺术杰出贡献奖等。健全博士后管理与培养机制,全年共招收博士后381人,其中招收留学生博士后(含外籍)40人。制定《复旦大学关于深化校院两级人事管理改革的若干意见》;指导院系做好人力资源规划编制工作;恢复《院系绩效综合评估报告》,首次尝试对教学科研单位进行定性与定量相结合的分析评估;加大"卓识计划"的实施力度,推进青年教师培养体系建设;修订《复旦大学教师高级职务聘任实施办法》;完善人才队伍分类管理体系,推进管理人员和流动科研队伍建设;落实教职工各项薪酬福利待遇改善工作。

六、附属医院工作。(1)医疗服务与支援工作。共有医院职工23 135人,核定床位9 646张。10家附属医院门急诊总量1 901.3万人次,出院人数44.3万人次,住院病人手术人数28.9万人次。全面推进毕业后医学教育工作,共招收住院医师规范化培训学员598名,专科医师规范化培训学员242名。组织专家赴新疆喀什、云南永平、贵州兴义、甘肃定西等地区开展长期或短期的医疗帮扶活动。完成国家和上海市卫生计生委的医疗救治任务,在抗击西非埃博拉疫情援助中,卢洪洲获评国家卫计委授予的"最美援外医生"称号。(2)2014年,各附属医院共获批15个国家临床重点专科建设项目。上海医学院牵头联合9家附属医院共同成立复旦儿科医疗联合体;上海市质子重离子医院临床试验完成,成为我国首家、世界第三家拥有质子、重离子两种技术的医疗机构。推进老年医学、精神医学、口腔医学和全科医学等学科建设,复旦大学老年医学研究中心在附属华东医院挂牌成立。(3)区域医疗合作。与上海市区域开展医疗合作,共建复旦大学附属闵行区、静安区、青浦区中心医院,继续推动与徐汇区、浦东新区社区卫生服务中心的合作,重点推进与闵行区共建"医教研协同型健康服务体系"。落实与省市合作协议,厦门儿科医院(复旦大学附属儿科医院厦门分院)挂牌成立,中山医院厦门医院建设有序推进。

七、国际合作及港澳台交流合作。(1)国际化办学水平不断提升。派出交流学生2 574人,接收各类外国留学生6 220人次。国际合作项目不断增加,与29所境外大学或机构新签校际协议;复旦—巴黎高师人文硕士项目、新南威尔士大学联合MBA项目、芬兰图尔库大学工程教育国际双硕士项目、法国奥尔良大学校际交流项目等顺利启动。(2)国际学术科研合作不断深化。主办或承办国际及地区学术会议69个,来访长期专家108人,各类短期专家1 200人。执行"学科创新引智计划"5个,教育部海外名师项目2个,上海市智力引进项目10个,复旦大学海外优秀学者授课项目74个。2014年,申报由国家外国专家局组织的外专千人计划7个,高端外国专家项目12个。参与全球健康计划等国际重大科技计划,在政府间合作协议框架下实施双边或多边科技合作项目。与美国韦恩大学、杜克大学、福特医院等签署合作办医协议。加强海外中国研究、国际问题和区域问题研究,新成立法国研究中心。(3)主动服务国家公共外交战略。参与中欧人文交流对话机制建设,在习近平主席访欧期间,联合中国人民大学、四川大学与比利时布鲁塞尔自由大学共建布鲁塞尔中欧研究院。孔子学院建设取得新进展,在诺丁汉孔子学院的基础上,成立复旦—诺丁汉新汉学研究院。在第九届全球孔子学院大会上,学校共建的奥克兰孔子学院、爱丁堡大学苏格兰孔子学院获得首设的"孔子学院开创者奖"。全年校级层面共接待外事来访400余批次,3 834人次,包括联合国秘书长潘基文、爱尔兰总统希金斯、巴基斯坦总统侯赛因、美国前总统卡特等国际政要34人。

八、校友、校董和筹资工作。推进并完善院系校友、筹资等两级管理体系,在11个院系开展校友数据库校院两级管理系统试点;在6个院系设立基金会分基金。2014年,复旦大学财务处捐赠收入6 567.34万元,包括来自复旦大学教育发展基金会(上海/海外)捐赠的5 048.62万元,上海复旦大学教育发展基金会接受社会捐赠收入8 164.93万元,复旦大学教育发展基金会(海外)接受社会捐赠收入约1 163.79万元。复旦大学财务处的捐赠支出5 870.61万元,其中包括复旦大学教育发展基金会(上海/海外)委托的捐赠支出3 778.45万元,上海复旦大学教育发展基金会项目支出4 718.84万元,复旦大学教育发展基金会(海外)项目支出约1 380.76万元。捐赠支出主要用于奖学金、奖教金等各类奖励以及学校学科发展、基础设施建设等。

九、后勤保障工作。(1)提升信息管理和服务水平。完善信息管理服务平台,完成教师个人数据中心的升级和研究生个人数据中心上线试运行。启动院系数据中心建设。2014年,学校获"中国教育和科研计算机网CERNET建设二十周年突出贡献奖"。(2)全年校园基本建设在建项目8项,总建筑面积17.78万平方米,其中新开工项目4个(江湾校区化学楼、环境科学楼、物理科研楼,枫林校区一号医学科研楼),总建筑面积达13.34万平方米。完成枫林校区部分师生、生命科学学院的搬迁工作,枫林校区改扩建工程顺利推进。(3)着力解决师生关心的民生问题。进一步完善公租房政策,增加租住套数,缓解青年教师住房困难。实施一批涉及群众切身利益的实事项目,如开展邯郸路以南校区的综合整治;加强校内修读点建设;加大校区班车频次;启用节能监管平台,完成光华楼节能改造,完成北区学生公寓空气源热水器改造工程;在教职工常规体检中增加了相关肿瘤检测的化验指标;更新升级"教职工补充医疗保障计划"等。

十、中央专项巡视整改工作。根据中央统一部署,学校在2014年3月31日至5月8日接受中央专项巡视。7月7日,中央巡视组向学校反馈巡视意见。7月底,学校向中央报送整改工作方案,确定科研经费、基建工程、校办企业、附属医院等4个方面的管理问题,共56项整改任务,并细化为91项整改事项,明确工作责任,切实开展整改工作。针对中央巡视组指出的突出问题,学校启动实施10项专项清理排查工作,于2014年内全部完成。对排查工作中发现的问题,学校及时进行清理、纠正和规范,对相关责任人进行约谈、诫勉,对违纪违规问题启动处理程序。按照中央巡视工作的要求,学校于2014年9月向中央报告整改工作情况,并向校内和社会通报整改工作进展。学校坚持标本兼治,重在治本的指导原则,不仅着眼于解决当前的问题,更注重从体制、机制、制度、监管上查找和分析原因、堵塞漏洞,抓好整改工作,深化源头治理。

十一、党建工作。2014年,党委以深入学习贯彻党的十八届三中、四中全会和习近平同志系列重要讲话精神为主线,进一步抓好教育实践活动整改和中央巡视整改工作,全面推进学校综合改革,加快学校各项事业发展,以改革创新精神加强和改进党的建设。一是做好师生思想政治工作,以社会主义核心价值观引领师生。通过教育培训、中心组学习、决策咨询、社会实践、基层挂职锻炼等多种形式,培育和践行社会主义核心价值观;加强对意识形态工作的统一领导。开展师生思想政治状况专题调研分析,制定《关于进一步加强和改进教师思想政治工作的意见》和《关于进一步加强和改进新形势下学校宣传思想工作的实施意见》;利用网站阵地创新宣传教育方式。二是推进基层党建工作。制定《关于建立健全基层党委党建工作责任制的实施办法》,健全基层党建工作责任制;制定加强教职工党支部、本科生党支部、研究生党支部建设的三个文件,规范党支部建设工作;加强党员发展教育和管理工作,全年共发展党员903名,其中教职工109名。三是加强干部队伍建设。修订《中层领导干部选拔任用工作办法》;做好后备干部集中调整和科级干部选任工作;统筹做好基层领导班子换届和干部补充调整工作;加强和改进干部培养工作,举办各类培训班次10余个,各类在外挂职干部共93人。四是落实"两个责任",持续推进学校党风廉政建设。制定并印发《关于落实党风廉政建设主体责任的实施意见》、《校党政领导班子成员执行党风廉政建设责任制实施办法》、《二级单位和机关部门领导班子及其成员执行党风廉政建设责任制的指导意见》、《深入推进惩治和预防腐败体系建设的实施意见》等文件;制定实施《校党委巡视工作实施方案》,开展首轮4家单位巡视工作。完善党风廉政教育机制;加强纪检监察体系建设。

（甄炜旎）

【中央专项巡视整改工作】 根据中央统一部署,复旦大学在2014年3月31—5月8日接受中央专项巡视。7月7日,中央巡视组向学校反馈巡视意见。7月28日,成立复旦大学专项巡视整改工作领导小组,党委书记朱之文、校长杨玉良任组长。7月底,学校向中央报送《复旦大学关于中央巡视组专项巡视反馈意见的整改工作方案》和《任务分解表》,包括4个方面、56项整改任务,并细化为91项整改事项,每一项都明确了牵头校领导、主办部门、协办部门和时限要求。2014年7月—10月,学校先后召开7次党委常委会、1次党委全体(扩大)会议、1次纪委全体(扩大)会议、1次中层干部会议以及19次专题会议,全面部署和落实整改工作。期间,学校还接受了教育部、科技部等上级部门关于巡视整改工作的4次专项现场核查。针对中央巡视组指出的突出问题,学校启动实施10项专项清理排查工作,对排查工作中发现的问题,学校及时进行清理、纠正和规范,对相关责任人进行约谈、诫勉,对违纪违规问题启动处理程序。按照中央巡视工作的要求,9月,学校向中央报告整改工作情况,10月10日,向社会公布《中共复旦大学委员会关于巡视整改情况的通报》。截至2014年底,91项整改事项、10项专项清理检查工作基本完成;起草制定校级规章制度87项,修订校级规章制度27项,制定和修订部门规章制度26项;完成中央巡视组交办的114件信访件的调查核实工作,并向中央巡视组反馈,做到件件有核实、事事有结论。

【学生多次获奖】 (1)3月,在第五届全国大学生数学竞赛(决赛)中,获一等奖3人,二等奖3人。9月,在全国大学生数学建模竞赛上,获全国一等奖1项,二等奖9项。10月,在由美国麻省理工学院举办的国际遗传工程机器设计竞赛(iGEM)世界锦标赛中,生命科学学院组织的iGEM团队获得大赛金奖。2014年全国大学生电子设计竞赛嵌入式系统专题邀请赛(英特尔杯),信息科学与工程学院2个参赛队获得全国一等奖;2014年全国大学生电子设计竞赛模拟电子系统专题邀请赛(TI杯),信息科学与工程学院2个参赛队获得全国二等奖。第38届ACM国际大学生程序设计竞赛全球总决赛,获得第19名;第31届全国部分地区大学生物理竞赛中,获得上海市一等奖8名;获第五届中国大学生物理学术竞赛(团队赛)二等奖;2014年国际遗传工程机器设计竞赛世界锦标赛(团队赛)金奖。获第三届全国大学生基础医学创新论坛暨实验设计大赛创新论坛一等奖1项,二等奖1项,三等奖1项,实验设计三等奖1项;全国大学生药苑论坛创新成果一等奖1项。(2)复旦大学先进材料实验室2012级博士研究生仰志斌获"2013上海大学生年度人物"称号。(3)复旦剧社的原创军旅题材话剧《天之骄子》获中国校园戏剧奖金奖,复旦大学获优秀组织奖。

（甄炜旎）

【获国家科技进步奖2项】 附属中山医院董健领衔的"专家解答腰椎间盘突出症"、附属华山医院朱剑虹领衔的"脑组织修复重建和细胞示踪技术及转化应用"项目获国家科技进步奖二等奖。

（甄炜旎）

【新增973计划和重大科学研究计划项目6项】 全年新增973计划1项,为基础医学院马兰"精神活性物质成瘾记忆的形成和消除";新增重大科学研究计划4项,分别为物理系吴义政"受限磁结构中的自旋相关输运及其动力学"、生物医学研究院雷群英"代谢应激和肿瘤发生发展中蛋白质修饰动态调控及生理病理效应"、生物医学研究院文波"长非编码RNA在精子发生中的功能及机制"以及附属妇产科医院李大金"母一胎交互对话异常致妊娠相关重大疾病的分子机制";新增973计划青年科学家专题1项,为计算机科学技术学院杨珉"移动应用恶意行为检测控制的基础理论与关键技术"。

（甄炜旎）

【获国家杰出青年科学基金项目7项】 药学院蒋晨、信息学院李翔、物理学张远波、脑科学研究院杨振纲、化学系邓春晖、吴宇平、生物医学研究院徐彦辉共7人获得国家

杰出青年科学基金项目资助。 （王小华）

【多篇论文在国际顶级学术刊物发表】 3月,《自然·纳米技术》(Nature Nanotechnology)刊载物理系张远波课题组论文《黑磷场效应晶体管》。6月19日,《细胞》(Cell)杂志刊载沙红英和朱剑虹团队关于极体移植阻断线粒体遗传性疾病的研究论文,该成果入选由科技部组织实施的2014年度"中国科学十大进展"。8月,《柳叶刀》(The Lancet)刊载附属儿科医院黄国英课题组研究成果,发现一种在新生儿出生后24至72小时内采用"心脏听诊和经皮血氧饱和度测试"的简易方法,2、3分钟内就可对新生儿先天性心脏病进行筛查。《自然·纳米技术》(Nature Nanotechnology)在线发表物理系吴施伟、刘韡韬、龚新高等合作成果"Valley and band structure engineering of folded MoS2 bilayers"。《自然·细胞生物学》(Nature Cell Biology)在线发表生命科学学院钟涛研究团队关于心脏发育和细胞纤毛生物学的研究成果。10月,《自然》(Nature)刊载周鸣飞团队联合研究成果"IX价铱化合物的表征"(Identification of an iridium-containing compound with a formal oxidation state of IX),12月,该成果入选《化学化工新闻》2014年十大化学研究。11月,《先进能源材料》(Advanced Energy Materials)刊载先进材料实验室郑耿锋课题组论文"Reduced Mesoporous Co_3O_4 Nanowires as Efficient Water Oxidation Electrocatalysts and Supercapacitor Electrodes",并被选为封面。 （甄炜旎）

【开展校地、校企合作】 2月20日,与中国商业飞机有限公司签署战略合作框架协议;7月17日,与贵州省人民政府签订战略合作协议;7月25日,与山东省人民政府签署战略合作协议;12月9日,与中国日报社签署战略合作协议。 （甄炜旎）

【首推《大数据与信息传播》上线MOOCs平台】 4月1日,登录全球MOOCs平台的首门课程《大数据与信息传播》在Coursera平台上线,由新闻学院教授程士安执教。 （甄炜旎）

【成立复旦大学法国研究中心】 5月15日,作为纪念中法建交50周年官方系列活动之一,复旦大学法国研究中心成立仪式暨第一届复旦中法论坛在复旦大学举行。法国原驻华大使毛磊、中国原驻法大使吴建民、法国现任驻华大使白林等应邀出席活动。校长杨玉良在论坛开幕式暨成立仪式上致辞,并与白林一起为复旦大学法国研究中心揭牌。在"中法大使论坛"上,毛磊和吴建民就中法关系的过去、现在和未来展开对话。仪式上,复旦大学宣布将正式与法兰西公学院开展合作,互派教师到对方学校讲学。法兰西公学院院长代表、法国知名汉学家程艾蓝与校长杨玉良在仪式上签署双方的合作协议。 （赵沛然 刘小慧）

【多位外国政要到访】 5月20日,巴基斯坦总统马姆努恩·侯赛因到访,出席《乌尔都语汉语词典》新书发布会。5月22日,联合国秘书长潘基文到访,并作演讲。9月9日,美国前总统吉米·卡特偕夫人罗斯琳·卡特和美国卡特中心人员一行到访。12月12日,爱尔兰总统迈克尔·希金斯(President Michael D. Higgins)偕夫人一行到访,并作演讲。 （甄炜旎）

【举办卢鹤绂院士百年诞辰纪念大会】 6月7日,已故核物理学家、中国科学院院士卢鹤绂教授百年诞辰纪念日。由复旦大学、九三学社上海市委主办,上海应用物理研究所协办的卢鹤绂诞辰100周年纪念会在复旦大学举行。复旦大学校长、中国科学院院士杨玉良,上海市副市长赵雯,卢鹤绂先生母校代表、明尼苏达大学物理系系主任、教授泊宁(Poling),中国科学院上海应用物理所所长、研究员赵振堂,中国科学院院士、复旦大学原校长杨福家等在会上致辞。卢鹤绂的家属向复旦大学捐赠一批珍贵史料,包括日记、学术手稿和札记计206件。《卢鹤绂院士百年诞辰纪念文集》在纪念会上正式首发,文集共分三编,收录卢鹤绂先生的谈话、发言、文章,以及各界人士对卢鹤绂的纪念文章,共近80篇。在卢鹤绂生前工作过的复旦大学现代物理研究所前,竖立起卢鹤绂铜像。 （傅云清）

【举办复旦大学附属妇产科医院建院130周年院庆】 6月5日,附属妇产科医院130周年庆典大会在杨浦院区报告厅举行。党委书记华克勤主持,院长徐丛剑致欢迎辞。上海市市委书记韩正、市长杨雄作重要批示。校长杨玉良、中共上海市委宣传部副部长燕爽、杨浦区区长诸葛宇杰、上海申康医院发展中心党委书记赵伟星、上海市卫生和计生委党委副书记邬惊雷、国家卫生和计生委财务司副司长吴士勇、人民卫生出版社总编辑杜贤、中国医学科学院北京协和医院郎景和院士等到会致辞,来自全国各地数百位专家学者出席典礼。召开对话医学技术与医学人文主题论坛及辩论赛活动,以及首届技术协作单位研讨会。《实用妇产科学》(第3版)、《绝经内分泌与临床》(第2版)、《胎儿学诊断与治疗》(第2版)在庆典上举行首发仪式。庆典当日,联合新民周刊,出版"红房子传奇"院庆130周年专刊,共计发行4 000册;《红房子130年》由上海人民出版社出版;首发院庆典礼纪录片《仁者爱人》。 （何媛 李敏 王珏）

【1项成果获第七届高等教育国家级教学成果特等奖】 9月4日,由复旦大学牵头,上海交通大学、同济大学、上海中医药大学、第二军医大学等高校共同参与的《我国临床医学教育综合改革的探索和创新》,获得第七届高等教育国家级教学成果特等奖,实现上海市高等教育在国家级教学成果特等奖方面的"零突破"。该项目从理论上构建以临床实践能力为核心的"5+3"临床医学人才培养模式,即5年本科教育加3年住院医师规范化培训的"5+3"模式,通过界定临床医学专业学位硕士同时具备住院医师和研究生的"双重身份",实现"研究生招生和住院医师招录、研究生培养过程和住院医师规范化培训、专业学位授予标准与临床医师准入制度"的"三个结合",合格研究生毕业时可获得"执业医师资格证书、住院医师规范化培训合格证书、研究生毕业证书和硕士学位证书",简称"四证合一"。目前已应用推广到全国102家临床医学(全科)硕士培养单位和64所医学院校。该项目获奖者有汪玲、桂永浩、富冀枫、黄钢、陆昉、胡鸿毅、葛均波、何珂、尹冬梅、吴鸿翔、包江波、姜北、陈红专、陈宇光、邹菁、赖雁妮、郑玉英、吴海鸣。 （陈东滨）

【许宁生任校长】 10月24日，举行全校骨干教师和干部大会。会上中组部干部宣读中共中央、国务院关于复旦大学校长职务任免的决定，任命许宁生为复旦大学校长，杨玉良不再担任复旦大学校长职务。

（甄炜祝）

【举办法科教育设立百年纪念活动】 该活动于10月25日在江湾校区举行。上海市高级人民法院党组书记、院长崔亚东，校党委书记朱之文，法学院校友、中国人民大学原党委书记程天权，上海市高级人民法院党组副书记、副院长盛勇强，副校长林尚立，以及与法学院有合作关系的国外法学院校代表、法学院历届校友代表、在校师生共250余人参加会议。活动当天，复旦大学与上海市高级人民法院签署战略合作协议，崔亚东、朱之文为双方共建的法学教学科研实践基地揭牌。复旦大学法学院校友会成立，程天权、林尚立为法学院校友会揭牌。"复旦大学法学院校友会第一次会员代表大会暨第一届理事会"、"复旦法学校友论坛"、"'中外法学教育的交流与融合'研讨会"、"复旦大学校董、法学院廖凯原名誉教授专题演讲"和"律师教育国际化论坛"等5场专题活动也先后进行，出席活动的百余名校友，国内外著名法学院校和法律实务机构的校长、院长及法学教育家、法律实务专家就相关议题作深入研讨。

（王 童）

【发布《复旦大学章程》】 11月18日，根据教育部办公厅印发的《中华人民共和国教育部高等学校章程核准书》（第36号），正式发布《复旦大学章程》。

（汪清清）

【举行复旦大学"中华古籍保护研究院"暨国家古籍保护人才培训基地揭牌仪式】 该仪式于11月30日在校举行。来自国家文化部、教育部的领导，国内各高校及公共图书馆馆长，海峡两岸古籍保护专家代表，以及学校各部处机关负责同志近120人参加仪式。国家图书馆馆长韩永进任名誉院长，复旦大学原校长杨玉良任院长。党委书记朱之文、全国高等院校古籍整理研究工作委员会主任安平秋、国家图书馆馆长韩永进、文化部公共文化司巡视员（司级）刘小琴、文化部非物质文化遗产司副司长马盛德等出席。

（王 烨）

【杨利伟到校授课】 12月2日，"航天英雄"杨利伟将军应邀到校，为《军事理论》共享课程授课为"勇于担当、共筑梦想"的跨校直播互动课。

（甄炜祝）

【举办首届"中国大学智库论坛"】 12月6—7日，首届"中国大学智库论坛"在复旦大学举行。会由教育部和上海市政府共同指导，复旦大学和论坛秘书处主办。论坛主题为"建设法治中国，推进国家治理体系和治理能力现代化"。教育部副部长李卫红、上海市副市长翁铁慧出席论坛年会并致辞。全国人大、全国政协、最高人民法院、最高人民检察院、中国法学会相关部门领导和高校知名专家到会作专题报告。来自全国75所高校的近300位专家学者参加论坛研讨。

（甄炜祝）

【社会科学数据平台上线】 12月29日，社会科学数据平台正式上线仪式在上海举行。该平台是第一家中国高校社会科学数据平台，为高校、研究机构和政府部门提供科研数据的存储、发布、交换、共享与在线分析等功能。

（甄炜祝）

学校领导班子成员及组织、机构负责人

复旦大学党委领导成员

党委书记：朱之文
党委副书记：陈立民　袁正宏　刘承功　尹冬梅（女）
纪委书记：袁正宏
党委常委：朱之文　许宁生　陈立民　袁正宏　刘承功
　　　　尹冬梅（女）　陈晓漫　桂永浩
　　　　许　征（女）　金　力　冯晓源　陆　昉
　　　　林尚立

复旦大学行政领导成员

校　长：杨玉良（2014年10月离任）
　　　　许宁生（2014年10月到任）
常务副校长：陈晓漫
副校长：蔡达峰　桂永浩　许　征（女）　金　力　冯晓源
　　　　陆　昉　林尚立
校长助理：丁光宏

中共复旦大学第十四届委员会委员

（共28人，按姓氏笔画为序）

丁　强	尹冬梅（女）	石　磊	冯晓源
朱之文	华克勤（女）	刘承功	许宁生
许　征（女）	杨玉良	吴晓明	张骏楠（女）
陆　昉	陈立民	陈晓漫	林尚立
金　力	周立志	周亚明	赵东元
钟　扬	袁正宏	桂永浩	徐　军
高　天（女）	黄丽华（女）	萧思健	樊　嘉

中共复旦大学第十四届纪律检查委员会委员

（共13人，按姓氏笔画为序）

牛伟新	司徒琪蕙（女）	刘季平	李尧鹏
李　华（女）	李　辉（女）	余　青（女）	张　育（女）
罗　力①	周　虎	袁正宏	栗建华
顾小萍（女）	钱　飚		

---

① 2014年9月，校党委任命罗力同志为校纪委委员、副书记。

复旦大学校务委员会

主　任：朱之文
副主任：杨玉良　彭裕文
委　员：(按姓氏笔画为序)
丁光宏　王小林　王玉琦　冯晓源　朱依谆
江　明　李若山　吴泉水　吴晓明　吴景平
吴　毅　陆　昉　陆雄文　陈建民　陈思和
林光耀　郝　模　胡鸿高　钟　扬　袁志刚
葛剑雄　童　兵　曾　璇　谢遐龄　蔡启予

复旦大学第六届学术委员会名单

(2011年12月20日递补)

主　任：闻玉梅
副主任：俞吾金、华　民、洪家兴、王威琪

人文学部
组　长：俞吾金(哲学学院)
副组长：周振鹤(历史地理研究所)
委　员：朱立元(中国语言文学系)
　　　　陈思和(中国语言文学系)
　　　　葛兆光(文史研究院)
　　　　吴晓明(哲学学院)
　　　　褚孝泉(外文学院)

社会科学与管理学部
组　长：华　民(经济学院)
副组长：彭希哲(社会发展与公共政策学院)
委　员：竺乾威(国际关系与公共事务学院)
　　　　董茂云(法学院)
　　　　黄　旦(新闻学院)
　　　　芮明杰(管理学院)
　　　　薛求知(管理学院)

理学部
组　长：洪家兴(数学科学学院)
副组长：陈家宽(生命科学学院)
委　员：沈　健(物理学系)
　　　　赵东元(化学系)
　　　　江　明(高分子科学系)
　　　　马　红(生命科学学院)
　　　　邹亚明(女)(现代物理研究所)

工程技术学部
组　长：王威琪(信息科学与工程学院)
副组长：陈建民(环境科学与工程系)
委　员：陈良尧(信息科学与工程学院)
　　　　张　卫(信息科学与工程学院)
　　　　陈雁秋(计算机科学技术学院)
　　　　武利民(材料科学系)
　　　　艾剑良(力学与工程科学系)

医学部
组　长：闻玉梅(女)(上海医学院)
副组长：秦新裕(中山医院)
委　员：马　兰(女)(上海医学院)
　　　　吴根诚(上海医学院)
　　　　汤其群(上海医学院)
　　　　郑　平(上海医学院)
　　　　金泰廙(公共卫生学院)
　　　　朱依谆(药学院)
　　　　王吉耀(女)(中山医院)
　　　　周良辅(华山医院)
　　　　丁　强(华山医院)
　　　　黄国英(儿科医院)
　　　　徐丛剑(妇产科医院)
　　　　王正敏(眼耳鼻喉科医院)
　　　　邵志敏(肿瘤医院)

本届委员会的任期至2015年7月止。

复旦大学第三届学术规范委员会委员名单

(任期：2014年9月至2018年8月)

主　任：陈尚君(人文)
副主任：李　劲(工程技术)
　　　　范维琥(临床医学)
委　员：朱　刚(人文)
　　　　竺乾威(社会科学与管理)
　　　　刘　欣(社会科学与管理)
　　　　苏　勇(社会科学与管理)
　　　　陆　晔(社会科学与管理)
　　　　杨中芹(理学)
　　　　孙　璘(理学)
　　　　李　翔(工程技术)
　　　　王　琳(工程技术)
　　　　瞿　涤(基础医学)
　　　　王吉耀(临床医学)
　　　　孙　逊(药学)
　　　　薛　迪(公共卫生)

复旦大学学位评定委员会第十届委员会

(2012年12月换届改选，2013年4月调整、
2014年12月调整)

主　席：许宁生
副主席：陈思和　李大潜　桂永浩　陆　昉
委　员：(委员按姓氏拼音排序)
陈志敏　褚孝泉　戴鞍钢　樊　嘉　葛均波
葛兆光　顾玉东　顾云深　贺鹤勇　洪家兴
侯晓远　姜庆五　金　力　刘海贵　卢宝荣
芮明杰　邵志敏　孙向晨　孙笑侠　汤其群
汪　玲　王桂新　王威琪　王晓阳　闻玉梅

武利民　杨福家　杨芃原　杨　新　袁正宏
袁志刚　赵东元　钟　扬　朱依谆

复旦大学第十七届工会委员会

主　席：刘建中(女)
常务副主席：司徒琪蕙(女)(兼妇委会常务副主任)
副主席(专职)：金再勤　吴佳新　王丽军(女)
兼职副主席：朱寅申
委　员：(按姓氏笔画为序)
　　　　于　瀛(女)　　王丽军(女)　　王金童　冯　玮
　　　　司徒琪蕙(女)　朱寅申　　　　刘亦春(女)
　　　　刘建中(女)　　孙晓屏(女)　　严法善　李　宁
　　　　李　峻(女)　　杨永明　　　　吴佳新
　　　　张玥杰(女)　　张宝贵　　　　陆汇云
　　　　陈永英(女)　　陈　刚　　　　陈金华　林　伟
　　　　金再勤　　　　周志俊　　　　周桂发　周　斌
　　　　徐建军　　　　殷莲华(女)　　凌　鸿
　　　　盛　青(女)

复旦大学党政部门及群众团体负责人

学校办公室
主　任：周立志
副主任：罗英华(女)　艾　竹　岳娟娟(女)
　　　　包江波(女,兼)
纪委
书　记：袁正宏
副书记：李尧鹏　罗　力
监察处
处　长：李尧鹏(兼)
副处长：陈　莉(女)
组织部
部　长：周亚明
副部长：徐　军(兼)　徐　阳
党委党校办公室
主　任：徐　军
副主任：陈　洁(女)
宣传部
部　长：萧思健
副部长：周　晔　李　冉　滕育栋
新闻中心
主　任：滕育栋(兼)
统战部
部　长：张骏楠(女)
副部长：包一敏(女)　葛庆华
学生工作部(处)
部(处)长：徐　瑾(女)
副部(处)长：薛海霞(女)　郭　娟(女)　阳德青(兼)
　　　　　　赵　强

研究生工作部
部　长：陈殷华
副部长：江素华(女)　包　涵(女)　阳德青
保卫处(武装部)
处(部)长：栗建华
副(部)处长：黄荣国　张阳勇　梅　鲜(女)　周　鹏
老干部工作处
处　长：邵　瑜(女)
副处长：叶依群(女)　刘顺厚
邯郸校区老干部党总支
党总支书记：周振汉
党总支副书记：赵少荃　刘顺厚(兼)
枫林校区老干部党总支
党总支书记：郭晓燕(女)
党总支副书记：袁鸿昌　叶依群(女,兼)
机关党工委
党委书记：陈立民(兼)
党委副书记：桂永浩(兼)
发展规划处
处　长：李粤江
副处长：张　农(兼)
人事处
处　长：钱　飚
副处长：江培翃(女)　王永珍　黄金辉
复旦学院(本科生院)
院　长：吴晓明
常务副院长：徐　雷
副院长：丁光宏(兼)　臧德泉　王　颖(女)
　　　　应质峰(女)　徐　珂　周向峰
教务处
处　长：徐　雷(兼)
副处长：丁光宏(兼)　臧德泉(兼)　王　颖(女,兼)
　　　　应质峰(兼)
招生办公室
主　任：丁光宏
研究生院
院　长：钟　扬
副院长：楚永全　杨长江　吴宏翔
科技处
处　长：殷南根
副处长：胡建华　徐晓创　张　农(兼)
文科科研处
处　长：陈玉刚
副处长：葛宏波　姚　凯　张　怡(女)
医院管理处
处　长：伍　蓉
副处长：赵　阳(女)
外事处
处　长：朱畴文
副处长：敬义嘉　唐文卿(女)

孔子学院办公室
主　任：朱畴文(兼)
副主任：厉　琳(女)
对外联络与发展处
处　长：潘　俊(女)
副处长：刘　莉(女)　章晓野(女)
外国留学生工作处
处　长：杨增国
副处长：赵泉禹
财务处
处　长：苟燕楠
副处长：陆　瑾(女)　庄晓漪(女)
审计处
处　长：郁　炯(女)
副处长：张　育(女)　郑　勇
资产管理处
处　长：余　青(女)
副处长：邵强进　张　义
退管会
主　任：陈立民(兼)
常务副主任：杨慧群(女)
副主任：黄玮石　许丽红(女)
总务处
处　长：周　虎
副处长：王丽红(女)　郭建忠　高效江　徐宏波
基建处
处　长：吉青克
副处长：刘召伟　杨湧敏　周继广
枫林校区管理委员会
主　任：钱海红(女)
副主任：季一宁、李继扬
张江校区管理委员会
主　任：葛海霓
副主任：王正华(女)　陆卫国
江湾校区管理委员会
主　任：李高平
副主任：汪　皓　刘建峰
校园信息化办公室
主　任：宓　詠
副主任：闫　华(女)　王　新
工会
主　席：刘建中(女)
常务副主席：司徒琪蕙(女)
副主席：金再勤　王丽军(女)　吴佳新
团委
书　记：高　天(女)
副书记：刘岱淞　韩　煦(女)　孙冰心(女)　耿昭华
　　　　沈继平(兼)
妇委会
常务副主任：司徒琪蕙(女,兼)

上海医学院
院　长：桂永浩(兼)
副院长：汪　玲(女)　包志宏　夏景林(兼)
医学发展规划办公室
主　任：张　农(兼)
副主任：余金明
医学科研管理办公室
主　任：张　农
副主任：莫晓芬(女)　卢　虹(女)
医学教育管理办公室
副主任：孙利军(女)　赖雁妮(女)
医学学位与研究生教育管理办公室
副主任：任　宁　吴海鸣(女)
上海医学院办公室
主　任：包江波(女)
副主任：刘金也(女)　谢静波

复旦大学院系所党政负责人一览表

中国语言文学系
主　任：陈引弛
副主任：朱　刚　吴兆路　戴从容(女)　张岩冰(女)
党委书记：李　钧
党委副书记：周双丽(女)
古籍整理研究所
副所长：陈广宏
外国语言文学学院
院　长：曲卫国
副院长：季佩英(女)　高永伟　卢丽安(女)　刘　炜
党委书记：李　倩(女)
党委副书记：曾建彬　赵　昕
历史学系
主　任：章　清
副主任：周　兵　翁　瑾　余　蔚
党委书记：刘金华(女)
党委副书记：黄　洁(女)
文物与博物馆学系
主　任：陆建松
中国历史地理研究所
所　长：吴松弟
副所长：安介生
哲学学院
院　长：孙向晨
副院长：郑召利　王新生　郝兆宽
党委书记：袁　新
党委副书记：盛　情(女)
法学院
院　长：孙笑侠
副院长：潘伟杰　王　蔚(女)　王　伟
党委书记：胡华忠

党委副书记:罗 霄

国际关系与公共事务学院
院　　长:陈志敏
副 院 长:苏长和　陈周旺
党委书记:刘季平
党委副书记:苏长和(兼)　方　明

社会发展与公共政策学院
院　　长:梁　鸿
副 院 长:刘　欣　程　远
党委书记:顾东辉
党委副书记:李　爽(女)

新闻学院
院　　长:尹明华
副 院 长:黄　瑚(常务)　孙　玮(女)　李双龙
党委书记:周桂发
党委副书记:陆　柳(女)

经济学院
院　　长:袁志刚
副 院 长:孙立坚　尹翔硕　刘军梅(女)
党委书记:石　磊
党委副书记:尹　晨　蔡晓月(女)

数学科学学院
院　　长:郭坤宇
副 院 长:陈　猛　林　伟　应坚刚　王光临
党委书记:侯力强
党委副书记:张晓清(女)

物理学系
主　　任:沈　健
副 主 任:周　磊　陈骏逸　陈　焱　杨中芹(女)
党委书记:蒋最敏
党委副书记:陈骏逸(兼)　周序倩(女)

现代物理研究所(核科学技术系)
所长(系主任):邹亚明(女)
副所长(副系主任):王万春(兼)　陈重阳　赵凯锋
党总支书记:王万春

化学系
主　　任:唐　颐
副 主 任:贺鹤勇　高　翔　张丹维(女)
党委书记:唐晓林
党委副书记:刘永梅(女)　罗　凌

高分子科学系
主　　任:汪长春
副 主 任:何军坡　彭慧胜　丛培红(女)
党委书记:张志芹(女)
党委副书记:朱　莹(女)

环境科学与工程系
代理主任:杨　新
副 主 任:周　斌　张士成　王　琳
党委书记:马蔚纯
党委副书记:姚　伟(女)

信息科学与工程学院
院　　长:郑立荣
副 院 长:汪源源(兼)　胡　波　石艺尉　刘　冉
党委书记:汪源源
党委副书记:屈新萍(女)　张荣君

微电子学院
院　　长:严晓浪

计算机科学技术学院
院　　长:王晓阳
副 院 长:薛向阳　汪　卫　赵一鸣
党委书记:许晓茵(女)
党委副书记:张玥杰(女)　厉家鼎

力学与工程科学系
主　　任:艾剑良
副 主 任:马建敏　张　迪(女)
党总支书记:黄岸青(女)
党总支副书记:葛锡颖(女)

材料科学系
主　　任:武利民
副 主 任:吴晓京　张　群　于　瀛(女)
党委书记:肖　斐
党委副书记:邓续周

生命科学学院
院　　长:马　红
副 院 长:王红艳(女)　卢大儒　杨　继　杨　忠
党委书记:陈浩明
党委副书记:钟　江　蒋　蕾(女)

管理学院
院　　长:陆雄文
副 院 长:周　健(常务)　薛求知　孙一民(女)　殷志文
　　　　　吕长江
党委书记:黄丽华(女)
党委副书记:叶耀华　赵伟韬

国际文化交流学院
院　　长:吴中伟
副 院 长:胡文华(女)　张豫峰(女)
党总支书记:沈肖肖

马克思主义学院
院　　长:高国希
副 院 长:吴海江
党总支书记:肖永春(女)
党总支副书记:孙　谦

体育教学部
主　　任:陈建强
副 主 任:朱寅申　尤玉青　孔　斌
直属党支部书记:马祖勤

基础医学院
院　　长:汤其群
副 院 长:钱睿哲(女)　姜　宴(女)　张　威(女)
党委书记:袁继鼎

党委副书记：徐韶瑛(女) 韩秀引(女)
公共卫生学院
院　长：陈文
副院长：陈英耀　何纳(兼)　屈卫东
党委副书记：何纳(主持工作)　仇棣(女)　于专宗
药学院
副院长：侯爱君(女)　孙逊(女)　王建新
党委书记：陆伟跃
党委副书记：毛华(女)　王宁宁(女)
护理学院
院　长：胡雁(女)
副院长：王君俏(女)　曹育玲(女)　徐建鸣(女,兼)
　　　　蒋红(女,兼)
党总支书记：夏海鸥(女)
党总支副书记：程娌(女)
放射医学研究所
所　长：周志俊
副所长：卓维海
党总支书记：邵春林
实验动物科学部
副主任：杨斐(主持工作)
直属党支部书记：沈鸣华
高等教育研究所
所　长：熊庆年
国防研究院
院　长：叶明新
副院长：王文斌
先进材料实验室
主　任：赵东元
党总支书记：唐晓林(兼)
党总支副书记：林丽(女)
生物医学研究院
常务副主任：杨芃原
直属党支部书记：储以微(女)
脑科学研究院
院　长：马兰(女)
直属党支部书记：陈靖民

复旦大学直属单位及附属医院党政负责人

文科学报
主　编：汪涌豪
理科学报
主　编：杨玉良(兼)
医科学报
主　编：姚泰
副主编：王吉耀(女)　沈玲(女)　金泰廙　查锡良
档案馆
馆　长：许平(女)
副馆长：张劲(女)　丁士华(女)
图书馆
馆　长：陈思和
副馆长：严峰(常务,兼)　张计龙　杨光辉
　　　　王乐(女)　应峻(女)
党委书记：严峰
党委副书记：史卫华(女)
艺术教育中心
主　任：李钧(兼)
副主任：陈寅(女)　包春雷
分析测试中心
主　任：贺鹤勇(兼)
副主任：胡耀铭　任庆广
继续教育学院
院　长：方晶刚
党总支书记：周亚(女)
副院长：应建雄　聂叶(女)　李辉(女)
网络教育学院
院　长：姜良斌
副院长：应建雄(兼)
出版社有限公司
董事长兼总经理：王德耀
党总支书记：王凤霞(女)
总编辑兼党总支副书记：孙晶(女)
后勤服务有限公司
总经理：张珣
资产经营有限公司
总经理：周曦
党总支书记：俞胜南(女)
复华公司
总经理：蒋国兴
党委书记：任琳芳(女)
复旦大学附属中学
校　长：郑方贤
副校长：吴坚(常务,兼)　方培君(女)　张之银
　　　　杨士军　　　　虞晓贞(女)
党委书记：吴坚
党委副书记：李峻(女)
复旦大学附属第二中学
校　长：杨士军(兼)
副校长：李鸿娟(女)
党支部书记：瞿丽红(女)
复旦大学附属小学
校　长：黄琪
副校长：彭松(女,兼)　夏慧敏(女)
党支部书记：彭松
复旦大学附属中山医院
院　长：樊嘉
副院长：张志勇(兼)　高鑫(女)　汪昕　朱同玉
　　　　阎作勤　秦净　顾建英(女)　周俭
党委书记：秦新裕

党委副书记：牛伟新　沈　辉
纪委书记：牛伟新(兼)
复旦大学附属华山医院
院　长：丁　强
副院长：汪志明　邵建华(女)　马　昕　徐文东　毛　颖
　　　　靳建平
党委书记：顾小萍(女)
党委副书记：耿道颖(女)　邹和建
纪委书记：邹和建(兼)
复旦大学附属肿瘤医院
院　长：郭小毛
副院长：叶定伟　吴　炅　陈海泉　陈　震　吕力琅(女)
党委书记：李端树
党委副书记兼纪委书记：顾文英(女)
复旦大学附属眼耳鼻喉科医院
院　长：孙兴怀
副院长：迟放鲁　王德辉　徐格致
党委书记：李　华(女)
党委副书记兼纪委书记：王胜资(女)
复旦大学附属妇产科医院
院　长：徐丛剑
副院长：姜　桦　李　斌(女)　李笑天　李大金
党委书记：华克勤(女)
党委副书记兼纪委书记：陈晓军(女)
复旦大学附属儿科医院
院　长：黄国英
副院长：郑　珊(女)　王　艺(女)　盛　锋　周文浩
党委书记：徐　虹(女)
党委副书记兼纪委书记：张　瑾(女)
复旦大学附属金山医院
院　长：洪　震
复旦大学附属上海市第五人民医院
院　长：顾　勇
复旦大学附属公共卫生临床中心
主　任：张志勇

党委书记：卢洪洲
党委副书记：张志勇(兼)
闵行区中心医院
院　长：夏景林
闵行区精神卫生中心
院　长：季建林

新增和调整各类委员会、领导小组（非常设机构）及其成员名单

复旦大学文化建设委员会(2014年3月17日调整)
主　任：刘承功
副主任：萧思健　周立志
委　员：周　虎　吉青克　潘　俊　高　天　司徒琪蕙
　　　　周桂发　朱畴文　李　钧　周　晔　徐　盛
　　　　林光耀
复旦大学文化建设咨询专家组(2014年3月17日成立)
成　员：金光耀　汪涌豪　李天纲　王德峰　陆建松
　　　　孟　建　任　远　王天德　江　明　孙　逊
　　　　吴根诚　杨秉辉　钱益民
复旦大学学风建设领导小组(2014年4月28日成立)
组　长：尹冬梅　陆　昉
成　员：周立志　萧思健　徐　瑾　陈殷华　李粤江
　　　　钱　飚　钟　扬　徐　雷　殷南根　杨志刚
　　　　杨增国　高　天　张　农　鲁映青　吴海鸣
复旦大学辐射防护委员会(2014年5月28日调整)
主　任：金　力
副主任：周志俊　卓维海　朱蒙培
成　员：江培翃　应蓓蓓　王万春　王　琳　马世红
　　　　高　翔　徐华龙　张　义　任庆广　姜　宴
　　　　屈卫东　孙　逊　秦　净　毛　颖　陈　震
　　　　王　艺　迟放鲁　郑松柏　周晓东　李大金
　　　　向　明　王丽红　张阳勇

一、院系所与公共教学单位

中国语言文学系

【概况】 2014年，中国语言文学系（简称"中文系"）包括中文系、语言文学研究所和6个研究中心。设有博士点11个，科学学位硕士点12个，专业学位硕士点2个，博士后科研流动站1个，本科专业2个。

有在职教职工100人，其中专职教师87人，行政人员8人，教辅人员5人。具有正高级职称41人，副高级职称32人，中级职称14人。教授汪涌豪、郜元宝被评为长江学者特聘教授。教授朱立元、陈尚君、黄霖被聘为复旦大学文科资深特聘教授。教授朱文华、副教授梁永安退休，在职教授戴耀晶去世，博士盛益民入系工作。

全年招收本科生89人，硕士研究生130人，博士研究生33人，进入博士后流动站22人。在读本科生408人，硕士研究生326人，博士研究生243人，其中外国留学生96人（不含非学历生），在站博士后40人。上半年开设本科生课程110门，硕士、博士研究生课程85门；下半年开设本科生课程98门，硕士、博士研究生课程82门。

出版及修订出版学术专著、译著32部；编著或教材15部。发表论文216篇，其中人大复印资料转载13篇，核心类73篇，权威类5篇。

教授袁进项目"中国近代文学史——中国近代文学的形成与演变"获2014年教育部人文社会科学重点研究基地重大项目立项。教授邵毅平"东亚汉文学整体研究"、副教授平悦玲"移民背景和上海城市方言形成研究"、副教授张新华"汉语叙实谓词的构式与语篇接口研究"通过2014年国家社科基金年度项目评审，另有博士后黄曼"民初小说编年史"青年项目立项公示。教授郑土有《上海市志·风俗卷》、教授陈忠敏《上海市志·方言卷》在上海市二轮规划志书委托编纂招标项目工作中成功立项。

王水照主编的《复旦宋代文学研究书系》、裘锡圭《"宠辱若惊"是"宠辱若荣"的误读》、郜元宝《道术必为天下裂，语文尚待弥缝者——中国现代学术的语言认同》等3项成果获得上海市第12届哲学社会科学优秀成果一等奖，陆扬、朱立元、游汝杰、罗书华、陈忠敏、郑土有、陶寰各获二等奖。张新颖《中国当代文学中沈从文传统的回响——〈活着〉、〈秦腔〉、〈天香〉和这个传统的不同部分的对话》获得第六届鲁迅文学奖文学理论评论奖。朱立元、张德兴、张宝贵的《基于人生体验的美学美育课程实践性教学教学体系建设》项目获得上海市教学优秀成果一等奖。

全年主办学术会议10余场。2月22—23日，举办"中国经学诠释学与西方诠释学的比较研究"学术前沿工作坊。3月29、30日，分别举办阎连科作品研讨会、韩少功作品研讨会。3月30日，举办"立场"范畴与汉语研究讨论会。4月7日，举办"跨越语言的诗歌魅力——中英诗人互译"论坛。4月7—12日，举办复旦台湾电影节暨电影符号学系列讲座。4月18日，与《复旦大学学报》编辑部联合主办"文学批评与语文学"工作坊。4月20日，举办身体美学与当代中国审美文化国际学术研讨会。5月10—11日，举办"翻译与比较文化研究：中西对话"国际研讨会。6月7—8日，举办"左翼文学诗学研究"前沿工作坊。9月20—21日，举办语言的描写与解释国际学术研讨会。9月27—28日，与上海市语文学会陈望道研究会、上海鲁迅纪念馆、上海市语言文字工作委员会等合办纪念"大众语"讨论八十周年学术研讨会暨第五届望道修辞学论坛。10月24—25日，与韩国梨花女子大学合作举办"文化的传播与变异：亚欧文化的译介研究"国际学术研讨会。11月7—8日，举办第八届国际吴方言研讨会。11月22—24日，与美国的艾米莉·狄金森国际学会（Emily Dickinson International Society）联合举办2014上海狄金森国际研讨会。邀请海内外知名学者和作家讲演40多场，包括东京日本大学文理学部教授山口守、美国普林斯顿大学教授太史文、美国密西根大学亚洲语言文化系及比较文学系教授唐小兵、杜克大学中国文化研究副教授、亚洲和中东研究系研究生主任罗鹏、台湾大学外文系特聘教授及美国密西根大学英美文学博士张小虹、英国艾克赛特（Exeter）大学人文学院院长尼克·凯伊（Nick Kaye）、国际狄金森学会主席玛莎·奈尔·史密斯（Martha Nell Smith）、澳大利亚昆士兰大学汉语语言学讲座教授兼孔子学院院长陈平；知名作家6人，如巴西著名作家克里斯托旺·泰扎、英国诗人、英国皇家文学院院士约翰·伯恩赛德（John Burnside）、著名作家阎连科、麦家、严歌苓，诗人杨炼等。

接待国内外访问团队7批次。3月4日，台湾师范大学国文系主任、教授钟宗宪到系访问，就推广深入合作展开具体磋商。3月19日，爱尔兰都柏林大学圣三一学院亚洲研究中心主任、教授洛娜·卡森（Lorna Carson），国际化办公室主任辛妮·瑞安（Sinead Ryan）到系访问，双方探讨学术交流等方面的合作可能。5月27日，法国雷恩二大汉学系系主任、教授罗思德到系访问，双方就未来的学术合作、教师交流及学生交换作进一步商讨,并达成一致意见。6月10日,美国卫斯理学院东方语言与文化学院院长魏爱莲(Ellen Widmer)、副教授宋明炜到访,双方就未来的学术合作、教师访问交流、交换学生项目等展开交流,会后双方签署修订的合作备忘录。6月24日,英国艾克赛特大学人文学院院长尼克·凯伊(Nick Kaye)、现代语言系主任艾玛·凯莉(Emma Cayley)、凯瑟琳·道森(Catherine Dawson)、庄岳博士等组成的访问团到访,双方就学术合作与交流交换意见,并商讨合作培养研究生的初步构想。10月20日,台湾"中央"大学国文系主任、教授王丽坚到访,商谈学术合作的内容。10月28日,德国科隆大学副校长访问团到访。
(李线宜)

【举办《路翎全集》发布及现代文学文献整理座谈】 6月6日,《路翎全集》发布会及现代文学文献整理座谈会在中文系举行。由中文系和复旦大学出版社主办。"《路翎全集》整理与研究"是复旦大学"985工程"三期人文学科整体推进研究项目之一,项目成果《路翎全集》由复旦大学出版社出版,共10卷,另附卷1卷,是国内迄今为止最权威、最完整的版本。副校长林尚立,图书馆馆长陈思和,路翎的亲属,复旦大学文科科研处、出版社、中文系的负责同志,及40余位海内外专家学者出席会议。
(张业松)

【举办"言语与听觉科学"和"实验语言学"暑期高级研修班】 该研修班于8月10—25日在上海进行。由复旦大学和上海师范大学联合主办。整个高级研修班分两阶段进行,第一阶段从8月10日至14日在复旦大学举办暑期密集型课程(Fudan Intensive Summer Teaching,简称FIST),课程名称为"言语与听力科学"。内容涉及神经语言学和病理语言学,包括神经语言学与失语症,唇腭裂病人语音特征及语音评估,嗓音发声原理及嗓音疾病评估、诊断,听觉解剖生理,听觉言语评估。第二阶段(8月15日到25日)在上海师范大学语言所举办,课程内容包括语言实验室建设技术、语言数字录音入门、语音音段的标注和切分技术、语言发声和声道建模技术及运动模型和识别合成技术、语音的生成机理与超声实验观测、语言阅读的眼动研究入门和实验技术、语言发音与电磁研究技术、语言发音的EPG研究技术、语言韵律研究实验技术、语言情感研究实验技术、语言文化摄录技术、语言感知研究技术、三维运动捕获数据研究、语言多模态研究、语言发音的空气动力学研究、特殊语音现象与发声态实验技术、利用R语言进行实验数据分析等。
(陈忠敏)

【1篇论文获第六届鲁迅文学奖文学理论评论奖】 8月11日,张新颖论文《中国当代文学中沈从文传统的回响——〈活着〉〈秦腔〉〈天香〉和这个传统的不同部分的对话》获得第六届鲁迅文学奖文学理论评论奖。授奖词指出,该文"思路开阔,论点独特新颖,又有扎实、妥切的论证作为支撑,整体面貌持重严谨而又新见迭出,人们不仅从中看到作家个体创作精神在人文传统中的作用和文学风格强韧的传承性,还看到一位当代评论家对中国文学传统的深情尊重,以及他为打通中国现当代文学研究壁垒所做的建设性努力"。鲁迅文学奖是我国文学领域具有最高荣誉的奖项之一。
(金 理)

【1人获授法国棕榈教育骑士勋章】 10月31日,2014年棕榈教育骑士勋章授予仪式在上海法国总领事府邸举行,系副教授黄蓓获颁2014年棕榈教育骑士勋章。该勋章1955年由法国政府颁布法令确立,主要授予在教育界与学术界有突出贡献者,以及有力推动法国文化传播的人物。
(祝克懿)

【《复旦宋代文学研究书系》获得上海市第十二届哲学社会科学优秀成果一等奖】 11月6日,上海市第十二届哲学社会科学优秀成果颁奖大会在上海展览中心举行,中文系教授王水照主编的《复旦宋代文学研究书系》获得著作类一等奖。该丛书包括朱刚《唐宋"古文运动"与士大夫文学》、侯体健《刘克庄的文学世界——晚宋文学生态的一种考察》、李贵《中唐至北宋的典范选择与诗歌因革》、成玮《制度、思想与文学的互动:北宋前期诗坛研究》、陈湘琳《欧阳修的文学与情感世界》、金甫暻《苏轼"和陶诗"考论——兼及韩国和陶诗》等6种。书系的作者都系王水照的学生,展示出复旦大学在宋代文学学科建设与传承上的重要地位。
(侯体健)

【召开第八届国际吴方言研讨会】 该研讨会于11月7—8日在校举行。由中文系主办,上海市语文学会协办。来自中国大陆、中国香港、中国台湾地区以及日本、新加坡的80余位学者与会,提交会议论文78篇,涉及吴语研究各领域。会议除设大会主题报告和分组报告外,还特设"城市方言学"工作坊专场。
(陈忠敏)

哲学学院

【概况】 2014年,哲学学院设有博士后流动站1个,博士点9个,硕士点9个、本科专业2个。

有在职教职员工67人,其中专任教师56人,行政教辅人员11人;其中具有正高级职称36人,副高级职称17人,中级及以下职称5人。博士后进站11人、出站12人、在校29人。

全年招收本科生67人(含留学生1人)、硕士研究生62人(含留学生9人)、博士研究生29人(含留学生3人);毕业本科生58人、硕士研究生40人、博士研究生32人;在校本科生261人、硕士研究生176人、博士研究生138人。学院春季开设本科生课程81门、硕士生课程37门、博士生课程14门;秋季开设本科生课程71门、硕士生课程44门、博士生课程16门。

科研方面,获省部级以上课题11项,其中国家社科基金4项(重点项目1项、一般项目1项、青年项目1项、委托项目1项),教育部规划基金项目2项(人文社会科学重点研究项目1项、青年基金项目1项)。完成省部级以上课题结项11项,其中国家社科基金项目5项(重点项目1项、社科基金项目3项、后期资助1项),教育部规划项目5项(基地重大项目1项、青年项目2项、后期资助2项),上海社科基金项目1项。

全年发表各类文章262篇,其中论文254篇,译文8篇,论文发表于权威期刊9篇、核心期刊87篇、外文论文14篇、A&HCI类3篇。

出版著作39本,其中专著19本,译著4本,编著及教材16本。

获省部级以上科研、教学奖励21项。

主办或合办国内外学术会议共8次,其中港澳台会议2次,国内会议6次。举办"海外优秀学者"讲座14场、复旦大学"人文基金"学术交流讲座40场,举行教师学术沙龙2次,邀请的海外学者有德国慕尼黑大学哲学系教授京特·策勒（Günter Zöller）、德国马格堡大学哲学教授格奥尔格·罗曼（Georg Lohmann）、美国匹兹堡大学科学史与科学哲学系教授爱德华·梅策雷（Edourd Machery）、美国耶鲁大学哲系讲座教授托马斯·波格（Thomas Pogge）、美国伊利诺伊大学教授普雷蒂普·迪隆（Pradeep A. Dhillon）、加拿大温莎大学哲学系教授克里斯托弗·廷代尔（Christopher W. Tindale）、香港中文大学哲学系教授刘笑敢、台湾大学哲学系教授佐藤将之、伦敦政治经济学院哲学系教授贾森·亚历山大（Jason McKenzie Alexander）。

学生工作方面,有学生正式党员133人,预备党员38人。学生党总支大力加强组织建设,建立支部书记每月例会与学习制度,开展一系列主题教育活动,建设"复旦哲院学生"微信公众号,作为加强学生日常思想教育引导的重要平台。3月25日—4月15日,举办哲学学院第十五届Sophia人文节,邀请7位教师及和系友上海世纪出版集团副总裁施宏俊先生,围绕"心灵与世界"主题为全校师生举行8场学术讲座。4—6月,邀请吴晓明、王德峰、白彤东、孙向晨、邹诗鹏、李天纲等教授围绕"当代中国的精神重建"、"儒家的理论及其优势"、"中华民族复兴——是民族国家构建还是文明国家复兴?"、"中国梦、世界梦：明清以来的价值追求"等主题举行4场"中国梦的价值引领"系列报告会。5月20日,邀请中国通信服务上海公司总经理陈志坚为学生举办题为"博学笃志、切问近思,上善若水、日新致远"的学生生涯规划座谈会。6月11日,举行哲学学院2014—2015学年主席团、(副)部长换届选举工作,选出以胡文静为主席、由16名同学组成的2014—2015学年哲学学院分团委学生会。12月,邀请原复旦大学党委书记钱冬生、哲学学院退休教工支部书记金邦秋和复旦大学文科资深特聘教授刘放桐,开展2场"听爷爷讲那过去的事情——社会主义核心价值观的历史形成"系列座谈。10月23日,哲学学院2013级硕士党支部获得"复旦大学研究生示范党支部"荣誉称号。11月12日,哲学学院学生主演的话剧《天之骄子》获得中国校园戏剧奖金奖,剧中男主角扮演者、学院2011级本科生田博毂获得"校园戏剧之星"称号。12月24日,哲学学院研究生团学联获得"复旦大学2014年度优秀研究生团学联"称号。

博士后工作方面,举行7次博士后沙龙,主题分别是"古典实用主义的'实效'与'实践'之辨"（3月19日）、"《逻辑研究》的真理观"（4月23日）、"清初理学家的'由王返朱'心路转换"（5月28日）、"新现象学的情境理论对素群主义文化的批判"（6月18日）、"近世佛教源流与晚明佛教复兴"（10月22日）、"逍遥与齐物的辩证"（11月26日）、"乌托邦思想的当代转向——为乌托邦平反"（12月17日）。获得国家社科基金青年项目1项;获得教育部青年基金项目1项;获得中国博士后科学基金一等资助2人,二等资助6人。

4月23日下午5时,哲学学院教授汪堂家因病医治无效,在附属中山医院逝世,享年52岁。 （魏洪钟）

【为东方讲坛·文汇讲堂开设系列演讲】 2月26日—4月28日,哲学学院教授俞吾金、张汝伦、吴晓明、王德峰为"东方讲坛·文汇讲堂·哲学与我们的时代"作系列演讲,主题分别为"历史主义与当代意识"、"哲学的意义和批判的价值"、"哲学与我们的时代"、"马克思哲学与现代资本文明"。该讲坛由上海市社会科学界联合会和文汇报联合主办、上海东方青年学社协办。 （魏洪钟）

【举行上海市逻辑学会2013年年会】 3月9日,上海市逻辑学会2013年年会在复旦大学哲学学院举行,来自上海高校、社科院等单位的近50位学者和研究生出席会议。逻辑学会副会长周山主持会议。逻辑学会会长冯棉作2013年上海市逻辑学会工作报告。上海市逻辑学会副会长、上海交通大学马克思主义学院教授黄伟力结合新著《推理与思维训练》(2013年9月),作题为"逻辑教学改革的思考与尝试"的主旨报告。 （魏洪钟）

【举行"跨学科研究：现代民族国家·国族"圆桌论坛】 3月15日,"跨学科研究：现代民族国家·国族"圆桌论坛在上海举行。由哲学学院、中国社会科学院现代思想研究中心与国家民委民族问题研究中心联合发起。论坛围绕"对中华民族概念的辨析"、"民族国家的探讨""对国族的探讨"等主题展开研讨。中国社会科学院近代史研究员郑大华,复旦大学国际关系与公共事务学院教授任军锋,云南大学教授周平,国家民委民族问题研究中心研究员李红杰,复旦大学民族研究中心教授纳日碧力,中国社会科学院民族学与人类学研究所研究员陈建樾,国家民委民族问题研究中心教授张世保,复旦大学哲学学院教授孙向晨、邹诗鹏、白彤东等,分别作题为"晚年孙中山的'中华民族观'"、"'五族共和'与中国现代民主主义中的种族意识"、"民族国家与国族建设"、"政教分离与国族脱钩"、"民族国家与国族建设"、"建设公平正义的多族共生国"、"统一国语与建构国族"、"对多民族国家相关理论的几点思考"、"现代中国的国族认同与民族自觉"、"儒家及其对民族国家与自由主义范式之优越性"的主题发言。 （魏洪钟）

【举办首届"台大—复旦哲学论坛"】 该论坛于4月16日在校举行,主题为"传统思想的现代解读"。由哲学学院和台湾大学哲学系在复旦联合举办。台湾大学哲学系教授王荣麟、梁益堉、苑举正、魏家豪、林明照分别作"亲亲互隐或大义灭亲?"、"儒家政治哲学与内向超越"、"'亲民'与'新民'之议与方法论的审思"、"A Ragbag of Odds and Ends? Argument Structure and Philosophical Coherence in Zhuangzi 26"、"《老子河上公章句》治身与治国关系之思辨模式析论"的主题报告。复旦大学哲学学院9位教师积极参与探讨。

（魏洪钟）

【参加"全球语境中的宗教与现代性：中国视角"学术论坛】 5月9—10日，哲学学院教师张汝伦、李天纲、孙向晨、郁喆隽赴美国芝加哥德保罗大学哲学系，参加"全球语境中的宗教与现代性：中国的视角"（Religion and Modernity in a Global Context：Perspective from China）学术论坛，分别作题为"The Understanding of religion in modern China"、"On some questions regarding Chinese religion"、"The Dilemma of Sino-Christian Theology: From 'Cultural Christian' to 'Christian Scholar'"、"Struggle among gods：religious disputes in the emerging public sphere of China"的学术讲演。

（魏洪钟）

【举行"科技元勘工作坊"】 5—6月，邀请美国天普大学教授王培、匹兹堡大学教授爱德华·马舍雷（Edouard Mashery），以及哥伦比亚学院（芝加哥）教授史蒂芬·阿斯玛（Stephen ASma）举行"科技元勘工作坊"。工作坊包括6场跨学科研究科学技术的讲座，主题分别为"通用人工智能中的预测、解释以及因果推理"、"计算机对于问题的求解过程——到底应当依赖于程序还是当不依赖之？"、"认知神经科学中的显著性检验"、"概念"、"心智的进化：从更新世（leistocene）到现在"和"大脑科学：佛教和意向性"，内容涵盖哲学、计算机科学、心理学、神经生物学。

（魏洪钟）

【与巴黎第一大学哲学系签订合作意向书】 10月20日，哲学学院院长孙向晨等与法国巴黎第一大学校长菲利普·伯特利（Philippe Boutry）、哲学系教授安德烈·萨拉克（André Charrak）一行，就"加强和扩大双方学术交流及合作，促进双方在教学、科研等领域的共同发展"举行会谈，并签署"复旦大学哲学学院和巴黎第一大学哲学系合作意向书"。

（魏洪钟）

【俞吾金教授逝世】 10月31日凌晨5时，著名哲学家、复旦大学现代哲学研究所所长、复旦大学哲学系教授俞吾金因病医治无效，在附属华山医院逝世，享年66岁。

（鲁绍臣）

【举行第七届南北五校哲学博士生论坛】 11月22—23日，第七届南北五校哲学博士生论坛暨2014年复旦大学博士生学术论坛之哲学篇在校举行。来自复旦大学、北京大学、武汉大学、中山大学、台湾政治大学的50多位教师和研究生参加本次论坛，就马克思主义哲学、欧陆哲学、分析哲学、中国哲学与美学、宗教学等领域展开研讨。

（魏洪钟）

【举行上海市伦理学第二届道德哲学高层论坛】 该论坛于11月23日在院举行。由上海市社会科学联合会主办，上海市伦理学会和"西方道德哲学通史研究"课题组共同承办。来自上海市社科联、上海市伦理学会、复旦大学、华东师范大学、同济大学、上海市委党校的30多位专家学者参加会议。与会学者围绕"启蒙、启蒙伦理与中国近代价值观的寻找"、"价值观与价值认同"、"启蒙伦理与核心价值在社会生活中的落实"等相关议题展开讨论。

（魏洪钟）

【举行第四届中国哲学、西方哲学、马克思主义哲学专家论坛】 该论坛于12月12—14日在校举行。由中国社会科学杂志社、复旦大学哲学学院联合举办。来自北京大学、中国人民大学、武汉大学、中山大学、南京大学、南开大学、中国社科院哲学研究所等20余家单位的50余名全国中西马哲研究领域的专家学者就"现代性与中国精神"进行跨专业、多视角的交流探讨。

（魏洪钟）

【成立复旦大学杜威中心】 12月15日，复旦大学杜威与美国哲学研究中心在光华楼举行更名暨挂牌仪式，正式更名为复旦大学杜威中心。由复旦大学文科资深教授刘放桐任名誉主任，南京大学教授、复旦大学特聘讲座教授陈亚军任主任，国内外专家学者20余人组成学术委员会。副校长林尚立、院长孙向晨等专家教授20余人参加挂牌仪式，并讨论中心今后的发展方向和研究内容。陈亚军给学术委员会成员颁发聘书。

（魏洪钟）

历 史 学 系

【概况】 2014年，历史学系设有博士后流动站1个，博士点6个，硕士点6个，本科专业1个。旅游学系博士点1个，硕士点2个（含专业硕士），本科专业1个。

历史学系、旅游学系在编教职工86人，其中专任教师74人，具有正高级职称33人，副高级职称26人，讲师15人；研究生指导教师57人，其中博士生指导教师29人；党务、行政、学工、图书资料人员12人。租赁行政人员2人，非在编全聘教师2人。

历史学系招收本科生82人、硕士研究生36人、博士研究生26人；旅游学系招收本科生7人、硕士研究生6人、专业硕士生（MTA）35人、博士研究生3人。2014年历史系毕业本科生50人、硕士研究生33人、博士研究生20人，旅游系毕业本科生74人、硕士研究生7人、专业硕士生（MTA）4人；授予历史学学士学位50人、硕士学位33人、博士学位18人，管理学学士学位74人、硕士学位6人、专业硕士学位（MTA）4人。

全年科研项目立项18项，其中国家社科基金重点项目1项，国家社科基金项目2项，国家旅游局项目2项，教育部人文社会科学重点研究基地重大项目1项，上海市社科项目2项，上海市人民政府决策咨询课题项目1项，上海市教委重点项目1项，省市级其他项目3项，学校社科项目2项，其他项目3项。

出版著作44部，其中专著13部，编著11部，译著8部，古籍整理著作6部，工具书3部，论文集3部。在国内外学术期刊及报章发表论文297篇，其中权威期刊7篇，核心期刊63篇，一般期刊227篇。姜义华、马孟龙获得上海市哲学社会科学优秀成果奖著作类二等奖，吴景平获得上海市哲学社会科学优秀成果奖论文类一等奖，冯贤亮获得上海市哲学社会科学优秀成果奖论文类二等奖。郭旸入选国家旅游局旅游业青年专家培养计划。陆启宏、郑方磊入选上海市浦江人才计划。

举办国内外学术研讨会共10场次。邀请意大利锡耶纳大学古典学教授莫里兹奥·贝蒂尼（Maurizio Bettini），日本成城大学教授陈力卫，台湾"中研院"历史语言研究所研究员邱仲麟、王鸿泰、邱澎生，台湾"中研院"近代史研究所研究员张力，台湾东吴大学教授林慈淑，台湾师范大学教授王国钦，台湾政治大学教授刘维开，香港科技大学教授苏基朗等，到系开设光华人文基金系列讲座。全年教师出国出境参加国际会议、访问研修或演讲授课共计52人次；学生出国出境学习共计49人次。

（施 晴）

【任免历史学系分党委书记】9月16日，历史学系召开全系教职工大会，学校党委副书记陈立民、组织部部长周亚明宣布历史系分党委书记任免决定。任命刘金华为分党委书记，金光耀因年龄到限不再担任分党委书记职务。

（施 晴）

【举办"旅游发展与社会转型"国际学术讨论会】该会议于9月20—21日在学校召开，由旅游学系主办。来自国家旅游局中国旅游研究院、复旦大学、南京大学、中山大学、南开大学、香港理工大学、台湾师范大学以及美国纽约州立大学、日本山口大学等国内外50余所高校、旅游企事业单位的近70名代表参会。会议说明清以来旅游与社会互动、社会转型与旅游市场营销、旅游发展与治理能力现代化、旅游发展与接待业创新、大数据与旅游新业态、旅游发展与新型城镇化等六大主题进行广泛而深入的讨论与交流。研讨会旨在争创国际一流水平的旅游学科建设，呼应国务院《关于促进旅游业改革发展的若干意见》，促进旅游发展与社会的良性互动，由2场主旨演讲、2场学术讲座、12场分组报告组成，录用学术论文48篇，视野广阔，观点新颖，开阔与会者思考旅游发展与社会互动关系的思路，也为中国旅游转型升级之路提供了诸多启发性建议。会议成果结集为《复旦旅游学集刊》第六辑，计划由复旦大学出版社出版。

（巴兆祥 施 晴）

【承办第三届上海数学史会议】该会议于9月27日在学校召开，由历史学系承办，上海交通大学科学史与科学文化研究院、华东师范大学数学系、东华大学人文学院、上海师范大学哲学院协办，得到上海东方学者人才计划（2013-02）及上海浦江人才项目计划（14PJC018）的支持。来自法国巴黎第七大学、中国科学院自然科学史研究院、华南师范大学、中山大学等单位的50余名学者学生参会，围绕近代早期的东亚数学与历法、数学史与数学教育、西方中世纪及近代早期的数学及东方上古中古数学等四个议题发表10次学术报告并进行深入交流。该次会议较前两届会议在组织上有所变化，一是不区别对待学生与学者报告，不设指导性点评，而是每组设一位主持人引导讨论的展开；二是首次邀请上海以外的同仁参与。（郑方磊 欧阳晓莉 施 晴）

【举办"重绘中古中国的时代格：知识、信仰与社会的交互视角"学术研讨会】该会议于11月8—10日在校召开，由历史学系主办。来自海内外各高校、科研机构的30余位专家学者参会。会议包括3个基调演讲，并设"道教的宇宙论与信仰实践"、"佛教崇拜与灵验的建构"、"礼仪与空间构造"、"敦煌学的新学境"、"权力的展示"、"历史书写与政治实践"、"中古中国的行旅与生活"、"艺术表达与社群构筑"、"身份认同的生成与转换"等9个分组议题以及1个特别演讲。与会学者对会议主题"时代格"和"重绘"的内涵展开讨论："重绘"被认为是动态的过程，而被重绘对象"时代格"，与会者普遍认为可根据研究问题的不同来划定研究的长时段，一个时代的气息与脉动并非要被定于一格、几格，而必然呈现多种面相。会议论文结集为《中古中国研究》创刊号，计划由中西书局出版。

（余 欣 施 晴）

【举办"变化中的明清江南社会与文化"国际学术研讨会】该会议于12月20—21日在校举行，由历史学系主办，系继2008、2010、2012年之后，复旦大学历史系连续第四次主办的以明清江南史研究为主题的国际学术研讨会。来自日本、俄罗斯、意大利以及中国香港、中国台湾、大陆各地高校和研究机构的30余位专家参会，并吸引一批知名中青年学者参会。会议的研究主题包括明清至近代江南的商人与市场、经济转型、水利环境、日常生活、城市形态、教育文化、对外关系、学术文化、士林人物、文献出版、知识流动及近代上海城市经济与生活。与会学者围绕这些课题及相关研究展开深入讨论，并对近8年来复旦大学历史系所主办的四届有关"明清江南社会与文化"主题的国际学术会议予以高度评价。明清江南史的研究是复旦大学历史系的传统优势学科之一，举办该次会议有助于进一步推动学科发展、整合研究力量、校内及校际的交流合作，扩大复旦大学历史系在相关领域内的学术影响力。

（邹振环 黄敬斌 施 晴）

【举办第二届东亚青年史学家研讨会】该会议于12月25—28日在学校光华东辅楼102报告厅举行，由历史学系主办，韩国首尔大学日本研究所、早稻田大学韩国文化研究所协办。来自中国、日本、韩国的18位青年史学家参会。与会学者围绕环境史与历史地理学、儒学（儒教）与社会和中日甲午战争前后的国家与战争记忆展开讨论和交流。该研讨会旨在为三国的青年史学者搭建一个交流的平台，增进三国青年史学者的理解，缩小三国在历史认识上的差距有所贡献。

（孙科志 施 晴）

文物与博物馆学系

【概况】2014年，文物与博物馆学系（简称"文博系"）设文物与博物馆学1个本科专业，考古学1个学术硕士点和1个博士点，文物与博物馆1个专业硕士点,考古学1个博士后流动站。

有在职教工22人,其中专任教师16人、行政人员2人、教辅人员4人;具有正高级职称9人、副高级职称2人、中级职称10人;研究生指导教师11人,其中博导7人。

全年招收本科生25人(计划招生)、硕士研究生23人、博士研究生6人。在读本科生73人(不含2012级本科生)、硕士研究生58人、博士研究生36人。学院春季开设本科生课程18门,其中专业课程13门、综合教育课程2门、文理基础课3门;秋季开设本科生课程17门,其中专业课程12门、综合教育课程3门、文理基础课程2门。开设研究生课程29门,其中硕士研究生课程18门、博士研究生课程11门。

承担国家社科基金重大项目1项,国家社科基金艺术类项目1项,教育部项目2项,省市区级项目5项,其他项目7项。出版论著4部,发表论文59篇。举办国内学术会议4次,1名青年教师以访问学者身份在英国伦敦大学学院开展学术研究。1—3月,王荣赴美国佛利尔和赛克勒美术馆文物保护与科学研究部访问。陈淳《考古学的理论与研究》入选《上海市学术著作出版基金25周年精选丛书》。5月,国家民政部审核批准成立"中国学位与研究生会教育学会文物与博物馆专业学位工作委员会",朱顺龙任会长。4月,高蒙河任中国考古学会公众考古专业指导委员会副主任,12月任上海市文物博物馆系列高级职称审定委员会主任委员。

美国史密森学会博物馆保护研究所技术部主任珍妮·道格拉斯(Janet G. Douglas)、日本国立和歌山大学经济观光学部教授王妙发、日本爱媛大学博物馆教授吉田广、日本吉备国际大学教授马场秀雄、韩国首尔大学人文学院东洋历史系教授金秉骏、台湾"中研院"历史语言研究所研究员陈昭容、台湾大学艺术史研究所副教授兼所长施静菲、清华大学美术学院教授尚刚、浙江省文物考古研究所研究员郑建明、上海博物馆青铜部主任研究馆员周亚等举办讲座,共18场次。

博物馆举办"复旦大学博物馆馆藏书画精品展"、"骐骥跃神州——澳洲人中国书画展暨林伯墀作品展"、"文明梦想——明代名士笔下的中华传统文化书画展"、"原来如瓷——复旦大学馆藏瓷器精品展"、"观·价值——热贡唐卡精神世界的文化认同 世界非物质文化遗产热贡唐卡精品展"、"于右任逝世50周年纪念展"、"西德尼·甘博的中国之旅——近代历史摄影展"、"日月光华——陈佩秋郑孝同书画精品展"、"复旦大学书画协会35周年作品展"、"国家图书馆、上海图书馆、复旦大学图书馆中华古籍保护成果联展"等展览。

26位本科生在上海博物馆、中国烟草博物馆、松江广富林遗址开展实习。

(俞蕙)

【举办第七期全国省级博物馆馆长培训班】 6—7月,受国家文物局委托,举办"第七期全国省级博物馆馆长专业管理干部培训班"。课程共计18门,内容涉及博物馆经营管理、博物馆国际交流与合作、博物馆教育、国际文化遗产保护、博物馆信息化建设、博物馆安全管理、藏品科技保护等。期间组织馆长论坛1次,上海科技馆现场教学活动1次。培训班邀请17位文博界知名专家学者授课,聚焦当今博物馆事业发展的前沿问题,充实完善学员有关博物馆学、文化遗产保护等领域的专业知识,了解国内外博物馆工作面临的挑战与发展趋势。利用馆长论坛的机会,学员围绕当前中国博物馆建设、经营与人才培养的主题,结合各馆的实际工作开展深入研讨。

(俞蕙)

【与日本爱媛大学签订学术交流协议书】 9月,日本爱媛大学法文学部学部长加藤好文、事务课长井上俊彦、教授藤田胜久等一行9人到访,与文博系签订协议书,以促进双方教育、研究合作与交流,并参观考察浙江、江苏、上海地区博物馆和考古遗址。12月,系教授陆建松、吕静、陈刚及学生一行6人赴日本爱媛大学及附近博物馆、古迹遗址开展为期8天的学术交流与考察。

(刘守柔)

【与苏州博物馆签署合作框架协议】 10月,与苏州博物馆正式签署合作框架协议,缔结为共建单位。根据协议,文博系与苏州博物馆将在学术研究、科研项目、人才培养等方面开展合作共建,旨在进一步加强馆校合作,充分发挥高校的人才资源优势和博物馆馆藏资源优势,为双方学术研究与创新搭建新平台。

(俞蕙)

【与浙江省文物考古研究所签署共建协议】 11月,与浙江省文物考古研究所签署合作共建协议。在人才培养上,考古所将充分发挥自身文物资源、科研优势,为文博系的本科生、研究生提供野外实习机会,使学生有更多接触考古文物材料、参与课题研究的机会。文博系则聘请考古所专家担任研究生论文写作指导委员,邀请专家来校做前沿讲座;在学术研究上,双方通过积极参与并配合对方课题研究,以及共同申报科研项目等工作,做到科研力量相互补充,发挥彼此优势;在资料共享上,双方互相开放图书资料,包括法律允许共享的电子资源,双方人员均可前往对方图书馆查阅资料,发挥资源的最大化优势。

(俞蕙 郑建明)

【召开全国文博专业学位研究生教育指导委员会议】 12月19—20日,全国文物与博物馆专业学位研究生教育指导委员会暨培养单位教学研讨会在校召开。34家文物与博物馆硕士专业学位授权点单位及文博单位的41代表参会。会议围绕文博专业学位硕士生的培养模式改革探索及2015年即将进行的文博专业学位授权点专项评估安排及指标意见征求等议题展开。作为全国文物与博物馆专业学位教指委秘书处挂靠单位,学校是首次举办该类会议。

(徐玉珍)

外国语言文学学院

【概况】 2014年,外国语言文学学院(简称"外文学院")下设英语系、法语系、德语系、俄语系、日语系、韩语系、翻译系、大学英语教学部(简称"大英部")等教学单位,设外国语言学研究所、外国文学研究所、中韩比较文化研究所、北欧文学研究所、莎士比亚研究室、词典编纂研究室等学术研究机构。设有英语语言文学和外国语言学及应用语言学2个博士点,1个博士后流动站。硕士点7个,本科专业7个,第二专业1个。

有在职教职工175人,其中专任教师157人,行政管理人员18名,具有正高级职称21人,副高级职称56人,中级及以下职称98人。有研究生指导教师58人,其中博士生导师15人,硕士生指导教师36人,专业学位硕士导师7人。

全年招收本科生172人(其中留学生15人),硕士研究生54人,博士研究生15人。在读学生共847人,本科生656人(其中留学生65人),硕士研究生142人,博士研究生49人。

科研教学工作方面,出版各类著作41部,其中专著6部、译著17部、教材18部。在各类学术期刊发表论文126篇,其中权威刊物3篇、国外SSCI收录刊物8篇、CSSCI收录刊物49篇、一般期刊(含译文)66篇。举办国际学术会议7场,国内学术会议3场。获批国家社科基金项目2项、省部级科研项目11项。大英部梁正溜担纲的"医学英语Ⅲ(学术医学英语口语课程)"获得2014年度"校级精品课程"称号,大英部季佩英负责的"基于国际化人才培养目标的多元化多层次大学外语课程体系构建"项目获得2014年上海市优秀教学成果一等奖,韩文系姜银国、姜宝有、黄贤玉、姜颖、郭一诚主编的《新编韩中词典》获得"2014年度中国外语非通用语优秀学术成果辞书类一等奖",大学英语教学部李定军申报的《英汉医学大词典》获得"上海市高校服务国家战略出版工程项目"。英文系陆谷孙获得"上海市哲学社会科学优秀成果学术贡献奖",韩文系退休教师金钟太、姜银国获得"中国外语非通用语教育终身成就奖",俄文系姜宏获得俄罗斯外交部下属官方机构北京俄罗斯文化中心颁发的"中国普及俄语荣誉奖",法文系褚孝泉入选"中法建交50年50人",俄文系李新梅获得"2014年上海市外语界十大杰出青年教师提名奖",大英部叶如兰获得"第九届上海文化新人"提名,俄文系赵艳秋获得"2014年全国俄语大赛优秀指导教师奖",日文系杨晓敏获得2014年"笹川杯"全国高校日本知识大赛优秀指导教师奖,俄文系获得2014"上海市教育系统巾帼文明岗"称号。

学术交流活动活跃。全年共有教师30余人次赴美国、英国、德国、法国、瑞典、奥地利、澳大利亚、日本、韩国等国参加国际学术研讨会并发表演讲;学生112人次赴美国、英国、法国、德国、加拿大、比利时、俄罗斯、丹麦、澳大利亚、日本、韩国等世界知名学府交流。学院邀请30余位国内外著名学者来院讲学,包括澳大利亚词典专家苏珊·巴特勒(Susan Butler),美国俄亥俄州立大学教授特伦斯·奥德林(Terence Odlin),美国蒙特雷国际研究院高级翻译学院中文系主任陈瑞清,法国国家科学院现代文本手稿研究中心前主任皮埃尔·拜尔斯(Pierre-Marc de Biasi),法国巴黎第三大学教授、社会语言学家索尼娅·罗索夫(Sonia Branca-Rosoff),加拿大魁北克作家、时事评论家莫尼克·拉鲁(Monique LaRue),新西兰女作家艾米莉·珀金斯(Emily Perkins),丹麦罗斯基勒大学教授普莱姆·珀达(Prem Poddar),日本语言学学者松本泰丈,原日本早稻田大学日语教育研究科科长川口义一,韩国庆北大学前副校长、韩国语语义学会前会长、国语教育学会会长林枝龙,华东师范大学终身教授张春柏,延边大学朝鲜半岛研究协同创新中心主任蔡美花,《上海日报》原总编辑张慈赟,同济大学文学研究所所长吴建广,华东师范大学外国文学与比较文学研究所所长陈建华,中国社会科学院外文所研究员、外国文论与比较诗学研究会会长周启超等。

对外交流方面,加强与世界一流大学的交流,使外语教学、科研更加国际化。学院领导接待法国里昂高等师范学院国际部部长让·路易斯·杜克洛(Jean-Louis Duclos)和哲学系教授让·迈克·罗伊(Jean-Michel Roy),双方总结以往经验,就进一步合作达成协议。韩文系接待韩国国立全南大学国语国文系BK21(Brain Korea 21,韩国教育部重点实施的旨在培养高素质研究生人才的项目)事业团,就合作开展"培养创造地域文化价值的通识型人才"项目的可能性展开讨论。法文系接待比利时王国驻华使馆瓦隆—布鲁塞尔大区驻华代表团团长那烨飞(Philippe Nayer),在与比利时布鲁塞尔自由大学(ULB)合作和交流的基础上,双方一致同意争取在2015年促成比利时皇家科学院院士及鲁汶大学(UCL)相关领域专家来校访问,并邀请比利时学生参与学院每年举办的博士生论坛。

学院学生在全国各类测试和地区比赛中成绩突出。学生在教育部组织的专业考试中成绩优良:英语专业四级笔试合格率100%,优秀率50%,英语专业八级笔试合格率100%,优秀率25.4%;俄语专业四级合格率100%,优秀率83.3%,俄语专业八级合格率75%;日语专业四级合格率92.3%,优秀率23%;日语专业八级合格率100%,优秀率29.3%;法语专业四级合格率100%,优秀率40.7%,法语专业八级合格率100%,优秀率55.5%;德语专业四级合格率100%,优秀率63.6%,德语专业八级合格率83.3%,优秀率11.1%。

英文系方志平指导的2014级英语专业本科生蒲文妍获得第12届华东地区"21世纪·华澳杯"大学生中澳友好英语大赛特等奖;俄文系赵艳秋指导的俄语专业2013级本科生徐萌和11级本科生何㤉分获2014年全国俄语大赛低年级组优胜奖和高年级组优胜奖,两人将于2015年9月由国家留学基金委全额资助公派去俄罗斯留学一年,2014级俄语专业研究生王云婷获研究生组优秀奖;日文系杨晓敏指导的2012级日语专业研究生王君获得2014年"笹川杯"全国高校日本知识大赛个人优胜奖;日文系刘佳琦指导的2011级日语专业本科生林白萧、黄冬姝获得"上海大学生日语歌曲演唱大赛"三等奖。韩文系2010级硕士研究生孙程的硕士论文《小说〈雷阵雨〉词汇分布、句法结构

一、院系所与公共教学单位

的计量学研究》（指导教师：姜宝有）被评为2014年上海市研究生优秀成果。

10月18日，"复旦大学校际博士生学术论坛之外文篇"在学校逸夫楼报告厅开幕，由研究生院、党委研究生工作部、外文学院主办，上海外国语大学研究生部、浙江大学外国语言文化与国际交流学院共同协办，学校研究生团工委、研究生会、外文学院研究生团学联承办。论坛主题是"统一：独特性与普遍性"（Unity: Uniqueness & Universality），旨在以认同与尊重外语学科独特性和统一性为基础，通过学术交流促使不同研究方向和谐共生。复旦大学和其他院校近200名师生参加会议。论坛共收到来自复旦大学、上海外国语大学、浙江大学、南京大学、华东师范大学、台湾政治大学、台湾清华大学等7所高校相关专业研究生的56篇论文，涵盖文学、语言学、翻译学等3个语言研究领域，论坛评选出24篇优秀论文，共评出一等奖论文3篇，二等奖论文5篇，三等奖论文7篇。

4月8日，第十八届外文节"陶言乐语·Joyful languages"开幕式暨游园会在邯郸校区本部排球场举行；5月9日，外文节在光华楼东吴文政报告厅举行闭幕式暨麦田剧社年度英文大戏。外文节活动内容丰富多样，举行歌曲、配音、演讲等比赛，举办中美建交、中日关系、影视文化等讲座，开展游园会、电影展、麦田年度大戏等活动。

外文学院学工组及研工组获得复旦大学2013年度学生思想政治工作先进集体称号，外文学院研究生团学联获得复旦大学优秀研究生团学联，2010级本科生英翻班团支部获得上海市五四红旗团支部，2012级硕士班获得复旦大学优秀集体，2012、2013级本科生联合党支部获得复旦大学优秀本科生党支部；分党委副书记赵强获得复旦大学思想政治工作先进个人特等奖，研工组组长王亚鹏获得复旦大学思想政治工作先进个人二等奖，2012级硕士生辅导员庄稼获评复旦大学十佳研究生辅导员，日文系2012级硕士研究生朱旭峰获评复旦大学研究生优秀共产党员。

（殷婷婷）

【举行《安徒生在中国》论文集首发式】 4月25日，由外文学院北欧文学研究所与南丹麦大学安徒生中心学者合作编写的论文集《安徒生在中国》（Hans Christian Andersen in China）在北京中国妇女儿童博物馆举行首发式。中国国家主席习近平夫人彭丽媛陪同到访的丹麦女王到展台祝贺，并与3位主编进行交流。该论文集由北欧文学研究所所长孙建、南丹麦大学安徒生中心主任约斯·弗朗德森（Johs. Nørregaard Frandsen）以及安徒生博物馆馆长托本·格罗恩加德（Torben Grøngaard）共同主编，丹麦女王玛格丽特二世作序，4月25日由南丹麦大学出版社（Universuty Press of Southern Denmark）出版。

（殷婷婷）

【举办复旦—弗里堡"中国与欧洲'个人观念'之比照"国际研讨会】 该会议于5月22—24日在外文学院举行。由外文学院法文系主办，法国研究中心和瑞士弗里堡大学协办。来自中国、瑞士、法国、比利时等国的14位学者作主题发言。瑞士弗里堡大学比较文学教授迈克·维格内斯（Michel Viegnes）作题为"马拉美、谢阁兰、让·茹弗内心之中国"的讲座。研讨会以法文系二年级学生排演的独幕剧"舞台身份"结束。

（殷婷婷）

【举办"第8时区文化——新的时代新的区域"国际学术研讨会】 该会议于6月4—6日在澳大利亚科廷大学举行，由外文学院和科廷大学联合举办。学校新闻学院学者参加会议。会上，外文学院褚孝泉、曲卫国和金雯宣读论文，并与澳大利亚同行就文化交往和理解问题展开讨论；两校学者就外文学院与科廷大学展开进一步的学术交流和合作进行商讨。

（殷婷婷）

【举办"跨文化阅读"国际研讨会】 该会议于6月23—25日在学校美国研究中心召开。由外文学院和英国埃克塞特大学（University of Exeter）人文学院联合举办。学院院长褚孝泉、埃克塞特大学人文学院院长尼克·凯作主题学术报告，外文学院15位老师在会上宣读论文。

（殷婷婷）

【举办"跨文化北欧文学"国际研讨会】 该会议于10月29—30日在学校美国研究中心举行。由北欧文学研究所主办。南丹麦大学安徒生研究中心教授约斯·弗朗德森（Johs. Nørregaard Frandsen）、美国加州大学伯克利分校教授卡琳·桑德斯（Karin L. Sanders）、苏黎世大学教授克劳斯·穆勒·威尔（Klaus Müller-Wille）、南丹麦大学安徒生研究中心主管安妮·延森（Anne Jensen）、香港开放大学教授谭国根、中国社会科学院教授石琴娥、南京大学教授何成洲、上海戏剧学院教授刘明厚等国内外学者受邀参会。外文学院院长曲卫国致开幕词，北欧文学研究所所长孙建主持。与会学者围绕北欧文学研究的热点问题，如生态研究、空间视角、影视改编、女性研究、北欧犯罪小说等展开讨论，并对今后的北欧文学国际学术合作达成初步构想。

（殷婷婷）

【举办2014年"外研社杯"全国英语写作、演讲大赛】 10月25日，2014"外研社杯"全国英语写作大赛上海赛区复赛在复旦大学光华楼举行，来自上海市21所高校的58名选手参赛。大赛采用外研社开发的在线写作和评阅系统，以机器评阅和人工评阅相结合的方式，从文章内容，组织和语言等方面考察选手的英语写作能力。经评阅，华东理工大学徐雅恬，华东政法大学诸琰和上海大学顾文冉获得特等奖。11月1日，2014年"外研社杯"全国英语演讲大赛上海赛区复赛在复旦大学逸夫楼报告厅举行。来自同济大学、华东政法大学、东华大学、华东理工大学等上海市24所高校的24名选手参赛。经过五个多小时的角逐，最终来自上海交通大学的吴非、上海大学的顾文冉和复旦大学的吴银君获得上海赛区复赛的特等奖。

（殷婷婷）

【举办"奥地利文学在中国"2014年国际学术研讨会】 该研讨会于11月15—17日在外文学院举行。会议主题为"1914——脱轨的一百年"。德文系系主任魏育青、奥地利领事馆总领事纽瑞特（Neureiter）致开幕辞。德国音乐理论家、马勒专家皮特·瑞菲尔斯(Peter Revers)作报告,阐释奥地利作曲家马勒在一战前根据李白、王维等中国诗人的诗歌德译本所创作的《大地之歌》中的"孤寂感"。16日,研讨会在文科楼510室、543室平行进行,来自中国、德国、奥地利、韩国等国家的16位学者分别作主题报告,就一战前后奥地利文学、音乐、电影,以及这些艺术在中国的接受与阐释、影响进行探讨。17日,奥地利中心组织与会者与学生一同观看电影《阮玲玉》并进行讨论,随后参观鲁迅公园与鲁迅故居,就鲁迅及其作品在德国的影响进行讨论。研讨会的所有报告将合集在奥地利出版。

(殷婷婷)

【举办2014年全国EFL写作教学与理论实践研讨会】 该研讨会于11月24—25日在学校文科楼召开。由复旦大学外文学院大学英语教学部主办。来自全国40多所高校的80多位大学英语教师参会。外文学院院长曲卫国和副院长季佩英出席开幕式并致欢迎辞。会议主题为"探索中国大学英语课堂上的学术英语写作教学"。二语写作领域学者、悉尼大学教育与社会工作学院教授沈惠忠作题为"Teaching Academic Writing: Content, Process and Language"的主旨发言并主持工作坊。与会教师分小组讨论英语写作课程的教学方法、评估体系等议题,共同分享教学经验、解决教学中的困惑。会议为全国大学英语教师和研究者搭建起一个交流和学习的平台,有助于进一步推动我国大学英语写作课程的发展。

(殷婷婷)

【举办第一届日本语学国际研讨会】 该会议于11月28日在文科楼209室召开。来自日本东京外国语大学、日本别府大学、台湾昆山科技大学、北京大学、复旦大学、上海外国语大学、杭州师范大学等国内外高校的12名专家、学者及上海各高校的硕士、博士研究生参会。开幕式由日文系原系主任庞志春致辞。日本别府大学松本泰丈将其所有藏书无偿捐赠给外文学院资料室。研讨会对复旦大学日本语学的研究起到促进作用,对年轻学者的学术发展也具有指导意义。

(殷婷婷)

法 学 院

【概况】 2014年,法学院设一级学科博士后科研流动站1个,一级学科博士点1个,二级学科博士点7个,一级学科硕士点1个,二级学科硕士点9个,法律硕士专业学位点2个,全英文国际硕士项目1个,本科专业1个。法学一级学科为上海市重点学科。

有在职教职工74人,其中专任教师62人,行政和教辅人员16人。具有正高级职称34人,副高级职称17人;博士研究生指导教师24人,硕士研究生指导教师50人。汪明亮入选教育部新世纪优秀人才支持计划,杜宇入选上海市曙光计划。

招收本科生85人,其中外国留学生9人;硕士研究生337人,其中含专业学位生272人,外国留学生6人、"中国商法"国际项目生5人;博士研究生17人。在读本科生480人;硕士研究生1 063人,其中专业学位研究生869人,《中国商法》国际项目生10人;博士研究生94人。学院春季开设本科生课程70门,其中法学院课程35门,外系课程4门,全校公共选修课程19门,第二学位、跨校辅修课程12门;秋季开设本科生课程68门,其中法学院课程35门,外系课程3门,全校公共选修课程18门,第二学位、跨校辅修课程12门。开设研究生课程179门,其中硕士课程159门,博士课程20门;学位基础课程99门,其他课程80门。与上海市第一中级人民法院合作的法律硕士专业学位研究生实践基地入选上海市专业学位研究生实践基地。

申请到国家哲学社会科学基金项目2项,其中重大项目1项,教育部人文社会科学项目1项,司法部国家法治与法学理论研究项目1项,上海市规划课题及其他省部级以上项目6项,各类项目批准经费合计111万元,在国内外杂志上发表学术论文60篇,其中CSSCI、核心期刊收录刊物上发表论文44篇,出版著作8部,召开国际学术会议1次,国内学术会议7次。

加强对外学术交流。开设中国商法国际硕士项目第五期。美国哥伦比亚大学、杜兰大学、澳大利亚墨尔本大学、德国弗莱堡大学,芬兰赫尔辛基大学、加拿大女王大学等国际著名大学法学院教授、院长共计50余人次到院进行交流访问、出席学术会议。与美国杜兰大学法学院开展暑期班项目,与德国康斯坦茨大学、芬兰赫尔辛基大学、丹麦奥胡斯大学开展校际法学论坛项目。

澳大利亚墨尔本大学法学院院长卡洛琳·伊万斯(Carolyn Maree Evans),悉尼大学法学院院长乔艾伦·赖利(Joellen Riley),德国弗莱堡大学法学院教授施蒂尔纳(Rolf Stürner),台湾大学教授王泽鉴,上海市联合国前南国际刑事法庭大法官刘大群,上海市最高人民法院研究室副主任、中国应用法学研究所所长孙佑海,芬兰议会法律委员会代表团等30余位国外知名专家、学者到院进行学术交流并发表演讲,内容涉及当前法学研究的诸多前沿领域。

扎实推进学生工作,发挥专业优势开展"一二·四"宪法宣传周和学生法律援助活动;举办第十三届"法律人节"。

(王童)

【主办"战后亚洲战争罪犯审判与史料整理"国际研讨会】 此研讨会于3月5—6日在校召开,由复旦大学法学院、国际刑法研究中心及人权研究中心联合主办。联合国前南斯拉夫国际刑事法庭和国际刑事法庭余留机制庭庭长西奥多·梅隆法官、国际刑事法院汉斯·彼得·考尔法官、联合国前南国际刑事法庭刘大群法官等应邀出席。来自国内外近30名国际刑法专家学者参会。与会专家学者围绕"战争罪犯审判与史料整理"、"东京审判的意义与资料收集"、"中国审判的意义与史料整理"等3个主题展开广泛深入的讨论。 (王童)

【1个研究中心入选国家人权教育与培训基地】 4月28日,教育部、国务院新闻办公室发布《关于批准第二批国家人权教育与培训基地的通知》

(教社科函[2014]12号),批准复旦大学等五所高校入选国家人权教育与培训基地。国家人权教育与培训基地是法学院第一个省部级重点基地,标志着以法学院为依托的复旦大学人权学科跻身国内一流行列。

（王 童）

【成立高级律师学院理事会】 5月12日,复旦大学高级律师学院理事会成立暨理事聘任仪式在光华楼举行。根据《复旦大学高级律师学院理事会章程》,副校长林尚立任高级律师学院理事长,法学院院长孙笑侠任学院院长,法学院教授陈乃蔚任执行院长。会上,各位理事就高级律师学院的发展展开研讨。

（王 童）

【与上海市第一中级人民法院签订法学教学科研实践基地合作协议】 该签约仪式于6月9日在江湾校区举行。上海市第一中级人民法院院长陈立斌、副院长黄祥青,复旦大学副校长陆昉,研究生院、教务处、法学院相关负责同志出席签约仪式。陈立斌与陆昉代表双方签署合作协议,共同为"复旦大学法学教学科研实践基地"揭牌;黄祥青与孙笑侠为双方联合设立的"法律方法与判例研究中心"揭牌。

（王 童）

【获联合国国际刑事法院中文模拟法庭比赛冠军】 6月13日,联合国国际刑事法院中文模拟法庭比赛在荷兰海牙国际刑事法院大法庭举行,由联合国国际法院主办。国际刑事法院亨德生法官担任审判长。复旦大学法学院代表队获冠军,2013级法律硕士研究生李超获最佳辩手。代表队由6名2013级法律硕士学生组成,法学院陆志安老师担任教练。

（王 童）

【召开中国共产党复旦大学法学院第二次党员代表大会】 该会议于6月17日在江湾校区召开。校党委副书记陈立民出席会议并讲话,法学院党委书记胡华忠代表上届党委向大会作题为"团结齐心、振奋精神,为实现转型升级建设更强更美法学院而努力奋斗"的工作报告。大会选举王蔚、孙笑侠、汪明亮、宋永华、陆志安、胡华忠、侯健、梁咏、潘伟杰等9位同志为法学院第二届党委委员。该次党员代表大会共有代表76名,其中在职教师代表47名、退休教师代表3名、学生辅导员代表6名、学生代表20名,应出席代表72名(4人因公出国、产假),实际出席代表72名。民主党派和无党派教师代表、学院老领导、老教师代表以及其他学生代表应邀列席大会。

（王 童）

【举办法科教育设立百年纪念活动】详见"学校综述"同条,第43页。

【章武生受聘为上海法官检察官遴选(惩戒)委员会委员】 12月13日,上海市法官、检察官遴选(惩戒)委员会成立大会召开。法学院教授章武生受聘担任委员。中共中央政治局委员、上海市委书记韩正向章武生颁发聘书。上海法官检察官遴选(惩戒)委员会是全国首个省级法官检察官遴选(惩戒)委员会,职能主要包括法官检察官的遴选、择优选升、对严重违纪行为提出惩戒意见等。

（王 童）

【王志强入选国务院学位委员会第七届法学学科评议组】 国务院学位委员会办公室12月16日函件通知,国务院学位委员会第三十一次会议审议通过新一届(第七届)国务院学位委员会学科评议组成员名单,法学院教授王志强入选法学学科评议组,是法学院教师首次入选国务院学位委员会法学学科评议组。国务院学位委员会学科评议组是国务院学位委员会领导下的专家组织,从事学位与研究生教育的指导、审核、监督、研究和咨询等工作。

（王 童）

国际关系与公共事务学院

【概况】 2014年,国际关系与公共事务学院有国家重点学科2个,有国家哲学社会科学创新基地1个,博士后流动站2个,二级学科博士点8个(其中自设博士点2个),硕士点7个(其中自设硕士点1个),专业学位硕士点MPA硕士1个,本科专业4个。国家级精品课程1个,市级精品课程3个。

有在职教职工79人。其中专任教师62人,行政管理人员17人;具有正高级职称27人,副高级职称23人,中级职称27人;博士生导师24人,硕士生导师25人。新进教职工5人。熊易寒赴美国加州大学圣地亚哥分校做访问学者1年。

全年招收硕士研究生人54人,博士研究生25人,公共管理专业学位硕士生(MPA)300人。在读本科生690人,硕士研究生220人,公共管理专业学位硕士生(MPA)717人,博士研究生177人。毕业本科生153人,硕士研究生61人,公共管理专业硕士生(MPA)243人,博士研究生35人。在站博士后60人,进站博士后23人,出站博士后17人。举办政府部门干部短训班30个。

2014年,政治学一级学科在QS(Quacquarelli Symonds)世界大学分专业排名中,复旦政治学与国际关系继续排名列全球第19名;上海市哲学社会科学和邓小平理论和研究成果科研获奖共计15项,其中一等奖4项,二等奖11项;获国家自然科学基金项目1项,国家社会科学基金重点项目1项,国家社会科学基金一般项目5项,其他国家级、教育部社科、基地项目3项,上海市各类社科项目11项,著作、编著、教材和译著25本,SSCI 7篇,CSSCI权威11篇,CSSCI 82篇,外文论文21篇;举办11场国际国内大型的学术会议;新成立"复旦—杜克'全球政治与社会态度研究中心'"、"复旦大学国家应急能力研究中心"和"台湾研究中心"等3个校级研究中心。全年出版国务智库战略报告3本,分别为:《复旦全球治理改革战略报告——增量改进》、《复旦中国国家安全战略报告——安全、发展与国际共进》、《复旦国家治理战略报告——常态化治理与全面深化改革》,为国家战略决策提供智力支持。

对外交流方面,学院教师有60多人次在国外境外讲学、访问、参加会议、进行学术交流或担任孔子学院中方院长、海外中国研究中心主任。赴海外交流学生有190余人次,分别赴美国、加拿大、英国、法国、德国、俄罗斯、比利时、奥地利、瑞士、荷兰、意大利、瑞典、芬兰、爱尔兰、墨西哥、澳大利亚、新西兰、新加坡、日本、韩国、泰国、港澳台等近30个国家和地区的高校或研究所进行访学与交流。设立"比较政治"英文硕士学位项目。"国际政治"英文博士学位项目、"中国政治与外交"、"中国政府与治理"英文授课硕士项目,以及与法国巴黎政治大学合作"世界事务中的欧洲与亚洲"双硕士学位项目持续稳定运行。到院访学的海外专家学者有30余人,其中1人获得国家外国专家局高端外国专家项目资助。学院教师在本科生和研究生层面开设英语课程或国际课程近50门,并为英文硕士项目、英文博士项目新开多门课程。主办重要国际会议2个,举办"复旦—多伦多大学加拿大政治与政策研究班"、第十一届"复旦—柏林自由大学全球政治暑期学校及博士班"项目、2014年东亚政治经济学生论坛暨第八届亚洲未来政治领导人协会峰会。学院教师科研文章的国际性发表16篇,并实现学院SCI文章发表零突破。

党建方面,围绕十八届三中全会和四中全会精神学习宣传、中央专项巡视党建主要问题整改推荐工作等开展和组织的主要工作和活动有:召开两院党的群众路线教育实践活动总结大会;继续组织十八届三中全会精神学习,举办"国箴务实"论坛6场系列讲座,其中郑长忠主讲"拐点:走向有机政治——十八届三中全会的政治意义"讲座,中央巡视组组长董宏等出席并在会后与院领导及郑长忠老师进行个别交谈;开展中层后备干部集中调整工作,院党委根据学校要求对副职干部组织考察;做好毕业生党员离校教育管理、组织关系转移、党员材料归档等工作;做好专项巡视整改落实工作,制定院党委下半年工作计划;制定院党委十八届四中全会学习方案,举办1次中心组学习和1场系列讲座;院党委与上海市徐汇区枫林社区(街道)党工委签订合作协议,开展合作共建;学院学生党总支换届大会召开,选举新一届学生党总支委员和书记、副书记人选。全年共发展党员68名,其中教师1名、本科生56名、研究生11名。

学生工作方面,4月,朱佳获得2014年第三届全国高校辅导员职业能力大赛第三赛区复赛三等奖;王英豪获得"亚信会议第四次峰会优秀志愿者"称号。5月,启动第七届"院长推荐证书"的评选和颁证活动。6月,2012、2013级本科生联合党支部获得"2014年复旦大学优秀本(专)科生党支部"。7月,举办以"有效的跨文化交流"为主题的2014第六届"青年全球治理创新设计大赛"(YICGG 2014)。9月,承办2014年中美青年高峰论坛,并在闭幕式上发表"2014中美青年上海宣言"。10月,国际政治系2014级硕士研究生党支部入选第八批研究生示范党支部创建单位;2013级本科生班获得"2014年复旦大学优秀集体"荣誉称号。12月,学院学生党总支顺利完成换届工作;学院2014届毕业生总体就业率为98.37%,获得"复旦大学2014年度就业工作先进集体"荣誉称号;2012级本科生班获得"2014年度复旦大学优秀集体标兵"、"2014年复旦大学优秀团支部"等多项荣誉称号;研究生团学联获得"2014年度复旦大学优秀研究生团学联"称号,连续第7年蝉联该荣誉;李辉、王英豪获评"2014年度复旦大学优秀辅导员"。2014年度,组织学院学生继续积极参与"学子访耆耋 国务展新篇"——走访老教师整理口述院史活动。　　(士 派)

【获全球QS大学排名第19位】 在QS大学排行榜公布的2014年全球大学政治学与国际关系学科排行中,政治学、国际关系、公共管理三大学科综合实力排名全球第19,比2013年排名上升6位,亚洲第4,内地第1。QS大学排行是和USNEWS、THE、ARWU并列的全球四大世界大学排行榜,被认为世界最具影响力的大学排行之一。　　(周韧稜)

【成立复旦大学两岸政治与经济研究中心】 3月,复旦大学两岸政治与经济研究中心成立。该中心与"两岸关系和平发展协同创新中心"对接,后者由厦门大学、复旦大学、中国社会科学院台湾研究所、福建师范大学共同建设,复旦大学为第二协同单位。中心挂靠国际关系与公共事务学院,依托政治学、新闻学、经济学等具有国际竞争力的优势学科,整合涉台研究的学术资源,聚合来自校内30多位顶尖的台湾问题研究学者,全力构建国际一流的涉台研究学术平台。中心与国内外产学研用部门密切加强合作,展开跨学科、跨部门、跨领域、跨地区的协同创新研究和实践,旨在及时为国家和社会提供有针对性、可操作性的决策参考意见,为两岸关系和平发展提供智力支持和保障,为"中国特色智库"建设和中国学术走出去作出贡献。　　(周韧稜)

【举行青年全球治理创新设计大赛(YICGG2014)】 7月7—11日,2014年青年全球治理创新设计大赛(YICGG2014)在复旦大学举行。由复旦大学与联合国开发计划署共同发起举办,复旦大学国际关系与公共事务学院承办。经过近半年的开放报名和全球征集,YICGG2014共收到近20个国家超过160名青年学生的参赛申请;经过校内初赛和校外方案初选,最终有15个国家和地区的近60名同学(12支参赛队伍与2支观察员队伍)获得决赛邀请函。大赛历时五天,评委嘉宾包括复旦大学特聘教授张维为、复旦大学教授沈丁立、罗马尼亚巴比什-博雅伊大学教授维罗尼卡·瑞布利亚诺(Veronica Rebreanu)等。大赛展示各国参赛选手们精彩的创意、智慧与创新精神。在多元文化的互动与思想火花的碰撞中,产生多个极具创意、富有文化多样性的全球治理创新提案。大赛对创造共同回忆、增进多元文化间的了解以及鼓励人们参与和组织社区公共活动和文化学习活动有着积极意义。　　(周韧稜)

【举行2014年复旦管理学国际论坛】 该论坛于7月19日在复旦大学举行。由复旦管理学奖励基金会和复旦大学主办,国际关系与公共事务学院、管理学院等承办。复旦管理学基金会副理事长王基铭院士主持开幕式,原全国政协副主席、复旦管理学奖励基金会理事长徐匡迪作大会发言;国务院新闻办公室原主任赵启正以"新媒体时代的领导力建设"为题发表主旨演讲。国内外公共管理领域50余位顶尖学者、专家与政府官员,围绕

一、院系所与公共教学单位

"公共治理的转型与现代化"议题,展开讨论。论坛设有分学术论坛5场,围绕"上海自贸试验区予中国的改革开放大战略"、"城市化与城市治理:比较视野"、"环境与国家治理"、"现代教育治理体系建构中的政府转型与创新"、"医改与公共治理"等主题举行。会议为期2天,海内外学者逾千人次参与。论坛介绍国外优秀公共治理经验,提供中国本土经验和智慧,回答并力图解决时代的新课题。

(周韧稷)

【15项成果获上海市哲学社会科学奖项】 9月,在2012—2013年度上海哲学社会科学优秀成果奖345项获奖成果中,学院获得15项,其中一等奖4项,二等奖11项,占复旦大学总获奖数的15%,占全上海颁奖总量的4%。

(赵欣)

【举行"中国宗教走出去战略"高层论坛】 该论坛于9月26—27日在复旦大学举行。由国家宗教事务局外事司和上海高校智库复旦大学宗教与中国国家安全研究中心联合举办。国家宗教事务局副局长蒋坚永、上海市委统战部副部长赵卫星、副校长林尚立等出席并致辞。出席论坛的还有来自国家宗教事务局、市民族宗教委、市委统战部的政界代表,中国五大教的10余位领袖及来自中国高校和科研机构的学者等共50余人。宗教界代表介绍各宗教在"走出去"战略中的相关理念与具体实践,讨论分析"1893年芝加哥万国宗教大会后的中日佛教"、"台湾地区佛教的海外拓展"、"新丝绸之路上宗教与贸易的互动"以及"中美'丝路战略'比较"等议题,以多重视角具体探索中国宗教"走出去"之道。

(周韧稷)

【发布《复旦中国国家安全战略报告》】 11月15日,《复旦中国国家安全战略报告——安全、发展与国际共进》发布会在复旦大学举行。该报告由复旦国务智库主持完成,报告认为,在总体国家安全观思想指导下,中国需要发展以"有效安全"为核心的国家安全战略,通过综合运用中国的实力,有效确保国家的生存,保障国家可持续发展,并在发展中追求有效安全,实现安全与发展的共进。报告对提升安全决策和安全治理的专业化、加强战略规划和危机管理能力、健全国家安全战略实施的法治基础等方面有指导意义。

(周韧稷)

【举行国际政治系五十周年系庆】 该庆祝活动于11月15日在复旦大学举行。中国人民大学原党委书记、复旦大学原党委书记程天权,上海市社联原党组书记王邦佐,以及来自海内外近500名院友和师生参加庆典。庆祝系列活动包括国际关系主题讲座,院友、中国人民大学教授金灿荣,校友、清华大学教授孙哲的中国外交主题讲座;复旦大学第三届"金砖名人讲坛"暨首届"金砖银行论坛"、"比较视野中的政治转型与国家治理"学术研讨会、老教授书画展等。复旦大学国际政治系成立于1964年,是新中国首批建立的三大国际政治系之一;2000年,国际关系与公共事务学院成立。

(周韧稷)

新闻学院

【概况】 2014年,新闻学院设有新闻学系、广播电视学系、广告学系和传播学系4个系。有新闻学、传播学、广播电视新闻学、广告学4个本科专业;新闻学、传播学、广播电视学、广告学、媒介管理学5个二级学科硕士点;新闻学、传播学、广播电视学、广告学4个二级学科博士点;新闻传播学博士后流动站1个。

有在职教职工73人,其中教授21人(博士生导师16人),副教授18人,讲师13人;教师中具有博士学位37人,硕士学位13人,学士学位2人。行政和思政管理人员7人;图书馆管理人员和实验室专业技术人员4人;另有租赁行政管理人员10人。

全年招收本科生156人,其中留学生30人;在读本科生(不包括一年级新生)823人,其中有留学生179人。教师为本科生开课129门,其中春季63门,秋季66门。招收硕士研究生151人,博士研究生18人,其中留学生15人;单考硕士研究生10人,硕士专业学位研究生64人。在读硕士研究生314人,博士研究生79人。为研究生开课72门,春季29门,秋季43门。

全年共派出115名学生出国出境参加校际或院际交流项目;共接收30名外籍校际、院际交流生;共派出教师出国出境访问、学术交流等短期48人次、长期5人次;与日本上智大学签署关于学术合作的谅解备忘录;9月,复旦—伦敦政经学院和复旦—巴黎政大国际双学位项目首次设立奖学金,用于奖励优秀项目学员。

全年省部级以上纵向科研项目立项4项,包括国家级项目1项,教育部项目2项,上海市项目1项。承担国务院新闻办、上海市委外宣办、上海市建管委、上海市政府应急办、长沙市政府等政府部门委托的科研项目以及决策咨询项目多项,全年科研项目批准经费总额110余万元。张涛甫入选教育部"长江学者奖励计划"特聘教授;刘景芳入选上海市浦江人才资助计划。在科研成果方面,学院教师全年产出科研成果231项,其中以第一作者出版专著9部、译著1部,编著或撰写教材等2部,主编出版物6部,发表论文180篇,其中SCI\SSCI论文4篇,其他海外刊物6篇、国内权威期刊2篇、CSSCI期刊72篇,其他期刊96篇,撰写研究咨询报告30篇。

全年获省部级以上奖7项,其中朱春阳论文《中国文化"走出去"为何困难重重?——以文化产业国际贸易政策为视角的考察》获上海市第十届邓小平理论研究和宣传优秀成果论文类二等奖;李良荣、陆晔、周葆华等著《新传播形态下的中国受众》获上海市第十二届哲学社会科学优秀成果评选著作类一等奖,黄旦论文《耳目喉舌:旧知识与新交往——基于戊戌变法前后报刊的考察》获论文类一等奖,张涛甫著《表达与引导》获专著类二等奖,陆晔论文《媒介使用、媒介评价、社会交往与中国社会思潮的三种意见趋势》获论文类二等奖,廖圣清、秦绍德等论文《中国大陆新闻传播学研究十五年:1998—2012》获论文类二等奖,朱春阳论文《基于钻石模型视角的区域动漫产业扶持政策比较研究——以杭州、长沙为例》获论文类二等奖。

全年向学校《信息专报》报送研究报告数十篇，其中7篇选送至中共中央办公厅，1篇选送至上海市委办公厅。

院系及学生活动多样。4月9日，由陈望道老校长创办的"新闻晚会"时隔71年后重开，在该活动中，师生们先后探讨"直击马航——看媒体如何报道"、"从台湾反服贸运动看当代青年的责任"、"大学课堂里的中国"等8个话题；12月9日，学院凭借必选曲目《游击队歌》和自选曲目《唱响新声》获得复旦大学2014年一二·九歌会金奖，是学院四年第三次获"一二·九"冠军；12月26日，"新苑书画社"成立。书画社由新闻学院副教授沈国麟任社长，以"怡情、雅志、创新、互通"为社旨，集书法、绘画、摄影于一体。

（章灵芝　王婷婷　李娜　刘畅　曾娇丽）

【创新"2＋2"本科培养模式】自2012级开始，学院对本科生采取"2＋2"培养模式，以适应媒介变化对复合型新闻人才的需求。2013级开始继续拓宽前两年方向的选择，在原有的4个方向的基础上，新增4个方向。本科第一、二学年，学生可从经济学、社会学、汉语言文学、电子信息科学与技术、法学、国际政治、政治学与行政学、行政管理等8个方向中任选1个方向，并按上述8个方向的教学计划学习；第三、第四学年，学生按照新闻传播学各专业的培养方案学习。

（刘畅）

【新增1个专业硕士方向】学院专业硕士新增"新媒体传播"方向，采用"本硕衔接"培养模式，拟录取的本科生在大四即纳入硕士培养。学院与计算机学院、信息学院以及新浪、腾讯等多家单位合作，按照"跨学科交叉融合、产学研联合培养"的理念设计课程，以培养适合新技术传播发展变化，具有宽阔的文理多学科交叉视野，深刻把握新媒体传播实践变动的高层次、复合型、应用型人才。

（曾娇丽）

【尹明华任院长】1月7日，新闻学院院长聘任仪式在公共传播培训中心举行，原解放日报报业集团党委书记、社长尹明华正式被任命为学院院长。校长杨玉良，上海市委宣传部副部长、新闻学院院务委员会副主任朱咏雷，副校长、新闻学院院务委员会副主任林尚立，学校主要部处负责人及新闻学院师生代表出席聘任仪式。

【获得中宣部"舆情好信息奖"】3月，传媒与舆情调查中心获得中共中央宣传部"舆情好信息奖"。中心参与报送的《社会各界对在全党开展党的群众路线教育实践活动的反映》、《社会各界高度认同"意识形态工作是极端重要工作"》、《二季度舆情分析》、《当前学习宣传贯彻党的十八届三中全会精神中值得注意的问题》被中宣部评为"舆情好信息"。

（郑博斐）

【获批上海市卓越新闻传播人才教育培养基地】6月，学院成功申报上海市教委组织的上海市卓越新闻传播人才教育培养基地建设单位，建设周期为四年，旨在进一步深化高校新闻传播教育综合改革，提高新闻传播本科人才培养水平。

（章灵芝）

【举办2014"传播驿站"】7月5—6日，"2014年传播驿站——《传播政治经济学手册》（The Handbook of Political Economy of Communication）翻译工作坊"在学院举行。由复旦大学当代马克思主义新闻与传播研究中心、中国传媒大学政治经济学研究所、华东师范大学—康奈尔大学比较文化研究中心联合举办。加拿大西蒙弗雷泽大学教授、中国传媒大学"长江学者"讲座教授赵月枝，复旦大学新闻学院教授吕新雨，美国俄勒冈大学教授、国际媒介与传播研究学会主席珍妮特·瓦斯科（Janet Wasko），英国拉夫堡大学教授格雷汉姆·默多克（Graham Murdock）、西蒙弗雷泽大学讲师罗伯特·普瑞（Robert Prey），以及参与翻译和校对《传播政治经济学手册》的各高校师生等参加会议。珍妮特·瓦斯科、格雷汉姆·默多克为该书的主编，赵月枝为作者之一。

（高敬文）

【举办2014批判传播学年会】7月7—8日，"2014批判传播学年会：中国媒体的政治坐标"在学院举行。由复旦大学当代马克思主义新闻与传播研究中心、中国传媒大学传播政治经济研究所、华东师范大学—康奈尔比较人文研究中心联合举办。年会邀请国内新闻传播以及其他人文社会科学领域内的中青年学者共同参与交流，分别从"大众媒体、民族与国际关系"、"新媒体、公共性与当代中国思潮"、"大众媒体、政治经济与资本"、"媒体话语、当代中国意识形态与争论"以及"城乡关系、工人阶级与媒体再现"等5个主题展开讨论。

（高敬文）

【获上海市优秀大学生暑期社会实践项目】7月，学院青年志愿者服务队赴贵州息烽县开展暑期社会实践，获评上海市优秀大学生暑期社会实践项目。相关主题短片《一片因复旦改变的土地》于学校一二·九歌会决赛现场首映，网络点播累计十余万次。

（唐荣堂）

【出版《上海市政府系统舆情应对案例分析研究（2013）》】8月，传媒与舆情调查中心与上海市政府合作出版《上海市政府系统舆情应对案例分析研究（2013）》。中心与上海市政府建立长期合作机制，将定期总结分析上海市的舆情案例，为改进上海市政府系统舆情管理工作体系提供对策。

（郑博斐）

【启动"社区领袖"新闻调研项目】10月15日，学院启动"社区领袖"新闻调研项目，由35名学生组成的10个调研小组深入浦东新区的18个街镇，针对44名在社区内起到带头模范作用的居民、居委干部开展采访调研，形成稿件30余篇，共计70 000多字。稿件在《浦东时报》上发表。

（柏天予）

【举办2014年"传播与中国"复旦论坛】该论坛于10月17—18日在学院举行，由复旦大学信息与传播研究中心和复旦大学新闻学院共同主办，主题为"新传播与新关系——中国城乡的变迁"。论坛邀请一批国内外知名学者，面对传播变革与社会变迁，基于中国城乡变迁的语境，深入探讨新传播与社会关系中的前沿问题，以传播的维度反思人类社会存在、发展的基础,回应全球化背景下新传播技术革命对中国的现实影响和挑战。论坛报告和论文涉及城市空间中人与人的关系及其建构、身份的文化认同、媒介使用及其影响等领域。学校信息与传播研究中心立足本土经验,以城市传播为理论视角,透视传播革命与社会变迁的关系,探索建构传播理论的新范式。

（张琪瑶）

【"复旦新闻大讲堂"开讲】 10月24日,由学院主办的"复旦新闻大讲堂"品牌讲座开讲。腾讯公司网络媒体事业群总裁刘胜义作为首期主讲人,以"指尖上的中国"为题开讲,现场300余师生聆听讲座。

（唐荣堂）

【举办第十四届中国新闻传播学科研究生学术年会】 11月22—23日,"跨学科的视野:城市与传播——第十四届中国新闻传播学科研究生学术年会"暨"复旦大学博士生学术论坛之新闻传播学篇"召开。党委研究生工作部部长陈殷华、新闻学院副书记陆柳分别致开幕辞。社会政策与公共事务学院教授于海、中文系副教授梁永安、新闻学院教授孙玮作主旨演讲。年会共收到稿件71篇,入围29篇,作者来自北京大学、复旦大学、中国传媒大学、武汉大学、香港城市大学等16所高校。大会共评出一等奖1名,二等奖2名,三等奖3名。

（钟怡）

【4位高级驻所访问学者完成访学】 新闻传播与媒介化社会研究国家哲学社会科学创新基地聘请4位高级驻所访问学者到基地进行为期1到3个月的访学。分别是日本关西学院大学教授高坂健次（4—6月）、香港中文大学副教授李立峰（6—7月）、加拿大皇后大学教授文森特·莫斯科（Vincent Mosco）（6—7月）以及瑞典隆德大学教授史雯（Marina Svensson）（8—11月）。访问学者通过开班讲座、参与基地研究项目等方式,促进双方交流互通。

（高敬文）

【多项调研被中宣部等单位采纳】 传媒与舆情调查中心全年完成"上海市民对十八届四中全会的认知及其态度舆情调查"等17项专题调查研究。多项调研报告被中共中央宣传部、上海市委宣传部、上海市委对外宣传办公室、上海市建交委等单位采纳,其中"上海国际城市日与上海城市形象舆情调查"的调研结果在12月1日得到上海市副市长蒋卓庆的重要批示。

（郑博斐）

【1人获得第二届范敬宜新闻教育奖"新闻教育良师奖"】 12月,学院教授宁树藩获得第二届范敬宜新闻教育奖"新闻教育良师奖"。宁树藩自1955年起在新闻系从事中国新闻史教学工作,研究成果丰硕。范敬宜新闻教育奖作为国内第一个全国性的新闻教育奖,共设新闻学子奖、新闻教育良师奖、新闻教育良友奖3个奖项,其中新闻教育良师奖旨在奖励在新闻传播人才培养方面取得突出成绩的教师。

（章灵芝）

经济学院

【概况】 2014年,经济学院设有经济学系、世界经济系、国际金融系、保险系、公共经济学系5个系;有"985工程"国家哲学社会科学创新基地1个（中国经济国际竞争力研究）,教育部人文社会科学重点研究基地2个（世界经济研究所、中国社会主义市场经济研究中心）;国家经济学基础人才培养基地1个;教育部创新团队1个;上海市高校智库1个（复旦大学中国经济研究中心）;研究机构1个（金融研究院）;经济研究机构（非编制）28个;理论经济学、应用经济学2个博士后流动站。理论经济学一级学科于2007年被增补为全国重点学科;金融学、产业经济学2个应用经济学二级学科为国家重点学科;在2012年的一级学科评估中,理论经济学科列全国第四名,应用经济学科列全国第三名;设有博士学位授予专业10个、硕士科学学位授予专业12个、硕士专业学位授予专业5个、学士学位授予专业5个。

有在职教职工176人,其中专任教师138人,行政人员38人。具有正高级职称教师52人,副高级职称教师51人,中级职称教师35人,其中博士生指导教师45人,硕士生指导教师94人;国家"千人计划"创新人才2人,教育部"长江学者奖励计划"特聘教授4人,上海"千人计划"创新人才2人,教育部跨世纪人才3名,教育部新世纪人才10名,复旦大学特聘讲座教授2人,全国教学名师1人,上海市教学名师2人。

全年招收本科生267人,学术型硕士研究生140人,专业学位硕士研究生207人,金融学单考研究生29人,博士研究生46人;有在读本科生1 153人,在读学术型硕士研究生480人（不含基金管理）,专业学位硕士研究生371人,金融学单考硕士研究生94人,博士研究生192人。开设全校公共选修课36门;开设学术型研究生课程123门,其中硕士课程81门、博士课程42门;专业学位研究生课程71门,金融学单考研究生课程21门。

全年申请到国家自然科学基金项目8项（面上项目4项、青年项目3项、应急管理项目1项）、国家社会科学基金5项（重大项目1项、重点项目2项、一般项目1项、外译项目1项）、教育部人文社会科学基金项目4项（青年基金项目3项目、后期资助项目1项）、教育部人文社科基地项目4项、上海市哲学社会科学基金项目6项、上海市政府决策咨询课题5项、其他部位级项目9项。

2014年共获得上海市第十二届哲学社会科学优秀成果奖15项,上海市第十届邓小平理论研究和宣传优秀成果奖3项。出版著作29部,其中专著18部、教材9本、译著2部。在各类学术期刊发表论文和咨询报告301篇,其中国内权威刊物27篇,国外SSCI收录刊物26篇,CSSCI收录刊物65篇,一般期刊（含译文）125篇,研究咨询报告46篇。

举办"复旦经济论坛"10期、"985数量经济与金融系列"讲座31期、"现代经济学系列"讲座41期和"复旦金融论坛"6期,以及经济系学术论坛,公共经济问题双周论坛、保险与风险管理论坛、"开放经济与世界经济"系列讲座、欧洲论坛等,共计百余场,其中来自外国、港澳台学者的讲座15

余场。

全年举办重大学术会议39余场,其中包括第八届东亚四校联合经济研讨会、"政治经济学学科发展演进检讨反思与发展展望"研讨会、第三届动态经济学研讨会、2014年上海市研究生学术论坛暨第五届全国金融学术论坛、2014 WTO公众论坛"贸易与就业——中国的发展进程"分场专题论坛、复旦大学《新编政治经济学》教材再版发布暨政治经济学科创新研讨会、《21世纪资本论》作者托马斯·皮凯蒂复旦演讲专场、复旦自贸论坛、第一届"经济发展与产业升级"小型系列学术研讨会等。

2014年,教师出国出境共计92人次。学院"蒋学模经济学讲座"邀请12位著名学者开设短期高级经济学讲座课程,共计13门,分别来自美国加州大学戴维斯分校、美国哥伦比亚大学商学院、英国伦敦政治经济学院、德国慕尼黑大学管理学院、瑞士苏黎世大学、美国布兰戴斯大学、美国宾夕法尼亚大学、美国科罗拉多大学、法国巴黎经济学院、英国杜伦大学、香港中文大学。通过学校外事处的"海外优秀学者授课项目"以及学院按外办授课资助标准的自设资金,学院另邀请3位海外学者进行短期授课,分别来自德国哥廷根大学、法国斯特拉斯堡大学和韩国庆北国立大学。

全年学生出国出境共计253人次,其中校级、院级交流项目出访学生209名,院级双学位项目出访学生44名。接受校级、院级外国交流生72名。

与国外院校新签署合作交流协议2个(芬兰、荷兰各1个)。截至2014年12月底,与境外院校签署合作与交流协议达40个。新增双学位项目协议4个,分别为:复旦—乌尔姆"保险专业硕士"双学位联合培养项目协议、复旦—乌尔姆"经济与金融"双学位联合培养项目协议、复旦—昂热中国经济硕士双学位联合培养项目协议、复旦—延世中国经济硕士双学位联合培养项目协议。

学生工作方面,有辅导员27人,其中本科生辅导员14人,研究生辅导员13人;青年教师兼职辅导员6人,人才工程(一期)队员14人,人才工程(二期)队员3人,助管辅导员1人。

学生党总支开展党的群众路线教育实践活动,针对征集到的意见进行整改;推进"经院人·中华心·中国梦——培育和践行社会主义核心价值观"主题教育活动;设计"经院党员牛"形象和党员桌面;设立党建微信订阅号"经院学生红色驿站";2013级科学硕士第二党支部获评复旦大学第七批"研究生示范党支部";开展两期党校积极分子培训班。

学院学工组致力于培育优秀集体和学生,2011级财保班级获评2014年度复旦大学优秀集体标兵,本科生团委学生会获评2014年度上海市五四红旗团委、复旦大学五四红旗团组织,2011级学生郑诗阳获评2014年第九届"挑战杯"大学生创业计划赛金奖、2014年复旦大学"优秀学生标兵"。完成3项课题、3项调研,组织开展"经粹"团校、"经涛"讲座、学院运动会、经院开放日等传统活动,举办毕业晚会、经院荣誉学生暨吴英荐奖学金评选等系列主题活动,搭建实习实践基地11个、就业招聘140多个企业岗位过千、生涯教育25场。学院研工组获评2014年度复旦大学学生思想政治工作先进集体,辅导员刘文文获评2014年度复旦大学十佳研究生辅导员,2013级博士研究生裘翔获得"2014年度复旦大学研究生学术之星"称号。学院研究生会举办"2014年复旦大学博士生学术论坛经济篇"等活动。

(詹 璐 张 琼 陈 梅 孙冷梅
忻怡怡 赵 岚 高笑梅 张 馨)

【复旦—乌尔姆"保险1+1双硕士学位项目"获批国家创新型人才国际合作培养项目】 复旦大学与德国乌尔姆大学联合开展的"保险1+1双硕士学位项目"入选国家留学基金委2014年"创新型人才国际合作培养项目",系复旦大学唯一入选的项目。全国共有22个高校的26个项目获批,获国家留学基金委专项资助。

(黎仲明)

【复旦大学就业与社会保障研究中心入选上海高校人文社会科学研究基地】 3月,上海市教育委员会公布上海高校各类研究基地建设项目名单,由袁志刚组建并担任首席专家的复旦大学就业与社会保障研究中心入选上海高校人文社会科学重点研究基地。

(施 侠)

【洪远朋获得世界马克思主义经济学奖】 5月23—26日,以"增长、发展与社会公正"为主题的世界政治经济学学会第9届论坛在越南河内举行。会上,洪远朋获颁"世界马克思主义经济学奖(Marxian Economics Award)"。

(施 侠)

【华民受聘国家发改委专家委员】 5月,华民受聘为国家"十三五"规划专家委员会委员。国家"十三五"规划专家委员会是国家制定和实施"十三五"发展规划的咨询论证机构,其委员由国家发展与改革委员会遴选聘任。

(施 侠)

【举办第三届"中国区域、城市和空间经济学"国际学术研讨会】 该会议于6月6—7日在复旦大学经济学院举行。由复旦大学中国社会主义市场经济研究中心与国际著名经济学期刊 Annals of Regional Science(《区域科学纪事》)、Journal of Regional Science(《区域科学杂志》)、Papers in Regional Science(《区域科学论文集》)联合举办。来自格罗宁根大学、俄亥俄州立大学、伯明翰大学、香港大学、澳门大学、清华大学等高校的区域经济学专业的优秀经济学家70余人参会。会议对促进复旦大学与国内外经济学界的实质性合作,进一步提高复旦的国际学术声誉,促进复旦的经济学学科的发展和带动复旦其他社会科学的发展,具有积极意义。

(詹 璐)

【举办2014年"复旦—艾伯特论坛"】 该论坛于6月11日在复旦大学逸夫科技楼多功能厅举办。由复旦大学欧洲问题研究中心、艾伯特基金会和德国明斯特大学联合举办。会上,十多位中外专家就"公共养老金制度面临的压力——现状评估"、"人口趋势和公共养老金"、"劳动力市场和更长的工作年龄"、"政策建议:可持续性和公平性"等主题展开发言和讨论,探讨中、欧所面临的人口老龄化压

一、院系所与公共教学单位

力、财政可持续性挑战以及延迟退休年龄与劳动力市场的关系等。

（丁 纯）

【举办复旦大学世界经济研究所成立50周年所庆研讨会】 6月20—21日，为庆祝复旦大学世界经济研究所成立50周年，复旦大学世界经济研究所与相关部门联合主办"中国世界经济学科中青年学者学术论坛——暨美国货币政策调整、中国经贸转型发展与世界经济格局演变"及"中国经济转型与世界经济格局演变"研讨会。论坛设两个专题讨论，分别是："中国经济转型的意义与战略"和"全球化战略的新探索：贸易自由化和金融国际化"，来自上海市人民政府参事室、上海社会科学院、瑞穗银行、中欧陆家嘴国际金融研究院、《世界经济》编辑部、西部证券、美丽境界投资管理有限公司、中山大学港澳珠江三角洲研究中心等研究机构的专家就专题作发言并展开研讨。（张 春）

【举办复旦大学经济学院经济学、金融专硕夏令营活动】 夏令营于7月6—11日举行。来自北京大学、复旦大学、上海交通大学、浙江大学、南京大学、南开大学等全国各大知名院校的98位优秀大学生参加。夏令营通过主题报告、营员联谊、参观访问、综合能力考核等活动，完成优秀营员的选拔工作。夏令营各项考核达到预期目标，最终录取研究生68名。

（赵 岚 黎仲明）

【一批教授受聘为上海发展战略研究公众咨询委员会委员】 10月，中共上海市委、市政府成立"面向未来30年的上海"发展战略研究公众咨询委员会。经济学院教授袁志刚、张军、张晖明、吴力波等被聘为上海市人民政府面向未来30年的上海发展战略研究公众咨询委员会委员。

（施 侠）

【伍柏麟获得上海哲社学术贡献奖】 11月6日，上海市社会科学界第十二届学术年会暨第十届邓小平理论研究和宣传优秀成果、第十二届哲学社会科学优秀成果奖颁奖典礼在上海展览中心举行。经济学院教授伍柏麟获学术贡献奖。（施 侠）

【举办首届中国宏观经济论坛（2014年）】 该论坛于11月29—30日在厦门大学召开。由教育部人文社科重点研究基地——复旦大学中国社会主义市场经济研究中心、中国社会科学院经济研究所和教育部人文社科重点研究基地——厦门大学宏观经济研究中心联合主办，教育部《中国高校社会科学》编辑部协办。论坛汇聚各主办单位学者的最新研究成果，另邀请浙江大学、吉林大学、南京大学、云南财经大学、中华经济研究院和新加坡国立大学等国内外知名高校及研究机构的学者携研究成果参会，围绕中国宏观经济的增长路径、财政政策、货币政策、市场结构等一系列热点问题展开研讨。（詹 璐）

【陈诗一入选2013—2014年度长江学者名单】 11月，中华人民共和国教育部在线公布2013—2014年度长江学者特聘教授、讲座教授名单。经济学院教授陈诗一入选长江学者特聘教授，其主要研究领域为资源环境与可持续发展、经济转型与发展、经济计量与统计分析等。（詹 璐）

【举办中国大问题讲堂系列】 该系列讲堂分别于3月31日、11月4日、12月16日在校举办，共3期，由上海高校智库——复旦大学中国经济研究中心和教育部重点研究基地复旦大学中国社会主义市场经济研究中心联合创办。3期讲堂分别讨论"医患矛盾"、"中国与亚太区域经济一体化"和"城镇化"等相关热点问题，在校内外引起良好的反响。（詹 璐）

管 理 学 院

【概况】 2014年，管理学院设有财务金融系、产业经济学系、管理科学系、会计学系、企业管理系、市场营销系、统计学系及信息管理与信息系统系等8个系；设有跨学科研究中心/研究所/研究院24个；设有《研究与发展管理》杂志社及高级管理人员发展中心暨复理管理咨询公司。

设有一级学科博士点5个，二级学科博士点10个（含自设博士点），一级学科硕士点2个，二级学科硕士点15个（含自设硕士点）以及工商管理硕士（以下简称MBA）/高级管理人员工商管理硕士（以下简称EMBA）和会计硕士（以下简称MPAcc）、国际商务硕士、金融硕士4个专业学位硕士点，本科专业7个，博士后科研流动站4个（其中1个与经济学院共同设立）。产业经济学为全国重点学科，管理科学与工程为全国重点（培育）学科、上海市重点学科。

有全职教师152人，其中正高级职称48人、副高级职称66人；新进教师6人，其中正教授1人、副教授1人。

2014年，管理学院与历史系旅游管理专业组成"工商管理类"进行本科大类招生，学生第一学年进入复旦学院的任重书院学习，一年后的暑假进行院系分流。招收博士研究生41名；招收硕士研究生1 129名，其中硕博连读生52名，国际商务硕士76名，金融硕士56名，MBA项目588名，EMBA项目280名，MPAcc项目77名。有在读本科生（不含2014级）534人；硕士研究生3 225人，其中硕博连读生174人，国际商务硕士234人，金融硕士139人，MBA项目1 447人，EMBA项目911人，MPAcc项目160人；博士研究生160人。

开设本科生课程181门、硕博连读项目课程43门、博士研究生课程39门、金融硕士项目课程28门、国际商务硕士项目课程12门、MBA项目课程248门、EMBA项目课程108门、MPAcc项目课程17门。陆雄文、吕长江、殷志文、孙一民、姚凯的《国际认证背景下的管理学科人才培养模式改革与实践》获"上海市教学成果奖一等奖"，徐浩萍的《成本管理会计》被评为"复旦大学精品课程"；张晓蓉的《中国金融市场》、卢晓的《中国市场营销》和龚冰琳的《产业经济学》获评"上海高校外国留学生英语授课示范性课程"；裘理瑾获得第二届全国高校青年教师教学竞赛人文社会科学组三等奖；苏东水的《产业经济学（第三版）》、李贤平的《概率论基础（第三版）》、李贤平和陈子毅的《概率论基础学习指导书》、薛华成的

《管理信息系统(第六版)》入选"'十二五'普通高等教育本科国家级规划教材"。

启动本硕博扶贫支教"朝阳行动",组织155位本科生、10位硕博生,前往国家级贫困县——安徽省霍邱县临淮岗乡进行为期1—2周的扶贫支教工作。

申请到各类纵向项目共计33项,其中国家自然科学基金项目16项、国家社会科学基金项目3项、国家级重大项目子课题1项、国家自科优秀青年科学基金项目2项、上海市哲学社会科学规划课题1项、其他项目13项。在国内外学术期刊上共发表论文224篇,其中22篇发表在德克萨斯大学达拉斯分校(The University of Texas at Dallas)24本期刊上、27篇发表在英国《金融时报》(Financial Times)期刊上;有国际顶级期刊6篇、国际一级期刊22篇、国际二级期刊41篇、国际三级期刊15篇、国内顶级和一级期刊共21篇。被美国《科学引文索引》(Science Citation Index,简称SCI)收录41篇、美国《社会科学引文索引》(Social Sciences Citation Index,简称SSCI)收录47篇。共出版学术著作与教材10部。全年学院教师科研获奖共7项,其中省部级奖项4项、一等奖和二等奖4项,三等奖3项。陆雄文教授等合著的《管理学大辞典》获上海市第十二届哲学社会科学优秀成果一等奖。

高级管理人员发展中心暨复理管理咨询公司全年共完成131个培训项目、7个管理咨询项目,完成12个成人夜大学的教学工作。有超过5 000位工商企业的中高层管理者在学院参加培训。

新增境外合作院校5所,截至2014年底,共有合作院校80所。全年共接待境外院校和机构来访65批次,其中美国商学院26所、欧洲商学院20所、亚洲(含港、澳、台地区)院校3所,共计96人次,其中商学院院长及副院长28人。接待短期海外学习团39个。接收来自近50个合作交换院校的MBA交换学生79名;派出99名MBA学生前往49所合作院校进行为期一学期的交换学习。全年共派遣教师222人次赴25个国家和地区(含港澳台)出席国际学术会议,参加培训课程,开展科研合作,洽谈国际交流与合作事宜等。

在英国《金融时报》公布的2014年度全球商学院MBA排名中,复旦MBA项目位列第83位,比2013年的第89位有所上升;在《金融时报》发布的2014年全球EMBA项目排名中,学院的复旦大学—华盛顿大学EMBA项目(全英文)、复旦大学EMBA项目(全中文)、香港大学—复旦大学MBA项目(双语)和复旦大学—BI挪威商学院MBA项目(全英文)等4个项目再次跻身全球百强。

全年共有媒体报道550篇,共计56万字,半版以上报道68篇;组织记者到院报道会议、论坛和参加新闻发布会共计32场次。安排教师、校友、学生专访69人次。举办各类讲座、论坛数百场,其中包括2014复旦全球领袖论坛、蓝墨水沙龙、蓝墨水校园开放日、复旦管理前沿论坛等学院主办论坛14场;合作论坛12场;问学讲堂4场;复旦硅谷银行管理大师论坛4场;博思荟3场;人文复旦系列讲座8场;复旦EMBA名师讲堂16场;复旦MBA聚劲论坛10场;复旦MBA知微行远论坛共3场;复旦MBA论坛8场。

复旦商业知识(FBK)基本完成从单平台向多平台传播、从影响个人用户到影响企业及平台客户的转型。各产品、活动和渠道均呈现联通常态,在覆盖人群、影响力和品牌形象上皆有加强。在线内容方面,更新200篇原创稿件以及75条视频;知识产品传播方面,微信通过官方认证,订阅量达24 000人,微课产品植于微信订阅号,进入公测阶段,为用户提供在线移动学习体验;在手机应用程序APP之余,iPAD版"复旦商业知识"进入市场,提供期刊阅读产品。

全年案例开发项目立项共32个,完成入库教学案例21篇,参与教学案例开发教师合计17人;完成面试案例65篇,合计约60 000字中文案例,7 000字英文案例。

学院校友总数达34 479人,在北京、香港、台北、美国纽约、新加坡加拿大等国家和地区共设立有14个地方校友联络处。已成立"复二代"、读书、创投等8个不同行业和主题的校友俱乐部。全年共组织195场校友活动、78个班级聚会,共计8 335人次的校友返校、2 275人次参与校友联络处活动。近300位校友参与学院校友导师计划,2 157位在读生从中受益。上海浦东发展银行股份有限公司董事长吉晓辉、广东骏望地产集团有限公司董事长马伟强、江苏中大地产集团董事长谈义良、中国人民银行首席经济学家马骏等4位校友当选"复旦大学管理学院2013年度校友",分获"年度卓越领袖奖"、"年度学院服务奖"、"年度社会贡献奖"、"年度创新成就奖"4个奖项。

全年举办全职专场招聘会2次,实习专场招聘会1次,企业宣讲会62场,参与企业共189家,提供实习和全职岗位近千个,企业面试或笔试会12场。网站平台共发布589个全职岗位,497个实习岗位,涉及450家企业。2014届全日制MBA学生就业率95.8%,2014届全日制MBA学生暑期实习率80.9%,2014届金融硕士项目学生就业率100%,2014届金融硕士项目学生实习率93.8%。

2014年度学院获捐款总计2 233万元。成立复旦大学管理教育基金,投资运作以实现基金增值与发展。

全年共有3名教工、31名学生入党。王克敏获得上海市"三八红旗手"称号,祁新娥、郑琴琴获得复旦大学"三八红旗手"称号,职业发展中心与校友中心联合获得复旦大学"三八红旗集体"称号,学院获得复旦大学先进妇女之家称号,管理学院妇委会获得复旦大学优秀妇女组织称号,叶耀华获得复旦大学心系女职工的好领导称号,黄艳萍获得复旦大学优秀妇女干部称号。孙龙获选上海市教育工会第九次代表大会代表。2013年度超额完成学校志愿无偿献血任务;学院获评"2013年度研究生工作先进集体";2013级硕博连读班获评2013—2014学年研究生优秀集体标兵;博士生论坛"大数据时代背景下的中国企业转型与创新"获评2013年度复旦大学优秀博士生论坛;由刘畅、马祺、翁伟光3位学生组成的代表队(指导教师:沈家)在"2014年中国高校SAS数据分析大赛"中获得团体亚军;学院获得2014年复旦大学研究生"院系杯"乒乓球赛冠军;博士生胡冰雁获得亚洲营销会议最佳论文奖;2013级硕博班级刘丰园获得上海市第十五届运动会高校组游泳比赛50米蝶泳、100米蝶泳冠军;2013级本科生陈铭获得2014挑战杯上海市银奖、全国银奖;2013级本科生高婧获得复旦大学129微电影第一名(导演);2013级本科生郑力嘉获得上海市学生阳光体育大联赛冬季长跑男子本科组团体二等奖;2013级本科生孙启航获得2014年工商银行杯全国创意大赛优胜奖;2012级本科生孙天佩获得创青春全国大学生创业大赛全国银奖、挑战杯全国大学生创业大赛上海市银奖、工商银行杯全国大学生银行产品创意设计大赛上海市一等奖;2011级本科生夏雨、倪文婷获得挑战杯实践赛上海市金奖;2011级本科生王一汀获得上海市中国梦征文大赛特等奖。　　(王是平等)

【举行政立院区合作协议签署仪式】4月21日,管理学院政立院区项目合作协议签署仪式在史带楼友邦堂举行。校党委书记朱之文、校长杨玉良、常务副校长陈晓漫、副校长冯晓源、党委副书记刘承功、杨浦区区委书记陈寅、杨浦区区长诸葛宇杰、绿地控股集团总裁张玉良、上海杨浦知识创新区投资发展有限公司董事长官远发、瑞安房地产发展有限公司执行董事陈永明等出席。陈晓漫与许敬共同签署《复旦大学管理学院政立院区项目开发建设合作协议》;官远发、陈永明与管理学院常务副院长周健共同签署《关于建设复旦大学管理学院政立院区之房屋定制合作协议》;陈永明与张伟共同签署《复旦大学管理学院政立院区项目EPC工程总承包合同》。　　(李倩)

【举行复旦管理学院—伦敦商学院国际商务硕士双学位项目签约仪式】该签约仪式于6月6日在学院举行。英国驻沪总领事戴伟绅(Brian Davidson),复旦大学校长杨玉良、副校长冯晓源,伦敦商学院院长安德鲁·李柯曼(Sir Andrew Likierman)等出席,到场媒体记者40余位。学院院长陆雄文与安德鲁·李柯曼代表双方签署《复旦大学管理学院—伦敦商学院国际商务硕士双学位项目合作协议》。协议有效期为两年,具体方向为全球化经营与管理(Global MiM)。入选该项目的学生将分别在复旦管院和伦敦商学院学习1年,双方互相承认学分,完成要求的学生可同时获得复旦大学和伦敦商学院的管理学硕士学位。　　(李倩)

【举行"中国金融消费权益保护研究中心"揭牌仪式暨中国行为监管与金融消费权益保护研讨会】6月7日,"中国金融消费权益保护研究中心"揭牌仪式在学院友邦堂举行。该中心由中国人民银行金融消费权益保护局与复旦大学管理学院联合创设。上海市人民政府副市长屠光绍、复旦大学党委书记朱之文、中国人民银行上海总部主任张新、上海市工商管理局局长陈学军、上海银监局副局长蒋明康、澳大利亚金融中心主任凯文·戴维斯(Kevin Davis)、世界银行北京代表处金融专员王颖等嘉宾和校友约150人出席仪式。中国行为监管与金融消费权益保护研讨会随后召开。　　(李倩)

【召开东方管理研究院揭牌暨首届理事会预备会议】该会议于9月9日在学院召开。复旦大学东方管理研究院院长苏勇主持会议。来自国内高校的学者代表和企业家20余位参会。复旦大学副校长林尚立和中共上海市宝山区区委书记汪泓为复旦大学东方管理研究院揭牌。该研究院将以东方管理为核心概念,以复旦大学学术研究力量为主,汇集国际、国内管理学、哲学、经济学等各领域学者,打造开放多元、跨地域学科的管理学学术平台。　　(李倩)

【召开第十八届世界管理论坛暨东方管理论坛】该论坛于10月18日在学院召开,聚焦于"东方管理理论与实践——过去、现在、未来"。由复旦大学管理学院、世界管理协会联盟(IFSAM)中国委员会主办,复旦大学经济管理研究所、上海工程技术大学、上海管理教育学会承办,复旦大学东方管理研究院、上海外国语大学东方管理研究中心、上海东华国际人才研修学院、中国东方管理学者协会联盟、上海现代经营管理研究会协办。管理学院院长陆雄文主持论坛开幕式,全国政协副主席、中央对外联络部部长王家瑞,复旦大学副校长林尚立,中国人民大学原党委书记程天权等致辞。参加论坛的嘉宾约250人。　　(李倩)

【举行第一届国际顾问委员会第二次全体会议】10月31日,管理学院第一届国际顾问委员会第二次全体会议在校举行。来自政、商、学界的委员及代表共17名出席会议。会前,中共中央政治局委员、上海市委书记韩正会见了国际顾问委员会成员。第十一届全国人大常委会副委员长、复旦大学管理学院国际顾问委员会主席陈至立,上海市委常委、市委秘书长尹弘,上海市副市长翁铁慧,校党委书记朱之文、校长许宁生与17位国际顾问委员会委员及代表参加会见。会议由陈至立主持,朱之文、许宁生等出席会议。学院院长陆雄文从科研、招生、项目合作、对外交流、政立院区建设等方面进行工作汇报,国际顾问委员会委员就汇报提出质询意见。　　(李倩)

【举办首届复旦全球领袖论坛】10月31日,学院举办"复旦全球领袖论坛"。校长许宁生出席论坛并致辞,学院院长陆雄文主持,约600名师生参加论坛。论坛旨在汇聚包括学院国际顾问委员会委员在内的全球各领域的领袖人物,聚焦全球发展主题,揭示全球性挑战的应对之道。英国上议院中立议员、英国宪法特别委员会成员、学院顾问委员会副主席鲍威尔勋爵,中国东方航空集团公司总经理、中国东方航空股份有限公司董事长、学院顾问委员会副主席刘绍勇,硅谷银行董事长、学院顾问委员会委员魏高思,恒隆集团有限公司董事长、恒隆地产有限公司董事长、学院顾问委员会委员陈启宗等4位国际顾问委员到会并发表演讲。　　(李倩)

【召开第五届GMAC亚太区年会】11月3日—4日,2014管理专业研究生入学考试委员会（Graduate Management Admission Council，简称 GMAC）第五届亚太地区年会在学院召开。年会主题为 Building Engagement，旨在促进管理专业研究生教育发展。来自世界各地的 79 位代表与会，围绕招生、考试、产业等话题展开讨论。GMAC 成立于 1954 年，总部位于美国，系一个非营利性教育协会。（李倩）

【举行复旦大学管理学院—新南威尔士大学商学院合作 MBA 项目签约仪式】 该仪式于 11 月 14 日在学院举行。新南威尔士大学商学院院长克里斯·斯泰尔（Chris Styles）与复旦大学管理学院院长陆雄文共同签署《复旦大学管理学院—新南威尔士大学商学院合作 MBA 项目合作协议》。根据合作协议，参与该项目的毕业生将同时获得新南威尔士大学 MBA 学位及复旦大学学习证书。（李倩）

社会发展与公共政策学院

【概况】 2014 年，复旦大学社会发展与公共政策学院下设社会学系、社会工作学系、心理学系、社会管理与社会政策系、人口研究所和人类学民族学研究所。设有博士点 5 个，硕士点 8 个（含社会工作专业学位硕士点和应用心理学专业学位硕士点），本科专业 3 个，本科第二专业 1 个，博士后流动站 1 个。

有在编教职工及托管人员 84 人（包括复旦大学公共管理与公共政策研究国家哲学社会科学创新基地 3 人、复旦大学当代中国社会生活资料中心 1 人），其中教师 71 人。教授（研究员）、副教授（副研究员）46 人，占教师总数的 64.8%。

全年招收硕士研究生 128 人、博士研究生 17 人。有在读本科生 486 人、硕士研究生 219 人、博士研究生 107 人。

为本科生开课 187 门，其中核心课程 5 门，公共选修课程 38 门，平台课程 21 门，专业课程 102 门，全英语课程 17 门；开设研究生课程 92 门，其中全英语课程 1 门。2014 年共有 2 门新增校级精品课程，分别为赵德余团队《公共政策过程分析》、沈可团队《中国人口与发展（全英文）》。

科研成绩良好。2014 年学院承担科研项目 86 项，其中在研 18 项，新立项 68 项。国家级研究课题在研 4 项，新立项 2 项。另有国家社科重大项目获得新一轮的资助，资助金额为 60 万元。省部级研究项目在研 4 项，新立项 6 项，横向研究课题在研 10 项，新立项 59 项。获得科研资助经费 693 余万元，其中纵向研究经费 99.9 万元，横向研究经费 593.1 余万元。全年出版各类学术作品 12 部，其中专著 6 部、主编著作及教材 4 部、译著 2 部；发表论文近百篇，其中 SSCI 论文 17 篇、权威及核心论文 44 篇；提交研究报告近 20 篇。张学新获评为上海东方学者。

深化国际合作。一是提升国际化办学能力，全年接受 253 名国际学生，开设全英文课程 37 门，提高国际化教学水平；与美国圣路易华盛顿大学布朗社会工作学院合作举办第 4 届暑期学校，并与该校签署双学位硕士项目及教师交流合作协议，举办面向欧洲名校学子的 CEISS（China Europe International Summer School）暑期学校，继续推进与瑞典隆德大学的双学位硕士项目等。二是拓展学生国际交流项目，新增 8 个交流项目，学院交流项目总数达到 17 个，其中有 1 个双学位项目、14 个学期制长期交流项目、2 个短期交流项目；于 2014—2015 学年派出 56 位本院学生通过院系交流项目赴海外交流学习。三是加强对外学术交流，全年共有 50 人次出境参加国际会议、访学、合作研究等学术活动；邀请包括美国科学院院士、英国科学院院士在内的 20 多位外国专家开展合作研究，共接待海外来访参观 226 人次；2 位来访国际知名教授（哈佛人类学教授、耶鲁社会学教授），获得研究生院 FIST（Fudan Intensive Summer Teaching）资助；学院 2014 年组织大型国际学术会议 4 次，其中，12 月召开的"面向未来的中国人口研究"国际学术研讨会，汇集国际最顶尖的中国问题人口学家；11 月，复旦大学"泰国角"在学院揭幕。

开展信念教育。在全院层面，围绕"群众路线教育"、"增强法治观念，弘扬法治精神"等主题活动，进行理想信念教育。在学生层面，通过"科学道德与学风建设系列活动"、"学术引领人生"、"我为祖国点个赞"、"我为祖国代言"等学术和党建活动，提高学生工作的思想性和引领性。举办"中国梦——革新与动力"2014 年复旦大学博士生论坛社会篇。

学工成效卓著。学工团队获得多个奖项，研究生社会实践工作室入选 2014 年高校辅导员工作精品项目，暑期实践西部（新疆）专项行动之喀什地区民族中小学夏令营获得 2014 年上海市大学生暑期社会实践活动最佳项目奖，研究生工作组获评"复旦大学学生思想政治工作先进集体"，研究生团学联获评"2014 年复旦大学优秀研究生团学联"，2012 级研究生党支部获评"复旦大学研究生示范党支部创建入围奖"，2012 级本科生团支部获评"复旦大学 2012—2013 学年优秀团支部"，2011 级本科生班获评"复旦大学优秀集体标兵"，2013 级社会工作专业硕士班级获评"复旦大学优秀集体"，"一二·九"歌队获得 2014 年"青春力量"主题歌会银奖，2014 年复旦博士生论坛社会篇获评"2014 年复旦大学博士生论坛优秀分论坛"，2013 级本科生班获评"2014 年复旦大学 2013 级本科生军训队列会操优胜连队"，研究生工作组获得复旦大学 2014 年度研究生暑期社会实践优秀组织奖及"第十二届北苑文明单元评比大赛优秀组织奖"，1 位本科生辅导员和 1 位研究生辅导员获得复旦大学十佳辅导员称号。

（吴丹丹　廖永梅　孙婕　方莉强
张梅胤　李爽　陆晶婧）

【成立人类学民族学研究所】 12 月 1 日，复旦大学人类学民族学研究所揭牌仪式暨"生活世界：历史·文化·实践"学术会议召开。由复旦大学人类学民族学研究所、贵州民族学与人类学高等研究院、复旦—哈佛医学人类学研究中心、复旦大学民族研究中心共同主办，复旦大学当代中国社会生活资料中心、复旦大学社会文化人类学研究中心、复旦大学现代人类学中心协办。该研究所依托复旦—哈佛医学人类学合作研究中心和复旦大学民族研究中心，下设有硕士点和博士点。纳日碧力戈担任所长，凯博文任名誉所长，潘天舒任常务负责人，朱剑峰任专职研究员，另有多名海外顾问。通过与哈佛大学、华盛顿大学以及其他欧、美、亚著名高校相关机构和学科的全面合作，争取在边疆民族地区发展与国家综合安全、环境与发展人类学、医学人类学、商业与技术人类学等领域取得开拓性和创新性的成果。研究所旨在整合复旦大学校内各种学术与人才资源，推动国内各相关研究和教学单位的横向交流与合作，打造具有复旦特色的人类学和民族学研究平台。

（张梅胤）

【1项文科项目获批国家自然科学基金重大项目】 详见文科科研部分，第208页同条。

【创立对分课堂教学法】 心理系创立"对分课堂"教学法，迅速在高校推广，2014年度有50多所高校80多位老师在140个班级里采用对分课堂，覆盖学生人群近7 000名。多个高校教师发展中心邀请张学新等举办对分课堂讲座。复旦大学教务处、教师教学发展中心《教与学专刊》2014年第二期以专刊形式，介绍对分课堂。在对分课堂上，教师介绍基本框架、基本概念，着重讲授重点、难点，但并不穷尽教材内容。学生通过教师讲授把握章节的基本内容，理解重点、难点，大大降低课后的学习难度。学生在课后学习中可以根据自己的个人特点和具体情况，以自己的节奏去完成内化吸收过程，完成对教材内容更为全面的学习与理解。内化吸收之后，学生再回到课堂上，分组讨论自己学过的内容，然后与全班和教师进行深入的互动交流。同一内容，经过教师讲授、课后复习、分组讨论3个阶段学习，理解程度逐步加深。对分教学法有助于提高课堂讨论质量，活跃课堂气氛，增强学生的学习积极性和主动性。

（张学新）

【成立复旦大学城市发展研究院】 11月8日，复旦大学城市发展研究院正式成立。复旦大学党委书记朱之文等校领导出席成立大会仪式。大会由副校长林尚立主持。原卫生部部长张文康和政协上海市第十二届委员会副主席周太彤揭牌。与会专家学者就城市发展问题进行主旨演讲和讨论。研究院系以复旦大学社会发展与公共政策学院、环境科学与工程系和复旦规划建筑设计研究院作为核心单位，联合多个院系，依托20多个校级研究中心平台共同组建而成的新型智库。研究院从咨政出发，聚焦人口、发展、治理、生态、安全、文化等六大城市发展问题，以国家新型城镇化推进和建设研究为重点，点、面、线结合，以复旦上海为点，以长三角为面，以长江流域为线，立足于一流智库的建设，立志于成为国家重要的思想库和智囊团，服务上海、服务长三角、回应国家重大战略需求，促进中国现代化、实现中国梦。

（张伊娜）

数学科学学院

【概况】 2014年，数学科学学院下设数学系、应用数学系、金融数学与控制科学系、信息与计算科学系、概率统计与精算系、数学研究所。设有数学学科博士后流动站、非线性数学模型与方法教育部重点实验室、现代应用数学上海市重点实验室和《数学年刊》编辑部。学院是中法应用数学国际联合实验室、复旦大学数学金融研究所、AIA友邦—复旦精算中心的所在地。复旦数学学科拥有基础数学、应用数学、运筹学与控制论、计算数学、概率论与数理统计等5个二级学科，具有数学一级学科博士学位授予权和全部5个二级学科的博士学位授予权。学院是国家理科数学人才培养基地。在2002年、2007年、2012年的全国一级学科整体水平评估中，综合排名均名列第二。以学术界通用的ESI指标衡量，复旦数学学科属于前1‰学科。

学院有专任教师97人，其中教授等正高级职称45人，其中博士生导师40人；副教授等副高级职称43人，其中硕士生导师37人，讲师9人。有中国科学院院士4人；第三世界科学院院士2人；欧洲科学院院士1人；法国科学院外籍院士1人；葡萄牙科学院外籍院士1人。国家"千人计划"专家2人，教育部"长江学者奖励计划"特聘教授8人，讲座教授5人；国家杰出青年科学基金获得者8人，国家教学名师1人。国家优秀青年基金获得者4人。

中国科学院院士李大潜获得国际工业与应用数学联合会苏步青奖；中国科学院院士陈恕行获得2014年度何梁何利"科学与技术进步奖"；陈纪修获得"全国模范教师"称号；由金路、童裕孙、徐惠平、程晋、朱慧敏等领衔的《综合性大学"高等数学"课程研究型教学模式的改革与实践》获得上海市教学成果一等奖；吴宗敏获得第六届"全国优秀科技工作者"称号；严军入选教育部长江学者奖励计划；周忆入选上海市领军人才计划；吴泉水获得"上海市育才奖"；金路获得宝钢优秀教师奖；汤善健入选2014年度上海市优秀学术带头人计划；雷震教授获得第十届上海市自然科学牡丹奖；谢启鸿获得国家优秀青年科学基金项目；傅吉祥负责的创新研究群体项目"几何与偏微分方程"2014年获得延续资助；李洪全入选2014年上海高校特聘教授（东方学者）跟踪计划；陆帅入选2014年度上海市"启明星计划"名单。

全年招收本科生124人，硕士生73人，博士生67人（其中上海数学中心17人）。截至2014年底，有在读本科生698人，在读硕士研究生177人，其中金融硕士113名，非学历软件工程硕士2名；在读博士研究生216人（其中上海数学中心28人）；2014年，授予学士学位163人，硕士学位93人，博士学位28人。博士后流动站在站博士后总数18人，进站7人，出站7人。

2014年获得23项国家自然科学基金资助，总经费达814万元（其中4项属于上海数学中心）；全年到款经费项目98项,经费总额1 550.96万元。教师独立或者合作发表科研论文152篇,举办各类学术讲座202场,接待访问学者33人次。学院召开国际会议13次,接待来访专家学者202人次,出国访问、参加各类国际学术会议38人次。

本科拔尖人才计划深入推进,学生赴海外高校交流更加活跃。科学学位和专业学位研究生培养更趋完善,人才培养质量不断提高。学生工作注重学生学术能力的培养、社会责任感培养和学院文化氛围的营造,重在培育和践行社会主义核心价值观上下功夫。学生体育赛事2014年度全校综合团体总分第一;在"青春力量"一二·九歌会上,取得全校第四的好成绩;5月,复旦大学举行心理情景剧大赛。数学科学学院8名本科生从校园生活出发,创作编排反映理科学生学业特点和心理状态的情景剧《替身》,获得大赛一等奖。

(张晓清)

【多名本科生在学术竞赛中获奖】 2月,学院学生参加美国大学生数学建模竞赛,获得一等奖3项,二等奖9项。3月,5名同学代表上海赛区参加第五届全国大学生数学竞赛决赛,获得一等奖2项,二等奖3项。8月,参加"深圳杯"数学建模夏令营,获二等奖3项,三等奖1项。7月,在第五届丘成桐大学生数学竞赛中,"分析与方程"、"概率与统计"、"代数"、"应用于计算数学"4项个人赛中共有5名学生获得银奖,是复旦大学第一次在该赛事中获得银牌,另有3名学生获铜奖,个人奖牌数超过前四届的总和。9月,在全国大学生数学建模竞赛中,获全国二等奖5项,上海赛区一等奖5项,二等奖5项,三等奖11项。10月,在第六届全国大学生数学竞赛初赛中,学院有196名学生参加比赛,共有18名同学获得数学专业组一等奖,21名同学获得二等奖,37名同学获得三等奖,其中获一等奖人数占一等奖总人数的78%。

(蔡志杰　王志强　张晓清)

【举行第二届"谷超豪奖"颁奖仪式】 在谷超豪先生诞辰88周年之际,数学科学学院于5月16日举办2014年度"谷超豪奖"颁奖仪式。副校长金力为丁青、傅吉祥2位获奖者颁发证书。院长郭坤宇介绍2位获奖者的学术成就。获奖者对谷超豪先生表达怀念和感激之情,认为继续做好科研是对谷超豪先生的最好纪念。中国科学院院士李大潜、洪家兴、陈恕行及科技处相关负责同志、师生代表参加颁奖仪式。"谷超豪奖"的原始奖金是谷超豪先生所获2009年国家最高科学技术奖的部分奖金,并以接受海内外个人或单位的捐赠的方式运营,奖金金额为每人人民币20万元。

(张晓清)

【中法首个数学国际联合实验室落户复旦大学】 6月2日,在厦门大学召开的中法计算和应用数学大会的开幕式上,中法两国第一个数学国际联合实验室——"中法应用数学国际联合实验室"(LIASFMA)举行签字和揭牌仪式。该实验室在已有的中法应用数学研究所(ISFMA)的基础上,由中、法8家单位联合发起组建。其中,中国3家分别是:挂靠在复旦大学的中法应用数学研究所,挂靠在中国科学院数学与系统科学研究院的数学与交叉科学研究中心,挂靠在北京大学的教育部高等学校数学研究与高等人才培养中心;法国是国家科学研究中心(CNRS)等5家单位组成。校长杨玉良代表中方在协议书上签字,法国驻广州领事馆总领事白屿淞(Bruno Bisson)、厦门大学校长朱崇实,及中、法多位数学家参加典礼。该联合实验室的建立,旨在推动两国在应用数学领域联手进行更加广泛深入的交流协作、科研攻关和人才培养活动,为两国应用数学的发展注入新的活力。"中法应用数学国际联合实验室"的办公室设在复旦大学,李大潜为中方主任。

(沈　莹)

【举行第七届全国优秀大学生数学学科夏令营】 7月,数学科学学院举办"2014年全国优秀大学生数学学科夏令营"。共收到有效申请200余份,在专家委员会的建议下,择优录取125名学生入选夏令营。长江特聘教授严军、"千人计划"冯建峰、信息与计算科学系系主任苏仰锋等为学员作学术报告,并进行为期2天的师生交流。

(王　云)

【召开"数学与科学前沿"协同创新推进会】 该会议于10月24—26日在上海召开。由数学科学学院主办。常务副校长陈晓漫到会并致欢迎辞,"数学与科学前沿"协同创新培育中心学术委员会主任田刚院士、中心咨询委员会主任李大潜院士就数学2011计划申报组织工作作说明,中山大学原校长、教育部2011计划专家咨询委员会委员黄达人发表指导意见,中心联席执行主任郭坤宇主持开幕式。来自北京大学、北京师范大学、北京应用物理与计算数学研究所、华东师范大学、吉林大学、南京大学、南开大学、厦门大学、山东大学、四川大学、武汉大学、西安交通大学、浙江大学、中国科学技术大学、中国科学院数学与系统科学研究院等单位的50多位专家参会。姜伯驹、田刚、孙义燧、张伟平、李安民、刘应明、袁亚湘、李大潜、洪家兴、陈恕行等10位院士出席会议。会议进行9个平台专题汇报,分别是科学计算平台(张平文)、数据科学平台(鄂维南)、能源与环境中的数学问题平台(程晋)、生命科学中的数学问题平台(冯建峰)、信息与系统控制研究平台(罗懋康)、教育教学平台(保继光)、几何与拓扑平台(刘小博)、分析与方程平台(郭坤宇)、代数与数论平台(扶磊)。作为"数学与科学前沿"协同创新计划的申报推进会,会议有效促进中国顶尖数学院系的深入交流合作,在中国数学界产生了一定影响。

(张晓清)

【本科生在"青春力量"一二·九主题歌会中获得佳绩】 12月9日,在复旦大学"青春力量"一二·九主题歌会上,数学科学学院本科生取得全校第四的成绩,获得铜奖,是学院时隔12年再次入围决赛并取得优异成绩。选送的微电影《梦的N次方》,通过一名大一新生的视角,展现当代青年从迷茫到追梦的心路历程,获得"最佳主题奖"和"最佳导演奖"。

(张晓清)

物理学系

【概况】 2014年,物理学系有物理学一级学科(国家重点学科)博士点1个,一级学科硕士点1个,本科专业1个,博士后流动站1个。建有应用表面物理国家重点实验室,物质计算科学、微纳结构光科学等2个教育部重点实验室,是教育部基础学科人才培养基地。物理学学科是上海高校一流学科建设计划A类,在教育部学科评估中位列全国高校第五。

有在职教职工110人,其中教授51人、副教授20人、博士生导师63人。有中国科学院院士和兼职院士7人,国家"千人计划"特聘教授2人,教育部"长江学者奖励计划"特聘教授5人,国家杰出青年科学基金获得者12人,国家重点基础研究发展计划("973计划")首席科学家5人,美国物理学会会士5人,国家"青年千人计划"特聘教授7人。复旦大学浩青特聘教授2人,物理学系谢希德特聘教授5人,物理学系谢希德青年特聘教授8人。吴义政成为"973"首席科学家。陈张海入选2014年度上海市优秀学术带头人计划。吴赛骏、晏湖根入选2014年上海市"千人计划"。石磊入选2014年"上海高校特聘教授"(即"东方学者"),李世燕入选"上海高校特聘教授"跟踪计划。石磊入选2014年上海市"浦江人才计划(A类)"。张童入选2014年度上海市青年科技A类启明星计划。徐建军被评为2010—2013年度上海市教育系统优秀工会积极分子。吴义政、赵俊、吴施伟、肖江被评为2014年度谢希德青年特聘教授。金晓峰获2014届复旦大学本(专)科毕业生"我心目中的好老师"称号。意大利籍副教授卡西莫(Cosimo Bambi)获复旦大学首届乐跑比赛8公里竞技跑冠军。

2014级自然科学试验班中归口物理学系管理的本科生共82人,全年招收硕士研究生2人、博士研究生73人、博士留学生2人。有在读本科生414人、硕士研究生14人、博士研究生302人,在站博士后30人。开设本科生课程136门,其中春季课程66门、秋季课程70门;开设研究生课程26门。有国家精品课程5门、上海市精品课程5门、校级精品课程3门。组织召开"2014级自然科学试验班新生及家长会";继续配合教务处,开展"拔尖人才"培养计划;派出1名班导师,对以"自然科学实验班"的名义大类招生的2014级本科生进行指导;向2013级本科生班派出34位"寝室导师",关心指导学生的成长。继续推行2014级博士研究生招生的"申请—考核制"和以夏令营方式选拔推免生制度,继续实行研究生招生的"长学制"制度。获第五届中国大学生物理学术竞赛(CUPT)二等奖。贾起民、郑永令、陈暨耀所著《电磁学》(第三版)入选第二批"十二五"普通高等教育本科国家级规划教材书目。吕景林研发的演示仪器"科里奥利力演示仪"获"第三届高等学校自制实验教学仪器设备评选"优秀奖。上海市级教学成果奖方面:张新夷领衔的《科研引领创新人才培养,构建物理实验教学新体系》获得一等奖,周磊领衔的《结合科技前沿加强师生互动:回归物理的"电动力学"教学创新实践》和陈焱领衔的《夯实基础强化科研的创新人才培养:"热力学统计物理Ⅱ"教学创新实践》获得二等奖。吕景林负责的《物理演示实验拓展》获得"上海高校市级精品课程"称号。钟鸣远、李楠、吕浩3位本科生在2014年度美国大学生数学建模竞赛暨交叉学科建模竞赛(MCM/ICM)中,获得"交叉学科建模竞赛"(Interdisciplinary Contest in Modeling)项目一等奖(Meritorious Winners)。2008级博士生董金奎(导师:李世燕)获得2013年全国优秀博士学位论文提名奖。2012级本科生唐云浩获得第五届全国大学生数学竞赛决赛非专业组一等奖。俞寒迪、林资源、陆海宇、黄炜楠、曹钧植5位本科生的项目入选2014年部属高校国家级大学生创新创业训练计划。在第八届全国高校物理实验教学研讨会上,2篇学生论文分获一、二等奖。陈君、张焱、周伟航3位博士的学位论文和张赟、李磊2位硕士的学位论文入选2013年上海市研究生优秀成果。

新立项国家级科研经费10 972万元。新获批立项国家自然科学基金面上项目14项,国家自然科学基金青年科学基金项目2项,国家自然科学基金优秀青年科学基金项目1项,国家自然科学基金重大研究计划3项,国家重大科研仪器研制项目1项,创新研究群体科学基金1项,重点项目2项,国家杰出青年科学基金1项,"973计划"重大科学研究计划1项,2014年霍英东教育基金会青年教师基金1项。获得上海市自然科学基金面上项目2项,2014年上海市"创新行动计划"基础研究项目1项。以第一单位发表SCI论文165篇。龚新高领衔项目《多元半导体光伏材料中关键物理问题的理论研究》和黄吉平领衔项目《复杂系统中场效应诱导的涌现现象及其物理机制》,分获2014年度高等学校科学研究优秀成果奖(科学技术)自然科学奖一、二等奖。封东来获上海市自然科学一等奖。

国际交流与合作频繁。接待50多位国外及港澳台地区专家到访讲学,举办国际会议2场。系师生参加国际会议、合作研究、出国考察、交流等293人次。

规范党政管理,强化服务意识。开展"党的群众路线教育实践活动"总结和"回头看",落实中央专项巡视集中整改工作,深入学习党的十八届四中全会精神,进行党风廉政建设专题学习,完成科研教工支部和行政教学支部的换届工作。健全学生党总支规章制度建设、举办学生党员骨干培训班。组织学生开展"阳光之家"、关爱退休孤老等志愿服务活动,暑期河南支教、研究生党支部赴复旦附小科普支教等社会实践活动。

全员关心学生思想、学习、生活的健康成长。4月22日—5月20日,举行"强身健体致青春,格物明理筑梦想"——第十三届"物理人节"。11月11日—12月5日,举行"润物无声,笃志明理"——第八届"物理学月"。加大对学生学业辅导与职业发展的指导力度,举办讲座、交流会等

10多场。关注学生心理健康,建立"心笛"读书角,推出"师说心语"活动,举办"悦纳自我,畅心生活"心理健康主题活动和"奔跑吧·爱情"心理文化月专项活动。2013级研究生班和2012级本科生班获复旦大学优秀集体标兵称号。

（高太梅）

【在美国"三月会议"举办联合人才宣讲招待会】 该会议于美国当地时间3月5日晚在美国德克萨斯州圣安东尼奥市金茂君悦大酒店举行,由北京大学、复旦大学、南京大学、清华大学、中国科技大学等5所高校物理学系(院)联合举办,南京大学物理学院主办。5所高校物理学系(院)负责人分别介绍各自单位的概况、人才招聘政策和未来发展规划等。宣讲会共吸引到800多位来宾参加。复旦大学物理学系专门制作英文的院系宣传片滚动播放。

（高太梅）

【4篇论文在《自然》(Nature)子刊发表】 3月2日,张远波课题组论文《黑磷场效应晶体管》(Black Phosphorus Field-effect Transistors)在《自然》杂志子刊《纳米技术》(Nature Nanotechnology)在线发表。课题组成功制备出基于新型二维晶体黑磷的场效应晶体管器件,这是继石墨烯、二硫化钼之后的又一重要发现。7月10日,沈健课题组论文《利用铁电性有效控制有机自旋阀的磁阻》(Active control of magnetoresistance of organic spin valves using ferroelectricity)在《自然》杂志子刊《通讯》(nature communications)发表。该研究通过在有机自旋阀中引入一层铁电隧穿层,利用外加电场对铁电层电极性的调控实现有机自旋阀磁阻的正、负翻转,为有机自旋电子器件应用的多功能化开辟新方向。8月31日,吴施伟课题组论文《二硫化钼折叠双层材料的能谷和能带结构操控》(valley and band structure engineering of folded mos2 bilayers)在《自然》杂志子刊《纳米技术》(Nature Nanotechnology)在线发表。该研究通过"折纸"方式,研究与天然结构截然不同的二硫化钼双层材料,实现对二硫化钼能带结构、能谷、自旋电子态的操控。9月26日,封东来、龚新高课题组论文《对单层FeSe的能带结构和超导的界面工程调控》("Tuning the band structure and superconductivity in single-layer FeSe by interface engineering")在《自然》杂志子刊《通讯》(nature communications)发表。该研究提出界面诱发/界面增强库珀配对的可能机制,给高温超导研究带来新的微观视角,为进一步通过界面调控提高超导相变温度提供重要线索。

（高太梅）

【举办首次全国高校物理基础课程青年教师讲课比赛(上海赛区)】 该赛事于4月26日在光华楼举行。由教育部高等学校大学物理课程教学指导委员会华东地区(上海市)工作委员会、上海市物理学会高等学校物理教学委员会和复旦大学物理学系共同举办。来自13所高校的22位青年教师参与比赛,评选出特等奖、一等奖、二等奖、优胜奖各2名、4名、7名、9名。

（高太梅）

【举行第11届光子和电磁晶体结构国际研讨会】 该会议于5月11—15日在学校美国研究中心举行。复旦大学物理学系教授资剑、同济大学教授陈鸿、香港科技大学教授陈子亭联合担任会议主席,会议围绕光子晶体、超材料、等离子体等主题展开讨论。

（高太梅）

【沈元壤受聘为复旦大学特聘教授】 6月30日,"复旦特聘教授授聘仪式暨学术报告会"在逸夫科技楼多功能厅举行,美国科学院院士、加州大学伯克利分校沈元壤受聘为复旦大学特聘教授,校长杨玉良为沈元壤颁发聘书并佩戴校徽。沈元壤作题为"手性非线性光学探测"(nonlinear optical probing of chirality)的学术报告。

（高太梅）

【系行政领导班子换届】 9月9日,物理学系行政领导班子完成换届。新一届行政班子组成如下:沈健任系主任,5人任副系主任,其中陈骏逸分管人事和行政,周磊分管研究生教学,杨中芹分管本科生教学,陈焱分管科研和外事。

（高太梅）

【1人获"求是杰出青年学者奖"】 9月13日,香港求是科技基金会在复旦大学举行2014年度"求是"科学奖颁奖典礼,物理学系教授赵俊获"求是杰出青年学者奖"。

（高太梅）

【举行第六届"复旦—科大—南大"凝聚态物理前沿联合研讨会】 该研讨会于11月1—2日在上海市宝隆宾馆举行。物理学系主任沈健致开幕辞和闭幕辞。研讨会分3个半天进行,共有15个邀请报告,与会者围绕"自旋相关的演生现象"主题展开研讨。

（高太梅）

【"人工微结构科学与技术协同创新中心"入选"2011协同创新中心"】 11月,"人工微结构科学与技术协同创新中心"入选教育部公布的第二批24个"2011协同创新中心"名单。该中心由南京大学牵头,核心协同复旦大学、浙江大学、中国科学技术大学、上海交通大学等高校研究力量,以新型微结构材料中的量子调控科学与技术为核心,开展相关的基础与应用基础研究。

（高太梅）

【获得国家自然科学基金、创新研究群体项目立项】 物理学系教授沈健主持的"电子自旋和自旋极化电流的时空演化成像系统"首次获批国家重大科研仪器研制项目。项目立足电子自旋学领域的国际性难题——自旋表征,以期通过多技术的交叉融合,研发出"电子自旋和自旋极化电流时空演化的成像系统",推动磁致表面催化、自旋量子计算、自旋纳米光学等相关领域的发展。封东来领衔的项目"复杂表面与界面体系的新物理"获批创新研究群体立项。项目围绕凝聚态物理中的复杂表面与界面体系开展研究,如界面超导、二维晶体、磁性薄膜、拓扑绝缘体等,已取得一系列创新性成果,并建成多套大型尖端仪器设备。

（高太梅）

【1人获评"973计划"首席科学家】 详见"学校综述"【新增973计划和重大科学研究计划项目6项】条,第42页。

【1人获评国家重点基础发展研究计划青年科学家】 吴施伟"能谷—自旋耦合量子态的光电作用机理和操控研究"项目获2014年国家重点基础研究发展计划"青年科学家专题"立项。

（高太梅）

现代物理研究所/核科学与技术系

【概况】 现代物理研究所/核科学与技术系设有核工程与核技术本科专业1个，原子分子物理、粒子物理与核物理博士点2个，原子分子物理、粒子物理与核物理和等离子体物理硕士点3个，有应用离子束物理教育部重点实验室和上海电子束离子阱实验室。

有在职教职工39人，其中院士1名，双聘院士1名，具有正高级职称12人，副高级职称11人，中级职称10人。为本科生开设课程共28门。核技术专业招收本科生32名。在校本科生110人。全年招收博士生5名，硕士生6名。有在站博士后1名，在读博士研究生24名，硕士研究生19名。

获批准国家自然科学基金面上项目3项，青年基金2项。在研国家自然科学基金项目7项（重大研究计划1项，面上项目4项，863项目1项，青年基金1项）；在研省部级项目3项，其中上海市自然科学基金2项；上海市教委科研创新重点项目1项。全年科研经费到款金额536万元。发表SCI论文31篇。为研究生开设课程共18门。

全年有10名国际国内知名学者到所作学术报告。派出境外访问、研究或参加国际学术会议17人次。

2014年，成功完成升级改造后的上海高能EBIT装置达到电子束能量151 keV，束强218 mA，位居世界同类型装置第三。

3月25日，与核工业西南物理研究院聚变科学研究所签署《联合培养核能科学与技术专业人才协议书》；7月11日，在成都与中国工程物理研究院顶峰多尺度科学研究所签署《联合培养涉核专业技术人才协议书》。

在6月21日举行的复旦大学2014年教职工乒乓球单打比赛中，所/系教师李嘉庆获得男子组单打第1名。第五十四届校田径运动会中，13级本科生董钰蓉以2.25米成绩刷新在校普通生女子立定跳远记录，11级本科生闵广鑫在男子100米、200米决赛中分别获得第二名和第一名（体育特长生组）。在12月举办的研究生院系杯篮球赛中，所/系与物理系联队——"核聚变"获得冠军。

（杨 柳 封娅娅 陆广成）

【反冲离子动量谱仪研制成功并取得初步实验成果】 1月，现代物理研究所科研人员在"985"经费和科技部经费资助下，通过5年多努力自主研制的反冲离子动量谱仪系统达到预期指标。该系统包括：低能超短脉冲电子束、三级差分超声气体束、飞行时间谱仪、延迟线阳极位置灵敏探测器、快电子学系和VME多参数数据获取系统。超声气体束是高压气体通过10微米喷嘴在真空室内绝热膨胀后由Skimmer选择形成，可以有效降低气体靶的热运动动能。位置灵敏探测器具有多击响应特点，有效面积为75 mm，位置分辨好于100 μm。该系统电子束入射方向垂直于超声气体束和飞行时间谱仪，束流能量15—2 000 eV，脉冲宽度1.5 ns。实验中可以测量每一个带电产物的末态动量，根据动量和能量守恒定律，可以反推出反应产物中中性碎片的动量，重构原子分子的碎裂过程。在该系统中首次直接观测到甲烷二价离子库伦爆炸过程的碎裂机制，实验上通过动量测量的方法直观地给出各个反应的可能通道。（魏宝仁）

【召开第五届电子束离子阱和先进光源物理学国际会议】 5月2—5日，第五届电子束离子阱和先进光源物理学国际会议（PEARL2014, The Physics at EBITs and Advanced Research Light Sources）国际学术会议在复旦大学光华楼举行。由现代物理研究所承办，瑞典Lund大学、复旦大学北欧中心和上海市核学会协办。会议合作主席为复旦大学现代物理研究所教授邹亚明、罗杰·赫顿（Roger Hutton）和魏宝仁。来自亚洲、欧洲、美洲等国际相关领域的知名学者和专家近50人参会，其中包括德国国家标准局局长、教授尤阿希姆·乌尔里希（Joachim Ullrich），德国重离子中心（GSI）原子物理研究室教授托马斯·斯托克（Thomas Stöhlker），日本理化学研究所（RIKEN）原子物理研究室主任研究员、教授山崎泰规（Yasunori Yamazaki），瑞典斯德哥尔摩大学的院士雷纳德·薛克（Reinhold Schuch），日本东北大学教授上田（Yasunori Ueda）等。

（魏宝仁）

【举办卢鹤绂院士百年诞辰纪念大会】 详见"学校综述"同条，第43页。

化 学 系

【概况】 2014年，化学系设有无机化学、分析化学、有机化学、物理化学和化学生物学5个硕士点以及无机化学、分析化学、有机化学、物理化学和化学生物学5个二级学科博士点，并有化学一级学科博士点授权。化学一级学科是国家重点学科，建有上海市分子催化和功能材料重点实验室、创新科学仪器教育部工程研究中心、蛋白质化学生物学上海高校重点实验室、2011能源材料化学协同创新中心（复旦分中心），化学教学实验中心为国家级化学实验教学示范中心。

有在职教职工165人，其中专任教师118人，行政管理和实验室技术人员47人。有正高级职称的61人（博士生导师63人），副高级职称的57人，中级职称的23人。有中国科学院院士2人，双聘院士3人，国家"973计划"首席科学家2人，教育部"长江学者"特聘教授8人，国家杰出青年科学基金获得者17人，优秀青年科学基金获得者4人，复旦大学特聘教授13人，国家青年千人计划5人。

全年招收硕士研究生56人，博士研究生62人，工程硕士研究生33人（在职23人）。在读本科生325人（二、三、四年级），其中化学大类分流及转专业进入化学系的2013级本科生120人。在读硕士研究生150人，博士研究生241人，工程硕士研究生71人（在职47人）。全年承担本科生基础课、专业课及公共课总学时数为339 900人学时,选课学生5 746人次。承担全校实验课程总学时数122 634人学时,选课学生3 091人次。开设本科生课程173门(含毕业论文8门)。

全年申请到国家自然科学基金项目21项(其中面上项目15项,重点项目1项,青年基金1项,国家杰出青年科学基金项目2项,优秀青年基金2项),科研经费到款8 479万元。发表SCIE论文366篇,其中影响因子大于6.0的125篇。在研科研项目233项,其中承担"973计划"课题12项,参与"973计划"项目14项;承担"863计划"课题1项,参与"863计划"项目4项;承担国家杰出青年科学基金项目2项,国家自然科学基金重大重点项目8项,其他各类项目200项。李富友入选2014年度教育部长江学者奖励计划和2014年英国皇家化学会会士(Fellow),邓勇辉获得"上海青年科技英才"称号,王永刚获得"国际电化学委员会应用电化学奖",余爱水获得"中国颗粒学会——赢创颗粒学创新奖",张凡获得"明治生命科学奖",郭浩获得上海市科委"启明星"计划(A类)。邓春辉、吴宇平获得"国家杰出青年科学基金项目",邓勇辉、侯军利获得"优秀青年科学基金项目"。《分析化学原理(第二版)》、《谱学导论(第二版)》入选第二批"十二五"普通高等教育本科国家级规划教材。

全年举办学科前沿进展报告近70场,暑期邀请美国康涅狄格大学教授迈克尔·史密斯(Michael Smith)为拔尖培养计划学生上课,共计16学时。共派出43名本科生赴美国加州大学伯克利分校(UC—Berkeley)、加州大学欧文分校(UC Irvine)、加州大学圣塔芭芭拉分校(UCSB)、乔治城大学(Georgetown)、康涅狄格大学(UCONN)、弗吉尼亚联邦大学(VCU)、圣母大学(Notre Dame)、加利福尼亚大学洛杉矶分校(UCLA)、英国剑桥大学(University of Cambridge)、法国里昂大学(Université de Lyon)、德国汉堡管理学院(NIT)等海外高校进行学习及暑期科研实习交流。共33名本科生参加香港大学化学生物学暑期学校。与德国纽伦堡技术学院就本科生交流培养达成协议。

王韵华、赵东元、华伟明、张亚红、岳斌等人开设的课程"通识教育平台下普通化学课程的拓展与教学实践"获得高等教育上海市级教学成果奖一等奖,物理化学系列课程教学团队获得"上海市教育先锋号"称号。化学系被评为复旦大学就业工作先进集体。化学教学实验中心被评为复旦大学三八红旗集体。2011级本科班被评为复旦大学优秀集体标兵,2012级博士班获得复旦大学优秀集体标兵,2012级博士党支部获得复旦大学第七批示范党支部,化学系获得129歌会优胜奖。冯小燕和纪季分别被评为复旦大学本科生、研究生十佳辅导员。2011级本科生倪丹蕊被评为复旦大学优秀学生标兵,2013级博士生田佳获得复旦大学优秀学生干部标兵,2012级博士生房微魏获得复旦大学研究生学术之星。

(辛敏 贾丽莉 李伟红 罗凌 乔玉巧 秦枫 单喆 唐碧 杨慧丽 张晋芬 张宁)

【举办纪念中国科学院院士吴浩青百年诞辰暨电化学学术论坛】 该论坛于4月19日在逸夫科技楼多功能厅召开。以学术报告会的形式纪念中国科学院院士、复旦大学化学系教授吴浩青诞辰100周年,及其在化学领域作出的贡献。7名活跃在电化学前沿的专家学者到会,并作学术报告。会议专注于电化学学科发展的前沿问题,有助于加强电化学的学术交流,推动复旦大学化学学科的发展。

(乔玉巧)

【周鸣飞研究成果在《自然》(Nature)杂志上发表】 详见"学校综述"【多篇论文在国际顶级学术刊物发表】条,第42页。

【赵东元和李富友入选2014高引用科学家名录】 化学系教授赵东元和李富友入选汤森路透(Thomson Reuters)公布的全球2014高引用科学家名录(Highly cited Researchers 2014)。

(李富友)

【举办上海化学嘉年华】 10月19日,化学系与美国化学会联合举办首届"上海化学嘉年华"活动。该活动面向五至九年级的中小学生,旨在通过专家科普报告,以及趣味性、互动性的化学演示实验,向公众尤其是青少年宣传化学魅力,普及化学知识,激发他们对于化学科学的热情和兴趣。来自上海50余所学校的200多名中小学生参加活动,聆听讲座、观看影片、参与活动、操作实验。

(秦枫)

【举办复旦大学全国优秀大学生暑期夏令营(化学)活动】 6月30日—7月3日,复旦大学全国优秀大学生暑期夏令营(化学)活动在校举行。来自全国各地高校的学生共96名参加。活动为期4天,内容主要包括:专家报告、实验室参观、导师沙龙、师生代表座谈、理论考察和实验考察等。活动结束后,通过汇总理论、实验考察和笔试成绩,共选拔出45名"优秀营员"。

(郭娟)

【3名本科生在第九届全国大学生化学实验邀请赛中获奖】 7月11—15日,第九届全国大学生化学实验邀请赛在兰州大学举行。由教育部高等学校化学教育研究中心主办。共有来自全国42所高校的126名大三化学类专业学生参加。复旦大学化学系2011级本科生李新煜获得一等奖,李泽君、侯嘉莉获得二等奖。该赛事是我国高等学校化学学科面向本科生进行的最高级别比赛,每两年举办一次。

(张晋芬)

【1名本科生获第八届上海市大学生化学实验竞赛一等奖】 7月11—13日,第八届上海市大学生化学实验竞赛在上海举行。由上海市教委主办,上海高校化学实验教学指导委员会协办,同济大学承办。共有来自上海市14所高校和长三角地区3所高校的51名化学类专业大三学生参赛。复旦大学化学系2011级本科生陶磊获得一等奖。

(张晋芬)

【赵东元及其学生同获宝钢教育奖特等奖】 化学系教授赵东元获得2014年度宝钢优秀教师特等奖,其博士生孔彪获得宝钢教育基金优秀学生奖学金特等奖。

(乔玉巧)

高分子科学系

【概况】 2014年,高分子科学系设有高分子材料与工程本科专业,高分子化学与物理学科硕士点、博士点、博士后科研流动站和化学工程专业学位点,建设有聚合物分子工程国家重点实验室。

有在职教职工63人,其中专任教师40人(教授/研究员25人、副教授11人、讲师4人),实验技术人员11人。有中国科学院院士2人,教育部"长江学者奖励计划"特聘教授4人和讲座教授1人,国家杰出青年科学基金获得者9人,教育部新世纪优秀人才6人,上海领军人才2人,国家千人计划入选者1人,青年千人2人。

全年招收本科生(暂由高分子科学系管理的自然科学试验班)65人,硕士研究生40人,博士研究生25人,专业学位研究生30人。在读本科生180人,硕士研究生119人,博士研究生116人,专业学位研究生78人。开设本科生课程47门,研究生课程41门。"高分子物理"课程为校精品课程。

7月,举办第一届夏令营;成立"拔尖学生培养试验计划"工作小组,选拔2012级5名、2013级17名学生进入"基础学科拔尖学生培养试验计划"班,开设两周60多个学时暑期班;组织名师论坛,邀请国内外知名高校教授开设6场讲座;资助7名学生前往美国加州大学伯克利分校、瑞典斯德哥尔摩、澳大利亚昆士兰大学等交流学习;组织学生前往南京大学和扬子石化参观交流。

承担科研项目89项(纵向59项、横向30项),到款经费2 474.82万元(纵向1 872.7万元,横向602.12万元)。获批国家自然科学基金项目12项,其中重点项目1项为"纳米碳基高分子复合材料的可控制备及其在能源领域的应用基础研究"、国际(地区)合作研究项目1项为"大分子自组装体的形貌转变机理及其生命相关拓展"、面上项目9项、青年基金1项。陈国颂获得863青年科学家项目资助。全年发表SCI论文224篇,获得授权的中国发明专利14项,申请中国发明专利20项。丁建东、俞麟的"可注射性热致水凝胶"获得2013年高等学校科学研究优秀成果奖自然科学奖一等奖。

江明课题组关于超分子作用调控蛋白质晶体三维互穿网络(PCF)结构新机制的研究成果刊登于《自然·通讯》(Nat. Commun.);杨武利和陈新关于载有阿霉素的磁性丝蛋白纳米粒子的制备及其在耐药性肿瘤的靶向治疗方面应用的合作文章发表于《先进材料》(Adv. Mater.);邱枫课题组关于嵌段共聚物自组装形成多种二元介观晶体结构的研究成果发表于《美国化学会志》(J. Am. Chem. Soc.);陈道勇课题组利用聚合物胶束与DNA的精确组装原理获得在水中可良好分散并具有核壳结构的尺寸单分散的纳米环,成果发表于《美国化学会志》(J. Am. Chem. Soc.);邵正中—陈新联合课题组关于基于两亲性多肽自组装制备具有超快速可逆热致变色性能材料的成果发表于《化学科学》(Chem. Sci.);汪伟志关于石墨烯分子的可控合成及其应用研究的论文发表于《材料化学》(Chem. Mater.);丁建东课题组利用图案化材料技术揭示软骨细胞的退分化规律,成果发表于《生物材料》(Biomaterials);汪长春课题组发明新型高效超声造影剂,研究成果发表于《材料化学》(Chem. Mater.);彭慧胜课题组关于可穿戴设备的研究获得重要进展引起广泛国际影响。

彭慧胜获得"英国皇家化学会会士"、"教育部长江学者特聘教授"、"上海市十大杰出青年"、"全国复合材料行业优秀科技工作者"、复旦大学研究生"我心目中的好导师"等称号;余英丰"芯片级低应力电子封装材料的研究开发"项目获得"陶氏化学创新挑战奖"(Dow innovation challenge award),余英丰获得2014届本(专)科毕业生复旦大学"我心目中的好老师"称号。陈国颂获得复旦大学"香港人奖教金",吕文琦获得复旦大学"三八红旗手"称号,共享仪器平台获得复旦大学"三八红旗集体"称号。

参加国际会议及合作交流64人次,国内学术会议49人次,在大型学术会议上做特邀报告或大会报告47人次。国外专家学者前来讲学和做学术报告56人次,国内学者专家前来讲学和学术报告19人次。5月9日,与台湾大学工学院举办学术交流会,并达成学生互换交流协议;10月9日,主办"2014国际丝会议";11月11日,举办复旦大学—日本山形大学聚合物科学研究生学术论坛。威利(Wiley)出版集团编辑、《应用化学》(Angew. Chem.)主编、Wiley—VCH出版社副总裁、《自然》(Nature)出版集团大中华区执行主编、大中华区开放获取业务总监等来访。

聚合物分子工程国家重点实验室被化学学科国家重点实验室评为良好实验室。实验室立项"高级访问学者计划"3项,开放研究课题28项。推进"高分子及其复合材料协同创新中心"的培育建设,加强与有关企业和研究院所的合作,赴中国工程物理研究院化工材料研究所、威海拓展有限公司、上海华谊集团塑料所、橡胶所和树脂所及华谊中央研究院等交流。

继续推进制度建设和信息公开,制订《系学术委员会章程》、《系教授大会章程》,修订《高分子科学系突发事件应急预案》等规章。编制《高分子科学系年报》。加强安全培训和考核工作,修订《实验室常识读本》,对2014年度实验室新进人员开展安全考试。

系党委围绕学习贯彻党的十八届三中、四中全会精神,以及党的群众路线教育实践活动整改方案的实施和学校专项巡视有关整改工作的落实,积极推进各项工作。成立学生党总支,完成教工支部委员会的换届。举办"维护宪法权威以推进当代中国法治国家建设进程"和"依法治国与国家建设—百年中国法治进程的变迁解读"的专题党课。朱莹、王芳分获复旦大学学生思政工作先进个人二等奖、三等奖,学工组获评校

2014年度就业工作先进集体，研工组长王芳获评2014年就业工作先进个人。2012级本科生班级辅导员姜雪娇获得复旦大学本科生十佳辅导员称号，2013级本科生班级辅导员邓瀚林获得复旦大学本科生辅导员风采奖。2011级直博生冯凯获评复旦大学优秀学生标兵，2011级硕士生陈仲欣、2009级直博生姚响获评复旦大学研究生学术之星，2012级本科生李雪怡、2011级本科生李梦雄获得复旦大学本科生学术科技创新单项奖学金，2013级本科生徐尉杰获得复旦大学本科生社会实践单项奖学金，2012级朱胜杰获得复旦大学本科生自立自强逆境成才单项奖学金。2011级本科生李科禄参军入伍。本科生党支部获评2014年复旦大学本科生优秀党支部，研究生第二党支部获评复旦大学"研究生示范党支部"，研究生团学联获2014年复旦大学研究生优秀团学联，本科生团学联获评复旦大学五四特色团组织。孙胜童获评2013年上海市优秀博士学位论文，王章薇获评2013年上海市优秀硕士学位论文。　　（高　娜　李映萱　刘海霞
　　　　王　莉　张　炜　朱　莹　赵军惠）

【1项成果获2013年度教育部自然科学奖一等奖】　1月，丁建东、俞麟"可注射性热致水凝胶"项目成果获得"2013年度高等学校科学研究优秀成果奖（科学技术）授奖项目"自然科学奖一等奖。该成果针对一类具备热可逆sol-gel相转变特性的高分子水凝胶，系统研究以可降解聚酯和聚醚为构筑基元的嵌段共聚物类可注射性热致水凝胶，解决了热致水凝胶的若干关键科学技术问题，对未来临床应用也具有指导作用。　（李映萱）

【1项研究获新进展】　4月30日，国际化学领域权威期刊《应用化学》(Angew. Chem. Int. Ed.)在线刊发彭慧胜课题组研究成果，该研究通过一种叠加织物电极的新方法，成功制备出织物太阳能电池，这类电池可以编到各种织物中，为实现可穿戴电子设备提供一种新的有效方法。5月30日，《科学》(Science)杂志进一步以"Weaving solar energy into fabrics"为题对该研究作专门报道。（李映萱）

【聚合物分子工程国家重点实验室评估良好】　7—8月，聚合物分子工程国家重点实验室参加化学学科国家重点实验室评估。7月21日，实验室参加初评，进入前30%行列；8月14日，接受专家组的现场考察及代表性成果汇报。实验室最终被评为良好实验室。　（高　娜）

环境科学与工程系

【概况】　2014年，环境科学与工程系设有环境科学与工程一级学科博士点，下设环境科学、环境工程以及环境管理硕士点，工程硕士点，环境科学、环境工程二级学科博士点，环境管理二级学科博士点，环境科学与工程一级学科博士后流动站，环境科学本科专业。

有在职教职员工78人，其中正高级职称25人，副高级职称30人，中级职称15人；聘请8名国内外知名专家学者任顾问教授和兼职教授；引进人才国家青年千人1人，上海千人1人，长江讲座教授1人；新增博士生导师1位，科学学位硕士生导师4位，工程硕士专业学位硕士生导师1位。

全年共有19个科研项目获得资助。王祥荣"我国特大型城市生态化转型发展战略研究"获得国家社科基金重大项目立项，有国家自科基金项目11项。科研经费到款总计2 600余万元。全年发表SCI论文106篇，其中影响因子大于3.0的二区以上文章有44篇。王琳获得环境保护部"国家环境保护专业技术青年拔尖人才"称号；郑正获得"中国循环经济协会科学技术奖"；杨新获得"上海市优秀学术带头人计划资助"。王祥荣负责的"环境科学虚拟仿真实验教学中心"获得教育部批准立项，成为学校首个国家级虚拟仿真实验教学示范中心。罗刚入选"上海市青年科技英才扬帆计划"。

全年海外专家学者到系参观讲学25次，到访学者来自美国、加拿大、法国等国家，涉及环境工程、大气污染、水污染、生物能源、气候变化、遥感、可持续发展等多个领域。教师出国进修、应邀讲学、参加学术会议36人次，出访国家地区包括美国、法国等国家。上海市大气颗粒物污染防治重点实验室与澳大利亚昆士兰科技大学未来环境研究院签署合作协议，共同成立国际联合空气质量科学与管理实验室。分别与英国东英吉利大学、美国亚利桑那大学签署实施本科生"2+2"双学位项目，与法国奥尔良大学签署双硕士生学位项目，并与日本筑波大学签署海外交流协议。
　　　　　　　　　　（晓　芹）

【召开第三届全球教育项目——可持续性、科学、技术和政策国际研讨会，亚洲（SUSTEP）】　该会议于3月21—23日在校举行。由日本筑波大学发起，复旦大学环境科学与工程系承办。主题为环境类研究生合作培养与互换交流。研讨会旨在组建一个由亚洲高等学校组成的大学联盟，立足环境科学、环境工程与环境管理学科，搭建合作平台，并加强研究生之间的教育合作与交流，为双方培养各领域人才提供良好的环境和机会，促进大学间学生和教师流动。会上，与筑波大学签署合作协议。
　　　　　　　　　　（晓　芹）

【1位外国专家参加习近平总书记座谈会】　5月22日，中共中央总书记、国家主席习近平出席亚洲相互协作与信任措施会议上海峰会后，在上海召开外国专家座谈会。来自22个国家，就职于上海高等学校、科研院所和企业的50位专家参加座谈会，环境科学与工程系"千人计划"英国籍教授玛丽·哈德应邀参会。（晓　芹）

【研究工作被IPCC第五次评估报告分组报告引用】　环境科学与工程系、复旦丁铎尔中心的副研究员蒋平和教授董文博的研究工作(Journal of Cleaner Production, 58, pp. 130—137)在最新发布的IPCC第三工作组第五次评估报告《气候变化2014：气候变化减缓》(Working Group III: IPCC 5th Assessment Report "Climate Change 2014: Mitigation of Climate Change")中被引用。　（晓　芹）

【1项成果在《应用化学》发表】　4月，

德国《应用化学》(Angew. Chem. Int. Ed.)在线刊载唐幸福课题组论文Electronic Metal—Support Interactions in Single-Atom Catalysts作为内封面文章。该研究成功地解析金属—载体相互作用的本质,构建金属单原子活性位的电子态结构和催化活性之间的构效关系,对以催化剂为核心的催化控制技术的发展有重要意义。

(晓 芹)

【成立复旦大学城市发展研究院】详见"社会发展与公共政策学院"【成立复旦大学城市发展研究院】条,第？页。

【成立中国—澳大利亚空气质量科学与管理研究中心】12月5日,中国—澳大利亚空气质量科学与管理研究中心在北京成立。环境系作为创立单位之一,与中国环境科学研究院等12家单位共同签署国际合作协议。系教授陈建民任中心理事会理事,王琳任中心执委会执委。

(晓 芹)

【启动唐仲英科学研究院PM2.5研究项目】12月20日,"复旦大学唐仲英科学研究院PM2.5研究项目"启动会议在校召开。上海大气颗粒物污染防治重点实验室主任、复旦大学环境科学与工程系教授陈建民担任项目负责人,公共卫生学院教授阚海东、法学院教授张梓太、环境科学与工程系教授王琳等10余位项目组成员参会,美国斯坦福大学博士后杨江等作为项目高级交流人员列席。该项目由美国唐仲英基金会捐资1 000万元人民币支持,希望通过理、医、法多学科交叉、跨学科、跨领域的合作,对大气PM2.5进行科学控制。

(晓 芹)

【上海市大气颗粒物污染防治重点实验室通过验收】12月23日,"上海市大气颗粒物污染防治重点实验室"建设项目验收会在校召开。验收组专家听取重点实验室主任陈建民对建设项目情况总结和典型成果的汇报,详细了解重点实验室定位与研究方向、科研项目与成果、队伍建设与人才培养、实验室运行与管理、科普与开放交流等方面的成果。验收专家对实验室现场进行参观考察,高度评价实验室在建设期取得的成绩,并且一致同意验收通过。

(晓 芹)

信息科学与工程学院

【概况】2014年,信息科学与工程学院设有一级学科5个(含一级学科博士点3个),其中电子科学与技术是一级学科国家重点学科,生物医学工程是一级学科上海市重点学科、上海市一流学科(B类);二级学科11个,其中国家重点学科3个;博士后流动站2个,博士点8个(含工程博士点1个),硕士点11个,工程硕士培养领域6个,学士学位专业6个。

有在职教职工143人,其中正高级职称42人,副高级职称45人,中级职称48人。有中国科学院院士2人(其中双聘1人),中国工程院院士1人,国家杰出青年基金获得者4人,国家"千人计划"专家5人,国家"青年人计划"获得者2人,上海市千人计划获得者4人,教育部"长江学者"特聘教授2人,复旦大学特聘教授5人、特聘讲座教授4人,教师队伍中有博士学位的占74%,45岁以下中青年教师占63%。2014年新增获国家杰出青年基金资助1人(李翔),研究员徐丰获IEEE遥感学会2014年度青年成就奖。

全年招收本科生295人(含外国留学生1人),科学硕士研究生157人,博士研究生73人(含工程博士2人,外国留学生1人),在职工程硕士研究生284人,全日制工程硕士45人(含外国留学生4人)。在读本科生1 134人(含大类托管新生255人),硕士研究生470人,博士研究生309人(含工程博士7人)。在职工程硕士研究生1 222人,全日制工程硕士生118人。授予22人科学博士学位,授予135人科学硕士学位,授予265人工程硕士学位。开设本科生课程246门,硕士研究生课程147门,博士研究生课程49门,工程硕士课程73门。共有"上海市精品课程"2门,"上海市本科重点课程建设"2门,"复旦大学精品课程"8门,开设全英语教学课程6门。入选上海市优秀博士学位论文1篇,入选上海市优秀硕士学位论文2篇。获2014年英特尔杯大学生电子设计竞赛嵌入式系统专题邀请赛一等奖2项;2014年全国大学生生物医学电子创新设计竞赛命题项目组一等奖1项、自选项目组一等奖1项、2014年全国大学生电子设计竞赛电子系统专题邀请赛二等奖1项;2014"创佳彩电杯"国际水中机器人大赛一等奖1项。启动拔尖人才培养的"卓越工程师"计划;顺利运行复旦大学—图尔库大学硕士双学位项目。

承担纵向科研项目168项,其中新立项35项,到款项目100项,到款经费1 965.3万元。76项横向科研项目,到款经费1 200.5万元。总到款项目176项,到款总经费3 165.8万元。获国家自然科学基金(NSFC)项目15项,其中面上项目6项、杰出青年基金项目1项、青年项目6项、仪器专项1项。获发明专利授权37项。获各类人才支持计划3项。发表SCIE论文203篇、EI论文168篇、CPCI国际会议论文39篇。

国际学术交流活动频繁,与近30个国家和地区的大学、研究机构、企业联系和密切合作。开展国际合作课题10项,新签署合作协议1项。举办国际会议6次,邀请国内外学者学术报告56人次。海外来访参观86团次,教师国际出访交流86人次,学生国际出访交流104人次。举办第三次信息学院国际鉴评会,邀请国际顶级专家对学院"十二五"建设和未来学科规划进行评估。顾问教授、学院国际鉴评委员会委员中村修二获得2014年诺贝尔物理学奖,顾问教授哈努·谭沪伦获上海市白玉兰纪念奖。

开展党的群众路线教育实践活动,加强基层党组织建设。启动制定新一轮学科发展规划,支持各类科研平台建设发展。电磁波信息科学教育部重点实验室顺利通过验收;先进照明技术教育部工程研究中心与产业对接,启动绿色照明上虞产学研合作基地建设;以物联网和信息化为特色的"国家新农村发展研究院"获科技部和教育部联合批准建设;绿色光电、泛在媒体、智慧医疗、微纳电子、智慧网络系统等创新研究平台进一步发展。

举办第十四届"三八"妇女节及"六一"亲子活动,以及第十四届学院运动会;举办本科生教学座谈会、学生工作研讨会,以及学生职业培训和心理咨询等系列活动。举办第十四届"信息人节"、第十三届学术文化节、第六届博士生学术论坛、第四届"忆往昔、谈理想"等活动,文化特色项目"忆往昔、谈理想、育新人"获得上海市高教系统特色项目奖,学院工会获得上海市工会"教育先锋"称号。

巩固与 Intel 公司、华为技术有限公司、SCSK 株式会社以及海洋王照明科技股份有限公司的合作关系,延续设立"SCSK"、"华为"、"海洋王"、"豪尔赛照明"和"林洋照明"等奖学金。与中国工程物理研究院等单位签署学生社会实践基地和科学研究合作协议,98 名本科生、研究生到该院参观实习。以"青春中国梦"、"践行社会主义核心价值观"等为主题,展开各类主题教育和班团建设活动。

5月,信息学院微纳系统中心成立。9月,学院党委书记调整,周立志调任学校办公室主任,不再兼任学院党委书记,汪源源担任学院党委书记。 （马　波）

【2部专著出版】 9月,陈良尧等人编著《凝聚态光学研究前沿》由上海交通大学出版社出版。10月,干福熹著《History of Modern Optics and Optoelectronics development in China》(World Scientific Publishing)、《中国近代当代光学、光子学发展史》(中英文版)由上海科学技术出版社出版。
（马　波）

【举办光源与照明工程系30周年系庆活动】 光源与照明工程系30周年系庆活动"中国光明行——先进照明技术论坛"在上海、深圳、广州、杭州、江门和重庆等6个城市巡回举办。活动详细梳理光源与照明工程系的发展历史,剪辑制作《蔡祖泉》、《追求光明的复旦人》纪录片巡回放映,举办一次系庆展览,对外发布重要科技成果11项。10月17日,"复旦大学校友会照明分会"在复旦大学光源与照明工程系建系30周年庆典大会上正式成立。 （马　波）

电子工程系

【概况】 2014年,电子工程系有一级学科2个(电子科学与技术和生物医学工程),均具有博士学位授予权和博士后流动站;有二级学科2个(国家重点学科1个、上海市重点学科1个);本科专业2个,硕士点2个,博士点2个,博士后流动站2个。建有电子工程系科技创新基地。

有在职教职工31人,其中教授9人,主任技师1人,博士生导师9人,副教授7人,副研究员、高级工程师各1人。有中国工程院院士1人,复旦大学特聘教授1人。2014年,电子工程系有本科专业2个,硕士点2个,博士点2个,博士后流动站2个。建有电子工程系科技创新基地。在读本科生314人、硕士研究生92人、博士研究生52人。

承担纵向科研项目49项,其中新增国家自然科学基金项目5项。16项横向科研项目到款。科研项目到款总经费158.97万元。获授权发明专利18项。获各类人才支持计划1项。2014年发表SCIE论文41篇、EI论文50篇、CPCI论文10篇。
（马　波）

光科学与工程系

【概况】 2014年,光科学与工程系有一级学科2个(光学工程和物理学),其中物理学具有博士授予权和博士后流动站,入选国家重点一级学科,光学工程具有博士授予权。二级学科3个(含国家重点学科1个、上海市重点学科1个);本科专业1个;硕士点3个;博士点3个。

有在职教职工33人,其中教授13人、研究员4人(博士生导师13人),副教授7名,副研究员2人。有中国科学院院士1人(双聘),复旦大学特聘教授1人。在读本科生71人,硕士研究生49人,博士研究生60人。

承担纵向科研项目51项,其中新增国家自然科学基金项目6项。3项横向科研项目到款。科研项目到款总经费59.8万元。获授权发明专利4项。获各类人才支持计划1项。2014年发表SCIE论文52篇、EI论文41篇、CPCI论文5篇。 （马　波）

通信科学与工程系

【概况】 2014年,通信科学与工程系设有一级学科1个,二级学科3个。本科专业1个,硕士点3个,博士点1个。

有在职教职工31人,其中教授6人、青年研究员1人,博士生导师5人,副教授13人,高级工程师1人。有中国科学院院士1人。有本科专业1个,硕士点3个,博士点1个。在读本科生146人,硕士研究生66人,博士研究生23人。

承担纵向科研项目27项,其中新增国家自然科学基金项目3项。16项横向科研项目到款。科研项目到款总经费146.9万元。获授权发明专利7项。获各类人才支持计划1项。2014年发表SCIE论文67篇、EI论文53篇、CPCI论文19篇。（马　波）

光源与照明工程系

【概况】 2014年,光源与照明工程系有一级学科1个(电子科学与技术),具有博士授予权和博士后流动站,并入选国家重点一级学科。二级学科2个(物理电子学和光电系统与控制技术),其中物理电子学为博士授权点,光电系统与控制技术为硕士授权点。本科专业1个(电气工程及其自动化)。设有电气工程专业教学实验室。设复旦大学电光源研究所。光源与照明工程系有本科专业1个,硕士点2个,博士点1个。

有在职教职工21人,其中教授4人、研究员2人,博士生导师6人,副教授8人。在读本科生110人、硕士研究生39人、博士研究生16人。

承担纵向科研项目27项,其中新增国家自然科学基金项目1项。35项横向科研项目到款。科研项目到款总经费713.8万元。获授权发明专利8项。2014年发表SCIE论文33篇、EI论文21篇。 （马　波）

微纳系统中心

【概况】 有在职教职工13人,其中教授3人,博士生导师3人,副教授1人,副研究员3人。 （马波）

微电子学院

【概况】 微电子学院所在的一级学科电子科学与技术（具有博士授予权和博士后流动站）是国家重点一级学科。设有二级学科"微电子学与固体电子学"（国家重点学科），博士点1个，硕士点1个，本科专业1个，国家重点实验室1个，是国家集成电路人才培养基地，具有集成电路方面工程硕士的招生规模和招生方式的自主权。

学院设有"微处理器与系统芯片设计"、"射频与数模混合信号集成电路设计"、"电子设计自动化"和"微纳电子器件"4个研究所。有在职教职工113人,其中教授22人,研究员10人,副教授15人,副研究员2人,其他副高级职称6人,博士生导师25人和校外兼职博士生导师1人。共有教育部"长江学者"特聘教授3人,复旦大学特聘讲座教授3人,复旦大学特聘教授1人。国家千人计划获得者2人,国家杰出青年基金获得者3人,国家青年千人计划获得者1人,上海市千人计划获得者6人。张卫、曾璇获教育部"长江学者"特聘教授称号,王鹏飞入选科技部中青年科技创新领军人才,张卫获上海市优秀学术带头人称号。

2014年,学生由信息科学与工程学院统一进行招生和在读学生学籍管理,微电子学院配合进行研究生招生和学籍管理工作。有在读博士研究生151人,在读硕士研究生224人,在读本科生239人。招收2014级博士新生40人,2014级硕士生73人,2013级本科生84人（2013级本科生在2014年分专业,2014级本科生还未分专业）。上海市精品课程1门（《半导体物理》），校级精品课程1门（《半导体器件原理》），复旦大学本科教学研究课题3项。

2014年有在研项目109项,其中纵向66项,横向43项。到款经费总计5 255.42万元,其中纵向课题4 088.79万元,横向课题1 166.63万元。发表学术论文226篇,其中SCI收录82篇,EI收录110篇；获授权发明专利66项,其中国外发明专利2项；申请发明专利121项。 （许藏）

【"长三角集成电路设计与制造协同创新中心"培育工作取得重要进展】 5月,长三角集成电路设计与制造协同创新中心通过教育部网评。中心由复旦大学牵头,联合浙江大学、东南大学、上海交通大学和多家长三角区域集成电路领域优势单位共同组建。2014年度中心培育工作成效明显,"两高一新"重大任务取得重要进展：高效能嵌入式CPU金融卡换芯工程应用芯片已完成设计开始投片验证,高端芯片工艺12英寸验证线已完成主洁净区配套建设,半浮栅新器件已完成存储器等芯片设计,国内首款千万门级辐射容忍FPGA已投入市场；长三角集成电路研发设备公共服务平台被评为2014年度上海研发公共服务平台最具创新力服务机构,平台负责人周鹏被评为2014年度上海研发公共服务平台服务标兵。 （许藏）

【专用集成电路与系统国家重点实验室通过整改核查】 11月3日,科技部基础司组织专家对专用集成电路与系统国家重点实验室的整改情况进行现场核查。12月11日,科技部基础研究司签发关于发布信息科学领域国家重点实验室整改核查结果的函（国科基函[2014]36号），同意实验室通过整改核查,从2015年起按照良好实验室予以支持。 （许藏）

【获批"国家集成电路人才国际培训（上海）基地"】 11月,"国家集成电路人才国际培训（上海）基地"获国家外国专家局立项审批。基地依托复旦大学,利用上海集成电路产业的技术优势,开展国际交流与合作,以建成世界级的集成电路人才国际培训基地。 （盛积婷）

计算机科学技术学院

【概况】 2014年,计算机科学技术学院有"计算机科学与技术"和"软件工程"两个一级学科博士学位授权点；"计算机科学与技术"有"计算机软件与理论"、"计算机应用技术"、"计算机系统结构"和"数据科学"等4个二级学科博士学位授权点,其中"计算机软件与理论"为国家和上海市重点学科。学院还有计算机技术领域全日制专业学位工程硕士点,计算机技术领域和软件工程领域工程硕士点。学院设有"计算机科学与技术"、"信息安全"、"软件工程"和"保密管理"4个本科专业；并设有"计算机科学与技术"、"软件工程"2个博士后科研流动站。有1个国家级实验教学示范中心、2个上海市重点实验室、1个教育部工程中心和1个上海市教委工程研究中心。

有在读本科生754人,科学学位硕士研究生319人,科学学位博士研究生172人,工程博士6人,全日制专业学位工程硕士144人,非全日制工程硕士1 823人。

举办2014年复旦大学计算机科学技术学院和软件学院优秀大学生夏令营活动。学院负责的贵州省和辽宁省招生宣传工作获得学校招办和当地省招办的一致好评。举办复旦大学程序设计竞赛暨ACM—ICPC集训队选拔赛,"谷歌一复旦技术夏令营"以及信息学特长生夏令营活动,为学院招收优秀本科生源奠定良好基础。

2014年,学院成立拔尖人才培养工作小组,由汪卫任组长,赵一鸣任副组长,张亮、姜育刚、张军平、黄萱菁、肖仰华等5位老师任工作组成员。全年共录取32名学生。

马颖琦的《计算机基础与数据库》(梯队成员：马颖琦、王欢、王智慧、张向东)获得2014年度复旦大学精品课程立项；李景涛的《信息安全》、徐迎晓的《严肃游戏应用与设计》被评为校级精品课程；赵卫东的《面向企业需求的跨学科商务智能课程群学用结合教学模式》被评为高等教育上海市级教学成果奖二等奖、《以信息化思维为中心的计算机基础教学体系》被评为百度公司校企合作专业综合改革项目、《大数据分析与应用》被评为IBM公司产学合作专业综合改革项目；陈辰的《移动应用技术人才培养课程建设项目：智能移动平台应用开发课程建设》被评为Google公司校企合作专业综合改革项目。

全年共开设7门校级全英语课程。朱扬勇等的《数据科学》、汪卫等的《新型大数据管理技术》、张彦春等的《健康信息学——大数据方法》、姜育刚等的《可视媒体计算基础与趋势》课程为FIST开放课程建设项目。

2010级计算计科学与技术专业学生宋任初（导师：孙未未）的论文"GPS采样序列的地图匹配和轨迹压缩"、2010级信息安全专业学生李珈（导师：颜波）的论文"融合分析与编码的监控视频快速对象检测"、2010级软件工程专业学生王欣（导师：张为华）的论文"基于Vocabulary Tree的多媒体检索算法实现及并行优化"被评为2014年度复旦大学优秀本科论文。

2013级本科生陈子旸、刘璐和董麒麟在2014年ACM国际大学生程序设计竞赛世界总决赛获第19名，邢皓明、刘炎明和杨越在2014年ACM国际大学生程序设计竞赛亚洲区域赛获亚军（北京站），复旦大学ACM队获2013年ACM国际大学生程序设计竞赛亚洲区域赛中国大陆子赛区最佳命题奖。

学院先后有28组学生入选曦源计划，2人获批博士生短期国际访学资助（与南京理工大学联合）。2010级本科生孙祥彦获微软"编程之美挑战赛"冠军。王臻、方家婧、姬鹏飞（指导教师赵卫东）的"基于大数据分析的在线教育资源推荐方法研究"被评为Google大学生创新项目。硕士生蒋丹妮（导师赵卫东）获2014 SAP Lumira大学挑战赛2.0三等奖。

2014年，马建庆组织学生参加首届"中软吉大·问鼎杯"大学生信息安全与保密知识大赛，共2个队进入决赛，分获一等奖（第2名）和三等奖（第15名）。

2014年，由赵一鸣任站长、冯红伟任联系人的青少年科技工作站完成日常近2 000人的接待工作，包括艺术教师的科技参观、学院的信息夏令营等活动。工作站完成2014年度上海市科委的《中学生计算机创新人才培训课程建设》的建设项目。2015年度上海市科委的《移动互联网开发课程建设》的立项申请也已获批。工作站和控江中学、上海交通大学附属中学等开展合作培养中学生，获得第29届上海市青少年科技创新大赛一等奖2项，三等奖1项；第十二届"明日科技之星"评选活动创意奖1项。

陈伊萍入选2014年度东方学者讲座教授；赵运磊获得上海市人力资源和社会保障局的"上海市人才发展资金"资助；赵卫东获得国家留学基金委"2014IBM奖研金"；阚海斌获得2014年"上海市育才奖"。

科研方面，2014年学院科研经费稳步增长，全年到款数为5 589.20万元，同比增长11.17%。其中纵向科研经费到款金额2 934.78万元（到款100项），外拨240.00万元，实际到款2 694.78万元（其中国防研究院97.5万）；横向科研经费实际到款2 654.42万元，（其中理科科研处到款2 491.32万元，文科科研处到款163.10万元）。学院到款纵向科研项目100项中，国家"863"计划6项，国家"973"计划3项，国家科技支撑计划8项，国家自然科学基金30项，国家科技部项目4项、国家教育部项目1项、上海市科委项目28项，上海市教委项目1项、上海市经委项目7项，其他上海市项目1项，其他国家部委项目7项。项目金额超过百万的到款科研项目共计10项。新增合同95份，合同金额5 240.56万元。在973项目方面，杨珉领衔，肖仰华、王鹏协助的"移动应用恶意行为检测控制的基础理论与关键技术"项目入选青年973计划，实现学院973首席科学家称号"零"的突破。张军平的《图像超分辨率与远距离视频监控研究》获上海市自然科学三等奖。

2014年，学院的高质量论文和获授权的发明专利数量基本与2013年持平，据不完全统计，学院师生发表高质量（一区）会议论文14篇。发表SCIE论文53篇，其中高质量论文一区3篇，二区15篇，EI论文40篇，ISTP(CPCI)论文26篇，中国科技论文52篇。获得授权的发明专利共计16项。学院不断推进云计算平台建设和使用工作，申请使用的纵向项目15个，横向项目3个，其他项目4个，申请使用的虚拟机111台，CPU数1 592个，硬盘容量27 370G，内存容量4 344G，使用时间达到378 528小时。

(李吉萍)

【1人获2013年ACM上海卓越科学家奖】 1月15日，根据ACM(全球性计算机协会，Association for Computing Machinery)中国理事会和ACM总部的批复，姜育刚获2013年ACM上海卓越科学家奖。

(李吉萍)

【任命新一任党委书记】 2月19日，计算机科学技术学院召开大会，由组织部长周亚明宣读任命文件，任命许晓茵为计算机科学技术学院新一任党委书记。学院全体教师参会。

(李吉萍)

【上海市数据科学重点实验室（筹）举行揭牌仪式】 3月30日，由复旦大学负责建设的上海市数据科学重点实验室（筹）举行揭牌仪式。该实验室于2013年9月6日由上海市科委正式下文批准筹建。实验室总体目标是发展成为国际数据科学研究的重要研究场所和数据科学人才培养基地，引领数据科学研究。实验室依托计算机科学技术学院运行。

(李吉萍)

【承办ACM国际会议CIKM2014】 11月3—7日，第23届ACM信息与知识管理国际会议（简称CIKM2014）在上海召开。由计算机科学技术学院承办。院长王晓阳任大会联合总主席，来自世界各地500多名计算机科学相关领域的学者、学生参加会议。经过多年发展，CIKM已成为信息检索、知识管理和数据库领域的顶级会议之一。

(李吉萍)

【1人获首届ACM中国新星奖】 10

月23日下午,"ACM中国颁奖典礼"在河南省郑州大学举行。姜育刚获得ACM颁发的首届中国新星奖(ACM China Rising Star Award)。

(李吉萍)

软件学院

【概况】 复旦大学软件学院成立于2002年,是全国37所国家级示范性软件学院之一。2014年,软件学院开展软件工程专业本科、计算机软件与理论专业硕士研究生和博士生、软件工程专业学位硕士生和在职不离岗的软件工程硕士生培养工作;其中"计算机软件与理论"专业为国家和上海市重点学科。学院建有复旦大学并行处理研究所、软件工程实验室、宽带网络与互动多媒体实验室、电子商务研究中心、交互式图形学实验室、密码与信息安全研究室、公共绩效与信息化研究中心、数据分析与安全实验室和金融IT人才标准研究中心等研究机构。

有在读本科生328人,科学学位硕士研究生95人,全日制专业学位工程硕士19人,非全日制工程硕士1 724人,留学生12人。

2014年,学院成立卓越工程师项目工作小组,韩伟力任组长,张为华、徐迎晓、吴毅坚等3位老师任工作组成员。全年共录取50名学生。

新增本科生课程4门,分别是:彭鑫《软件设计》、赵卫东《内存数据管理》、沈立炜《软件需求工程》、韩伟力《卓越软件开发基础》。

年度科研经费到账(工作量分配后经费)1 600多万。整年度1区会议期刊论文(2014年会议和2013年期刊)5篇,主要教师作者包括韩伟力、彭鑫、张谧、赵文耘、赵运磊等5人。

2014年,发表教学论文3篇:赵卫东的《设计思维在商务智能实验教学中的应用》发表在《计算机教育》;徐迎晓的《跨学科课堂的计算思维练习》、《基于中医四诊模式的教学效果自我评估探究》发表在《计算机工程与科学》。赵卫东出版专著《智能化的流程管理》。

10月30日,爱尔兰国立都柏林大学校长安德鲁·迪克斯(Andrew Deeks)随爱尔兰国家教育部部长简·奥沙利文(Jan O'Sullivan)等到访并正式与复旦大学签署《软件工程专业硕士双学位项目合作备忘录》。

(董美)

【1名研究生在国际会议作报告】 8月20—22日,第23届USENIX Security Symposium国际会议在美国圣迭戈召开。会上,学院硕士研究生李致公报告其所在研究组在口令研究方面的最新成果"A Large-Scale Empirical Analysis of Chinese Web Passwords"。该项研究由韩伟力指导,与浙江大学教授徐文渊合作完成,是该届会议来自中国国内研究机构唯一一篇正式研究论文,发表后即受到国际系统安全研究领域的关注。

(董美)

【启动2014IBM—复旦大学学生创新实验室项目】 10月31日,由学院教师赵卫东的研究生和本科生,与IBM大中华区大学合作部华东华中区校际关系经理王衍清等共同参与的2014IBM—复旦大学学生创新实验室项目活动正式启动。该项目被纳入学院卓越工程能力培养计划。

(董美)

【1人获"上海IT青年十大新锐"称号】 12月20日,第十三届"上海IT青年十大新锐"评选结果公布,计算机科学技术学院教授杨珉获得新一届IT新锐称号。杨珉及其团队瞄准国家战略和行业需求,重点围绕操作系统安全防护和软件测评等领域开展深入研究,取得系列优秀的成果,部分研究成果已经成功进行产业化应用。

(董美)

国家保密学院

【概况】 复旦大学国家保密学院成立于2011年,系我国定点成立的10所国家保密学院之一。信息安全(保密方向)、保密管理2个专业有本科生在读,在计算机科学技术学院和法学院的相关专业下设"保密学"方向培养全日制研究生,并培养保密管理方向的工程硕士生。学院在读本科生72人,硕士研究生34人,非全日制工程硕士生68人。

设有网络空间安全研究中心、密码研究协同创新中心。

承接国家保密局保密相关工作,8月12—15日,在邯郸校区光华楼西辅楼举行培训,为期4天。江西省国家保密局局长张锋作动员报告,75名学员参训。10月,承办第5期《保密学科通讯》杂志,杂志内容涵盖学科论坛、教学实践、教材建设、招生就业、国外动态等多方面内容,为保密学科建设提供信息交流平台。

推进保密教学实验和科研场所的环境建设工作,位于张江校区行政楼三楼的保密技术研究所于2014年底建成并投入使用,含保密教学实验室、保密科研项目研发室、保密资料室、保密实训室/成果展示室以及保密机房和教师办公室等,配备门禁、摄像等安全保密设施;制定《复旦大学国家保密学院实验室使用及管理办法(试行)》,对实验室周界安全以及教学实验室、项目研发室、机房等教学科研场所的使用和管理等方面作严格规定。

(徐飞虹)

【参加首届"中软吉大·问鼎杯"大学生信息安全与保密知识大赛】 9月27日,组织学生参加由浙江省保密学院主办的首届"中软吉大·问鼎杯"大学生信息安全与保密知识大赛,共2个队进入决赛,分别获得一等奖和三等奖。

(徐飞虹)

【举办"国家保密学院第二届保密专业师资培训"】 10月24—25日,学院举办为期2天的"国家保密学院第二届保密专业师资培训"。由国家保密教育培训基地主任郑崇辉带队,上海市国家保密局宣传法规处处长徐静出席。共完成25名师资培训。

(徐飞虹)

【编写完成《泄密取证技术》教材】 2014年,学院承担并完成保密教材《泄密取证技术》的编写工作,得到教材评审专家的充分肯定和一致好评。

(徐飞虹)

【成立密码研究协同创新中心】 12月,成立解放军密码研究协同创新中心。与中国解放军总参谋部合作聚焦密码技术和工程研究,赵运磊为中心负责人。

(徐飞虹)

【成立网络空间安全研究中心】 12月,成立复旦大学网络空间安全研究中心成立。该中心隶属于保密学院,薛向阳为中心负责人。 （徐飞虹）

材料科学系

【概况】 2014年,材料科学系有材料科学与工程一级学科博士学位授权点和博士后流动站,涵盖材料物理与化学、材料学2个二级学科的博士、硕士学位授权点,另有物理电子学二级学科博士、硕士学位授权点,其中材料科学与工程一级学科入选2012年上海市高校一流学科(B类),材料物理与化学为国家重点建设学科和上海市重点学科,物理电子学纳入电子科学与技术一级国家重点学科建设。有材料科学与工程领域全日制及非全日制专业学位工程硕士点,有材料物理、材料化学、电子科学与技术三个本科专业。建有国家微电子材料与元器件微分析中心、教育部先进涂料工程研究中心。

有在职教职员工69人,其中正高级职称26人,博士生导师27人,副高级职称26人。退休教师1人。教育部"长江学者奖励计划"特聘教授1人,国家杰出青年基金获得者2人。中组部"青年千人"1人,中组部"青年拔尖人才"1人,教育部新(跨)世纪优秀人才9人,上海市浦江人才8人,上海市曙光学者5人,入选上海市青年科技启明星计划7人。胡新华获2014年国家优秀青年基金资助,陈敏入选2014年度上海市曙光计划,方晓生入选汤森路透2014年全球高被引科学家,李劲当选中国腐蚀与防护学会副理事长;杨振国被中国科学技术协会聘为全国金相与显微分析学科首席科学传播专家。

全年招收本科生83人,硕士研究生36人,博士研究生25人,专业学位双证硕士研究生15人。在读本科生214人(不含复旦学院2014级本科生)、硕士研究生99人、博士研究生92人、专业学位双证硕士研究生34人。开设本科春季课程44门,其中全校公共选修课程17门;开设本科秋季课程61门,其中全校公共选修课程17门,通识教育核心课程2门;春秋共开设研究生课程45门。本科开始全英语授课课程4门;研讨型课程4门。

全年科研经费到款2 400余万元。在研纵向科研项目100余项,横向科研项目80余项,承担或参加"973计划"重大基础研究项目子课题6项,"863计划"项目1项,国家重大科学仪器设备开发专项1项,国家科技支撑计划科技攻关项目1项,国家自然科学基金优秀青年科学基金1项,面上项目6项,青年基金项目1项,联合基金1项,上海市重大(重点)项目3项,省部级项目51项。在国内外核心刊物发表学术论文160余篇,其中SCI论文140余篇。获国家发明专利授权17项。

有30余位国内外专家学者到系开展学术交流活动,涉及材料科学诸多前沿领域。师生参加国际会议、出国考察、交流等活动40余人次。

全年共计9名同志提出入党申请,组织32名同志参加复旦大学入党积极分子培训班,发展党员19名。

学生工作方面,响应学校号召,组织学生到宝钢、中国工程物理研究院等单位实地考察,引导学生到国家需要的地方建功立业。2014届毕业生共8人赴西部、基层和国家重点单位工作,材料科学系获评复旦大学2014年就业工作先进集体。2011级本科生团支部获评2014年度"上海市五四红旗团支部创建支部"。

（邓续周　施展　宋云　徐辑磊　于瀛　张兆强）

【举办复旦大学高端访问学者课程】 10月28日,德国莱布尼茨固体与材料研究所集成纳米科学分所所长、德国凯姆尼茨工业大学(TU Chemnitz)纳米材料与电子学教授奥利弗·施密特(Oliver G. Schmidt)开设高端访问学者课程"Selected topics in Nanomaterials"。课程涵盖纳米技术的发展历程、纳米材料制备的基本原理等内容,选取自组装半导体量子点和应变驱动卷曲纳米薄膜作为纳米材料典型,论述其在电子学、光子学、磁学和力学等方面的性质,并探索其在柔性电子学、应变电子学、生物芯片和自驱动微纳系统等方面的应用。报告分为2个课时,吸引材料系和其他院系研究生共60多人参加。

（梅永丰）

【举办2014年上海液晶研究进展交流会】 该会议于11月6—9日在校举行。由材料科学系主办。系教授俞燕蕾任大会主席,来自海峡两岸的40多位学者参会。会议围绕液晶材料与显示、智能响应液晶材料、液晶光电信息技术等专题进行,旨在为海峡两岸高校的同行专家提供一个交流的平台,集中展现当前的学科前沿和发展动向。

（韦嘉）

力学与工程科学系

【概况】 2014年,力学与工程科学系设有力学、航空宇航科学与技术、生物医学工程3个一级学科,涵盖6个二级学科;有学士学位授权点2个,硕士学位授权点6个,二级学科博士学位授权点2个,博士后流动站1个。在职教职工37人,其中正高级职称10人,副高级职称14人。

本科生按技术科学大类和自然科学大类招生。从外校招插班生3人;招收硕士生18人,博士生11人。毕业本科生42人;毕业硕士生20人,博士生5人。在读本科生142人,硕士研究生49人,博士研究生55人。本科生春季开课共计38门,其中为本系学生开课33门,为外系学生开课2门,开设全校公选课1门,通识教育核心课程2门;秋季开课38门,其中为本系学生开课34门,为外系学生开课1门,通识教育核心课程3门。春季开设研究生课程19门,秋季开设研究生课程23门。

2014年,获首届上海市力学竞赛优秀组织奖,2014级直博生潘望白、理论与应用力学专业2012级本科生任珂、张靖宇获上海市力学竞赛二等奖;理论与应用力学专业2012级本科生彭博、飞行器设计与工程专业2012

级本科生严峰、理论与应用力学专业2013级本科生吴睿和赵奕获上海市力学竞赛三等奖。作为第一完成单位,与东华大学共同完成的教学成果"追求具有一流水平的微积分与连续介质力学基础知识体系的教研与实践"获上海市教育委员会和上海市人力资源和社会保障局颁发的2013年高等教育教学成果奖一等奖,谢锡麟为第一完成人,华诚参与课题。

承担国家"973计划"、国家自然科学基金(重大研究计划培育项目、面上项目、青年基金项目)、上海市科委上海市自然科学基金基础研究面上项目、上海市科委人才计划(浦江人才计划、扬帆计划)、国家及部委重点实验室开放课题等纵向项目,经费总计401万元;承担横向项目经费总计288.5万元;承担国防973项目经费总计40万元。获批国家自然科学基金面上项目3项和青年科学基金项目1项。发表SCI论文17篇、EI论文4篇、国内核心期刊论文15篇、国际会议论文11篇、国内会议论文12篇。申请发明专利2项,获授权发明专利1项,获授权软件著作权1项。

共举办17场学术报告会,邀请哈佛大学、加利福尼亚大学、佛罗里达大学、约克大学、乔治华盛顿大学、弗吉尼亚理工大学、达特茅斯学院、中国科学院、北京大学、香港大学、中国科学技术大学、东南大学等国内外著名院校的学者,进行交流活动。5月23日,举办复旦大学109周年校庆学术报告会,共有5名学者进行报告;11月29日,举办以"力学让生活更美好"为主题的"复旦大学博士生论坛之力学、航空宇航科学与技术、生物医学工程篇",开幕式邀请同济大学、航天科技集团八院805所、中国商飞上海飞机设计研究院、复旦大学附属眼耳鼻喉科医院专家作4场大会学术报告,一般力学与工程力学、固体力学、流体力学、航空宇航科学与技术和生物医学工程等5个分会场共进行42场报告。10月,与上海市针灸经络研究中心合作申请建立的"上海市针灸机制与穴位功能重点实验室"获得立项。

按照中央部署和学校的要求,系党总支完成党的群众路线教育实践活动总结和整改阶段工作,按要求进行"回头看",落实整改措施。制订《复旦大学力学与工程科学系关于执行党风廉政建设责任制的实施细则》和《复旦大学力学与工程科学系落实"三重一大"制度实施方案》。12月16日,力学与工程科学系第一次党代会召开,选举产生新一届系总支委员,选举黄岸青为总支书记,葛锡颖为副书记。

2013级本科生郑朕参军入伍。2014届硕士毕业生朱昶帆等5名同学赴上海核工程研究设计院等国家重点单位和西部就业。发展党员11人,转正5人。本科生党支部发展党员6人,转正3人;硕士生党支部发展3人,转正3人;博士生党支部发展2人,转正1人。

(艾剑良 黄岸青 马建敏 张 迪
葛锡颖 叶玉葵 邓 娟 吴豫哲)

生命科学学院

【概况】 2014年,生命科学学院设有一级学科博士点2个(生物学和生态学),二级学科博士点9个(遗传学、发育生物学、生物物理学、植物学、微生物学、生物化学和分子生物学、神经生物学、人类生物学、生物信息学),一级学科硕士点2个(生物学和生态学),二级学科硕士点11个(遗传学、发育生物学、生物物理学、植物学、微生物学、生物化学和分子生物学、神经生物学、人类生物学、生物信息学、动物学、细胞生物学),博士后科研流动站1个,本科专业2个。设有遗传工程国家重点实验室、生物多样性与生态工程教育部重点实验室和现代人类学教育部重点实验室。遗传学、生态学为国家重点学科,生物物理学为上海市重点学科,同时参与神经生物学、病原生物学、生物化学和生物分子生物学、生理学等国家重点学科建设。

有在职教职工206人,其中教授/研究员72人,副教授/副研究员60人。博士生导师76人。中国科学院院士1人,双聘中国科学院院士1人,中组部千人计划(含青年千人)入选者14人,教育部长江学者特聘教授(含讲座教授)10人,国家"973计划"首席科学家6人,复旦大学特聘教授(含讲座教授)13人。

全年招收本科生75人,硕士研究生102人,博士研究生78人,全日制专业学位研究生25人。有在读本科生444人,硕士研究生411人,博士研究生392人。开设本科生平台课1门,专业必修课23门(其中22门为本院学生开设,1门为环境科学系开设),专业选修课60门,通识教育核心课6门,通识教育选修课12门。开设研究生课程93门,其中学位基础课程15门,专业课和选修课程78门。

加强对有志于从事生命科学基础研究人才的培养。从2012级本科生中选拔14人,从2013级中选拔12人进入"基础学科拔尖学生培养计划",采用"导师制"形式进行个性化培养,并在培养方案、学习条件、实验室科研和国际交流等方面给予特殊政策。鼓励并支持学生参与校内外科创活动和各类竞赛(如国际遗传工程机器设计竞赛世界锦标赛,International Genetically Engineered Machine Competition,简称iGEM),锻炼学生独立工作和团队协作的能力,提升对科学的热情。曲勤凤获得2013年全国"做出突出贡献的工程硕士学位获得者"称号。高志梅获得首届全国"工程硕士实习实践优秀成果获得者"称号。

获得国家自然科学基金资助面上项目29项,青年科学基金项目10项,优秀青年科学基金2项,重点项目1项,重大研究计划培育项目1项,海外及港澳学者合作研究基金1项,"973"重大科学研究计划子课题2项,863青年科学家项目1项,863计划子课题1项,批准金额总计3 773万元。在研国家级科研项目共242项、地方级项目153项。全年科研经费到款总额11 605.45万元。王红艳主持的国家自然科学基金重点项目"赖氨酸同型半胱氨酸修饰致先天性心脏病的作用及机理"获得立项资助340万元;

鲁伯埙和郑丙莲分别主持的国家自然科学基金优秀青年科学基金项目"神经生理和疾病"和"植物小分子RNA与生殖发育",分别获得立项资助100万元;胡薇主持的国家自然科学基金委重大研究计划培育项目"湖区血吸虫适应山区新环境的分子进化机制"获得立项资助100万元,王永明和赵健元作为国家973重大科学研究计划项目"母胎交互对话异常致妊娠相关重大疾病的分子机制"的子课题负责人,分别获得立项资助120万元;赵健元主持科技部863青年科学家项目"蛋白质赖氨酸同型半胱氨酸化修饰的底物鉴定及干预方法"获得立项资助150万元;于玉国作为科技部863计划的子课题负责人"活体脑多光子显微结构与功能成像关键技术研究",获得立项资助80万元。

全年发表SCI论文281篇,其中以复旦大学为第一单位发表的SCI论文193篇,平均影响因子4.36。申请专利20项,获授权专利15项。王红艳等的"中国人群重大出生缺陷的遗传分析"获得教育部自然科学奖一等奖,李博等的"互花米草入侵长江河口盐沼湿地湿地的机制与生态系统影响"获得2013年度教育部自然科学奖二等奖;金力等的"文理交叉培养跨学科人才——基于中华民族形成史的人才培养模式的探索"和梅岩艾等的"综合性大学'生理学'教学模式的改革和实践"获得上海市教学成果一等奖;吕红等的"构建以生态学为主线、多学科交叉融合的生物学野外实习新模式"获得上海市教学成果二等奖。理查德·芬尼尔(Richard H. Finnell)入选教育部长江学者讲座教授,钟涛入选上海市千人计划,李继喜、闫志强获得上海高校特聘教授"东方学者"称号,闫志强获得"2014年度上海市青年科技启明星计划(A类)",印春华入选2014年度上海市学科带头人计划。吴燕华获得第二届全国高校青年教师教学竞赛理科组一等奖,乔守怡、赵世民和吴超群共同担任指导老师。

有近100位外国知名专家学者来院开展学术交流活动,涉及生命科学诸多前沿领域。学院有50余人次参加国际学术会议,在会上发表论文13篇,作学术报告42人次。举办国际学术研讨会1场。举办4场谈家桢生命科学讲坛,共有4位国内外院士来院演讲。举办7场生命科学前沿论坛讲座,有10位专家来院做学术报告。

落实学校学生工作相关各部门的各项工作要求,围绕社会主义核心价值观主题教育活动,落实群众路线教育实践活动精神,立足生命学院学生工作特点和学科特色,学院学工队伍通过扎实开展党建、主题教育、学业辅导、就业指导、心理帮扶等各方面工作,努力为学生创造良好的学习氛围和提供优质的服务。学工组长钟妮获评2014年度上海市辅导员年度人物。党建工作以本科生"党员成长计划"和研究生"示范党支部建设"为抓手,结合党的群众路线教育和十八届三中、四中全会精神学习开展活动,落实复旦大学加强本科生、研究生基层党组织建设方案要求,制定学院的工作细则,让党建工作有抓手、见成效。班级重视凝聚力和学习氛围的建设,积极鼓励学生投身科创竞赛、志愿服务、社会实践等各类活动。围绕学校年度主题教育内容,立足生命科学专业特色,加强学生德育教育工作,帮助学生坚定理想信念,提升爱国主义情怀,增强社会责任感和历史使命感,教育和引导学生在奉献祖国、服务人民中实现远大理想和人生价值。奖助工作努力做到"公平、公正、公开",帮困助学强调个性化帮扶,培养困难学生自强独立精神。努力配合园区做好学生公寓住宿管理和园区文化建设工作。高度重视学生的心理健康教育工作,通过提高队伍专业素质,建设院系危机应对机制,开展心理咨询和拓展活动,注重整体教育与个别关注、预防与干预相结合,加强学生心理健康教育工作,发现问题及时解决,保障学生学习、生活的正常进行。强化学生生涯教育与职业发展的组织构架,健全学院三级就业工作网络,积极动员教职员工参与就业服务工作,充分利用各种资源,拓展校外实习、就业基地,为学生了解就业市场、扩大就业机会提供细致的服务与帮助。配合书院做好学生管理和文化建设工作。

(冯素云 钟 江 蒋 蕾)

【举办4场谈家桢生命科学讲坛】 学院全年举行4场"谈家桢生命科学论坛",内容涉及遗传发育、植物细胞生物学以及临床医学等。演讲专家分别是中国科学院院士、北京大学教授程和平,中国科学院院士、厦门大学教授韩家淮,德国科学院和欧洲EMBO院士、德国慕尼黑大学教授帕特里克·克莱默(Patrick Cramer),美国医学科学院和美国人文与科学学院院士、贝勒医学院教授詹姆斯·鲁普斯基(James R. Lupski)。

(白美蓉 冯素云 钟 江)

【召开遗传工程国家重点实验室学术委员会会议】 3月21日,遗传工程国家重点实验室学术委员会会议在逸夫科技楼多功能厅召开。学术委员会委员王红阳、赵国屏、陈晓亚、李林、杨洪全、程祝宽、吴晓晖、余龙,复旦大学副校长兼学术委员会委员金力,重点实验室主任兼学术委员会委员马红等参会。王红阳主持会议,金力致辞。马红作遗传工程国家重点实验室2013年度工作汇报。委员们听取赵世民、王红艳、张锋等的代表性成果汇报,并与会的PI就重点实验室研究方向的调整和凝练、队伍整合、PI间的研究互动和合作等问题进行讨论。

(白美蓉 刘 晶 冯素云 钟 江)

【2项成果在国际权威期刊发表】 3月27日,PLOS Genetics 杂志在线刊发刘建祥课题组研究论文"The Membrane-Associated Transcription Factor NAC089 Controls ER-Stress-Induced Programmed Cell Death in Plants"。该论文揭示出膜结合转录因子NAC089从内质网膜转移到细胞核中,发挥调控植物内质网胁迫诱导的程序性细胞死亡(PCD)的机制。8月31日,《自然·细胞生物学》(Nature Cell Biology)在线发表钟涛研究团队关于心脏发育和细胞纤毛生物学的研究成果。该研究运用遗传学、发育生物学和细胞生物学等现代生物学技术,阐明前列腺素信号通路能够调控细胞纤毛生长和心脏左右不对称发育,不仅揭示出在胚胎形

成和器官发育中前列腺素信号的重要性,且有助于解密先天性心脏病和人类其他疾病的细胞分子病因。该成果可能为心脏疾病诊疗策略的转化应用开辟新思路。

(白美蓉 冯素云 钟江)

【举行2014年度谈家桢遗传学国际论坛】 该论坛于4月19—21日在光华楼东辅楼102报告厅举行。由遗传工程国家重点实验室、遗传与发育协同创新中心和复旦大学生命科学学院联合举办。来自国内外遗传学领域的知名专家学者25位到会做学术报告,包括美国国家科学院院士、美国杜克大学教授菲利普·本斐(Philip Benfey),美国国家科学院院士、美国弗罗里达大学教授哈里·科里(Harry Klee),美国德克萨斯大学奥斯汀分校教授理查德·芬尼尔(Richard H. Finnell),美国耶鲁大学教授许田,美国科罗拉多大学教授韩珉,中国科学院院士、清华大学教授孟安明,中国科学院院士、中国科学院上海生命科学研究院植物生理生态所研究员韩斌等。中国科学院院士、复旦大学副校长金力和院长马红先后致辞,并介绍遗传与发育协同创新中心建设情况。论坛组织一系列专题报告,包括人类基因组学和人类疾病的研究,水稻、西红柿等重要农作物的遗传学研究以及植物根系的研究等,反映学科领域的最新进展和成果。来自校内外200余名师生及科研工作者参会。

(彭筱崴 冯素云 钟江)

【1项研究取得重要进展】 4月25日,生物综合类期刊eLife 刊发王学路实验室关于激素调控拟南芥根毛发育的研究工作。该实验室系统分析油菜素甾醇相关突变体的根毛表型,发现油菜素甾醇信号通过GSK3类激酶或其上游成分抑制根毛的形成。该研究揭示出促进生长的激素调控根表皮细胞命运的细胞和分子机制,也为通过调控根毛发育提高植物对水分和营养成分的吸收提供思路。 (白美蓉 冯素云 钟江)

【完成学院整体搬迁】 6月23日,学院启动从邯郸校区至江湾校区的整体搬迁工作。搬迁面积为邯郸校区21 000多平方米,涉及12栋楼宇。9月16日,学院在江湾校区新楼报告厅召开搬迁后第一次全院大会。会上,副校长金力回顾学院江湾新楼从选址到建楼的历程,对学院改善科研空间和条件寄予希望。

(梁晓华 杨文娟 冯素云 钟江)

【吴燕华获得上海市"五一"劳动奖章】 9月10日,中国教育工会上海市委员会举办"青春在讲台——首届上海高校青年教师教学竞赛总结表彰会"。学院教师吴燕华获得上海市"五一"劳动奖奖章,乔守怡获得首届上海市高校青年教师教学竞赛最佳指导奖。 (冯素云 钟江)

【与波士顿儿童医院签署合作意向书】 9月11日,与美国波士顿儿童医院合作意向书签署仪式在江湾校区遗传与发育协同创新中心举行。副校长金力与波士顿儿童医院副院长詹姆斯·卡瑟(James Kasser)、大卫·玛格丽丝(David Margulies)分别代表双方签署合作意向书。赵世民主持仪式,波士顿儿童医院部分代表,复旦大学外事处、科技处、生命科学学院和遗传与发育协同创新中心相关负责同志及代表出席会议。会上,双方就未来可能合作的领域展开探讨。双方希望通过签署合作意向书,建立长久深入的战略合作伙伴关系。 (彭筱崴 冯素云 钟江)

【学生团队获得国际遗传工程机器设计竞赛世界锦标赛金奖】 详见"学校综述"【学生多次获奖】条,第42页。

【召开遗传与发育协同创新中心理事会会议】 12月21日,遗传与发育协同创新中心在江湾新校区生命科学楼先后召开第一理事会第二次会议和第二届理事会第一次会议。中心主任金力主持会议,中心理事11人出席。会议决定"遗传学协同创新中心"正式更名为"遗传与发育协同创新中心",并增加中山大学为第六家核心协同单位。复旦大学党委书记朱之文为中心第二届理事会成员和中心主任颁发聘书。会议审议通过《遗传与发育协同创新中心章程》和《遗传与发育协同创新中心深化合作协议》,到会理事单位均同意签署《遗传与发育协同创新中心深化合作协议》,标志着协同创新中心的建设工作进入新阶段。

(彭筱崴 冯素云 钟江)

【与宾州州立大学签署合作协议】 12月,副校长金力、生命科学学院院长马红与宾州州立大学副校长尼尔·夏基(Neil Sharkey)、艾伯利(Eberly),理学院院长丹尼尔·劳什(Daniel J Larson),分别代表双方签署合作备忘录。该协议为双方实质性合作打下基础,推动遗传与发育协同创新中心的国际化建设。

(李雪 冯素云 钟江)

国际文化交流学院

【概况】 2014年,国际文化交流学院有教职工61人,其中教授(包括正高级讲师)6人,副教授(包括高级讲师)18人。

全年在院研究生130名,其中留学生33名,研究生在外担任志愿者20名;在学本科生129人,23人休学;春季学期长期生612名,秋季学期678名,全年短期学生623名。上述学生均包括各类奖学金学生和校级交流生,学院接受的奖学金生和校际交换生数量逐年提高。

2014年,恢复招收学术型硕士生。

教学管理方面,全年教学工作有序展开。主要的教学类型包括研究生教学和培养、"汉语言"本科生教学、普通进修生教学、语言进修生(长短期)教学;"对外汉语"(本科第二专业)教学;为学校其他院系留学生开设的公共必修和选修课程(MBBS相关课程、全校本科留学生的中国概况课程等),校际交流生的汉语课程,复旦暑期项目的汉语课程等。在国际化课程方面,学院承担大量留学生的公共汉语课程、通识教育课程、中国文化类选修课程。

开展语言合作项目,包括伦敦政经学院语言文化项目、泰国法政大学汉语项目、日本同志社大学汉语项目、日本立教大学暑期项目、韩国仁川大学汉语项目、美国纽约州立大学商务汉语项目、瑞典哥德堡汉语言文化项目、新加坡德明政府中学文化浸濡项目、新加坡孔子课堂冬令营、韩国济州道公务员汉语培训项目等；在新西兰奥克兰大学孔子学院建立专业硕士学位实习基地。

成立教学指导委员会，包括进修生和本科生教学指导委员会和研究生教学指导委员会；召开2014年人才培养工作会议；组织汉语系全体教师参与修改和完善2014级本科新生课程修读方案，调整5门课程；设立专门督导，加强对兼职教师的培训和管理；从下半年起定期召开研究生导师会，共同商议研究生的培养和课程建设；推动学校明确中国籍海外华人招生录取工作的归口管理部门和报备程序；进一步规范留学生短期招生业务流程。

科研学术方面，教师学术沙龙得到学校文科科研处认可。科研交流活动常规化，逾10多位国内外专家学者到院讲学，包括新西兰奥克兰大学教授埃里斯（Rod Ellis）、著名语言学家、原暨南大学教授邵敬敏，新加坡国立大学教授石毓智，北京语言大学对外汉语研究中心教授施春宏等。全年有20多人次参加国内外各类学术会议，在大会或小组会上宣读论文，与国内外同行交流研究成果。青年教师耿直连续两次组织汉语国际教育工作坊。7月9日，召开首届上海地区汉语国际教育研究生论坛在。7月12—13日，与新西兰奥克兰大学孔子学院联合举办首届"汉语跨文化传播国际研讨会"。来自中国大陆和中国台湾、新西兰、新加坡、澳大利亚、美国、丹麦、日本等8个国家和地区的120多位专家学者就相关议题展开深入讨论。

10月23日，挪威卑尔根大学（University of Bergen）人文学院副院长希尔德·E·哈兰克莱默（Hilde E. Haaland-Kramer），该院外文系中文项目负责人、教授赵守辉到访。12月16日，悉尼大学孔子学院组织的学生代表团到访。12月19日，学院1992级罗马尼亚籍校友、罗马尼亚国际广播电台中文节目编辑蔡小玉到访。

组织学生开展各类活动。4月8—13日，学院300多名留学生分赴洛阳西安、厦门、桂林、张家界、山西等地展开教学旅行。5月，举行《我眼中的中国》汉语演讲比赛（共有28名同学参赛）、摄影比赛（共有11幅作品分别获得一、二、三等奖，另有14幅作品获优秀奖）。11月11日，9名中外研究生代表学院参加由华东师范大学国际汉语教师基地主办的首届江浙沪地区汉语国际教育硕士才艺技能大赛。11月15—16日，组织研究生到宁波余姚展开为期两天的文化考察。11月22日，组织2013和2014级本科生到苏州天平山和木渎古镇进行为期一天的文化考察。学院留学生积极参加校运动会并取得佳绩，相关内容被《China Daily》报道。2013级汉语国际教育硕士专业研究生俞竹、方岚2014年在斐济南太平洋孔子学院任汉语教师志愿者。11月，习近平主席访问斐济。方岚、俞竹在驻斐济使馆领导下，积极参加高访团接待工作，出色完成各项任务，赢得高访团和驻斐使馆的赞誉，受到国家汉办/孔子学院总部表扬。

在汉办2014年汉语教育案例征集活动中，学院共有4名教师、1名硕士研究生获奖，教授刘鑫民《运用现代技术手段进行直观化的汉语声调教学的尝试》获得一等奖。杨蓉蓉获得第六届"研究生心目中的好导师"评选提名奖。对外汉语教学中心第三教研室获得"上海市教育系统巾帼文明岗"称号。

（盛 青）

马克思主义学院

【概况】 2014年7月，社会科学基础部更名为马克思主义学院。学院有在职教职工49人，其中教师43人。教师中，有教授13人，副教授14人，中级职称16人；博士生导师8人，硕士生导师23人；32人具有博士学位、6人具有硕士学位；新进教师3人。

全年招收研究生32人，其中博士生16人，硕士生16人。毕业研究生共33人，其中16名博士生，7名硕士生。

本科教学工作以高质量落实《〈中共中央宣传部教育部关于进一步加强和改进高等学校思想政治理论课的意见〉实施方案》（教社政[2005]9号，简称"05方案"）的4门核心课程为着力点，针对重大理论与实践命题，及时开展党的创新理论进教材、进课堂、进学生头脑等教学活动。《马克思主义基本原理》入选上海市精品课程，学院开设的4门必修课程全部建设成为市级精品与国家精品共享课程。"基于实践性的《概论》课教学改革和建设整体推进探索"获得国家级教学成果奖二等奖。

学科建设方面，制订《复旦大学院系学科建设（2014—2020年）及阶段建设（2014—2017年）发展规划方案》马克思主义学院部分。教育部人文社科重点研究基地"中国共产党革命精神与文化资源研究中心"的工作步入正轨。"复旦大学国家意识形态建设研究中心"列入上海高校人文社会科学重点研究基地建设计划。学院与上海市委宣传部理论处之间的合作取得实质进展，制订重要合作项目《思想理论动态》工作方案。

加强师资队伍建设，把队伍建设作为课程建设的根本。2014年有1人公派出国进修。为教师参加学术会议和教学比赛提供支持。教师全年参加各种学术会议共计51人次，其中国际学术会议10人次，国内学术会议41人次。青年教师张晓燕获评"教育部2014年全国思想政治理论课教学能手"，李冉获"第三届长三角高校思想政治理论课教学比赛"一等奖，沈冰清获"第四届上海高校思想政治理论课教学比赛"二等奖，王艳和严金强获"第四届上海高校思想政治理论课教学比赛"三等奖。全年发表科研成果83项，其中论文62篇，专著4部，教参1部，译著2部，资政报告14篇，其中核心期刊论文33篇。新立项的科研项目共23项，包括国家社科基金重大项目1项、国家社科基金课题2项、教育部重点研究基地重大项目1项、教育部人文社会科学研究专项任务项目1项、教育部思政理论课教师择优资助计划1项、上海市哲学社会科学规划系列课题1项、上海市哲学社会科学规划委托课题1项、上海市教委项目8项、其他课题7项。科研成果获奖7项，其中上海市第十二届社会科学优秀成果奖二等奖2项（论文类）、上海市第十届邓小平理论研究与宣传优秀成果奖1项（著作类）。全国高校思想政治教育研究会"纪念思想政治教育学科设立30周年优秀成果"论文类一等奖1项、二等奖1项。根据学校安排，认真组织学院的教育实践活动和整改方案落实，制定和完善包括"三重一大"事项集体决策制度、党政联席会议制度和财务管理制度等一系列学院党政管理制度，建立健全学院聘任委员会、教学指导委员会、教授会与学术委员会等机构，并制定相应章程，使学院工作更加规范化。

研究生工作组分工明确，推进各项常规工作和系列主题实践活动，获得复旦大学年度学生思想政治工作先进集体称号和2014年研究生暑期社会实践活动"优秀组织院系奖"，1人获得复旦大学年度学生思想政治工作先进个人一等奖。注重加强研究生党建工作和研究生思想政治教育的理论探讨，2013级研究生党支部获评复旦大学研究生示范党支部，成功申报并组建研究生理论养成工作室，主持的德育课题获得2014年度上海市教育卫生党委系统党建研究课题成果三等奖。

（左皓劼）

【成立复旦大学国家意识形态建设研究中心】 2月，经上海市教委教育委员会研究决定，"复旦大学国家意识形态建设研究中心"列入上海高校人文社会科学重点研究基地建设计划。该中心于2013年5月开始筹建，依托马克思主义理论一级学科，围绕坚持中国道路、弘扬中国精神、凝聚中国力量，充分发挥思想引领、舆论推动、精神激励和文化支撑作用，为实现中华民族伟大复兴的中国梦提供意识形态建设研究的支持，并为复旦大学马克思主义理论学科建设发挥重要支撑作用。

（左皓劼）

【社会科学基础部更名为马克思主义学院】 7月，经校党委常委会研究，批复同意社会科学基础部更名为马克思主义学院，并指示校规划处联合制定马克思主义学院发展规划，为学院学科建设和发展提供新的载体和动力。中共上海市委宣传部与复旦大学会商，决定共建复旦大学马克思主义学院。

（左皓劼）

【举办多元文化背景下的国家认同学术研讨会】 该会议于8月9—10日在银川市北方民族大学召开。由复旦大学国家意识形态建设研究中心、中国人民大学《教学与研究》编辑部、北方民族大学马克思主义学院联合主办。会议旨在进一步提升民族团结教育效果，巩固和发展社会主义新型民族关系。国家民委教科中华人民共和国国家民族事务委员会教育科技司副司长周晓梅、国家民委民族理论研究室副主任马国华等出席开幕式，来自全国有关高校、科研机构的近百位专家学者参会。与会专家学者结合当前国情和社会现实，就多元文化背景下的国家认同问题从理论、政策、实践等多个层面进行探讨。

（左皓劼）

【"基于实践性的《概论》课教学改革和建设整体推进探索"获得国家级教学成果奖二等奖】 9月，由顾钰民领衔完成的"基于实践性的《概论》课教学改革和建设整体推进探索"获得国家级教学成果奖二等奖。该成果在理念上把提高教学实效性作为一个系统工程，构建教学内容、教学方法、社会实践、考试方式改革和队伍建设"五位一体"整体改革新模式；把教学方法研究作为提高《概论》课教学有效性的关键环节，使教学方法研究成为任课教师的基本功；把考核方法改革作为提高《概论》课教学有效性的重要手段，激发学生的学习热情。

（左皓劼）

【承办第九届亚太道德教育年会】 该会议于10月24—26日在校召开。来自中国大陆、中国香港、中国台湾、美国、英国、澳大利亚、日本、韩国、新加坡、马来西亚、印度尼西亚、巴基斯坦等国家和地区的80余位道德教育领域的专家和学者参会。与会学者围绕"如何使道德教育更有效"的主题，就道德教育领域中最值得关注的问题及其对策展开讨论，帮助亚太各国道德教育者共同应对现代社会中的道德教育困境。

（左皓劼）

【召开上海市哲学社会科学界"思想理论动态座谈会"】 该会议于12月23日在光华楼举行。由上海市委宣传部理论处与复旦大学马克思主义学院、复旦大学国家意识形态建设研究中心共同主办。来自上海市委宣传部理论处、复旦大学、上海交通大学、华东师范大学、上海市社会科学院、新华社上海分社智库中心的哲学社会科学界专家学者出席会议。编撰《思想理论动态》是上海市委宣传部理论处与复旦大学马克思主义学院合作的重要项目之一，与会专家就刊物的栏目定位、选题方式、风格特点、内容形式、传播方式、栏目周期、依靠力量、激励机制等问题展开广泛研讨。座谈会的召开标志着《思想理论动态》选题和撰稿工作正式启动。

（左皓劼）

艺术教育中心

【概况】 2014年，艺术教育中心（含艺术设计系）有在职教职工29人，其中专任教师22人、行政人员7人；具有正高级职称2人、副高级职称9人、中级职称18人；具有博士学位6人。

全年面向全校本科生开设艺术类公共教育课程108门，其中通识教育核心课程4门，选课人数3 305人。向6个校级重点学生艺术社团的300多名团员开设"艺术训练"课程。

教师发表论文25篇（含内部刊物），出版著作1部，个人专辑1部。有7位教师获得上海市教学成果奖一等奖。

下所属6个学生艺术社团参加校内外演出50余场。1月3日，舞蹈团参加全国啦啦操联赛·上海啦啦之星争霸赛（上海站），获规定动作乙组一等奖；自由舞蹈自选动作一等奖。1月9日，舞蹈团与印度舞蹈家&音乐家在本部邯郸校区学生活动广场举办联合专场演出。3月19日，民乐团在贺绿汀音乐厅参加上海大学生新春音乐会演出，演出曲目《新翻羽调绿腰》《江南风韵》。5月16日，舞蹈团参加复旦大学学生运动会开幕仪式演出；5月17日，复旦剧社原创校园题材戏剧《The University》在上海戏剧学院瑞钧剧场和上海群众艺术馆上演。5月20日，弦乐团及管乐团在邯郸校区东区复旦艺术教育馆（下文简称"复旦艺术教育馆"）一楼大厅举办打击乐重奏音乐会。5月23日，弦乐团及管乐团在复旦艺术教育馆一楼大厅举办了爵士萨克斯重奏音乐会。5月24日，民乐团与上海师范大学民乐团共同举办复旦—上师大交流音乐会，演出《跑旱船》《新翻羽调绿腰》《江南风韵》等曲目。5月27日，民乐团在邯郸校区任重书院中庭广场，参加任重书院"任重之声"音乐沙龙。5月30日，复旦剧社学期大戏《萨勒姆的女巫》在复旦艺术教育馆上演。5月31日，管乐团、弦乐团参加"2014年上海市民文化节市民演奏大赛高校专场展演"，获"100支优秀市民乐队"称号。6月2日，管乐团、弦乐团在美国研究中心谢希德报告厅举办"难忘贝多芬"专场音乐会。7月12—14日，合唱团上海夏季音乐节组委会邀请，参加MISA上海夏季音乐节的演出。8月5—16日，舞蹈团赴巴西里奥格兰德州参加"2014年新普拉塔国际民俗艺术节"。9月13日，民乐团参加松江区文化馆举办"中山杯"江南丝竹邀请赛暨中山社区（街道）第七届文化艺术节开幕式，获得金奖。9月23日，合唱团参加2014学年复旦大学迎新晚会现场演出；民乐团参加在谢希德报告厅举办的香港求是基金会颁奖典礼，演出《茉莉花》等曲目。9月27日—10月6日，民乐团赴比利时、捷克，参加当地孔子学院相关演出活动；10月7日，合唱团、民乐团、舞蹈团、弦乐团等参加第四届全国大学生艺术展演。10月18—19日，复旦剧社原创互动剧《1925·展览》在上海戏剧学院承办的"国际青年艺术创想周"活动中上演。10月29日，民乐团参加上海理工大学、上海政法学院举办的高雅艺术进校园演出，演出《水乡船歌》《正月十五闹雪灯》等曲目。11月18、25日，舞蹈团及复旦剧社参加在上海农林职业技术学院、上海工会管理职业学院举行的复旦大学艺术团"高雅艺术进校园"专场演出，复旦剧社演出《1925身影·夜》肢体剧。11月14日，民乐团参加在东方艺术中心举办的复旦教育基金会音乐会，演出曲目《梅花三弄》。12月7日，民乐团参加杨浦区少年宫举办的第十届"长三角"地区民族乐团展演，以《新翻羽调绿腰》节目获得优秀演奏奖。12月8日，合唱团参加大金公司在上海交响乐团音乐厅举行的"放飞梦想·大金之声"上海市大学生合唱音乐会活动。12月9日，合唱团参加复旦大学一二·九歌会。12月26日，舞蹈团参加复旦大学"我们的时光"新生专场演出暨"太阳花"农民工子弟公益支教汇报演出。12月28日，舞蹈团参加复旦大学"听见·爱"爱心音乐会演出；民乐团参加在复旦大学学生广场举办的LINB"听，花开的声音"盲人体验音乐会，演出曲目《梅花三弄》；弦乐团在复旦艺术教育馆一楼大厅举办小型讲座音乐会。

以多种形式推动校园文化建设。3月28日，许肖潇在邯郸校区750号楼207教室举办"我们的首映——影像剧作实践课影像展"活动。6月20日，张鹿在邯郸校区东区艺术馆2楼舞蹈房，邀请美国加利福尼亚大学尔湾分校舞蹈系教授王童举办舞蹈专家课。11月24日，许肖潇开设的"微影人的自我修养"课程在coursera平台上线，总计吸引6 468位在线注册学习者；校内同步开设基于该MOOC的混合式教学课程。12月13日，张鹿在东区艺术馆2楼舞蹈房，邀请全美舞蹈家协会舞蹈家黄磊（Haynes Kathryn）做公开课。12月28日，龚金平在叶耀珍楼2楼作题为《〈赎罪〉的文化分析与伦理分析》的讲座。12月29日，许肖潇在邯郸校区5102教室举办"coursera线上课程微影人的自我修养"大型线下见面交流会活动。

（陈　寅　徐　薇）

【原创肢体剧《1925·身影》上演】 5月11日，复旦剧社原创肢体剧《1925·身影》在上海话剧艺术中心上演。剧名中的"1925"是复旦剧社成立的年份，该剧与2013年第十二届复旦大学校园戏剧节中的《1925·台词篇》同为复旦剧社原创"1925"系列互动剧。

（周　涛　徐　薇）

【参加2014"新声力"上海大学生合唱音乐会】 5月15日，学生合唱团参加在上海商城剧院举行的"新声力——上海大学生合唱音乐会"，是第31届"上海之春"国际音乐节期间唯一一场合唱音乐会。演出节目为《茉莉花》和《青春无悔》。

（陈　瑜　徐　薇）

【参加拜罗伊特青年音乐节】 8月2—17日，应国家汉办的邀请，在复旦大学孔子学院办公室的推荐和共同组织下，由校党委副书记陈立民带队，学生合唱艺术团、民乐团前往德国，参加为期14天的"2014拜罗伊特国际青年艺术节"。期间，独立举办多场专场音乐会，并与来自不同国家的合唱团一起组成国际合唱联盟（Harmony International Choir），举办3场音乐会。

（陈　寅　徐　薇）

【承办上海国际艺术节"天天演"教育系统演出】 10月28日，学校承办上海国际艺术节"天天演"教育系统演出，复旦剧社、民乐团及舞蹈团参与首场复旦专场的演出。剧社原创肢体剧《1925·展览》的《夜》章节在位于上海南京东路的世纪广场的天天演活动中上演。

（陈　寅　徐　薇）

【原创大戏《天之骄子》公演】 11月4日，复旦剧社原创军旅题材大戏《天之骄子》作为第四届中国校园戏剧节决赛的参赛剧目，在上海戏剧学院公演。《天之骄子》获得该届校园戏剧节金奖，为中国高校戏剧最高奖。男主角杨文广的饰演者、2011级哲学院学生田博毅获得"校园戏剧之星"称号。

（周　涛　徐　薇）

【教师作品入选第十二届全国美展】 12月，艺术教育中心教师王天德综合材料绘画作品《后山图》、包春雷陶艺作品《源》入选第十二届全国美术作品展览，其中《后山图》获中国美术奖铜奖。同年，《后山图》获2014年度上海文艺创作优秀单项成果奖。

（包春雷　徐　薇）

体育教学部

【概况】 2014年,体育教学部有在职教职工60人,其中任课教师53人、教辅人员7人;具有正高级职称5人、副高级职称26人。

为一、二年级本科生开课518门次,涉及23个体育项目;为高年级本科生及研究生开设体育选修课31门次;暑期开课14门次,包括游泳班4个、羽毛球班4个、篮球班2个、排球班1个、乒乓球班1个和网球班2个。2013—2014学年秋季学期体育课程学生评估平均分4.84,2014—2015学年春季学期体育课程学生评估平均分4.83。1月,吴丽红、葛萍、丰萍、杨峻被聘为高级讲师。2月22—23日,阿迪达斯春季高校课程培训举行。11月25日,美国伊利诺伊大学体育学教授朱为模博士专题报告在正大体育馆新闻发布厅举行。棒垒球课程被评为2014年度校级精品课程。

积极组织参加各种体育赛事。承办或协办校运会、篮球、排球、足球、乒乓球、羽毛球、跳绳、踢毽子、拔河、乐长跑等校内比赛。2014年校内体育竞赛综合得分前八名院系如下:经济学院、数学系、化学系、医学院、国务学院、法学院、计算机学院、生命科学院。参加上海市第十五届运动会,参赛项目包括田径、篮球、排球、足球、游泳、乒乓球、羽毛球、网球、射击、击剑、棒球、跆拳道、板球、高尔夫、武术、棋类、桥牌等17项,获得高校组团体奖牌72枚,其中金牌40枚,银牌14枚,铜牌18枚;高校组团体总分和奖牌数皆排名第五。复旦大学被评为2013年上海市学生阳光体育运动先进学校。4月17日,复旦大学、同济大学、上海财经大学三校篮球联盟(简称FTC篮球联盟)启动仪式在多功能厅举行。5月16日,第54届田径运动会暨第十四届教工运动会开幕式在正大体育馆举行,校长杨玉良致开幕词,常务副校长陈晓漫,副校长桂永浩、许征、陆昉,党委副书记袁正宏、刘承功、尹冬梅等出席开幕式。7月17日,2014年中国知名高校(C9高校)龙舟赛在浙江省建德市新安江举办,复旦大学龙舟队获得一等奖,北京大学、清华大学、浙江大学等参加比赛。9月22日,复旦大学男子排球队与加拿大西三一大学男子排球队友谊赛在正大体育馆举行。10月13—16日,在上海、苏州两地,复旦大学学生与香港大学网球、足球、游泳队进行交流、比赛。11月30日,首届"哈恩达斯"杯上海市大学生四人制排球邀请赛在正大体育馆落幕,复旦大学、上海交大、同济大学等17所高校的24支队伍参加此次比赛。

发表论文13篇,承担课题12项,其中新获课题8项。课题进展状况如下:在研省部级课题1项,厅局级课题5项并结题,在研校级课题6项。参加国际性会议2次,国内会议1次,国内会议专题报告1篇,国际会议墙报交流2篇。举办复旦大学建校109周年暨第48届科研报告会——体育教学部论文报告分会,共18篇文章入选,3篇文章在大会报告。

10—11月,开展大学生体质健康测试工作,10 748名本科生参加测试。2014级本科生合格率为96.72%,2013级本科生合格率为97.36%,2012级本科生合格率为95.12%,2011级本科生合格率为92.39%。全校本科生合格率为95.52%。

党建方面,5月6日,教师刘君预备党员审批大会在体育教学部会议室举行。12月2日,国际关系与公共事务学院教授刘建军在正大体育馆新闻发布厅作"超越两极对立的新法治观"主题报告。

(王 震)

【领导班子换届】 2月21日,举行体育教学部领导班子换届会议。党委副书记陈立民、组织部部长周亚明主持。会议宣布陈建强为主任,朱寅申、尤玉青、孔斌任为副主任。王方橡不再担任主任,陈琪、马祖勤不再担任副主任。

(王 震)

【召开2014年度体育运动委员会第二次会议】 9月16日,2014年度体育运动委员会第二次会议正大体育馆新闻发布厅举行。副校长陆昉、各院系副书记和体育教学部相关领导出席会议。体育教学部主任陈建强主持并讲解《国家学生体质健康标准》的内容与要求,布置2014年学生体质健康测试工作,同时介绍下半年的体育竞赛工作。

(王 震)

【举办首届乐跑比赛】 11月22日,体育教学部主办的首届乐跑比赛在邯郸校区举行。校党委书记朱之文鸣枪发令,副校长陆昉、党委副书记刘承功参加教工组比赛。国家女子马拉松队员为比赛领跑,知名校友孙雯等为选手颁奖。比赛包括2公里健身走、5公里健身跑以及8公里竞技跑三个项目,吸引师生及校友1 100余人参加,其中本科生约380人,研究生近270人,教职工约280人,校友约120人,EMBA项目近90人。

(王 震)

附 录

2014年复旦大学体育竞赛成绩一览

一、全国比赛

1. 361º 中国排球联赛(2013—2014)资格赛

领　队:陈建强
主教练:陈　祥
教练员:魏　琳
运动员(女):王佳蓓　盛珍珍　陈雪君　吉　也
　　　　　　单　悦　闻雨薇　王安琪　韩旖旎
　　　　　　王晨郦　沈　青　张雨馨　顾　天
　　　　　　赵悦宇　耿凡诗雨　　　　李诗阳
领　队:马祖勤
主教练:汪　凯

教练员：丁　毅
助　教：刘　挺
运动员（男）：李宏凯　薛兆年　蒋　猛　韦　吉
　　　　　　　吴　涵　孙超群　尤湛博　马德育
　　　　　　　朱谊城　江　啸　李　睿　王利斌
　　　　　　　陈　思　沈琦枫　吴梦超　陈　杰
女子组获得第四名
男子组获得第二名

2. 2014—2015 中国大学生排球联赛

领　队：陈建强
教练员：陈　祥　魏　琳
运动员（女）：盛珍珍　陈雪君　单　悦　王安琪
　　　　　　　包金艳　韩旖旎　郭旖旎　沈　青
　　　　　　　胡煜卉　赵悦宇　耿凡诗雨　李诗阳
　　　　　　　周宗艺
领　队：马祖勤
教练员：汪　凯　丁　毅
运动员（男）：施嘉恒　韦　吉　吴　涵　尤湛博
　　　　　　　马德育　朱谊城　李　睿　陈　信
　　　　　　　陈　思　沈琦枫　吴梦超　陈杰泓
女子组获得第五名
男子B组获得第二名

3. 2014 中国四人制排球公开赛

领　队：方　川
教练员：陈　祥
运动员（女）：盛珍珍　耿凡诗雨　赵悦宇　闻雨薇
领　队：马祖勤
教练员：刘　挺
运动员（男）：陈杰泓　朱谊城　江　啸　李　睿
女子组获得第三名
男子组获得第三名

4. 第十届中国大学生棒垒球联赛垒球总决赛

领　队：朱敏珍
教练员：朱敏珍
运动员：陈煦洋　贺　茜　柯　璞　李　杨　刘之蕴
　　　　马　博　马相宜　潘丽婷　陶欣然　朱　静
　　　　滕　凯　伍芮沁　闫　瑾　张雪婷　周思霁
　　　　邹　蜜
复旦女队获得第八名

5. "菲尼斯FINIS"杯第十四届全国大学生游泳锦标赛

领　队：陈建强
教练员：尤玉青　高庭艳
运动员（男）：甲组A：陈文钦　张宇骥　宁骄洋
　　　　　　　　　　　李　涵　邹逸龙
　　　　　　　甲组B：许长弓
运动员（女）：甲组A：刘丰园　方晓薇
　　　　　　　甲组B：薛妍燕
张宇骥　男子甲组A50米仰泳　　　第三名
陈文钦　男子甲组A100米蝶泳　　 第五名；
　　　　男子甲组A200米蝶泳　　 第二名
许长弓　男子甲组B50米仰泳　　　第五名；
　　　　男子甲组B200米个人混合泳　第一名
刘丰园　女子甲组A50米蝶泳　　　第二名
　　　　女子甲组A100米蝶泳　　 第三名
薛妍燕　女子甲组B50米蝶泳　　　第三名；
　　　　女子甲组B100米蝶泳　　 第三名
陈文钦　张宇骥　李　涵　邹逸龙
男子甲组A4×200米自由泳接力　第八名

6. 2014年中国大学生武术锦标赛暨高等院校"校长杯"太极拳比赛

领　队：陈建强
教　练：韦　剑
男子甲组：叶　天　迈　克　李远哲　王笔耕
女子甲组：花　苑　王琳雯
女子乙组：李蒙蒙
花　苑　女子甲组龙身蛇形太极拳　第一名；
　　　　女子甲组42式太极剑　　　第二名
叶　天　男子甲组传统三类拳　　　第二名
王琳雯　女子甲组传统二类拳　　　第四名

7. 2014年361°全国女子排球锦标赛

领　队：陈建强
主教练：陈　祥
教练员：魏　琳　朱寅申
运动员（女）：王佳蓓　盛珍珍　陈雪君　吉　也
　　　　　　　单　悦　闻雨薇　王安琪　韩旖旎
　　　　　　　王晨郦　沈　青　张雨馨　赵悦宇
　　　　　　　耿凡诗雨　李诗阳　包金艳　郭旖旎
　　　　　　　顾天苧　苏　健
复旦代表队获得第十五名

二、上海市比赛

1. 上海市第十五届运动会暨2014年上海市大学生武术锦标赛

领　队：陈建强
教　练：韦　剑
男子甲组：李　哲　迈　克　李远哲　王笔耕
男子乙组：叶　天
女子乙组：王琳雯　李蒙蒙　花　苑
李远哲　男子甲组传统拳　　　第二名
王笔耕　男子甲组传统拳　　　第三名
叶　天　男子乙组南拳　　　　第四名
王琳雯　女子乙组太极拳　　　第三名
花　苑　女子乙组42式太极剑　第三名；
　　　　女子乙组42式太极拳　第一名
女子队获得女子乙组团体第五名
男子队获得男子乙组团体第六名
复旦队获得乙组单位团体第六名

2. 2014年上海市学生阳光体育大联赛启动仪式暨体育舞蹈比赛

领　队：陈建强
教　练：丰　萍　张　晨

运动员：张　弛　孙雨丝　方圆驰　马亦飞　哈　贝
　　　　许馨元　秦玉琪　许嘉捷　高基乔　李佳娇

哈　贝　许馨元　普通院校组 A1 组拉丁舞三等奖；
　　　　　　　　单项 1C 二等奖；
　　　　　　　　单项 1J 三等奖；单项 1R 二等奖
方圆驰　马亦飞　普通院校组 A2 组拉丁舞二等奖；
　　　　　　　　单项 2C 一等奖；
　　　　　　　　单项 2J 三等奖；单项 2R 二等奖
张　弛　孙雨丝　普通院校组 A2 组拉丁舞三等奖；
　　　　　　　　单项 2C 三等奖；
　　　　　　　　单项 2J 二等奖；单项 2R 三等奖
张　弛　许嘉捷　普通院校组单项 VW 三等奖；单项
　　　　　　　　W 三等奖
高基乔　李佳娇　普通院校组单项 W 三等奖
秦玉琪　　　　　普通院校组单人单项 C 一等奖；单人单项 J
　　　　　　　　一等奖；单人单项 R 一等奖

3. 上海市第十五届运动会暨 2014 年上海市大学生羽毛球锦标赛

领　队：陈建强
教练员：周建高
运动员（男）：胡定威　罗嘉良　张鹏飞　胡泓昇
　　　　　　　周盛予　黄宇立
运动员（女）：许　倩　雷忠恺　陈　昕　秦　伊
　　　　　　　朱靖敏　刘　璐　罗　茜

罗嘉良　　　　　甲组男子单打　　第八名
张鹏飞　胡泓昇　甲组男子双打　　第三名
秦　伊　　　　　甲组女子单打　　第四名
女队获得女子团体第四名
男队获得男子团体第四名
复旦代表队获得体育道德风尚奖
周盛予、秦伊获得体育道德风尚奖（个人）

4. 上海市第十五届运动会暨 2014 年上海市大学生游泳锦标赛

领　队：陈建强
教　练：尤玉青　高庭艳
男子甲组：黄科勇　林博涵　许长弓　赵　彤
　　　　　周诗昊　诸言明
男子乙组：陈文钦　胡正一　李　涵　宋骄洋
　　　　　张宇骥　邹逸龙
女子甲组：刘丰园　葛碧临　滕思嘉　薛妍燕
女子乙组：方晓薇　官文菁　张天然

张天然　女子乙组 50 米自由泳　　第七名；
　　　　200 米自由泳　　　　　　第八名
胡正一　男子乙组 400 米自由泳　　第六名；
　　　　800 米自由泳　　　　　　第六名
方晓薇　女子乙组 400 米自由泳　　第七名；
　　　　800 米自由泳　　　　　　第六名
周诗昊　男子甲组 50 米蝶泳　　　第三名；
　　　　100 米蝶泳　　　　　　　第二名
刘丰园　女子甲组 50 米蝶泳　　　第一名；
　　　　100 米蝶泳　　　　　　　第一名
薛妍燕　女子甲组 50 米蝶泳　　　第四名；
　　　　200 米蝶泳　　　　　　　第一名
葛碧临　女子甲组 50 米蝶泳　　　第五名；
　　　　200 米个人混合泳　　　　第二名
陈文钦　男子乙组 100 米蝶泳　　　第五名；
　　　　200 米蝶泳　　　　　　　第五名
诸言明　男子甲组 50 米蛙泳　　　第一名；
　　　　100 米蛙泳　　　　　　　第二名
滕思嘉　女子甲组 50 米蛙泳　　　第八名
邹逸龙　男子乙组 50 米蛙泳　　　第六名；
　　　　100 米蛙泳　　　　　　　第七名
赵　彤　男子甲组 50 米仰泳　　　第八名
张宇骥　男子乙组 50 米仰泳　　　第六名
官文菁　女子乙组 50 米仰泳　　　第二名；
　　　　100 米仰泳　　　　　　　第六名
许长弓　男子甲组 100 米仰泳　　　第一名；
　　　　200 米个人混合泳　　　　第一名
宋骄洋　女子甲组 200 米仰泳　　　第八名
复旦男队获得男子甲组 4×100 米自由泳接力第一名；
4×100 米混合泳接力第一名
复旦女队获得女子甲组 4×100 米自由泳接力第七名；
4×100 米混合泳接力第四名
复旦男队获得男子乙组 4×100 米自由泳接力第五名；
4×100 米混合泳接力第六名
复旦男子甲组获得团体总分第三名
复旦男子乙组获得团体总分第六名
复旦女子甲组获得团体总分第六名
复旦女子乙组获得团体总分第七名
复旦队获得甲组团体总分第四名
复旦队获得乙组团体总分第六名
复旦代表队获得体育道德风尚奖
许长弓、薛妍燕获得体育道德风尚奖（个人）

5. 上海市第十五届运动会暨 2014 年上海市大学生跆拳道锦标赛

领　队：王震
教　练：王震　杨张梁　史有为
运动员：吴海涵　豆梁丁　王禹涵　陈　晨　王园丰
　　　　袁　泉　沈佳颖　蔡建政　王程辉　邹　蜜

陈　晨　品势个人女子 1 组　　第六名
王程辉　品势个人男子 3 组　　第四名
吴海涵　品势个人男子 4 组　　第三名；
　　　　跆拳道男甲 68KG　　　第五名
袁　泉　品势个人男子 4 组　　第四名
豆梁丁　品势个人男子 4 组　　第一名；
　　　　跆拳道男甲 74KG　　　第三名
吴海涵　王程辉　袁泉　团体品势男子组　第一名
邹　蜜　跆拳道女甲 53KG　　　第五名
沈佳颖　跆拳道女甲 67KG　　　第五名
复旦男队获得跆拳道竞技男团第三名

复旦女队获得跆拳道竞技女团第三名
复旦队获得团体总分第五名;团体奖牌第六名
复旦男队获得品势团体总分第二名
豆梁丁获得体育道德风尚奖(个人)

6. 上海市第十五届运动会暨2014年上海市大学生排球联赛

男 队(甲组)
领　队:马祖勤
教　练:刘君
运动员:苏启立　陈奕沛　崔皓　于天放　刘羽鸣
　　　　陈迪　薛涛　李牧天　张翔宇　何思瀚
　　　　陈吉　许俊杰

女 队(甲组)
领　队:陈建强
教　练:刘君　葛萍
运动员:杨帆　莫止　庄思惠　蔡宛儒　吴旻儒
　　　　朱梦劼　付琛琦　董佳伊　辛若晰　胡文清
　　　　陈芝伊　蒋雯

男 队(乙组)
领　队:马祖勤
教　练:汪凯　丁毅
运动员:陈杰浤　蒋猛　韦吉　吴涵　马德育
　　　　朱谊城　江啸　李睿　王利斌　陈思
　　　　沈琦枫　吴梦超

女 队(乙组)
领　队:陈建强
教　练:陈祥　魏琳
运动员:盛珍珍　王佳蓓　陈雪君　吉也　闻雨薇
　　　　包金艳　韩旖旎　郭旖旎　张雨馨　赵悦宇
　　　　耿凡诗雨　李诗阳

男队获得男子甲组　第一名
女队获得女子甲组　第一名
男队获得男子乙组　第一名
女队获得女子乙组　第一名
复旦代表队获得男子乙组体育道德风尚奖
复旦代表队获得女子甲组体育道德风尚奖

7. 上海市第十五届运动会暨2014年上海市大学生击剑比赛

领　队:陈建强
教　练:葛萍
运动员:周皓　曹蕾　沈茜
周皓　男子花剑个人　第七名
沈茜　女子花剑个人　第二名

8. 上海市第十五届运动会暨2014年上海市大学生田径锦标赛

复旦大学获得团体总分　　　第六名
　　　　　甲组团体总分　　　第五名
　　　　　女子甲组团体总分　第五名
　　　　　乙组团体总分　　　第七名
　　　　　女子乙组团体总分　第六名

江熹霖　男子甲组1 500米　　第三名
王哲　　男子甲组110米栏　　第八名
王哲　高啸　江熹霖　洪荣华　4×400米接力男子甲组第五名
周新宸　男子甲组铅球　　　　第八名
潘丽婷　女子甲组100米　　　第三名
孙晓濛　女子甲组400米　　　第二名
洪愿　　女子甲组1 500米　　第四名
潘丽婷　邹蜜　马晨　应佳云　4×100米接力女子甲组第七名
李慧　洪愿　许晓玲　陶醉妮　4×400米接力女子甲组第八名
潘丽婷　女子甲组跳远　　　　第一名
叶枝俏　男子乙组100米　　　第二名
杨洋　闵广鑫　刘洪宇　叶枝俏　4×100米接力男子乙组第七名
冷吉　　男子乙组标枪　　　　第一名
韩秀南　女子乙组200米　　　第五名
沈力　　女子乙组400米　　　第五名;
　　　　女子乙组800米　　　第一名
满晓　　女子乙组跳高　　　　第五名
朱雷鸣　女子乙组铅球　　　　第二名;
　　　　女子乙组铁饼　　　　第六名
复旦代表队获得体育道德风尚奖
叶枝俏、朱雷鸣、潘丽婷、江熹霖获得体育道德风尚奖(个人)

9. 上海市第十五届运动会暨"城开杯"2014年上海市大学生网球锦标赛

领　队:陈建强
教　练:孔斌　张振
运动员:
男子甲组:孙健　鲁哲愚　邢宋杰　王帅
女子甲组:郁雯　陈佳旻
郁雯　陈佳旻　女子甲组双打　第四名
女队获得女子甲组团体　第五名
复旦代表队获得体育道德风尚奖
孙健、陈佳旻获得体育道德风尚奖(个人)

10. 上海市第十五届运动会暨2014年上海市校园足球联盟联赛(高校女子组)

领　队:任义
教　练:胡军
运动员:王卉　张睿　施方正　赵婧雅　张子尧
　　　　任晓彤　杨馥铭　朱曾颖　夏蕙　李碧霄
　　　　席晓云　金雪　董子晨曦　罗圣堃
　　　　马月明　阿热祖·肉孜尼亚孜
复旦代表队获得第六名

11. 上海市第十五届运动会暨2014年上海市大学生篮球联赛

男甲
领　队:马祖勤

教　练：王恩锋　曾　泽
运动员：李晨杰　郑　端　吴宇伦　郝　杰　罗灵兵
　　　　王　猛　孟　斐　张　元　马志凯　陈赓泽
　　　　惠川川　付锦涛

女甲
领　队：马祖勤
教　练：裴会义　原温荣
运动员：王　卉　范子靖　范雅芸　司　婧　何安琪
　　　　陶莎莎　庞　楠　陈洁仪　朱婧敏　孙晓濛
　　　　张泽文　庄思惠

复旦代表队获得男子甲组第一名
复旦代表队获得女子甲组第五名
复旦代表队获得团体总分第三名
罗灵兵、付锦涛、何安琪(女)获得体育道德风尚奖(个人)

12. 上海市第十五届运动会暨2014年上海市大学生高尔夫锦标赛

领　队：尤玉青
教　练：孙建冰
运动员：刘子宁(女)　余智水　徐　亮　张顺捷
　　　　李志腾　　　陈俊安(女)　肖思萌(女)

刘子宁　18洞女子总杆(甲组)　　第六名；
　　　　50码定点(甲组)　　　　第三名
　　　　女子击远(甲组)　　　　第二名
复旦代表队获得女子团体总分第六名

13. 上海市第十五届运动会暨2014年上海市大学生板球锦标赛

领　队：尤玉青
教　练：王国华
运动员：陈佳芾　曹文剑　天石畅　王　也　梁　浩
　　　　潘炳霖　姜昊琦　王昊力　周　浩
复旦代表队获得男子A组第六名

14. 上海市第十五届运动会暨2014年上海市大学生桥牌锦标赛

领　队：尤玉青
教　练：黄国春
运动员：黄　栩　杜　祎　赵冠澜　瞿秋阳　王晴枫
　　　　李欣怡
复旦代表队获得第一名
复旦代表队获得体育道德风尚奖
李欣怡获得体育道德风尚奖(个人)

15. 上海市第十五届运动会乒乓球比赛

领　队：尤玉青
教　练：王丽娜　胡　洋
运动员：(男)林　鑫　侯耿林　孙尔谦　毛覃瑜
　　　　　　 刘梓涵　汤坚强
　　　　(女)曲柏静　潘雪芹　韩量齐　刘合潇
　　　　　　 张亦驰

曲柏静　女子甲组单打　　　　第六名
潘雪芹　张亦驰女子甲组双打　第二名

复旦代表队获得女子甲组团体　第二名
复旦代表队获得体育道德风尚奖

16. 上海市第十五届运动会暨2014年上海市大学生棒球锦标赛

领　队：尤玉青
教　练：朱敏珍　杨至刚
运动员：王　翀　唐　三　黄力航　郑雄飞　杨　辰
　　　　徐　凯　张书齐　李文杰　吴益明　沈　斌
　　　　周　日　唐闻达　周　铭　徐　源　宋子豪
　　　　谷伟滔　金　杰　冯　浩　朱晨旭
复旦代表队获得第四名

17. 2014年上海市定向锦标赛

领　队：孙建冰
教　练：孙建冰
运动员：陈国斌　阮鸿涛　钱　晟　陈德政　刘向昆
　　　　王鸿麒　曹越超　王一婷　应　悦　阚远晴
　　　　苏　杨

陈国斌　阮鸿涛　钱　晟　陈德政　高校男子组团体第一名
王一婷　应　悦　阚远晴　苏　杨　高校女子组团体第二名
陈国斌　高校男子短距离赛　　第四名
阮鸿涛　高校男子短距离赛　　第六名
王一婷　高校女子短距离赛　　第三名
刘向昆　公开男子短距离赛　　第六名
阮鸿涛　高校男子百米定向赛　第一名
陈德政　高校男子百米定向赛　第四名
苏　杨　高校女子百米定向赛　第三名
应　悦　高校女子百米定向赛　第八名
王鸿麒　公开男子百米定向赛　第四名
曹越超　高校女子百米定向赛　第八名

18. 2014年首届"哈恩达斯"杯上海市大学生四人制排球邀请赛

男队
领　队：马祖勤
教　练：刘君
运动员：崔　灏　陈奕沛　刘羽鸣　于天放　苏启立

女队
领　队：陈建强
教　练：刘君
运动员：杨　帆　庄思惠　莫　止　蔡宛如　吴旻儒
复旦代表队获得男子组第二名
复旦代表队获得女子组第五名

19. 2014年上海市阳光体育大联赛高校组冬季长跑比赛

领　队：孔斌
教　练：王国华
运动员(男)：江熹霖　施圣舟　吕　聪　黄思达
　　　　　　李朝华　仲　仪　冫磊　胡昌良
　　　　　　李希泽　刘　聂　胡伦阳　姜益翔

郑力嘉　韩滨旭　徐照亮　杨秀俊
包怡超　徐经纬　刘向昆　祝　晨
运动员（女）：徐旭临　周思霁　陈心怡　李佚帆
洪　愿　陶醉妮　唐　乔　朱贝迪
葛碧临　罗　晨　马　晨　陈银平
马艳星　何　菁　刘　佩　莫　止
李　慧　聂雨晴　周穆如　朱天歌

李　慧　本科女子组　第八名

复旦代表队获得本科男子组团体二等奖
复旦代表队获得本科女子组团体一等奖

20. 上海市学生阳光体育大联赛首届上海市学生龙文化全能赛

领　队：尤玉青
教　练：尤玉青
运动员：
复旦代表队获得龙舟比赛第九名

（李海霞）

分析测试中心

【概况】 2014年，分析测试中心有分析化学1个硕士点。

有在职教职工19人，其中高级职称6人，中级职称13人。

有气/质联用仪、气相色谱仪、高效液相色谱仪、紫外光谱仪、傅立叶变换红外光谱仪、显微拉曼光谱仪、X射线单晶衍射仪、X射线多晶衍射仪、原子吸收光谱仪、等离子体发射光谱仪、离子色谱仪、扫描电镜、透射电镜和扫描探针显微镜等大型仪器19台（套）。

全年招收硕士研究生2人，毕业硕士研究生2人，在读硕士研究生7人。向全校理科研究生开设"高等结构分析"学位基础课。

全年共承担国家级课题2项，省部级课题1项，纵向科研经费共110万元，横向科研经费共75万元。共完成校内外委托测试样品6 030余个，中心大型仪器使用总机时数达8 420余小时。

（刘新刚）

古籍整理研究所

【概况】 2014年，古籍整理研究所设有中国古代文学、中国文学古今演变、中国古典文献学、汉语言文字学4个博士点和硕士点。

有在职教职工14人，其中专任教师12人，行政人员2人。有正高级职称8人，副高级职称3人，中级职称1人，另有兼职教授2人。有研究生指导教师13人。

招收硕士研究生13人，博士研究生10人。毕业硕士研究生10人，博士研究生4人。

申请到上海哲学社会科学规划课题1个。在各类学术期刊发表论文近20篇，出版学术著作7部，译著1部。

（古　纪）

【举办章培恒讲座之高端讲座】 该系列讲座先后于9月18日、11月28日、12月17日在复旦大学举行，分别为日本关西大学人文部教授井上泰山主讲的"西班牙爱斯高里亚尔修道院所藏中文古书的价值"，全国高校古委会主任、北京大学中文系教授安平秋主讲的"海外汉籍整理出版的几个问题"，法兰西学院院士、法国亚洲学会副主席皮埃尔-西尔万·菲利奥扎主讲的"17—19世纪法国的东方文献收藏与东方学"。

（古　纪）

【举办第六届中国文学古今演变学术研讨会】 该会议于12月12—14日在浙江师范大学召开。由复旦大学古籍整理研究所与复旦大学中国古代文学研究中心、浙江师范大学中国文学与文化研究所、《文学评论》编辑部联合举办。来自全国各高校和研究机构的30余位专家学者出席研讨会。会议着重就中国文学古今演变理论研究、文学主题演变研究、文学观念演变研究、文体演变研究、区域文学与古今演变等议题展开讨论。

（古　纪）

【举办光华人文基金系列讲座】 该讲座于12月12—16日校举行。由英国科学院院士、剑桥大学克莱尔学院教授胡司德主讲，分为"陶化鸟兽：战国秦汉文献中动物界的概念"、"中国早期生态史的历史编纂学问题"、"古代中国插图史与本草略记：关于李约瑟与本草研究的一些想法"等三讲。

（古　纪）

【举办印度古文献学系列讲座】 该讲座于12月15—18日在校举行。由法兰西学院院士、法国亚洲学会副主席皮埃尔—西尔万·菲利奥扎主讲，分为"印度的写本遗产"、"传统印度的抄写匠职业"、"印度铭文研究史"、"从铭文看卡纳达语字母的发展"等四讲。

（古　纪）

【举办中国古籍研讨会】 该会议于12月27日在北京大学召开。由复旦大学古籍整理研究所与北京大学中国古文献研究中心、日本早稻田大学中国古籍文化研究所联合举办。来自中日两国的20余位专家学者围绕中国古籍及其相关问题展开研讨。

（古　纪）

【1项成果获上海市第十二届哲学社会科学优秀成果奖】 在上海市第十二届哲学社会科学研究优秀成果奖、第十届邓小平理论研究和宣传优秀成果奖评奖中，陈广宏《"古文辞"沿革的文化形态考察》获论文类二等奖。

（古　纪）

中国历史地理研究所

【概况】 2014年，中国历史地理研究所（简称"史地所"）设有历史地理专业硕士、博士学位授予点，人口史博士学位授予点。在博士学位授权一级学科范围内自主设置二级学科边疆史地专业。其中，历史地理学是国家重点学科，"211工程"复旦大学重点建设项目之一，拥有教育部首批普通高校人文社会科学重点研究基地"历史地理研究中心"和复旦大学

"985工程"哲学社会科学国家创新基地"历史地理研究基地"。

有教职员工32人。其中专任教师27人、行政人员2人、教辅人员3人;具有正高级职称15人、副高级职称10人、中级职称6人、初级职称1人;研究生指导教师23人。

2014年,招收硕士研究生17人、博士研究生10人。在读研究生106人,其中硕士研究生52人、博士研究生54人、留学生(港台生)1人。有10名博士研究生毕业,10名获博士学位;有14名硕士研究生毕业,14名获硕士学位。

全年共有7项科研项目立项,其中国家社会科学基金重大项目1项、国家自然科学基金面上项目1项、教育部人文社会科学重点研究基地重大项目2项、教育部人文社会科学研究规划基金青年项目2项、上海市教育发展基金会曙光项目1项。出版著作17部。在国内外学术期刊上发表论文98篇,其中SCI论文2篇、新华文摘全文引用2篇、核心期刊47篇、一般期刊47篇。

2014年,复旦大学历史地理研究中心系列丛书由上海人民出版社出版,包括:邹逸麟《椿庐史地论稿续编》、赵永复《鹤和集》、王文楚《史地丛稿》及会议论文集《国家视野下的地方》。

邀请国内外知名学者到所举办学术讲座43场。其中,复旦大学"985工程"哲学社会科学历史地理创新基地驻所研究讲座20场、复旦大学"人文基金"学术讲座6场、历史地理研究中心讲座6场、历史地理边疆史地讲座8场、历史地理教师系列讲座1场、"禹贡博士生论坛"2场。

7月6—12日,史地所举办"第六届历史地理暑期前沿研修班",为期7天。共招收学员45名,其中正式学员30名、旁听学员15名,分别来自全国各大高等院校相关院系所。邀请到王丰、蔡泳、任远等教授前来授课,史地所教师葛剑雄、吴松弟、安介生、侯杨方、路伟东等也为学员授课。此次研修班主要侧重于历史人口地理,同时涉及人口史研究的资料和方法、灾荒性移民研究等方面。

结合专业学习,开展支部活动。5月24日,历史地理研究所党支部成员及部分班级同学40多人赴临港新城,参观中国航海博物馆。11月25日,硕士生党支部十几名党员、积极分子到杨浦区"阳光之家"进行志愿服务活动。12月7日,党支部组织硕士、博士支部成员及部分班级同学共50余人赴嘉定古城参观考察,集中考察秋霞圃园、嘉定博物馆、嘉定古城核心区、孔庙,在了解历史地理知识、增进党员之间交流的同时,对上海郊区、嘉定古城、乾嘉学派名人故里、孔庙等地理景观获得直观的体验。

(戴佩娟)

【举办"纪念禹贡学会成立80周年学术座谈会"】 该座谈会于3月1日在北京大学举行。由北京大学城市与环境学院历史地理研究中心、复旦大学中国历史地理研究所、陕西师范大学西北环发研究院等3家单位共同举办。与会学者追思历史地理创立者的学术成就和对学生的无私关怀,表达继承前辈优良传统,开创历史地理新局面的决心。禹贡学会成立于1934年2月,由顾颉刚、谭其骧二位先生发起,以当时燕京、北大、辅仁等3所大学的教师和学生为基本力量,同年3月开始出版《禹贡》半月刊。学会的成立,标志着我国科学意义的历史地理学的诞生。

(戴佩娟)

【博士研究生参加东亚环境史青年论坛】 3月8—10日,2014年东亚环境史青年论坛(The youth forum of East Asia Environmental History, 2014)在上海交通大学举办。历史地理研究中心教授王建革应邀作为嘉宾出席,博士研究生穆俊、耿金作论坛发言。共有来自韩国、日本、中国大陆和中国台湾的多名学者及青年学生参加。穆俊报告题目为"民国时期大黑河下游水患问题研究"(Flooding problem of lower reaches of Daheihe during the period of the Republic of China);耿金报告题目为"汉魏以降浦阳江水道再考"(Reexamination of Puyang River since the Han and Wei Dynasty)。

(戴佩娟)

【6位教师赴莫斯科测量与制图国立大学作学术报告】 5月26—30日应莫斯科测量与制图国立大学邀请,吴松弟所长及张伟然、侯杨方、杨煜达、路伟东、齐冷6位教师于2014年赴莫斯科参加该校235周年校庆学术报告会。

(戴佩娟)

【承办"远东历史地理与制图学"国际学术研讨会】 该会议于10月25日在校召开。由历史地理研究所和俄罗斯莫斯科国立测量与制图大学联合举办,该次为第三次会议,由历史地理研究所承办。会上,来自莫斯科国立测量与制图大学、俄罗斯科学院、白俄罗斯国立大学、中国科学院、复旦大学等院校共12位代表作专题报告。代表们围绕历史地图的绘制、中俄贸易、中俄铁路、中俄边境等专题展开讨论。双方都认识到应该在更广泛的领域加强对话,继续深化并落实协议的内容,尤其应加强师生交流及联合考察方面的合作。

(戴佩娟)

【新增1项国家社科重大项目】 以王振忠为首席专家领衔申报的2014年国家社科重大项目"明清以来徽州会馆文献整理与研究"获得立项(项目批准号:14ZDB034)。课题拟系统整理新发现的徽州会馆之相关资料,并从历史人文地理的角度细致探讨徽州人群与徽州会馆之地域分布。

(戴佩娟)

【与云南大学历史系签订合作协议书】 12月15日,所长吴松弟与云南大学历史系主任罗群在复旦大学签署"西南边疆史地研究合作协议"。双方确立"以科研为基石,以人才为纽带,紧密合作、互补互惠、创新求实"的合作宗旨,协力构建科研合作和互惠共赢的学术交流平台,共同推动历史时期西南边疆经济与社会变迁、西南民族社会的形成与演变、西南政区变迁与地域政治、云南环境变迁与区域开发、南亚东南亚国家历史地理等多个研究领域的发展,并在人才交流、学生培养等诸多方面展开合作。

(戴佩娟)

【6部专著出版】 8月,《葛剑雄文集》由广东人民出版社出版,为该社"学人文库"之一,精装七卷本,涵盖葛剑雄最重要的研究成果及作品。8月,法国学者劳格文(John lagerwey)教授与王振忠合作主编的"徽州传统社会

丛书"之第四种《歙县里东乡传统农村社会》(柯灵权著),由复旦大学出版社出版。9月,杨煜达《乾隆朝中缅冲突与西南边疆》由社会科学文献出版社出版,全书23万字,在详细收集档案和其他文献史料的基础上,尝试利用"边疆控制"的系统分析方法,全面研究冲突的起源、升级、结局及其影响。10月,张伟然著《中古文学的地理意象》由中华书局出版,全书28万字,附11幅地图和6个表,主要围绕中古时期文学作品中的地理意象展开论述。10月,王振忠著《明清徽商与淮扬社会变迁》(修订版)由生活·读书·新知三联书店出版社出版,增加研究附录及数十帧图片。12月,周振鹤主编、李晓杰撰写的《中国行政区划通史·五代十国卷》由复旦大学出版社出版,全书近120万字,编绘大量图表(其中图53幅、表45项)。该著作依据相关传世与金石考古资料,逐年复原五代十国时期(907—959)中原地区先后更替的后梁、后唐(晋王)、后晋、后汉、后周等5个王朝政权,及在该时段中南北方出现过的前蜀、后蜀、南平(荆南)等10个地域政权的行政区划的演变过程。

(戴佩娟)

高等教育研究所

【概况】 2014年,复旦大学高等教育研究所有教职员工14人,其中专职研究人员12人,期刊编辑1人,行政人员1人,其中新聘专职研究人员2人。专职研究人员中,研究员3人、副研究员6人、助理研究员2人。国内外聘请兼职研究人员10余人。

全年在读研究生共91人,其中硕士研究生84人,博士研究生7人。在读硕士研究生中,教育专业硕士生39人,科学学位硕士生45人,教育经济与管理专业博士研究生7人(含香港学生2名)。当年新招硕士生21人,毕业硕士研究生19人,接收国内访问学者2人,国际访问学生1人。修订学术硕士培养方案,强化开题、中期考核等培养环节的过程管理,教育硕士实践基地增至3个,聘请多名上海市特级教师、校长为研究生开设讲座和授课。与境外学者共同开设3门暑期集中授课式(FIST)研究生课程。

学术研究与院校研究协同发展。全年出版专著2部,发表学术论文16篇,其中2篇外文期刊论文,2篇权威期刊论文,5篇CSSCI论文,2篇被《新华文摘》辑录,3篇被人大报刊复印资料全文转载。全所合计获得科研项目12项,其中,省部级课题3项,委办局委托课题4项,复旦校内科研课题4项,其他课题1项。全所教师积极投入院校研究,承担本科生满意度调查、本科教学质量报告、研究生教育质量报告等研制工作,在大学章程制定、高校争创一流大学行动、科技"十三五"规划、教师专业发展、通识教育核心课程建设、拔尖创新人才培养、综合改革方案制订等研究工作中发挥骨干作用。推荐、鼓励教师就教育问题为报刊撰稿,全年在《中国教育报》发表文章22篇,在其他报刊发表文章7篇,提高学校教育学科的社会能见度和学术影响力。参与举办"复旦管理学国际论坛",承办"教育分论坛"。作为协办单位,参与复旦大学教师教学发展中心主办的"全国创新教学年会"。

全年出国出境从事学术活动4人次,参加国内举办的国际学术会议10人次,接待美、日、英、芬兰等国教育机构来访学者20余人次。 (田凌晖)

社会科学高等研究院

【概况】 2014年,社会科学高等研究院(简称"高研院")有专职研究人员6名,主要分布于政治学、法学、社会学等一级学科。其中,校特聘教授1人,校聘关键岗教授2人,副教授2人,讲师1人,均为校外引进人才。11月,郭苏建被评为"政治学理论"专业的教育部长江学者特聘教授。

在学术活动方面,研究院常规性的品牌讲坛"世界社会科学高级讲坛"和"中国深度研究高级讲坛"共邀请6名国内外著名学者主讲;"重新发现中国论坛"举行2次学术会议。

在学术成果和科研项目方面,出版学术专著1部,译著2部,学术刊物8期;发表各类论文40余篇,其中,英文论文3篇,CSSCI以上论文15篇。

(舒彩霞)

【举办"中国梦:价值建构与制度建设"学术论坛】 该论坛于6月7—8日在校召开,由高研院与复旦大学当代中国研究中心主办。会议共邀请40余位国内外高校和科研机构专家学者参加,围绕"中国梦的国际维度"、"中国梦的历史考察"、"中国梦的学理辨析"、"中国梦的价值维度"、"中国梦的制度维度"等5个主题展开深入讨论。

(舒彩霞)

【举办第六届海峡两岸"社会科学暑期高级讲习班"】 该讲习班于8月4—15日举行,由高研院与台湾大学社会科学院、蒋经国国际学术交流基金会、台湾大学中国大陆研究中心及浙江大学公共管理学院联合举办。讲习班聘请11位国外及海峡两岸著名社会科学学者作为授课导师,为来自海峡两岸高校及科研机构的28位学员进行授课。

(舒彩霞)

【举办"全面深化改革时代与国家治理体系现代化"学术论坛】 该论坛于12月6—7日在校召开,由高研院与复旦大学当代中国研究中心主办。会议共邀请40余位国内外高校和科研机构专家学者参加,围绕"政治改革与国家治理能力现代化"、"全面深化改革的理论考察"、"法治建设与全面深化改革"、"经济改革、基层治理、文化因素"、"全面深化改革时代的对外关系与国内政治发展"等5个专题展开深入讨论。

(舒彩霞)

神经生物学研究所

【概况】 2014年,神经生物学研究所设有4个研究室:视网膜研究室、痛觉研究室、脑高级功能研究室和脑神经环路发育研究室。

有在职教职工13人,其中正高级

一、院系所与公共教学单位

职称4人、副高级职称5人、中级职称3人、初级职称1人;另有长江讲座教授1人。教职工中有博士生导师4人、硕士生导师4人。中国科学院院士1人。

全年招收硕士研究生7人、博士研究生9人;毕业博士生9人、硕士生3人;在读研究生共38人。开设学位专业课程2门、学位选修课程2门、本科生学位专业课程1门。

全年以第一署名单位和通讯作者发表的SCI研究论文13篇,影响因子合计48.35(按2014年公布的IF值计算)。在研科研项目14项;今年到位研究经费385.25万元。申请并获批研究项目3项,研究经费482万元。

学术交流方面,出国、出境学术访问6人次。 （仝 洁）

发育生物学研究所

【概况】 发育生物学研究所以小鼠为主要模式动物开展发育和疾病机理研究,截至2014年底,研究所已承担"973计划"、"863计划"、国家自然科学基金和上海市等项目50余项。研究所2005年首创哺乳动物PB转座子系统,为转基因和基因诱变提供高效方法,被国际同行评价"是里程碑式的发现",并为小鼠转基因和基因诱变、干细胞、基因治疗、体细胞遗传学和动物遗传学等领域的研究人员广泛采用。研究所利用该方法培育出规模世界领先、具有5 000多种突变体的基因突变小鼠库,为寻找和验证疾病和重要生理功能基因、研究相关生命活动机理、建立疾病动物模型、筛选生物标志物和药物靶标、发展创新预防、诊断和治疗方法提供丰富资源。全部品系已通过研究所建立的PBmice数据库在线发布,并向国内外单位提供PB突变小鼠和工具试剂600余例。

2014年,研究所有教职员工57人,含教授6人,教授级高工1人,教授级高级实验师1人,副研究员1人;在学博士研究生13人,硕士生1人,联合培养研究生6人;承担"973计划"、"863计划"课题7项,国家自然科学基金面上项目4项,上海市科学技术委员会项目2项。全年毕业博士研究生5人、硕士研究生1人,发表SCI论文7篇(平均影响因子9.19),与第二军医大学曹雪涛院士课题组的合作论文发表于著名国际学术杂志《自然·免疫学》(Nature Immunology)。

（顾志鞠）

国际问题研究院

【概况】 2014年,国际问题研究院加强多学科、跨领域的研究团队培育和国际关系研究大平台建设,进一步强化与外交部、商务部、中联部等政府部门的互动。

国际问题研究院下设10余个研究中心,包括美国研究中心、日本研究中心、朝鲜韩国研究中心、俄罗斯中亚研究中心(内含上海合作组织研究中心)、南亚研究中心(内含巴基斯坦研究中心)、联合国与国际组织研究中心、中国外交研究中心、中国发展模式研究中心、中国与周边国家关系研究中心、拉美研究室、中欧关系研究中心等。2014年,新成立法国研究中心、世界政党研究中心等机构。

有专职研究人员34人,其中正高级职称16人,副高级职称15人,讲师或助理研究员3人。全年发表SSCI期刊发表论文2篇、CSSCI期刊论文41篇,其中权威学术期刊论文16篇,在其他国外出版物上发表外文论文共13篇;出版专著6部,其他编著、译著、合著16部。获得教育部重大攻关课题1项。全年共有20余篇由研究院教师撰写的研究报告或内参被中央有关部门采纳。

1月25—28日,美国研究中心教授吴心伯应邀出席在瑞士达沃斯举行的2014世界经济论坛年会,并就2014年的全球安全环境作主题发言。4月4日,正式创办"复旦—东早世情圆桌",旨在打造国际关系领域内的高端智库媒体传播平台。4月15—24日,吴心伯率外交部第41批专家小组赴美国调研,并提交调研报告。6月9—10日,首届"复旦—牛津论坛暨复旦中英社科高端对话"在牛津大学顺利举行,由中国发展模式研究中心和牛津大学中国中心联合发起。9月15—24日,吴心伯率外交部第3批重点合作智库专家代表团赴澳大利亚、新西兰调研,并提交调研报告。12月2日,印度驻华大使康特(Ashok K. Kanta)一行访问复旦大学,并发表题为"印中关系:现状与未来"的演讲。12月9—14日,在中国驻印度大使馆的支持下,吴心伯率复旦大学国际问题研究院代表团访问印度,并与印度基金会在新德里共同举办"首届复旦中印关系对话",就中印关系的热点问题和未来走向展开深度对话。12月20日,研究院与俄罗斯国际事务委员会在莫斯科共同举办首届"复旦中俄对话暨中俄关系研究报告发布会"。

（吴心伯）

【发布一系列国际战略报告和专题研究报告】 1月14日和12月30日,正式发布《失范与转型:复旦国际战略报告2013》、《失衡与重构:复旦国际战略报告2014》。10月17日,正式发布专题研究报告之一《中日关系的现状与未来趋势——多层面和中长期战略的视角》,该报告由日本研究中心牵头,历时近一年。12月3日,正式发布专题研究报告之二《人文外交——中国特色的外交战略、制度与实践》,该报告首次系统研究这一外交新实践和新趋势,首次明确提出"人文外交"的概念。

（陶辏烁）

【成立研究院发展委员会】 5月31日,国际问题研究院发展委员会正式成立。原联合国副秘书长沙祖康任主任,国际展览局名誉主席、原中国驻法国大使吴建民、博鳌亚洲论坛秘书长周文重任副主任。发展委员会成员包括:周明伟(国家外文局局长)、乐玉成(驻印度大使)、谢锋(驻印度尼西亚大使)、蔡润(外交部政研司司长)、徐步(外交部朝鲜半岛事务副代表)、崔立如(原中国现代国际关系研究院院长)、杨毅(海军少将、原国防大学战略研究所前所长)。

（陶辏烁）

【成立法国研究中心】 详见"学校综述"同条，第43页。

【美国前总统卡特夫妇到访】 9月9日，美国前总统吉米·卡特阁下偕其夫人罗斯琳·卡特和美国卡特中心人员一行访问复旦大学，并在美国研究中心发表演讲。中国人民对外友好协会会长李小林、副会长谢元陪同到访。校长杨玉良、副校长冯晓源在美国研究中心会见卡特总统一行，吴心伯主持活动。美国研究中心和美国卡特中心正式签署合作协议，协同开展"中美新型大国关系"的研究。

（陶犟烁）

【澳大利亚前总理陆克文到访】 10月8日，澳大利亚前总理、哈佛大学肯尼迪政府管理学院高级研究员陆克文（Kevin Rudd）到访，并作题为"美中关系的未来选择"的学术报告。

（陶犟烁）

先进材料实验室

【概况】 2014年，先进材料实验室（科技创新平台）有教职工61人，其中双聘研究人员33人，专职研究人员8人，党政管理人员6人，实验技术人员14人。研究人员中有院士6人，教育部"长江学者奖励计划"特聘教授12人，复旦特聘教授12人，国家杰出青年科学基金获得者22人，国家自然科学基金委创新研究群体4个，国家"973计划"项目首席科学家8人次，教育部"长江学者和创新团队发展计划"创新团队5个，科技部"863计划"项目创新团队1个，入选"新世纪百千万人才工程"2人，国家自然科学基金委重大项目首席科学家2人，上海高校特聘教授（东方学者）4人，上海市优秀学科带头人11人。

全年招收研究生27人，其中硕士研究生12人，博士研究生15人。毕业硕士研究生12人，博士研究生15人。实验室在册研究生共有97人，其中博士研究生55人，硕士研究生42人。平台PI所属研究生共有176人，其中博士研究生120人，硕士研究生56人。在站博士后15人，出站博士后6人。

先进材料实验室双聘教授彭慧胜入选教育部"长江学者奖励计划"特聘教授、"上海市十大杰出青年"；先进材料实验室研究员李世燕获得"基金委优秀青年科学基金"资助、"东方学者跟踪计划"（2015—2017）资助；先进材料实验室青年副研究员徐海超入选2015年度"上海市青年科技英才扬帆计划"。

全年承担研究项目41项，其中包括国家重点基础研究发展计划（"973计划"）项目10项，国家自然科学基金重大、重点项目15项，国家自然科学基金面上项目、青年基金9项，上海市项目7项。各类课题经费到款2 445万元。平台双聘、全聘科研人员在SCI收录期刊杂志上共发表205篇标注"先进材料实验室"的论文，多篇刊登在国际顶尖杂志，如《化学学会评论》(Chemical Society Reviews) 1篇、《自然·通信》(Nature Communications) 1篇、《美国化学会志》(Journal of American Chemistry Society) 8篇、《德国应用化学》(Angewandte Chemie International Edition) 7篇、《先进材料》(Advanced Materials) 10篇。全年授权专利22项，新申请专利13项。

公共技术平台进一步完善仪器设备综合体系，为科研攻关和学科发展提供有力支撑。全年完成安装并投入使用的大型仪器有生物原子力显微镜、智能重量法吸附仪、低电压透射电镜、喷雾干燥仪、瞬态/稳态荧光光谱仪等。公共技术平台开展"仪器开放日"等活动，积极推进仪器共享。继续扩大自主上机操作的仪器范围，各类仪器培训学生人数超过320人次，90%以上仪器已实现学生自主上机测试。

研究生工作组秉持"服务师生，服务科研"的理念，开展研究生思想政治工作。注重思想引领，开展"书记上党课"活动，邀请先进材料实验室党总支书记唐晓林为全体学生党员作"关注大趋势，融入社会发展进程；成熟自己，与环境和谐成长"主题报告；邀请复旦大学党委原书记钱冬生与学生党员畅谈党员的自身价值、大学生党员的身份认同、坚定共产党员理想信念等。加强研究生党支部建设，开展2014级、2012级新老支部"手拉手"结对共建活动；邀请生命科学学院"2013—2014年度校级示范性党支部"的支部书记石超传授支部建设经验；规范党员管理工作，发展党员4名。组织品读《复旦名师剪影》，开展爱国荣校教育。以评奖工作为抓手，通过完善评价指标体系和积分测算方法，倡导优良学风。支持举办博士生学术论坛等活动，推动和鼓励学术创新。以"爱运动，爱江湾"校园定向接力大赛等为抓手，锤炼集体凝聚力。邀请陶氏化学（中国）有限公司人事部校友，为毕业班同学做就业指导。

（唐晓林　林丽　孙秋红　白敏　郭程　万昪）

【赵东元获得2014年宝钢优秀教师特等奖】 详见"化学系"【赵东元及其学生同获宝钢教育奖特等奖】条，第75页。

【召开多孔无机材料研讨会（Porous Inorganic Materials Symposium）】 该会议于6月28日在复旦大学新闻学院培训中心举办。由英国皇家化学RSC的Dalton Transactions and Journal of Materials Chemistry A, B & C学术期刊提议召开，英国皇家化学会和复旦大学先进材料实验室联合主办。会议有3个单元（section）、7个主题报告。来自中、英7所大学（研究院）的7名教授作大会报告，80余名师生与会听取报告，分享国际最新科技前沿咨讯。

（郭程）

【主办第三届电子化学和表面催化研讨会（The 3rd PIRE-China Meeting, 2014）】 该会议于6月26—28日在浙江大学玉泉校区化学楼召开。会议依托于国家基金委的中美国际合作项目，由复旦大学、美国加州大学圣巴巴拉分校（UCSB）主办，浙江大学承办。会议分7个单元（section），设置29个邀请报告和1个专题讨论。中、美双方项目负责人复旦大学教授赵东元和美国加州大学圣巴巴拉分校教授苏珊娜·斯科特（Susannah Scott）为大会主席。来自美国UCSB、中国复旦大学、同济大学、上海有机所、上海师范大学、浙江大学、大连理工大学、苏州大学、苏州纳米所以及北京科技大学等9所国内高校研究所的28名教授分别作报告。

(郭 程)

【举办2014年复旦大学博士生学术论坛之材料科学篇】 该论坛于12月9日在复旦大学江湾新校区先进材料楼举行。由先进材料实验室研究生团学联和材料科学系团学联联合举办。中国科学院院士、先进材料实验室主任赵东元，陶氏化学亚太区核心研发部首席科学家冯少光应邀作大会主报告，分别从学界和业界两个视角，追踪科技前沿，展示各领域最新科研成果，探讨未来科技走向。论坛共收到征稿37篇，内容涵盖纳米材料、新能源材料、微纳电子及冶金材料四大方向，经论坛专家组评审，共有12篇全文类稿件获奖，10篇海报类稿件获奖，其中6篇全文类稿件入选论坛大会口头报告单元。

(林 丽)

【1项科研成果获系列进展】 先进材料实验室教授郑耿锋课题组通过化学合成具有纳米结构的钴基金属氧化物和硫化物，制备出多种产氢和产氧的催化剂，成功实现在1.5伏的单电池驱动下，将水分解为氢气和氧气，并获得较好的催化稳定性。该系列工作分别发表在世界顶尖学术杂志《先进能源材料》(Advanced Energy Materials)(2014, 4, 1400696；与 2015, 5, 1402031)，以及《先进科学》(Advanced Science)(2015, 2, 1500003)上，并均被选为封面报道。

(孙秋红)

【1项研究获突破性进展】 先进材料实验室研究员车仁超运用有特色的电子全息、原位电镜观察等技术研究介孔限域的金纳米催化剂聚合行为、碳纳米管微波吸收机制、锂电池电极材料在充放电过程中微结构演变等方面得到一系列直接的原子图像证据，有力解析构效关系，建立若干重要的模型。成果发表在《美国化学会·纳米》(Acs Nano)(2014, 8, 10455-10460)、和《先进材料》(Advanced Materials)(2014, 26, 8120-8125)上。

(孙秋红)

【仰志斌获得"2013上海大学生年度人物"称号】 详见"学校综述"【学生多次获奖】条，第42页。

二、上海医学院

综 述

【概况】 2014年,复旦大学上海医学院有直属院系所8个,附属医院15所(其中直属医院6所,非直属医院9所)。设有本科专业9个,高职专业1个,有博士学位授予权的一级学科9个(其中医学门类6个,非医学门类3个),有博士后科研流动站8个。现有博士研究生(含港澳台)1 703人,硕士研究生(含港澳台)2 120人,留学生(博士研究生)14人,留学生(硕士研究生)41人,普通本科生(含港澳台)2 592人,留学生(本科生)158人,专科生703人,共计7 331人。有专任教师445人,专职科研人员102人,其中高级职称373人。有中国科学院院士4人,中国工程院院士5人,教育部"长江学者奖励计划"特聘教授21名,讲座教授7名,"国家重点基础研究发展计划(含重大科学研究计划)"项目首席科学家16人,国家杰出青年基金获得者25人,国家自然科学基金优秀青年基金5人。

学科建设方面,编制完成《复旦大学上海医学院中长期发展规划纲要(2013—2020年)》。根据学校9月启动新一轮院系学科发展规划(2014—2020年)编制工作的部署要求,在前期已开展的医科院系所、附属医院学科发展规划(2013—2020年)和规划纲要(2013—2020年)的基础上,部署并完成医科院所、附属医院学科发展规划编(修)定工作。完成"985工程"三期建设验收前后医科学术发展相关工作,完成2014年度医科单位发展经费分配方案制定和预算下达管理及2015年度医科整体经费预算编制的组织管理工作。部署启动医科学科申报上海高校高峰高原学科建设计划,根据上海市教委和学校部署,拟遴选申报基础医学、临床医学、公共卫生与预防医学和中西医结合四个一级学科为上海高峰学科。

人才队伍方面,有国家"千人计划"21人,其中创新人才长期项目13人,创新人才短期项目3人,"青年千人计划"项目5人;上海"千人计划"13人,其中创新人才长期项目10人,创新人才短期项目3人。继续推进上海医学院师资队伍建设工作,引进各类医学高端人才37人,聘任顾问教授4人。根据《复旦大学附属医院教授系列高级职务聘任学术评价标准(试行)》,进一步完善形成《2013年度复旦大学附属医院教授系列高级职务聘任工作实施方案》,7月,启动实施,10月,完成申请材料形式审查。

科学研究和科技成果转化方面,获得医学领域"973计划"和重大科学研究计划课题4项;"863计划"课题6项;"支撑计划"课题2项;卫生部公益性行业专项2项。获得国家自然科学基金委员创新研究群体项目延续支持1项。获批国家自然科学基金项目资助369项(占全校62.12%),立项总经费2.419 7亿(占全校47.21%)。新增国家杰出青年科学基金3项,国家优秀青年科学基金3项;国家自然科学基金委国际合作项目12项;教育部留学回国人员科研启动基金10项。获得2014年度国家科学技术奖2项;2014年度高等学校科学研究优秀成果科技进步奖8项;中华医学奖6项;中华预防医学奖2项;华夏医疗保健国际交流促进科技奖1项。获得上海市科学技术奖16项,其中一等奖2项、二等奖8项、三等奖6项;上海市科学技术委员会基础研究计划重点项目5项,自然科学基金50项,"优秀学术带头人计划"3项;第七届上海市科技英才奖3项;明治生命科学奖7项;上海市药学科技奖2项;2014年度上海医学科技奖11项,其中一等奖1项、二等奖5项、三等奖4项,成果推广奖1项;上海市科委优秀学术带头人计划5项,青年科技启明星计划7项,浦江人才计划(A类)7项,(D类)3项,青年科技英才扬帆计划12项,上海市自然科学基金50项,"创新行动计划"基础研究项目6项,"创新行动计划"纳米项目2项;获得上海市教育委员会曙光计划2项,晨光计划4项,科研创新重点项目5项;获上海市卫生计生委科研项目7项,政策研究课题2项。新增上海市肾脏疾病与血液净化重点实验室(依托附属中山医院)。新增上海市分子影像探针工程技术研究中心(依托附属肿瘤医院)。

本科生教育教学方面,加大招生宣传力度,吸引优秀生源学医,在全国31个省市自治区均有招生计划,共招收本科生634人,其中临床医学专业(八年制)150人,临床医学专业(五年制)160人,基础医学专业35人,法医学专业19人,预防医学专业89人,公共事业管理专业16人,药学专业105人,护理学专业60人。招收临床医学专业(英语授课)留学生38人,护理学专业高职生240人。结合各专业特色,注重以学生为中心,修订本科人才培养方案。推动医学教学管理信息化建设,将护理学高职生成绩管理完全纳入教务信息管理系统中,开发医学教学进度管理系统和教室借用系统等。提高医学教师教育教学能力,引入"体验式"和"个性化"国际师资培训理念试点首期"福庆师培"计划。

本科生课程建设方面,全年开设各类本专科生课程1 078门次,其中通识教育核心课程25门次,新生研讨课程7门次,开设《儿科学》和《预防医学》等2门在线课程,《预防医学》在线课程登录中国大学 MOOC—爱课程网。继续推进 PBL、TBL 等促进学生自主学习的教学方法改革和创新;推动评价考核方法改革,在建上海医学院网络在线考试系统。

获得国家级教学成果奖高等教育类特等奖 1 项、二等奖 1 项。获得上海市级教学成果奖高等教育特等奖 2 项、一等奖 5 项、二等奖 5 项,职业教育二等奖 1 项;上海市高校市级精品课程 4 门;上海高校示范性全英语课程 3 门;上海高校外国留学生英语授课示范性课程 6 门;上海市高等教育学会研究成果二等奖 1 项;上海高校本科重点教学改革项目 1 项。获得第四届医学(医药)院校青年教师教学基本功比赛三等奖。获得中华医学会医学教育分会、中国高等教育学会医学教育专业委员会"2013 年度医学教育和医学教育管理百篇优秀论文"一等奖 1 篇、二等奖 3 篇、三等奖 4 篇;2014 年全国高等医学教育学会医学教育科学研究分会学术年会优秀论文一等奖 1 篇;2014 年全国高等医学教育学会教学管理研究会年会优秀论文 2 篇;2014 年上海市医学会医学教育专科分会学术年会优秀论文奖 6 篇。

研究生招生和培养方面,全年招收医学研究生 1 359 名,毕业研究生 1 038 名,有 117 名学生获得国家奖学金。新增遴选博士生导师 48 名、硕士生导师 91 名。依托口腔医学系整合中山医院、华山医院等各家附属医院口腔学科资源,开展临床口腔医学二级学科自设博士点的申报工作。医学博士生交叉学科招生改革,基础医学院主要面向基础学科与临床学科的交叉研究,分别与中山医院、华山医院、肿瘤医院、儿科医院、眼耳鼻喉科医院、五院及公共卫生临床中心交叉合作;生物医学研究院与药学院及附属医院交叉合作;脑科学研究院分别与基础医学院和附属医院等单位交叉合作,推动创新型人才培养。

研究生课程建设方面,全年共计开设各类研究生课程 336 门,其中春季学期开课 141 门;秋季学期开课 195 门。入选 2013 年上海市优秀博士学位论文 6 篇,上海市优秀硕士学位论文 7 篇;入选 2013 年全国优秀博士学位论文 1 篇,优秀博士学位论文提名论文 4 篇。配合教育部和学校"关于开展 2014 年研究生科学道德和学风建设宣讲教育工作的通知"的有关精神,9 月,规定选修课《医学科研道德概论》为全体医学研究生必须选修课,结合专业实际,加强医学研究生科学道德教育。整合汇编《复旦大学上海医学院研究生课程目录》,成为医学院各开课院系和研究生选课的指导性文件。

国际交流方面,全年接待国外医学院校、研究机构及行业协会到访 12 批次,包括塔夫茨大学医学院、墨尔本大学、美国国立卫生研究院、牛津大学、英国国王大学、法兰克福大学、韦恩州立大学等。新签和续签墨尔本大学医学院、堪培拉大学、悉尼大学医学院、京都大学医学院等 4 项交流合作协议或备忘录。5 月,召开国际老年医学学术研讨会,研讨和交流如何应对"全球面临的老龄化问题"。

交流合作方面,全年共接待教育部,上海市卫计委,徐汇区、闵行区、杨浦区,厦门市,台州市等领导调研近 20 批次。服务区域卫生事业发展,分别与青浦区政府、静安区政府、闵行区政府、厦门市政府等地方政府签订合作共建协议 4 份,与台州市政府达成合作备忘 1 份。共接待吉林大学、厦门大学、兰州大学、延安大学、天津医科大学、大理学院、河西学院等 7 所高校同行到访。参加中俄联盟大会、湘雅医学院百年院庆、南京医科大学 80 周年校庆、广西医科大学 80 周年校庆等,商讨医学院校的合作与发展。加强与上海复星高科技(集团)有限公司、上海实业(集团)有限公司、中国太平洋保险(集团)股份有限公司等国内知名企业之间的交流与合作。对口支援方面,进一步加强对大理学院及河西学院的支持力度,与河西学院签订对口帮扶协议,支援河西学院建立医学院。访问西藏昌都地区,商讨对昌都地区的支援事项。做好对协议的整理与督办工作,切实保证协议内容落实到位。

院董工作方面,7 月 18 日,召开上海医学院董事会一届二次会议,新增上海城建建设实业(集团)有限公司第三工程公司总经理金财富为院董。邀请院董左焕琛、巴德年参加上医文化论坛活动,邀请巴德年作"我的医学教育观"专题讲座等。11 月 14 日,协助外联处在枫林校区举办校董会,向校董介绍上海医学院的情况及枫林校区改扩建工程的建设情况。

捐赠工作方面,加强颜福庆医学教育发展基金宣传力度,打造品牌项目,新增"标准化病人"招募项目、临床技能学习中心建设项目、临床医学八年制学生培养项目、医疗援助队伍建设项目、上医校史馆建设项目 5 个筹款项目。推出"一健康基金"、"陈灏珠院士医学人才培养基金"、"医学发展公益基金"等品牌项目,已得项目捐款数百万。积极推进"沙印江张广蕙助学基金"、"王孟修医学博士纪念奖助学金"等项目实施。加强与其他公益组织交流合作,积极参与唐仲英基金会资助项目申请,与中华思源工程扶贫基金会、佑华基金会共同设立"天使益应急循环助学金"等。以枫林校区改扩建工程为契机,拓展捐赠工作领域,与枫林校区管委会共同设计建筑筹款项目,共计 7 大类 39 项。

校友联络方面,全年召开校友会理事会 2 次,举办上医文化论坛,完成校友会副会长、常务理事、理事的增补工作。拜访常州等地方校友会,邀请中国工程院院士戴尅戎等知名校友回母校做讲座。

文化建设方面,1 月,上海医学院主页改版,3 月,"复旦上医"订阅号开通,5 月,上医校友会网站上线,并开发在线捐赠平台。设计上海医学院新院徽,并制作徽章。印制《复旦大学上海医学院 2014 年工作年报》、《复旦大学上海医学院辉煌成就》宣传册。12 月 19 日,举办第二届"上医杯"教职工羽毛球团体比赛,共 13 支代表队报名参赛。

(陈东滨)

【举行"一健康基金"颁奖仪式暨《微生物与感染研究荟萃》首发仪式】 1 月 16 日,首届"一健康基金"颁奖仪式暨《微生物与感染研究荟萃》首发仪式在复旦大学枫林校区举行。公共卫生学院郑英杰获优秀教师奖,基础医学院徐巍获优秀研究生奖,华山医院孙峰获优秀本科生奖；苏珊、诸炎、邵红霞等15人获鼓励奖。颁奖仪式后，举行《微生物与感染研究荟萃》首发式。
（陈东滨）

【上海医学院全科医学系全科住院医师规范化培训项目通过世界家庭医师组织标准认证】 3月23日，复旦大学上海医学院全科医学系、附属中山医院全科医学科开展的全科住院医师规范化培训项目符合世界家庭医生组织（the World Organization of National Colleges, Academies and Academic Association of General Practitioners/Family Physicians, WONCA）公布的全科医学毕业后教育培训标准，通过WONCA认证。复旦大学上海医学院全科医学系成为国际上第一个通过WONCA标准认证的培训机构。
（陈东滨）

【召开国际老年医学学术研讨会】 该研讨会于5月28—30日在复旦大学上海医学院召开。由中国工程院、美国中华医学基金会、国家自然科学基金委主办，复旦大学上海医学院、复旦大学附属华东医院承办。副校长、上海医学院院长桂永浩，美国国立卫生研究院衰老研究所主任理查德·侯迪斯（Richard Hodes）任大会共同主席；中国工程院院士、上海医学院教授闻玉梅，中国工程院院士、解放军总医院教授陈香美任学术委员会主席。美国国立卫生研究院衰老研究所副主任玛利亚·伯纳德（Marie A. Bernard）、诺贝尔奖评审委员会委员爱聂斯特·艾瑞纳斯（Ernest Arenas）及脑部疾病、心血管疾病、免疫与感染、中医学等专业的国内外知名教授27人进行精彩报告。来自10个国家及地区、39个机构的250余名参会人员，围绕老年医学及相关专业的现况、研究进展、展望等问题展开交流学习。
（陈东滨）

【召开复旦大学附属医院工作扩大会议】 该会议于7月11日在闵行区召开。校党委书记朱之文和校长杨玉良出席会议，副校长、上海医学院院长桂永浩主持会议。上海医学院副院长、医院管理处处长夏景林以提升附属医院内涵质量的思考为主题进行发言，汇报2013年学校各附属医院的医疗工作情况，并阐述如何进一步提升附属医院的内涵质量。上海医学院副院长包志宏介绍枫林校区改扩建方案。医学科研管理办公室主任张农做关于附属医院科研大平台建设的现状与思考的报告。复旦大学附属青浦区中心医院（筹）、静安区中心医院（筹）和浦东医院（筹）等3家医院分别就"筹建附属医院的发展战略与规划"作主题发言。各附属医院党政领导针对"全面提升附属医院内涵质量"的主题进行发言，并就校内资源整合、跨医院、跨学科合作以及人才柔性流动达成共识。
（陈东滨）

【举行复旦大学上海医学院第一届董事会第二次会议】 该会议于7月18日在枫林校区举行。上海医学院董巴德年、左焕琛、汪新芽、龚朝晖，上海医学院董事会主席、复旦大学副校长、上海医学院院长桂永浩，上海医学院副院长汪玲、包志宏、夏景林，公共卫生学院院长陈文，以及上海医学院办公室、公共卫生学院负责同志出席会议。上海医学院董事会秘书长、复旦大学党委副书记、纪委书记袁正宏主持会议。会议新增上海城建建设实业（集团）有限公司第三工程公司总经理金财富为院董。
（陈东滨）

【1项成果获第七届高等教育国家级教学成果特等奖】 详见"学校综述"同条，第43页。

【举行上海市第一康复医院去"筹"冠名暨复旦大学上海医学院临床教学基地揭牌仪式】 该仪式于10月30日在上海市第一康复医院举行。上海市卫生和计划生育委员会主任沈晓初，杨浦区人民政府区长诸葛宇杰，复旦大学原校长杨玉良，副校长、上海医学院院长桂永浩等出席。会上宣读上海市卫生和计划生育委员会《关于同意上海市第一康复医院（筹）去"筹"冠名的批复》（沪卫计医政[2014]41号）。诸葛宇杰与杨玉良共同为"复旦大学上海医学院临床教学基地"揭牌。附属华山医院与上海市第一康复医院合作共建"复旦大学附属华山医院杨浦康复中心"签约仪式同日举行。
（陈东滨）

【举行第二届上医文化论坛】 11月16日，第二届上医文化论坛在枫林校区明道楼举行。由上医校友会、复旦校友会、上海复旦校友会生物医药医务界同学会共同主办。主题为"正谊明道·团结创新"，论坛包括主论坛、第四届上医校友会第三次理事（扩大）会议、及"上医建筑与上医文化"专题论坛等3个部分。上医校友会名誉会长、名誉理事、顾问、会长、常务理事、理事，海内外校友代表，复旦大学校友会代表，上海复旦大学校友会生物医药医务界同学会的代表和在校师生代表等共计350人出席会议。
（陈东滨）

【组建上海医学院招生宣传讲师团】 上海医学院自2013年实施分代码招生，组织起一支来自各个学院、附属医院的专家教授、主任医师组成的医学讲师团。10月20日—12月25日，讲师团有针对性地赴全国各重点生源高中，先后在广东、黑龙江、重庆、广西、云南、新疆等省、市举办十余场医学讲座。
（陈东滨）

基础医学院

【概况】 基础医学院设有本科生专业2个，博士后流动站3个，一级学科博士点6个，二级学科博士点16个，硕士点16个。国家一级重点学科3个，国家二级重点学科7个，上海市重点学科1个。下设12个系和8个研究中心；1个国家重点实验室；2个教育部重点实验室；2个卫生部重点实验室及1个上海市重点实验室。

有专任教师217人，其中正高级职称64人、副高级职称72人、中级职称81人；硕士生导师63人、博士生导师76人。有教辅人员88人，其中实验技术人员75人、图书资料人员7人、工勤6人；行政人员16人；思政教师5人。中国工程院院士1人，国家"千人计划"1人，"973计划"首席科学家4人，教育部"长江学者奖励计划"特聘教授4人、讲座教授2人，国家杰出青年科学基金获得者7人，国家"青年千人计划"2名，上海市"千人计划"

3名,教育部新世纪人才8名。

全年共录取本科生364名,其中临床医学八年制150名、临床医学五年制160名、基础医学专业学生35名、法医学专业第一次提前批招生19名。招收研究生179名,其中硕士生93名、博士生86名。在读本科生1 144人,在读研究生568人,其中硕士研究生230人、学历博士研究生198人,本科直博生140人。开设本科生专业必修课程283门次、专业选修课程13门次、公共选修课12门次,核心课程4门次,新生研讨课3门次。开设研究生课程114门次,新开研究生课程2门:《病理学尸体剖检2》、《实用生物医学实验技术》。2014年,学院获评上海市精品课程1门(功能学科综合实验)、上海高校外国留学生英语授课示范性课程建设5门[系统解剖学(全英文)、生物化学(全英文)、生理学(全英文)、医学遗传学(全英文)、组织胚胎学(全英文)]、上海高校示范性全英语课程建设项目2门[组织胚胎学(全英文)、医学遗传学(全英文)]、校级精品课程5门[组织胚胎学(全英文)、生理学(全英文)、系统解剖学(全英文)、人身伤害的法医学鉴定、医学微生物学]。获高等教育上海市级教学成果一等奖2项(学教相长,研创并举——基于疾病的多学科整合式PBL课程体系的构建与实施,负责人:钱睿哲;医学生职业素质培养和评估新模式创建与实施——本科生导师制研究改革及完善,负责人:鲁映青)、二等奖1项(组织胚胎学全英语课程国际化建设,负责人:陈红);执行国家级继续教育项目2项[活检病理学诊断学习班,负责人:张志刚;基于问题的学习(PBL)导师培训,负责人:汪青];参与制定教育部颁布的《本科医学教学质量国家标准—基础医学专业试行》。2014年度,钱睿哲获宝钢优秀教师奖,储以微获上海市育才奖。

新增校级以上各类科研项目58项,其中"973项目"(首席科学家)2项(马兰、雷群英)、"863青年项目"1项(陆路),国家自然科学基金重点国际(地区)合作研究项目1项(黄志力),国家自然科学基金重点项目3项(雷群英等),国家自然科学基金面上项目28项(朱依纯等),国家自然科学基金青年科学基金项目11项(陈捷亮等),上海市自然科学基金项目6项(曾文姣等),上海市卫计委项目2项(张俊琪等),上海市"科技创新行动计划"项目4项(于敏等)。"精神药物成瘾和记忆机制"创新研究群体获国家自然科学基金委创新群体第三轮支持(负责人:马兰);袁正宏、雷群英分获教育部高等学校科学研究优秀成果奖(科学技术)一等奖、二等奖;王满宁获得"上海青年科技英才"称号;甘肖菁入选上海市科委"浦江人才计划";何睿入选上海市教委"曙光计划";李建华入选上海市科委"青年启明星计划";王旭入选上海市科委"扬帆计划";谭玉珍、李清泉获得上海市医学科技奖三等奖。

全年共派出学生赴海外交流42人次,其中赴马来西亚参加国际竞赛5人,公派至美国加州大学圣塔芭芭拉分校、华盛顿大学留学2人,与纽约血液中心LFK研究所联合培养学生1人。接收澳大利亚堪培拉大学2名本科生到院短期交流。教师公派出境参加各类学术会议及交流109人次,其中公派访学计划8人,青年教师带薪长期公派计划4人,赴哈佛大学、斯坦福大学、美国血液研究中心等知名机构参与国际合作研究11人。完成国家外专局高端外国专家项目1项,复旦大学海外优秀学者讲座项目2项,聘任上海医学院顾问教授1名。

完成学科国际评估工作,根据国际评估专家意见,结合学科实际情况,形成《基础医学院学科建设(2014—2020年)及阶段建设(2014—2017年)发展规划方案》和《基础医学院人才队伍建设规划》。2014年,学院共引进研究员1名(生物化学与分子生物学系刘赟,国家青年千人);青年研究员1人(病原生物学系应天雷);青年副研究员1人(药理学系王露);招聘专任教师2人、管理人员3人、专职辅导员1人。以"学科认定"的形式将生物医学研究院30名科研人员归属至基础医学6个二级学科;聘任中山医院外科、病理科7名专家为我院双聘教授。

深入学习贯彻中央精神,推进党的群众路线教育实践活动整改落实。学习贯彻党的十八届四中全会和习近平总书记系列讲话精神,制定并印发《基础医学院关于完善党员干部联系服务群众制度的实施意见》、《教职工党支部组织生活指导意见》,对各支部、党员提出具体学习要求。邀请专家作"现代国家的法治逻辑与当代中国的选择"专题辅导报告,组织全院教职工党员参观学习中国(上海)自由贸易试验区(外高桥保税区)。推进党的群众路线教育实践活动整改落实。截至9月,学院完成涵盖党建、教学、科研、管理等4个方面10项整改任务制定或修订各类规章制度54项,并编印成册。

加强党支部和党员队伍建设。举办学院支委以上干部培训,解读党建理论和党建实务两部分内容。组织学院支委以上干部参观"上海解放纪念馆",接受爱国主义和革命传统教育。开展"教职工党支部党建特色活动"评比活动,3个党支部获得学校立项资助,5个党支部获得学院党委立项资助。主办2014年春、秋两季枫林校区二级党校入党积极分子培训班,共计培训学员181名。全年共发展党员33名,其中教工1名。制定2014年党员发展计划。全年选送6名党外人士参加学校党校培训班;9名优秀青年教师兼任学生政治辅导员。完成学院后备干部推荐,并选送1名后备干部参加学校青干班学习。

推进党风廉政建设。领导班子认真学习习近平总书记在中纪委十八届三次、四次全会上的讲话、《复旦大学2014年党风廉政建设工作要点》等文件精神,贯彻落实《中央改进工作作风、密切联系群众(八项规定)和〈实施细则〉的实施办法》,讨论并形成《复旦大学基础医学院关于落实党风廉政建设工作任务的实施办法》。修订完善《基础医学院关于加强党政领导干部廉洁自律的若干规定》、《基础医学院关于推进党务公开工作实施细则》;完成贯彻执行中央八项规定和"小金库"专项治理自查自纠工作,并形成总结报告;完成教职工在"企业和校外相关单位"兼职情况登记工作;完成领导干部参加社会化培训"回头看"工作;开展2014年度学院执行党风廉政建设责任制情况专项检查并形成自查报告;在全院范围内开展违规收送礼金礼券购物卡专项整治工作。经自查,未发现有任何违规情况。

加强学院思想文化宣传工作。启动拍摄《绳其祖武　倍道而行》学院宣传片,启动制作《基础医学院宣传册》,帮助广大师生了解院史院情、弘扬传承上医优良传统。完成学院中文网站更新和英文网站建设。制定《基础医学院关于加强信息工作的意见》《基础医学院信息工作条例》,组建学院信息员队伍。

学生党总支继续加强党建工作。细化《基础医学院学生党总支工作制度》,构建党建育人长效机制。鼓励辅导员加强德育研究工作,提升学生思政工作的思想性。承担上海市教委德育课题1项,上海市教卫党委党建重点课题1项,学校青年研究中心德育课题4项。通过奖学金、助学金、补助、贷款等工作,开展管理育人。全年共有318名本科生获得包括国家奖学金、上海市政府奖学金在内的各类奖学金,受奖面达到41%;486名研究生参加学业奖学金评选,22人获得冠名奖学金,23人获得国家奖学金。完成85名研究生助教、63名研究生助管的聘用和考核工作。继续做好学院层面的卫冬药业奖学金、国泰君安奖学金、吴英荟—吴张令昭奖学金等3项校外冠名奖(助)学金评审工作,遵循奖优补困,为学生全面成才提供支持。

推进精神文明、统一战线、群众工作,支持工会开展"基础医学院摄影比赛"、"基础医学院亲子活动"、"青年教师卡拉ok大赛"等活动。举行2013年度学院工作总结暨迎新大会,表彰2013年度在工作岗位上做出积极贡献、表现优异的个人和团队,共颁发"优秀团队奖"金奖1项、银奖3项,杰出贡献奖2项,"院长奖"金奖7项、银奖5项。召开二届五次、六次教代会,将民主管理、民主监督落到实处。配合学校统战部发展党外人士6名。基础医学院获评"复旦大学2013—2014年度捐赠工作先进集体"、法医学系获评"上海市三八红旗先进集体"、医学实验教学中心获评"复旦大学三八红旗集体",陈莹等13人获评学校"2012—2013年度工会积极分子"。　　　(恽小婧　顾　源)

【举办国家级继续医学教育项目——PBL导师培训班】　5月、11月,分别举行第5期和第6期全国PBL导师培训班,来自全国100多个医学院校和医疗单位导师620人次参加培训。培训班采用讲授、讨论、观摩和实践等多种形式,围绕课程模式、导师角色和技巧、课程评估与反馈、教案编撰等开展专题讲座及演练。在增进学院间教学交流的同时,推进PBL教学的应用和实践。　　　(恽小婧)

【举办第二届学生实践创新论坛】　5月31日,"复旦大学基础医学第二届学生实践创新论坛"在枫林校区东一号楼二楼报告厅举行。论坛获国家自然科学基金委支持,北京大学等7所高校参与。学院2009级临床医学八年制周峰获得"最佳创新奖",北京大学基础医学院卜一凡获得"最佳实验奖"。　　　(恽小婧)

【组织完成学生集体搬迁工作】　7月2日,为配合枫林校区改扩建工程,学院在明道楼二楼报告厅举行本科生和研究生搬迁动员大会。7—8月,学院组织完成856名本科生分别由邯郸校区、枫林校区搬迁至江湾校区,322名研究生由枫林校区搬迁至漕宝路汉庭酒店和菁英汇酒店的搬迁工作。　　　(恽小婧)

【举行学科国际评估】　8月25—26日,学科国际评估会议在枫林校区明道楼二楼多功能厅举行。国际评估专家组由来自杜克大学、耶鲁大学等的8位科学家组成,杜克大学终身讲席教授王小凡任组长。评估专家在听取学院总体汇报及12个二级学科汇报后,向复旦大学校长杨玉良、副校长、上海医学院院长桂永浩等校、院领导以及校发展规划处、校人事处及上海医学院各职能部门负责人口头反馈评估意见。9月11日,专家组将本次学科评估情况形成书面报告反馈学院。　　　(恽小婧)

【举行2014病毒进入抑制剂国际学术研讨会】　该会议于9月27—29日在枫林校区明道楼一楼报告厅举行。由医学分子病毒学教育部/卫生部重点实验室、复旦大学基础医学院、南方医科大学药学院共同主办。来自中美等国家高校、研究所百余名专家和青年学者参会。国家"千人"姜世勃担任大会主席。专家们围绕艾滋病毒、丙型肝炎病毒、人乳头瘤病毒、玛斯冠状病毒、流感病毒的进入机制和进入抑制剂的最新研究进展等进行专题报告并交流讨论。　　　(恽小婧)

【帮扶援建大理大学基础医学院】　10—12月,学院领导带队先后两批派出五5个学科的专家、系主任(副主任)共计10人赴大理大学基础医学院落实对口帮扶项目,共开展示范性授课4次,学术科研讲座7场、学科建设座谈讨论5场,赠送病理解剖学数字标本1套。　　　(恽小婧)

【与中山医院签署学科建设合作协议】　11月7日,基础医学院院长汤其群与中山医院院长樊嘉在枫林校区明道楼二层多功能厅签署《基础医学院与中山医院合作框架协议》、《基础医学院病理学与中山医院相关科室合作协议》、《基础医学院人体解剖学与中山医院相关科室合作协议》,党委书记朱之文,副校长、上海医学院院长桂永浩出席签约仪式。根据协议内容,基础医学院聘任中山医院骨科、肝外科、神经外科等科室的7位专家为学院双聘教授。　　　(恽小婧)

公共卫生学院

【概况】　2014年,公共卫生学院设有公共卫生与预防医学一级学科博士点,社会医学与卫生事业管理二级学科博士点,公共卫生与预防医学、公共管理2个博士后科研流动站。流行病和卫生统计学、社会医学和卫生事业管理为教育部国家重点学科,流行病和卫生统计学为上海市重点学科,妇幼卫生与儿童保健、卫生经济学、流行病学以及健康教育与健康促进为上海市公共卫生重点学科建设承担、参与单位。有公共卫生安全教育部重点实验室、卫生部卫生技术评估重点实验室、世界卫生组织职业卫生培训和研究合作中心、世界卫生组织卫生技术评估和管理合作中心等科研机构。

有在职教工129人，其中专任教师98人，行政人员8人，教学辅助人员23人；有正高级职称33人，副高级职称27人。有研究生指导教师58人，其中博士生指导教师33人，硕士生指导教师25人。MPH研究生指导老师26人。全年2名教师晋升正高级职称，7名晋升副高级职称。批准引进9名人才，其中上海市"千人计划"1名（孙庆华）、"东方学者"1名（应哲康）、青年研究员1名、青年副研究员3名、讲师3名。全院有中共党员359名（其中学生党员239名），新发展中共党员24名，转正34名。1979届校友林东昕2013年当选中国工程院院士。屈卫东获评长江学者特聘教授。阚海东获第七届上海青年科技英才（成果转化类）奖。梅人郎获中华医学会医学教育分会和中国高等教育学会医学教育专业委员会医学教育终身成就奖，郑英杰获2013年度"一健康基金"奖；教师彭伟霞，2014届研究生汪千力、2014届预防医学本科生丁梦漪获鼓励奖。厉曙光入选国家食品药品监督管理总局《食品安全风险交流》专家组。周志俊入选国家安全生产监督管理总局第五届全国安全生产专家组。何纳和陈文入选国务院学位委员会第七届学科评议组成员。

全年在读本科生371名，其中预防医学专业298名，公共事业管理专业73名。开设本科生课程84门，其中必修课49门，选修课35门。核心课程有《生命全程与健康》、《环境与人群健康》、《社会发展与健康》、《改变世界的流行病》等；全英语课程有《生殖健康进展》、《空气污染、气候变化与人体健康》等；研讨课有《卫生经济学》。陈文、赵根明分别负责的《卫生经济学》、《流行病学》课程获评"上海高校市级精品课程"。钱序、汪玲、史慧静、何更生、谭辉等的《多学科、国际化研究生培养模式的创新探索》获得上海市级教学成果奖一等奖。唐檬、陈英耀（通信作者）的教学论文获得中华医学会医学教育分会和中国高等教育学会医学教育专业委员会"2013年度医学教育和医学教育管理百篇优秀论文评选"一等奖。梅人朗教授获中华医学会医学教育分会"医学教育终身成就奖"。傅华的"《预防医学》教改实践"获得2014年上海高校本科重点教学改革项目立项。白鸽论文获评上海市医学会医学教育专科分会2014年学术年会优秀论文。傅华的项目"混合式教学模式在《预防医学》教学实践中的探索性研究"、郝模的"《卫生事业管理学》教材编写"，入选复旦大学本科教学研究及教改激励项目立项名单。4月13日，姜庆五主编的全国高等学校卫生管理专业第2轮规划教材《公共卫生概论》（第一版）定稿会在学院召开，来自北京大学等单位的16位编委及人民卫生出版社编辑到会。国家级教学团队系列教材《儿童青少年卫生学》、《预防医学导论》（第一版）由复旦大学出版社出版。

全年招收硕士研究生40名，博士研究生36名，全日制公共卫生硕士（MPH）专业学位研究生33名；在读硕士研究生139人，博士研究生127人。招收单证公共卫生硕士100名，在读339人。开设研究生课程82门，其中硕士研究生课程72门，博士研究生课程10门。学院拥有1个上海市专业学位研究生基地建设单位：闵行区疾病预防控制中心。3个复旦大学校级建设基地，分别是上海市疾病预防控制中心，浦东新区疾病预防控制中心和徐汇区疾病预防控制中心。2011届博士生林海江（导师为何纳）学位论文《浙江省台州地区艾滋病相关危险行为网络与分子流行病学研究》获2013年上海市研究生优秀成果奖。2012届硕士生陈涵一（导师为屈卫东）学位论文《S市居民生活饮用水三卤甲烷类和卤乙酸类消毒副产物暴露评价》，2012届硕士生杨春雪（导师阚海东）学位论文《细颗粒物和臭氧对我国居民死亡影响的急性效应研究》获2013年上海市研究生优秀成果奖。2012级博士张明吉和2013级博士生郝延慧入选CSC（国家留学基金委）联合培养项目。

全年科研经费4 603.2万元，包括理科纵向科研经费3 113.2万元、横向科研经费267.4万元，文科纵向科研经费736.2万元、横向科研经费486.6万元。获国家自然科学基金项目14项，其中国家自然科学基金面上项目7项，分别为夏昭林"DNA甲基化及其关联基因突变对苯作业工人遗传损伤的调控"、薛迪"中国公立医院安全文化、临床指南实施、医疗质量的关联机制模型研究"、罗力"中国基本药物制度下的药品利益转移研究"、付朝伟"基于农村社区队列人群的中国成人2型糖尿病风险预测与评估"、王颖"基于结构方程模型的艾滋病卫生服务利用影响因素及策略干预研究"、王霞"基于污染谱解析的饮水有机污染物混合暴露遗传毒性研究"、常秀丽"百草枯通过Wnt信号通路对神经发生能力影响的机制研究"等。国家自然科学基金青年科学基金项目7项，分别为窦蕾"基于合作治理理论的公立医院补偿机制方案设计及实证研究"、蒋虹丽"城镇化背景下儿童基本医疗保障的城乡统筹发展研究"、肖千一"转录因子HEY2通过调控TGF-β/Smads通路促进肝癌发生发展的研究"、薛鹏"Nrf2在卤代乙腈类消毒副产物致人皮肤细胞毒性中的作用及机制研究"、童连"儿童多动症与肥胖共患机制的研究"、张玉彬"汞接触对小鼠自闭症行为的影响及其机制研究"、丁盈盈"新型毒品滥用人群性网络及艾滋病/性病流行病学队列研究"。国际合作课题41项。发表（不含在线）SCI/SSCI论文102篇，其中阚海东、钱序、屈卫东各有1篇发表于《柳叶刀》（Lancet）杂志。儿少卫生与妇幼保健学科2013届博士毕业生蒋伊石（导师为钱序）的通信短文在线发表于《柳叶刀》。薛迪负责的课题"上海市医院伦理委员会标准操作指南与评估工具的研发与应用"、张蕴晖"邻苯二甲酸酯对敏感人群的生殖发育毒性及其健康风险评估"获得2013年度上海市科技奖三等奖。阚海东、陈秉衡的"我国大气颗粒物暴露与人群健康效应的关系"获得钱学森城市学金奖"城市环境问题"征集评选活动优秀奖。

学术活动活跃,积极举办各类学术会议。1月16日,与上海市预防医学会公共卫生管理专业委员会联合举办"大数据的管理与利用"研讨会。5月10日,公共卫生安全教育部重点实验室召开2013年度学术委员会会议。6月21日,药物经济学研究与评估中心与卫生部卫生技术评估重点实验室(复旦大学)联合主办"2014上海药物经济学论坛暨医疗服务价格制定与服务购买研讨会"。9月6日,卫生部卫生技术评估重点实验室和复旦大学药物经济学研究与评估中心在北京联合主办"中国卫生技术评估政策转化研究报告会";10月21—22日,与北欧中心共同举办"转型中的卫生服务"会议,聚焦"卫生服务的整合"、"卫生服务在线交流"和"维护病人权利"等3个主题。10月21—22日,主办"中国农村地区传染病症状监测系统的开发与利用暨ISSC项目传播大会"。10月23日,召开中瑞NSFC-VR合作研究项目—"耐多药及广泛耐药结核病全球流行规律、危险因素及传播机制研究"的项目进展和学术交流会议。11月5日,举办"埃博拉病防控学术报告会"。11月12—13日,承办第二届中英全球卫生高层对话和第一次全球卫生支持项目年会。11月21—22日,与美国杜克大学全球健康研究所联合举办"第三届全球卫生机构合作联盟"工作会议在昆山举行。11月22日,与美国杜克大学全球健康研究所联合举办"后2015健康发展目标和中国担当的角色"圆桌论坛。11月30日,在枫林校区卫生事业管理楼举行2014年度学术委员会会议。12月27日,主办"2014年医疗保障制度改革进程研讨会"。12月28日,召开2014年度学术委员会会议。11月1日,主办"2014复旦医疗保障论坛暨我国医疗保障体系改革研讨会"。

对外交流频繁。推进与国内相关单位合作,5月19日,山东大学公共卫生学院书记李士雪等一行到访。10月14日,台湾师范大学健康促进与卫生教育学系教授陈政友、黄松元等来访,并为作题为"台湾卫生(健康)教育的发展"的讲座。6月16日,与中国疾病预防控制中心寄生虫病预防控制所签署热带病流行病学联合实验室合作框架协议。12月31日,与上海市浦东新区妇幼保健所在浦东新区妇幼保健所签约共建教学与科研合作基地合作协议。国际交流方面:(1)全年到院外国学者讲学27次场,接待外宾91批次,教师和学生出访121人次。短期聘请国外专家12人次。2月28日,瑞典卡罗林斯卡大学(Karolinska Institutet)公共卫生科学系主任、教授露西·拉夫莱姆(Lucie Laflamme)和全球健康研究所主任、教授维诺德·迪万(Vinod K Diwan)到访。4月23—29日,举办Food4Growth项目上海活动周。5月19—24日,受北京大学"直通日内瓦"项目培训及CMB项目的资助,赵卓慧作为中国代表团的正式成员之一,赴瑞士日内瓦参加第67届世界卫生大会。6月16—18日,卫生部卫生技术评估重点实验室10余人参加国际卫生技术评估协会(HTAi)第11届年会,并举办"卫生技术评估在中国的应用"的专题报告会。10月12—15日,赵根明出席"第七届亚洲儿童传染病大会",并作学术报告。11月29日—12月7日,OP102"全球卫生核心研究—生殖健康和妇幼卫生"项目4名研究生赴英国曼彻斯特大学开展学术交流。12月4—5日,钱序出席国际生殖健康中心成立20周年庆典暨学术交流活动,并作大会发言。(2)与国外院校深度合作。4月11日,与洛杉矶加州大学公共卫生学院续签合作备忘录。10月28日,与加拿大麦吉尔大学医学院签订合作谅解备忘录。举办多期暑期学校。7月7—18日,举办"复旦大学全球卫生国际暑期学校'Achieving MDGs for Global Health达到全球健康千年发展目标'",由美国中华医学基金会(China Medical Board, CMB)资助,复旦大学全球健康研究所主办。7月7—23日,举办"复旦—美国杜兰大学暑期班";7月7—24日,举办"复旦—加拿大阿尔伯塔大学(University of Alberta)暑期班",开设"全球卫生与跨文化比较"课程;7月7—11日,举办"复旦—瑞典卡洛琳斯卡大学生物统计暑期班"。(3)全球健康研究所举办系列全球健康公开讲座。加拿大曼尼托巴大学动物科学与生理学系教授柯嘉敏、世界卫生组织老龄化和生命历程部教授约翰·彼尔德(John Beard)、英国利物浦大学热带医学院教授查尔斯·柯林斯(Charles Collins)、美国杜克大学全球健康研究所教授汤胜蓝、马拉维Mzuzu(姆祖祖)大学副校长罗伯特·里德利(Robert G. Ridley)等分别作演讲。(4)全面开展中英全球卫生支持项目(简称GHSP)活动。GHSP是中英两国政府共同开展的新型卫生发展合作项目。2月10—12日,复旦大学全球健康研究所主办的"全球卫生核心研究—生殖健康和妇幼卫生"项目启动会在上海举行。5月22—23日,全球卫生政策制定和治理核心机构项目(GHSP-CS-OP3)在学院启动。9月14—19日,"全球卫生核心研究—生殖健康和妇幼卫生"项目举行管理会议和培训会。11月17日中英合作项目OP302全球卫生培训班在上海青松城大酒店开班。(5)研究所派出严非一行4人赴老挝开展现场研究工作。

复旦大学全球健康研究所在美国中华医学会资助的机构发展项目(China Medical Board, CMB Grant 13—131)中设立"Health-X种子基金",旨在促进复旦大学健康学科与其他相关学科之间能够通过多学科合作的方式开展健康领域的研究。7项种子基金项目初见成果,其中张震以种子基金的研究成果为基础,获批2014年国家自然科学基金项目"中国人口寿命不均等的变化趋势、影响因素及对策研究"(批准号71473044);环境科学与工程系博士后陈仁杰(公共卫生学院博士)论文"Ozone and daily mortality rate in 21 cities of East Asia: how does season modify the association?"在线发表于《美国流行病学》杂志。

9月,金克峙从新疆返沪,学院完成中央组织部交付的赴新疆医科大学支教三年任务。傅华、赵耐青分获聘新疆维吾尔自治区"天山学者"讲座教授和主讲教授。对口支持云南大理学院，双方学生展开互动交流，由克卿书院组织的我院学生暑期实践活动，前往云南大理开展社会实践和调研，获上海市大学生社会实践活动优胜奖。

3月4日，校党委宣布何纳任分党委副书记、主持分党委工作，兼任学院副院长。尹冬梅不再兼任学院分党委书记。薛迪、阚海东、钱序、应晓华为卫生部卫生技术评估重点实验室副主任。5月8日，学院举行信息工作暨信息员培训会议。6月10日，召开学院学科建设会议暨教授会议，上海医学院副院长汪玲及上海市疾病预防与控制中心、上海市卫生监督所、上海市健康教育所领导出席。12月，学院决定秦国友任生物统计学教研室主任，赵耐青不再担任生物统计学教研室主任。

（龚卫远）

【1人获中华医学科技奖卫生政策奖】1月8日，郝模获2013年中华医学会科技奖卫生政策奖。由全国人大副委员长、中华医学会会长陈竺颁奖。颁奖词称郝模为"矢志不渝——在卫生政策学研究道路上砥砺前行，用方法学构筑研究基石的开拓者"。中华医学会科技奖是全国医药卫生行业的最高科技奖项，设立于2012年，旨在推动我国医疗卫生体制改革的优秀个人。

（孙 梅）

【1个研究团队获教育部"创新团队发展计划"滚动支持】1月，郝模领衔的创新团队获教育部"创新团队发展计划"滚动支持。支持期限为3年，经费为150万元。该创新团队以复旦大学国家重点学科（社会医学与卫生事业管理）、985创新基地、教育部公共卫生安全重点实验室等为支撑。

（刘鹏程 李程跃）

【举行"学生健康素养评价指标体系研究"开题研讨会】3月29日，傅华担任首席专家的全国教育科学"十二五"规划课题、国家社会科学基金教育学重点课题"学生健康素养评价指标体系研究"在上海举行开题研讨会。教育部全国教育科学规划领导小组办公室副主任张彩云主持。华南师范大学原党委书记、教授杨文轩等课题评审专家出席。与会专家学者就如何进一步深化该课题的研究事宜进行讨论。

（王 帆）

【1个项目中标《面向未来30年的上海》发展战略研究课题】5月22日，上海市人民政府发展研究中心发布《关于面向未来30年的上海发展战略研究课题评审结果的通知》，公共卫生学院副教授刘宝牵头组织申请的"上海教育、医疗等社会资源发展潜力与高质量开发研究"中标《面向未来30年的上海》发展战略研究课题，归属其战略性资源系列研究项目之列。

（龚卫远）

【发布《上海市民就医情况调查报告》】5月27日，健康传播研究所发布《上海市民就医情况调查报告》。报告围绕改善民众就医体验的话题，记录并分析市民就医现状。报告在随机抽取496名上海市民电话调查数据，并结合研究所长期在各三甲医院、区县中心医院及社区卫生服务中心的观察和调研的基础上产生。上海电视台、新民晚报等10余家媒体报道。《调查报告》涉及的内容，通过各区县和各医院的渠道，并借助新民晚报的平台推广，有助于进一步指导广大市民科学就医、合理就医，共创和谐就医新体系。

（王 帆）

【举行"上海论坛2014"公卫分论坛】5月24、25日，分别在上海国际会议中心和复旦大学光华楼举行"上海论坛2014"公卫分论坛。主题为"环境与卫生系统持续发展的创新之路"，聚焦广为社会关注的环境问题和卫生系统创新。24日下午，"卫生系统发展与创新"会场汇集来自亚、非、欧、美各国的公共卫生研究者和政府官员，共同为中国医疗卫生发展和改革创新工作建言献策。院长陈文主持。25日，"环境风险及其健康影响"会场，十余位来自世界各国公共卫生领域、环境科学领域、环境监测部门的专家学者出席会议。屈卫东和威廉·鲍德利（William Powderly）、陈秉衡和丹尼尔·格林鲍姆（Daniel Greenbaum）等教授先后主持。

（薛 琨 马文娟 唐 檬）

【举办复旦管理学"医改与公共治理"分论坛】该分论坛于7月20日在管理学院史带楼604室举行。公共卫生学院院长陈文主持，上海市卫生与计划生育委员会副巡视员、上海市医改办副主任许速，上海市申康医院发展中心副主任、复旦大学医院管理研究所所长高解春等分别演讲。学院的老师、研究生、MPH学生、暑期学校学员及媒体代表等近百人参加。

（孙 梅）

【加州大学洛杉矶分校公共卫生学院院长一行到访】10月15日，加州大学洛杉矶分校（简称UCLA）公共卫生学院院长乔迪·海曼（Jody Heymann）、加州大学洛杉矶分校副教务长蒂莫西·布鲁尔（Timothy Brewer）及公共卫生学院副院长张作风等到访，复旦大学副校长、上海医学院院长桂永浩接见UCLA外宾，双方就在公共卫生领域继续开展深度合作进行座谈。

（沈勤丰）

【《预防医学》慕课课程正式上线】11月6日，国家首批精品课程、医科传统核心课程《预防医学》登录"爱课程"网中国大学MOOC（慕课）。该课程由美国中华医学基金会（CMB）资助，渊薮于由傅华担任主编的国家十二五规划教材《预防医学》。慕课从"受众—学生"出发，充分考虑内容的易接受性，以及科学知识的可视化。

（王 帆 丁永明 傅 华）

药 学 院

【概况】2014年，药学院有1个药学一级学科，下设药物化学学科（天然药物化学、药物化学、生物合成药物化学、生药学）、药剂学科（药剂学、放射药学、药物分析、物理化学）、药理学科（药理学、生物化学）、临床药学学科（临床药学、药事管理学）等4个学科群。设有药学一级学科博士点1个、专业学位硕士点1个，二级学科博士点7个、硕士点7个，博士后科研流动站1个，本科药学专业1个（含临床药学方向）。药剂学科为国家重点学科，药理学科为上海市重点学科。

有在职职工132人，其中：教授

32人,副教授35人,高级工程师2人,主任技师1人,副主任技师1人;博士生导师34人。引进教授1名、研究员1名。有国家"千人计划"特聘研究员3名、国家"青年千人"1名、上海市"千人计划"教授2名、"973计划"项目首席科学家3名、国家杰出青年基金获得者3名、国家优秀青年基金获得者1名、教育部"长江学者"特聘教授1名、教育部"新世纪优秀人才"7名、上海市"领军人才"1名、上海市"优秀学科带头人"5名、上海市"优秀技术带头人"1名。上海市东方学者特聘教授1名。

有在校本科生328人(含邯郸校区就读的一年级本科生)、硕士研究生196人、博士研究生168人。毕业本科生57人、硕士生64人、博士生11人。研究生获全国优秀博士学位论文奖1项、上海市优秀研究生成果奖3项(博士学位论文1项、硕士学位论文2项)。教师陆伟跃获得2014年度"上海市育才奖";获得上海市教学成果二等奖2项(侯爱君、王洋、叶德泳等的"药学专业创新性实验体系的建立与实施";朱依谆、侯爱君、谭凌实等的"药学专业学位硕士研究生培养新模式的探索")。

申请发明专利68项,获授权专利28项;发表SCI论文203篇;到款科研经费3 275万元,其中纵向经费2 292万元,横向经费数983万元。获批科研项目91项,其中国家自然科学基金22项(1 749万元,含杰出青年课题1项)、"973"、"863"项目/子课题5项(2 407万元)、上海市地方项目14项(508万元)、横向项目50项(1 289万元)。获得中国药学会科学技术奖二等奖、上海药学科技奖二等奖各1项,浦江人才和上海市优秀学术带头人各1项。药学院举办学术讲座25次,承办国际学术会议和产业研讨会5次,参会人员达900余人。

全年派出3名教师长期公派出国进修或学术交流,27人短期公派出国学术访问或参加国际会议42人次。继续保持与美国佛罗里达大学(University of Florida)、佐治亚大学(University of Georgia)、马里兰大学医学院(University of Maryland School of Medicine)、加州大学圣地亚哥分校(University of California, San Diego)、奥尔巴尼医药和健康科学学院(Albany College of Pharmacy and Health Sciences)以及日本长崎大学药学部在本科生、研究生交流、师资培训方面的合作交流。

8—12月,根据中央巡视组对学校的反馈意见、学校巡视整改工作方案和复委[2014]16号文件的要求,成立药学院整改落实工作小组,坚持问题导向,努力解决学院发展过程存在的群众反映多、腐败风险大的问题,构建预防腐败体系、落实党委主体责任,加强党员和干部管理、党风廉政教育和制度建设,制定和修订招生、科研、人事、公共实验室管理及党建工作等制度,配合学校纪委落实巡视信访件的立案调查和处理工作。

全年发展教工党员1名,发展学生党员17人,转正18人。发展学生党员18人,转正14人,接收新党员67人。

举办"药学院首届模拟求职大赛",200余名学生直接或间接参与活动。举办主题为"乙酰胆碱,多巴胺,5-羟色胺,爱,快乐,梦想"的第26届五月枫活动。"甘肃省定西市中药材产业发展情况调研"获得复旦大学优秀暑期社会实践项目。2012级本科班、2013级本科班、2013级博士研究生班均获评2013—2014年度复旦大学先进集体。获得2014年复旦大学就业先进集体。

(史雪茹 廉茹月 王锦平 常英
郁颖佳 耿文叶)

【举办"基因、细胞治疗及药物递送纳米载体的发展趋势"国际学术报告会】 该会议于4月25—26日在张江校区召开。由美国药学会(AAPS)、中国药学会药剂专委会、美洲华人药学会、上海市药学会药剂专委会、智能化递药教育部重点实验室(复旦大学)联合举办。会议邀请来自美国内布拉斯加大学医学中心、加州大学圣地亚哥分校、日本京都大学、韩国汉阳大学、华中科技大学等高校的国内外专家做本领域研究前沿的主题演讲,内容涵盖当今纳米药物递送用于肿瘤、糖尿病等治疗的热点问题和尖端科技,与会人数达150余人。

(王丽敏)

【承办第八届国际天然药物大会】该会议于10月10—11日在校召开。由国际天然产物发展协会主办,药学院承办。大会主题为"天然产物开发的新趋势"。共邀请国际专家5名,设置28个特邀报告,18篇国内外海报摘要,300余人参会。国际天然产物发展协会创始人之一、原西印度洋群岛大学(牙买加莫纳分校)天然产物研究所主任、教授特里沃·H·易(Trevor Yee),上海药学会理事长王龙兴出席大会。

(耿文叶)

【承办MAQC国际研究计划第十六次会议】 该会议于11月8—9日在校举行。由美国食品药品监督管理局(FDA)与复旦大学共同主办,药学院承办。参会代表共80人,包括来自美国FDA、哈佛大学、耶鲁大学、斯坦福大学、康奈尔大学及复旦大学、中国科学院研究院、华大基因、药明康德新药开发有限公司等单位团队核心成员。是MAQC国际研究计划自2005年启动以来首次在美国之外的国家举办。

(耿文叶)

【承办美国药学会(AAPS)亚洲学生分会年会】 6月5—6日,美国药学科学家协会(AAPS)亚洲学生分会2014学术研讨会(9th PharmSci@Asia10)在复旦大学张江校区举行。由药学院承办。来自亚洲地区的14所高等院校和科研院所的研究生与青年教师约400人参会,是历届论坛中规模最大、历时最长的一次。会议促进药学及相关领域科研信息的交流,帮助学生拓宽专业知识,了解最新学术进展,跟踪制药工业前沿动态,同时也为亚洲地区的药学学生搭建一个与专家交流互动的平台,在加速人才成长、促进国际合作、推进药学事业健康持续发展方面取得良好的效果。

(郁颖佳)

【承办"2014长三角药物化学研讨会"】 该会议于10月24—25日复旦大学药学院召开。由上海市药学会药物化学专业委员会、江苏省药学会药物化学专业委员会和浙江省药学会药物化学与抗生素专业委员会联合主办,药学院和上海药物创制产业化开发中心共同承办。会议共收到论文摘要144篇，围绕先导化合物发现与优化、药物分子设计新理论与新方法以及药物合成新方法与新工艺等3个主题，分别在3个分会场汇报交流，评出优秀论文一、二、三等奖和优秀墙报奖。
（耿文叶）

【承办2014上海地区跨国药企药物创制研讨会】 该会议于4月11日在药学院举行。会议邀请来自罗氏、礼来、默沙东，以及上海医药工业研究院、第二军医大学药学院、中科院上海药物研究所、上海交通大学、华东理工大学和复旦大学等多家制药公司、科研院所和高等院校的200余人进行学术交流。
（耿文叶）

【与2家单位开展合作】 6月16日，与上海清轩生物科技公司签署战略合作框架协议，建立院企合作产业化桥梁。7月16日，与甘肃省定西市签署"中药材战略技术合作备忘录"。根据备忘录，药学院将协助地方政府建立中药材质量标准，提高产品附加值，推动中医药产业转型升级。
（耿文叶）

【成立上医校友会药学分会】 10月18日，上海医科大学校友会药学分会在张江校区成立。药学院校友、中国药学会理事长、"重大新药创制"科技重大专项技术总师、中国工程院院士桑国卫，中国工程院院士侯惠民、李大鹏，复旦大学副校长、中国科学院院士金力，上海医学院校友会会长彭裕文等到会祝贺。桑国卫、侯惠民、李大鹏与金力共同为上海医学院校友会药学分会成立揭牌。600余位药学院校友从世界各地和国内各省市"回家"，参加分会成立后的首个返校日活动。活动还邀请来自医院、医药企业和高校研究所等不同单位的杰出校友与在校学生举行校友论坛之"生涯篇"对话会。
（郁颖佳）

护理学院

【概况】 2014年，护理学院设有护理学博士后流动站，护理学一级学科博士学位授予点、硕士学位授予点和护理学本科、高职专业。

有在职教职工45人，其中专职教师30人，教学辅助人员5人，行政人员10人；具有正高级职称2人，副高级职称11人；具有博士学位6人，硕士学位22人；有硕士生导师8人，博士生导师2人。

全年招收博士研究生2人，硕士研究生22人，本科生59人，高职生237人。全日制在校生922人，其中博士研究生8人，硕士研究生63人，本科生139人，高职生712人。面向附属医院招收7名同等学力硕士研究生，承担继续教育学院1 641名学生专业课教学，其中大专起点本科生1 054人，中专起点本科生587人。研究生课程进修班学员6人获硕士学位，截至2014年底，共有45名学员获硕士学位。

开展并完成"内科护理学"和"儿科护理学"第三轮床旁教学，"外科护理学"和"妇产科护理学"第二轮床旁教学。2名教师担任《实用艾滋病护理》、《妇产科护理学》主编，1名教师担任《护理礼仪与人际沟通》副主编。举办国家级继续教育学习班（循证护理）、护理科研项目申报及论文写作培训班。举办国际康复护理培训，由美国康复护理学会主席、教授克里斯·穆克（Kris Mauk）主讲；组织U21系列活动中的博士生论坛；作为"中美护理高峰论坛"第一协办单位，学院4名教师参加会议，胡雁作题为"Scientific and effective Nursing Care-global leadership in evidence-based nursing practice（护理的科学性和有效性——循证护理实践全球领导力）"的发言。举办教师"学术沙龙"系列活动13次，研究生科研研讨会17场。发表论文66篇，其中SCI 7篇，国外其他期刊4篇，国内权威期刊22篇，核心期刊17篇，一般期刊14篇，JBI数据库系统评价与证据应用报告2篇；复旦大学JBI循证护理合作中心（The Fudan University Evidence-based Nursing Center in Collaborating with the Joanna Briggs Institute）获得JBI总部"2014年度突出贡献中心"称号。王君俏（第一完成人）等"数字化管理平台下以学生为中心"的开放式护理实践教学改革获得上海市教委教学成果二等奖；王君俏（第一完成人）等"基于能力的精品护理人才培养体系和模式改革"获得2013年度上海市高等教育学会研究成果二等奖；胡雁（第二完成人）等"多校合作研究生课程资源共享体系的构建与实践"获得上海市教委教学成果一等奖；刘哲军等"护理临床能力评价的文献计量学研究"获得中华医学会医学教育分会2013年度医学教育优秀论文三等奖。学院高职学生成绩管理纳入学校本科教务管理系统，目前已完成高职培养方案和课程库的建设、原始成绩导入、核对和试运行，成绩管理模块功能基本实现。培训并聘请本科临床导师12名。设立本科生学术研究资助项目——护航计划，并面向2014级本科生进行课题申报，在临床导师指导下共有9个课题申报，6项课题获得立项。基础生命支持项目培训（Basic Life Support, BLS）导师5人完成192人次培训。

全年在研项目49项，其中8项为CMB（China Medical Board, CMB）科研基金资助，4项为上海市卫生和计划生育委员会资助，1项为上海高等教育学会资助，1项为卫生部人才交流服务中心资助，1项为中华医学会医学教育分会、中国高等教育学会医学教育专业委员会资助，1项为上海市科委浦江人才计划资助，1项为中华护理学会科研基金资助，1项为江西省卫生厅资助，23项为校级科研基金资助，8项为院级科研基金资助。继续成为CMB中国护理网（China Medical Board China nursing Network, CCNN）主席单位，胡雁连任CCNN主席；主办CMB CCNN第二届研究生论坛。

全年参加国内外会议共计12人次，其中大会发言11人次。教师出国出境共8批16人次，接待外宾共11批17人次。派出学生35人，接待交流学生15人次。继续与美国杜克大学（Duke University）、匹兹堡大学（Pittsburgh University）开展深入合作，聘请杜克大学教授吴蓓为顾问教授;2名教师前往美国匹兹堡大学进行为期半年课程学习,3名教师和临床护理骨干赴澳大利亚参加为期6个月的JBI"临床实践应用项目"(Clinical Fellowship program)培训。2名教师完成美国亚利桑那大学《理论构建》和《护理哲学》课程在线学习。

完善JBI循证护理中心网页及"中文干预性护理研究数据库",翻译JBI证据总结(Evidence Summary)682篇;制作并报送学院简报4期。6月20日,8号楼大修完工并通过徐汇区质监局验收;2月底完成学院公寓改造和高职生宿舍调整工作,7月初原枫林校区西苑住宿研究生、本科生及高职生搬至学院宿舍。12月,启动"产科护理实训室"建设,循证护理中心微信平台正式上线,推出证据、讲堂、资讯,已获近2 000人关注。与云南大理大学护理学院建立学术帮扶合作关系,3名大理大学护理学院教师来院进修,为期半年。

学生继续开展中山医院、肿瘤医院、眼耳鼻喉科医院及妇产科医院等多家附属医院的导医服务,参加上海东丽杯马拉松比赛安全志愿者工作等。神经肌肉疾病协会(Muscular Disease Association, MDA)志愿服务队获首届中国青年志愿服务项目大赛银奖,2013—2014年度上海青年志愿者优秀组织奖、上海市"智力助残"十五周年特别荣誉奖。李颖获2014年上海市育才奖。

组织各党支部、团支部、党章学习小组深入学习党的十八大和十八届四中全会精神,开展社会主义核心价值观等主题教育活动。发展学生党员6名。　　　　　　(凌　健)

【成立上海市循证护理中心】 5月20日,上海市循证护理中心成立大会暨学术论坛在上海医学院明道楼一楼报告厅举行。上海市各高校护理学院、上海市相关医院领导等200多人出席大会。该中心由复旦大学牵头,上海市4所高校护理学院及33所知名医院共同组成。中心设立在复旦大学护理学院,下设办公室、研究室;管理委员会由上海市卫生委、上海市护理学会、上海市相关高校和医院代表组成,学术委员会由护理界国内外知名循证专家组成。12月,编辑发行"上海市循证护理中心"年度报告。
　　　　　　(凌　健)

【"高级循证护理"混合模式课程正式上线】 10月,由学校负责的混合模式"高级循证护理"课程正式上线,包括13周的线上教学和1周的翻转课堂环节。该项目为CMB资助,是全国首项在线的护理博士课程。
　　　　　　(凌　健)

【举行张祖华、南丁格尔铜像揭幕仪式】 10月8日,张祖华(原上海第一医学院附设护士学校第一任校长、护理教育事业奠基人之一)、南丁格尔(现代护理专业创始人)铜像揭幕仪式在学院举行。副校长、上海医学院院长桂永浩,张祖华侄女张彬,原上海医科大学附设护士学校(为护理学院前身)校长张济华、张静如,原上海医科大学附设护士学校校长、护理学院院长杨英华、戴宝珍,原上海医科大学附设护士学校党总支书记王家维,原复旦大学党委副书记兼纪委书记、原上海医科大学护理学院党总支书记、校工会主席刘建中,复旦大学护理学院原党总支书记朱宝年,原上海第一医学院附设护士学校54届、64届校友代表,护理学院全体教工及学生代表等出席仪式。桂永浩、张济华和护理学院院长胡雁共同为张祖华、南丁格尔铜像揭幕。　　(凌　健)

生物医学研究院

【概况】 2014年,生物医学研究院有在职职工84人,共有全时引进PI 27人,分时引进PI 7人。研究人员25人,其中研究员1人、副研究员11人、助理研究员13人。工程技术人员24人,其中高级工程师4人。行政管理人员8人。另有科研助理、租赁制人员12人。遴选符合研究院研究方向的校内双聘PI 61人,其中两院院士12人,长期"千人计划"4人,短期"千人计划"2人,青年"千人计划"1人,上海"千人计划"2人,教育部"长江学者奖励计划"特聘教授14人、讲座教授6人,复旦特聘教授19人,国家杰出青年科学基金获得者19人次、"973计划"和"S973计划"项目首席科学家15人次。

招收博士研究生54人,硕士研究生14人;毕业博士生54人,硕士生14人;在读研究生282人。研究院设有博士后科研工作站1个,招收博士后6人,出站2人,在站19人。

共申请各类研究项目、人才项目34项,批准经费约7 360万元,到位经费约1 930万元。其中获国家自然科学基金项目18项,包括重点项目3项,面上项目7项,青年项目3项,杰出青年1项,优秀青年1项,重大集成项目2项,国际(地区)合作与交流项目1项;科技部国家重大科学研究计划(S973)首席2项,参与"863计划"1项;上海市科委基础重大项目1项,上海市教委科研创新项目1项,上海市自然基金项目2项,上海市卫生局青年项目1项。

共获各类奖项4项,其中获上海市优秀学术带头人1项,第七届上海青年科技英才1项,上海高校特聘教授(东方学者)跟进计划1项,上海市青年科技A类启明星计划1项。

发表以复旦大学为第一单位(含共同第一作者单位)署名SCI论文171篇,其中:影响因子大于30的2篇,即1篇《自然》(Nature)、1篇《新英格兰医学杂志》(The New England Journal of Medicine);另有影响因子大于5的文章60篇,其中包含影响因子大于10的文章8篇。

购置40万元以上的大型仪器4台,共计约2 250万元。各技术平台共有40台(套)40万元以上大型仪器设备和52台(套)10—40万元仪器设备实行开放、共享。全年开放总机时达3.8万小时,包括大医口机时3.4万小时,非医口机时0.1万小时,校外共享机时0.3万小时。

全年师生出访共计64人次。

1月,获得2013年度"全校宣传工作十佳先进单位"称号;2月25日,福建省委常委、厦门市委书记王蒙徽一行到院参观考察;3月6日,由复旦大学和哈佛大学共同领衔的合作研究"HFM1 基因突变导致隐性遗传卵巢早衰"在国际权威科学期刊《新英格兰医学杂志》(The New England Journal of Medicine)上发表,研究院分时 PI 吴柏林为通讯作者;3 月,PI 叶丹入选 2014 年度上海市青年科技 A 类启明星计划;4 月 9 日,召开群众路线教育实践活动总结大会;6 月,PI 阿拉斯泰尔(Alastair Murchie)当选复旦大学第六届"研究生心目中的好导师";6 月,2011 届毕业生徐薇获 2013 年全国优秀博士学位论文提名;6 月 6 日,作为我国第一个专门从事肿瘤转移复发的临床与基础研究机构,复旦大学肿瘤转移研究所揭牌,研究所首任所长为复旦大学附属华山医院普外科主任、生物医学研究院双聘 PI 钦伦秀;6 月 10 日,"中国人类蛋白质组计划"(CNHPP)在京全面启动实施,教授杨芃原等组成的复旦团队深度参与;7 月 3 日,召开"全国生物质谱学术报告会——生物质谱前沿技术邀请报告会";7 月,青年教师刘赟与外单位合作的论文在线发表于《自然·遗传学》(Nature Genetics)杂志;7 月,博士生韩笑然受邀参加第 64 届诺贝尔奖获得者大会;8 月,赵地博士获得 2014 年度吴瑞奖学金;8 月 25—26 日,与基础医学院联合开展国际评估工作。9 月 26 日,PI 徐彦辉获得第七届上海青年科技英才奖;10 月,主办 2014 年度表观遗传学年会,会上,举行上海市教委表观遗传学高校重点实验室揭牌仪式;11 月,PI 徐彦辉在《自然》(Nature)杂志刊发重要研究成果"白血病发生关键蛋白工作新机制";11 月 5 日,邀请《细胞》(Cell)杂志编辑谭佳颖(Jiaying Tan)来研究院作题为"Behind the Scenes at Cell Press-the editorial process & Life as an editor"的报告;11 月 19 日,2012 级研究生班获得"2014 年度复旦大学优秀集体"称号;12 月 4 日,《自然》(Nature)杂志编辑尼克·坎贝尔(Nick Campbell)到院作题为"Come and learn about Open Access publishing with Nature Publishing Group"的报告;12 月 29 日,召开学习贯彻党的十八届四中全会精神课题交流总结大会。

(王 盛 周悠悠)

【多项研究取得重要进展】 2 月 27 日,《新英格兰医学杂志》(The New England Journal of Medicine)刊载研究院 PI 汪萱怡作为共同第一作者、与中国医学科学院生物研究所、广西壮族自治区疾病预防控制中心合作完成的科研论文"An Inactivated Enterovirus 71 Vaccine in Healthy Children",该研究完成医学生物研究所创制的肠道病毒 71 型(EV71)疫苗三期临床试验分析与总结,能有效地预防手足口病的发生。9 月 25 日,《分子细胞》(Molecular Cell)杂志刊载表观遗传学实验室发表的科研成果"BS69/ZMYND11 Reads and Connects Histone H3.3 Lysine 36 Trimethylation-Decorated Chromatin to Regulated Pre-mRNA Processing"。该研究确定 BS69 是 H3.3K36me3 特异性地阅读器以及内含子保留的一个调控因子,揭示出 BS69 将组蛋白 H3.3K36me3 与受控 RNA 剪接联系到一起,由此提供与有关染色质调控前体 mRNA 加工的一些显著重要的新认识。11 月 11 日,《细胞》(Cell)杂志刊载徐彦辉课题组的研究成果"Structural insight into autoinhibition and histone H3-induced activation of DNMT3A",该研究首次报道人源 DNA 甲基转移酶 DNMT3A 抑制状态和激活状态的晶体结构,揭示基因组 DNA 甲基化修饰建立的分子机制,丰富人们对 DNA 甲基化建立机制的认识,有助于设计"DNMT3A"蛋白酶活性调控药物用以治疗白血病。12 月 1 日,《临床研究杂志》(Journal of clinical investigation)刊载分子细胞生物学实验室的研究成果"NOTCH-induced aldehyde dehydrogenase 1A1 deacetylation promotes breast cancer stem cells"。该研究揭示乳腺癌干细胞具有高 ALDH1A1 活性的新机制,为针对乳腺癌干细胞的药物设计提供新的靶点。

(包灵静 王 盛 周悠悠)

【与基础医学院共同开展国际评估】 8 月 25—26 日,基础医学院牵头和 IBS 共同开展国际评估工作。评估专家组由来自杜克大学医学中心、密歇根大学医学院、加利福尼亚大学医学院、耶鲁大学、加州大学圣地亚哥分校、芝加哥大学、北卡罗来纳州大学教堂山分校的 8 位科学家组成,杜克大学医学中心终身讲席教授王小凡任组长。专家组向学校提交正式书面评估报告,报告中指出:生物医学研究院(简称 IBS)在蛋白质组学领域取得长足的进步和高效产出;肿瘤代谢、表观遗传学均处于国际领先地位,IBS 的研究水平已经接近美国顶级生物研究机构的水平。

(王 盛 周悠悠)

【徐彦辉获上海市多项学术荣誉】 4 月,徐彦辉入选 2014 年度上海市优秀学术带头人计划;9 月,入选上海市第七届"上海青年科技英才",并获得 2014 年国家杰出青年基金。

(包灵静 王 盛 周悠悠)

【新增 1 个国家重大科学研究计划项目】 详见"学校综述"【新增 973 计划和重大科学研究计划项目 6 项】条,第 42 页。

【举行 2014 年表观遗传学年会】 该年会于 10 月 26 日在上海崇明岛举行。会议由研究院教授施扬、石雨江、蓝斐等牵头,邀请海内外知名学者参加,与会单位有哈佛大学、UCLA、北京大学、清华大学、中科院等科研单位。会议主题是"表观遗传学:交流、合作与前瞻",共有全国 32 个课题组 103 人参加。会议采取主题报告和分组讨论相结合的形式,与会人员深入探讨表观遗传学的未来。

(王 盛 周悠悠)

脑科学研究院

【概况】 2014 年,脑科学研究院有研究组 27 个,其中院直属研究组 9 个。研究人员中新增教育部"长江学者奖励计划"特聘教授 1 人,国家杰出青年科学基金获得者 1 人,国家千人计划和上海千人计划专家 1 人等,现有中国科学院院士 1 人,教育部"长江学者奖励计划"特聘教授和复旦大学特聘教授11人，国家杰出青年科学基金获得者6人，国家千人计划（含青年千人计划）入选者2人，上海"千人计划"入选者1人，国家新世纪百千万人才工程入选者1人，教育部"跨世纪/新世纪人才"基金获得者5人，上海市"浦江人才"基金获得者10人，上海市曙光学者3人，研究院拥有国家自然科学基金委员会创新研究群体、教育部创新团队、上海市"浦江人才"团队各1个。研究院在编人员30人，其中研究人员13人，管理和实验技术人员17人；高级职称17人，中级职称9人，初级职称4人。另有科研助理、租赁制人员8人。

招收博士研究生55人、硕士研究生38人。毕业博士生40人、硕士生17人。在读研究生235人；博士后入站6人、在站15人。9月入学硕博研究生新生51人，均为脑科学研究院学籍。7月，举行第二届复旦大学神经科学全国优秀大学生夏令营活动。

研究院研究人员作为项目负责人新获批准国家级项目42项、省部级项目15项，2人作为学术骨干参与新获批准的科技部"863计划"项目。研究院专职PI所负责的研究组，新获批和承担国家及省部级以上项目40项，新获批项目包括"863计划"课题1项、教育部"长江学者奖励计划"特聘教授1项、国家杰出青年科学基金1项、国家自然科学基金优秀青年科学基金1项等；在研项目包括国家自然科学基金重大国际（地区）合作研究项目1项、国家"千人计划"（青年项目）1项等；另有4人次作为学术骨干参与科技部"973计划"项目。

发表署名研究院的通讯作者SCI论文67篇，平均影响因子4.89，发表刊物包括《细胞》(Cell)、《自然—遗传学》(Nature Genetics)、《自然评论：神经病学》(Nature Reviews Neurology)等。

研究院组织召开主办学术会议3次。研究人员参加国际、国内学术会议70人次，受国际学术会议邀请做特邀报告12人次。国外学者来访做学术讲座33场次。

进一步推进公共技术平台及"复旦大学神经科学技术共享体系"建设。为配合学校建设，动物行为平台及斑马鱼平台完成整体搬迁。分子影像、动物行为等技术平台全年进行仪器使用培训300余人次，仪器开放使用总机时数6 600多小时。

（陈　蓉　罗赞星　沈莉芸　姜民）

【人才团队建设取得突出成果】 11月6日，教育部公示2013、2014年度长江学者特聘教授、讲座教授建议人选名单。杨振纲入选长江学者特聘教授，纪如荣入选长江学者讲座教授。杨振纲获得国家杰出青年基金资助。11月26日，马兰领衔的"精神药物成瘾和记忆机制"创新研究群体通过国家自然科学基金委员会组织的6年结题考核评估，被评为优秀项目，并成为学校第一个获得第三轮（共计9年期）竞争性择优延续资助的创新研究群体。（陈　蓉　罗赞星）

【多项研究取得创新进展】 1月8日，《神经科学杂志》(Journal of Neuroscience)发表张玉秋团队关于一种突触相关蛋白SIP30在神经损伤引起神经病理性痛作用的研究论文；1月29日，该杂志发表陈俊团队关于-3 PUFAs神经保护作用机制的论文；8月13日，该杂志发表杨振纲团队研究成果，该成果发现灵长类纹状体的中间神经元并不是起源于脑室下区（SVZ），而是来源于胚胎时期的内侧神经节隆起，被选为当期亮点文章。

（沈莉芸）

【承办2次"中国脑计划"教育部专家研讨会】 受教育部委托，分别于3月19日和12月16日在复旦大学枫林校区召开"中国脑计划"教育部专家研讨会。教育部科技司副司长雷朝滋，复旦大学副校长桂永浩、金力等出席会议。在第一次研讨会中，中国科学院院士杨雄里、裴钢、段树民等参会，来自18所高校的近50名专家学者围绕中国脑计划的总体目标、主要研究内容、基本架构、组织方式和运行机制等内容进行热烈讨论，会议形成"以脑健康为目标，认识脑、保护脑、发展脑"的基本共识，为S20特别香山会议的成功举行做积极准备。第二次会议上，校长许宁生到会并致辞。45所高校及其附属医院的近百名院士、长江学者和学科带头人参加会议。与会专家在S20特别香山会议确立的基本共识基础上，针对"脑计划"涵盖的"脑认知、脑重大疾病、类脑人工智能"等3个方面，就研究内容的聚焦、总体目标的凝练以及组织和运行机制等，展开讨论，取得进一步共识。

（沈莉芸）

【举办神经科学新技术讲座】 4月22日，由医学神经生物学国家重点实验室、脑科学研究院、脑功能重塑协同创新中心联合主办的神经科学新技术讲座"在体光遗传学和多通道电生理记录在神经科学中的应用"在枫林校区举行。演讲者为脑科学研究院青年千人张嘉漪，作为新推出的学术交流平台"神经科学新技术讲座"的第一讲，吸引众多师生参加。

（沈莉芸）

放射医学研究所

【概况】 2014年，放射医学研究所在职教职工共计41人，科研助理5人，其中科研人员16人，高级职称人员9名。全年招收硕士研究生10人、博士研究生2人，毕业硕士研究生9人、博士研究生2人。全年申请各类纵向科研经费224万元，发表科研论文26篇，其中SCI论文17篇，并参与《职业病诊治导则》和《移动式电子加速器术中放射治疗的放射防护要求》的编写。邵春林研究员当选为《中华放射医学与防护杂志》副总编辑。卓维海研究员参编的《氡暴露放射防护》报告书，以国际放射防护委员会（ICRP）出版物第126号的专著形式出版。研究所当选为上海市安全生产协会第二届理事会（2014—2018）常务理事单位。在中国疾病预防控制中心辐射防护与核安全医学组织的"2014年度全国放射卫生技术机构检测质量控制比对"工作中，获"个人剂量监测"和"生物剂量估算"两项"优秀"证书。

学术交流活动频繁，全年共计27人次参加16个国内外专业学术会议，其中12人次作大会报告。邀请美国圣路易斯华盛顿大学医学院、日本熊本大学、日本放射医学综合研究所、韩国汉阳大学、克罗地亚等高校或研究院所的资深学者和教授作多次学术交流,举办5次海外学者的学术报告。派遣青年研究人员严敏芬赴美访问学习,选派博士研究生分赴美国、日本、瑞士、兰州等国家和地区作短期访问研究和短期实验研究。

研究所立足"服务社会,服务上海"的原则,积极申请并取得"中国国家认证认可监督管理委员会"签发的"CMA计量认证证书"资质,为国内首所取得该资质的高校。全年共完成上海市放射性从业人员12 903人次健康体检工作;完成《职业病危害(放射防护)控制效果评价报告书》2 750份,《职业病危害放射防护预评价报告书》710份;完成个人剂量监测2 500人,出具各类放射卫生防护检测报告1 880份;铯-137照射装置服务校内、外的科研任务1 200余次。

(张江虹)

【发布2项放射专业标准规范】 9月,经上海市质量技术监督局(沪质技监标[2014]467号)批准,由研究所研究员朱国英起草的地方标准《数字减影血管造影(DSA)X射线设备质量控制检测规范》(DB31/840—2014)正式颁布,并于12月1日起实施。该标准填补我国介入放射学设备影像质量控制检测技术规范的空白,可对放射卫生技术服务人员的实际操作起指导作用,并使检测结果的评价有章可循。10月,由研究所副研究员吴锦海领衔起草的中华人民共和国国家职业卫生标准《移动式电子加速器术中放射治疗的放射防护要求》(GBZ/T257—2014)由中华人民共和国国家卫生和计划生育委员会颁布,计划于2015年3月1日正式实施。

(张江虹)

实验动物科学部

【概况】 2014年,实验动物科学部设有动物学硕士点1个。

有在编教职工31人,其中专任教师5人、教辅人员5人、行政人员1人、工人20人。具有正高级职称1人、副高级职称4人、中级职称2人、初级职称4人、技工20人。另有租赁制技术员10人。有硕士研究生指导老师3人。

招收硕士研究生0人,博士研究生0人。在读硕士研究生3人。毕业硕士研究生1人。

为全校研究生和本科生开设医学实验动物学公共选修课,其中为临床型硕士研究生班开课56学时,授课学生数101人;为科研型硕士研究生班开课56学时,授课学生数14人;为在职研究生班开课56学时,授课学生数24人;为基础医学专业本科生班开课56学时,授课学生数3人;为八年制医学专业开课56学时,授课学生数38人。

《啮齿类实验动物柔性保定器》获得国家知识产权局授予的实用新型专利。发表论文4篇。

生产供应科全年生产大鼠1.3万余只、小鼠2.9万余只。对外开放动物实验室承接课题350项。为学校141个课题组提供动物实验伦理审查和资质论证。通过国家实验动物生产许可证和使用许可证的复评审。

(杨斐)

三、发展规划与学科建设

【概况】 2014年,学校发展规划与学科建设主要围绕"985工程"(2010—2013年)阶段建设验收收尾工作、筹备制定学校"争创一流行动计划"、申报"上海市高峰高原学科建设计划"、审议上海医学院中长期发展规划纲要、编制新一轮院系学科发展规划(2014—2020年)、进行学科建设管理与分析、制定《大学章程》、完善服务上海行动计划、开展校园规划、做好学术委员会秘书处及学术规范委员会秘书处等各项工作展开。

完成"985工程"(2010—2013年)阶段建设验收及收尾工作。上半年,在全校各院系和职能部门的配合下,完成院系建设项目、高水平学术中心和人文社科整体推进计划验收。下半年,完成地方配套资金完成情况的项目总结。

筹备制订学校"争创一流行动计划"。6—7月,由副校长林尚立召集,发展规划处会同研究生院、高教所、图书馆先后召开5次研讨会,就学校迈向世界一流大学中要解决的问题、可实施的战略和措施等方面内容进行探讨。8月,收集若干所国外著名大学近年的战略规划,并进行翻译,为学校制定方案提供参考。

申报上海高等学校学科发展与优化布局规划(2014—2020年)(即"上海市高峰高原学科建设计划")。12月,上海市教委全面启动"上海市高峰高原学科建设计划"的申报工作。发展规划处在统筹各院系学科规划的基础上,多次召集相关部处和院系召开协调会,研究并推进"上海市高峰高原学科建设计划"的申报工作。

完成新一轮院系学科发展规划(2014—2020年)编制工作。9月,启动新一轮院系学科发展规划(2014—2020年)编制工作的部署要求,围绕建设世界一流大学的目标,综合考虑人才培养、学科建设、科学研究、师资队伍和国际化方面的核心指标,明确所属学科建设的目标、重点和举措,制定到2020年的发展目标。10月,医学规划和科研办公室向附属浦东医院(筹)、精神卫生中心(筹)、青浦区中心医院(筹)、静安区中心医院(筹)、闵行区中心医院(筹)等新纳入建设单位,下发通知建议编制医院学科建设发展规划。

审议通过上海医学院中长期发展规划纲要。6月,上海医学院第三十五次院务会审议并原则通过规划纲要。7月,在上海医学院学术委员会第七次全体会议上进行重点解读,并根据复旦大学教职工代表大会提案和提案答复要求,完成关于《复旦大学医学学科中长期发展规划(2013—2020年)》应广泛听取教职工代表大会代表和职工意见的提案答复工作。

加强学科建设管理。建立"学科建设管理信息系统",归存学校和院系层面的历年学科规划与学科总结,以期为院系明确自身规划路径、了解其他院系的发展思路、更好地实现学科发展目标提供参考。

撰写学科分析报告,做好院系数据服务。与科技处合作,完成近五年学校获得国家自然科学基金立项资助分析报告,研判学校理、工、医、管学科的科研发展态势;在发展研究课题中设立与学校发展重点密切相关的课题,如"人文社会科学学科评价体系探究"、"校院两级财务管理改革路径研究"等项目。委托爱思维尔公司制作复旦大学交叉学科分析报告以探明我校交叉学科发展的状况,已完成初稿。继续为院系提供各类评估报告和学科动态,做好服务师生、服务基层的工作。2014年,发展规划处围绕全球各大学排行榜单、政策解读、兄弟高校改革进展等项目开展研究分析,共计编撰《高校动态》13期,为校领导及各院系、部处的决策及工作提供参考信息,并对各高校综合改革方案、争创一流行动、人事制度改革等专题进行分析。

加强对学校整体学科状况的把握和分析。与图书馆合作,针对2004—2014年的SCI数据,完成《复旦大学ESI全景报告》,并搭建"ESI监测系统",该系统可查询各个学科领域的发文、被引、国际合作、院系贡献率等,面向全校教师开放,系学科规划和评价的重要参考工具。

完成《复旦大学章程》制定工作。9月初,将《复旦大学章程》提交至教育部核准。10月11日,教育部予以核准,自即日起生效。11月18日,学校正式发布章程,发展规划处编辑制作《图解〈复旦大学章程〉》,通过新媒体等多种渠道向全校、全社会进行宣传,进一步扩大章程影响力;开启章程释义版的工作。

制定完善服务上海行动计划。10月,经过深入研究与广泛调研,《复旦创新走廊战略发展规划研究》课题正式结题,为打造以"江湾创新走廊"为核心的上海市"科技创新战略特区"奠定基础,并明确了下一步的重点任务。

稳步推进校园规划制定工作。结合地铁18号线建设规划推进邯郸校区整体规划工作,明确南北两个校区的功能定位,确定校区各块功能划分,初步形成规划任务设计书;测算校区规模,排摸需求,汇总各类事业规划;明确并细化邯郸路以南国权路以西地块的功能;梳理地铁18号线影响区域和涉及建筑,细化博物馆区域功能定位及划分。确定江湾校区一号、二号交叉学科楼功能划分,明确

三、发展规划与学科建设

使用单位和使用需求。

做好学术委员会秘书处及学术规范委员会秘书处工作。

完成《复旦大学学术委员会章程》修订工作。根据教育部第35号令的有关要求，校学术委员会完成了《复旦大学学术委员会章程》修订工作。秘书处协助章程修订工作小组完成了此次修订工作。

公布实施《复旦大学学术规范（试行）》和《复旦大学学术规范实施条例（试行）》。为进一步加强学术规范制度建设，学术规范委员会修订《复旦大学学术规范及违规处理办法（试行）》（2005年1月出台），完善学术不端案件查处工作流程和具体要求。2月，经校学术委员会全体委员会议和校长办公会议审议通过，发布《复旦大学学术规范（试行）》和《复旦大学学术规范实施条例（试行）》。

承担医学学术委员会秘书工作。协助完成上海医学院学术委员会第六、七次全体委员会议会议组织工作。组织学部委员通讯评审复旦大学顾问教授2人；完成对申报2014年度教育部创新团队4个、"国家杰出青年科学基金项目"申请18项、高等学校科学研究优秀成果奖推荐26项等项目的评审、盖章、上报工作。

（汪清清　杨晓梅　沈顺）

【召开复旦大学第三届学术规范委员会换届工作会议】该会议于9月23日在光华楼东辅楼208室举行。校学术委员会副主任洪家兴院士主持会议，校党委副书记、纪委书记袁正宏出席会议，经各学部推荐，新产生16名校学术委员委员。

（汪清清）

【召开复旦大学第六届学术委员会第五次全体会议】该会议于11月4日在光华楼思源报告厅举行。经过无记名投票表决，参加会议的33名委员一致同意，通过《复旦大学学术委员会章程》（提交审议稿），上报校长办公会议审批，通过后上报教育部进行备案。

（汪清清）

【召开复旦大学上海医学院学术委员会第六次会议】该会议于5月21日在枫林校区治道楼和汉堂召开。会议报告并讨论学校医学部分学科建设和科研队伍成长战略，并由学术委员会副主任吴根诚介绍学术委员会章程修订工作的进展。

（杨晓梅）

【召开复旦大学上海医学院学术委员会第七次会议】该会议于7月10日在枫林校区治道楼八角厅召开。会议重点讨论应对教育部"高等学校争创一流行动"要求，学校医学学科的发展规划、重点发展方向，医学学科内部建设，以及与学校文、理、工科的学科交叉建设设想。

（杨晓梅）

附录

复旦大学发展与规划委员会名单

（经2011年12月21日党委常委会第103次会议批准，2012年3月12日校通字5号发布通知）

主 任 委 员：吴晓明（哲学学院）
副主任委员：陈家宽（生命科学学院）
　　　　　　彭裕文（上海医学院）
委　　　员：卢丽安（女，外国语言文学学院）
　　　　　　陈　雁（女，历史学系）
　　　　　　张双利（女，哲学学院）
　　　　　　任　远（社会发展与公共政策学院）
　　　　　　潘伟杰（法学院）
　　　　　　尹　晨（经济学院）
　　　　　　资　剑（物理学系）
　　　　　　范康年（化学系）
　　　　　　徐　雷（信息科学与工程学院）
　　　　　　杨卫东（计算机科学技术学院）
　　　　　　郭慕依（上海医学院）
　　　　　　刘　宝（公共卫生学院）

复旦大学国家重点学科名单
（教育部2007年8月20日公布）

序　号	一级学科国家重点学科	序　号	二级学科国家重点学科
1	哲学	1	产业经济学
2	理论经济学	2	金融学
		3	政治学理论
		4	国际关系
3	中国语言文学	5	历史地理学
		6	中国近现代史
4	新闻传播学	7	计算机软件与理论

续表

序号	一级学科 国家重点学科	序号	二级学科 国家重点学科	
5	数学	8	内科学	心血管病
				肾病
				传染病
6	物理学	9	儿科学	
		10	神经病学	
7	化学	11	影像医学与核医学	
		12	外科学	
8	生物学	13	眼科学	
		14	耳鼻咽喉科学	
9	电子科学与技术	15	肿瘤学	
		16	妇产科学	
10	基础医学	17	流行病学与卫生统计学	
		18	药剂学	
11	中西医结合	19	社会医学与卫生事业管理	

注：材料物理与化学、管理科学与工程、马克思主义基本原理为国家重点（培育）学科。

复旦大学上海市重点学科名单
（上海市教育委员会 2007 年 8 月 8 日公布）

序号	学科名称	序号	学科名称
1	西方经济学	11	生物物理学
2	民商法学	12	生物医学工程
3	国外马克思主义	13	材料物理与化学
4	中国现当代文学	14	计算机软件与理论
5	英语语言文学	15	内科学（呼吸系病）
6	新闻学	16	妇产科学
7	原子与分子物理	17	外科学（胸心外）
8	无机化学	18	流行病学与卫生统计学
9	分析化学	19	药理学
10	生物化学与分子生物学	20	管理科学与工程

复旦大学国家中医药管理局"十二五"中医药重点学科名单
（国家中医药管理局 2012 年 9 月 18 日公布）

序号	所在单位	学科名称
1	复旦大学附属中山医院	中西医结合临床
2	复旦大学附属华山医院	中医老年病学
3	复旦大学附属上海市公共卫生中心	中医传染病学（培育）

复旦大学上海高校一流学科名单

(上海市教育委员会 2012 年 9 月 3 日公布,2013 年 7 月 8 日增补)

序 号	类 别	学 科 名 称
1	上海高校一流学科(A类)建设计划	应用经济学
2		政治学
3		中国语言文学
4		数学
5		物理学
6		化学
7		生物学
8		生态学
9		基础医学
10		临床医学
11	上海高校一流学科(B类)建设计划	法学
12		社会学
13		马克思主义理论
14		外国语言文学
15		考古学
16		中国史
17		世界史
18		材料科学与工程
19		计算机科学与技术
20		环境科学与工程
21		生物医学工程
22		公共卫生与预防医学
23		药学
24		护理学
25		管理科学与工程
26		工商管理
27		公共管理

(发展规划处、医学规划和科研办公室供稿)

四、人才培养

本专科生教育

【概况】 2014年,复旦大学招收中国本科生2 904人,其中高考统招录取1 492名(含艺术、体育特长生等),上海自主选拔录取598名,浙江、江苏自主选拔录取292名,保送生103名(含外语类),武警国防生80名,贫困定向生243名,新疆西藏民族生49名(含内地班和预科升本科),港澳台生47名(含联考生、澳门保送生、香港免试生、台湾免试生)。2014年本科招生工作良好,文科高招录取线在29个省市排名前三(2013年为27个),理科高招录取线在9个省市排名前三(2013年为24个)。2014年是医科分代码招生的第二年,生源继续提升,与兄弟医科高校相比,高招录取线在10个省市排名第一,15个省市居第二,5个省市居第三。

全年招收插班生共计20人。为学生提供574个转专业名额,406名学生申请转专业,260位学生获准转专业。开设第二专业12个,第二学位专业1个,获第二专业证书学生183人,获第二学位学生50人。

全年开设本科课程6 238门次(包括二专254门次),其中小班(30人及以下)课程3 734门次,占授课比例的60%。开设六大模块核心课程323门次,视频课程18门次。2013—2014学年,承担本科教学的教授占全体在编教授的比例达76.5%,教授参与主讲的本科课程在全部本科课程中占比为32.6%,副教授参与主讲的本科课程比例为33.3%。学生春季选课107 884人次,秋季选课125 891人次。全年面向上海市高校开设共享课程7门次;选修外校共享课程7门次,选课学生360人次。

积极推进各项课程建设相关工作。1项教学成果获国家特等奖,6项教学成果获国家二等奖(5项第一完成单位,1项为第5完成单位);4项教学成果获上海市特等奖;23项教学成果获上海市一等奖(22项第一完成单位,1项第二完成单位);20项教学成果获上海市二等奖(均为第一完成单位,高等教育18项,高职教育1项,基础教育1项)。教学成果奖位列上海高校第一。3门课程获批教育部精品视频公开课程;10门课程获批2014年度上海高校市级精品课程;4门课程列入上海市高校市级体育和健康教育精品课程名单;3门课程获批上海高校示范性全英语课程建设项目,22门课程获批上海市高校留学生英语授课示范性课程。22部教材获批第二批"十二五"普通高等教育本科国家级规划教材。5门课程作为共享课程向上海乃至全国推出,52门次由正教授主讲的新生研讨课推出。此外,暑期国际课程项目共推出16门学术课程及3个级别的汉语语言课程,来自22个国家的137名外国留学生报名参加,还有20多名港澳台学生和近80名复旦在校生选课。

完善本科生创新教育平台。继续开展创新创业教育,以本科生学术研究资助平台(FDUROP)为依托,实施莙政项目、望道项目、曦源项目等大学生创新训练活动,逐步完善"登辉计划"等大学生创业训练活动。全年共立项资助370多项课题,资助近500名本科生参加学术研究或创新创业活动,开展中期报告50余场,结题230多项课题。全年本科生在国内外学术期刊发表文章22篇,其中第一作者文章15篇。

学生参与各类学科竞赛取得优良成绩。获得高教社杯全国大学生数学建模竞赛二等奖27名、一等奖3名;获得第五届全国大学生数学竞赛(决赛)数学组一等奖2名,二等奖3名,非数学组一等奖1名;获得第六届上海市大学生数学竞赛一等奖24名;信息科学与工程学院2个参赛队获得全国大学生电子设计竞赛嵌入式系统专题邀请赛(英特尔杯)一等奖;信息科学与工程学院参赛队获得2014年全国大学生电子设计竞赛模拟电子系统专题邀请赛(TI杯),二等奖;计算机科学技术学院参赛队获得第38届ACM国际大学生程序设计竞赛全球总决赛第19名;管理学院参赛队获得第一届上海市大学生决策仿真实践大赛三等奖;国际关系与公共事务学院参赛队获得2014年上海市大学生"创造杯"大赛设计创意类二等奖;获得第31届全国部分地区大学生物理竞赛上海市一等奖8名;物理学系参赛队获得第五届中国大学生物理学术竞赛(团队赛)二等奖;生命科学学院参赛队获得2014年国际遗传工程机器设计竞赛世界锦标赛(团队赛)金奖。基础医学院获得第二届学生实践创新论坛最佳创新奖1名、优秀风采奖2名,获得第二届北京大学大学生基础医学创新论坛最佳创新奖1名,获得第三届全国大学生基础医学创新论坛暨实验设计大赛创新论坛一等奖1名、二等奖5名、三等奖1名,实验设计三等奖1名,创新论坛优胜奖5名。药学院获得全国大学生药苑论坛创新成果一等奖。

继续推进教育教学改革。1月17日,召开本科人才培养工作研讨会,审议《复旦大学关于进一步提高本科人才培养质量的若干意见(征求意见稿)》和《复旦大学提高本科教学质量方案研究总报告》等重要文件,制订形成校院两级教学管理方案、本科教学工作考评方案、通识教育核心课程建设与管理条例、拔尖计划实施方案、书院整体规划、推进本科教学国际化方案、本科教学督导组方案、教师教学基本规范、助教工作实施办法、书院导师工作条例等相应的配套方案。4月，教学指导委员会牵头启动新一轮本科培养方案调整工作。鼓励院士、长江学者、文科资深特聘教授、千人计划学者、科研重大计划负责人建立教学团队开设本科生课程。

加强多媒体设施和信息化教学平台的维护和更新。多媒体教室管理室承担260余间公共多媒体教室的日常运行与管理，全年完成本科生、研究生、成教学生教学任务和学生活动、讲座等30多万学时；计算机教学实验室配合学校第一教学楼的大修工程，2014年暑期整体搬迁至第四教学楼5楼。多媒体制作室共拍摄制作整学期精品课程30门计1 200余学时，单科精品课程100余学时；全年共有10门通识教育核心课程计400余课时在多校区远程视频交互系统内进行授课；对上海市高校共享课程中的复旦课程直播提供技术支持和保障。2014年暑期，配合学校枫林校区医学院部分学生搬迁至江湾校区工作，并完成江湾校区A教学楼的多媒体教室建设工作，建成多媒体教室18间，另新建江湾校区A教学楼305高清录播教室。　　　　　　（沈　斌）

【举行"复旦水平测试"】 2月15日，9 036名考生（含艺术特长生）参加复旦水平测试。在江苏、浙江、上海3个省/直辖市的12个城市设置21个考点（370个考场），其中上海考点10个、浙江考点6个、江苏考点5个。所有考场均统一标准安排，其中21个专门设置监控探头全程录像。　（王　阳）

【首批书院新生研讨课开课】 首批新生研讨课开设27门，于2月底正式开课。共有200余名学生修读书院新生研讨课。2月28日，《人文医学导论》开课，《解放日报》《文汇报》等媒体旁听。　　　　　　（孙燕华）

【首推《大数据与信息传播》上线MOOCs平台】 详见"学校综述"同条，第43页。

【举办教师教学发展研修班】 该研修班于4月4日开班，至6月底结束，共有来自全校各院系、各附属医院的44名青年教师学员参加。秋季学期的第四期研修班（新进青年教师专项）于8月29日开班，至12月底结束，共有41位青年教师参加。研修班项目包括主题学习活动和自主学习活动（如小组主题研讨、微课实践等）两部分。　　　　　　（曾　勇）

【举办创新教与学年会】 该会议于5月17日在邯郸校区举行。主题为"教育信息化促进教学创新"。会议包括大会报告，以及"教育信息化改变大学教学"、"教育信息化改变教师教学发展"和"教育信息化改变学生评价"等3个主题分会场。来自全国60余所高校和高教研究机构的近260位学者和管理者与会交流研讨。　（王　颖）

【启用教师教学发展中心场地】 6月，位于光华楼东主楼29层的教师教学发展中心场地建成并投入使用。所建场地按多功能用途设计，可兼具培训、讲座、教师学习交流、教学研讨咨询、教师微课实践、MOOC制作等功能。　　　　　　（曾　勇）

【多人获高校青年教师教学竞赛奖】 生命科学学院教师吴燕华获得第二届全国高校青年教师教学竞赛一等奖、（首届）上海市一等奖及"五一"劳动奖章。管理学院教师裘理瑾和微电子学院教师蒋玉龙获得上海市三等奖。生命科学学院教授乔守怡获得上海市最佳指导奖；复旦大学获得上海市优秀组织奖。　（范慧慧）

【举办信息学特长生夏令营】 该夏令营于8月26日开营，8月29日结束，旨在选拔出注重全面发展，热爱计算机科学，在计算机、信息和相关学科具有显著特长，有志于在计算机学科长足发展，并在全国青少年信息学奥林匹克联赛（即省级赛区竞赛）中获得一等奖的2014届高中毕业生。夏令营的报名人数达200人，与2013年基本持平，招生人数不超过35名。
　　　　　　　　　（朱晓超）

【获得创新创业工作奖】 10月18—19日，第七届全国大学生创新创业年会在西安交通大学举行，由教育部和科技部联合主办。复旦大学获评"2012—2014年度国家级大学生创新创业训练计划实施工作先进单位"。
　　　　　　　　　（云永旺）

【举行"箨政基金"管理委员会第十六次会议】 该会议于10月31日—11月2日在复旦大学举行。中国高等科学技术中心"箨政基金"负责人、成员高校（北京大学、兰州大学、苏州大学、新竹清华大学、上海交通大学、复旦大学）主管校领导、项目实施负责人、"箨政学者"代表及评审专家等参会。年会首次征集展示优秀项目海报，设计制作"箨政项目"吉祥物——乌鸫，并为庆贺李政道先生八十八周岁"米寿"拍摄制作视频。会上由学生代表作口头报告或海报展示，参会教师交流研讨各校本生科研训练计划管理经验。　　（应质峰）

【复旦招办—上海中学"创新素养培育实验项目签约"】 11月10日，复旦招办—上海中学"创新素养培育实验项目"签约仪式在上海中学举行。副校长陆昉，校长助理、招办主任丁光宏等出席仪式。双方围绕发现学生学术潜质、培养学生创新素养展开交流。　　　　　　（王　阳）

【多人获优秀教师奖】 中国科学院院士、化学系教授赵东元获宝钢优秀教师特等奖；儿科医院教授黄国英、哲学学院教授王德峰、上海医学院教授钱睿哲、数学科学学院金路等获得宝钢优秀教师奖；数学科学学院教授陈纪修获评全国模范教师。　（孙燕华）

【1项成果获国家级教学成果特等奖】 详见"学校综述"同条，第43页。

【启动首届"福庆师培"计划】 11月27日，上海医学院教师教学发展中心启动首届"福庆师培"计划暨临床医学教师教学能力培训班。整个培训为期6周，共36学时，引入"体验式"和"个性化"理念，开展课堂教学、小组讨论、教学查房以及床旁教学等。共有24名临床医学教师参加培训。（刘瑞梓）

【举办青年教师拓展交流活动】 11月28—29日，由复旦学院、人事处、校工会共同发起的2014年青年教师拓展交流活动在东方绿洲举行。活动旨在为青年教师搭建沟通交流的平台，也为学校职能部门了解青年教师的发展情况、需求和困惑提供直接的渠道。　　　　　（范慧慧）

附录

2014年复旦大学本专科专业设置

院　　系		专　　业	
		专业代码	专业名称
中国语言文学系		050101	汉语言文学
		050102	汉语言
国际文化交流学院		050102	汉语言（对外语言文化方向）
		050102	汉语言（对外商务汉语方向）
历史学系		060101	历史学
		120901K	旅游管理
文物与博物馆学系		060104	文物与博物馆学
哲学学院	哲学系	010101	哲学
		010101	哲学（国学方向）
	宗教系	010103K	宗教学
外国语言文学学院	英语系	050201	英语
	翻译系	050261	翻译
	俄语系	050202	俄语
	德语系	050203	德语
	法语系	050204	法语
	日语系	050207	日语
	韩语系	050209	朝鲜语
新闻学院	新闻学系	050301	新闻学
	广播电视学系	050302	广播电视学
	广告学系	050303	广告学
	传播学系	050304	传播学
国际关系与公共事务学院	国际政治系	030202	国际政治
	政治学系	030201	政治学与行政学
		030503	思想政治教育
	公共行政系	120402	行政管理
法学院		030101K	法学
社会发展与公共政策学院	社会学系	030301	社会学
	社会工作系	030302	社会工作
	心理学系	071101	心理学
经济学院	经济学系	020101	经济学
		020101	经济学（数理经济方向）
	世界经济系	020401	国际经济与贸易
	公共经济系	020201K	财政学
	国际金融系	020301K	金融学
	保险系	020303	保险学
管理学院	管理科学系	120101	管理科学
	信息管理与信息系统系	120102	信息管理与信息系统

续表

院　　　系		专　　业	
		专业代码	专业名称
管理学院	企业管理系	120201K	工商管理
	市场营销系	120202	市场营销
	会计学系	120203K	会计学
	财务学系	120204	财务管理
	统计学系	071201	统计学
数学科学学院		070101	数学与应用数学
		070102	信息与计算科学
物理学系		070201	物理学
核科学与技术系		082201	核工程与核技术
化学系		070301	化学
		070302	应用化学
力学与工程科学系		080101	理论与应用力学
		082002	飞行器设计与工程
材料科学系		080402	材料物理
		080403	材料化学
		080702	电子科学与技术
高分子科学系		080407	高分子材料与工程
环境科学与工程系		082503	环境科学
		082503	环境科学(环境工程方向)
		082503	环境科学(环境管理方向)
生命科学学院		071001	生物科学
		071002	生物技术
信息科学与工程学院	电子工程系	080714T	电子信息科学与技术
		082601	生物医学工程
	光科学与工程系	080705	光电信息科学与工程
	微电子学系	080704	微电子科学与工程
	通信科学与工程系	080703	通信工程
	光源与照明工程系	080601	电气工程及其自动化
计算机科学技术学院		080901	计算机科学与技术
		080904K	信息安全
		080904K	信息安全(保密方向)
		120106TK	保密管理
软件学院		080902	软件工程
临床医学院(筹)		100201K	临床医学(五年制)
		100201K	临床医学(六年制)
		100201K	临床医学(八年制)
基础医学院		100901K	法医学
		100101K	基础医学

续表

院　系	专业	
	专业代码	专业名称
公共卫生学院	100401K	预防医学
	120401	公共事业管理
药学院	100701	药学
	100701	药学(临床药学方向)
护理学院	101101	护理学
		护理(高职)

注：在专业代码中，加后缀"T"代表特设专业，"K"代表国家控制布点专业。

2014年复旦大学本科修读第二专业及第二学位专业设置

第 二 专 业	开 设 院 系
国际经济与贸易	经济学院
经济学	经济学院
新闻学	新闻学院
法学	法学院
哲学	哲学学院
宗教学	哲学学院
数理逻辑与科学哲学	哲学学院
对外汉语	国际文化交流学院
英汉双语翻译	外文学院
公共事业管理(社会管理方向)	社会学院
外交与公共事务	国际关系与公共事务学院
汉语言文学	中国语言文学系
第 二 学 士 学 位	开 设 学 院
会计学	管理学院

2014年"十二五"国家级规划教材复旦大学获奖一览表

教师姓名	教 材 名 称	所属院系
魏育青、范捷平	德语综合教程4	外国语言文学学院
翟象俊	21世纪大学英语读写教程(第一册)(修订版)	大学英语教学部
翟象俊	21世纪大学英语读写教程(第二册)(修订版)	大学英语教学部
翟象俊	21世纪大学英语读写教程(第三册)(修订版)	大学英语教学部
余建中	21世纪大学英语练习册(第一册)(修订版)	大学英语教学部
翟象俊	21世纪大学英语练习册(第二册)(修订版)	大学英语教学部
翟象俊	21世纪大学英语练习册(第三册)(修订版)	大学英语教学部
余建中	21世纪大学英语练习册(第四册)(修订版)	大学英语教学部
宋 梅	21世纪大学英语教师参考书(第一册)(修订版)	大学英语教学部
李荫华	大学英语(全新版)	大学英语教学部
李荫华、王德明、夏国佐等	综合教程学生用书(1)	大学英语教学部

四、人才培养

续 表

教 师 姓 名	教 材 名 称	所属院系
李荫华、王德明、夏国佐等	综合教程学生用书(2)	大学英语教学部
李荫华、王德明、夏国佐等	综合教程学生用书(3)	大学英语教学部
李荫华、王德明、夏国佐等	综合教程学生用书(4)	大学英语教学部
李荫华、王德明、夏国佐等	综合教程学生用书(5)	大学英语教学部
李荫华、王德明、夏国佐等	综合教程学生用书(6)	大学英语教学部
季佩英、吴晓真	综合教程教师用书(1)	大学英语教学部
吴晓真、季佩英、姚燕瑾	综合教程教师用书(2)	大学英语教学部
季佩英、吴晓真、姚燕瑾	综合教程教师用书(3)	大学英语教学部
吴晓真、季佩英、姚燕瑾	综合教程教师用书(4)	大学英语教学部
季佩英、吴晓真、姚燕瑾	综合教程教师用书(5)	大学英语教学部
吴晓真、季佩英、姚燕瑾	综合教程教师用书(6)	大学英语教学部
邱东林	阅读教程(通用本)学生用书(5)	大学英语教学部
邱东林	阅读教程(通用本)教师用书(5)	大学英语教学部
朱永生	综合教程(4)学生用书	外国语言文学学院
朱永生	综合教程(4)教师用书	外国语言文学学院
裘锡圭、杨忠	古文献学基础知识丛书	中国语言文学系
姜波克	国际金融新编(第四版)	经济学院
刘红忠、蒋冠	金融市场学	经济学院
薛华成	管理信息系统(第5版)	管理学院
程晓明	卫生经济学(第2版)	公共卫生学院
金泰廙	职业卫生与职业医学(第6版)	公共卫生学院
王卫平	儿科学	上海医学院
金惠铭、王建枝	病理生理学(第7版)	上海医学院
彭裕文	局部解剖学(第7版)	上海医学院
杨秉辉	全科医学概论(第3版)	上海医学院
朱大年	生理学(第7版)	上海医学院
查锡良	生物化学(第7版)	上海医学院
左伋	医学遗传学(第5版)	上海医学院
傅华	预防医学(第5版)	公共卫生学院
吕探云	健康评估(第2版)	护理学院
石凤英	康复护理学(第2版)	上海医学院
席淑新	眼耳鼻咽喉口腔科护理学(第2版)	上海医学院
周珮	生物技术制药	药学院
李端	药理学(第6版)	药学院
史济平	药学分子生物学(第3版)	药学院
姚慕生、吴泉水	高等代数学(第二版)	数学科学学院
欧阳光中、朱学炎、金福临等	数学分析(上册)(第三版)	管理学院
欧阳光中、朱学炎、金福临等	数学分析(下册)(第三版)	管理学院
杨福家	原子物理学(第四版)	物理学系

续　表

教师姓名	教材名称	所属院系
周世勋、陈灏	量子力学教程(第二版)	物理学系
杨继	植物生物学(第2版)	生命科学学院
施伯乐、丁宝康、汪卫	数据库系统教程	计算机科学技术学院
陈光梦	模拟电子学基础(第二版)	信息科学与工程学院
苏东水	产业经济学(第三版)	管理学院
陈学彬	金融学(第三版)	经济学院
刘红忠	投资学(第二版)	经济学院
刘建军	当代中国政治思潮	国际关系与公共事务学院
吴礼权	现代汉语修辞学(修订版)	中国语言文学系
陈思和	中国现当代文学名篇十五讲(第二版)	中国语言文学系
陆扬	文化研究导论	中国语言文学系
邱东林、王安宇、何雁、张雪波	管理学专业英语教程(第三版)(上)	大学英语教学部
邱东林、王安宇、何雁、张雪波	管理学专业英语教程(第三版)(下)	大学英语教学部
董亚芬、吴晓真	大学英语(第三版)精读 预备级 学生用书	大学英语教学部
董亚芬、翟象俊	大学英语(第三版)精读 第1册 学生用书	大学英语教学部
董亚芬、翟象俊	大学英语(第三版)精读 第2册 学生用书	大学英语教学部
董亚芬、李荫华	大学英语(第三版)精读 第3册 学生用书	大学英语教学部
董亚芬、李荫华	大学英语(第三版)精读 第4册 学生用书	大学英语教学部
董亚芬、翟象俊	大学英语(第三版)精读 第5册 学生用书	大学英语教学部
董亚芬、李荫华	大学英语(第三版)精读 第6册 学生用书	大学英语教学部
范烨、董亚芬	大学英语(第三版)精读 预备级 教师用书	大学英语教学部
董亚芬、张增建	大学英语(第三版)精读 第1册 教师用书	大学英语教学部
董亚芬、张增建	大学英语(第三版)精读 第2册 教师用书	大学英语教学部
董亚芬、翟象俊	大学英语(第三版)精读 第3册 教师用书	大学英语教学部
董亚芬、翟象俊	大学英语(第三版)精读 第4册 教师用书	大学英语教学部
董亚芬、王德明	大学英语(第三版)精读 第5册 教师用书	大学英语教学部
董亚芬、王德明	大学英语(第三版)精读 第6册 教师用书	大学英语教学部
黄瑚	新闻传播法规与职业道德教程(第二版)	新闻学院
李贤平	概率论基础(第三版)	管理学院
李贤平、陈子毅	概率论基础学习指导书	管理学院
谷超豪、李大潜、陈恕行、郑宋穆、谭永基	数学物理方程(第三版)	数学科学学院
贾起民、郑永令、陈暨耀	电磁学(第三版)	物理学系
吴性良、孔继烈	分析化学原理(第二版)	化学系
范康年	谱学导论(第二版)	化学系
周德庆	微生物学教程(第3版)	生命科学学院
刘祖洞、乔守怡、吴燕华、赵寿元	遗传学(第3版)	生命科学学院
寿天德	神经生物学(第3版)	生命科学学院
姚泰	生理学(第2版)	上海医学院
王吉耀	内科学(第2版)(上、下册)	上海医学院
闻韧	药物合成反应(第三版)	药学院
薛华成	管理信息系统(第6版)	管理学院

2014年国家级教学成果奖复旦大学获奖一览表

教师姓名	获奖成果	所属单位	等级
汪玲、桂永浩、富冀枫、黄钢、陆昉、胡鸿毅、葛均波、何珂、尹冬梅、吴鸿翔、包汇波、姜化、陈红专、陈宇光、邹菁、赖雁妮、郑玉英、吴海鸣	我国临床医学教育综合改革的探索和创新	上海医学院	特等奖
孙向晨、郝兆宽、俞吾金、吴晓明、张汝伦、李天纲、张双利、郭晓东	直面经典：哲学训练从教科书到经典范式的转变——建构哲学经典教学新体系	哲学学院	二
顾钰民、肖巍、张济琳、高国希、孙谦	基于实效性的《概论》课教学改革和建设整体推进探索	社会科学基础部	二
黄瑚、程士安、张涛甫、吕新雨、廖圣清、宋超、黄芝晓、赵凯、杨敏	依托"部校共建"机制，培养媒介融合时代新闻传播人才	新闻学院	二
祝墡珠、汪玲、杨秉辉、江孙芳、桂永浩、郑玉英、潘志刚、寿涓、王健、顾杰	中国特色全科医学人才培养体系的探索与创新	上海医学院	二
陆昉、徐红、应质峰、郑方贤、云永旺、赵东元、储以微、卢大儒、张诚、葛天如、徐雷	以培养探究能力为核心的本科生拔尖创新人才培养体系	复旦大学	二

2014年第二届全国高校青年教师教学竞赛奖复旦大学获奖一览表

教师姓名	获奖成果	所属院系	等级
吴燕华	遗传学	生命科学学院	一

2014年教育部精品视频公开课复旦大学获奖一览表

教师姓名	获奖成果	所属院系
丁纯	欧洲主权债务危机	经济学院
徐英瑾	人工智能哲学	哲学学院

2014年上海市精品课程复旦大学获奖一览表

教师姓名	获奖成果	所在院系
郭英之	旅游市场研究	历史学系
张旭曙	东西方美学思潮	中国语言文学系
李丹	宏观经济学原理	经济学院
龚金平	影视剧艺术	艺术教育中心
吕景林	物理演示实验拓展	物理学系
刘学礼	马克思主义基础原理概论	马克思主义学院
陈文	卫生经济学	公共卫生学院
程能能	药物·生命·社会	药学院
赵根明	流行病学	公共卫生学院
殷莲华、严钰锋	功能学科综合实验	基础医学院

2014年上海市师范性全英语教学课程复旦大学获奖一览表

教师姓名	获奖成果	所在院系
王吉耀	内科学	上海医学院
陈红	组织胚胎学	上海医学院
刘雯	医学遗传学	上海医学院

2014年上海高校本科重点教学改革项目复旦大学获奖一览表

教师姓名	获奖成果	所在院系
潘天舒	研究型教学理念下学生的学习模式和教学效果分析：跨学科的视角	社会发展与公共政策学院
傅华	团队合作学习法在混合式教学中的应用——"预防医学"教改实践	公共卫生学院
蒋玉龙	基于在线教学的本科生课程课堂翻转教学模式研究	复旦学院
谢锡麟	力学—数学—物理学相关知识体系之间互为借鉴与融合的教学研究与实践	力学与工程科学系
应质峰	提升本科生学术研究活动管理质量的探索	复旦学院等

2014年首届上海高校青年教师教学竞赛奖复旦大学获奖一览表

教师姓名	获奖成果	所在院系	等级
吴燕华	遗传学	生命科学学院	一
蒋玉龙	半导体物理	微电子学院	三
裘理瑾	服务营销	管理学院	三

2014年上海市高校外国留学生英语授课示范性课程复旦大学获奖一览表

教师姓名	获奖成果	所属院系
沈可	中国人口与发展	社会发展与公共政策学院
张晓蓉	中国金融市场	管理学院
卢晓	中国市场营销	管理学院
龚冰琳	产业经济学	管理学院
章奇	动态的中国经济	经济学院
司佳	中国历史：从改良到革命	历史学系
徐英瑾	心灵哲学	哲学学院
才清华	先秦道家与墨家	哲学学院
张红旗	系统解剖学	上海医学院
汤其群	生物化学	上海医学院
陆利民	生理学	上海医学院
刘雯	医学遗传学	上海医学院
陈红	组织胚胎学	上海医学院
王吉耀	内科学	上海医学院
肖佳灵	当代中国外交(研)	国际关系与公共事务学院
郑磊	中国电子治理(研)	国际关系与公共事务学院
张晏	中国的改革与开放(研)	经济学院
殷醒民	中国金融体系(研)	经济学院
汪习波	中国古代文化传统(研)	中国语言文学系
陆扬	中国艺术(研)	中国语言文学系
蒋勇	中国当代流行文化(研)	中国语言文学系
白彤东	先秦儒家与法家	哲学学院

2014年高教社杯全国大学生数学建模竞赛复旦大学获奖一览表

参赛学生			指导教师	获奖情况
黄 策	封江涛	姚文婕		全国一等奖
李 阳	吴致远	刘幸昀		全国二等奖
李 林	应 雄	戴祚铭	曹 沅	全国二等奖
张天绎	沈立成	周 琛		全国二等奖
陈秉烜	沈若非	马嘉灏		全国二等奖
南岳松	李治呈	刘宏逸	曹 沅	全国二等奖
郭汇杰	肖纳川	李硕德	曹 沅	全国二等奖
黄祺超	顾天猷	王东源	曹 沅	全国二等奖
滕 彤	刘 路	杨鹏翼		全国二等奖
潘 畅	沈依伟	陆盛谷	曹 沅	全国二等奖

第五届全国大学生数学竞赛（决赛）复旦大学获奖一览表

参赛学生	所属院系	竞赛分组	获奖情况
唐云浩	物理学系	非数学组	全国一等奖
陈绿洲	数学科学学院	数学组	全国一等奖
周士杰	数学科学学院	数学组	全国一等奖
毛周行	数学科学学院	数学组	全国二等奖
邹建迪	数学科学学院	数学组	全国二等奖
马 斌	数学科学学院	数学组	全国二等奖

2014年全国大学生电子设计竞赛嵌入式系统专题邀请赛（英特尔杯）复旦大学获奖一览表

参赛学生			指导教师	所属院系	获奖情况
谭媛媛	贾俊连	曹嘉彦	冯 辉	信息科学与工程学院	全国一等奖
芦 航	张 鹏	肖 宇	吴晓峰	信息科学与工程学院	全国一等奖

2014年全国大学生电子设计竞赛模拟电子系统专题邀请赛（TI杯）复旦大学获奖一览表

参赛学生			指导教师	所属院系	获奖情况
高 源	叶正煜	袁 泉	刘祖望、陈光梦	信息科学与工程学院	全国二等奖

第38届ACM国际大学生程序设计竞赛全球总决赛复旦大学获奖一览表

参赛学生			所属院系	获奖情况	指导教师
陈子旸	刘 璐	董麒麟	计算机科学技术学院	第19名	孙未未

第五届中国大学生物理学术竞赛（团队赛）复旦大学获奖一览表

参赛学生	所属院系	获奖情况
复旦大学队（11人）	物理学系	二等奖

2014年国际遗传工程机器设计竞赛世界锦标赛(团队赛)复旦大学获奖一览表

参赛学生	所属院系	获奖情况
复旦大学队(12人)	生命科学学院	金奖

2014年复旦大学基础医学院第二届学生实践创新论坛复旦大学获奖一览表

获奖学生	学生所属专业	指导教师	教师所属学院	奖项
周峰	临床医学(八年制)	朱巍	基础医学院	最佳创新奖
张启麟 苏娅	临床医学(八年制)	熊思东	基础医学院	优秀风采奖

2014年第二届北京大学大学生基础医学创新论坛复旦大学获奖一览表

获奖学生	学生所属专业	指导教师	教师所属学院	奖项及名次
刘鼎乾	临床医学(八年制)	张鹭	基础医学院	最佳创新奖

第三届全国大学生基础医学创新论坛暨实验设计大赛复旦大学获奖一览表

获奖学生	学生所属专业	指导教师	教师所属学院	奖项及名次
刘鼎乾	临床医学(八年制)	张鹭	基础医学院	创新论坛一等奖
胡佳倩 伍秋宁 姜惠琴 李艾伦 王颖	临床医学(八年制)	陈长瑞	基础医学院	创新论坛二等奖
韩霏	临床医学(八年制)	刘光伟	基础医学院	创新论坛三等奖
周峰	临床医学(八年制)	朱巍	基础医学院	实验设计三等奖
刘晓敏 康琪 焦宇琼	临床医学(五年制)、基础医学、临床医学(五年制)	施冬云	基础医学院	创新论坛优胜奖
梁灏	法医学	饶渝兰	基础医学院	创新论坛优胜奖
汪星朦	临床医学(八年制)	李希	基础医学院	创新论坛优胜奖

2014年全国大学生药苑论坛复旦大学获奖一览表

获奖学生	学生所属专业	指导教师	教师所属学院	奖项及名次
常毅 殷志	药学	李聪	药学院	创新成果一等奖

(复旦学院、医学教育办公室供稿)

研究生教育

【概况】 2014年,复旦大学研究生院全面启动研究生人才培养改革工作。积极贯彻落实教育部等三部委颁布的《关于深化研究生教育改革的若干意见》(教研[2013]1号)文件精神,在对高层次专门人才培养上,设计实施包括研究生服务中心、研究生"FIST"课程和质量大检查等多项改革举措,对促进研究生培养与学位质量的提高,推动研究生教育持续、健康、稳定地发展具有重要意义,并收到一些成效和新进展。

复旦大学培养学术学位研究生共涉及11个学科门类,42个一级学科,其中博士学位授权一级学科点35个,硕士学位授权一级学科点6个;此外,培养专业学位研究生涉及博士专业学位授权点2个,硕士专业学位授权点27个,形成较为齐全的培养研究生的学科专业和学位授权体系。

全年共招收学历教育研究生5 575人,其中硕士研究生4 191人(含港澳台生40人,外籍生327人,少数民族骨干生13人);博士研究生1 384人(含港澳台生5人,外籍生43人,少数民族骨干生10人)。招收非学历教育硕士研究生1 170人,包括法律硕士100人、工程硕士468人、公

四、人才培养

共管理硕士120人、公共卫生硕士100人、会计硕士77人、高级工商管理硕士(EMBA)299人。2014年度国家下达给复旦大学大陆地区硕士生招生总规模3 870人(含少数民族骨干计划20人,含计划单列的住院医师项目),总规模中按培养类型分：学术型1 850人、专业型2 020人,2014年实际录取硕士生3 824人(其中学术型1 665人、专业型2 159人,录取研究生中含住院医师项目163人);2014年国家下达给复旦大学博士生招生总规模1 418人(其中国家计划1 289人,含少数民族骨干计划12人),总规模中按培养类型分：学术型1 396人、专业型22人。2014年实际录取博士生1 336人(不含72人延迟转博生)。

提高研究生培养质量和创新能力,在强化培养过程管理和监督、重视科学道德和学风建设、激发研究生科研创新能力等方面采取一系列积极举措。(1)强化培养过程管理和监督。加强研究生注册和其他学籍事务管理,引导研究生树立严谨求实的良好学风。2014级硕博研究生注册率分别为96.1%、96.4%。加强学术学位研究生中期考核,规范中期考核程序,要求院系制定并公布中期考核实施细则,研究生院对研究生中期考核实行抽查巡视。延请校外研究生教育专家和导师,在部分院系试点进行问题驱动型质量检查,更加准确地评估学校研究生培养的真实状况。(2)重视科学道德和学风建设。学校正式成立学风建设领导小组,研究生院作为学校学风建设领导小组办公室挂靠单位,负责全校学风建设的统筹和协调工作。在研究生学风建设方面,2014年秋季学期开始,研究生院联合党委研究生工作部分别对文、理、医学科研究生新生举办学术道德和学术规范专题报告会。10月,承办上海市科学技术协会、上海市教育委员会主办的"坚守与追求——优秀学位论文作者及导师代表专题交流会"。建立研究生导师在开学初与研究生一对一学风谈话机制。各院系以本学科学术规范为重点内容开展学风宣讲教育活动90余场。将科学道德教育纳入课堂体系,要求有条件的院系以本学科学术道德、学术伦理、学术规范、科研方法为主要内容,建设一门研究生科研行为规范与方法指导类课程。作为研究生违反学习纪律行为的归口管理单位,对违纪学生进行严肃处理,2014年共查处违纪学生14人。实现研究生学风教育的常态化和全员覆盖。(3)着力建设研究生课程体系。学校全年开设各类研究生课程共计2 893门。进一步推进FIST(Fudan Intensive Summer Teaching,暑期集中式授课)课程项目,共开出百余门课程,对研究生课程体系形成有力补充。重视全英文课程建设,组织申报2014年上海市外国留学生英语授课示范性课程,8门课程获得上海市教育委员会资助。(4)申报和实施上海市研究生教育创新计划,开展复旦大学暑期学校项目。13个项目入选2014年上海市研究生教育创新计划和专业学位研究生教育综合改革试验项目,包括暑期学校1项、研究生学术论坛4项、学位点建设与人才培养模式探索项目3项、上海市临床医学专业学位教育改革试验项目2项、专业学位研究生实践基地建设项目3项。9个项目入选2014年上海市研究生创新创业能力培养专项项目。自行设立的暑期学校研究生创新项目在2014年共资助10个院系成功开展暑期学校活动。(5)推进研究生教育国际交流。与国外多所知名高校开展研究生教育合作,其中经济学院和德国乌尔姆大学合作的保险专业学位双硕士学位项目、环科系与法国奥尔良大学合作的研究生交流项目、旅游学系与法国法兰西商学院合作的旅游管理专业学位双硕士学位项目、管理学院与英国伦敦商学院合作的国际商务专业学位双硕士学位项目、复旦—巴黎高师人文硕士班项目已开班,软件学院与爱尔兰国立都柏林大学合作的软件工程专业学位双硕士学位项目、国务学院牵头与香港城市大学联合培养博士生项目处于协议接洽阶段。组织研究生申报国家留学基金委"国家建设高水平大学公派研究生"项目,2014年复旦大学入选研究生共计128人,其中联培博士生77人、攻读博士学位生44人、联培硕士生3人、攻读硕士学位生4人。遴选推荐多名优秀研究生入选二十一世纪大学联盟研究生科研大会等国际知名学术交流项目。继续实施博士生短期国际访学资助计划和资助博士研究生参加国际学术会议项目。

2014年4月,2013年度上海市优秀论文评选结果公布,共有30篇博士学位论文(占全市19.5%)和20篇硕士学位论文(占全市12.3%)获上海市优秀学位论文。经过各学位评定分委员会审核,复旦大学共推荐73篇博士学位论文和42篇硕士学位论文(含参加上海市马克思主义理论学科研究生人才培养登峰计划优秀学位论文评选的3篇博士学位论文和2篇硕士学位论文)参加2014年度上海市优秀学位论文的评选。在连续15届的上海市优秀研究生学位论文(作品)评选活动中,复旦大学共有561篇论文入选,其中优秀博士学位论文362篇,硕士学位论文199篇,一直位居全市高校前列。

2014年度,复旦大学共授予硕士学位4 921人,其中专业学位3 019人;授予博士学位1 084人,其中专业学位152人。2014年博士学位论文双盲评审共送审博士论文1 949本,其中62本被专家提出异议,异议率为3.18%。参加上海市硕士学位论文抽检评议344人,异议18人,异议率为5.23%;参加校内硕士论文抽检996人,异议63人,异议率为6.33%;全年学术学位论文的异议率为4.48%,专业学位论文的异议率为8.96%。

在导师工作方面,已将导师遴选的改革推广到全校所有院系,在名额上不做限制,鼓励院系在学校原有博导遴选条件的基础上制定本院系的遴选条件和程序,并结合院系的人力资源规划,统筹安排博导的岗位聘任。

内部管理方面,注重加强业务学习,总结经验,开展理论研究和宣传工作,出版研究生教育研究专著和发表论文多篇,在《学位与研究生教育》等杂志上发表数篇论文。2014年复旦大学研究生院继续承担《上海研究生教育》杂志的编辑和发行任务,为研究生教育理论和实践研究提供学术交流与发表论文的平台,拥有专、兼职研究人员多名,积极宣传复旦大学近年来在研究生教育发展与改革方面取得的新成果。

(包晓明　姚玉河　姜友芬　先梦涵　吴宏翔　杨长江　楚永全　钟扬)

【召开复旦大学研究生教育会议】该会议于1月16日在光华楼召开。党委书记朱之文、校长杨玉良、副校长陆昉、副书记尹冬梅等校领导出席,各院系正职领导、研究生教育分管领导、研究生学生工作负责人、研究生教学秘书等参会。会议由陆昉主持,研究生院院长钟扬作大会报告。报告总结2013年全校研究生教育工作,指出研究生院积极推行FIST项目试点和本硕一体化探索等教学改革措施,促进高校之间的优质教育资源共享,建立更加开放和高效的研究生教学模式;建成研究生标准化考场和考场指令播放系统以及"研究生报考服务系统"和"研究生招生管理系统";三篇博士学位论文入选全国"优博",在全国高校保持前列。杨玉良作总结发言,他代表学校对近期在研究生教育一些具体改革措施给予充分的肯定,鼓励进一步加大改革和探索的步伐。他特别提出要紧密结合国家发展战略,全面提升国际化办学水平,加强研究生教育国际化进程,建成具有中国特色的世界一流大学。

(姚玉河　包晓明)

【开展问题驱动型研究生培养质量大检查】4月,聘请来自全国各高校、科研院所和研究生教育主管部门的36位研究生教育专家和导师对全校12个院系的研究生进行问题驱动型质量大检查。为保证抽查样本的覆盖面和可信度,抽查对象均由抽签产生。该次检查共面谈学生近千名,发放问卷近800份。过专家与研究生一对一的面谈和问卷调查,掌握大量第一手真实数据和材料,为了解学校研究生培养过程中存在的问题、以及有针对性地开展培养质量监控提供有力依据。

(先梦涵　陈芳)

【成立学风建设领导小组】5月12日,学校发布《关于成立复旦大学学风建设领导小组的通知》(校通字[2014]17号)。领导小组由校党委副书记尹冬梅和副校长陆昉担任组长,下设办公室,挂靠研究生院,由研究生院院长钟扬兼任主任。领导小组的成立,在机制上明确研究生院负责全校学风建设统筹和协调工作。

(陈芳　陆德梅　潘星)

【召开研究生管理干部和导师培训大会】5月22日,召开2014年研究生管理干部和导师培训大会。全校共有280多名教师参加培训会,副校长陆昉出席并致欢迎词。会议邀请国务院学位委员会办公室副主任孙也刚作题为"研究生教育改革的理念、思路和措施"的主题报告,复旦大学学术规范委员会主任周鲁卫向参训人员解读学术规范制度及复旦大学学术规范实施规定,学生心理健康教育中心主任刘明波介绍研究生心理健康问题现状与对策思考。

(姜友芬　陈珣)

【创建研究生服务中心】6月9日,研究生服务中心正式对外办公,全年无休,保证寒暑假、节假日、周末都有工作人员值班,工作日每天12小时(7:00—19:00)向师生提供一站式服务,有18项基础业务通过中心受理,日均接待研究生约230人次,来电300多次,得到师生的肯定。研究生服务中心的开放运行,实现研究生教育管理与服务相对分离,在理清工作流程、简化办事手续、提高服务效率方面,起到明显推动作用,实现研究生服务与管理的双赢。

(姚玉河　先梦涵　包晓明　杜磊)

【首创机关双重领导新模式】为加强研究生院的人力资源调配,研究生院员工实行业务科室和服务中心双重领导。双重领导是研究生院在全校各机关的首创,充分利用人力资源,打破办公室之间的分割和壁垒,改变原有的各办公室忙闲不均的现象,有力支援研究生服务中心等改革项目的建设,加强院内教职工的学习和交流,增强凝聚力,树立全局观念,实现"一专多能"。

(先梦涵　包晓明)

【二级学科的自主设置及调整工作】经2014年6月第83次校学位评定委员会的审议,新增6个二级学科,其中目录外3个(生物统计学博士点、数据科学博士点、临床口腔医学博士点),目录内3个(美学硕士点、人口学博士点、人类学博士点)。

(姜友芬)

【举办全国优秀大学生暑期夏令营活动】8月21—23日,举行首届复旦大学附属医院全国优秀大学生暑期夏令营。夏令营由医学学位与研究生教育管理办公室主办,附属中山医院、华山医院、肿瘤医院、儿科医院、妇产科医院、眼耳鼻喉科医院承办。活动吸引来自全国65所高校的769余名优秀大学生踊跃报名,最终42所高校的250余名大学生优选入营。在活动中,有159位营员有意向参加后续具体招录工作。

(任宁　刘晓宇)

【启用研究生迎新系统】由复旦大学自主开发建成研究生迎新系统,自2014级新生报到开始启用,研究生院协同相关部门,使研究生能便捷地在所处校区的学生生活园区办理报到手续。

(先梦涵　陈芳)

【制订并颁布新的奖助方案】11月14日,由校长许宁生在全校研究生奖助方案公布会议上向全校颁布新的奖助方案,旨在建立健全以政府投入为主,研究生合理分担培养成本,学校、院系、导师等多渠道筹集经费的研究生教育投入机制,进一步明确学校、导师在研究生教育中的责任和权利,激发导师、研究生两个主体的能动性,根据学科特点和导师科研活跃程度以及带教水平合理分配和动态调整招生资源。

(姚玉河　先梦涵　包晓明)

【加强监考人员培训】为应对严峻的研究生考研形势,促进考试公平,12月,研究生招生办公室组织多场考务人员考前培训会,印发《2015年全国研究生入学考试复旦大学监考负责人及巡考人员培训会材料汇编》、《考场实施程序》、《监考员职责要求》等书面材料,播放监考培训专题录像片;协同纪委监察处,共同强调"复旦大学考试工作纪律",并首次组织监考人员业务知识考试,切实提高考试考务工作效率和管理水平。

(杜磊)

【1个项目获国家留学基金委首批"创新型人才国际合作培养项目"资助】 2014年,国家留学基金委首次实施"创新型人才国际合作培养项目"。经济学院与德国乌尔姆大学合作的保险专业学位双硕士学位项目入选。

（陆德梅　陈芳）

【1个项目入选2014年上海市研究生教育创新计划学术论坛】 上海医学院组织申报的研究生学术论坛项目"生殖与发育医学进展探索",获得2014年上海市研究生教育创新计划实施项目（第一批）立项。该届论坛是自上海市教委研究生教育创新计划开展以来,首次以"生殖与发育医学"作为主题的研究生学术论坛,旨在为上海各高校研究生在生殖与发育医学研究领域搭建一个良好的学术交流平台,拓展研究生的学术视野,以推动各校研究生在该领域的创新与合作。

（吴海鸣　吴鸿翔）

【支援西部和少数民族地区】 2014年,研究生院先后接待西藏大学研究生处多位领导和教师来访交流。完成学校与福建、甘肃省战略合作协议要求的有关教育任务以及其他对口支援计划。完成国家民委委托的培训任务。研究生院院长钟扬担任中组部第六、七批援藏干部,获评全国对口支援西藏先进个人,受到党和国家领导人接见。　（先梦涵　包晓明）

附录

国务院学位委员会第六届学科评议组成员名单（复旦大学）

序号	学科	成员
1	哲学	俞吾金（2014年10月逝世）
2	理论经济学	袁志刚
3	应用经济学	姜波克
4	政治学	林尚立
5	马克思主义理论	顾钰民
6	中国语言文学	朱立元
7	外国语言文学	褚孝泉
8	新闻传播学	黄旦*
9	历史学	吴景平
10	数学	吴宗敏
11	物理学、天文学	金晓峰
12	化学	杨玉良*　贺鹤勇
13	生物学	金力　卢宝荣
14	环境科学与工程	郑正
15	基础医学	熊思东
16	临床医学（Ⅰ）	葛均波
17	临床医学（Ⅱ）	顾玉东*　周梁　樊嘉
18	公共卫生与预防医学	姜庆五*
19	中西医结合	吴根诚*
20	管理科学与工程	黄丽华
21	公共管理	郝模

注：其中*为学科评议组召集人。另有双聘院士彭实戈、贺林、陈凯先分别当选为该届数学、生物学、药学学科评议组成员。

国务院学位委员会成员（复旦大学）

成员	批准时间
杨玉良　桂永浩	2013年5月

复旦大学一级学科博士学位授权点一览表

序号	一级学科	博士点数	硕士点数
1	哲学	9(3)	11(3)
2	理论经济学	5	6
3	应用经济学	6	8
4	法学	7	9
5	政治学	7(1)	8(1)
6	社会学	3	4
7	马克思主义理论	3	3
8	中国语言文学	12(5)	12(5)
9	外国语言文学	2	7
10	新闻传播学	4(2)	4(2)
11	考古学	调整中	调整中
12	中国史	调整中	调整中
13	世界史	调整中	调整中
14	数学	5	5
15	物理学	5	7
16	化学	6(1)	6(1)
17	生物学	11(2)	12(2)
18	生态学	调整中	调整中
19	统计学	调整中	调整中
20	光学工程	1	1
21	材料科学与工程	2	2
22	电子科学与技术	4	5(1)
23	计算机科学与技术	4(1)	4(1)
24	环境科学与工程	2	2
25	生物医学工程	2(1)	2(1)
26	软件工程	调整中	调整中
27	基础医学	9(3)	9(3)
28	临床医学	18(2)	20(3)
29	公共卫生与预防医学	5	5
30	中西医结合	2	2
31	药学	6(1)	6(1)
32	护理学	调整中	调整中
33	管理科学与工程	3(2)	4(3)
34	工商管理	6(3)	8(4)
35	公共管理	6(3)	7(3)

注：1. 括号中的数据为学校自设的学科、专业数（此数据已包含在括号前的数据中）；
2. 硕士点数涵盖博士点数。

复旦大学培养研究生学科、专业目录(学术学位)

授予学位学科门类	一级学科(授权时间)	序号	专 业 名 称	专业代码	硕士点批准时间	博士点批准时间
哲 学	哲学** 2000年12月 第八批	1	马克思主义哲学*	010101	1981年11月	1981年11月
		2	中国哲学*	010102	1981年11月	1981年11月
		3	外国哲学*	010103	1981年11月	1981年11月
		4	逻辑学	010104	1986年7月	—
		5	伦理学*	010105	1993年12月	2003年1月
		6	美学	010106	2014年6月	—
		7	宗教学*	010107	1998年6月	2001年4月
		8	科学技术哲学*	010108	1981年11月	1998年6月
		9	国外马克思主义哲学*(自设专业)	0101Z1	—	2004年2月
		10	经济哲学*(自设专业)	0101Z2	—	2004年2月
		11	比较哲学*(自设专业)	0101Z3	—	2004年2月
经济学	理论经济学** 1998年6月 第七批	12	政治经济学*	020101	1981年11月	1981年11月
		13	经济思想史*	020102	1981年11月	1984年1月
		14	经济史	020103	1981年11月	—
		15	西方经济学*	020104	1993年12月	2001年4月
		16	世界经济*	020105	1981年11月	1986年7月
		17	人口、资源与环境经济学*	020106	1990年11月	2001年4月
	应用经济学** 1998年6月 第七批	18	国民经济学*	020201	1993年12月	2001年4月
		19	区域经济学*	020202	1993年12月	2001年4月
		20	财政学	020203	1996年6月	—
		21	金融学*	020204	1990年11月	1993年12月
		22	产业经济学*	020205	1984年1月	1986年7月
		23	国际贸易学*	020206	1993年12月	2001年4月
		24	劳动经济学	020207	1998年6月	—
		25	数量经济学*	020209	1986年7月	2001年4月
法 学	法学** 2011年3月	26	法学理论*	030101	1998年6月	2012年6月
		27	法律史*	030102	1981年11月	2012年6月
		28	宪法学与行政法学*	030103	1996年6月	2012年6月
		29	刑法学	030104	2000年12月	—
		30	民商法学*	030105	1998年6月	2006年1月
		31	诉讼法学*	030106	2000年12月	2012年6月
		32	经济法学	030107	2005年1月	—
		33	环境与资源保护法学*	030108	2003年5月	2012年6月
		34	国际法学*	030109	1993年12月	2003年7月
	政治学** 2000年12月 第八批	35	政治学理论*	030201	1984年11月	1990年11月
		36	中外政治制度*	030202	2000年12月	2001年4月
		37	科学社会主义与国际共产主义运动	030203	2003年5月	—
		38	中共党史*	030204	2003年5月	2005年1月
		39	国际政治*	030206	1981年11月	2001年4月

续 表

授予学位学科门类	一级学科（授权时间）	序号	专业名称	专业代码	硕士点批准时间	博士点批准时间
法 学	政治学** 2000年12月 第八批	40	国际关系*	030207	1981年11月	1986年7月
		41	外交学*	030208	2003年5月	2005年7月
		42	政治哲学*（自设专业）	0302Z1	—	2012年6月
	社会学** 2011年3月	43	社会学*	030301	1993年12月	2006年1月
		44	人口学*	030302	1984年1月	2014年6月
		45	人类学*	030303	2000年12月	2014年6月
		46	民俗学(含：中国民间文学)	030304	2003年5月	—
	马克思主义理论** 2006年1月 第十批	47	马克思主义基本原理*	030501	—	2006年1月
		48	马克思主义中国化研究*	030503	—	2007年1月
		49	思想政治教育*	030505	—	2006年1月
教育学	教育学▲ 2011年3月	50	课程与教学论	040102	2005年1月	—
		51	高等教育学	040106	1996年6月	—
	心理学▲ 2011年3月	52	应用心理学	040203	2006年1月	—
文 学	中国语言文学** 1998年6月 第七批	53	文艺学*	050101	1981年11月	1986年7月
		54	语言学及应用语言学*	050102	1981年11月	2003年1月
		55	汉语言文字学*	050103	1981年11月	1981年11月
		56	中国古典文献学*	050104	1984年1月	1999年7月
		57	中国古代文学*	050105	1981年11月	1981年11月
		58	中国现当代文学*	050106	1984年1月	1986年7月
		59	比较文学与世界文学*	050108	1984年1月	2000年12月
		60	中国文学批评史*（自设专业）	0501Z1	—	2004年2月
		61	艺术人类学与民间文学*（自设专业）	0501Z2	—	2004年2月
		62	现代汉语语言学*（自设专业）	0501Z3	—	2004年2月
		63	影视文学*（自设专业）	0501Z4	—	2005年4月
		64	中国文学古今演变*（自设专业）	0501Z5	—	2005年4月
	外国语言文学** 2011年3月	65	英语语言文学*	050201	1981年11月	1984年1月
		66	俄语语言文学	050202	1990年11月	—
		67	法语语言文学	050203	1981年11月	—
		68	德语语言文学	050204	1993年12月	—
		69	日语语言文学	050205	1986年7月	—
		70	亚非语言文学	050210	2000年12月	—
		71	外国语言学及应用语言学*	050211	1990年11月	2003年7月
	新闻传播学** 2000年12月 第八批	72	新闻学*	050301	1981年11月	1984年1月
		73	传播学*	050302	1997年	1998年6月
		74	广告学*（自设专业）	0503Z1	2003年1月	2012年6月
		75	广播电视学*（自设专业）	0503Z2	—	2003年1月
		76	媒介管理学（自设专业）	0503Z3	2013年6月	—

续 表

授予学位学科门类	一级学科(授权时间)	序 号	专 业 名 称	专业代码	硕士点批准时间	博士点批准时间
历史学	考古学**2011年8月	77	考古学及博物馆学*	060101	1990年11月	2001年4月
	中国史**2011年8月	78	史学理论及史学史*	060201	1997年	2001年4月
		79	历史地理学*	060202	1981年11月	1981年11月
		80	历史文献学*	060203	1986年7月	2003年1月
		81	专门史*	060204	1981年11月	2001年4月
		82	中国古代史*	060205	1981年11月	1981年11月
		83	中国近现代史*	060206	1984年1月	1996年6月
		84	人口史*(自设专业)	0602Z1	—	2004年2月
		85	边疆史地*(自设专业)	0602Z2	—	2012年6月
	世界史**2011年8月	86	世界史*(本一级学科国家目录不设二级学科)	0603	1981年11月	1981年11月
理 学	数学**1996年6月第六批	87	基础数学*	070101	1981年11月	1981年11月
		88	计算数学*	070102	1981年11月	1984年1月
		89	概率论与数理统计*	070103	1981年11月	1986年7月
		90	应用数学*	070104	1981年11月	1981年11月
		91	运筹学与控制论*	070105	1981年11月	1998年6月
	物理学**1998年6月第七批	92	理论物理*	070201	1981年11月	1981年11月
		93	粒子物理与原子核物理*	070202	1981年11月	1981年11月
		94	原子与分子物理*	070203	1986年7月	2003年1月
		95	等离子体物理	070204	1996年6月	—
		96	凝聚态物理*	070205	1981年11月	1981年11月
		97	光学*	070207	1981年11月	1984年1月
		98	无线电物理	070208	1981年11月	—
	化学**1996年6月第六批	99	无机化学*	070301	1981年11月	1981年11月
		100	分析化学*	070302	1981年11月	1986年7月
		101	有机化学*	070303	1981年11月	1990年11月
		102	物理化学*	070304	1981年11月	1981年11月
		103	高分子化学与物理*	070305	1981年11月	1981年11月
		104	化学生物学*(自设专业)	0703Z1	—	2003年1月
	生物学**1998年6月第七批	105	植物学*	071001	1981年11月	1986年7月
		106	动物学*	071002	1981年11月	1984年1月
		107	生理学*	071003	1981年11月	1981年11月
		108	微生物学*	071005	1981年11月	1981年11月
		109	神经生物学*	071006	1986年7月	1996年6月
		110	遗传学*	071007	1981年11月	1981年11月
		111	发育生物学*	071008	2000年12月	2000年12月
		112	细胞生物学	071009	2003年5月	—
		113	生物化学与分子生物学*	071010	1981年11月	1981年11月

续 表

授予学位学科门类	一级学科（授权时间）	序号	专业名称	专业代码	硕士点批准时间	博士点批准时间
理 学	生物学** 1998年6月 第七批	114	生物物理学*	071011	1981年11月	1990年11月
		115	生物信息学*（自设专业）	0710Z1	—	2004年2月
		116	人类生物学*（自设专业）	0710Z2	—	2004年2月
	生态学** 2011年8月	117	生态学* （本一级学科国家目录不设二级学科）	0713	—	—
理学或经济学	统计学** 2011年8月	118	统计学* （本一级学科国家目录不设二级学科）	0714	—	—
		119	生物统计学*（自设专业）	0714Z1	—	2014年6月
理 学	力学▲ 2006年01月 第十批	120	一般力学与力学基础	080101	1998年6月	—
		121	固体力学	080102	1981年11月	—
		122	流体力学*	080103	1981年11月	1981年11月
		123	工程力学	080104	1990年11月	—
工 学	光学工程** 2011年3月	124	光学工程* （本一级学科国家目录不设二级学科）	0803	2003年5月	2011年3月
	材料科学与工程** 2011年3月	125	材料物理与化学*	080501	1990年11月	1998年6月
		126	材料学*	080502	2000年12月	2012年6月
理 学	电子科学与技术** 1998年6月 第七批	127	物理电子学*	080901	1981年11月	1981年11月
		128	电路与系统*	080902	1981年11月	1990年11月
		129	微电子学与固体电子学*	080903	1981年11月	1997年
		130	电磁场与微波技术*	080904	1998年6月	2005年7月
		131	光电系统与控制技术（自设专业）	0809Z1	2005年4月	—
工 学	信息与通信工程▲ 2011年3月	132	通信与信息系统	081001	1998年6月	—
理 学	计算机科学与技术** 2000年12月 第八批	133	计算机系统结构*	081201	1986年7月	2001年4月
		134	计算机软件与理论*	081202	1981年11月	1986年7月
		135	计算机应用技术*	081203	1981年11月	2000年12月
		136	数据科学*（自设专业）	0812Z1	—	2014年6月
工 学	航空宇航科学与技术▲ 2011年3月	137	飞行器设计	082501	2003年5月	—
理 学	环境科学与工程** 2006年1月 第十批	138	环境科学*	083001	1990年11月	2000年12月
		139	环境工程*	083002	2003年5月	2012年6月
工 学	生物医学工程** 2000年12月 第八批	140	生物医学工程* （本一级学科国家目录不设二级学科）	0831	1981年11月	1996年6月
		141	生物力学*（自设专业）	0831Z1	—	2004年2月
	软件工程** 2011年8月	142	软件工程* （本一级学科国家目录不设二级学科）	0835	—	—
医 学	基础医学** 1998年06月 第七批	143	人体解剖与组织胚胎学*	100101	1981年11月	1981年11月
		144	免疫学*	100102	1981年11月	1981年11月

续 表

授予学位学科门类	一级学科（授权时间）	序号	专业名称	专业代码	硕士点批准时间	博士点批准时间
医 学	基础医学** 1998年06月 第七批	145	病原生物学*	100103	1981年11月	1984年1月
		146	病理学与病理生理学*	100104	1981年11月	1981年11月
		147	法医学*	100105	1986年7月	2005年1月
		148	放射医学*	100106	1986年7月	1993年12月
		149	分子医学*（自设专业）	1001Z1	—	2004年2月
		150	医学信息学*（自设专业）	1001Z2	—	2004年2月
		151	医学系统生物学*（自设专业）	1001Z3	—	2004年2月
	临床医学** 2003年9月 第九批	152	内科学*	100201	1981年11月	1981年11月
		153	儿科学*	100202	1981年11月	1984年1月
		154	老年医学*	100203	1996年6月	2013年6月
		155	神经病学*	100204	1981年11月	1981年11月
		156	精神病与精神卫生学*	100205	1981年11月	1986年7月
		157	皮肤病与性病学*	100206	1981年11月	1981年11月
		158	影像医学与核医学*	100207	1981年11月	1981年11月
		159	临床检验诊断学*	100208	1986年7月	1996年6月
		160	外科学*	100210	1981年11月	1981年1月
		161	妇产科学*	100211	1981年11月	1984年1月
		162	眼科学*	100212	1981年11月	1981年11月
		163	耳鼻咽喉科学*	100213	1981年11月	1981年11月
		164	肿瘤学*	100214	1984年1月	1984年1月
		165	康复医学与理疗学*	100215	2003年5月	2005年1月
		166	运动医学*	100216	1981年11月	2005年7月
		167	麻醉学*	100217	1986年7月	1993年12月
		168	急诊医学	100218	1993年12月	—
		169	临床流行病学和循证医学（自设专业）	1002Z1	2005年4月	
		170	全科医学*（自设专业）	1002Z2	2004年2月	2013年6月
		171	临床口腔医学*（自设专业）	1002Z3	—	2014年6月
	口腔医学	172	口腔临床医学	100302	1981年11月	—
	公共卫生与预防医学** 1998年6月 第七批	173	流行病与卫生统计学*	100401	1981年11月	1981年11月
		174	劳动卫生与环境卫生学*	100402	1981年11月	1981年11月
		175	营养与食品卫生学*	100403	1981年11月	2005年7月
		176	儿少卫生与妇幼保健学*	100404	1981年11月	2005年7月
		177	卫生毒理学*	100405	1990年11月	2001年4月
	中西医结合** 1998年06月 第七批	178	中西医结合基础*	100601	1981年11月	1981年11月
		179	中西医结合临床*	100602	1981年11月	1981年11月
理学或医学	药学** 1998年6月 第七批	180	药物化学*	100701	1981年11月	1990年11月
		181	药剂学*	100702	1981年11月	1986年7月
		182	生药学*	100703	1981年11月	2001年4月

续 表

授予学位学科门类	一级学科（授权时间）	序 号	专 业 名 称	专业代码	硕士点批准时间	博士点批准时间
理学或医学	药学**1998年6月第七批	183	药物分析学*	100704	1981年11月	2012年6月
		184	药理学*	100706	1981年11月	1981年11月
		185	临床药学*（自设专业）	1007Z1	—	2012年6月
医 学	护理学▲2011年8月	186	护理学*（本一级学科国家目录不设二级学科）	1011	—	—
管理学	管理科学与工程**1998年6月第七批	187	管理科学与工程*（本一级学科国家目录不设二级学科）	1201	1990年11月	1998年6月
		188	管理科学（自设专业）	1201Z1	2004年2月	—
		189	信息管理与信息系统*（自设专业）	1201Z2	2004年2月	2012年6月
		190	物流与运营管理*（自设专业）	1201Z3	—	2004年2月
	工商管理**2000年12月第八批	191	会计学*	120201	1993年12月	2001年4月
		192	企业管理*	120202	1986年7月	1996年6月
		193	旅游管理*	120203	1996年6月	2005年1月
		194	技术经济及管理	120204	2003年5月	—
		195	东方管理学*（自设专业）	1202Z1	—	2004年2月
		196	市场营销*（自设专业）	1202Z2	2004年2月	2012年6月
		197	财务学*（自设专业）	1202Z3	2004年2月	2012年6月
		198	金融工程管理（自设专业）	1202Z4	2004年2月	—
	公共管理**2003年9月第九批	199	行政管理*	120401	1997年	1998年6月
		200	社会医学与卫生事业管理*	120402	1986年7月	1993年10月
		201	教育经济与管理*	120403	2003年5月	2012年6月
		202	社会保障	120404	2003年5月	—
		203	环境管理*（自设专业）	1204Z1	2005年4月	2012年6月
		204	社会管理与社会政策*（自设专业）	1204Z2	—	2005年4月
		205	公共政策*（自设专业）	1204Z3	—	2006年1月
艺术学	戏剧与影视学▲2011年8月	206	电影学	130302	2003年5月	—
		207	广播电视艺术学	130303	2000年12月	—

注：1. 带**为博士学位授权一级学科点；带▲为硕士学位授权一级学科点；带*为二级学科博士点。
2. 上述学科、专业中，共有博士学位授权一级学科点35个，硕士学位授权一级学科点6个。

复旦大学培养研究生学科、专业目录（专业学位）

专业学位名称	专业代码	领 域	授权年份
金融硕士（MF）	0251	金融	2010
应用统计硕士（M.A.S.）	0252	应用统计	2014
税务硕士（MT）	0253	税务	2010
国际商务硕士（MIB）	0254	国际商务	2010
保险硕士（MI）	0255	保险	2010
资产评估硕士（MV）	0256	资产评估	2010
法律硕士（J.M）	0351	法律（非法学）	1998
		法律（法学）	1998

续表

专业学位名称	专业代码	领域	授权年份
社会工作硕士(MSW)	0352	社会工作	2009
教育硕士(EDM)	0451	教育管理	2010
汉语国际教育硕士(MTCSOL)	0453	汉语国际教育	2007
应用心理硕士(MAP)	0454	应用心理	2014
翻译硕士(MTI)	0551	英语笔译	2007
新闻与传播硕士(MJC)	0552	新闻与传播	2010
出版硕士(MP)	0553	出版	2010
文物与博物馆硕士(M.C.H.M)	0651	文物与博物馆	2010
工程硕士(M.E.)	0852	光学工程	2004
		材料工程	2002
		电子与通信工程	2001
		集成电路工程	2006
		计算机技术	2001
		软件工程	2002
		化学工程	2004
		环境工程	2003
		生物医学工程	2005
		生物工程	2008
		项目管理	2004
		物流工程	2004
工程博士(D.E.)*		电子与信息	2011
		生物与医药	2011
临床医学博士(M.D.)* 临床医学硕士(M.M.)	1051	内科学	1998
		儿科学	1998
		老年医学	1998
		神经病学	1998
		精神病与精神卫生学	1998
		皮肤病与性病学	1998
		影像医学与核医学	1998
		临床检验诊断学	1998
		外科学	1998
		妇产科学	1998
		眼科学	1998
		耳鼻咽喉科学	1998
		肿瘤学	1998
		康复医学与理疗学	1998
		运动医学	1998
		麻醉学	1998
		急诊医学	1998

续表

专业学位名称	专业代码	领　域	授权年份
临床医学博士(M.D.)* 临床医学硕士(M.M.)	1051	中西医结合临床	1998
		全科医学	2011
		临床病理学	2011
口腔医学硕士(S.M.M)	1052	口腔医学	2003
公共卫生硕士(MPH)	1053	公共卫生	2002
护理硕士(MNS)	1054	护理	2010
药学硕士(M. Pharm)	1055	药学	2010
工商管理硕士(MBA)	1251	工商管理	1991
高级管理人员工商管理硕士(EMBA)		高级工商管理	2002
公共管理硕士(MPA)	1252	公共管理	2000
会计硕士(MPAcc)	1253	会计	2004
旅游管理硕士(MTA)	1254	旅游管理	2010
图书情报硕士(MLIS)	1255	图书情报	2014
艺术硕士(MFA)	1351	戏剧	2009

注：共有博士专业学位授权点2个(*标记)，硕士专业学位授权点27个(含硕士专业学位授权学科领域61个)。

2014年复旦大学博士生指导教师一览表

学科门类	一级学科名称	序　号	专业名称	专业代码	博士生导师	批准时间	所属院系(所)
哲　学	哲　学	1	马克思主义哲学	010101	余源培	1993-12-01	哲学学院
			马克思主义哲学	010101	吴晓明	1994-11-01	
			马克思主义哲学	010101	冯　平	1996-06-01	
			马克思主义哲学	010101	陈学明	1999-07-01	
			马克思主义哲学	010101	孙承叔	1999-07-01	
			马克思主义哲学	010101	王德峰	2005-01-01	
			马克思主义哲学	010101	邹诗鹏	2005-07-01	
			马克思主义哲学	010101	郑召利	2007-01-01	
			马克思主义哲学	010101	王金林	2014-01-10	
		2	中国哲学	010102	谢遐龄	1994-11-01	社会发展与公共政策学院
			中国哲学	010102	张汝伦	1998-01-01	哲学学院
			中国哲学	010102	王雷泉	1999-07-01	
			中国哲学	010102	杨泽波	2003-01-01	
			中国哲学	010102	林宏星	2004-01-01	
			中国哲学	010102	徐洪兴	2004-01-01	
			中国哲学	010102	吴　震	2006-01-16	
			中国哲学	010102	陈居渊	2008-01-14	
			中国哲学	010102	刘康德	2010-01-19	
			中国哲学	010102	白彤东	2012-01-13	
			中国哲学	010102	李若晖	2012-01-13	
		3	外国哲学	010103	刘放桐	1986-07-01	

续 表

学科门类	一级学科名称	序号	专业名称	专业代码	博士生导师	批准时间	所属院系(所)
哲学	哲学	3	外国哲学	010103	莫伟民	2003-01-01	哲学学院
			外国哲学	010103	佘碧平	2005-01-01	
			外国哲学	010103	孙向晨	2008-01-14	
			外国哲学	010103	丁耘	2014-01-10	
		4	伦理学	010105	邓安庆	2004-01-01	
		5	宗教学	010107	张庆熊	2001-04-01	
			宗教学	010107	李天纲	2004-01-01	
			宗教学	010107	郑伟宏	2006-01-16	中国古代文学研究中心(古籍所)
			宗教学	010107	王新生	2011-01-19	哲学学院
		6	科学技术哲学	010108	胡守钧	2003-01-01	社会发展与公共政策学院
			科学技术哲学	010108	朱宝荣	2004-01-01	哲学学院
			科学技术哲学	010108	张志林	2009-07-03	
			科学技术哲学	010108	黄翔	2014-01-10	
		7	国外马克思主义哲学	0101Z1	汪行福	2007-01-01	
			国外马克思主义哲学	0101Z1	王凤才	2007-01-01	
经济学	理论经济学	8	政治经济学	020101	张薰华	1986-07-01	经济学院
			政治经济学	020101	伍柏麟	1990-10-01	
			政治经济学	020101	洪远朋	1993-12-01	
			政治经济学	020101	彭希哲	1993-12-01	社会发展与公共政策学院
			政治经济学	020101	徐桂华	1994-11-01	经济学院
			政治经济学	020101	张晖明	1998-01-01	
			政治经济学	020101	俞仲英	1998-01-01	
			政治经济学	020101	李慧中	2001-04-01	
			政治经济学	020101	严法善	2005-01-01	
		9	经济思想史	020102	尹伯成	1993-12-01	
			经济思想史	020102	张军	1998-01-01	
			经济思想史	020102	袁志刚	1998-01-01	
			经济思想史	020102	吴申元	1999-07-01	
			经济思想史	020102	马涛	2003-01-01	
		10	西方经济学	020104	李维森	2005-01-01	
			西方经济学	020104	陆铭	2009-01-07	
			西方经济学	020104	陈钊	2009-01-07	
			西方经济学	020104	王城	2010-01-19	

续　表

学科门类	一级学科名称	序号	专业名称	专业代码	博士生导师	批准时间	所属院系(所)
经济学	理论经济学	10	西方经济学	020104	宋　铮	2011-01-19	经济学院
			西方经济学	020104	方汉明	2012-12-27	
			西方经济学	020104	封　进	2012-12-27	
			西方经济学	020104	陈诗一	2012-12-27	
			西方经济学	020104	陈庆池	2014-01-10	
		11	世界经济	020105	华　民	1996-06-01	
			世界经济	020105	黄亚钧	1998-01-01	
			世界经济	020105	陈建安	1998-01-01	
			世界经济	020105	戴炳然	1998-01-01	
			世界经济	020105	庄起善	2003-01-01	
			世界经济	020105	唐朱昌	2004-01-01	
			世界经济	020105	丁　纯	2009-01-07	
			世界经济	020105	沈国兵	2011-01-19	
			世界经济	020105	田素华	2012-12-27	
			世界经济	020105	吴力波	2012-12-27	
		12	人口、资源与环境经济学	020106	王桂新	2001-04-01	社会发展与公共政策学院
			人口、资源与环境经济学	020106	梁　鸿	2003-01-01	
			人口、资源与环境经济学	020106	陈家华	2005-01-01	
			人口、资源与环境经济学	020106	任　远	2007-01-01	
			人口、资源与环境经济学	020106	张　力	2009-01-07	
			人口、资源与环境经济学	020106	张中祥	2012-12-27	
	应用经济学	13	国民经济学	020201	李洁明	2005-01-01	经济学院
			国民经济学	020201	焦必方	2006-01-16	
		14	区域经济学	020202	范剑勇	2010-01-19	
		15	金融学	020204	姜波克	1994-11-01	
			金融学	020204	干杏娣	1996-01-01	
			金融学	020204	甘当善	1996-06-01	
			金融学	020204	陈学彬	1998-01-01	
			金融学	020204	胡庆康	1999-07-01	
			金融学	020204	许少强	2001-04-01	
			金融学	020204	刘红忠	2001-04-01	
			金融学	020204	张金清	2004-01-01	
			金融学	020204	殷醒民	2004-01-01	
			金融学	020204	朱　叶	2006-01-01	
			金融学	020204	孙立坚	2007-01-01	
			金融学	020204	张陆洋	2009-01-07	

续表

学科门类	一级学科名称	序号	专业名称	专业代码	博士生导师	批准时间	所属院系(所)
经济学	应用经济学	15	金融学	020204	林 曙	2012-01-13	经济学院
			金融学	020204	张宗新	2012-12-27	
			金融学	020204	杨 青	2014-01-10	
		16	产业经济学	020205	苏东水	1986-07-01	管理学院
			产业经济学	020205	郁义鸿	1999-07-01	
			产业经济学	020205	谢百三	1999-07-01	
			产业经济学	020205	胡建绩	2001-04-01	
			产业经济学	020205	骆品亮	2008-01-14	
			产业经济学	020205	石 磊	2012-12-27	经济学院
			产业经济学	020205	寇宗来	2014-01-10	
		17	国际贸易学	020206	尹翔硕	2001-04-01	经济学院
			国际贸易学	020206	强永昌	2006-01-16	
			国际贸易学	020206	程大中	2011-01-19	
		18	数量经济学	020209	谢识予	2001-04-01	
	统计学	19	统计学	0714	郑 明	2007-01-01	管理学院
法学	法学	20	法学理论	030101	孙笑侠	2012-12-27	法学院
			法学理论	030101	张建伟	2014-01-10	
		21	法律史	030102	赵立行	2012-12-27	
			法律史	030102	王志强	2012-12-27	
			法律史	030102	郭 建	2012-12-27	
		22	宪法学与行政法学	030103	朱淑娣	2012-12-27	
			宪法学与行政法学	030103	潘伟杰	2012-12-27	
			宪法学与行政法学	030103	董茂云	2012-12-27	
			宪法学与行政法学	030103	刘志刚	2012-12-27	
		23	民商法学	030105	胡鸿高	2003-01-01	
			民商法学	030105	段 匡	2006-09-07	
			民商法学	030105	季立刚	2007-01-01	
		24	诉讼法学	030106	章武生	2012-12-27	
			诉讼法学	030106	汪明亮	2012-12-27	
			诉讼法学	030106	谢佑平	2012-12-27	
			诉讼法学	030106	段厚省	2012-12-27	
			诉讼法学	030106	陈浩然	2012-12-27	
			诉讼法学	030106	马贵翔	2012-12-27	
			诉讼法学	030106	杜 宇	2014-01-10	
		25	环境与资源保护法学	030108	张梓太	2012-12-27	
		26	国际法学	030109	陈 梁	2004-01-01	

续表

学科门类	一级学科名称	序号	专业名称	专业代码	博士生导师	批准时间	所属院系(所)
法　学	法　学	26	国际法学	030109	王全弟	2005-01-01	法学院
			国际法学	030109	刘士国	2005-01-01	
			国际法学	030109	陈　力	2010-01-19	
			国际法学	030109	龚柏华	2011-01-19	
			国际法学	030109	杜　涛	2014-01-10	
			国际法学	030109	何　力	2007-01-01	
	政治学	27	政治学理论	030201	孙关宏	1993-03-01	国际关系与公共事务学院
			政治学理论	030201	曹沛霖	1993-03-01	
			政治学理论	030201	林尚立	1999-07-01	
			政治学理论	030201	陈明明	2005-01-01	
			政治学理论	030201	郭定平	2005-01-01	
			政治学理论	030201	郭苏建	2014-01-10	
			政治学理论	030201	陈　云	2014-01-10	
		28	中外政治制度	030202	汪　熙	1986-07-01	
			中外政治制度	030202	陈其人	1986-07-01	
			中外政治制度	030202	刘同舜	1990-01-01	
			中外政治制度	030202	浦兴祖	2003-01-01	
			中外政治制度	030202	臧志军	2003-01-01	
			中外政治制度	030202	刘建军	2008-01-14	
		29	中共党史	030204	杜艳华	2006-01-16	马克思主义学院
			中共党史	030204	杨宏雨	2010-01-19	
			中共党史	030204	高晓林	2012-01-13	
		30	国际政治	030206	吴心伯	2001-04-01	国际关系与公共事务学院
			国际政治	030206	樊勇明	2001-04-01	
			国际政治	030206	石源华	2001-04-01	
			国际政治	030206	徐以骅	2003-01-01	
			国际政治	030206	胡令远	2004-01-01	
			国际政治	030206	任　晓	2008-01-14	
			国际政治	030206	唐世平	2010-01-19	
			国际政治	030206	张建新	2012-01-13	
			国际政治	030206	苏长和	2012-01-13	
		31	国际关系	030207	倪世雄	1994-11-01	
			国际关系	030207	沈丁立	1998-01-01	
			国际关系	030207	朱明权	1998-01-01	
			国际关系	030207	孙南申	2001-03-01	法学院
			国际关系	030207	陈治东	2001-04-01	

续 表

学科门类	一级学科名称	序 号	专业名称	专业代码	博士生导师	批准时间	所属院系(所)
法 学	政治学	31	国际关系	030207	张乃根	2001-04-01	法学院
			国际关系	030207	陈志敏	2005-01-01	国际关系与公共事务学院
			国际关系	030207	潘 锐	2007-01-01	
			国际关系	030207	赵华胜	2008-01-14	
			国际关系	030207	张贵洪	2008-01-14	
			国际关系	030207	潘忠岐	2009-01-07	
			国际关系	030207	陈玉刚	2011-01-19	
			国际关系	030207	刘永涛	2014-01-10	
			国际关系	030207	信 强	2014-01-10	
	社会学	32	社会学	030301	张乐天	2004-01-01	社会发展与公共政策学院
			社会学	030301	刘 欣	2006-01-01	
			社会学	030301	周 怡	2006-07-01	
			社会学	030301	于 海	2007-01-01	
			社会学	030301	孙时进	2007-01-01	
			社会学	030301	范丽珠	2007-01-01	
			社会学	030301	顾东辉	2008-01-14	
			社会学	030301	桂 勇	2010-01-19	
			社会学	030301	王 丰	2012-01-13	
			社会学	030301	孙嘉明	2012-12-27	
			社会学	030301	纳日碧力戈	2014-01-10	
			社会学	030301	张学新	2014-01-10	
			社会学	030301	潘天舒	2014-01-10	
	马克思主义理论	33	马克思主义基本原理	030501	肖 巍	2001-04-01	马克思主义学院
		34	马克思主义中国化研究	030503	顾钰民	2007-01-01	
		35	思想政治教育	030505	邱柏生	2001-07-01	国际关系与公共事务学院
			思想政治教育	030505	高国希	2005-01-01	马克思主义学院
			思想政治教育	030505	王贤卿	2012-12-27	
文 学	中国语言文学	36	文艺学	050101	朱立元	1993-12-01	中国语言文学系
			文艺学	050101	应必诚	1994-11-01	新闻学院
			文艺学	050101	郑元者	2001-04-01	中国语言文学系
			文艺学	050101	陆 扬	2007-01-01	
			文艺学	050101	王才勇	2011-01-19	
		37	语言学及应用语言学	050102	龚群虎	2003-01-01	
			语言学及应用语言学	050102	申小龙	2004-01-01	
			语言学及应用语言学	050102	陈忠敏	2011-07-13	

续 表

学科门类	一级学科名称	序 号	专业名称	专业代码	博士生导师	批准时间	所属院系(所)
文 学	中国语言文学	38	汉语言文字学	050103	傅 杰	2005-01-01	中国语言文学系
			汉语言文字学	050103	刘大为	2006-01-16	
			汉语言文字学	050103	殷寄明	2006-01-16	
			汉语言文字学	050103	吴礼权	2006-01-16	
			汉语言文字学	050103	汪少华	2007-04-01	
			汉语言文字学	050103	施谢捷	2007-09-05	
			汉语言文字学	050103	祝克懿	2009-01-07	
			汉语言文字学	050103	刘晓南	2010-07-23	
		39	中国古典文献学	050104	吴 格	1999-07-01	中国古代文学研究中心(古籍所)
			中国古典文献学	050104	钱振民	2005-01-01	
			中国古典文献学	050104	裘锡圭	2005-07-01	
			中国古典文献学	050104	刘 钊	2008-02-25	
			中国古典文献学	050104	陈 剑	2010-01-19	
		40	中国古代文学	050105	王水照	1990-10-01	中国语言文学系
			中国古代文学	050105	黄 霖	1993-12-01	
			中国古代文学	050105	陈尚君	1996-06-01	
			中国古代文学	050105	骆玉明	1998-01-01	
			中国古代文学	050105	汪涌豪	2001-04-01	
			中国古代文学	050105	陈广宏	2003-01-01	中国古代文学研究中心(古籍所)
			中国古代文学	050105	郑利华	2004-01-01	
			中国古代文学	050105	陈引驰	2004-01-01	中国语言文学系
			中国古代文学	050105	陈维昭	2004-01-01	
			中国古代文学	050105	戴 燕	2007-03-14	
			中国古代文学	050105	查屏球	2008-01-14	
			中国古代文学	050105	黄仁生	2008-01-14	中国古代文学研究中心(古籍所)
			中国古代文学	050105	徐 艳	2014-01-10	
		41	中国现当代文学	050106	陈思和	1993-12-01	中国语言文学系
			中国现当代文学	050106	周 斌	2001-04-01	
			中国现当代文学	050106	郜元宝	2004-01-01	
			中国现当代文学	050106	栾梅健	2005-01-01	
			中国现当代文学	050106	张新颖	2006-01-16	
			中国现当代文学	050106	袁 进	2007-03-14	
			中国现当代文学	050106	张业松	2012-01-13	
			中国现当代文学	050106	李 楠	2014-01-10	
		42	比较文学与世界文学	050108	王宏志	2004-01-01	
			比较文学与世界文学	050108	邵毅平	2007-01-01	

续 表

学科门类	一级学科名称	序 号	专业名称	专业代码	博士生导师	批准时间	所属院系(所)
文 学	中国语言文学	42	比较文学与世界文学	050108	杨乃乔	2007-03-14	中国语言文学系
			比较文学与世界文学	050108	张汉良	2010-06-25	
			比较文学与世界文学	050108	周荣胜	2011-04-15	
			比较文学与世界文学	050108	严 锋	2014-01-10	
			比较文学与世界文学	050108	王宏图	2014-01-10	
		43	中国文学批评史	0501Z1	吴兆路	2006-01-16	
			中国文学批评史	0501Z1	邬国平	2009-01-07	
			中国文学批评史	0501Z1	罗书华	2011-01-19	
			中国文学批评史	0501Z1	周兴陆	2012-01-13	
		44	艺术人类学与民间文学	0501Z2	郑土有	2008-02-25	
		45	中国文学古今演变	0501Z5	谈蓓芳	2007-01-01	中国古代文学研究中心(古籍所)
	外国语言文学	46	英语语言文学	050201	陆谷孙	1990-10-01	外国语言文学系
			英语语言文学	050201	朱永生	1996-06-01	
			英语语言文学	050201	熊学亮	1998-01-01	
			英语语言文学	050201	褚孝泉	1999-07-01	
			英语语言文学	050201	何刚强	2001-04-01	
			英语语言文学	050201	曲卫国	2003-01-01	
			英语语言文学	050201	沈 黎	2005-01-01	
			英语语言文学	050201	谈 峥	2005-01-01	
			英语语言文学	050201	王建开	2007-01-01	
			英语语言文学	050201	张 冲	2008-01-14	
			英语语言文学	050201	孙 建	2009-01-07	
			英语语言文学	050201	汪洪章	2011-01-19	
		47	德语语言文学	050204	魏育青	2007-01-01	
		48	外国语言学及应用语言学	050211	邱东林	2005-01-01	
			外国语言学及应用语言学	050211	蔡基刚	2008-01-14	
			外国语言学及应用语言学	050211	姜 宏	2008-01-14	
			外国语言学及应用语言学	050211	姜宝有	2009-01-07	
			外国语言学及应用语言学	050211	李 征	2014-01-10	
	新闻传播学	49	新闻学	050301	宁树藩	1986-07-01	新闻学院
			新闻学	050301	李良荣	1994-11-01	
			新闻学	050301	张骏德	1996-06-01	
			新闻学	050301	刘海贵	2001-04-01	
			新闻学	050301	黄 旦	2003-01-01	
			新闻学	050301	童 兵	2003-01-01	

续 表

学科门类	一级学科名称	序 号	专业名称	专业代码	博士生导师	批准时间	所属院系(所)
文 学	新闻传播学	49	新闻学	050301	吕新雨	2004-01-01	新闻学院
			新闻学	050301	陆 晔	2004-01-01	
			新闻学	050301	黄 瑚	2004-01-01	
			新闻学	050301	赵 凯	2005-04-01	
			新闻学	050301	张子让	2007-01-01	
			新闻学	050301	孙 玮	2008-01-14	
			新闻学	050301	曹 晋	2010-01-19	
			新闻学	050301	张涛甫	2012-12-27	
		50	传播学	050302	孟 建	2003-01-01	
			传播学	050302	殷晓蓉	2005-01-01	
			传播学	050302	程士安	2005-01-01	
			传播学	050302	潘忠党	2008-07-11	
			传播学	050302	谢 静	2014-01-10	
			传播学	050302	廖圣清	2014-01-10	
		51	媒介管理学	0503Z3	黄芝晓	2005-04-01	
		52	广告学	0503Z1	顾 铮	2007-01-01	
历史学	考古学	53	考古学及博物馆学	060101	蔡达峰	2001-04-01	文物与博物馆学系
			考古学及博物馆学	060101	陈 淳	2003-01-01	
			考古学及博物馆学	060101	沃兴华	2004-06-01	
			考古学及博物馆学	060101	陆建松	2006-01-16	
			考古学及博物馆学	060101	陈红京	2007-01-01	
			考古学及博物馆学	060101	吕 静	2014-01-10	
		54	考古学及博物馆学	060101	杨志刚	2005-01-01	
			考古学及博物馆学	060101	高蒙河	2006-01-16	
			考古学及博物馆学	060101	朱顺龙	2008-01-14	
	中国史	55	历史地理学	060202	周振鹤	1993-12-01	历史地理研究中心
			历史地理学	060202	葛剑雄	1993-12-01	
			历史地理学	060202	王振忠	1999-07-01	
			历史地理学	060202	吴松弟	2001-05-01	
			历史地理学	060202	满志敏	2004-01-01	
			历史地理学	060202	张伟然	2005-01-01	
			历史地理学	060202	王建革	2006-01-16	
			历史地理学	060202	安介生	2008-01-14	
			历史地理学	060202	李晓杰	2009-01-07	
			历史地理学	060202	张晓虹	2010-01-19	
			历史地理学	060202	朱海滨	2012-12-27	

续表

学科门类	一级学科名称	序号	专业名称	专业代码	博士生导师	批准时间	所属院系(所)
历史学	中国史	55	历史地理学	060202	韩昭庆	2014-01-10	历史地理研究中心
		56	历史文献学	060203	巴兆祥	2008-01-14	历史学系
		57	专门史	060204	葛兆光	2007-01-01	
			专门史	060204	李星明	2010-07-23	
			专门史	060204	芮传明	2010-08-06	
		58	中国古代史	060205	樊树志	1994-11-01	
			中国古代史	060205	韩 昇	2001-04-01	
			中国古代史	060205	姚大力	2001-04-01	历史地理研究中心
			中国古代史	060205	邹振环	2003-01-01	
			中国古代史	060205	张海英	2007-01-01	
			中国古代史	060205	冯贤亮	2012-01-13	
			中国古代史	060205	余 欣	2012-12-27	
			中国古代史	060205	余 蔚	2014-01-10	
		59	中国近现代史	060206	姜义华	1996-06-01	历史学系
			中国近现代史	060206	吴景平	1998-01-01	
			中国近现代史	060206	朱荫贵	1998-07-01	
			中国近现代史	060206	戴鞍钢	1999-07-01	
			中国近现代史	060206	章 清	2001-07-01	
			中国近现代史	060206	金光耀	2003-01-01	
			中国近现代史	060206	王立诚	2006-01-16	
			中国近现代史	060206	刘 平	2014-01-10	
		60	人口史	0602Z1	侯杨方	2008-01-14	历史地理研究中心
	世界史	61	世界史	0603	张广智	1994-11-01	历史学系
			世界史	0603	顾晓鸣	1998-01-01	
			世界史	0603	黄 洋	1999-07-01	
			世界史	0603	顾云深	2003-01-01	
			世界史	0603	冯 玮	2006-01-16	
			世界史	0603	李宏图	2006-01-16	
			世界史	0603	孙科志	2009-01-07	
			世界史	0603	张 巍	2012-01-13	
			世界史	0603	Fred E. Schrader	2012-01-13	
			世界史	0603	李剑鸣	2014-04-11	
			世界史	0603	吴晓群	2014-01-10	
			世界史	0603	向 荣	2014-04-11	

续 表

学科门类	一级学科名称	序 号	专业名称	专业代码	博士生导师	批准时间	所属院系(所)
理 学	数 学	62	基础数学	070101	李大潜	1981-11-01	数学科学学院
			基础数学	070101	许永华	1981-11-01	
			基础数学	070101	胡和生	1981-11-01	
			基础数学	070101	陈恕行	1985-12-01	
			基础数学	070101	任福尧	1986-07-01	
			基础数学	070101	忻元龙	1990-10-01	
			基础数学	070101	张荫南	1993-12-01	
			基础数学	070101	洪家兴	1993-12-01	
			基础数学	070101	陈晓漫	1994-11-01	
			基础数学	070101	张锦豪	1996-06-01	
			基础数学	070101	童裕孙	1996-06-01	
			基础数学	070101	陈纪修	1998-01-01	
			基础数学	070101	杨劲根	1998-01-01	
			基础数学	070101	黄宣国	1999-07-01	
			基础数学	070101	周子翔	1999-07-01	
			基础数学	070101	东瑜昕	2001-04-01	
			基础数学	070101	朱胜林	2001-04-01	
			基础数学	070101	郭坤宇	2001-04-01	
			基础数学	070101	邱维元	2003-01-01	
			基础数学	070101	吴泉水	2003-01-01	
			基础数学	070101	丁 青	2003-01-01	
			基础数学	070101	袁小平	2004-01-01	
			基础数学	070101	陈 猛	2004-01-01	
			基础数学	070101	范恩贵	2005-01-01	
			基础数学	070101	刘宪高	2006-01-16	
			基础数学	070101	吕 志	2007-01-01	
			基础数学	070101	李洪全	2008-01-14	
			基础数学	070101	陈贵强	2008-07-11	
			基础数学	070101	郁国樑	2008-07-11	
			基础数学	070101	张永前	2009-01-07	
			基础数学	070101	傅吉祥	2009-01-07	
			基础数学	070101	张 坚	2009-07-13	
			基础数学	070101	金 路	2012-01-13	
			基础数学	070101	嵇庆春	2014-01-10	
		63	计算数学	070102	曹志浩	1993-12-01	
			计算数学	070102	李立康	1993-12-01	

续 表

学科门类	一级学科名称	序 号	专业名称	专业代码	博士生导师	批准时间	所属院系(所)
理 学	数 学	63	计算数学	070102	程 晋	2003-01-01	数学科学学院
			计算数学	070102	薛军工	2005-01-01	
			计算数学	070102	苏仰锋	2006-01-16	
			计算数学	070102	魏益民	2008-01-14	
			计算数学	070102	高卫国	2010-01-19	
			计算数学	070102	陈文斌	2011-01-19	
			计算数学	070102	张云新	2014-01-10	
			计算数学	070102	柏兆俊	2008-07-11	
		64	概率论与数理统计	070103	应坚刚	1999-07-01	
			概率论与数理统计	070103	张新生	2003-01-01	管理学院
			概率论与数理统计	070103	应志良	2008-07-11	
		65	应用数学	070104	郑宋穆	1993-12-01	数学科学学院
			应用数学	070104	陈天平	1993-12-01	
			应用数学	070104	谭永基	1996-06-01	
			应用数学	070104	秦铁虎	1998-01-01	
			应用数学	070104	吴宗敏	1999-07-01	
			应用数学	070104	周 忆	1999-07-01	
			应用数学	070104	阮 炯	1999-07-01	
			应用数学	070104	冯建峰	2008-07-11	
			应用数学	070104	肖体俊	2009-01-07	
			应用数学	070104	蔡志杰	2010-01-19	
			应用数学	070104	雷 震	2011-01-19	
			应用数学	070104	林 伟	2011-01-19	
			应用数学	070104	卢文联	2011-01-19	
			应用数学	070104	严 军	2012-01-13	
			应用数学	070104	David Waxman	2014-01-10	
		66	运筹学与控制论	070105	管梅谷	1981-11-01	
			运筹学与控制论	070105	王哲民	1994-11-01	社会发展与公共政策学院
			运筹学与控制论	070105	汤善健	2003-01-01	
			运筹学与控制论	070105	楼红卫	2006-01-16	数学科学学院
			运筹学与控制论	070105	彭实戈	2008-07-11	
	物理学	67	理论物理	070201	陶瑞宝	1984-01-01	物理学系
			理论物理	070201	郝柏林	1984-01-01	
			理论物理	070201	孙 鑫	1984-01-01	
			理论物理	070201	苏汝铿	1990-12-01	

续　表

学科门类	一级学科名称	序号	专业名称	专业代码	博士生导师	批准时间	所属院系(所)
理　学	物理学	67	理论物理	070201	吴长勤	1998-01-01	物理学系
			理论物理	070201	林志方	2001-04-01	
			理论物理	070201	周　磊	2005-01-01	
			理论物理	070201	黄吉平	2006-01-16	
			理论物理	070201	马永利	2006-01-16	
			理论物理	070201	盛卫东	2007-01-01	
			理论物理	070201	施　郁	2007-01-01	
			理论物理	070201	向红军	2010-06-08	
			理论物理	070201	张　力	2012-01-13	
			理论物理	070201	吴咏时	2012-01-13	
			理论物理	070201	虞　跃	2014-01-10	
			理论物理	070201	Leonardo Modesto	2014-01-10	
			理论物理	070201	Cosimo Bambi	2014-01-10	
		68	粒子物理与原子核物理	070202	杨福家	1981-11-01	现代物理研究所
			粒子物理与原子核物理	070202	汤家镛	1990-10-01	
			粒子物理与原子核物理	070202	承焕生	1994-11-01	
			粒子物理与原子核物理	070202	赵国庆	1996-06-01	
			粒子物理与原子核物理	070202	郭文康	1998-01-01	
			粒子物理与原子核物理	070202	周筑颖	1999-07-01	
			粒子物理与原子核物理	070202	梁荣庆	2003-01-01	
			粒子物理与原子核物理	070202	施立群	2006-01-16	
			粒子物理与原子核物理	070202	沈　皓	2009-01-07	
			粒子物理与原子核物理	070202	孔　青	2012-12-27	
			粒子物理与原子核物理	070202	黄旭光	2014-01-10	物理学系
		69	原子与分子物理	070203	霍裕昆	1990-10-01	现代物理研究所
			原子与分子物理	070203	陆福全	1993-12-01	
			原子与分子物理	070203	王炎森	1994-11-01	
			原子与分子物理	070203	潘正瑛	1998-01-01	
			原子与分子物理	070203	邹亚明	1998-01-01	
			原子与分子物理	070203	Roger Hutton	2006-01-16	
			原子与分子物理	070203	宁西京	2006-01-16	
			原子与分子物理	070203	陈重阳	2008-01-14	
			原子与分子物理	070203	赵凯锋	2011-01-19	
			原子与分子物理	070203	王月霞	2012-12-27	
			原子与分子物理	070203	张雪梅	2014-01-10	

续 表

学科门类	一级学科名称	序 号	专业名称	专业代码	博士生导师	批准时间	所属院系(所)
理　学	物理学	70	凝聚态物理	070205	王　迅	1985-12-01	物理学系
			凝聚态物理	070205	张新夷	1990-11-01	
			凝聚态物理	070205	叶　令	1993-12-01	
			凝聚态物理	070205	侯晓远	1993-12-01	
			凝聚态物理	070205	陈良尧	1994-11-01	信息科学与工程学院
			凝聚态物理	070205	金晓峰	1994-11-01	物理学系
			凝聚态物理	070205	蒋　平	1994-11-01	
			凝聚态物理	070205	黄大鸣	1996-06-01	信息科学与工程学院
			凝聚态物理	070205	周鲁卫	1996-06-01	物理学系
			凝聚态物理	070205	资　剑	1998-01-01	
			凝聚态物理	070205	陆　昉	1999-07-01	
			凝聚态物理	070205	龚新高	2001-04-01	
			凝聚态物理	070205	周映雪	2001-07-01	
			凝聚态物理	070205	车静光	2001-07-01	
			凝聚态物理	070205	封东来	2003-01-01	
			凝聚态物理	070205	杨中芹	2004-01-01	
			凝聚态物理	070205	吴义政	2006-01-16	
			凝聚态物理	070205	李世燕	2007-09-13	
			凝聚态物理	070205	韦广红	2008-01-14	
			凝聚态物理	070205	陈　焱	2008-04-02	先进材料实验室
			凝聚态物理	070205	谷至华	2009-01-07	
			凝聚态物理	070205	沈　健	2010-04-02	物理学系
			凝聚态物理	070205	钟振扬	2011-01-19	
			凝聚态物理	070205	杨新菊	2011-01-19	
			凝聚态物理	070205	肖　江	2011-01-19	
			凝聚态物理	070205	陈　唯	2011-01-19	
			凝聚态物理	070205	刘晓晗	2011-01-19	
			凝聚态物理	070205	吴施伟	2011-04-28	
			凝聚态物理	070205	刘韡韬	2011-04-28	
			凝聚态物理	070205	田传山	2011-05-16	
			凝聚态物理	070205	张远波	2011-05-16	
			凝聚态物理	070205	蔡　群	2012-01-13	
			凝聚态物理	070205	吴　骅	2012-01-13	
			凝聚态物理	070205	安正华	2012-12-27	

续 表

学科门类	一级学科名称	序 号	专业名称	专业代码	博士生导师	批准时间	所属院系(所)
理 学	物理学	70	凝聚态物理	070205	殳 蕾	2012-12-27	物理学系
			凝聚态物理	070205	修发贤	2012-12-27	
			凝聚态物理	070205	赵 俊	2013-05-24	
			凝聚态物理	070205	武汝前	2014-01-10	
			凝聚态物理	070205	蒋最敏	1999-07-01	
		71	光 学	070207	干福熹	1981-11-01	信息科学与工程学院
			光 学	070207	沈学础	1990-01-01	物理学系
			光 学	070207	范滇元	1992-01-01	信息科学与工程学院
			光 学	070207	徐 雷	2001-04-01	
			光 学	070207	钱列加	2001-04-01	
			光 学	070207	王培南	2001-04-01	
			光 学	070207	刘丽英	2003-01-01	
			光 学	070207	赵 利	2004-01-01	物理学系
			光 学	070207	吴嘉达	2004-01-01	信息科学与工程学院
			光 学	070207	陈暨耀	2004-01-01	物理学系
			光 学	070207	马世红	2005-01-01	
			光 学	070207	陆 明	2005-01-01	信息科学与工程学院
			光 学	070207	陈张海	2005-01-01	物理学系
			光 学	070207	庄 军	2006-01-16	信息科学与工程学院
			光 学	070207	郑玉祥	2008-01-14	
			光 学	070207	沈德元	2009-01-07	
			光 学	070207	王松有	2009-01-07	
			光 学	070207	朱鹤元	2009-01-07	
			光 学	070207	肖艳红	2010-01-19	先进材料实验室
			光 学	070207	赵海斌	2010-01-19	信息科学与工程学院
			光 学	070207	徐 敏	2010-04-29	
			光 学	070207	张宗芝	2011-01-19	物理学系
			光 学	070207	谭砚文	2011-01-19	
	化 学	72	无机化学	070301	黄祖恩	1990-01-01	化学系
			无机化学	070301	徐 燕	1993-12-01	
			无机化学	070301	黄仲贤	1993-12-01	
			无机化学	070301	龙英才	1998-01-01	
			无机化学	070301	金国新	2001-04-01	

续 表

学科门类	一级学科名称	序 号	专业名称	专业代码	博士生导师	批准时间	所属院系(所)
理 学	化 学	72	无机化学	070301	周锡庚	2001-04-01	化学系
			无机化学	070301	王佛松	2004-01-01	
			无机化学	070301	屠 波	2005-01-01	
			无机化学	070301	李富友	2006-01-16	
			无机化学	070301	岳 斌	2006-01-16	
			无机化学	070301	王忠胜	2009-01-07	先进材料实验室
			无机化学	070301	邓勇辉	2010-01-19	化学系
			无机化学	070301	周亚明	2010-01-19	
			无机化学	070301	郑耿锋	2010-04-19	先进材料实验室
			无机化学	070301	张 凡	2012-01-13	
			无机化学	070301	侯秀峰	2012-12-27	
			无机化学	070301	董安钢	2014-01-10	
			无机化学	070301	王华冬	2014-01-10	
			无机化学	070301	易 涛	2007-01-01	
		73	分析化学	070302	杨芃原	1994-11-01	
			分析化学	070302	张祥民	2001-04-01	
			分析化学	070302	孔继烈	2001-04-01	
			分析化学	070302	陈 先	2003-01-01	
			分析化学	070302	刘宝红	2004-01-01	
			分析化学	070302	余绍宁	2009-01-07	
			分析化学	070302	邓春晖	2011-01-19	
		74	有机化学	070303	朱道本	1984-01-01	化学系
			有机化学	070303	吴世晖	1990-01-01	
			有机化学	070303	林国强	1990-01-01	
			有机化学	070303	陶凤岗	1994-11-01	
			有机化学	070303	马大为	1997-01-01	
			有机化学	070303	蔡瑞芳	1998-01-01	
			有机化学	070303	陈芬儿	2001-04-01	
			有机化学	070303	杨 丹	2003-01-01	
			有机化学	070303	王全瑞	2004-01-01	
			有机化学	070303	陆熙炎	2005-01-01	
			有机化学	070303	吴 劼	2007-01-01	
			有机化学	070303	范仁华	2008-01-14	
			有机化学	070303	黎占亭	2009-10-09	
			有机化学	070303	涂 涛	2011-01-19	
			有机化学	070303	周 刚	2012-12-27	先进材料实验室

续　表

学科门类	一级学科名称	序　号	专业名称	专业代码	博士生导师	批准时间	所属院系(所)
理　学	化　学	74	有机化学	070303	侯军利	2012-12-27	化学系
			有机化学	070303	马　达	2014-09-25	
		75	物理化学	070304	高　滋	1985-12-01	
			物理化学	070304	周伟舫	1986-07-01	
			物理化学	070304	郑培菊	1993-12-01	分析测试中心
			物理化学	070304	李全芝	1993-12-01	
			物理化学	070304	江志裕	1996-06-01	
			物理化学	070304	范康年	1996-06-01	
			物理化学	070304	贺鹤勇	1999-07-01	
			物理化学	070304	赵东元	1999-07-01	
			物理化学	070304	唐　颐	2001-04-01	
			物理化学	070304	周鸣飞	2001-05-01	
			物理化学	070304	蔡文斌	2003-01-01	
			物理化学	070304	夏永姚	2003-01-01	
			物理化学	070304	丁传凡	2004-01-01	
			物理化学	070304	戴维林	2004-01-01	
			物理化学	070304	吴宇平	2004-01-01	
			物理化学	070304	乐英红	2005-01-01	
			物理化学	070304	曹　勇	2005-01-01	
			物理化学	070304	刘智攀	2006-01-01	化学系
			物理化学	070304	王文宁	2006-01-16	
			物理化学	070304	马剑鹏	2006-01-16	
			物理化学	070304	钱东金	2006-01-16	
			物理化学	070304	乔明华	2006-01-16	
			物理化学	070304	谢在库	2007-01-01	
			物理化学	070304	余爱水	2007-01-01	
			物理化学	070304	傅正文	2007-01-01	
			物理化学	070304	张亚红	2009-01-07	
			物理化学	070304	华伟明	2009-01-07	
			物理化学	070304	熊焕明	2009-01-07	
			物理化学	070304	徐　昕	2010-10-29	
			物理化学	070304	李振华	2012-01-13	
			物理化学	070304	沈　伟	2013-06-14	
			物理化学	070304	徐华龙	2013-06-14	
			物理化学	070304	王永刚	2014-01-10	
			物理化学	070304	孙正宗	2014-01-10	

续 表

学科门类	一级学科名称	序 号	专业名称	专业代码	博士生导师	批准时间	所属院系(所)
理 学	化 学	75	物理化学	070304	王亚军	2014-01-10	化学系
			物理化学	070304	王凤燕	2014-01-10	
		76	高分子化学与物理	070305	于同隐	1981-11-01	高分子科学系
			高分子化学与物理	070305	江 明	1990-10-01	
			高分子化学与物理	070305	卜海山	1993-12-01	力学与工程科学系
			高分子化学与物理	070305	杨玉良	1993-12-01	高分子科学系
			高分子化学与物理	070305	黄骏廉	1994-11-01	
			高分子化学与物理	070305	许元泽	1994-12-01	
			高分子化学与物理	070305	府寿宽	1996-06-01	
			高分子化学与物理	070305	李善君	1997-01-01	
			高分子化学与物理	070305	平郑骅	1999-07-01	
			高分子化学与物理	070305	丁建东	1999-07-01	
			高分子化学与物理	070305	李同生	2001-04-01	
			高分子化学与物理	070305	邵正中	2001-04-01	
			高分子化学与物理	070305	杜强国	2001-04-01	
			高分子化学与物理	070305	汪长春	2004-01-01	
			高分子化学与物理	070305	武培怡	2005-01-01	
			高分子化学与物理	070305	陈道勇	2006-01-16	
			高分子化学与物理	070305	邱 枫	2006-01-16	
			高分子化学与物理	070305	何军坡	2006-01-16	
			高分子化学与物理	070305	周 平	2006-01-16	
			高分子化学与物理	070305	陈 新	2007-01-01	
			高分子化学与物理	070305	张红东	2007-01-01	
			高分子化学与物理	070305	倪秀元	2008-01-14	
			高分子化学与物理	070305	姚 萍	2008-01-14	
			高分子化学与物理	070305	彭慧胜	2009-01-07	
			高分子化学与物理	070305	杨武利	2009-01-07	
			高分子化学与物理	070305	胡建华	2011-01-19	
			高分子化学与物理	070305	冯嘉春	2012-01-13	
			高分子化学与物理	070305	唐 萍	2012-01-13	
			高分子化学与物理	070305	卢红斌	2012-12-27	
			高分子化学与物理	070305	李卫华	2014-01-10	
			高分子化学与物理	070305	陈国颂	2014-01-10	
			高分子化学与物理	070305	魏大程	2014-09-25	
			高分子化学与物理	070305	刘天西	2006-01-16	
		77	化学生物学	0703Z1	Alastair Murchie	2005-07-01	化学系

续　表

学科门类	一级学科名称	序号	专业名称	专业代码	博士生导师	批准时间	所属院系(所)
理　学	化　学	77	化学生物学	0703Z1	陆豪杰	2007-01-01	化学系
			化学生物学	0703Z1	谭相石	2007-03-01	
			化学生物学	0703Z1	张　琪	2014-07-01	
	生物学	78	植物学	071001	孙崇荣	1993-12-01	生命科学学院
			植物学	071001	卢宝荣	2001-04-01	
			植物学	071001	钟　扬	2001-04-01	
			植物学	071001	杨　继	2008-01-14	
			植物学	071001	周铜水	2011-01-19	
			植物学	071001	葛晓春	2011-01-19	
			植物学	071001	郑丙莲	2012-12-27	
		79	生理学	071003	张镜如	1984-01-01	基础医学院
			生理学	071003	姚　泰	1986-07-01	
			生理学	071003	李　鹏	1990-12-01	
			生理学	071003	郭学勤	1994-03-01	
			生理学	071003	朱依纯	2000-04-01	
			生理学	071003	朱大年	2000-05-01	
			生理学	071003	沈霖霖	2005-01-01	
			生理学	071003	王　睿	2008-01-14	
			生理学	071003	陆利民	2011-01-19	
		80	微生物学	071005	郑兆鑫	1993-12-01	生命科学学院
			微生物学	071005	于善谦	1994-11-01	
			微生物学	071005	王洪海	1999-07-01	
			微生物学	071005	钟　江	2004-01-01	
			微生物学	071005	全哲学	2011-01-19	
			微生物学	071005	胡　薇	2012-12-27	
		81	神经生物学	071006	孙凤艳	1995-07-01	基础医学院
			神经生物学	071006	马　兰	1996-04-01	
			神经生物学	071006	郑　平	2001-04-01	
			神经生物学	071006	赵志奇	2001-04-01	生命科学学院
			神经生物学	071006	杨雄里	2001-06-01	
			神经生物学	071006	张玉秋	2003-01-01	
			神经生物学	071006	石　建	2003-01-01	
			神经生物学	071006	陈　俊	2004-01-01	基础医学院
			神经生物学	071006	朱粹青	2004-01-01	
			神经生物学	071006	王　云	2007-03-01	生命科学学院
			神经生物学	071006	Thomas Behnisch	2007-09-11	

学科门类	一级学科名称	序 号	专业名称	专业代码	博士生导师	批准时间	所属院系(所)
理 学	生物学	81	神经生物学	071006	黄 芳	2008-01-14	基础医学院
			神经生物学	071006	钟咏梅	2008-01-14	生命科学学院
			神经生物学	071006	王中峰	2008-01-14	
			神经生物学	071006	彭 刚	2009-01-07	
			神经生物学	071006	杨振纲	2010-01-19	
			神经生物学	071006	赵冰樵	2010-01-19	基础医学院
			神经生物学	071006	薛 磊	2012-01-13	
			神经生物学	071006	鲁伯埙	2012-12-27	生命科学学院
			神经生物学	071006	禹永春	2012-12-27	
			神经生物学	071006	高艳琴	2014-01-10	基础医学院
			神经生物学	071006	闫致强	2014-01-10	
		82	遗传学	071007	盛祖嘉	1981-11-01	
			遗传学	071007	赵寿元	1990-10-01	
			遗传学	071007	薛京伦	1993-12-01	
			遗传学	071007	李育阳	1993-12-01	
			遗传学	071007	毛裕民	1994-11-01	生命科学学院
			遗传学	071007	李昌本	1994-11-01	
			遗传学	071007	罗泽伟	1996-06-01	
			遗传学	071007	余 龙	1996-06-01	
			遗传学	071007	任大明	1998-01-01	
			遗传学	071007	沈大棱	1998-01-01	
			遗传学	071007	左 伋	1999-07-01	基础医学院
			遗传学	071007	金 力	1999-07-01	
			遗传学	071007	谢 毅	2001-04-01	
			遗传学	071007	卢大儒	2001-04-01	
			遗传学	071007	霍克克	2001-04-01	
			遗传学	071007	乔守怡	2003-01-01	
			遗传学	071007	杨金水	2003-01-01	
			遗传学	071007	谷 迅	2005-07-01	生命科学学院
			遗传学	071007	温子龙	2005-07-01	
			遗传学	071007	陈 佳	2005-07-01	
			遗传学	071007	李 瑶	2007-01-01	
			遗传学	071007	王学路	2007-01-01	
			遗传学	071007	吕 红	2007-01-01	
			遗传学	071007	季朝能	2007-01-01	
			遗传学	071007	王红艳	2007-07-01	

续 表

学科门类	一级学科名称	序 号	专业名称	专业代码	博士生导师	批准时间	所属院系(所)
理 学	生物学	82	遗传学	071007	明 凤	2008-01-14	生命科学学院
			遗传学	071007	贺 林	2008-01-14	
			遗传学	071007	施 前	2008-01-14	
			遗传学	071007	马 红	2008-07-11	
			遗传学	071007	刘建祥	2010-01-19	
			遗传学	071007	张 锋	2010-01-19	
			遗传学	071007	徐剑锋	2010-09-01	
			遗传学	071007	吴家雪	2012-01-13	
			遗传学	071007	唐 翠	2012-01-13	
			遗传学	071007	朱焕章	2012-01-13	
			遗传学	071007	倪 挺	2012-12-27	
			遗传学	071007	王笑峰	2012-12-27	
			遗传学	071007	David Saffen	2012-12-27	基础医学院
			遗传学	071007	刘 军	2013-04-10	生命科学学院
		83	发育生物学	071008	陶无凡	2006-01-16	生命科学学院
			发育生物学	071008	吴晓晖	2006-01-16	
			发育生物学	071008	徐人尔	2010-01-19	
		84	细胞生物学	071009	何丽芳	1994-03-01	
		85	生物化学与分子生物学	071010	宋后燕	1990-11-01	基础医学院
			生物化学与分子生物学	071010	查锡良	1995-07-01	
			生物化学与分子生物学	071010	顾建新	1995-12-01	
			生物化学与分子生物学	071010	刘银坤	1996-07-01	中山医院
			生物化学与分子生物学	071010	申宗侯	1998-07-01	基础医学院
			生物化学与分子生物学	071010	曹凯鸣	1999-07-01	生命科学学院
			生物化学与分子生物学	071010	蒯本科	2001-04-01	
			生物化学与分子生物学	071010	汤其群	2001-07-01	基础医学院
			生物化学与分子生物学	071010	印春华	2004-01-01	生命科学学院
			生物化学与分子生物学	071010	吴兴中	2005-01-01	基础医学院
			生物化学与分子生物学	071010	马 端	2005-02-01	
			生物化学与分子生物学	071010	熊 跃	2005-07-01	生命科学学院
			生物化学与分子生物学	071010	管坤良	2005-07-01	
			生物化学与分子生物学	071010	董爱武	2008-01-14	
			生物化学与分子生物学	071010	沈文辉	2008-07-11	
			生物化学与分子生物学	071010	邢清和	2009-01-07	
			生物化学与分子生物学	071010	于文强	2009-01-07	
			生物化学与分子生物学	071010	石雨江	2009-01-07	基础医学院

四、人才培养

续表

学科门类	一级学科名称	序 号	专业名称	专业代码	博士生导师	批准时间	所属院系(所)
理 学	生物学	85	生物化学与分子生物学	071010	于 敏	2009-01-07	基础医学院
			生物化学与分子生物学	071010	江建海	2009-01-07	
			生物化学与分子生物学	071010	赵世民	2010-01-19	生命科学学院
			生物化学与分子生物学	071010	李 希	2010-01-19	基础医学院
			生物化学与分子生物学	071010	蒋宪成	2010-01-19	药学院
			生物化学与分子生物学	071010	文 波	2011-01-19	基础医学院
			生物化学与分子生物学	071010	麻锦彪	2011-01-19	
			生物化学与分子生物学	071010	蔡 亮	2012-01-13	生命科学学院
			生物化学与分子生物学	071010	杨 青	2012-01-13	
			生物化学与分子生物学	071010	陈东戎	2012-12-27	
			生物化学与分子生物学	071010	温文玉	2012-12-27	
			生物化学与分子生物学	071010	党永军	2012-12-27	基础医学院
			生物化学与分子生物学	071010	蓝 斐	2014-01-10	生物医学研究院
			生物化学与分子生物学	071010	陈 舌	2014-01-10	基础医学院
			生物化学与分子生物学	071010	甘肖箐	2014-01-10	
			生物化学与分子生物学	071010	余 巍	2014-03-24	生命科学学院
			生物化学与分子生物学	071010	唐惠儒	2014-03-24	
			生物化学与分子生物学	071010	刘 赟	2014-07-01	基础医学院
			生物化学与分子生物学	071010	何祥火	2014-07-01	生物医学研究院
			生物化学与分子生物学	071010	施 扬	2005-01-01	
		86	生物物理学	071011	罗祖玉	1990-10-01	生命科学学院
			生物物理学	071011	寿天德	1993-12-01	
			生物物理学	071011	张志鸿	1994-11-01	
			生物物理学	071011	顾凡及	1994-11-01	
			生物物理学	071011	梅岩艾	2001-04-01	
			生物物理学	071011	孙 刚	2005-01-01	
			生物物理学	071011	徐彦辉	2008-07-11	
			生物物理学	071011	俞洪波	2009-06-17	
			生物物理学	071011	于玉国	2012-01-13	
			生物物理学	071011	甘建华	2012-12-27	
			生物物理学	071011	李继喜	2014-03-24	
		87	生物信息学	0710Z1	田卫东	2008-10-17	
			生物信息学	0710Z1	胡跃清	2010-01-27	
			生物信息学	0710Z1	孙 璐	2011-01-19	
			生物信息学	0710Z1	张 洪	2011-04-15	
			生物信息学	0710Z1	苏志熙	2012-12-27	

续 表

学科门类	一级学科名称	序 号	专业名称	专业代码	博士生导师	批准时间	所属院系(所)
理 学	生物学	87	生物信息学	0710Z1	周 雁	2014-01-10	生命科学学院
		88	人类生物学	0710Z2	李 辉	2010-01-19	
			人类生物学	0710Z2	王久存	2012-01-13	
	生态学	89	生态学	0713	陈家宽	1993-12-01	生命科学学院
			生态学	0713	吴千红	1999-07-01	
			生态学	0713	李 博	2001-04-01	
			生态学	0713	吴纪华	2006-01-16	
			生态学	0713	方长明	2006-01-16	
			生态学	0713	宋志平	2007-01-01	
			生态学	0713	赵 斌	2009-01-07	
			生态学	0713	傅萃长	2010-01-19	
			生态学	0713	马志军	2010-01-19	
			生态学	0713	张文驹	2011-01-19	
			生态学	0713	周旭辉	2012-01-13	
			生态学	0713	周淑荣	2012-12-27	
			生态学	0713	肖向明	2013-04-10	
	力 学	90	流体力学	080103	艾剑良	2005-01-01	力学与工程科学系
			流体力学	080103	段梦兰	2006-01-16	
			流体力学	080103	马建敏	2006-01-16	
			流体力学	080103	丁淑蓉	2012-01-13	
			流体力学	080103	徐弘一	2013-05-24	
			流体力学	080103	姚 伟	2014-01-10	
	电子科学与技术	91	物理电子学	080901	贾 波	2009-01-07	材料科学系
			物理电子学	080901	郭睿倩	2012-12-27	信息科学与工程学院
			物理电子学	080901	蒋寻涯	2012-12-27	
			物理电子学	080901	孙耀杰	2014-01-10	
		92	微电子学与固体电子学	080903	张世理	2006-06-01	微电子学院
			微电子学与固体电子学	080903	来金梅	2010-01-19	
			微电子学与固体电子学	080903	余思远	2010-01-27	信息科学与工程学院
			微电子学与固体电子学	080903	王伶俐	2012-01-13	
			微电子学与固体电子学	080903	周 嘉	2012-01-13	
			微电子学与固体电子学	080903	杨晓峰	2012-01-13	
			微电子学与固体电子学	080903	陈宜方	2012-12-27	
			微电子学与固体电子学	080903	李 巍	2012-12-27	
			微电子学与固体电子学	080903	蒋玉龙	2012-12-27	
			微电子学与固体电子学	080903	姜 培	2012-12-27	

续表

学科门类	一级学科名称	序号	专业名称	专业代码	博士生导师	批准时间	所属院系(所)
理学	电子科学与技术	93	电磁场与微波技术	080904	文舸一	2011-01-19	信息科学与工程学院
			电磁场与微波技术	080904	王昕	2012-12-27	
			电磁场与微波技术	080904	徐丰	2014-01-10	
		94	计算机软件与理论	081202	Rudolf Fleischer	2005-01-01	计算机科学技术学院
			计算机软件与理论	081202	周水庚	2005-03-01	
			计算机软件与理论	081202	张军平	2012-01-13	
			计算机软件与理论	081202	王晓阳	2012-01-13	
			计算机软件与理论	081202	周向东	2012-12-27	
			计算机软件与理论	081202	孙未未	2012-12-27	
			计算机软件与理论	081202	章忠志	2012-12-27	
			计算机软件与理论	081202	李银胜	2012-12-27	
			计算机软件与理论	081202	赵运磊	2012-12-27	
		95	计算机应用技术	081203	沈一帆	2005-03-01	
			计算机应用技术	081203	王新	2011-01-19	
			计算机应用技术	081203	张玥杰	2012-01-13	
			计算机应用技术	081203	李伟	2012-12-27	
			计算机应用技术	081203	颜波	2012-12-27	
			计算机应用技术	081203	路红	2012-12-27	
			计算机应用技术	081203	姜育刚	2012-12-27	
			计算机应用技术	081203	金城	2014-01-10	
			计算机应用技术	081203	吴杰	2014-01-10	
			计算机应用技术	081203	张彦春	2014-06-20	
	环境科学与工程	96	环境科学	083001	庄国顺	2005-01-01	环境科学与工程系
			环境科学	083001	董文博	2007-01-01	
			环境科学	083001	杨新	2007-01-01	
			环境科学	083001	宋卫华	2011-01-19	
			环境科学	083001	陈莹	2011-01-19	
			环境科学	083001	周斌	2011-01-19	
			环境科学	083001	王琳	2011-01-19	
			环境科学	083001	付洪波	2012-01-13	
			环境科学	083001	TREVOR DAVID DAVIES	2012-01-13	
			环境科学	083001	唐幸福	2012-12-27	
			环境科学	083001	成天涛	2012-12-27	
			环境科学	083001	李想	2014-01-10	
		97	环境工程	083002	张士成	2012-12-27	

续 表

学科门类	一级学科名称	序 号	专业名称	专业代码	博士生导师	批准时间	所属院系(所)
理 学	环境科学与工程	97	环境工程	083002	李笃中	2012-12-27	环境科学与工程系
			环境工程	083002	马 臻	2012-12-27	
			环境工程	083002	刘 燕	2012-12-27	
工 学	力 学	98	固体力学	080102	金吾根	2004-01-01	力学与工程科学系
			固体力学	080102	林逸汉	2004-01-01	
		99	流体力学	080103	徐有恒	1994-11-01	
			流体力学	080103	张慧生	1999-07-01	
			流体力学	080103	陶明德	1999-07-01	
			流体力学	080103	丁光宏	2001-04-01	
			流体力学	080103	许世雄	2001-04-01	
			流体力学	080103	孙 刚	2007-01-01	
			流体力学	080103	田振夫	2010-01-19	
		100	工程力学	080104	张 文	1993-12-01	
			工程力学	080104	郑铁生	2001-04-01	
			工程力学	080104	唐国安	2001-04-01	
			工程力学	080104	霍永忠	2004-01-01	
	光学工程	101	光学工程	0803	张荣君	2014-01-10	信息科学与工程学院
	材料科学与工程	102	材料物理与化学	080501	武利民	2001-04-01	材料科学系
			材料物理与化学	080501	吴晓京	2003-01-01	
			材料物理与化学	080501	李越生	2004-01-01	
			材料物理与化学	080501	杨振国	2004-01-01	
			材料物理与化学	080501	俞燕蕾	2005-01-01	
			材料物理与化学	080501	叶明新	2006-01-16	
			材料物理与化学	080501	范仲勇	2006-01-16	
			材料物理与化学	080501	肖 斐	2009-01-07	
			材料物理与化学	080501	余学斌	2009-01-07	
			材料物理与化学	080501	车仁超	2009-06-29	先进材料实验室
			材料物理与化学	080501	周树学	2010-01-19	
			材料物理与化学	080501	方晓生	2011-01-19	
			材料物理与化学	080501	梅永丰	2011-01-19	
			材料物理与化学	080501	胡新华	2012-01-13	
			材料物理与化学	080501	陈 敏	2012-12-27	材料科学系
			材料物理与化学	080501	梁子骐	2012-12-27	
		103	材料学	080502	孙大林	2012-12-27	
			材料学	080502	崔晓莉	2012-12-27	

续　表

学科门类	一级学科名称	序　号	专业名称	专业代码	博士生导师	批准时间	所属院系(所)
工　学	材料科学与工程	103	材料学	080502	游　波	2012-12-27	材料科学系
			材料学	080502	蒋益明	2012-12-27	
			材料学	080502	李　劲	2012-12-27	
			材料学	080502	朱国栋	2014-01-10	
			材料学	080502	高尚鹏	2014-01-10	
			材料学	080502	马晓华	2014-01-10	
	电子科学与技术	104	物理电子学	080901	徐　伟	2003-01-01	信息科学与工程学院
			物理电子学	080901	张　群	2006-01-16	
			物理电子学	080901	刘克富	2007-01-01	
			物理电子学	080901	刘木清	2010-01-19	
		105	电路与系统	080902	金亚秋	1993-12-01	
			电路与系统	080902	王威琪	1993-12-01	
			电路与系统	080902	胡　波	2001-04-01	
			电路与系统	080902	李　锋	2003-01-01	
			电路与系统	080902	张建秋	2004-01-01	
			电路与系统	080902	王　斌	2006-01-16	
			电路与系统	080902	李　翔	2009-01-07	
		106	微电子学与固体电子学	080903	洪志良	1996-06-01	
			微电子学与固体电子学	080903	童家榕	1998-01-01	
			微电子学与固体电子学	080903	黄宜平	1999-07-01	
			微电子学与固体电子学	080903	张　卫	2001-04-01	
			微电子学与固体电子学	080903	闵　昊	2001-04-01	
			微电子学与固体电子学	080903	曾　璇	2003-01-01	
			微电子学与固体电子学	080903	周　电	2003-01-01	
			微电子学与固体电子学	080903	茹国平	2004-01-01	
			微电子学与固体电子学	080903	刘　冉	2004-06-01	
			微电子学与固体电子学	080903	任俊彦	2005-01-01	
			微电子学与固体电子学	080903	林殷茵	2007-01-01	
			微电子学与固体电子学	080903	屈新萍	2007-02-28	
			微电子学与固体电子学	080903	江安全	2008-01-14	微电子学院
			微电子学与固体电子学	080903	曾晓洋	2008-01-14	信息科学与工程学院
			微电子学与固体电子学	080903	丁士进	2009-01-07	微电子学院
			微电子学与固体电子学	080903	王鹏飞	2010-01-19	信息科学与工程学院
			微电子学与固体电子学	080903	吴东平	2010-01-19	
			微电子学与固体电子学	080903	郑立荣	2010-01-27	

续表

学科门类	一级学科名称	序号	专业名称	专业代码	博士生导师	批准时间	所属院系(所)
工 学	电子科学与技术	106	微电子学与固体电子学	080903	李 冰	2011-06-24	信息科学与工程学院
		107	电磁场与微波技术	080904	石艺尉	2006-01-16	
			电磁场与微波技术	080904	迟 楠	2008-10-17	
	信息与通信工程	108	通信与信息系统	081001	余建军	2011-01-19	
	计算机科学与技术	109	计算机系统结构	081201	涂时亮	2001-04-01	计算机科学技术学院
			计算机系统结构	081201	吴百锋	2006-01-16	
		110	计算机软件与理论	081202	陆汝钤	1984-01-01	
			计算机软件与理论	081202	吴立德	1986-07-01	
			计算机软件与理论	081202	朱传琪	1993-12-01	
			计算机软件与理论	081202	施伯乐	1993-12-01	
			计算机软件与理论	081202	张根度	1994-11-01	
			计算机软件与理论	081202	胡运发	1994-11-01	
			计算机软件与理论	081202	高传善	1996-06-01	
			计算机软件与理论	081202	吴时霖	1996-06-01	
			计算机软件与理论	081202	朱 洪	1998-01-01	
			计算机软件与理论	081202	钱乐秋	1998-01-01	
			计算机软件与理论	081202	朱扬勇	1999-07-01	
			计算机软件与理论	081202	彭澄廉	1999-07-01	
			计算机软件与理论	081202	赵文耘	2003-01-01	
			计算机软件与理论	081202	顾 宁	2004-01-01	
			计算机软件与理论	081202	张 亮	2005-01-01	
			计算机软件与理论	081202	汪 卫	2005-01-01	
			计算机软件与理论	081202	阚海斌	2007-01-01	
			计算机软件与理论	081202	危 辉	2007-01-01	
			计算机软件与理论	081202	杨 夙	2008-01-14	
		111	计算机应用技术	081203	薛向阳	2001-04-01	
			计算机应用技术	081203	张世永	2001-04-01	
			计算机应用技术	081203	陈雁秋	2003-01-01	
			计算机应用技术	081203	黄萱菁	2007-01-01	
			计算机应用技术	081203	钟亦平	2008-01-14	
	环境科学与工程	112	环境科学	083001	王祥荣	1997-10-01	环境科学与工程系
			环境科学	083001	陈建民	2001-04-01	
			环境科学	083001	陈立民	2001-04-01	
			环境科学	083001	侯惠奇	2001-04-01	
			环境科学	083001	李 溪	2008-01-14	

续 表

学科门类	一级学科名称	序 号	专业名称	专业代码	博士生导师	批准时间	所属院系(所)
工 学	环境科学与工程	112	环境科学	083001	郭志刚	2009-01-07	环境科学与工程系
			环境科学	083001	郑 正	2009-07-03	
		113	环境工程	083002	隋国栋	2008-07-11	
	生物医学工程	114	生物医学工程	0831	余建国	2001-04-01	信息科学与工程学院
			生物医学工程	0831	汪源源	2001-04-01	
			生物医学工程	0831	宋志坚	2001-07-01	基础医学院
			生物医学工程	0831	他得安	2013-06-20	信息科学与工程学院
			生物医学工程	0831	邬小玫	2014-01-10	
	软件工程	115	软件工程	0835	彭 鑫	2014-01-10	计算机科学技术学院
医 学	生物学	116	生理学	071003	黄 聿	2005 01 01	基础医学院
		117	微生物学	071005	朱乃硕	2009-01-07	生命科学学院
		118	神经生物学	071006	黄志力	2006-07-01	
	基础医学	119	人体解剖与组织胚胎学	100101	谷华运	1986-07-01	基础医学院
			人体解剖与组织胚胎学	100101	沈馨亚	1990-12-01	
			人体解剖与组织胚胎学	100101	彭裕文	1994-03-01	
			人体解剖与组织胚胎学	100101	王克强	1997-07-01	中山医院
			人体解剖与组织胚胎学	100101	钟翠平	1997-07-01	
			人体解剖与组织胚胎学	100101	王海杰	2000-04-01	基础医学院
			人体解剖与组织胚胎学	100101	周国民	2001-07-01	
			人体解剖与组织胚胎学	100101	谭玉珍	2005-01-01	
			人体解剖与组织胚胎学	100101	李瑞锡	2006-01-16	
		120	免疫学	100102	储以微	2007-01-01	
			免疫学	100102	何 睿	2010-01-19	
			免疫学	100102	贾立军	2011-01-19	肿瘤医院
			免疫学	100102	胡维国	2011-01-19	
			免疫学	100102	刘光伟	2012-06-20	基础医学院
			免疫学	100102	王继扬	2013-06-25	
			免疫学	100102	吕鸣芳	2014-01-10	
		121	病原生物学	100103	闻玉梅	1984-01-01	
			病原生物学	100103	顾健人	1990-12-01	上海市肿瘤研究所
			病原生物学	100103	何球藻	1990-12-01	基础医学院
			病原生物学	100103	瞿 涤	1998-07-01	
			病原生物学	100103	万大方	1998-07-01	上海市肿瘤研究所
			病原生物学	100103	袁正宏	1999-07-01	基础医学院
			病原生物学	100103	程训佳	2001-04-01	

续 表

学科门类	一级学科名称	序 号	专业名称	专业代码	博士生导师	批准时间	所属院系(所)
医 学	基础医学	121	病原生物学	100103	朱景德	2001-04-01	上海市肿瘤研究所
			病原生物学	100103	赵新泰	2003-01-01	
			病原生物学	100103	高 谦	2004-01-01	基础医学院
			病原生物学	100103	谢幼华	2008-01-14	
			病原生物学	100103	张晓燕	2009-01-07	
			病原生物学	100103	徐建青	2009-01-07	
			病原生物学	100103	张 颖	2010-09-06	华山医院
			病原生物学	100103	姜世勃	2011-07-13	基础医学院
			病原生物学	100103	王 宾	2011-07-13	
			病原生物学	100103	陈 力	2011-07-13	
			病原生物学	100103	蔡启良	2012-04-17	
			病原生物学	100103	童舒平	2012-12-27	
			病原生物学	100103	胡芸文	2014-01-10	公共卫生临床中心
			病原生物学	100103	汪萱怡	2014-01-10	生物医学研究院
		122	病理学与病理生理学	100104	应越英	1981-11-01	基础医学院
			病理学与病理生理学	100104	程 立	1986-07-01	
			病理学与病理生理学	100104	张月娥	1990-12-01	
			病理学与病理生理学	100104	金惠铭	1990-12-01	
			病理学与病理生理学	100104	郭慕依	1994-03-01	
			病理学与病理生理学	100104	朱世能	1994-03-01	
			病理学与病理生理学	100104	叶诸榕	1996-07-01	
			病理学与病理生理学	100104	胡锡琪	1996-07-01	
			病理学与病理生理学	100104	张锦生	1997-07-01	
			病理学与病理生理学	100104	朱虹光	2001-04-01	
			病理学与病理生理学	100104	许祖德	2003-01-01	
			病理学与病理生理学	100104	张 农	2004-01-01	
			病理学与病理生理学	100104	张志刚	2004-01-01	
			病理学与病理生理学	100104	殷莲华	2004-01-01	
			病理学与病理生理学	100104	赵子琴	2004-01-01	
			病理学与病理生理学	100104	陈思锋	2006-01-16	
			病理学与病理生理学	100104	刘秀萍	2011-01-19	
			病理学与病理生理学	100104	李为民	2011-07-15	
			病理学与病理生理学	100104	钱睿哲	2012-12-27	
			病理学与病理生理学	100104	孟 丹	2012-12-27	
			病理学与病理生理学	100104	孙 宁	2012-12-27	
			病理学与病理生理学	100104	侯英勇	2014-01-10	中山医院

续表

学科门类	一级学科名称	序号	专业名称	专业代码	博士生导师	批准时间	所属院系(所)
	基础医学	122	病理学与病理生理学	100104	李清泉	2014-01-10	基础医学院
		123	法医学	100105	沈 敏	2006-01-16	基础医学院
		124	放射医学	100106	金一尊	1996-07-01	放射医学研究所
			放射医学	100106	邵春林	2005-07-06	
			放射医学	100106	卓维海	2005-07-06	
			放射医学	100106	朱国英	2011-01-19	
		125	分子医学	1001Z1	丁忠仁	2008-07-11	基础医学院
			分子医学	1001Z1	雷群英	2010-01-19	
		126	医学系统生物学	1001Z3	刘 雷	2014-01-10	
医 学	临床医学	127	内科学	100201	陈灏珠	1981-11-01	中山医院
			内科学	100201	诸骏仁	1990-12-01	
			内科学	100201	钮善福	1994-03-01	
			内科学	100201	王吉耀	1995-07-01	
			内科学	100201	蔡迺绳	1997-07-01	
			内科学	100201	何礼贤	1997-07-01	
			内科学	100201	白春学	1999-07-01	
			内科学	100201	蔡映云	1999-07-01	
			内科学	100201	丁小强	2000-04-01	
			内科学	100201	葛均波	2000-04-01	
			内科学	100201	顾 勇	2001-04-01	华山医院
			内科学	100201	高 鑫	2003-01-01	中山医院
			内科学	100201	胡仁明	2003-01-01	华山医院
			内科学	100201	沈锡中	2003-01-01	中山医院
			内科学	100201	施海明	2003-01-01	
			内科学	100201	史虹莉	2004-01-01	
			内科学	100201	施光峰	2004-01-01	华山医院
			内科学	100201	瞿介明	2004-01-01	
			内科学	100201	张继明	2005-01-01	
			内科学	100201	朱 蕾	2005-01-01	中山医院
			内科学	100201	舒先红	2005-01-01	
			内科学	100201	邹云增	2005-02-01	
			内科学	100201	陆道培	2006-01-16	上海市第五人民医院
			内科学	100201	邹和建	2006-01-16	
			内科学	100201	王明贵	2006-01-16	华山医院
			内科学	100201	郝传明	2006-01-16	

续　表

学科门类	一级学科名称	序　号	专业名称	专业代码	博士生导师	批准时间	所属院系(所)
医　学	临床医学	127	内科学	100201	王庆华	2006-07-01	华山医院
			内科学	100201	刘少稳	2007-01-01	中山医院
			内科学	100201	任正刚	2007-01-01	
			内科学	100201	卢洪洲	2007-01-01	华山医院
			内科学	100201	张顺财	2007-01-01	中山医院
			内科学	100201	王向东	2008-01-14	
			内科学	100201	李益明	2008-01-14	华山医院
			内科学	100201	张文宏	2008-01-14	
			内科学	100201	钱菊英	2008-01-14	中山医院
			内科学	100201	周丽诺	2008-01-14	华山医院
			内科学	100201	程韵枫	2008-01-14	中山医院
			内科学	100201	孙建琴	2009-01-07	华东医院
			内科学	100201	夏景林	2009-01-07	中山医院
			内科学	100201	陈瑞珍	2009-01-07	
			内科学	100201	刘　杰	2009-06-05	华山医院
			内科学	100201	陈　靖	2010-01-19	
			内科学	100201	樊晓明	2010-01-19	金山医院
			内科学	100201	许小平	2011-01-19	华山医院
			内科学	100201	周京敏	2011-01-19	中山医院
			内科学	100201	李　勇	2011-01-19	华山医院
			内科学	100201	叶志斌	2011-01-19	华东医院
			内科学	100201	宋元林	2012-01-13	中山医院
			内科学	100201	张　菁	2012-01-13	华山医院
			内科学	100201	姜　红	2012-01-13	中山医院
			内科学	100201	罗心平	2012-01-13	华山医院
			内科学	100201	姜林娣	2012-12-27	
			内科学	100201	童朝阳	2012-12-27	中山医院
			内科学	100201	董　玲	2012-12-27	
			内科学	100201	夏　荣	2012-12-27	华山医院
			内科学	100201	杨向东	2012-12-27	中山医院
			内科学	100201	夏　朴	2012-12-27	
			内科学	100201	金惠敏	2012-12-27	浦东医院
			内科学	100201	张进安	2012-12-27	金山医院
			内科学	100201	朱利平	2012-12-27	华山医院
			内科学	100201	孙爱军	2012-12-27	中山医院
			内科学	100201	陈　彤	2012-12-27	华山医院

续 表

学科门类	一级学科名称	序 号	专业名称	专业代码	博士生导师	批准时间	所属院系(所)
医 学	临床医学	127	内科学	100201	保志军	2012-12-27	华山医院
			内科学	100201	任 骏	2013-05-14	中山医院
			内科学	100201	管剑龙	2014-01-10	华东医院
			内科学	100201	陈小东	2014-01-10	华山医院
			内科学	100201	黄海辉	2014-01-10	
			内科学	100201	宿燕岗	2014-01-10	中山医院
			内科学	100201	李善群	2014-01-10	
			内科学	100201	王小钦	2014-01-10	华山医院
			内科学	100201	金先桥	2014-04-01	
		128	儿科学	100202	肖现民	1996-07-01	儿科医院
			儿科学	100202	朱启镕	1996-07-01	
			儿科学	100202	孙 波	1997-07-01	
			儿科学	100202	王卫平	1997-07-01	
			儿科学	100202	邵肖梅	1997-07-01	
			儿科学	100202	郑 珊	1999-07-01	
			儿科学	100202	徐 虹	2001-04-01	
			儿科学	100202	陈 超	2001-04-01	
			儿科学	100202	杨 毅	2001-04-01	
			儿科学	100202	黄国英	2001-04-01	
			儿科学	100202	贾 兵	2003-01-01	
			儿科学	100202	桂永浩	2003-01-01	
			儿科学	100202	蒋泽栋	2005-01-01	
			儿科学	100202	马瑞雪	2006-01-16	
			儿科学	100202	彭咏梅	2008-01-14	
			儿科学	100202	许政敏	2009-07-03	
			儿科学	100202	王建设	2010-01-19	
			儿科学	100202	王 艺	2010-01-19	
			儿科学	100202	董岿然	2011-01-19	
			儿科学	100202	王晓川	2011-01-19	
			儿科学	100202	徐 秀	2012-01-13	
			儿科学	100202	俞 蕙	2012-01-13	
			儿科学	100202	严卫丽	2012-01-13	
			儿科学	100202	黄 瑛	2012-01-13	
			儿科学	100202	罗飞宏	2012-12-27	
			儿科学	100202	周文浩	2012-12-27	
			儿科学	100202	曾 玫	2014-01-10	

续 表

学科门类	一级学科名称	序 号	专业名称	专业代码	博士生导师	批准时间	所属院系(所)
医 学	临床医学	128	儿科学	100202	曹 云	2014-01-10	儿科医院
			儿科学	100202	鲁 青	2014-01-10	儿科医院
		129	神经病学	100204	洪 震	2001-04-01	华山医院
			神经病学	100204	董 强	2003-11-01	华山医院
			神经病学	100204	肖保国	2006-01-16	华山医院
			神经病学	100204	汪 昕	2007-01-01	中山医院
			神经病学	100204	钟春玖	2008-01-14	中山医院
			神经病学	100204	吴志英	2009-01-07	华山医院
			神经病学	100204	任传成	2012-01-13	上海市第五人民医院
			神经病学	100204	王 坚	2012-12-27	华山医院
			神经病学	100204	郭起浩	2014-01-10	华山医院
		130	精神病与精神卫生学	100205	施慎逊	2004-01-01	华山医院
			精神病与精神卫生学	100205	王立伟	2006-01-16	华山医院
		131	皮肤病与性病学	100206	李 明	2004-01-01	中山医院
			皮肤病与性病学	100206	项蕾红	2006-01-16	华山医院
			皮肤病与性病学	100206	徐金华	2008-01-14	华山医院
			皮肤病与性病学	100206	杨勤萍	2009-01-07	华山医院
			皮肤病与性病学	100206	朱宁文	2012-12-27	华山医院
			皮肤病与性病学	100206	骆肖群	2012-12-27	华山医院
			皮肤病与性病学	100206	王宏伟	2014-01-10	华东医院
		132	影像医学与核医学	100207	周康荣	1994-03-01	中山医院
			影像医学与核医学	100207	陈绍亮	1996-07-01	中山医院
			影像医学与核医学	100207	冯晓源	1997-07-01	华山医院
			影像医学与核医学	100207	王建华	1999-07-01	中山医院
			影像医学与核医学	100207	常 才	2001-04-01	肿瘤医院
			影像医学与核医学	100207	曾蒙苏	2003-01-01	中山医院
			影像医学与核医学	100207	耿道颖	2003-01-01	华山医院
			影像医学与核医学	100207	彭卫军	2004-01-01	肿瘤医院
			影像医学与核医学	100207	王文平	2004-01-01	中山医院
			影像医学与核医学	100207	严福华	2005-01-01	中山医院
			影像医学与核医学	100207	王 怡	2007-01-01	华山医院
			影像医学与核医学	100207	滑炎卿	2007-02-01	华东医院
			影像医学与核医学	100207	周正荣	2008-01-14	肿瘤医院
			影像医学与核医学	100207	强金伟	2009-01-07	金山医院
			影像医学与核医学	100207	张志勇	2009-01-07	中山医院

续　表

学科门类	一级学科名称	序　号	专业名称	专业代码	博士生导师	批准时间	所属院系(所)
医　学	临床医学	132	影像医学与核医学	100207	顾雅佳	2010-01-19	肿瘤医院
			影像医学与核医学	100207	管一晖	2010-01-19	华山医院
			影像医学与核医学	100207	林　江	2010-01-19	中山医院
			影像医学与核医学	100207	石洪成	2011-01-19	
			影像医学与核医学	100207	刘兴党	2012-12-27	华山医院
			影像医学与核医学	100207	章英剑	2012-12-27	肿瘤医院
			影像医学与核医学	100207	李文涛	2014-01-10	
		133	临床检验诊断学	100208	吕　元	1995-07-01	华山医院
			临床检验诊断学	100208	关　明	2010-01-19	
			临床检验诊断学	100208	徐　锦	2014-01-10	儿科医院
		134	外科学	100210	汤钊猷	1984-01-01	中山医院
			外科学	100210	顾玉东	1990-12-01	华山医院
			外科学	100210	周良辅	1990-12-01	
			外科学	100210	徐建光	1997-07-01	
			外科学	100210	王玉琦	1997-07-01	中山医院
			外科学	100210	秦新裕	1997-07-01	
			外科学	100210	陈峥嵘	1997-07-01	
			外科学	100210	张永康	1997-07-01	
			外科学	100210	陈　亮	1998-07-01	华山医院
			外科学	100210	符伟国	2000-04-01	中山医院
			外科学	100210	潘　力	2000-04-01	华山医院
			外科学	100210	樊　嘉	2001-04-01	中山医院
			外科学	100210	丁　强	2001-04-01	华山医院
			外科学	100210	崔尧元	2001-04-01	中山医院
			外科学	100210	朱剑虹	2001-04-01	华山医院
			外科学	100210	钦伦秀	2003-01-01	中山医院
			外科学	100210	劳　杰	2003-01-01	华山医院
			外科学	100210	黄峰平	2004-01-01	
			外科学	100210	钱建民	2004-01-01	
			外科学	100210	吴国豪	2004-01-01	
			外科学	100210	陈统一	2004-05-01	中山医院
			外科学	100210	王春生	2005-01-01	
			外科学	100210	姚礼庆	2005-01-01	
			外科学	100210	毛　颖	2005-01-01	华山医院
			外科学	100210	董　健	2006-01-16	中山医院
			外科学	100210	靳大勇	2006-01-16	

续 表

学科门类	一级学科名称	序号	专业名称	专业代码	博士生导师	批准时间	所属院系(所)
医　学	临床医学	134	外科学	100210	陈宗祐	2006-01-16	华山医院
			外科学	100210	周　俭	2007-01-01	中山医院
			外科学	100210	黄广建	2007-01-01	华山医院
			外科学	100210	徐文东	2007-01-01	华山医院
			外科学	100210	陈　刚	2007-01-01	金山医院
			外科学	100210	朱同玉	2007-01-01	中山医院
			外科学	100210	林宗明	2008-01-14	中山医院
			外科学	100210	邱双健	2008-01-14	中山医院
			外科学	100210	邹　强	2008-01-14	华山医院
			外科学	100210	亓发芝	2009-01-07	中山医院
			外科学	100210	牛伟新	2009-01-07	中山医院
			外科学	100210	刘保池	2009-01-07	公共卫生临床中心
			外科学	100210	傅德良	2009-01-07	华山医院
			外科学	100210	许剑民	2009-01-07	中山医院
			外科学	100210	孙益红	2010-01-19	中山医院
			外科学	100210	郭剑明	2010-01-19	中山医院
			外科学	100210	孙惠川	2010-01-19	中山医院
			外科学	100210	叶青海	2010-01-19	中山医院
			外科学	100210	叶定伟	2010-01-27	肿瘤医院
			外科学	100210	马　昕	2011-01-19	华山医院
			外科学	100210	胡　锦	2011-01-19	华山医院
			外科学	100210	刘厚宝	2011-01-19	中山医院
			外科学	100210	余　波	2011-01-19	华山医院
			外科学	100210	张　峰	2011-07-13	中山医院
			外科学	100210	王　翔	2012-01-13	华山医院
			外科学	100210	阎作勤	2012-01-13	中山医院
			外科学	100210	金　忱	2012-01-13	华山医院
			外科学	100210	宫　晔	2012-01-13	华山医院
			外科学	100210	张　键	2012-01-13	中山医院
			外科学	100210	楼文晖	2012-01-13	中山医院
			外科学	100210	穆雄铮	2012-04-17	华山医院
			外科学	100210	赵　曜	2012-12-27	华山医院
			外科学	100210	周平红	2012-12-27	中山医院
			外科学	100210	王　鲁	2012-12-27	中山医院
			外科学	100210	姜昊文	2012-12-27	华山医院
			外科学	100210	徐　雷	2012-12-27	华山医院

续表

学科门类	一级学科名称	序号	专业名称	专业代码	博士生导师	批准时间	所属院系(所)
医学	临床医学	134	外科学	100210	禹宝庆	2012-12-27	浦东医院
			外科学	100210	吴 忠	2012-12-27	华山医院
			外科学	100210	吴劲松	2014-01-10	
			外科学	100210	项建斌	2014-01-10	
			外科学	100210	张晓彪	2014-01-10	中山医院
			外科学	100210	夏国伟	2014-01-10	华山医院
			外科学	100210	杜建军	2014-01-10	
			外科学	100210	谭黎杰	2014-01-10	中山医院
			外科学	100210	姜建元	2014-01-10	华山医院
			外科学	100210	葛 棣	2014-01-10	中山医院
			外科学	100210	陈晓峰	2014-01-10	华山医院
		135	妇产科学	100211	李大金	1998-07-01	妇产科医院
			妇产科学	100211	林金芳	2003-01-01	
			妇产科学	100211	刘惜时	2003-01-01	
			妇产科学	100211	张绍芬	2004-01-01	
			妇产科学	100211	李笑天	2004-01-01	
			妇产科学	100211	徐丛剑	2005-01-01	
			妇产科学	100211	孙 红	2006-01-16	
			妇产科学	100211	张慧琴	2006-01-16	上海市计划生育科学研究所
			妇产科学	100211	张 炜	2007-01-01	妇产科医院
			妇产科学	100211	华克勤	2009-01-07	
			妇产科学	100211	孙晓溪	2011-01-19	
			妇产科学	100211	郭孙伟	2011-01-19	
			妇产科学	100211	鹿 欣	2011-01-19	
			妇产科学	100211	王文君	2012-01-13	
			妇产科学	100211	孙兆贵	2012-01-13	基础医学院
			妇产科学	100211	隋 龙	2012-12-27	妇产科医院
			妇产科学	100211	尧良清	2014-01-10	
			妇产科学	100211	金莉萍	2014-01-10	
		136	眼科学	100212	孙兴怀	1999-07-01	眼耳鼻喉科医院
			眼科学	100212	卢 奕	2001-04-01	
			眼科学	100212	叶 纹	2004-01-01	华山医院
			眼科学	100212	徐格致	2004-01-01	眼耳鼻喉科医院
			眼科学	100212	戴锦晖	2008-01-14	
			眼科学	100212	周行涛	2008-01-14	

续　表

学科门类	一级学科名称	序　号	专业名称	专业代码	博士生导师	批准时间	所属院系(所)
医　学	临床医学	136	眼科学	100212	徐建江	2009-01-07	眼耳鼻喉科医院
			眼科学	100212	钱　江	2011-01-19	
			眼科学	100212	袁　非	2011-01-19	中山医院
			眼科学	100212	张勇进	2012-12-27	眼耳鼻喉科医院
			眼科学	100212	龚　岚	2012-12-27	
			眼科学	100212	莫晓芬	2014-01-10	
			眼科学	100212	罗　怡	2014-01-10	
			眼科学	100212	姜春晖	2014-01-10	
			眼科学	100212	常　青	2014-01-10	
		137	耳鼻咽喉科学	100213	王正敏	1986-07-01	眼耳鼻喉科医院
			耳鼻咽喉科学	100213	迟放鲁	2000-04-01	
			耳鼻咽喉科学	100213	郑春泉	2001-04-01	
			耳鼻咽喉科学	100213	周　梁	2001-04-01	
			耳鼻咽喉科学	100213	王胜资	2003-01-01	
			耳鼻咽喉科学	100213	蒋家琪	2004-01-01	
			耳鼻咽喉科学	100213	李华伟	2005-01-01	
			耳鼻咽喉科学	100213	王德辉	2005-01-01	
			耳鼻咽喉科学	100213	戴春富	2006-01-16	
			耳鼻咽喉科学	100213	章如新	2007-01-01	华东医院
			耳鼻咽喉科学	100213	张天宇	2007-03-01	眼耳鼻喉科医院
			耳鼻咽喉科学	100213	陈　兵	2008-01-14	
			耳鼻咽喉科学	100213	赵　霞	2009-01-07	华山医院
			耳鼻咽喉科学	100213	吴海涛	2010-01-19	眼耳鼻喉科医院
			耳鼻咽喉科学	100213	戴培东	2011-01-19	
			耳鼻咽喉科学	100213	魏春生	2012-01-13	
			耳鼻咽喉科学	100213	余洪猛	2012-12-27	
			耳鼻咽喉科学	100213	黄新生	2014-01-10	中山医院
		138	肿瘤学	100214	沈镇宙	1990-12-01	肿瘤医院
			肿瘤学	100214	叶胜龙	1996-07-01	中山医院
			肿瘤学	100214	蒋国梁	1997-07-01	肿瘤医院
			肿瘤学	100214	朱雄增	1998-07-01	
			肿瘤学	100214	施达仁	1998-07-01	
			肿瘤学	100214	刘康达	1998-07-01	中山医院
			肿瘤学	100214	邵志敏	1999-07-01	肿瘤医院
			肿瘤学	100214	师英强	2001-04-01	
			肿瘤学	100214	吴　毅	2003-01-01	

续 表

学科门类	一级学科名称	序 号	专业名称	专业代码	博士生导师	批准时间	所属院系(所)
医 学	临床医学	138	肿瘤学	100214	蔡三军	2004-01-01	肿瘤医院
			肿瘤学	100214	傅小龙	2005-01-01	
			肿瘤学	100214	沈坤炜	2005-01-01	
			肿瘤学	100214	吴小华	2007-01-01	
			肿瘤学	100214	李 进	2007-01-01	
			肿瘤学	100214	曾昭冲	2007-01-01	中山医院
			肿瘤学	100214	陈海泉	2007-01-01	
			肿瘤学	100214	王华英	2007-01-01	
			肿瘤学	100214	胡超苏	2007-01-01	
			肿瘤学	100214	杜 祥	2008-01-14	
			肿瘤学	100214	嵇庆海	2008-01-14	肿瘤医院
			肿瘤学	100214	章 真	2009-01-07	
			肿瘤学	100214	周晓燕	2009-01-07	
			肿瘤学	100214	陆劲松	2009-01-07	
			肿瘤学	100214	吴 炅	2010-01-19	
			肿瘤学	100214	郭伟剑	2010-01-19	
			肿瘤学	100214	魏庆义	2010-08-13	
			肿瘤学	100214	杨 恭	2011-07-15	
			肿瘤学	100214	吴伟忠	2012-01-13	中山医院
			肿瘤学	100214	郭小毛	2012-01-13	
			肿瘤学	100214	欧周罗	2012-01-13	肿瘤医院
			肿瘤学	100214	吴开良	2012-01-13	
			肿瘤学	100214	虞先濬	2012-01-13	
			肿瘤学	100214	张博恒	2012-01-13	中山医院
			肿瘤学	100214	姚旭东	2012-12-27	
			肿瘤学	100214	臧荣余	2012-12-27	
			肿瘤学	100214	胡夕春	2012-12-27	
			肿瘤学	100214	金 伟	2012-12-27	
			肿瘤学	100214	李鹤成	2014-01-10	肿瘤医院
			肿瘤学	100214	傅 深	2014-01-10	
			肿瘤学	100214	李大强	2014-01-10	
			肿瘤学	100214	陆嘉德	2014-01-10	
			肿瘤学	100214	王亚农	2014-01-10	
			肿瘤学	100214	杨文涛	2014-01-10	
			肿瘤学	100214	许国雄	2014-01-10	金山医院
			肿瘤学	100214	陈佳艺	2014-01-10	肿瘤医院

续 表

续 表

学科门类	一级学科名称	序号	专业名称	专业代码	博士生导师	批准时间	所属院系(所)
医 学	临床医学	139	康复医学与理疗学	100215	吴 毅	2006-01-16	华山医院
		140	运动医学	100216	陈世益	2001-04-01	
		141	麻醉学	100217	姜 桢	2001-04-01	中山医院
			麻醉学	100217	薛张纲	2004-01-01	
			麻醉学	100217	梁伟民	2006-01-16	华山医院
			麻醉学	100217	缪长虹	2007-01-01	中山医院
			麻醉学	100217	张 军	2014-01-10	华山医院
	公共卫生与预防医学	142	流行病与卫生统计学	100401	徐志一	1986-07-01	公共卫生学院
			流行病与卫生统计学	100401	俞顺章	1990-10-01	
			流行病与卫生统计学	100401	金丕焕	1990-10-01	
			流行病与卫生统计学	100401	高尔生	1995-07-01	上海市计划生育科学研究所
			流行病与卫生统计学	100401	姜庆五	2000-04-01	公共卫生学院
			流行病与卫生统计学	100401	赵耐青	2004-01-01	
			流行病与卫生统计学	100401	赵根明	2004-01-01	
			流行病与卫生统计学	100401	武俊青	2004-01-01	上海市计划生育科学研究所
			流行病与卫生统计学	100401	徐 飚	2005-01-01	公共卫生学院
			流行病与卫生统计学	100401	周维谨	2005-01-01	上海市计划生育科学研究所
			流行病与卫生统计学	100401	楼超华	2005-01-01	
			流行病与卫生统计学	100401	孟 炜	2005-01-01	公共卫生学院
			流行病与卫生统计学	100401	林燧恒	2006-01-01	
			流行病与卫生统计学	100401	何 纳	2006-01-16	
			流行病与卫生统计学	100401	项永兵	2006-01-16	上海市肿瘤研究所
			流行病与卫生统计学	100401	余金明	2008-01-14	
			流行病与卫生统计学	100401	袁 伟	2009-01-07	
		143	劳动卫生与环境卫生学	100402	王移兰	1986-07-01	公共卫生学院
			劳动卫生与环境卫生学	100402	梁友信	1990-10-01	
			劳动卫生与环境卫生学	100402	洪传洁	1990-12-01	
			劳动卫生与环境卫生学	100402	蒋学之	1994-03-01	
			劳动卫生与环境卫生学	100402	金锡鹏	1994-11-01	
			劳动卫生与环境卫生学	100402	陈自强	1996-07-01	
			劳动卫生与环境卫生学	100402	傅 华	1999-07-01	
			劳动卫生与环境卫生学	100402	陈秉衡	2000-01-01	
			劳动卫生与环境卫生学	100402	夏昭林	2001-04-01	
			劳动卫生与环境卫生学	100402	宋伟民	2003-01-01	

续 表

学科门类	一级学科名称	序 号	专业名称	专业代码	博士生导师	批准时间	所属院系(所)
医 学	公共卫生与预防医学	143	劳动卫生与环境卫生学	100402	屈卫东	2006-01-16	公共卫生学院
			劳动卫生与环境卫生学	100402	阚海东	2010-01-19	
		144	营养与食品卫生学	100403	郭红卫	2003-01-01	
			营养与食品卫生学	100403	厉曙光	2009-01-07	
			营养与食品卫生学	100403	何更生	2014-01-10	
		145	儿少卫生与妇幼保健学	100404	汪 玲	2003-01-01	
			儿少卫生与妇幼保健学	100404	钱 序	2004-01-01	
		146	卫生毒理学	100405	金泰廙	1997-07-01	
			卫生毒理学	100405	周志俊	2003-01-01	
			卫生毒理学	100405	吴 庆	2012-12-27	
	中西医结合	147	中西医结合基础	100601	曹小定	1981-11-01	基础医学院
			中西医结合基础	100601	张安中	1984-01-01	
			中西医结合基础	100601	何莲芳	1986-07-01	
			中西医结合基础	100601	许绍芬	1986-07-01	
			中西医结合基础	100601	程介士	1994-03-01	
			中西医结合基础	100601	吴根诚	1996-07-01	
			中西医结合基础	100601	陈伯英	1999-07-01	
			中西医结合基础	100601	王彦青	2006-01-16	
			中西医结合基础	100601	俞 瑾	2014-01-10	
		148	中西医结合临床	100602	沈自尹	1982-09-01	华山医院
			中西医结合临床	100602	蔡定芳	1996-07-01	中山医院
			中西医结合临床	100602	蔡德培	1999-07-01	儿科医院
			中西医结合临床	100602	董竞成	2001-04-01	华山医院
			中西医结合临床	100602	刘鲁明	2003-01-01	
			中西医结合临床	100602	孟志强	2011-01-19	肿瘤医院
			中西医结合临床	100602	陈 震	2014-01-10	
	药 学	149	药物化学	100701	周 珮	1995-07-01	药学院
			药物化学	100701	叶德泳	2006-01-16	
			药物化学	100701	陈凯先	2008-07-11	
			药物化学	100701	岳建民	2009-01-07	
			药物化学	100701	赵伟利	2009-01-07	
			药物化学	100701	穆 青	2009-01-07	
			药物化学	100701	孙 逊	2010-01-19	
			药物化学	100701	胡金锋	2011-01-19	
			药物化学	100701	王 洋	2011-01-19	
			药物化学	100701	鞠佃文	2011-04-15	

续表

学科门类	一级学科名称	序号	专业名称	专业代码	博士生导师	批准时间	所属院系(所)
医学	药学	149	药物化学	100701	邵黎明	2012-06-20	药学院
			药物化学	100701	付 伟	2012-12-27	
			药物化学	100701	王永辉	2014-01-10	
			药物化学	100701	李英霞	2010-01-19	
		150	药剂学	100702	方晓玲	2001-04-01	
			药剂学	100702	陆伟跃	2001-04-01	
			药剂学	100702	蒋新国	2003-01-01	
			药剂学	100702	吴 伟	2006-01-16	
			药剂学	100702	朱建华	2008-01-14	
			药剂学	100702	蒋 晨	2008-01-14	
			药剂学	100702	李 聪	2012-12-27	
			药剂学	100702	王建新	2012-12-27	
			药剂学	100702	张奇志	2014-01-10	
			药剂学	100702	陈 钧	2014-01-10	
		151	生药学	100703	陈道峰	1999-07-01	
			生药学	100703	侯爱君	2008-01-14	
		152	药物分析学	100704	卢建忠	2003-05-01	
			药物分析学	100704	段更利	2004-01-01	
			药物分析学	100704	陈 刚	2008-01-14	
			药物分析学	100704	郁韵秋	2012-12-27	
		153	药理学	100706	姚明辉	1998-07-01	基础医学院
			药理学	100706	曹 霖	2003-05-01	上海市计划生育科学研究所
			药理学	100706	孙祖越	2005-01-01	
			药理学	100706	朱依谆	2005-01-01	药学院
			药理学	100706	李雪宁	2008-01-14	
			药理学	100706	蔡卫民	2009-01-07	
			药理学	100706	程能能	2009-01-07	
			药理学	100706	王 慧	2009-01-07	
			药理学	100706	杨永华	2011-01-19	
			药理学	100706	王 健	2011-01-19	上海市计划生育科学研究所
			药理学	100706	余 科	2011-04-15	药学院
			药理学	100706	石乐明	2011-04-15	
			药理学	100706	钱忠明	2012-12-27	
			药理学	100706	李润生	2012-12-27	
			药理学	100706	施惠娟	2014-01-10	

续表

学科门类	一级学科名称	序号	专业名称	专业代码	博士生导师	批准时间	所属院系(所)
医学	药学	153	药理学	100706	曲卫敏	2014-01-10	基础医学院
			药理学	100706	李卫华	2014-01-10	药学院
			药理学	100706	沈晓燕	2014-01-10	
		154	临床药学	1007Z1	李智平	2014-01-10	儿科医院
			临床药学	1007Z1	钟明康	2014-12-15	药学院
			临床药学	1007Z1	吕迁洲	2014-12-15	
	护理学	155	护理学	1011	胡雁	2007-01-01	护理学院
			护理学	1011	夏海鸥	2012-12-27	
管理学	管理科学与工程	156	管理科学与工程	1201	李宏余	2003-01-01	管理学院
			管理科学与工程	1201	徐以汎	2005-01-01	
			管理科学与工程	1201	胡奇英	2008-01-14	
			管理科学与工程	1201	胡建强	2008-10-17	
		157	信息管理与信息系统	1201Z2	张成洪	2013-05-23	
			信息管理与信息系统	1201Z2	黄丽华	2012-12-27	
			信息管理与信息系统	1201Z2	凌鸿	2012-12-27	
			信息管理与信息系统	1201Z2	刘杰	2012-12-27	
	工商管理	158	会计学	120201	李若山	1998-03-01	
			会计学	120201	周红	2004-01-01	
			会计学	120201	洪剑峭	2006-01-16	
			会计学	120201	吕长江	2007-01-01	
			会计学	120201	原红旗	2009-01-07	
			会计学	120201	陈超	2009-01-07	
			会计学	120201	方军雄	2014-01-10	
		159	企业管理	120202	芮明杰	1994-11-01	
			企业管理	120202	薛求知	1998-03-01	
			企业管理	120202	苏勇	2001-04-01	
			企业管理	120202	陆雄文	2001-04-01	
			企业管理	120202	项保华	2001-04-01	
			企业管理	120202	李元旭	2003-01-01	
			企业管理	120202	胡君辰	2004-01-01	
			企业管理	120202	许晓明	2004-01-01	
			企业管理	120202	杨永康	2005-01-01	
			企业管理	120202	张青	2009-01-07	
			企业管理	120202	宁钟	2010-01-19	
			企业管理	120202	姚凯	2012-12-27	
			企业管理	120202	李旭	2012-12-27	

续表

学科门类	一级学科名称	序号	专业名称	专业代码	博士生导师	批准时间	所属院系(所)
管理学	工商管理	160	旅游管理	120203	郭英之	2010-01-19	历史学系
		161	市场营销	1202Z2	范秀成	2012-12-27	管理学院
			市场营销	1202Z2	黄 沛	2012-12-27	
			市场营销	1202Z2	蒋青云	2012-12-27	
		162	财务学	1202Z3	范龙振	2012-12-27	
			财务学	1202Z3	徐剑刚	2012-12-27	
			财务学	1202Z3	马成虎	2012-12-27	
			财务学	1202Z3	劳兰珺	2012-12-27	
			财务学	1202Z3	王克敏	2012-12-27	
			财务学	1202Z3	孙 谦	2012-12-27	
			财务学	1202Z3	孔爱国	2012-12-27	
	公共管理	163	行政管理	120401	竺乾威	1996-06-01	国际关系与公共事务学院
			行政管理	120401	陈晓原	2007-01-01	
			行政管理	120401	唐亚林	2010-01-19	
			行政管理	120401	林荣日	2012-01-13	高等教育研究所
			行政管理	120401	顾丽梅	2012-12-27	国际关系与公共事务学院
			行政管理	120401	敬乂嘉	2012-12-27	
		164	社会医学与卫生事业管理	120402	胡善联	1994-03-01	公共卫生学院
			社会医学与卫生事业管理	120402	龚幼龙	1994-03-01	
			社会医学与卫生事业管理	120402	陈 洁	1996-07-01	
			社会医学与卫生事业管理	120402	郝 模	1998-07-01	
			社会医学与卫生事业管理	120402	程晓明	2001-04-01	
			社会医学与卫生事业管理	120402	冯学山	2003-01-01	
			社会医学与卫生事业管理	120402	陈 文	2006-01-16	
			社会医学与卫生事业管理	120402	薛 迪	2007-01-01	
			社会医学与卫生事业管理	120402	吕 军	2009-01-07	
			社会医学与卫生事业管理	120402	严 非	2009-01-07	
			社会医学与卫生事业管理	120402	陈英耀	2009-01-07	
			社会医学与卫生事业管理	120402	陈 刚	2011-01-19	
			社会医学与卫生事业管理	120402	吴擢春	2012-01-13	
			社会医学与卫生事业管理	120402	叶 露	2012-12-27	
			社会医学与卫生事业管理	120402	罗 力	2014-01-10	
			社会医学与卫生事业管理	120402	应晓华	2014-01-10	
		165	教育经济与管理	120403	熊庆年	2011-01-19	高等教育研究所
		166	环境管理	1204Z1	Marie Harder	2012-12-27	环境科学与工程系
			环境管理	1204Z1	戴星翼	2012-12-27	

续表

学科门类	一级学科名称	序号	专业名称	专业代码	博士生导师	批准时间	所属院系（所）
管理学	公共管理	166	环境管理	1204Z1	包存宽	2012-12-27	环境科学与工程系
			环境管理	1204Z1	王新军	2012-12-27	高等教育研究所
		167	社会管理与社会政策	1204Z2	王菊芬	2007-01-01	社会发展与公共政策学院
			社会管理与社会政策	1204Z2	廖文武	2012-01-13	
			社会管理与社会政策	1204Z2	关信平	2012-01-13	
			社会管理与社会政策	1204Z2	郭有德	2014-01-10	
		168	公共政策	1204Z3	朱春奎	2009-01-07	国际关系与公共事务学院
			公共政策	1204Z3	唐贤兴	2010-01-19	
			公共政策	1204Z3	李春成	2014-01-10	

（研究生院、医学学位与研究生办公室供稿）

留学生教育

【概况】 2014年，复旦大学共接受121个国家的各类外国留学生6 276人次，较2013年减少7%，位列全国高校第四、上海高校第一。其中，本科生1 431人次，同比减少14%；硕士以上学位留学生1 109人次，同比增加3.5%；各类长短期进修生3 736人次，同比减少7.5%。本科生减少比例较大，高层次研究生比例继续提高，生源结构继续优化达到年初设定的目标。

留学生招生工作。(1)整合各类外事资源，通过校际交流、海外孔子学院、系际合作等机会，宣传学校各类国际项目。以国家留学基金委、市教委举办的高层次教育展为平台，积极走出去，与海外教育机构及学生展开双向选择。1月，组织中文系、医学院、国关学院等专家教授赴学校海外高中生源基地开展招生面试选拔工作，并通过当地的校友网络扩大招生。9月，参加孔子学院在比利时、匈牙利和捷克举行的"复旦日"，积极开展招生宣传。12月，组织院系专家教授走访尼泊尔、泰国等国家的一流高中，实行点对点招生。(2)以招收具备较高的学业基础和学习能力的留学生为目标，继续采用包括入学考试在内，多种方式相结合的多元化招生模式推进本科留学生的招生工作。通过中国政府奖学金任务下达、21世纪海外生源基地推优、统一入学考试、国际通行考核标准认定、MBBS单独招生等5种方式，实际录取各类本科外国留学生190人，录取率为41%（较2013年下降7%），实际报到人数135人。根据经济学院和管理学院的招生需求，单独进行本科生入学面试。

以英语授课项目和奖学金政策为抓手，推动高层次学生规模的扩大。2014年，共接收各类外国留学生研究生1 109人，占全年人数的17.7%，同比增加3.5%，生源结构继续优化。新招收的371名外国留学生研究生中，全英语授课学生为248人（占67%），同比增加5%。积极为院系向上争取各类政府资源，提升优势学科的世界影响力。通过向教育部申报中美人文项目、"亚洲校园"等项目，为院系拓展海外交流，扩大国际办学影响力提供支撑。其中，"亚洲校园"项目在教育部评估中名列第一。创新工作方式，留学生研究生奖学金评审由院系上报改为院系导师参与推荐评审，并以评审结果作为发放留学生奖学金的重要参考依据。

与教务处、外事处、历史系联合举办2014年暑期国际课程项目，积极扩大项目在海内外的影响力。继续发挥学校作为上海暑期学校北美学生培训基地的辐射作用，通过友好院校选拔推荐、留学机构输送、直接报名等方式，接受来自美国、加拿大、墨西哥、澳大利亚、奥地利、丹麦等25个国家的137名外国留学生到校学习。有20多名港澳台学生和近80名复旦在校生选修暑期课程与外国留学生同堂学习。

大力推进留学生服务，整合原有的证照办理、健康检查、保险收费等资源，有序稳妥地推进留学生办证手续的改革目标。实现学费与办证申请脱钩，以学生在学院的注册为办证的重要依据；借鉴国外高校购买保险的做法，在保证执行国家法律政策的同时，灵活掌握留学生的保险政策；制定《事务中心员工手册（中英文工作用语200句）》，提高服务人员双语接待能力。

继续加强对邯郸校区留学生公寓和枫林校区留学生公寓的管理，加强对物业公司以及留学生公寓小卖部、洗衣房等相关服务机构的监管，做好公寓留学生预订、入住、退宿的管理工作。加强公寓的安全管理以及突发事件的处置，通过住宿留学生的大楼管理委员会以及住楼辅导员平台,推进留学生住宿园区的和谐建设。合理使用留学生公寓的运作费,保障相应设施的安全运营。尝试中外学生合住体验计划,在学生工作部配合下,2014年秋季安排第二批4名外国留学生本科生入住中国学生宿舍,开启中外学生交流的新途径;投入并推动亚洲青年交流中心的各项筹备工作。

继续支持学生日常的社团活动和文体活动,推动学生社团活动和文体活动与学校学生会、研究生会的活动的融合。留学生参加学校第四届海内外文化交流日活动、复旦idol、留学生社团招新等活动,提高中外学生校园融合,营造国际化的校园环境。6月,组织留学生参加上海高校外国留学生龙舟比赛,获得第二名。做好留学生勤工俭学和校友会的管理工作,以教育部成立"留华校友会"为契机,充实留学生校友数据库以更好地搭建校友沟通平台;在上海市教委组织的"中国元素"创意大赛中获得佳绩。

继续发挥好由分管校领导主持、与留学生管理有关的部处参加的外国留学生教学管理处际协调会议机制,建章立制,对涉及全校留学生管理的经费划拨、资源配置、管理规定进行研究探讨,为学校领导的决策提供数据,发挥参谋作用。结合上海市教委下发的规范留学生校外实习证明审核备案材料的通知,制定下发《关于进一步规范我校外国留学生校外实习审批的有关通知》;与财务处共同制定《关于外国留学生支付学费的有关通知》,规范留学生分期付款、滞纳金收取以及流程。

在学校深入推进院系二级管理的整体框架下,转变部门行政职能,调整与院系关系,加强对院系的工作指导和服务。(1)多次开展院系集中调研,听取院系意见,发挥院系的工作积极性,同时加强工作指导;以《复旦大学外国留学生工作简讯》为载体,搭建与各院系的沟通平台,挖掘各院系在留学生管理工作方面的特色,促进工作经验交流。根据群众路线教育实践活动中听取到的院系意见,对留学生人数较多的国际文化交流学院下放招生权。上半年开始,将院系非学历办班从审批制改为备案制,增强院系的办学活力和积极性。(2)推进院系个性化管理与服务。加强对院系开展留学生招生、日常管理的业务指导和培训,重心从"一刀切"的管理向个性化的服务转移。3月,召开全校院系留学生工作会议,介绍和布置招生工作的要点;9月,召开报到注册工作会议,为院系做好留学生报到和在校管理工作开展指导,提高院系的管理水平和积极性。12月,召开国际学生入学在线申请系统培训,为院系招生提供平台,促进院系与学生的良性互动。

根据教育部加强外国留学生辅导员队伍建设的要求,以学校作为市教委外国留学生辅导员推进工作试点单位为契机,外国留学生工作处、学生工作部、研究生工作部共同商讨,在相关院系开展调研,探索有复旦特色的外国留学生辅导员队伍建设路径,总结制定相关规定。加大与学工部门的沟通,推进留学生"趋同化管理"。与志德书院合作开设《中外学生研讨课》,结合学校"国际视野下的学生工作专业化研究与实践"项目课题组孵化,对留学生管理方式进行创新性探索和尝试。

根据学校机构职能改革领导小组的指示,推动将枫林校区留学生工作站纳入到上海医学院和留学生工作处双重管理的体制。枫林工作站作为联系医学院留学生工作的重要窗口,按照"小留办"的管理理念,逐渐接轨医口学生的招生和日常管理工作,更加注重医学留学生的特色教育,扩大医学留学生的规模。

(高 鸣)

【设立上海暑期学校(金砖国家项目)】 2014年,首次开设"上海暑期学校(金砖国家项目)",由复旦大学金砖国家研究中心承办,6月29日开班,7月30日结束。该暑期学校共设有20个奖学金名额,用于招收金砖国家的优秀青年。首批学生22名,分别来自巴西、俄罗斯等金砖国家。课程包括上海与海派文化、中国政治经济与外交新发展、金砖国家合作与全球治理等3个课程模块,分23个专题授课。除学校知名教授上课以外,中心邀请上海社会科学院、上海国际问题研究院,以及参与"金砖国家合作与全球治理协同创新中心"的清华大学、四川大学、华东师范大学和浙江师范大学的知名学者为学生上课;并从美国、巴西、澳门等国家与地区邀请哈佛大学等著名大学、研究机构的学者到访交流;邀请中国驻WTO首任大使、商务部前副部长孙振宇和国家外文局局长周明伟作专题讲座。

(高 鸣)

【推出"留学复旦"移动终端应用软件】 3月,在国内高校首先推出针对来华留学的移动终端应用软件"留学复旦"。该款软件将使查阅留学复旦信息更加便捷,有助于提升"留学复旦"的品牌知名度,增加学校留学信息的受众面,形成获取信息的习惯和黏性,逐步发展为"留学复旦"的新社群。12月,完成留学生网上报名系统的升级,减少住宿资源安排重复,收费纠纷等问题。以集中化、一次性处理各项报名报道事宜,推动实现学生信息的有序存储,检索迅速、查找方便。

(高 鸣)

【建成留学生事务中心】 9月,建成以北区留学生生活园区为核心的留学生事务中心。在突出证照、住宿、奖学金及学生活动等四大核心功能的同时,搭建"学校—政府—社会"合作平台,提高工作效能,简化办证流程。

(高 鸣)

继 续 教 育

【概况】 2014年,复旦大学继续教育由继续教育学院实施教学管理,分学历教育与非学历教育两大类。学历教育层次有高中起点升专科、高中起点升本科和专科起点升本科,教育形式有夜大学和自学考试两类。

夜大学。学院负责成人高等学历教育(夜大学)的招生、教学管理、学籍管理、学生事务管理,以及毕业、学位审核等,由学校各相关教学院系负责日常教学。2014年,在校生总数

9 828人。录取成人高等学历教育各层次新生2 722人，其中招收"三支一扶"等免试入学考生8人。毕业学生2 591人，其中本科毕业生2 424人，授予学士学位645人。

自学考试。上海市第64次、第65次高等教育自学考试分别于4月和10月举行。学院自学考试办公室行使主考学校职责，在上海市高等教育自学考试委员会和上海市教育考试院的指导下开展工作。全年共有22 455名考生参加30 893门次的理论考试和1 330门次的实践性环节考核，其中新生4 472。毕业考生1 224人，其中本科毕业生797人，授予学士学位376人。

非学历教育培训。全年共举办各类管理干部培训班128个，累计培训学员8 000余名。学院继续推进转型，人力资源配置向非学历教育倾斜，实施院内非学历教育工作考核机制改革。根据培训部工作特点，制定《培训部绩效考核月考办法》，实行培训部经济指标与绩效考核的新机制。同时，实行项目负责制，由项目负责人全程负责培训项目的运行管理。

非学历教育管理。2014年复旦大学非学历教育办班管理办公室受理全校干部管理培训项目688个，比2013年增加1.47%，培训人员37 603人次，比2013年增加5.99%；综合类培训项目37个，较2013年减少44.78%，培训人员2 425人次，较2013年减少16.03%。全年已结业项目591个，颁发结业证明30 446份。医学方面，举办继续医学教育项目276项，与2013年持平。

12月30日，继续教育学院党总支换届，新一届党总支委员会由方晶刚、刘华、乔琴生、应建雄、宋军、周亚组成，周亚任党总支书记。

（刘　华　梅　林）

附录

2014年复旦大学成人高等学历教育专业设置

类别	负责教学工作的学院、系	专业名称	备注
高中起点本科	国际关系与公共事务学院	行政管理	
	护理学院	护理学	
	经济学院	国际经济与贸易	
	经济学院	金融学	
	力学与工程科学系	工程管理	
	力学与工程科学系	工商管理（物流方向）	
	社会科学基础部	人力资源管理	
	外国语言文学学院	英语	
	药学院	药学	
大专起点本科	法学院	法学	
	管理学院	工商管理	邯郸，嘉定
	管理学院	会计学	
	国际关系与公共事务学院	行政管理	
	护理学院	护理学	
	护理学院	护理学（儿科方向）	儿科医院委培
	护理学院	护理学（助产方向）	
	计算机科学技术学院	计算机科学与技术	
	计算机科学技术学院	软件工程	
	计算机科学技术学院	电子商务	
	经济学院	国际经济与贸易	
	经济学院	金融学	
	力学与工程科学系	工程管理	
	力学与工程科学系	工商管理（物流方向）	
	历史学系	旅游管理	

类别	负责教学工作的学院、系	专业名称	备注
大专起点本科	社会发展与公共政策学院	社会工作	
	社会发展与公共政策学院	心理学	
	社会科学基础部	公共关系学	
	社会科学基础部	人力资源管理	邯郸,枫林
	外国语言文学学院	英语	
	新闻学院	传播学	
	新闻学院	新闻学	
	药学院	药学	
	中国语言文学系	汉语言文学	
高中起点专科	经济学院	国际经济与贸易	
	社会科学基础部	行政管理	

(继续教育学院供稿)

网络教育

【概况】 2014年,网络教育学院处于转型过渡时期。自2013年秋季暂停学历教育招生工作以来,全年未招收新生。在册学生1 482人,毕业学生844人。设有11个专升本、10个第二本科、6个高中起点专科以及2个高中起点本科专业。

坚持严格管理,坚守"学生为本、质量为先、服务为重"的办学理念,采取多项有效措施切实保证教学质量。注重对学生的能力培养,强调理论与实际相结合,注重应用性、可操作性;重点培养学生分析问题和解决问题的能力,采用案例教学、互动式教学和讨论课教学;形成作业练习、案例分析、论文报告、调查报告等形式的考核,以培养学生的理解力、判断力以及决策力。

培训工作紧紧围绕各地区经济社会发展和干部履职尽责的需要,根据中共中央组织部对于高校干部培训基地"新知识、新技能、新信息、新本领"的定位,积极发挥上海的区位优势和学校的学科优势、人才优势、科研优势,通过委托培训、党校异地教学基地、送师上门等,多形式地开展干部教育培训,在2013年工作的基础上,实现新的跨越。全年共开设276个班次,比2013年减少4.17%,累计培训15 000余人次,比2013年增加2.6%。 (汪 远)

附录

网络教育学院专业设置

专业	培养层次	专业	培养层次
新闻学	专升本	新闻学	第二本科
工商管理		工商管理	
会计学		会计学	
人力资源管理		行政管理	
行政管理		行政管理(人力资源)	
旅游管理		旅游管理	
国际经济与贸易		国际经济与贸易	
法学		法学	
英语(商务)		计算机科学与技术	
计算机科学与技术		金融学	
金融学			

续 表

专 业	培养层次	专 业	培养层次
国际经济与贸易	高起本(在线)		
新闻学			
会计	高起专(在线)		
国际经济与贸易			
工商管理			
行政管理			
人力资源管理			
新闻学			

（网络学院供稿）

五、科学研究与产业

理工科、医科科研

【概况】 2014年,复旦大学理工、医科科研经费和科研项目数量基本保持稳定。共获得各类项目1 437项,到款总经费115 372万元。其中纵向项目1 021项,到款经费91 392万元(拨款至复旦财务74 563万元,直接拨付至附属医院16 829万元);横向项目416项,到款经费23 980万元(拨款至复旦财务20 271万元,直接拨付至附属医院3 709万元)。

全年共申请国家自然科学基金2 028项,获资助项目595项,获资助经费51 256万元,较2013年增长31%。其中获得国家自然科学基金面上项目298项,青年科学基金202项;创新研究群体科学基金3项,国家杰出青年科学基金项目7项,优秀青年科学基金项目13项;国家重大科研仪器研制项目3项(其中部委推荐项目1项),重大项目1项,重点项目12项,重点国际(地区)合作研究项目6项,海外及港澳学者合作研究基金5项,联合基金项目3项,重大研究计划项目11项。

获得973计划和国家重大科学研究计划首席科学家项目5项,首席科学家分别是基础医学院马兰,物理学系吴义政,生物医学研究院雷群英、文波,附属妇产科医院李大金,核定项目总经费11 500万元;973计划青年专题项目1项,负责人为计算机学院杨珉,经费500万元;973计划和重大科学研究计划课题13项;863计划课题10项,经费5 782万元;国家科技支撑计划课题4项,经费1 294万元;国家科技重大专项课题3项;科技基础性工作专项1项,经费1 500万元;国家磁约束核聚变发展研究专项1项,经费500万元。5人入选科技部创新人才推进计划。

获得教育部留学回国人员科研启动基金19项。

获得上海市科学技术委员会基础研究计划重点项目15项,自然科学基金25项;"优秀学术带头人计划"11项;浦江人才计划21项;"青年科技启明星"计划8项;扬帆计划13项。

获得上海市教育委员会曙光计划6项;晨光计划4项;科研创新重点项目7项。

获上海市卫计委政策研究课题2项,上海市卫计委科研项目7项。获得公益性行业专项2项,公共卫生学院何纳、阚海东。

获得各类国际合作项目资助24项,其中国家自然科学基金委国际合作项目12项、科技部国际合作交流项目3项、中国—克罗地亚双边合作交流项目2项、上海市科委国际合作及学术交流项目7项。

聚合物分子工程国家重点实验室参加化学领域国家重点实验室评估,进入优秀类实验室复评,最终评估成绩为良好。专用集成电路与系统国家重点实验室通过整改验收,恢复良好类重点实验室序列。电磁波信息科学教育部重点实验室、上海市大气颗粒物污染防治重点实验室通过建设验收。新增2个上海市重点实验室,1个上海市工程技术研究中心。新建校企联合实验室/研究中心6个。

与地方和企业合作的科研项目经费到款2.03亿元(不含附属医院),比2013年增长3%,签订技术合同416个,合同总金额达1.84亿元,签订合同额大于50万的项目72个,比2013年增长7%。立足上海,服务上海。学校科研成果与上海的企事业单位签订211个技术合同,个数占比60.46%,合同总金额达8 594万元,合同金额占比为56.18%。积极推进各类产学研项目申报立项工作,上海市科委产学研类项目立项35项,立项金额2 576万元;上海市经委立项10项,立项金额305.4万元;上海市教委立项4项,立项金额150万元。2014年产学研类项目到款3 267.9万元。重点推进与宝钢、华谊、中石化、中国烟草、华为、三星、中兴通讯、杜邦、巴斯夫、百度、中航工业集团及下属企业等重点行业、企业的合作。

陈恕行获何梁何利科技进步奖,邓勇辉、徐彦辉、王满宁和阚海东获第七届上海科技英才,曾璇、雷震获上海市自然科学牡丹奖;获国家科技进步二等奖2项;高等学校科学研究优秀成果奖一等奖6项、二等奖12项,获奖总数居全国第一;上海市科学技术奖青年杰出贡献奖1项、一等奖3项、二等奖5项、三等奖11项、国际合作奖2项;中华医学奖6项;中华预防医学奖2项;中国石油和化学工业联合会技术发明一等奖1项;上海医学科技奖一等奖1项、二等奖5项、三等奖4项,成果推广奖1项;上海市药学科技奖2项;华夏医疗保健国际交流促进科技奖1项;明治生命科学奖7项;第十六届中国国际工业博览会大会高校组特等奖1项,优秀组织奖1项;第十六届中国国际高新技术成果交易会优秀组织奖。

申请国内专利588项,授权专利数量286项,其中发明专利258项。全校累计有效专利(维持中)1 500项。已完成计算机软件著作权登记30项,集成电路布图设计登记3项。完成42件专利、1件技术秘密和1件计算机软件的转让/许可合同的签订,合同总金额1 810万元。

2013年,复旦大学发表SCI论文3 278篇,论文数位列全国高校第5,

2004—2013年16 068篇论文被引222 071次，在全国高等院校排名中列第5名；表现不俗论文1 486篇，在全国高等院校排名中列第5名；即年被引用论文1 322篇，在全国高等院校排名中列第5名；EI论文1 156篇；会议论文275篇；即年被引用论文1 322篇，在全国高等院校排名中列第5名（数据来源：中国科学技术信息研究所）。

（王小华　孙　劼　杨　鹏　王　维　许　丽　肖晋芬　何菁岚　庄建辉　戴悦春　俞　泠　王婧妍）

【新增国家973计划首席科学家项目1项】　详见"学校综述"【新增973计划和重大科学研究计划项目6项】条，第42页。

【新增国家重大科学研究计划首席科学家项目4项】　详见"学校综述"【新增973计划和重大科学研究计划项目6项】条，第42页。

【新增国家973计划青年科学家项目1项】　详见"学校综述"【新增973计划和重大科学研究计划项目6项】条，第42页。

【新增国家自然科学基金委员会重大科研仪器研制部委推荐项目1项】　该项目为物理学系沈健主持的"电子自旋和自旋极化电流的时空演化成像系统"，资助经费5 583万元。

（王　维）

【获国家自然科学基金委员创新研究群体项目1项】　物理学系封东来领衔的科研团队获得国家自然科学基金委员会创新研究群体项目资助；基础医学院马兰、数学科学学院傅吉祥领衔的科研团队获延续支持，其中马兰领衔的群体成为学校第一个获得九年期资助的群体。

（孙　劼　庄建辉）

【获国家自然科学基金委员会重点项目12项】　物理学系金晓峰、龚新高，化学系唐颐，生命科学学院王红艳，高分子科学系刘天西，基础医学院马兰、雷群英、王宾，附属中山医院丁小强、邹云增，附属眼耳鼻喉科医院孙兴怀，附属公共卫生临床中心徐建青等领衔的科研项目获得国家自然科学基金委员会重点项目资助。

（孙　劼　庄建辉）

【获国家杰出青年科学基金项目7项】　详见"学校综述"【获国家杰出青年科学基金7项】条，第42页。

（孙　劼　庄建辉）

【获国家优秀青年科学基金项目13项】　数学科学学院谢启鸿，先进材料实验室李世燕，化学系侯军利，环境科学与工程系宋卫华，生命科学学院鲁伯埙、郑丙莲，化学系邓勇辉，材料科学系胡新华，管理学院金立印、卢向华，生物医学研究院温文玉，脑科学研究院张嘉漪，附属肿瘤医院孙艺华等13人获得国家优秀青年科学基金项目资助。（孙　劼　庄建辉）

【5人入选科技部创新人才推进计划】　数学科学学院严军、微电子学院王鹏飞、高分子科学系邱枫、化学系陆豪杰、基础医学院雷群英等5人入选科技部创新人才推进计划。

（王　维　戴悦春）

【新增上海市重点实验室2个】　新增2个上海市重点实验室，分别是上海市针灸机制与穴位功能重点实验室，主任为丁光宏，依托力学与工程科学系建设；上海市肾脏疾病与血液净化重点实验室，主任为丁小强，依托附属中山医院建设。

（许　丽　庄建辉）

【新增上海市工程技术研究中心1个】　新增上海市分子影像探针工程技术研究中心，主任为章英剑，依托附属肿瘤医院建设。（王华滔　庄建辉）

【成立5个虚体研究所/中心】　学校批准成立复旦大学地球科学前沿研究中心、复旦大学网络空间安全研究中心、复旦大学老年医学中心、复旦大学肿瘤转移研究所、复旦大学临床生物信息学研究中心。

（许　丽　庄建辉）

【成立6个校企联合中心/实验室】　学校批准成立复旦—益邦智慧城市联合研究中心、复旦—张江临床基因组学联合研究中心、复旦—万达信息大数据研究中心、复旦—科恒能源材料化学与工程联合实验室、复旦—真龙材料化学联合实验室、复旦—Axrtek可见光通信联合研究中心。

（赵瑞华）

附　录

复旦大学重点实验室一览表

序号	类别	实验室名称	学科	单位	实验室主任
1	国　家	应用表面物理	物理	物理学系	封东来
2		聚合物分子工程	化学	高分子科学系	丁建东
3		遗传工程	生命	生命科学学院	马　红
4		专用集成电路与系统	信息	微电子学院	严晓浪
5		医学神经生物学	医学	基础医学院	郑　平
6	教育部	非线性数学模型与方法	数学	数学科学学院	郭坤宇
7		微纳光子结构	信息	物理学系	资　剑
8		计算物质科学	交叉	物理学系	龚新高
9		现代人类学	生命	生命科学学院	金　力

续表

序号	类别	实验室名称	学科	单位	实验室主任
10	教育部	生物多样性与生态工程	生命	生命科学学院	李 博
11		应用离子束物理	物理	现代物理研究所	Roger Hutton
12		电磁波信息科学	信息	信息科学与工程学院	金亚秋
13		医学分子病毒学	医学	基础医学院	袁正宏
14		代谢分子医学	医学	基础医学院	汤其群
15		智能化递药	医学	药学院	陆伟跃
16		公共卫生安全	预防医学	公共卫生学院	姜庆五
17		癌变与侵袭原理	医学	附属中山医院	樊 嘉
18		特性材料与技术(B类)	国防科技	专用材料与装备技术研究院	叶明新
19	卫生部	糖复合物	医学	基础医学院	顾建新
20		医学分子病毒学	医学	基础医学院	袁正宏
21		医学技术评估	医学	公共卫生学院	陈 洁
22		病毒性心脏病	医学	附属中山医院	陈瑞珍
23		抗生素临床药理	医学	附属华山医院	张婴元
24		手功能重建	医学	附属华山医院	顾玉东
25		新生儿疾病	医学	附属儿科医院	桂永浩
26		听觉医学	医学	眼耳鼻喉科医院	王正敏
27		近视眼研究	医学	眼耳鼻喉科医院	褚仁远
28	上海市	现代应用数学	数学	数学科学学院	吴宗敏
29		分子催化与功能材料	化学	化学系	贺鹤勇
30		智能信息处理	信息	计算机科学技术学院	王晓阳
31		数据科学	信息	计算机科学技术学院	朱扬勇
32		大气颗粒物污染防治	环境	环境科学与工程系	陈建民
33		针灸机制与穴位功能	生命	力学与工程科学系	丁光宏
34		医学图像处理与计算机辅助手术	医学	基础医学院	宋志坚
35		器官移植	医学	附属中山医院	朱同玉
36		肾脏疾病与血液净化	医学	附属中山医院	丁小强
37		周围神经显微外科	医学	附属华山医院	顾玉东
38		出生缺陷	医学	附属儿科医院	黄国英
39		女性生殖内分泌相关疾病	医学	附属妇产科医院	徐丛剑
40		视觉损害与重建	医学	附属眼耳鼻喉科医院	徐格致
41		乳腺肿瘤	医学	附属肿瘤医院	邵志敏
42		老年医学临床	医学	附属华东医院	保志军
43	总后卫生部	全军智能化递药	医学	药学院	陆伟跃

注：医学分子病毒学同时为教育部和卫生部重点实验室。

国家林业局野外台站一览表

序号	研究机构名称	现任负责人	依托院系
1	国家林业局上海崇明东滩湿地生态系统定位观测研究站	赵 斌	生命科学学院

教育部工程研究中心一览表

序号	研究机构名称	现任负责人	依托院系
1	先进涂料教育部工程研究中心	武利民	材料科学系
2	网络信息安全审计与监控教育部工程研究中心	吴 杰	计算机科学技术学院
3	先进仪器制造教育部工程研究中心	孔继烈	化学系
4	先进照明技术教育部工程研究中心	刘木清	信息科学与工程学院
5	心血管介入治疗技术与器械教育部工程研究中心	葛均波	附属中山医院

上海市工程研究中心一览表

序号	研究机构名称	现任负责人	依托院系
1	上海超精密光学制造工程技术研究中心	徐 敏	信息科学与工程学院
2	上海消化内镜诊疗工程技术研究中心	姚礼庆	附属中山医院
3	上海工业菌株工程技术研究中心	吕 红	生命科学学院
4	上海市分子影像探针工程技术研究中心	章英剑	附属肿瘤医院

复旦大学理工科、医科研究所一览表

序号	研究机构名称	依托院系	负责人	成立年份	批准部门
1	上海市心血管病研究所	附属中山医院	陈灏珠	1958	上海市卫生局
2	数学研究所	数学科学学院	傅吉祥	1960	教育部
3	遗传学研究所	生命科学学院	金 力	1961	教育部
4	电光源研究所	信息科学与工程学院	梁荣庆	1978	教育部
5	皮肤病研究所	附属华山医院	廖康煌	1978	卫生部
6	神经病学研究所	附属华山医院	吕传真	1978	卫生部
7	耳鼻喉科研究所	附属眼耳鼻喉科医院	王正敏	1978	卫生部
8	眼科研究所	附属眼耳鼻喉科医院	褚仁远	1978	卫生部
9	核医学研究所	附属中山医院	陈绍亮	1978	卫生部
10	现代物理研究所	现代物理研究所	邹亚明	1978	教育部
11	儿科研究所	附属儿科医院	桂永浩	1979	卫生部
12	妇产科研究所	附属妇产科医院	李大金	1979	卫生部
13	药学研究所	药学院	吴满平	1979	复旦大学
14	基础医学研究所	基础医学院	郭慕依	1979	卫生部
15	预防医学研究所	公共卫生学院	姜庆五	1981	卫生部
16	材料科学研究所	材料科学系	宗祥福	1982	上海市科学技术委员会
17	应用化学研究所	化学系	范康年	1983	上海市科学技术委员会
18	劳动保护用品研究所	公共卫生学院	杨 磊	1984	卫生部
19	中西医结合研究所	附属华山医院	王文健	1984	卫生部
20	计算机科学研究所	信息科学与工程学院	施伯乐	1984	教育部
21	微电子学研究所	微电子学院	汤庭鳌	1984	上海市科学技术委员会
22	抗生素研究所	附属华山医院	张婴元	1985	卫生部
23	肿瘤研究所	附属肿瘤医院	蒋国梁	1985	卫生部
24	生物医学工程研究所	信息科学与工程学院	方祖祥	1986	上海市科学技术委员会

续表

序号	研究机构名称	依托院系	负责人	成立年份	批准部门
25	肝癌研究所	附属中山医院	汤钊猷	1988	卫生部
26	激光化学研究所	化学系	周鸣飞	1991	复旦大学
27	高分子科学研究所	高分子科学系	江 明	1993	复旦大学
28	上海市手外科研究所（复旦大学手外科研究所）	附属华山医院	顾玉东	1993	上海市卫生局
29	上海市中西医结合康复医学研究所	附属中山医院	石凤英	1994	上海市卫生局
30	并行处理研究所	计算机科学技术学院	臧斌宇	1995	复旦大学
31	泌尿外科研究所	附属华山医院	张元芳	1996	复旦大学
32	呼吸病研究所	附属中山医院	何礼贤	1997	复旦大学
33	中法应用数学研究所	数学科学学院	李大潜	1998	科技部
34	金融数学研究所	数学科学学院	雍炯敏	1998	复旦大学
35	血管外科研究所	附属中山医院	王玉琦	1999	复旦大学
36	发育生物学研究所	生命科学学院	许 田	2000	复旦大学
37	上海市听觉医学研究所	附属眼耳鼻喉科医院	王正敏	2000	上海市卫生局
38	神经生物学研究所	神经生物研究所	杨雄里	2000	复旦大学
39	放射医学研究所	放射医学研究所	周志俊	2000	复旦大学
40	力学与工程仿真研究所	力学与工程科学系	张 文	2001	复旦大学
41	生物力学研究所	力学与工程科学系	丁光宏	2001	复旦大学
42	生物多样性科学研究所	生命科学学院	吴纪华	1996	复旦大学
43	上海市影像医学研究所	附属中山医院	周康荣	2001	上海市卫生局
44	器官移植研究所	附属华山医院	郑树森	2002	复旦大学
45	超声医学与工程研究所	附属中山医院	徐智章	2002	复旦大学
46	内分泌与糖尿病研究所	附属华山医院	胡仁明	2003	复旦大学
47	肾脏病研究所	附属华山医院	林善炎	2004	复旦大学
48	病原微生物研究所	基础医学院	闻玉梅	2004	复旦大学
49	飞行器设计研究所	力学与工程科学系	艾剑良	2004	复旦大学
50	免疫生物学研究所	基础医学院	熊思东	2005	复旦大学
51	医院管理研究所	公共卫生学院	高解春	2006	复旦大学
52	上海物流发展研究院	管理学院	徐以汎	2006	复旦大学
53	长江河口湿地生态系统野外站	生命科学学院	赵 斌	2006	复旦大学
54	普通外科研究所	附属中山医院	秦新裕	2008	复旦大学
55	内镜诊疗研究所	附属中山医院	姚礼庆	2008	复旦大学
56	新能源研究院	先进材料实验室	赵东元	2008	复旦大学
57	植物科学研究所	生命科学学院	马 红	2008	复旦大学
58	生物统计学研究所	生命科学学院	罗泽伟	2009	复旦大学
59	消化病研究所	附属华山医院	刘 杰	2010	复旦大学
60	复旦—贝勒基因组科学研究所	生命科学学院	金 力	2011	复旦大学
61	微纳加工器件实验室	物理学系	沈 健	2011	复旦大学
62	胰腺肿瘤研究所	附属肿瘤医院	虞先濬	2012	复旦大学
63	病理学研究所	附属肿瘤医院	杜 祥	2012	复旦大学

续表

序号	研究机构名称	依托院系	负责人	成立年份	批准部门
64	全球健康研究所	公共卫生学院	钱序	2012	复旦大学
65	新农村发展研究院	复旦大学	陈晓漫	2013	科技部
66	健康传播研究所	公共卫生学院	傅华	2013	复旦大学
67	神经外科研究所	附属华山医院	周良辅	2013	复旦大学
68	肿瘤转移研究所	附属华山医院	钦伦秀	2014	复旦大学

复旦大学理工科、医科研究中心一览表

序号	研究机构名称	依托院系	成立年份	批准部门
1	分析测试中心	分析测试中心	1979	上海市科学技术委员会
2	上海应用数学咨询开发中心	数学科学学院	1983	上海市科学技术委员会
3	WHO职业卫生合作中心（上海）	公共卫生学院	1984	世界卫生组织（WHO）
4	热带病学研究中心	公共卫生学院	1986	卫生部
5	上海市心脏瓣膜研究中心	附属中山医院	1987	原上海市高等教育局
6	肾脏与高血压研究中心	基础医学院	1988	复旦大学
7	国家微电子材料与元器件微分析中心	材料科学系	1991	原国家计划经济委员会
8	临床疼痛研究中心	基础医学院	1992	复旦大学
9	医学技术评估中心	公共卫生学院	1993	卫生部
10	遗传及医学科学研究中心	生命科学学院	1994	复旦大学
11	非线性科学中心	数学研究所	1994	复旦大学
12	网络与信息工程中心	计算机科学技术学院	1994	复旦大学
13	生物技术中心	生命科学学院	1994	复旦大学
14	营养食品研究中心	公共卫生学院	1995	卫生部
15	糖尿病防治研究中心	附属华山医院	1995	复旦大学
16	上海应用物理研究中心	信息科学与工程学院	1995	上海市科学技术委员会
17	上硫复旦有机催化工程研究中心	化学系	1996	复旦大学
18	环境科学研究中心	环境科学与工程系	1996	复旦大学
19	上海东方计算机网络认证中心	计算机科学技术学院	1996	原国家计划经济委员会
20	上海（国际）数据库研究中心	计算机科学技术学院	1996	上海市科学技术委员会
21	基因研究中心	基础医学院	1996	复旦大学
22	食品毒理与保健食品功能控制中心	公共卫生学院	1997	卫生部
23	复旦永宁药物化学研究中心	化学系	1997	复旦大学
24	脑科学研究中心	生命科学学院	1997	复旦大学
25	国家高性能计算中心（上海）	信息科学与工程学院	1998	科技部
26	纳米技术发展中心	材料科学系	2000	复旦大学
27	电子商务研究中心	管理学院	2000	复旦大学
28	国家抗感染药物临床试验研究中心	附属华山医院	2000	科技部
29	上海焦化复旦催化研究中心	化学系	2000	复旦大学
30	基因多样性与设计农业研究中心	生命科学学院	2000	复旦大学
31	天然药物研究中心	生命科学学院	2000	复旦大学

续表

序号	研究机构名称	依托院系	成立年份	批准部门
32	同步辐射研究中心	物理学系	2000	复旦大学
33	数字技术中心	计算机科学技术学院	2000	复旦大学
34	微电子联合集成电路工程中心	信息科学与工程学院	2000	复旦大学
35	数字医学研究中心	基础医学院	2000	复旦大学
36	国家心脑血管新药临床实验研究中心	附属中山医院	2000	科技部
37	上海市临床营养研究中心	附属中山医院	2000	上海市科学技术委员会
38	科恒发光材料研究中心	化学系	2001	复旦大学
39	天臣创新技术研发中心	化学系	2001	复旦大学
40	城市生态规划与设计研究中心	环境科学与工程系	2001	复旦大学
41	复旦大学—上海复康靶向药物研究中心	药学院	2001	复旦大学
42	内窥镜诊疗研究中心	附属中山医院	2001	复旦大学
43	器官移植中心	附属中山医院	2001	复旦大学
44	卫生发展战略研究中心	公共卫生学院	2002	复旦大学
45	药物经济学研究与评估中心	公共卫生学院	2002	复旦大学
46	复旦—华谊创新材料研发中心	化学系	2002	复旦大学
47	理论生命科学研究中心	物理学系	2002	复旦大学
48	干细胞和组织工程研究中心	基础医学院	2002	复旦大学
49	光纤研究中心	材料科学系	2003	复旦大学
40	复旦豹王电化学能源研究中心	化学系	2003	复旦大学
51	复旦—圣比和新电源技术研发中心	化学系	2003	复旦大学
52	专用材料与技术中心		2003	复旦大学
53	药理研究中心	基础医学院	2003	复旦大学
54	复旦—Novellus互连研究中心	微电子研究院	2003	复旦大学
55	复旦大学—IBM工程技术联合研究中心	信息科学与工程学院	2003	复旦大学
56	循症医学中心	附属中山医院	2003	复旦大学
57	病毒性肝炎研究中心	基础医学院	2004	复旦大学
58	儿童肝病中心	附属儿科医院	2005	复旦大学
59	脑血管病诊治中心	附属华山医院	2005	复旦大学
60	上照—复旦光源与照明研究中心	光源与照明工程系	2005	复旦大学
61	半导体照明研究中心	材料科学系	2005	复旦大学
62	神经康复中心	附属华山医院	2005	复旦大学
63	风湿、免疫、过敏性疾病研究中心	附属华山医院	2005	复旦大学
64	复旦—来德照明工程技术研究中心	光源与照明工程系	2005	复旦大学
65	大肠癌诊治中心	附属肿瘤医院	2005	复旦大学
66	量子调控中心	物理学系	2005	复旦大学
67	进化生物学研究中心	生命科学学院	2006	复旦大学
68	神经肿瘤中心	附属华山医院	2006	复旦大学
69	产瘫诊治中心	附属华山医院	2006	复旦大学
70	复旦大学—英特尔联合创新中心	软件学院	2006	复旦大学

续 表

序 号	研究机构名称	依托院系	成立年份	批准部门
71	复旦大学—江苏柏鹤联合涂料技术中心	材料科学系	2006	复旦大学
72	睡眠障碍诊治中心	附属华山医院	2006	复旦大学
73	复旦—大恒—金马特种电源研发中心	化学系	2006	复旦大学
74	复旦大学—桐乡动力电池研发中心	化学系	2007	复旦大学
75	复旦—新华扬酶制剂研究中心	生命科学学院	2007	复旦大学
76	复旦—久岳合作研究中心	化学系	2007	复旦大学
77	复旦—依拉斯姆斯研究中心	附属中山医院	2007	复旦大学
78	复旦—九洲光纤技术研发中心	材料科学系	2007	复旦大学
79	鼻咽癌诊治中心	附属肿瘤医院	2007	复旦大学
80	高速移动计算平台研究中心	软件学院	2007	复旦大学
81	复旦—天楹生物环保新能源联合研发中心	生命科学学院	2007	复旦大学
82	复旦大学血液病中心	附属第五人民医院	2007	复旦大学
83	复旦—杭房数字房产联合研究中心	信息科学与工程学院	2007	复旦大学
84	复旦—理朗照明电气研究中心	光源与照明系	2007	复旦大学
85	分子影像研究中心	基础医学院	2008	复旦大学
86	出生缺陷研究中心	生物医学研究院	2008	复旦大学
87	半导体存储技术及应用研究中心	微电子学院	2008	复旦大学
88	复旦—派力迪污染控制工程研究中心	环境科学与工程系	2008	复旦大学
89	复旦—剑腾平板显示器材料研究中心	先进材料实验室	2008	复旦大学
90	网格技术研究中心	计算机科学技术学院	2008	复旦大学
91	疝病中心	附属华山医院	2008	复旦大学
92	计算科学与工程研究中心	数理平台	2009	复旦大学
93	计算系统生物学中心	数理平台	2009	复旦大学
94	兴燃—复旦硅薄膜太阳能电池研究中心	先进材料实验室	2009	复旦大学
95	复旦—福莱姆高性能涂料研发中心	高分子系	2009	复旦大学
96	张江—复旦新药研发联合公共服务平台	药学院	2009	复旦大学
97	儿童发育与疾病转化医学研究中心	附属儿科医院	2009	复旦大学
98	复旦—文安德遗传流行病学研究中心	生命科学学院	2009	复旦大学
99	复旦—安捷利全印刷电子研发中心	材料科学系	2010	复旦大学
100	复旦—文创太阳能光伏应用技术研究中心	信息科学与工程学院	2010	复旦大学
101	流域污染控制研究中心	环境科学与工程系	2010	复旦大学
102	场论及粒子理论中心	物理学系	2010	复旦大学
103	复旦—盐城环保与信息化研发中心	计算机科学技术学院、环境科学与工程系	2010	复旦大学
104	生物治疗研究中心	基础医学院	2010	复旦大学
105	前列腺肿瘤诊治研究中心	附属肿瘤医院	2011	复旦大学
106	甲状腺肿瘤诊治研究中心	附属肿瘤医院	2011	复旦大学
107	复旦—中能柔性光电薄膜联合研究中心	材料科学系	2012	复旦大学
108	复旦—弥亚能源信息技术联合研发中心	计算机科学技术学院	2012	复旦大学

续 表

序号	研究机构名称	依托院系	成立年份	批准部门
109	复旦抗癌医学联合研究中心	生物医学研究院	2012	复旦大学
110	复旦—盐城新能源与新光源联合研究中心	信息科学与工程学院	2012	复旦大学
111	复旦大学—南京军区南京总医院计算转化医学中心	数学科学学院	2012	复旦大学
112	复旦大学—中电熊猫平板显示技术联合中心	先进材料实验室	2012	复旦大学
113	复旦大学—陶氏化学联合材料研究中心	先进材料实验室	2012	复旦大学
114	复旦大学—阿尔伯塔大学持续性感染研究中心	基础医学院	2012	复旦大学
115	生物医学影像研究中心	附属肿瘤医院	2013	复旦大学
116	社会计算研究中心	计算机科学技术学院	2013	复旦大学
117	地球科学前沿研究中心	生命科学学院	2014	复旦大学
118	网络空间安全研究中心	计算机科学技术学院	2014	复旦大学
119	老年医学中心	上海医学院	2014	复旦大学
120	临床生物信息学研究中心	附属中山医院	2014	复旦大学

注：专用材料与技术中心2012年不再依托科技处建设，并于2012年下半年更名。

复旦大学联合实验室一览表

序 号	研究机构名称	依托院系	成立时间	批准部门
1	李政道物理学综合实验室	物理学系	1994	复旦大学
2	金融工程实验室	管理学院	1996	复旦大学
3	上海东方计算机网络测试实验室	信息科学与工程学院	1996	原国家计划经济委员会
4	复旦—家化皮肤生理毒理联合实验室	公共卫生学院	1998	复旦大学
5	复旦—通能太平精算实验室	数学系	1999	复旦大学
6	精细化学三爱思研发基地	化学系	2003	复旦大学
7	复旦—得易—IBM协同商务联合实验室	信息科学与工程学院	2003	复旦大学
8	生物安全三级防护实验室	基础医学院	2003	复旦大学
9	上海EBIT实验室	现代物理所	2004	复旦大学
10	复旦—光朗信联合实验室	材料系	2005	复旦大学
11	上照—复旦光源与照明研究中心	电光源系	2005	复旦大学
12	中意联合研究实验室	物理学系	2005	复旦大学
13	复旦—日立创新软件技术联合实验室	信息科学与工程学院	2005	复旦大学
14	复旦大学分析测试中心—美国瓦里安技术中国有限公司合作应用实验室	分析测试中心	2006	复旦大学
15	复旦—华夏信息技术联合实验室	计算机科学技术学院	2006	复旦大学
16	复旦—天普联合实验室	生命科学学院	2006	复旦大学
17	复旦—华药药物合成化学联合实验室	化学系	2007	复旦大学
18	复旦—浙江天宇药业联合开发实验室	化学系	2007	复旦大学
19	新型分子筛吸附材料联合实验室	化学系	2007	复旦大学

续 表

序号	研究机构名称	依托院系	成立时间	批准部门
20	复旦—恒德柔性显示技术联合实验室	材料科学系	2008	复旦大学
21	复旦大学—西藏民族学院高原医学与基因地理学联合研究基地	生命科学学院	2010	复旦大学
22	复旦—上海电气储能与关键材料联合实验室	先进材料实验室	2012	复旦大学
23	复旦大学—中科院上海微系统所量子材料联合实验室	物理学系	2013	复旦大学
24	复旦—真龙材料化学联合实验室	先进材料实验室	2014	复旦大学
25	复旦—益邦智慧城市联合研究中心	信息科学与工程学院	2014	复旦大学
26	复旦—张江临床基因组学联合中心	生命科学学院	2014	复旦大学
27	复旦—万达信息大数据研究中心	计算机科学技术学院	2014	复旦大学
28	复旦—科恒能源材料化学与工程联合实验室	先进材料实验室	2014	复旦大学
29	复旦—Axrtek可见光通信联合研究中心	信息科学与工程学院	2014	复旦大学

2014年新增重要理工科、医科科研项目一览表

一、973和国家重大科学研究计划项目(6项)

序号	项目名称	首席科学家	所在领域
1	精神活性物质成瘾记忆的形成和消除	马兰	健康科学
2	受限磁结构中的自旋相关输运及其动力学	吴义政	量子调控研究
3	代谢应激和肿瘤发生发展中蛋白质修饰动态调控及生理病理效应	雷群英	蛋白质研究
4	长非编码RNA在精子发生中的功能及机制	文波	发育与生殖研究
5	母—胎交互对话异常致妊娠相关重大疾病的分子机制	李大金	发育与生殖研究
6	移动应用恶意行为检测控制的基础理论与关键技术	杨珉	信息科学(青年专题)

二、"973计划"及重大科学研究计划课题(13项)

序号	课题名称	课题负责人	所在领域
1	移动应用恶意行为检测控制的基础理论与关键技术	杨珉	信息科学
2	大气细颗粒物对呼吸道微环境理化特性和微生物定植影响机理与干预研究	宋元林	健康科学
3	成瘾记忆相关神经元的识别和功能	马兰	健康科学
4	成瘾记忆的神经网络和可塑性	郑平	健康科学
5	非结构数据分析模型和算法的大规模实现	高卫国	重大科学前沿
6	睡眠启动和维持的分子机制	黄志力	重大科学前沿
7	母—胎免疫调节紊乱致妊娠相关疾病的分子基础	王继扬	发育与生殖研究
8	胎盘血管重塑障碍引发妊娠相关疾病的分子机制	李大金	发育与生殖研究
9	纳米—介观体系高催化活性电极的制备和过程机理研究	蔡文斌	纳米研究
10	高轨道角动量电子复杂体系中磁相互作用的研究	赵俊	量子调控研究
11	精子发生中LncRNA及互作复合体的功能及调控机制	文波	发育与生殖研究
12	受限磁结构中磁性的量子调控	吴义政	量子调控研究
13	定量研究代谢应激过程中蛋白质修饰的动态变化	雷群英	蛋白质研究

三、"863 计划"课题(10 项)

序 号	课 题 名 称	课题负责人	所在领域
1	中枢损伤后瘫痪肢体功能重建和意识障碍唤醒新技术的研发和临床应用	徐文东	生物和医药技术
2	活体脑多光子显微结构与功能成像关键技术研究	俞洪波	生物和医药技术
3	光遗传学与相关技术的发展与应用	张嘉漪	生物和医药技术
4	多模态脑语言、运动功能图谱构建及其在脑胶质瘤手术中的应用	冯建峰	生物和医药技术
5	组学大数据的质量控制与临床应用标准化研究	石乐明	生物和医药技术
6	循环肿瘤细胞捕获、精确操控和数字化PCR技术在肝癌转移复发中的应用研究	樊 嘉	生物和医药技术
7	蛋白质赖氨酸同型半胱氨酸化修饰的底物鉴定及干预方法	赵健元	生物和医药技术
8	快速制备高质量蛋白质晶体的新技术及其应用	陈国颂	生物和医药技术
9	可长效阻断重要病原体性传播的新型"微生物药物"的技术研发	陆 路	生物和医药技术
10	新型人体植入软组织修复材料的研发	陈世益	新材料技术领域

四、国家科技支撑计划课题(4 项)

序 号	课 题 名 称	课题负责人	所在领域
1	基于增强现实技术的人体结构及手术导航互动展示系统研制	王满宁	公共安全及其他社会事业
2	多模态脑功能区定位技术研究	吴劲松	人口与健康
3	水产全产业链信息溯源与监管体系	郑立荣	农业
4	秸秆热化学定向转化制备高附加值化学品关键技术研究与示范	张士成	农业

五、科技基础性工作专项(1 项)

序 号	课 题 名 称	课题负责人	所在院系
1	中国各民族体质人类学表型特征调查	金 力	生命科学学院

六、国家磁约束核聚变能发展研究专项(1 项)

序 号	课 题 名 称	课题负责人	所在院系
1	面向核聚变的原子分子数据库的数据验证及修正	邹亚明	现代物理所

七、国家科技重大专项立项课题(3 项)

序 号	专项类别	课 题 名 称	课题负责人	所在院系
1	新药创制	甘草利酮化合物抗艾滋病病毒潜伏的临床前研究	朱焕章	生命科学学院
2	新药创制	共刺激信号抑制因子 sCD152 作为免疫抑制药的临床前研究	朱乃硕	生命科学学院
3	新药创制	重组人源抗 PD-1 及 c-Met 双特异性抗体的研制	于 敏	基础医学院

八、国家自然科学基金委员会和上海市科学技术委员会重大重点项目

国家自然科学基金委员会重点项目

序 号	姓 名	所属院系
1	金晓峰	物理学系
2	龚新高	物理学系
3	唐 颐	化学系

续表

序 号	姓 名	所属院系
4	王红艳	生命科学学院
5	刘天西	高分子科学系
6	马 兰	基础医学院
7	雷群英	基础医学院
8	王 宾	基础医学院
9	丁小强	附属中山医院
10	邹云增	附属中山医院
11	孙兴怀	附属眼耳鼻喉科医院
12	徐建青	附属公共卫生临床中心

国家自然科学基金委员会重大研究计划集成项目、培育项目

序 号	姓 名	所属院系
1	徐彦辉	附属肿瘤医院
2	蓝 斐	生物医学研究院
3	李世燕	先进材料实验室
4	赵 俊	物理学系
5	吴施伟	物理学系
6	黄 强	生命科学学院
7	胡 薇	生命科学学院
8	何 苗	脑科学研究院
9	徐弘一	力学与工程科学系
10	唐惠儒	生命科学学院
11	杨向东	附属中山医院

上海市科学技术委员会基础研究重点项目

序 号	姓 名	所属院系
1	孙大林	材料科学系
2	吴 伟	药学院
3	丁建东	高分子科学系
4	郑耿锋	先进材料实验室
5	邢清和	生物医学研究院
6	梅永丰	材料科学系
7	周水庚	计算机科学技术学院
8	唐幸福	环境科学与工程系
9	沈 健	物理学系
10	卢红斌	高分子科学系
11	赵东元	先进材料实验室
12	刘建祥	生命科学学院
13	黄志力	基础医学院

续 表

序 号	姓 名	所属院系
14	郑煜芳	生命科学学院
15	朱依谆	药学院
16	葛均波	附属中山医院
17	姜 红	附属中山医院
18	张 杰	附属肿瘤医院
19	余优成	附属中山医院

2014年度新增理工科、医科人才项目一览表

所属部委	序号	人才团队类型	姓 名	所属院系
		创 新 群 体		
	1	创新研究群体	封东来	物理学系
		杰 出 青 年 科 学 基 金		
	1	国家杰出青年科学基金	蒋 晨	药学院
	2	国家杰出青年科学基金	李 翔	信息学院
	3	国家杰出青年科学基金	张远波	物理学系
	4	国家杰出青年科学基金	杨振纲	脑科学研究院
	5	国家杰出青年科学基金	邓春晖	化学系
	6	国家杰出青年科学基金	吴宇平	化学系
	7	国家杰出青年科学基金	徐彦辉	附属肿瘤医院
		优 秀 青 年 科 学 基 金		
国家自然科学基金委员会	1	国家优秀青年基金	谢启鸿	数学科学学院
	2	国家优秀青年基金	李世燕	先进材料实验室
	3	国家优秀青年基金	侯军利	化学系
	4	国家优秀青年基金	宋卫华	环境科学与工程系
	5	国家优秀青年基金	温文玉	生物医学研究院
	6	国家优秀青年基金	鲁伯埙	生命科学学院
	7	国家优秀青年基金	张嘉漪	脑科学研究院
	8	国家优秀青年基金	郑丙莲	生命科学学院
	9	国家优秀青年基金	邓勇辉	化学系
	10	国家优秀青年基金	胡新华	材料科学系
	11	国家优秀青年基金	金立印	管理学院
	12	国家优秀青年基金	卢向华	管理学院
	13	国家优秀青年基金	孙艺华	附属肿瘤医院
		创 新 人 才 推 进 计 划		
	1	创新人才推进计划	王鹏飞	微电子学院
科技部	2	创新人才推进计划	严 军	数学科学学院
	3	创新人才推进计划	邱 枫	高分子科学系
	4	创新人才推进计划	陆豪杰	化学系
	5	创新人才推进计划	雷群英	基础医学院

所属部委	序号	人才团队类型	姓名	所属院系
	优秀学术带头人计划			
	1	优秀学术带头人	陈张海	物理学系
	2	优秀学术带头人	孙逊	药学院
	3	优秀学术带头人	汤善健	数学科学学院
	4	优秀学术带头人	徐彦辉	生物医学研究院
	5	优秀学术带头人	杨新	环境科学与工程系
	6	优秀学术带头人	杨振纲	脑科学研究院
	7	优秀学术带头人	印春华	生命科学学院
	8	优秀学术带头人	张卫	微电子学院
	9	优秀学术带头人	王春生	附属中山医院
	10	优秀学术带头人	夏景林	附属中山医院
	11	优秀学术带头人	郭小毛	附属肿瘤医院
	浦江人才计划			
	1	浦江人才	张静	数学科学学院
	2	浦江人才	石磊	物理学系
	3	浦江人才	孙树林	信息学院
	4	浦江人才	徐跃东	信息学院
	5	浦江人才	祖迎庆	力学与工程科学系
	6	浦江人才	黄雪清	生命科学学院
上海市科学技术委员会	7	浦江人才	李琳	生命科学学院
	8	浦江人才	陆平利	生命科学学院
	9	浦江人才	王敬强	生命科学学院
	10	浦江人才	陈瑜	护理学院
	11	浦江人才	甘肖箐	基础医学院
	12	浦江人才	茅以诚	药学院
	13	浦江人才	林伊凤	附属儿科医院
	14	浦江人才	张成锋	附属华山医院
	15	浦江人才	黄胜林	附属肿瘤医院
	16	浦江人才	谢立穆	附属肿瘤医院
	17	浦江人才（D类）	秦振云	数学科学学院
	18	浦江人才（D类）	韩英锋	化学系
	19	浦江人才（D类）	孙晓宁	附属中山医院
	20	浦江人才（D类）	李玲	附属肿瘤医院
	21	浦江人才（D类）	卢仁泉	附属肿瘤医院
	青年科技启明星计划			
	1	青年科技启明星	陆帅	数学科学学院
	2	青年科技启明星	张童	物理学系
	3	青年科技启明星	闫致强	生命科学学院
	4	青年科技启明星	郭浩	化学系
	5	青年科技启明星	孙清清	微电子学院

所属部委	序号	人才团队类型	姓名	所属院系
	6	青年科技启明星	李建华	基础医学院
	7	青年科技启明星	叶丹	生物医学研究院
	8	青年科技启明星	罗国培	附属肿瘤医院
	扬 帆 计 划			
	1	扬帆计划	杨伟	数学科学学院
	2	扬帆计划	曹博超	力学与工程科学系
	3	扬帆计划	郭翌	信息学院
上海市科学技术委员会	4	扬帆计划	罗刚	环境科学与工程系
	5	扬帆计划	王旭	基础医学院
	6	扬帆计划	何苗	脑科学研究院
	7	扬帆计划	谢涛	附属中山医院
	8	扬帆计划	蒋苏	附属华山医院
	9	扬帆计划	张倩	附属华山医院
	10	扬帆计划	徐华祥	附属肿瘤医院
	11	扬帆计划	李班	附属肿瘤医院
	12	扬帆计划	李慧萍	附属儿科医院
	13	扬帆计划	高爱梅	上海市第五人民医院
	曙 光 计 划			
	1	曙光计划	陈国颂	高分子科学系
	2	曙光计划	邓勇辉	化学系
上海市教育委员会	3	曙光计划	田卫东	生命科学学院
	4	曙光计划	王昕	信息学院
	5	曙光计划	何睿	基础医学院
	6	曙光计划	史颖弘	附属中山医院
	晨 光 计 划			
	1	晨光计划	曹博超	力学与工程科学系
	2	晨光计划	郑唯韡	公共卫生学院
	3	晨光计划	洪佳旭	附属眼耳鼻喉科医院
	4	晨光计划	易勇	附属中山医院

2014年度复旦大学科技成果一览表

2014年度国家科学技术奖

序号	奖种	等级	项目名称	完成人	主要完成单位
1	科技进步	二等	专家解答 腰椎间盘突出症	董健,李熙雷,周晓岗,殷潇凡,车武,姜允琦,王会仁,林红,陈农,周健	附属中山医院
2	科技进步	二等	脑组织修复重建和细胞示踪技术及转化应用	朱剑虹,周良辅,毛颖,吴惺,潘力,赵曜,胡锦,吴雪海,汤海亮,朱侗明	附属华山医院

2014年度高等学校科学研究优秀成果奖

序号	奖种	等级	名称	完成人	完成单位
1	自然科学奖	一等	随机控制与非线性滤波的数学理论	汤善健	数学科学学院
2	自然科学奖	一等	多元半导体光伏材料中关键物理问题的理论研究	龚新高,陈时友,向红军,李拥华	物理学系
3	自然科学奖	一等	上转换发光材料用于生物成像研究	李富友,易涛,黄春辉,冯玮	化学系
4	自然科学奖	一等	中国人群重大出生缺陷的遗传分析	王红艳,乔彬,赵健元,金力,杨雪艳,张霆,黄国英,陈晔光,李红	生命科学学院
5	自然科学奖	一等	乙型肝炎病毒与I型干扰素系统相互作用的新机制	袁正宏,李建华,陈捷亮,谢幼华,张欣欣,张小楠,邹敏,施碧胜,于德敏	基础医学院
6	科技进步奖	一等	影像学对脑胶质瘤诊断和治疗的指导与创新应用	冯晓源,吴劲松,姚振威,张家文,邱龙华,陆娜	附属华山医院
7	自然科学奖	二等	纵向数据的统计分析研究	朱仲义,秦国友,柏杨,樊亚莉	管理学院
8	自然科学奖	二等	复杂系统中场效应诱导的涌现现象及其物理机制	黄吉平,韩一龙,徐磊,谭鹏	物理学系
9	自然科学奖	二等	蛋白质组高效富集、酶解和质谱分析新技术和新方法	杨芃原,陆豪杰,刘宝红	化学系
10	自然科学奖	二等	高容量储氢材料	余学斌,吴铸	材料科学系
11	自然科学奖	二等	功能介孔无机非金属材料的设计合成与应用	邓勇辉,赵东元,罗维	化学系
12	自然科学奖	二等	磁性复合微球的构筑及结构性能调控	汪长春,杨武利,郭佳,胡建华,府寿宽	高分子科学系
13	自然科学奖	二等	乙酰化调控肿瘤代谢	雷群英,吕841,林瑞婷,赵地,周鑫,徐艳萍,高雪,刘颖,邹绍武,任涛,江颖,查正宇	生物医学研究院
14	科技进步奖	二等	脑出血后继发性脑损伤新机制与微创治疗新策略的转化医学研究	周厚广,宫晔,张玉,伍国锋,唐洲平,唐宇平,谢清,管竹飞	附属华山医院
15	科技进步奖	二等	胃癌发生发展的分子机制研究与临床治疗新策略的建立和应用	李进,师英强,郭伟剑,朱晓东,邱立新,刘欣,郑必强,张哲,张晓伟,彭伟,贺静,王梦筠,王碧芸,吕方芳,季冬梅	附属肿瘤医院
16	科技进步奖	二等	先天性心脏病产前诊断及早期干预策略的建立和推广	桂永浩,严英榴,贾兵,任芸芸,李笑天,宋后燕,储晨,孙淑娜,张立凤	附属儿科医院
17	科技进步奖	二等	主动脉夹层腔内治疗的拓展与优化	符伟国,董智慧,郭大乔,徐欣,陈斌,蒋俊豪,杨珏,史振宇,竺挺,石赟,王利新,唐骁,李炜淼,王玉琦,王春生	附属中山医院
18	科技进步奖	二等	角膜病关键诊疗技术的临床研究	徐建江,洪佳旭,龚岚,乐琦骅,王艳,张朝然,崔心瀚,李一敏,赵玉瑾	附属眼耳鼻喉科医院

2014年度上海市科学技术奖

序号	奖种	等级	项目名称	第一完成人	完成单位
1	青年杰出贡献奖			徐文东	附属华山医院
2	自然科学奖	1	平衡度量及在超对称中的应用	傅吉祥	数学科学学院
3	自然科学奖	1	聚合物—无机杂化胶体复合微球的制备及其组装与性能	武利民	材料科学系
4	科技进步	1	心肌重构的调控机制及其临床应用	邹云增	附属中山医院
5	技术发明	2	集成电路铜互连关键材料及集成技术应用	张 卫	微电子学院
6	自然科学	2	布尔函数、序列、网络编码的基础研究	阚海斌	计算机科学技术学院
7	科技进步	2	慢性肝病中肝纤维化无创伤性诊断新方法的创建及其靶向治疗	王吉耀	附属中山医院
8	科技进步	2	糖尿病科普教育电视连续剧"抗糖路上爱相伴"的制作及推广应用	胡仁明	附属华山医院
9	科技进步	2	复杂主动脉夹层腔内治疗方案的优化	符伟国	附属中山医院
10	技术发明	3	复杂计算的高效安全可编程结构与可重构系统	王伶俐	微电子学院
11	科技进步	3	红外上转换编码技术开发及其在国家证件防伪产业化应用	张 凡	化学系
12	科技进步	3	面向国家智能电网建设的智能电表核心电路	施 雷	微电子学院
13	科技进步	3	高品质大功率LED路灯关键技术的研发与产业化	葛爱明	信息学院
14	自然科学	3	图像超分辨率与远距离视频监控研究	张军平	计算机科学技术学院
15	自然科学	3	蛋白质组高效分析新技术新方法	杨芃原	化学系
16	科技进步	3	儿童慢性肾脏病早期筛查和干预策略的建立和推广	徐 虹	附属儿科医院
17	科技进步	3	结构性心脏病介入治疗新技术的临床应用	周达新	附属中山医院
18	科技进步	3	新神经心理测验的编制及其临床拓展应用	洪 震	附属华山医院
19	科技进步	3	脑出血后继发性脑损伤新机制与微创治疗新策略的转化医学研究	周厚广	附属华山医院
20	科技进步	3	饮用水藻类毒素污染特征及有害效应研究	屈卫东	公共卫生学院
21	国际合作			麦吉乐	环境科学与工程系
22	国际合作			陈红宇	化学系

2014年度中华医学奖

序号	等级	项目名称	第一完成人	主要完成单位
1	二等	复杂主动脉夹层腔内治疗方案的优化	符伟国	附属中山医院
2	二等	新生儿脑病诊治技术创新与临床应用	周文浩	附属儿科医院
3	二等	母—胎免疫调节机制及其临床应用研究	杜美蓉	附属妇产科医院
4	三等	心肌重构的发生发展和早期防治的研究与临床应用	邹云增	附属中山医院
5	三等	子宫内膜异位症中NF-KB/PR-B失平衡机制的研究及其临床转化应用	刘惜时	附属妇产科医院
6	卫生政策奖		胡善联	公共卫生学院

五、科学研究与产业

何梁何利奖

序 号	等 级	姓 名	单 位
1	科技进步奖	陈恕行	数学科学学院

上海市自然科学牡丹奖

序 号	姓 名	单 位
1	雷震	数学科学学院
2	曾璇	微电子学院

中国石油和化学工业联合会科学技术奖

序 号	奖 种	等 级	项 目 名 称	第一完成人	完成单位
1	技术发明奖	一等	喜树碱类原料药的不对称化学全合成生产关键技术与产业化	陈芬儿	化学系

2014年上海医学科技奖

序 号	等 级	项 目 名 称	第一完成人	主要完成单位
1	一等	复杂主动脉夹层腔内治疗方案的优化	符伟国	附属中山医院
2	二等	子宫内膜异位症中NF-KB/PR-B失平衡机制的研究及其临床转化应用	刘惜时	附属妇产科医院
3	二等	母—胎免疫调节机制及其临床应用研究	杜美蓉	附属妇产科医院
4	二等	拇外翻三维畸形及生物力学及其在临床个性化治疗中应用	马昕	附属华山医院
5	二等	角膜病诊疗新技术的创新与规范化研究	徐建江	附属眼耳鼻喉科医院
6	二等	胰腺肿瘤的综合影像学研究	曾蒙苏	附属中山医院
7	三等	干细胞移植治疗心肌梗死的优化新策略	谭玉珍	基础医学院
8	三等	泌尿系疾病科普系列图书	何家扬	附属第五人民医院
9	三等	胸腹腔镜食管癌根治术的技术优化和推广	谭黎杰	附属中山医院
10	三等	肝纤维化的无创诊断和靶向治疗	王吉耀	附属中山医院
11	成果推广奖	影响技术在乳腺疾病诊疗中的应用和推广	顾雅佳	附属肿瘤医院

第七届上海市科技英才

序 号	等 级	姓 名	单 位
1	科技英才	邓勇辉	化学系
2	科技英才	徐彦辉	生物医学研究院
3	科技英才	王满宁	基础医学院
4	科技英才	阚海东	公共卫生学院

上海市药学科技奖

序 号	等 级	项 目 名 称	第一完成人	单 位
1	二等	脑硫脂肿瘤转移新靶标和针对靶标分子的化合物维甲酰脯胺的鉴定	吴兴中	基础医学院
2	三等	抗菌药物体外PK-PD模型研究平台的构建及其应用	张菁	附属华山医院

华夏医疗保健国际交流促进科技奖

序号	等级	奖种	完成人	单位
1	二等	补肾益气方药防治哮喘的现代应用	董竞成、刘宝君、吴金峰、曹玉雪、张红英、许得盛、乐晶晶、杜懿杰、孙婧、罗清莉	附属华山医院

明治生命科学奖

序号	奖种	姓名	单位
1	优秀奖	代智	附属中山医院
2	科学奖	杨振纲	脑科学研究院
3	科学奖	余科达	附属肿瘤医院
4	科学奖	李鹤成	附属肿瘤医院
5	科学奖	康玉	附属妇产科医院
6	科学奖	黄浙勇	附属中山医院
7	科学奖	靳建平	附属华山医院

第十六届中国国际工业博览会大会奖

序号	等级	项目名称	主要完成人	主要完成单位
1	特等	十千瓦级大功率紫外LED光固化系统	张善端	信息学院

第十六届中国国际高新技术成果交易会优秀组织奖：复旦大学
第十六届中国国际工业博览会优秀组织奖：复旦大学

（科技处、医学规划与科研办公室供稿）

文科科研

【概况】 2014年，学校文科科研研究与发展经费11 653.5万元，比2013年增长3 600余万元；获得国家社科基金项目44项，其中重大项目5项、重点项目9项；教育部人文社会科学规划项目66项，上海市哲学社会科学规划项目33项；出版著作318部，发表论文2 274篇，获得省部级以上科研成果奖励100余项。在上海市第十二届哲学社会科学研究优秀成果奖、第十届邓小平理论研究和宣传优秀成果奖评奖中，共获奖97项，其中一等奖26项、二等奖68项，内部探讨奖1项，陆谷孙、伍柏麟获得学术贡献奖。

加强文科科研机构组织管理。新成立机构管理办公室，整合相关研究力量成立古籍保护研究院等跨学科交叉研究平台，新成立城市发展研究院等15个校级研究中心。推进2011协同创新中心建设，做好健康风险预警治理协同创新中心培育建设工作，规划新增网络传播研究协同创新中心、中美新型大国关系协同创新中心，落实推进学校参与清华大学、武汉大学、厦门大学等高校牵头的协同创新中心各项工作。进一步扩大和相关部委合作，新批准成立国家人权教育与培训基地。加强基地管理，围绕教育部新一轮"高校人文社会科学重点研究基地建设计划"，进一步落实学校重点研究基地的各项工作。继续落实上海市创新研究基地（工作室）资金配套等方面工作，配合做好基地日常管理、监督和考核工作。

加强课题申报和科研项目管理。继续做好课题申报组织工作，先后组织31个归口单位、65批次申报，共受理申报国家社科基金等各类项目1 200余项，获得省部级以上立项230余项，承接为社会服务的横向课题171项，其中教育部人文社科项目评审排名全国第二。文科教师在国家自然科学基金项目的申报中取得良好成绩，立项31项，并在国内首次实现文科申报国家自然科学基金重大项目零的突破。加强项目结项管理，共受理各类项目结项136项，其中3项国家社科基金结项成果鉴定优秀，3项上海市哲学社科规划课题结项成果鉴定优秀。做好经费、合同、审计等科研管理服务工作，组织文科院系和教师完成教育部科研经费专项检查工作任务。完善信息系统建设，国家社科、教育部、上海市社科等所有在研项目实现入库管理。

对接国家、地方重大战略需求加强决策咨询研究。继续加强发展研究院大平台建设，发展研究院形成包含10个研究中心，上海论坛、中国高校智库论坛等2个常设大型论坛秘书处，以及上海市高校智库研究和管理中心、金融家俱乐部组成的高校文科学术咨政复合体。组织承接各类决策咨询课题，组织申报国家发改委等各类决策咨询项目35项,组织申报"上海市新一轮城市总体规划战略议题"专项研究课题5项,获上海市府发展研究中心专题研究课题25项。充分利用各类社会资源,与政府部门、大型国企、校友企业建立广泛联系。相继承担中联部、教育部、商务部、财政部、中国人民银行、上海市委宣传部、上海市金融办等合作项目,提供高质量决策咨询服务。在上海社会科学院发布的2014年中国智库排行榜上,学校智库综合影响力列全国第四位。

加强成果申报和推介工作,成果影响继续保持全国前列。共获2项国家哲学社会科学文库成果资助,1项国家社科外译项目成果资助,1项上海市外译项目成果资助。陆谷孙、王安忆获上海文学艺术奖杰出贡献奖;裘锡圭主编的《长沙马王堆汉墓简帛集成》由中华书局出版;葛兆光著《想象异域》获得东亚出版人协会2014年度著作奖,《中国再考——その釘域·民族·文化》一书获第26届"亚洲·太平洋奖"最高奖,著作《中国思想史》第一卷英文本入选美国Choice杂志2014年"杰出学术读物";唐世平著《国际政治的社会演化》获得国际研究学会最佳著作奖;哲学学院陈学明获全国第十三届精神文明建设"五个一工程"奖;经济学院陈诗一获第五届张培刚发展经济学优秀成果奖等。2014年人大复印报刊资料转载学术论文排名中,学校转载量排名第四名,综合指数排名第三名。

做好人才项目申报和人文基金管理工作。组织申报"浦江人才计划""曙光学者""晨光学者""阳光学者"等人才项目,加强学校中青年科研骨干队伍建设。组织2014年复旦大学出版资助工作,富布赖特基金、唐仲英基金、哈佛—燕京基金的组织申报工作,其中向富布赖特项目选送的5位学者全部评优。完成2批次人文基金学术交流资助项目申报审批,82个项目立项、经费下达等工作。完成2013年度高端讲座等宣传材料编辑工作,积极做好基金经费管理、成果出版、结项管理日常等工作。组织编写和制作人文基金五年工作总结。

积极开展对外合作和对口支援工作。扩大与地方的战略合作。积极参与学校与山东、福建、贵州等省份的战略合作安排,深化与甘肃省的合作,成立"复旦—甘肃丝绸之路经济带协同发展研究院",举办主题为"生态·经济·文化——丝绸之路经济带的战略前景"的"2014复旦发展论坛"。继续做好对口支援河西学院工作。组织文史专家赴河西学院交流讲学,累计学术讲座15人次,大会报告10场次,接收1名干部在文科科研处挂职。复旦—甘肃丝绸之路经济带协同发展研究院落户河西学院,复旦民族研究中心在河西学院设立研究基地,合作纽带进一步加强。

进一步拓展国际合作平台。加强海外中国研究中心建设,继续推动复旦—UC中国研究中心和复旦—欧洲中国研究中心的相关工作,新成立复旦—墨西哥中国研究中心。支持金砖国家研究中心扩大对外联系,推进筹建金砖国家大学联盟。打造国际论坛品牌,2014年上海论坛围绕"亚洲转型:寻求新动力"主题,吸引700余位来自世界各国的政界、商界、学界精英和媒体的代表参会。积极筹办上海—加州创新论坛,继续办好大洋洲论坛、中欧创新论坛、中德论坛等国际性论坛,大力推动文科科研走向世界。

落实中央专项巡视整改工作。按照中央巡视组反馈意见和学校的工作要求,全面排摸科研项目和经费使用情况,对部分项目的经费使用情况进行原始凭证的核对。多次进行部门内部整改,并与相关职能部处交流整改情况,讨论整改方案,修订相关管理规定,把整改成果制度化。

加强部门自我建设,提升服务质量。巩固群众路线教育实践活动成果,认真落实首问责任、限时办结、挂牌服务等机关作风建设要求。建立院系联系人制度、集体学习制度等内部管理要求和规范。以文科科研处网站为窗口,做好各类申报、评审信息和工作流程等的信息公开工作。

(陈玉刚 曾艺)

【举办"上海论坛2014"】 5月24—26日,由复旦大学、韩国高等教育财团主办,复旦发展研究院承办的"上海论坛2014"在上海举行,主题为"亚洲转型:寻求新动力"。论坛共设9个分论坛,共有来自近40个国家和地区的700余位政、商、学界精英和媒体代表参加,在参会人数和规模上再次扩大。上海市常务副市长屠光绍、韩国前总理韩升洙、复旦大学校长杨玉良、韩国高等教育财团事务总长朴仁国、教育部外事司方军副司长(代表郝平副部长)在开幕式上致辞。2013年诺贝尔经济学奖获得者、耶鲁大学经济学教授罗伯特·希勒(Robert Shiller),彼得森国际经济研究所所长亚当·珀森(Adam Posen),伦敦大学学院可持续资源研究院国际能源与气候变化政策教授、《气候政策》杂志主编麦克尔·格拉布(Michael Grubb),联合国前副秘书长、复旦大学国际问题研究院名誉院长沙祖康等在开幕式上发表主旨演讲。在25日闭幕式前的"自贸区特别专场"上,世界自贸区协会主席格兰姆·马瑟(Graham Mather),复旦发展研究院副院长、知名经济学家张军,鹿特丹伊拉斯姆斯大学校长鲍琳·范德梅尔莫(Pauline Van Der Meer Mohr),香港贸易发展局大中华区研究副总监邱丽萍,韩国海洋水产开发院中国研究中心主任金范中,中国(上海)自由贸易试验区管委会副主任简大年等发表主旨演讲。

【举办首届"中国大学智库论坛"】详见"学校综述"同条,第43页。

【六家上海市高校智库通过上海市教委验收】 11月,上海市高校智库研究和管理中心、复旦大学中国经济研究中心、复旦大学宗教与中国国家安全研究中心、复旦大学政党建设与国家发展研究中心、复旦大学人口与发展政策研究中心、复旦大学亚太区域合作与治理研究中心等6家上海市高校智库顺利通过一年建设后的验收。决策咨询成果被上海市级以上内刊录用112篇,部分成果获中共中央政治局常委、全国政协主席俞正声、国家副主席李源潮等中央领导人批示。

(曾艺)

【社会科学数据平台上线】 详见"学校综述"【社会科学数据平台上线】条,第44页。

【1项文科项目获批国家自然科学基

金重大项目】 12月,社会发展与公共政策学院教授彭希哲领衔的"应对老龄社会的基础科学问题研究"获国家自然科学基金重大项目资助,是人文社科领域首次作为牵头单位承担国家自然科学基金重大项目。项目资助经费1 800万元,项目执行期为2015年1月至2019年12月。

(曾 艺)

【丝绸之路历史地理信息系统正式上线】 5月19日,历史地理研究所教授侯杨方领衔开发的"丝绸之路历史地理信息系统"正式上线,首次以信息化的方式精确呈现穿越帕米尔高原的丝绸之路主要路线。 (曾 艺)

附 录

复旦大学国家哲学社会科学创新基地一览表

序号	名称	成立时间	主任
1	历史地理研究国家哲学社会科学创新基地	2004年11月18日	吴松弟
2	美国研究国家哲学社会科学创新基地	2004年11月18日	吴心伯
3	国外马克思主义与国外思潮研究国家哲学社会科学创新基地	2004年11月18日	俞吾金
4	中国经济国际竞争力研究国家哲学社会科学创新基地	2004年11月18日	袁志刚
5	新闻传播与媒介化社会研究国家哲学社会科学创新基地	2004年11月18日	童兵
6	公共管理与公共政策研究国家哲学社会科学创新基地	2004年11月18日	彭希哲
7	文史研究院国家哲学社会科学创新基地	2004年11月18日	杨志刚

复旦大学教育部人文社会科学重点研究基地一览表

序号	名称	成立时间	主任
1	复旦大学中国古代文学研究中心	1999年11月	黄霖
2	复旦大学历史地理研究中心	1999年11月	吴松弟
3	复旦大学当代国外马克思主义研究中心	2000年9月	俞吾金
4	复旦大学中国社会主义市场经济研究中心	2000年11月	张军
5	复旦大学美国研究中心	2000年12月	吴心伯
6	复旦大学信息与传播研究中心	2000年12月	黄旦
7	复旦大学世界经济研究所	2001年9月	华民
8	复旦大学中外现代化进程研究中心	2004年12月	姜义华
9	复旦大学中国共产党革命精神与文化资源研究中心	2013年6月	林尚立

复旦大学上海市社会科学创新研究基地、上海发展战略研究所工作室一览表

序号	研究方向	成立时间	首席专家/领军人物
1	上海产业结构调整	2009年10月	芮明杰
2	党的建设理论与实践	2009年10月	林尚立
3	中国特色社会主义	2013年12月	陈学明
4	中国特色社会主义民主与法制	2013年12月	陈明明
5	上海人口结构和发展趋势	2013年12月	彭希哲
6	中国(上海)自由贸易实验区建设	2013年12月	袁志刚

复旦大学文科研究机构一览表

序号	研究机构	隶属或挂靠单位
1	古籍整理研究所	/
2	中国学研究中心	/
3	中国语言文学研究所	/
4	出土文献与古文字研究中心	/

续　表

序　号	研 究 机 构	隶属或挂靠单位
5	上海物流研究院	/
6	社会科学高等研究院	/
7	当代中国研究中心	/
8	高等教育研究所	/
9	企业教育研究中心	/
10	儒学文化研究中心	/
11	国际问题研究院	/
12	罗斯中亚研究中心	国际问题研究院
13	欧洲问题研究中心	国际问题研究院
14	荷兰研究中心	国际问题研究院
15	日本研究中心	国际问题研究院
16	韩国研究中心	国际问题研究院
17	上海合作组织研究中心	国际问题研究院
18	欧洲问题研究中心政治部	国际问题研究院
19	拉丁美洲研究室	国际问题研究院
20	联合国与国际组织研究中心	国际问题研究院
21	中国外交研究中心	国际问题研究院
22	南亚研究中心	国际问题研究院
23	巴基斯坦研究中心	国际问题研究院
24	法国研究中心★	国际问题研究院
25	台湾研究中心★	国际问题研究院
26	东方管理研究院★	管理学院
27	服务营销与服务管理研究中心	管理学院
28	产业经济研究所	管理学院
29	经济管理研究所	管理学院
30	国际企业管理研究中心	管理学院
31	金融与资本市场研究中心	管理学院
32	企业人力资源研究所	管理学院
33	东方管理研究中心	管理学院
34	企业发展与管理创新研究中心	管理学院
35	复旦—花旗管理研究中心	管理学院
36	中国市场营销研究中心	管理学院
37	住房政策研究中心	管理学院
38	复旦大学国家应急能力研究中心★	国际关系与公共事务学院
39	复旦—杜克全球社会政治态度研究中心★	国际关系与公共事务学院
40	中国政府与政治研究中心	国际关系与公共事务学院
41	城市研究中心	国际关系与公共事务学院
42	选举与人大制度研究中心	国际关系与公共事务学院
43	基层社会与政权建设研究中心	国际关系与公共事务学院
44	青年组织与公民社会研究中心	国际关系与公共事务学院

续 表

序 号	研 究 机 构	隶属或挂靠单位
45	经济政策与企业战略研究中心	国际关系与公共事务学院
46	中国公务员研究中心	国际关系与公共事务学院
47	公共预算与绩效评价中心	国际关系与公共事务学院
48	政治哲学研究中心	国际关系与公共事务学院
49	公司合作治理研究中心	国际关系与公共事务学院
50	国际政治经济学研究中心	国际关系与公共事务学院
51	中国公共政策研究中心	国际关系与公共事务学院
52	加拿大公共政策研究中心	国际关系与公共事务学院
53	陈树渠比较政治发展研究中心	国际关系与公共事务学院
54	城市治理比较研究中心	国际关系与公共事务学院
55	可持续发展研究中心★	经济学院
56	资产评估研究中心★	经济学院
57	金融研究院	经济学院
58	企业研究所	经济学院
59	老年经济学研究所	经济学院
60	沪港发展联合研究所	经济学院
61	复旦保险研究中心	经济学院
62	房地产经济研究中心	经济学院
63	就业与社会保障研究中心	经济学院
64	中国风险投资研究中心	经济学院
65	现代公司治理研究中心	经济学院
66	环境经济研究中心	经济学院
67	新政治经济学研究中心	经济学院
68	复旦大学—全国市长培训中心城市经济研究所	经济学院
69	公共经济研究中心	经济学院
70	泛海书院	经济学院
71	中国反洗钱研究中心	经济学院
72	华商研究中心	经济学院
73	国际贸易研究中心	经济学院
74	国际金融研究中心	经济学院
75	产业发展研究中心	经济学院
76	博弈论与数量经济研究中心	经济学院
77	证券研究所	经济学院
78	能源经济与战略研究中心	经济学院
79	论坛发展研究中心	经济学院
80	经济思想与经济史研究中心	经济学院
81	新兴市场经济研究中心	经济学院
82	产业与区域经济研究中心	经济学院
83	复旦大学—杜伦大学联合金融研究中心	经济学院
84	国际矿业权交易与国家资源安全研究中心	经济学院

续　表

序　号	研　究　机　构	隶属或挂靠单位
85	亚洲经济研究中心	经济学院
86	上海研究中心	历史学系
87	埃及研究中心	历史学系
88	古代文明研究中心	历史学系
89	中国金融史研究中心	历史学系
90	公众史学研究中心	历史学系
91	当代社会与文化研究中心	历史学系
92	亚洲研究中心	历史学系
93	多媒体研究中心	历史学系
94	复旦—密西根大学社会性别研究所	历史学系
95	口述历史研究中心	历史学系
96	近代中国人物与档案文献研究中心	历史学系
97	城市发展研究院★	社会发展与公共政策学院
98	城市公共安全研究中心	社会发展与公共政策学院
99	浦东—复旦社会发展研究中心	社会发展与公共政策学院
100	妇女研究中心	社会发展与公共政策学院
101	心理研究中心	社会发展与公共政策学院
102	人权研究中心	社会发展与公共政策学院
103	社会文化人类学研究中心	社会发展与公共政策学院
104	社会发展研究中心	社会发展与公共政策学院
105	城市与区域发展研究中心	社会发展与公共政策学院
106	上海市劳动关系研究中心	社会发展与公共政策学院
107	ICSEAD复旦联络处	社会发展与公共政策学院
108	上海社会工作研究中心	社会发展与公共政策学院
109	人口研究所	社会发展与公共政策学院
110	复旦—哈佛医学人类学合作研究中心	社会发展与公共政策学院
111	复旦—长三角城市合作研究中心	社会发展与公共政策学院
112	中国乡村发展研究中心	社会发展与公共政策学院
113	外国文学研究所	外国语言与文学学院
114	北欧文学研究所	外国语言与文学学院
115	外国语言研究所	外国语言与文学学院
116	法语语言文化研究(资料)中心	外国语言与文学学院
117	文化遗产研究中心	文物与博物馆学系
118	新闻学研究所	新闻学院
119	视觉文化研究中心	新闻学院
120	国际公共关系研究中心	新闻学院
121	媒介素质研究中心	新闻学院
122	国际出版研究中心	新闻学院
123	新媒体研究中心	新闻学院
124	教育哲学研究中心	哲学学院

续 表

序 号	研 究 机 构	隶属或挂靠单位
125	现代哲学研究所	哲学学院
126	宗教研究所	哲学学院
127	科学技术与社会研究中心	哲学学院
128	应用伦理学研究中心	哲学学院
129	杜威与实用主义研究中心	哲学学院
130	管理哲学研究中心	哲学学院
131	人文精神研究中心	哲学学院
132	徐光启—利玛窦文明对话研究中心	哲学学院
133	文艺学美学研究中心	中国语言文学系
134	世界华人文化研究中心	中国语言文学系
135	中国文人书法暨石鼓文研究中心	中国语言文学系
136	电影艺术研究中心	中国语言文学系
137	言语听觉科学研究中心	中国语言文学系
138	艺术人类学与民间文学研究中心	中国语言文学系
139	中国当代文学创作研究中心	中国语言文学系
140	全球华语信息处理和比较研究中心	中国语言文学系
141	汉唐文献工作室	中国语言文学系
142	国际刑法研究中心★	法学院
143	知识产权研究中心	法学院
144	司法与诉讼制度研究中心	法学院
145	医事法研究中心	法学院
146	金融法研究中心	法学院
147	环境能源与能源法研究中心	法学院
148	马克思主义研究院	社会科学基础部
149	城市环境管理研究中心	环境科学与工程系
150	国土资源经济研究中心	环境科学与工程系
151	公共绩效与信息化研究中心	信息科学与工程学院
152	复旦大学—女王大学环境与可持续发展研究中心	生命科学学院
153	古籍保护研究中心	图书馆
154	马克思主义研究中心	宣传部
155	复旦发展研究院	文科科研处
156	传播与治理国家研究中心	发展研究院
157	沪港发展联合研究所	发展研究院
158	社会科学数据研究中心	发展研究院
159	当代中国社会生活资料中心	发展研究院
160	金砖国家研究中心	发展研究院
161	中国保险与社会安全研究中心	发展研究院
162	金融研究中心	发展研究院
163	复旦—加州大学中国研究中心	发展研究院

续表

序号	研究机构	隶属或挂靠单位
164	复旦—欧洲中国研究中心	发展研究院
165	复旦—墨西哥中国研究中心★	发展研究院
166	思想史研究中心	文科科研处
167	海关研究中心	文科科研处
168	发展与政策研究中心	文科科研处
169	长三角研究院	文科科研处
170	青年研究中心	学工部
171	学位和研究生教育研究中心	研究生院
172	大学生创业研究中心	产业化与校产管理办公室
173	现代大学战略性人才资源管理研究中心	人事处
174	社会性别与发展研究中心	妇委会
175	通识教育研究中心	复旦学院
176	上海统战理论研究基地	统战部
177	北欧中心	外事处

注：★为2014年新成立机构。

2014年度复旦大学获国家社科基金重大项目、重点项目立项一览表

序号	项目名称	项目负责人	所在单位	备注
1	坚持马克思主义新闻观与完善舆论引导格局研究	童兵	新闻学院	重大项目
2	"走基层、转作风、改文风"与加强和改进新闻舆论工作研究	秦绍德	新闻学院	重大项目
3	我国文化走出去工程的政策体系优化研究——以电影、电视剧、动画和出版为样本的比较分析	刘海贵	新闻学院	重大项目
4	推动文化产业成为国民经济支柱性产业的战略层面及支撑体系研究	苏勇	管理学院	重大项目
5	包容性公民文化权利视角下统筹城乡文化一体化发展新格局研究	唐亚林	国际关系与公共事务学院	重大项目
6	全面提升金融为实体经济服务的水平与质量研究	袁志刚	经济学院	重大项目
7	中国特色社会主义民主政治的制度优化与规范运行研究	桑玉成	国际关系与公共事务学院	重大项目
8	新形势下中国共产党应对"四大考验"和"四大危险"的战略与路径研究	杜艳华	社会科学基础部	重大项目
9	美国的亚太布局与我国的亚太方略研究	吴心伯	国际问题研究院	重大项目
10	马克思主义与当代社会政治哲学发展趋势	吴晓明	哲学学院	重大项目
11	西方道德哲学通史研究	邓安庆	哲学学院	重大项目
12	杜威研究与《杜威全集》翻译	刘放桐	哲学学院	重大项目
13	外国考古学研究译丛	陈淳	文物与博物馆学系	重大项目
14	当代苏浙赣黔农村基层档案资料搜集、整理与出版	张乐天	社会发展与公共政策学院	重大项目
15	基于汉语和部分少数民族语言的手语语料库建设研究	龚群虎	中国语言文学系	重大项目
16	重金属环境污染损害赔偿法律机制研究	刘士国	法学院	重大项目

续表

序号	项目名称	项目负责人	所在单位	备注
17	加快经济结构调整与促进经济自主协调发展研究	陆铭	经济学院	重点项目
18	促进我国低碳经济发展的产业和区域结构改革研究	陈诗一	经济学院	重点项目
19	现代汉语及方言中的否定问题研究	戴耀晶	中国语言文学系	重点项目

2014年度复旦大学获教育部哲学社会科学研究后期资助项目立项一览表

序号	项目名称	项目负责人	所在单位
1	社会科学中的研究设计	陈硕	经济学院

2014年复旦大学文科科研获奖一览表

复旦大学获上海市第十二届哲学社会科学优秀成果获奖名单

序号	单位	成果名称	获奖作者	获奖等第
1	经济学院	中国经济改革20年系列研究	伍柏麟	学术贡献奖
2	外文学院	英汉大词典	陆谷孙	学术贡献奖
3	出土文献中心	敦煌社会经济文献词语论考	张小艳	著作一等奖
4	法学院	WTO法与中国涉案争端解决	张乃根	著作一等奖
5	管理学院	管理学大辞典	陆雄文等	著作一等奖
6	国际问题研究院(韩国研究中心)	中华民国外交史新著(全三卷)	石源华	著作一等奖
7	经济学院	中国农村经济：制度、发展与分配	章元	著作一等奖
8	史地所	中国历史政治地理十六讲	周振鹤	著作一等奖
9	新闻学院	新传播形态下的中国受众	李良荣等	著作一等奖
10	哲学学院	资本与历史唯物主义——《资本论》及其手稿当代解读	孙承叔	著作一等奖
11	中文系	复旦宋代文学研究书系	王水照	著作一等奖
12	法学院	诉审商谈主义——基于商谈理性的民事诉讼构造	段厚省	著作二等奖
13	法学院	传统刑事责任理论的反思与重构——以刑事和解为切入点的展开	杜宇	著作二等奖
14	国际问题研究院(日本研究中心)	贸易政治学研究	贺平	著作二等奖
15	国务学院	全球气候变化治理中的中美欧三边关系	薄燕	著作二等奖
16	国务学院	中国公共政策过程中利益集团的行动逻辑	陈水生	著作二等奖
17	国务学院	美国国家网络安全战略	沈逸	著作二等奖
18	经济学院	中国城乡二元经济结构转化：理论阐释与实证分析	高帆	著作二等奖
19	经济学院	产业集聚与区域经济协调发展	范剑勇	著作二等奖
20	历史系	西汉侯国地理	马孟龙	著作二等奖
21	历史系	中华文明的根柢：民族复兴的核心价值	姜义华	著作二等奖
22	史地所	大清帝国时期蒙古的政治与社会——以阿拉善和硕特部研究为中心	齐光	著作二等奖
23	新闻学院	表达与引导	张涛甫	著作二等奖
24	哲学学院	汉学更新运动研究——清代学术新论	陈居渊	著作二等奖

续 表

序 号	单 位	成 果 名 称	获奖作者	获奖等第
25	哲学学院	心智、语言和机器——维特根斯坦哲学和人工智能科学的对话	徐英瑾	著作二等奖
26	哲学学院	激进政治的兴起——马克思早期政治与法哲学批判手稿的当代解读	邹诗鹏	著作二等奖
27	哲学学院	《存在与时间》释义	张汝伦	著作二等奖
28	哲学学院	谁是罪魁祸首——追寻生态危机的根源	陈学明	著作二等奖
29	中文系	日常生活审美化批判	陆扬	著作二等奖
30	中文系	上海地区方言调查研究	游汝杰等	著作二等奖
31	出土文献中心	"宠辱若惊"是"宠辱若荣"的误读	裘锡圭	论文一等奖
32	国际问题研究院(美国研究中心)	中美关系中的网络安全问题	汪晓风	论文一等奖
33	国务学院	从业主福利到公民权利：一个中产阶层移民社区的政治参与	熊易寒	论文一等奖
34	国务学院	现代国家认同建构的政治逻辑	林尚立	论文一等奖
35	国务学院	共生型国际体系的可能——在一个多极世界中如何构建新型大国关系	苏长和	论文一等奖
36	经济学院	中国代际收入流动性的趋势和机制	袁志刚等	论文一等奖
37	经济学院	中国城镇职工社会保险制度的参与激励	封进	论文一等奖
38	经济学院	央地关系：财政分权度量及作用机制再评估	陈硕等	论文一等奖
39	经济学院	中国出口扩张的创新溢出效应：以泰国为例	罗长远等	论文一等奖
40	历史系	抗战时期天津租界中国存银问题——以中英交涉为中心	吴景平	论文一等奖
41	史地所	中国洋泾浜英语的形成	周振鹤	论文一等奖
42	新闻学院	耳目喉舌：旧知识与新交往——基于戊戌变法前后报刊的考察	黄旦	论文一等奖
43	哲学学院	从"幻相的逻辑"到"现象学的逻辑"——探讨胡塞尔对辩证法	张庆熊	论文一等奖
44	中文系	道术必为天下裂,语文尚待弥缝者——中国现代学术的语言认同	郜元宝	论文一等奖
45	出版社	从良心自由到出版自由——西方近代早期新闻出版自由理念的形成及演变	姜华	论文二等奖
46	法学院	辛亥革命后基层审判的转型与承续——以民国元年上海地区为例	王志强	论文二等奖
47	法学院	《京都议定书》的效力与国际技术转让法律制度	马忠法	论文二等奖
48	古籍所	"古文辞"沿革的文化形态考察——以明嘉靖前唐宋文传统的建构及解构为中心	陈广宏	论文二等奖
49	管理学院	网购市场能否在恶意坏评的环境下生存？基于经济学实验的研究	李玲芳等	论文二等奖
50	国际问题研究院	论东亚"共生体系"原理——对外关系思想和制度研究之一	任晓	论文二等奖
51	国际问题研究院(韩国研究中心)	中国的周边安全挑战与大周边外交战略	祁怀高等	论文二等奖
52	国务学院	世俗主义与腐败：基于跨国数据的一项定量分析	李辉	论文二等奖

续表

序号	单位	成果名称	获奖作者	获奖等第
53	国务学院	地缘宗教与中国对外战略	徐以骅等	论文二等奖
54	国务学院	权力的资源与运用：兼论中国外交的权力战略	陈志敏等	论文二等奖
55	国务学院	地方行政区划变革与国家控制——对民国江南城镇的一个考察	林涓等	论文二等奖
56	经济学院	中国政府对上市银行的隐性救助概率和救助成本	许友传等	论文二等奖
47	经济学院	灾害救助对经济增长的影响：来自中国的证据	许闲	论文二等奖
58	经济学院	中国制造业工资与劳动生产率的关联：模式与解释	张军等	论文二等奖
59	经济学院	经济集聚中马歇尔外部性的识别——基于中国制造业数据的研究	吴建峰等	论文二等奖
60	经济学院	垂直专业化贸易如何影响了中国的就业结构？	唐东波	论文二等奖
61	经济学院	非显而易见性和筛选	寇宗来等	论文二等奖
62	经济学院	主权债务危机中欧洲社会保障制度的表现、成因与改革——聚焦北欧、莱茵、盎格鲁-撒克逊和地中海模式	丁纯等	论文二等奖
63	社科部	马克思主义所有制理论的时代发展	顾钰民	论文二等奖
64	社科部	网络媒介时代中国共产党的形象建构	李冉	论文二等奖
65	社政学院	市场转型期的"国家—社会双依附模型"：行动者、关系和制度——以改革初期温州"农民造城"为例	周怡	论文二等奖
66	生科院	反驳语音多样性支持语言从非洲扩张的系列奠基者效应	李辉等	论文二等奖
67	史地所	浦阳江下游河道改道新考	朱海滨	论文二等奖
68	史地所	近代城市地图与开埠早期上海英租界区域城市空间研究	张晓虹	论文二等奖
69	外文学院	《哈姆莱特》的历史问题：《哈姆莱特》与现代早期英格兰的政治性别关联	卢丽安	论文二等奖
70	新闻学院	媒介使用、媒介评价、社会交往与中国社会思潮的三种意见趋势	陆晔	论文二等奖
71	新闻学院	中国大陆新闻传播学研究十五年：1998—2012	廖圣清等	论文二等奖
72	新闻学院	基于钻石模型视角的区域动漫产业扶持政策比较研究——以杭州、长沙为例	朱春阳等	论文二等奖
73	哲学学院	重解历史的必然性——论齐泽克对《历史与阶级意识》的重新解读	张双利	论文二等奖
74	哲学学院	超越进步主义意识形态——兼论历史唯物主义的灾难学视角及其意义	汪行福	论文二等奖
75	哲学学院	智的直觉与善相——牟宗三道德存有论及其对西方哲学的贡献	杨泽波	论文二等奖
76	中文系	"散文"概念源流论：从词体、语体到文体	罗书华	论文二等奖
77	中文系	对"文学是人学"命题之再认识：对刘为钦观点的若干补充和商榷	朱立元	论文二等奖

续 表

序 号	单 位	成 果 名 称	获奖作者	获奖等第
78	中文系	历史比较法与汉语方言语音比较	陈忠敏	论文二等奖
79	中文系	信仰：支撑口传文学传承的一种内在力量：以江苏省芦墟镇刘王庙"赞神歌"活动为个案	郑土有	论文二等奖
80	国际问题研究院	未来十年中国周边环境的新挑战与周边外交新战略	石源华	内部探讨奖

复旦大学获上海市第十届邓小平理论研究和宣传优秀成果获奖名单

序 号	单 位	成 果 名 称	获奖作者	获奖等第
1	国务学院	"半城市化"对中国乡村民主的挑战	熊易寒	论文一等奖
2	哲学学院	当代中国的精神建设及其思想资源	吴晓明	论文一等奖
3	国务学院	新型大国关系的形态分析	陈志敏	论文二等奖
4	国务学院	去特殊化的中法战略伙伴关系	张骥	论文二等奖
5	国务学院	走出民主政治研究的困局	苏长和	论文二等奖
6	经济学院	中国地区经济差距的"空间"和"动力"双重因素分解	高帆	论文二等奖
7	经济学院	农村转移劳动力的供给弹性——基于微观数据的估计	封进等	论文二等奖
8	经济学院	贸易开放、垂直专业化分工与产业升级	唐东波	论文二等奖
9	社政学院	制度与文化并重：新时期利益格局调整的路径	周怡等	论文二等奖
10	新闻学院	中国文化"走出去"为何困难重重？——以文化产业国际贸易政策为视角的考察	朱春阳	论文二等奖
11	哲学学院	生态文明：马克思主义在当代新的生长点	余源培	论文二等奖
12	哲学学院	"复杂现代性"框架下的核心价值构建	冯平等	论文二等奖
13	哲学学院	重建思想的维度	俞吾金	论文二等奖
14	哲学学院	中国为什么还需要马克思主义—答关于马克思主义的十大疑问	陈学明等	著作一等奖
15	国际问题研究院	中国触动：百国视野下的观察与思考	张维为	著作二等奖
16	国务学院	货币理论与物价理论研究	陈其人	著作二等奖
17	社科部	中国政治协商制度研究	肖存良	著作二等奖

（文科科研处供稿）

学术刊物

《复旦学报（社会科学版）》

《复旦学报（社会科学版）》是教育部主管、复旦大学主办的综合性学术理论刊物，主要刊载文、史、哲、经、法、政等学科论文。主编汪涌豪，编委会主任葛兆光。

2014年，该刊编辑出版6期，共发论文107篇，每期印数3 200册。

该刊坚持正确的理论指导，坚守学术本位，坚持基础性研究与应用性研究并举、本土研究与域外研究兼收的方针，积极致力于刊物质量的提升，努力推出更多具有原创性的论文，以求在确保基础理论优势的同时，昌明与兼容新的学术理念与方法，最大程度发挥高校学报在传承文明、引领学术和创新理论等方面的重要作用。尤支持以马克思主义理论为指导，以融通和比较的新视角研究当代中国和世界的学术成果。以此为基础，拓展优化特色栏目，扩充并增设新栏目，注重深度研究，倡导学术争鸣，藉此打造刊物自身的学术个性和独特品格。2014年，更换1位外籍编委。

2014年，《复旦学报（社会科学

版)》通过国家社科规划办的年终考核,取得"良好"等第。此外,复旦学报的被转载量、被转转率、被引量、被索量、他引量、影响因子、基金论文比等,均继续在全国综合性人文社会科学期刊和高校文科学报中名列前茅。

(吕晓刚)

《复旦教育论坛》

《复旦教育论坛》是教育部主管,复旦大学主办的高等教育学术刊物,中文社会科学引文索引(CSSCI)来源期刊,《中文核心期刊要目总览》核心期刊,"复印报刊资料"重要转载来源期刊,刊出文章被中国知网学术期刊数据库、万方中国核心期刊(遴选)数据库、维普中文科技期刊数据库、国家哲学社会科学学术期刊数据库、台湾 ERIC 数据库等多家检索机构和全文数据库收录。

《复旦教育论坛》主要栏目:"新论"栏目注重学术新观点,"专题"栏目以主题为线索组合内容,"专论"栏目侧重问题研究的深度开掘,"方略"栏目以应用研究为主,"域外"栏目着重反映境外趋向,"医苑"关注医学教育。在内容范围上,宽口径、焦点化,既有高等教育问题研究,又有与高等教育关联的教育问题研究。在内容靶点上,强调"顶天立地",既重视教育思想的研究,又重视实际问题的研究,力戒"不着天、不落地"。

2014 年刊物扩版至 112 页,全年正常出刊 6 期,共印刷 12 000 册,发文 109 篇,重点涉及教育哲学、教育治理与高校改革、大学章程、教育政策、教育经济、大学课程与教学改革、国际与比较教育、医学教育研究等专题。2014 年刊发稿件中有 12 篇被人大复印报刊资料全文转载,刊物的学术影响力继续保持在同类期刊前列。

编委会主任、主编为林尚立教授,执行副主编为熊庆年研究员,责任编辑为赵友良、刘培,编委会成员有顾建民、侯晓远、林荣日、林尚立、刘欣、刘宝存、刘念才、鲁映青、陆根书、潘伟杰、沈红、石磊、史静寰、孙向晨、汪源源、王洪才、熊庆年、阎凤桥、阎光才、朱春奎等。 (赵友良)

《新闻大学》

《新闻大学》是教育部主管、复旦大学主办的新闻学术刊物,主编黄芝晓。

2014 年,《新闻大学》杂志通过国家教育部、上海新闻出版局年审。杂志为 16 开本 156 页,双月刊,逢单月出版。杂志继续对录用稿件实行专家匿名评审制度,全年共发稿 127 篇,其中 112 篇为自由来稿,万字以上的论文约 58 篇。全年发行量每期 1 000 册,全年 6 000 册,其中全年订户约 3 000 册,赠送和交换约 3 000 册。

2014 年编辑部围绕数字技术带来的传统媒体与新兴媒体融合发展的新课题,如怎样打造新型主流媒体,建设现代化传播体系以及与之相适应的新闻教育改革等,进行学术探讨和对策探索;并开设"口述史"专栏,为新闻史和新闻教育史研究提供生动素材。

(陆 磊)

《当代修辞学》

《当代修辞学》是教育部主管、复旦大学主办的目前中国唯一的修辞学专业学术期刊,是 CSSCI 来源期刊、语言学中文核心期刊。该刊全年发行 6 期,每期印数 3 000 册,其中订阅 2 500 余册,赠阅 500 余册。

2014 年全年发文 70 篇(不含动态信息),其中研究性论文 60 篇。上半年专栏有国外修辞学名篇选译、广义修辞学研究、国家和机构形象修辞、修辞学人口述史;下半年专栏有语体研究、互文与修辞、方言中的修辞研究、修辞学人口述史。全年人大复印资料转载 1 篇。

年中,主编戴耀晶因病去世,主编工作由常务副主编祝克懿接任。主编祝克懿、编辑部主任赵国军参加上海市新闻出版局组织的 2014 年度岗位培训,并取得资格证书,具备国家规定的岗位资格。编辑部办公地点由原来的光华楼西主楼 1116 室搬迁至 1012 室,办公环境有所改善。

5 月 30 日—6 月 1 日,《当代修辞学》编辑部与中国修辞学会、福建泉州师范学院、上海市语文学会陈望道研究会在福建泉州联合举办中国修辞学会 2014 年学术年会;9 月 27—28 日,《当代修辞学》编辑部与上海市语文学会陈望道研究会、上海鲁迅纪念馆、上海市语言文字工作委员会、复旦大学语言文字工作委员会和复旦大学语言文学研究所在复旦大学联合主办纪念"大众语"讨论八十周年学术研讨会暨第五届望道修辞学论坛;12 月 20—22 日,执行编委参加在广州暨南大学召开的第十届语体风格学学术研讨会。这些学术活动增进了编辑部与校内外的学术联系和交流。 (《当代修辞学》编辑部)

《世界经济文汇》

《世界经济文汇》是由复旦大学经济学院承办的一本经济学学术杂志,属于 CSSCI 来源期刊,主编张军。

2014 年,该刊继续坚持双向匿名审稿制度,所刊登的文章的学术水平稳步提高,学术规范进一步加强,全年共收到自然来稿 887 篇,录用并刊登 46 篇,共发行 6 期,每期印刷 1 000 份。

杂志刊登文章的学术水平不断提高,研究成果涉及国际经济学、劳动经济学、区域经济学、发展经济学、金融学等多个领域。另外,杂志针对财税体制改革、财政分权与政府行为、劳动力市场、医疗与健康经济、养老、R&D 等领域组织专栏。

杂志在国内外经济学界的学术影响日益扩大,广大读者对杂志所刊登的文章的评价越来越高。

(章 元)

《复旦学报(自然科学版)》

《复旦学报(自然科学版)》是教育部主管、复旦大学主办的自然科学综合性学术刊物。主编杨玉良。该刊为双月刊,每期 120 页。逢双月的月底出版。

2014 年,该刊第 53 卷共出版 6 期,总页码 822 页,刊登学术论文 115 篇(包括英文论文 6 篇)。有 85 篇论文受各种项目或基金资助,其中国家自然科学基金资助的论文41篇,国家"863"计划资助的论文10篇,"973"计划资助的论文8篇,国家科技重大专项资助的论文10篇,其他部级相关基金资助的论文16篇。

(刘东信)

《复旦学报(医学版)》

《复旦学报(医学版)》是教育部主管、复旦大学主办的综合性医药卫生类学术期刊(中文核心期刊)。主编姚泰,双月刊。官方网址为http://jms.fudan.edu.cn。编辑部在职3人,返聘2人,全部为女性。

2014年,学报出版6期(第40卷),共857页,载文量159篇(约163万字,较上一年增加12%),其中受各类基金资助论文101篇(占全年63.5%,较上一年提高20%)。全年退稿率62.3%(较上一年提高12%)。截至2013年12月底,学报官网累计访问总数超过165万次。据知网官方统计(2014版),2013年度学报复合影响因子0.728,期刊综合影响因子0.461(较上一年略有降低),国际影响力指数CI 9.642(较上一年提高52%)。目前,学报被7家国外知名数据库收录,包括Scopus, BIOSIS Previews, ProQuest CSA, CA, WPRIM, Ulrich期刊指南和IC;同时被所有国内主要中文数据库收录。

7月,学报配合枫林校区改造工程,搬迁至肇嘉浜路446弄伊泰利大厦2号楼,但团队共同努力准时出版第4期;9月,姚泰提出换届设想;11月,桂永浩校长接见,同意换届,并同意学报挂靠关系由基础医学院转到上海医学院;12月,学报编委会换届报告提交上海医学院,同月,学报微信公众号申请成功。

学报团体和个人获得以下奖项:教育部科技司"第5届中国高校优秀科技期刊奖"、中国科学评价研究中心(RCCSE)"中国学术期刊评价研究报告权威期刊"称号、中国高校科技期刊研究会"中国高校医学期刊优秀编辑奖"、上海市科技期刊学会"第五届上海市期刊青年优秀工作者"称号。

编辑部成员积极参加业内学术活动和各类学习讲座(包括9月份参加上海市科技期刊编辑技能大赛),并参与组织工作(如为"上海市高校科技期刊2014学术年会"提供会务工作);撰写及发表第一作者论文1篇;申报并获得上海市高校科技期刊研究会基金重点资助课题1项,题为"学位论文再发表的版权问题分析"。

编辑部成员在全国及地方科技期刊研究会中担任重要职务:沈玲任上海市科技期刊学会副秘书长、上海市科技期刊医学工作委员会委员;张秀峰当选中国高校科技期刊研究会理事、版权与伦理工作委员会副主任,任华东及上海市高校科技期刊研究会常务理事;王蔚当选中国高校科技期刊研究会版权与伦理工作委员会秘书长。

(张秀峰)

《数学年刊》

《数学年刊》是由教育部主管、复旦大学主办的综合性数学类期刊。主编李大潜,编委会由32位国内外著名数学家组成。

2014年,该刊出版《数学年刊A辑》(中文版)6期,文章63篇;《数学年刊B辑》(英文版)6期,文章60篇;A辑的中译英版C辑(英文版)4期《中国当代数学》(*Chinese Journal of Contemporary Mathematics*,由美国阿伦顿出版公司在美国出版发行),文章34篇。全年刊登国内外论文154篇,约253万字。来稿数与2013年相比增加10%,B辑退稿率在81.4%,A辑退稿率78.6%,保证了发表论文的质量。

根据美国科学信息技术研究所(Institute for Scientific Information, ISI)2014年出版的《期刊引证报告》(*Journal Citation Reports*, JCR),2014年《数学年刊B辑》被引次数405次,影响因子0.316,5年影响因子0.528。

在由上海市出版局组织的期刊编校质量审读中,《数学年刊A辑》和《数学年刊B辑》被评为科技类优秀期刊。2014年《数学年刊B辑》被评为中国最具国际影响力期刊。

(周春莲)

《研究与发展管理》

《研究与发展管理》的主管单位为国家教育部科技司,主办单位为复旦大学,是由复旦大学管理学院与中国高教学会科技管理研究分会承办的综合性科技管理学术刊物。该刊于1989年6月创办,致力于我国的R&D管理及其所支持的创新与创业研究,目前已成为在企业技术创新、知识管理、知识与创新网络、产学研结合、高校科研管理等领域具有一定学术影响力的重要学术期刊。

该刊是国家自然科学基金委员会管理学部认定的30种中国管理科学类重要期刊之一,是中国人文社会科学论文与引文数据库、中文社会科学引文索引(CSSCI)以及中国学术期刊综合评价数据库的来源期刊,同时也是中国人文社会科学核心期刊、《中文核心期刊要目总览》核心期刊。

2014年,全年共收到稿件1 651篇,其中属于国家自然科学基金资助项目为518篇,其他各类基金资助项目的共计为595篇;全年发行6期,共刊登稿件89篇。2014年,获得中国知网"2014中国国际影响力优秀学术期刊"称号,入选"复印报刊资料"重要转载来源期刊(2014年版)。

(周瑛)

《中国眼耳鼻喉科杂志》

《中国眼耳鼻喉科杂志》是中华人民共和国教育部主管,复旦大学附属眼耳鼻喉科医院主办的全国性专业学术期刊,是中国科技核心期刊、中国科技论文统计源期刊。面向全体眼科、耳鼻喉科医学工作者,旨在促进国内外眼科、耳鼻喉科领域内重要科研成果的交流,加快技术与信息的传播,为临床工作者总结经验和提高业务水平提供学术交流平台。本刊为双月刊,由王正敏领衔,孙兴怀、迟放鲁主编。

2014年共收稿375篇,刊登134篇,退稿241篇,退稿率为64%。组稿32篇（占全年刊登论文的24%），各类基金论文31篇（占刊登论文的23%），组织专题1期。全年出刊6期，载文量134篇，总页码418页。截至2015年1月29日，期刊网站（http://cjoo.fudan.edu.cn）访问量达82 904人次。在2014年度新闻出版广电总局组织开展、上海市新闻出版局进行的上海学术期刊认定及整理（沪新出版〔2014〕49号）中，本刊顺利通过第一批认定。2013年7月至2014年2月，上海市新闻出版局开展的针对上海所有出版期刊编校质量的检查中，本刊差错率1.56/10 000，结果为合格（差错率超过1/10 000，不超过3/10 000）。2015年再次入选"中国科技核心期刊"（中国科技论文统计源期刊）。2014年期刊荣获"首届上海市高校最佳进步科技期刊奖"；个人获得"第五届上海市期刊青年优秀工作者"和"上海市科技期刊编辑技能大赛个人优胜奖"。2014年度编辑部共申请各类基金3项，发表论文3篇。该刊已被万方数据、中国知网、维普资讯三大国内数据库全文收录。

（程 杰）

《微生物与感染》

《微生物与感染》是教育部主管、复旦大学主办的学术性期刊，是中国科技论文统计源期刊（中国科技核心期刊）及复旦大学学位与研究生教育国内期刊指导目录中的A类（权威）期刊，被《中国期刊全文数据库》(CJFD)知网、维普资讯—中文科技期刊数据库、万方数据资源系统数据库等收录。主编闻玉梅。主要报道与人类、动物和植物感染相关病原微生物的生物学及分子生物学特性，抗感染免疫，实验室诊断技术，临床感染及流行病学与防疫等方面的研究。该杂志为季刊，季末月25日出版，官方网址为http://jmi.fudan.edu.cn，读者可免费下载该刊论文。

全年出版4期（第9卷），总页码260页，载文量44篇，约50万字。发表的文章中，主编寄语1篇、特约专稿6篇、论著23篇、病例分析1篇、综述12篇、新技术与新仪器1篇。其中获国家自然科学基金项目资助的15篇、"十二五"国家科技重大专项资助的16篇、国家"863"或"973"计划项目资助的5篇、其他国家级基金项目资助的7篇、省市级基金项目资助的16篇、其他项目资助的3篇，合计各类基金资助课题文章36篇，基金论文比重为81.82%。

据知网2014年中国学术期刊影响因子年报（自然科技与工程技术2014年版），该刊2013年度复合影响因子为0.570。

8月7—8日，编辑部与复旦大学医学分子病毒学教育部/卫生部重点实验室、华山医院感染科共同举办《微生物与感染》第二届全国编委会会议。

6月，被上海市新闻出版局授予"准予行政许可决定书"〔沪新出版(2014)4352号〕，《微生物与感染》(CN 31-1966)于2015年1月起由季刊变更为双月刊。

为配合复旦枫林校区基建项目，根据学校统一安排，编辑部自6月起迁至伊泰利大厦（上海市肇嘉浜路446号）2号楼203室办公。

（童文燕）

《中国循证儿科杂志》

《中国循证儿科杂志》创刊以来一直坚持以最好的表达和表现形式体现作者学术意图，提供科学的、对循证医学有贡献的临床研究所获得最佳的证据。对每篇文章都以临床流行病学写作规范作为编辑的标准，2014年引入病例报告的写作规范(CARE)。

2014年第9卷全年出版6期，总页码480页。全年收到来稿353篇，退稿231篇，刊出91篇(25.8%)，平均刊出周期78天；平均审稿天数10.2天。其中论著66篇、病案报告10篇、综述7篇、循证医学方法学4篇、特稿1篇、讲座1篇、其他3篇。

入选中国科技论文统计源期刊（中国科技核心期刊），2014年被中国科学引文数据库(CSCD)核心库收录，入选复旦大学学位与研究生教育国内期刊指导目录临床医学A类杂志。

来自《中国循证儿科杂志》网站基本数据：截至2014年12月30日，全文下载/浏览量总计96.7万篇，平均1 239次/篇。来自中国知网电子数据库基本数据：截至2014年12月30日，全文下载量：11.6万篇次，平均148次/篇。

《中国科技期刊引证报告（核心版）》2014年发布的期刊影响因子为0.830，在妇儿类期刊中排名第5，《中国科技期刊影响因子年报》2014年发布的期刊影响因子为1.084。在妇儿类期刊中影响因子学科排名第4位，5年影响因子排名第2位。

（张崇凡）

《中国临床神经科学》

《中国临床神经科学》是教育部主管，复旦大学附属华山医院、复旦大学神经病学研究所主办的医药卫生类科技期刊。主编蒋雨平，编辑部主任洪震。《中国临床神经》创刊于1993年，双月刊，16K，120页，彩色铜版纸印刷。至2014年已发行22卷。2000年起被中国科技论文统计源期刊、中国学术期刊综合评价数据库等5家期刊数据库收入并评为"中国科技核心期刊"。2012年评为复旦大学学位与研究生教育国内期刊指导目录临床医学A类杂志。

该刊主要刊登与临床神经病有关的神经科学基础研究、应用基础研究和临床研究的论著，对神经疾病的新认识和新治疗、实验方法与诊断技术、简讯、论著报道，兼登医学动态进展综述等栏目。主要读者对象为从事神经科学临床和基础研究的医务人员、科技人员。全国各大专院校从事相关研究的教师和研究生。

2013年度接收各类稿件247篇，刊出138篇，其中论著74篇，论著报道15篇，进展29篇，疾病的新认识和新治疗6篇，教育思考分析4篇。该刊旨在为广大临床神经科学工作者服务，坚持为新疆、云南、广西等西部地区的临床神经科学发展提供支持和服务，2014年先后上述地区有多篇文章在本刊发表。

（蒋雨平）

《中国医学计算机成像杂志》

《中国医学计算机成像杂志》由中华人民共和国教育部主管,上海复旦大学附属华山医院主办,主编沈天真,责任主编冯晓源。该刊创始于1995年,由我国著名的放射学专家陈星荣创办。

办刊宗旨为:1."普及与提高相结合",提高我国医学计算机成像的科研应用水平,向广大有关专业人员普及CT、MRI、DSA的知识;2."理论和实践相结合"。介绍科研应用和生产实践经验,交流理论研究成果;3."百花齐放、百家争鸣",CT、MRI、DSA属新尖理论、技术和方法,刊出关于此的不同见解、技术和方法,在比较中去伪存真、去粗取精。

该刊为双月刊,大16开,定价12元,96页。设立关于医学计算机成像的述评、论著、实验研究、病理报道、技术进展、知识更新讲座、新技术的开发应用、新产品介绍以及成像设备的维护等栏目。主要读者对象为:从事医学影像诊断,包括介入放射学医技人员、从事临床工作的医务人员;相关研究机构(计算机成像设备研究单位)的科技人员;制造和生产计算机成像设备工厂中的工程师和技师;全国各大专院校相关课程的教师和学生。

全年共收稿1 308余篇,出刊6期,发表论文125篇,其中论著111篇、综述3篇、实验研究8篇、短篇报道3篇。

(钟国康)

《中国临床医学》

《中国临床医学》是中国科技核心期刊、中国科技论文统计源期刊、中国科学引文数据库来源期刊。主编樊嘉,双月刊。该刊旨在报道我国临床医学的新成就、新经验、新技术、新方法,反映我国临床医学现状,提高我国临床医疗水平服务。

全年共收到来稿1 023篇,其中各类基金资助文章103篇。稿件采用率约33%。

2014年出版《健康促进》4期。《健康促进》向社区、中山医院门诊病人、中山医院各科室发放。 (陶祥元)

《中国癌症杂志》

《中国癌症杂志》是国家教育部主管、复旦大学附属肿瘤医院主办的全国性肿瘤学术期刊。主编沈镇宙,月刊,宗旨为"服务读者,成就作者"。主要报道国内外研究前沿的快速报道、专家述评、肿瘤临床研究、基础研究、肿瘤防治、文献综述、学术讨论、临床病理讨论、最新医药科技动态、病例报道、讲座和简讯等。官方网址为www.china-oncology.com

该刊是北京大学中文核心期刊、中国科技论文统计源期刊(中国科技核心期刊)、《中文生物医学期刊文献数据库—CMCC》及《中国生物医学期刊引文数据库—CMCI》收录期刊、《中国核心期刊(遴选)数据库》收录期刊、中国学术期刊综合评价数据库(CAJCED)收录期刊,被美国化学文摘(CA)数据库和《WHO西太平洋地区医学索引 WPRIM》收录,并被《复旦大学学位与研究生教育国内期刊指导目录》认定为权威期刊。在第三届中国学术期刊评价中被评为"RCCSE中国核心学术期刊(A)"。获2013年度"中国抗癌协会系列期刊优秀期刊"称号。

全年共收自然投稿1 010篇,首次突破千篇大关,发表论文165篇,合计约150万字,退稿率约为83.7%。杂志发表基金论文79篇,基金论文比创新高,达47.9%,较前几年有较大幅度的提升。2014年度该刊影响因子为0.981,在全国32本肿瘤类学术期刊居第5位。全年发行超过6万册,机构订阅用户分布8个国家和地区,个人读者分布在11个国家和地区。

2014年度发表文章3篇(王琳辉、李广涛、杨子辉),倪明获得上海高校科技期刊研究基金1项,协助附属肿瘤医院肿瘤研究所欧周罗获得"2014年上海市新闻出版专项资金"1项。

(倪 明)

《肿瘤影像学》

《肿瘤影像学》杂志(原《上海医学影像》杂志,2013年3月正式更名)是复旦大学主管、复旦大学附属肿瘤医院主办的学术类期刊。主编常才,季刊,80页,入选《复旦大学学位与研究生教育国内期刊指导目录》核心期刊。

办刊宗旨和目标为:贯彻理论与实践、普及与提高相结合的方针,反映肿瘤影像学临床应用和科研工作成果,增进国内外肿瘤影像学学术交流,提高我国肿瘤影像学诊断技术和治疗水平。

杂志刊登内容以肿瘤类疾病为主,非肿瘤类为辅,涉及放射诊断学、超声医学、核医学、介入医学、内镜诊断治疗学、光成像学、综合影像、医学影像工程以及相关学科的论文。

全年共收稿115篇(其中约稿29篇,自由投稿86篇)。发表论文72篇(其中专家述评与专题论著26篇、论著31篇、综述3篇、短篇论著2篇、晓航读片窗3篇、病例报告7篇,共计50余万字),基金论文比为23.6%(17/72),自然收稿退稿率为40%左右。

2014年出版专刊4期,分别肝癌的影像学诊断(中山医院超声科主任、教授王文平)、妇科疾病的影像学诊断(肿瘤医院超声科主任、教授常才)、分子影像学(肿瘤医院核医学科主任、教授章英剑)、腹部肿瘤影像学诊断(肿瘤医院放射诊断科主任、教授彭卫军)。

(倪 明)

《中国感染与化疗杂志》

编辑出版6期,每期印数11 000册,全年总发行量为66 000册。全年共收到论文356篇,已录用约128篇,录用率36%。由于稿件量增多,全年页码增至556页,刊出文章150篇,约110万字。其中包括论著86篇、病例报告10篇、综述19篇和信息交流35篇。

全部刊出文章中,受国家级基金项目资助25篇、省市级和其他基金项目资助22篇,合计基金资助论文47篇。超过半数的论著有基金助资。

目前杂志已加入的数据库有:荷兰《医学文摘》,《化学文摘》,美国国立医学图书馆,核心期刊(遴选)数据库、中国期刊全文数据库、中文科技期刊数据库,中国学术期刊综合评价数据库统计源期刊,中国药学文摘等。入选北京大学出版社出版的《中文核心期刊要目总览》2011年版(即第6版)之临床医学/特种医学类的核心期刊,以及复旦大学学位与研究生教育国内期刊指导目录临床医学A类杂志。

在2014年版中国科技期刊引证报告扩刊版中,该刊影响因子达3.100,在105种临床医学类杂志中排名第2位;在核心版中,核心影响因子达2.172,在9种感染病学、传染病学类期刊中排名第1位,在1989种中国科技核心期刊中排名第6位。在中国学术期刊影响因子年报(自然科学与工程技术2014版)中,复合影响因子为2.383,在97本同类杂志(内科学)中排名第1位。

2014年度被评为第三届中国精品科技期刊,获首届上海市高校精品科技期刊奖。

曹忆堇被评为2014年中国高校技术类科技期刊优秀工作者以及第五届上海市期刊优秀工作者。

(施耀国)

《中华手外科杂志》

《中华手外科杂志》编辑部设在复旦大学附属华山医院内。编委会包括国内著名手外科专家67名,现任总编辑为顾玉东院士。该刊主要读者为国内手外科医师,兼及整形外科、骨科、显微外科和普通外科医师。重点介绍和报道手外科领域中先进的科研成果和临床诊疗经验;优先介绍各专业中的创新及发明;关注对临床有指导作用与临床密切结合的基础理论研究。该刊已加入中国科学引文数据库(CSCD)、中国学术期刊综合评价数据库、中国期刊全文数据库、中国数字化期刊全文数据库、中文科技期刊数据库。

2014年共编辑出版6期,每期发行量约为2 800册。全年共收稿415篇,刊登243篇,刊出率为53.3%,其中省、部级以上基金论文29篇,刊出率为13.9%。重点号刊出6期共43篇文章。

(周佳菁)

产业化与校产管理

【概况】 2014年复旦大学资产经营公司明确自身定位,积极履行职责:一方面代表学校持有对企业投资形成的股权,经营和管理学校经营性资产,履行直接出资人职责,实现国有资产保值增值;另一方面,充分发挥复旦大学多学科综合的科技和人才优势,统筹管理、整合资源,推动学校科技成果产业化,孵化科技企业,参与区域经济协作联动,促进区域经济发展;并注重公司自身发展,梳理和调整公司治理结构,加强员工培训和团队建设,努力实现制度化、规范化管理。

一、管理经营学校经营性资产,履行直接出资人职责,实现国有资产保值增值。

2014年,资产经营公司以建立现代化企业管理为目标,对学校的经营性资产进行经营和管理,履行直接出资人职责,促进国有资产保值增值。下属子公司上缴红利985万元,资产公司上缴财政部国有资本收益822.19万元,上缴复旦大学利润1 307.88万元。

全面梳理、分类管理,提升对企业的管理效率。资产经营公司管理的学校投资企业共162家(统计到三级企业),其中,资产过亿的公司15家,上市公司3家,净利润超千万的公司11家。

2014年,在进一步推进产业规范化建设的同时,全面梳理下属企业,整理编制《复旦资产公司及复旦大学对外投资企业基本情况表》及《上海复旦企业发展有限公司对外投资企业基本情况表》。根据企业类型及经营情况,划分五大类企业,编制《资产经营公司管理的企业分类及管理思路》,针对上市公司的管理发展思路是,利用上市公司证券化平台,引入战略投资者,通过增发、重组和并购等规范化的资本运作手段,做大做强上市公司;对科技园区类企业的管理发展思路是,结合复旦学科优势,以科技成果产业化为导向,着力建设以信息技术、生物医药和创新科技为特色的专业化园区,引入专业化基金,促进园区企业快速发展;对科技文化产业类企业的管理发展思路是,按照现代化企业管理制度,不断完善公司治理结构,第一对发展良好的企业进一步推动技术创新、模式创新,提升经济效益和社会效益,帮助企业加快进入资本市场,第二对经营一般的企业,加大监管力度,及时发现企业经营过程中的问题,帮助企业寻找合作伙伴和可行的解决方案,促进企业良性发展,第三对难以持续经营、存在一定风险的企业,及时制定股权退出方案,尽早止损;对改制企业管理发展思路是,进一步规范管理,对各种改制遗留问题制定相关政策措施,以深化改革,巩固改制成果;对停止经营企业的各种历史遗留问题进行梳理,制定清算关闭方案,并逐步落实相关工作,对于无法正常关闭的企业,将通过法律途径解决。

建立健全制度,加速推进企业现代化治理步伐。为使对下属企业的管理更加规范化、制度化。召开全资控股企业总经理会议,讨论如何进一步规范管理企业。规范并完善企业财务管理、财务报表报送和内审制度,加强企业监管,控制企业经营风险。

增值服务企业,促进企业更好发展。在做好对企业规范管理的同时,注重对企业提供增值服务。将资产经营公司及学校的优势资源导入企业,增强企业竞争力;根据行业发展动态及企业业务现状,提出战略性建议;为企业搭建交流平台,促进企业间强强联合与上下联动。帮助企业落实申请退税扶持金、申请国有资本预算、办理和更换国有资产产权登记证等。

核查摸底未划转企业情况,推进

关停并转工作。2014年下半年,启动对未划转企业的划转工作。一是建立企业划转工作督办制度,每月召开企业划转工作进展汇报会;二是建立各企业划转工作档案,保障划转工作的持续有效进行。

二、开展大学生创业宣传,辅导大学生创新创业,推动学校科技成果产业化,提供科技企业孵化服务。

开展大学生创业宣传,营造创新创业氛围。2014年,与学校就业指导办公室、教务处、团委、研工部、管理学院、校友会等相关职能部门合作,开展创新创业宣传工作,在校内营造创业氛围。先后在5月、10月举办第十八、十九期"创业培训"班,宣讲科技创新政策和创业知识,共有134名学生参加培训。

举办创新创业活动,鼓励大学生创新创业。举办"2014沪港创业企业训练营"、校友创业企业家经验分享会;与管理学院联合举办2014"聚劲杯"创业大赛决赛;协办"对话硅谷·新思维创业"论坛及"复旦—盛大创新创业"大会;组织学生创业团队参加各类创业大赛,如浙江大学"新尚杯"创业大赛、"复旦之星"创业计划大赛等。

注重指导创业团队知识产权申报、协助创业企业获得早期投资,以帮助创业企业稳步发展,扩大社会影响度。复旦分基金资助企业中5家获得"上海市创新基金初创期创业"项目;3家企业获得早期风险投资基金资助,9家企业获得2014年上海市服务业引导资金补助;3家企业获得"2014年全球创业周雏鹰奖",2家企业获得2014年"上海市高新技术成果转化奖",1家企业被评为"2014年度上海市专精特新中小企业"。

加强复旦分基金管理,规范评审、孵化与退出机制。2014年,复旦分基金全年受59个项目,上半年评审并批准资助雏鹰计划项目5项,批准资助资金50万元;下半年批准资助项目11项。复旦分基金全年共资助10个创业团队成立新公司,其中,9家债权,1家股权;投资金额135万元,其中债权120万,股权15万。

2014年,共完成18家资助企业的基金退出工作。12家企业全额退出基金,2家企业已清算和折价退出基金,4家企业由于经营不善而注销,上海市大学生科技创业基金会终止资助企业。

2014年,复旦分基金会再次被评为上海市大学生科技创业基金会优秀分基金会。

三、落实党风廉政工作,加强资产经营公司内部管理和自身建设,提高管理服务水平。

加强党风廉政教育和制度建设,源头预防腐败。通过组织经常性的学习,加强教育,提高每个人、特别是经营班子成员廉政防腐的意识和自觉性。2014年,根据资产经营公司的实际情况,有针对性地开展反腐倡廉教育,把廉政风险防控与管辖范围内的各项业务工作紧密结合、统筹安排。多次开展集体学习教育活动,学习党的十八届四中全会精神,提高对依法治国的认识。

注重制度建设,建立"三重一大"决策制度、健全决策程序,重大问题充分酝酿、形成共识;每周至少召开一次党政班子联席工作会议,讨论、决策公司事项;遇到急事随时沟通,充分交换意见,切实实行民主决策。针对党风廉政建设工作全年专题讨论研究超过5次,内容涵盖工作过程中遇到的重点问题,包括"三重一大"事项决策、落实信息公开、规范公司管理方法等。

加强公司的内控建设,以中央巡视工作为契机,建立或修订公司管理制度和工作流程。如《上海复旦资产经营有限公司财务管理制度》、《上海复旦资产经营有限公司印章管理制度》、《上海复旦资产经营有限公司财务报销流程》、《上海复旦资产经营有限公司企业管理办事流程》等。执行事务公开制度,定期公布财务、人事等热点问题。通过严格执行各项规章制度和公开透明的决策程序,从源头预防腐败。

加强学习、严格管理,提高工作人员的综合素质。加强员工培训和团队建设,努力提高公司工作效率,力争做到规范化、制度化管理。2014年完成公司内部学习、议事、管理15项内部制度的建立健全工作。制定《上海复旦资产经营有限公司档案管理制度》、《上海复旦资产经营有限公司人事管理制度》等。

四、用心服务产业职工,提升产业凝聚力,增强职工归属感。

校产业职工的服务与管理一直是资产经营公司重要工作内容之一。2014年,在学校人事处的统筹管理与指导下,校产业按时完成员工人事管理相关工作。同时,针对部分改制企业员工的特殊情况,妥善处理历史问题,保障员工正当权益。

由校产业管理的学校在职职工人数2014年年初为192人,年末为177人;退休职工年初为398人,年末为409人。结合产业职工特点,校产业2014年完成暑期送清凉、春节送温暖、关心特殊职工家庭、组织优秀职工参加暑期疗休养、重阳节退休职工集体生日等服务工作。

(胡 冰)

【联合举办"第一期沪港创意创业夏令营"】 8月23—8月26日,由资产经营公司与香港理工大学企业发展院联合主办、教务处协办的"第一期沪港创意创业夏令营"在校开营。来自香港理工大学和复旦大学的30多名学生通过讲座、讨论、互动、实践、观摩等形式,全方位、多领域进行创业专业知识的解析和创业项目实战的模拟。该公益项目旨在为香港及上海高校中有创业热情的大学生搭建相互交流与学习的平台,传播创业文化、整合社会创业资源、激发创业灵感、培育优秀大学生创业者。

(胡 冰)

【召开学校科技产业交流座谈会】 10月10日,复旦大学科技产业工作交流座谈会在复旦大学卿云宾馆多功能厅举行。副校长金力出席会议并讲话,30余家复旦大学全资控股和部分参股企业的行政和党务负责人出席会议。与会人员主要围绕复旦大学科技产业的发展现状、存在问题及未来发展方向进行交流讨论,搭建好学校与企业、企业与企业间的沟通桥梁。

(胡 冰)

【对全资控股企业实行统一审计】 制定2014年资产经营公司全资控股公司年报统一审计方案。10月20

日,首次以公开邀标的方式选用会计事务所,对应邀的5家会计师事务进行商务标和技术标的评审;11月7日举行了开标会,最终众华会计师事务所以总分第一中标,由其完成对资产经营公司下属全资控股公司2014年年报统一审计工作;12月4日召开2014年度企业决算工作布置会,对下属企业按规范做好2014年度的决算工作和2015年的预算工作提出具体要求。

（胡　冰）

【召开复旦大学校产业2014年职工代表大会(暨工会代表大会)】 12月26日,召开复旦大学校产业2014年职工代表大会(暨工会代表大会)。45名职代会正式代表、37名工代会正式代表出席会议。副校长金力、校工会副主席吴佳新出席会议,资产经营公司全资、控股企业党政负责人、校产业退休员工代表等应邀列席会议。会议由校产业工会主席王金童主持。复旦资产经营有限公司总经理周曦在会上作《复旦大学校产业工作报告》;校产业工会主席王金童作《复旦大学校产业工会工作报告》。大会增补4名校产业工会委员。

（胡　冰）

六、人事工作

队伍建设

【概况】 2014年,复旦大学人事工作全面贯彻"人才强校"宗旨,多渠道完善各类人才队伍建设机制,全面推进校院两级人事管理体制改革。

理顺体制机制,全面推进校院两级人事管理改革。根据学校推进校院两级管理改革总体部署,2014年继续深入开展规章制度梳理工作,梳理出现行有效人事规章制度79项,废止100余项。围绕宏观资源配置、高层次队伍建设、教职工聘任管理和人事服务与保障等方面全面梳理审批事项,积极推进负面清单制定工作,为加快实施校院两级人事管理改革奠定基础。10月,制定出台《复旦大学关于深化校院两级人事管理改革的若干意见》,标志着校院两级人事管理改革迈出重要一步。针对人事管理中的薄弱环节,按照学校构建中国特色现代大学制度、推进学校治理体系和治理能力现代化的要求,为从制度层面解决人事管理的体制机制问题,围绕进一步规范教师队伍管理、完善学生思政、党政管理和技术支撑等岗位的统一招聘管理体系,健全以服务国家、学术贡献、教书育人、团队合作等为主要内容的多元评价体系和深化收入分配制度改革等方面,起草深化校院两级人事管理改革的12个相关配套文件,并广泛征求院系意见。

实施人才计划,推进高层次人才队伍建设。完成国家"千人计划"、教育部"长江学者奖励计划"、国家卫生计生委有突出贡献中青年专家、政府特贴、国家百千万人才工程、中组部青年拔尖人才、上海"千人计划"、上海市领军人才、上海东方学者等人才计划的申报及全国优秀教师、(国家或上海市)教书育人楷模等奖项的推荐工作,进一步提升学校高层次人才队伍规模。入选国家"千人计划"(含创新长期、创新短期、外专项目、青年项目)22人,新增教育部"长江学者奖励计划"特聘与讲座教授19人,百千万人才工程国家级人选1人,上海领军人才4人,上海"千人计划"16人,上海东方学者16人。陈纪修教授荣获全国优秀教师。

完善教师选聘机制,加大吸引集聚优秀人才力度。2014年,继续深入实施《复旦大学关于加强教学科研岗位招聘工作的实施意见》,按照校院两级管理的总体要求,通过进一步加大院系的招聘自主权、调动院系积极性、完善新进教师聘用审批会议机制、规范招聘流程、畅通引才渠道等举措,实现引进人才总量和层级的进一步提升。全年共引进各类高层次人才106人,其中直接从海外引进90人,约占引进人才总数的85%。主要呈现以下特点:一是着力引进高端人才,2014年引进人才中校特聘岗位引进占比37.7%,校关键岗位引进占比20.8%;二是均衡人才分布结构,文、理、医、工各学科人才均有增长;三是继续完善预聘长聘制度,引进青年研究员、青年副研究员44人。

加大"卓越人才计划"实施力度,推进青年教师培养体系建设。继续深入推进"卓越人才计划"实施,将入选优青、青年拔尖等国家级竞争性人才计划的优秀教师,优先纳入"卓识计划",重点进行团队建设方面的资助,提升入选教师学术团队的领军能力。在加强优秀骨干教师培养的同时,积极推进青年教师培养体系建设,强化青年教师的日常培养和新教师教学技能方法的培训,会同相关职能部门,共同实施"青年教师凝聚力建设项目"。

完善人才队伍分类管理体系,推进管理人员和流动科研队伍建设。一是按照建设高素质、专业化管理队伍的目标,积极推动管理人员职员职级改革方案制定。二是制订出台《复旦大学项目制科研人员聘用管理实施细则》等政策文件,对项目制科研人员的设岗聘用、经费分担、薪酬待遇、考核管理等问题进行系统梳理和科学设计。三是继续完善并实施非教学科研岗位和专职辅导员岗位统一公开招聘工作,面向辅导员队伍启动机关统一招聘工作,共招聘14名辅导员充实机关队伍,在全国范围公开对外招聘辅导员7人,并积极推动校内教师转岗分流。全年共招聘新进教职员工174人,其中教学科研人员117人,管理人员24人,思政人员10人,其他人员23人。四是进一步完善灵活用工管理服务机制,继续推进租赁制人员转在编聘用工作,共计转在编聘用13人,其中学校经费租赁5人(编前试用1人)、平台经费租赁人员4人、自筹经费4人。全年新招录租赁制用工人员201人,离职190人,截至2014年12月底,全校租赁制人员共730人,其中科研助理254人。五是加强博士后管理与培养,利用优势条件,多渠道招收优秀博士后;加强博士后国际交流,提升博士后培养质量,2014年复旦大学有4名博士后获得中国博士后科学基金会国际交流派出项目资助,8名博士后获得中国博士后科学基金会引进项目资助;拓展企业博士后工作,新增中国航天空气动力技术研究院等7家联合培养企业。全年共招收进站博士后381人,其中留学博士后(含外籍)40人、与企业联合招收博士后39人,有236名博士后顺利完成研究工作、期满出站。

共有142名博士后获得中国博士后科学基金资助,其中22人获得特别资助,占申请人数的49%,44人获得面上一等资助,76人获得面上二等资助,共有3名博士后获得上海市博士后科研资助计划。

深化高级职务聘任改革,完善学术评价体系。在对2013年教师高级职务聘任工作和"代表性成果"评价机制实施情况进行总结的基础上,继续完善代表性成果评价机制。根据工程类院系学科的特点开设"工程系列研究员、副研究员"岗位,并制定符合相关学科特点的评价标准。为加强会计、审计、基建工程等专业人才队伍建设,启动学校会计、审计、基建工程高级职务聘任工作。全年完成本校教学科研系列高级职务174名,附属医院临床卫生、科研系列高级职务226名。2014年启动附属医院临床系列教授副教授的评审聘任工作,聘任附属医院教授43名、副教授40名。在初中级职务聘任方面,审核并批准校本部初级职务12人、中级职务50人、附属医院初级职务622人、中级职务374人。针对全校及附属医院管理岗位人员和科研助理岗位及学校经费租赁的专技人员开展初中级职务任职资格鉴定工作,学校管理岗位鉴定中级资格32人、初级资格3人;附属医院管理岗位鉴定中级资格39人、初级资格23人;学校科研助理岗位及学校经费租赁的专技人员鉴定相应的初中级职务任职资格26人。

完善岗位聘任管理,深化收入分配制度改革,落实薪酬福利配套政策。2014年,在岗位聘任、考核以及合同管理等方面,起草新一轮岗位聘任实施方案,强化院系在岗位聘任、职级晋升上的自主权。实施国家岗位聘用工资层级正常调整,完成全校教职工岗位年度考核和4位校聘教学科研岗位人员的6年期满考核和43位人员的3年中期考核,完成合同到期续签641人,补签2人,其中满足长期合同签订条件的13人。在深化收入分配制度改革方面,根据教学、科研、管理服务等方面的业绩进行年度考核,实施年终绩效奖励,进一步提高教职工收入水平。考核中强化业绩为先,优化考核办法、考核内容、指标体系,充分体现对实际业绩、突出贡献的奖励。在落实薪酬福利政策方面,实施2014年教职工薪级工资正常晋升、岗位层级和岗位津贴调整、学校和个人按新基数缴纳统筹费和社会保险费等工作,落实困难补助发放、丧葬抚恤金领取、探亲费报销和工伤认定受理等教职工福利政策。退休延聘工作方面,为300名专家办理延聘申报手续,审核办理187名到龄同志的退休手续以及84名高级专家提高退休费比例和中小学30年教龄提高退休费比例手续。

巩固深化群众路线教育实践活动成果,提升人事宏观管理水平。根据校院两级管理体制改革和群众路线教育实践活动整改要求,学校人事部门围绕加强作风建设,增强服务意识,以改革不断提升人事管理服务水平。2014年,通过建设人事数据交换平台,优化信息数据处理流程,升级URP人事信息管理系统等举措,积极提升人事信息化管理水平。通过修订《复旦大学教职工人事服务手册》,制作各类落户申请手续办理的流程单页和材料样表,编制《复旦大学人事政策文件汇编》等,进一步加强信息公开和政策服务。通过组织高层次人才体检疗养,安排引进人才过渡房等,在医疗保健、落实住房等方面为教职工提供综合性、个性化服务。

(钱飚 陈坚)

【刘利民到校调研】 3月21日,教育部副部长刘利民到校考察,并就高水平人才队伍建设情况进行调研,朱之文书记陪同。刘利民一行考察环境系上海市大气颗粒物污染防治重点实验室、微电子学院微纳电子器件研究所和历史地理研究所,听取常务副校长陈晓漫汇报复旦大学师资队伍建设改革工作,并与来自各学科的教师代表进行座谈。刘利民对学校在人才队伍建设中的各项改革给予高度评价,他指出,高等教育的改革进入关键时期,必须推出集成式、综合性的改革举措,复旦大学近年来的改革取得很好的效果,具有很强的推广示范效应,希望复旦大学成为教育体制改革的领头羊、排头兵。(张琦荣)

【完成文科资深教授遴选工作】 为贯彻落实学校发挥文科领军人物在事业发展和人才队伍建设中的引领作用,促进人文社会科学的繁荣发展,根据《复旦大学文科资深教授遴选暂行办法》,2014年完成文科资深教授遴选工作,聘任葛剑雄、葛兆光、俞吾金、陈尚君、朱立元、黄霖、姚大力等7人为文科资深教授,有力推进学校文科领军人才队伍建设。

(张琦荣)

【教育部"长江学者奖励计划"特聘与讲座教授入选人数取得新突破】 2014年,学校新增"长江学者"19人,其中特聘教授14人,讲座教授5人,入选总数位列全国高校第二位,讲座教授入选人数位列第一位。14位特聘教授分布在12个学科组,显示出学科均衡、多点分布的特点,其中信息科学和文学与艺术组分别有2人入选。学校"长江学者"总数达123人,仅次于北京大学、清华大学,位列全国高校第三位。

(文婕)

【举办"2014求是奖"颁奖典礼】 该典礼于9月13日在学校谢希德报告厅举行。由香港求是科技基金会主办,复旦大学承办。韩启德、何大一、孙家栋、施一公、饶毅、王晓东、薛其坤等著名科学家,求是基金会主席查懋声,校党委书记朱之文、校长杨玉良等出席颁奖典礼。清华大学物理系教授薛其坤获得2014年度"求是杰出科学家奖",复旦大学物理系赵俊等10位海归青年学者获得2014年度"求是杰出青年学者奖"。 (文婕)

附录

中国科学院、中国工程院院士（复旦大学）

编号	类别	学部名称	姓名	当选年份	部门	标识
1	中国科学院	化学部	杨玉良	2003	高分子科学系	b
2	中国科学院	化学部	江 明	2005	高分子科学系	b
3	中国科学院	化学部	赵东元	2007	化学系	b
4	中国科学院	生命科学和医学学部	杨雄里	1991	神经生物所	b
5	中国科学院	生命科学和医学学部	金 力	2013	生命科学学院	b
6	中国科学院	数学物理学部	胡和生(女)	1991	数学科学学院	b
7	中国科学院	数学物理学部	李大潜	1995	数学科学学院	b
8	中国科学院	数学物理学部	洪家兴	2003	数学科学学院	b
9	中国科学院	数学物理学部	郝柏林	1980	物理系	b
10	中国科学院	数学物理学部	王 迅	1999	物理系	b
11	中国科学院	数学物理学部	陶瑞宝	2003	物理系	b
12	中国科学院	数学物理学部	杨福家	1991	现代物理所	b
13	中国科学院	数学物理学部	孙 鑫	2013	物理系	b
14	中国科学院	数学物理学部	陈恕行	2013	数学科学学院	b
15	中国工程院	医药卫生学部	王威琪	1999	信息学院	b
16	中国科学院	信息技术科学部	金亚秋	2011	信息学院	b
17	中国工程院	医药卫生学部	闻玉梅(女)	1999	医学院	b
18	中国科学院	信息技术科学部	许宁生	2009	学校办公室	b
19	中国工程院	医药卫生学部	顾玉东	1994	华山医院	y
20	中国科学院	生命科学和医学学部	沈自尹	1997	华山医院	y
21	中国工程院	医药卫生工程学部	周良辅	2009	华山医院	y
22	中国科学院	生命科学和医学学部	王正敏	2005	眼耳鼻喉科医院	y
23	中国工程院	医药卫生学部	汤钊猷	1994	中山医院	y
24	中国工程院	医药卫生学部	陈灏珠	1997	中山医院	y
25	中国科学院	生命科学和医学学部	葛均波	2011	中山医院	y
26	中国科学院	生命科学和医学学部	贺福初	2001	化学系	zs
27	中国工程院	医药卫生学部	陆道培	1996	医学院	zs
28	中国科学院	地学部	安芷生	1991	环境系	zs
29	中国科学院	生命科学和医学学部	赵国屏	2005	生命学院	zs
30	中国科学院	数学物理学部	彭实戈	2005	数学科学学院	zs
31	中国科学院	数学物理学部	沈学础	1995	物理系	zs
32	中国科学院	化学部	黄春辉(女)	1999	先进材料实验室	zs
33	中国工程院	资源与矿业工程学部	胡思得	1995	现代物理所	zs
34	中国科学院	信息技术科学部	干福熹	1980	信息学院	zs
35	中国科学院	信息技术科学部	陆汝钤	1999	计算机学院	zs
36	中国科学院	化学部	林国强	2001	化学系	zs
37	中国科学院	化学部	陈凯先	1999	药学院	zs

注：标 b 号者为本部，标 y 号者为附属医院，标 zs 号者为双聘。

复旦大学(文科)杰出教授

单位	姓名	备注
外文学院	陆谷孙	
中国语言文学系	裘锡圭	

复旦大学(文科)特聘资深教授

姓名	单位	现聘期起始时间
周振鹤	历史地理研究所	200802
葛剑雄	历史地理研究所	201404
姚大力	历史地理研究所	201404
姜义华	历史学系	200802
葛兆光	文史研究院创新基地	201404
童兵	新闻学院	200802
刘放桐	哲学学院	200802
王水照	中国语言文学系	200802
朱立元	中国语言文学系	201404
陈尚君	中国语言文学系	201404
黄霖	中国语言文学系	201404

千人计划(国家、地方)入选表

创新千人长期	35
创新千人短期	4
青年千人	27
上海千人长期	29
上海千人短期	11

"长江学者奖励计划"特聘/讲座教授名录

单位	姓名	岗位	备注	受聘时间
中文系	陈思和	中国现当代文学	届满	2005.3
	张涌泉	中国古典文献学	提前结束聘期	2006.3
	王德威	中国现当代文学	国外(讲座)届满	2007.3
	郜元宝	中国现代文学		2015.1
	汪涌豪	中国古代文学		2015.1
出土文献与古文字研究中心	刘钊	中国古典文献学	届满	2008.3
历史系	B. Elman	中国思想文化史	届满	2008.3
	夏伯嘉	欧洲史		2012.10
	章清	中国史中国近现代思想史		2015.1
哲学学院	俞吾金	外国哲学—国外马克思主义	届满	2005.3
	黄洋	世界史		2013.10
	莫伟民	外国哲学		2015.1
国际关系学院	吴晓明	马克思主义哲学	届满	2007.3
	林尚立	政治学	届满	2006.3

续表

单 位	姓 名	岗 位	备 注	受聘时间
经济学院	姜波克	金融学	届满	2005.3
	张 军	当代中国经济	届满	2007.3
	袁志刚	宏观经济学	届满	2008.3
	陈诗一	能源环境经济		2015.1
新闻学院	陈韬文	新闻传播学	届满	2006.3
	潘忠党	传播学	届满	2008.3
	赵心树	传播学	届满	2010.2
管理学院	宋京生	管理科学与工程	届满	2010.2
	郭 亮	市场营销		2015.1
公共卫生学院	郝 模	医疗卫生政策	届满	2008.3
法学院	孙笑侠	法学理论		2013.10
社会发展与公共政策学院	钱震超	社会学		2013.10
社会科学高等研究院	郭苏建	政治学理论		2015.1
数学科学学院	李 骏	基础数学	届满	1999.6
	李嘉禹	基础数学	届满	2000.7
	雍炯敏	运筹学与控制论	届满	2000.9
	吴宗敏	应用数学	届满	2002.10
	陈贵强	应用数学	届满	2005.3
	周 忆	应用数学	届满	2000.1
	汤善健	运筹学与控制论	届满	2006.3
	郁国樑	基础数学	届满	2006.3
	郭坤宇	基础数学	届满	2007.3
	柏兆俊	计算数学	届满	2007.3
	陈 猛	基础数学	届满	2008.3
	张 坚	基础数学	届满	2009.3
	袁小平	基础数学	届满	2010.2
	傅吉祥	几何学		2012.10
	严 军	应用数学		2015.1
物理系	金晓峰	凝聚态物理	届满	1999.4
	侯晓远	凝聚态物理	届满	2000.9
	资 剑	理论物理	届满	2001.9
	封东来	同步辐射谱学	届满	2006.3
	魏苏淮	理论物理	届满	2007.3
	游建强	理论物理	届满	2009.3
	邱子强	磁学	届满	2009.3
	周 磊	理论物理	届满	2010.2
化学系	金国新	无机化学	届满	2001.9
	赵东元	物理化学	届满	2000.1
	贺鹤勇	物理化学	届满	2000.5
	周鸣飞	物理化学(激光化学)	届满	2002.10

续 表

单 位	姓 名	岗 位	备 注	受聘时间
化学系	钟国富	生物有机化学	届满	2005.3
	杨 丹	生物有机化学	届满	2006.3
	陈 先	分析化学—蛋白质组学	届满	2005.3
	徐 昕	有机化学		2012.10
	刘智攀	物理化学		2013.10
	李富友	无机化学		2015.1
	唐科奇	分析化学仪器质谱		2015.1
高分子系	杨玉良	高分子化学与物理	届满	1999.4
	邵正中	高分子化学与物理	届满	2007.3
	史安昌	高分子化学与物理	届满	2007.3
	丁建东	高分子化学与物理	届满	2010.2
	彭慧胜	高分子化学与物理		2015.1
材料系	武利民	材料物理与化学	届满	2009.3
生命科学学院	罗泽伟	遗传学	届满	1999.4
	金 力	遗传学	届满	2000.9
	余 龙	遗传学	届满	2000.9
	骆亦其	生态学	届满	2002.12
	沈文辉	遗传学—植物表观遗传学	届满	2008.3
	刘 钧	遗传学—医学遗传(基因到药物)	届满	2009.3
	王学路	植物分子遗传学	届满	2010.4
	易 庆	遗传学(肿瘤分子遗传)	届满	2010.2
	赵世民	蛋白质组学		2012.10
	王红艳	医学遗传学		2013.10
	Richard H. Finnell	医学遗传学		2015.1
发育生物学研究所	许 田	发育生物学	届满	2005.3
	韩 珉	发育生物学	届满	2006.3
生物医学平台	Alastair Murchie	药物化学	届满	2006.3
	谷 迅	基因组学	届满	2006.3
	熊 跃	细胞生物学	届满	2007.3
	管坤良	生物化学及分子生物学	届满	2007.3
	王丽华	分子生物学	届满	2009.3
	于文强	表观遗传学	届满	2010.2
力学系	韩平畴	一般力学	届满	2003.5
环境系	杨 新	环境科学(大气化学)	届满	2006.7
	张 琦	环境科学与工程		2015.1
先进材料	黄 维	信息材料	届满	2005.3
信息学院	陈良尧	凝聚态物理	届满	1999.4
	余思远	光电微纳集成芯片系统	届满	2009.3
	刘 冉	微电子学与固体电子学	届满	2005.3

续 表

单 位	姓 名	岗 位	备 注	受聘时间
计算机学院	翁巨扬	计算认知发育	届满	2008.3
微电子学院	周 电	微电子学与固体电子学	届满	2002.10
	张世理	微电子学与固体电子学	届满	2006.3
	曾 璇	微电子学与固体电子学		2015.1
	张 卫	微电子学与固体电子学		2015.1
神经生物学研究所	李葆明	神经生物学	届满	2001.9
	卓 敏	神经生物学	届满	2005.3
	纪如荣	神经生物学		2015.1
脑科学研究院	杨振纲	神经生物学		2015.1
医学院	汤其群	分子医学	届满	1999.12
	孙凤艳	神经生物学	届满	1999.3
	马 兰	神经生物学	届满	2002.10
	张素春	人体解剖与组织胚胎学	届满	2006.3
	施 扬	分子医学	届满	2005.3
	袁钧瑛	生物化学与分子生物学	届满	2006.3
	王 睿	生理学	届满	2007.3
	朱依纯	生理学	届满	2009.3
	陈 俊	神经生物学	届满	2009.3
公共卫生学院	屈卫东	劳动卫生与环境卫生学		2015.1
药学院	朱依谆	药学		2012.10
儿科医院	孙 波	儿科学	届满	1999.12
华山医院	朱剑虹	神经外科	届满	2001.9
	毛 颖	外科学		2015.1
五官科医院	李华伟	耳鼻咽喉科学	届满	2007.3
中山医院	葛均波	心血管内科	届满	2000.1
	邹云增	分子心脏病学	届满	2005.3
	周 俭	肝外科		2013.10
	钦伦秀	肝肿瘤学		2013.10
肿瘤医院	邵志敏	肿瘤学	届满	1999.3
五官科医院	蒋家琪	耳鼻喉科学	届满	2010.2

复旦大学特聘教授(研究员)1

单 位	姓 名	学 科	受聘(批准)时间	备 注
出土文献与古文字研究中心	刘 钊	古典文献学	200703	复旦特聘
儿科医院	孙 波	儿科学	200501	复旦特聘
管理学院	胡建强	管理科学与工程	200803	复旦特聘
管理学院	陈 超	会计系	200804	复旦特聘
管理学院	孙 谦	金融学	201002	复旦特聘
国际关系与公共事务学院	唐世平	国际政治	200812	复旦特聘

续表

单位	姓名	学科	受聘(批准)时间	备注
国务学院	张卫(张维为)	政治学/国际关系	201203	复旦特聘
华山医院	朱剑虹	神经外科	200608	复旦特聘
华山医院	张颖	结核病	200608	复旦特聘
华山医院	刘杰	消化内科	200710	复旦特聘
华山医院	吴志英	神经病学	200711	复旦特聘
华山医院	郝传明	肾脏病学	200912	复旦特聘
华山医院	徐剑锋	遗传流行病学	201002	复旦特聘
华山医院	朱宁文	外科学(皮肤组织库与组织工程)	201205	复旦特聘
化学系	黎占亭	有机化学	200904	复旦特聘
环境系	郑正	环境工程	200703	复旦特聘
环境系	李笃中	环境工程	201006	复旦特聘
环境系	Marie Harder	应用可持续发展	201012	复旦特聘
基础医学院	姜世勃	艾滋病生物预防	201006	复旦特聘
基础医学院	王宾	疫苗学、病毒学	201007	复旦特聘
基础医学院	童舒平	病毒学	201007	复旦特聘
基础医学院	郭孙伟	生物化学与分子生物学	201011	复旦特聘
基础医学院	王继扬	免疫学	201101	复旦特聘
基础医学院	余东	病原生物学	201206	复旦特聘
基础医学院	吴健	肝脏病学	201305	复旦特聘
计算机学院	王晓阳	数据库系统	201106	复旦特聘
计算机学院	Boualem Benatallah	计算机科学	201303	复旦特聘
计算机学院	张彦春	计算机科学	201403	复旦特聘
经济学院	王城	经济学	200903	复旦特聘
经济学院	张中祥	能源和环境经济学	201208	复旦特聘
经济学院	陈庆池	微观经济理论	201303	复旦特聘
历史系	Fred Schrader	世界史	201011	复旦特聘
历史系	熊月之	中国近代史	201301	复旦特聘
历史系	李剑鸣	世界近代史	201402	复旦特聘
历史系	向荣	中世纪晚期近代早期欧洲史	201403	复旦特聘
社会发展与公共政策学院	王丰	人口学、社会学、比较历史人口社会学	200703	复旦特聘
社会科学高等研究院	郭苏建	政治学	200812	复旦特聘
社会科学高等研究院	纳日碧力戈	人类学	200812	复旦特聘
生命学院	谷迅	遗传学	200411	复旦特聘
生命学院	金力	遗传学	200501	复旦特聘
生命学院	沈文辉	遗传学—植物表观遗传学	200803	复旦特聘
生命学院	马红	植物分子生物学	200806	复旦特聘
生命学院	刘军	结核病细菌学	201106	复旦特聘
生命学院	肖向明	全球变化生态学	201301	复旦特聘
生命学院	唐惠儒	分析化学	201305	复旦特聘

续表

单 位	姓 名	学 科	受聘(批准)时间	备 注
生命学院	黄建东	生物化学	201306	复旦特聘
生命学院	杨仲南	植物分子遗传	201310	复旦特聘
生命学院	杨 弋	生物化学	201310	复旦特聘
生命学院/数学学院	David Waxman	定量生物学	201104	复旦特聘
生物医学研究院	Alastair Murchie	药物化学	200502	复旦特聘
生物医学研究院	于文强	表观遗传学	200806	复旦特聘
数学学院	李 骏	基础数学	201301	复旦特聘
数学学院	郁国樑	基础数学	201301	复旦特聘
数学学院	冯建峰	计算系统生物学	201301	复旦特聘
微电子学院	刘 冉	微电子学	200405	复旦特聘
微电子学院	陈宜方	微电子	200611	复旦特聘
微电子学院	周 电	微电子	201301	复旦特聘
五官科医院	李华伟	耳鼻咽喉科学	200703	复旦特聘
物理系	封东来	凝聚态物理	200903	复旦特聘
物理系	沈 健	凝聚态物理	200909	复旦特聘
物理系	张远波	凝聚态物理	200911	复旦特聘
物理系	吴咏时	理论物理	201011	复旦特聘
物理系	赵 俊	凝聚态物理	201203	复旦特聘
物理系	虞 跃	理论物理	201301	复旦特聘
物理系	武汝前	凝聚态物理	201305	复旦特聘
物理系	吴赛骏	凝聚态物理	201411	复旦特聘
信息学院	王 昕	通信与信息系统	200611	复旦特聘
信息学院	郑立荣	微电子学与固体电子学	200911	复旦特聘
信息学院	余建军	光纤通信与光网络	201006	复旦特聘
信息学院	杨晓峰	高端光刻机系统控制	201012	复旦特聘
药学院	石乐明	环境毒理	201003	复旦特聘
药学院	邵黎明	药物研发	201003	复旦特聘
药学院	余 科	肿瘤研究和新药研发	201011	复旦特聘
药学院	钱忠明	神经药理学	201205	复旦特聘
药学院	王永辉	药物小分子设计,合成和优化	201208	复旦特聘
中山医院	邹云增	心血管	200405	复旦特聘
中山医院	王向东	呼吸内科	200706	复旦特聘
中山医院	张 峰	显微外科	201012	复旦特聘
中山医院	夏 朴	内分泌	201207	复旦特聘
中山医院	任 骏	心内科	201307	复旦特聘
中文系	张汉良	比较文学与世界文学	201004	复旦特聘
肿瘤医院	邵志敏	肿瘤学	200401	复旦特聘
肿瘤医院	卢 华	遗传学	201012	复旦特聘
儿科医院	鲁 青	发育神经学	201312	复旦讲座

续 表

单 位	姓 名	学 科	受聘(批准)时间	备 注
发育生物所	许 田	发育生物学	200803	复旦讲座
发育生物所	韩 珉	发育生物学	200903	复旦讲座
高分子系	史安昌	高分子	200606	复旦讲座
管理学院	成思危	管理科学	200703	复旦讲座
管理学院	方述诚	管理科学	200912	复旦讲座
管理学院	宋京生	管理科学与工程	201001	复旦讲座
管理学院	彭 亮	统计学	201009	复旦讲座
管理学院	张 燕	管理学	201407	复旦讲座
管理学院	马 骏	管理学	201409	复旦讲座
国际问题研究院	沙祖康	外交学	201401	复旦讲座
华山医院	王庆华	胰岛病理生理研究	200509	复旦讲座
华山医院	申 勇	神经病学	200608	复旦讲座
华山医院	周群勇	神经生物学	200706	复旦讲座
化学系	陈 先	分析化学	200803	复旦讲座
化学系	曾适之	物理化学、无机化学	201203	复旦讲座
环境系	王 韬	大气化学	200605	复旦讲座
环境系	Trevor David Davies	环境科学	201101	复旦讲座
基础医学院	黄 聿	生理学	200409	复旦讲座
基础医学院	施 扬	分子医学	200502	复旦讲座
基础医学院	张素春	人体解剖与组织胚胎学	200603	复旦讲座
基础医学院	王 睿	生理学	200703	复旦讲座
基础医学院	陈丰原	病理生理学	200809	复旦讲座
基础医学院	於 峻	生理学	200812	复旦讲座
基础医学院	陆 军	生命科学	201101	复旦讲座
计算系统生物学中心	Christian Reidys	生物信息学	201406	复旦讲座
计算系统生物学中心	Micheal S. Waterman	生物信息学	201411	复旦讲座
计算机学院	章伟雄	计算机软件与理论	200904	复旦讲座
计算机学院	Phoebe Chen	计算工程	201412	复旦讲座
经济学院	梅兆荣	国际关系学	200404	复旦讲座
经济学院	方汉明	公共经济学	201002	复旦讲座
经济学院	胡永泰	金融学	201110	复旦讲座
经济学院	车嘉华	经济学	201110	复旦讲座
历史系	B. Elman	中国思想文化史、中国科技史	200703	复旦讲座
脑科学研究院	黄佐实	神经生物学	201404	复旦讲座
社会发展与公共政策学院	陈向明	城市社会学	200504	复旦讲座
社会发展与公共政策学院	罗力波	文化人类学	201211	复旦讲座
社会发展与公共政策学院	阎云翔	文化人类学	201406	复旦讲座
生命学院	刘 钧	遗传学	200907	复旦讲座
生命学院	易 庆	遗传学(肿瘤分子遗传)	201001	复旦讲座

续　表

单　位	姓　名	学　科	受聘(批准)时间	备　注
生命学院	郭文生	生物统计学	201106	复旦讲座
生命学院	郭　苏	神经生物学	201304	复旦讲座
生命学院	王义斌	分子细胞生物学	201307	复旦讲座
生物医学研究院	管坤良	生物化学及分子生物学	200502	复旦讲座
生物医学研究院	熊　跃	细胞生物学	200502	复旦讲座
数理平台	魏苏淮	理论物理	200603	复旦讲座
数学学院	陈贵强	应用数学	200502	复旦讲座
数学学院	柏兆俊	计算数学	200703	复旦讲座
数学学院	郑德超	基础数学	201003	复旦讲座
数学学院	应志良	数理统计学	201301	复旦讲座
微电子学院	张世理	微电子学与固体电子学	200603	复旦讲座
微电子学院	周　海	微电子与固体电子学	200809	复旦讲座
五官科医院	蒋家琪	耳鼻喉科	200608	复旦讲座
五官科医院	林　曦	耳鼻喉科	201407	复旦讲座
五官科医院	陈东风	耳鼻喉科	201401	复旦讲座
物理系	林海青	理论物理	200811	复旦讲座
物理系	沈元壤	光　学	201011	复旦讲座
新闻学院	潘忠党	传播学	200803	复旦讲座
新闻学院	赵心树	传播学	201001	复旦讲座
信息学院	李　冰	通信科学与工程	201009	复旦讲座
信息学院	刘爱群	微电子学与固态电子学	201201	复旦讲座
信息学院	上官东恺	微电子与固体电子学	201208	复旦讲座
信息学院	何　磊	微电子学	201305	复旦讲座
信息学院	李　利	信息科学	201405	复旦讲座
药学院	胡　明	药剂学	200608	复旦讲座
药学院	蒋宪成	生物化学	200806	复旦讲座
中山医院	胡　凯	心血管	200311	复旦讲座
中文系	王德威	中国现当代文学	200703	复旦讲座
肿瘤医院	李　敏	肿瘤学的胰腺癌基础研究	201301	复旦讲座
肿瘤医院	陆　波	放射肿瘤学	201301	复旦讲座

复旦大学特聘教授(研究员)2

单　位	姓　名
材料科学系	叶明新
材料科学系	贾　波
材料科学系	武利民
发育生物学研究所	吴晓晖
法学院	张乃根
高分子科学系	丁建东

续 表

单 位	姓 名
高分子科学系	邵正中
公共卫生学院	姜庆五
公共卫生学院	郝 模
管理学院	芮明杰
管理学院	陈 超
国际关系与公共事务学院	林尚立
国际问题研究院	沈丁立
国际问题研究院	吴心伯
化学系	夏永姚
化学系	贺鹤勇
化学系	唐 颐
化学系	周鸣飞
化学系	杨芃原
化学系	陈芬儿
化学系	金国新
化学系	孔继烈
环境科学与工程系	陈建民
环境科学与工程系	杨 新
环境科学与工程系	庄国顺
复旦大学办公室	陈晓漫
基础医学院	袁正宏
基础医学院	顾建新
基础医学院	郑 平
基础医学院	马 兰
基础医学院	吴根诚
基础医学院	孙凤艳
基础医学院	黄志力
基础医学院	朱依纯
基础医学院	宋志坚
基础医学院	David Saffen
经济学院	华 民
经济学院	姜波克
经济学院	张 军
经济学院	孙立坚
经济学院	袁志刚
历史地理研究所	满志敏
社会发展与公共政策学院	彭希哲
社会发展与公共政策学院	王桂新
神经生物研究所	张玉秋

续 表

单 位	姓 名
生命科学学院	钟 扬
生命科学学院	李 博
生命科学学院	罗泽伟
生命科学学院	卢大儒
生命科学学院	陈家宽
生命科学学院	余 龙
生命科学学院	卢宝荣
数学科学学院	吴宗敏
数学科学学院	周 忆
数学科学学院	汤善健
数学科学学院	郭坤宇
数学科学学院	陈 猛
数学科学学院	袁小平
物理学系	龚新高
物理学系	吴长勤
物理学系	陆 昉
物理学系	金晓峰
物理学系	侯晓远
物理学系	资 剑
物理学系	蒋最敏
物理学系	周 磊
现代物理研究所	邹亚明
现代物理研究所	Roger Hutton
信息学院	陈良尧
信息学院	汪源源
药学院	蒋新国
哲学学院	张汝伦
哲学学院	吴晓明
哲学学院	陈学明
哲学学院	张庆熊
中国语言文学系	陈思和
化学系	刘智攀

国家级有突出贡献的中青年科技专家(在职)名录

单 位	姓 名	当选年份	专业特长
现代物理研究所	杨福家	1984	原子核物理
数学科学学院	李大潜	1984	基础数学
中山医院	汤钊猷	1986	肿瘤学
华山医院	顾玉东	1986	手外科

续表

单 位	姓 名	当选年份	专业特长
信息学院	金亚秋	1994	电磁波散射传输和遥感
华山医院	陈 亮	1996	手外科
数学科学学院	洪家兴	1996	基础数学
中国语言文学系	朱立元	1996	美学
信息学院	陈良尧	1998	凝聚态物理
哲学学院	俞吾金	1998	西方哲学
学校办公室	许宁生	1999	真空微纳电子学
经济学院	陈 钊	2013	发展经济学
华山医院	毛 颖	2013	神经外科
材料科学系	武利民	2013	材料化学
基础医学院	朱依纯	2013	生理与病理生理学
经济学院	陈诗一	2014	应用计量经济学

复旦大学2014年度享受政府特殊津贴专家(在职)名录

序号	单 位	姓 名	性别	出生年月日	现职称
1	材料科学系	武利民	男	19630205	教授
2	材料科学系	叶明新	男	19640409	教授
3	发育生物学研究所	吴晓晖	男	19720624	教授
4	法学院	陈治东	男	19501224	教授
5	法学院	胡鸿高	男	19540910	教授
6	法学院	章武生	男	19541126	教授
7	法学院	张乃根	男	19551018	教授
8	法学院	刘士国	男	19541108	教授
9	高分子科学系	丁建东	男	19650222	教授
10	高分子科学系	江 明	男	19380822	教授
11	高分子科学系	李同生	男	19530602	研究员
12	高分子科学系	邱 枫	男	19701006	教授
13	高分子科学系	邵正中	男	19640803	教授
14	高分子科学系	汪长春	男	19650206	教授
15	高分子科学系	武培怡	男	19680217	教授
16	高分子科学系	杨玉良	男	19521114	教授
17	公共卫生学院	郝 模	男	19590904	教授
18	公共卫生学院	姜庆五	男	19540413	教授
19	公共卫生学院	厉曙光	男	19550101	教授
20	公共卫生学院	屈卫东	男	19680113	教授
21	管理学院	李若山	男	19490203	教授
22	管理学院	芮明杰	男	19540503	教授
23	管理学院	项保华	男	19570831	教授
24	管理学院	薛求知	男	19521004	教授

续　表

序号	单　位	姓　名	性别	出生年月日	现职称
25	管理学院	吕长江	男	19651207	教授
26	国际关系与公共事务学院	林尚立	男	19631119	教授
27	国际关系与公共事务学院	竺乾威	男	19511011	教授
28	国际问题研究院	沈丁立	男	19610614	教授
29	化学系	陈芬儿	男	19580407	教授
30	化学系	贺鹤勇	男	19620908	教授
31	化学系	孔继烈	男	19641209	教授
32	化学系	唐颐	男	19630122	教授
33	化学系	赵东元	男	19630603	教授
34	化学系	周鸣飞	男	19680930	教授
35	化学系	徐昕	男	19641128	教授
36	环境科学与工程系	杨新	男	19680219	教授
37	环境科学与工程系	陈建民	男	19640307	教授
38	基础医学院	查锡良	男	19490202	教授
39	基础医学院	顾建新	男	19580507	教授
40	基础医学院	马兰	女	19580922	教授
41	基础医学院	彭裕文	男	19450518	教授
42	基础医学院	瞿涤	女	19511227	研究员
43	基础医学院	孙凤艳	女	19531213	教授
44	基础医学院	汤其群	男	19660401	教授
45	基础医学院	闻玉梅	女	19340116	教授
46	基础医学院	吴根诚	男	19460223	教授
47	基础医学院	许祖德	男	19540826	教授
48	基础医学院	袁正宏	男	19660117	研究员
49	基础医学院	周国民	男	19621020	教授
50	基础医学院	左伋	男	19610714	教授
51	基础医学院	宋志坚	男	19601009	教授
52	基础医学院	朱依纯	男	19630917	教授
53	经济学院	陈学彬	男	19530630	教授
54	经济学院	陈钊	男	19730119	教授
55	经济学院	华民	男	19501104	教授
56	经济学院	黄亚钧	男	19530113	教授
57	经济学院	姜波克	男	19541205	教授
58	经济学院	石磊	男	19580123	教授
59	经济学院	袁志刚	男	19580120	教授
60	经济学院	张军	男	19630126	教授
61	经济学院	陈诗一	男	19700206	教授
62	历史地理研究所	葛剑雄	男	19451215	教授
63	历史地理研究所	满志敏	男	19521221	教授

续表

序号	单位	姓名	性别	出生年月日	现职称
64	历史地理研究所	吴松弟	男	19540607	教授
65	历史地理研究所	姚大力	男	19491112	教授
66	历史地理研究所	周振鹤	男	19410304	教授
67	历史学系	韩昇	男	19571028	教授
68	历史学系	黄洋	男	19650317	教授
69	历史学系	姜义华	男	19390209	教授
70	历史学系	吴景平	男	19500413	教授
71	历史学系	章清	男	19641027	教授
72	历史学系	朱荫贵	男	19501215	教授
73	历史学系	戴鞍钢	男	19550617	教授
74	历史学系	李剑鸣	男	19600601	教授
75	社会发展与公共政策学院	刘欣	男	19640728	教授
76	社会发展与公共政策学院	彭希哲	男	19540122	教授
77	社会发展与公共政策学院	谢遐龄	男	19450127	教授
78	神经生物研究所	杨雄里	男	19411014	教授
79	神经生物研究所	张玉秋	女	19620913	教授
80	生命科学学院	陈家宽	男	19470306	教授
81	生命科学学院	金力	男	19630313	教授
82	生命科学学院	卢大儒	男	19650705	教授
83	生命科学学院	乔守怡	男	19481031	教授
84	生命科学学院	王红艳	女	19661008	研究员
85	生命科学学院	王洪海	男	19451226	研究员
86	生命科学学院	余龙	男	19541117	教授
87	生命科学学院	钟扬	男	19640502	教授
88	生命科学学院	卢宝荣	男	19570525	教授
89	数学科学学院	陈纪修	男	19460131	教授
90	数学科学学院	陈猛	男	19661226	教授
91	数学科学学院	郭坤宇	男	19631015	教授
92	数学科学学院	洪家兴	男	19421105	教授
93	数学科学学院	胡和生	女	19280620	教授
94	数学科学学院	李大潜	男	19371110	教授
95	数学科学学院	汤善健	男	19660426	教授
96	数学科学学院	吴泉水	男	19620820	教授
97	数学科学学院	吴宗敏	男	19570625	教授
98	数学科学学院	肖体俊	女	19640701	教授
99	数学科学学院	周忆	男	19630919	教授
100	数学科学学院	周子翔	男	19630813	教授
101	数学科学学院	袁小平	男	19651128	教授
102	图书馆	吴格	男	19521212	研究馆员

续表

序号	单位	姓名	性别	出生年月日	现职称
103	外文学院	陆谷孙	男	19400303	教授
104	文史研究院创新基地	葛兆光	男	19500410	教授
105	物理学系	封东来	男	19721008	教授
106	物理学系	龚新高	男	19620626	教授
107	物理学系	郝柏林	男	19340626	教授
108	物理学系	侯晓远	男	19591206	教授
109	物理学系	蒋最敏	男	19620402	教授
110	物理学系	金晓峰	男	19620622	教授
111	物理学系	陆昉	男	19570604	教授
112	物理学系	陶瑞宝	男	19370317	教授
113	物理学系	王迅	男	19340423	教授
114	物理学系	吴长勤	男	19610529	教授
115	物理学系	周磊	男	19720712	教授
116	物理学系	周鲁卫	男	19470425	教授
117	物理学系	资剑	男	19640524	教授
118	现代物理研究所	杨福家	男	19360628	教授
119	现代物理研究所	邹亚明	女	19601106	教授
120	微电子学院	李蔚	男	19710927	高级工程师
121	微电子学院	俞军	男	19680310	高级工程师(教授级)
122	微电子学院	闵昊	男	19650707	教授
123	新闻学院	黄芝晓	男	19460120	教授
124	新闻学院	李良荣	男	19460121	教授
125	新闻学院	刘海贵	男	19500908	教授
126	新闻学院	孟建	男	19540718	教授
127	新闻学院	童兵	男	19421126	教授
128	信息学院	曾璇	女	19690422	教授
129	信息学院	陈良尧	男	19501115	教授
130	信息学院	洪志良	男	19460819	教授
131	信息学院	黄大鸣	男	19571028	教授
132	信息学院	金亚秋	男	19460918	教授
133	信息学院	王威琪	男	19390530	教授
134	信息学院	张卫	男	19680505	教授
135	学校办公室	许宁生	男	19570707	教授
136	学校办公室	陈晓漫	男	19540827	教授
137	学校办公室	刘建中	女	19540609	教授
138	药学院	陈道峰	男	19650520	教授
139	药学院	蒋新国	男	19470123	研究员
140	药学院	陆伟跃	男	19600120	教授
141	哲学学院	陈学明	男	19470210	教授

续表

序号	单位	姓名	性别	出生年月日	现职称
142	哲学学院	刘放桐	男	19340502	教授
143	哲学学院	孙承叔	男	19480310	教授
144	哲学学院	吴晓明	男	19570701	教授
145	哲学学院	杨泽波	男	19520615	教授
146	哲学学院	俞吾金	男	19480621	教授
147	哲学学院	张汝伦	男	19530524	教授
148	中国语言文学系	陈尚君	男	19520615	教授
149	中国语言文学系	陈思和	男	19540128	教授
150	中国语言文学系	黄霖	男	19420622	教授
151	中国语言文学系	刘钊	男	19590726	教授
152	中国语言文学系	骆玉明	男	19510708	教授
153	中国语言文学系	裘锡圭	男	19350613	教授
154	中国语言文学系	申小龙	男	19520901	教授
155	中国语言文学系	汪涌豪	男	19620620	教授
156	中国语言文学系	王安忆	女	19540306	教授
157	中国语言文学系	王水照	男	19340620	教授
158	中国语言文学系	朱立元	男	19450703	教授

（人事处供稿）

2014年复旦大学新增名誉教授、顾问教授、兼职教授名录

名誉教授

姓名	所在单位	职称/职务	受聘日期	受聘单位
John A. Rogers	美国伊利诺伊大学厄巴纳—香槟分校	所长/首席教授	2014-03-27起,5年	材料科学系
Markku Kulmala	芬兰赫尔辛基大学	教授	2014-05-17起,5年	环境科学系
Anne CHENG 程艾蓝	法国法兰西公学院	教授	2014-05-05起,5年	哲学学院

顾问教授

姓名	所在单位	职称/职务	受聘日期	受聘单位
Shenglan TANG 汤胜蓝	美国杜克大学医学院	教授	2014-05-26起,5年	公共卫生学院
Bei WU 吴蓓	美国杜克大学	教授	2014-10-30起,5年	护理学院

兼职教授

姓名	所在单位	职称/职务	受聘日期	受聘单位
Kokichi Futatsugi 二木厚吉	日本北陆先端科技技术大学院大学	教授	2014-03-27起,3年	计算机科学与技术学院
Lawrence H Le	加拿大阿尔伯塔大学	教授	2014-03-27起,3年	信息科学与工程学院
Peter Philip GRAY	澳大利亚昆士兰大学	教授	2014-06-23起,3年	化学系
Ling HAO 郝玲	英国国家物理实验室	教授	2014-09-28起,3年	信息科学与工程学院

续表

姓 名	所在单位	职称/职务	受聘日期	受聘单位
刘大群	联合国前南与卢旺达国际法庭上诉庭	教授	2014年3月起，3年	法学院
袁隆平	国家杂交水稻工程技术研究中心	教授	2014年6月起，长期	新闻学院
韩美林	清华大学美术学院	教授	2014年6月起，3年	新闻学院
吴德伟	空军工程大学	教授	2014年9月起，3年	信息学院
吕超	香港理工大学	教授	2014年9月起，3年	信息学院

（人事处、外事处供稿）

2014年复旦大学奖教金一览表

奖教金名称	获奖人数	获奖金额	获奖对象
普康医学优秀教师奖教金	1人	3万元/人	医科院系及附属医院教师
陆宗霖奖教金	3人	4千元/人	全校女博士生导师
宝钢教育基金奖教金	特等奖1人，优秀奖4人	特等奖10万元/人，优秀奖1万元/人	全校教师
港爱赞助优异奖教金	12人	5千元/人	全校35岁以下优秀青年教师
第一三共制药奖教金	5人	6千元/人	医科院系及附属医院教师
CSC-IBM奖教金	1人	1万元/人	计算机学院涉及IBM专业技术领域的教师

（人事处供稿）

退休教职工

【概况】 2014年，全校退休教职工工作以全面落实群众路线教育实践活动整改为指导，公开服务承诺，梳理规章制度，扎实推进各项工作。

截至12月底，全校共有退休教职工4 883人。其中，教师3 106人、行政人员556人、工勤人员1 221人。全年新增退休教职工186人，去世70人（其中副局级干部1人）。

统筹兼顾，做好各类人群的关心关爱工作。本着普遍关心与重点关心相结合的原则，继续做好"冬送温暖""夏送清凉"工作。2014年"元旦春节送温暖"慰问4 733位退休教职工，发放慰问金134.32万元，其中重点关心对象223人；"夏送清凉"慰问4 770位退休教职工，发放慰问金136.53万元，其中重点关心对象275人。全年享受高龄90岁及以上老人的生活照护费74人，标准每人每月300元，共发放22.73万元；95岁及以上老人高龄照护费10人，标准每人每月500元，共发放7.75万元。2014年对身患恶性肿瘤或实施器官移植手术等重大病者或遭遇突发性事件给予一次性补助29人，金额25.10万元。"重病帮困金"资助1人，金额5.0万元。逐一上门慰问16位获得上海市高校退管会帮困补助的退休教职工，慰问金1.6万元。上门为10位95岁及以上老人祝寿，四年来累计送出祝福37次。敬老月期间，为976位"逢五"和"逢十"的退休教职工送上祝寿慰问金22.89万元；上门慰问13位退休教职工老劳模，送上慰问金1.3万元。管理和使用好"医疗补充金"与"护理帮困金"，为减轻退休教职工医疗费用起到积极作用。全年支付医疗补充金91.13万元，资助812人次；支付护理帮困金22.87万元，资助66人。上门走访或去医院探望慰问重症病人共115人次，其中护理帮困70人次，送出慰问金和慰问品折合人民币共3.52万元。按校区、分上下半年为新退休的186位教职工举行简朴而庄重的欢送仪式。参加追悼会58人次，送出慰问金2.90万元。为11位丧事简办者送出慰问金1.65万元。继续由学校全额出资，为全校4 776位退休教职工集体参加"上海市退休职工住院补充医疗互助保障计划"，保费标准为每人每年170元，共支付保费81.19万元。2014年，490位退休教职工获得理赔金额67.84万元。学校继续全额出资为4 829位退休教职工购买"银发无忧险"意外保险，每人每份20元，支付保费9.66万元。为144位年龄70岁的退休教职工办理了上海市退休老人《高龄老人优待证》。为202位80岁及以上老人和独居老人支付电子保姆"安康通"和"阳光呼叫器"月租费，共支出2.29万元。为559位退休人员参加老年大学报销学费4.27万元。

与时俱进，完善服务与管理机制。实行分管校领导向退休教职工代表通报校情制度；恢复每月一次的联络员工作例会制度，其中单月全体会议，双月分校区会议；定期召开处务会并建立会议纪要签字制度。积极推动丧事简办，将节省下来的汽车费、花圈费和慰问金以适当的方式给逝者家属。制订并公开退管会服务承诺，坚持首问责任制。根据党风廉政建设工作要求，制订部门"三重一大"制度实施办法；规范公务接待和退休工作会议用餐；停止持续多年的全校75岁以下退休人员"敬老月一日游"活动；停发新退休人员纪念品；终止年终联欢会；实施社团活动中个人按比例承担添置服装或购买饰品器具费用的措施。建立按比例为二级单位增配联络员规则，全年共增配联络员11名。4月，设立"特困"补助项目，对当年身患恶性肿瘤或实施器官移植手术等重大病者或遭遇突发性事件等给予一次性补助。首次按每人每年30元标准下拨二级退休分会走访慰问金，合计4 744人，金额14.23万元。继续按每人每年800元计发二级退管分会退休教职工年活动费、福利费，合计4 744人，金额379.52万元。调整校老龄工作委员会成员，召开第一次全体会议。

切实做好来信来访工作，维护社会稳定和校园安宁。配合分管校领导做好放射医学研究所转制、附属医院退休人员申诉等问题；协助有关部门妥善解决久拖未决的101位管理岗位退休人员的"部分养老金"待遇等问题。

加强研究，探索老年教育。5月，复旦大学建校109周年校庆期间，举办"老龄工作和老年教育"为主题的老年学理论研讨会；向上海市退管会和上海高校退管会提交理论研究论文14篇，其中6篇获奖；报送上海市退休教师协会7篇，其中2篇获奖；12月，组织老年大学理论班赴上海市浦东分校考察调研。继续与校医院和校工会一起开展"复旦大学健康讲坛"系列活动，利用退管工作联络员例会、《退休工作简报》和退管会网页等渠道，及时发布信息。组织退休同志参加理财讲座等。

创造条件，丰富退休教职工精神文化生活。继续为全校退休教职工订阅《上海退休生活》杂志，定期寄发《复旦校刊》和《复旦退休工作简报》。积极组队参加建国65周年上海市教育系统、高校系统、老干部系统以及退教协系统组织的各类文化汇演或赛事活动10余起，370余人次，其中，乒乓球队在上海市老干部系统文化健身系列活动中分别获男子A组、B组和女子A组第五名，并在首届"上海老教授杯"乒乓球友谊赛中获得团体第三名、男子单打冠军和女子单打第六名。10月，承办上海市高校系统退休教工象棋赛，22所高校230余名退休人员参赛。老年门球队举办2014年复旦门球邀请赛，共14支队伍、近130名老同志到复旦参赛。2014年，老年大学获上海市教委终身教育处专项拨款10万元，更新教学设备，建立成果展示室；学校拨款40万元，完成老年大学（银发科技楼）教学楼外立面和内部部分设施的专项修缮，改善办学条件。全年共招收学员2 349人次（其中，复旦退休人员或家属592人次，占比26%），学费收入38.1万元；开设10类课程48门，其中新开课程5门，设立班级76个，聘任教师44名。12月，上海市教委召开的老年大学工作会议上，上海市教卫工作党委书记陈克宏对复旦老年大学坚持"求质量、稳规模、可持续"的办学理念和"拓展社会服务项目"的辐射功能给予充分肯定。成立"复旦老年大学社区教育志愿者站"。

重视发挥校老教授协会、退（离）休教师协会等群众组织的作用，协助开展各种活动以及编辑、出版协会的《简报》，支持出版《复旦名师剪影》。1月9日，与老干部工作处一起，共同举办《复旦名师剪影》首发式。6月10日，协助完成校老教授协会和退（离）休教师协会换届选举工作。

退管会获评2013年度上海市教育系统巾帼文明岗、2013年度教育部离退休干部统计年报全优报表单位；连续第十年荣获上海市高校退管工作理论研究"优秀组织奖"。退（离）休教师协会获2014年度上海市退休教师协会"第三届老龄工作论坛""优秀组织奖"。杨慧群获得2010—2012年度上海市退管系统先进工作者荣誉称号（2014年表彰）。

（许丽红　郭小兰）

【修订"复旦大学退休教职工医疗补充金实施办法"】2014年对"复旦大学退休教职工医疗补充金实施办法"进行修订，该实施办法经医保补充金管理委员会2013年年会讨论通过，自2014年4月1日起正式施行。

（郭小兰）

【制定"复旦大学退休教职工'特困'补助办法"】该办法经校退管会全体人员审议通过，自4月1日起实施。根据补助办法，补助对象为当年身患恶性肿瘤（含复发）、实施器官移植手术、遭遇重大自然灾害或突发重大事件的本校退休教职工；补助标准为一次性5 000—10 000元。（郭小兰）

【举办复旦大学老教授协会和退（离）休教师协会换届大会】该大会于6月10日在光华楼东辅楼吴文政报告厅举行，并进行理事会换届选举。上海市退休教育工作者协会理事长吴采兰，上海市老教授协会常务副会长黄鼎业，副会长王宗光，校党委副书记、校老龄委主任陈立民，原校党委副书记王小林出席。会议选举产生复旦大学第九届退（离）休教师协会和第三届老教授协会理事。新一届理事会由57名理事组成，方林虎任会长（理事长），顾树棠、马瑾瑜（女）任常务副会长（常务副理事长），李振华（女）、叶敬仲、陈宗海、裴元英（女）、朱宝年任副会长（副理事长）。

（顾树棠）

【老年理论研究成果获市级奖励】在上海市高校退管工作理论研究论文评选活动中，经济学院李洁明、张歌《上海市居家养老服务资金可持续发展的对策思考》获一等奖，经济学院王克忠《关于老年教育管理体制模式改革的几个问题》、经济学院周环《努力破解老人们对"以房养老保险"抵触的心结》获二等奖，校部机关曹惠民、方林虎、金文英《关爱居家养老群体疾苦　尽力为老人照护排忧解难》和退管会陈勤《根据需求拓展为老服务　促进社会文明和谐》获二等奖，学校办公室王增藩《学习型组织与老年教育——复旦大学老年教育研究及思考》获优秀奖。在上海市退休教师协会"第三届老龄工作论坛"上，经济学院王克忠《论积极养老与老年教育》获一等奖，校部机关曹惠

民、方林虎和金文英《上海需发展中高档老年公寓 满足老人迫切住养需求》获二等奖。 （黄玮石）

【社团活动获佳绩】 复旦退休教工合唱团一团荣获上海市退教协"咱们唱响中国梦"合唱赛二等奖和上海市音乐家协会第四届无伴奏合唱比赛金奖。复旦老年象棋队荣获上海市高校系统退休教工象棋赛团体第二名。 （孙永亭）

【三位退休教师获嘉奖】 新闻学院教授宁树藩获得第二届范敬宜新闻教育奖的"新闻教育良师奖"，范敬宜新闻教育奖是我国第一个全国性的新闻教育奖。化学系刘旦初《创新的科普课程和与时俱进的科普讲座》获2014年上海科普教育创新奖二等奖。艺术教育中心林相荣在上海市老年教育教学（及教材）评优中被评为"上海市老年教育优秀教师"。（许丽红）

附录

复旦大学老龄工作委员会
（2014年10月16日调整）

主　任：陈立民
副主任：陈晓漫
委　员：周立志　　周亚明　　钱　飚
　　　　苟燕楠　　萧思健　　徐　瑾(女)
　　　　陈殷华　　周　虎　　吉青克
　　　　司徒琪蕙(女)　邵　瑜(女)　杨慧群(女)
　　　　张永信　　方林虎　　钱冬生
　　　　周振汉　　韩宗英(女)

七、对外交流与合作

【概况】 2014年,由外事处暨港澳台事务办公室牵头的涉外接待活动共400批次、3 834人次,其中含境外大学校长33人,副校长38人,各国政要34人。全年共审批6 816人次因公出国出境,其中包括教师2 668人次,博士后56人次,附属医院人员1 444人次。

2014年,获教育部审批主办或承办的国际及地区学术会议69个,其中包括"2014上海论坛"、"第53届国际粒子放射治疗年会"等规模较大、学术水平较高、在国际上有一定影响的国际学术会议。

新增"名誉教授""顾问教授"和"兼职教授"等荣誉称号的专家9人。到访长期专家108人,各类短期专家1 200人。执行"学科创新引智计划"5个,教育部海外名师项目2个,高端外国专家项目12个,上海市智力引进项目10个,复旦大学海外优秀学者讲座项目53个。2014年度申报由国家外国专家局组织的外专千人计划7个。5月22日,国家主席习近平在沪召开外国专家座谈会,学校4名外国专家受邀参加。就职于美国纽约西奈山医院的美国籍顾问教授思考特·劳伦斯·福瑞德曼(Scott Laurence Friedman),获得2014年中国政府友谊奖;就职于芬兰图尔库大学的芬兰籍教授哈努·谭沪伦(Hannu Tenhunen),获得上海市白玉兰纪念奖。

全年因公学生海外交流人次达到2 574人次,其中本科生达到1 427人次,比2013年增加211人次,约占本科年级平均人数的47.3%。接收各类来华学期交换生(即长期生)达718人次,其中港澳台长期交换生155人次,较2013年有所增长。举办、承办多个假期学生活动,如耶鲁暑期课程,约翰霍普金斯暑期课程,剑桥彭布罗克学院(Pembroke College, Cambridge)暑期班,中韩大学生领导力项目,U21"社会企业家团队计划"等。

合作办学方面,在外事处的牵头和协调下,9月底,"复旦大学—巴黎高师人文硕士(博士预科)班"项目正式启动,共有4个人文学科院系(中国语言文学系、外国语言文学学院、历史系、哲学系)参与该项目,首次招生有近60名学生报名,最终择优录取20人。另有管理学院—伦敦商学院国际商务硕士双学位项目等多个项目达成意向。

积极参加国际活动,扩大学校国际影响力。3月,在习近平访问欧洲期间,校长杨玉良访问比利时的多所大学,签署合作协议,并应邀参加习主席在比利时和欧盟访问时的重要活动。9月15—24日,受外交部政策规划司委托,美国研究中心教授吴心伯率外交部第三批重点合作智库专家学者代表团一行4人,赴澳大利亚和新西兰调研。10月12—21日,杨玉良率复旦代表团访问美国圣路易斯华盛顿大学,参加该校主办的"研究型大学在应对全球挑战中的作用"国际研讨会;随后顺访学校在北美地区的合作伙伴墨西哥蒙特雷技术大学、加拿大女王大学,会晤两所学校的校长及相关院系负责人,参观教学科研设施,并就双方如何拓展合作进行探讨。
（赵沛然 刘小慧）

【英国外交大臣气候变化特使到访】 2月26日,英国外交大臣、气候变化特使大卫·金爵士(Sir David King)访问上海,并因复旦大学与英国高校以及在丁铎尔研究中心方面的紧密合作关系到访复旦,与杨玉良校长会谈,讨论加强中英科研合作事宜。会后,大卫爵士在光华楼为复旦学生作题为"清新的空气——解决本地和全球污染问题是我们的共同利益"的讲座。丁铎尔中心主任屈维·戴维斯(Trevor Davies),教授杨新、王琳,博士蒋平等在讲座后与大卫进行主题讨论。
（赵沛然 刘小慧）

【台北市副市长一行到访】 3月17日,校长杨玉良会见台北市副市长丁庭宇一行。丁庭宇到访主要是沟通"上海—台北城市论坛"的相关信息以及推动台北市立大学与复旦大学的交流。学校外事处暨港澳台事务办公室、体育教学部相关负责同志参加座谈。筹划与台北市立大学建立姐妹校关系,互派学生,并在排球、田径、桥牌、围棋等项目上开展多项交流活动。
（赵沛然 刘小慧）

【美国亚洲基督教高等教育联合董事会主席一行到访】 3月24日,美国亚洲基督教高等教育联合董事会(简称"亚联董")主席南西·查普曼(Nancy Chapman)到访,副校长冯晓源、陆昉会见,外事处、对外联络与发展处、教师发展中心、图书馆、美国研究中心等部门负责同志参与接待。陪同到访的有亚联董副总裁郑文册(Ricky Cheung)、夏龙(Glenn Shive),及筹款官员等。查普曼一行访问复旦期间,同外联处、教师发展中心、图书馆的领导和工作人员分别进行会谈,了解各部门的工作内容及所面临的困难和挑战,并就关键问题交换意见、分享经验。
（赵沛然 刘小慧）

【召开教育部"香港与内地高等学校师生交流计划"2013年项目总结会】 该会议于4月3—4日在复旦大学召开。内地80所高校及中国香港地区11所高校代表,北京、上海、广东、福建等省、市教育委员会领导,教育部港澳台事务办公室、中央人民政府驻香港特别行政区联络办公室、教育科技部领导等,共计140人参会。教育部港澳台事务办公室常务副主任赵

七、对外交流与合作

灵山主持会议,香港中联办教育科技部部长李鲁讲话,上海市教育委员会副主任袁雯出席并致辞,副校长冯晓源代表复旦大学致欢迎词。北京大学、清华大学、复旦大学、中山大学、兰州大学、香港大学、香港中文大学、香港理工大学等8所大学作交流发言。

(赵沛然 刘小慧)

【成立法国研究中心】 详见"学校综述"同条,第43页。

【巴基斯坦总统到访】 5月20日,巴基斯坦总统马姆努恩·侯赛因到访,并出席由高等教育出版社、巴基斯坦驻华大使馆联合主办,复旦大学协办的《乌尔都语汉语词典》新书发布会。发布会由高等教育出版社社长苏雨恒主持,巴基斯坦驻华大使马苏德·哈立德,校长杨玉良,教育部社会科学司司长张东刚,国家新闻出版广电总局进口管理司副司长赵秀玲,《乌尔都语汉语词典》作者、北京大学教授孔菊兰出席活动并致辞。

(赵沛然 刘小慧)

【4名外国专家受邀参加外国专家座谈会】 5月22日,中共中央总书记、国家主席、中央军委主席习近平在出席亚洲相互协作与信任措施会议上海峰会后,在上海召开外国专家座谈会。他强调,任何一个民族、任何一个国家都需要学习别的民族、别的国家的优秀文明成果。中国要永远做一个学习大国,不论发展到什么水平,都要虚心向世界各国人民学习,以更加开放包容的姿态,加强同世界各国的互容、互鉴、互通,不断把对外开放提高到新的水平。复旦大学国际问题研究院访问学者巴基斯坦籍专家加齐、现代物理所英国籍专家罗杰、环境科学与工程系英国籍专家玛丽·哈德和物理系意大利籍专家考西莫受邀参加座谈会。

(赵沛然 刘小慧)

【联合国秘书长到访】 5月22日,联合国秘书长潘基文到访,并为全校师生作主题为"The UN's and citizen's view of the world we want"(我们想要的世界)的演讲,鼓励中国青年学生拓展视野,以全球眼光观察世界,做一个全球公民。

(赵沛然 刘小慧)

【韩正一行访问孔子学院】 6月4—6日,由中共中央政治局委员、上海市委书记韩正率领的中国代表团一行30人,访问悉尼大学,与名誉校长贝琳达·赫奇逊(Belinda Hutchinson)女士和校长迈克尔·斯宾塞(Michael Spence)会谈。悉尼大学与复旦大学共建的孔子学院的发展,成为会谈的重点,孔子学院的师生代表应邀参加活动。韩正认为,复旦大学与悉尼大学各是上海和悉尼的一张名片,复旦大学与悉尼大学合作创建澳大利亚新南威尔士州第一所孔子学院,已成为悉尼一个重要的语言文化机构。他祝贺两校的合作取得的成果,并代表上海市赠送孔子学院300本中国文化经典书籍。

(赵沛然 刘小慧)

【台南市市长率团到访】 6月7日,台南市市长赖清德率台南市政府访问团到访,校长杨玉良接待代表团一行并陪同参观校园和校史馆。赖清德与师生代表进行座谈,介绍台南市的高校概况及各大院校的特色情况,特别强调高校与政府之间的合作关系对于城市发展的作用,并希望复旦大学与更多台南高校开展合作。

(赵沛然 刘小慧)

【美国国立卫生研究院院长到校演讲】 7月1日,经美方提议,美国国立卫生研究院(NIH)院长弗朗西斯·柯林斯应邀到枫林校区作题为"生物医学研究中的绝佳机遇"的演讲。来自复旦大学上海医学院、生命科学院、各附属医院,以及中国科学院、上海科技大学、上海交通大学医学院等400多名师生到场聆听。在演讲中,柯林斯提出"科学是分不清国界的,因为知识同属于整个人类,知识就是照亮世界的手电筒"的理念。演讲前,校长杨玉良、党委副书记袁正宏会见柯林斯一行。

(赵沛然 刘小慧)

【德国于利希研究所所长代表团到访】 8月7日,德国于利希研究所(Forschungszentrum Juelich)新任所长沃尔夫冈·马克沃特(Wolfgang Marquardt)率团到访。复旦大学校长杨玉良接见来宾,并就新能源、环保、医学、生物、医药等议题进行探讨。会后,双方共同签署合作备忘录。

(赵沛然 刘小慧)

【承办第14届U21卫生科学年会】 9月22—26日,第14届U21(21世纪大学协会)卫生科学年会(HSG)在上海举行,由复旦大学承办。主题为"医学教育和医疗改革:一个全球化的挑战"。来自世界各地的U21大学组织成员学校的近100名医学院、公共卫生学院、药学院、护理学院、康复学院、口腔学院等的院长、副院长和专家、教授与会,围绕各国的卫生医疗改革情况及医学教育的新进展及面临的新老问题进行发言和交流讨论。开幕式上,复旦大学副校长、上海医学院院长桂永浩致欢迎辞,美国中华医学基金会主席陈致和(Lincoln Chen)应邀作主题报告。下一届U21HSG年会计划于2015年9月在智利圣地亚哥的天主教大学举行。

(赵沛然 刘小慧)

【诺丁汉大学校长一行到访】 9月24日,英国诺丁汉大学校长大卫·格利纳威(David Greenaway)率团到访,党委书记朱之文接见代表团一行,并进行会谈。诺丁汉大学该次到访旨在与复旦大学讨论建立复旦—诺丁汉新汉学研究院(Fudan Centre for China Studies—Nottingham),该研究院旨在通过推动新汉学的研究和繁荣,促进孔子学院的持续发展和转型升级,从而加强两校的交流与合作,增进中英之间相互理解和友好合作关系。副校长冯晓源和诺丁汉大学副校长克里斯·鲁德(Chris Rudd)代表两校签署复旦—诺丁汉新汉学研究院的正式合作协议。

(赵沛然 刘小慧)

【德国法兰克福大学校长率团到访】 11月4日,德国歌德法兰克福大学(Goethe—Universität Frankfurt am Main)校长韦尔纳·穆勒·艾尔斯特(Werner Müller—Esterl)率团到访,校长许宁生接见代表团一行。双方回顾两校良好的合作,并就未来的合作方向进行讨论。穆勒·艾尔斯特一行随后访问复旦上海医学院,就医学生培养以及实验室建设等进行考察。2012年法兰克福大学已将复旦大学作为该校的战略合作伙伴,计划在未来加大对伙伴学校科研、学生交流以及教师交流等方面的投入。

（赵沛然 刘小慧）

【**印度驻华大使到访**】 12月2日,印度驻华大使康特(Ashok K. Kanta)一行访问复旦大学,并在国际问题研究院发表题为"印中关系：现状与未来"的演讲。康特在演讲中对中印关系在政治、经济、安全、文化领域的发展进行系统梳理,对中印关系的未来发展提出建议,并回答师生的提问。副校长陆昉在演讲前会见康特。

（赵沛然 刘小慧）

【**爱尔兰总统到访**】 12月12日,爱尔兰总统迈克尔·希金斯(Michael D. Higgins)偕夫人一行到访。校长许宁生、副校长冯晓源会见来宾。在会谈中,希金斯与许宁生共同回顾复旦大学与爱尔兰高校建立的一系列富有成效的合作项目,展望复旦大学与爱尔兰高校进一步合作的前景。会谈结束后,复旦大学与都柏林圣三一大学签订战略合作伙伴协议。希金斯为复旦师生作题为"新全球秩序的出现与多边体系的重要性"的演讲,并会见中、爱两国师生代表。

（赵沛然 刘小慧）

附录

2014年重要代表团来访情况一览

国外代表团

1) 校长来访

1月27日	巴西圣保罗大学校长 Joao Grandino Rodas
3月4日	美国科罗拉多学院校长 Jill Tiefenthaler
3月24日	美国亚联董主席 Nancy Chapman
3月28日	捷克帕拉茨基大学校长 Jaroslav Miller
4月9日	澳大利亚国立大学校长 Ian Young
5月13日	葡萄牙科英布拉大学校长 João Gabriel Silva
5月20日	瑞士弗里堡大学副校长 Thomas Hunkeler
5月26日	英国法律大学校长 Nigel Savage
5月26日	荷兰伊拉斯谟鹿特丹大学校长 Pauline Van Der Meer Mohr
5月27日	英国罗氏奖学金总裁 Charles Conn
6月5日	美国纽约州立大学奥尔巴尼分校校长 Robert J. Jones
6月16日	美国弗吉尼亚联邦大学校长 Michael Rao
6月25日	爱尔兰都柏林大学校长 Andrew Deeks
8月7日	德国于利希研究所所长 Wolfgang Marquardt
9月19日	哥伦比亚埃克斯德尔纳多大学校长 Juan Carlos Henao
9月24日	英国诺丁汉大学校长 David Greenaway
9月29日	德国汉堡大学校长 Dieter Lenzen
10月17日	澳大利亚科廷大学校长 Deborah Terry
10月8日	荷兰阿姆斯特丹自由大学校长 Jaap Winter
10月14日	挪威商学院校长 Inge Jan Henjesand
10月20日	法国里昂大学集团校长 Jacques Comby
10月20日	法国巴黎一大校长 Philippe Boutry
10月21日	法国图卢兹三大校长 Bertrand Monthubert
10月21日	法国图卢兹综合理工学院(INP)校长 Olivier Simonin
10月21日	法国图卢兹建筑学校(Ecole Archi)校长 Monique Reyre
10月25日	俄罗斯乌拉尔联邦大学校长 Viktor Koksharov
10月30日	爱尔兰都柏林大学校长 Andrew Deeks

续表

10月31日	法国巴黎第十一大学校长代表团 Jacques Bittoun
11月4日	德国法兰克福大学校长 Werner Müller-Esterl
11月7日	日本上智大学理事长代表团高祖敏明
11月13日	比利时荷语布鲁塞尔自由大学校长代表团 Paul De Knop
12月5日	匈牙利罗兰大学校长代表团 Mezey Barna
12月9日	德国埃尔朗根纽伦堡大学校长 Karl-DieterGrüske

2）副校长来访

1月6日	美国约翰霍普金斯大学教务长 Robert Lieberman
2月19日	德国汉堡大学副校长 Holger Fischer
2月28日	加拿大西三一大学副校长 Philip Laird
3月19日	爱尔兰圣三一学院副校长 Jane Ohlmeyer
3月24日	美国俄克拉荷马州立大学副校长 Lee Bird
3月26日	美国华盛顿大学（圣路易斯）副校长 James Wertsch
4月4日	荷兰阿姆斯特丹自由大学副校长 Elies van Sliedregt
4月18日	英国伦敦政经学院副校长 Paul Kelly
4月18日	墨西哥新莱昂自治大学副校长 Daniel Gonzalez Spencer
4月25日	美国哈佛燕京社副社长李若虹
4月29日	南非约翰内斯堡大学副校长 A Parekh
5月8日	加拿大不列颠哥伦比亚大学副校长 John Hephurn
5月15日	法国巴黎一大外事副校长 Jean-Pierre Faugère
5月20日	瑞士弗里堡大学校长 Guido Vergauwen
5月20日	巴基斯坦总统马姆努恩·侯赛因
5月22日	德国法兰克福大学副校长 Rainer Klump
5月23日	法国斯特拉斯堡大学副校长 Francis Kern
5月23日	美国乔治敦大学副校长 Tom Banchoff
5月24日	德国慕尼黑大学副校长 Hans van Ess
5月27日	澳大利亚新堡副校长 John Germov
5月28日	意大利 LUISS 大学副校长代表团
6月13日	英国国王学院医学副校长 Robert Lechler 和外事副校长 Joanna Newman
6月17日	美国俄克拉荷马州立大学副校长 Pam Fry
7月18日	加拿大蒙特爱立森大学（Mount Allison University）教务长 Karen Grant
8月27日	牛津大学副校长 William James
9月22日	加拿大西三一大学副校长 Philip Laird
10月14日	挪威商学院副校长 Dag Morten Dalen、副校长 Lise Hammergren
10月16日	日本创价大学副校长寺西宏友
10月20日	法国巴黎一大外事副校长 Jean-Pierre Faugère
10月23日	德国慕尼黑大学国际交流副校长 Hans van Ess 和学术事务副校长 Sigmund Stintzing

续表

10月25日	俄罗斯乌拉尔联邦大学副校长 Serguei Kortov
10月29日	德国科隆大学副校长 Michael Bollig
11月5日	美国南加州大学教务长 Beth Garrett
11月18日	加拿大女王大学教务长 Alan Harrson
11月27日	土耳其图尔古特·厄扎尔大学副校长
12月9日	英国伦敦国王学院副院长 Joanna Newman
12月10日	美国科罗拉多州立大学副校长 Lou Swanson
12月17日	美国德克萨斯大学奥斯汀分校副教务长 Janet Ellzey

3) 政要来访

2月13日	法国罗阿大区经济社会环境理事会主席西比尔·德斯柯罗佐
2月26日	英国外交大臣特使 David King
2月28日	意大利驻华大使馆科技参赞易诺晨
3月12日	爱尔兰财政部长 Brendan Howlin
3月21日	日本前副首相冈田克也
3月21日	加拿大移民部长 Chris Alexander
4月9日	澳大利亚堪培拉特首 Katy Gallagher
4月14日	法国巴黎大区瓦勒德瓦兹省外事副省长 Michel MONTALDO 代表团
4月22日	爱尔兰总领事 Austin Gormley
4月25日	法国驻沪总领馆教育领事梅燕
5月9日	法国驻沪总领事卢力捷
5月13日	墨西哥大使温立安
5月15日	法国驻华大使白林
5月17日	法国外交部长法比尤斯
5月20日	巴基斯坦总统马姆努恩·侯赛因
5月22日	联合国秘书长潘基文
6月10日	德国驻上海领事馆总领事芮悟峰 Wolfgang Roehr
6月16日	瑞士驻沪总领馆总领事史博伦
7月2日	澳大利亚公使衔教育参赞 Cathryn Hlavka
9月9日	美国前总统吉米卡特
9月17日	芬兰议会法律委员会主席代表团 Anne Holmlund
9月19日	哥伦比亚驻沪总领事 Ricardo Galindo Bueno
10月20日	澳大利亚领馆总领事 Alice Cawte
10月28日	荷兰对外贸易和发展合作大臣普璐曼
10月30日	爱尔兰教育部长 Jan O'Sullivan
10月31日	香港中文大学前校长刘遵义
11月11日	新西兰奥克兰市市长 Len Brown
11月17日	南非驻沪总领事陶文博
11月17日	瑞典驻沪总领事 Viktoria Li
11月21日	比利时王国驻华使馆瓦隆-布鲁塞尔大区驻华代表团团长那烨飞
11月26日	土耳其驻沪总领事 Ozcan Sahin

七、对外交流与合作

续　表

12月2日	印度驻华大使康特
12月10日	德国法兰克福市长 Peter Feldmann
12月12日	爱尔兰总统 Michael D. Higgins
12月23日	巴西司法部副部长阿布兰

港澳台地区代表团来访

1月20日	台北市立大学来访
1月20日	中国文化大学学生访问团
1月24日	台湾政治大学博雅书院院长钱致榕来访
2月7日	香港大学商学院副院长陆炎辉
2月5—13日	台湾中华文化研习营一
2月6—14日	台湾中华文化研习营二
2月7—15日	台湾中华文化研习营三
2月8—16日	台湾中华文化研习营四
2月23—25日	港中大万人计划交流会
2月26日	台湾建国中学文科资优班来访
3月3—5日	两岸三地人文社科论坛理事会
3月7日	香港大学商学院副院长陆炎辉来访
3月13日	香港理工大学交流合作处来访
3月14日	香港理工大学学术合作交流处林兆玉、沈君倩来访
3月17日	台北市副市长杜庭宇来访
3月20日	上海台商子弟学校来访
4月9日	中国留学教育服务中心(香港)来访
4月13日	香港拔萃男书院来访
4月14日	志德书院与伍宜孙书院签约仪式
4月16日	台北大学国际长来访
4月21日	香港大学经管学院副院长来访
4月25日	台湾新生体验营
5月8日	香港佛教孔仙洲纪念中学来访
5月9日	香港拔萃女书院来访
5月13日	香港浸会大学内地事务处来访
5月23日	香港大学经管学院副院长来访
6月1—15日	香港大学管理学院"中国经济研习班"
6月6日	台北市第一女子中学来访
6月7日	台南市市长赖清德访问
6月30日	香港佛教黄凤翎中学来访
7月1日	香港教育局"薪火相传"活动姚明讲座
7月9日	香港培正中学访问复旦
8月18日	台北高中家长联合会来访
8月24日	沪台大学生篮球邀请赛
8月26日	香港深水埗青少年警讯领袖及学员考察团

续表

9月3日	台湾高校社团负责人访问团
9月9日	香港城市大学校长郭位来访
9月17日	台北市立大学副校长王保进来访
10月13日	复旦—港大体育周
10月17日	国台办主任助理龙明彪来访
10月17日	台湾大学生创业实训基地揭幕
10月22日	台湾中山女高来访
11月3日	东吴大学两岸交流组林子立来访
11月27日	台湾吉的堡英语总裁来访

2014年复旦大学新签合作协议(海外)一览表

海外大学或机构	国家或地区	签约人	签约时间
科罗拉多学院(续签)	美国	杨玉良	3月4日
普林斯顿大学(续签)	美国	杨志刚	3月20日—4月11日
台北大学	台湾	杨玉良	3月26日
汉堡大学(学术研究员交换谅解备忘录)	德国	杨玉良	5月7日
法兰西公学院	法国	杨玉良	5月15日
弗里堡大学	瑞士	刘承功	5月20日
密歇根大学(学生交流协议)	美国	冯晓源	5月21日
密歇根大学(学生访问协议)	美国	冯晓源	5月21日
鹿特丹伊拉斯谟大学	荷兰	杨玉良	5月26日
罗马国际社会科学自由大学	意大利	冯晓源	5月28日
科罗拉多州立大学	美国	冯晓源	6月16日
弗鲁米嫩塞联邦大学	巴西	尹冬梅	7月28日
圣保罗大学(学术交流协议)	巴西	尹冬梅	7月29日
圣保罗大学(谅解备忘录—框架协议)	巴西	尹冬梅	7月29日
于利希研究中心	德国	杨玉良	8月7日
香港城市大学(续签)	香港	杨玉良	9月9日
惠灵顿维多利亚大学	新西兰	冯晓源	9月15日
诺丁汉大学	英国	冯晓源	9月24日
汉堡大学(学生交流协议)	德国	杨玉良	9月26日
巴黎高等师范学院	法国	金光耀	9月26日
汉堡大学(博士生培养项目合作意向书)	德国	杨玉良	9月30日
新加坡国立大学	新加坡	杨玉良	9月30日
加州大学	美国	冯晓源	10月1日
阿姆斯特丹自由大学	荷兰	冯晓源	10月8日
挪威商学院	挪威	冯晓源	10月14日
华盛顿大学圣路易斯	美国	杨玉良	10月16日
法国里昂大学	法国	冯晓源	10月20日
慕尼黑大学	德国	林尚立	10月23日

续 表

海外大学或机构	国家或地区	签约人	签约时间
乌拉尔联邦大学	俄罗斯	林尚立	10月25日
华盛顿大学圣路易斯	美国	朱畴文	11月10日
皇后大学	加拿大	陆昉	11月18日
利兹大学	英国	冯晓源	11月26日
斯德哥尔摩大学	瑞典	许宁生	12月11日
都柏林圣三一学院	爱尔兰	冯晓源	12月12日

2014年复旦大学举办海内外国际会议一览表

举办时间	会议名称	主办/承办单位
1月13日—14日	"变革时代的全球治理：中国与联合国国际学术研讨会"	美国研究中心
1月15日—16日	"市场营销国际学术研讨会"	管理学院
1月17日—19日	"第十二届亚太生物信息会议（APBC2014）"	计算机科学技术学院
2月10日—15日	"复旦大学黑洞物理国际学术研讨会"	物理学系
2月22日	"新兴大国在非洲的参与和对欧洲的影响"	国际问题研究院
3月5日—6日	"战后亚洲战争罪犯审判与史料整理国际研讨会"	法学院
3月13日—16日	"能源与环境电化学会议"	化学系
3月21日—23日	"第三届全球教育项目—可持续、科学、技术和政策国际研讨会，亚洲（SUSTEP亚洲）"	环境科学与工程系
3月22日—23日	"城镇化和低碳社会建设国际会议"	环境科学与工程系
3月27日	"IC的先进光子学失效分析技术国际研讨会"	物理学系
4月11日—13日	"上海国际消化内镜治疗新技术研讨会"	附属中山医院
4月19日—22日	"遗传学国际学术有研讨会"	生命科学学院
4月25日—26日	"基因/细胞治疗和纳米载体药物递送的新趋势国际会议"	药学院
5月2日—5日	"国际电子束离子阱和先进光源物理学会议"	现代物理研究所
5月8日	"记忆形成中突出蛋白周转的分子机制国际学术会议"	脑科学研究院
5月9日—10日	"东亚知识的生产、规划、流通与影响国际学术研讨会"	历史学系
5月10日—11日	"翻译与比较文化研究：东西对话"	中国语言文学系
5月11日—15日	"第十一届国际光子和电磁晶体结构会议"	物理学系
5月13日—14日	"有机物污染物光化学及自由基化学"中法学者双边会议	环境学系
5月15日—16日	"中法大使论坛暨中法关系：文明对话和全球秩序"	国际问题研究院
5月16日	"中日韩胃癌国际学术研讨会"	附属中山医院
5月16日—20日	"2014年图书馆领导讲习班"	图书馆
5月18日—20日	"结技术国际研讨会"	微电子学院
5月24日—26日	"2014经济全球化与亚洲的选择上海论坛"	
5月26日—28日	"中国与欧洲个人观念之比较'中国—瑞士学者双边会议"	外文学院
5月27日	"经济一体化：增长与波动国际学术研讨会"	经济学院
5月27日—31日	"认知评估统计模型国际会议"	上海数学中心
5月28日—30日	"国际老年医学学术研讨会"	复旦大学上海医学院
6月6日—8日	"基于文献整理的左翼文学诗学研究"	中国语言文学系
6月7日—8日	"中国梦：价值构建与制度建设"	社会科学高等研究院

续 表

举办时间	会 议 名 称	主办/承办单位
6月8日—11日	"全球可持续生产和消费研究国际会议"	丁铎尔中心
6月9日—14日	"第53届国际粒子放射治疗年会"	附属肿瘤医院
6月12日—14日	"度量几何、群和K—理论国际学术会议"	上海数学中心
6月19日—20日	"上海国际大肠癌学术研讨会"	附属中山医院
6月20日—23日	"高维数据统计前沿国际学术研讨会"	上海数学中心
6月12日—13日	"汉语跨文化传播国际研讨会"	国际文化交流学院
7月15日	"案例研究与教学国际学术研讨会"	管理学院
8月18日—21日	"第9届IEEE全球化软件工程国际会议"	计算机科学技术学院
8月25日—29日	"非交换代数几何2014上海学术研讨会"	上海数学中心
9月7日—10日	"第十届中日友好微分几何会议"	数学学院
9月8日—10日	"医学图像融合技术及临床应用国际研讨会"	附属中山医院
9月8日—11日	"2014年中美青年领袖论坛"	国际关系与公共事务学院
9月10日—14日	"2014上海国际血液透析会议"	附属中山医院
9月17日—19日	"2014上海国际儿科心血管疾病研讨会"	附属儿科医院
9月18日—22日	"上海国际微创心血管外科研讨会"	附属中山医院
9月20日—22日	"语言的描写与解释国际学术会议"	中国语言文学系
9月22日—24日	"中国文学评点研究国际研讨会"	中国语言文学系
9月22日—26日	"2014年U21卫生科学小组年会"	外事处
9月27日—29日	"病毒进入抑制剂国际学术研讨会"	基础医学院
10月8日—12日	"动物丝国际学术研讨会"	高分子科学系
10月9日—11日	"2014年国际天然药物学术会议"	药学院
10月10日	"复旦—辛辛那提儿科论坛"	附属儿科医院
10月16日—17日	"原子层淀积应用国际学术研讨会"	微电子学院
10月20日—22日	"新奇的自旋轨道耦合物理"	物理学系
10月24日—26日	"亚太道德教育协会第九届年会"	马克思主义学院
10月25日—26日	"远东历史地理与制图学"中俄双边会议	历史地理研究所
10月27日—31日	"2014年ACM信息与知识管理国际会议"	计算机科学技术学院
10月28日—31日	"2014年国际固态和集成电路会议"	微电子学院
11月上旬	"第四届海峡两岸欧盟研究学术论坛"	欧洲中心
11月6日—7日	"中欧教育科技发展国际学术研讨会"	复旦学院
11月6日—10日	"艺术、考古与历史：中国古代图像文化研究的新趋向"	文史研究院
11月7日—9日	"嘉定文派与明代诗文国际学术研讨会"	中国语言文学系
11月8日—10日	"上海国际分子细胞诊断与治疗研讨会"	附属中山医院
11月8日—10日	"2014上海国际呼吸病研讨会"	附属中山医院
11月8日—10日	"上海孤独症国际研讨会"	附属儿科医院
11月15日—17日	"朝鲜通信使与东亚文化交流国际学术讨论会"	文史研究院
11月22日—24日	"艾米莉·狄金森在中国——翻译的可能性与跨文化事业国际会议"	中国语言文学系
12月5日—7日	"第13届现场可编程技术国际会议"	计算机科学技术学院
12月8日—12日	"学习与逼近国际学术研讨会"	数学学院

（外事处供稿）

八、校董、校友、捐赠与基金会管理

【概况】 2014年,对外联络与发展处(简称"外联处")围绕复旦大学面向2020年发展目标和重点工作,以校庆110周年为契机,推进并完善校院两级校友、筹资工作网络,举办复旦大学校友与捐赠工作座谈会,广泛联络校董、海内外校友、地方各级政府及社会各界资源,积极拓展捐赠渠道,丰富筹资项目,培育大额捐赠,推进校友小额捐赠,确保复旦大学校友会、上海复旦大学教育发展基金会、复旦大学教育发展基金会(海外)和复旦大学管理学奖励基金会有序规范运行,进一步加强内部体系建设,规范管理,夯实基础,推进工作创新,提高服务能力、管理水平和工作效率。

校友工作:以"服务校友、服务母校、服务社会"为宗旨,广泛凝聚校友力量助力学校发展。2014年,复旦大学校友会充分动员、组织学校力量、各校友组织,以校友返校活动为抓手,举办"2014复旦大学校友返校日"、"致青春"主题晚会、"复旦科技咨询开发公司创立30年"、"电光源30周年"、校友新春嘉年华等系列活动;组织校友参与团委"思源导师计划"、"复旦首届乐跑赛"等活动,密切校友与学校之间的联系;推动各地校友会和校友行业俱乐部发展。2014年,新成立复旦大学珠海校友会,复旦大学校友会照明分会,继续推动各地校友会和校友组织跨区域合作。复旦校友创业俱乐部、复旦大学中国金融家俱乐部、复旦校友俱乐部(江湾)等运作均步入正轨。校友会与各俱乐部密切配合,成功举办各类月度和年度活动,打造品牌。如"盛大—复旦创业创新大会"、"复旦校友创业沙龙"、"金融家俱乐部月度沙龙"等;启动校友年度捐赠,为母校110周年华诞献礼。2014年,校友会完成校友捐赠网站设计和建设,开通手机版捐赠平台,正式启动"110校友年度捐赠",并举办"点亮一本书"等校友捐赠特别活动等。目前已上线10余个捐赠项目,累计筹款逾310万元,超过1 500人次的校友参与捐赠;继续加强"一网(校友网)、一刊(《复旦人》)、一库(校友数据管理系统)"建设,努力打造新媒体平台,校友会新浪微博关注人数4.31万,微信订阅人数26 619人,年度增长率为217%,影响力进一步扩大。2014年共计出版2本4期《复旦人》(合刊),反响良好。2014年校友工作基本形成复旦与校友积极互动,相互支持、共同发展的良好局面。

校董工作:围绕"联络、调研、服务、拓展"的方针开展工作,进一步加强与校董的联系,增进往来,促进校董支持和参与学校各项事业,拓展学校与社会各界的联系。2014年,复旦大学领导以及秘书处人员专程拜访和会见的校董及校董代表近30人,邀请桑国卫、李大鹏、卢志强、罗康瑞、高纪凡、屠海鸣、廖凯原、郭广昌校董等到校出席活动或发表演讲,与教职员工和学生进行交流,分享成功经验。与校董企业,例如恒基兆业、新鸿基、嘉华集团、新华集团、瑞安集团、润泰集团、天合光能集团、复星集团、正大集团等保持密切联系。全年共编辑发行三期"校董通讯",将学校的校园建设规划和重要新闻及时通报校董。筹备和组织召开第五届董事会第四次会议。

基金会工作:2014年,复旦大学财务处捐赠收入6 567.34万元[包括来自复旦大学教育发展基金会(上海/海外)捐赠的5 048.62万元];上海复旦大学教育发展基金会接受社会捐赠收入8 164.93万元;复旦大学教育发展基金会(海外)接受社会捐赠收入187.71万美元,折合人民币约1 163.79万元。复旦大学财务处的捐赠支出5 870.61万元[其中包括复旦大学教育发展基金会(上海/海外)委托的捐赠支出3 778.45万元];上海复旦大学教育发展基金会项目支出4 718.84万元;复旦大学教育发展基金会(海外)项目支出222.7万美元,折合人民币约1 380.76万元。捐赠支出主要用于奖学金、奖教金等各类奖励以及学校学科发展、基础设施建设等。两个基金会完成校、院两级筹资项目设计,形成以"新百年"为主题的基础建设、学生培养、师资建设、社会公益四大项目书以及慕课课程筹资计划、发展研究院、管理学院、国务学院、上海医学院的捐赠项目建议书等;加深往来,匹配项目,落实大额捐赠,举办陈树渠百年诞辰庆典、邀请朱裕民、谢明、廖凯原等捐赠人访问学校;赴港拜访李达三、陈曾焘、董建成等汇报项目进展;获得毛裕民、唐仲英基金会、钰翔集团、上海东方希杰商务有限公司、龙盛集团、香港道德会、香港柏年基金会、李大鹏、中国农业银行、瑞南集团等多项大额捐赠;举行复旦大学陈灏珠院士医学人才培养基金启动仪式、基金会十周年庆典感恩音乐会、"爱·梦想"新年慈善音乐会等活动;加强与社会各界联系,提升复旦品牌,全年接待数十个兄弟院校基金会的来访调研活动,并与各类基金会及社会团体组织间的联系与接触,大力支持"复旦基础教育联盟"项目开展,协助安排海外学者演讲、陪同校董、校友海外走访;开拓与美国常春藤名校、伦敦政治经济学院在"复旦学者"项目方面的深化合作,扩大复旦国际影响力。基金会还协助学校财务处,和国家主管部门积极沟通,妥善应对捐赠配比政策变化,顺利完成2014年度的捐赠资金配比申报,获得中央财政配比资金4 413万元。上海基金会在2014年接受上海市社会团体管理局的5A级规范化评估,拿到5A社团资质,标志着基金会正式迈入全国最规范运作基金会序列。上海基金会秘书处完成基金会法定代表人变更、监事增补、理事增补等重要基础管理工作。海外基金会先后召开2次董事会通讯会议,审议通过海外基金会2013年度的审计报告及董事增补事宜。上海基金会于3月完成2013年度审计工作。海外基金会完成非港注册公司的周年申报工作、美国免税组织的年度报税业务以及2013年度的审计工作。复旦管理学奖励基金会顺利完成二届十四次理事会会议相关筹备工作,召开2次基金会秘书处工作会议,定期发送基金会通讯向理事通报基金会各项事务情况。

(陈起怡)

【举行复旦大学珠海校友会成立大会】 该大会于3月29日在珠海举行,宣告复旦大学全球第88家校友会——珠海校友会正式成立。原珠海政协副主席,中国传播学开创者之一的新闻系陈韵昭校友、时任珠海市市长的数学系何宁卡校友参会。大会选举产生校友会理事会监事会成员并选举产生校友会领导机构。吕荣建校友当选会长,冯宇红校友当选秘书长。

(程 翀)

【开通上医校友会网站】 5月,上海医科大学校友会官方网站(http://shmu-alumni.fudan.edu.cn/)正式上线。

(杨凌曦)

【举行复旦大学陈树渠博士百年诞辰纪念仪式】 该仪式于5月17日在光华楼思源报告厅举行。陈树渠博士子女、香港宝声集团董事长陈耀璋先生、董事陈烛莲女士及其家族好友,复旦大学副校长冯晓源、林尚立,以及40余位海内外比较政治领域知名学者出席仪式。陈耀璋捐资成立复旦大学陈树渠比较政治发展研究中心以及设立陈树渠讲席教授,推动比较政治学科发展,对复旦政治学科的发展有着极为重要的意义。

(陈起怡)

【举办复旦大学校庆109周年联合捐赠仪式】 该仪式于5月29日在逸夫科技楼二楼多功能厅举行,签署龙盛教育基金、东方CJ海外学生交流基金、福美—复旦海外学子交流助学金、江新林人文优才奖助学金、复旦发展研究院金融智库建设、世界经济研究所发展基金等项目捐赠协议。校长杨玉良出席活动并作重要发言。该捐赠活动旨在继续借助社会力量推动高校教育事业的发展,感谢有心人善心人对复旦的支持。

(陈起怡)

【举办2014复旦大学校友返校日活动】 该活动于5月31日在江湾校区举办。由复旦大学主办,复旦大学校友会、上海医科大学校友会共同承办,香港智华基金支持。校友返校日以"汇聚校友·感恩母校·放飞梦想·励志前行"为主题,设"那些年,我们一起唱过的歌"、"为复旦起跑"、爱心义卖、亲子游戏等多个主题活动,逾千名校友重返母校。

(程 翀)

【举办复旦管理学奖励基金会"获奖人前沿讲座"活动】 6月12日,在甘肃省河西学院举办"获奖人前沿讲座",由2010年"复旦管理学杰出贡献奖"获奖人陈荣秋主讲。6月13日,在云南省大理学院举办"获奖人前沿讲座",由2011年"复旦管理学杰出贡献奖"获奖人李树茁主讲。两场活动均获得当地院校师生的一致好评。

(郑智巍)

【召开复旦大学校友会第二届理事会第二次会议】 该会议于6月27日在逸夫科技楼多功能厅召开。会议审议复旦大学校友会2013—2014年度工作报告,增补刘承功、尹冬梅为校友会副会长,介绍建校110周年校友年度捐赠项目。

(程 翀)

【举行上海校友会成立三十周年庆典】 该庆典于6月29日在上海交响乐团音乐厅举行。校党委书记朱之文、校长杨玉良,上海校友会名誉会长王荣华、沙麟、姚泰、钱冬生、焦扬,上海医科大学校友会会长彭裕文等受邀出席。杨玉良代表母校致欢迎词,校友陈至立发来贺信。上海交响乐团献上一场专场交响音乐会。

(程 翀)

【举行上海校友会第七届会员代表大会】 该大会于6月29日上午在复旦大学光华楼吴文政报告厅召开,会议选举产生新一届理事会。复星集团副董事长、首席执行官梁信军校友担任会长。

(程 翀)

【举行复旦管理学国际论坛】 该论坛于7月19—20日在复旦大学举办。论坛主题为"公共治理的转型与现代化"。论坛以主旨演讲、分论坛讨论等形式展开。中共十六届中央委员、国务院新闻办公室原主任赵启正以"新媒体时代的领导力建设"为题发表主旨演讲。清华大学公共管理学院院长、2011年复旦管理学杰出贡献奖获得者薛澜以"国家治理体系与治理能力现代化之路"为题发表主旨演讲。7月20日各分论坛活动在复旦大学举行。

(郑智巍)

【校友年度捐赠网正式上线】 7月31日,校友年度捐赠网(http://give.fudan.org.cn)正式上线。

(程 翀)

【举行复旦大学发展研究院发展基金捐赠签约仪式】 该仪式于8月17日在复旦校友俱乐部举行。仪式上,上海钰翔投资控股集团有限公司和上海复旦大学教育发展基金会签署捐赠协议,钰翔集团捐赠人民币100万元,用于支持复旦发展研究院发展基金。

(陈起怡)

【举行第二届复旦华盛顿论坛】 该论坛于9月13日在华盛顿举行。由华盛顿复旦大学校友基金会主办,绿庭集团、国家中国园基金会、中美研究会等共同赞助,主题为"重新发现中国"。论坛邀请复旦大学葛剑雄、李维森、李辉等3位教授作主题演讲,分别从人类学、经济学和历史地理的角度介绍中华民族。美国当地智库、中国研究专家及各校友会负责人参会。论坛旨在通过校友的牵线,促进美国主流社会对当今中国的认识,更好地推动中美各领域的交流与合作。

(程 翀)

【举行复旦大学钰翔助学金捐赠签约仪式】 该仪式于10月15日在复旦大学逸夫科技楼接待室举行。复旦大学副校长、复旦大学教育发展基金会秘书长冯晓源教授与上海钰翔投资控股集团有限公司董事长葛华校友共同签署协议。钰翔助学金将每年支持10位家境贫困的学生完成四年本科学业,首期持续8年,并将优先考虑复旦大学对口扶贫云南大理州永平

县的家境困难的学生。　　（陈超怡）

【召开复旦基础教育联盟理事会一届六次会议】 该会议于10月18—19日在复旦大学附属中学召开。复旦基础教育联盟各成员学校(重庆复旦中学、复旦大学附属中学、上海市复旦中学、上海市复兴高级中学、台湾复旦高级中学、贵州乌江复旦学校)主要负责人参加会议。复旦大学副校长陆昉出席会议，复旦大学校长助理、学校招生办公室主任丁光宏和与会人员开展交流座谈。 （郑智巍）

【举行复旦大学柏年助学金签约仪式】 该仪式于10月21日在复旦大学举行。复旦大学副校长、基金会秘书长冯晓源与柏年基金会主席王柏年共同签订助学金捐赠协议书，交换捐赠票据并向其赠送捐赠铭牌。该助学金将每年支持50名家庭贫困的研究生，帮助其完成学业。（陈超怡）

【举办复旦大学陈灏珠院士医学人才培养基金启动仪式】 该仪式于11月5日在复旦大学举行。"复旦大学陈灏珠院士医学人才培养基金"的前身为"复旦大学陈灏珠院士医学奖助学基金"，由中国工程院院士陈灏珠和夫人韩慧华、女儿陈芸捐赠人民币100万元作为留本基金，以每年的利息收益用于奖助家庭经济较困难而品学兼优的医学生。截至2014年12月，已有37位学生得到奖助，其中一部分学生已完成学业服务社会。为帮助更多医学生和青年医师成才和凝聚更多社会力量，支持复旦大学培养更多品德高尚、医术精湛的优秀医学人才，陈灏珠院士决定扩充基金规模，拓宽基金用途，把基金更名为"复旦大学陈灏珠院士医学人才培养基金"。该基金为留本基金，以每年的利息或投资收益作为奖励资金，主要用于医学生奖学金、助学金；用于支持医学生赴海外学习交流或临床先进技术培训，奖励对象是复旦大学全日制医学相关专业本科及研究生；复旦大学附属医院青年医务工作者，从事心血管疾病研究人员和临床工作者优先。 （陈超怡）

【召开复旦大学第五届董事会第四次会议】 该会议于11月14日在枫林校区治道楼召开，来自国内外二十二位校董及校董代表出席会议。副校长冯晓源主持会议并向校董们汇报复旦大学教育发展基金会的发展情况。会上变更董事会主席，校长许宁生接任复旦大学第五届董事会主席，原校长杨玉良由于职务变更，不再担任主席，继续留任校董。会上，许宁生介绍学校发展现状，以及未来的发展方向和近期重点工作。侯杨方、资剑、桂永浩分别从文、理、医三方面作专题报告。 （赵月南）

【举办感恩之夜——复旦大学教育发展基金会十周年庆活动】 该活动于11月14日在上海东方艺术中心举行。学校领导、校董及校董代表、校友、社会各界贤达及复旦大学师生代表出席活动。活动上，校长许宁生代表学校向为庆典活动作出贡献的鲁育宗、陈萍、仇明芳3位校友企业家颁发捐赠证书，并向捐赠工作开展得较为成功的经济学院、管理学院、生命科学学院、哲学学院、国际关系和公共事务学院、基础医学院等6个院系颁发奖状。上海复旦大学教育发展基金会成立于2004年6月，为上海市第一个非公募基金会。 （陈超怡）

【召开上海复旦大学教育发展基金会第二届理事会、复旦大学教育发展基金会(海外)董事会会议】 该会议于11月15日在上海富豪环球东亚酒店召开。会上，经上海基金会理事会审议、表决，通过修改《上海复旦大学教育发展基金会章程》的决议。根据上海基金会、海外基金会章程规定，选举许宁生担任上海基金会副理事长和海外基金会董事会副主席。经上海基金会理事会审议、表决，决定成立上海基金会监事会，选举袁正宏担任监事长；选举潘俊担任上海基金会秘书长；选举周立志担任上海基金会副秘书长；通报经通讯会议通过的决议：朱之文辞任学校基金会法定代表人，由冯晓源担任法定代表人，选举刘莉担任上海基金会副秘书长。会议审议并表决通过上海基金会、海外基金会的工作报告、财务报告和2015年预算安排。经审议表决，同意变更上海基金会投资委员会章程。会上，基金会投资委员会主席袁天凡通报两个基金会的投资运作情况和相关安排。审议并表决通过上海基金会《重要公益活动项目资金募集和使用的提案》。 （陈超怡）

【举办第二届上医文化论坛】 该论坛于11月16日在枫林校区明道楼报告厅举办。由上医校友会、复旦大学校友会、上海校友会生物医药医务界同学会共同主办。上医校友会名誉会长、名誉理事、顾问、副会长、常务理事、理事，海内外校友代表，复旦大学校友会代表，上海校友会生物医药医务界同学会的代表，及在校师生代表等共计350人出席会议。论坛以"正谊明道·团结创新"为主题，上医校友会名誉理事、中国工程院院士戴尅戎，复旦大学基础医学院院长汤其群，上海医学院院董、中国工程院院士巴德年分别做主旨报告。其后举行《上医人的足迹》(第三辑)新书发布会，并举办"上医建筑与上医文化"专题论坛。 （杨凌曦）

【召开第四届上医校友会第三次理事(扩大)会议】 该会议于11月16日在枫林校区明道楼报告厅召开。会议审议上医校友会2014年度工作报告，2015年工作计划，增补尹冬梅、樊嘉为副会长。 （杨凌曦）

【开通手机在线捐赠平台】 11月19日，校友年度捐赠网站手机在线捐赠平台(http://event.fudan.org.cn)正式上线。 （程舯）

【签署复旦大学唐仲英科研院"PM2.5"研究项目捐赠协议】 该协议于11月20日在复旦大学由复旦大学校长许宁生院士与美国唐仲英基金会执行董事徐小春共同签署。根据协议，美国唐仲英基金会捐资1 000万元人民币，用于支持复旦大学的"PM2.5"研究。 （陈超怡）

【召开复旦管理学奖励基金会理事会二届十四次会议】 该会议于11月29日在北京中国科学院大学举行。基金会理事长徐匡迪出席会议并作重要讲话。基金会副理事长、秘书长龙永图，基金会执行副理事长朱之文，基金会副理事长许宁生，以及基金会理事、监事、理事代表等一同出席会议。理事会会议由基金会副理事长、秘书长王基铭主持。 （郑智巍）

【举行复旦管理学奖励基金会颁奖典

礼】该典礼于11月29日在中国科学院大学礼堂举行。该次评奖增设"复旦企业管理杰出贡献奖",专门用于奖励在中国企业管理实践领域作出杰出贡献的企业家或企业管理者。基金会理事长徐匡迪在颁奖典礼上讲话并为获奖人颁奖。中国科学院大学管理学院院长成思危获得"复旦管理学终身成就奖"。国务院发展研究中心研究院李善同、中山大学教授马骏、中国科学院研究员张林秀获得"复旦管理学杰出贡献奖"。海尔集团董事局主席兼首席执行官张瑞敏获得"复旦企业管理杰出贡献奖"。基金会副理事长、秘书长龙永图,基金会理事、监事及理事代表,获奖人所在单位领导,国内管理学界学者代表和中国科学院大学师生等近600人出席颁奖活动。 (郑智巍)

【举行复旦—盛大创新创业大会】该大会于12月21日在光华楼吴文政报告厅举行。由复旦大学校友会和上海盛大网络联合主办,复旦校友创业俱乐部承办,复旦团委协办,有400多位创业路上的复旦人参与。上午大会邀请携程董事长兼CEO、校友梁建章,大众点评董事、联合创始人龙伟进行主题分享。下午圆桌会议邀请到云峰基金董事总经理、校友朱艺恺,云启创投合伙人毛丞宇,盛大天地总裁、盛大O2O创投基金负责人、校友傅逞军,金浦投资董事总经理高立新就创业相关话题进行讨论。复旦校友创业俱乐部还联合复旦团委成立孵化计划创业导师团队,为年轻的创业团队和学生提供帮助。晚上在学生广场举办创业者主题怀旧歌会。 (程 艸中)

【举行复旦—瑞南"一带一路"战略合作暨丝绸之路奖教金奖学金签约仪式】该仪式于12月23日在光华楼思源报告厅举行。副校长冯晓源与瑞南集团董事长庄友才共同签署协议。该协议是中国高校与中国民营企业响应习近平主席"一带一路"战略的第一例实质性的举动。 (陈超怡)

【举办"致青春——我们的八十年代"主题晚会】该晚会于12月27日在上海开放大学校园内举行,由复旦大学校友会主办,上海教育电视台绿荧传媒承办、校友企业汇潮支付有限公司冠名赞助。近400名八十年代复旦校友再聚首,畅叙友情,感恩母校。晚会由资深媒体人、校友曹景行和校友简昉主持。张胜友、曹景行、潘浩波、王战、张力奋、杜立德、金晓峰7位校友先后登场讲述复旦故事。该活动得到《东方早报》等媒体的专版报道。 (程 艸中)

【上海复旦大学教育发展基金会获得5A评级称号】上海市民政局、上海市社会团体管理局发布"上海市社会组织规范化建设评估等级"最终评选结果(沪民社服〔2014〕2号文),上海复旦大学教育发展基金会的规范化建设评估等级为"5A",达到最高等级。 (郑智巍)

附 录

复旦大学第五届董事会名单

主　席:许宁生

荣誉校董:

韩启德　陈至立　桑国卫　朱民

资深校董(按姓氏笔画排列):

刘浩清　杨紫芝　杨福家　吴家玮　林辉实　周君廉
倪德明

校　董(按姓氏笔画排列):

尹衍樑　王生洪　王纪来　王绍堉　毛江森　卢志强
边华才　刘遵义　吕志和　孙珩超　李大鹏　李传洪
李达三　李兆基　李和声　杨玉良　杨孙西　陈天桥
陈乐宗　陈曾焘　周益民　郑裕彤　罗康瑞　姚祖辉
钟浙晓　高纪凡　袁天凡　郭广昌　郭炳江　曹其镛
屠海鸣　章晟曼　董建成　蒋震　谢明　谢国民
蔡冠深　廖凯原

陆昉　彭裕文　秦绍德　秦新裕　裘新　施德容
屠海鸣　汪新芽　王卫平　王小林　徐炯　徐彦平
许征　薛明扬　杨德红　尹冬梅　俞卓伟　袁正宏
曾军　张一华　赵定理　周军　周益民　朱民
朱之文

常务理事:56人

包江波　陈浩明　陈文　陈殷华　程娌　丁光宏
高天　顾东辉　顾勇　洪震　华克勤　黄岸青
黄国英　金光耀　李倩　李端树　栗建华　刘季平
刘永梅　陆柳　陆雄文　潘俊　邵建华　邵仁厚
沈肖肖　孙兴怀　王蔚　王永珍　吴兆路　萧思健
肖斐　许玫　闫华　杨增国　杨志刚　姚伟
殷南根　应质峰　袁继鼎　袁新　袁志刚　张宏莲
张志芹　张志勇　章晓野　赵文斌　郑方贤　周桂发
周磊　周立志　周曦　周亚　周亚明　朱畴文
朱顺龙　朱依谆

理事:70人

复旦大学校友会第二届理事会成员名单

(按姓氏拼音排序)

会　长:杨玉良
副会长:49人

边华才　蔡达峰　蔡向东　曹国伟　陈立民　陈天桥
陈晓漫　陈新　程刚　戴尅戎　丁强　冯晓源
龚朝晖　桂永浩　何慧娴　华伟　金力　金煜
黎瑞刚　梁信军　林尚立　刘承功　刘建中　卢志强

曹明富　岑国仁　陈鸿基　陈来生　陈强虎　陈荣
陈学德　陈元波　陈月林　成建正　丁少雄　董经纬
杜楠　段台民　冯胜生　顾华　郭钢　郭能华
胡茹珊　胡秀全　华彪　华荣　黄翔　贾建威
姜文奇　姜小鹰　李光宪　李曦萌　郦永刚　刘超
刘远兴　罗国庆　玛依努尔·尼亚孜　倪健
牛侨　蒲虹　蒲祖辉　秦士嘉　任红云　邵伟
寿炳尧　唐伟　田杰　田文华　万国林　王庆平

王绍新	王万青	王新华	魏建东	吴柏林	吴士琪		赵伟力	周敬业	周 霞	朱文俊	诸锡平	左宝祥
夏鲁青	杨士友	杨 宇	易幼文	袁永平	张 兵		秘书长：冯晓源（兼）					
张德斌	张勤耘	张嗣忠	赵建共	赵良全	赵 锜							

复旦大学及原上海医科大学校友会一览表

一、已完成合并校友会（19）

序号	校友会名称	序号	校友会名称
1	复旦大学安徽校友会	11	复旦大学江西南昌校友会
2	复旦大学澳门校友会	12	复旦大学陕西西安校友会
3	复旦大学北京校友会	13	复旦大学深圳校友会
4	复旦大学重庆校友会	14	复旦大学浙江温州校友会
5	复旦大学福建校友会		海外校友会
6	复旦大学甘肃校友会	15	复旦大学澳洲校友会
7	复旦大学广西校友会	16	复旦—上医加拿大温哥华校友会
8	复旦大学河南校友会	17	复旦大学美国南加州校友会
9	复旦大学江苏常州校友会	18	复旦大学美国休斯顿校友会
10	复旦大学江苏无锡校友会	19	复旦上医美国佐治亚州校友会

二、复旦大学校友会（51）

序号	校友会名称	序号	校友会名称
1	复旦大学校友会	27	复旦大学上海校友会
2	复旦大学安徽蚌埠校友会	28	复旦大学四川校友会
3	复旦大学安徽芜湖校友会	29	复旦大学台北校友会
4	复旦大学福建龙岩校友会	30	复旦大学台湾校友会
5	复旦大学福建厦门校友会	31	复旦大学天津校友会
6	复旦大学福建漳州校友会	32	复旦大学香港校友会
7	复旦大学广州校友会	33	复旦大学新疆校友会
8	复旦大学海南校友会	34	复旦大学云南校友会
9	复旦大学河北石家庄校友会	35	复旦大学浙江杭州校友会
10	复旦大学河南平顶山校友会	36	复旦大学浙江宁波校友会
11	复旦大学黑龙江校友会	37	复旦大学浙江绍兴校友会
12	复旦大学湖北武汉校友会	38	复旦大学珠海校友会
13	复旦大学江苏连云港校友会		海外校友会
14	复旦大学江苏南京校友会	39	复旦大学德国校友会
15	复旦大学江苏南通校友会	40	复旦大学加拿大东部地区校友会
16	复旦大学江苏苏州校友会	41	复旦大学加拿大渥太华校友会
17	复旦大学江苏徐州校友会	42	复旦大学联合国校友会
18	复旦大学江苏扬州校友会	43	复旦大学美国校友会
19	复旦大学江西景德镇校友会	44	复旦大学美国北加州校友会
20	复旦大学辽宁大连校友会	45	复旦大学美国波士顿校友会
21	复旦大学内蒙古校友会	46	复旦大学美国东部地区校友会
22	复旦大学宁夏校友会	47	复旦大学美国华盛顿校友会
23	复旦大学青海校友会	48	复旦大学美国芝加哥校友会
24	复旦大学山东校友会	49	复旦大学日本校友会
25	复旦大学山东青岛校友会	50	复旦大学佛罗里达校友会
26	复旦大学山西校友会	51	复旦大学新加坡校友会

三、原上海医科大学校友会(18)

序 号	校 友 会 名 称	序 号	校 友 会 名 称
1	上海医科大学校友会	11	上医内蒙古校友会
2	上医安徽合肥校友会	12	上医山西校友会
3	上医广州校友会	13	上医香港校友会
4	上医河南洛阳校友会	14	上医新疆校友会
5	上医湖南校友会	15	上医浙江杭州校友会
6	上医江苏常熟校友会		
7	上医江苏南京校友会		**海外校友会**
8	上医江苏南通校友会	16	上医加拿大多伦多校友会
9	上医江苏苏州校友会	17	上医美国波士顿校友会
10	上医江苏扬州校友会	18	上医美东校友会

四、正在筹备中的校友会(2)

序 号	校 友 会 名 称	序 号	校 友 会 名 称
1	复旦大学贵州校友会	2	复旦大学英国校友会

注:*校友会按地域拼音字母排序。
　　共88家校友会,其中国内67家(包括港澳台5家),海外21家。
　　已完成两校合并的校友会19家,复旦大学校友会51家,原上海医科大学校友会18家。
　　正在筹备成立中的校友会2家。

2014年复旦大学基金会接受大额捐赠一览(人民币100万及以上)

序 号	捐 赠 人	项 目
1	马伟强	管理学院新校区建设
2	廖凯原	廖凯原法学楼、奖助学金、最受欢迎教师奖
3	唐仲英基金会(美国)	复旦大学唐仲英基金会PM2.5研究计划
4	毛裕民	生物博物馆
5	上海东方希杰商务有限公司	学生海外交流项目
6	陈树渠博士教育基金会有限公司(陈耀璋)	陈树渠比较政治发展研究中心
7	霍氏家族基金会(霍焱)	霍焱学生海外交流基金
8	智华基金会(林高演)	校友值年返校活动
9	韩国高等教育财团	上海论坛
10	上海杨浦区复旦附中进修学校	复旦基础教育发展基金
11	香港道德会	复旦大学香港道德会助学金
12	李大鹏	药学院发展基金
13	上海钰翔投资控股集团有限公司	发展研究院发展基金

(对外联络与发展处供稿)

毕业生名录

本科生

中国语言文学系

汉语言

程　诚　范轶赟　韩　笑　姜佳育　金大森　刘盛楠　汤刘君　王　博　王瑞超　谢雅晨　徐雨薇　翟一琦　张　帆　张若愚　张天娇　张雪艳　张俊铭(韩国)

汉语言文学

昂俞暄　曾嘉慧　柴文文　陈　婕　陈　铭　陈　睿　陈天娇　陈文波　陈箫竹　陈心怡　程聪聪　程　浩　杜　洁　范子靖　高安琪　谷谢爽　顾思思　郭晓康　韩晓宇　郝智梓　何　齐　胡灵雨　胡亦昂　胡　玥

黄旭明　江　珊　李昌懋　李洁茹　李林心　李为洁
李叶馨　李一荷　李逸玲　梁吉月　林丹妮　刘鹤玲
刘　佳　刘天倪　刘馨蔚　刘子源　龙　雪　马伊莎
孟　昕　欧阳文君　　　　任诗琦　沈颖婕　史彦杰
寿可怡　宋巧至　宋元明　孙菱羲　唐时风　田　驰
王　欢　王慧凝　王　龙　王　露　王培超　吴贝佳
吴天舟　邢　雯　徐力梵　许　迟　许　烨　许怡雯
杨　洁　叶　端　张　璨　张　骥　张琼予　张　弢
郑欢欢　郑静怡　朱丹旸　朱佳燕　朱怡颖　卓　睿
陈子曦(新加坡)　丁勇铣(韩国)　高秀灵(韩国)
黄晖雰(新加坡)　黄慕柔(马来西亚)　黄咏殷(新加坡)
金周贤(韩国)　李尚宪(韩国)　林梦琪(新加坡)
吕尚河(韩国)　吴思敏(马来西亚)　杨慧艳(新加坡)
周庭祯(新加坡)

历史学系
历史学
曾　楠　柴家麒　陈骏千　陈　思　陈雅雯　陈志远
成　棣　龚丽坤　贾昕玏　姜洪越　李　畅　李　涵
李可愚　李　潇　李音昱　李煜东　刘晟好　柳　昊
鲁　毅　骆　天　沐　越　倪梦婷　沈　奕　施晨雨
施　涛　粟杨潇　汪　一洋　王秋丁　王一苇　魏灵学
文一鸣　吴静恬　夏晶艺　谢　赟　徐燕尔　杨智宇
殷　彤　张琼艺　张雨桐　赵　露　赵倩楠　钟一鸣
周康桥　周融融　周轶群　邹　颖　宾准荣(韩国)
福尔康(土耳其)　刘尚烈(韩国)　丘忠盛(马来西亚)

旅游学系
旅游管理
陈嘉熹　陈诗昊　陈文东　陈雅斯　陈哲强　丁佳沁
范　瑱　方苑清　顾圣超　贺怡萌　胡　雨　黄丹妮
金颖蕾　李　倩　李易明　林友明　刘　晓　刘　星
刘　赟　卢佳敏　陆亦凌　马雨峰　缪慈欣　潘健慧
潘　旭　乔　芊　沈德兰　盛玉凤　滕　凯　王秋成
王欣璐　卫卓睿　沃　萌　吴昊珊　吴　泱　吴一铮
肖　莎　徐　烨　严凯瑾　殷绯叶　俞凯琳　张　静
张琪琪　张　峥　赵　静　朱晓岚　崔成源(韩国)
崔寿珍(韩国)　关莉莎(印度尼西亚)
韩奎贤(韩国)　金秀敏(韩国)　李才训(韩国)
罗秀均(韩国)　裴明河(韩国)

文物与博物馆学系
博物馆学
鲍文炜　陈嘉艺　韩　潇　季一秀　李万里　潘雨希
邱宁斌　尚广超　王瑚瑾　王璐琦　吴洪斌　徐　沁
杨　珏　杨梦纯　尤　越　张　蒙　张雯婷　张兆欣
赵丹坤　赵多俊　赵　铭　诸　诣　裴璟珠(韩国)

哲学学院
哲学
蔡淞任　陈君然　陈　滢　陈　震　褚　楚　单芃舒
方亦然　高　晴　顾　昊　郝校矮　贾婧媛　蒋晓菲
蒋宇豪　李宏倍　李　慧　李珂旖　李明远　李　茵
廖　阔　刘冬瀛　刘　昊　陆婕云　麦　茜　尉楚楚
许　诺　杨　宽　姚竣夫　叶涵天　张大山　郑平凡
朱丽姗

哲学(国学方向)
曹　珊　陈磊夫　黄子洵　蒋　爽　金　瑞　李子璐
孙　页　王武杰　于超艺　张亦辰　周志宇

宗教学
崔未尘　丁红琪　蒋空空　李博阳　李一苇　栾宇蒙
钱铁铮　庄李俊

外国语言文学学院
朝鲜语
陈　吟　程雪寒　季　晨　吕　林　苗　振　缪景景
邵　淇　税成森　殷恺悦　张梦洋　张文雯　章璐莎
朱祝萱　李晓倩(缅甸)

德语
陈诗意　程萤烛　范佳雯　顾逸尘　侯文颖　金紫嫣
李舒扬　彭子昱　施赟卓　孙　漪　严静雯　于云梦
张　皓　张　培　朱思洁

俄语
陈海林　陈韦晔　陈怡言　戴依戈　董梦菲　韩　旭
郝莫云　练　盈　沈　蕾　王云婷　邢　珂　周瑶群
李昭仑(韩国)　尹敏锡(韩国)

法语
鲍轶伦　蔡珠文　戴云菲　刘　琛　陆源峰　钱珍妮
时凯成　史翔蔚　苏凡妲　苏意达　王曼茜　王若男
王丝雨　奚冰沁　杨怡婷　叶艺舟　俞　文　郁　露
詹智超　朱鸿宇

翻译
陈天怡　陈雪灵　范雅倩　顾　妍　韩　薇　江业弘
童适盈　吴　越　许金迪　杨　晶　余尔琪　周艾琳

日语
陈依依　储依婷　褚婧文　俸良雨　李　茜　刘倩璎
刘　炘　麻秋枫　明　晗　沈　岑　谈天仪　王旭怡
王亦程　习　璐　熊　航　杨诗旻　姚俊西　张天楠
张辛然　张　悦　赵志彬　朱敏婕　曹睿罗(韩国)
金茶彬(韩国)　金攸珍(韩国)　罗贤花(韩国)
张智源(韩国)

日语(对外日汉方向)
崔珉硕(韩国)　　洪性哲(韩国)　　郑真阿(韩国)

英　语
曾梦楠　查嘉玥　柴科婷　陈斐　陈可薇　陈薇初
丁佳　丁瑜琦　董天韵　高佳旭　胡佳竹　华沁欣
江磊　姜岚　姜俐娜　靳驰　冷秋虹　黎佳蓁
李金洋　林伊宁　刘千楚　刘同尘　卢晨帆　陆文君
马秋明　马雅婷　缪綦思妤　　时尚　寿元呈
孙丹妮　孙怡枫　宛冰洁　吴诗洋　忻怡　严思
杨雪梅　张静佳　张凯雯　张妮　张雯倩　赵隽杨
郑文欣　钟瑗　周恺盈　周立颖　安国贤(韩国)
安相允(韩国)　　成泚娟(韩国)　　崔珉诚(韩国)
韩盛镛(韩国)　　黄恩善(韩国)　　姜慧美(韩国)
金玫灵(韩国)　　金胜铉(韩国)　　金垠庭(韩国)
金沅载(韩国)　　金智慧(韩国)　　具本珉(韩国)
李宣旼(韩国)　　梁智恩(韩国)　　林慧慧(意大利)
罗熙陈(韩国)　　朴娥英(韩国)　　朴宰成(韩国)
全成镐(韩国)　　神里元(日本)　　尹英善(韩国)
禹南圭(韩国)　　周藤洁馨(日本)

新闻学院
传播学
柏天予　鲍笑寒　陈竑机　丁功元　董恺伦　付文力
郭若筠　何夕　胡明皓　黄雨青　康乃馨　寇慧文
李文　李运　梁佳玲　刘合潇　刘天昊　刘小桐
刘逸成　陆秋瑶　欧阳思凡　庞冠穹　彭珅
瞿新能　王明婷　王睿　王雪柳　王一竹　夏之冬
徐德祥　徐怡婷　许昊　严雪文　郁川　原梦
张佳莹　张玥焯　章梦露　赵丽祯　周婧珏　朱骏
朱心茹　陈薇琳(新加坡)　　邓伊琳(马来西亚)
丁伱肖珺(加拿大)　　胡议芳(新加坡)
金台勋(韩国)　　孔妮娜(美国)　　李道永(韩国)
林紫吟(新加坡)　　徐东熙(韩国)　　郑寅俊(韩国)

广播电视新闻学
陈雪斐　陈云卿　崔誺　范晓灵　范怡唯　费凡
管卓　郝晔　蒋晨悦　解路程　兰彬　梁琼心
刘雪聪　潘雨梦　王姝婷　王斯骅　邹伊倩　吴天圣
夏露　张俊杰　张歆纯　章漱凡　赵施柳　周丹
邹牧晓　安玹莹(韩国)　　韩英爱(韩国)
金志垠(韩国)　　梁伞瑛(韩国)　　彭宝贤(马来西亚)
全仁河(韩国)　　吴若杉(新加坡)　　小泉弘美(日本)
云雪(新加坡)　　增田安华(日本)

广告学
蔡逸盈　曾敏嘉　陈江凌　陈梦璐　程思煜　仇彤
褚梦祎　丁霁兮　董方园　郭飞　贾奕翎　蒋中平
康剑琦　李丹凝　李平章　李兆明　刘秀生　卢逸云
卢苑　马晓甜　潘欣雯　钱思楠　曲柳昀　沈佳芸
万志茹　韦薇　卫丹　温尔雅　吴琪琪　吴诗敏
吴子孟　夏睿智　肖曼　徐厚畅　雪珍　印豪
于圆圆　余倩淞　张荔荔　张琦琳　张晓伟　张欣
张鑫婷　张羽飞　赵哲闻　周亚楠　朱维馨
白昌倍(韩国)　　柴田沙梨惠(日本)　　康智秀(韩国)
李多松(韩国)　　吴宇(巴西)　　许贤美(韩国)
赵辰衡(韩国)

新闻学
曹荻　查若溪　车锐　陈杰浤　陈思婧　陈潇楠
陈逸　程钰惠　仇涵　范佳秋　高曼珊　高翔
郭文丰　郭文龙　韩秀南　胡初晖　胡蝶飞　胡雅雯
华雯菁　蒋猛　蒋伊　金渡江　金源　靳贻婷
柯杨　孔雪莹　李博瑶　李婧琳　李明臻　李莘芸
李甜　林冬禾　林南威　刘冰绡　刘兵　刘丹丹
刘亭利　刘雪微　柳安琪　龙思遥　卢芳明　马故渊
美哈芭·司马义　尼尕热·艾木肉拉　　倪佳炜
潘雪清　彭旭蕾　戚佩佩　饶梦溪　荣奕　茹玫瑄
沈楼一媛　　沈意沁　宋昱　谭琪　唐也钦
王迪杰　王环　王婧奕　王利斌　王倩　王帅
王亚楠　王铮　吴妍娇　夏晓莉　肖媛媛　谢铭
辛艳艳　邢颖　徐晔　徐悦　杨璐嘉　杨媛
杨昭琼　姚远　袁洁　袁鸣徽　张腾扬　张一然
张瀛子　赵玮成　周超　周彦　朱颖婕　竺玥
包欣卉(新加坡)　　蔡廷旼(韩国)　　陈立荷(新加坡)
第五瓅子(新加坡)　　宫原加那子(日本)　　顾海莹(巴西)
郭源(巴西)　　金九泛(加拿大)　　李彗丞(韩国)
陆欣耀(阿根廷)　　朴炳俊(韩国)　　朴祉泳(韩国)
权宰铉(韩国)　　田修珍(韩国)　　盐野真纪(日本)
元东炫(韩国)　　张天意(加拿大)　　郑多媛(韩国)
郑有真(韩国)　　周俊豪(德国)　　周志欣(美国)

新闻学(武警班)
高熊超　刘勇　热斯别克·木萨　田雨　吴立文

国际关系与公共事务学院
国际政治
曹曼璐　陈思创　陈云平　刁朔　董盛楠　范颖忏
方舒　付天维　管云霞　桂婧　韩鹏程　黄贝
黄辰樱　黄雅晴　蒋琰　郎朗　李宁　李沁园
李一鹤　李颖　凌翔　刘楚楚　陆赟　罗彩瑚
罗岚　罗旭雯　吕皑隽　吕怡然　蒙钰　潘赟
秦璇宇　申梦怡　沈欣　沈哲懿　宋天一　孙晨迪
孙吉超　汤宇　唐玉梅　王安迪　王妍　吴倩莹
奚溢　肖岚　徐菁媛　许多　杨弘扬　姚荷
衣然　于怡康　虞涵棋　张畅　张晶　张亚宁
赵舒宇　郑逸　郑子昂　朱白玲　白莎伊那(韩国)
车东铉(韩国)　　崔恩智(韩国)　　达丽娅(哈萨克斯坦)
丹尼尔(吉尔吉斯斯坦)　　多贺谷麻希(日本)
冯洁颖(新加坡)　　冯琦文(新加坡)　　韩太政(韩国)

金瑄叶(韩国)	柯南(阿塞拜疆)	李丞彬(韩国)	余　佳	袁雪琪	云　励	张　晨	张书怡	张舒羽

金瑄叶(韩国)　　柯南(阿塞拜疆)　李丞彬(韩国)
李知炫(韩国)　　李智豪(阿根廷)　林东熙(韩国)
林子君(新加坡)　朴贞珉(韩国)　　瑞　莎(马拉维)
吴承泌(韩国)　　吴佐彦(韩国)　　徐东晔(韩国)
俞惠信(韩国)　　朱俐娅(新加坡)

行政管理
柴小英　单　悦　阎明明　郭昊林　赫　宁　黎　涵
李文杰　梁志旺　廖　晨　刘冬辉　陆天骄　吕文增
茉丽迪·帕加扎·努热木　庞　佳　苏心怡　谭　琼
唐雪文　唐子豪　汪　航　汪洋洋　王倩婧　王申彦
王　旭　王莹露　闻　静　翁佳怡　向　凌　熊久阳
徐　任　颜浩洋　杨文思　叶　丰　俞　家　张　妮
赵雪蔓　周雪莲　周颖婷　金亨镐(韩国)
李昊澈(韩国)　李建昊(韩国)　申东郁(韩国)

思想政治教育
葛灏森　计育韬　李晓磊　李泽人　陆婷婷　毛钟毓
沈大伟　吴晨玮　许莉莎　薛　白　赵晓惠　朱博寅

思想政治教育(武警班)
陈佳玮　陈炯辉　陈　楠　陈世扬　陈贻藩　程　晨
程单阳　丁慧洋　姬　默　金坤龙　李鹤鸣　李玉蟒
廖佳伟　刘冬明　刘　剑　茆　苑　钱滨川　邱泽宇
任博识　邵九一　束晨阳　汤承洋　王　策　吴　涛
夏国华　张　超　张　帅　张奕昊　赵行军　庄康达

政治学与行政学
褚冠华　胡桢佳　江　睿　姜雅文　邝申达　卢轶君
陆凯宇　马妍娇　马　翼　邵思嘉　孙继航　王天蔚
张　斌　周　平　朱清逸　酒井宏希(日本)
李明宰(韩国)　申载于(韩国)　郑成铉(韩国)

法学院
法学
艾　地　曹木南　陈海杰　陈静文　陈　冕　陈欣澜
陈依雯　陈怡如　单伊露　邓胜涛　杜佳忆　房　昊
冯佳欢　冯钰晰　傅正豪　高　捷　高　瞻　耿显兰
顾亦超　郭丹彤　韩泽宇　何晓婷　何　心　胡　啸
胡雅璇　胡云浪　黄　琪　黄睿章　黄思颖　纪奕男
蒋佳音　金　剑　居里都斯·叶斯木　李　敏
李若钢　李思慧　李　轩　练宇青　林　芳　林子瑄
凌殿舒　刘　博　刘恩至　刘静云　刘　柳　刘雪鹂
刘烨莹　卢茂林　陆丹娜　陆一婷　罗皓之　倪灿捷
聂启鹏　牛君丽　潘婧雯　裴晓蕾　钱星元　瞿家怡
瞿　璞　邵　洋　邵亦珺　沈敬杰　施晓然　孙　超
孙　蕾　孙婷婷　田　晴　汪圣宁　王怡然　王　泽
王正一　魏水芳　吴翌昀　夏思明　夏迎雨　项碧茹
谢伟钦　徐若愚　许仞峰　许艺青　严妍珏　杨　瀚
杨　军　杨　旸　杨叶舒　叶　超　尹　晨　于　莹

余　佳　袁雪琪　云　励　张　晨　张书怡　张舒羽
张晓娜　赵　安　赵晓晔　赵　转　郑　飞　钟呈欣
钟姝琦　周皓玮　周　璐　周晓生　周谊洁　庄文娟
安峻范(韩国)　安有真(韩国)　　蔡又扬(美国)
迟秋爽(波兰)　达琳(俄罗斯联邦)　郭　飞(法国)
黄妍语(新加坡)　金采泳(韩国)　　金城民(韩国)
金恩惠(韩国)　　金久映(韩国)　　金善亨(韩国)
金水荣(韩国)　　金泰成(韩国)　　金性殷(韩国)
金哲洙(韩国)　　具本炯(韩国)　　李承泽(韩国)
李圭台(韩国)　　李容源(韩国)　　李松烈(韩国)
李炫进(韩国)　　李政垠(韩国)　　林碧颜(马来西亚)
林栽萤(韩国)　　卢依情(印度尼西亚)　陆显煜(韩国)
马博闻(土耳其)　美　丽(蒙古)　　朴显植(韩国)
权伦静(韩国)　　汪　馨(新加坡)　王大一波(缅甸)
温庆霖(新加坡)　文乾坤(韩国)　　詹蕙瑛(美国)
张光明(泰国)　　赵垣优(韩国)　　忠柳明(土耳其)

社会发展与公共政策学院
社会工作
蔡令怡　陈珮璐　陈怡航　龚驿梨　吉　璐　简杜莹
金思贤　李春晓　李好好　李　婷　李亚男　李众喆
刘佳辰　刘雨迪　茅泽希　倪恺杰　钱　坤　邱佳莹
任小雪　沈奕杰　王　静　王雪冰　韦彩恋　吴安妮
吴丽娟　张　郁　郑　重

社会学
曹　超　陈嘉颖　陈汝嘉　陈铁鑫　陈修妍　陈咏秋
陈哲媛　陈重伊　陈紫薇　戴晏清　丁佩佩　董伶仪
方晓倩　冯博雅　付　宇　高　洁　高　泰　桂一琪
郭金铸　郭巍蓉　贺纵横　胡健涛　黄世婷　蒋彦青
金　炜　敬致远　居晓雪　李铭然　李书恒　梁春晨
梁济寰　刘珈侁　刘思筱　刘　艳　鲁念妮　宁怡群
蕾楠小月　　　沈　青　宋崇岳　孙如懿　王化险
王谨健　王　靓　王庆仪　王诗韵　王莹莹　吴雪吟
徐清韵　许椰惜　杨　珧　衣　然　袁　苑　张高阳
张家毓　张林语　张　露　张炜华　张锡瑞　张雪菲
赵佳琳　郑雅君　周进生　周文灏　周逸宁　周之帆
朱　聪　朱静仪　朱曦东　朴洙祺(韩国)
郁　浩(芬兰)

心理学
鲍　婧　陈昊宇　陈利达　陈志豪　方　萌　方　雨
过　洁　黄梓航　金佩雯　李瑾瑾　李克非　刘　臻
宋　洋　滕春悦　王美娟　邬圣杰　吴笑悦　吴宇洲
徐梦飞　杨　溢　姚克成　郁海琨　张丽芸　张晓宇
赵欣珉　周雨青　崔幼莉(韩国)　河合美季(日本)
吴　易(新加坡)　萧诣娉(马来西亚)

经济学院

保险

陈丽羽	陈妙甜	陈远曦	崔　晨	狄陆双	丁墨海
谷　烨	黄丽鸣	季　锦	江珮莹	赖永强	李鸣岐
李思遥	李　威	李玉婷	李　越	林韶霞	林文浩
刘畅洋	吕笑宇	秦景松	邵晨雪	唐崇哲	王丽颖
王若兰	尤　希	余安琪	张乃夫	张书齐	赵戈阳

财政学

阿迪拉·阿哈提		阿斯亚·托乎提		敖传龙	陈德升
陈　宁	储存然	戴斌昱	董佳伊	解馥骏	井一鸣
李浏漪	李润夑	刘智多	沙巴海提·曼苏尔		
施嘉俊	孙骏然	王晨熹	王申开	王　莹	吴　哲
伍安娜	萧　瑄	谢佳怡	邢妍菁	杨　伦	杨普照
姚子宜	张涵睿	张　蕾	张　毅	张　瑛	周晗钰
周　雄	高木博史(日本)				

国际经济与贸易

包浩乾	鲍佶翔	曾武松	晁博楠	陈嘉莹	陈曼曼
陈梦雪	陈思雨	陈婉潇	陈　昕	邓　航	窦春阳
符　玫	龚　赋	郭炳璇	郭佳永健		郭玉桐
韩非可	黄秋嫣	姜青玲	焦博深	李思良	李思一
李旭东	林代青	林雯琳	林颖泽	凌约翰	刘玲弟
刘　源	刘资颖	娄慧君	陆　地	罗晟文	罗竹悉
毛相程	毛艺融	孟亚琦	孟　悦	莫伟妍	欧力源
潘　杰	庞锐辉	钱钟麟	瞿苏菲	石佳琦	谈　静
唐琳琳	唐琪琪	汪灵栖	王丹妮	王乐乐	王　越
吴　桐	谢梓君	徐苏娜	杨敬淳	杨欣慰	杨　韵
叶倩茹	袁　航	袁慧洁	张秉昊	张天舒	张伊宁
张怡皓	赵　鑫	钟思雨	朱　虹	朱千里	朱奕音
庄俊南	庄晟盛	邹　烁	安琪(俄罗斯联邦)		
金环珥(韩国)		李忠范(韩国)		朴源俊(韩国)	
吴俐颖(马来西亚)				郑求民(韩国)	

金融学

包英旭	蔡至欣	曹　灵	柴绮丽	陈加豪	陈旭菲
陈雨露	崔文昊	冯佳驹	傅天叶	高文歆	高煜庭
管俊彦	韩永超	胡　艳	胡耀澄	黄毅达	蒋　盼
金　铖	金施美露		孔静依	蓝　阳	李　博
李成尧	李加林	李静妍	李明初	李诗隐	李萧爽
李怡达	李哲文	梁晓明	梁旭彬	刘倩茹	刘　莹
刘智琪	卢　椰	路一刘	罗骥元	缪　玮	聂宇霄
潘宏雨欣		庞恩泽	戚昊嘉	乔碧琳	邱得晖
沈昕怡	沈　益	苏怡辰	孙　睿	孙雨欣	谈　心
王超凡	王舒琦	王雨晴	魏　来	温学敏	吴为靖
吴嫣睿紫		武玉迪	谢佩芸	徐　盛	徐文婧
徐　阳	徐益民	徐　涨	许晨琳	许　通	杨　欢
杨思颖	杨万成	杨子洲	俞永捷	袁嘉坤	袁思琼
张家怡	张书天	张悦恒	征　言	钟一鸣	周　磊
朱挹清	朱逸凡	邹文俊	崔　元(韩国)		

黄秀雅(韩国)		朴文一(韩国)		朴镇贤(韩国)	
周圣熙(巴西)					

经济学

蔡　绪	曹一鸣	陈　晨	陈琳洁	戴　戎	范泽玮
冯立卓	傅　通	顾训丁	顾宇阳	郭芯剑	韩明赫
韩天峰	侯青青	黄绵芝	黄润纳	黄世祥	金　中
李海坤	李佳蕾	李　维	李祎璋	梁　辰	廖晶晶
刘丽薇	吕　成	蒙圆圆	闪晶晶	沈慧中	宋且未
田　谧	万潇然	王　炳	王慧超	王　麟	王平成
王思瑾	王雪舟	王一鸣	王云阳	王　瞻	王智奇
邬晓璐	吴可可	吴小莉	夏晶晶	夏雪晏	谢楚越
谢佳君	辛金田	徐婵娟	徐祎翔	徐艺恒	许煊文
严　皓	严劼昱	杨　丁	杨会强		
伊力哈木·伊里夏提		伊天阳	应　乐	袁　松	
詹恒祎	詹陆雨	张　桁	张　柳	张玉婧	钟文洁
周梦璐	周倩芸	朱晨雯	朱志韬		
高哈尔(哈萨克斯坦)			古芳泥(印度尼西亚)		
顾英倩(美国)		金万起(韩国)		朴贤知(韩国)	
章　瑶(巴西)		赵在庆(韩国)			

经济学(数理经济方向)

保　悦	鲍璟婷	常晓雪	陈　奥	陈　业	戴嘉鑫
顾旖姬	侯晓森	孔令未	李姝醒	李　臻	林　紫
刘紫寒	卢培奇	陆易平	毛兆豪	闵炜程	庞欣乐
王晨蔚	王若愚	杨毓佳	叶稼轩	越婷婷	张子安
周家熇	朱一聪				

管理学院

财务管理

阿不都沙拉木·阿力木			曹建勋	岑浩辰	曾秋婷
曾智文	陈华略	陈卿芸	陈心怡	陈昭翰	陈治安
邓栩浩	顾申尧	海孟赫	何亚逸	胡沈泓	贾玉莹
姜逸真	景周一	亢　翔	柯立韡	雷依伦	李冰然
李　洋	李　玥	廖逸帆	林梧桐	卢　瑶	骆忠一
吕雯丽	孟俊澄	莫绮雯	聂雨秋	潘一栋	彭浩翔
秦雨清	阮逸琦	桑睿恒	沈丽娟	沈潇芳	施金花
孙　玥	万　迩	王昊琰	王佳伊	王凯婕	王磊明
王素愫	王毅森	王　元	魏晨顺	魏凯旋	肖广昱
须蕴烨	许竣然	杨佳佳	杨灵芳	杨敏莹	杨思成
俞　帆	张春玲	张丽萌	张琦婧	张舒婷	赵连敏
郑慧婷	郑正一	周必敬	朱嘉琪	朱隽慧	竺云嘉
庄中慧					

工商管理

阿力甫江·图尔逊		安正元(韩国)		金浩彦(韩国)	

管理科学

艾又琼	蔡敏璐	陈星宇	黄　尉	居丹妮	卢逸沁
罗浩宸	罗　臻	任　婧	盛　源	石　磊	司　明

八、校董、校友、捐赠与基金会管理

孙 丹	汤怡凡	王 硕	张梦莹	郑星星	钟 媛
周沁如	褚 越				

会计学
白清芳　拜合迪牙尔·艾尼瓦尔　鲍洁倩　陈芮婷
崔　昕　丁洁如　符琼月　龚晓宇　古再努尔·艾尼
顾　妍　韩沛沛　胡昊阳　胡熔含　黄曼非　黄培茜
黄泽彬　黄子微　吉玉锦　李浩玉　李佳俊　李健男
梁宋静怡　　刘　烨　刘正聪　马震涛　倪　莹
年悦心　朴星慧　钱心臻　孙梦晨　屠友培　王达菲
王向涛　王彦尧　王一超　卫梦欧　吴梦琦　徐家画
颜郓阳　杨嘉伟　杨建芸　殷浩仁　于　慧　张　晗
张　捷　张若伊　张心慧　张燕宁　郑晓丹　周安琪
朱　卉　全炯俊（韩国）　叶一苇（新加坡）

市场营销
戴逸菲　杜彧文　华苑彤　李潇渊　林中行　牛曦敏
孙谋远　王书涵　王亦舟　奚　奇　徐　华
陈韵兆（西班牙）　崔原宰（韩国）　明　玉（哈萨克斯坦）

统计学
蔡敏杰　陈　喆　符　蓉　韩璐阳　黄佳玥　黄文涛
李嘉颖　李雅洁　李　垚　刘思雨　马　潇　宁惠君
宋若梓　汤岑麒　王树君　王　轩　翁智澄　吴成界
吴洁沛　谢　天　徐圣婕　徐　熠　张　波　张亚楠
郑剑青　周砺灵　俞承协（韩国）

信息管理与信息系统
丁　焕　董盈秋　金祖怡　倪　翔　徐晨洋　张冰玉
张　晗　张砚诗　周明正　郑仁溶（韩国）

数学科学学院
数学与应用数学
拜　昕　蔡刘泉　曾蔼令　陈皓翔　陈路扬　陈绿洲
陈逸云　崔瀚文　崔佳栋　戴高乐　丁淑艳　丁正渊
董　灏　杜明星　范志鹏　方志鑫　傅书杨　高明远
顾陈琳　顾天舟　郭圆圆　侯启森　胡　优　黄　健
金敦泓　黎　阳　李婵宫　李　浩　李嘉欣　李　莉
李　楠　李　童　李鑫冉　李　源　李远帆　李宗羲
廖晨翔　刘　坤　刘艺伟　刘宇航　刘章章　卢文杰
卢　宇　陆文添　栾石圳南　　罗楚及　罗　伟
马骐骁　缪逸冰　潘笑鸥　潘一凡　彭　伟　齐　欣
秦辰晖　秦瑶函　秦瑛迪　邱稔之　邱　杨　阮　杰
沈姗姗　沈　翔　石　赟　宋彦怡　孙文杰　覃　棋
宛　舒　王宝贤　王　赫　王克旺　王坤睿　王梦婷
王敏杰　王天翔　王伟珅　王文博　王晓晨　王佑仁
王祯如　魏伊舒　温伟豪　吴　昊　吴思默　吴思宇
吴索菲　吴雨勤　夏　凯　夏　天　夏瀛韬　向雄峰
向玉立　肖　尧　肖哲浩　谢为伟　熊海涛　徐晗菲
徐　进　徐开文　徐晓望　许　亮　薛　菲　杨晨明

杨梦羽　杨亦澄　杨　智　叶尔乐　易江南　张　璐
张敏扬　张天一　张一超　张　懿　张　钰　赵　赛
赵星宇　赵　越　周　韩　周　卉　周汇洋　周见责
周景珩　周士杰　周晓晴　周烨晴　朱　烽　朱瑞鹏
朱睿敏　朱　弢　邹文倩

信息与计算科学
曹　栋　陈靖野　陈申昱　陈　述　陈宇飞　顾洁丽
郭鹏华　何睿健　侯灵子　计　宇　季晨曦　李昊颖
梁应之　罗海韬　罗嘉良　倪晨頔　钱华杰　沈　强
沈雪晨　盛益彬　石玉乾　史文玥　孙慧媛　王嘉宏
王陶涛　王　洋　王逸兰　徐予钊　许　旸　薛　凡
尹　彤　郁星炜　张旭东　周　仑　朱亦文

物理学系
物理学
艾　平　操神送　曹　昱　陈旻韬　陈云路　陈　帆
程亦泓　储冬玮　杜　淼　方浙宁　冯骞驰　高　翔
葛　路　顾恩遥　郭　昕　何　政　何志帆　胡逸然
黄梓灿　季　钦　贾孟文　金怡泽　李泓昊　李宁俭
李　强　李裒梓　李晓强　李昕蔚　廖李明　林　淼
刘盖特　刘经纬　刘　盛　刘文璐　刘　希　刘　越
亓炳堃　秦佳俊　任天航　申烟岑　沈杰文　宋思远
孙家耀　孙　威　汤宇豪　田星月　屠济群　汪旻祥
王瑞喆　王天纵　王纬臻　王　也　王一橙　文陈昊平
吴鼎鼎　吴泽文　夏一凡　徐鹏超　许　迪　许　黎
许　翔　杨慧敏　尹　卓　虞豪驰　袁　翔　张　辰
张　辰　张　成　张　枫　张　建　张梦真　张亦炀
张译文　张　喆　张至楷　章希煜　赵　倩　赵　越
郑　路　郑益峰　钟浩宇　周盛予　周　震　朱炳琪
朱海峰

化学系
化学
车　赛　陈德华　陈丝玙　陈潇杨　陈泳剑　陈韵乐
丁　晨　丁珏瑞　丁宇迪　董　宇　段　璞　富需恒
郭子威　何勐喆　何　楠　侯铭勋　黄彦东　贾其璋
蹇傲翔　金佳晔　李佳菁　李文杰　李　赞　林建东
林韦佳　林　夕　刘弘斌　刘　佳　刘田源　刘溪沛
卢文正　缪伟黎　丘子杰　任　佳　任天楚　沈德风
盛祥海　史浩远　宋润喆　宋　阳　苏启立　苏　泽
谭　喆　田　原　王　灿　王　烽　王　猛　王培丞
王　祺　王　圣　王泽宇　王之朔　吴若菲　肖杏宇
徐敏强　徐一帆　应佳骏　由　笛　余骁鹏　张爽媛
张　翼　张元哲　郑植芳　周　翔　周　智　朱佳栋
朱子音　裴钟珉（韩国）

应用化学
宾智超　杜　彬　方正浩　李博龙　李乐群　林特希
马鹜鸣　苏李欣竹　　王文博　张冬冬　周云飞

力学与工程科学系
飞行器设计与工程
董彦辰　葛晨晖　官海滢　吉海亮　简兆圣　李森源
吕伟利　宋思瑶　滕佳炜　田付金毅　　　王舒悦
吴加正　严　彦　余　晨

理论与应用力学
曹艳君　陈　浩　陈　文　程晓卓　杜　浩　樊　川
桂军敏　姜　萌　阚晓昕　孔大为　倪佳峰　潘望白
钱　成　瞿秋阳　苏灵暄　谭　啸　汪秉忠　王成涛
王　烁　吴　勇　叶天昊　章梓宇　庄　乐

材料科学系
材料化学
曹亦然　成怡琳　邓　力　丁　群　范嘉伟　范圣男
于　劲　郭思敏　郭　洋　黄　悦　李　杨　李远翔
栗珑真　廖威栋　刘宇翔　龙建华　倪佳青　裴立远
平　帆　王圣智　吴　烜　肖俊祥　邢宏远　许彦婕
杨　洋　杨　洋　袁龙蕴　张安琪　张家诚　郑鑫遥
周一楚　朱鸿烈

材料物理
曹光瑾　陈华民　陈　妙　宫曦雯　郭庆睿　康永龙
刘　柳　刘子豪　潘　洋　钱哲仁　王克龙　杨若西
于文哲　张　楠　赵　晨　赵冠澜　赵雪冰　朱书影

电子科学与技术
卜　旸　陈周玮　郝　蕴　梁志敏　林羡云　刘孟柯
刘烨琛　彭佳君　彭　伟　曲明月　沈康飞　王　翾
胥博瑞　胥瑞峰　许梦思　晏　莹　杨金颖　杨　浪
杨媛媛

高分子科学系
高分子材料与工程
柏文宇　陈奕沛　董君豪　何家欢　何鲁泽　贺思欣
黄宇立　黄玉蕙　雷科文　李祥荣　李子丰　梁鹤仪
刘晨言　刘　帅　刘学谦　刘濯宇　吕龙飞　浦晓敏
宋文雅　孙　青　涂思东　王　恩　王　晗　王文迪
温瑞恒　吴浩成　吴　哲　徐　超　徐正涛　许愿哲
杨润泽　尤　晓　于慧娟　袁富裕　张何健　赵江宇
钟云岚

环境科学与工程系
环境科学
曹宗婉　陈泽宇　高　乐　顾维耀　简思扬　李　梦
李　羲　刘若兰　刘　岳　米黑古丽·卡德尔
努尔夏提·斯坎代尔　　　邱伟迪　宋柏函　宋　卓
王泽博　魏云晨　吴雨琪　许梁良　张　慈　张致远
诸秀芬

环境科学（环境工程方向）
陈凯绯　陈雅欣　高　立　黄潇逸　黄妍妍　陆宇豪
孙　星　王熠琪　许冰妍　张云宸　赵海君　朱诗逸
祖心蕙

环境科学（环境管理方向）
胡　晓　黄梦玮　孙孜孺　王　典　吴不为　叶佳彦
赵婉竹　周　航

生命科学学院
生物技术
蔡晰中　曹宋天祎　　　查史君　陈　虎　陈文韬
陈毅庭　陈韫文　杜　理　郭　辰　雷之航　李金雪
刘立行　王利中　王雪来　夏梦莹　徐宇强　杨文磊
尹秋霞　张天丞　朱思雨

生物科学
安　玉　蔡黎明　曹文剑　曹益成　岑　川　陈碧荷
陈丹枫　陈莞尔　陈姣凤　陈天骐　陈旖旎　陈忠忠
但　晨　杜文婷　段　珂　范　铮　方　圆　冯文熙
郭逸峰　郭智豪　郝　运　何恩明　何硕康　侯家鹏
侯书融　侯子宁　胡钰彬　黄艳艳　姜　珊　蒋　沛
阚　珊　李　凡　李嘉涛　李黎明　李青婷　李心怡
李玉涛　刘炽鹏　刘当云　刘法胜　刘浩宇　刘婧睿
刘　敏　刘　齐　刘　筱　龙思宇　卢飞岳　卢婉琳
骆潇沁　吕垣澄　马　立　马欣宇　麦俊滔　缪　祺
倪洁璐　倪雯雯　牛建培　彭　旺　任　磊　沈佳斌
宋　冰　宋雨晨　苏开元　孙汇雯　谈卓群　汤琬鉴
唐浩然　唐立成　田　恬　万　仂　王　博　王　超
王　楚　王点红　王东旭　王　丽　王壬丰　王盛洲
王诗言　王维肖　卫　炜　吴乔枫　吴青元　徐　懋
徐玮珊　许思娴　杨玉婷　叶思奥　殷嘉珩　尹天舒
於诗辰　余超逸　郁申量　詹景瑜　张　昊　张恺锐
张珉翔　张任佶　张易文　张逸憨　张紫妍　赵静雅
赵　佺　赵　阳　郑燕志　周博言　周　泮　周少卿
周梓洋　庄泫青　邹　力

信息科学与工程学院
电气工程及其自动化
敖婷婷　拜合提亚尔·阿不都热合曼　　　曹嫣然
陈炎华　丁博涵　杜淦灸　高　丹　高连苍　郭玮宏
胡晓剑　金　纯　金宇章　李　好　梁子豪　刘俊亮
刘治星　梅时良　沈志豪　孙霄霖　王子颉　肖泽铧
徐清奇　杨凌志　张　瑞　张潇临　张永兴　张玉聪
朱　凌　朱曦非　朱一涛　邹岱君

电子信息科学与技术
安　睿　白　雪　蔡荣荣　曹嘉彦　曾鲁闽　陈　晨
陈　康　董启环　冯益根　高大亮　高亚男　胡承飞
胡浩晨　胡　彧　胡智博　胡钟晟　纪外商　贾俊连

蒋益凡	蒋永忱	金　雷	金敏旻	金彦含	静永超
雷　雨	李睿涵	李淑雅	李晓宇	连宇茜	刘臣辰
刘　航	刘绮云	娄辰曦	卢志奇	芦　航	吕厚良
马　宇	钱昊玮	史昊正	舒天民	孙　峰	孙舒心
孙　伟	孙　洋	谭媛媛	唐　昊	唐玉朋	王博韬
王德玺	王根荣	王文斌	王文心	魏　宇	邬　晟
邬幸宇	吴羚琦	肖　宇	邢健杰	徐晗迅	杨　澜
杨润悦	杨焱喆	杨　悦	杨中华	于　洋	张　超
张　晨	张　鹏	张澍民	张　舜	张思源	张　天
张天洋	张序佳	张卓伟	赵　乔	郑雪莉	周小南
朱　甬					

光信息科学与技术

陈　功	陈玛欣	陈伟业	初镇男	董智宇	段玉雄
方中圆	孔繁銮	李大海	廖　捷	刘　畅	刘　同
刘享洋	刘谆骅	玛依拉·沙拉依丁		聂路鑫	
饶开荣	王姝妍	王新文	赵　婧	郑渊中	邹方堃

生物医学工程

陈　斌	代丽男	蒋国英	孔翔飞	吕　杰	屈惠一
沈皓炜	司伊冉	王玥邈	肖培阳	严勇哲	钟世涛
邹明亮					

通信工程

白　东	陈启腾	陈邵莎	陈天翼	陈　昱	崔建明
付　鹏	付　余	高　咪	郭建荣	黄　玮	蒋　瑾
李凌斌	李先驰	李振民	林汉强	林　华	刘建军
陆嘉伟	罗丹伟	骆　爽	马天辉	倪天智	潘　静
钱　野	秦杰君	沈励钥	施剑阳	王建波	王　可
王　楠	王　申	王欣然	王亚帅	王智鑫	吴　军
谢　森	徐　晋	闫　珅	于　晶	余沁容	张大凯
张君霄	张　磊	张子乔	赵大地	赵乾昃	周　翔
邹昊升					

微电子学

曾微晁	蕾	陈　乾	陈肇康	戴　凡	董世祺
冯　辉	富　琪	高　楠	顾雨竹	桂梅艳	胡　鑫
黄磊磊	黄青蓝	黄　山	贾姝曼	金　晗	金济芳
敬淇翔	雷　博	雷　洁	李慧敏	郦梓木	连彩江
林奇亮	刘淑君	刘　昕	刘徐嵩	吕文龙	莫林峰
穆敏宏	强怡羚	沈林晓	沈逸磊	施炜劲	石　超
孙　雯	孙宜静	汤胤祺	陶国炜	汪　飞	王　琮
王佳慧	王晶晶	王盛业	王威振	王　伟	王新炜
王　祎	王之人	吴林萌	吴奕旻	徐晨辉	许　晶
轩四中	闫永坤	严健康	杨　铭	姚　尧	叶旻渊
叶志远	余　谦	张弘扬	张彧天	张璟昭	张真达
章浩升	赵彦卿	周成玥	周旖旎	朱文毅	

计算机科学技术学院

计算机科学与技术

阿拉法特·居来提		白彦博	常家豪	陈　晨
陈济凡	陈　梁	陈牧昊	陈　熙	陈祥龙	戴涵俊
单　通	冯　艺	冯兆华	高　帆	郭俊石	何　洋
黄嘉南	金凌子	雷建坤	李晨杰	李文博	李　霄
李泽昆	刘志鑫	陆　蔚	马洲骏		
米拉迪力·阿布力米提		倪玉菡	任盛国	申金晟
沈清淳	水雨轩	宋壬初	孙思远	孙祥彦	孙众毅
田应涛	童影贝	王　曦	韦化渊	魏正功	吴　昊
吴俊峰	吴俊豪	谢路昱	谢梦蕉	辛　超	徐宝函
徐金凯	徐月晗	杨涵方	杨彦芃	张　辉	张天皓
张旭传	张一舟	张之傲	章　超	赵毅夫	周孝佳
周　晔	周震宇	朱晓荣	祝家烨		

信息安全

陈嘉珅	陈骏明	陈烁铉	陈岭初	顾　攀	侯　觉
李　璠	李　珈	陆晓峰	罗　暄	马　浩	
米尔别克·那比多拉		乔蓓青	秦靖雅	佘玉轩
宋婷婷	万浩杰	汪雅雯	王　可	徐芮茨	杨奕臻
张　军	张　珺	张之滢	赵冰心		

信息安全（保密方向）

谌　鑫	陆健潘奇	王坤铭	夏　琛	

软件学院

软件工程

曹菁炜	陈　诚	陈　璐	陈　韵	董睿初	高颖慧
巩晨然	江晓东	靳嘉林	李丰宇	李　瑾	刘傲澜
刘　凯	刘骐硕	柳芃晖	吕祥钊	马晓凯	倪敏悦
任曼怡	司海洋	汤志辉	王夏阳	王　钊	韦进仕
叶家杰	游子萱	袁　琅	张晓寒	张　翼	赵　冰
朱鹏程					

软件工程（爱尔兰班）

蔡　雨	陈涵洋	杜晓宁	冯超逸	冯楚梦	付庄玉
高东静	顾敬潇	胡笑颜	黄　明	金远乐	李榴丹
刘斐敏	刘　钊	尚苏培	沈慧捷	沈剑锋	史　櫓
宋卓楠	王　晨	王睦天	王　琪	王诗碕	王天翼
王　欣	吴　东	吴家栋	徐　日	徐天宇	许　行
杨　侃	於　磊	于　涵	余时强	张时乐	张心怡
郑　明	朱成纯				

基础医学院

法医学

程　泉	李　宽	李少博	邵诚臣	王　鹰	吴争明
熊露丹	岳雨佳				

基础医学

冯杨洋	傅　强	高　青	何俊逸	梁　潇	刘思阳

刘雨亭 罗米扬 吕　灏 倪尔健 宁流芳 冉唯熙
宋　凡 苏　珊 王彦熹 吴海培 徐　洁 杨念吉
于　一 赵艺青 周忠伟

临床医学院
临床医学(八年制)
艾静文 白　奇 柏梦莹 贝一冰 蔡思诗 曾子倩
查孝龙 常　远 陈苏奕 陈秀菊 程　平 程羽菲
戴婉君 邓卫娟 丁心怡 董文馨 范潇文 方　圆
冯俊涛 冯　征 傅　有 鄢娉婷 耿　昕 郭范立
何圣梁 贺　娟 胡　斌 黄咏恒 纪红景 蒋　敏
蒋　雯 蒋啸天 金丽霞 巨默涵 雷博雅 李　忱
李建华 李晓琦 李智行 梁洪铭 林　莹 刘　浩
刘其会 刘邱雪 刘晟骅 刘雯珺 刘　曦
卢雨萌 陆申新 陆晓霖 吕小希 马璎璇 孟俊融
孟祥栋 彭　博 蒲　萄 戚　迪 沈雪彦 沈子妍
隋宜伦 孙　翀 孙雯佳 唐文博 唐薪竣 田佳文
童　睿 汪若晨 王安暕 王博妍 王　寻 韦怡超
吴泽翰 夏　雨 谢　律 熊维希 许莉莉 严　欢
杨　青 杨卫廷 杨紫潇 殷侃骅 殷　悦 余　菁
袁　佳 苑诗文 翟骏宇 张丹枫 张　露 张汝凡
张蔚菁 张文君 张晓岑 张英蕾 郑迪凡 郑　鹏
郑善博 武逸人(日本)

临床医学(六年制)
李楚翘 杨硕俊 虞　燕 袁　东

临床医学(六年制)(M.B.B.S)
曾于珍(美国)　何思昂(加拿大)　黄合乐(美国)
刘兆欣(泰国)　罗家骏(马来西亚)　牛康卫(美国)
吴　莎(新加坡)泽上辰夫(日本)　郑宝迎(马来西亚)

临床医学(五年制)
阿米娜·布拉提汗　阿依妮格尔·阿布力米提
边伊啦 曾　妍 杜　钰 高　琼
古丽米热·努尔买买提　韩　莹 何佳凝 侯　琨
黄盈瑜 纪雪莹 贾珊珊 江弘炀 蒋习斐 金济福
金玉晶 晋　帅 李高翔 李　明 梁加樱 梁怡然
林许哲 蔺　欣 刘海宁 刘湘绪 刘源昊 刘振华
马静雯 毛建萍 米尔阿迪力江·阿布都帕塔尔
米日阿依·阿里木江　苗志荣 尼加提·库都来提
彭　容 乔　洋 沈一洲 斯迪克江·尼亚孜
粟慧琳 孙　驰 孙逸平 孙瑜博 童　皓
吐尔逊江·阿布都艾尼　吐尼克·木拉提别克
王洪兵 王乐一 王若水 王　雯 王雅婷 魏　炜
温　馨 吴可佳 武新洋 西尔买买提·卡德尔
项金峰 肖　黎 肖力戈 熊佳伟 许　凯 薛一诚
薛智元 亚生江·麦麦提 杨　焜 杨庆凯 杨雅岚
杨枝云 耶尔凡·加尔肯 叶尔番·艾尔肯 喻盛佳
张　晶 张瑞昌 张雯昕 张　宇 仉　珊 赵旭冉

赵亚楠 周　娟 邹　扬 戴维德(英国)
迪　娜(阿尔巴尼亚)　汉　马(摩洛哥)
提　克(尼泊尔)　叶尔肯太·古丽娅(哈萨克斯坦)
张舒涵(几内亚比绍)

公共卫生学院
公共事业管理
陈斯佳 方弘昊 顾敏娜 何焕英 胡玮欣 黄忆青
刘　览 刘亦悦 娄雨曦 莫雅妮 钱成嘉 翁佳莉
谢泽宁 徐薇倩 杨宝仪 张世毅 朱剑清

预防医学
阿丽娅·阿力木江　包路奇 常　帅 陈　翀
陈　迪 陈晓英 程浩然 丁梦漪 董　力 窦冠珅
侯雪波 胡玮彬 黄　鹭 纪　颖 李丹戈 李浩然
李慧楚 李　锐 李思敏 李欣蔚 刘　希 马子辉
彭　韬 彭卓欣 钱亦然 孙　超 妥　艳 王光华
王玉亮 王泽桥 王质蕙 吴博翔 徐乃婷 杨　超
张梅如 张石昊 赵雅博 周伟豪 朱　康

药学院
药学
曾芷澜 陈　澄 陈洁芳 陈　硕 陈　彦 冯　兵
郭亚兰 郭　琰 胡　霜 黄　明 黄夏韬 姜正轩
梁顺景 廖子未 廖梓成 凌　莉 刘珍珍 卢逸飞
马　睿 齐翔宇 齐　洋 孙墨陶 孙逸飞 唐至佳
涂一帆 汪智军 王　强 王　玉 夏昊哲 谢一珂
邢常瑞 徐子尧 许书源 薛　源 杨文扬 杨泽堃
叶　芸 游盈轩 虞劲祥 喻　宙 张　琳 张　爽
张　溪 张　赢 张　宇 张志宽 朱孟夏

药学(临床药学方向)
陈乐章 贾增辉 钱李轩 孙玲璐 王琛珇 夏玮熠
张　潇 周忆南

护理学院
护理学(四年制)
富晶晶 甘之旖 勾桢楠 李夏博文 钦　芩
沈丽萍 史艺璇 孙梦菲 王春青 王　玮 王竹敏
杨萌静 俞丽君 张夏媚 郑　冬 周舒曼

核科学与核技术系
核技术
包宇盼 陈辉耀 郭思川 韩　锐 何冠泽 洪嘉琪
黄　文 江一陶 李明达 李清灵 李　毓 陆天庭
赛　雪 王楚航 王德东 吴贤威 邢　影 宿冉冉
张雅靖 朱豪善 朱亦杨

硕士研究生

中国语言文学系

文艺学
方姝　顾辰辰　刘丹　马希玲　王雅静　赵淑贤
竺莉莉

中国古代文学
周靖静　顾一心　江涛　李蒙　刘水　刘晓旭
钱宇　周语　安达　李瑟

比较文学与世界文学
冯梦雨　吴燕南　李颜岐　牧园青　王涣若　徐梦瑶
张黎明　赵甜甜　郑莹

艺术人类学与民间文学
谢从旸　刁俊娅

文学写作
邹霖楠

语言学及应用语言学
庄惠闵　方婧　傅闻捷　罗佳园　田明敏　张艳
陈婉胤

汉语言文字学
丁唯涵　桂靖　郭理远　郭梦音　金春华　李霜洁
陆昕昳　屈懿　孙赛雄　谢燕丽　宫谷如　阪东章伍
王子安

中国古典文献学
傅及斯

中国现当代文学
胡楠　姜舒婷　刘双　刘悠翔　陆秀　王晶晶
袁一月　章书艺　周帅　李宝览　李成师

中国文学批评史
张鹤天　张林芝

现代汉语语言学
叶佩珊　周芷榕

电影学
陈鹏　曾华珺　邹婧

出版
邝芮　李夏滢　刘存勇　陆佳裔　陆敏　牛珊
欧阳婧怡　库文妍　宋淼　孙骋　王德凯

王智丽　向玉萍　邢侠　严诚　郁陈琳　赵婧夷
郑志励　周茹茹　朱婧婷

戏剧
蔡心怡　丁茜菡　韩骋　康岩　刘凤仙　孙仲伯
王侃瑜　王维剑　王鑫洁　薛超伟　余静如　曾艳
战玉冰　张爱民　张祖乐

中国古代文学研究中心（古籍所）

中国古代文学（1月份毕业）
张挪亚

中国古代文学
杨雅君　彭金安　王珊珊　吴晗　叶翔羚　于苗苗

中国古典文献学
常恺铭　栾晓明

中国文学古今演变
林奇涵

外国语言文学学院

外国语言学及应用语言学
乔雪　王倩　曾盼盼

英语语言文学
张娟　肖莉　陈静文　戴希　聂士艳　孙芸
翁青青　谢晓雨　熊韵　徐晓丹　俞泓珽　张哲嫔
赵延慧　朱婷　庄蓉

德语语言文学
赵超能　沈冲　唐吉云

俄语语言文学
刘彦晶

法语语言文学（1月份毕业）
杨亦雨

法语语言文学
李佳颖　王笑月　徐洁

日语语言文学
潘阳　史忠秋

亚非语言文学
蒋雯露　潘婷婷　张鹤

英语笔译
丁小琼　何菲菲　姬中龙　贾茹　李雯　李潇晓

李莹莹　刘道津　马平川　马煜明　孙　艺　陶　琳
汪萍萍　王俊之　王彦林　王　智　魏敏花　吴一吟
奚玲燕　张静静　张秋韵　张　帅　张晓旭　张云飞
周　尧　朱榕祥　刘　馨

国际关系与公共事务学院

国际政治（1月份毕业）
华琼飞　徐诗妮　曲翔宇　伊穆德　习　飞

国际政治
柏安琪　孙霞丽慧　　　高逸风　李安琪　乔光宇
张钰淑　王柯力　张吕婷　玛艾尔　IZBUL ALI IHSAN
KAREPKIN KIRILL　　　VIDA MACIKENAITE
CUMMINS ALFRED　　　DYLLA JONAS
JENNY NICOLAS BERNARD LIM
PTITO-ECHEVERRIA　　 CHARLES IKIEL
安德培　安莉莉　翠　媚　杜宝丽　郭怡然　马赫鹭
米　琳　石　头　张尤立
DE SCHONEN ALEXANDRA
海　花　朱利安　潘　成　史梓渊

政治学理论
李书琴　顾　质　黄　杰　黄振乾　马　骁　汤耐尔
王倩倩　王一诺　吴兆哲　徐露萍　赵恩达　赵凯杰

国际关系
贺　蔚　曹征宇　成小红　杜旭赟　郭　佳　贾　妮
金孔羽　刘瑞麟　陆芊雨　王丽静　徐晓燕　杨濡嘉
郁　飞　张志文　季之逸　GUALTEROS
VALENZUELA JOHN EDER　　韩禧杰古
林　森　森茂诗音

外交学
王　凯　黄　超　谢　玮　颜晓敏　张　娟
HOUMGBO KOKOU AGBANIWOUL

思想政治教育
敢旭玫　苑　博　吴　洁　尹　敏　张婷婷

公共管理硕士（1月份毕业）
马　烨　赵　珏　朱晓毅

公共管理硕士
陈　霖　程　捷　缪倩倩

行政管理
何　余　胡青云　胡业飞　陆健英　陆娇丽　唐晓瑜
王　帅　熊忠勤　徐慧娜　杨　帆　尹　琼　于永利
熊哲贤　龚宛琪　李侑璟

公共管理（1月份毕业）
陈　恺　陈　瑛　杜宝柱　杜　瑞　方　冶　费明山
傅荣刚　高　俊　古德慧　郭向佐　胡　浩　李　朝
李　铭　李谦祥　李钦宝　李　涛　刘雪松　楼　成
吕　进　毛鸿雁　盛　玲　孙　莉　田　彬　田颖隽
王　凡　王　枫　王凤珍　王　进　王　磊　王立峰
王　雪　吴　迪　徐华锋　燕　飞　杨　倩　俞伟荣
张大伟　陈　燕　陈卓君　迟　源　崔　杰　邓　欣
董群丰　贲　高丹　关　静　郭海聪　蒋　慧
蒋　颖　刘忠研　马若婷　平　捷　钱文俊　邵祺翔
史婉俊　孙　雯　谈旭栋　陶东奕　王文斌　王筱菁
邬晓亭　吴佳超　吴望晗　奚圣源　忻立群　游　盛
张　峰　张晓耘　赵思思　甄　好　郑蕙婷　周　颖
朱　伟　朱延杰　杜明灯　陈　洵　方　程　方　泱
冯建国　黄还春　姜寒笑　李玲玲　李晓峰　钱　颖
沈　娣　孙　婧　陶晓燕　滕云雯　吴　恺　杨振武
叶　昊　张　柯　赵　昕　朱建松

公共管理
刘　娟　徐海燕　范天超　顾缵琪　洪　亮　黄琛虹
乐　妮　李　芒　刘　刚　潘蓓蓓　孙　卓　王怡蓓
吴玲飞　徐靖逸　曾虹霖　章宁晓　朱鋐申　黄鹏举
黄思琴　吴　迪　黄　洁　郑宣耀　王圆梦

公共政策（1月份毕业）
八间川结子　李廷濠　朴珉熙　三田祐规子

新闻学院

新闻学（1月份毕业）
华心怡　李经衡　周宽玮　阿　芳

新闻学
梁　炀　陈丽娟　高　宁　葛怡婷　黄　筱　黄炎宁
蒋倩兰　李梦颖　林若茹　罗　莎　吕振坤　彭晓华
孙万莲　王鹏民　项一歆　许秀云　闫　薇　袁　慧
曾　艺　章琪琦　赵　婧　祖萌萌　乐梦融　梁建刚
陆　磊　谈　燕　王　勇　吴　艳　冼铮琦　徐轶汝
杨　冬　杨海鹰　姚志骅　张　乾　张　桑　朱　玲
大塚美加

传播学
谢振达　陈　苗　程筱呈　胡菲宁　胡叶楠　柯　焱
李　妍　马晓凤　邬甜甜　肖　淼　张　帅　张天澜
朱　政　庄乾伟　萧佑庭　郑书筠　程暖暖　李　悦
木泽佑太　BITONTE KENDALL　BOSSORO NGO
DAVIS CLARA　葛瑞格　卡　佳　雷斯聪　莉　莉
MATHOU ALEXANDRA MARY

媒介管理学
王琛莹

广播电视艺术学
陈菁菁

广告学
戴静霄　胡　玥　孙　璐　王　童　王欣佳　易　璐
张绣月　朱　洲　连存雅　张丽雯　张丽莉

广播电视学
方　甜　顾　婕　李　帆　刘婧婷　刘文竹　沈心怡
张雯宜　钟　蓓　李　奇

新闻与传播
蔡洁晶　曹　艺　陈　杰　陈怡璇　程向心　邓　希
董　衡　董　真　符艺娜　巩　丽　郭　妍　华　倩
靳力源　李　纯　李立非　李　芮　梁　杨　刘　洋
马凌莹　倪雯琴　沈艺超　施　文　史晓韵　宋蒋萱
孙晓鹤　田　园　万　芊　汪　飞　王　露　王　娴
王心馨　徐　鑫　许　阳　薛　骁　闫利伟　杨　漾
朱凌青　朱筱萱　朱艺静

经济学院
金融学（1月份毕业）
黄　炎　李　超　施先之　宋　毅　汤婧铃　周　京
龚毅峣　林　琼　沈沉坚　李迪心　贺音卜

金融学
陈之瑜　戴世峰　丁夫成　张如华　徐琼怡　王　迪
赵玉玺　丁明真　张晓萌　金　烨　蔡子婕　陈奋涛
陈彦辛　池光胜　董晓瑜　龚旻旻　韩　颖　姜雪迪
蒋华琳　李　康　李晓东　刘　京　刘境宇　刘筱筠
骆镜华　孟　夏　倪振豪　潘天珏　平由植　王　晶
王梦甦　王云骢　吴　思　尹小为　袁　菁　曾　瑶
张启宇　张卿云　张　煜　周洪涛　周静东　邹　强
柳志湛　常　吉　陈　钢　陈派卿　陈　艳　陈云章
程宇腾　丛　林　邓华卉　杜　聪　杜文强　方　力
方溢涵　何　飞　洪珍玉　胡恺欣　华　潇　黄俊伟
贾明乐　贾　羽　江　巍　金　毅　李慧萍　李　磊
李　铭　李一爽　廖庆阳　凌　清　刘蓉蓉　刘　旋
刘渝霞　刘　源　楼慧源　陆　彬　陆　欢　罗　政
马晨越　任彦昭　邵　飞　施　丹　苏开亮　唐　哲
滕　君　王　栋　王　珂　王　龙　王琦晖　王秋君
王　全　王　昇　王毅成　王　宇　魏　鑫　邬自正
吴　荻　吴建航　吴　鹏　谢春生　徐紫薇　杨金金
尧　康　曾　韬　张　磊　张　睿　张　新　张正宇
赵乾甫　朱臣浩　朱　忆　武　帅　蔡杰敏　陈　超
戴旭磊　郭佳佳　李　晨　梁　平　罗　石　梅文钧
史俊强　田　宽　杨　健　张　帆　张　俊　张圣甫
张　伟　来　丹　李昌明　李　军　刘　刚　刘　蕾
谢灿华　蔡晓晖　蔺　安　朱恩辂
MADINA METERKULOVA

金常旻　李东宪　刘　盛

政治经济学
徐紫晨　洪月娥　黄尚进　金　川　吴伟华　叶　叶
郑素琴　周　丹　周　姣

经济思想史
陈　勇　顾　超

经济史
吕潇潇

西方经济学（1月份毕业）
孟　德

西方经济学
代仕姒　冯　浩　倪佳琦　彭　博　沈政达　严　肃
杨义明　袁　盼　张海啸　郑　颖　周小刚　周欲芬
包承超　曹林谊

世界经济（1月份毕业）
朴贤珠

世界经济
陈思宇　范丽晖　冯进军　高　亮　顾攀宇　霍枂杰
乐无穹　李庆水　李一帆　凌　怡　刘明然　陆　迪
吕双双　莫家伟　潘　晓　阮空前　张　辰　朱宁喆
胡　娟　刘　彪　卢　俊　王　斌　曹莉玲　陈　晨
陈亚龙　黄　帅　李　靓　凌方睿　罗文雯　祁　婧
孙可智　唐　琰　汪一梦　吴　刚　吴清源　徐偲伦
徐醒然　杨　璐　袁　光　张平平　张紫宸　GARCIA
CORTES ADOLFO

金融（1月份毕业）
邬红磊

金融
曹　昊　承文嘉　崔沁馨　戴蕴乐　范吉亮　范　璐
高中原　郭冬悦　何欣瑜　胡　昊　胡君丽　黄　峰
李　剑　李　骏　李梦莹　李巧悦　李秋实　李　杨
李　铮　栗雅欣　罗梦悦　马　腾　莫棋雯　沈　倩
宋　静　孙　勍　孙　珊　王　望　王一桑　王珍红
魏颖娣　魏　宇　吴　迪　吴　赟　谢林敏　徐文龙
许华勇　杨　旭　杨　征　应　颖　余海青　张　萌
张晓筱　张益锋　钟　倩　朱　青　柴晗晗　陈　骏
陈　亮　陈　旭　戴慧斐　戴　维　狄中帅　丁晟睿
杜　威　方　菲　方闻千　龚　然　顾丹薇　胡成楠
黄文渊　黄彦琳　贾晨光　姜　颖　金华东　金泽宇
阚颖迪　李　更　李　昊　李林烜　李　娅　刘　畅
刘　璐　刘诗瑶　刘帅路　陆　达　罗会礼　罗　睿

马一鸣　毛　杰　梅　花　裴　奇　彭　洁　沈佳祺
沈　磊　沈伟杰　史晨婷　斯奕超　孙　炜　王奥仑
王　鑫　王振宇　吴浩宇　吴　珊　武　楠　徐　阳
杨倩君　姚林睿　曾东伟　张东东　张　军　张　帅
赵　星　甄君倩　郑祺瀚　周海琴　周　俊　周　倩
周　跃　朱一佩

国民经济学
吉　理　陆莹洁　王　亮　朱哲煊

区域经济学（1月份毕业）
金智慧　张祯元

区域经济学
陈慧倩　王　洋　相　洁　李珠仙　边晶勋　韩珉知
金东昱　梁兑荣　朴锺镐　全致德　郑显峻

财政学（1月份毕业）
陈伟斌

财政学
高　洁　顾　萌　华梦晓　谈少鹏　杨彦旻　张丽莉
赵志浩

国际贸易学
陈　思　付　兵　管泉森　刘春倩　苏　升　唐　睿
王　西　王　洋　赵肖萌　MUKHTAR BEKZHANOV
黄世媛　姜甫京　金　圆　郑永祥

劳动经济学
孙二春　周迟明

数量经济学
刘景辉　周　泱

税务
程勇军　韩函霄　林瑞萱　林永国　罗苑婷　沈天琼
王海峰　王静静　王伟伟　王　艳　熊　杰　杨丽莉
尹　伊　于　牧　郁佳敏　袁庆亮　张媛君　朱　敏

国际商务
程媛媛　顾一弘　胡泓鑫　冀玉洁　李　程　李　银
廖　堃　林万山　卢耀刚　沈鸿锴　田　也　王亮亮
王琳璨　吴　斯　奚文方　肖冠琼　尹旭东　余　晓
张舒蔚　毛媛贝

保险
方　煦　高丽萍　黄一伦　李　勇　李正基　刘　睿
刘　洋　罗裕农　秦川杰　王　晴　位洪明　魏宇航
吴　蓉　严国辉　叶征仪　袁雪薇　张明升　张笑天

赵　刚

应用经济学（1月份毕业）
都熙澈　孔智焕　柳志洪　朴成宰　任成俊　赵圣郁
朱俊吾

应用经济学
BIGGI CESARE　LAPWONGPHAIBOOL VARISARA
POTAPENKO DARIA　WAJDZIK PIOTR
葛安竹　妈提娜　麻英雄　蒲博雍　索　菲
阳斯卡斯坦　周思安

历史学系
中国近现代史
梁俊平　顾宁谷　韵　马　俊　马梦竹　彭珊珊
唐云路　王旺旺　虞　蓉　周永生

世界史
龚小刚　韦梦夏　张晶晶　罗　盘　傅　琳　郭擎川
刘保云　孙龙飞　田　畑　张大鹏

史学理论及史学史
李子建　郑宇麟

历史文献学
包晓嬬

专门史
朱海晶　徐　凯

中国古代史
陈夏玲　高笑红　梁辰雪　林秋云　穆荷怡　王晨燕
徐美超

哲学学院
中国哲学
张　攀　方浩铭　郭俊哲　刘　新　马　勇　尚　璇
唐清威　武文超　邹　琴　DAY PETER
DUDDLES NATHAN　MITHEN NICK
费瑞博　雷　力　李格致　李乐同　斯明诚　王一飞

外国哲学（1月份毕业）
朱晨怡

外国哲学
陈乐歆　施宏惠　郭冠宇　姜维端　金一苇　李由之
孙丁瑞　王沈洁　袁晓君　张　鹏　张小雅　周羽极

马克思主义哲学
葛骏亚　吕　哲　尹超凡　余　红　张丽娜　张晓萌

赵梦溪　赵元珲

逻辑学
章丽丹

伦理学
高伟龙　汤克凤　王涣婷

宗教学
李天伟　杨　欢

国外马克思主义
陈晓辉　苗青波

科学技术哲学（1月份毕业）
宋绍佳

数学科学学院
基础数学
黄可平　王中立　程　俊　胡志源　刘　霆　王兆龙
叶一超　易新蕾　张　驰　张永强

计算数学
王栩晨　和　群　侯宗元　黄　璜　林宏翔　孙健兰
王　方　吴明晖　余敏华　肖　钢

运筹学与控制论
奚扬阳　何岱洧　金　菁　林　娜　吴　瀚　吴文婷
左一凡

概率论与数理统计
沈　洁　翁嘉迎

应用数学
曹盛平　何智豪　李　哲　沈　怡　吴功尧　杨　琦
俞冰清　朱子文

金融（1月份毕业）
车　辚　刘琳霖　张雯珏　朱　韵

金融
杨学威　陈驰宇　陈豪杰　陈苏娥　陈怡瑾　成亦伟
程颖楠　杜浩然　段　炼　冯唐先　郭文婷　郭晓璐
何　信　黄　瑶　蒋　博　蒋宇杰　李　架　李　琦
李　悦　李　哲　梁　辰　陆　豪　陆昱廷　马毓莹
梅华静　潘诗诗　邱立超　石　越　宋奕洁　万宗伯
王　韩　王建礼　王镁娟　王麒懿　王桑原　王威威
吴钢辉　徐　麟　薛明承　姚晨飞　姚秋琛　张雨萌
张云翔　赵　琦　郑集文　郑心洁　周筱晴　卓　越

物理学系
理论物理
金大禹　宋淑鲲　安克难　陈厚尊　马　涵　史豪晟
周凌君　朱晨歌　孙梦超

凝聚态物理（1月份毕业）
陈金杰

凝聚态物理
陈　松　雷　卉　李　娜　李小龙　刘　帆　逯学曾
马天平　潘　虹　沈晓萍　石　潭　王从从　王佳佳
吴　珊　伍子龙　郑　俊　周晓颖　苏忠波

光学
李　宁　梁　葱　沈　硕　王　松

现代物理研究所
原子与分子物理
魏丽花　陈　斌　陈　曦　刘　娜　叶竞汝

粒子物理与原子核物理
王　坤

信息科学与工程学院
集成电路工程领域工程硕士
朱　恺

物理电子学
李　敏　刘　婕

微电子学与固体电子学
李健英　朱晓石　陈玫瑰　付凌智　黄灿灿　黄　睿
李兆彤　邵　琦　孙慧盈　谢章熠　徐佳靓　余玉华
俞晓雪

通信与信息系统
赵华新　陈子平　范庭芳　高　慧　胡　畔　李荣玲
卢　青　沈新宁　盛小夏　苏　菲　汤婵娟　屠艳菊
王小龙　王小毅　王贻彬　魏中晗　张梦莹　赵　坤
钟　央

光学
陈　畅　郝洪辰　柯福顺　王天珑　张　帆　张　克

光学工程
陈　波　楚海港　刘徐君　卢景红　王　超

电路与系统
陈　强　戴　博　高　翔　郭敬元　蒋紫东　刘　鑫
吕　琦　孟昭慧　潘玉剑　潘毓淇　唐显锭　王　磊

吴　昊　徐新龙　应　锐　于春梅　余　翀　曾　星
张　洁　张津剑　张琳琳　张　琦　张　延

电磁场与微波技术
黄清华

光电系统与控制技术
包熙鸿　董孟迪　高　源　刘羿宏　龙天光　邱　鹏
涂卓麟　王宝杰　吴　煜

医学电子学
丁　宁　侯　黎　刘欣瑜　马友能　盛传广　张慧琳
张亚娟

集成电路工程（1月份毕业）
丰玉龙　高　伦　郭志远

集成电路工程
宋　楠　汪　堃　鲍文旭　陈　昊　陈　辉　陈显亮
崔海亮　樊　满　范少华　付　凯　高泗俊　顾　林
郭铭强　侯兴江　姬明超　金　健　柯可人　李　奈
李　颖　梁传增　刘　雯　马东艺　孟　巍　彭明过
裘　凯　屈泽江　石玉楠　宋文波　苏　畅　孙智强
王　亚　王宗炎　吴晨璐　吴蕴森　肖文哲　杨春峰
杨　凡　杨坤隆　袁平俊　张化磊　张居瀚　张　猛
张梦苑　张　请　张子健　郑晨俊　郑伟强　祝晓兴

物流工程
孙　振　郭秋实

光学工程
姜　虹

电子与通信工程
陈　静　郝安琪　冷志强　李　根　李亦凡　汪珍妮
王鹏程　项方伟　殷弋帆　赵路亭

化学系

物理化学（1月份毕业）
侯宇扬

物理化学
于在璐　陈立峰　崔园园　杜元金　郭自洋　胡志洁
黄　海　林　涛　刘爽爽　孙　静　谭晓荷　王　春
王法星　王立臣　王宛露　肖时英　徐　欣　颜雅妮
张梦晓　张召艳　热依莎·多里坤

有机化学
杜维元　梁德民　王欢欢　于军来

无机化学（1月份毕业）
司　旻

无机化学
王明宏　夏　冰　叶红艳　郑庆舒

分析化学
卜　静　黄丹妮　万　丹　王雅莉　张现霞

化学生物学
陈　露　陈孙霞　李　颖　陆文渊　罗　娟　张　璐
赵宇威

应用化学
胡佩雷　张　林

化学工程
陈伟强　郭少帅　李　杰　涂斌斌　杨艳红　张　冰

生命科学学院

植物学
邓　莹　吴怡静　朱培涛　范　文　何卓先　吕帝瑾

生物信息学（1月份毕业）
罗天龙　徐凌丽

生物信息学
蒋　帆　臧婧泽　李　信　龚庆天　王　翠　王俊强
王新格

遗传学（1月份毕业）
姜钰超　张宇飞

遗传学
李　颀　沈湉湉　王　玲　王博石　陈林顾　陈　一
程文悦　楚　霜　戴丹丹　间学敏　李亚南　刘　静
柳靓婧　栾喜梅　牟　琳　阮　婕　宋功笙　王金成
王文超　王亚倩　魏汉敏　徐　铭　许梦佳　周翔达
周　幸　马承宁

生物物理学
周　梅　崔郁洁　李鹏飞　李擎瑜　祁　祺　武肖坤
俞天栋

生态学
吕　航　高　杰　江国福　马　丁　王　微　许　汀

动物学
陈安慧

微生物学(1月份毕业)
王树奇

微生物学
迟 亮　杜晓峰　葛振林　江建平　徐敏杰　张 楠

神经生物学
李允允　刘 萌　刘 艳　苏 鑫　汪书越　徐 海
梁益坚

发育生物学
严顺飞

细胞生物学
张 翔　朱杏丽

生物化学与分子生物学
曹 琳　姜文婷　靳桂英　李锡帅　马 鑫　孙茌苒
孙 锐　汪汪一澜　　　王浩珏　余波杰　钟海雷

人类生物学
黄修远

生物工程(1月份毕业)
曹晨龙　杜丽莎　高雪英　胡慧兰　来瑞颖　李晓莹
李新新　鲁水龙　陆 健　宋 娜　孙海燕　覃晓萍
王 萍　王晓辉　王煜棋　王志龙　卫田田　夏婷颖
杨奇奇　杨云云　翟杨杨　张 丽

生物工程
陈海涛　郭雨辰　孙晓濛　魏 巍　张 旭

计算机科学技术学院
计算机软件与理论
李珀瀚　祝然威　李雯琴　鲍江峰　陈崇琛　陈一村
陈依娇　陈昭灿　邓莹莹　丁 浩　董 超　董 蕊
段 超　郭林瑗　胡挺霄　胡小兵　李晨卉　李丹青
林日昶　林 哲　刘 航　刘 琦　陆慧琳　潘 森
秦 瑾　史世雄　孙 钊　王孜研　吴 斌　吴世伟
武 恒　肖啸骐　谢 奕　徐天伦　徐锡忠　尹树祥
曾 劲　张 健　张一帆　张 煜　詹 亮

计算机应用技术
刘 俊　朱佩儒　包 捷　曹 零　陈 实　邓 达
范 康　蒋国宝　李 辉　李少卿　李 杨　刘思帆
陆 进　钱 晨　任 帅　沈迤淳　田 乐　王 海
王星杰　王嫣然　伍 君　肖辰宇　辛贤龙　熊 辉
徐 娟　张 珂　张琼文　张 溢　赵花婷　赵嘉亿

计算机系统结构
盛冲冲

计算机技术(1月份毕业)
毕驰珉　蔡 淞　陈丹双　崔 苹　崔 颖　代 克
邓正恒　范雄雄　方 明　付前忠　宦维祥　黄瑞华
贾 强　蒋 辰　蒋宇东　李虎啸　李华增　李杰斌
李名弈　李荣荣　李 炜　李 想　李宗睿　郦丽珍
刘玲莉　刘友敏　刘云飞　陆艺达　钱蔚岚　眭震钧
汤文东　王蓓莉　王 川　王 东　王 鑫　魏 彬
魏光辉　温建娇　徐 图　余浩淼　喻银尤　曾文琦
张 用　赵建双　朱永丽

计算机技术
刘雅诺　吴 舢

计算机技术领域工程硕士(1月份毕业)
彭广亮

管理学院
运筹学与控制论
杨 安

工商管理硕士(1月份毕业)
蔡伯刚　黄信远　何伯岩　华莉萍　刘宇龙　王舒瑾
谢卫华　徐 蕾　诸力佳　庄建辉　喀迪尔拜沙塔娜

工商管理硕士
陈琦芳　刘智民　谭 益　王益军　程 嬿　林洪钧
刘 轶　彭 锐　王 晶　朱 霞

企业管理
佟 星　CLARA ELLENA　RICCARDO GUIDATI

管理科学与工程
刘金磊

工商管理(1月份毕业)
柏耀颖　毕 慧　蔡 萍　蔡旭明　曹 骏　曹 峥
岑佳斌　柴 华　陈柏阳　陈 朝　陈 晨　陈 坚
陈 娟　陈 侃　陈丽芳　陈强文　陈劭悦　陈文靖
陈小敏　陈 轩　陈亚平　陈扬波　陈 耀　陈殷蕾
陈 悦　陈越姗　戴 勇　丁 宁　董 超　董 珂
董丽萍　董颖璐　段威威　范昌友　范晓艳　范晓烨
范 瑶　冯 昭　付 辉　付乃利　付沙鸥　高 亮
高 明　高 婷　高燕丽　高桢卿　葛 金　龚 琳
顾剑勇　顾 琰　关星宇　管 庆　光建国　郭 超
郭典清　郭 辉　郭森威　郭 鑫　杭俊杰　何 侃
何 涛　何 颖　何永强　贺小荣　洪 鸣　洪昱旻

侯晓艳	胡昌恩	胡 蝶	胡 辉	胡 坚	胡雷雷	贺慈珍	洪耀辉	李 超	李康妮	厉 卓	林 睿
胡正衍	黄 飞	黄 河	黄 凯	黄 翔	黄兴华	陆 栋	骆 颖	梅丽红	潘燕平	邵小淳	施梦瑶
黄 洋	黄之炯	季秉华	季春宏	贾可煜	贾振安	汪 楚	王红梅	王盛博	徐 博	徐 南	徐 昕
江 淼	江于浩	姜 巍	蒋 捷	蒋 萍	蒋 烁	闫中兵	杨玲玲	杨文慧	赵 博	郑喆褋	周 健
蒋中元	孔庆耀	寇建勋	来成龙	兰金娣	雷 斌	周 玲	左杨玲	蔡思齐	陈 驰	陈佳诗	陈 蕾
李 丹	李荷馨	李吉根	李计融	李嘉佳	李俊奎	陈丽卿	陈正标	程 夏	崔洪云	丁垚槙	杜美香
李 磊	李 磊	李明光	李 芃	李倩楠	李晓锋	杜婷婷	范渝峰	冯银平	傅 睿	甘君辉	韩 冬
李雪雷	李妍珺	李 杨	李轶龙	梁明亮	林 彬	郝苏斌	何 欢	赫 震	胡皓悦	胡志杰	黄 璐
林巧云	林 涛	凌恬帆	凌 铮	刘宝栋	刘 超	贾文艳	蒋 炯	金 旭	康四军	李飞虎	李 锢
刘 凯	刘 宁	刘亭立	刘 婉	刘 伟	刘 阳	李晴晴	李少华	李文婷	李 奕	李 莹	廖韶昇
柳 静	龙 贤	楼 樱	卢 熳	鲁 春	鲁 琦	刘 娟	刘艳玲	刘 源	柳金芬	梅 莹	邱 峰
罗国建	罗 娜	罗 忠	骆樊承	吕 杰	马江云	邵 梧	盛晓洁	石 蕊	司意菲	苏艳萍	孙雯俐
马 翔	马晓雯	马学强	缪 江	倪晨鸣	倪海杰	孙旭东	唐 萌	王 丹	王海林	王莉红	王明琦
倪 辉	聂日明	聂晓春	牛 千	欧阳晶	潘 磊	王书杰	夏涵书	肖文婧	徐 珺	袁 进	袁 敏
庞 宇	裴 辉	彭 红	朴红斌	戚 林	秦 晖	张飞越	张海庞	张 瑾	张炬辉	张 蕾	张 楠
秦 勇	卿 晨	邱常书	邱 诚	邱慧琪	邱 俊	张 玮	赵 昆	郑佳怡	郑金镇	郑幼青	钟俊华
邱 麟	邱 轶	裘 剑	饶 斌	阮定杰	阮 中	周雯婷	周 颖	朱晟伟	ANGELA MAE JEAN SY		

申 刚　沈 军　沈 雷　沈 磊　沈 璐　沈益平　BAO YUHUA　　　　　ISAREE LEELASUWAN
盛李欣　史栋林　舒利喆　水 纯　司徒俊　宋吉骏　MINDY HIESMANTJAJA
宋庆蓉　苏登瀛　苏莉斌　孙 捷　孙永江　孙 元　MITCHELL METODIJE HOWELL KRSTOVSKI
谭 晟　谭瑜琳　汤进凯　汤子秋　唐 立　陶从刚　NEUS INGLADA FIGUERAS
陶 鹏　滕 刚　田恩民　田 炜　佟 婕　涂成波　SANG HYUN LEE
屠嘉铭　汪后春　王澄宇　王德强　王 方　王 芳　SASIRIN TANGSUMROENGWONG
王杰雄　王 林　王茜虹　王 硕　王斯琳　王文海　WESLEY HARJONO　代佩兰　姜智勋　金大成
王文娟　王文涛　王祥程　王晓怡　王欣欣　王业双　林贞正　倪友中　全康佑　李东林　李东炫　李俊贤
王媛华　王 峥　韦 辉　魏 丹　吴慧怡　吴 亮　李相镇　钟明辉
吴培琪　吴 平　吴为刚　吴夏凤　吴耀华　夏漪旎

夏 轶　肖 明　谢 蘅　邢玉秀　熊 欣　徐蓓晓　**国际商务（1月份毕业）**
徐 峰　徐 虹　徐华月　徐 伉　徐 立　徐冽群　陈 熙　程德炳　范 典　管 政　何 宽　华 成
徐 艳　徐 喆　许海昀　许骏捷　许 律　许志刚　黄 坚　贾 腾　蒋 媛　李卉玉　李 强　李小龙
薛 蓉　闫智美　严 磊　杨碧峰　杨 斌　杨 婧　林陈婷　刘芮颖　陆程程　任烨懿　任 毅　沈 耀
杨晓华　杨雪峰　杨祎洋　杨永松　杨志国　杨周龙　孙 瑞　唐 晶　唐婷婷　王 昊　王佳文　王浚宇
姚 俊　姚武奇　姚振华　叶剑斌　叶 榕　叶震祥　王 龙　王 彤　吴 平　吴 艳　肖颖龙　谢 雯
叶志云　易 力　殷 俊　应成纲　游 涓　余东晖　叶明强　张文汐　张秀娟　周 勇　左 莉
余 刚　余 慧　俞 健　俞 祺　俞天石　郁蕊芬　ALESSANDRO PALLOTTA　ANDREA ARTEGIANI
郁晓江　臧美琪　占玲灵　张碧珺　张朝营　张达扬　CAROLINA DANOVA　CHIARA SALMERI
张大伟　张国雄　张 恒　张 慧　张 建　张建庆　ELEONORA CENCI　EUGENIO ORLANDO
张剑玲　张 洁　张锦翔　张俊杰　张珂悦　张 立　FLAVIA VENANZONI
张立杰　张 璐　张 闵　张 南　张沈荣　张晓航　FRANCESCO MARIA FURLANIS
张晓雯　张雪琴　张艳平　张迎飞　张 莹　张咏梅　GIULIA MARINONI
赵 成　赵 剑　赵 伟　赵 霞　赵燕玲　赵 湧　LEONARDO QUATTRUCCI
赵玉鸿　赵 悦　赵志远　郑超然　郑斐斐　郑 韧　MARIO D'AVINO　　　　NICOLO' LOZZI
钟征宇　周钦健　周 涛　周星辰　周 殷　朱 杰　RITA GENOVESE
朱开枫　朱力群　朱玲玲　朱 勤　朱伟翔　朱自阳
宗式华　邹晓明　邹义兵　丁子平　董吕敏　管伊迪　**国际商务**
黄 爽　江政琦　焦 雪　考宝堃　李家凯　刘 迪　ALESSANDRO VOLPATO　ANDREA BUSSOLATI
王亚男　王 彦　杨龄硕　湛 宏　吴杰颖　薛 浩　ANNA DEL REGNO　CAROLINA BAIONE
　　　　　　　　　　　　　　　　　　　　　　　　CLAUDIA CIONI　DAVIDE SFRECOLA
工商管理　　　　　　　　　　　　　　　　　　FABIO DEPASCALE　FRANCESCA AROSIO
曹春凌　陈 琦　程 静　丁 蕾　方 晨　何 立　FRANCESCO GIORGIO LANCELLOTTI

FRANCESCO PETRACCA
GABRIELLA BALDASSARRE
GAETANO DI MAIO　　GIACOMO PUTIGNANO
GIORGIO ESPOSITO　　GIOVANNA ROVERSI
GRETA ALBERICI　　MARCO CREDENDINO
MARGHERITA PERSOD
MARTA ANNA DE MATTEIS
MATILDE CALZA　　MAURIZIO CHEN
NICOLA HONORATI　　PAOLO EMILIO PICCINELLI
RUGGERO GATTI　　TOMMASO COLLI
王　娜

财务管理（1月份毕业）
王聪敏

财务管理
陈　岑　董博琳　董　璕　樊婧然　顾　倩　顾水华
顾莹苗　韩　惠　黄骏腾　黄　腾　吉昌明　李青云
李素萍　厉成鑫　刘璇子　孟归弦　潘晶文　邱　辰
容　昕　沙　韵　申自洁　孙　程　汤雅文　王　蕾
王青松　王文岩　韦嘉璐　魏　璇　吴奕霏　吴宇笛
咸　璐　肖　婕　徐　夏　薛　娟　杨子毅　张晓涛
张杨进　钟晓天　钟扬怡　周　迪　周克克　周　旋
朱　晨　朱嘉宁　庄玮佳

金融工程管理
鲍　兵　曹　原　陈沛转　陈　冉　陈雪丽　邓晓丹
董　州　董舟菡　房骏玮　姜禄彦　蒋　琛　梁　凯
廖生暖　林　婧　林　吟　刘雪萌　马　婧　潘叶婷
申玮玮　宋家骥　陶阿明　陶旭峰　王　琦　魏　哲
熊正寰　徐加一　杨靖旎　俞　宁　张　帆　赵晨骏
赵思然　郑　辰　周晨俊　周佳辰　周一潇

法学院
法学理论
郭美玫　刘　超　陈记平　傅　博　牛　欢　陶小芳
杨　洋　张宇衡

法律史
朱延泉　蔡博文　董艺璇　王婧如　杨　洁　赵喆杰

法律硕士（非法学）（1月份毕业）
朱妍熹

法律硕士（非法学）
陈美伶

民商法学
尤丽亚　艾晓燕　崔坤佳　邓　茜　董　雪　柯　夏
赖晓琛　李晓彤　李艺丰　彭丹梅　石洋洋　杨寒剑

郑诗洁　崔宰悧　安藤紫　陈怡帆　房芳芳
BJOERKE DAN-AASMUND　　布莱恩　达　理
郭庆荃　卡　门　穆罕默德

环境与资源保护法学
阿娜西　孙　起　王思凡　王秀云　翁宏斌　佐佐木萌

宪法学与行政法学
胡意意　路艳妮　许　帆　张桄荣　张　贺

刑法学
崔小倩　丁肖锋　诸　靖

诉讼法学
卞洋洋　董　倩　滑冰清　李　婷　李怡青　廖海清
孟庆华　王　懿

经济法学
黄靓亮　金　鑫　李华杉　齐双双　王若楠　燕　妮

国际法学（1月份毕业）
达丽雅

国际法学
甘　泽　胡汉鹏　蒋圆媛　李维佳　李　响　李　昭
乔鸿飞　秦　莞　王晓廷　王欣一　徐　彰　尤佳晨
张　茜　赵雯媛　朱潇潇　陶　枫　芦泽友直
文思琦

法律（非法学）
毕　月　蔡元之　陈柏春　陈　晶　陈奇新　陈市凯
陈思彤　陈　熙　陈小伟　陈　怡　陈玉周　程璐梓
丛含霖　戴美琪　邓双丽　丁静静　董　婧　杜雅萍
段新帅　方　梅　冯方圆　谷秀荣　顾丽军　何瑾丽
何　蕾　贺　慧　胡健强　胡　锡　胡秀枝　黄　鹂
黄秋君　黄真斌　吉　军　纪宁宁　贾淑雅　贾　雪
姜京辰　姜　锟　姜林飞　蒋　敏　蒋培馨　蒋晓旭
金利平　蓝志凌　雷月华　李澄程　李国宇　李宏宇
李惠敏　李建存　李洁宇　李锦峰　李　磊　李立山
李　萌　林金凤　林　腾　林阳洁　刘慧芹　刘金权
刘开城　刘如意　刘喜扬　刘　欣　刘宇航　龙欢欢
楼　静　陆　玔　陆亨瀚　栾昌俊　罗雪花　闾　纯
孟路路　孟千莎　欧贝佳　欧士硕　彭江蓉　祁　萌
秦　华　区　金　全鑫洁　饶丹丹　任佳宝　尚　棋
邵　琛　邵　政　沈楠忻　沈　阳　盛璐璟　石　淼
史　歌　史云雅　宋亦琦　孙　晶　孙　茜　孙　镇
田　芳　田思思　涂梦瑾　万后勇　汪　圆　王大任
王佳华　王训花　王　洋　王一川　王　玥　尉　欣
魏姗姗　文亦佳　吴汝贤　吴雯倩　吴　昕　吴艳雯
吴玉金　夏振国　项雪纯　谢强旺　熊焕呈　徐　晨

徐　涛　　徐小惠　　徐中品　　许　萍　　颜　硕　　杨臣臣
杨　晨　　杨　洁　　杨经国　　杨　婧　　杨　萌　　杨蓉蓉
杨霄翔　　杨　喆　　姚　舜　　尹恒之　　游雅萍　　于文静
袁　晨　　詹欣欣　　张海鹏　　张玖文　　张　玲　　张　攀
张　倩　　张书染　　张晓航　　张　勇　　张宇婷　　张　赟
张云卉　　张子辛　　赵继强　　赵建民　　赵　雯　　赵　阳
郑　昕　　周高杰　　周　洪　　周　琦　　朱静宜　　朱路平
朱正元

法律（法学）
车天驰　　陈　江　　陈廷俊　　段明佐　　冯潇剑　　郭大威
黄　铎　　黎小惠　　李洪灯　　李姝玥　　李挺伟　　李宵骁
梁　芳　　刘米兰　　陆启勇　　祁丽娟　　邵　阳　　唐漫漫
万伶俐　　万伟伟　　王晓晨　　徐婉迪　　严飞飞　　叶　青
余素娟　　张景瑞　　张铁栓　　周莉莉　　周胜楠

力学与工程科学系
流体力学
周　凯　　车小玉　　韩智明　　吕欢欢　　庞熠骞　　孙燕杰
余宇轩

飞行器设计
刘　浪　　蔡　维　　陈朱杰　　王曦庭　　徐　及　　杨　柳

工程力学
陈　凯　　范庆波　　李生飞　　万继波　　袁宏智　　朱昶帆
徐静进

生物医学工程
李亚贝　　朱海宁

材料科学系
物理电子学
庞抒见　　陈　希　　董佳垚　　郭丽芳　　李洪磊　　李旭晏
梁　倩　　柳媛瑾　　毛鑫光　　彭香艺　　肖星星

材料物理与化学
陈飞珺　　顾海芳　　环　静　　李鹏辉　　刘梦眉　　龙　宇
吕　平　　万　磊　　王共喜　　王　磊　　巫　勇　　叶辰雨
张文文　　赵祺旸　　赵文达　　祝　桐　　唐佳勇　　黎　韦

材料学
陈惟妙　　蒋　臻　　马越跃

材料工程
凡少杰　　付　敏　　郭路清　　姜　月　　李立兰　　李文龙
刘　栋　　骆小军　　石　莉　　孙佳坤　　王守滨　　张　东
张　力　　张林峰

马克思主义学院
马克思主义基本原理
胡江东　　陈　丹　　陈　剑　　段立彬　　袁　菁

思想政治教育
杜环环　　李　维　　吕小艺　　潘　俊　　宋城长　　田　赟
殷凌霄

科学社会主义与国际共产主义运动
崔肖肖　　孙鹏程

中共党史
李　洋　　杨永志

马克思主义中国化研究
陆　婷

分析测试中心
分析化学
李　泳　　刘天顺　　宋文爽

历史地理研究中心
历史地理学（1月份毕业）
韩志方

历史地理学
杨吉超　　周　峤　　崔立钊　　崔　乾　　冯名梦　　江培燕
王　栋　　王　璐　　魏玉帅　　于淑娟　　俞德斌　　赵龙琨

中国史
徐少卿

高分子科学系
高分子化学与物理
俞淑英　　陈　昌　　陈李峰　　陈仲欣　　傅凯昱　　纪珊珊
李　颀　　李　甜　　李　婷　　李文龙　　刘珍艳　　马占玲
冉志鹏　　施信贵　　唐婷婷　　田雪娇　　王淞旸　　吴娇娇
虞桂君　　张　波　　张　杰　　张玲莉　　张　霞　　赵　琳
郑照堃　　郑　正　　钟佳佳

社会发展与公共政策学院
人口、资源与环境经济学
郭文龙　　陆燕秋　　余欣甜　　张采怿　　张由之　　周介吾

社会学（1月份毕业）
范慧慧

社会学
董　雪　　窦　方　　顾　浩　　顾　韡　　胡　斌　　胡小羽
李丹峰　　李　娜　　汪　舒　　王宜乐　　温　莎　　喻爱军

ORTEGA ALLAN, ISABEL
RANA SAADAT BUKHTIA
梅静瑜

心理学
卡丽比努尔·帕日哈提　王俭勤　徐　雯　祝筠霏

人类学
冯锦锦

社会保障
曹　越　柳肖涵　戚颖颖　陶玉龙　王翠华　吴之远

社会工作
陈谐晴　沈　烨　盛玉威　田　博　单钰理　董正椽
黄　玺　晋文静　雷忠恺　李振汉　刘潇雨　陆维希
彭莹莹　宋喜妹　唐春林　陶烨婷　徐　觅　俞　梁

高等教育研究所
高等教育学
王　睿　杭玉婷　洪　敏　汪斐娅

课程与教学论
李　鹏　马进亮　毛亚男　王　霞　赵宇舟

教育经济与管理
曹春蓉　蓝秋香　刘　巧　王　诚　闫　明

学科教学（语文）
吕　莹　田澍兴　郑雨佳

学科教学（英语）
蒋璐安　王　哲

环境科学与工程系
环境科学
黄志伟　付怀于　郭　丽　黄元龙　马　超　马　烨
齐志方　施　洋　隋　欣　谈佳妮　王　剑　王　鹏
许志芳　杨溢巍　尹　姿　张家辉　张韦倩　张云伟
赵　恒

环境工程
林　琳　史　沫　徐　君　杨　沫　杨　潇　苑　昊
周　蓓　常远芳　戴优优　方　晨　冯述青　刘　明
刘文捷　刘雨辰　马洪影　石　亚　王　伟　余子龙
张　丽

环境管理
陈佛保　黄　劼　李　伦　沈　哲　许海燕　朱燕妮

环境工程领域工程硕士
顾兴旺　王艳姣

微电子学院
微电子学与固体电子学（1月份毕业）
卢东仪　马阳阳

微电子学与固体电子学
薄一帆　陈昌铭　陈　丹　陈建锋　谌敏飞　程　涛
崔兴美　代国宪　丁　娜　董　君　房达斌　高源培
何　睿　胡耀东　黄　涛　黄　郑　江　帆　姜　钰
蒋健兵　蒋　涛　井　冰　景　行　李华冈　李　建
李　龙　李秋丽　李圣威　林之恒　刘　聪　刘宁希
刘珍奇　马天龙　孟　莹　南鹏飞　尚　青　沈于兰
万　磊　汪雨雯　王　驰　王冬格　王鲁浩　王　玮
王忠凯　韦　峰　韦　康　吴　越　伍　赛　向　平
肖玉忠　薛元坤　闫　潇　叶梦梦　于学球　余超凡
俞剑明　俞　政　张　超　张春敏　张国贤　张昕睿
赵远新　郑　珊　周　银　周自波　祝瑞元

软件学院
计算机软件与理论（1月份毕业）
陈　霄　陕　亮

计算机软件与理论
陈　浩　陈　进　陈　旭　戴卓方　丁宝宝　丁　鑫
樊嘉辰　房　勇　干泽俊　顾　嘉　顾　赟　吉亚云
黎嘉欣　刘　杰　刘　然　刘筱茜　刘　娖　茅斯佳
闵庆豪　牟雁飞　蒲音舒　施继成　宋卫卫　谭　丞
王　建　王　翔　王永峰　杨昆龙　杨　宇　张海攀
周　丰　周克勇　朱　珠

文物与博物馆学系
文物学
甘　菲　阳　昕　郑汉卿

考古学及博物馆学
付　蓉　蒋雨君　林　翘　高　洋　孙景宇　赵嫣一
郑惠伦

文物与博物馆（1月份毕业）
朱　静

文物与博物馆
蔡董妍　陈晓琳　冯泽洲　谷　宇　胡晓明　黄　逸
霍小骞　李明倩　李　雨　钱　坤　邵维娜　索素苏
王若谷　阎　琳　周　天

先进材料实验室
材料物理与化学
成　瑾　许俊杰　喻　蒙

凝聚态物理
张立建

无机化学
李卓群　王天宇　魏伦祯　尹辛波

有机化学
张　千　张卫懿

高分子化学与物理
黄小兰　林惠娟

旅游学系
旅游管理(1月份毕业)
高莉俊　胡　佳　李　颖　林　川　吕晨妍　沈　诣
盛　辉　孙　维　王超军　夏永华　徐　炜　叶维青
张海滨　朱　研

旅游管理
李　欣　李　鑫　陶　然　岳　菲　张希蒙　周　勍
吴　珺

文献信息中心
图书馆学
韩雪飞　张春梅　张　莹

国际文化交流学院
对外汉语教学
马思鸣　姜　珊　陆　莹　吴金萍　杨晓健　廖嘉俊
朴珍熙

汉语国际教育硕士
韩　玮

汉语国际教育
丁方超　胡娅婷　刘四芳　刘玮琳　潘　阳　佘　飑
王晶琦　吴　越　肖婉莹　杨琰琰　周夏昀　曹　雅
范秀娟　黄　慧　江　宁　梁小丽　刘丹清　栾俊洁
田东琴　阴祖坤　俞丽佳　周　易　主贵芝　松井太一

基础医学院
人体解剖与组织胚胎学
李志华　马慧颖

免疫学
杨　威　徐笑非　余光阳　张宇飞　钟林茂

神经生物学(1月份毕业)
程艳男

神经生物学
朱西民　安晟锐　戴义芹　单　烨　葛登云　李元鑫
刘晓燕　王　盼　杨化兰

生理学
曹冬青

遗传学
高沛业　胡莹莹

生物化学与分子生物学
董妙芳　范　坤　高汇迪　季玲玲　李澎瀛　钱一凡
王　榕　赵湘宁　刘　琰　王　睿　杨　帆

病原生物学
韩海燕　华亦斐　李　蒙　刘　红　冉　苇　王歆玮
魏丽丽　高　旭　郝书民　李良峰　朱景玗　凌　晨

病理学与病理生理学(1月份毕业)
卡罗斯

病理学与病理生理学
廖晓红　刘俊许　肖　川　杨海萍　赵　冉

法医学
黎世莹　吕叶辉　聂燕钗　孙　宽

分子医学
常娇娇

中西医结合基础
赵晓聪　朱孝苍

药理学
胡珍真　邵淑容　王隽隽

公共卫生学院
流行病与卫生统计学
崔剑岚　崔晓霞　耿　倩　宫霄欢　孔德川　刘佳婧
刘　媛　潘晨建　肖林海　谢　言　严华美　张　华
周　琳

劳动卫生与环境卫生学
姜　帅　李露茜　汪萃萃　徐晓文　杨　凌　周晓丹

营养与食品卫生学
陈莉莉　何俊芳　李靓莉　杨　硕

儿少卫生与妇幼保健学
焦 娜　张博林

卫生毒理学
王翘楚　张 晨

社区卫生与健康促进
付文捷　刘兴娣　任 慧　王 超

社会医学与卫生事业管理
程 佳　范文君　韩胜昔　贾 媛　景秀红　李昊翰
李晓姣　卢建龙　孙 昕　汤真清　唐 檬　汪依帆
肖 青　徐汉波　薛 敏　杨虹宇　曾 伟　张 朋
周奕男　莱 娜

公共卫生
陈万春　霍 倩　李静然　李萍萍　连军丽　刘 蒲
马琼锦　茅艺伟　钱 雯　沈婷婷　石常宏　时影影
宋允雪　唐 密　田 娜　田雨来　田振永　王金玮
王 静　王 群　吴晓莉　许燕君　虞聪聪　郑文娟
周 良　祝菁菁

药学院
药剂学
冯占美　高西辉　侯佳朋　胡全银　匡宇阳　刘 畅
任秋月　茹 歌　上官明珠　　　　王 晶　王 科
叶佩芸　张 弛

药物化学(1月份毕业)
崔 锦

药物化学
陈晓雨　龚昊隽　郝晓东　孟光荣　唐 飞　陶勇峰
王宝龙　王双英　王 雯　徐丽丽　杨宗龙　赵 群

生药学
秦 艳　田瑞英　谢道涛

药物分析学
刘晓云　生世俊　王 沛　薛 颖

药理学(1月份毕业)
康 枫

药理学
陈 萍　陈启菁　姜小筱　姜怡雯　杨荷贝　张智德
朱 恺　陈伯孝

药学(1月份毕业)
包 勇　范卓洋　黄澄嵘　刘阳熙　吕燕平　欧颖烨

王 峰　王悦琳　赵美艳

药学
杜婷婷　傅丹峰　高 菡　黄 亚　柯 俊　刘星星
石庆玲　史震寰　孙吉庆　孙 娟　田 丹　王云慧
肖尔佳　薛 浩　杨素娜　袁柳柳　曾 贤　张泸文
张木美　赵 荟　郑江松

中山医院
病理学与病理生理学
杜 敏

内科学(1月份毕业)
刘迎迎

内科学
查小云　郭 佳　李明飞　刘少鹏　刘以梅　刘子龙
牟 艳　戎琳怡　王福萍　张培培　赵广西　朱 芬
朱凌偑　何顺梅　胡婷婷　姜佳慧　李梦娟　凌云龙
孙 黎　戴 娣　李 曼　刘娟娟　马怀幸　吴 冰
杨 伟

影像医学与核医学
马姣姣　杨敏捷　韩太林　谭 辉　严丽霞　陈传玉
戴亚婕

临床检验诊断学
谈绮文　胡爱艳　罗荣奎

外科学
胡 博　胡进武　胡 馗　黄 烩　李剑昂　李京沛
林长泼　凌佳倩　马 军　马 勇　潘 龙　宋方南
王海玉　王 苗　徐晓玥　赵广垠　朱利靖　鲁 超
孙崇璟　王 泽　赵骏杰　孙延东　佳乌拉　李受珉

肿瘤学
董银英　唐 俊　郑苏苏

中西医结合临床
张洲姬　吉永朱里

药理学
张力超

神经病学
潘淑梅　卓丰昊　冯 宇

耳鼻咽喉科学
童 华

麻醉学
林文冬　王肖肖　郭晨跃　韩　叙

皮肤病与性病学
崔祥祥

急诊医学
程　果

口腔医学
胡凤玲　杨　斐

华山医院
皮肤病与性病学
文韵诗　钟震宇　李彦波

内科学（1月份毕业）
张莉亚

内科学
刘荣乐　凌青霞　陈乐闻　曹曰针　韩　磊　马韵芳
万　云　吴　婷　闫　浩　张　绿　张瑜凌　赵晓丽
周芬芬　李慧贤　汪凌清　吴　真　杨海静　赵现光
周　璞　周逸亭　朱　晨　杭冬云　马晶晶　徐月晓
王钻丽

神经病学
沈筠筠　王艺璇　刘疏影

临床检验诊断学
李天铭　仇　英

康复医学与理疗学
郭真真　张　备　李　丽　吴族勇

中西医结合临床
聂立锦

药剂学
蔡青青　胡佳丽　凌　静　陆蕴红　赵　苗　杨爱芳

影像医学与核医学
文剑波　周　茜

外科学
雷　宇　李天一　徐爱峰　杨　勇　张　莉　张益钧
朱宏达　叶　钊　周林森　葛宗谕　郭子睿　黄韶敏
哈　山　罗笆卡

眼科学
张　南

耳鼻咽喉科学
梁送民

肿瘤学
葛蒙晰

麻醉学
雷　熙　白文捷　马蕊婧　王开宇

急诊医学
胡　慧　李南洋

口腔医学
张　慧　史　航　徐　蒙

精神病与精神卫生学（1月份毕业）
乔治娅

肿瘤医院
肿瘤学
李　娟　白玉盘　鲍　菁　范兴文　贾晓青　李　聪
刘　笛　刘晓军　彭雯婷　亓子豪　王维格　翁微微
吴婧文　杨小利　郑雨薇　陈　静　陈　涛　孔芳芳
李　飞　刘　杨　刘　钰　倪　晨　王珊珊　肖志文
徐　菲　杨　莉　杨晓晨　余绮荷　张　丽　周梦龙
周淑玲　杨志敏

影像医学与核医学
鲍　晓　杨雪融　乐　坚

中西医结合临床
曲　超　王仕迎

药理学
杜　琼

儿科医院
儿科学
陈龙霞　何明燕　蒋高立　汤小山　王　琳　王晓华
徐　艳　薛媛媛　张　鹏　赵　静　周秉睿　陈　铮
程　健　黎一航　林薇薇　梅　枚　施惠宣　王晶晶
薛　萍　袁　哲　章　薇　郑　静　何　璐　李玉川
刘莹华　林君儒

中西医结合临床
高连连

药剂学
龚妍

影像医学与核医学
王莉

妇产科医院
妇产科学
包灵洁　陈　晨　陈品丽　胡文婷　宁程程　沈　方
肖晶晶　杜丹峰　刘　伟　时冬冬　张　姣　曹冠姝
陈倩倩　陆子阳　柯伊玲

眼耳鼻喉科医院
影像医学与核医学
王　杰　戴媛媛

眼科学
陈菲菲　陈歆雅　樊　帆　何　丽　阮　露　沈　阳
王丽娟　吴　丹　张笑哲　高　凤　顾瑞平　章敏贵

耳鼻咽喉科学
赖玉婷　张静一　甄瑞清　周　健　陈　颖　丁永清
郭思荃　罗文伟　王　欢

麻醉学
仪修文

金山医院
劳动卫生与环境卫生学
李彩贞

病理学与病理生理学
汪星星

神经病学
魏　丽　段立洁

外科学
高　辉　刘志勇　卢　伟

内科学
金瑞日　张和细　赵灵芳　龚　雪

眼科学
朱晓宇

肿瘤学
李轩

麻醉学
杨礼

急诊医学
黎　俊　林择俊

影像医学与核医学
李勇爱　张大千　鞠　帅

实验动物科学部
动物学
刘巧玲

上海市肿瘤研究所
病原生物学
胡方园　张方淋

放射医学研究所
放射医学
顾建华　李旭芳　刘伟利　王　强　殷丽娜　张亚平
章婷婷

上海市计划生育科学研究所
动物学
刘芹

生物化学与分子生物学
刘淼

分子医学
曹芸蕾　段　斐

流行病与卫生统计学
汪离志

卫生毒理学
温成丽

药理学
贾玉玲

护理学院
护理学（1月份毕业）
王静

护理学
车惯红　傅　亮　李　莺　石美琴　吴密彬　武佳琳
叶　晶　禹小娟　赵文娟

护理
陈　红　丁彩艳　董翠珍　雷　玮　凌文静　刘林霞
彭峥嵘　乔建歌　王文超　谢　菲　杨中方　袁一君
张　璐

华东医院
内科学
陈慧贤　李婷冶　楼旭丹　罗子华　马海芬　王　婕
周娇娇　邹佳楠　李文文　王青青　吴倩倩　周家裕

临床检验诊断学
周丽芳

老年医学
刘　菲　孙　涛

影像医学与核医学
陆　芳　许洪敏　王园园

外科学
陈寅涛　方伟林　沈志远　曾继平　张　旭

中西医结合临床
万文斌

康复医学与理疗学
丁　洁

上海市第五人民医院
妇产科学
陈　玮　衣　欢

内科学
田吉梅　李社冉　潘增凯　杨　敏　庄　晏

神经病学
段山山　于　玲

外科学
申彭亮　王会鹏　徐　旸　林荣强　吴浩然

儿科学
王兰兰

影像医学与核医学
陈淑香　王娇燕

急诊医学
赵相旺

公共卫生临床中心
病原生物学
胡　燕

内科学
吕　蓓　陆晓晓　赵思达

临床检验诊断学
沈　震

影像医学与核医学
马　倩

中西医结合临床
苗　慧　时　佳

博士研究生

中国语言文学系
中国现当代文学（1月份毕业）
张　冰

中国现当代文学
孟祥栋　左轶凡

中国古代文学（1月份毕业）
林卿卿

中国古代文学
金基元　董伯韬　李银珍　王　乐　田丹丹

汉语言文字学
殷守艳　许慜慧　李苏和　尹淳一

现代汉语语言学
何　瑾

语言学及应用语言学
姜　诚

中国古典文献学
程羽黑

比较文学与世界文学
李　岑

艺术人类学与民间文学
屈啸宇　王帅红

文艺学
路　程

中国文学批评史
陈圣争

中国古代文学研究中心(古籍所)
中国古典文献学(1月份毕业)
杨　婧

中国文学古今演变(1月份毕业)
潘德宝

中国古代文学
李茜茜　汤志波

外国语言文学学院
外国语言学及应用语言学(1月份毕业)
韩香花　金昌珍

外国语言学及应用语言学
娄　珺　李晓娟　安秀兰　丁丽芬　李宏德　闫　超
张立昌

英语语言文学
黄秀国　管阳阳　茹　静　张德福

国际关系与公共事务学院
政治学理论(1月份毕业)
沈夏珠　杨　英

政治学理论
任崇彬　郝诗楠　李学楠　束　赟　宋道雷

国际政治(1月份毕业)
黄昌朝　李　隽

国际政治
罗小军　查晓刚　章志萍　李江春　康　欣　束必铨
西仁塔娜　杨紫翔　王　盈

国际关系
冯潇然　邱昌情

行政管理(1月份毕业)
邓金霞　杜倩博

行政管理
张　磊　屈　涛　胡重明　鲁迎春

外交学(1月份毕业)
郑义炜　朱耿华

外交学
甄　妮　潘维光

中外政治制度
胡德平　张冬冬

公共政策
田　恒　肖方仁　严　敏

新闻学院
新闻学
张秀莉　郭　栋　滕育栋　吴晓平　徐文策　何溢诚

广播电视学(1月份毕业)
王灵丽

广播电视学
刘一川　熊　琦　周红丰　孙祥飞　同　心

传播学(1月份毕业)
周叶飞　苏诗岚　石塚洋介

传播学
杨　健　陈　阳　于　迎　陈　思　陆新蕾
MARIANA OLIVEIRA DE FREITAS
丹尼尔

媒介管理学
林　颖　吴春集　郑　璐

历史学系
中国近现代史
黄　静　张牛美　陈　峥　贾钦涵　潘　星　郭岩伟
卢艳香

世界史
潘　诚　康　凯　郭　涛

史学理论及史学史
段　艳

历史文献学
毛丽娟

中国古代史
李春圆　屈广燕　陶兴华

当代中国史
王　芳

专门史(1月份毕业)
袁雯君

经济学院
金融学(1月份毕业)
张晶晶

金融学
吉红云　英　飞　庞燕敏　曹　斌　陈　锐　董华平
李长河　李志洋　李　忠　刘奕佚　许一览　洪全铭

世界经济(1月份毕业)
潘飞虎　洪智敏

世界经济
段德远　霍　明　高　弘　黄华峰　孙亚轩　张广婷

西方经济学(1月份毕业)
徐里芒

西方经济学
张志华　段　超　高　虹　刘志阔　罗　杰　向宽虎
杨红丽　黄　伟　杨　哲　MI JACKSON JIN HONG

政治经济学(1月份毕业)
王振雄　张荣华

政治经济学
戎生贤　颜建南　张栩青　钱　力　孙　勇

国民经济学(1月份毕业)
李　韵

国民经济学
徐　晔　孙　懿　张　歌

国际贸易学(1月份毕业)
符　磊

国际贸易学
梁　振

数量经济学
刘　冲

区域经济学
冯　猛

产业组织学
隋立祖

哲学学院
马克思主义哲学(1月份毕业)
余在海　肖玉营

马克思主义哲学
袁　芳　戴雪丽　纪佳妮　姜国敏　吕佳翼　吴　韬
许小委　张　颖

外国哲学(1月份毕业)
徐重骏　蒋小杰

外国哲学
江雪莲　胡庆利　郝春鹏　刘丽霞　张祖辽

中国哲学(1月份毕业)
杨柳青

中国哲学
肖孟夏　陈　焱

宗教学
吕方芳　吴　军　释阿难　苏　畅

伦理学
周玉梅

国外马克思主义
单传友

数学科学学院
计算数学(1月份毕业)
任采璇

计算数学
张玉洁　陈贞华　郭文杰　曾令辉　钟　敏　许伯熹

基础数学(1月份毕业)
方彩云

基础数学
吴　博　赵　翀　余佳洋　吴玉荣　徐　建　闫东风
张抗抗　赵　鹏

应用数学
李言召　查冬兵　葛　天　徐　冰　顾旭旻　郭　垚
韩玉娟　汲小溪　靳鲲鹏

运筹学与控制论
智 慧

物理学系
理论物理（1月份毕业）
汤世伟　宋铁岭

理论物理
孔令尧　屈　澈　刘珩睿　周　力　何寅琛　孟现文

凝聚态物理（1月份毕业）
徐　敏　李文彬　何　鋆　朱　捷　石　溪　张　伟

凝聚态物理
徐海超　葛力新　叶枫枫　罗　胤　马英杰　叶子荣
何　攀　泮丙营　仇　寻　关　放　郭　聪　郭　威
吕　泉　彭　瑞　邵渊敏　周诗韵

光　学
柳文慧　徐　丹

现代物理研究所
原子与分子物理（1月份毕业）
路　迪

原子与分子物理
孟繁新　施　展　赵瑞峰　赵子龙

粒子物理与原子核物理
李忻忆　戚　强　唐兴华

信息科学与工程学院
电路与系统（1月份毕业）
周　虎　冯　辉

电路与系统
王　旭　李　阳　普晗晔　陈佳临　唐长兵

微电子学与固体电子学（1月份毕业）
张楷晨

微电子学与固体电子学
曾祥宇　瞿敏妮　李　毅　林　楠　徐文忠　俞思辰

光　学
胡婧婷　李　明　马金贵　王永志　张兴旺　杨　琴
朱焕锋　陈　坤　董　晓　孙　涛　肖伊立　张冬旭

物理电子学
吴忠航　李泽斌

医学电子学
刘成成　张　砚

电磁场与微波技术
李欣颖

光学工程
王　伟

化学系
无机化学（1月份毕业）
吕盈盈　李　伟　罗　维　孙镇坤　姚子健

无机化学
姚立明　任远航　刘克印　孟路燕　刘　熠　吴勇权
杨　杨

分析化学（1月份毕业）
刘忐博

分析化学
陈　奇　李　宏　廖　蕾　徐凌佳　王　义　闫迎华
张　鹏

有机化学（1月份毕业）
汤才飞

有机化学
穆文波　司　雯　燕子红　邱观音生　王林飞　周丽君

物理化学
邓名莉　吕新春　王思浓　阳耀月　宋国梁　肖　育
蔡雯佳　刘伟明　宋卫林　易　金　袁　静　张宏斌
周功兵

化学生物学
曹纬倩　李璐璐　陈晓飞　李　威　杨嬅嬃　尹红锐

应用化学
黄　镇　刘金龙　周海波

生命科学学院
遗传学（1月份毕业）
曹立环　陈　旭　雷秉坤

遗传学
张　弛　蔡臻颖　彭劲甫　陈文海　陈元渊　方　欧
胡小绘　李　蕾　李　利　李培强　李晓明　王　园
杨苍劲　杨敬敏　曾丽萍　张佰隆　张　璇　乔　倩
徐向红　陈小梅　李骋翔　肖建球　于　颖　张　成

周玮晨　朱文姣

发育生物学（1月份毕业）
时富彪　杨　东　张　程

发育生物学
金　艳　叶知晟　杜兴荣

生物化学与分子生物学（1月份毕业）
胡义平　孙　玲　刘　阳　朱恩高　郭　雪

生物化学与分子生物学
胡璐璐　李亭亭　王义平　高　珊　黄　伟　张雅坤
朱晓宇　叶小丽　卜中元　曹　岚　党　婷　李　岩
石　倩　王海峰　王　磊　王　平　翁敏杰　相玉倩
肖梦陶　胥俊峰　赵　地

微生物学（1月份毕业）
施晓隶

微生物学
李光华

生物信息学（1月份毕业）
姚　磊

生物信息学
侯　铮

神经生物学（1月份毕业）
陈　莹　王　琦　杨胜涛

神经生物学
孔淑贞　陈　犇　刘磊磊　陈凤娇　邓琴琴　高　博
黄玉莹　刘　斐　刘淑素　马　健　孙妍妍　吴杭婧
吴小华　杨　艳　张晓萌

生态学（1月份毕业）
储丞江　李　慧

生态学
华　宁　邵钧炯　张墨谦　夏　蓉　谢　潇

生物物理学
刘　彬　汪旺生　王昶颖　姚金晶

植物学
赵　耀　李　磊　安　淼　江　晨

计算机科学技术学院
计算机软件与理论（1月份毕业）
任　武　王俊杰　李秋虹

计算机软件与理论
贺　琪　覃海焕　夏欢欢　黄　兴　靳　婷　王　琪
赵　欣　产　文　陈碧欢

计算机应用技术（1月份毕业）
浦　剑

计算机应用技术
朱碧磊

计算机系统结构
游红俊　宋　翔　郝志军　陈宇飞　房振满　王肇国
张　源

管理学院
企业管理（1月份毕业）
黄尔嘉　朱　峰　江　华

企业管理
翁宵暐　赵婷婷　朱如飞　崔晓明　崔之瑜　李作良
徐　倩　汪天都　肖　浩　姚明晖

管理科学与工程（1月份毕业）
凌　玲　罗裕梅

管理科学与工程
朱晨波　彭一杰　王文宁

统计学（1月份毕业）
赵自强

概率论与数理统计（1月份毕业）
王银凤

概率论与数理统计
方龙祥　张立文

东方管理学
陆德梅　李　健　蔡胜男

产业经济学
姚惠泽　李　会　杨丰强　张华祥

物流与运营管理
许文锋

运筹学与控制论
白晓迪

法学院
国际法学(1月份毕业)
孙秀娟

国际法学
肖 威 褚 童 王 芳 周 新

诉讼法学
徐 晨 张崇波 柴晓宇 汤景桢 于 飞

民商法学
陈 旭 何 建 鹿一民 苏东波 王 珉 叶延玺
余筱兰

宪法学与行政法学
朱全宝

材料科学系
物理电子学(1月份毕业)
吴红艳 岳 兰

物理电子学
卞 庞 浦海峰 罗胜耘 宋 云 吴 媛

材料物理与化学(1月份毕业)
邓吨英 唐子威

材料物理与化学
戴炜锋 周乾飞 陈晓伟 董建廷 李 铁 孙明斐
孙 伟 王小龙

力学与工程科学系
流体力学(1月份毕业)
张九菊 诸 赟

流体力学
陶 俊 徐得元 任天荣 尤 玥

马克思主义学院
马克思主义中国化研究(1月份毕业)
龙红飞

马克思主义中国化研究
汪 浩

思想政治教育(1月份毕业)
左 超

思想政治教育
夏 昱 姚朝华 刘 巍 高学敏 黄彦华 倪 懿
王红阳 于希勇 朱志萍

中共党史
陈少艺

马克思主义基本原理
白 洁 方啸天 李 聪 张宗峰

历史地理研究中心
人口史(1月份毕业)
韩文艳

人口史
胡列箭 张鑫敏 陈 熙

历史地理学
马 雷 陈为忠 陈云霞 魏 毅 鲍俊林 杨敬敏

高分子科学系
高分子化学与物理(1月份毕业)
郝和群 琚振华 酒井不二 刘美娇 王 杨 许 涛
张 杨

高分子化学与物理
何 垚 黄 挺 凌盛杰 马 珣 苏 璐 谢明秀
姚 响 蔡焕新 刘 勇 龙 帅 陈海鸣 范艳斌
刘明凯 马 力 马万福 叶 志

社会发展与公共政策学院
社会学(1月份毕业)
时丽娜 何 煦 丁敬耘

社会学
郭 莉 张 露 贺倩如

社会管理与社会政策(1月份毕业)
刘 强

社会管理与社会政策
周小平 张 亮 卞佳颖 芦 炜

人口、资源与环境经济学
姜惠敏 乐 昕 陈春林 陶 力

环境科学与工程系
环境科学(1月份毕业)
聂 耳 张成丽

环境科学
王雪梅　公　平　李圆圆　王　伟　蔡芫镔　蒋西然
陆晓慧　吕　毅　王　利　王正芳　吴彦霖　颜　诚
张千玉

文物与博物馆学系
文物学（1月份毕业）
刘晓婧

文物学
孔　超　刘守柔　赵　荦　王　薇　郑　好

考古学及博物馆学
姚一青　王　龙　黄　洋　朱煜宇

先进材料实验室
无机化学（1月份毕业）
方　寅

无机化学
冯全友　时　权　胥　明　蒋生辉　李　娟　王艳丽

材料物理与化学（1月份毕业）
张　捷

凝聚态物理
席付春　谭世勇

高分子化学与物理
郝　威　陈旭丽　徐　帅　仰志斌

理论物理
郭耀武

基础医学院
生物医学工程（1月份毕业）
张子群　陈欣荣

生物医学工程
邓薇薇　李　萍

生理学（1月份毕业）
梁　敏

生理学
李　娜　李文文　刘奂弟　倪　珺　汪引芳

生物化学与分子生物学（1月份毕业）
蒋国良

生物化学与分子生物学
马　纯　程净东　景　莹　汪　澜　叶守东　陈志丹
孔令春　黄家鑫　刘锡君　刘晓娟　张兴旺　章圣辉
卜　阳　朱鸿明

疾病蛋白组学（1月份毕业）
朱庆峰

疾病蛋白组学
胡　笛

病理学与病理生理学（1月份毕业）
孙　煜　于建刚

病理学与病理生理学
王　丽　崔风云　胡瑞敏　康雪玲　刘瑛瑛　陆　鹏
尚果果　徐　明　于　娟

病原生物学（1月份毕业）
孟　璐

病原生物学
王　辉　王　森　陈存存　陈　颖　董　原　王　婧
赵　雪　秦永伟　王海英　田晓玲　陈开森　刘华勇
刘　奇　孙桂芹　徐　巍　仇　超　刘艳丰

神经生物学
刘　杰　柳崇伟　田　瑜　蔡　萍　陈　明　段春玲
毛蕾蕾　濮宏建　赵晶晶　赵延芳

法医学
李备栩

药理学
乐秋旻　牛　兵　杨　通　王　丽　颜　彪

人体解剖与组织胚胎学
熊　凯　陈　龙　王　飞　王强利　张建平

免疫学
陆牡丹　杨旭光　李芙蓉　林　玮　潘永福　王　琰
张　敏

分子医学
王彦林　詹　领

医学信息学
吴辉群

中西医结合基础
李　倩

公共卫生学院
社会医学与卫生事业管理（1月份毕业）
尹冬梅

社会医学与卫生事业管理
朱益宏　陈　春　贺晓燕　厉传琳　刘文彬

流行病与卫生统计学（1月份毕业）
陈　健

流行病与卫生统计学
陶　韬　高　杰　汪千力　王　丹

儿少卫生与妇幼保健学
罗春燕　江小小

劳动卫生与环境卫生学
冯楠楠　盛新春　马文娟　王　姝　张光辉　张　璟

卫生毒理学
徐蕾蕊

营养与食品卫生学
黄　玥　赵力群　李小林

药学院
药物化学（1月份毕业）
黄　海

药物化学
沈　庆

生药学（1月份毕业）
宋伟华

药理学（1月份毕业）
李发洁　熊青卉

药理学
洪臻怡　阚君陶　孟现民

药剂学
魏晓丽　钱　隽

中山医院
外科学（1月份毕业）
冯自豪　杨　华

外科学
郑佳予　陈巍峰　龚逸明　童汉兴　朱　冬　蔡晓燕
陈　涛　何洪卫　孔令群　李翅翅　李永生　廖博懿
林镇海　刘海飞　刘　立　刘卫仁　吕　涛　奚秋磊
杨孟选　叶乐驰　袁凤来　张克志　张全保　张晓飞
周少来　付　亮　李文翔　张　博

内科学（1月份毕业）
王小云　游洁芸

内科学
章轶琦　周宇红　季丽莉　魏　征　卞　华　谢晓莺
徐亚妹　蔡洁茹　陈　静　邓必勇　范　凡　巩超捷
刘芳蕾　田　慧　王　丹　王兴冈　王忠慧　翁丽清
吴晓丹　殷　杰　张　丹　张友恩　崔晓通
沙来买提·沙力　张怡安

影像医学与核医学（1月份毕业）
宋　琼

影像医学与核医学
钱晓芹　王广志　吴　励　张维升　张卫国　方主亭

神经病学
赵　娜　潘晓黎

皮肤病与性病学
邢晓婧

肿瘤学
吴志峰

中西医结合临床
兰　瑞

麻醉学
熊万霞

华山医院
病原生物学（1月份毕业）
何　磊　王文婕

内科学（1月份毕业）
吴利俊

内科学
朱翠云　薛瑞丹　张咏梅　岳文杰　黄艳琴　李因涛
刘袁媛　罗忠光　彭　伟　唐子惠　叶宽萍

康复医学与理疗学（1月份毕业）
沈夏锋

康复医学与理疗学
张宇玲

外科学（1月份毕业）
肖成伟

外科学
陈　杰　宋剑平　童仕俊　韩　栋　蒋　苏　邱天明
高华嵩　潘　峰　乔英立　秦宣锋　沈　方　方砚田
冯陈陈　冯　睿　江汉强　孙耀飞

神经病学
李先涛　章　悦　赵　静　赵　婷　李宏福　陆征宇
杨　平　杨　琦　张　丽　张　琼　师云波

皮肤病与性病学
陈淑君　马　英　王倩倩　杨永生

影像医学与核医学
吕英茹　任新平　陈　林　黄薇园　孔艳艳　李婵婵
谭文莉　李安宁　邱　春

精神病与精神卫生学
徐　理

临床检验诊断学
杜　昕

耳鼻咽喉科学
贾明辉

运动医学
杨建军

中西医结合临床
任燕波　王根发　王　镓　厉　蓓

药剂学
刘庆丰

肿瘤医院
肿瘤学（1月份毕业）
章　倩

肿瘤学
马学军　黄　丹　孙文洁　余　湛　张　凌　张晓菊
朱一平　崔文丽　贺　敏　黄　胜　李　凯　李巧新
梁山辉　倪苏婕　戚　鹏　王　磊　王丽莎　王小凤
王　雁

外科学
顾成元

中西医结合临床（1月份毕业）
潘　岩

麻醉学
孙志荣

儿科医院
儿科学（1月份毕业）
吴冰冰　陆　炜

儿科学
贡海蓉　朱　丽　张林妹　邓　萌　邓英平　孙　轶
张　莉　周志坚　陈健德　杜晓南　龚春丹　李国民
王　萃　王秀华　徐　挺　杨　琳　周　琦　孙　松

妇产科医院
妇产科学（1月份毕业）
张　蓉

妇产科学
严晓慧　杨永彬　常凯凯　付　强　李　俊　邱君君
陶　昱　夏　叶　陈　默　龚小会　刘学渊　洪珊珊

眼耳鼻喉科医院
耳鼻咽喉科学
徐　枫　陈　斌　王闰生　单　晶　段洪刚　纪海婷
贾贤浩　刘　娟　刘月红　梅红林　舒　敏　宋新貌
吴春萍　吴净芳　张　娜　张　婷

眼科学
陈　岩　樊　琪　蒋婷婷　李美燕　马　飞　王　飞
王　鑫　武　娜

金山医院
内科学
刘振宇

影像医学与核医学
石海峰

外科学
杜立环

上海市肿瘤研究所
病原生物学
高慧萍

流行病与卫生统计学
吴琪俊

放射医学研究所
放射医学
孔 燕　肖林林　暴一众　赵 超

上海市计划生育科学研究所
妇产科学(1月份毕业)
黄学锋

妇产科学
黄先亮

流行病与卫生统计学
王克伟

药理学
朱圣生

华东医院
耳鼻咽喉科学
英信江

内科学
毛彦雄

影像医学与核医学
白爱国

上海市第五人民医院
内科学
叶鲜妩

公共卫生临床中心
病原生物学(1月份毕业)
牙 舌　羽晓瑜

病原生物学
王 森

内科学(1月份毕业)
邵家胜

影像医学与核医学
王青乐

临床医学院
肿瘤学
孙正亮　蒋鹏瑶　陈 颖　王 畅　吴 朋　申丽君
韩啸天　刘 江　王玉玮　万方宁　江一舟　任 翡
薛梦晨　蒋维薇　郝 爽　沈 辰　王耀辉　张 艳
王晨辰　刘汝娇　杨佑琦　张丹丹

妇产科学
金 佟　陆 芳　申旻鸿　杨梅琳

内科学
宋亚楠　梁步青　蔡燕娇　唐 蓓　胡静雯　许 中
孙 峰　许 诺　娄 逸　陈佳超　徐蔚佳　周洁白
项方方　陈妍洁　徐宁馨　王杉杉　杜霄凌　王 妍
吴冰洁　庄 妍　丁飞红　陈颖颖　马 慧　区嘉贤
鲍 磊

眼科学
何奇柳　冯超逸　杨宇婧　朱 颖　张可可　钟元园
吴彦婵

外科学
李海皓　陈 星　王 晨　王汝霖　范 立　陆晔辰
黄 奔　邹 翔　邹 飞　周珉玮　吴亦硕　王一惟
王 强　甘强均　宋 杨　岳 琪　宁俊杰　傅晓键
刘 阳　许 华　赵 麟　徐兴远　刘司达　刘天择
王嘹嘹　储呈玉　殷 骏　邹鲁佳

神经病学
陈 阳　王 锐　王 毅　赵 珏　马 帅　蔡 爽
黄思菲　董沁韵　潘 歆　杨璐萌

皮肤病与性病学
芮文龙　李 桐　刘 珏　李 乔

麻醉学
施芸岑　邬其玮　杨 彦　俞 颖

耳鼻咽喉科学
曹轶佼　杨辰鹤

影像医学与核医学
周书怡　盛若凡　陆逸平

康复医学与理疗学
刘莎莎

儿科学
缪千帆

　　　　　　　　　　　　　　（复旦学院、研究生院供稿）

九、办学条件与保障

校园建设与管理

基本建设

【概况】 2014年,复旦大学校园基础设施建设在建项目共8项(未包括暂停建设的枫林校区红旗教师公寓和尚未开工的江湾发育生物所实验动物房及枫林二号医学科研楼),总建筑面积约177 827平方米,总投资约120 834万元;其中竣工项目1项,竣工面积3 815平方米,竣工价值2 062万元;2014年新建项目共签订合同170个,合同金额约20 024.5万元;修缮项目共签订352份合同,合同金额约9 791.7万元。2015年拟开工项目12项,总建筑面积约348 613平方米,总投资约264 054万元。

2014年,完成江湾校区生活园区外墙面砖和一期石材脱落事故整改工作;完成枫林校区的整体搬迁和危房拆迁工作;完成邯郸校区一、二、三教、南区15—17号和45号书院楼、立人生物楼、生物二楼、遗传楼在内的八个修购资金项目的招标工作,其中一、二、三教已安排竣工验收;完成枫林校区护理学院8号楼、西25号楼的装修工作;完成江湾校区教学楼室内整修、江湾图书馆屋面漏水、室外沉降的修复、河道围网围栏的安装;完成其他院系自筹资金项目以及急抢修项目。 (张 磊 邓云霞)

【完成江湾校区生活园区外墙面砖脱落、一期外墙石材脱落事故整改工程】 江湾校区生活园区外墙面砖脱落事故整改工程于2014年初完成;江湾校区一期石材脱落事故经过一年半的整改基本完成:9月完成江湾校区教学楼的整改工作,同时启动先进材料楼、法学楼、后勤保障楼、校区正门的整改工作;12月,法学楼和后勤保障楼完成整改,先进材料楼等项目在春节前完成整改工作。截至2014年底,完成江湾校区一期7个单体建筑,共计31 700平方米的外立面石材幕墙整改工程。 (刘召伟)

【完成枫林校区部分危旧楼拆除工作】 根据学校"十二五"基建规划和枫林校区控制性规划方案,枫林校区将改建图书馆,新建二号学生书院楼、游泳池、地下车库和东园变配电站用房。2014年完成枫林校区部分危旧楼拆除工作:拆除枫林东16号、17号、18号、19号、22号、23号、24号、1号宿舍,拆除图书馆、第二食堂、游泳馆,部分拆除第一食堂、第一教学楼、2号宿舍。2014年枫林校区共拆除危旧楼面积约60 000平方米。 (李继扬)

【江湾校区环境科学楼项目正式开工】 该项目于3月4日正式开工,工程总投资15 905万元,总建筑面积24 380平方米,其中地上7层,地下1层,地上建筑面积19 996平方米,地下建筑面积4 265平方米。 (顾顺兴)

【江湾校区物理科研楼项目正式开工】 该项目于3月16日正式开工,工程总投资18 912万元,总建筑面积28 998平方米,地上5层,地下1层,其中地上建筑面积22 063平方米,地下建筑面积6 935平方米。 (顾顺兴)

【江湾校区化学楼项目正式开工】 该项目于4月8日正式开工,工程总投资36 501万元,总建筑面积59 410平方米,地上8层,局部6层,地下1层,地上建筑面积49 630平方米,地下建筑面积9 780平方米。 (顾顺兴)

【枫林校区一号医学科研楼项目正式开工】 该项目于6月14日正式开工,工程总投资14 230万元,总建筑面积20 630平方米,地上5层,地下2层,其中地上建筑面积8 380平方米,地下建筑面积12 250平方米。 (李继扬)

【建立基建处廉政风险点及风险防控措施】 2014年,基建处将基本建设全过程分为项目报批、项目招标、施工管理、工程结算、工程交付等阶段,梳理出各阶段可能产生问题的廉政风险点,确定风险防控等级,并提出具体的防控措施,召开廉政风险专家评估会,确定基建廉政风险点和风险防控措施,将工程规范与廉政风险防范纳入到各岗位的工作实际中。 (邓云霞)

枫林校区

【概况】 2014年,枫林校区占地192 123平方米,内辖有基础医学院、公共卫生学院、护理学院、生物医学研究院、脑科学研究院、放射医学研究所、实验科学动物部等单位。在校生6 933人,其中研究生3 480人,本科生2 750人、高职生703人。

健全校区管理体制和运行模式。根据复委[2013]6号《关于校区管理体制改革的若干意见》精神和复委[2013]7号《复旦大学校区管理委员会工作条例》的要求,枫林校区管理委员会完善并实施《枫林校区管委会联席会议制度》、《枫林校区管委会督办制度》、《枫林校区师生满意度测评制》等规章制度,进一步加强校区的管理和工作督办力度。根据工作的需要,把克卿书院、财务处等部门纳入枫林校区管理委员会联席成员单位,进一步加强服务师生的协同能力。

加强部门作风与效能建设。2014年,枫林校区管理委员会切实转变工作作风,实行首问责任制、限时办结制、挂牌服务制等各项制度,提高为师生服务的水平、能力和效率。为保障枫林校区在改扩建期间安全有序高效运行,扎实落实"枫林校区管委会联席会议"、"枫林校区师生座谈会"和"校区入驻单位专项协调会"等3项专项会议制度,及时了解院系、师生一线情况,有效回应和解决师生关切。全年先后组织召开专项会议28场,其中"枫林校区管委会联席会议"19次,"枫林校区师生座谈会"6次,"校区入驻单位专项协调会"3次。专项会议对包括枫林校区学生大搬迁中的学生诉求,公共卫生学院卫管楼搬迁中的学科建设需求、医科图书馆搬迁过程中的藏书存放用房需求特点等事宜进行多次意见征求和多部门协调,保障搬迁工作顺利进行。

(刘 艇)

【《枫林校区危旧房》视频首播】 5月,围绕枫林校区学生搬迁、枫林校区改扩建工程工作的展开,加强搬迁宣传动员,制作《复旦大学枫林校区危旧房》专题片,向广大师生、校友播放,让师生们了解枫林校区改扩建工程的重要性和紧迫性,凝聚人心,传递正能量。

(刘 艇)

【完成枫林校区搬迁工作】 为做好2014年枫林校区改扩建工程,枫林校区管理委员会经过近6个月的调研论证,于2014年初形成《枫林校区改扩建工程搬迁工作整体方案》,并经校长办公会议审议通过。枫林校区管委会作为"枫林校区改扩建工程搬迁领导小组办公室"所在部门,统筹协调学校22个职能部门、8家医科院所、11家附属医院,历时186天,顺利完成4 000余名医学生,44万册医科藏书,7家校区所辖单位的大搬迁工作。7月9日,枫林学生搬迁之后,在暑假期间为枫林校区学生宿舍楼、食堂、医科图书馆等12幢单体建筑的拆除工作做好安全保障,做到安全有序拆除,为枫林改扩建工程的顺利进行奠定扎实基础。

(刘 艇)

【举办"上医建筑与上医文化"专题论坛】 该论坛于11月16日在枫林校区明道楼举行。由枫林校区管理委员会主办。共有在校师生、校友350名参与。论坛介绍"枫林校区建筑规划展望",解读"上医建筑里的文化内涵",并向社会各界和广大校友进行"枫林校区建设项目推介发布会",得到各学院、各附属医院、各地校友会的积极响应和支持。

(刘 艇)

张江校区

【概况】 2014年,张江校区有药学院、计算机科学技术学院(含软件学院和保密学院)、微电子研究院、集成电路与系统国家重点实验室、微纳电子创新平台、长三角集成电路设计与制造协同创新中心以及国家微电子材料与元器件微分析中心。全日制在校生2 122人,其中本科生1 038人、硕士研究生755人、博士研究生319人。教职工482人,其中具有中高级职称的教职工376人。

2014年,校区管理体制改革正式启动。张江校区管理委员会的主要职能从行政事务管理过渡为协调监管,即协调校区各职能部门之间的工作,督查督办学校各项决策和重要工作的部署和贯彻落实。

制定监管制度,明确工作职能。根据复旦大学《关于校区管理体制改革的若干意见》和《复旦大学校区管理委员会工作条例》的要求,制定《复旦大学张江校区管委会工作条例》。做到按制度规定办事,以制度为准绳,凡事有章可循。从而进一步按照学校的要求,加快推进校区管理工作的改革步伐。分别制定《张江校区管委会督查督办工作规定》、《张江校区联席会议制度》、《张江校区例会制度》、《张江校区信息报送制度》等制度作为实施细则。9月正式实施。

下半年,召集各职能部处、张江校区各院系主要负责人召开联席会议2次,召集驻张江校区各部处工作人员召开工作例会5次,并邀请各学院办公室主任参加会议。及时向院系通报职能部处的工作情况,了解校区管理工作进度,并对院系提出的问题实行现场办公、当场解答。通过搭建沟通协调的平台,及时处理职能部处间的工作协调,合理界定工作职能,正确处理好校区管理转型中的条块关系,加强部处间配合。通过上述协调机制的良好运行,完成配合学校安置微电子学院长三角集成电路设计与制造协同创新中心的办公用房,协助微电子学院完成办公室装修工程的报送,关心工程进展,加快长三角集成电路设计与制造协同创新中心的顺利落成。

重视区域党建。为结对单位张江镇金桐居委会社区党员提供服务。4月中旬,在学校宣传部的支持下,选派博士生讲师团讲师杜彦君为金桐居委会开讲《群众路线——一个历史角度的理解》。参加张江镇区域化党建工作联席会议教育组会议,完成地方政府党建工作所给予的任务。

配合校工会,主动承担、牵头张江校区的工会工作。每周三中午面向教师开放卡拉OK活动室;组建张江校区教工合唱团,共27位教师报名参加。12月23日,合唱团以《我的祝福你听见了吗》献演复旦大学新年演唱会。

(王 芳)

【完成分校区管理体制改革】 3月,根据《关于校区管理体制改革的若干意见》和《复旦大学校区管理委员会工作条例》的文件精神,在张江校区正式启动学校管理体制改革。张江校区管理委员会原工作职能分别划归总务处、资产处、教务处、学工部、宣传部、基建处。各类保障经费也随着职能的转移一并划归完成。截至2014年5月,人员分流工作全部完成。分流至总务处2人,资产处2人,宣传部1人,校工会1人,学工部1人。

(王 芳)

江湾校区

【概况】 2014年,江湾校区管理委员会(简称"江湾管委会")的职责定位由全面管理向"管理、协调、服务、监督以处理紧急、突发事件"转移。江湾管委会从思想建设、机制建设、内部管理建设等各方面着手,协调监督,推动校区各项实事工程顺利开展,保证校区有效、高效的运转。

根据校任字[2014]6号文件,7月,汪皓调任为江湾校区管理委员会副主任。

江湾管委会管理职能大调整。校各职能部门的延伸与管委会职能的重新定位,建立江湾校区"一站式"服务平台,加强部处间沟通协调、监管督办。建立校区"一站式"联席会议机制、完善师生圆桌会议沟通机制,对师生反应的问题快速有效应对,在实践中完善体制调整。

建立江湾管委会内部管理制度,推动工作规范化。根据新的校区管理模式,江湾管委会整理并制定《江湾校区管理委员会规章制度汇编》,包括《江湾校区管理委员会工作条例(试行)》《江湾管委会"三重一大"事项决策实施办法》等13项,在规章制度上规范内部管理工作,不断推动工作的规范化。

配合学校职能部门做好校区的各项工作。配合基建处,落实中央巡视组专项巡视整改工作,对校区一期建筑外挂石材幕墙质量缺陷进行维修整改;配合枫林校区改扩建过程,医学本科生的过渡性迁入工作;配合生命科学院大楼的建设完工与生命科学院整体迁入江湾校区的工作。9月,1 300余名枫林医学院的学生、650余名生科院研究生入住江湾生活园区;配合学校做好与申通公司就地铁10号线国帆路站建设涉及学校权益相关事项的谈判工作,包括关于申通公司占用校区土地面积、临时借用土地、永久借用土地铺设污水管道的资金核算,以及如何减轻或消除地铁运营振动对江湾校区的影响等问题,切实保障学校利益;配合学校各职能部门在江湾校区开展的植树节、献血工作、自主招生面试、校友返校日、新生军训、毕业生离校、新生入学的工作;继续保持与校区所在地政府、军队、企业良好联系,做好杨浦区区域化党建工作,营造和谐的外部环境。

落实学校党风廉政建设的工作要求,加强党风廉政建设责任制。江湾管委会开展专题学习,加强廉政教育。贯彻落实中央"八项规定",按时如实进行领导干部个人有关事项报告、精简会议活动、严格公务接待、严控公务考察、严禁公款购物。

加大江湾管委会党支部建设的力度。江湾管委会党支部组织党员群众定期召开支部会议,学习习近平总书记系列讲话、校领导重要讲话等精神,把握当前整体宏观形势,并根据具体工作要求,召开专题组织生活会,提高思想认识。

(晁华荣)

图 书 情 报

【概况】 2014年底,学校图书馆馆藏纸质文献总量514.7万册(含纸本图书和期刊合订本),中外文电子期刊6.7万种(其中中文1.6万种,英文5.1万种),电子图书249.2万册(其中中文211.5万册,英文37.7万册),数据库118个。全年购置纸本中西文图书81 535册,线装古籍67种239册,中西文纸本报刊5 727种,新增数据库14个。接收国内外捐赠图书6 895册,国际交换期刊邮发共202箱1 309袋。

全馆在编职工178人,其中具有正高级职称7人,副高级职称29人,中级职称105人。有博士生导师2人,硕士生导师10人。聘用合同制员工15人,临时工39人。聘用勤工助学学生120人,提供服务45 000小时。

全年共接待校内读者1 784 316人次,校外读者4 954人次,读者外借图书479 871册。为校内外读者提供文献传递15 485篇。中文期刊全文下载10 370 669篇次,英文期刊全文下载7 355 411篇次,文摘数据库检索5 020 528人次。完成科技查新课题163个,接受查收查引服务1 029项。开展读者日常培训46场,1 300人次参加。完成院系专业课嵌入式讲座、专场培训38场,约1 500人次参加。开展新生培训46场,参与人数4 062人。开设文献检索课共930学时,选修学生1 463名。发送与学科相关的最新资源和服务信息90余次,共计45 000人次;举办各类文化展览15场。图书馆学专业硕士研究生在读10人,毕业3人。

围绕学校中心工作,针对图书馆今后发展的问题,确定图书馆从以基础服务为主向集科研、教学和服务为一体,加强中华古籍保护研究、科学数据、情报分析等服务为重点的发展战略。启动转型工作:5月28日,经学校批复同意,与国家图书馆(国家古籍保护中心)合作成立中华古籍保护研究院;5月,"复旦大学医学图书馆联盟"成立,14家附属医院进入联盟体系;与上海图书馆、上海科学技术情报研究所等合作培养新一代图书情报专业硕士人才,并计划于2015年开始第一届招生;复旦大学机构库建设项目正式启动,以学校各类学术成果资源为收集对象,与校内各相关部门与院系合作,逐步建立一个基于全校学科体系的、完整、统一、开放存取的学术资源网络平台;参与学校学科评估、学科规划、院系学科评估等重要项目,全年共完成各类决策分析评估报告12份,为学校决策提供重要参考;参与学校建设一流大学的讨论,完成ESI监测平台的搭建及ESI全景报告;承担"中国高校智库的评价体系研究"项目,参与人文学科评估项目。

为提升读者满意度,不断推出新服务,扩展服务范围。在技术应用方面,扩大平板电脑外借服务,新增15台iPad Air和15台iPad Mini供读者免费借阅;在文科图书馆一楼大厅正式推出新技术体验区,配备3D打印机、iMac一体电脑、平板电脑和电子书等设备,让全校师生读者体验新技术、新媒介、新资源给图书馆带来的无限创意和革新。在空间和馆藏布局方面,为配合医科图书馆在原地重建,图书馆成立医科馆搬迁工作领导小组,制定搬迁和重建期间的服务方案,在枫林校区筹备开放医科馆临时书刊库,江湾馆开辟医科图书阅览室,继续为医科师生提供服务;江湾馆二期开放新增文、理、医三个图书阅览空间,并在大厅建成读者服务中心,实现图书流通阅览一站式服务,改造后的江湾馆图书开架资源增加14万册、开放面积增加2 000多平米,开放时间延长至跟其他分馆同步。

利用新媒体,进行读者服务推广。全年按照不同的推广主题,制作6个活动月的主题网站,分别为"新品悦享季"、"书香乐享季"、"精彩分享季"、"青春梦享季"、"梦想启程季"、"学术搜索&极客季",并针对各主题宣传组织相应的微博话题。活动网站总访问次数达45 811次,官方微博粉丝总数达到20 552人,年度新增粉丝6 187人。在"世界读书日"当天,邀请校长杨玉良、图书馆馆长陈思和、克卿书院院长彭裕文以及读者代表邢燚等围绕着"阅读,点亮梦想"进行主题演说,进行微博现场直播,让学子们感受到阅读的力量。开通官方微信账号,对馆藏特色资源进行宣传。微信开通不到一年的时间,粉丝关注人数达到9 000余人。全年通过电话、QQ、BBS、Email、留言、现场咨询等多种形式与读者沟通4 458次。组织《2014—2015图书馆手册》的改版编辑,内容设计更加活泼,吸引读者使用。

以历史文化为契机,扩展宣传活动范围。围绕2018年百年馆庆,成立百年馆庆筹备小组和馆志编纂工作组,走访老同志、老馆员,进行馆志资料的搜集、整理;联合外联处和校友会,开展图书馆发展基金工作,参与筹划图书馆发展基金"点亮一本书"校友捐赠、校友聚会特别活动,截至2014年12月底,捐赠金额12万余元。联合校博物馆和美国杜克大学图书馆举办的《西德尼.甘博的中国之旅》摄影展。《图书馆通讯》完成3期的组稿、编辑、发布;为加强馆员内部沟通,试行"馆员空间",取代"内务网"和"馆员学习网"功能。

强化文献资源建设,着力资源布局与揭示。6月,图书馆推出"资源发现系统"(又名"望道溯源"),实现对馆藏资源和电子资源的一站式发现和获取;12月,完成学位论文系统数据导入OPAC的工作,共导入数据35 139条,数据覆盖率超过97%,实现通过OPAC检索学位论文数据并访问学位论文电子全文的功能;LibGuides学科指南完成更新40余次。为合理优化馆藏布局,文科馆可外借图书逐步实现一条龙的藏书体系,方便读者查找图书,缓解空间压力;馆藏复选工作常态化,按照图书馆馆藏整体布局规划,开展日常的复选工作,组织复选工作培训;根据医科馆重建的要求和医学读者的分布,重新布局医学馆藏;全年共移动馆藏942 138册。重视古籍和特色馆藏建设,2014年共新编古籍427种;参加上海博古斋秋拍,拍得善本古籍5种;实施"复旦大学图书馆古籍抄稿本数字化平台制作及数字化加工"项目,并顺利结项。邀请专家来馆考察特藏老法文书籍,讨论珍贵书籍的编目整理与数字化利用等相关问题。11—12月,举办"纸墨传芬——国家图书馆、上海图书馆、复旦大学图书馆中华古籍保护成果联展",承办"第十期全国古籍鉴定与保护高级研修班"。

开拓思路,加强内部管理。举行图书馆咨询委员会年会暨院系资料室会议,大会通过《复旦大学图书馆咨询委员会章程》修订案,由馆长陈思和为新增的学生委员代表颁发聘书。探索图书馆管理新模式,将研究生自主管理模式进一步推广至江湾馆和理科馆,启用学生自主管理团队负责江湾馆报刊浏览室的日常运转,以及理科馆馆藏维护等工作。图书馆五届一次教代会表决通过《图书馆员工绩效考核暂行规定》、《图书馆员工轮岗管理暂行规定》和《图书馆中层管理岗位任期暂行规定》等3项规定,使馆员能够在岗位上发挥更好的作用;文科业务部组建专门的临时工上架队,通过量化管理方式,逐步平衡每人的工作量,实现书库目标管理。启动馆内科研项目,通过评审,共有5个团体项目和10个个人项目获得经费支持,激励馆员在专业方面的探索和发展。

加强对外交流,促进共同发展。4月28日,举行复旦大学图书馆捐赠河西学院图书馆藏书签字仪式,复旦大学图书馆、中文系、出版社、外联处的领导,河西学院院长刘仁义及图书馆和相关部门负责同志,以及贾植芳先生亲属、学生等出席捐赠仪式。该次捐赠包括复旦大学图书馆2万多册藏书,贾植芳先生7 000多册藏书,以及出版社赠书500余册。7月,赴河西学院进行对口交流工作,开展与河西学院对口部门人员业务交流,参加赠书开馆揭牌仪式暨两馆合作签字仪式,馆长陈思和作题为"人学与文学—从贾植芳先生的人生与著作谈起"的学术报告会。12月,作为CASHL全国中心,组织召开华东南地区民国文献共建与共享服务启动大会。12月,成立"上海东北片高校图书馆信息服务共享组",由复旦大学图书馆牵头组织信息素养、情报分析与决策支持小组工作,主办"上海市东北片高校情报分析与决策支持交流分享会"。继续与杨浦区教育局合作,共举办读书会4期,分别邀请来自复旦大学中文系、历史地理研究所、文博系、哲学系的资深教授,为杨浦区级骨干教师和图书馆员们作人文方面的经典讲座。全年接待加拿大英属哥伦比亚大学(UBC)图书馆、美国杜克大学图书馆、康奈尔大学图书馆、荷兰鹿特丹大学图书馆等国内、外访问团体共641余人次。河西学院党委书记薛栋到馆挂职,并签订《复旦大学图书馆支援河西学院图书馆建设备忘录》。

(王 烨)

【图书馆馆长调整】 3月,经复旦大学党委常委会研究决定,馆长葛剑雄因任期期满,不再担任馆长职务,返回中国历史地理研究所续任教授;任命中国语言文学系教授陈思和为图书馆馆长。

(王 烨)

【举行复旦大学"中华古籍保护研究院"暨国家古籍保护人才培训基地揭牌仪式】 详见"学校综述"同条,第43页。

【成立复旦大学医学图书馆联盟】 5月8日,复旦大学医学图书馆联盟成立大会在文科图书馆举行。联盟成员包含复旦大学图书馆和10家附属医院图书馆,来自附属医院的院长、书记、附属医院图书馆负责人、馆员约30名代表出席会议,副校长林尚立出席会议并讲话。

(应 峻)

【新增1个专业硕士点】 2014年,复旦大学图书馆图书情报专业硕士点招生获得国务院学位委员会批复。该硕士点提供4个不同的专业方向,包括古籍保护(含古籍编目与鉴定、古籍修复两方面)、信息服务与情报分析、现代图书馆管理以及数据管理与服务。复旦大学图书馆专业硕士计划于2015年开始第一届招生,招生名额20—30名。截至2014年底,完成6名推免生的招生工作。

（王 烨）

档案管理

【概况】 2014年，复旦大学档案馆共接收进馆入库档案19 215卷，照片档案5 127张，征集档案382卷件。接待档案利用2 264人次，调阅档案9 789卷次。

6月，举办《中国现代物理学开拓者——卢鹤绂先生诞辰一百周年纪念》人物档案展览。7月，召开复旦大学档案工作委员会会议，审议通过《复旦大学档案馆收集档案范围》。8月，联合宣传部举办"尊重知识，尊重人才——纪念邓小平同志诞辰110周年"专题图片展。9月，开展国家烈士日纪念活动，在复旦大学主页在线推出《复旦英烈》数字图片展。

（周 律）

【举办"档案馆日"系列活动】 6月9日，为庆祝国际档案日暨和第八届上海市档案馆日，复旦大学举办一系列主题活动。举办《上海解放复旦新生——音像档案资料新闻发布会》，首次向社会公布一批珍贵档案；配合《庆祝上海解放65周年档案图片展》在复旦的巡展。举办复旦大学档案资料捐赠仪式，接受1937年授予复旦法学院毕业最优者汪缉熙老校友的银奖牌和卢鹤绂日记等珍贵档案资料574卷件。

（周 律）

【首度公开日军侵华铁证档案】 7月6日，为纪念"卢沟桥事变"77周年，复旦大学档案馆向社会公布一批有关抗日战争史实的馆藏档案，包括日军占领复旦大学的图片及声像资料、抗战期间复旦大学资产损失表、复旦大夏联合大学内迁档案等文献，以及日军在复旦附近为新建军官宿舍及澡堂举行祭祀的奠基牌等。

（周 律）

【出版《复旦兰台》】 9月，复旦大学档案馆主编的《复旦兰台》由复旦大学电子音像出版社正式出版。该书主要介绍复旦大学存档档案及档案背后的故事，详细解析复旦100多年的筚路蓝缕、艰辛办学的发展历史和追求卓越、服务社会的学术贡献与文化传承。

（周 律）

【举办《上海高校建筑文化》新书首发仪式】 10月30日，《上海高校建筑文化》新书首发式在复旦大学举行。该书收录14所高校34幢老建筑，全面展示上海高校建筑文化的特色，进一步发掘上海高校建筑所展现的大学精神和文化内涵。内容包括复旦大学相辉堂、子彬院、奕柱堂、老校门和上医大一号楼、松德堂等老建筑。

（周 律）

出 版

【概况】 2014年，复旦大学出版社共出版新书856种，重印书1 043种。销售码洋达4.5亿元，比2013年同期增长2 000万元，增幅4.7%。

在出版成果方面，18种图书获得奖励22项。其中，《裘锡圭学术文集》获得第十三届上海图书奖（2011.11—2013.10）特等奖，《科学外史》、《琉球王国汉文文献集成》获得一等奖，《后六十种曲》等3种图书获得二等奖，《当代中国比较文学研究文库》等2种图书获得提名奖；《科学外史》获得第九届文津图书奖，并入选第十一届向全国青少年推荐百种优秀图书；医学类图书《复旦·健康》获得上海市人民政府颁发的上海科学技术奖。上海市民最喜爱的10本科普图书在上海书展现场揭晓，《怀孕那点事——生殖医学专家为不孕症支招》上榜。《扫叶山房史研究》一书入选由教育部和《光明日报》社共同发起的"中国高校出版社书榜"8月榜单。

在图书出版方面，出版《科学外史》续篇、《钓鱼岛历史真相》和《通往哈佛的家庭教育传奇：门萨女孩张安琪成长之路》等。

在社会影响方面，参与2014上海书展暨"书香中国"上海周活动，举办15场读书活动，邀请30余位作家学者莅临现场，现场展出1 600余种精品图书。在本届书展出版"双十佳"评选中，出版社获得"最有号召力的十家出版社"称号，《科学外史》（1、2）入选"最有影响力的十本新书"榜单。先后举办《上海自贸区解读》新书发布会、"复旦学前"十周年纪念研讨会、高等院校英语教学研讨会、《中小学生中医药科普读物》新书发布会、第二届全国幼儿园园长高峰论坛等活动。

出版社本着"奉献爱心、分享图书"的宗旨，分别向河西学院、贵州农家书屋和复旦大学附属中学等处捐赠文学、历史、科技、励志等各类图书计千余册。

全年引进图书30种，版权输出10种。《中国思想史》和《中国文学史新著（中卷）》获得2013年度输出版优秀图书奖。与荷兰的Brill出版社签订《走出中世纪（增订版）》、《走出中世纪（二集）》、《革命与形式》和《中国社会生活资料长编》等的英文版出版合同；与美国圣智公司（Cengage Learning Asia Pte., Ltd.）签订《现状与未来：档案典藏机构与近代中国人物》和《民国人物的再研究与再评价》的电子书版权合同；与韩国图书出版文字香（MUNJAHYAN出版社）、昭明出版（Somyong Publishing Co.）分别签订《修辞学发凡》、《中国文学中的商人世界》的韩文版出版合同；与香港中和出版社、台湾新雨出版社、台湾五南图书出版股份有限公司分别签订《中国文化的乡愁》、《放浪记》、《当代国际关系理论》的繁体中文版权合同。

在上海市新闻出版局公布的2013年上海市图书社会效益评估报告中，出版社的社会效益评估和出书内容质量均名列第三。

（陈丽英 陈沛雪）

【王德耀出任出版社董事长、总经理】 2月21日，出版社在经济学院一楼大金报告厅召开全社大会。校组织部部长周亚明代表校党委宣布任命王德耀为出版社有限公司董事长、总经理。副校长林尚立、复旦大学出版社有限公司原董事长贺圣遂、出版社全体职工出席本次会议，会议由出版社

九、办学条件与保障

党总支书记王凤霞主持。

（陈丽英 陈沛雪）

【《东吴学术》年谱丛书陆续出版】由林建法策划主编的大型"《东吴学术》年谱丛书"系列自5月起陆续出版。该丛书包括甲种（当代著名作家系列）、乙种（当代著名学者系列），主要是为中国当代作家、学者编撰年谱，以海量资料信息的汇集选择为基础，从生平、经历、评论等方面立体呈现作家学者的经历、思想以及成就。此套丛书立志接续中国传统治学方式，为文学研究树立一个新风向。

（陈丽英 陈沛雪）

【举办《上海自贸区解读》新书发布会】6月10日，"建设上海自贸区，以开放促进深入改革"主题演讲暨《上海自贸区解读》新书发布会在经济学院友邦堂举行。由出版社和管理学院联合主办，上海前滩新兴产业研究中心协办。全国政协常委、民建中央副主席、上海市政协副主席、民建上海市委主委周汉民，管理学院、出版社负责同志、新书联合作者、上海市发改委金融研究所以及《中国经营报》华东新闻中心相关负责同志出席。会上，周汉民对自贸区进行全方位的解读。该书是出版社关注自贸区建设的成果。

（陈丽英 陈沛雪）

【举行第七届全国学前教育高峰论坛暨"复旦学前"十周年纪念研讨会】该会议于7月21—25日在湖北省宜昌市举行。来自全国各地的160余名幼高专、幼师校长、学前院系主任和相关专家、学者参会。出版社副总编辑兼学前教育分社社长张永彬作工作汇报。会上，复旦大学出版社向当年发起组织、编写"学前教育专业系列教材"的学前教育界前辈，十年累计销量达30万册以上的教材主编，以及为教材（含校本教材）组织、编写作出贡献的作者和院校，颁发卓越贡献奖、金牌教材奖与校本教材出版合作奖、组织编写奖等奖项。

（陈丽英 陈沛雪）

【举办2014高等院校英语教学研讨会】该会议于7月19—28日先后在山西太原、辽宁沈阳召开，由出版社主办。来自全国380余所高校的近2 000名外语骨干教师参会，就大学英语教学改革方向和公外教师的未来发展方向的问题展开讨论。

（陈丽英 陈沛雪）

【《科学外史》入选首张"解放书单"】7月25日，中央政治局委员、中共上海市委书记韩正为首期"解放书单"撰文介绍读书心得。全国8家出版社的10本书入选首张"解放书单"，涉及政治、经济、历史、人文等领域。复旦大学出版社的《科学外史》作为唯一一家大学出版社的图书入选。"解放书单"由《解放日报》社和上海市新闻出版局联合推出，是全国首个以党政机关领导干部为目标受众的读书专刊。

（陈丽英 陈沛雪）

【举办"中小学生中医药科普读物"系列新书发布会】8月19日，"中小学生中医药科普读物"系列新书发布会在上海展览中心落幕。由出版社和上海中医药大学联合举办。该套科普读物由中医药专家共同编订，融原创性、权威性、科学性、可读性和实用性为一体，旨在潜移默化地向孩子们传递中医药文化智慧。

（陈丽英 陈沛雪）

【1项成果获国家级教学成果一等奖】《阅读"中国人"，书写"中国人"——彰显语文教育人文性的实践研究》获上海市级教学成果特等奖、国家级教学成果一等奖，该成果由上海市语文特级教师、复旦大学附属中学语文教研组长黄荣华主创，复旦大学出版社出版，包括17种校本教材，即《中国人》（2008年版）、《中华根文化·中学生读本》（2012—2013年版）及正在出版中的《中华古诗文阅读》。

（陈丽英 陈沛雪）

【与光华教育集团签署战略合作框架协议】9月12日，出版社董事长王德耀与光华教育集团董事长鲁育宗代表合作双方在光华集团总部签署战略合作框架协议，双方计划在国际课程图书出版和在线教育等领域进行长期合作。该次合作为出版社相关图书出版开拓新的领域和思路，并为构建在线教育体系奠定基础。

（陈丽英 陈沛雪）

【2种图书在第八届华东书籍装帧设计双年展上获奖】10月，第八届华东书籍装帧设计双年展暨"阅读的质感"研讨交流会在杭州落幕。出版社共有2种作品获奖，《拾叶小札》（封面设计：杨智仁）、《庙堂之高与江湖之远》（封面设计：马晓霞）分获封面设计奖二等奖、优秀奖。

（陈丽英 陈沛雪）

信息化校园与服务

【概况】2014年，复旦大学信息化办公室核心工作主要包括建设管理信息公共服务平台，实现校内师生访问校外网络全网认证并在教学、科研区域全免费访问；完善校内数据共享机制，技术上打通部门之间数据壁垒，支撑学校各项数据服务等。在信息化规划的统一指导下，复旦大学的网络信息安全建设和校院二级管理的数据共享等工作取得较大的突破和进展。

实现全校教学科研区免费上网开放与全网认证。全校师生通过身份认证放可访问免费校外网络资源，后台的负载均衡设备会对多条出口线路进行合理的调度和分配，流量控制设备则会监测和控制用户的网络行为，有利于优化校园网络出口带宽的利用率，提高校园网络安全性。

无线校园网覆盖与升级扩容。采用新型的WIFI技术（如802.11n和802.11ac）对覆盖密度不足和设备老旧的地区进行扩容升级。新覆盖的楼宇包括食堂、体育馆、教学楼等共21座楼宇，共计420个点；重新修缮覆盖包括光华楼在内的15座楼宇，共计1 109个点。设备换型升级维护共10个楼宇，208个点位。配合枫林校区整体拆迁重构计划，拆除共计93个设备，总涉及1 830个点位。对无线网络的一些具体节点进行优化，DHCP地址池逐步迁移与兼并，在有限的资源条件下提高网络稳定性和用户的QoS，预防故障产生。

升级改造校园接入网，提供各项网络基础服务。根据学校修缮进度以及院系/部门实际需求，对邯郸校区第1—4教学楼、0号楼、基建处、国政系教学室（新闻学院内）、经济学院阅览室、美研中心、300号、环境系、MOOC教学中心、11号楼1楼，张江校区保密学院和微电子系学生机房，江湾校区生科院楼的网络进行配套建设或升级；枫林校区护理学院5号楼（学生宿舍）、8号楼网络改造，新增将近1 300个信息点；改造护理学院核心交换机，枫林校区图书馆临时书刊库（位于学生活动中心）、第一教学楼、食堂、西二号楼、西二十号楼拆除改建后的网络改造，新增将近200个信息点，枫林校区基础网络改造共涉及4 500个信息点。为生命科学学院和医学院搬迁至江湾做好有线、无线和高性能服务器托管等信息化基础服务保障。配合保卫处实现各校区消防报警点的数据传输，相关协调安排及相应地点补充网络设备并开通各楼宇专用端口约计50个。对各个院系/部门提交的IP实地址申请进行有序的审批开通25个，并进行流量和端口控制。妥善处理医学院、儿科医院网站由于网站程序漏洞引起的安全问题；为枫林保卫处、水电中心、节能办、妇产科医院开通内部专网。配合学校办公室、总务处和军工保密办公室开展机要文件管理、公务网、智能水电表和涉及安全项目检查等常规工作。完成标准化考场的技术支撑，承担完成高考和研究生考试阅卷的工作，并在阅卷期间进行技术保障。改进服务器资源与网络联通状态监控的管理平台，完善报警预警机制。开展枫林校区搬迁网络配套设施工作。配合学校基础建设进度安排，实施枫林校区地下信息管网工程。包括：配合图书馆拆除光缆交接机房工作，对校内信息管网和光缆主干均作重新接入施工，将图书馆光缆配线间244主干芯光缆临时过渡割接安置；9—10月，将枫林校区老信息管线内的光缆重新铺设迁移至新的信息公共管井，涉及19座楼宇网络，共计约800芯光缆；10月，完成枫林校区机房内科技网、电信（附属华东医院、上海市第五人民医院、附属金山医院、上海市公共临床卫生中心）、移动（张江校区）光缆割接；枫林校区图书馆楼拆除前，异馆备份机柜及服务器迁移至网络中心机房托管；协同中国电信南区局，在学生临时公寓接入电信宽带信息点（包括汉庭临时公寓、菁英汇临时公寓、盛有盛临时公寓、校区20—21号楼，共计2 000个信息点），保障原校园宿舍电信宽带账户延续使用，并直连校园网；与中国电信配合，对搬迁后无法继续使用原签约宿舍宽带套餐账户的学生进行账户信息登记核对，支付宽带补偿费用，共249人。

完成虚拟化平台的监控接口开发，通过vCenter实时获取虚拟机的CPU、内存、I/O、IP、存储等各种运行数据、状态；对虚拟化集群优化调整，搭建新的集群环境，进行存储扩容部署，迁移部分服务器至新环境。

制订邮件系统的安全性、稳定性改善方案。确定邮件系统虚拟化和实体机混合的新架构，以及新存储的划分方案。完善群发程序，规范群发申请流程，提高群发模版灵活性，记录群发信息，追踪群发结果。对邮件系统监控进行完善，增加域名识别功能和垃圾邮件评分质量评价功能，以提供垃圾邮件的识别和被盗账号的识别。进行垃圾邮件的自动识别和人工抽样识别，及时处理，完善自动识别的程序，增加从发信IP、发信域、被拒域等信息定位垃圾邮件。

加强网络信息安全建设。建立Web站点的日常安全巡检，对突发安全问题及时进行处理和解决；及时通报并处理各种高危漏洞。全年对全校二级网站定期批量扫描6次，共3 000余个网站次；处置10多起网站信息安全事件，对遭受攻击网站进行诊断评估，将修复建议发送给网站管理单位负责人。完成无线网络监控数据的获取工作，收集和了解无线网络的部署信息，分析和整理无线控制器的MIB库信息，设计各监控指标的获取方式和拼接算法；重新设计和开发监控系统的前端展示，可方便地在PC和各移动终端上访问以及查询状态。

推进数据展示服务。在全校数据整合与服务方面，打通财务、资产、科研等系统数据，初步完成财务系统科研经费和理科科研系统业务数据抽取与展示；推动文科科研系统全面上线运行。完成校内仓库领用系统数据集成，在资产系统中实现联合数据查询。进一步推进图书馆中英文论文等外部数据清理，增加全校统计数据的DSS综合数据展示服务。完成教师个人数据中心的升级和研究生个人数据中心上线试运行。启动院系数据中心建设，制定院系绩效评估指标，初步实现展示功能。

建设数据综合分析平台。升级虚拟化集群主机硬件配置，增强运算能力，存储采用SSD+SAS混合分层存储模式，提升运算速度；采购分布式数据库GreenPlum完善大数据分析能力并规划为校内科研服务，数据分析中心备份系统部署上线与Navicat公司合作，为校内师生免费提供可用于教学、科研的正版数据库管理软件。全年面向院系及机关部处提供的数据服务，包括：给档案系统、环境系、大医口、国关学院、图书馆人文库、发展规划处开发数据分析服务；配合图书馆配置C9论文分析服务；为研工部开发学生医保缴费进度查询、报表统计服务；为总务处提供一卡通食堂消费信息数据分析服务；为数学学院提供学生成绩分析服务；帮助基础医学院梳理院系数据，开发配置Exchange数据采集、学院数据分析服务；为保卫处、心理健康中心导出、处理数据信息；为财务处导出全校师生名单上报教育部；以及其他数据分析与数据处理工作。

推进基础平台建设与实施。云存储平台正式上线面向师生提供服务，截至2014年12月底，用户已达27 670人。启用普元工作流平台开发多个应用，包括为新OA系统配置各类公文流转的流程，创建前台数据表单、后台业务逻辑过程；内部合同管理模块等。升级站群管理平台，将100多个运行网站迁移到新平台。改版信息公开网，在教育部组织的高校信息公开网评审中获得点名表扬。调整校长信箱功能，界面更加人性化。提供微信公众平台服务，开发消息处理、身份绑定、远程调用、模板消息服务接口、新闻抓取、HTML5界面等功能模块，增加了课程查询、成绩查询、校车查询、学期查询、电话黄页、一卡通查询、每日消费查询等多个数据资源的汇聚和统一接口抽象化处理;并对OAuth2.0的授权接口进行拓展,增加注销token功能,对客户端的权限进行细化管理,保护用户信息安全。自主开发数据交换系统,对部门数据进行建模和对数据库进行逆向建模,通过EXCEL或者DBF文件对数据进行上载或下载维护,该系统提供了控制到表、人、读/写/删的细粒度权限设置,以及全部操作的审计日志,通过多数据源功能可以在一个系统上同时维护多个数据库的数据。完成复旦百事通系统统一身份认证的OAuth2.0方式接入;新增和扩展新功能,包括视频的嵌入、移动设备的支持、更快捷的文件上传、图片或pdf的在线浏览等多项功能。

在应用系统建设方面,继续保障资产系统出国出境审批系统、文科学报期刊系统、医学院科研服务平台、学工、宿舍系统、离校系统、迎新系统、就业系统、研工系统、外事管理系统、教代会提案系统、档案系统、OA(办公自动化)系统、教务系统、研究生管理系统、文科科研系统、通用注册报名平台的升级开发工作。校园一卡通系统新主页投入运行,一卡通领物登记功能的开发,班车管理配套程序升级、体育场馆认证接口开发、与兴业银行合作开发智能终端相关协调等;完成四个校区20台补助机部署工作。

视频会议与网络多媒体服务。面向学校机关部处及学生群体提供包括视频直播、教育部视频会议、远程课程等多种形式的多媒体服务204次。协助教务处新开国际交互课程多门(东亚国际关系、亚洲背景的韩国商务与管理、解读韩国社会与文化、东亚国际关系、亚洲背景的韩国商务与管理、解读韩国社会与文化、韩国当代艺术与文化、书信中的中国人等)。收集并建立课程视频资源库,在复旦视频点播平台上发布课程超过230门(约2 000节次),将视频点播平台部署到对口支援的河西学院,支持河西学院教学发展。对复旦—云南大学《性别与历史》进行跨校视频课程点播服务。

信息办配合教务处开展复旦大学iMOOC平台建设,复旦大学开设《儿科学》等5门课程,并有7门共享课程的数据实时同步到复旦iMOOC,上传课程视频300多课时,共有近百名教师参与教学、7 200多人次选课。2014年,上海市共享课程规模扩大,课程直播40余次;其中《军事理论》等3门课程全国选课超过两万人,最高人数达到4万人的规模,为所有直播提供技术支持与保障。对新生讨论课《人文医学导论》(闻玉梅、彭裕文、俞吾金合作开设)进行全程直播,并提供视频直播支持、录像及光盘制作服务。

用户服务年度数据统计。全年接听服务电话12 151次、处理业务邮件13 859封、接待用户13 587人次、外出服务(个人报修)3 183次。修改UIS密码和有效期3 014次、开通实名/学号邮箱12 242个、开通网络访客账号412个、开通个人主页126个、开通或变更二级域名147个、开通或变更OA账号363个、为院系/部处免费开通虚拟机80余个、为教师开通免费SPSS服务账号60多个、开通学生公寓上网账号2 342个(东区2 099个、护理学院(243个)/销户退款账号1 797个、变更学生公寓上网计费策略940次、楼宇IP地址扩容80余次。为教职工和博士后免费增加代理器流量6 231人次,每月为所有研究生免费增加代理服务器流量500M。为各部门/院系群发邮件31次,群发邮件总量492 347封,开通新生别名邮箱72 738个,封禁处理滥发垃圾邮件帐号579个。机房日常上机2 000余人次,院系培训、日常教学使用机房40余次,约1 200余人次,人事处职称计算机考试共2次,约600余人,学生期末考试、复旦大学计算机等级考试共4次,2 000余人。

增强对外交流学习。复旦大学继续担任中国高等教育学会教育信息化分会副理事长单位、上海市高等教育学会信息管理专业委员会主任委员单位、上海市高等教育学会校园网络专业委员会副主任委员单位、上海市高等教育学会理事等。全年共接待国内30余所高校到访考察。在中国高教学会信息化分会、上海高教学会MIS专委会等组织的全国或区域性的教育信息化会议上作学术报告。为复旦大学对口支援学校提供技术、资源的保障,将各项工作落到实处。上半年,河西学院信息办主任在信息办挂职,下半年,河西学院1名教师挂职学习一卡通运维、网络运维等;派出多人次到河西学院指导一卡通、无线网络、学校数据中心以及虚拟化建设实施,搭建完成视频课程点播平台,将复旦的课程资源共享到河西学院。接待云南大学信息办主任及多名技术人员来访交流,介绍复旦大学在校园信息门户、数据平台、网络、虚拟化基础设施、一卡通等方面的建设经验。信息办联合VMware公司组织上海市高校VCP培训。复旦有5名技术骨干参加并成功通过VCP认证。另外还有多名技术人员参加软硬件厂商组织的技术培训,增强信息办的技术能力。响应上海教委信息中心组织的民办高校信息化工作人员到市属/部属高校挂职活动。下半年,接受上海杉达学院2人挂职,上海电影学院1人挂职,学习校园网建设与运行管理经验。加强地方服务,为上海教科网改造提供验收测试,测试过程综合考虑单个核心设备的基本状况和运行状态,重点考量设备和整网在设备健康度、软件信息、路由协议状态、多品牌网络协议互通性、路由稳定性、路由负载均衡情况、VPN安全隔离、MPLS L3VPN相关协议、断网模拟、冗余能力和NAT性能等方面的测试项目。第一轮测试节点选在复旦大学医学院节点与奉贤教育节点,第二轮测试选择的节点是上海交大徐汇节点与上海大学延长节点。

科研成果及获奖。教育部—中国移动科研基金项目"知识管理与分享云服务系统关键技术研究与示范应用"签署合同并通过项目中期检查;"基于云计算技术的教育教学模式改革探索"入选教育部首批教育信息化试点单位项目并顺利通过中期检查;实施上海市教育评估院"基于数据整合与挖掘的高校教育质量评估研究"项目;获批中国高等教育学会课题"面向高校的创新型层次化数据服务体系研究"。2014年,复旦大学获评"中国教育和科研计算机网CERNET建设二十周年突出贡献奖"。"数据应用和服务的创新实践"入选中国高等教育学会教育信息化分会《高等教育信息化创新应用案例选编》精选案例。在《中国教育网络》、中国高等教育学会教育信息化分会征文活动中发表论文接近20篇,2篇文章获得中国高等教育学会教育信息化分会优秀论文。 （张 凯）

资 产 管 理

【概况】 2014年,资产管理工作围绕学校工作重点,明确工作目标,各项工作稳步开展,保障教学科研工作顺利进行。

实验室管理。学校有实验室139个,其中国家级重点实验室5个,省、部级重点实验室39个。单价40万元人民币以上的大型精密贵重仪器设备634件,价值约8.6亿,使用机时703 271小时。其中教学使用机时49 226小时,占总机时的7%;科研使用机时598 250小时,占总机时的85%;社会服务使用机时55 795小时,占总机时的8%。开放使用机时达187 503小时,占全部机时的26%。完成教学实验项目数457项;科研项目数4 136项。培训学生教师等9 095人。实验室用房面积为143 403平方米。截至12月31日,复旦大学共有仪器设备16.7万台/件,金额约为34.89亿元。

设备管理。完成70万元以上的大型仪器设备购置论证工作共有38台。组织国际、国内招标67次,计617台(批),中标金额10 716万元。全年共签订进口合同952份,涉及仪器设备3 837台/套,合同金额5 681万美元。办理进口免税880份,金额5 696万美元。办理接受境外捐赠仪器、设备、图书、化学试剂共5批,金额72万美元。整理、汇总并申报进口仪器设备有关材料,获得2013年度进口贴息资金382万元人民币。

房地产管理。截至2014年12月底,学校占地总面积245万平方米,在用房屋建筑总面积194万平方米。完成北区学生公寓土地勘测定界并获得相关批准文件,于12月取得北区学生公寓房地产权证。完成生命科学院从邯郸校区到江湾校区的搬迁工作。

国有资产管理。根据财政部和教育部的通知要求,做好复旦大学和所办企业产权登记工作,整理、收集并录入办理产权相关资料,共涉及企业45家,社团4家。

截至2014年12月31日,复旦大学资产总额为146.85亿元,其中流动资产54.77亿元,固定资产81.11亿元,长期投资5.39亿元,在建工程5.42亿元,无形资产0.16亿元。在81.11亿元固定资产中,房屋金额为41.36亿元;汽车81辆,金额约0.25亿元(其中:轿车35辆,金额0.08亿元;小型载客汽车14辆,金额0.04亿元;大中型载客汽车25辆,金额0.12亿元;其他车辆7辆,金额0.01亿元)。仪器设备34.89亿元,其中20万元以下仪器设备16.21亿元;20万元以上的仪器设备有2 455台/件,金额18.68亿元(其中:20万至50万之间的仪器设备有1 668台/件,金额5.19亿元;50万至200万之间的仪器设备有616台/件,金额5.80亿元;200万以上的仪器设备有171台/件,金额7.69亿元)。图书资料3.24亿元。家具70 643件,金额约为1.37亿元。2014年新增仪器设备有18 290台/件,金额4.86亿元。全年报废仪器设备8 370台/件,金额约为0.91亿元。

制度建设。根据学校资产管理改革要求,制定《复旦大学资产管理改革的若干意见》及相应的配套管理办法。通过建立健全工作制度和业务流程,加强管理,确保学校资产安全完整。其中《复旦大学经营性资产管理暂行办法》和《复旦大学外派董监事管理暂行办法》经学校审议通过。

信息化建设。"外购存货审批管理系统"于4月正式投入使用,截至2014年12月31日,通过该系统审核外购存货金额共计2.07亿元。开发建设"校内仓库领用查询系统"和"无形资产管理系统",分别于2014年11月和2015年1月投入使用。为规范合同管理,开发建设"合同管理系统",各项调试工作在进行中。做好房产信息系统的基础准备工作,包括数据整理、楼宇使用情况排摸等。

大型仪器共享。按照《上海市促进大型科学仪器设施共享规定》,学校参与并推进上海市研发公共服务平台共享服务工作。2014年对外服务达11 191机时,共享服务收入达470万余元,对外服务用户达677家,有79台仪器申请共享奖励并获得共享奖励金。 （余 青 黄海馨）

【实施《复旦大学国有资产管理暂行办法》】 3月24日,校长办公会议审议通过《复旦大学国有资产管理暂行办法》(校通字[2014]9号)并正式实施。办法明确学校国有资产管理体制为"统一领导、归口管理、分级负责、责任到人",并按照国有资产的不同形态和分类,实行相关职能部门归口管理;明确院系作为国有资产使用单位负责人,将资产二级管理工作落到实处,从而在制度上确保资产管理有章可循,有法可依。

 （余 青 黄海馨）

【获评上海市大型科学仪器设施共享服务先进个人】 根据上海市科学技术委员会《关于下达2013年上海市大型科学仪器设施共享服务奖励与中小企业用户补贴经费的通知》(沪科[2014]423号文),材料科学系教师胡岗被评为2013年上海市大型科学仪器设施共享服务技术类先进个人。资产管理处余青被评为2013年上海市大型科学仪器设施共享服务管理类先进个人。 （张 义 黄海馨）

附 录

2014年复旦大学实验室一览表

单 位	实 验 室 名 称	备 注
力学与工程科学系	上海市针灸机制与穴位功能重点实验室** 力学与航空航天实验中心	
物理学系	应用表面物理国家重点实验室* 微纳光子结构教育部重点实验室** 物质计算科学教育部重点实验室** 物理教学实验中心　　　　　　低温实验室 微纳加工和器件公共实验室	
现代物理研究所	应用离子束物理教育部重点实验室**/*** 上海EBIT实验室	
环境科学与工程系	上海市大气颗粒物污染防治重点实验室** 环境科学虚拟仿真实验教学中心** 环境工程教学实验室　　　　环境科学实验室 水流域污染治理实验室	
化学系	上海市分子催化与功能材料重点实验室** 创新科学仪器教育部工程研究中心** 化学教学实验中心　　　　有机化学研究所 无机化学研究所　　　　　分析化学研究所 激光化学研究所　　　　　物理化学研究所 化学生物学研究所	
生命科学学院	遗传工程国家重点实验室* 现代人类学教育部重点实验室** 生物多样性与生态工程教育部重点实验室** 上海崇明东滩湿地生态系统定位观测研究站** 生物科学实验教学中心　　　生物技术中心	
信息科学与工程学院	电磁波信息科学教育部重点实验室** 电子信息基础教学实验中心 生物医学电子学实验室　　电子学与信息系统实验室 光科学与工程系实验室　　通信工程实验室 光源研究实验室　　　　　上海汽车照明工程研究中心 微纳系统工艺集成与测试实验室 教育部先进照明技术工程研究中心 上海超精密光学制造工程技术研究中心	
微电子学院	专用集成电路与系统国家重点实验室* 集成电路教学实验室　　　集成电路工艺实验室	
管理学院	信息系统及金融工程综合实验室	
经济学院	教学创新实验室	
材料科学系	教育部先进涂料工程研究中心** 国家微电子材料与元器件微分析中心 物理电子实验室　　　　　材料化学实验室 材料物理实验室	
新闻学院	广播电视实验室　　　　　复旦大学传媒与舆情研究中心 数字媒体实验室　　　　　广告摄影实验室 复旦大学传播学实验教学中心	
外国语言文学系	语言实验室	

续表

单 位	实 验 室 名 称	备 注
分析测试中心	分析测试中心	
数学科学学院	非线性数学模型与方法教育部重点实验室** 上海市现代应用数学重点实验室** 教学微机实验室	
高分子科学系	聚合物分子工程国家重点实验室*	
文物与博物馆学系	文物保护实验室	
专用材料与装备技术研究院	B类重点实验室**	
计算机科学技术学院	上海市智能信息处理重点实验室** 上海市数据科学重点实验室** 计算机实验教学中心　　　媒体计算研究所 图形图像与信号研究所　　协同信息与系统实验室 Web与服务计算实验室　　移动数据管理实验室 数据管理与集成实验室　　数据库与海量信息处理实验室 网络信息安全审计与监控教育部工程中心 上海(国际)数据库研究中心	
附属医院	癌变与侵袭原理教育部重点实验室**　　　　　[中山医院] 卫生部病毒性心脏病重点实验室**　　　　　[中山医院] 卫生部抗生素临床药理重点实验室**　　　　[华山医院] 卫生部手功能重建重点实验室**　　　　　　[华山医院] 卫生部新生儿疾病重点实验室**　　　　　　[儿科医院] 卫生部听觉医学重点实验室**　　　　　　　[五官科医院] 卫生部近视眼研究重点实验室**　　　　　　[五官科医院] 上海市器官移植重点实验室**　　　　　　　[中山医院] 上海市周围神经显微外科重点实验室**　　　[华山医院] 上海市出生缺陷重点实验室**　　　　　　　[儿科医院] 上海市女性生殖内分泌相关疾病重点实验室**[妇产科医院] 上海市视觉损害与重建重点实验室**　　　　[五官科医院] 上海市乳腺肿瘤重点实验室**　　　　　　　[肿瘤医院] 上海市老年医学临床重点实验室**　　　　　[华东医院]	
基础医学院	医学神经生物学国家重点实验室* 医学分子病毒学教育部/卫生部重点实验室** 代谢分子医学教育部重点实验室** 卫生部糖复合物重点实验室** 上海市医学图像处理与计算机辅助手术重点实验室** 数字医学研究中心　　　　临床技能学习中心 医学实验教学中心　　　　药理研究中心 基因研究中心　　　　　　电镜室 上海复旦三级生物安全防护实验室 细胞与遗传学实验室　　　人体解剖学实验室 生物化学与分子生物学实验室　病原生物学实验室 法医学实验室　　　　　　医学分子遗传学实验室 生理与病理生理学实验室　药理学实验室 病理学中心实验室　　　　免疫学实验室 病理学清洁级实验动物房实验室　针刺原理研究所 国家中医药管理局血管分子生物学三级实验室 国家中医药管理局针灸神经生物学三级实验室	
公共卫生学院	公共卫生安全教育部重点实验室** 卫生部卫生技术评估重点实验室** 劳动卫生与卫生化学实验室　预防医学研究所 营养与食品卫生学实验室　　环境卫生学实验室 流行病与卫生微生物学实验室　临床分子医学实验室 计算机与信息实验室	

单 位	实 验 室 名 称	备 注
药学院	智能化递药教育部/全军重点实验室** 药学实验教学中心　　　　　仪器测试中心 动物实验中心　　　　　　　分子模拟与设计中心 分子影像与放射药物示踪实验室 抗病毒药物筛选与药效评估服务平台 药物制剂国家工程研究中心(分部) 国家中医药管理局中药生药分析三级实验室 国家中医药管理局中药制剂三级实验室	
护理学院	护理实践教学中心	
生物医学研究院	生物医学研究院公共技术平台	
脑科学研究院	脑疾病动物模型与行为神经科学公共技术平台 神经分子行为与神经细胞功能实时检测和成像公共技术平台	
合　计	139	

说明：(1) *国家重点实验室；**部(省)重点实验室；***世行贷款重点学科专业实验室。
(2) 附属医院实验室首次独立统计，仅统计部(省)级及以上实验室。

（资产管理处供稿）

后　勤

【概况】 2014年，复旦大学邯郸、枫林、江湾及张江4个校区食堂就餐人次1 882.4万次，营业额达1.067亿元。全年向食堂补贴分别为煤、电各占营业额1.5%；部分原材料源头价格补贴等。向食堂收取的再发展基金共计638.67万元。食堂支出费用总计1 441.56万元(含教委156.96万专项补贴)，主要用于食堂原材料源头补贴、食堂价格补贴、食堂公共物业服务、食堂大型设施设备更换维修及邯郸、枫林、江湾3个校区学校在编职工的补贴等。

全年完成会务量5 700余场，包括爱尔兰总统、联合国秘书长访问复旦、管理学院第一届国际顾问委员会第二次全体会议、法学教育百年会议、第一届校园乐跑赛等。体育场馆提供重大活动保障147场；开放39 605次，提供72.29万人次的体育活动保障工作。校区间班车安全行车约384 812公里，教学班车乘车人数39 277人次。

校医院完成门诊63 876人次，各种辅助检查和门诊治疗77 929人次。各类体检共计19 583人次，其中教工体检11 538人次(含自费人员等)、学生体检8 045人次，预防接种3 957人次，转校外就诊6 602人次，为师生报销医药费3 801人次，完成各种保健任务134次。完成献血任务2 268人份，超额完成16.13%。利用军训及日常活动组织培训"急救四项技术和心肺复苏术"共53次，培训人数达3 800人，获得2014年上海市高校红十字"携手人道"志愿服务优秀项目。校医院全年派出医务人员参加继续医学教育及相关培训90人次，组织院内医师进行讲座18次，每周组织医生进行院内小讲课，每月开展病史和处方质量自查工作。按照上海市高校学生健康指导纲要，每学期开设《大学生健康教育》选修课，获得2014年上海高校市级健康教育精品课程。针对2014年突发的埃博拉出血热疫情，校医院召开全院专题会议，传达关于防控埃博拉出血热的主要精神和要求，对校医院每位医务人员做了关于"埃博拉出血热核心信息"的专题培训，对校医院如何做好可疑患者的登记、传报等进行具体部署，并对学校防控埃博拉出血热疫情制定工作预案，要求各院系、部、处尤其是留学生办公室做好对来自疫区人员的信息上报工作，并在校医院健康宣传栏、预检台、校医院网站等广泛宣传埃博拉出血热相关知识。

接受新生行李1 267件，托运毕业生行李1 832件。全年完成校区间、校区内部学生搬迁共6 137人次。

全年为全校师生供电10 815万千瓦，供水400.43万立方米，供气290.24万立方米。改建或修复绿地共30 772 m^2，驳运土方970立方米、植(移)树木1 509棵、植(移)灌木或小苗3 355棵，种植或修复地被植物7 904 m^2。清理校园生活垃圾80 030桶，餐厨垃圾16 250桶，建筑垃圾、枯枝烂叶垃圾197车。

邯郸幼儿园在园人数289人，班级数11个。组织亲子游人数共达1 300余人次。为家长举办各年龄段的家长讲座4场，参加的人数达220余人次。发放住房补贴合计5 775.639万元，覆盖1 450位在职在编教职工；教师公寓(含公租房)可租住人数2 053人，入住1 525人，入住率达到74.28%。

深化后勤体制改革，根据学校校院两级管理体制改革及综合配套改革的总体要求，强化后勤人才队伍建设，打造一流水平的后勤服务保障体系，制定《复旦大学关于深化后勤体制改革的若干意见》。尤其在物业和能源管理方面，创新管理模式，力争提高复旦大学保障经费的使用效益。(1) 物业管理办公室排摸情况,根据总务处管辖范围的物业和院、系等二级单位自管楼宇的实际情况,初步形成公共物业与基本物业改革的思路,起草制订《复旦大学公共物业和基本物业管理办法》,明确对全校所有公共物业(安保物业除外)和基本物业服务进行归口管理、统一支付相关费用,明确公共物业和基本物业的范围,实现公共物业和基本物业管理的全覆盖;推进物业管理的区域化、专业化、信息化整合,通过资源整合、流程梳理、规模效应及信息化手段的运用,在校内形成权责明确、边界清晰、优质高效的物业管理服务新局面。(2) 能源管理办公室根据学校实际情况,修订能源管理相关制度,起草并完善《复旦大学能源和水资源管理办法》《复旦大学能源和水资源实施细则》《复旦大学用能定额实施办法》,待经校会通过后正式实施。文件明确分类管理方式,实行分户、分类、分项计量;实行成本分摊机制,积极推进能源校院两级管理。各院系、各部门自主统筹管理使用本单位用能总额,超额部分按梯次累进原则自行支付,结余部分作为奖励留用。总务处联合相关职能部门核算各院系、各部门每年用能定额并负责核拨、考核;明确将节能节水工作纳入日常管理,推进节约型校园建设。全年共收回经营性单位能源总费用1 256.99万元,四个校区学生生活园区水电费收缴124.32万元。对各院系的科研项目做好燃料动力费的回收工作,共回收燃料动力费131.39万元。

做好一批广大师生关心的实事项目。(1) 开展邯郸路以南校区的综合整治,对邯郸校区第五、六、七教工宿舍进行综合整治,加强安全措施,改善居住环境。(2) 加强校内修读点建设,增加学生公共活动空间。添置室外休闲座椅50张,投入8万元更新、维修、保养邯郸校区室外的休闲设施,为师生休憩提供便利。(3) 邯郸校区和张江校区共计安装新能源车充电桩9个,基本满足师生的充电需求。(4) 在本部食堂开设清真餐厅,保证少数民族学生的用餐需求。

勤俭办学,建设节约型校园。(1) 启用节能监管平台,完成光华楼节能改造,完成北区学生公寓空气源热水器改造工程。2014年底,复旦大学节能监管平台通过住房和城乡建设部及教育部的专家验收,为创建节约型公共机构示范单位奠定基础。(2) 利用节能监管平台水平衡数据分析及常规查漏工作,全年查出漏水点共计23处,避免大量浪费水资源的隐患。(3) 张江二期电费单价调整为居民价,2014年为学校节省电费支出100多万元。(4) 关停张江校区二期、美国研究中心等多处生活用燃气,减少燃气消耗,降低安全隐患。(5) 继续推广"光盘行动",营造勤俭节约的良好校园氛围。(6) 利用江湾校区明溪植物园搬迁工程中的搬迁植物资源,将1 956株植物改造江湾校区篮球场、足球场周边和邯郸校区现代物理研究所北墙外绿地,节省近百万元开支。

完成各类排查检修及零星维修工作。(1) 学生园区检修方面,2014年,4个校区学生生活园区(除枫林校区西苑)维修单23 524张。暑假期间,园区配合能源管理办公室完成进户水管改造,配合保卫处完成本部宿舍烟感报警设备安装。9月,对邯郸校区南区27栋楼宇的大门门禁全部统一改装插销;对南区48栋楼宇的门禁系统进行全面维修保养。全年共完成学生家具采购475套。按照住宿规划,对本科生园区寝室按一定规律进行加长改造,共计改造186张,3年累计改造360多张,床位比为3.3%。11月,对护栏尺寸未达国家安全标准的1 660张本科生高床提出改造方案。全年共清扫房间5 093间。(2) 全年对教师公寓、教工住宅的修缮、改造共147套/间,包括仁德公寓、书馨公寓,邯郸校区第五、六、七、十二宿舍,红旗小区,平江路教工用房,虹梅路教师公寓等;调整及配置教师宿舍/公寓家具共计119套。(3) 零星维修方面,楼宇物业全年1 000元以下小修完成接报8 988件;全校10 000元以下维修单共受理8 600张,包括铺设沥青路面、新浇混凝土路面、人行道板砖、新铺侧石、窨井盖更换、校园围墙灯修复等。

完成校区间及校区内部腾挪工作。(1) 根据学校校园规划的整体布局,在各院系、部门办公室的大力支持下,于2014年7月31日前完成国泰路、仁德路、北苑教师公寓教职工的腾挪工作,至此,从2013年5月开始的教师公寓腾挪工作已经全部完成,共计有496位教职工从原租住教师公寓中迁出。(2) 枫林校区搬迁。1月起,开展枫林校区集体宿舍1、2号楼教职工的腾挪工作,根据计划时间表,先后完成近600位教职工的腾挪工作。自7月起,枫林校区1 500余名本科生和2 500余名医科研究生分别搬迁至江湾校区、邯郸校区学生宿舍,及校外成栋建筑改造的学生公寓等过渡期居所。提前做好所有应接校区的宿舍改造,确保搬迁后准时入住;改建江湾校区食堂二楼餐厅、漕宝路汉庭酒店等,确保学生过渡期居所供餐能力与用餐卫生安全;增加江湾校区至枫林校区、漕宝路至枫林校区教学专车。

继续完善公共服务体系。(1) 在除四害方面,1—11月,五角场和枫林两街道共回收除四害派工单1 339张,其中枫林211张,汉庭4张。(2) 在通讯收发方面,报纸、期刊、机要分发合计210万件,收寄工作总量30万件。南东区收各类包裹信件58 820件。(3) 在防台防汛方面,筹备组织召开2014年校防汛防台领导小组工作布置会,根据防汛防台会议布置的要求,重点解决邯郸校区本部污水泵房设施设备的改造。2014年复旦大学四校区安全度汛。(4) 在法务合同审核方面,全年审核签署共计865份合同。(5) 在师生意见反馈方面,全年回复校园生活服务平台网站留言127条,回复校长信箱48封,收到各类表扬信件21封。

安全工作常抓不懈。(1) 为了确保校园餐饮食品卫生安全,总务处加强食品卫生检查力度,餐饮管理办公室采取了"三监管"(每日巡查、每周抽查、每月督查)制度加强食堂食品卫生及营养工作。不定期接受上海市教育委员会、上海市卫生局、上海市食品药品监督管理局、上海市伙食专业委员会、杨浦区、虹口区、徐汇区和浦东区市场监督管理所对食堂工作的检查。张江"8.21学生腹泻事件"后,餐饮管理办公室积极配合浦东市场监督所医生对交大后勤集团经营的张江一楼学生食堂学生腹泻事件进行处理,并根据有关规定解除上海交通大学后勤集团的委托经营协议。(2)保证学生园区饮用水卫生安全和硬件设施设备的使用安全。按要求对4个园区共计65个水箱分别进行2次清洗,经检测全部合格;对南东北苑93台开水器进行清洗维保;对2 600多台空调进行清洗,保障学生安全使用空调;对外露水管和门禁把手利用防寒保暖材料包扎;对南东苑学生生活园区内的全部不锈钢门禁进行加固维护。(3)重视生产安全及消防安全。制定《复旦大学总务处消防安全管理办法》《复旦大学总务处电梯安全使用管理规定》等规章制度,不断完善已建立的安全工作网络,健全安全工作的各项预案。坚持检查安全工作,发现隐患及时消除,定期召开安全工作会议。在日常巡视的基础上,定期检查消防设备,及时更换到期灭火器。9月,餐饮管理办公室专门组织各托管经营单位员工参加上海市安全生产监督管理局和上海市总工会举办的从业人员生产安全培训且获得合格证,共计86人。

多渠道加强与师生的沟通联系,发挥师生在后勤服务保障体系建设和监督方面的主动性、积极性和参与度。(1)通过机关部处见面会、师生座谈会、走访调研、问卷调查、毕业生金点子提案、教代会、学委会、研委会提案等形式,校园生活服务平台、BBS、校长信箱、人人网、微博、微信等平台,加强与师生的沟通联系,第一时间落实具体部门进行整改、完善。(2)优化办事流程和审批事项,3月起,实行统一的桌签挂牌服务。(3)4—5月、10—11月期间,举办"用双手体验辛劳,用心灵服务校园"学生后勤体验岗活动,形成志愿服务长效机制,每天通过新浪微博、人人网、微信等平台发布学生心得体会,最终结集为《后勤体验宣传册》。(4)10—12月,先后在邯郸校区、张江校区和江湾校区,召开后勤工作见面会,会上学生代表们就涉及校园环境、食堂餐饮、园区设施、体育场馆、校车管理等多个方面内容,通过一问一答的形式与总务处相关负责人进行逐一交流沟通,所有问题基本在现场给予了直接回复,针对个别问题总务处工作人员于会后第二天到学生反映问题的现场进行实地调研和解决。

(王朦琦)

财务与审计

财　　务

【概况】 按照上报教育部的年度部门决算数据,2014年学校各类经费(含基建经费拨款)总收入45.75亿元,比2013年增加1.1%;2014年度学校总支出44.44亿元,比2013年减少3.3%。

年度总收入中,财政补助收入20.55亿元,其中教育补助收入19.41亿元、科研补助收入0.72亿元、其他补助收入0.43亿元;教育事业收入9.72亿元;科研事业收入10.89亿元;其他收入4.59亿元。年度总支出中,人员支出17.79亿元,公用支出25.05亿元,基建支出1.60亿元。

(徐尉南)

【推进校院两级财务管理体制改革】 进一步推进校院两级财务管理体制改革,初步形成统一领导、分级负责、权责明晰、科学规范的校院两级财务管理体系,构建以基本运行经费、基本发展经费、重点发展经费为核心的经费保障和支持体系。

(徐尉南)

【新旧会计制度转换】 根据财政部2013年12月30日颁布的《关于印发〈高等学校会计制度〉的通知》(财会[2013]30号)的要求,通过修正会计基础、调整核算科目、修改财务报告,于2014年底全面完成新旧会计制度转换工作。

(徐尉南)

【调整科室设置】 6月,财务处科室设置调整,从原来的出纳科、会计科、综合管理办公室3个科室调整为集中收付中心、预决算管理办公室、会计委派和支出管理办公室、科研经费管理办公室、基建财务管理办公室、综合管理办公室6个科室。9月完成调整后的各科室职能梳理和业务流程转换。

(徐尉南)

【优化财务信息系统】 3月起,推出对公电子支付系统、资金来源系统匹配、酬金预约报销模块与批量支付等优化财务信息系统的举措,节省审核人员输入国库资金支付令的步骤和时间,减少凭证差错率,提高国库资金支付执行率。

(徐尉南)

【提升预约报销服务质量】 完善不等候预约报销系统和物流系统,取消预约数量限制,增设预约单投递箱,在报销大厅内添置专用电脑、打印机,确保随时预约、随时打印、随时投递。进一步完善信息系统的查询和反馈功能,帮助预约人跟踪预约单的受理、分配和制单情况,并通过短信/邮件平台与预约人取得联系,第一时间将审核信息反馈预约人。

(徐尉南)

【规范科研经费管理】 设置独立的科研经费管理办公室。强化科研经费预算管理,规范科研经费预算执行,实现科研经费预算模版全控制,杜绝科研经费违规报销的主要风险点。整合科研项目的预算审核、立户、录入、决算结题等职能。

(徐尉南)

审　　计

【概况】 2014年,共完成(实施)各类审计项目503项,审计涉及资金总额45.47亿元。共出具各类审计结果文本118份,提出审计建议(意见)952条。

领导干部经济责任审计。完成8项,其中进点审计项目3项,审计涉及金额2.99亿元,出具审计报告3份,提出审计建议22条;送达审计项目5项,审计涉及金额4 546.8万元,出具审计报告5份,提出审计建议19条。

建设项目全过程跟踪审计。实施19项,对于审计实施方案中明确为关键控制点的主要阶段和重要环节相关经济业务,先后出具审计意见书20份、阶段性审计报告5份,提出审计意见或建议378条。

建设项目竣工结算审计。完成30项。其中实施事中审计(工程款项资金结算前)18项,合计送审金额1 660.27万元,合计审定金额1 541.65元,审减118.62万元(直接经济效益),平均审减率7.14%,出具管理建议书11份,提出审计意见或建议64条;实施事后审计(工程款项资金结算后)12项,合计送审金额84.24万元,审定金额83.02元,应核减额1.22万元,平均审减率1.44%,出具综合审计报告1份,提出审计意见或建议17条。

科研项目审计。完成27项,其中"973"项目15项,"863"项目1项,国际合作项目3项,横向科研项目审计8项。审计涉及金额0.84亿元,共出具单项审计结果文本27份,提出审计建议34条,另出具管理建议书1份,提出审计建议9条。科研项目审签共386项,基本为国家自然科学基金、社会科学基金等科研项目,审签涉及金额1.44亿元。

预算执行审计。完成二级学院2011至2013年度预算执行情况审计1项,涉及金额1.12亿元,提出审计建议5条。

审计咨询项目。接受校内部门委托咨询业务24项,共出具审计咨询意见书24份,提出审计咨询意见(建议)340条。其中的23项建设项目审计咨询业务,截至12月31日有16项得到了回复,回复率为69.57%;回复的16项业务所涉的212条审计咨询意见,有152条被完全采纳,44条被部分采纳,采纳率达92.45%。

专项审计调查。完成学校资产管理和修缮管理内部控制体系建设两项专项审计调查,出具报告2份,提出审计建议69条,并分别提出内部控制体系相关制度和流转表单的建议稿。

专项审计。接受学校纪检部门委托实施专项审计1项,涉及资金120万元,出具报告1份,提出审计建议4条。

(刘丹丹　谢静芳　高卫强)

【开展校际业务交流】 2014年,厦门大学、同济大学、上海财经大学、中山大学、广西大学等兄弟院校审计人员先后到校访问交流,就建设项目审计、经济责任审计、预算执行审计、科研经费审计等专项议题,有针对性地开展业务交流活动,分享有效经验和先进方法,拓展审计理念和工作思路。
(谢静芳)

【制定(修订)定多项审计规章制度】 制定(修订)定校级审计制度3项。完成《复旦大学预算执行和决算审计规定》制定工作,并提交学校办待校会审议。根据学校《复旦大学关于中央巡视组专项巡视反馈意见的整改工作方案》中完善干部经济责任审计制度的要求,结合中央七部委2014年7月发布的《党政主要领导干部和国有企业领导人员经济责任审计规定实施细则》,完成《复旦大学领导干部经济责任审计规定》和《复旦大学领导干部经济责任审计联席会议制度》再修订工作,12月17日已经校会审议通过,并于2014年12月30日发布。制定或修订内部工作规则4项。分别是《建设项目竣工结算审计送审资料基本要求和交接规则》、《社会中介机构受理复旦大学建设项目审计工作规则》、《复旦大学建设项目全过程跟踪审计送审业务基本要求》、《复旦大学建设项目全过程跟踪审计业务操作指南》。

(郁炯　张育　郑勇)

【开展1项审计研究课题】 6月,教育部经费监管事务中心委托复旦大学审计处开展"内部控制流程风险点梳理和基本制度框架体系建设专项工作"中基建管理业务的研究课题,于12月拨入5万元作为课题研究经费,并在学校文科科研处正式立项。

(郁炯　张育　刘丹丹)

【组织建设项目审计宣传和培训】 2014年,首次编印建设项目审计工作简报,共发布2期,呈报校领导和发送相关职能部门有关人员。举办建设项目审计的宣传培训活动共5场,培训对象主要为学校各工程管理部门负责人和管理人员,参与学校建设项目的投资控制单位、项目管理等参建单位、院系代表及参与学校审计工作入围的社会中介机构等各类人员。

(郁炯　张育　刘丹丹)

【开展科研项目审计准入资格的邀请招标】 12月,开展2015—2016年度科研项目审计准入资格的邀请招标活动。邀请上海地区具有科技部"十二五"期间国家科技经费审计资格的7家会计师事务所参与投标。通过专家评标,择定其中2家作为2015—2016年参与学校科研项目审计的准入会计师事务所。

(郁炯　郑勇　高卫强)

【组织审计人员参加职业培训】 2014年,学校审计处12位在职人员共参加教育部、中国内部审计协会、上海市教委等单位组织的各类业务培训活动39人次,提高审计人员专业胜任和依法履职能力。　(谢静芳)

十、党建与思想政治工作

纪检监察工作

【概况】 2014年,复旦大学纪委和纪检监察部门按照党的十八届三中、四中全会和中央纪委十八届三次、四次全会精神,围绕学校中心工作,聚焦主业,进一步转职能、转方式、转作风,加强落实纪委监督责任,推进落实中央专项巡视整改任务,加强宣传教育,推进制度建设,强化监督执纪问责,促进学校党风廉政建设和反腐败工作取得新实效。

开展宣传教育工作。4月,召开学校加强党风廉政建设干部大会,加强政治纪律和廉洁自律教育。9月,编印《复旦大学领导干部廉政手册》,加强纪律教育与制度宣传。10月,组织开展廉政教育培训系列活动,38位新任职处级领导干部参加包括党纪法规与廉政知识学习、签订廉政承诺书、廉政知识测试、警示教育案例通报、学习交流发言、参观警示教育基地、提交学习小结等环节在内的培训。加强重点领域职工廉洁教育,与杨浦区人民检察院联合深入推进基建项目"创双优"活动。在节假日等重要时间节点,联合学校办公室做好关于落实中央八项规定精神的提醒和要求。全年,通过部门网站、发布文件等多种形式传达上级文件精神与通报案例。

加强制度建设,突出制度规范作用。协助党委制定《复旦大学2014年党风廉政建设工作要点》,制定《复旦大学2014年党风廉政建设工作要点任务分解表》,明确年度党风廉政建设任务分工与责任。协助党委制定《复旦大学深入推进惩治与预防腐败体系建设实施意见》、《中共复旦大学委员会巡视工作实施方案》,统筹推进有关工作。协助党委制定《关于落实党风廉政建设主体责任的实施意见》、《复旦大学党政领导班子成员执行党风廉政建设责任制实施办法》、《复旦大学二级单位和机关部处执行党风廉政建设责任制指导意见(试行)》,配套制定并发布《复旦大学二级单位和机关部处执行党风廉政建设责任制检查考核办法(试行)》、《复旦大学二级单位和机关部处执行党风廉政建设责任制责任追究办法(试行)》,进一步完善党风廉政建设责任制制度体系。制定《复旦大学纪委领导班子会议议事规则(试行)》、《复旦大学纪委委员履行职责暂行规定》、《复旦大学关于加强二级单位纪律检查工作的几点意见》,规范纪律检查工作机制。结合巡视整改要求,制定并发布《复旦大学加强附属医院大型医疗器械和药品及耗材采购监督的实施方案(试行)》,强化对附属医院大型医疗器械和药品及耗材采购的监督。制定《复旦大学纪检监察信访案件工作细则(试行)》,推进信访案件办理工作的科学化、制度化、规范化。

加强对招生、基建工程项目和物资采购招投标等重点领域、重要环节的监督。督促完善招生工作相关制度,对各类招生选拔录取工作中的重点环节和重点时段进行监督检查,开展招生信息公开专项检查,推进招生信息公开工作。梳理招投标监察工作机制,建立招投标项目日常监督数据库,对部分重要的校内项目进行现场监督,对50万元以下入围修缮项目开展重点抽查,组织开展对基建处廉政风险防控机制建设情况专项检查。

组织开展专项检查。8月,根据教育部要求,参与开展"关于贯彻执行中央八项规定严肃财经纪律和'小金库'专项治理"、"关于因公临时出国管理工作自查";根据上海市卫计委要求,开展对附属医院"九不准"、"十项不得"规定执行情况专项检查。9月,对二级单位执行中央八项规定自查情况进行专项检查。10月,组织开展对学校落实《高等学校信息公开事项清单》情况联合专项检查,推进学校信息公开工作;11—12月,组织开展2014年度二级单位和机关部门执行党风廉政建设责任制和落实"三重一大"制度情况专项检查,成立联合检查组对40家二级单位进行重点抽查。

开展礼品、礼金上交与登记工作。2014年,全校党政领导干部主动登记和上交礼品、礼金共计131人、220人次。其中,共登记或上交现金与有价证券共计人民币553 765元;登记或上交物品165件,估值人民币55 515元。

承担接受中央专项巡视相关工作。4月,参与接受中央专项巡视有关工作。5—9月,集中处理中央专项巡视组移交信访件以及上海市教卫纪工委转办有关信访件。下半年,参与制订学校巡视整改方案,着力推进有关工作。全年,总体完成由纪委或监察处承办或联合主办的整改事项21项、协办事项3项。

认真做好信访案件工作。纪检监察部门全年共受理信访件370件,初核51件,函询5件,立案3件,诫勉谈话4人。其中,处理中央专项巡视组移交信访件114件,以及上海市教卫纪工委转办与巡视有关信访件17件,共初核34件,立案1件。日常办信方面,共收到信访件239件,其中:本级受理143件(含附属医院受理45件),上级转交办96件(上级纪委转交办60件);办结220件,办结率92%。本级办理案件中,初核17件,函询5件,立案2件,诫勉谈话4人。发挥治本作用,对信访案件中发现的问题,通过函询或监察建议函等方式,要求

相应职能部门和单位整改,并开展整改回访检查。 （张 寒）

【编印新版《复旦大学领导干部廉政手册》】 7月,学校纪委组织编印新版《复旦大学领导干部廉政手册》(以下简称《廉政手册》),对2007年版《廉政手册》进行改版和升级。新版《廉政手册》收入十八大以来廉政新规定,增设"党风廉政限制性行为摘编"章节,对"廉政关键词"章节进行删补,新增"八项规定"、"三严三实"等词条。9月上旬,纪委办公室将新版《廉政手册》发放到全校440位处级(含处级以上)领导干部手中。 （张 寒）

【建立"三重一大"事项定期报告和不定期抽查制度】 4月,协助党委发布《关于开展二级单位"三重一大"制度执行情况定期报告和不定期抽查工作的通知》,建立二级单位"三重一大"事项定期报告和不定期抽查制度。《通知》要求,全校二级单位自2014年第二季度开始,每季度定期上报本单位"三重一大"决策目录至纪委办公室。纪委办公室对上报情况进行登记备案,并组织开展不定期抽查。（张 寒）

【深化重点领域廉政风险防控机制建设】 7—9月,深化推进基建处、资产处、财务处、科技处、文科科研处、医学科研办、总务处、教务处、研究生院、资产经营公司等10家重点部处廉政风险防控机制建设,布置完成《廉政风险防控管理信息表》、《廉政制度目录》、《权力运行流程图》等填报工作。 （张 寒）

【开展首批校内巡视工作】 12月,协助党委发布《中共复旦大学委员会巡视工作实施方案》,正式启动首批校内巡视工作。巡视工作办公室挂靠纪委办公室。根据党委统一部署,组建巡视组,对社会发展与公共政策学院、生命科学学院、计算机科学技术学院、附属肿瘤医院等4家单位开展校内巡视。 （张 寒）

组 织 工 作

【概况】 2014年,复旦大学党委和组织部门深入学习和贯彻党的十八届三中全会和习近平同志系列讲话精神,围绕学校第十四次党代会确定的组织工作目标,巩固和扩大群众路线教育实践活动成果,完善干部培养和选拔机制,从严管理监督干部,加强基层服务型党组织建设和党员队伍建设,全面提高学校组织工作科学化水平,为学校各项事业发展提供坚强的组织保障。

截至2014年底,全校共有中共党员19 471名,其中本专科生党员2 209名,研究生党员6 269名,在职教职工党员6 345名,离退休党员2 390名,因各种原因组织关系保留在学校的党员1 871名。全校共有二级党组织53个,其中党委31个,总支部19个,直属支部3个;党支部760个(包括3个直属支部),其中在职教职工党支部333个,离退休党支部78个,学生党支部346个。

学校共有校级领导干部19名,其中:副部级3名,正局级1名,副局级15名;男16名,女3名;中共党员18名,党外1名;博士16名,硕士2名,学士1名;正高职称15名,副高职称4名。

统筹完成基层领导班子换届和干部补充调整工作。2014年,共指导6家单位开展基层党组织换届工作,推动11个院系开展行政领导班子换届工作,完成3个批次干部补充调整工作。选拔任用副处级以上干部104人,其中提拔任用干部52人(正处级15人、副处级37人),干部平级轮岗47人,重新任命5人(换届连任),30人因到龄、换届等原因不再担任领导职务。

恢复科级干部选任工作。根据校党委关于统筹抓好各级干部队伍建设的要求,党委组织部研究制定复旦大学《科级干部选任工作办法(试行)》,会同人事处分2批开展原有科级干部人岗匹配认定和空岗选任工作。截至2014年底,第一批选任工作已认定正科级干部45人、副科级干部50人,新选任正科级干部35人、副科级干部84人。

加强干部挂职锻炼工作。2014年,党委组织部注重整体思考、全盘统筹学校选派干部赴校外挂职工作,贯通校内外培养途径,提升干部素养能力,服务学校事业发展。截至2014年底,学校各类在外挂职干部共93人,其中派出57人(含援疆干部10人,援滇干部2人);全年向上海市各系统输送干部4人,其中副局级以上领导干部1人、处级领导干部3人。

强化干部管理和监督工作。深入贯彻中央有关要求,认真执行领导干部报告个人有关事项制度,完成集中录入工作,建立抽查核实工作机制。梳理分析党政领导干部企业兼职(任职)和社团兼职(任职)情况,规范领导干部兼职行为。开展领导干部参加社会化培训专项清理整顿工作,按照规定会同有关部门和院系共同做好高收费学位教育项目自查清退工作。针对配偶子女移居国(境)外的干部,进一步完善岗位任职管理制度。继续加强与纪检监察和审计部门的沟通联系,共同落实校内巡视、领导干部诫勉谈话、述职述廉、任期经济责任审计等工作制度。

健全基层党建工作责任制。党委组织部认真落实中央《关于加强基层服务型党组织建设的意见》,制定实施复旦大学《关于建立健全基层党委党建工作责任制的实施办法》,将抓基层党建工作情况作为分党委及其主要负责人的重要考评内容。

加强基层党支部建设。2014年党委组织部发放调研问卷,覆盖全校所有院系分党委、总(直)支和132个院系教职工党支部,开展基层党建工作摸底调研。根据调研结果制定复旦大学《关于进一步加强教职工党支部建设的意见》等一批加强基层党支部建设的制度规定。编印《教职工党支部书记工作手册》《学生党支部书记工作手册》,帮助党支部书记进一步提高业务水平。

加强党员发展教育管理。党委组织部制定实施《关于加强学生党员发展和教育管理工作的实施意见》,分类设计制作《发展党员工作流程图》,进一步规范发展党员工作流程。2014年,全校发展党员927人,其中学生党员814人,教职工党员113人。42名党员办理出国出境保留党籍手续,43名留学回国党员按照程序恢复

组织生活。同时，稳妥慎重做好处置不合格党员工作，1名党员因个人原因出党，3人预备期满后被取消预备党员资格。 （李 维）

【做好迎接中央巡视组专项检查和后续整改工作】 3月31日—5月8日，中央第十二巡视组对复旦大学进行专项巡视。在校党委的统一领导下，党委组织部做好各项迎检工作，准备组织人事专题汇报，按要求落实个别谈话、基层调研、档案材料抽检等工作安排。中央巡视组向学校反馈巡视意见后，组织部针对反馈意见中指出的意见和问题，逐条逐项进行细致梳理，查找症结，提出整改的主要思路，并形成工作方案。 （李 维）

【召开中央专项巡视党建主要问题整改工作推进会】 11月28日，召开中央专项巡视党建主要问题整改工作推进会，深入学习贯彻习近平总书记在党的群众路线教育实践活动总结大会上的讲话精神，进一步推进中央专项巡视党建有关主要问题整改工作。会议由校长许宁生主持，校党委书记朱之文对推进专项巡视党建主要问题整改工作作总体部署，党委副书记陈立民、袁正宏、刘承功和尹冬梅分别对相关工作进行了具体布置。全体校领导，校党委委员、纪委委员，各单位、各部处的负责同志，在职教职工支部书记，部分校党代会代表、学生党代表、离退休党员代表和特邀党建组织员等出席会议。 （李 维）

【召开全校组织工作培训会议】 全年共组织召开2次组织工作培训会议。培训会议重点介绍学校党建工作重点和进展，及时传达新修订的《中国共产党发展党员工作细则》修订的背景、特点和内容，布置落实《复旦大学关于加强学生党员发展和教育管理工作的实施意见》，布置上海市党员党组织信息管理系统年终信息维护和统计工作。特邀党建组织员、各分党委总(直)支组织员、干事以及各单位党管系统信息员参加培训。 （李 维）

【协调做好校党政工作部门党组织设置调整工作】 校党委立足学校改革发展全局作出重要决策部署，成立学校机关党工委，统筹协调机关党的工作。党委组织部认真贯彻落实校党委的要求，精心制定校党政工作部门党组织设置和调整方案，牵头做好机关党工委设立、机构划分、人员配备、建章立制等各项工作，积极推动5个机关党总支在机关党工委的指导下有序履行职能，为发挥党组织战斗堡垒作用和党员先锋模范作用、推进实施校院两级管理体制改革和机关职能转变等工作提供组织保证。 （李 维）

【开展教职工党支部党建特色活动资助】 为进一步加强党的基层组织建设，支持和鼓励党支部活动创新，提升支部活动的吸引力和有效性，结合《复旦大学关于进一步加强教职工党支部建设的意见》要求，组织部继续在全校教职工党支部中开展党建特色活动资助的申报工作，全年共资助立项项目35个，资助金额达34 000元。（李 维）

附 录

复旦大学党委下属二级党组织一览表（排序不分先后）

分党委(31个)	基础医学院党委	力学与工程科学系党总支
中国语言文学系党委	公共卫生学院党委	护理学院党总支
外国语言文学学院党委	药学院党委	马克思主义学院党总支
新闻学院党委	附属中山医院党委	现代物理研究所党总支
历史学系党委	附属华山医院党委	先进材料实验室党总支
法学院党委	附属肿瘤医院党委	放射医学研究所党总支
哲学学院党委	附属妇产科医院党委	国际文化交流学院党总支
经济学院党委	附属儿科医院党委	继续教育学院党总支
国际关系与公共事务学院党委	附属眼耳鼻喉科医院党委	出版社党总支
管理学院党委	图书馆党委	复旦资产经营有限公司党总支
社会发展与公共政策学院党委	附属中学党委	老干部处党总支
数学科学学院党委	复华公司党委	枫林离休党总支
物理学系党委		后勤公司党总支
材料科学系党委		生物医学研究院党总支
高分子科学系党委	**党总支(19个)**	
化学系党委	复旦大学机关第一党总支	
生命科学学院党委	复旦大学机关第二党总支	**直属党支部(3个)**
信息科学与工程学院党委	复旦大学机关第三党总支	体育教学部党支部
计算机科学技术学院党委	复旦大学机关第四党总支	实验动物科学部党支部
环境科学与工程系党委	复旦大学机关第五党总支	脑科学研究院党支部

（党委组织部供稿）

党校工作

【概况】 2014年,复旦大学党委党校加强党员干部教育培训,突出理论培训、能力培训和党建工作专题培训,举办处级干部学习党的十八届三中全会精神和习近平总书记系列讲话专题培训、学习党的十八届四中全会精神专题学习培训、新任处级干部培训班、党务工作干部加强基层党组织建设专题研讨班、第16期青年干部培训班、学生工作系统青年骨干专题培训、第7期中青年骨干教师研修班,首次举办赴校外挂职锻炼干部培训班,启动新一轮教职工党支部书记轮训。全年共举办面向教职工党员和干部的培训班次10个,参加党校培训的教职工947人次;同时指导学生工作部门举办入党积极分子培训班和预备党员培训班,参加培训的学生1 479人。注重培训形式创新,首次采用情景教学的形式,提高培训的实效性,增加现场教学在各培训班次中的运用。全年到校党校作报告、与学员座谈交流的校党委领导共15人次。

组织开展党建研究。2014年,学校在市教卫党委系统党建研究课题成果评审中,共获得一、二、三等奖各1项,鼓励奖3项。在总结经验的基础上,2014年进一步完善党建研究的组织、申报、立项、评奖以及成果转化机制。学校对23个项目予以立项资助,另有10项课题作为教卫党委系统的党建研究项目予以立项,其中1项被列为重点课题,立项数继续保持全市高校领先地位。 (陈 洁)

【开通党校专题网站】 10月,党校网站上线试运行。作为党员干部学习资料平台,党校网站设新闻信息、学习参考、学习热点、党建研究、课程资料、基层动态、资料下载等7大版块25个栏目,除反映最新的培训动态、提供相关课件以外,还汇集了有关经典文献、最新政策规划、理论辅导报告、科教前沿动态,并推荐有关图书资料,为党员干部经常性学习提供帮助。 (陈 洁)

宣传工作

【概况】 2014年,党委宣传部紧密围绕党的群众路线教育实践活动和中央专项巡视工作的具体部署,努力聚焦建设世界一流大学的奋斗目标,不断深化理论学习、舆论宣传、文明创建和文化建设等各项工作,在思想作风、服务态度、工作效能、内部建设等方面均取得了新成效和新进展。

深入开展政治理论教育,注重思想建设。全年组织校党委中心组扩大学习5次,集中开展全校中层以上干部的理论学习,着力加强理想信念教育、党性教育和群众观点教育,进一步坚定中国特色社会主义的道路自信、理论自信、制度自信,在全校营造良好的理论学习氛围。

切实推进理论研究,注重理论创新。发挥学校学科综合和人才优势,围绕经济、政治、文化、社会和生态文明建设"五位一体"总体布局和国家战略,组织专家特别是中青年学者开展理论专题研究。组织专家学者撰写的"中国特色社会主义理论体系五大建设"丛书(共计11本),在上海书展上被列为社科类重点图书展出,广获好评。为纪念邓小平诞辰110周年组织专家遴选复旦大学30余年来人文社科专家学者已发表的关于邓小平理论研究的重要文章,先后召开6次编委会会议,历时大半年时间,集结出版《中国智慧:邓小平与中国特色社会主义》。

深入开展舆情访谈,注重舆情研判。围绕党的十八届四中全会精神和习近平总书记系列重要讲话精神的学习,不定期地与学校相关智库举办学术沙龙,形成系列理论成果。主动结合时政热点,多次采访相关专家、学者和学生,及时整理访谈成果报送市委宣传部和市教卫党委等主管部门,得到充分肯定。

及时编发学习资料,注重服务意识。全年编写《中心组学习参考》10期(近60万字)、《复旦理论动态》30期(近30万字)、《党委中心组学习资料汇编》4期(近40万字),为校、院党委中心组提供丰富的学习参考资料。全年为校党委中心组成员每人提供21本图书,为院系、附属医院二级单位党委中心组主要成员每人提供4本图书。为专家、学者征订2015年《人民日报》、《光明日报》、《新华每日电讯》、《解放日报》、《文汇报》和《求是》等报刊近300份,进一步加大为教师服务的力度。

加强意识形态阵地管理,注重教师思想政治工作。围绕培育践行社会主义核心价值观和教师思想政治工作,认真落实校党代会提案,在多次召开部分教师座谈会、部分分党委书记座谈会的基础上制定《复旦大学关于进一步加强和改进教师思想政治工作的意见》。

坚持典型引路,注重师德师风建设。探索师德师风工作新载体,推送的"研究生心目中的好导师"项目获评为2014年上海教育系统师德建设特色项目,并获最高人气奖;教师先进典型钟扬被评为2014年全国对口支援西藏先进个人,是上海的4位获奖者之一,也是全国教育系统的唯一代表。

坚持文化育人,开展多种形式的主题教育活动。通过组织和开展"纪念邓小平诞辰110周年"、"纪念卢鹤绂教授诞辰100周年"等主题教育活动,进一步激发师生服务国家、服务社会的情怀,在校内外取得良好反响;结合校史、校训教育强化学生爱国荣校的意识,与本科生工作部、研究生工作部等共同推进本科生新生和研究生新生入学校史教育,稳步开展校史馆日常讲解教育工作。积极对外扩展校史教育,复旦大学校训获得中央电视台"新闻联播"和光明日报专门报道。

对接师生文化需求,做好文化资源的配送和服务工作。调动展览资源,通过举办"文明·梦想——明代名士笔下的中华传统文化"书画展活动、"观·价值:热贡唐卡精神世界的文化认同——世界非物质文化遗产热贡唐卡精品特展"、"人民科学家——钱学森专题展"等多次主题展览,拓展文化资源的配送渠道,提升文化场馆的育人功能。

通过中央媒体密集传播复旦形象、发出复旦声音。在推动学校改革发展成果、专家学者观点在中央媒体名媒体、名栏目、重点版面刊发工作上取得重要突破。全年在中央媒体推送报道534条，较2013年（344条）增长55.2%，包括在中央电视台新闻频道刊发报道17条（含3条"新闻联播"），在《人民日报》及人民网上刊发报道62条（含头版头条2条），在《光明日报》上刊发报道61条（含头版报道9条），在《中国教育报》上刊发报道36条（含头版报道6条，其中3条为头版头条）。加强对新闻事件、学术活动、典型人物的报道，与部分中央媒体的评论版、理论版建立合作关系，拓宽学校稿件的刊发渠道和类型，部分长篇、整版稿件刊发后引发广泛社会关注。截至2014年12月31日，在各类媒体上刊发新闻计76.1万条，较2013年（41.4万条）增长83.8%。

坚持舆论导向，维护复旦声誉。2014年，涉及复旦大学高烈度恶性负面舆情事件超过15起。对高频突发的舆情，开展全口径监控搜索，对多数恶意造谣、中伤失实信息，均在第一时间从源头上予以清除；部分舆情扩散后，力求做到"能澄清的及时发声，能清除的务必无痕，能降温的深埋处置，能消化的即刻对冲"。2014年所有涉校危机舆情持续时间均控制在48小时以内；除极个别事件外，基本做到负面消息中央和本地媒体零落地，把恶性事件对复旦声誉的影响降到最低。

面向基层教学科研一线做好新闻服务。全年向媒体推送基层新闻线索400余条，与院系、课题组共同包装选题，为专家学者建立通往媒体面向大众的桥梁，使新闻线索更具生命力和吸引力。

推动媒体战略合作，有力支撑学校学科发展、人才培养等中心工作。2014年度，与人民日报、新华社、光明日报、中国日报、社会科学报等中央媒体建立良好的合作关系，逐项确保合作领域涵盖人才培养与就业、智库成果推介与社会化、学科发展与前沿成果展示等领域，提升合作战略站位，充实合作战略内涵，建立经常性沟通机制。

加强网络阵地建设。初步完善校园新媒体的审核机制，协助65家基层单位完成微信、微博认证，实现对校园新媒体群的有效管理；初步完成英文网站建设，英文网站85%以上对应中文网站并作更适合对外语境的重写，完成校对、编译30余万字，英文新闻更新频率在全国高校领先；全年学校官方网站发布新闻2 298条，发布校园学术文化活动881条，制作社会主义核心价值观、十八届四中全会、国家扶贫日、国家宪法日等多个网站专题，获颁上海市第六届优秀网站、教育部百佳网站；2014年拍摄录制学术文化视频180余场，累计记录保存学术文化视频近1 300部，并依托易班网络"讲堂"，传播核心价值和优秀文化，获颁易班十大网络名师。

创新运用网络新媒体，服务广大师生用户。2014年，学校官方微博吸引粉丝超过61.2万人，官方微博获评新浪"2014上半年度十大最具影响力官方微博"、"校园微博创新价值奖"。人人网公共主页吸引好友近7.7万人。响应党代会提案要求，开通微信公共账号新增订阅4.1万余人，基本覆盖了大部分师生、校友和有意报考及喜爱我校的读者，发挥传播核心和情感纽带作用。

（姚志骅）

【举行文化建设委员会第十八次会议】 4月24日，复旦大学文化建设委员会在复旦大学校友俱乐部举行第十八次会议，会议由文化建设委员会副主任、校党委宣传部部长萧思健主持，校党委副书记、文化建设委员会主任刘承功出席会议并讲话。文化建设委员办公室首先向委员们汇报文化建设委员会2014年的工作要点，详细通报《复旦大学2014年校园文化系列活动》、《纪念邓小平同志诞辰110周年系列活动》、《复旦大学纪念卢鹤绂先生诞辰100周年系列活动》等活动方案。与会成员还围绕近期本单位文化建设工作展开交流和讨论。

（陆长玮）

【举办"文明·梦想——明代名士笔下的中华传统文化"专题展览】 该展览于5月27日在复旦大学蔡冠深人文馆开幕，由复旦大学文化建设委员会和台湾何创时基金会联合主办，并得到复旦中凯文化建设基金支持。展出作品均由台湾何创时书法艺术基金会提供，包括徐光启、顾炎武、黄宗羲、李时珍、张居正等明代名士的书画作品52件。书画展不仅吸引书画爱好者前来鉴赏，还有助于在广大学子中激活中华传统文化的精神基因，引导他们探寻社会主义核心价值观的文化根源，在"深刻理解"和"准确把握"的基础上，明确践行社会主义核心价值观的时代责任和努力方向。

（陆长玮）

【举行2014年首次宣传工作会议】 9月25日，2014年秋季学期首次全校宣传工作会议在光华楼东辅楼国际文化交流学院503教室举行。来自全校40余家院系单位的宣传干部出席会议，校党委副书记刘承功出席会议并讲话。会上，刘承功对近期学校宣传工作提出五点要求：第一，为进一步总结全校师生在意识形态领域存在的突出问题，提升师生思想政治工作水平并形成长效机制；第二，院系两级管理工作要在意识形态方面形成两级责任制；第三，落实《关于进一步加强和改进教师思想政治工作的意见》的文件精神；第四，抓好政治理论学习，完善两级中心组的学习制度和学习效果；第五，各院系要充分利用110周年校庆的契机，做好院史系史的梳理工作，形成一些固化的成果。

（姚志骅）

附 录

复旦大学2014亮点十组数字

1 部大学章程成效

10月11日，《复旦大学章程》经教育部核准发布，正式生效。

2 部学术名著出版外文版

葛兆光所著《中国思想史》第一卷英文版，经复旦大学出版社授权、由国际一流学术出版公司Brill历时5年翻译，于2月正式出版，并向全球公开发售。

章培恒、骆玉明主编的《中国文学史新著》日文版下卷，由日本关西大学出版部于5月正式出版，该书日文版全卷历时5年至此出齐。

6位外国政要来访

5月17日，法国外长法比尤斯登上"复旦法兰西论坛"，作题为"面对气候失序，人类如何保护环境"的演讲。

5月20日，巴基斯坦总统侯赛因来访，出席《乌尔都语汉语词典》新书发布会。

5月22日，联合国秘书长潘基文来访，发表题为"我们想要一个什么样的世界——以联合国和普通公民的视角"的演讲。

9月9日，美国前总统卡特来访，作主题为"中美关系的认识与展望"的演讲。

10月28日，荷兰外贸和发展合作部长普璐曼来访，作题为"从单一的'传统发展援助'过渡到复合型'援助、贸易及投资一体化'"的演讲。

12月12日，爱尔兰总统希金斯来访，作题为"新全球秩序的出现与多边体系的重要性"的演讲。

创下11个"第一"

2月15日，来自全国200多所中学的311名优秀农村学子参加了我校"腾飞计划"体验营。"腾飞计划"是我校出台的面向优秀应届农村户籍学生的自主招生试点项目，不少于300名的招生名额也使我校成为国内顶尖高校中第一个将招生计划的10%名额定向投放给农村考生的大学。

3月22日，我校MBA代表队获"2014年全球数字医疗商业大赛"冠军，这是中国商学院第一次在该项赛事中夺冠。

4月1日，我校登陆全球MOOCs（慕课）平台的第一门课程"大数据与信息传播"在Coursera平台正式上线。

7月17日，信息学院徐丰被IEEE遥感学会授予2014年度青年成就奖，这是该奖第一次授予亚洲学者。

8月15日，化学系孔继烈领衔的"基于微流控芯片的智能微型化病原体核酸检测仪研制"获评2014年高校自然基金国家重大科研仪器研制项目，这是我校第一次获得国家自然基金重大仪器专项。

11月6日，我校《预防医学》慕课课程在中国大学MOOC—爱课程网正式上线，成为国内第一门《预防医学》慕课。

裘锡圭主编的《长沙马王堆汉墓简帛集成》，由中华书局于11月正式出版，第一次全面整理并完整公布马王堆出土的所有简帛资料。

11月29日，2014复旦管理学奖颁奖，第一次设立"复旦企业管理杰出贡献奖"。

12月6—7日，第一届中国大学智库论坛年会在我校举行。

12月1日，我校获2014年度高等学校科学研究优秀成果奖一等奖6项，二等奖12项，其中自然科学奖一等奖5项，获奖总数列全国第一。

12月16日，我校牵头、社政学院彭希哲领衔的"应对老龄社会的基础科学问题研究"正式启动，这是我校人文社科领域第一个国家自然科学基金重大项目。

新成立12个科研机构

国家级——

6月7日，治疗性疫苗国家工程实验室在上海医学院启动建设。

其他——

3月5日，复旦大学国际刑法研究中心成立。

3月28日，小动物活体影像示范实验室落户上海医学院。

3月30日，上海市数据科学重点实验室在计算机学院成立。

5月15日，复旦大学法国研究中心成立。

5月20日，上海市循证护理中心落户护理学院。

6月2日，中法应用数学国际联合实验室在我校揭牌。

6月7日，复旦大学医学形态学平台"两馆一中心"——人体科学馆、病理标本博物馆、临床解剖中心揭牌。

8月15日，复旦大学—甘肃丝绸之路经济带协同发展研究院成立。

11月8日，复旦大学城市发展研究院成立。

11月30日，复旦大学中华古籍保护研究院成立

12月1日，复旦大学人类学民族学研究所成立。

发表15篇以上国际一流论文

1月27日，信息学院仇志军、刘冉课题组关于有机薄膜晶体管性能稳定性机制突破性进展的研究成果在《自然·通讯》上发表。

1月29日，基础医学院姜世勃团队关于一种可抵抗"中东呼吸系统综合征冠状病毒"的高效多肽抑制剂的研究成果在《自然·通讯》上发表。

2月10日，药学院石乐明团队关于大鼠基因功能图谱的研究成果在《自然·通讯》上发表。

3月2日，物理系张远波团队关于黑磷场效应晶体管的研究成果在《自然·纳米技术》上发表。

3月5日，环境系唐幸福团队关于从原子电子态深层次地解决一些关键的环境催化问题的研究成果在《德国应用化学》上发表。

3月6日，复旦大学和哈佛合作的研究成果"HFM1基因突变导致隐性遗传卵巢早衰"在《新英格兰医学杂志》上发表。

5月30日，高分子系彭慧胜团队关于一种制备织物太阳能电池的新方法的研究成果，被《科学》给予专门报道，此前该成果已在《德国应用化学》上发表。

6月19日，上海医学院沙红英、朱剑虹课题组与安徽医科大学等合作的关于遗传性线粒体疾病治疗突破性进展的研究成果在《细胞》上发表。

8月21日，信息学院余建军、迟楠课题组关于高速全光奈奎斯特信号的产生与全带宽相干探测的研究成果在《自然·科学报告》上发表。

8月31日，生命学院钟涛团队关于心脏和细胞纤毛生物学领域突破性进展的研究成果在《自然·细胞生物学》上发表。

8月31日，物理系吴施伟、刘韡韬课题组等关于以"折纸"方式操控双层二硫化钼电子态的研究成果在《自然·纳米技术》上发表。

10月23日,化学系周鸣飞团队关于IX价铱化合物的表征的研究成果在《自然》上发表。

11月10日,环境系刘燕团队等关于河口水库微生物多样性研究重要进展的研究成果在《自然·科学报告》上发表。

11月11日,生物医学研究院徐彦辉团队关于"DNMT3A"蛋白酶在人体基因DNA上精确建立甲基化修饰的机制的研究成果在《自然》上发表。

11月18日,先进材料实验室郑耿锋团队关于水分解催化剂领域重要进展的研究成果在《先进能源材料》上发表。

签署15项合作协议

1月23日,与蚌埠市政府签署全面合作协议。

2月20日,与中国商业飞机有限公司签署战略合作框架协议。

2月24日,与厦门市政府、厦门大学签署"两校一市"深化战略合作协议。

3月31日,与布鲁塞尔自由大学签署合作建设布鲁塞尔中欧研究院备忘录。

4月29日,与米兰世博会中国企业联合馆执委会签署合作备忘录。

5月9日,与福州市政府签署全面合作协议。

5月19日,与法国奥尔良大学签署校际交流合作协议。

6月17日,与英国Future Learn公司就慕课建设签署合作备忘录。

7月17日,与贵州省政府签署战略合作协议。

7月25日,与山东省政府签署战略合作协议。

9月24日,与英国诺丁汉大学签署新汉学研究院合作协议。

9月26日,与法国巴黎高等师范学院签署人文领域合作协议。

10月25日,与俄罗斯乌拉尔联邦大学签署合作协议。同日,我校与上海市高级人民法院签署共建战略合作协议。

12月9日,与中国日报社签署战略合作框架协议。

21位优秀个人获表彰

1月6日,化学系侯军利获中国化学会青年化学奖。

3月4日,先进材料实验室博士生仰志斌当选"2013上海大学生年度人物"。

8月25日,生命学院钟扬获评全国对口支援西藏先进个人。

9月4日,顾问教授谭沪伦获2014年上海市白玉兰纪念奖。

9月10日,数学学院陈纪修获评"全国模范教师"。

9月13日,物理系赵俊获"求是杰出青年学者奖"。

9月26日,化学系邓勇辉、生物医学研究院徐彦辉、基础医学院王满宁、公卫学院阚海东获第7届"上海青年科技英才"称号。

9月29日,顾问教授Scot Laurence Friedman获2014年中国政府友谊奖。

10月23日,计算机学院姜育刚获国际计算机学会(ACM)中国新星奖。

10月29日,数学学院陈恕行获2014年度何梁何利"科学与技术进步奖"。

11月6日,经济学院伍柏麟、外文学院陆谷孙获第12届上海哲学社会科学优秀成果学术贡献奖。

11月14日,化学系赵东元获宝钢优秀教师特等奖,其博士生孔彪获宝钢教育基金优秀学生奖学金特等奖。

11月24日,史地所葛剑雄、哲学学院吴晓明获评"2014年上海市优秀社科普及专家"。

12月10日,外文学院陆谷孙、中文系王安忆获第6届"上海文学艺术奖"杰出贡献奖。

12月13日,高分子系彭慧胜当选第17届"上海十大杰出青年"。

确定88条整改事项

1月6日,校党委印发《复旦大学党政领导班子党的群众路线教育实践活动整改工作方案》,确定6个方面、45条整改事项,所有整改事项均确定了相应的校党委常委作为牵头落实人,并明确了责任部门。

10月10日,复旦大学向社会公布《中共复旦大学委员会关于巡视整改情况的通报》,确定10个方面、43条整改事项,所有整改事项均确定了相应的校党委常委作为牵头落实人,并明确了责任部门。

收获120多项重量级科研教学奖项

1月8日,2013年度中华医学科技奖揭晓,我校获二等奖2项、三等奖3项、卫生政策奖1项。

4月1日,2013年度上海市科学技术奖励大会举行,我校获一等奖3项、二等奖12项、三等奖6项。

9月9日,复旦大学牵头的《我国临床医学教育综合改革的探索和创新》项目获国家教学成果特等奖。

9月13日,哲学学院陈学明等的著作《中国为什么还需要马克思主义——答关于马克思主义的十大疑问》获第十三届精神文明建设"五个一工程"图书奖。

9月15日,生命学院吴燕华获第二届全国高校青年教师教学竞赛理科组一等奖。

11月6日,获第十届邓小平理论研究和宣传优秀成果奖17项、第十二届上海市哲学社会科学优秀成果奖79项(不含内部探讨奖)。

2014年党委中心组学习一览表

时 间	主 题	学习形式	学习地点
3月25日	学习中共第十八届中央纪委三次全会精神以及中央关于建立健全惩治和预防腐败体系工作等精神,深入推进学校党风廉政建设	党委中心组集体学习	逸夫楼一楼圆桌会议室

续表

时间	主题	学习形式	学习地点
3月28日	经济学院孙立坚教授围绕十八届三中全会精神和中国(上海)自由贸易试验区建设作辅导报告	党委中心组扩大学习	逸夫楼一楼报告厅
10月9日	学习习近平总书记在党的群众路线教育实践活动总结大会上的讲话	党委中心组集体学习	学校党委办公室
11月4日	著名军事专家尹卓少将作"我国周边安全形势与钓鱼岛问题"辅导报告	党委中心组扩大学习	光华楼东辅楼102报告厅
12月4日	法学院潘伟杰教授作"维护宪法权威以推进当代中国法治国家建设进程"辅导报告	党委中心组扩大学习	光华楼东辅楼102报告厅

2014年复旦大学举办橱窗展一览表

序号	主办单位	展览主题
1	宣传部	2013年十大校园新闻 & 年度图片
2	妇委会	复旦梦 巾帼魂
3	艺教中心	美术类课程与社团学生习作小览
4	生物医学研究院	追求卓越 勇创一流
5	体教部	发扬体育精神 展示青春风采
6	文史研究院	复旦大学文史研究院——六周年
7	化学系	成果浩海上,育苗青天下——吴浩青先生诞辰100周年图片展
8	武装部	中国梦·强军梦·复旦梦 学子携笔从戎去
9	外联处	复旦校友返校月 汇聚校友 感恩母校 放飞梦想 励志前行
10	宣传部	中国现代物理学开拓者 卢鹤绂先生诞辰100周年
11	世界经济所	五十载风雨兼程铸辉煌 半世纪薪火传承谱新篇 复旦大学世界经济研究所成立五十周年展
12	学工部	对接国家战略产业前言 实现复旦人的价值理想——复旦大学2014届优秀毕业生赴国家重点单位就业风采展
13	宣传部	尊重知识 尊重人才——纪念邓小平同志诞辰110周年
14	国交学院	孔子学院10周年
15	信息学院	追求光明的复旦人
16	国务学院	甲辰经纶历辉煌 笃志治学铸华章
17	校团委	医手为民 青春昂扬
18	法学院	复旦法科教育一百年
19	党委宣传部	丰碑——复旦英烈展
20	复旦教育发展基金会	1017,邀您一起

2014年复旦大学东方讲坛一览表

序号	主讲人	题目	时间	地点
1	毛炜青(上海测绘院地理信息中心总工程师)	智慧城市的基石——地理信息云平台	10月27日	光华楼东辅楼103
2	陈正惠(西气东输管道公司党委委员、副总经理)	能源与内政外交——天然气背后的国家战略	10月28日	光华楼西辅楼104
3	陈海波(上海市电力公司总工程师)	维持城市生命力的国家电网	10月30日	光华楼东辅楼103
4	董明峰(上海市交通设计研究院院长)	建造和谐交通环境	11月4日	光华楼西辅楼104
5	石崧(上海城市设计研究院发展中心主任)	决定城市未来空间发展的上海城市规划	11月6日	复旦大学光华楼西辅楼104
6	陈丕军(宝钢集团总经理助理、中央研究院院长)	铸就共和国的钢铁脊梁	11月11日	复旦大学光华楼西辅楼104

(党委宣传部供稿)

统战工作

统战工作

【概况】 2014年,党委统战部以党的十八大、十八届三中、四中全会精神为指导,以开展党的群众路线教育实践活动为抓手,以落实专项巡视整改工作为契机,围绕党委中心工作"全面深化改革,加快事业发展"总目标,团结凝聚学校三千多名统战成员,建设稳定和谐的校园。

在市委统战部统一部署下,开展学校党外代表人士和党外优秀人才专项调研工作,全面考察学校已有党外人才队伍,完成"大、中、小名单"信息报送及核对工作。

加强对学校党外人士的培养工作。组织党外人士共计281人次参加校内各类培训,派遣16名党外同志参加市委党校、市社会主义学院等培训学习,推荐2015年赴浦东和宝山挂职干部各1名。同时完成调研课题"高校党外代表人士培养工作的现状和对策思考——以上海六高校为例"等。

筹备2015年全校统战工作会议。深入院系和党派团体基层组织调研,听取党内外人员意见,完成工作报告及相关会议文件起草、统战工作先进集体和个人(党内)、统一战线先进集体和个人(党外)的评选等环节的准备工作。

继续落实《党外代表人士双月谈会制度》和《民主党派、群众团体主要负责人联席会议制度》,全年共召开2次党外代表人士双月座谈会,举办1次党派团体负责人联席会议。

民主党派工作方面,参加各民主党派、群众团体大委、分委及支部组织的各类会议、活动等共32次,并做好相关支持协调工作。5月,支持九三学社复旦大学委员会成功举办九三学社上海高校论坛第51次会议,论坛主题为"新时期大学生综合素质的培养和新路径"。11月,协助配合九三学社邯郸分委会与九三学社杨浦区委合作,承办以"抓机遇、促发展、构和谐"为主题的"2014年度知识杨浦九三论坛"。与杨浦区委统战部合作,支持民建、农工党、致公党、九三学社等部分民主党派与杨浦区开展区校共建,并于5月7日在"2014年杨浦区民主党派工作会议"上签署合作共建协议书。

无党派代表人士工作方面,3月,启动无党派人士"坚持中国特色社会主义学习实践活动",开展理论学习、专题座谈、实践考察等活动。

民族宗教工作方面,帮困资助共计58名少数民族学生。举办2次民族与宗教理论研究方面的高级论坛:与中国统战理论研究会民族宗教理论甘肃省研究基地联合举办"中国民族政策的回顾与展望"高层民族论坛,与中联办、中央统战部二局、国家宗教局等,联合举办第十届"基督宗教在当代中国的社会作用及其影响"高级论坛。建立杨浦区高校民族宗教工作联动机制。举办校民族联大委分委干部培训班,组织相关考察活动,深入学习领会新时期党的民族政策。

侨务、侨联工作方面,全年认定归侨10名;两次共派10名同志参加市侨办"侨界医疗专家送医下社区(郊区)"咨询服务活动;配合市侨联举办"中国侨界杰出人物——葛均波先进事迹报告会";与校侨联联合组织参加上海市侨界"侨与中国梦"主题演讲比赛,校新侨代表、生命科学院教授杨青题为"做中国梦的追梦者"的演讲获得一等奖。开展学校留学归国人员工作课题调研,完成"复旦大学新归侨群体个人事业发展状况"的课题调研报告。

港澳台工作方面,配合上海市海联会举办香港特别行政区教育局"薪火相传"香港中学生内地交流活动复旦专场;组织学校部分港澳台学生参加上海市海联会和上海市高校海联会举办的"爱我中华——在沪港澳台大学生夏令营";协助市侨办举办"2014年优秀华裔大学生文化参访团"等活动;配合全国台联、市台联召开对台工作专题调研座谈会;配合市台盟来校召开台胞师生座谈会。

欧美同学会复旦分会工作方面,文、理、医等3个专委会共发展新会员23名,其中青年千人5名,国家千人1名,平均年龄40岁。截至2014年底,复旦分会总人数达653人。文、理、医各专委会积极组织迎新团拜活动,吸引学校留学归国人员参与活动。分会还组织部分退休学长,举办"漫谈复旦名师之路"座谈活动。

统战理论研究方面,开展与杨浦区社会主义学院共建工作。全年共编辑出版《统战研究文摘》12期,编撰出版《统一战线理论与实践前沿:2014》;举办沙龙研讨7次;配合市侨办、国侨办承办各1期侨领培训班;完成9项课题等。

部门自身建设方面,制订完善《党委统战部党风廉政建设责任具体内容》、《党委统战部领导班子贯彻执行"三重一大"制度的规定》、《党外代表人士"双月座谈会"制度》、《民主党派、群众团体主要负责人联席会议制度》等14项规章制度。认真落实党风廉政建设责任制,有计划、有落实、有自查。

继续做好统战系统老同志慰问工作。1月,举办统战系统老同志迎春茶话会,全年通过走访、团拜等形式慰问各类统战代表人士300余人次。

经学校统战部举荐,社会发展与公共政策学院教授胡守钧获聘上海市文史馆馆员;国际关系与公共事务学院教授徐以骅获聘中央统战部专家咨询组成员(宗教);数学学院教授郭坤宇获聘上海市检察院廉政监督员;附属华山医院教授吕元、法学院副教授白江获聘上海市特约检察员。

(邱 悦)

【举行无党派人士开展坚持和发展中国特色社会主义学习实践活动】 该活动于3月14日在光华楼东主楼101会议室召开。校党委副书记陈立民出席大会并作动员讲话,美国研究中心教授吴心伯作专题讲座。复旦大学无党派人士、中青年知识分子联谊会会员近40人参加动员大会。

(聂园园)

【举办杨浦区2014年侨法宣传月主题

活动】该活动于3月24日在光华楼举行。上海市人民政府侨务办公室副主任蔡建国，杨浦区副区长丁欢欢、校党委副书记陈立民等出席活动，杨浦区、五角场、复旦大学等单位的侨务干部和侨联会员近200人参会。蔡建国、陈立民为复旦大学"侨法宣传角"揭牌；丁欢欢向全区设有"侨法宣传角"的社区和单位赠送侨法宣传书籍；区侨办、区侨联、复旦大学统战部和五角场街道党工委四方联合签定为五角场社区的复旦大学早期归侨结对服务的共建协议。

（包一敏）

【**召开党派团体负责人联席会议**】4月23日，复旦大学各民主党派、群众团体主要负责人联席会议在逸夫楼圆桌会议室召开。学校民革、民盟、民建、民进、农工党、致公党、九三学社7个党派大委和分委的主委，以及校侨联、知联会、民族联、欧美同学会等群众团体的主要负责人共22位同志参加会议。会上，党委统战部部长张骏楠回顾介绍2014年统战部重点工作，与会党派团体负责人就相关工作展开交流。

（包一敏）

【**举办2014年民主党派新成员培训班**】5月9日，民主党派新成员培训班开班。复旦大学党委副书记、党校副校长陈立民出席并作动员报告。2012年、2013年新加入民主党派的共70多名成员参加培训。国际关系与公共事务学院教授浦兴祖、副教授郑长忠分别作"中国共产党领导的多党合作与政治协商制度"、"中国特色社会主义理论体系"的专题报告。

（余伟）

【**召开党外代表人士双月座谈会**】10月14日，复旦大学党外代表人士双月座谈会在逸夫楼圆桌会议室召开。各民主党派大委、分委正副主委和无党派人士代表、校群众团体党外主要负责人近30人参会。校党委书记朱之文向与会党外同志通报学校落实中央巡视组反馈意见和开展专项巡视整改工作的情况。

（包一敏）

【**举行上海市欧美同学会复旦分会理事扩大会议**】11月17日，上海市欧美同学会复旦分会第五届理事会第四次扩大会议在复旦大学马锦明楼召开。市欧美同学会常务副会长、复旦分会会长彭裕文出席会议并讲话。复旦分会常务副会长马兰主持会议。复旦分会近30位理事和会员代表参加会议。会上，彭裕文向与会理事、会员代表通报近期上海市欧美同学会工作信息，并谈及复旦分会后续工作重点及要求。复旦分会副会长兼秘书长程能能汇报复旦分会2014年工作总结及2015年工作要点。

（包一敏）

附录

复旦大学当选全国和上海市、区人大代表名录

一、第十二届全国人大（2013年3月5日）
代　　表：朱之文　许宁生　马　兰（女）

二、上海市第十四届人大（2013年1月27日）
常委会副主任：蔡达峰
代　　表：杨玉良　　　陈晓漫　丁　强
　　　　　孙晓雷（学生）陈建安　王文平
　　　　　徐丛剑　　　钱菊英　杨　新

三、区人大
1. 上海市杨浦区第十五届人大（2012年1月9日）
　　常　委：许征（女）　臧志军
　　代　表：陈思和　周鲁卫　曾凡越（学生）
　　　　　　孙晓屏（女）李秋明
2. 上海市徐汇区第十五届人大（2012年1月4日）
　　常　委：王小林
　　代　表：桂永浩　樊嘉　胡雁（女）
　　　　　　吴炅
3. 上海市静安区第十五届人大（2012年1月5日）
　　代　表：邵建华（2013年6月5日补选）
4. 上海市黄浦区第一届人大（2011年10月10日）
　　代　表：李笑天（2013年6月24日补选）
5. 上海市长宁区第十五届人大（2012年1月8日）
　　代　表：崔彩梅（女）
6. 上海市闵行区第五届人大（2012年1月7日）
　　代　表：黄国英
7. 上海市宝山区第七届人大（2012年1月5日）
　　代　表：汪志明（2013年10月31日补选）

复旦大学担任全国和上海市、区政协委员名录

一、第十一届全国政协（2013年3月3日）
常　　委：葛剑雄　蔡达峰
委　　员：孙南申　周梁　葛均波
　　　　　郑珊（女）　王安忆（女）

二、上海市第十一届政协（2013年1月26日）
常　　委：林尚立　吕元　朱同玉　吴毅
　　　　　梁鸿　贺鹤勇
委　　员：金力　吴晓明　臧志军　丁光宏
　　　　　周蓓华（女）　郭坤宇　王祥荣
　　　　　许剑民　龚新高　王德辉　干杏娣
　　　　　金国新　唐颐　左伋　陈旭
　　　　　卢丽安（女）　徐以骅
　　　　　邹云增

三、区政协
1. 上海市杨浦区第十三届政协（2012年1月4日）
　　常　委：应质峰（女）葛宏波　谢毅
　　副秘书长：李双龙
　　委　员：任琳芳（女）　李斌（女）
　　　　　　许晓茵（女）　司徒琪蕙（女）
　　　　　　吴晓晖　马涛　戴晓芙（女）

赵立行　宓詠　孙向晨

2. 上海市徐汇区第十三届政协(2012年1月3日)

  常　　　委：钱序(女)　邵志敏

  委　　　员：章滨云　徐建江(女)　梁春敏(女)

      许剑民　陈旭　潘俊(女)

3. 上海市虹口区第十三届政协(2012年1月7日)

  常　　　委：谢识予

  委　　　员：郭建　范丽珠(女)　朱胜林

      肖巍

4. 上海市浦东新区第五届政协(2012年1月5日)

  常　　　委：叶德泳

  委　　　员：任俊彦　张宏鸣

5. 上海市静安区第十三届政协(2012年1月7日)

  常　　　委：顾小萍(女)

  委　　　员：王怡(女)　李益明　胡祖鹏

      陈世益　史虹莉(女)

6. 上海市长宁区第十三届政协(2012年1月7日)

  委　　　员：朱隽　倪旭东

7. 上海市宝山区第七届政协(2012年1月8日)

  委　　　员：汪文德

8. 上海市黄浦区第一届政协(2011年10月8日)

  委　　　员：华克勤(女)

      白江(2013年1月18日增补)

9. 上海市闵行区第五届政协(2012年1月4日)

  委　　　员：马芳芳(女)　许政敏

10. 上海市嘉定区第五届政协(2012年1月4日)

  委　　　员：赵振兴

上海市人民政府参事室参事

葛剑雄　孙南申

上海市文史馆馆员

陈绛　姜义华　邹逸麟　吴景平　周振鹤

葛兆光　胡守均

民主党派工作

【概况】2014年,中国国民党革命委员会(民革)、中国民主同盟(民盟)、中国民主建国会(民建)、中国民主促进会(民进)、中国农工民主党(农工党)、中国致公党(致公党)、九三学社等7个民主党派复旦大学委员会在校党委统战部指导下,继续深入开展群众路线教育实践活动,在思想建设、组织建设、参政议政、服务社会等方面开展一系列富有成效的工作。

思想建设方面,组织加强政治理论学习,开展形式多样的学习考察和交流活动。5月15日,九三学社复旦大学委员会承办以"新时期大学生综合素质的培养和新路径"为主题的九三学社上海高校论坛第51次会议。6月11日,民盟枫林分委会举办"民盟历史和当今发展道路"专题学习考察活动。12月2日,民建复旦大学委员会邯郸总支在复旦大学党派会议室,召开主题为"聚焦依法治国,学习十八届四中全会精神"的学习报告会,民建会员、复旦大学法学院赵立行教授作题为"为什么要依法治国"的主题报告。

组织建设方面,校各民主党派认真做好发展会员、组织生活、干部会议等日常工作。4月15日,致公党复旦大学邯郸支部召开组织生活会,商讨致公党邯郸支部成立三十周年纪念活动。9月28日,民革邯郸支部召开"迎国庆、贺重阳"组织生活会。10月21日,民建邯郸总支召开组织生活会,传达民建市委工作精神,共议学校管理工作。12月4日,农工党复旦大学邯郸分委会党员召开全体党员会议,学习贯彻中共十八大四中全会精神,落实参政议政工作。12月25日,民盟复旦大学枫林分委妇产科医院支部举行成立大会。

参政议政和服务社会方面,12月3日,民进复旦邯郸支部在宝山举行"2014创新教育论坛",主题为"环境保护与新闻热点——大家谈"。12月5日,九三学社复旦大学枫林分委会医疗专家赴安徽黄山区开展义诊活动。

开展各类联情联谊活动。4月11日,九三学社邯郸校区分委组织社员参观吴淞海军上海水警区。10月25日,九三学社邯郸校区分委组织社员赴嘉兴参观考察。10月28日,致公党邯郸支部举办重阳节敬老活动。11月10日,民建复旦大学委员会的6位女会员参加由上海市民建妇女委员会主办的"上海民建女会员读书会——悦读生活"活动。

民盟复旦委员会被民盟中央评为中国民主同盟基层组织建设先进基层组织,并获得"民盟上海市委思想宣传工作先进集体"称号;民建复旦大学委员会获得民建市委2014年度宣传工作先进集体三等奖、民建市委暖心活动项目组织奖;九三学社枫林分委主委周国民获得九三学社中央组织部颁发的先进组工干部称号;孙南申获评民盟上海市委思想宣传工作优秀通讯员;李双龙获评2014年致公党上海市委参政议政先进个人;时莉娜、莫晓芬获评2014年致公党上海市委优秀党员;陈旭获评2014年台盟市委参政议政积极分子;潘艳获评2014年台盟市委参政议政先进个人。2013年12月北京召开全国第九次归侨侨眷代表大会,葛均波获得"中国侨界杰出人物"称号,贺鹤勇获得"全国归侨侨眷先进个人"称号。

（邱悦）

【举办九三学社上海高校论坛第51次会议】5月15日,九三学社上海高校论坛第51次会议在复旦大学枫林校区召开。由九三学社上海市委员会主办,九三学社复旦大学委员会承办。主题为"新时期大学生综合素质的培养和新路径"。九三学社中央副主席、九三学社上海市委主委赵雯,复旦大学党委书记朱之文,九三学社上海市委原副主委、复旦大学脑科学研究院教授杨雄里,九三学社上海市委副主委、复旦大学委员会主委葛均波等出席会议。全市各高校的九三学社成员100多名参会。会上，上海市人民政府参事、文艺评论家毛时安和葛均波分别作"求学问道：从门外看大学"和"新时期大学生综合素质的培养和新路径"的主旨发言。

（包一敏）

【举行"2014创新教育论坛"】 12月3日，"2014创新教育论坛"在上海市宝山行知中学举行，主题为"环境保护与新闻热点——大家谈"。由民进复旦大学邯郸支部与民进宝山区实验性示范性高中支部联合举办。民进上海市委副主委、复旦大学委员会主委吴毅，复旦大学党委统战部长张骏楠，宝山区统战部常务副部长刘发林，行知中学总支副书记吴卫忠等出席论坛并致辞。复旦大学环境科学与工程系教授王祥荣、新闻学院对外交流办公室副主任羊凯江分别作题为"环境保护"和"新闻热点"的讲座，介绍当前环保和新闻热点、前沿观点，并就相关问题与师生展开交流。

（羊凯江）

【组织医疗专家团赴安徽黄山义诊活动】 12月5日，应黄山区委统战部、区卫生局、焦村镇人民政府的邀请，九三学社枫林分委会的医疗专家团第三次赴安徽黄山区义诊。参加义诊的医疗专家来自附属中山医院、华山医院、妇产科医院、儿科医院、眼耳鼻喉医院和肿瘤医院。义诊科目涉及心内科、神经内科、内分泌科、妇产科、儿科、外科、五官科等。（包一敏）

【民盟复旦大学委员会枫林分委妇产科医院支部成立】 12月25日，民盟复旦大学枫林分委妇产科医院支部成立大会在复旦大学附属妇产科医院举行。民盟上海市委组织部部长王伟国、民盟枫林分委主委叶德泳、妇产科医院党委书记华克勤、妇产科医院副院长姜桦以及复旦大学党委统战部副部长包一敏等应邀出席大会。新成立的民盟妇产科支部委员会由杜美蓉、刘颖涛、李昕等3位盟员组成，杜美蓉任主委。 （杜美蓉）

附　录

复旦大学当选各民主党派中央、市委领导成员名录

一、当选各民主党派中央领导成员

1. 中国国民党革命委员会第十二届中央委员会（2012年12月）
   委　　员：吕　元
2. 中国民主同盟第十一届中央委员会（2012年12月9日）
   常　　委：丁光宏
   委　　员：周　梁
3. 中国民主促进会第十三届中央委员会（2012年12月）
   副 主 席：蔡达峰
   委　　员：吴　毅
4. 中国致公党第十四届中央委员会（2012年12月）
   委　　员：孙立坚
5. 九三学社第十三届中央委员会（2012年12月）
   常　　委：葛均波
   委　　员：唐　颐

二、当选各民主党派上海市委领导成员

1. 中国国民党革命委员会上海市第十三届委员会（2012年4月）
   副主任委员：吕　元
   委　　员：臧志军　李益明
2. 中国民主同盟上海市第十四届委员会（2012年4月）
   副主任委员：朱同玉
   委　　员：郭　建　叶德泳
3. 中国民主建国会上海市第十二届委员会（2012年3月）
   常　　委：陈建安
   委　　员：朱依纯
4. 中国民主促进会上海市第十五届委员会（2012年4月）
   主任委员：蔡达峰
   副主任委员：吴　毅
   委　　员：王祥荣　董文博
5. 农工民主党上海市第十二届委员会（2012年4月）
   常　　委：梁　鸿
   委　　员：吴礼权　徐丛剑　许剑民
6. 中国致公党上海市第七届委员会（2012年4月）
   常　　委：龚新高　孙立坚
   委　　员：王德辉
7. 九三学社上海市第十五届委员会（2012年4月）
   副主任委员：葛均波
   常　　委：左　伋
   委　　员：周国民　张晓鹏　唐　颐　干杏娣（女）
8. 台湾民主自治同盟上海市第十一届委员会（2012年4月）
   委　　员：陈　旭

复旦大学各民主党派委员会成员名录

一、中国国民党革命委员会复旦大学第三届委员会（2011年7月5日）

主任委员：吕　元
副主任委员：李益明　武桂云（女）　臧志军
　　　　　吴晓晖（2013年5月17日增补）
委　　员：华逢春　施胜今（女）　黄玉峰
　　　　　谢晓凤（女）

二、中国民主同盟复旦大学第六届委员会（2011年7月7日）

主任委员：丁光宏
常务副主委：朱同玉
副主任委员：叶德泳　郭　建　范丽珠（女）
委　　员：亓发芝　李大金　朱鹤元　应质峰（女）

　　　　　吴　伟　　周蓓华(女)　　张贵洪
　　　　　张祥民　　夏昭林　　戴培东　　韩昭庆(女)
　　　　　龚万里

三、中国民主建国会复旦大学第三届委员会(2011年9月21日)
　　主任委员：陈建安
　　副主任委员：孙晓屏(女)　孙小丰
　　委　　员：沈　家　朱依纯　刘天西　徐建江
　　　　　　　沈忆文　朱晓东　梅　林(女)

四、中国民主促进会复旦大学第三届委员会(2011年7月12日)
　　主任委员：吴　毅
　　副主任委员：郭坤宇　王文平
　　委　　员：王祥荣　王华英(女)　孙　红(女)
　　　　　　　沈　雁(女)　陈宗佑
　　　　　　　陆毅群　胡祖鹏　姚振钧
　　　　　　　梅其春　梁春敏(女)

五、中国农工民主党复旦大学第三届委员会(2011年9月29日)
　　副主任委员：梁　鸿　徐丛剑　吴礼权　许剑民
　　委　　员：郑元者　葛宏波　陈　刚　张宏伟
　　　　　　　范　薇(女)　张　华　朱永学
　　　　　　　高鸿云　郭丽敏(女)

六、中国致公党复旦大学第三届委员会(2011年9月21日)
　　主任委员：龚新高
　　副主任委员：王德辉　朱胜林
　　委　　员：李双龙　孙立坚　莫晓芬(女)
　　　　　　　李　莉(女)　张继明　周月琴(女)

七、九三学社复旦大学第五届委员会(2011年10月18日)
　　主任委员：葛均波
　　第一副主任委员：左　伋
　　副主任委员：干杏娣(女)　周国民　张晓鹏　张新生
　　委　　员：王明贵　杨光辉　金国新　赵　霞(女)
　　　　　　　霍永忠

学 生 工 作

本科生工作

【概况】 2014年，复旦大学党委学生工作部(简称"学工部")认真贯彻落实党的十八大和十八届三中、四中全会精神，坚持问题导向，在思想引领上下功夫，在管理服务中出实招，在队伍培养上做文章，把握育人规律，转变工作作风，努力做好学生思想政治教育和服务工作。

注重思想引领，提升育人实效。根据中央巡视组的反馈意见，抓好整改落实，组织开展本科生基层党建工作摸底调研，深入查找本科生基层党建工作存在的突出问题。组织起草《复旦大学关于进一步加强本科生支部建设的意见》，从抓好组织生活、构建服务型党支部、完善"党员成长计划"、推动党建创新等方面，进一步明确要求、规范工作。加强支部书记队伍培训，采用实战模拟、集体备课、工作实务交流等创新形式，帮助支部书记提高理论和实务水平。制定下发《复旦大学"党员成长计划"推进工作方案》及相关配套指导文件，召开专题培训，深入推进"党员成长计划"。建设"党员志愿服务联盟"，认真开展党员地铁志愿服务项目和"学生学习发展中心"志愿服务项目。

丰富形式载体，深挖育人内涵。制定下发《复旦大学2014年本(专)科生主题教育活动实施方案》。结合国庆，组织全校本科生开展"我为祖国点个赞"主题班会，增强学生的爱国热情。结合国家首个烈士纪念日、国家宪法日、国家公祭日等，举行形式多样的主题教育活动。开展"责任·奉献·成长——社会主义核心价值观大讨论"，征集学生关于社会主义核心价值观的征文50余篇。依托"形势与政策课"，推出47门系列课程，宣讲社会主义核心价值观的理论蕴涵和实践路径。紧跟时事热点，邀请校内外专家学者解疑释惑，开展"香港基本法与香港普选"、"航天强国梦"、"英烈事迹与复旦精神"等专题讲座。组织做好2014届本科生毕业典礼、2014级新生开学典礼和"国防情怀　中国梦想"复旦大学2013级学生军训团、哈军工上海校友会合唱团主题歌会，充分发挥仪式育人的作用。开展"绚丽青春·努力前程"毕业生主题教育活动。以"生活德育化"为理念，挖掘书院文化，进一步发挥书院在文化传承、人格养成等方面的重要作用，开展价值观教育。利用书院空间，开展中华传统文化的宣传展示活动，从多个维度传播中华优秀传统文化。发挥导师作用，通过师生共膳、经典人文图书漂流、经典读书小组、学术体验项目等方式，引导学生树立正确的价值观。拓展网络阵地。建设大学生网络文化工作室，整合院系优秀资源，打造"新闻新编"、"红旗村"、"撷实"等党建微信订阅号群，结合时政热点、学生的思想困惑开展解读和引导。与上海市易班学院合作发布网络公开课程，累计发布课程视频167部、388课时。

注重管理服务，渗透育人职责。立足"经济资助、成才辅助"双助理念，扎实推进学生资助工作，全年发放各类奖学金51项，共计1 678.12万元，7 751人次获奖。全年设立助学金项目79项，发放助学金总计1 191.315万元，资助3 439人次，帮助家庭经济困难学生渡过难关。设立固定勤工助学岗位2 750个，临时勤工助学岗位1 000余个，发放各类勤工助学经费679.91万元；发放医疗帮困基金19.03万元，受助学生1 253人次；为510位家庭经济困难新生发放45.78万补贴。完成20名入伍学生学费补偿助学贷款代偿，金额29.25万元。拓宽家庭困难学生的视野和能力，引导学生将自身成长与祖国发展相结合。组织学生赴成都、绵阳、重庆开展社会实践，继续资助52名家庭经济困难学生前往墨西哥、香港、台湾交流学习，开展一系列针对自闭症儿童、单亲儿童、农民工子弟等社会弱势群体的品牌公益实践项目，持续开展家庭经济困难学生赴全国各地支教活动，参与学生80余人，支教地区主要有安徽、云南、山西，其中安徽省颍上县支教获得"上海市教卫系统社会主义精神文明十佳好事"、"上海大学生社会实践30年最具影响力社会实践项目"荣誉称号、云南省师宗县支教项目获评"2014年上海市大学生暑期社会实践活动优秀项目"。

制定《复旦大学关于进一步加强和改进学生心理健康教育工作的实施意见》，构建医生、咨询师、辅导员、教职工、学生骨干等"五位一体"队伍体系，加强学校、院系、班级、园区（书院）、宿舍（实验室）五级心理健康教育工作区块架构和网络建设，为全校师生开展培训，形成全员参与工作格局；为系统推进学生心理健康教育工作做出安排和指导，在大学生心理危机的"预防体系"、"预警体系"、"应急处理体系"、"危机后维护体系"等4个领域开展深入交流，理顺转介医院的绿色通道，每周邀请精神科医生来校服务学生。全年举行春秋两季心理健康测评服务，参与学生7 000余人；提供个别心理咨询服务1 700余人次；举办10个成长小组，参与学生近200人；开展心理健康讲座和团体心理训练活动近80场，参与学生近3 000人，全年开设8门课程，选修学生700余人。由学生心理委员骨干组成的"复旦大学学生朋辈成长联盟"获得"2014年上海市五四青年奖章集体"荣誉称号。心理健康教育中心获评为"2014年度上海市高校心理健康教育工作先进集体"。

注重队伍培养，夯实育人基础。进一步完善辅导员队伍培训体系，全年开设辅导员培训必修课程6门，选修课程40余门，累计参加人数达2 000人次。选派29名优秀辅导员参加校外各类专题培训，资助39位辅导员参加心理咨询师职业资格培训。举办第94期全国高校辅导员示范培训班暨2014年上海市高校骨干辅导员高级研修班，来自全国及上海市150余所高校的160余名骨干辅导员参加。进一步搭建交流学习的平台，在云南省永平县、德宏州建立复旦大学辅导员实践锻炼基地，选送6名优秀辅导员赴上海市教委、各区县单位挂职锻炼，举办"人才工程"预备队制度创建20周年系列纪念活动，搭建"人才工程"预备队导师库。进一步提升队伍研究能力，启动"国际化视野下的学生工作专业化研究与实践"项目，共吸引全校111名学生工作者参与，成为推动学工队伍开展工作研究和实践的重要平台。2个项目获得上海市德育课题立项。组织学生工作队伍参与全国和上海市的辅导员论文征文活动，获得全国高校辅导员工作优秀论文二等奖1篇，上海高校辅导员论坛征文一等奖2篇。

注重部门作风，形成育人合力。重视调研，加强对师生思想政治动态的主动研究，召开各类师生座谈会45场；开展包括本科生思想政治状况、本科生基层党建工作等8个专题调研；及时回应师生关切，把握学生思想动态，共报送《青年研究专报》17期。促进协同，配合枫林校区的改造工程，与兄弟部门密切协同合作，有序完成暑假期间枫林学生搬迁工作；在江湾学生生活园区配套建成上海首家智慧校园"一站式信息化学生生活服务站点"。力保稳定，高度重视安全稳定工作，发放新修订的《高校消防事故警示案例》，全年共组织40场安全轮训，共3 000余人参加消防训练，近600名学生参加紧急疏散演练。转变作风，借助信息化手段，进一步简化工作流程，提升服务效果；完成部门科室从9个合并为4个的改革调整，进一步精简机构和人员，激发部门工作活力。
（钟妮）

【建设全国高校首家校园智慧屋】 9月，学生工作部与上海易班发展中心合作，设立校园一站式信息化服务站点智慧屋。智慧屋以新一代信息技术为支撑，通过信息化、智慧化的系统构建，优化和共享学生生活园区公共资源和生活服务资源，为江湾校区的学生提供涵盖日常生活、文化交流、教育引导、勤工助学等四大门类28项便捷服务。智慧屋被评为2014年上海高校网络文化特色项目。
（赵玮杰）

【完成枫林校区学生大搬迁】 7月初至8月中旬，为配合枫林校区大改造，园区学生事务（书院建设）办公室分阶段分批次完成相关院系及附属医院部分本（专）科生搬迁工作。在规定时间内，共计组织集体搬迁9次，涉及学生近1 600人，客、货车辆调动110余辆，顺利完成所有枫林校区本（专）科生的搬迁任务。 （傅骏）

【深入推进本科生党建工作】 9月，开展本科生基层党建工作摸底调研，深入查找党建工作薄弱环节。10月，出台《复旦大学关于进一步加强本科生党支部建设的意见》，并推出一系列举措落实文件精神，加强基层党支部建设。加强组织生活指导，编发《组织生活参考》，举办支部书记沙龙，整合院系优秀资源，打造"新闻新编"、"红旗村"、"撷实"等党建微信订阅号群。推进"党员成长计划"，制定《复旦大学"党员成长计划"推进工作方案》，督促工作落实。10月，成立复旦大学本科生"党员志愿服务联盟"，学校层面建立校级服务项目，院系组团开展服务；院系层面开放院系服务项目，整合优化资源配置，形成立体化党员服务格局。
（徐之平）

【书院项目获上海市教委表彰】 10月，"博雅通识书院路，文化育人复旦园：复旦大学中华优秀传统文化教育项目"获评"上海大学生社会主义核心价值观和中华优秀传统文化教育优秀项目"，并获评"2014年度上海教育系统校园文化建设优秀项目"和网络展评最高"人气奖"。通过公共空间建设、书院文化标识设计、经典研读计划等项目，书院日益成为师生文化、学术、科研交流的育人平台。
（傅骏）

【举行"人才工程"20周年系列纪念活动】 以"人才工程"预备队制度创建20周年为契机举办系列纪念活动，全面总结回顾制度二十年的发展历程和经验，展示学校人才培养和队伍建设的成果，探索队伍持续成长发展的新机制新动力。10月22日，第二十批"人才工程"预备队队员集体致信翁铁慧副市长,汇报上岗以来的所思所想。10月30日,翁副市长回信,她在信中高度肯定人才工程队员勤奋敬业、无私奉献的精神,鼓励在岗队员多向优秀前辈学习,努力做具有专业化素质的复合型人才。11月1日,举行"人才工程"二十周年庆祝大会暨返校日活动,各届队员150余人参加。　　　　　　(胡常萍)

【举行光华公司成立30周年系列庆祝活动】 12月27日,光华公司成立30周年,举行以"欢聚梦想,对话成长"为主题的庆祝活动,邀请光华公司的创办者围绕"理想与现实"、"成功与挫折"等主题与学生交流,邀请历届优秀校友开展交流座谈,举办光华30年主题系列沙龙;组织光华公司学生骨干赴西部重点单位和企业参观学习;成立"光华学院",邀请优秀校友担任导师,为光华公司学生的成长、成才提供深入的指导与帮助。　(赵玮杰)

【举办心理健康教育中心成立20周年纪念研讨活动】 为纪念复旦大学心理健康教育中心成立20周年,12月5日,中心承办"上海高校心理咨询协会第二十二届学术年会",近50所上海高校心理健康教育相关专业人员150余人出席,围绕高校师生心理健康协同发展开展专项研讨;举办"复旦大学心理健康教育中心成立20周年专家研讨会",10余位来自上海主要高校的同行专家就中心如何在20年来工作成果基础上进一步加强建设展开研讨。　　　　(刘明波)

【1人获评2014上海高校辅导员年度人物】 12月,经学校推荐、网络投票、复审评议和终审答辩等环节,学校生命科学学院学工组长钟妮脱颖而出,获得"2014上海高校辅导员年度人物"称号。　　　　　(胡常萍)

【开拓西部、基层、重点单位就业市场】 2014年,复旦大学学生职业发展教育服务中心多次组织西部选调生座谈会,组织有意向赴西部、基层就业的学生进行实地考察。组织师生20余人赴中国工程物理研究院开展实地调研和暑期实践;举办"2014届国家重点单位就业毕业生风采展";10月,邀请中国商用飞机有限责任公司到校开展招聘宣讲活动,进一步深化校企合作。　(阳德青)

【加强个性化生涯发展与就业指导】 建设2个上海市级大学生职业(生涯)发展教育工作室,分别为:经济学院"经英成长工作室",以培养经济金融类精英为目标;国际关系与公共事务学院"GIC生涯工作室",旨在培养公务员、推进选调生等基层地方项目。建设3个校级生涯工作室,分别为:计算机科学技术学院"i创工作室",以推动学生创新创业工作;中国语言文学系"彩虹坊女性生涯工作室",重在关注女大学生就业;信息科学与工程学院"卓越工程师生涯发展工作室",旨在培养理工科卓越工程师。以工作室为依托,开展丰富且具有个性化的生涯教育和就业指导活动,总计千余学生参与。　　　(阳德青)

附录

2013—2014学年本(专)科生奖学金项目一览表

政府设奖情况表(共5项)

名称	金额(元/人)	人数(人)	总金额(万元)
国家奖学金	8 000	176	140.8
国家励志奖学金	5 000	420	210.0
上海市奖学金	8 000	31	24.8
港澳及华侨学生奖学金	5 000	5	2.5
港澳及华侨学生奖学金	4 000	8	3.2
港澳及华侨学生奖学金	3 000	13	3.9
台湾学生奖学金	5 000	4	2
台湾学生奖学金	4 000	6	2.4
台湾学生奖学金	3 000	10	3
合计		673	392.6

校内设奖情况表(共13项)

等级	名称	金额(元/人)	人数(人)	总金额(万元)
本(专)科生优秀学生奖学金	优秀学生奖学金一等奖	3 000	55	12.0
本(专)科生优秀学生奖学金	优秀学生奖学金二等奖	1 500	1 138	145.8
本(专)科生优秀学生奖学金	优秀学生奖学金三等奖	1 000	2 451	210.5
小计		/	3 644	368.3

续 表

等 级	名 称	金额(元/人)	人数(人)	总金额(万元)
单项奖学金	学术科技创新单项奖学金	2 000	6	1.2
	艺术单项奖学金	2 000	5	1.0
	体育单项奖学金	2 000	5	1.0
	志愿者单项奖学金	2 000	5	1.0
	社会实践杰出单项奖学金	2 000	5	1.0
	自立自强逆境成才单项奖学金	2 000	8	1.6
	公民道德素养单项奖学金	2 000	1	0.2
	小 计	/	35	7.0
民族奖学金	民族奖学金	1 000	70	7.0
"挑战"创新先锋奖学金	"挑战"创新先锋一等奖	8 000	4	0.8
	"挑战"创新先锋二等奖	4 000	13	1.2
	"挑战"创新先锋三等奖	2 000	6	0.2
	小 计	/	23	2.2
专业奖学金	专业奖学金	1 200	516	61.92
		1 800	441	79.38
		2 400	33	7.92
		3 000	88	26.4
	小 计	/	1 078	175.62
毕业生奖学金	毕业生奖学金一等奖	1 500	112	16.8
	毕业生奖学金二等奖	750	396	29.7
	毕业生奖学金三等奖	500	799	39.95
	小 计	/	1 307	86.45
新生奖学金	新生奖学金特等奖	50 000	1	3
	新生奖学金一等奖	20 000	147	294
	新生奖学金二等奖	10 000	26	26
	新生奖学金优秀奖	5 000	53	26.5
	小 计	/	227	349.5
	合 计	/	6 384	996.07

注：新生奖学金特等奖实则为补发2013级新生特等奖获得者3万元整，2014级新生无特等奖获得者。

校外设奖情况表（共36项）

等 级	名 称	金额(元/人)	人数(人)	总金额(万元)
一等奖	福光奖学金	40 000	9	36.0
	陶氏化学奖学金	10 000	1	4.0
		5 000	6	
	廖凯原奖学金	10 000	16	16.0
	宝钢教育基金优秀学生奖学金	10 000	4	4.0
	宝钢教育基金会台湾、港澳优秀学生奖学金	10 000	2	2.0
	复旦大学教育发展基金会专项奖学金	10 000	20	20.0
	金龙鱼奖学金	10 000	30	30.0

续 表

等级	名 称	金额(元/人)	人数(人)	总金额(万元)
一等奖	KLA-Tencor奖学金	8 000	4	3.2
	万达信息奖学金	8 000	3	2.4
	董氏东方奖学金	6 000	45	27.0
	史带奖学金	6 000	10	6.0
	宏信奖学金	6 000	10	6.0
	三星奖学金	5 000	17	8.5
	新加坡科技工程奖学金	5 000	11	5.5
	埃克森美孚奖学金	5 000	2	1.0
	亿利达刘永龄(助)奖学金	5 000	10	5.0
	太平洋保险奖学金	5 000	33	16.5
	腾讯创新奖学金	5 000	7	3.5
	洛德奖学金	5 000	3	1.5
	复旦大学博学奖学金	5 000	20	10.0
	杜邦奖学金	4 500	4	1.8
	港爱赞助优异奖学金	4 000	15	6.0
	恒生银行内地奖学金	4 000	7	2.8
	高山奖学金	3 333	14	4.666 2
	吴英蕃校友奖学金	3 000	8	2.4
	光华奖学金	3 000	12	3.6
	小 计	/	323	229.366 2
二等奖	罗氏诊断奖学金	2 500	4	1.0
	住友商事奖学金	2 500	20	5.0
	华藏奖学金	2 000	9	1.8
	小 计	/	33	7.8
三等奖	徐增寿奖学金	1 200	25	3.0
	小 计	/	25	3.0
奖助学金	赛默飞STEM奖学金	6 113	24	14.671 2
	郭谢碧蓉奖(助)学金	4 000	63	25.2
	陈锦聪奖学金	4 000	6	2.4
	董霖校友奖学金	4 000	14	5.6
	小 计	/	107	47.871 2
其 他	CSC-IBM中国优秀学生奖学金	4 000	1	0.4
	优衣库奖学金	5 500	1	3.05
		5 000	5	
	小 计	/	7	3.45
	合 计	/	495	291.487 4

2014届本(专)科生"我心目中的好老师"名单

院 系	姓 名	院 系	姓 名
中国语言文学系	王朦琦	经济学院	陈冬梅
新闻学院	谢振达	哲学学院	郁喆隽

院　系	姓　名	院　系	姓　名
数学与科学学院	姚一隽	法学院	杜　宇
物理学系	金晓峰	高分子科学系	余英丰
计算机科学技术学院	何柯君	药学院	程能能

2014届本(专)科生"我心目中的好老师"提名奖名单

院　系	姓　名	院　系	姓　名
外国语言文学学院	袁　莉	材料科学系	蒋益明
历史学系	张仲民	基础医学院	张志刚
化学系	岳　斌	管理学院	包季鸣
信息科学与工程学院	迟　楠	社会发展与公共政策学院	桂　勇
力学与工程科学系	谢锡麟	护理学院	赵　缨
生命科学学院	郭　滨	华东医院	傅辰生
国际关系与公共事务学院	郑长忠	公共卫生学院	叶　露
核科学与技术系	沈　皓	复旦大学附属华山医院	吴家强

(党委学生工作部供稿)

研究生工作

【概况】 2014年，复旦大学研究生工作认真学习贯彻党的十八大和十八届三中、四中全会精神，全面贯彻校第十四次党代会精神，围绕学校中心工作，推进党的群众路线教育实践整改工作，着力加强研究生思想政治教育改革创新以及管理服务创新。

强化育人宗旨，推动工作创新。开展研究生思想政治状况调研，发放问卷1 600份，召开座谈会12场，形成近万字的调研报告。开展研究生社会实践、学术发展、体育活动、社团发展、创新创业需求调研，发放各类问卷6 000多份。开展北苑和江湾园区学生生活需求调研，回收有效问卷1 309份，举行2场圆桌会议。建立常态化调研机制，覆盖所有院系的基层联络员队伍，每月召开2—3场师生座谈会，设立研究生代表日常提案制度。全年组织工作沙龙26场，专题座谈15场，走访调研5个院系。建设"复旦百晓生"微信公众号，上线4个多月，订阅量6 785人，计算机自动回复问题29 839次，人工回复6 916次。策划举办首届校园服务创新设计大赛。

结合形势任务，开展主题教育。在全校研究生中开展"核心价值观引领成长路"主题教育活动。主办"中国梦的价值引领"系列报告会4场，指导青年马克思主义研究会协办"核心价值与中国精神"讲座6场，举办"社会主义核心价值观研究"博士生论坛，组织博士生讲师团推出"梦想引领中国"主题宣讲21场，开展"梦想、价值、风尚"原创公益广告征集活动，开展"点赞复旦"微故事征集活动。"烈士救亡图强，青年矢志兴邦"主题活动被上海市教卫党委网站报道，《复旦研究生报》宪法日专刊发行5 000份。开展"梦想照亮前程"毕业生主题教育，编印"青春筑梦 信仰领航"主题的《组织生活参考》，举行"努力前程交相勉"主题的毕业研究生代表座谈会，举办2014届研究生毕业典礼。建设"复旦研究生"新媒体平台，订阅号粉丝人数达10 631人，推送稿件311篇，阅读量共计548 662次，转发量共计32 678次。

加强队伍建设，夯实工作基础。全年新增6名专职辅导员，派出辅导员13人次参加上海市级以上培训。支持辅导员开展课题研究，征集德育案例18个，资助德育研究课题38项，举办研工沙龙10期。社政学院李爽的社会实践工作室被评为2014年高校辅导员工作精品建设项目；华山医院朱春艳获得第六届全国高校辅导员年度人物提名奖。支持"研究生辅导员工作室"建设，成立并资助9个工作室。组织第六届"我心目中的好导师"评选，拍摄好导师专题片《桃李春风旦复旦》和李大潜、闻玉梅、俞吾金、耿道颖、童兵等6部好导师的微视频，编辑《师德光辉照亮心灵》一书。"研究生心目中的好导师"评选活动被评为2014年度上海教育系统师德建设特色项目，并经网络票选成为高校组的最高人气奖。选拔人才工程预备队(二期)第13批共17名队员上岗，实施队员岗前实践锻炼新机制，制定《"人才工程"预备队(二期)年终奖励办法》。指导召开第22次研究生代表大会，加强党团学骨干培训，举办第12期"红帆训练营"和第5期"薪火集训"。

根据整改要求，加强基层党建。围绕中央巡视组对学校党建工作提出的整改意见，根据校党委的要求，组织开展全校研究生党支部建设情况的全面调研，发放3 100份党员问卷和1 300份非党员问卷,举办16场座谈会。起草《关于进一步加强研究生党支部建设的意见》,制订配套文件,印发《关于加强研究生新生党支部建设工作的通知》。完成第七批示范党支部创建评选,启动第八批创建工作,指导93个党支部进行重点建设。举办第十二期"红帆训练营"研究生新任党支部书记培训班,培训103名研究生党支部负责人。制定下发《关于进一步加强研究生党员志愿服务活动的通知》,成立"满天星"研究生党员实践服务团,与杨浦区精神文明办签订推进研究生志愿服务进社区合作备忘录。

大力拓展育人平台,全面发展。加强对"博士生学术论坛"的指导,全年举办各学科论坛13场,收到投稿论文877篇,评选优秀论文168篇,参加论坛人数1 800余人次,近200人次在论坛上做报告。举办"相辉讲堂"系列讲座26场。开展第五届研究生"学术之星"评比活动,评选出文、理、医学术之星共计30名。品牌艺术社团全年举办各类演出20余场。研究生剧社入围"金刺猬"话剧节并获得优秀剧目奖,受邀赴北京演出。新成立复旦爱乐交响乐团,并举办新年音乐会。举办首届"活力研途,一周一跑"研究生夜跑活动,举办第二届研究生体育节、院系大联赛。资助实践项目285个,在江苏省张家港市、四川省乐山市、安徽省蚌埠市、云南省德宏市新建4个社会实践基地,基地总数达到12个。向9个基地派出50名学生参加挂职锻炼。来自8个院系的11名研究生再赴云南省永平基地开展调研,撰写调研报告10余万字。

推动奖助工作信息化,丰富育人内涵。协助研究生院完成《复旦大学研究生奖助方案实施办法(暂行)》的起草工作。完成2014年研究生奖助金发放工作,资助67 262人次,发放金额共计9 432万元。进行优秀毕业生模块信息化建设,在线打印双语防伪校优秀毕业生证书,完善助管助教岗聘系统,及时更新系统设奖情况,联合学校信息化办公室开发复旦大学医保数据平台。开展助管助教培训2期,优化培养内容。继续开展家庭经济困难研究生赴港交流项目,引导受资助学生积极参与各类公益与志愿服务活动,成立研究生助学社团"烛心社"。

配合校园建设,做好园区工作。配合枫林校区改扩建,完成医科研究生搬迁工作;做好北苑、江湾园区1 900多名学生的安置工作。继续推动园区党员实践岗服务岗工作,全面辐射到4个校区。推动博雅园区建设,举办文明单元评比、美食节、园舞会、趣味运动会、定向大赛等活动。以阳光平台为依托,广泛开展跨校区活动。加强管理督导员、住楼辅导员、研究生园委会、寝室长等4支队伍的建设与发展,定期开展培训。

加强就业引导,为国家输送人才。2014届毕业生总体就业率为96.95%。复旦就业网全年发布招聘信息8 000余条,比2013年增长6%。召开专场宣讲会325场,中小型招聘会17场,大型综合招聘会2场。组织十余支队伍参加"复旦学子西部行、基层行、重点单位行"活动,举行"传播复旦精神、服务国家人民——2014届西部、基层、国家重点单位优秀毕业生就业出征仪式",举办"对接国家战略产业前沿、实现复旦人的价值理想——优秀毕业生赴国家重点单位就业风采展"。继续拓展新的西部市场,贵州、青海、河北3省首次在学校招录定向选调生,贵州省首次在学校举行企事业单位联合招聘会。赴西部、基层和国家重点单位就业的毕业生人数合计达到639人;西部就业188人,基层就业403人,其中选调生录取41人。开设《大学生创业导论》公选课,邀请著名企业家和成功创业人士分享经验。近十个团队申请上海市大学生科创基金,十余个团队申报"万达集团大学生创业计划"。截至2014年6月,2014届毕业生中有近30人成功创办公司。

(陈殷华 周阳)

【举办首个宪法日主题教育活动】12月2日,《复旦研究生》报发行国家宪法日专刊,推出宪法发展历程、领导人谈宪法、复旦人与宪法的故事、复旦人谈宪法、四中全会解读等8个版面,共计发行5 000份。同时组织开展主题座谈、展板宣传、社区宣教等系列活动。

(王珏)

【研究生微信平台正式上线】3月,研究生工作部(简称"研工部")正式推出"复旦研究生"、"复旦百晓生"微信公众号并组织成立研究生校园媒体中心。截至2014年12月31日,"复旦研究生"粉丝数达到9 656人,"复旦百晓生"粉丝数达到6 694人,成为研究生校园文化生活的重要传播载体。

(潘孝楠)

【举行首个烈士纪念日主题教育活动】9月29日,组织研究生党员骨干赴宝山烈士陵园开展祭扫纪念活动,并举行"烈士纪念日"主题座谈会。9月29日—10月8日,在复旦各校区、各研究生生活园区举办"复旦校友烈士事迹展",通过横幅、展板等形式宣传复旦校友烈士事迹。微信公众号"复旦研究生"和"复旦百晓生"开辟烈士纪念日专栏,推送复旦校友英烈故事、上海烈士纪念地一览等多篇文章。

(王珏)

【1人获"2014全国大学生年度人物"】复旦大学2012级博士生、世界材料研究学会年会2013年度优秀博士生奖获得者仰志斌当选"2014全国大学生年度人物"。该评选活动由中央宣传部、教育部、共青团中央、人民日报社联合举办。

(李洁)

【1人获全国辅导员年度人物提名奖】附属华山医院研工组长朱春艳当选"2014全国辅导员年度人物"提名奖。该活动由教育部思想政治工作司指导,全国高校辅导员工作研究会和中国教育报主办,新华网和中国大学生在线提供网络支持。

(李洁)

【发展辅导员工作室】截至2014年底,学校成立9个思想政治教育工作室,分别为:"心笛心语"工作室、"我和你"人际沟通工作室、蔚枫工作室、网络思政工作室、队伍建设工作室、"红帆"工作室、研究生理论养成工作室、社会实践工作室以及纬衡空间工作室;2个上海市级大学生职业(生涯)发展教育工作室,分别为经英成长工作室、GIC生涯工作室;3个校级生涯工作室,分别为:i创工作室、"彩虹坊"女性生涯工作室、旨在培养理工科卓越工程师的生涯发展工作室。

各工作室定期开展活动,参与学生总计达到千余人。其中社会实践工作室获评国家精品建设项目。

(李洁)

【完成枫林改扩建医科研究生搬迁工作】 为配合枫林校区的改扩建工程,6月18日—7月9日,研工部组织完成1 622名研究生搬迁至13个住宿点的工作。为保证研究生在校外住宿点的安全与教育管理工作,设立辅导员联合置办点制度以及团学组织与园区组织的学生联合工作组制度。并于秋季时间段分别在13个住宿点举办研究生消防演习,帮助研究生尽快适应新的生活环境。

(陈苏华)

【成立烛心社】 12月,研究生公益社团——烛心社正式注册成立。社团的宗旨是"提升自我、服务社会",旨在为家庭经济困难研究生提供自我关怀、自我成长的平台;通过举办公益类活动,培育研究生服务他人、回馈社会的感恩意识和社会责任意识。

(夏学花)

【开展西部、基层就业引导系列宣传活动】 3月,学校学工部、研工部组织部分广西选调生入围考察人选赴广西实地考察。6月,学生职业发展教育服务中心开展"在基层理解中国,用服务诠释价值——对话2014届选调生"活动,邀请即将奔赴四川、福建、江苏、长春等省基层工作的优秀选调生代表与学生们交流自己的工作经历。举行"传播复旦精神、服务国家人民——2014届西部、基层、国家重点单位就业毕业生出征仪式",为有意向赴西部、基层就业的学生提供沟通、交流的平台,吸引百余名学生参与。

(吕京宝)

【加强校企合作,开拓重点单位市场】 5—7月,组织信息科学与工程学院、计算机科学学院师生二十余人赴中国工程物理研究院开展实地调研和暑期实践。6月,学生职业发展教育服务中心策划"2014届国家重点单位就业毕业生风采展"。10月,中国商用飞机有限责任公司到校开展招聘宣讲活动,进一步深化校企合作。

(吕京宝)

附录

2014年度复旦大学研究生校内外自由申报奖项获奖一览表

编号	姓名	学号	奖额(元)	奖项	院系
1	陈佛保	11210740029	10 000	第九届"百人会英才奖"	环境科学与工程系
2	王传超	12110700092	10 000	第九届"百人会英才奖"	生命科学学院
3	刘连亮	12210720012	10 000/年	2013年度国防科技奖学金	信息科学与工程学院
4	朱葭	13210110087	10 000/年	2013年度国防科技奖学金	中国语言文学系
5	傅军	13210290011	10 000/年	2013年度国防科技奖学金	力学科学与工程系
6	徐宏彬	12210290015	10 000/年	2013年度国防科技奖学金	力学科学与工程系
7	张蕴贤	13210110009	8 000	2014年度上海发展研究奖学金	中国语言文学系
8	张生	13210170267	8 000	2014年度上海发展研究奖学金	国际关系与公共事务学院
9	袁博	13110690005	8 000	2014年度上海发展研究奖学金	管理学院
10	戴刘冬	13210740036	8 000	2014年度上海发展研究奖学金	环境科学与工程系
11	李月寒	13110740023	8 000	2014年度上海发展研究奖学金	环境科学与工程系
12	夏青	12210120024	8 000	2014年度上海发展研究奖学金	外国语言文学学院
13	罗婕	13110170003	8 000	2014年度上海发展研究奖学金	国际关系与公共事务学院
14	陆世明	13110270013	8 000	2014年度上海发展研究奖学金	法学院
15	王茂异	12210240036	8 000	2014年IBM中国优秀学生奖学金	计算机科学技术学院

第六届"研究生心目中的好导师"名单(排名不分先后)

院系	姓名
中国语言文学系	王水照
哲学学院	吴晓明
国际关系与公共事务学院	竺乾威
经济学院	丁纯

续表

院　系	姓　名
数学科学学院	郭坤宇
生命科学学院	钟扬
高分子科学系	彭慧胜
力学系	艾剑良
生物医学研究院	Alastair Murchie
妇产科医院	华克勤

复旦大学2014年学术之星名单（30人）

彭一杰	贾利涛	林曦	丁琦亮	李美燕	赵地
裘翔	王军洋	姚响	徐建	胡璐璐	周少来
胡列箭	胡耀飞	李力恺	房微魏	徐巍	孟夏
赵岭	鲍俊林	唐静	陈仲欣	叶乐驰	江一舟
田林	潘泽翰	孔彪	李欣颖	阚君陶	冯陈陈

复旦大学2014年研究生奖学金设置情况一览表（不含自筹专业学位硕士生）

奖学金名称	人数	金额（元/人）	奖　励　对　象
博士生国家奖学金	181	30 000	奖励高校中热爱祖国、遵纪守法、诚实守信、成绩优异、科研能力显著、发展潜力突出的优秀研究生
硕士生国家奖学金	258	20 000	奖励高校中热爱祖国、遵纪守法、诚实守信、成绩优异、科研能力显著、发展潜力突出的优秀研究生
复旦大学宝钢教育基金优秀学生奖学金（特等奖）	1	20 000	优秀研究生
复旦大学宝钢教育基金优秀学生奖学金（优秀奖）	1	10 000	优秀研究生
复旦大学宝钢教育基金优秀学生奖学金（港澳台地区）	5	10 000	优秀研究生（来自港澳台地区）
复旦大学博学奖学金	30	5 000	优秀研究生
复旦大学笹川良一奖学金	5	10 000	文科类优秀研究生，国际金融、国际贸易、世界经济、国际法学、国际政治专业优先考虑
复旦大学光华奖学金	150	3 000	在校品学兼优的研究生（少数民族得奖比例高于全校平均数）
复旦大学华藏奖学金	9	2 000	在校品学兼优的研究生，奖励人数适当向医口的优秀学生倾斜
复旦大学董氏东方奖学金	20	6 000	指定10名来自计算机科学与技术学院；1名来自管理学院物流与运营管理专业；其余校方统筹
复旦大学杜邦奖学金	8	7 500	化学系、高分子科学系、生命科学学院和微电子学系二年级及以上优秀研究生
复旦大学陆宗霖奖学金（博士）	5	6 000	理科女博士生及其母亲
复旦大学陆宗霖奖学金（硕士）	5	4 000	理科女硕士生及其母亲
复旦大学吴英蕃校友奖学金	6	3 000	经济学院、物理系
复旦大学吴张令昭奖学金	3	3 000	遗传学系
复旦大学埃克森美孚奖学金	6	7 000	高分子科学系、材料科学系、化学系等化工类专业二年级硕士研究生 注：学习成绩或综合测评在院系或专业排名位于前15%以内
复旦大学汪氏文科基础学科奖学金	6	5 000	哲学学院、中国语言文学系、历史学系全面发展、品学兼优的研究生，侧重宗教学研究

续表

奖学金名称	人数	金额(元/人)	奖励对象
复旦大学叔蘋奖学金(博士)	3	6 000	仅限二年级,侧重各医学院
复旦大学叔蘋奖学金(硕士)	2	4 500	仅限二年级,侧重各医学院
复旦大学第一三共制药奖学金(博士)	22	5 000	医药学
复旦大学第一三共制药奖学金(硕士)	17	3 000	医药学
复旦大学三星奖学金(博士)	2	6 000	理(60%):数学科学学院、物理学系、化学系、信息科学与工程学院、材料科学系 文(40%):经济学院、法学院、管理学院以及社会学、朝鲜语、广告学、行政管理、公共事业管理学专业硕士生
复旦大学三星奖学金(硕士)	7	5 000	理(60%):数学科学学院、物理学系、化学系、信息科学与工程学院、材料科学系 文(40%):经济学院、法学院、管理学院以及社会学、朝鲜语、广告学、行政管理、公共事业管理学专业硕士生
复旦大学谢希德美国研究奖学金(博士)	2	5 000	国际关系与公共事务学院国际关系专业的博士生和硕士生
复旦大学谢希德美国研究奖学金(硕士)	2	3 000	国际关系与公共事务学院国际关系专业的博士生和硕士生
复旦大学陶氏化学奖学金(特等奖)	1	15 000	全校范围内出色的研究生
复旦大学陶氏化学奖学金(优秀奖)	17	7 000	奖励化学系、高分子科学系、环境科学与工程系、先进材料实验室、材料科学系学生
复旦大学蒋震奖学金	20	10 000	国际关系与公共事务学院和法学院相关专业一、二年级优秀硕士生
复旦大学罗氏诊断中国医学及生命科学教育基金奖学金	6	5 000	生命科学领域品学兼优的全日制在读硕士、博士生
复旦大学廖凯原奖学金	17	10 000	全日制在读优秀研究生
复旦大学腾讯创新奖学金(特等奖)	4	10 000	奖励在计算机科学、软件、数学、计算科学、网络通信、电信、信息、电子、自动化、人工智能、数字媒体、机器人、安全、设计等相关领域做出卓越成绩的二年级研究生
复旦大学腾讯创新奖学金(优秀奖)	7	5 000	奖励在计算机科学、软件、数学、计算科学、网络通信、电信、信息、电子、自动化、人工智能、数字媒体、机器人、安全、设计等相关领域做出卓越成绩的二年级研究生
复旦大学洛德奖学金	2	10 000	材料科学系、高分子科学系高年级博士研究生
复旦大学洛德奖学金	4	8 000	材料科学系、高分子科学系高年级硕士研究生
复旦大学美光奖学金(一等奖)	4	10 000	奖励计算机科学技术学院—计算机软件与理论,微电子研究院—微电子学与固体电子学,计算机科学技术学院—电路与系统,信息科学技术与工程学院—微电子学与固体电子学的二、三年级优秀硕士生。申请者GPA及格点数中的累计平均分必须达到3.3,需为全日制学生;其中三年级研究生以科研成绩为主,并考量其二年级时GPA及格点数
复旦大学美光奖学金(二等奖)	8	7 000	奖励计算机科学技术学院—计算机软件与理论,微电子研究院—微电子学与固体电子学,计算机科学技术学院—电路与系统,信息科学技术与工程学院—微电子学与固体电子学的二、三年级优秀硕士生。申请者GPA及格点数中的累计平均分必须达到3.4,需为全日制学生;其中三年级研究生以科研成绩为主,并考量其二年级时GPA及格点数

续 表

奖学金名称	人数	金额(元/人)	奖 励 对 象
复旦大学美光奖学金(三等奖)	10	4 000	奖励计算机科学技术学院—计算机软件与理论,微电子研究院—微电子学与固体电子学,计算机科学技术学院—电路与系统,信息科学技术与工程学院—微电子学与固体电子学的二、三年级优秀硕士生。申请者GPA及格点数中的累计平均分必须达到3.5,需为全日制学生;其中三年级研究生以科研成绩为主,并考量其二年级时GPA及格点数
复旦大学太平洋保险奖学金	2	5 000	毕业于复旦大学太平洋金融学院,考取复旦大学研究生(入学当年一次性奖励)
复旦大学宏信奖学金	6	10 000	奖励管理学院和经济学院全日制普通在校二年级或三年级硕士生6名,其中,管理学院3名,经济学院3名
复旦大学林清轩奖学金	5	5 000	奖励复旦大学医学院皮肤学科相关专业品学兼优的学生
复旦大学万达信息奖学金	3	8 000	计算机科学技术学院、软件学院和公共卫生学院各1名
复旦大学KLA-Tencor奖学金	8	8 000	奖励半导体检测设备技术相关专业的优秀学生
复旦大学港爱赞助优异奖学(教)金	10	4 000	优秀研究生
复旦大学博士生优秀学业奖学金(一等)	338	2 200—10 000	全日制在校非定向研究生、少数民族骨干非在职定向培养研究生
复旦大学博士生优秀学业奖学金(二等)	560	1 000—8 500	全日制在校非定向研究生、少数民族骨干非在职定向培养研究生
复旦大学博士生优秀学业奖学金(三等)	399	1 000—6 400	全日制在校非定向研究生、少数民族骨干非在职定向培养研究生
复旦大学博士生优秀学业奖学金(优秀)	1 562	1 000—7 500	全日制在校非定向研究生、少数民族骨干非在职定向培养研究生
复旦大学硕士生优秀学业奖学金(一等)	534	2 000—8 000	全日制在校非定向研究生、少数民族骨干非在职定向培养研究生
复旦大学硕士生优秀学业奖学金(二等)	1 016	1 600—5 000	全日制在校非定向研究生、少数民族骨干非在职定向培养研究生
复旦大学硕士生优秀学业奖学金(三等)	989	1 000—4 000	全日制在校非定向研究生、少数民族骨干非在职定向培养研究生
复旦大学硕士生优秀学业奖学金(优秀)	1 340	1 250—3 000	全日制在校非定向研究生、少数民族骨干非在职定向培养研究生
复旦大学优秀学生奖学金台湾学生专项奖学金	27	14.3万元	博士生一等奖2人,9 000元/人;二等奖1人,7 000元/人;硕士生一等奖5人,7 000元/人;二等奖7人,5 000元/人;三等奖12人,4 000元/人
复旦大学优秀学生奖学金港澳侨学生专项奖学金	11	5.8万元	博士生一等奖1人,9 000元/人;硕士生一等奖2人,7 000元/人;二等奖3人,5 000元/人;三等奖5人,4 000元/人

(党委研究生工作部供稿)

保卫及人民武装工作

保卫工作

【概况】 2014年,复旦大学保卫处在校党委领导下,根据学校工作要点,坚持开展群众路线教育实践活动,进一步完善、梳理部门工作职能;加强队伍自身建设力度,提高工作效率,激发队伍活力;主动拓展安全宣传途径,提高师生参与度;紧密结合学校的发展规划,参与校园周边的综合整治。2014年,全校无因决策失误、措施失当或工作不力造成的不稳定事件,无影响较大的群体性治安案件,无重大火灾事故和重大安全、交通等责任事故。

内保和保密工作。完成日常保密宣传、检查和项目合同登记。全年共办理科研项目合同审批手续8份、学术论文投稿保密审查手续7份、毕业学生赴重要涉密单位实习有关保密承诺手续34次、赴台学术交流人员保密审查手续5次、研究生优秀学位论文单位推荐保密审查手续110份,协助上海市国家保密局查办学校网络 IP 地址涉嫌被境外远程控制情况 3 起。落实上海市国家保密局和教育部保密办的工作部署，配合学校军工部门的相关工作，完成保密废纸回收，参加上海市国家保密局组织的各类业务知识培训等。

校园综合治理工作。完成大型活动、会议及重要安保任务 89 项。配合相关部门处置校内意外伤亡事件 2 起。配合信访等部门处置群体性事件数起，保障正常的教学工作秩序。全年代管未锁自行车 746 辆（发还 438 辆），代管并发还手提电脑、手机、照相机、钱包等贵重物品 230 件，总价值近 60 万元。加强网格化巡控，与上海市公安局文化保卫分局沪东高校派出所配合成立便衣队，在校园内外扭获犯罪嫌疑人近 30 名。有序推进教育部修购项目，四校区高清视频监控覆盖率得到大幅提高；通过智能化视频监控系统的建设，提高系统使用效率和事前预警能力，使四校区均具备视频监控系统联网的基本条件。为校内各类事件提供现场证据的技术支撑，全年累计协助公安机关破获案件 40 余起。根据校园内存在的交通安全隐患和师生反映的困难，开展一系列专项治理工作。全年共为四校区划自行车停车线 88 米、划机动车停车位 205 个，新增及更换交通标识牌 60 个、减速带 199.5 米、路锥路障 60 个。调整校门的交通秩序，在国定路东二门、南区政肃路门、松花江路门、北区武东路门、江湾校区三号门、五号门安装闸机。自 9 月份起，在国定路东二门执行机动车专用、双向四车道通行方案，运行以来人车碰擦事故的发生率降为零。

消防及安全生产工作。全年共处置火灾苗子、火警事故 19 起；组织消防安全检查 30 余次；开展"119"消防教育周系列活动及灭火、疏散演练 33 次，累计参加人数 7 000 余人次；审批室内装修 40 处、剧毒品购买 25 次、动火证 4 张；维修保养、添置、更换应急照明灯 147 个、应急疏散灯 280 个、灭火器 4 568 个、灭火器箱 36 个、水带 585 根、水枪 11 支。

综合服务工作。为方便师生办理业务，一站式服务大厅试行全天 9 小时工作制。全年共接待师生 22 000 余人次，累计办理学生落户 2 888 人、户口离校手续 6 637 人、同意落户手续 200 余份、身份证 1 000 余张、居住证 400 余份、无犯罪记录证明 20 余份、组织机构代码证 380 余张，集中代办户口迁出手续 1 219 人，开具户籍证明以及审核户籍证明共计 7 000 余份、审批场地及传单 320 余份，办理机动车停车证 3 700 余张、电瓶车证 3 000 余张、三轮车证 47 张，为 3 000 余名户籍在校人员采集人像信息。

（梅 鲜 赵崧捷）

【建立"安全教育微课程"体系】 10 月 14 日起，面向全校师生员工开放"安全教育微课程"的预约，在校学生、教职员工可以以班级或院系部门为单位，通过网站下载（http://baoweichu.fudan.edu.cn）或至一站式服务大厅现场预约。该课程体系先期设立 9 门课程，针对师生们在校园内可能面对的治安情况或安全隐患，宣传治安防范技巧、普及消防安全知识，培训火灾逃生技能。具体课目分别为：治安防范知识、防诈骗、大学生消防安全教育、电器安全知识、实验室消防安全、火场中的逃生、消防法规解读、基本消防器材知识及技术操作、寝室防火。全年共预约授课 22 次，累计参加人数 1 000 余人次。

（梅 鲜 赵崧捷）

【开展"法制校园宣传行"系列活动】 保卫处联合公安等执法部门，结合校园的治安动态和发案规律，举办"法制校园宣传行"主题系列活动。广泛开展安全教育，增进保卫处与学生的互动交流。

（梅 鲜 赵崧捷）

【实行邯郸校区校园责任区域管理制度】 根据校园巡防特点及发案情况，将邯郸校区划分为 6 片责任区，由对应的保卫干部专职负责，带队指导责任区内的安保力量完成日常管理工作及治安稳定的维护。初步形成物业安保队员负责门岗出入管理、路面治安巡逻、专项伏击守候，校卫队员负责教学楼宇和班车停放点秩序维护、校园交通疏导的架构，及时发现隐患，妥善处置问题。

（梅 鲜 赵崧捷）

【邯郸校区室外篮排球场实行封闭化管理】 针对校内公共运动场所抢包盗窃、治安纠纷案件频发的情况，自 10 月 8 号起，保卫处协同体教部、总务处对本部篮排球场进行围合，采用刷卡进出的管理模式，并安排安保队员进行场地内巡逻。实行封闭化管理后，邯郸校区室外篮排球场的盗窃、纠纷案件的发案率降为零。该管理模式得到了上海市公安局的肯定，被列为上海市高校第一批安全示范点。

（梅 鲜 赵崧捷）

人民武装工作

【概况】 2014 年，复旦大学党委坚持党管武装的重要原则，领导武装部在学生军训和国防教育、征兵以及射击队建设等人民武装工作各方面都取得新的成绩。复旦大学被评为"杨浦区 2014 年度军事训练先进单位"。

有序组织实施军训、国防教育。根据《中共中央、国务院、中央军委关于加强新形势下国防教育工作的意见》（中发[2011]8 号）和《国务院办公厅、中央军委办公厅转发教育部、总参谋部、总政治部关于在普通高等学校和高级中学开展学生军事训练工作的意见的通知》（国办发[2001]48 号）文件精神，武装部认真组织实施学生军训和国防教育工作。按照军事教学大纲要求和学校下达的年度教学计划，开设军事理论课、射击选修课，坚持教学改革；创建军理慕课，在向学生传授国防和军事知识的同时，着力培养学生良好的国防观念、国家安全意识和集体主义观念及组织纪律观念。开展形式多样、丰富多彩的军事文化活动，如"军事文化节"和"国防教育日"活动，培养学生的实践和创新能力，受到学生的欢迎。

8 月 21 日—9 月 3 日，2013 级本科生近 3 300 人接受为期 14 天的集中军训。通过军训进一步激发学生爱国主义热情，增强了国防观念、集体主义观念和组织纪律观念，锻炼体魄，培养克服困难的意志品质。有 5 个连队被评为先进连队，21 名教官被评为优秀军训教官，20 名辅导员被评为优秀军训辅导员，65 名学生干部被评为优秀军训学生干部，325 名学生被评为优秀军训学生。校党委书记朱之文等校党政领导出席军训汇报大会,对军训成果给予充分肯定,并与全体军训教官一起合影留念。

认真完成征兵工作。2014年,共征集新兵19名,男15名,女4名。全年共有18名学生退伍返校,其中1人荣立三等功。做好入伍学生的跟踪教育和服务工作,为他们排忧解难,落实优抚政策,使他们安心在部队服役。全体入伍学生牢记母校嘱托,为军队和国防现代化建设作出了积极贡献,充分展现出新世纪复旦学子的崭新精神风貌,受到部队广大指战员高度赞扬和媒体的广泛关注。

积极做好各项拥军优属和优抚工作。2014年,学校共有复员、退伍、转业军人和军、烈属近700人。武装部定期组织拥军优属联欢会,邀请复员、退伍、转业军人代表参加;增进与军、烈属的沟通交流,开展慰问活动,为他们排忧解难。与驻沪部队和军训部队保持密切联系,为学生军训工作的顺利开展打下坚实基础。

(赵 亮)

【射击队屡获佳绩】 5月,在上海市第十五届运动会中,复旦大学射击队获得1金1银4铜的成绩。10月,在上海市射击锦标赛中,包揽女子气步枪项目个人前三名。7月,在全国大学生射击锦标赛中,2人获得个人前八名。

(赵 亮)

老干部工作

【概况】 2014年,老干部工作处认真学习贯彻习近平同志系列重要讲话、"十八届四中全会"精神,加强老干部党支部建设;坚持"服务为先"工作理念,深化走访慰问工作内涵;以落实教育实践活动的服务承诺为抓手,加强团队合作,服务质量和管理水平进一步提升。

学校共有离退休干部211人,其中离休干部180人(邯郸校区60人、枫林校区58人、附属医院62人)、退休局级干部31人。

贯彻落实《老干部工作领导责任制》。学校领导全年为老干部召开学校工作通报会4次、座谈会2次,到会老干部共计约230人次。学校领导走访慰问老干部30多位,尽力帮助解决实际困难问题;并协调学校各部门积极协助调查老干部个案信访和历史遗留问题。

落实离退休干部的政治待遇。按期完成枫林、邯郸校区离退休干部党总支换届选举;以"学习践行社会主义核心价值观,夯实全面深化改革思想基础"为主题,举办为期2天的支部书记学习班。针对"后双高期"老干部的现状,讨论如何进一步加强老干部党支部建设,不断改进政治思想工作方式方法和实践载体,让党支部始终成为团结凝聚老干部的核心;以深入学习贯彻党的"十八大"精神,提高党建科学化水平为主线,继续推进老干部学习型党支部建设。组织老干部参加市老干部局、市教卫党委、学校党委、街道老干部科举办的各层次各类型的会议、辅导报告和学习培训。引导老干部重点学习理解党的十八届四中全会文件和习近平同志的有关讲话精神,尤其是习近平同志在全国"双先"表彰会上的讲话;结合国内外形势,从老干部关心时政需求出发,组织老干部观看上海市委副书记殷一璀传达"两会"精神的讲话录像以及上海国际问题研究院杨洁勉的《当前国际形势和中国外交政策》视频,观看《党员新视野》光盘;以"十八大四中全会精神"、"中国当前教育之现状"、"今天如何做一名合格的党员"、"依法治国"等为主题,组织专题生活会、微报告、品茶理论研讨。

围绕中华人民共和国成立65周年,组织开展"与祖国同行——同心共筑中国梦"系列活动。举办"庆祝中华人民共和国成立65周年暨荣誉纪念证书颁奖仪式";开展"我与1949——新中国解放的记忆"专题组织生活会;举行"迎国庆"茶话会;组织老干部们书写国庆65周年"祝福祖国"寄语;与社区、营区协作,组织"三区"老干部"祖国颂"诗歌字画镜像演示会;召开地下党老干部与学生交流座谈会;结合"烈士纪念日",组织老干部参与的"缅怀复旦英烈"座谈会等。

以"组织生活大家谈"、"真实个案随访"、"书面文稿征集"等形式,组织开展"孝亲敬老"活动,并将老干部们撰写的文稿和照片汇编成集,供大家交流分享,营造"孝亲敬老"的风尚。结合枫林校区大规模的校园建设,组织老干部拍摄校区老建筑,汇编成"枫林印象"摄影集。此外,组织老干部参与各类小型的、与学生、社区互动的活动。

从生活上关心照顾老干部。主动联系关心老干部的身体生活情况,记录并妥善解决离退休干部个案问题。截至2014年12月底,走访慰问老干部共计1 700多人次;认真落实离休干部各项生活待遇政策。1月,根据[沪委老(2013)19号]文件及市教卫党委老干部处专题会议精神,随离休干部增龄变化及时调整护工费标准,按期发放到位;3月,根据[沪委组(2014)发字10号]、[组通字(2013)37号]文件精神,在学校党委的支持下,提高离休干部的护理费;6月,根据上海市委老干部局2014年规范本市离休人员补贴费专项工作会议精神,完成离休干部生活待遇的调整与补发工作;结合目前老干部整体进入"高龄、高病"期的实际情况,进一步修订和规范《复旦大学老干部特殊医疗补助办法》、《老干部专项护理补助办法》。全年共有19位离休干部享受特殊医疗补助,补助经费为6.7万元,加大帮困力度的老干部达190人次,补助金额近20万元。

加强老干部活动室的内涵建设。投入资金15万元修缮美化老干部活动室,进行电脑及健身器材更新、橱柜修缮、桌椅添置、书刊增订、环境优化等工作;进一步完善《复旦大学老干部活动室(办公室)突发事件应急预案》、《复旦大学老干部集中活动紧急预案》,强化工作人员安全管理意识,提高突发事件的应急能力;为26位老干部举行集体祝寿仪式;组织老干部一日学习考察活动2次,先后赴江苏吴江黎里古镇革命诗人柳亚子纪念馆和淀山湖畔、奉贤海湾国家森林公园等学习参观,出行老干部及家属约250人次；组织老干部开展迎新年联欢活动，参加市、区、社区、联合体的影评、摄影展、趣味运动会、书画展等。

加大与社区共建协作力度。2014年，与斜土、康健街道签订联动合约；完善"三区"例会制度，参加杨浦、徐汇区老干部工作联席会，推荐教授为区、街道、营区老干部作形势及健康报告会；完善出入登记管理机制，开放社区老干部活动室；联合社区、街道、校工会、学院、枫林校区管委会走访慰问离退休干部近30人次，协作解决部分老干部的生活困难问题。

加强局级（及以上）退休干部的服务管理。组织参加各项政治学习活动，出席上海市和学校的重要会议。全年组织退休局级干部学习考察活动2次：4月28日赴华山医院宝山分院和顾村公园学习参观，10月30—31日赴江苏无锡鸿山荡口国学大师钱穆和中国力学之父钱伟长故居考察学习。加大对年老体弱、患重病的老干部生活护理的补助力度。

加强关心下一代工作委员会（以下简称"关工委"）建设。支持离退休干部和退休老同志在专业领域和关工委、退教协发挥作用，鼓励各院系关工委分会组织分会老同志承接和开展专题调研，促进关心下一代工作。配合校党委组织部，加强特邀党建组织员队伍建设，定期组织学习培训，开展青年教师培养、学生党建调研等工作。全年举办各类学习、培训20多次，召开学校相关部门研讨会5次，深入学院调研10多次。

加强老干部工作队伍建设，注重理论学习和业务培训。每两周召开一次班子例会、每月召开一次工作人员例会制度，组织全体工作人员参加市、教卫、校工作培训。重视党支部建设，坚持每月召开一次小组学习和组织生活会。根据"十八大四中全会"、"习近平系列重要讲话"内容，编辑《学习园地》共8期，供老干部及工作人员学习。继续推进党政信息公开，做好网站的维护和管理工作；及时报道老干部处的工作动态和活动信息，编印半年刊工作简报2期，撰写通讯稿件50多篇。

调研课题《加强学习型、服务型、创新型老干部工作队伍建设研究》获得2014年上海市教卫系统调研成果二等奖；2014年完成《基于老干部工作转型发展的创新型队伍建设研究》课题调研。

（张江燕）

【获"离退休干部先进集体和先进个人"评选多项表彰】 8月8日，根据中共上海市教育卫生工作委员会办公室《关于做好市教卫工作党委系统离退休干部先进集体和先进个人推荐工作的通知》（沪教卫办【2014】17号）文件精神，在邯郸、枫林两个校区及附属医院离退休干部中开展先进集体和先进个人（"双先"）评选推荐工作。经过民主推荐，上级审批，附属华山医院退休局级干部张永信获得上海市老干部系统"双先"先进个人称号；干部党总支、附属中山医院分部老干部党支部、老教授协会老年学理论组分获上海市教卫系统"双先"先进集体称号；离退休干部郭晓燕、周振汉、张令仪、方林虎、陈桥裕等获得上海市教卫系统"双先"先进个人称号。

（张江燕）

【完成枫林、邯郸校区老干部党总支换届选举】 2013年12月20日、2014年3月5日，枫林、邯郸校区分别举行换届选举大会。郭晓燕、周振汉分别当选新一届枫林、邯郸校区离退休干部党总支书记，袁鸿昌、叶依群、赵少荃、刘顺厚为副书记。

（张江燕）

【1项研究获市级荣誉】 校关工委课题"关于新形势下大学生党员发展标准问题的研究"获得2014年上海市教育系统关工委重点课题"特别优秀成果"奖。该课题始于2013年，研究组成员共17人，其中关工委老同志12位，校党委组织部、学生业余党校、学工部等党建工作负责人5位。

（张江燕）

【落实离休干部各类补贴调整政策】（1）根据上海市老干部局下发《关于转发中共中央组织部、财政部、人力资源社会保障部〈关于提高离休干部护理费标准的通知〉的通知》（[沪委组(2014)发字10号]），2月25日，老干部工作处在枫林校区老干部活动室召开附属医院老干部工作专题会议，传达并落实提高离休干部护理费调整政策。3月3日，经校长办公会议研究讨论同意追加预算，全校离休干部的护理费3月25日前按标准发放到位。共发放补贴98.16万元，覆盖离休干部119人。（2）4月25日，上海市老干部局下发《关于2014年调整本市离休人员补贴费标准的操作口径（供口头布置用）》文件，根据离休人员的职级，以离休前组织正式任命的行政职级或实际聘任的专业技术职务为准，并按离休人员的离休职务（职级）或参加革命工作时间确定的标准就高执行。5月15日，经学校校长办公会议研究讨论同意追加预算，全校离休干部的补贴费6月25日前按标准发放到位。共发放补贴512.5万元，覆盖离休干部132人（其中2012年1月至2014年4月去世离休干部13位）。

（张江燕）

十一、群众团体

工 会

【概况】 2014年,中国教育工会复旦大学委员会(简称"工会")坚持以党的十八届三中、四中全会、中国工会十六大精神为指导,围绕学校第十四次党代会提出的奋斗目标和各项任务,以教职工满意不满意作为衡量标准,发挥好工会的桥梁纽带作用,落实好教代会的民主管理职权,使广大教职工真正能够体面地生活、舒心地工作。

教代会组织工作更加规范有效。2014年上半年,把教代会年会的时间(每年4月上中旬)写进《复旦大学教代会实施细则》,用制度的方式予以明确;改进开会方式,重视议题确定、议程安排、材料准备、代表审议意见汇总反馈等细节处置;在枫林校区开设分会场。

加强提案办理工作。教代会提案工作委员会建立网上提案系统,通过组织召开提案送达会、代表沟通会等形式,提高提案办结率。

坚持校情通报会制度。分别约请校党政领导和相关职能部门负责人,向教代会代表和教职工代表通报教育教学改革进展情况、推进校院两级管理体制改革工作进展情况、校园基本建设进展情况、资产管理改革思路与措施,解读《复旦大学学术规范实施条例(试行)》,充分保障教职工的知情权、参与权,使学校出台的政策、方案不断完善。

指导、推进二级教代会建设。在调研的基础上,针对二级教代会制度建设中存在的问题拟定整改方案。

工作重心进一步下移。2014年,通过基层工会对教职工逢五、逢十进行生日慰问,结婚、生育发放贺礼和贺卡,有1 300余名教职工享受生日慰问,260余名青年教职工享受结婚、生育慰问。

配合学校二级管理改革,按人均430元的额度下拨教职工集体活动专项经费,为基层工会工作展开提供保障,鼓励基层工会积极开展富有特色的集体活动。为进一步加强基层工会主席的交流沟通,工会于10月启动了基层工会主席沙龙活动。

建立"教工之家"建设情况评价综合工作方案。12月,启动"教工之家"评选工作,继续推进对基层工会建"家"工作的督促检查和分类指导,深化建家活动。信息科学与工程学院等8家单位被评为2013—2014年度先进"教工之家"。

关注教职工健康。配合校医院,如期举办复旦大学健康讲坛系列讲座,为基层工会提供健康讲座菜单。根据不同群体需求,先后组织"雾霾与健康"、"食品安全与健康"、"大肠癌预防与早期发现"、"关注女性健康——预防妇科肿瘤"、"健康与美丽同在"等讲座。将附属医院专家医疗咨询的时间前移至6月,使教职工体检与咨询服务相衔接。

拓展教职工补充医疗保障计划。2014年,完成为6 740名教职工办理参加市总工会《综合补充医疗、意外[工伤]互助保障》计划续保工作。为136人次办理"住院补充医疗互助保障金"理赔手续,给付金额246 185.2元;为12人次办理"特种重病和女职工特种重病医疗保障金"理赔手续,给付金额150 000元;为9人次办理"意外伤害保障金"理赔手续,给付金额7 500元,三项合计403 685.2元。元旦春节慰问及日常帮困149人次,累计发放慰问金220 480万元。向学校提交《关于教职工补充医疗保险相关问题的请示》及相关材料,争取学校行政支持,落实参保经费。12月5日,校长办公会议原则同意补充医保方案。校工会组织成立由教师代表、专家、相关职能部处负责人组成的补充医保工作小组,全权负责招投标工作。补充医保方案经多次协商、沟通已最终确定。截至2015年2月10日,全校教职工共6 884人参保,其中5 434人参加新医保项目。

探索新的服务模式。工会采取购买服务的方式,真正为教职工解难事、办实事。为解决青年教师后顾之忧,争取附小支持,于9月开设教职工子女晚托班;为满足教职工健身需求,周一至周五每天向科技园羽毛球场馆中心租借2小时6片场地;由法学院教师支撑的"工会法律咨询中心"为19人次提供免费法律咨询服务;暑假期间,做好重点慰问工作,通过快递方式为所有劳模送上慰问信和慰问品。

关注青年教师成长。依托青年教师联谊会,联合人事处、教务处等职能部门,开展促进青年教师职业发展的一系列活动。11月,组织青年教师团队拓展交流活动,制订、完善"青年教师凝聚力建设"项目方案和规划。生命科学学院教师吴燕华获得上海市五一劳动奖章。部分二级单位组建青年教师联谊会分会,定期开展适合青年教职工的系列活动。

拓展教职工文体活动项目。在第十四届教工运动会入场式上,首创师生联合方阵接受校领导及全体师生观众的检阅,同时组织近千名教工运动员参加运动会各项目的比赛。一年来,积极开展教职工喜闻乐见的体育活动,先后举办教工跳长绳、乒乓球单打、踢毽子、飞镖等比赛;协同体教部组织"千人乐跑"活动;以校庆110周年为契机,在全校教职工中组建健步走协会,开展复旦校史健步走

活动;以庆祝建国65周年系列活动为主线,推进"复旦大学教职工系列文化活动"的开展。 (裘苏明)

【召开复旦大学六届教代会暨十七届工代会第二次会议】 该会议于4月18—25日召开。大会听取审议校长杨玉良《学校年度工作报告》、常务副校长陈晓漫《2013年度财务工作报告》、工会主席刘建中《2014年教代会、工会工作报告》,审议《复旦大学章程》(草案)、《复旦大学教职工代表大会实施细则》(修订草案)、《复旦大学工会章程》(草案),并以投票表决方式原则通过《复旦大学教职工代表大会实施细则》(修订草案)、《复旦大学工会章程》(草案)。校党委书记朱之文作重要讲话。 (裘苏明)

【组建教代会民主管理专门委员会】 根据教代会职权的要求以及工作实际,制定通过《复旦大学教职工代表大会民主管理专门委员会组建方案》,完成组建提案工作委员会、推进校务公开工作委员会和代表工作委员会。制定《复旦大学教代会提案工作制度》、《复旦大学教代会推进校务公开工作制度》、《复旦大学教代会代表工作制度》等相关配套工作制度,推进、规范各专门委员会的工作。
(裘苏明)

【开展"复旦大学教职工系列文化活动"】 以庆祝建国65周年系列活动为主线,集邮协会、书画篆刻研究会、戏曲社、合唱团等工会社团围绕主题,分别开展尹派艺术演唱会、"燕曦翰墨香—复旦大学书画篆刻艺术展"、校园文化系列活动之沪剧、评弹专场以及师生共同参与的新年演唱会等活动。校园文化活动贯穿全年,覆盖所有基层单位,提升教职工文化素养。 (裘苏明)

【开展"重温百年辉煌,共筑复旦梦"健走活动】 12月,校工会成立健走协会,逾2 150名教职工参加。协会推出"重温百年辉煌,共筑复旦梦"——复旦校史健走活动,在提高教职工身体素质,丰富教职工文体活动的同时,营造广大教职工热情关注、积极参与校庆的氛围。 (裘苏明)

附 录

复旦大学第六届教职工代表大会执行委员会

执委会主席:刘建中(女)
副 主 席:司徒琪蕙(女) 周桂发 殷莲华(女)
秘 书 长:吴佳新
委   员:(按姓氏笔画为序)

王丽军(女)	王金童	王胜资(女)
卢大儒	叶匀分	包霞琴(女)
冯玮	司徒琪蕙(女)	朱扬勇
朱胜林	朱寅申	刘亦春(女)
刘建中(女)	孙晓屏(女)	严法善
李峻(女)	杨永明	吴佳新
张宝贵	陆汇云	陈永英(女)
陈金华	陈瑛(女)	金再勤
周立志	周刚	周虎
周桂发	胡军	秦嗣萃(女)
徐建军	徐辉(女)	殷莲华(女)
凌鸿	郭有德	雷一东
魏洪钟		

复旦大学第十七届工会经费审查委员会

主   任:张 育(女)
委   员:余 青(女) 陆 瑾(女) 徐恬静(女)
         徐韶瑛(女)

团 委

【概况】 2014年以来,共青团复旦大学委员会(简称"团委")深入学习宣传贯彻党的十八届四中全会精神,围绕学校立德树人的根本任务,大力推动组织形态的转型升级,实现服务国家区域前沿领域的重大突破,带动团工作实现跨越发展。通过结合党政关心、社会关注、青年需要、共青团力所能及的汇集点,使团组织在把握不断发展丰富的青年内在需要中,形成与共青团使命任务相适应的社会功能和社会影响力。

在主题教育方面,全年工作紧密围绕主题教育主线,统领共青团、各基层团组织的各项工作。(1) 2014年,共青团复旦大学委员会在广大团员青年中开展"青春力量"主题教育活动,并先后开展第四届复旦诗歌节系列活动、中国力量主题讲座、"一二·九"主题系列活动等围绕主线、丰富多彩的活动。其中,第四届复旦诗歌节以"五四青年节"为时间节点,活动包括第五届"五月诵诗会"、花样诗歌朗诵大赛、诗歌漂流瓶、光华诗歌论坛、第四届光华诗歌奖等5个部分;中国力量主题讲座在"十一"国庆节之后展开,共举办8场系列讲座;"一二·九"主题系列活动以"一二·九"为时间节点,活动内容包括主题歌会、主题微电影大赛、主题摄影大赛等。决赛主题教育晚会中采用了朗诵、视频等形式,力图诠释主题内涵。(2) 发起建立青年网络文化使者队伍,从全校各院系分团委学生会主席、副主席、宣传部长,以及大一、大二各班级团支部书记和宣传委员中择优选拔156名学生组成青年网络文化使者队伍。借助已有的主题教育平台,为其安排相应的指导和培训,鼓励让广大团干部和团员青年正确、主动、积极地参与到网络舆论的讨论中,传递青年正能量。(3) 继续加强基层信息报送工作,通过专人负责制,确保及时、规范地完成校内外的信息工作。每学期开学初便对各基层院系信息员进行培训。截至12月

31日，团委共收到上报信息815条，内容涵盖院系团委学生会的主题教育活动、青年团员思想动态、院系学习讲座、院系开展的文娱活动等各方面。为了让更多师生能够了解到团委的动态，校团委还会定期挑选优秀的简报上传至复旦大学新闻网。2014年，5篇新闻稿通过党委宣传部网宣办审核，发至复旦主页及新闻网，提升团委影响力。

在组织建设和人才培养方面，团委的组织工作结合2014年工作要求和基层团员青年、团组织的实际需求，完成五月评优、十月评优、团员信息统计、团籍管理、团报团刊征订、特色团建、校团委干部选任、二级团组织负责人更换、大学生暑期挂职锻炼组织与协调、优秀团学干部赴团市委挂职锻炼推荐选拔、上海市一级优秀团组织、优秀个人的推荐选拔、2014年度院系分团委工作考评等工作。在继续做好和完善各项日常工作的基础上，2014年原组织部在创新评奖评优机制、激活基层组织建设、加强团学干部队伍交流和培养、规划服务办事流程以及部门自身建设等方面进行一系列改革创新。校团委团校办公室继续秉持"育人为本，创新为魂"的理念宗旨，为广大团学干部提供内容丰富、新颖，形式生动、活泼的课程，旨在提升学生的整体素质和综合能力，搭建交流学习与互动沟通的平台，加深学员对团学工作的认识，培养复合型的团学骨干。团委队伍建设的人才培养工作通过加强学校向院系的延伸，构建院校两级的培训体系，形成3个层次的培训架构，充分发挥校团委的资源整合能力，加强对基层院系的组织覆盖。在校级层面，探索与校外机构合作，将资源向欠发达地区学生倾斜，先后设立"星巴克项目"和"陪伴计划"。在院系层面，结合观察评、进度管理、评精评优和跟踪调研等支持工作，进一步扩展人才培养的容量，形成制度化、有机化的运行机制。

在青年创新工作方面，2014年年初，成立"青年创新中心"(Youth Innovation Center，简称YIC)。该中心关注青年、服务青年，积极打通资源，主动对接需求，创新工作模式和部门架构，以"创青春"、"科创行动"及各类品牌活动为抓手，线上与线下联动，为全校青年搭建创新的舞台，营造校园创新氛围。

在青年志愿者方面，2014年青年志愿者工作紧密围绕校团委育人工作开展，贯彻落实"组织青年、引领青年、服务青年"的基本理念，在进一步完善组织架构的基础上转变工作思路，强化服务意识；通过渠道建设广泛听取建议，提升服务实效；利用新型公益平台，树立服务品牌。将"奉献、友爱、互助、进步"的志愿者精神推广到更深更广的层面。

在社会实践工作方面，团委实践部认真贯彻"服务为本，创新为魂"的工作理念，创造性地开展工作，拓宽社会实践育人平台，提升社会实践服务品质，寒假社会实践、暑期社会实践继续开展，日常化社会实践不断深入，实现实践项目数量、质量同步提升；实践部创新社会实践服务机制，为学生参与社会实践提供更多的便利，并且以社会实践工作开展30周年为契机，在全校范围内宣传社会实践，取得一定成效。

在引领校园文化艺术发展方面，共青团复旦大学委员会学生艺术团办公室(简称"学生艺术团办公室")致力于丰富校园生活、展示学生风采和传播艺术文化，为校园内艺术人才提供专业支持，搭建广阔平台，不断探索创新活动形式与思路。"新艺术工坊"支持学校艺术团体和文艺达人开展原创文艺展示活动12场；支持基层开展文艺类活动20场；通过联席会议联络整合校园艺术力量，促进交流和跨界合作。2014年举办"巅峰对决等你做主——复旦大学第五届主持人大赛"等校园文艺赛事；"公共艺术课堂"活动12期，引进专业高水准演出、赏析活动等涵盖传统曲艺、西方器乐、歌剧、舞蹈、新兴艺术等。学生艺术团办公室组织策划毕业季活动成为学生毕业生活的重要一环。

在学生媒体工作方面，复旦青年报社运用互联网思维推动校园媒体革新，以全媒体时代下的青年引导为核心展开工作。2014年在微信平台上相继开设青年首发、青年聚焦、数读复旦、图说复旦、诗艺复旦等近20个独立栏目。

在青年调查研究方面，调研工作密切围绕"青年"展开。以《每周一报》《青年动态》《青年研究》《青年参考》等核心刊物为载体，关注青年动态、提供决策参考，捕捉校园热点、聚焦青年生态，立足社会民生、深挖青年特质。优化调研刊物的生产机制、整合部门人才培养体系、凝聚青年调研人才队伍。全年共产出《每周一报》22期、《青年动态》20期、《青年研究》3期、《青年参考》1期。

在职业青年工作方面，校团委职业青年工作部(简称"青工部")作为全国和上海市各高校当中设立的首个青工部，以凝聚和服务全校职业青年为主线，先后开展类型多样的主题活动，团结青年、引领青年、服务青年，引导学校各类职业青年成就自我、服务学校、奉献社会，体现出校团委"组织育人、活动育人、氛围育人"三位一体育人模式的鲜明特点。

（肖婷 杨添）

【举行2014届毕业生毕业晚会】 6月24日，2014届毕业晚会在正大体育馆举行，主题为"逐梦赤子心，青春不散场"，现场观众逾3 000人。晚会以红毯入场仪式为开场，红毯线上提名时间为5月20日—6月3日，期间共有218个人/团体受到提名，投票数超过61 227人次，在校内外引起广泛反响。毕业晚会的节目来自各院系、社团的应届本科、研究生毕业生。晚会揭晓"最美毕业照征集评选"的结果，举行"西部计划"的出征仪式，并首发2014届毕业MV《难别复旦》。

（肖婷 杨添）

【举办"中国力量"系列讲座】 2014年下半年，团委宣传部以"中国力量"为主题，邀请高铁、地理、能源、钢铁、汽车等国家基础设施建设和重点制造领域的企业负责人到校演讲，相继举办"新陆权时代的中国高铁大战略"、"决定城市未来空间发展的上海城市规划"、"能源与内政外交——天然气背后的国家战略"、"智慧城市的基石——地理信息云平台"、"铸就共和国的钢铁脊梁"、"建造和谐的交通环境"、"实现汽车强国的中国力量"等8场讲座。该系列讲座有助于学生了解国民经济的基石、国家民生的支柱,感受国家从改革开放初期的物质资料极缺,到"中国制造"一步步走向世界的过程。 （肖 婷 杨 添）

【参与星巴克中国青年领导力发展项目】 该项目于10月正式启动,由中国宋庆龄基金会、星巴克咖啡公司联合推出,旨在培养中国大学生领袖人才。11月8—9日,该项目在复旦大学举办华东站开班仪式暨首次培训。来自复旦大学和同济大学的100名学员参训。12月6—7日,星巴克项目上海站纲领PK活动在同济大学举办,复旦大学"声影小组"、"乐学成长——社区亲子系列活动"、"上海传统公共通讯系统现状调查及在优化"等3个项目脱颖而出,晋级下一轮的竞飞活动。该项目为期3年,每年挑选500名关注社会发展的大学生(其中50%来自贫困地区或家庭),致力于培养受益人群的领导能力,并开发适合中国大学生领导力培养的课程方案、有效模式。2014年是项目运行第一年,复旦大学作为首批加入此项目的10所高校之一,由团委办公室负责自主招募50名学员,聘请导师,开展培训、社会实践等活动,着力培养一批有领导力的青年。
 （肖 婷 杨 添）

【组织参加"创青春"全国大学生创业大赛】 自2014年1月以来,由共青团中央、教育部、人力资源和社会保障部、中国科协、全国学联、湖北省人民政府主办,华中科技大学、共青团湖北省委、武汉东湖新技术开发区承办的首届"创青春"全国大学生创业大赛吸引全国2 000多所高校参加了相关赛事,近10万件作品参与校级竞赛,近2万件作品参加省级竞赛,最终来自209所高校的385件创业项目进入全国终审决赛。该赛事在原"挑战杯"全国大学生创业计划大赛的基础上,增加创业实践赛和公益创业赛2项主体赛事,以及MBA专项赛、移动互联网专项赛2项专项赛。赛事参与主体从在校生扩大到毕业5年内的本校学生。在校级层面选拔中,学校共有38支队伍(其中创业计划赛27支、创业实践赛4支和公益创业赛7支),逾200人次参赛。经过书面评审,共有24支队伍进入校内选拔赛复赛,并最终推送14个项目(其中有8个计划赛项目,4个实践赛项目和2个公益赛项目)参与上海市选拔,获得1金、3银、7铜,学校获得优秀组织奖。团委推荐5个项目参加"创青春"主体赛事全国比赛(3个计划赛项目,2个实践赛项目),最终获得1金3银的成绩,其中计划赛项目《银浆、柔性透明导电膜、抗菌材料用纳米银线项目》获得金奖,计划赛项目《GeneU健康基因检测》获得银奖,实践赛项目《上海微趣网络科技有限公司》获得银奖,实践赛项目《上海风创信息咨询有限公司》获得银奖。《上海市Green环保项目咨询服务中心》获得MBA专项赛银奖。
 （肖 婷 杨 添）

【举办社会实践30周年主题纪念活动】 2014年是社会实践工作开展30周年,实践部以此为契机开展各类宣传活动。11月18日,举办"我们为什么支教"主题讲座,探讨短期支教的意义;11月,访谈十余位社会实践的优秀指导老师,听其分享社会实践30年的心路历程;12月,在全校范围内开展社会实践工作模式调研,发放问卷两千余份,收获诸多中肯的意见建议。5月,在上海市社会实践三十周年主题活动中,推荐的1张照片获选"社会实践三十年精彩瞬间",1个项目获评"社会实践三十年最具影响力项目"。 （肖 婷 杨 添）

附 录

2014年度复旦大学学生社团一览表

传统文化类社团

社 团 编 号	社 团 名 称	社 团 编 号	社 团 名 称
FD-H-USS-CT001	古琴协会	FD-H-USS-CT002	吴语文化协会
FD-H-USS-CT003	复旦茶社	FD-H-USS-CT004	书画协会
FD-H-USS-CT005	北方社	FD-H-USS-CT006	大众印社
FD-H-USS-CT007	国学社	FD-H-USS-CT008	燕曦汉服协会
FD-H-USS-CT009	昆曲研习社		

人文历史类社团

社 团 编 号	社 团 名 称	社 团 编 号	社 团 名 称
FD-H-USS-RW001	墨林学社	FD-H-USS-RW002	复旦诗社
FD-H-USS-RW003	音·画评论社	FD-H-USS-RW004	博雅学社
FD-H-USS-RW005	北辰文社	FD-H-USS-RW006	少年中国学社
FD-H-USS-RW007	古诗词协会	FD-H-USS-RW008	图书馆读者之友协会
FD-H-USS-RW009	意象协会	FD-H-USS-RW010	史翼社

社会科学类社团

社 团 编 号	社 团 名 称	社 团 编 号	社 团 名 称
FD-H-USS-SK001	欧洲研究协会	FD-H-USS-SK002	知和社
FD-H-USS-SK003	舆情调研协会	FD-H-USS-SK004	社会学社
FD-H-USS-SK005	青年法学会	FD-H-USS-SK006	邓小平理论研究会
FD-H-USS-SK007	环球事务论坛	FD-H-USS-SK008	问渠社

科普类社团

社 团 编 号	社 团 名 称	社 团 编 号	社 团 名 称
FD-H-USS-KP001	生命学社	FD-H-USS-KP002	青年照明协会
FD-H-USS-KP003	天文协会	FD-H-USS-KP004	三思社
FD-H-USS-KP005	航空航天协会	FD-H-USS-KP006	贝塔朗菲社团
FD-H-USS-KP007	生命与潜力学社	FD-H-USS-KP008	本草心社
FD-H-USS-KP009	数学建模协会	FD-H-USS-KP010	水狐沙龙-MOOC
FD-H-USS-KP011	理辩社		

经管类社团

社 团 编 号	社 团 名 称	社 团 编 号	社 团 名 称
FD-H-USS-JG001	金融保险协会	FD-H-USS-JG002	量化金融俱乐部
FD-H-USS-JG003	理财协会	FD-H-USS-JG004	前程协会
FD-H-USS-JG005	创意与实践协会	FD-H-USS-JG006	管理协会
FD-H-USS-JG007	会计学会	FD-H-USS-JG008	证券投资协会
FD-H-USS-JG009	GCC 创业协会	FD-H-USS-JG010	管理咨询协会
FD-H-USS-JG011	青年成就协会	FD-H-USS-JG012	咨询投行俱乐部

媒体影视类社团

社 团 编 号	社 团 名 称	社 团 编 号	社 团 名 称
FD-H-USS-MT001	新媒体协会	FD-H-USS-MT002	复旦 vision
FD-H-USS-MT003	传奇工作室	FD-H-USS-MT004	传媒协会

户外类社团

社 团 编 号	社 团 名 称	社 团 编 号	社 团 名 称
FD-H-USS-HW001	跑酷协会	FD-H-USS-HW002	晨行社
FD-H-USS-HW003	射箭运动协会	FD-H-USS-HW004	龙狮协会
FD-H-USS-HW005	旅游协会	FD-H-USS-HW006	登山探险协会
FD-H-USS-HW007	定向越野协会	FD-H-USS-HW008	极限运动协会
FD-H-USS-HW009	自行车协会	FD-H-USS-HW010	龙舟协会
FD-H-USS-HW011	极限飞盘社	FD-H-USS-HW012	城市探索者

棋牌类社团

社团编号	社团名称	社团编号	社团名称
FD-H-USS-QP001	桥牌协会	FD-H-USS-QP002	中国象棋协会
FD-H-USS-QP003	围棋协会	FD-H-USS-QP004	国际象棋协会
FD-H-USS-QP005	桌友联盟	FD-H-USS-QP006	麻将社
FD-H-USS-QP007	桌友茶会		

音乐类社团

社团编号	社团名称	社团编号	社团名称
FD-H-USS-YY001	吉他协会	FD-H-USS-YY002	爱乐协会
FD-H-USS-YY003	笛箫协会	FD-H-USS-YY004	余音社
FD-H-USS-YY005	钢琴协会	FD-H-USS-YY006	乐手联盟
FD-H-USS-YY007	复旦歌社	FD-H-USS-YY008	音乐剧社
FD-H-USS-YY009	口琴协会		

舞蹈类社团

社团编号	社团名称	社团编号	社团名称
FD-H-USS-WD001	现代舞协会	FD-H-USS-WD002	国标舞协会
FD-H-USS-WD003	健美操协会		

戏剧类社团

社团编号	社团名称	社团编号	社团名称
FD-H-USS-XJ001	麦田剧社	FD-H-USS-XJ002	留声社

球类社团

社团编号	社团名称	社团编号	社团名称
FD-H-USS-QL001	网球协会	FD-H-USS-QL002	乒乓球协会
FD-H-USS-QL003	羽毛球协会	FD-H-USS-QL004	棒垒球协会
FD-H-USS-QL005	无限排球协会	FD-H-USS-QL006	足球协会
FD-H-USS-QL007	篮球协会	FD-H-USS-QL008	桌球协会
FD-H-USS-QL009	板球社	FD-H-USS-QL010	美式橄榄球协会
FD-H-USS-QL011	高尔夫球协会		

健身类社团

社团编号	社团名称	社团编号	社团名称
FD-H-USS-JS001	武术协会	FD-H-USS-JS002	空手道协会
FD-H-USS-JS003	少龙拳术俱乐部	FD-H-USS-JS004	陈氏太极拳协会
FD-H-USS-JS005	健身协会	FD-H-USS-JS006	瑜伽协会
FD-H-USS-JS007	游泳协会	FD-H-USS-JS008	跑步爱好者协会
FD-H-USS-JS009	梅花桩武术协会	FD-H-USS-JS010	剑道社
FD-H-USS-JS011	iFIT 协会		

兴趣类社团

社 团 编 号	社 团 名 称	社 团 编 号	社 团 名 称
FD-H-USS-XQ001	科幻协会	FD-H-USS-XQ002	摄影协会
FD-H-USS-XQ003	素食文化协会	FD-H-USS-XQ004	电子竞技协会
FD-H-USS-XQ005	宜家社	FD-H-USS-XQ006	沸点漫画社
FD-H-USS-XQ007	零零舍社	FD-H-USS-XQ008	咖啡与酒文化协会
FD-H-USS-XQ009	弦墨藏书	FD-H-USS-XQ010	军事爱好者协会
FD-H-USS-XQ011	推理协会	FD-H-USS-XQ012	抽象艺术协会
FD-H-USS-XQ013	舆图社	FD-H-USS-XQ014	空想者协会
FD-H-USS-XQ015	手工爱好者联盟	FD-H-USS-XQ016	馔玉社
FD-H-USS-XQ017	魔方社	FD-H-USS-XQ018	七艺画社
FD-H-USS-XQ019	逗阵社	FD-H-USS-XQ020	艺客空间协会
FD-H-USS-XQ021	建筑艺术协会	FD-H-USS-XQ022	万有青年协会
FD-H-USS-XQ023	电影协会	FD-H-USS-XQ024	城市环境艺术协会
FD-H-USS-XQ025	翼缘社		

能力拓展类社团

社 团 编 号	社 团 名 称	社 团 编 号	社 团 名 称
FD-H-USS-NL001	公关协会	FD-H-USS-NL002	演讲与口才协会
FD-H-USS-NL003	成功心理协会	FD-H-USS-NL004	模拟联合国协会
FD-H-USS-NL005	校史社	FD-H-USS-NL006	MingClub 菁英俱乐部
FD-H-USS-NL007	过来人协会	FD-H-USS-NL008	Girls up
FD-H-USS-NL009	OA 社	FD-H-USS-NL010	复旦 Enactus
FD-H-USS-NL011	英语辩论协会	FD-H-USS-NL012	觅度社
FD-H-USS-NL013	复旦创行		

国际交流类社团

社 团 编 号	社 团 名 称	社 团 编 号	社 团 名 称
FD-H-USS-GJ001	美芹社	FD-H-USS-GJ002	中外学生交流协会
FD-H-USS-GJ003	凿空社	FD-H-USS-GJ004	中日学生沙龙
FD-H-USS-GJ005	中国德语国家文化交流社	FD-H-USS-GJ006	北欧社
FD-H-USS-GJ007	中法丝绸之路协会	FD-H-USS-GJ008	港澳文化协会
FD-H-USS-GJ009	两岸四地协会	FD-H-USS-GJ010	西班牙语俱乐部
FD-H-USS-GJ011	白桦俄语社	FD-H-USS-GJ012	木槿韩语社

公益类社团

社 团 编 号	社 团 名 称	社 团 编 号	社 团 名 称
FD-H-USS-GY001	法律援助中心	FD-H-USS-GY011	TECC
FD-H-USS-GY003	远征社	FD-H-USS-GY013	爱和协会
FD-H-USS-GY005	心生协会	FD-H-USS-GY015	启明社
FD-H-USS-GY007	向日葵社	FD-H-USS-GY017	仁己社
FD-H-USS-GY009	立德未来	FD-H-USS-GY019	归巢公益

续表

社 团 编 号	社 团 名 称	社 团 编 号	社 团 名 称
FD-H-USS-GY011	TECC	FD-H-USS-GY012	酷学习公益社团
FD-H-USS-GY013	爱和协会	FD-H-USS-GY014	中美菁英俱乐部
FD-H-USS-GY015	启明社	FD-H-USS-GY016	ICVC中外学生公益平台
FD-H-USS-GY017	仁己社	FD-H-USS-GY018	阳光阁
FD-H-USS-GY019	归巢公益	FD-H-USS-GY020	Fudan Tribe社团
FD-H-USS-GY021	动物保护协会	FD-H-USS-GY022	梦行社

留学生类社团

社 团 编 号	社 团 名 称	社 团 编 号	社 团 名 称
FD-H-USS-LX001	日本留学生会	FD-H-USS-LX002	欧美学生会
FD-H-USS-LX003	土耳其留学生会		

张江校区社团

社 团 编 号	社 团 名 称	社 团 编 号	社 团 名 称
FD-Z-USS-QL001	张江乒乓球协会	FD-Z-USS-QL002	篮球协会张江分会
FD-Z-USS-JS001	极限运动协会张江分会	FD-Z-USS-RW001	北辰文社张江分社
FD-Z-USS-XQ001	科幻协会张江分会		

枫林校区社团

社 团 编 号	社 团 名 称	社 团 编 号	社 团 名 称
FD-F-USS-NL001	口才社	FD-F-USS-NL002	心理协会
FD-F-USS-NL003	医行社	FD-F-USS-XQ001	摄影协会
FD-F-USS-XQ002	美思社	FD-F-USS-XQ003	蔷薇社
FD-F-USS-JG001	前程无忧协会	FD-F-USS-JG002	谈股论金社
FD-F-USS-YY001	笛箫协会	FD-F-USS-YY002	吉他协会
FD-F-USS-YY003	西泠琴社	FD-F-USS-WD001	金十字艺术团
FD-F-USS-WD002	爱舞社	FD-F-USS-QL001	棒垒球协会
FD-F-USS-QL002	乒乓球协会	FD-F-USS-QL003	羽毛球协会
FD-F-USS-QL004	排球枫林校区分会	FD-F-USS-QL005	篮球裁判协会
FD-F-USS-JS001	跆拳道协会	FD-F-USS-JS002	空手道枫林校区分会
FD-F-USS-JS003	瑜伽协会	FD-F-USS-JS004	武术拳社
FD-F-USS-JS005	极协	FD-F-USS-JS006	跑步协会
FD-F-USS-JS007	知和协会	FD-F-USS-GY001	禁烟协会
FD-F-USS-GY002	阳光医学生协会	FD-F-USS-GJ001	Med-Bridge

复旦大学第十七届研究生支教团志愿者

姓 名	所在院系	姓 名	所在院系
胡热莱依	中文系	闫一平	新闻学院
梁淑娟	中文系	秦 梦	文博系
陈思鹏	外文学院	徐驭尧	历史系

姓　名	所在院系	姓　名	所在院系
张逸佳	经济学院	倪源蔚	物理系
黄温馨	经济学院	赵煜茜	管理学院
吕一品	经济学院	阿依帕丽·多力昆	法学院
段玉柱	经济学院	李　雄	法学院
施嘉恒	国务学院	任学欣	法学院
冷帝豪	数学学院	闫　格	法学院
吴梓敬	数学学院	高文红	社政学院

2014年复旦大学团委颁发奖项获奖名单

2014年附属医院先进个人
杜芸芸（中山医院）　　金　波（中山医院）
朱　磊（华山医院）　　张　军（华山医院）
王钧波（儿科医院）　　方　璐（妇产科医院）
陈祝俊（肿瘤医院）　　王　晶（眼耳鼻喉科医院）

2014年春季日常化社会实践优秀项目
来自星星的你们——12高分子杨浦区扬帆学校自闭症儿童篮球陪护活动
追溯"力"史，传承复旦文化——访力学系退休教师
大学生调查问卷设计及使用情况调研——以2013—2014学年复旦大学部分问卷为例
高校大学生、社区居民和闹市区人群乙肝知识普及程度社会调研
上海犹太难民纪念馆双语讲解工作

2014复旦大学暑期社会实践优秀项目
梦想无边，心手相连——云南孟连支教调研行
聆听千年遗音—长安古乐的传承与发展状况调查
"帐篷里的书声"（第三期）——复旦大学志愿者2014年暑期雅安实践行
河西走廊沙漠化前沿地区治理情况之探索——以甘肃民勤为例
高昌寻柳——吐鲁番维吾尔族柳条编织技艺的保护与传承
最朴素的农村改革——郭氏基金会屏南基地农村发展模式调研
鸭绿江畔梦之源_TECC复旦分会2014吉林集安暑期学院项目
立礼行善，学文成仁——2014河南淮滨第二高中支教调研行
"湖北秭归县茅坪镇九里小学、湖北九畹溪镇周坪中学支教项"
承载千年药乡历史，打造中国药都未来——甘肃省定西市中药材产业发展情况调研
启程——为最美好的我护航——数学科学学院星光工程支教调研活动
京剧的昨天、今天、明天——京剧艺术发展现状与展望
一方水土一方言——在普通话推广环境下对宁波本地方言的重拾
水泥企业粉尘污染周边地区影响的现状分析——以河北唐山为例
冷热不一，何去何从——北京奥运场馆赛后利用情况调研
控烟议题下烟草种植转型及对当地居民生活的影响——云南省玉溪市通海县案例研究
研究生对校内医疗资源的需求调查——以复旦大学邯郸校区为例
偏远山区乡村医生生存条件现状调研
农村女性生殖健康的认知现状及生殖健康医学知识普及
个人命运与集体记忆——黄山茶林场知青口述史研究与实地调研

2014年复旦大学暑期社会实践先进个人
潘樱梅　徐尉杰　倪敏轩　黄温馨　罗晨雁　任斯南
地力夏提·买买提艾力　李　楠　毕　行　唐　璐
吴琦隆　兰玉坤　吴静静　曾朱玲　刘足云　谢光钰
巢静雯

复旦大学第五届主持人大赛
金话筒：邵晓敏
银话筒：赵庆铂
铜话筒：叶　婧
人气奖：邵晓敏
最佳台风奖：吴印雪
最佳急智奖：叶　婧

2014年"一二·九"主题教育标兵集体
新闻学院　　数学科学学院　　信息科学与工程学院

2014年复旦大学试点团支部
2012级材料科学系本科生团支部
2012级电子工程系本科生团支部
2012级高分子科学系本科生团支部　2012级国务学院本科生团支部
2012级计算机学院本科生团支部　2012级文博历史旅管本

科生团支部
2012级临床医学(八年制)团支部 2012级社会学院本科生团支部
2012级预防医学本科生团支部 2013级英翻班本科生团支部

2013—2014学年复旦大学优秀基层团校

"复旦大学优秀团校·卓越菁英奖":
计算机科学技术学院团委	"柳韵新风"团校
新闻学院团委	青扬团校

"复旦大学优秀团校·共享之翼奖":
中国语言文学系团委	"惠风中文"团校
信息科学与工程学院团委	博致团校

"复旦大学优秀团校·杰出跨越奖":
高分子科学系团委	高分子基层团校

2013—2014学年度复旦大学基层团校优秀共享课程

中国语言文学系团委	《雅笈藏情,线装古韵》
信息科学与工程学院团委	《理科学生的人文素养》
外国语言文学学院团委	《走进美领馆》
信息科学与工程学院团委	《技术与创业分享会》
中国语言文学系团委	《城市深度人文定向》

2013—2014学年复旦大学基层团校精品课程

国际关系与公共事务学院团委
《透视反服贸:洞见真实的台湾》
计算机科学技术学院团委
《陆奇校友IT趋势分享会》
历史系团委
《现实与学术交叉中的历史视野》
计算机科学技术学院团委
《绿野仙踪:自然生态摄影课堂》
历史系团委
《覆灭或强盛:大国崛起的历史宿命》
信息科学与工程学院团委
《中科院物理所参观》
高分子科学系团委
《科普进公园》
国际关系与公共事务学院团委
《改革的广度深度与热度》

2013—2014学年度复旦大学优秀基层团校负责人

国际关系与公共事务学院团委	韩啟凡
中国语言文学系团委	潘樱梅
信息科学与工程学院团委	宋 川
计算机科学技术学院团委	李俊毅
高分子科学系团委	肖建伟
新闻学院团委	徐 桑
物理学系团委	徐亦聪
外国语言文学学院团委	吴梦莹

2013—2014学年度复旦大学基层团校优秀学员

中国语言文学系团委　惠风中文团校(3)
胡方舟　刘雨晴　刘雨宸

新闻学院团委　青扬团校(2)
张晓磊　高　言

哲学学院团委　哲学学院团校(2)
唐嘉雯　何明明

国际关系与公共事务学院团委　国韵团校(9)
李　祥　王　沁　孙　毅　吴　婧　张　斓　夏诗浓
刘　怡　朱汉斌　陈　树

数学科学学院团委　星辉团校(12)
李睿霖　喻显迪　李青岳　孙仕卿　宋柳漪　李应凯
何之源　徐熙宁　郑玉鹏　沈思逸　宋杰承　沈　铎

信息科学与工程学院团委　博致团校(6)
胡成龙　李迎玥　丁路昶　张博文　周文吉　邓迪丹

计算机科学技术学院团委　柳韵新风团校(5)
马志凯　刘　芳　邹田二龙　李逸伦　杨　健

化学系团委　化学基层团校(11)
徐梅星　沈奕卿　高伯旭　吴雅楠　谢伊沁　苏　沛
孙文杰　杨霏辰　毛大可　吕　浩　顾昱飓

生命科学学院团委　秋烨团校(11)
姚盼同　林意安　张　璐　杨怡清　徐思佳　万津凯
朱　焱　杨禾青　王思源　黄斯琦　左俊军

法学院团委　北辰团校(6)
袁玉玲　郭笑雨　沈璐晗　韩　政　陆嘉玮　沈　宸

高分子科学系团委　高分子基层团校(3)
王丹妮　姚　臻　郭伟军

社会发展与公共政策学院团委　社会人团校(4)
王方奕　李思滢　郑媛玲　朱祎宸

基础医学院团委　公共卫生学院分团委　枫林联合团校(12)
杨　帆　孙潇泱　唐文怡　袁　馨　杨卓然　史　潇
张梦雪　刘逸奇　孙腾霄　张　政　孟　妍　曹浩然

护理学院团委　护理学院基层团校(4)
孙亚若　周雨薇　唐佳莉　朱紫雯

(共青团复旦大学委员会供稿)

妇女委员会

【概况】 2014年,复旦大学妇女委员会(简称"妇委会")坚持以党的十八届三中全会、四中全会、全国妇女十一大、中国工会十六大精神为指导,围绕学校第十四次党代会提出的奋斗目标与各项任务,以凝心聚力共筑复旦梦为核心,积极提升妇女群体的责任感、使命感和幸福感。

推动公益活动服务回报社会。依托女性家园志愿者,开展"复旦大学巾帼环保行"公益系列活动,组织志愿者进社区宣传环保节能理念。性别研究与发展中心承担市妇联"关于建立上海市法规政策性别平等评估机制"、"社会转型期的妇女事业与妇联使命系列网络调查"、杨浦区妇女儿童发展研究中心委托课题"杨浦区家政服务需求调查研究",课题的完成为政府政策的制定与出台提供了决策依据,得到市、区相关领导的充分肯定。

完善评奖机制。总结评选工作经验,以打擂台等方式完成全国五一巾帼标兵、上海市以及教育系统、复旦大学三八红旗手、三八红旗集体等奖项的评选工作,以评促建、以评创优。

组织各类讲座与活动。根据女性不同群体的需求,充分利用学校资源,先后组织"关注——我们身边的食品安全"、"关注女性健康—预防妇科肿瘤"、"乳腺癌的诱发病因、防治措施以及日常饮食起居与乳房健康的关系"等专题讲座;为加强沟通、交流,组织女教授联谊会、妇女干部等赴百年上海电影魅力的上海电影博物馆学习参观;组织女教职工参加市教育系统的"校园瑜伽"健身展示活动;继续做好市教育系统妇工委关于"上海市优秀青年女教师成才资助金"的《家庭服务补贴》、《生育、哺育生活补贴》的方案,24位青年教师获得资助,资助金3.87万元;组织单身青年教师参加上海市教育系统妇工委等单位举办的"玫瑰花苑"高校青年教师联谊活动,为单身青年解决婚恋问题搭建平台;关注"复二代"成长,组织系列亲子活动,举办"复二代科学梦和医学梦"、"复二代的文化梦和艺术梦"、"复旦虎妈的教育之道"等讲座。特邀数学学院、医学院、中文系等相关老师结合自身成长经历及研究领域,介绍各自的学术理念,活动有助于激发孩子们对科学、医学、文学、历史、法律等学科的兴趣。

联合优势平台,助力女大学生成长成才。在校团委的支持下,联合宜家社、知和社等优秀学生社团,开展形式多样的活动。知和社围绕女权主义话题开展学术沙龙讲座,在校园里大受好评,其排演的关注女性的话剧演出在复旦校园里获得广泛关注。宜家社关注于女大学生的动手能力的培养,通过DIY班、女性形象班等为女大学生提供内容健康活泼的培训平台,丰富女大学生校园生活。

建立建"家"工作的长效机制。12月份,启动先进"妇女之家"的评选工作,完善考评机制,继续推进对妇女组织建"家"工作的督促检查和分类指导,深化建家活动,提升妇女工作在建"家"过程中的凝聚力。中山医院、华山医院等13家妇委会被评为先进"妇女之家"。

(陶菊玲 刘媛)

【召开复旦大学纪念"三八"国际劳动妇女节104周年暨表彰大会】 该会议于3月6日下午在光华楼东辅楼袁天凡报告厅举行。校党委副书记兼纪委书记袁正宏代表学校致辞。大会向获得2012—2013年度全国、上海市、教育系统、学校各类先进个人与集体代表颁发奖状、奖牌。第八届上海市巾帼创新奖得主耿道颖、上海市教育系统巾帼建功标兵程士安、第九届上海市教育系统比翼双飞模范佳侣称号杨青先后发表获奖感言。校长杨玉良到会祝贺并发表讲话。

(陶菊玲 刘媛)

【开展"复旦巾帼环保行"系列公益活动】 3—6月,由复旦大学工会、妇委会、团委主办,复旦女性家园承办的"复旦巾帼环保行"系列活动,先后邀请环境、医学领域的资深专家以讲座形式探讨"雾霾与健康"等话题背后的科学道理。该系列活动还走进杨浦社区,向居民们讲授抗霾知识,传递低碳生活、节约环保的理念。活动受到国家和上海市环保宣教部门的充分肯定。

(陶菊玲 刘媛)

【组织"健康与美丽同在"公益活动】 10月17日下午,妇委会组织"健康与美丽同在"暨中国癌症基金会乳腺癌防治进校园公益活动,来自各院系的师生及校友近150人参与活动。现场专家为师生提供防治乳腺癌的相关问题咨询与手诊检查。

(陶菊玲 刘媛)

十二、附属医院

综述

2014年,复旦大学共有15所附属医院。其中中山医院、华山医院、华东医院为三级甲等综合性医院,妇产科医院、儿科医院、肿瘤医院、眼耳鼻喉科医院、上海市公共卫生临床中心为三级甲等专科医院,金山医院、上海市第五人民医院、上海市青浦区中心医院为三级乙等综合性医院。上海市浦东医院、上海市静安区中心医院、上海市闵行区中心医院为二级甲等综合性医院、上海市闵行区精神卫生中心为二级专科医院。上海市浦东医院、上海市闵行区精神卫生中心、上海市青浦区中心医院、上海市静安区中心医院、上海市闵行区中心医院等5所正在筹备中。

共有医院职工24 038人,核定床位13 079张。有国家临床重点专科建设项目56个,上海市临床医学中心8个,上海市医学重点学科13个,上海市医学重点专科10个,上海市"重中之重"临床重点专科建设项目9个,上海市"重中之重"临床医学中心建设项目6个,上海市临床医疗质量控制中心19个。有中国科学院院士3人(沈自尹、王正敏、葛均波),中国工程院院士4人(汤钊猷、陈灏珠、顾玉东、周良辅)。全年门急诊服务量25 885 311人次,期内出院人数570 008人次,住院手术服务量141 649人次。

落实中央专项巡视整改工作。根据学校巡视整改方案及任务分解表,完成"附属医院权属关系"、"附属医院党政领导兼任科室负责人情况"及"附属医院大型设备、药品及高值耗材采购监管情况及整改措施"等3方面的清查任务,并制定《复旦大学加强附属医院监督工作的整体方案》、《关于加强和改进各附属医院信息公开制度建设的若干意见》;配合学校党委组织部制定《关于进一步完善附属医院党政联席会议制度的意见》、《关于进一步完善附属医院"三重一大"制度的意见》、《复旦大学附属医院党政负责人工作考核方案》。配合学校开展校内巡视工作。

全面推进毕业后医学教育工作,指导学校各培训医院进一步完善住院医师规范化培训和专科医师规范化培训各阶段工作。全年共招收住院医师规范化培训学员598名,其中"四证合一"项目学员159名,接收外地委托培养住院医师34名(其中福建省20名,安徽医科大学14名)。全年合格出站学员334名,总体就业率为98.8%。评选陈凌等45名住院医师为2014年复旦大学上海医学院优秀住院医师,评选罗哲等29名带教老师为2014年复旦大学上海医学院优秀带教老师,并予以表彰。组织各附属医院积极进行上海市专科医师规范化培训基地申报认定和专科医师规范化培训工作。全年共招收专科医师规范化培训学员242名,制定并执行学校专科医师规范化培训年度考核方案。

配合组织协调附属医院贯彻落实国家及上海市卫生和计划生育委员会关于开展"三好一满意"和"医疗质量万里行"活动的要求,持续改进医疗质量、医疗服务和医院管理水平,保障医疗安全。配合国家中医药管理局和上海市中医药发展办公室做好附属医院中医建设和发展工作,协助妇产科医院参与创建全国综合医院、妇幼保健机构中医药工作示范单位工作。协助各附属医院积极投标申报各新建和重新招标建设的临床专业质量控制中心。组织各附属医院开展2014年"服务百姓健康行动"大型义诊活动。协助开展第二届医院管理品管圈大赛评选推荐工作。

加强附属医院护理管理工作。组织附属医院护理部主任到浙江大学附属第一医院参观学习;组织召开2014年度复旦大学护理论坛和护士节专题活动;组织召开复旦大学护理优秀论文交流会和读书报告会;协助申报上海市卫生系统第二届"左英护理奖"。

2014年,各附属医院"人才柔性流动"职称晋升名额10个。其中,中山医院申报5个(分别对应上海市公共卫生临床中心1个正高岗位、1个副高岗位,中山医院青浦分院2个副高岗位,闵行区精神卫生中心1个副高岗位)、妇产科医院申报3个(对应静安区中心医院1个正高岗位、1个副高岗位,闵行区中心医院1个正高岗位)、眼耳鼻喉科医院申报2个(分别对应金山医院1个正高岗位、儿科医院1个副高岗位)。并在前期试行和调研的基础上,制定《复旦大学关于推进附属医院人才柔性流动工作的实施意见》。

对附属医院的服务工作。编印《2013年复旦大学附属医院基本情况汇编》、《医疗卫生信息简讯》、《医院工作简讯》和《复旦大学上海医学院毕业后医学教育工作专刊》等4本日常工作信息文本。依托"上海卫生综合业务分析系统",建设复旦大学附属医院信息统计数据库,做好附属医院医疗业务数据的统计和分析工作。搭建各附属医院之间交流平台,畅通信息交流渠道,推进医院工作的持续改进,组织附属医院各条线(医务处、护理部、党办和文明办、门办、教育处、人事处等)召开专题工作例会,并对各条线例会开展形式和主题进行调研。为提高复旦大学医学发展整体水平,5月底—6月初,以"全面提高附属医院医教研水平和内涵建设"、"住院医师和专科医师规范化培训工作"、"附属医院人才交流机制"为主题,组织开展由医学院领导带队,医口相关职能部门负责人参加的附属医院专题调研活动。

推动附属医院临床合作工作。4月16日,由复旦大学上海医学院及复旦大学附属儿科医院共同牵头,联合其他9家附属医院的"复旦大学儿科医疗联合体"正式成立,通过整合大学内部儿科资源,充分发挥复旦专科优势。复旦大学儿科医疗联合体在医疗质量、医疗服务、学科建设、信息共享等4个方面开展"规范化、同质化"合作。12月18日,医联体成员之一的华山医院北院儿科门诊已进入开业试运行阶段。

完成突发事件医疗救治和各项医疗支援工作。根据国家及上海市卫生和计划生育委员会的要求,及时、出色地完成"云南昭通地震"、"昆山爆炸"、"12.31外滩踩踏事件"医疗救治工作及专题宣传工作。组织落实国家及上海卫生和计划生育委员会关于埃博拉病毒的预防宣教,并协助派遣医疗队。继续组织中山医院、华山医院、金山医院医务人员组派医疗队分别支援云南省曲靖市第二人民医院、保山市腾冲县人民医院和昭通市第一人民医院,加强对3家附属医院承担的国家县级骨干医师培训项目(对口云南)工作管理。协调组织中山医院组建支援新疆国家医疗队。协助党委组织部做好援疆工作,尤其是喀什二院"五个中心"建设。据教育部定点扶贫工作要求,与云南省永平县建立帮扶合作,共接收来自永平县医院、县中医院、县妇幼保健院及各乡镇卫生院进修人员50人,并在我国首个国家"扶贫日"(10月17日)举办"扶贫你我同担——云南乡镇卫生院长走进上海社区中心"活动。

扩大对外合作与交流。落实复旦大学与福建省、厦门市签署的战略合作协议,参与厦门市与中山医院、儿科医院的医疗合作事宜;在厦门各大医院柔性引进复旦大学知名专家、学科带头人,继续推动"双主任制"的学科共建项目,2014年,共推荐3名附属医院科主任(或副主任)担任厦门市相关三甲医院科主任并举办特聘主任授证仪式。落实与甘肃省政府签署的战略合作协议,6月27—29日,组织附属医院专家赴甘肃省定西市人民医院参加医疗支援指导培训。配合复旦大学校友会、上海医科大学校友会工作,参与"当代白求恩行动",10月14—18日,组织附属医院专家赴贵州省兴义市开展帮扶支援活动。在医疗成果和医院管理经验交流方面与其他高校、医院开展交流与合作,如接受中南大学医院管理处委托,组织附属医院专家评审第三届"湘雅名医"工作等。

开展医疗区域合作和共建工作。配合学校实施开放发展战略,利用医院资源和学科优势,参与及支撑校地共建,着力争取地方发展资源。与青浦区政府合作共建,1月27日,签订《上海市青浦区人民政府与复旦大学合作共建复旦大学附属中山医院青浦分院协议书》。与静安区政府合作共建,1月28日,签订《上海市静安区人民政府与复旦大学合作共建上海市静安区中心医院协议书》。与闵行区政府全面医疗合作,5月9日,签订《闵行区人民政府 复旦大学共建医教研协同型健康服务体系合作协议书》,7月3日,签订《上海市闵行区人民政府、复旦大学合作共建闵行区中心医院协议书》。与申康医院发展中心积极沟通,加快推进共建上海市口腔病防治院。此外,积极参与中山医院筹建上海市老年医学中心工作。

按照上海市卫生和计划生育委员会规划财务处要求,4月22—25日,对各附属医院进行安全生产检查;9月25日起,组织附属医院总务、后勤、保卫条线专家对医院消防、危险化学品、重要设备器具等方面进行轮查工作。此外,教职工体检结束后,协助学校工会组织附属医院的专家教授在邯郸校区进行义诊。继续与斜土街道联合开展社区健康教育知识宣传教育活动。

7月11日,复旦大学附属医院工作扩大会议在闵行区召开。校党委书记朱之文,校长杨玉良,副校长、上海医学院院长桂永浩出席会议。上海医学院副院长、医院管理处处长夏景林,上海医学院副院长包志宏,医学科研管理办公室主任张农,附属青浦区中心医院(筹)院长朱同玉,附属静安区中心医院(筹)院长徐文东,附属浦东医院(筹)院长余波分别在会上作报告。

推动精神文明建设,促进附属医院的全面发展。完成精神文明各类奖项的校内评审和申报。配合上海市卫生和计划生育委员会新闻宣传处、精神文明办公室等上级部门,推动、督促附属医院整改医院管理及行风、流程等方面存在的问题,推动附属医院提高服务管理水平。支持附属医院开展文明单位申报,推动附属医院开展文明服务落实整改。

做好人民来信来访接待处理,受理来访150余人次,来电480余件,各类信件500余件。转办、督办信访事项(来访来电来信)共1 100余件。来电来访反馈率达到100%,来信反馈率达到95%以上(部分来信因匿名或无有效联系方式无法反馈)。根据2014年市卫生计生委重信重访专项治理会议精神,组织各附属医院开展重信重访专项治理工作。按照市委、市政府网上信访受理办理相关要求,受理、转办、督办、反馈涉及各附属医院的市政府信访平台网上投诉。在各重要时间节点前组织各附属医院召开医疗纠纷信访维稳工作会议。

(何 珂)

复旦大学附属中山医院

【概况】 2014年,复旦大学附属中山医院继续坚持科学发展观,落实公立医院改革各项工作,认真完成各项具体工作目标,实现了医院整体的良性持续发展。

医院有国家临床重点专科建设项目18个,国家重点学科13个(其中5个牵头),"211工程"三期重点学科

4个、"985工程"三期重点学科3个,上海市重点学科2个,上海市医学重点学科2个,上海市"重中之重"临床医学重点学科3个,上海市公共卫生重点学科2个,教育部、上海市工程研究中心各1个,卫生部、教育部重点实验室各1个,上海市重点实验室2个,上海市高校重点实验室1个,上海市临床医学中心2个,上海市"重中之重"临床医学中心2个,上海市临床医疗质量控制中心8个。

有职工3 800人(含北院区、上海市住院医师规范化培训基地培训生),其中正高级职称165人、副高级职称319人、中级职称1 027人、师级职称1 160人、士级职称489人、其他640人。复旦大学特聘教授5人。招收新职工338人,其中医师64人,护士118人,其他人员33人,上海市住院医师规范化培训基地培训生123人。本部现有临床科室46个,核定床位1 700张。全年共完成门急诊3 296 928人次,较2013年增长5.97%;出院病人87 848人次,较2013年增长4.28%;住院手术病人58 650人次,较2013年增长7.23%。平均住院天数为7.02天,比2013年下降0.24天。

持续改进医疗质量,落实公立医院改革重点工作。做好国家临床重点专科建设项目管理,完成3个专科的审核验收和4个专科的中期评估工作。开展临床亚专科建设,33个科室申请成立118个临床亚专科,提高学科发展和影响力。鼓励临床和医技科室开展新技术、新项目,组织"临床新技术应用推广奖"评选活动,74项新技术参与申报,其中58项技术获得医院"临床新技术认证",并评出一等奖1个,二等奖2个,三等奖3个,入围奖10个。2月,肝移植团队完成亚洲首例机器人辅助成人—幼儿活体供肝移植手术。3月,普通外科、肝肿瘤外科和胸外科联合完成世界首例机器人辅助直肠癌联合肝肺转移灶同期微创手术。12月,心外科成功完成国内首例冠脉搭桥术后经心尖微创主动脉瓣置换术。全年共31个科室863个病种开展临床路径工作,入径总例数53 841例,完成总例数51 975例。保持抗菌药物管理力度,年内住院患者抗菌药物使用率和使用强度以及门诊、急诊抗菌药物处方比例均控制在规定范围内。4月,成立医院人体器官获取组织(OPO),根据上海市卫生计生委的统一部署,负责徐汇、青浦和金山三个区的器官捐献和获取工作,年内已完成器官捐献5例。继续完善医疗制度与流程,定期发布医务提醒。全面督查与专项督促相结合,继续开展临床早交班、危重病历、疑难病历、死亡病历、输血等专项督查工作。定期开展手术室专项督查、手术标记督查、手术安全核查表与风险评估表查查、非计划再次手术专项整治工作,对重点科室进行专项培训和整治。完善医疗安全不良事件上报流程,建设网络平台。加强疾病传报管理,做好医院埃博拉出血热、登革热、禽流感等传染病防控工作,更新防控专家名单,组织培训和演练。获得"WHO上海健康教育与健康促进合作中心科普教育基地"授牌。继续落实预约诊疗工作,将预约诊疗与门诊新叫号系统相结合,提高诊间预约率,有针对性地引导门诊定期随访患者利用诊间预约和自助机自助预约。强化门诊"一站式"自助服务功能,与医联平台对接,实现患者自助开通服务账号、充值、挂号、付费。建立微导诊微信服务账号,开发手机APP,方便患者就医。继续落实医保总额预付制试点工作。落实"上海市医疗优质资源优先保障本市参保人员"试点工作,接受上海市基本医疗保险定点医疗机构分级管理检查,评分列全市前茅。10月,实现与江苏省盐城市的住院医保费用实时结算。加强护理管理,继续更新护理制度、质量标准,加强质量控制,常规开展护理质量督查,持续追踪不良事件报告率。推出护理微信网络平台,制定并发布70个疾病出院指导。急诊科张育红获得第二届"左英护理奖"。在2014年国际护理技能大赛中,血液科秦瑶和外科监护室张琦获得护士组二等奖。

深入开展对口支援。根据国家卫计委的统一部署,5月,附属中山医院对口支援云南省的受援医院由富源县人民医院变更为曲靖市第二人民医院,年内第九、第十批医疗队共10人赴曲靖二院开展援建工作。继续开展"国家医疗队"工作,7月,10人赴新疆新源县人民医院开展巡回医疗。9月,响应开展"服务百姓健康行动"全国大型义诊活动周的号召,除在门诊、枫林街道社区服务中心和曲靖二院开展活动外,组建上海唯一一支国家医疗队,12人赴江西开展巡回医疗。在F1赛事、5·22新疆乌鲁木齐爆炸案伤员救治、12·31外滩踩踏事故伤员救治等各类医疗应急和保障工作中表现出色。

2014年共获得科研项目246项,经费总计9 682万元。其中纵向课题168项,经费8 727万元,包括:国家自然科学基金68项(含重点项目2项,重大课题1项,重大研究计划1项)、科技部项目3项、上海市科委项目50项、上海市教委项目3项、上海市人力资源和社会保障局项目3项、上海市卫生计生委项目27项、上海申康医院发展中心项目3项、复旦大学项目5项、其他项目6项;横向课题78项,经费955万元(含科技创新基金14项)。加大青年人才培养力度,共资助院级基金76项,经费234万元:青年科学基金资助37个科室的66名医师;管理科学基金资助7个处室的10名管理人员。

获得国家科技进步二等奖1项;上海市科技进步奖4项,其中一等奖1项、二等奖2项、三等奖1项;教育部科技进步二等奖1项;中华医学科技奖2项,其中二等奖1项、三等奖1项;上海市医学科技奖4项,其中一等奖1项、二等奖1项、三等奖2项;杨秉辉获上海市科普创新奖年度科普杰出人物奖;黄浙勇获明治生命科学科学奖;代智获明治生命科学优秀奖。根据医院个人学术信息系统已审核统计数据统计,全年发表各类学术论文共866篇,其中SCI论文324篇,影响因子总计1 035.199分。主编学术专著7本,副主编1本,主译3本。年内共申请专利42项,其中发明专利25项,实用新型专利17项。33项专利获得授权。科研成果转让工作取得进展,转让专利2项。

继续加强学科建设，打造科研发展的多个平台。新获批成立上海市肾病与血液净化重点实验室、上海市高校心力衰竭重点实验室、上海市肝病研究所和上海市肾病与透析研究所。获批成立上海市临床生物信息学研究所和复旦大学临床生物信息学中心，整合大学、中科院、医学院和医院临床资源，建立生物信息学、系统生物学、临床医学等多学科交叉学术平台。年内，上海市公共卫生重点学科通过结题评估；上海市重中之重临床医学中心（心血管和肝肿瘤）和上海市重点学科（普外科、呼吸科、影像医学）通过中期评估。9月，承办"生物大数据战略研讨会"，与国内专家共同交流我国生物大数据发展现状，深入研讨生物大数据的研究与应用方向。

2014年，药物临床试验机构受理临床试验项目180项，其中新开展药物临床试验、医疗器械临床试验和体外诊断试剂试验项目共100项；完成28项。通过中国合格评定国家认可委员会（CNAS）的定期监督评审；5个项目分别通过美国食品药品监督管理局（FDA）和日本医药品医疗器械综合管理机构（PMDA）的检查；肿瘤、中医肿瘤、泌尿、心脏大血管外科、胃肠外营养和核医学6个专业组全部通过国家食品药品监督管理总局（CFDA）的机构资格认定复核检查。全年修订规章制度和标准操作规程53项。召开药物临床试验伦理评审会12次，评审项目175项；生物医学研究项目伦理评审会12次，评审项目188项；器官移植伦理评审会11次，评审项目29项。顺利通过亚太地区伦理委员会论坛（FERCAP）"伦理审查委员会能力启动战略"（SIDCER）的复核认证。

医学教育方面，开设本科生课程29门、研究生课程5门；本科生理论授课1 321学时，示教2 028学时，研究生授课134学时；带教本科生床旁教学2 265人日，内、外科见习100人周，临床实习3 014人周。招收研究生210名，其中硕士生129，博士生81名；毕业研究生158名。做好学生日常管理，按照复旦大学统一安排，完成9个年级400余名学生宿舍搬迁工作。继续开展教学试讲和全程教学督导工作，提高青年教师的教学胜任力。以评促建，开展医院优秀临床教学基地创建工作并设立激励项目，6个科室获得资助。全年共接收7个国家的18名留学生到院见习。5人获评上海市优秀毕业生，6人获评上海市优秀毕业研究生。5篇毕业博士生学位论文被推荐参加校级、市级和全国优秀研究生论文评比。消化科王吉耀主编的《内科学（第二版）》入选第二批"十二五"普通高等教育本科国家级规划教材；全科医学科祝墡珠作为副主编编写并出版教材《临床预防医学（第二版）》；消化科陈世耀、风湿免疫科姜林娣任全国高等学校临床医学专业"器官—系统"整合规划教材副主编。消化科王吉耀开设的 Internal Medicine 课程被评为上海高校示范性全英文课程及上海高校外国留学生英语授课示范性课程。祝墡珠的《中国特色全科医学人才培养体系的探索与创新》获得国家教学成果二等奖；心内科葛均波、教育处郑玉英参与完成的《我国临床医学教育综合改革的探索和创新》获得国家教学成果特等奖；祝墡珠的《全科医学教学体系和人才培养模式的探索与创新》获得上海市教学成果特等奖；王吉耀的《以培养学生能力为导向的创新型内科学教学体系》获得上海市教学成果二等奖；郑玉英参与完成的《临床医学专业学位教育综合改革的探索和创新》获得上海市教学成果特等奖。

提高住院医师培训质量，严抓培训过程管理，落实"四个环节"，包括：制定严密的轮转计划、落实带教导师负责制、实施住院医师和导师背对背评教评学，以及每月督查住院医师劳动纪律和出科考核。注重住院医师临床技能培训，制作培训教学视频3个，出台外科基地住院医师门诊手术培训规定，举办首届中山医院住院医生规范化培训临床技能大赛。继续建设住院医师/专科医师培训、考核教学管理网络平台。全面启动教学病例库建设，已收集教学病例720例，进入审核阶段。新招录住院医师132人、专科医师77人（包括外院委托培养专科医师2人），截至2014年12月底，共有308名住院医师、144名专科医师参加培养；101人结业并获得住院医师规范化培训合格证书。110人参加上海市住院医师结业考核考官培训，11人获评上海市优秀住院医师，2人获评优秀带教老师。3月，全科医学科的全科住院医师规范化培训项目通过世界家庭医生组织（WONCA）专家组评估，被授予为期5年的WONCA认证证书。9月，通过国家卫生和计划生育委专家委员会审核，成为国家住院医师规范化培训基地医院。12月，通过上海市卫生计生委对医院专科医师规范化培训的工作督导。

举办继续医学教育项目共55项，6 115人接受培训；院级讲座632讲，15 155人参加。组织全院中级职称以下医师及医技人员参加"三基三严"理论和技能培训与考试，共3 317人次。招收进修人员649人次，其中接受各类对口支援进修项目进修和培训人员50人，分别来自新疆、云南、河南、宁夏等省、市、自治区。接受外籍医生进修参观3人。举办国家级、省市级和院级远程医学教育项目28项，共225课次，学员12 605人次。远程会诊209人次；远程查房96人次。录制远程教育平台课件79个。远程教育课程由卫星直播改为网络点播，及时录制和上传课件，方便学员收看，得到基层医院的好评。

重视人才培养。获批浦江人才D类1人，复旦大学关键岗位教授1人，上海市青年医师培养资助计划6人。检验科潘柏申当选为中华医学会检验医学分会第九届委员会主任委员。核医学科陈曙光被评为"全国十佳核医学技师"。全年医院出国人才基金共资助50人，4人获得"朱剑华—董宝机医学人才基金"（第七届、第八届）资助。按照首次上海市医师定期考核工作要求，完成1 257人定期考核工作，全部合格。持续开展职工培训，继4月医技人员培训完成后，6月30日，启动中层管理干部培训，系统提高医院中层干部的管理知识和能力。医院业务科室正、副主任，护士长、行政干部、党支部书记、医院工会委员及部门工会主席,以及相关职能部门组成的教辅团队全程参与,学员共342名。调整全院人力资源战略规划,确保员工的数量、结构和效率能满足医院业务发展目标的需要。

加强行政和业务两支干部队伍建设。贯彻落实《领导干部选拔任用条例》,及时部署、完成干部的选拔、考察、任用等工作。季建林被闵行区区委组织部任命为闵行区精神卫生中心主任;完成院办、党办、医务处、总务处、教育处等科室部门共36位干部的任免工作,调整肝肿瘤外科、呼吸科、内分泌科、骨科、急诊科、妇产科、血液科、病理科等业务科室正副主任28位。干部定岗定编,控制行政干部数量。落实干部岗位责任制,加大考核力度,实行任期制,与业务科室主任签署任期目标责任书,科主任的聘任与聘期内的绩效考核结果挂钩。探索干部培养的有效途径,重视和加强后备干部队伍建设,10月,启动职能部门挂职锻炼工作,选拔出15个部门、科室的21人参加挂职锻炼,其中9人来自临床科室。

落实公立医院改革各项任务,开展全面严格精细化管理,从规范制度着手,严格照章办事,确保做到公平、公正、公开。1月、10月,先后任命秦净、周俭、顾建英3位同志为副院长。根据医院发展需要,完成了对院长办公室、门急诊部、总务处、保卫处、教育处等部门的结构调整或重组,设立法务科;清理各类委员会和领导小组、工作小组,更新、规范制度;加强"三重一大"管理,推进民主议事进程;加强科主任管理和考核,提高管理效率。年内接受国家卫计委规信司、上海市卫生计生委等各级各类调研和检查,获得肯定。4月起,开展第四轮全院质量持续改进活动,共组建123个圈,通过规范和创新制度及流程,节能降耗、减支增效。质量持续改进活动内训师赴宁夏等地为当地医院做培训与指导。

拓展合作关系,搭建发展平台。2月,学校与福建省厦门市和厦门大学签署"两校一市"合作协议,中山医院7名教授受聘担任厦门市4所三级医院相关学科的"双主任制"特聘主任。6月,与复旦大学宁波研究院签署全面合作协议,建立战略合作关系,共享医疗与科研资源。11月,与复旦大学基础医学院签署学科建设框架合作协议,率先启动医院相关学科与病理学科、人体解剖学科的合作,促进基础医学知识与临床应用的对接。

国内外交流活动频繁。举办第八届东方心脏病学会议、第四届肝癌综合介入诊疗国际会议、第十届上海国际大肠癌高峰论坛、第八届国际血液透析学会大会、第五届上海国际微创心血管外科论坛、上海国际消化内镜研讨会暨第七届中日高峰论坛、第四届东方肾脏病学会议、第十届上海国际呼吸病论坛等会议。接待美国杜克大学商学院、加拿大渥太华大学医学院、华盛顿大学、香港中文大学、厦门市政府、中国医院协会、解放军总医院(301)等多个代表团和专家的访问。与上海市中西医结合医院、重庆三峡中心医院及江苏省建湖县人民医院建立协作关系。新聘或续聘客座教授11人。外籍专家、教授思考特·劳伦斯·福瑞德曼(Scott Laurence Friedman)获2014年中国政府"友谊奖"。

党建工作。按照中央、市委和复旦大学党委党的群众路线教育实践活动统一部署,3月25日,医院召开党的群众路线教育实践活动总结大会,回顾活动开展情况和取得的成效。开展医院"先进党支部、优秀共产党员、优秀党务工作者"评选活动,10个党支部、11位党务工作者和45位共产党员获奖。继续开展"志愿服务1小时,和谐医患献爱心"活动,500多人次党员参加。

加强党风廉政建设。根据《关于深入开展贯彻执行中央八项规定严肃财经纪律和"小金库"专项治理自查自纠工作的通知》要求,在全院范围内开展专项治理自查自纠工作,确保中央八项规定落到实处。组织、开展"九不准"、"十项不得规定"的医疗卫生行风建设专项自查,修订制度,加强管理。继续加强廉政风险防控建设,建设风险防控电子平台,开展招投标知识、基建项目费用控制、法律常识、廉政风险教育等讲座,不断增强干部、职工遵纪守法、廉洁从业意识和自觉性。

充分发挥职代会和各管理委员会作用,通过每年两次的职工代表大会,对医院的年度工作总结和计划、财务管理、人事管理、"三重一大"事项和职工关心的重大事项进行审议。2014年,收到提案47件,职能部门办复率100%,职工代表对提案处理满意率96.62%。职工代表大会及其联席会议通过《"医患纠纷"职工安抚疗休养试行办法》、《后勤服务管理制度》等规定,及时公开院务,接受职工监督。

完善内部控制制度,加强经济管理和财务会计管理。按照财政部和国家卫生和计划生育委员会的要求,完成全院国有资产的产权登记工作。规范资产管理,完善制度,抓好落实。加强预算监督和执行力度,在重点科室试行预算执行分月计划,更合理地统筹安排资金,提高资金使用效率。逐步推行使用公务卡进行结算与管理工作。

围绕医院发展规划开展基本建设。东院区项目建设施工基本完成,进入验收交付使用阶段。完成1号楼(西外墙)增设垂直电梯基建、9号楼南面连廊建设、周转二部彩板房改造等工程。9月,成功举办国家卫生计生委预算管理医院建设工作会议。推进后勤服务工作改革,重组管理结构,明确岗位职责、人员配置。推进运行保障业务社会化管理,加强考核,提高工勤人员积极性。加强护工管理,由护理部直管,病区护士长参与管理和考核。节能减排常抓不懈,采用烟气热回收装置对门急诊综合楼2台溴化锂中央空调机组进行节能改造,成效良好。全年医院单位面积能耗下降10.26%,节能效果显著。

推进平安医院建设。组建医院消防队,邀请东安消防中队进行培训,经考核后上岗。提高消防意识,加大院区重点部位的消防针对性突击检查,及时更新消防器材。定期进行全院各科室的消防演练,年内600余医务人员、后勤人员和新职工参与消防培训和演练，提高应急处置能力。

加强设备管理，完善设备采购制度，加强调拨、清点制度，建立医院设备信息系统。2014年，新增设备8 846台/件，共计8 439.6万元；报废设备1 275台/件，共计4 151万元；维修、维护保养各类设备1 000余台/件。编制甲、乙类大型医疗设备增配、更新规划，完成向中央财政申请甲、乙类大型医疗设备添置费、全科医生培训项目和国家临床重点专科建设项目的设备招标采购工作。

继续建设以电子病历为核心的医院信息系统。心脏超声系统、病理科系统、医政规则管理平台等正式上线运行。推进影像平台建设，增加和完善跨院区查看和手持设备查看功能。逐步升级移动电子病历、住院登记系统。更新病案系统，通过扫描病案首页实现病史的数字化管理。自主打造"数字化医院"获得国际认可，成为上海市首家通过HIMSS EMRAM（美国医疗卫生信息与管理系统协会电子病历应用成熟度模型）6级认证医院。

推进精神文明工作。推进"关爱患者、从细节做起"文明服务主题活动，开展第四届"精神文明建设创新奖、金点子奖"评选活动，共评出一等奖4个、二等奖9个、三等奖13个。参与徐汇区创建全国文明城区行动。接受上海市文明单位督察、病人满意度测评等，多项工作获得好评。6月，上海市卫生和计划生育委员会在中山医院召开人文关怀细节服务举措评选观摩会，"巴林特小组"活动备受关注。加强文化内涵建设，打造特色文化品牌。更新院徽，建设视觉识别（VI）系统。推出医院官方微信，加大对外宣传力度，增强医院影响力。姚礼庆获得"上海市五一劳动奖章"。

红十字工作。继续招募红十字志愿者，开展红十字知识培训和宣传普及工作。5月，举行以"大爱无疆，生命永续"为主题的造血干细胞志愿者征募活动，近百名医务人员参加，83人成功加入造血干细胞捐献志愿者队伍。8月，"90后"药师完成两次采集达到足量的造血干细胞供临床治疗使用，成为上海市第307例造血干细胞捐献者。开展红十字爱心捐助活动，4月，为身患重病的魏强医生募捐，共募集54 700元。推进志愿者工作，重新修订《绿叶志愿者工作管理条例》，扩大志愿者队伍。全年共有2 791人次参与各类志愿者服务。8月，黄酒奇作为团市委第十七批赴滇志愿者服务接力计划成员之一赴云南开展为期半年志愿服务。消化科李锋、泌尿外科朱延军获评上海市优秀志愿者。

（钟 苑）

【急诊室护士团队职业精神得到表彰】 春节期间，中山医院急诊室的故事——《践行核心价值观，急诊科最美"女汉子"》在中央电视台"新闻联播"和"朝闻天下"栏目播放，该护士团队敬业尽职只为患者服务的事迹播出后，产生积极反响，得到国家卫生和计划生育委员会、上海市政府领导充分肯定。上海市卫生系统文明委向全市卫生行业发文，要求积极组织学习，弘扬我院急诊室护士团队职业精神。

（钟 苑）

【完成亚信峰会医疗保障任务】 5月20—21日，亚信峰会在上海召开，中山医院作为6家一线医疗保障定点医院之一，承担24小时全天候医疗任务和来沪VIP医疗保障任务。医院细化就医流程，组建13人的医疗专家组，6支随队医疗组和2支专业医疗组，并组织相关医护人员多次培训和演练。医院还承担驻会场医疗组的食宿后勤保障工作。峰会期间圆满完成医疗保障任务，达到"零事故、零差错"的目标。

（钟 苑）

【赴地震灾区开展医疗救援】 云南鲁甸6.5级地震发生后，接国家卫计委应急办紧急通知，我院普外科张波、沈振斌，重症监护室何义舟、吴威等4位医生于8月4日，胸外科主任王群于8月7日赴云南抗震救灾，中山医疗队在云南近3周的救治工作受到国家卫生和计划生育委员会、受灾民众、其他援助医疗专家以及当地医护人员的认可和称赞。国家卫生计生委办公厅发文表扬对在云南鲁甸6.5级地震卫生应急工作中表现突出的单位和个人，医院被评为"表现突出单位"，救援队5名成员被评为"表现突出个人"。

（钟 苑）

【协办第二届全国医院品管圈大赛】 该赛事于10月24—26日在中山医院举行，由中国医院品管圈联盟和清华大学医院管理研究院主办、中山医院协办。来自25个省、市的医疗机构以及解放军医疗系统的300多个圈组报名参加，157个圈入围总决赛。中山医院骨科"脊柱圈"获一等奖，消化内科"太极圈"获三等奖，院长樊嘉获先进个人奖。

（钟 苑）

【东院区急诊开诊】 附属中山医院东院区位于斜土路1609号，11月3日上午8时，东院区急诊率先开诊。为确保东院区急诊的搬迁安全和准时开诊，医院各部门协同合作，细致规划，并经上海市卫生和计划生育委员会批准，10月27日—11月2日，急诊停诊一周，共安全转运病人131人，顺利完成急诊搬迁至东院区的工作。东院区其他功能区逐渐启用，11月28日，东院区正式悬挂"复旦大学附属中山医院"名牌。

（钟 苑）

【建设复旦大学附属中山医院厦门医院】 根据《福建省人民政府 复旦大学战略合作协议书》（2012年8月）、《厦门市人民政府 复旦大学战略合作协议书》（2012年8月）、《厦门市人民政府 复旦大学 厦门大学深化战略合作协议书》（2014年2月）及《厦门市人民政府 复旦大学合作建设运营"复旦大学附属中山医院厦门医院"协议书》（2014年8月），由厦门市与上海市、复旦大学合作建设复旦大学附属中山医院厦门医院。医院由厦门市政府投资建设，复旦大学附属中山医院负责运营管理。11月，副院长朱同玉被任命为厦门医院执行院长（兼），住院医师招聘工作同步启动。

（钟 苑）

【建设上海市老年医学中心】 根据上海市政府的安排，中山医院对上海市老年医学中心进行全面运行管理，初步确定中心的床位设置、科室设置、人员编制、功能定位等。

（钟 苑）

复旦大学附属华山医院

【概况】 2014年,复旦大学附属华山医院有教职员工2 758人(包括派遣94人),其中正高级职称167人,副高级职称279人,中级职称649人,初级及以下职称1 441人,未聘专技职称133人,工人89人。新增职工71人。通过复旦高级职称聘任38人,通过中级职称聘任46人、初级职称93人。有核定床位1 292张,临床医技科室共39个。现有国家重点学科10个、卫生部临床重点专科20个、上海市领先学科2个。有卫生部重点实验室2个、上海市临床医学中心2个、上海市卫生局临床专业质量控制中心7个。

继续落实"十二五"规划,进行40余场综合目标考核科室访谈,基本完成"十二五"年度目标。全年门诊数达3 659 613人次,同比增长8.5%,急诊182 292人次,同比增长2.28%。住院64 008人次,同比增长1.3%,手术40 069人次,同比增长16.0%。全院平均住院日为8.05天,比2013年减少0.25天,床位使用率108.72%,与2013年基本持平。全年医院药占比为43%;门诊次均费为319元,住院次均费为24 155元,门诊和住院费用的上涨得到有效控制。

进一步规范医务人员诊疗行为,确保医疗质量和安全。组建定期督查队伍,针对日常接待及纠纷处理中发现的新问题、医疗安全管理中的新要求、医疗质量与安全管理的薄弱环节,每季度制定专项整治内容。落实会诊制度、术前小组与讨论制度、转科制度、死亡病例讨论等制度;完善医院人员资质、手术及有创操作标记、time-out、移植患者病历、病史回收等流程。规范医疗秩序,降低医疗安全风险。

建立多学科联合诊疗(MDT)模式。以病种为单位,在主导科室的牵头下自由组建团队,团队组成人员力求固定化和精简化,并保证每周统一的出诊时间。开设垂体瘤—内分泌科与神经外科联合门诊,肺、纵膈肿瘤—肿瘤科和胸外科联合门诊,力求达到"1+1>2"的效果,提升技术,攻克疑难杂症,造福病人,体现三甲医院含金量。

推出预约诊疗三"精"管理,推出"预约申请",使得预约诊疗得以精准扩容,短信陪伴精心服务,分时预约错峰挂号精细管理。同时,加强医疗风险管理,杜绝重大医疗事故与医疗纠纷。医疗投诉接待办公室提倡"五心"服务,即"爱心、热心、细心、耐心、责任心",严格落实"首诉负责制"。医疗投诉与差错持续下降。

建设医务服务集成平台。实现电子病历和电子医嘱全院的推广和使用,构建CT、MR、B超等检查项目的预约和电子申请单系统,在全院范围内实现电子交接班,病案归档监控系统的推广使用,并逐步推广门诊电子病历以及临床随访系统进行推广。建成科研项目管理平台和学员管理x系统;整合质控等系统形成大医务管理平台。开通huashan.org医院邮箱,并在院内社交方面进行积极探索。初步完成病房排班系统、绩效管理以及新的OA门户的开发。

医院围绕红十字志愿服务、造血干细胞采集捐献、器官捐献等传统红十字品牌项目,主动承担各项组织活动,夯实制度基础。通过持续性的红十字工作,助推医院发展,丰富华山品牌公益性内涵。成立院内器官捐献(OPO)工作小组,制定OPO管理制度、建立OPO流程,并根据实际工作不断完善、细化,成为上海市首家启动该项工作的单位。全年完成7个案例,挽救更多患者的生命。

全年共计完成理论教学1 400余课时,示教3 000余课时,考务3 000余人次。参与教学教师人数达400余人,副高职称以上教师的授课学时占授课总学时的比例占80%以上。授课学生数达600余人,见实习学生共计190人,完成床边教学共计2 000余课时。八年制学生65人,完成分流、遴选导师及开题工作,且制定个体化的培养方案,与住院医师培养接轨,保证高质量的医学生临床培养工作。全年招收统招博士生78名(硕博连读19名),统招硕士生117名(推免生39名,四证合一37名),同等学力硕士13名,同等学力博士7名,留学生6名。全年参加毕业答辩硕士87人、博士67人,八年制40人。申请硕士学位88人、博士学位67人,八年制40人。获评上海市优秀博士学位论文1篇,实现上海市优秀学位论文的零突破。新增硕导10名,新增博士导师7名。

完成申报国家级继续医学教育项目51项、基地项目28项。获批继续医学教育项目94项,其中基地项目27个,国家级项目66个,上海市项目1个。12月11日,举行"华山论剑——临床骨科专科医师培训模式再探讨"研讨会,该系列培训课程已进行10年,涵盖脊柱、关节、足踝、创伤等骨科各亚专科领域,培训各地学生4 500余名。全年进修人员培养数创新高,达到684名。顺利推进住院医师与专科医师规范化培训工作。全年共有500余名考生报考住院医师规范化培训基地,15个基地前后共录取136名学员,签约完成率高达89.4%,完成上海市卫生和计划生育委员会的招生任务。接纳委托培养住院医师10名,在培学员人数达320名。设置完成具有华山医院特色的住院医师规范化培训课程各模块,修订华山医院各类特色学科专科医师的培训方案,全年通过医院第二阶段出站考核及上海市考试的人员19人。

全年获得国家自然科学基金70项,包括重点国际合作项目1项,外国青年学者基金1项,面上项目29项,青年项目39项。获得科技部863计划项目出库立项课题4个,十二五国家科技支撑计划出库立项课题1个,重大国际合作项目1项;首次获得教育部高等学校博士学科点专项科研基金优先发展领域项目1项;获得上海市申康中心市级医院新兴前沿技术联合攻关项目1项和上海市卫生系统重要疾病联合攻关项目1项。共获得纵向科研经费7 506.52万元,横向经费286.79万元,临床研究经费1 823.96万元,科研总经费9 617.27万元,较2013年增长10.8%。全年共发表各类论文772篇,其中SCI论文446篇,较2013年增长16.45%,

影响因子大于5分的论著28篇,较2013年增长100%,大于10分的论著3篇,较2013年增长50%,在《Cell》上发表论著1篇,影响因子33.116。申请各类专利38项,授权19项。出版科研专著9本。

获得上海领军人才项目1人,长江学者1人,浦江计划人才项目1人,扬帆计划人才项目2人。首次获得国家自然科学基金外国青年学者1项。获得上海青年科技杰出贡献奖1项,树兰医学青年奖1项。

全年各类公派出国人员累计431人次,其中参加会议292人次,演讲讲学4人次,工作1人次,访问学者35人次,合作研究6人次,短期培训32人次,长期进修59人次。完成因私出国审批601人次。

推进战略性国际合作项目,与哈佛大学继续保持良好合作关系;强化与美国凯特琳医学中心协作,派出代表团专程赴美参加凯特琳医疗中心50周年庆典,就住院医生来华山医院轮转培训、华山医院管理人才赴凯特琳进修学习开展合作制定具体行动方案;开通康复医学合作渠道,与华盛顿大学医学院及康复系签订合作交流备忘录,与哈佛麻省总医院(MGH)及斯波尔丁(Spaulding)康复医院建立友好合作关系。遴选5名临床医师赴Mayo医学中心学习,4名临床医师赴哈佛MGH学习,7名管理人员参加由哈佛医学院组办的医院管理高级研修班,6名护士赴哈佛麻省总医院学习,2名护士赴凯特琳医学中心学习,10名中青年医生赴德国进修学习。

全年共接待来院参观、学习、交流的国内外来宾50余批次,总计700余人次,包括阿根廷卫生部长、国家人力资源部领导、国家卫生和计划生育委员会规划与信息司领导、美国杜克大学、广东省医院协会、贵州卫生系统考察团、凯特琳医疗集团、株洲市领导等。

以安全运营为中心,以提高服务保障水平和运行效率(节支节能)为基本点,以"主动、热情、务实、高效、廉洁"为理念,逐步提升医院的后勤管理水平和窗口部门满意度,整体满意度提高4%,食堂满意度提高10%。实现安全生产零事故。推进病房综合楼改扩建工程。继续推进项目立项工作,拟专题申请报告20余份,召开专题会议20余次。10月8日—11月9日,对综合楼八层手术室进行改造。整个改造工程影响手术室正常使用的时间仅20天,并达到各项国家行业规范和标准,采用的新型净化手术室技术为手术安全提供进一步的保障,有效控制手术室内部温湿度。严格执行医院设备购置维修预算,控制医院行政经费支出,无超预算项目。通过谈判、招标流程节省费用933.64万元,占预算总额的4.41%。保证设施设备正常运行,设备设施完好率达到98%。建设具有华山特色的物资供应链管理平台,规范院内申购和供应商资质管理;在国内独创性地开发出外委供应商供货及时率评价,提升医院物资采供周转效率;开发出微信医用耗材验收等监管系统,对高值耗材的存储和使用全过程进行可视化管理,严控耗材进院质量关。建设绿色医院,重视能源管理,积极开展节能减排工作。启动后勤部门员工培训项目。积极落实消防设施维保责任制,严格监督维保单位完成日常维护工作。全年开展消防培训60余场,参加培训医护人员1500余人,职工灭火器实际操作1000余人,实现实地教学,将消防培训落到实处。全年更换灭火器250只,并对院中消防设施等存在的安全隐患及时予以整改、设施更新。处置治安事件,保障医院良好环境。加强保安在处理突发事件中应急能力培训,提高管理水平,积极协助处置各类纠纷事件。加大技防投入,夯实安全保障基础,本年度门急诊新增紧急报警求援系统,2号楼及周边和重要部位新增监控系统,有力维护医院的医疗秩序,进一步提升医院安全技防管理水平。

深度梳理合作项目。截至2014年底,共有11个现有合作体,其中1家托管医院,2家合作共建医院,4家专科合作医院,3家神经外科集团医院,1家战略合作框架医院。与中航工业西安飞机工业(集团)有限责任公司新签订合作共建帮扶协议,与湖南省株洲市中心医院、甘肃省人民医院、上海市第一康复医院(原上海市杨浦老年医院)签订合作协议;与复旦大学附属儿科医院的手外科产瘫中心、普陀人民医院签订"神经外科集团医院普陀分院"续约协议;与第五人民医院(神经外科市五分院)、华山医院宝山仁和分院(托管医院)终止合作协议。深化区域联合体建设。继续深化区域医联体相关工作,纵向整合医疗资源。明确"三年摘筹"正式挂牌的总体目标,确定中心实验室、生物样本库、神经医学转化中心、神经医学中心、"三二一"医疗联合项目和组建学科教研室为筹建工作第一阶段重点任务。

深入开展群众路线教育实践活动,持续推进整改落实项目。5月19日,召开群众路线总结大会,向全院职工汇报活动成果和整改落实情况;7月11日,向复旦大学督导组汇报整改落实工作的推进情况,兑现承诺解决的问题;巩固提高已整改的问题;推进正在解决的问题;及时跟进新发现的问题,即知即改;对需要协调推进的措施,部门联动,协同解决。

重视党员发展工作和入党积极分子的培养和教育。制定2014年部分管理岗位干部推荐考核工作方案,完成民主推荐3名干部和定向考核4名干部工作。进一步加强医院民主党派的发展和推优工作,共推荐29位在医疗领域内具有一定代表性和影响力的党外人才。配合复旦大学完善党外人才库。

每月对医院所有的出院病人进行满意度测定,每月平均满意度为94.6%,不定期对各窗口及各医疗科室进行暗访,当场发现当场整改落实。围绕上海市卫生计生系统第二批十条人文细节服务举措,着重凝练各项服务举措的突出亮点;获评2013—2014年度医药卫生行风建设促进会先进单位。开展多形式志愿者服务。8月,与静安区残联签约,为静安区残疾人提供"五个优先"绿色服务通道,即优先挂号、优先就诊、优先付费、优先取单、优先取药服务,项目执行以来收到良好的社会效益。

持续推进医院品牌宣传与建设工作。全年整体见报327篇，SMG电视新闻51条，专家参与的电台科普节目超过36台，三报（《文汇报》、《解放日报》、《新民晚报》）两台（电视台、广播台）报道183次，国家级媒体见报77篇，零负面新闻。运用移动新媒体开设"华山交享悦"微信公共平台，日均阅读量250人次，最高超过1 200人次，日均转发量15次。

全年共组织开展34次廉政教育。按照《华山医院接受捐赠资助的条例》制度，全年指导20个捐赠项目按规定纳入审批程序，共履行19个项目完成审批程序。开展廉政风险防控机制建设工作，作为第一批被列入全市五家三级医疗机构廉政风险防控机制建设试点单位之一，已通过市卫生局纠风办对试点单位的验收。觉贯彻落实国家卫计委治理医疗卫生行业商业贿赂的"九不准"和上海市卫计委"十项不得"等行风建设规定。认真处理信访工作，共受理信访举报件14件，办结率100%。经调查核实，失实14件。全年共收到上交礼品礼金152人次，合计人民币909 976元；上交回扣10次，合计人民币79 547.1元；收到表扬信1 257封，锦旗646面，获得其他表扬27次。

组织召开复旦大学附属华山医院九届三次、四次职代会，听取院党政领导干部述职，进行民主评议，审议通过《华山医院2013年工作总结》、《2014年工作计划》，做好职代会提案征集工作，共收到提案21件，组织提案工作组督促相关职能部门落实提案。

在全院范围内发起"感动华山"真情故事征集评选活动，举办"2014年员工综合素质技能培训月"系列讲座；举办"唱响华山，幸福港湾"第二届职工卡拉OK大赛。在卫生系统率先推出"华山员工心灵关爱计划（HECP）"。

在华青人才库的基础上，开展"华山医院青年导师计划"，为低年资医务人员搭建与中青年专家教授面对面的平台，开展学术交流和拓展参观活动近10次。深化志愿服务品牌：开展"3·5学雷锋"、医苑新星大型义诊、成分献血等传统公益服务项目；继续定期为金山张堰、金山团区委、公安高等专科学校等单位提供医疗咨询服务；在金山张堰开展专病专场医疗咨询。全年共开展医疗咨询活动近20次，成分献血11份，近百名医务青年参与。

（管德坤）

【1项成果获国家科技进步奖】 详见"学校综述"【获国家科技进步奖2项】条，第42页。

【3名专家参与昆明暴恐事件伤员抢救工作】 3月1日，昆明火车站发生暴恐事件。次日，接国家卫计委紧急通知，华山医院委派手外科副教授杨剑云、重症医学科副教授楼浩明奔赴云南省第三人民医院，参与云南"301"暴恐事件伤员抢救工作。3月9日，神经外科外科教授胡锦前赴增援。

（管德坤）

【综合楼改扩建工程规划调整工作获批复】 4月17日，华山医院综合楼改扩建工程项目获得上海市人民政府《上海市衡山路—复兴路历史文化风貌区保护规划》暨《静安区静安寺社区C050101单元控制性详细规划》批复。

【完成亚信峰会医疗保障工作】 5月20—21日，华山医院医疗团队完成亚信峰会保障任务，在亚信峰会重点区域、主要场所和宾馆，提供随队医疗和定点医院的保障。医院组成长中心医疗组、区域医疗组、新闻中心组、重点保障组等4个工作小组，5个科室预留床位，39个科室部门主任组成抢救组；入驻7 000平米的新闻中心，服务各国记者、工作人员23人，为吉尔吉斯斯坦总统随行人员开放绿色通道。

（管德坤）

【成立肿瘤转移研究所】 6月6日，我国首个专门从事肿瘤转移复发的临床与基础研究机构——复旦大学肿瘤转移研究所成立，复旦大学附属华山医院普外科主任钦伦秀任研究所首任所长。研究所依托华山医院和复旦大学生物医学研究院，联合复旦大学附属肿瘤、妇产科、眼耳鼻喉科、儿科、华东等多家医疗机构，共享研究技术平台和信息资源体系。

（管德坤）

【华山临床医学中心正式开工】 6月25日，经过近两年的筹备，位于闵行区华漕镇上海新虹桥国际医学中心的华山临床医学中心（西院）项目正式开工。

（管德坤）

【配合完成学生宿舍搬迁工作】 7月5—6日，华山医院配合复旦大学枫林校区的整体改造工作，顺利完成700余名学生的搬迁及安置工作。经过多方协调，将低年级本科生共计100余人安置在江湾校区；临床实习学生共计85人，安置在枫林校区20、21号楼学生宿舍，研究生（含八年制）共计500余人，分别安置在吴中路学生公寓与凯旋路1726号汇宜精英公寓。

（管德坤）

【管莹获评"感动上海十大人物特别奖"】 9月20日，华山医院第一例器官捐献案例患者管莹，获得"2014年感动上海十大人物特别奖"。

（管德坤）

复旦大学附属肿瘤医院

【概况】 2014年，复旦大学附属肿瘤医院有国家教育部重点学科2个（肿瘤学、病理学）、国家临床重点专科3个（病理科、中西医结合科、肿瘤科）、卫生部临床重点学科3个（乳腺癌、放射治疗、病理学）、上海市重中之重临床医学中心B类1个（恶性肿瘤）、上海市重中之重医学重点学科A类1个（临床病理学）。是上海市病理质控中心、放射治疗质控中心、肿瘤化疗质控中心和上海市抗癌协会挂靠单位。设有国家食品药品监督管理局认定的国家药物临床试验机构，拥有上海市乳腺肿瘤重点实验室和上海市分子影像探针工程技术研究中心，以及复旦大学肿瘤研究所、复旦大学病理研究所、复旦大学乳腺癌研究所、复旦大学胰腺癌研究所、复旦大学大肠癌诊治中心、复旦大学鼻咽癌诊治中心、复旦大学前列腺肿瘤诊治研究中心、复旦大学甲状腺肿瘤诊治研究中心、复旦大学附属肿瘤医院肺癌防治中心、复旦大学附属肿瘤医院恶性黑色素瘤防治中心等科研机构。主办《中国癌症杂志》《肿瘤影像学》Journal of Radiation Oncology等3本学术期刊，以及《抗癌》科普杂志。

医院有教职员工1 725人，其中职业医师428人，护理人员724人，医技人员277人；正、副教授203人；博士生导师40人，硕士生导师60人。其中，刘泰福为美国放射学院院士、欧洲放射学会荣誉委员，蒋国梁为美国放射学院院士。

医院设有头颈外科、乳腺外科、胸外科、胃及软组织外科、大肠外科、泌尿外科、妇科、肿瘤内科、放射治疗中心、中西医结合科、胰腺肝胆外科、综合治疗科、介入治疗科、麻醉科、检验科、药剂科、内镜科、病理科、超声诊断科、放射诊断科、心肺功能科、核医学科、营养科等科室。核定床位800张，实际开放床位1 215张。2014年门急诊量112.8万人次，住院5.2万人次，手术3.06万人次，出院者平均住院日8.45天。

全年共招收硕士研究生46名，博士研究生41名，博士后4名；毕业硕士40名，博士42名；在读硕士生162名，博士生150名，博士后8名。

共获得各类科研课题143项，累计科研经费5 367万元。包括国家自然科学基金项目44项，总经费2 725.2万元；共发表论文240篇，IF总分为775.048，获得授权专利11项，其中发明专利8项，实用新型专利3项。

对外合作与联络方面，医院本着"构建内外关系、服务肿瘤患者、树立医院形象"的发展方向，开展新型区域合作模式，在宁波成立区域性临床病理诊断中心，协助整合提升宁波病理资源，并与国内多家医疗单位建立合作关系，为更多的肿瘤患者提供高质量的医疗服务。先后与美国德州安德森肿瘤中心（MDACC）、新加坡国立健保集团癌症中心、法国Gustave-Roussy肿瘤中心、日本金泽大学癌症研究所、意大利肿瘤研究中心、美国杜克大学肿瘤研究所等6个机构签署协议，缔结为姐妹医院，在医疗、科研、人才培养、患者国际转诊等方面进行深入的合作与交流。

精神文明建设方面，深入贯彻国家深化医改要求，积极开展全国卫生系统创先争优活动及"三好一满意"活动，探寻适合自身特色的医院管理模式。狠抓医疗质量、提高信息化程度、规范收费、缩短就医流程、落实便民利民措施、改善医患关系，进一步缩短病人就医等候时间，切实缓解病人"看病难、看病贵"等问题，改善医疗服务质量，提高病人满意度。

（吕力琅 郭小毛）

【成功开展3D腹腔镜下超低位直肠癌根治术】 1月17日，医院大肠外科主任蔡三军、教授李心翔等采用3D高清腹腔镜技术，为一例肿瘤距肛门超低位的直肠癌患者进行腹腔镜下超低位直肠前切除术，成功保住肛门。

（倪洪珍）

【1人作为援疆干部赴疆】 2月22日，医院放疗中心副主任医师樊旼作为上海第八批援疆干部人才之一启程赴疆工作。上海市市委常委、组织部长应勇，副市长时光辉前往市委党校欢送。樊旼将在肿瘤医院对口支援单位新疆喀什二院执行为期一年半的援建任务。

（陆 冰）

【美国塔夫兹大学高层访问团到访】 2月25日，塔夫兹大学医学院高层组团到访复旦大学上海医学院和附属肿瘤医院。代表团成员包括学院院长、教授哈瑞斯（Harris A. Berman），理事会理事奥利维亚（Olivia Ho Cheng），发育及分子和化学生物学系主任、教授菲利普（Philip W. Hinds），医学癌症研究中心主任、教授约翰（John K. Erban）等。学校副校长桂永浩教授代表学校会见来宾，并介绍复旦大学的国际化战略和医学院的总体情况及发展规划。双方将加强教学和科研方面的合作。

（程 玺）

【获评上海市十大优秀志愿者服务基地】 3月1日，肿瘤医院志愿者服务基地获评上海市十大"优秀志愿者服务基地"；肿瘤医院枫林社区志愿者团队获评上海市"志愿服务先进集体"；肿瘤医院妍康沙龙的胡织初女士获评上海市"优秀志愿者"称号。

（倪洪珍）

【在第45届美国妇科肿瘤协会年会作主题发言】 3月22—25日，第45届美国妇科肿瘤协会（Society of Gynecologic Oncology，简称SGO）年会在佛罗里达的坦帕市召开。肿瘤医院妇科主任、妇科肿瘤多学科治疗首席专家教授吴小华作为唯一的中国学者，应邀在大会上作题为"腹式根治性宫颈切除术在年轻宫颈癌患者保育治疗中的应用"的学术报告，介绍肿瘤医院妇科10年来通过腹式根治性宫颈切除术治疗年轻宫颈癌患者的经验，报告获得众多国际同行的高度好评。

（程 玺）

【协办第二十六届上海市肿瘤防治宣传周活动】 该活动于4月19日在徐汇区徐家汇公园举办。由上海市卫生和计划生育委员会主办，上海市抗癌协会、上海市疾控中心等承办，复旦大学附属肿瘤医院等协办。活动主题为"早期筛查，规范诊治，科学抗癌，关爱生命"，邀请肿瘤医院大肠外科教授徐烨作大肠癌防治知识的讲座，共有200余人参加。活动期间，肿瘤医院大肠外科副教授李心翔、妇科副教授汤洁、胃软组织副教授蔡宏、乳腺外科副教授曹阿勇、胸外科副教授孙艺华、胰腺肝胆外科副教授龙江及泌尿外科医生朱耀等进行义诊，共接受咨询约200余人次。

（倪洪珍）

【2项研究获得重要进展】 5月20日，国际一流学术期刊《自然·通讯》（Nature Communications）刊载肿瘤医院教授邵志敏课题组研究成果。该成果发现部分乳腺癌在紫杉醇化疗过程中富集TEKT4基因变异从而产生对化疗的抵抗，肿瘤组织中是否存在TEKT4变异可以帮助临床医生预测乳腺癌患者对紫杉醇化疗的敏感性。《自然·通讯》同期的新闻发布会评论认为"邵教授的研究为临床上遴选耐紫杉类化疗的乳腺癌患者和采取个体化治疗提供了线索"。9月7日，国际权威学术期刊《自然·遗传学》（Nature Genetics）刊载论文《喉癌的全基因组研究发现中国人的三个易感位点》，该研究通过全基因组关联研究（GWAS）鉴别出中国人群喉鳞状细胞（laryngeal squamous cell carcinoma，简称LSCC）的3个易感位点。肿瘤医院/肿瘤研究所教授魏庆

义为第一及共同通讯作者,研究助理王梦筠为共同第一作者,头颈外科教授嵇庆海、李端树均为作者,肿瘤医院/肿瘤研究所林东昕院士团队合作完成。

(金伟)

【1项研究获第50届美国临床肿瘤学会年会优秀论文】 6月3日,第50届美国临床肿瘤学会(ASCO)年会在美国芝加哥举行。肿瘤医院肿瘤内科主任李进应邀在会上作口头报告,报告内容为其课题组研究成果"阿帕替尼治疗胃癌Ⅲ期临床研究",是该届大会唯一由中国医师所作的口头报告,吸引来自120多个国家和地区的超过3.3万名临床医师和研究学者的关注,该研究从全球5 000多篇研究报告中脱颖而出,入选年度ASCO年会优秀论文。

(程玺)

【举办第53届国际粒子放射治疗大会】 6月11日,第53届国际粒子放射治疗大会(PTCOG53)在上海国际会议中心举行。由国际粒子肿瘤放射治疗协作委员会组织,由复旦大学附属肿瘤医院和上海市质子重离子医院共同承办。国际粒子(质子)治疗协会教育会主席杰·弗朗兹(Jay Flanz),国际粒子(质子)治疗协会秘书长马丁·耶尔曼(Martin Jermann),上海申康医院发展中心副主任、教授诸葛立荣,复旦大学附属肿瘤医院党委书记、教授李端树,上海市质子重离子医院党委书记、教授吴晓峰,上海市质子重离子医院常务副院长、教授陆嘉德,上海质子重离子项目的合作方、德国西门子公司的全球粒子治疗项目总裁霍格尔·施密特(Holger Schmidt)等出席开幕式。大会主席蒋国梁、PTCOG主席欧根(Eugen Hug)、肿瘤医院兼上海市质子重离子医院院长、教授郭小毛,分别就会议的历史背景、举办意义等做详细介绍。

(吕力琅)

【王国强副主任到院调研】 8月6日,国家卫生和计划生育委员会主任王国强、国家中医药管理局医政司长蒋健在上海市卫生和计划生育委员会副主任郑锦等陪同下,到院调研中医药工作。复旦大学上海医学院副院长汪玲副院长、肿瘤医院院长郭小毛、副院长陈震,中西医结合科教授于尔辛、刘鲁明及科主任孟志强等参加座谈及调研。郭小毛介绍医院基本情况以及医院在推进多学科综合治疗方面的举措及成效,并强调医院以创建国家临床重点专科和建设名中医工作室为抓手,正在全面推进中医药的诊疗、转化研究和国际交流工作。

(王宇)

【1项研究获中国抗癌协会科技奖一等奖】 9月12日,第八届中国肿瘤学术大会在山东济南召开。大会颁发2013年度中国抗癌协会科技奖,肿瘤医院院教授邵志敏领衔的项目《提高中国乳腺癌患者早期诊断率和远期生存率的临床和转化研究》获一等奖,在所有外科项目中排名第一。

(金伟)

【1人在MSKCC胸部肿瘤外科年会上发言】 10月4日,在全美肿瘤专科排名首位的纪念斯隆-凯特琳(Sloan-Kettering)癌症中心医院召开的"胸部肿瘤外科年会"上,肿瘤医院胸部肿瘤多学科综合诊治团队首席专家陈海泉作2场肺癌及食道癌临床手术实践的经验分享交流。

(程玺)

【2项研究获第二十六届上海市优秀发明奖】 10月21日,肿瘤医院胰腺肝胆外科团队在胰腺手术领域的研究成果获得第二十六届上海市优秀发明奖。该奖项由上海市科学技术协会、上海发明协会、上海市总工会、上海市知识产权局、共青团上海市委等单位联合举办。其中,由倪泉兴指导、虞先濬主持的"胰腺癌根治术中的无瘤操作手术器械"获得优秀发明金奖(一等奖),徐近主持的"气水双重负压引流管"获优秀发明铜奖(三等奖)。

(金伟)

【权威研究数据在沪国际乳腺癌论坛发布】 10月24日,第十三届全国乳腺癌会议暨第九届上海国际乳腺癌论坛在上海世博中心召开。中国抗癌协会理事长郝希山院士、中国抗癌协会乳腺癌专业委员会主委徐兵河、复旦大学附属肿瘤医院院长郭小毛到会并致辞。复旦大学附属肿瘤医院乳腺外科主任邵志敏主持开幕式。邵志敏预计,依照目前乳腺癌的发病速度,2021年,中国乳腺癌患者数量将达250万人。

(金伟)

【吉恩·德斯里耶(Jean Deslauriers)到院做访问学者】 11月12日,被世界胸外科领域奉为圣经的《胸外科》(Thoracic Surgery)主编之一吉恩·德斯里耶(Jean Deslauriers)到访复旦大学附属肿瘤医院胸外科,进行为期一个月的"蹲点"学习。在一个月的访问学者生活中,德斯里耶到手术室观摩手术;并与中国医生分享从医及研究经验。

(程玺)

【质子重离子中心完成临床试验工作】 2014年,上海市质子重离子医院暨复旦大学附属肿瘤医院质子重离子中心完成质子重离子系统设备调试、集成、检测等相关工作,6月14日,实施首例临床试验病例治疗,至9月28日,完成35例临床试验病例治疗工作。截至12月23日,所有35例临床试验病例的观察随访工作已全部结束,为设备注册审批、正式开业试运营做好准备。

(吕力琅)

复旦大学附属妇产科医院

【概况】 2014年,复旦大学附属妇产科医院有在职职工1 385人,其中医师433人,行政人员137人,护理人员591人,技术人员184人,工人40人。具有正高级职称34人,副高级职称84人,中级职称297人。有博士研究生导师12名,硕士研究生导师35名。

医院核定床位820张,全年共完成门急诊总数1 476 801人次,同比增长8.81%;出院人次59 546人次,同比增长23.00%;手术台次37 492台,同比增长36.33%;分娩量16 743次,同比增长13.14%,其中剖宫产率43.83%,较去年下降3.01%;平均住院日5.02天,较去年缩短0.8天。

在读研究生共152名,其中硕士研究生89人,博士研究生63人。毕业研究生23人。接收医学生实习203人,举办国家级继续教育学习班项目13个,有2 248人参加。

全年申报各级各类纵向科研项目225项,其中外送138项,中标52

项,中标率38%,获得资助经费2 342万元。获得授权专利5项。获科研成果奖励4项,其中"母—胎免疫调节机制及其临床应用研究"获得中华医学科技奖二等奖,"子宫内膜异位症中NF-KB/PR-B失平衡机制的研究及其临床转化应用"获得中华医学科技奖三等奖,"子宫内膜容受性关键分子研究及其在不孕症中的临床应用"获得上海医学科技奖三等奖。

第一(含共同)作者及通讯(含共同)作者发表英文论文135篇,其中SCI收录论文132篇,总IF分值330.709分,单篇最高分值6.324;发表中文论文202篇,其中复旦大学A类期刊论文35篇,B类期刊论文90篇。

积极开展对口支援工作。全年共有28名医护人员分赴上海市各区保健院做支援对口工作,邹世恩参加国家第八批援疆干部赴新疆乌鲁木齐开展一年的医疗援助工作,计划生育科医生郑井红、乳腺外科医生王懿莉顺利完成在云南的对口支援工作。

社会公益活动方面,(1)积极开展义诊活动、妇产科特色社区讲座、慈善手术、扶贫济困等工作。按惯例开展3次固定日义诊(三八妇女节、母亲节和杨浦院区启用院庆日),每次义诊活动义工大队的党员出诊比例都保持在60%以上。3月,副主任医师姜伟参加第21届上海市医苑新星大型义诊暨健康静安学雷锋志愿服务活动;华克勤、李斌、陈晓军3位主任医师参加沪上"百名女医师倾情为市民"义诊活动;副主任医师方芳受邀到市邮政速递物流公司、石门二路街道及海通证券等进行健康宣教。4月,义工大队护理部分队联合健康准妈妈杂志社倾情关注准妈妈这一特殊群体,为她们排忧解难;中西医结合分队则在队长王文君的带领下深入上海市黄浦区老西门街道社区生活服务中心,开展"关爱妇女,服务妇女"咨询服务活动。9月,孙平伟、冯炜炜和徐常恩3位医师到浦东中国建设银行培训中心作常见妇产科疾病预防的知识讲座。10月,胡卫国、王懿莉、顾彧分别参加与宝钢员工的面对面咨询活动及在上海展览中心举办的"多彩晚霞——百名医学专家大型义诊活动"。(2)2014年,妇癌患者康复沙龙——"红房子康复之家"招募20名愿意从事同伴支持公益工作的妇癌康复期患者,并从临床一线招募20名经验丰富,有妇癌患者护理和心理背景的医护工作者加入同伴支持小组,由医、护、患多元组成的"心贴心同伴支持小组"为患者提供多角度、多层次的沟通方式。(3)医院团委组建由35周岁以下青年组成的"红马甲志愿服务队",共派出30位志愿者参与院内外各大义诊活动,负责咨询问答、协同抄写等工作。16位青年讲师分别前往各大职校、初高中开展"守护花季,关爱青春"青春期性教育与性健康系列公益项目活动,累计讲课10次,受益学生达1 500人次。(4)医务社工部共有注册院外志愿者907名,拥有院内4个专属医务社工基地,与院外2所初高中、1家理事会合作开展志愿服务工作,并承担复旦大学社会发展与公共政策学院社会工作学系本科以及研究生的带教实习任务。具有医学、社工学专业的新医务志愿者们深入院区的医务社会工作者基地,坚持每周为患者们开设科普讲座,共举办讲座49次,受益患者达1 470位。(5)结合妇产科专科特色,打造"康乃馨有约"品牌活动,通过公益产科讲座、主题活动,等方式搭建医患沟通和互助平台,传播基本医疗知识,服务大众。8月,2014年度志愿者表彰大会暨第一届红房子下午茶志愿者音悦会在杨浦院区召开,表彰红房子志愿服务工作的志愿者们。

党建工作方面,(1)落实党委主体责任,对照中央巡视组的反馈意见和学校巡视整改工作方案,全面审视医院在党风廉政建设上的各项工作。制定完善党风廉政建设责任制相关制度、廉政风险防控机制相关制度;对照《复旦大学关于贯彻落实〈党政机关厉行节约反对浪费条例〉的实施意见》复委[2014]16号文件要求,开展贯彻中央"八项规定"精神执行情况的自查;认真完成专项清查。按照巡视整改工作的任务分解,完成相关清理整顿、摸底清查等专项工作;加强和改进领导班子建设和监管,健全大型医疗仪器、药品和耗材的管理体制。(2)规范支部管理。形成党支部工作量化季报表,规范支部组织生活及入党积极分子的培养流程;根据《复旦大学附属妇产科医院党支部量化考核评估标准》,每半年以数据量化的形式汇总成表,展现本支部及其他兄弟支部各项工作的完成情况;修订量化考核内容2条,进一步合理分值分配。重新梳理并划分党员的归口支部,一定程度上解决多年来党员科室所属与支部所属不一致的问题,保障党员组织生活有序开展,促进支部战斗力和凝聚力形成。(3)定期召开党委会和党支部书记工作例会,督促各支部认真做好入党积极分子培养、关心和党员发展工作。完成党员发展10名,预备党员转正14名,接收新职工党员45名,先后选派7名入党积极分子参加学校第48期党校培训班。各党支部以季度为单位,整理并上报谈话及关心次数以及对积极分子的培养进度,力争做到支部层面具体操作,党委层面宏观掌握。借助上海市网上党员管理系统,规范党员发展流程,选拔院内优秀人员,梳理人才梯队,派员参加复旦大学党委党校第16期青干班。(4)14个党支部已基本形成各个支部有亮点、平行交叉、互补共赢的良好局面:产科支部联合护理支部、医技支部召开"医患冲突析因及自身防护"专题座谈会,与绿地能源集团举行党建交流会、"异国土地上的援摩情",邀请赴摩洛哥支援的党员徐波为大家介绍援摩生活;以"前程繁花似锦,友谊天长地久"为主题,组织规培毕业的支部党员,召开联谊活动;研究生党支部专注于"关爱银铃"活动的深化,定时、定期、定人赴结为退休支部老专家买米、送水,提供心理疏导和支持,同时针对研究生学术道德和学风组织开展专题座谈会;机关支部结合医院地处杨浦的优势,先后组织党员赴杨树浦水厂、上海打捞局参观学习;护理支部通过丰富的支部人文活动,支部委员——开展支部困难党员的慰问工作,积极选派支部优秀护理人员参加红房子康复之家活动和社区宫颈癌、乳腺癌防治咨询活动；医技一支部与虹口区图书馆第二党支部开展共建，促进支部党建活动的宽度；医技二支部结合自身专业特点，组织开展影像学进展研讨会，组织支部党员参观南京政治学院上海分院；医技三支部继去年赴海军基地参观之后，将视野聚焦在党员文化的提升上，组织支部党员集体观看芭蕾舞剧《唐吉可德》；已与老西门支部开展结对活动5年之久的中西医结合支部，派出支部多个科室的党员，深入社区开展义诊咨询活动；妇科一支部和妇科二支部结合援疆工作特点，联合组织支部党员畅谈援疆工作的收获和体会；妇科二支部先后联合上海建设银行培训中心、泗泾镇开展咨询和义诊活动，在上海市举办多年的百名医学专家大型义诊活动中，派出支部资深妇科医生。

加强精神文明建设工作。以"细节化、信息化"为主题，将信息化手段引入文明创建工作，完善各项细节服务。党委开展"百年微变——优化工作流程，提升患者体验"活动。活动继续加强对服务细节的深度挖掘，自下而上征集举措，依托职工的发现与参与，以寻找服务中的盲点和不足。活动自3月份开展，至10月份共收到95个流程优化项目。优化项目第一批完成32项，第二批完成22项，完成率达60.7%。活动从医疗流程、服务流程和管理流程等方面，梳理医院现阶段的工作情况，推出一系列改善患者就医体验的举措，如改善断脐流程，缩短从挂号到进门诊手术室的时间，为NST无反应产妇提供巧克力等；集中处理供应门诊手术器械，优化科研经费管理及报销流程等。着力提升窗口服务水平。2014年3月开始，引入窗口评价机展开调研。经过一年多的调研、招标、调试等，10月，正式投入使用窗口评价机，黄浦、杨浦两院区共安装机器71台。医院拟待评价机制成熟后，结合科室工作量、点击率、满意率等指标，将窗口评价情况纳入职工个人绩效考核范畴。

开展干部自律教育、党风医德教育，加强基建工程和药品采购监管，强化落实纠风措施，建设长效机制，认真处理信访、诫勉谈话和支持审计履职等工作。严把医德医风和行风建设关，认真开展自查自纠，严禁拿药品回扣，严禁搞任何形式的促销活动。开发完善医德医风精神文明网络信息平台，实现每月对住院患者和门诊患者的问卷统计、汇总及分析的电子化输入及输出，共享各类培训讲座、投诉表扬、荣誉奖罚等信息；计划与OA网实现对接，便于职工进行信息的查询与核对。全年上交红包及回扣、礼品登记为19人（共43人次），价值人民币161 888元。其中处级干部24人次，涉及金额85 500元。上交款项中有各类购物卡价值61 388元，将45 388元人民币退还送礼人，其余均按规定上交财务科廉政专项款。

完善工作机制，加强制度建设。在基本搭建完成精神文明工作四级网络和以支部为条线推进文明建设工作的基础上，从细处入手提升患者满意度。院党委组织社工部志愿者，每天随机在两院区门急诊访问患者10名，及时整理汇总意见，报送相关部门进行整改。继续强化支部书记在精神文明工作中的作用，借助支部量化考核手段，将部门间满意度评价机制由一年一次调整为每月一次，为绩效考核中的满意度考核提供依据。完善医德医风的考评和登录工作，将医德档案作为医务人员绩效考核、岗位聘用和奖惩的重要依据。

认真开展统一战线工作，支持帮助民主党派加强自身建设。协助完成民主党派5名新党员的吸收工作。召开统战人士座谈会，沟通交流统战工作的进展，了解各支部对医院统战工作的需求及建议。规范民主党派活动经费发放工作。

医院有离休干部5名，平均年龄86岁，"双高"特点明显。围绕"老有所学、老有所乐、老有所养"的目标，关心照顾离休党员的生活。坚持为每位80岁以上老同志贺寿，展开过节上门慰问、住院到病床慰问等工作，为离休老干部做好后勤服务工作。

（陈　洁　葛秀贞）

【成立生殖与发育研究院】 3月1日，复旦大学生殖与发育研究院揭牌仪式在上海医学院举行。副校长、上海医学院院长桂永浩，上海科学院副院长曹阿民，上海市卫生和计划生育委员会副书记邬惊雷等出席并致辞。徐丛剑担任研究院执行院长，李大金与孙晓溪担任研究院副院长。该研究院以妇产科医院、附属儿科医院以及上海市计划生育科学研究所为主体，联合复旦大学相关科研资源共同组建而成。旨在为降低出生缺陷、促进儿童健康发育提供医疗技术平台，着力研究预防和早期诊断关键技术，增强妇女儿童重大疾病的诊断和防治能力，降低出身缺陷率和新生儿死亡率，对提高我国人口素质具有重要现实意义。

（刘颖涛　葛秀贞）

【正式启用"微平台"】 5月，医院正式启用"微平台"。不同于传统的网络导诊模式，"微平台"旨在实现患者服务、科普宣教、专家面对面等功能。通过平台，患者迅捷获得就诊流程、专家信息，体验导医咨询、预约挂号、查询报告等服务。平台计划进一步优化，开发微信服务号和APP功能，比如在线支付、健康管理、复诊提醒、检验报告查询等。

（王　珏　何　媛）

【供精人工授精助孕治疗项目获批运行】 5月，集爱遗传与不育诊疗中心获上海市卫生和计划生育委员会批准，试运行供精人工授精（AID）助孕治疗项目。截至2014年底，该中心获得国内辅助生殖技术全部助孕项目，分别是常规体外受精—胚胎移植（IVF-ET）、卵胞浆内单精子显微注射技术（ICSI）、胚胎植入前遗传学诊断（PGD）、夫精人工授精技术（AIH）、供精人工授精技术（AID）；除传统细胞遗传学诊断技术外，还拥有分子遗传学诊断技术等。

（孙晓溪）

【举办复旦大学附属妇产科医院建院130周年院庆】 详见"学校综述"同条，第43页。

【院史陈列馆正式开馆】 6月5日，附属妇产科医院院史陈列馆在黄浦院区7号楼3楼正式开馆。上海卫生和计划生育委员会党委书记黄红、党委副书记邬惊雷等一行10人作为首批嘉宾到访参观。陈列馆筹建历时2年修建筹备，馆内陈列包括王淑贞使用过的物品、上海第一女子医学院钢印、外籍传教士往来中国护照、医院老的镭锭管、美国制显微镜、发药盘、已故专家学术手稿等物品。院史馆建成投入使用后，由医院团委牵头成立院史馆志愿者讲解团；制订相应的工作规范，定期开展培训及总结工作，切实发挥陈列馆的教育作用。

（葛秀贞）

【药物临床试验机构通过复核检查】10月12—14日，药物临床试验机构通过国家食品药品监督管理总局食品药品审核查验中心复核检查专家组的复核检查。检查以面谈提问、现场核查和项目抽查为主要考核方式，分别对临床试验机构、伦理委员会、专业组相关人员进行面谈提问；并针对机构、伦理以及专业组现场的设施设备、管理制度和SOP、质保记录等进行现场核查。检查中分别抽查妇产与生殖调节专业的天然孕酮阴道环项目以及中医妇产专业的妇清雪莲栓项目。检查组认定复核检查涉及各项达到要求。

（张 琳 葛秀贞）

【检验科通过ISO15189监督评审】10月18—20日，中国合格评定国家认可委员会（CNAS）委派的专家组对附属妇产科医院两院区检验科进行"医学实验室质量和能力认可"（即ISO 15189实验室认可）的监督评审和扩项检查。专家组通过听取工作汇报、召开医护人员座谈会、查阅管理体系文件及各种记录、现场考核授权签字人专业能力、留样再测、仪器比对试验、查看住院部护理人员的标本采集和运输等方式，对检验前、检验中和检验后的各个环节进行检查。专家组成员一致认为，检验科所建立和运行的质量管理体系符合要求，具备良好的软件和硬件设施，能按照体系要求开展相应的质量活动，检测质量已能较好满足临床和患者的要求，也指出检验科在人员职称结构和信息系统方面存在不足，最后一致同意妇产科医院检验科质量管理体系、检验质量与能力符合2012年新版ISO15189认可准则，现场评审通过。

（应春妹 葛秀贞）

【4名护士通过国内首批国际认证哺乳顾问考核】10月31日，国际专业哺乳顾问认证委员会首次在国内举行的国际认证哺乳顾问（IBCLC）考核结果揭晓，附属妇产科医院王靖、张俊平、盛佳、周菲菲等4名护士通过考核并获得IBCLC资格证书。医院通过专业团队和健康支持体系，为孕产妇提供循证、连续、正确、适宜的母乳喂养知识，提升母乳喂养开始率、持续时间和纯母乳喂养率，帮助"新妈妈"树立母乳喂养的自信心。

（王靖 盛佳）

【开展PICC置管新技术】10月，与儿科医院合作开展PICC置管（经外周静脉穿刺中心静脉置管）新技术。该项技术利用导管从外周手臂的静脉进行穿刺，使导管直达靠近心脏的大静脉，在静脉营养时能输注较高浓度的葡萄糖，合并症少，能长期保留。截至2014年12月末，在该项技术帮助下，2名极低出生体重儿顺利出院。

（骆 菲 葛秀贞）

【乳腺科开展新技术】11月，乳腺科医师丁昂率诊疗组为1名60岁陈姓患者顺利完成"乳腺病灶局部扩大切除＋腋下前哨淋巴结近红外荧光动态显像活检＋乳腺组织皮瓣转移塑型术"，系医院第一次开展的新技术。术后患者生命体征、引流管等正常；术后三日打开患者伤口，乳房皮瓣、形状基无变化，腋窝伤口愈合良好；与对侧乳房保持对称性。乳腺腋窝前哨淋巴结活检技术是近年发展起来的较新技术，避免传统根治术易引起患肢水肿、麻木等较多并发症。相对于传统染料法的不稳定、核素法的昂贵，近红外荧光动态显像乳腺癌前哨淋巴结活检系统具有简便、经济、无污染的优势。

（王富文 葛秀贞）

复旦大学附属儿科医院

【概况】2014年，复旦大学附属儿科医院有在职职工1 544人（含规培86人），其中正高47人，副高86人，博导人30，硕导33人。全年核定床位600张。全年门急诊数2 260 871人次，同比增长2.30%；出院37 241人次，同比增长4.87%；住院手术数17 063人次，同比增长5.5%。平均住院日7.64天，比2013年降低0.14天；周转率53.08人次，住院患儿病死率为0.60%，住院危重病人抢救成功率84.10%，入出院符合率99.98%，门诊出院符合率99.96%，医院感染发生率2.41%。

积极开展推进"十三五"发展规划，全面推进公立医院改革进程，继续深化"专科化、标准化、信息化、国际化"建设，不断增强医院核心竞争力。

进一步规范儿科医学教育，高质量完成复旦大学上海医学院儿科学系本科生、研究生、住院医师和专科医师、进修生、继续医学教育等教学任务。推出我国首门慕课（MOOC）课程《儿科学》，并完成首次教学任务。上传网络授课视频共65个，参加授课同学总人数达130余名，参与授课教师30多人次，学生按序进行网络学习的学习进度基本保持在95%以上。作为上海市第一批住院医师规范化培训医院，上半年完成申报国家级住院医师规范化培训基地，并通过审核，儿科、儿外科基地成为第一批获得认定的国家级住院医师培训基地。儿科基地成为附属中山医院全科基地的协同单位，麻醉科为附属中山医院麻醉基地的协同单位。2014年度基地培训住院医师在培人数总计104人，比2013年同期增加11.7%。全年接收长期进修生352人，短期进修生211人，进修总人数较2013年增长39.7%。新申报国家级学习班26个，备案23个；批准国家级继教项目44个，上海市级项目1个。

医院拥有7个国家临床重点专科，分别是新生儿科、新生儿重点实验室、小儿消化、重症医学科、中医科、小儿外科和临床护理。加强对7个临床重点专科的经费、项目进展情况的实时督查，确保各临床重点专科按照卫生部要求执行项目。10月，医院重症医学科和卫生部新生儿疾病重点实验室通过国家卫生和计划生育委员会开展的2011—2012年度国家临床重点专科的中期评估工作。

2014年,医院科研基金中标项目65项,纵向基金57项,其中国家自然科学基金16项,新增科研经费2 479万元。获得教育部科技奖2项,中华医学奖1项,上海市科技进步奖1项,上海护理科技进步奖1项。发表论文354篇,其中SCI论文139篇。

全年接待上级领导检查、调研等10批次100人,国内医院交流达43次,交流内容包括JCI管理、基础建设和内涵建设多方面,与南通市妇幼保健院、海南省儿童医院等41家医院建立协作关系。

国际交流广泛,全年外宾来访18批次180人,10月,斯坦福大学儿童医院代表团到访,在2013年签约基础上加深交流。9月,召开第五届上海国际儿科心血管疾病研讨会,该研讨会是我国小儿心血管病学发展前沿的重要学术平台,在亚洲同行中具有较大影响。

对口支援工作,积极开展新疆医疗援助工作。2月22日,医院新生儿科医生王来栓作为上海市第八批援疆干部的一员,将在喀什地区第二人民医院开展为期一年半的医疗对口援助工作。9月25日,7名藏族患儿到院接受治疗,是上海市政府资助西藏日喀则地区先天性心脏病儿童来沪实施治疗的第三批儿童。医院组织医疗专家团队、医务社工以及藏语志愿者队伍,全方位服务西藏患儿及家长们在院期间的治疗、生活等事宜,10月13日,7名患儿顺利出院。

以创建上海市卫生系统文明单位(和谐医院)为抓手,推进医院精神文明建设,提高医疗服务质量。"关注患儿就医体验"三年行动计划进入第二年,全院职工从点滴做起,不断提高患者满意度。全年相继举办3季儿童观察团;暑期期间举办"医路随行",医院职工子女到院体验父母的工作。举办新年音乐会,将艺术治疗带入医院、服务患儿,以木偶剧表演走入门诊、病房丰富孩子的就医过程,提升孩子的就医体验。

继续扩展医院各慈善专项基金工作。2014年,新成立朗兹儿童呼吸健康基金、白血病关爱项目等专项基金,医院专项基金共计26项。全年获募款数1 579余万元,帮助789名低收入家庭患儿。积极开展各类公益慈善活动,志愿者活动等。积极探索儿科特色的社会工作/志愿者路径,新增志愿者团队4支。全年开展志愿者培训15次,共计19支团队参与志愿者服务。以社工部专职社工主导,第三方社工结构介入开展服务为基础,增加病房社工助理协助开展的模式,积极开展医务社会工作知识培训。面对患儿、家长、医护人员开展小组共7个,针对特殊患儿开展个案6例。社工部组织开展各类志愿者、培训等活动,共开展活动18次。医院志愿项目"开展儿科志愿服务,关注患儿就医体验"获评上海市卫生系统优秀志愿服务项目。

2014年12月24日儿科医院科研楼工程如期完成结构封顶。二期工程包括450个床位的病房综合楼和教学综合楼建设,其可行性研究报告已经通过国家卫生计生委组织的专家论证。

【举行四方合资设立上海万科儿童医院签约仪式】 1月27日,上海虹信医疗投资控股有限公司、深圳万科企业股资产管理中心、上海复旦医疗产业投资有限公司和复旦大学附属儿科医院四方合资设立上海万科儿童医院签约仪式在上海市新虹桥国际医学中心举行。 (翟晓文)

【王国强到院调研】 2月14日,国家卫生和计划生育委副主任王国强一行到院调研,重点考察指导危重新生儿会诊抢救中心工作。 (翟晓文)

【特立尼达和多巴哥总理到访】 2月27日,特立尼达和多巴哥总理比塞萨尔一行30余人到访,中国驻特多大使黄星原、上海市人民政府外事办公室副主任傅继红等中方代表陪同。副院长盛锋介绍医院情况并陪同参观新生儿重症监护病房和心外科病房。比塞萨尔总理在爱心小屋亲切慰问住院的患儿,并送上礼物。

(翟晓文)

【主办"2014年世界孤独症关爱日主题活动"】 4月2日,值第七个世界孤独症关爱日,由儿科医院主办、上海东方明珠电视塔协办的"2014年世界孤独症关爱日主题活动"在上海东方明珠电视塔国际新闻中心举办。活动内容包括开展健康学术讲座,爱心志愿者陪同孤独症患儿做游戏。医护人员、孤独症患儿及家长、慈善基金会爱心人士、媒体人士等200余人参加此次活动,其中患儿40多人。

(翟晓文)

【成立"复旦大学围产医学中心"】 4月16日,"复旦大学围产医学中心"在附属儿科医院成立。中心旨在聚焦临床实际需求,组建跨学科临床创新团队,以出生缺陷为代表的胚胎——胎儿——新生儿的三级预防临床策略研发与应用为导向,进一步拓展产前多学科会诊新技术转化应用、开展胎儿治疗技术、研发出生缺陷诊断和干预的个体化治疗;重点建设产科和儿科临床信息和转运平台的无缝衔接,真正意义上做到产科、儿科、遗传科、影像科和儿童发育科等多学科干预团队融合和交叉。 (高艳)

【成立"复旦大学儿科医疗联合体"】 4月16日,"复旦大学儿科医疗联合体"(简称"儿科医联体")签约暨揭牌仪式在附属儿科医院举行。该联合体在复旦大学上海医学院具体指导下,由儿科医院牵头发起,联合提供儿科和新生儿科服务的其他8家复旦大学附属医院组建而成。通过整合复旦大学内部儿科资源,构建合理的复旦大学体系内医疗网络,在医疗质量与安全管理、医疗服务、学科规划、信息共享等4个方面进行整合。通过公开竞聘,选拔8名学术主任,学术主任作为医联体纽带,将推进复旦儿科医联体内"高水平、同质化"儿科诊疗服务。12月18日,复旦儿科医联体成员之一华山医院北院儿科门诊正式开诊,为所在区域的儿童们带去切实的福利及优质的服务。 (高艳)

【举行大型义诊活动】 5月30日,在医院门诊大厅举行庆六一"儿童在我心中"大型义诊活动。医院共派出22个科室共22位专家,团委志愿者15名。医生们细心检查患儿出现的症状,耐心解答家属提出的问题,为223名儿童进行义诊咨询。 (高艳)

【举行复旦大学附属儿科医院厦门分院——厦门市儿童医院开业揭牌仪式】 该仪式于6月1日在厦门市儿

童医院门诊大厅举行。厦门市委常委、市宣传部长叶重耕、复旦大学副校长桂永浩、儿科医院院长黄国英等出席仪式并揭牌,儿科医院专家及福建省内外专家和来宾300余人出席仪式。

(钱玉萍)

【通过第五版JCI认证】 9月16日,儿科医院收到国际医院联合评审委员会(JCI)的邮件,正式通过JCI评审,成为亚洲首个通过第五版JCI认证的学术医学中心。JCI是世界卫生组织认可的全球评估医院质量的权威认证机构,也是最具公信力的国际医疗质量评审。JCI评审的核心内容为"病人安全,质量改进"。 (钱玉萍)

【召开第四届上海孤独症国际论坛暨第二届中国孤独症家长论坛】 该论坛于11月1—2日在儿科医院召开。由附属儿科医院、美国最大的孤独症研究基金会Autism Speaks、中国妇女发展基金会和蓝色海洋俱乐部共同举办。来自国内及国际的专家、慈善机构工作者约100余人出席,50多个家庭参加家长研讨会。该论坛有助于推动我国孤独症研究事业的发展,增加我国公众对孤独症(ASD)的认识,真正让科学研究工作造福于孤独症患儿及其家庭。 (徐 婕)

【举行第三届复旦—辛辛那提儿科高峰论坛】 该论坛于11月18日在儿科医院报告厅举行。由儿科医院、美国辛辛那提儿童医学中心共同主办。论坛主题为:聚焦儿科临床治疗结果。来自儿科医院和辛辛那提儿童医学中心的14位专家,围绕医院安全管理、儿童肾脏、血液肿瘤、麻醉、药学、儿保等专科领域进行探讨交流。辛辛那提儿童医学中心前院长阿诺德·施特劳斯(Arnold Strauss)、院长兼CEO米歇尔·费希尔(Michael Fisher)一行9人,复旦大学副校长、上海医学院院长桂永浩,部分全国儿科学会专家、辛辛那提访问学者以及全国儿科同仁约280余人参加此次会议。现场全英文讲座,配中文字幕,内容反映儿科领域治疗结果的发展前沿。 (徐 婕)

复旦大学附属眼耳鼻喉科医院

【概况】 2014年,复旦大学附属眼耳鼻喉科医院有职工918人,其中中国科学院院士1人,长江特聘教授1人,博士生导师28名,硕士生导师50名,具有高级职称者144人。

核定床位394张。2014年门急诊总人次为1 668 610人次,同比上升0.42%;出院病人33 998人次,同比上升4.2%;住院手术33 130人次,同比上升5.07%;门诊手术13 276人次,同比上升5.4%;床位使用率79.45%,同比上升2.4%;平均住院天数3.68天,同比下降1.1%。

梳理医疗管理各个环节。(1)全年新建并修订多项制度,完善医疗流程,将多项工作纳入到常规督查并落实奖惩。继续深入开展临床路径管理试点工作,眼科、耳鼻喉科两大科共试点开展10个病种。2014年医院的临床路径病种人数和各项指标如下:眼科进入路径例数479例,变异例数13例,退出例数13例;耳鼻喉科853例,变异例数36例,退出例数34例。(2)继续推进抗菌药物临床应用专项整治。通过在医院OA系统和医疗工作简讯上发布文件信息,以及讲座形式开展抗菌药物临床应用整治活动内容、整治目标和抗菌药物合理应用知识培训。完善抗菌药物管理的各项制度文件,建立抗菌药物信息管理监控系统;将抗菌药物临床使用的各项指标纳入《医护质量考核》;组织各临床三级学科对医院Ⅰ类清洁切口手术类别进行梳理。全院住院患者抗菌药物使用率达到卫生部要求低于60%的要求,由2013年的53.32%进一步下降至50.33%;门诊患者抗菌药物使用率为4.85%,较2013年5.4%的使用率有明显下降,远低于卫生部20%的标准。全年院急诊患者抗菌药物使用率为15.61%,符合国家低于40%的要求。

科研工作保持上升态势。2014年度正式申报科研课题190项,获得各渠道资助49项,新增科研经费2 139万元。其中:国家级项目20项(1 662万元,见下表),省部级18项(320万元),市局级11项(157万元)。目前在研课题数共223项。2014年度全院共登记发表论文226篇,其中SCI收录108篇。

全年招收研究生64名,毕业研究生57名。新增博士生导师4名,硕士生导师5名。耳鼻喉科博士生导师迟放鲁获得2014年度复旦大学研究生"我心目中的好导师"提名奖。2014年招录基地医师28名,其中耳鼻喉科12名,眼科16人。

精神文明方面,以主题活动为抓手,力争文明单位五连冠。以医院"和谐医患 文明同创"为主题开展各项文化建设活动,积极开展第二届汾阳文化节等相关活动。申报上海市第十七届文明单位,并在年底接受专家组的现场检查,医院所做工作受到检查专家的一致称赞。

深入贯彻党的群众路线教育实践活动精神和中纪委专项巡视要求,做好落实整改工作。根据校党委要求,将群众路线教育实践活动的整改与中纪委专项巡视整改有机结合,梳理整改事项、落实整改责任部门、分管领导、整改期限,制定专项巡视整改事项分解落实一览表,确保整改责任到人,落实到位。据统计,医院教育实践活动整改方案共有16项内容,其中已完成13项,还有3项正在进行;共制定各类规章制度11项,修订完善17项,废止38项。内容涉及规范决策、强化监督、人财物管理、基建管理、落实"八项规定"等多个方面。

2014年,东院工程进入实质性施工阶段,已完成地面下的土建工程。严格执行基本建设的程序,按照法律法规、申康医院发展中心和医院相关规定,稳步推进异地扩建项目。根据项目推进过程中发现的实际情况对设计方案加以纠偏;完成电梯、消防、幕墙等专业工程的招标;完成医疗综合楼地下二层结构施工。异地扩建项目被列入上海市医疗卫生建设重大项目。 (王士强)

【1项研究成果获上海市科学技术进

步奖一等奖】4月1日,上海市科学技术奖励大会在上海展览中心友谊会堂隆重召开。眼耳鼻喉科医院教授孙兴怀领衔的科研团队针对我国青光眼患者多、致盲率高的现状,对青光眼进行临床基础的综合研究,建立起有效诊疗保护和残余视觉功能康复新策略,获得良好的社会效益。该项目取得的科研成果"青光眼诊治与视功能康复新策略的应用"获上海市科学技术进步奖一等奖。

(王士强)

【院长孙兴怀获得"优秀医院院长"称号】8月16日,由中国医院协会主办的"2014中国医院论坛"开幕式及表彰大会在北京国家会议中心举行,包括眼耳鼻喉科医院院长孙兴怀在内的全国100位"优秀医院院长"受到表彰。该奖项由中国医院协会和《健康报》共同主办,每两年评选表彰一次,代表中国医院管理行业最高荣誉。

(王士强)

复旦大学附属金山医院

【概况】2014年,复旦大学附属金山医院核定床位700张。年门急诊就诊量135万人次,出院病人2.6万人次,住院手术病人14 879人次。全院职工1 194人,医技人员占91.8%。其中正高级职称30人,副高级职称95人,硕士以上学历170人,硕士生导师30人,博士生导师9人。

医院设27个临床科室、7个医技部门,另有职业病防治所、金山区眼病防治所。泌尿外科、放射科、消化内科为上海市医学重点建设专科;重症医学、泌尿外科、放射科、麻醉科为复旦大学"医院优势学科建设项目"。神经外科、耳鼻喉头颈外科、内分泌科、神经内科、儿科、妇产科、肿瘤科、重症医学科为金山区重点专科。2014年医院加盟复旦大学儿科医疗联合体,同年取得《上海市职业病诊断机构批准证书》,成为上海市第九家有职业病诊断资质的机构。新设12个专病门诊:男性/前列腺、椎管内疾病、垂体瘤、阻生牙拔除、癌痛、眼底病、起搏器、胃肠/疝、肝胆胰脾、甲状腺乳腺血管、慢性肾功能不全、神经康复。

医院拥有直线加速器、3.0T和1.5T磁共振成像系统、128排和64排螺旋CT、数字减影血管造影机(DSA)、数字平板胃肠造影机、单光子发射断层扫描仪(SPECT)和图像存档和传输系统(PACS)、震波碎石机、彩色多普勒超声仪、电子胃肠镜、腹腔镜、高压氧舱等百余台先进的大型医疗设备。

加强医疗流程中各个环节的监督管理,提高医疗服务质量。(1)病史质量管理。加强对运行病史的督查并建立输血、手术专项督查,对检查中存在问题的三级医师进行公示、整改和处罚。病史督查队每月现场督查运行病历,共督查终末病史6 600份,对其中4 200份发放整改通知单;每月对所有死亡病例、输血病例及部分出院病史进行常规检查共670份;同时由医疗质量专家督查组对全院的出院病历进行抽查,对1 100份出院病史进行评分,发放整改单400份。(2)手术质量和重大手术报告审批管理。对临床科室上报的非计划再次手术、手术医疗安全不良事件上报记录,按季度进行分析汇总。共上报非计划再次手术20例。加大手术病人行政谈话的力度,共审批高危、疑难、重大或特殊手术149例,其中行政谈话142例。(3)抗菌药物管理。制定和细化抗菌药物考核细则,调整各科室抗菌药物指标,强化处方点评制度,对抗菌药物处方进行动态监测及超常预警、干预。加强对院内现有的限制类、特殊类抗生素使用的管理。加强对医务人员的培训,建立培训记录档案。对全院抗菌药物应用进行跟踪检查,对用量异常的品种进行总量控制或停药处理。对用药量排名前10位的科室和人员进行院内网公示,对出现抗菌药物超常处方3次以上的医务人员进行告诫谈话及限制处方权限或暂停处方资格。(4)临床路径管理。医院对纳入临床路径的所有病种实行信息化管理,14个科室25个病种纳入临床路径病种管理。(5)深化优质护理服务,完善责任制护理模式。建立各专科疾病慢病延续护理模式,提升优质护理服务内涵;腹透门诊和糖尿病门诊每周开诊,心血管门诊健康宣教定期进行;肿瘤科和社区开展"晚期肿瘤患者送温暖"活动;神经内科开展脑卒中特色宣教及良肢位健康促进等。

学科建设方面,3个上海市重点专科(放射科、泌尿外科、消化内科)及8个金山区重点建设专科均通过中期考核。制定医院2014—2020年学科发展规划并完成2015—2017、2018—2020年度学科建设规划。遴选骨科、普外科、眼科、血液内科、职业病科、护理部为2015—2017年度院重点建设专科。15人通过金山区卫生系统第七周期优秀人才通过终期考核,成绩优良。29人入选区卫生系统第八周期优秀人才,其中学科带头人17人,业务技术骨干12人。

全年共获国家自然科学基金项目5项,省部级2项,上海市卫生计划生育委员会10项,区级项目10项。完成上海市科委项目4项,区科委课题12项。鼓励临床科室开展特色诊疗项目及适宜新技术,对申请的新技术、新项目进行准入管理并跟踪督促,全年有15个科室共开展新技术、新项目44项。发表论文221篇,其中SCI收录48篇、A类论著25篇、B类论著77篇。全院共出版专著6部(主编4部,副主编2部)。获得发明专利5项,实用新型专利6项,外观设计1项,优秀发明选拔赛优秀发明铜奖1项。

全年共录取硕士研究生25名,博士研究生6名。同等学力申请硕士生3名。毕业硕士研究生23名,博士研究生3名,2名获上海市优秀毕业生,3名获复旦大学优秀毕业生。举办国家级继教项目9项。全科医师规培基地被国家卫生计生委列入国家级全科规培基地。开办PBL导师培训班,26位学员获得上海医学院颁发的PBL导师培训合格证。

服务地方与对口支援工作。(1)承担金山区各类特殊医疗保障工作。承担"金山区人大政协会议"、"2014年世界沙滩排球巡回赛"、"金山城市沙滩铁人三项"、"番茄. 热波金山沙滩音乐节"等重大活动医疗保障工作，派出由内科、外科、急诊、康复、护理专业人员组成的医疗队，开设绿色通道，顺利完成保障任务，得到各级领导的一致好评。(2) 完成二轮对口支援云南彝良县人民医院任务，对口支援医院调整为云南省昭通市第一人民医院。应金山区卫生和计划生育委员会要求，选派1名神经外科医生支援区中心医院赴云南省江城县人民医院为期半年支援，得到受援医院的好评。在复旦大学开展的对口云南永平县的定点扶贫工作"卫生扶贫"项目中，接收24名来自云南永平县医院管理人员来院进行4批次共4个月的进修学习。

梳理流程，加强医院内部管理。(1) 有效推进信息管理工作。完成上海市《重要信息系统安全等级保护测评》工作；完成临床路径信息系统建设；更新设备物资系统、营养膳食系统、综合档案系统；实行门诊处方实时监控；推进门诊电子申请。完成老院信息机房搬迁，并完成建档。(2) 加大审计力度，规范经济行为，加强科研经费预算管理。制定《复旦大学附属金山医院经济合同管理制度》，对合同审批权限进行约定，明确合同审批程序，规范经济合同签订流程，确保对外签订的经济合同的合法合规。(3) 修订医院规章制度。结合上海市三级综合医院评审标准和上海市大型医院巡查，对医院规章制度(2011版)进行全面梳理，针对缺如或者不完善的制度，进行增订29项。(4) 做好应急队伍建设，修订应急预案，定期开展应急知识培训和演练，提升应急处置能力，顺利通过上海市卫生和计划生育委员会的应急核心能力评估。(5) 完成老医院固定资产处置，与区机管局完成交接。完成生活热水节能工程改造。采用BA控制系统提高能源利用率，全年耗电减少5.89%。

精神文明建设。加强医院职工思想建设，开展中心组学习12次，邀请金山区检察院副检查长吴引其对中层干部进行廉政教育并全院学习。各支部组织党员开展十八大学习讨论，组织全体党员观看《郭明义》、学习《用改革的理念和精神推动金山创新转型发展新步伐》精神和区委书记杨建荣为庆祝建党93周年做的党课报告会。组织全体院领导、党员、群众代表53人到市工人文化宫观看"党的好干部，焦裕禄事迹图片展"。开展全院员工服务理念和廉洁行医教育，对1 200余名医务人员进行普训，培训率达98%。开展"十佳"优秀工作者评选和细节服务创新举措评比活动。在医疗、护理、医技、后勤领域等一线工作人员中评选"十佳优秀工作者"，开展细节服务创新举措评比，推出35项细节服务举措，评出一二三等奖16项。树立劳模品牌、发扬先进效应。总结、树立蔡蕴敏品牌，并依托金山区宣传部，将蔡蕴敏事迹在全院、区卫生系统、全区进行宣传；协助拍摄公益广告片及微电影。"蔡蕴敏伤口造口护理创新工作室"被授予第四批上海市劳模工作室、"蔡蕴敏伤口造口护理组"被评为上海市工人先锋号。举办金山医院文化艺术节"秀秀金山话"、"职工书画摄影展"、"医学人文素养征文"、"读书报告会"等。

宣传工作。医院在各级报纸、电视台、电台刊用稿件173件。其中市级(包括复旦校报)以上主要媒体报道65次，区级媒体报道108次。出版院报12期。

党风廉政建设和行风建设。(1) 组织敏感岗位干部和二期项目施工方代表到上海检察院廉政教育基地参观学习。制定《复旦大学附属金山医院中层干部和职能部门工作人员有错与无为行为问责办法》，严格履行领导干部"一岗双责"的责任加强医院干部队伍作风建设。(2) 分别与科主任签订行风建设责任书，做到责任明确，考核具体；加强对医务人员医德医风、廉洁行医教育。坚决贯彻执行国家卫生和计划生育委员会印发加强医疗卫生行风建设"九不准"和上海市卫生计生委坚决纠正医药购销和医疗服务中不正之风的"十项不得"规定。每周对药品、医用耗材使用进行监控，加强对设备、仪器、耗材的采购及合同签订的监督管理，参与设备、仪器、耗材和合同签订41次。(3) 深化院务、党务公开，主动接受群众监督。定期对院务、党务公开工作情况进行督导检查，有效促进工作的深入开展；加大信息公开力度，通过职代会、公示栏、各种会议、院报、内网等渠道公开，向职工公示医院发展规划、评先选优、岗位设置、干部任免及涉及职工切身利益等所关注的信息。加强社会监督员队伍建设。加强社会对医院行风监督，推动我院行风建设。召开社会监督员会议，听取监督员意见和建议；每季度发信征求监督员意见。另聘请6位社会监督员每季度对我院的门急诊、住院病人满意度进行暗查。(4) 开展专项清理排查工作，规范各种兼职及培训。严格按照沪纪(2013)143号文件规定，从严规范党政领导干部在企业兼职问题，经严格调查，金山在职党政领导干部及离退休领导干部中均无违规人员；职工参加面向社会举办教育培训，共有127人参加各类大专、本科、研究生培训，未发现违反规定情况。

完善信访工作制度，做好"12345"卫生专线工作，全年接到"12345"专线交办的工单79张，做到件件有落实。加强对信访与案件查办力度，查办上级部门转办及案件6起，自办案件1起。

(沈 萍)

【迁建二期一阶段开工】 10月28日，金山医院在龙堰路二期施工现场举行医院二期工程(肿瘤治疗中心和核医学科用房)开工仪式。金山区副区长吴杰代表区委区政府在仪式上致辞，希望金山医院以此次建设为契机，充分发挥金山区人民政府、复旦大学、上海石化三方共建的优势，不断进取，注重医院内涵建设，全面提升综合医疗水平，保障人民群众健康。

(沈 萍)

【加盟"复旦大学儿科医疗联合体"】 4月16日，附属金山医院加盟"复旦大学儿科医疗联合体"，到院就诊患儿可享复旦儿科优质诊疗服务。

(沈 萍)

【金山医院警务室挂牌】 5月30日，院长洪震与上海市金山区公安分局副局长肖卫国共同为金山医院警务室揭牌。警务室的成立，有利于维护

医院正常医疗秩序,保护医务人员和患者安全。 （沈 萍）

【获得国家药物临床试验机构资格认定】 6月5日,国家食品药品监督管理局向金山医院颁发《药物临床试验机构资格认定证书》,消化科、心血管科、内分泌科、骨科、妇产科等5个专业取得国家药物临床试验的资格。 （沈 萍）

【通过大型医院巡查】 8月,上海市卫生和计划生育委员会大型医院巡查督导组先后3次到金山医院进行巡查。专家对在坚持医院建设和发展、医疗服务和安全管理、精神文明建设等方面取得的成绩予以高度认可,并对一些薄弱环节提出意见和建议。 （沈 萍）

【对口支援昭通市第一人民医院】 8月20日,与云南省昭通市第一人民医院签署对口支援协议。根据上海市卫计委要求,金山医院对口支援医院由云南省昭通市彝良县人民医院调整为云南省昭通市第一人民医院(三乙)。8月,第二轮第三批援滇医疗队赴昭通第一人民医院开展支援工作。 （沈 萍）

【金山医院志愿者服务基地挂牌】 10月10日,金山医院"上海市志愿者服务基地"揭牌仪式在医院门诊大厅举行,成为上海市卫生系统第三十三个志愿者服务基地。医院加大对志愿者基地的投入,完善制度及考核方式,加强志愿者服务队伍建设,使志愿者服务进入常态化、项目化管理。全年共招募社会志愿者166名,社会志愿者服务人次数1 620人次,服务时间7 644小时。党团员志愿者服务57次,受益百姓4 406人次。 （沈 萍）

【洪震当选中国抗癫痫协会第三届理事会会长】 12月13日,中国抗癫痫协会会员代表大会在北京召开。大会选举金山医院院长洪震当选中国抗癫痫协会第三届理事会会长。中国抗癫痫协会成立于2005年6月,是卫生部、民政部登记注册的国家一级协会,为全球抗癫痫运动中的重要组成部分。 （沈 萍）

【取得职业病诊断资质】 12月,经上海市卫生计委组织的职业病诊断专家评审,金山医院取得《上海市职业病诊断机构批准证书》,成为上海市第九家有职业病诊断资质的机构。 （沈 萍）

复旦大学附属上海市第五人民医院

【概况】 2014年,复旦大学附属上海市第五人民医院有在职员工1 555人,其中在编职工1 001人,编制外职工554人,其中正高级职称43人、副高级职称99人、中级职称430人、初级职称424人,士级职称253人,研究生学历者163人。享受国务院津贴专家6名,闵行区领军人才10名,闵行区拔尖人才2名。

医院有临床科室37个,核定床位630张,全年完成门急诊(包括世博家园门诊部)2 011 795人次,比2013年增长15.47%;出院人数30 760人次,比2013年增长7.39%;住院手术14 833人次,比2013年增长10.25%;平均住院天数8.18天,比2013年减少0.82天;全年业务收入(包括世博家园门诊部)81 978.95万元,比2013年增长9.44%。上海市医学重点专科(泌尿外科和神经内科)、第三批上海市中医临床优势专科中医科(肺病科)和上海市中西医结合重点病种建设项目——肾内科(糖尿病肾病)在建中,并通过上级主管部门组织的督导考核。复旦大学医院优势学科建设项目——呼吸内科、病理科和骨科在建中。新一轮闵行区特色专科——内分泌科、神经外科、妇产科、普外科(结直肠肛门科)完成年度考核。14个新一轮区级重点专科在建中。

以病历质量、重点病历管理、围手术期管理、抗菌药物合理应用为抓手,着重开展临床路径管理及手术分级管理工作,全面实施电子医嘱,促进医疗质量持续改进,严格保障医疗安全,各科室充分进行业务协作,各学科间形成合力,进一步提升临床医疗服务能力。2014年底,建立重点病例的院、科两级质控平台;重新梳理手术操作编码及分级,为手术分级管理提供信息化保障;着手建立临床路径的信息化管理和统计平台;8月底,医院将急诊留观的所有临床科室全面实施电子医嘱;9月3日,国家卫生和计划生育委员会来院调研依法执业管理体系及落实依法执业情况,医院顺利通过国家卫计委对依法执业工作的督查调研;11月24日,闵行区卫生和计划生育委员会组织专家来院进行"爱婴医院"复评审工作,医院顺利通过复评。

从卫生应急体系建设、应急队伍建设、装备储备、培训演练、应急处置和医疗保障等6方面进行卫生应急管理。2014年,医院完成别克女子高尔夫邀请赛医疗保障任务;上海市卫生和计划生育委员会来院进行卫生应急核心能力评估,对医院的卫生应急工作作出高度评价;在"11·9"消防活动周举行第七届消防应急救助联合演练。

承担来自复旦大学、上海中医药大学等10多所医学院校的实习任务,全年共完成278人的实习带教。承担皖南医学院理论授课和临床见习,全年完成理论授课612学时,见习课193学时。组织15次岗前培训,安排23个专业的学生实习轮转。医院接收云南省县级医院骨干医师10名、两批云南嵩明县人民医院医生11名、云南省保山市卫生与计划生育委员会选派的卫生专业技术人员10名来院进修。

完成2014年度研究生及"四证合一"招生工作,其中硕士25人、博士3人。完成2011级全日制毕业研究生的论文送审和答辩等工作。2011级研究生16名、在职研究生3名获得学位。毕业研究生共发表论文29篇。医院学生获研究生赴港科研暑期学校项目1名,获评优秀毕业生5人,获得硕士生国家奖学金1人、光华奖1人。

全年共有上海市住院医师规培基地7个,培训住院医师109人。组织56次业务培训、实践训练,6次理论授课,进一步落实教学查房、小讲课、教学病例讨论。接受上海市住院医师规培督导专家组到院督导。获评上海市住院医师规范化培训优秀住院医师2人,1人获评优秀全科医师,1人获评优秀带教人员。

全年获得国家自然科学基金青年项目2项。获得上海市科委自然基金2项,上海市市科委生物医药处医学引导类(西医)科技项目1项、"科技创新行动计划"生物医药领域产业化项目1项。获得上海市卫生和计划生育委员会面上项目7项、青年项目1项。获得复旦大学上海医学院优秀博士生科研资助计划1项。获得闵行区自然科学基金课题23项,闵行区卫生和计划生育委员会科研课题8项,中共闵行区委党校社会科学课题1项,闵行区科普项目1项。院级课题立项10项,青年基金4项,护理基金13项。

发表论文176篇,其中SCI 33篇,权威期刊24篇,核心期刊91篇,其他28篇。获得闵行区优秀论文一等奖1项、二等奖2项、三等奖1项。出版科普书籍5册。课题验收19项,成果登记16项。获得上海医学科技奖三等奖1项,闵行区科技进步奖二等奖1项、三等奖4项。全年获授权发明专利2项、实用新型专利14项,护理部杨青敏"一种以用多功能治疗车"于9月成功转化,获得第二十六届上海市优秀发明选拔赛优秀发明铜奖2项。

神经内科任传成通过上海市卫生系统优秀学科带头人培养计划(小百人)中期考核。第二轮"上海市卫生系统优秀学科带头人培养计划"揭志军在培中。药剂科高爱梅获得2014年度上海市青年科技英才扬帆计划资助。医院新一轮14名院级培养对象和14名曙光青年完成第一年度考核。申报优秀中青年业务骨干出国培养计划10名,入选7名;研修归国1人;出国研修4人:5月,检验科1人至美国俄亥俄州辛辛那提儿童医学中心、肾内科1人至美国梅奥医学院分别研修1年,9月,麻醉科1人至加拿大多伦多大学,11月,神经内科1人至美国哥伦比亚大学。

主办、协办学术讲座和医学会学组会议41次,参加人员2 516人次。主办国家级继续教育项目8项。组织培训临床医师参加区"三基"(基本理论、基本知识、基本技能)考核。

医院有9个专业获得国家药物临床试验机构资格认定。全年共接洽54个新项目,10个项目接洽成功并正式启动,截至2014年底,医院共有24个项目正在开展中,9个项目已结束。

加强组织领导,抓好组织建设。组织开展党的群众路线教育实践活动,取得初步成果,达到预期目标。重视基层党组织建设,为更好地开展党员管理工作,将原来的11个支部调整合并为9个支部,同时进行基层党支部的换届工作。院党委与各个党支部签订《综合目标责任书》。继续推广"闵行基层党建创智中心"网站,开展基层党组织网上组织生活、党员网络论坛等活动。申报区卫计委的《开展"微公益"活动 创建服务型党组织》党建创新项目。加强党员队伍建设,发展预备党员8名,9名预备党员按期转为中共正式党员。做好中层干部提任和聘任工作。做好青年后备干部的培养,规范年青干部轮岗培训制度。建立有10名后备干部的医院行政后备干部培养管理库,有计划地安排2名年轻的副科级干部到区卫生计生委、6名年轻医务人员到职能科室进行挂职锻炼。

严格执行八项规定,进行党风廉政建设责任制情况自查,以良好党风带动政风民风。院党委召开廉洁风险防控工作动员部署、宣传教育会,举办廉政教育专题讲座《加强廉政教育 预防职务犯罪》,观看《反对特权》等专题片,完善医务人员医德档案,加强医院廉洁风险防控工作。

坚持公益服务,积极履行社会责任。全年医院有援疆、援滇2支医疗队开展对口支援工作。第四批援滇医疗队队长吴俊国医生参加鲁甸地震抢险救灾工作。通过专家亲临指导讲课、开展白内障复明工程、接收受援医院医生来沪进修等活动,提高当地医疗技术水平。医院无偿献血志愿者服务队,累计服务工时116小时,累计无偿献血65人,献血14 200 ml。积极参加"党旗下,微公益在行动"、"爱在一公里"关爱失独老人等主题活动。与北桥部队、武警上海总队七支队11中队结队共建,开启就医绿色通道,减免医疗费四万元,向闵行区双拥基金会捐助5万元。

争创上海市文明单位"十连冠",倡导积极向上的医院文化氛围,重视先进典型的引领作用。在医院网站开设"先进典型事迹"宣传专窗,积极参加"中国梦·申城美"先进人物、先进集体评选活动。通过建立健全创先争优工作机制,充分发挥党组织的战斗堡垒作用和党员的先锋模范作用,涌现一批扎实进取、敬业爱岗的先进个人和集体。

经国家机关事务管理局、国家发展改革委、财政部联合评审,医院被授予节约型公共机构示范单位;获评"2010—2012年度院务公开民主管理先进单位"、"2013年度上海市社区、企事业单位献血工作考核优秀集体";组织编写的《泌尿系疾病科普系列图书》获得上海市医学科技奖三等奖;获得"2013社区老年护理系列综合初级培训优秀实训基地奖";南丁格尔志愿护理服务市五医院小分队获得中国南丁格尔志愿护理服务总队颁发的"先进护理志愿服务分队奖";妇产科医生组获得上海市"巾帼文明岗"称号;庄玉忠获得"上海市卫生系统优秀志愿者"称号;张学敏获得上海市突发急性传染病防控和突发中毒事件应急处置技能竞赛个人优胜一等奖;潜张海摄影作品"生命的守护神"获得上海市医务职工第八届文化艺术节摄影比赛三等奖;宋金波获评"上海市医院协会第二届医疗保险管理专业委员会青年委员";杨青敏获得"2013社区老年护理系列综合初级培训"优秀讲师奖;尹化斌获评2014年上海市住院医师规范化培训优秀带教老师;钟晓菁、王坤伟、陈文杰获评2014年上海市住院医师规范化培训优秀住院医师;杨青敏、曹健敏、姜红燕被中国南丁格尔志愿护理服务总队评为"优秀护理志愿者"。

(冯 亮)

【院领导班子换届】 经闵行区卫生和计划生育委员会党委研究,并报请闵行区委组织部批复同意,任命周健为上海市第五人民医院副院长,免去其闵行区吴泾医院党总支书记、委员职务;任命赵燕萍为中共上海市第五人民医院委员会委员、副书记候选人,免去徐东丽的上海市第五人民医院工会主席职务。（冯亮）

【获评"节约型公共机构示范单位"】3月,医院被授予节约型公共机构示范单位。工会、后勤服务中心联合开展征集"节能减排"合理化建议和知识竞赛活动,通过在职工食堂倡议"光盘行动",在全院张贴"节能减排提示小贴纸"等措施,提醒职工树立节约光荣、浪费可耻的观念,把建设节约型医院的要求体现到工作和生活的具体细节之中。（冯亮）

【举办百名专家大型医疗咨询活动】11月2日,医院在闵行体育馆举办百名专家大型医疗咨询活动,以医疗咨询活动的形式迎接建院110周年以及成为复旦大学附属医院10周年庆典。在2个多小时的活动中,专家们为近千名患者提供医疗咨询、解答疑惑。借助新媒体平台、闵行区政府"上海闵行"微信,向到场咨询的患者和关注医疗咨询活动的网友送出300余册医学科普图书。（冯亮）

【召开党的群众路线教育实践活动】作为第二批党的群众路线教育实践活动重点单位和窗口单位,医院党委根据上级党委的统一部署,结合实际情况组织开展以"为民务实清廉"为主要内容的党的群众路线教育实践活动。通过开展"五个一(集中学习;观看专题片;上党课教育;参观革命教育基地;开展专题学习体会交流)"学习教育活动、深入基层党支部和医联体的走访调研、医院网站开设"党的群众路线教育实践活动"专栏等活动,切实增强教育实践活动的针对性和有效性,着力解决群众反映强烈的问题。（冯亮）

【3·21伤医案件】3月21日,上海第五人民医院发生一起伤人事件,事件造成3名医护人员头部表皮裂伤,其中一名护士一手指骨折,皆无生命危险。上海市市委书记韩正敦促公安和卫生部门立即拿出有力措施,依法严肃处理各种行凶"医闹"行为,切实维护上海市所有医院正常秩序,保护医护人员生命安全与合法权益。3月22日晚,上海市副市长翁铁慧,上海市卫生计生委书记黄红、副书记邬惊雷,闵行区区长赵祝平、副区长杨德妹等到医院看望慰问3位受伤医护人员,闵行区卫生与计划生育委员会领导、院领导陪同。（冯亮）

上海市（复旦大学附属）公共卫生临床中心

【概况】2014年,上海市（复旦大学附属）公共卫生临床中心（简称"公卫中心"）有职工830人,其中医疗人员135人,护理人员306人,医技人员102人,科研人员57人,行政人员142人,后勤人员74人,其他（待退、长病假）14人。在712名专业技术人员中,正高级职称人员23人,副高级职称人员37人,取得博士学位者37人,硕士学位者87人。新进员工87人,其中博士研究生7人,硕士研究生15人。

公卫中心核定床位500张,全年门急诊量285 773人次,同比上升4.6%;出院病人12 653人次,同比增加35.6%;手术5 270人次,同比增加81.85%;病床周转次数29.91次,同比下降7.23次;平均住院日11.48天,同比下降1.84天;出院均次费13 595.90元,较2013年降低5.50%;药占比69.68%,较2013年降低4.11%。

全年申报各级、各类科研项目113项,立项课题38项,较2013年减少34.4%,其中国家级课题9项,市级课题8项,市级子课题2项,局级课题8项,申康课题4项,校级课题1项,区级课题1项,基金会课题5项。2014年传染病学科和中医药学科获国家临床重点专科资助,以企业为依托单位获得2项市科委项目。2014年总立项经费2 625.5万元,比2013年减少1.4%。到账纵向课题经费2 803.4万元,较2013年增长5.6%。

全年共发表论文192篇,其中SCI论文59篇（其中第一作者单位44篇,较2013年增长51.7%）,影响因子总和194分,核心期刊113篇。获得上海市科技进步三等奖1项,登记上海市科委成果登记4,申请专利3项,授权专利2项。

以"上海市新发与再现传染病研究所"为平台,与澳大利亚墨尔本大学成立"复旦—墨尔本大学新发再现传染病研究联合实验室";与日本、美国等多家实验室实现学者互访,促进国际合作;先后举办国内外专家讲座28场、技术讲座17场,临床与科研转化医学讲座2场。

持续推进预约诊疗及"一站式收费"工作,落实便民利民举措。在金山区总部和虹口区公卫中心市区分部为患者提供现场、医联网电话和网络、医生诊间及自助机预约等多种预约途径。全年预约总人次为65 155,预约率41.64%,专家、专科门诊预约率分别达到47.41%和36.71%。在门诊增加挂号收费窗口,简化医疗服务流程,开设预约挂号通道,门诊投放5台"一站式"多功能自助服务机,推行"一站式"服务。

开设护理专科咨询门诊,提供专业护理服务,培养艾滋病个案管理师2名,培养艾滋病高级实践护士,召开首届"海峡两岸艾滋病个案管理师"学术研讨会。创新制作"个案管理工作平台"受得国家版权局计算机软件著作权保护。主编出版《实用艾滋病护理》。

2014年新增硕士生导师2名。全年共招收硕士生8名,另招收1名护理科学位硕士研究生。博士生7名。在温州医科大学招收科研型硕士生3名。1名博士后出站。继续举办全国传染病医师进修班,共接收学员87名,其中云南进修生64名（医生26名,医技12名,护理26名）,其他省市进修学员23名。受中国疾病预防控制中心委托,2014年共举办全国艾滋病医师进修班3期,培训学员30名。2014年共举办国家级继续医学教育项目10项。

加强药物临床试验项目准入和运行质量管理,2014年新承接临床试验项目47项,其中药物11项,器械6项,体外诊断试剂30项;I期临床试验实验室获得中国实验室国家认可委员会(CNACL)ISO17025实验室认可;伦理委员会通过SIDCER/FERCAP国际认证;接受药物临床试验机构第二批专业组(结核、中医肝炎、产科)复核检查;成功举办第三届全国临床试验高峰论坛。利用"十二五"重大新药创制专项艾滋病临床试验平台建设项目,推进艾滋病临床试验联盟和网络建设。

加强人才队伍建设与人才引进,完成73名新进人员的岗前培训工作,申报高校教师资格3人,推荐13人报考研究生。26名员工赴国内医院进修学习;参加国际会议7人次,短期出国培训6人次,中长期进修2人次,赴非洲援助1人次。启动新一轮人才引进工作,从美国森林湖(Lake Forest)医学院全职引进副教授1名,是公卫中心首次从海外引进在职副教授。完成优青计划年度考核会、"第四批"萌芽计划选拔会。宋言峥、胡芸文等6人入选金山区卫生计划生育系统第八周期优秀人才计划。

建设信息系统,推进信息化进程,开发业务信息系统和辅助信息系统、护理质量监控系统、电子医嘱打印系统,升级电子病历系统;完成手术与有创操作自动分级接口、干部保健二期系统的联调与上线、完成结核报告卡与肿瘤报告卡电子传报功能及申康智能提醒模块接口改造。使用即时通讯系统(企业QQ),将移动通讯技术与现代化医院管理相结合,完成企业QQ与响应平台的数据互推功能。

(范忤忤)

【通过大型医院巡查】 8—9月,顺利完成由上海市卫生和计划生育委员会组织的大型医院巡查相关工作。11位巡查组专家对公卫中心的医院建设和发展、医疗服务和安全、坚持公立医院公益性、医院经济管理和行风建设等各方面给予肯定。

(范忤忤)

【应对埃博拉疫情】 8月,作为上海市埃博拉出血热定点收治医院,全面启动应急预案并进入紧急状态。编印《公卫中心埃博拉出血热应急工作手册》,新增子预案32个。出版《公共卫生信息》埃博拉专刊21期;开展模拟演练9次;人员防护培训61次;组建应急梯队30余批;130人次先后进入应急病房与P3实验室磨合、模拟。接受国家、上海市、金山区卫生和计划生育委员会等各级专家12批250余人视察、督导。分别于8月6日、9月13日、10月30日完成从西非回国的3名发热患者的医学观察。10月,通过上海市卫生和计划生育委员会应急办组织的应急核心能力评估评,应急工作准备和执行得到专家组高度评价。11月,协助上海市卫生和计划生育委员会承办国家卫计委埃博拉出血热医疗救治演练观摩。来自全国各省市150余名专家检阅公卫中心的应急工作,展现定点医疗机构快速反应和有效救治能力。

(范忤忤)

【卢洪洲赴西非抗击埃博拉】 11月5日,根据国家统一部署,党委书记卢洪洲参加国家首批公共卫生师资培训队,远赴西非抗击埃博拉。

(范忤忤)

【沈银忠赴WHO总部工作】 受世界卫生组织(WHO)邀请,公卫中心派遣感染一科沈银忠博士前往日内瓦WHO总部应急部工作3个月,参与WHO有关人感染H7N9禽流感临床诊疗指南的编写以及临床研究方案的设计等工作。

(范忤忤)

【获国家感染病临床重点专科建设项目】 公卫中心获"2013—2014国家感染病临床重点专科建设项目",是公卫中心首次入选,标志着公卫中心感染科跨入国家一流专科行列。

(范忤忤)

【举行公卫中心百年院庆暨中山医院南院揭牌仪式】 11月16日,在公卫中心金山本部举行公卫中心百年庆典暨中山医院南院揭牌仪式。复旦大学党委书记朱之文、上海申康医院发展中心主任陈建平、上海市人大科教文卫委员会副主任施荣范、上海申康医院发展中心党委书记赵伟星、上海市卫生和计划生育委员会主任沈晓初、市红十字会党组书记高解春、中山医院院长樊嘉、中山医院党委书记秦新裕、上海申康医院发展中心副主任、公卫中心主任张志勇等出席庆祝大会。会上宣读上海市委书记、中央委员、中央政治局委员韩正的批示,中央纪委常委、副书记、全国政协委员杨晓渡的慰问电,以及上海市人大常委会主任、党组书记殷一璀的批示等。仪式后,公卫中心员工用文艺演出形式献礼百年华诞。

(范忤忤)

复旦大学附属华东医院

【概况】 复旦大学附属华东医院是一家医学、科研、教育、预防协调发展的三级甲等综合性医院,以老年综合医学科学为重点,以多脏器衰竭临床诊断为特色。由院本部、闵行门诊部、市府大厦门诊部、康平路门诊部及市级机关浦东集中办公点医务室组成。2014年,华东医院拥有11个临床诊疗特色专科——胆胰外科、疝与腹壁外科、泌尿外科、消化内镜、微创外科、老年医学科、临床营养科、肿瘤科、骨质疏松科、影像医学科、乳腺疾病诊疗科。有一个国家重点专科——中医老年科和上海市重中之重临床医学重点学科——老年医学科。院内还设有上海市老年医学研究所(下设老年痴呆与抗衰老研究室、老年骨质疏松研究室、老年临床医学与保健研究室、流行病学研究室和老年药学研究室)、上海市老年医学临床重点实验室、《老年医学与保健》杂志社,是复旦大学老年医学研究中心、上海市康复医学会、上海市临床营养质控中心挂靠单位。

医院有职工2 063人,其中正高级职称122人、副高级职称197人、中级职称694人、初级职称829人、其他221人;其中博士64人,硕士259人。

医院现有临床医技科室43个,核定床位1 050张,实际开放床位1 300张。2014年共接待门(急)诊病人1 684 529人次,出院病人37 308人次,手术病人17 373人次。全年共接待中央及外省市保健对象超过400人次,完成副部级以上保健对象手术14例,会诊300余次。年内完成随队医疗保障46批,104人次,共计474天,全年完成干保体检总人数1 301人,体检率达96.7%,体检服务满意度持续保持100%。

以上海市各专业组质控检查为抓手，进一步健全市民医疗质量控制体系，持续强化医政、医管、质控、卫监、医保、药品管理，通过科学有效的管理措施，持续提升临床科室的服务能级。继续推行科主任目标管理责任制，加强院、科二级管理。强化护理工作专科化建设，完善护理管理制度及流程，严抓落实，进一步建立以病人为中心、以安全为核心、以质量为内涵的护理管理理念。健全门急诊医疗质量控制体系，实施门诊业务目标管理责任制，持续完善便民利民举措，推动门急诊服务安全有序。深化纵向区域医疗资源整合机制，扩大华东医院优质医疗服务辐射网。优化与长宁区卫生计生委和嘉定区江桥社区卫生服务中心的运作方式，持续开展三级医院和社区的双向转诊工作。

继续紧密围绕"老年医学"，加强学科建设。接受市卫生计生委专家组对华东医院老年医学科的中期督导，正式成为国家级临床重点专科，在2013年度中国医院最佳专科声誉排行榜中位列第三。牵头成立"复旦大学老年医学研究中心"，引领上海市老年医学临床及基础研究。依托学校，成功申报老年医学博士点，有老年医学博士生导师1名，招收博士研究生2名；建立老年医学专科医生培训基地。承办"国际老年医学学术研讨会"，召开2014年两岸老年医学论坛，举办2014年转化医学与老年健康论坛。

全面做好本科生理论授课和临床毕业实习工作，继续做好研究生教学管理工作和住院医师规范化培训工作。年内共获得国家自然科学基金面上项目4项，国家自然科学青年基金4项，部级课题2项，市科委基金13项，局级课题28项，总计经费1 025.37万元。

科学管理，全面统筹财务项目，严格审计核查，确保医院资金安全运行。进一步完善历史数据信息库，做好方案制定与调整材料归档工作，使日常工作规范化、制度化、精细化。后勤工作以安全、节能为中心，整合资源，不断完善和提升医院后勤服务质量和管理水平。安全保障方面，推行安保消防一体化理念。加快医院信息化建设，提高医院精细化管理水平，严把设备引进管理流程，做好"双控双降"工作。基础建设方面，推进各项工程项目。做好新楼建设前期工作，包括设计图纸深化、招标工作、施工许可证办理等；主体部分正式开工。租赁周边延安西路139号及延安西路200号部分用房，作为科研、培训等工作用房。顺利完成闵行门诊改造扩建工程、闵行门诊CT安装、体疗楼装饰修缮等项目工程、职工食堂修缮工程。

加强医院文化建设，培育优秀医院文化，导医务人员投身医院发展，年内获得上海市"五一劳动奖状"称号。参加上海市医务职工第八届文化艺术节，举办华东医院职工第五届文化艺术节，营造医院和谐职工文化氛围，打造医院文化建设工作新方向。开展各类志愿者培训，细化志愿者分工，年内成立了5支专业志愿者服务队，进一步提高志愿者服务的针对性和有效性。充分发挥公立医院公益性，奉献社会，在上海主流媒体报道医疗前沿信息102次，专家作客电视、电台、网站做健康讲座及连线32次，继续举办"多彩晚霞—百名医学专家慈善义诊"活动。

开展各类党风廉政、廉洁行医正反面教育活动。完成《华东医院2013—2017年反腐倡廉惩防体系建设工作规划》，贯彻落实并完善修订《华东医院"九不准"、"十项不得规定"责任分解和追究制度》、《华东医院"九不准"和"十项不得规定"与业务工作"四个同步"》、《华东医院"一案双查"制度》等。加强对党员干部的监督，完成副处级以上干部19人的重大事项申报工作，开展重点岗位、重点流程的督查，深入贯彻落实上级各级党委党风廉政建设大会精神，深化医院党风廉政建设和行风建设，坚持制度加科技，加强党风廉政建设和行风建设。编制季度纠风工作简报3期，不断提升患者满意度，在上海市公立医院服务质量病人满意度测评中名列前茅。

（邵志民）

【市领导新春慰问住院老同志】 1月27日，中共中央政治局委员、上海市委书记韩正，市委副书记、市长杨雄等市领导和各部委相关领导莅临华东医院，探望正在住院的老同志们，并向他们致以新年的问候，祝老同志们健康长寿、新春快乐。上海市干部保健局局长韩慰军、华东医院院长俞卓伟等陪同参加。

（邵志民）

【召开党的群众路线教育实践活动总结大会】 1月29日，华东医院党委召开党的群众路线教育实践活动总结大会。上海申康医院发展中心党委系统党的群众路线教育实践活动第二督导组成员出席会议，组长周国伟作总结讲话。

（邵志民）

【复旦大学老年医学研究中心正式挂牌成立】 3月8日，复旦大学老年医学研究中心在华东医院正式挂牌成立。中国工程院院士闻玉梅任中心学术委员会主任，副校长桂永浩任名誉主任，院长俞卓伟任主任。中心下设老年神经精神病研究、老年感染与免疫学研究、老年心血管疾病研究、抗衰老的基础和新药研究和老年内分泌与代谢性疾病研究等5个课题组。

（邵志民）

【获得"上海市五一劳动奖状"】 4月30日，在上海市总工会召开的庆祝"五一"劳动节大会上，华东医院获得"2014年上海市五一劳动奖状"。院工会副主席张驰东代表医院领奖。

（邵志民）

【承担亚信峰会医疗保障工作】 5月20—21日，亚洲相互协作与信任措施会议第四次峰会在上海召开。华东医院担任峰会期间的医疗保障工作，共派出6组共17人次医务人员为峰会提供医疗服务，优质、高效地完成医疗保障工作。峰会召开前，5月16日，上海市副市长翁铁慧、市府副秘书长宗明、市卫生和计划生育委员会主任沈晓初、副主任瞿介明等到院视察亚信峰会期间医疗保障工作。

（邵志民）

【与云南省普洱市人民医院签订对口支援协议】 7月19日，副院长邵志民带队赴云南省普洱市与普洱市人民医院签订对口支援协议，普洱市副市长童书玮、普洱市人民医院院长杨

文俊等出席仪式。根据协议,华东医院将在临床医疗、人才培养、学科发展等方面对普洱市人民医院开展对口支援。 （邵志民）

【院领导班子调整】 7月31日,华东医院召开干部大会,宣布中共华东医院委员会书记调整的决定。上海市教卫工作党委书记陈克宏出席会议,会议由上海申康医院发展中心党委书记赵伟星主持。调整后,高文同志任中共华东医院委员会书记、俞卓伟同志不再兼任中共华东医院委员会书记职务。 （邵志民）

十三、附中、附小

复旦大学附属中学

【概况】 2014年,复旦大学附属中学(简称"复旦附中")有在职教职工222人,其中教师173人(特级教师8人,高级教师56人,外籍教师25人)。在校学生1 799人(含国际部),共58个教学班(含国际部)。

学校按照新十年规划,在学生培养途径、组织框架结构、教师队伍建设、教育行政管理等方面积极推进改革。制定并实施《复旦大学附属中学教职员工进修学习支持方案》《复旦附中绩效工资方案》。截至2014年底,复旦附中有6名教师被评为"杨浦区第八批拔尖人才"和"教育系统拔尖人才",6门学科中有13名教师成为杨浦区学科带头人和骨干教师,5名特级教师成为上海市第三期名师基地主持人。10余名青年教师在各级各类教学比赛中获奖,教师公开发表论文90余篇,获得各类科研奖项10余项。学生在国内外各级各类竞赛中获奖100多项。

学校的在海内外的示范辐射作用进一步扩大,先后派遣学生23批次192人次、教师51人次赴海外进行短期或长期交流访问,包括美国、加拿大、英国、法国、瑞典、澳大利亚、新加坡、马来西亚、日本等国家和中国香港、中国台湾等地区;同时,学校接待30多批海外访问交流团近570余人次。

(虞晓贞)

【复旦附中文理学院揭牌】 12月15日,复旦附中文理学院正式揭牌,成为全国首个对接最新高考改革方案的高中文理学院,以适应高考改革方案中提出的不再文理分科、更注重过程化评价,推行等第制评价等政策。复旦大学副校长陆昉、上海市教育委员会基础教育处相关负责同志参加仪式。复旦附中文理学院首批学生120人,分为数学、科学、人文、社会四大课程方向,主要通过自主招生录取。学习课程文理兼容,通过自愿报名、素质考量、接受过程性综合评价,接受三年一贯制的学院式培养。学院师生比保持在1:8以下。师资方面,校内学科教师占50%、外聘兼职导师占20%、大学特聘教师占30%。来自复旦、交大、同济的20余位著名教授,组成"第一届复旦附中学生培养专家咨询委员会"。首批学生将于2017年参加新高考。

(孙梦溪)

【浙江省教育厅厅长到访】 11月22日,浙江省教育厅厅长刘希平一行到访,上海市教育委员会办公室和杨浦区教育局办公室相关人员陪同。附中校长郑方贤、书记吴坚等接待刘希平一行。郑方贤报告附中的办学情况以及在教学组织构成和学生培养模式方面所做出的探索和改革,刘希平介绍浙江省的高中课程改革情况,并希望复旦附中多与浙江省的高中学校加强联系与交流,共同发展。

(陈晓敏)

复旦大学第二附属中学

【概况】 2014年,复旦大学第二附属中学(简称"复旦二附中")有在编教职工64人,其中专任教师61人(高级职称17人、中级职称34人、初级职称9人);在校学生691人,其中初中部573人,高中部118人。复旦二附中现任校长杨士军,他同时任复旦附中副校长。

2014年,复旦二附中全面推进素质教育、充分践行绿色指标,在德育载体建设、校本课程开发、学生创新素养培养、师资队伍建设等方面均取得明显成效。

德育工作方面,学校以"健康的学风建设与文明校园建设"为核心,以市级课题《家长义工制的实践研究》为载体,成立由学生成长工作委员会、家长义工委员会德育部、学科德育工作组、德育处、年级组、班主任组成的学生德育网络,家校合作,携手育人。优化"我与大学城共成长"的校本德育课程建设,推进"采访系列"、"行走系列"等主题实践活动,从校园文化、城市文明、国家意识、国际视野等角度丰富学生的认知和情感。注重培养学生志愿者精神,鼓励每位学生参加义工活动,校志愿者团队获2013年度杨浦区志愿服务先进集体。学校召开"首届泛复旦初中生模拟联合国大会",《新闻晨报》对其作相关报道。少先队大队部获得"上海市红旗大队"荣誉称号;学生左昀桦获得"上海市十佳少先队员"荣誉称号;教师施伟妍获得"上海市优秀少先队辅导员"称号;学校获评"杨浦区中小学校德育先进集体"。

课程教学方面,基础型课程校本化,拓展型课程多元化,探究型课程深入化。整合音乐美术课程,形成学校大艺术课程;整合初中劳技课程,形成科学与技术课程;整合促进身心健康发展的课程,形成大体育课程。参与杨浦区创智课堂的建设,"学校整体课程计划"获杨浦区优秀课程方案。成立"第二届教学指导委员会",发挥校外专家团队对教学工作的指导作用。推进分层教学和分层作业、有效作业,保证教学质量和作业科学性。丰富拓展型校本课程和社团活动,"武道社"获上海市优秀社团;"中国打击乐校本课程评价方案"

获杨浦区一等奖,茶艺校本课程评价方案获杨浦区二等奖。

科研工作方面,多位教师在各级各类教育核心期刊上发表论文。"初中数字阅读的有效实现途径的研究"等4项市级课题、"有效作业研究及实施"等8项区级课题稳步推进。学校正式出版专著《听大师讲课》(江苏科学技术出版社)。2014年,学校第九届探究性课题共产生88个课题组,其中15个课题获得第29届上海市科技创新大赛等奖,总成绩列上海市初中前三名。学生王博闻获得第九届中国少年科学院"小院士"称号。6名学生获得杨浦区第十三届"明日科技之星"称号,并入围市级比赛。学校获评杨浦区第十一届教育科学研究工作"先进集体"。

关注学生身心健康。成立学生健康中心,推出"学生业余体育锻炼(月)卡",鼓励学生保证每天校内1小时的运动量。2014年学生体质健康合格率达98.1%,学生体质整体状况呈上升态势。学校杨浦区体教结合工作"优秀集体"等称号。

师资队伍建设卓有成效。2014年,学校共有"上海市普教系统名校长名师培养工程"基地成员2人、杨浦区名师工作室学员9人、上海市中心组成员4人、杨浦中心组成员13人、杨浦骨干教师5人,8名教师被聘为"复旦大学教育硕士专业学位"校外兼职硕士生导师。校长杨士军获评中国少年科学院"小院士"课题研究全国优秀科技辅导员;教师蔡剑金获得上海市园丁奖;学校获得"复旦大学三八红旗集体"称号,教师钱永菊获得复旦大学"三八"红旗手称号。

对外交流活动持续发展。学校先后与同济初级中学、山东临沂实验中学、临沂一中、浙江义乌望道中学、马相伯学校、贵州乌江复旦中学、青海门源教育局建立合作共建关系,在课程建设、师徒带教、文化交流等方面发挥示范辐射作用。

全年共有学生270人次在各类比赛中获奖,包括上海市初中生科普英语竞赛、上海市作文竞赛、上海市青少年物理竞赛、上海市青少年"白猫杯"应用化学与技能竞赛、全国青少年信息学奥林匹克联赛、上海市中小学暑期读书系列活动、上海市运动会、上海市青少年科技创新大赛、杨浦区数学竞赛、杨浦区艺术节比赛等。学校获得2014年全国环境教育示范校和上海市安全文明学校等称号。

(施伟妍)

复旦大学附属小学

【概况】 2014年,复旦大学附属小学(简称"复旦附小")有在编教职工47人,其中行政人员5人、专职教师41人、教辅人员1人;具有教师高级职称1人,中级职称45人,初级职称1人;具有研究生学历2人,本科学历38人,大专学历7人。在校学生739人,共21个教学班。

2014年,学校支部在复旦附中党委的领导下,以党的群众路线教育实践活动为契机,以社会主义核心价值观为引领,紧紧围绕全面落实十八届三中全会关于教育领域综合改革的要求,抓好队伍建设,开创师德师风新局面,努力将核心价值观的教育落实到教育教学工作之中。

积极推进义务教育均衡化,2014年学校再次投入约30多万元,用于学校信息化设备的更新与维护。所有教室进行标准化改造,配备便携实物投影仪、白板和65寸平板触摸电脑,安装Win8系统与Easinote教学软件,为课堂开展信息化教学打下坚实基础。

进一步加强课程建设,制定新一轮《复旦附小加强课程建设,提高教学有效性三年行动方案》,并根据方案制定科学的、切合学校实际的课程计划。学校教导处以"绿色指标"为引领,夯实课程计划的全面实施;以区级重点研究项目《基于课程标准下小学数学教学中学生活动设计研究》为抓手,落实全学科基于课程标准的教学活动;基于课程标准,严格实施一年级的"零起点"教学,并在一、二年级进行教学评价的改革;认真开展"基于课程标准的有效学习活动设计"系列校本培训,有效促进学校课程建设和教师发展。

学校利用复旦大学体育部、物理系、化学系、艺术系以及上海戏剧学院等丰富的高校资源,开发适合学生的校本课程。2014年,学校依托高校资源开设了足球、物理实验、化学实验、英语戏剧、民族舞蹈、朗诵等20余项校本课程。丰富的校本课程对促进学生全面发展,发展个性特长起到积极作用。

积极构建德育框架,创设和谐育人氛围,打造复旦品牌效应,提高学校德育管理水平。大队部以"编织七彩梦,争当阳光好少年"为主题,结合重要节日庆典,组织开展"孝亲"、"学榜样,树理想,画梦想"、"我爱我家"、"畅游书海"系列主题活动;结合学校科技节,将上海青少年科技馆、复旦大学化学系等优质社资源引入学校,开展"化学嘉年华"、"认识昆虫"等主题活动;结合学生实际,将文明礼仪和行为习惯的养成教育相结合,开设《礼仪课堂》系列教学。由"学校礼仪"到"家庭礼仪"再到"社会礼仪",提出"在校做个好学生,在家做个好孩子,在社会做个好公民"的要求,完善礼仪教育课程。

搭建多层次校际交流的平台。2014年度,学校与姐妹校台湾新荣小学开展2次交流互访活动。与山东莱芜市第二实验小学,山西盐湖复旦示范小学建立联盟校,并规划后继师生交流互访活动。云南省大理州永平县龙街镇中心完小校长到校进行为期半年的挂职锻炼。丹阳市马相伯学校等兄弟学校相继派教师到校交流学习。复旦联盟体中小学部和义乌教育局合作,创办"义乌实验学校"。

定期组织高层次的讲座,拓宽师生视野。著名儿童文学家张秋生为孩子开设"畅游书海 做书香少年"的讲座;上海市食品研究所教授级、高级工程师马志英开设主题为"食品安全解析:什么可以吃"的科普讲座;上海市岳阳医院医生张喜林开设"青少年脊柱保护"的健康讲座;复旦大学附属五官科医院医生陈臻、陶磊,上海音乐学院青年教师吴京科为教师开设"好声音练出来"的讲座。

学校获得"上海市安全文明校园"称号。在杨浦区教育系统"今天我们唱响国歌"微视频比赛中,获得最佳视频奖。1位教师获得2014年经典诵读活动杨浦区选拔赛二等奖;1位教师获得杨浦区"弘扬雷锋精神,争做时代新人"主题教育活动案例鼓励奖;16位教师获得上海市小青蛙讲故事比赛、上海市"读写新天地"小学生英语现场阅读活动等竞赛指导奖;2位教师承担区级公开课。

获得全国、市、区各类竞赛等第奖的学生共计150人次。学校在上海市学生民族打击乐比赛、杨浦区经典诵读活动、杨浦区足球联盟"百班百场"比赛、杨浦区"方正棋"强手少年评选活动等各级各类比赛中获得团体奖10项。1位学生获得第二十一届"上海市当代小先生"称号。1位学生获得首届杨浦区中小学"道德实践风尚人物奖(美德少年)"称号。

(彭 松)

规章制度

复旦大学学术规范实施条例（试行）

（2014年1月6日校长办公会议审议通过 校通字〔2014〕3号 2014年2月21日发布）

第一章 总则

第一条 为了加强学校学风建设，维护学术规范，惩治学术违规行为，根据《中华人民共和国高等教育法》、《中华人民共和国学位条例》、《高等学校知识产权保护管理规定》、《普通高等学校学生管理规定》、《复旦大学学术规范》等法律、法规及其他规范性文件的规定，特制定本条例。

第二条 本规定适用范围：参加学术活动的本校在职教职工、博士后研究人员、访问学者、进修教师、具有本校学籍的学生，以及代表本校、受本校委托参与学术与科研活动的研究人员。

第三条 实施学术规范，认定学术违规行为，应当遵循公平、公正和程序公开的原则。

第四条 校学术委员会是学校实施学术规范、认定学术违规行为的最高机构，同时负责监察全校学风建设。

校学术委员会设立学术规范委员会，组织调查、认定学术违规行为。

校属各单位学术委员会，负责本单位学风建设，根据学术规范委员会的建议，组织调查单位内的学术违规行为，将调查结果和认定意见报告学术规范委员会。

第二章 学术规范的制定

第五条 学术规范委员会负责制定学校学术规范。学术规范经校学术委员会审定，并自公布后三十日起生效。

学术规范委员会负责修订学校学术规范。修订后的学术规范经学校学术委员会审定，并自公布后三十日起生效。

第六条 学校应当通过公告栏、报刊、网站公布学校学术规范，介绍实施学术规范的制度。学校应当组织对新入校的第二条所述人员开展学术规范教育。

各级学术委员会应经常进行学术规范的警示教育。

学术规范委员会应根据本条例第四十条规定，介绍学术违规典型案件及其处理情况，进行学术规范警示教育。

导师应严格按照学术规范开展科研活动，以身作则，对担责的课题组成员，研究生、博士后、本科生及其他参与人员，进行学术道德和学术规范的教育，并对研究过程、研究成果以及所指导学生的学位论文，按照学术规范严格加以把关。

第三章 学术违规行为的查处程序

第一节 一般规定

第七条 学术违规行为指学术不端和学术不当行为。法律、行政法规和学校规章制度等规范性文件规定为学术违规行为的，依照法律、行政法规和学校规章制度处理。

第八条 正在接受调查的学术成果，应通知有关单位，中止其参与学术评价。

第九条 参与调查、认定、复查学术违规行为的各级学术委员会委员、学术规范委员会委员和其他工作人员有下列情形之一，应当回避：

（一）是被调查人近亲属的；

（二）与案件有利害关系的；

（三）与被调查人有其他关系，可能影响对案件公正处理的。

被调查人发现负责或参与调查的人员具有上述情形之一，要求换人调查处理的，应以书面方式提出回避申请，由校学术委员会讨论并由学术规范委员会主任宣布决定。

申请学术规范委员会主任回避的，由校学术委员会主任宣布决定。

第十条 除根据本条例第四十条的规定公开案件信息外，未经校学术委员会批准或者授权，任何人不得向他人披露案件调查过程的任何信息。

第十一条 案件举报者和为案件调查提供线索者的信息应当保密。

对案件举报人、证人、调查人和为案件调查提供线索的人、各级学术委员会委员、学术规范委员会委员进行打击报复的，按照有关规定处理。

第十二条 有下列情形之一，影响案件公正处理的，可以向监察处举报，由该机构另案处理：

（一）案件调查人、校学术委员会委员、学术规范委员会委员在案件处理中有贪污受贿、徇私舞弊、违规认定行为的；

（二）案件举报人、证人有捏造事实、伪造证据、诬陷他人行为的。

第二节 立案

第十三条 对本规定第二条规定范围内人员的学术违规行为进行举报，学术规范委员会应当受理，在合理时间内加以审核，做出是否立案的决定。

学术规范委员会独立决定是否

立案，不受其他机关、部门的干扰和影响。

除非有新的证据，对已经认定的或已经决定不立案的学术行为进行举报，学术规范委员会不予立案。

第十四条 校学术委员会、学术规范委员会发现本条例第二条规定范围内人员的学术违规行为，可主动根据本条例第十五条规定审查立案。

各单位学术委员会发现本条例第二条规定范围内的学术违规行为，应当向学术规范委员会报告，学术规范委员会可以根据本条例第十四条规定审查立案。

第十五条 学术规范委员会主任应当在收到符合要求的举报信后十个工作日内指定两名委员对举报和发现学术违规行为的材料进行审查，认为存在学术违规行为，且证据线索具体、明确的，学术规范委员会应当立案；认为不存在学术违规行为，或证据线索不够具体、明确的，或者被举报的学术行为不在本条例第十三条规定受理范围内的，学术规范委员会不予立案。

第十六条 学术规范委员会决定立案后，应当在三个工作日内书面通知被调查人、被调查人所在单位和实名举报人。学术规范委员会决定不予立案的，应当在五个工作日内通知实名举报人。

第十七条 举报人认为学术规范委员会对应当立案的案件不予立案，可以向学术委员会申请复议一次，校学术委员会应当要求学术规范委员会说明不立案的理由。学术委员会认为不立案理由不能成立的，应当正式（书面）通知学术规范委员会立案，学术规范委员会接到通知后应立即立案。

第三节 调 查

第十八条 学术规范委员会立案后，应当指定两名委员担任案件联络人，负责联系被举报人所在单位，并与被举报人所在单位学术委员会指定的专家组成五人以上的调查组，对举报人、被举报人、证人就所举报行为是否构成学术不端或学术不当进行调查。

第十九条 证明案件真实情况的一切事实，都是证据。

证据包括但不限于下列五种：

（一）物证、书证；

（二）证人证言；

（三）被调查人陈述和申辩；

（四）鉴定结论；

（五）视听资料。

第二十条 学术规范委员会和被调查人所在单位的学术委员会应当按照规定程序，在六十日内调查事实，收集证据。在案情调查需要时，学术规范委员会、院系学术委员会可以聘请专家担任调查小组成员。

联合调查组在调查报告撰写过程中可以向院系学术委员会、学术规范委员会、被调查人征求意见，使调查报告事实清楚，证据可靠。

第二十一条 案件调查人应当给予被调查人陈述事实的机会。被调查人可以书面陈述，也可以口头陈述。被调查人口头陈述的，案件调查人应当制作调查笔录，并由被调查人签名。被调查人拒绝陈述的，案件调查人应当记录在案，并且由案件调查人签名。

第二十二条 学术规范委员会可以根据案件需要，组织听证，了解案件事实。

第二十三条 案件调查应当在立案后四个月内终结。案情复杂、期限届满不能终结的案件，可以经校学术委员会批准延长，但是案件调查期限最长不得超过十个月。

第四节 认 定

第二十四条 收到调查报告后，学术规范委员会应及时审查讨论，依据查明的事实，对案件被调查人是否有学术违规行为进行认定。

学术规范委员会认定学术违规或不违规行为，应当由三名学术规范委员会委员组成合议组进行。案件调查人则不得参加合议组。

第二十五条 合议组发现案件需要补充调查的，可以要求案件调查人在一个月内完成补充调查。

合议组进行评议的时候，如果意见分歧，应当按多数人的意见做出决定，但是少数人的意见应当写入笔录。评议笔录由合议组人员签名。

第二十六条 被调查人有申辩的权利。合议组应当给予被调查人申辩的机会。被调查人可以书面申辩，也可以口头申辩。被调查人口头申辩的，合议组应当记录，并由被调查人签名。被调查人拒绝申辩的，合议组应当记录在案，并且由合议组的组成人员签名。

第二十七条 合议组完成评议后，应当根据评议做出认定报告，根据已经查明的事实、证据和学校学术规范，分别作出以下结论：

（一）案件事实清楚，证据确实、充分，依据法律、行政法规和学校规章制度等规范性文件认定被调查人的行为属于学术不端或学术不当行为；

（二）依据法律、行政法规和学校规章制度等规范性文件认定被调查人的行为不属于学术不端或学术不当行为；

（三）证据不足，不能认定被调查人有学术不端或学术不当行为。

认定报告应由学术规范委员会讨论，通过记名投票，实行少数服从多数原则，并由学术规范委员会主任委员签发。

第二十八条 学术规范委员会应当在案件调查终结后一个月内出具认定报告。

案件调查人根据本条例第二十五条第一款规定进行补充调查的，在补充调查期间，案件认定期限中止计算。

第二十九条 校学术委员会分管副主任在认定报告上签名后，学术规范委员会应当向被调查人送达认定报告。认定报告送达后，被调查人未在本条例规定的期限内申请复查的，认定报告自申请复查期限届满之日起生效。

第五节 复 查

第三十条 被调查人如对学术规范委员会根据本条例第二十七条第一项规定做出的调查结果及认定结论不服的，可以在调查处理结果送达后七日内向校学术委员会申请复查。

第三十一条 学校学术委员会复查学术不端或学术不当行为，应当另由三名学校学术委员会委员组成复查合议组进行。先前的案件调查人、合议组成员不得参加复查合议组。

第三十二条 被调查人复查申请在规定期限内书面提交之后，复查合议组对案件进行审查。

复查合议组进行评议的时候，如果意见分歧，应当按多数人的意见作出决定，但是少数人的意见应当写入笔录。评议笔录由复查合议组成员签名。

复查报告应向校学术委员会全体委员征询意见。

第三十三条 复查合议组完成评议后，应当根据评议决定做成复查报告，按照下列情形，分别处理：

（一）认定事实清楚，适用规定正确的认定报告，驳回复查申请，维持认定结论；

（二）认定事实错误或者适用规定错误的认定报告，撤销或者变更认定结论；

（三）认定基本事实不清，或者学术规范委员会严重违反规定程序的认定报告，查清事实后，撤销或者变更认定结论。

复查报告应当由校学术委员会主任签发。

第三十四条 学术规范委员会认定被调查人没有学术不端或学术不当行为，或者学术委员会复查后，撤销学术不端或学术不当行为认定结论的，学术规范委员会应该在被举报受影响的范围内，对举报内容进行澄清，并由校学术委员会回复相关异议人。

第三十五条 原处分决定单位应当在接到复查申请后的三十日内做出复核决定。学校学术委员会应当在受理复查申请后六十日内出具复查报告；案情复杂的，可以适当延长，但是延长期限最多不得超过三十日。

第三十六条 校学术委员会应当在出具复查报告后向被调查人送达复查报告。复查报告自送达之日起生效。

第三十七条 经复查通过的决定不再复查。

第六节 处 理

第三十八条 被调查人有学术不端或学术不当行为的，学术规范委员会将认定报告或者复查报告送达监察、人事、学生管理、科研管理、教学管理、学位评定或档案管理等相关部门，以及被调查人所在单位。

第三十九条 各相关部门和被调查人所在单位收到学术不端或学术不当行为认定报告或复查报告后，应当及时按照有关规定，处理或者建议学校处理被调查人，并将处理结果通知监察处。

监察处负责监督对被调查人的处理决定。

若受到查处的学术不端行为已构成违法的，移送司法机关处理。

第四十条 对涉及学生学术不端行为，在校学位评定委员会做出学位问题的处理决定后，由学术规范委员会公开调查认定结果，并由校学位评定委员会公布处理决定。

对涉及学校在职教职工、博士后研究人员学术违规行为，在校长办公会议做出处分决定后，由学术规范委员会公开调查认定结果，校人事处公布处分决定，并视情况在全校或一定范围内进行通报。

对学术规范委员会的调查认定结果，经校学术委员会同意后，予以公开。

第四十一条 受学校行政处分的认定报告，应当归入被调查人人事档案。任何人不得篡改、销毁认定报告。

第四章 附 则

第四十二条 校外人员参加学校组织的学术活动，参照本条例的规定执行。

第四十三条 本规定自公布后三十日起施行。《复旦大学学术规范及违规处理办法（试行）》同时废止。

复旦大学合同审核与备案规定

（2013年11月11日校长办公会议审议通过 校通字〔2014〕6号 2014年3月26日发布）

第一条 为了适应社会主义市场经济建设的需要，加强学校合同管理工作，根据《中华人民共和国合同法》制定本规定。

第二条 本规定所称合同是以学校、学校授权的单位为一方当事人与自然人、法人、其他组织之间设立、变更、终止民事权利义务关系的协议。

第三条 学校具有作为一方当事人与相对方订立合同的资格。学校授权的单位在授权范围内可以作为一方当事人与相对方订立合同。

第四条 合同业务审核部门应当严格审核相对方的主体资格，一般包括以下内容：

（一）当事人是自然人的，应当持有有效身份证明，具有完全民事行为能力和履行合同义务相适应的民事责任能力；

（二）当事人是法人的，应当持有企业法人营业执照、事业单位法人证书或者其他有效身份证明，具有与履行合同义务相适应的经营范围、业务范围；

（三）当事人委托代理人订立合同的，代理人应当具备第（一）项或者第（二）项所述的条件，并且持有有效委托代理证明；

（四）法律规定具备的资质证明，以及合同审核部门要求提供的其他证明文件。

第五条 当事人订立合同，具备下列条件之一的，应当采用书面形式：

（一）法律规定采用书面形式；

（二）当事人约定采用书面形式；

（三）合同标的数额在三万元以上。

当事人采用书面形式订立合同，应当包括中文本。合同中文本具有不低于其他合同文本的效力。

第六条 合同一般包括以下条款：

（一）当事人的姓名或者名称，以及住所；

（二）标的；

（三）数量、质量；

（四）价款、经费、报酬；

（五）履行期限、地点和方式；

（六）违约责任；

（七）解决争议的方式；

（八）订立合同的时间和地点；

（九）根据法律规定、合同性质以及当事人约定应当订立的条款。

国家的示范文本和学校的格式合同应当优先使用。

第七条 合同业务审核部门对合同的可行性进行评估。

法律事务室对合同业务审核部门送交合同的法律风险进行评估。

第八条 合同业务审核部门应当在合同签订七个工作日前将下列合同送交法律事务室审核：

（一）教育培训合同；

（二）标的数额在三十万元以上的物业管理合同；

（三）标的数额在五十万元以上的技术合同；

（四）标的数额在五十万元以上的买卖合同；

（五）标的数额在五十万元以上的承揽合同；

（六）标的数额在五十万元以上的赠与合同；

（七）标的数额在五十万元以上的租赁合同；

（八）标的数额在一百万元以上的借款合同；

（九）标的数额在一百万元以上的建设工程合同；

（十）标的数额在一百万元以上的房地产合同；

（十一）其他标的数额在十万元以上，或者对学校有重大影响的合同。

法律事务室应当在收到合同之日起三个工作日内出具审核意见；需要会同学校法律顾问单位对合同进行审核的，应当在收到合同之日起五个工作日内出具审核意见。

第九条 学校作为一方当事人与相对方订立合同的，签订合同时应当由校长或者授权代表签字，并且加盖学校合同专用章或者学校印章。学校授权的单位在授权范围内作为一方当事人与相对方订立合同的，签订合同时可以由单位行政负责人签字，并且加盖单位公章。

签订涉外合同时，可以仅由校长、授权代表或者单位行政负责人签字。

第十条 合同承办单位应当保存合同和相关材料，一般包括以下内容：

（一）合同（含附件）；

（二）当事人达成的补充协议；

（三）当事人订立合同和协议补充过程中形成的会谈和电话记录、信件、数据电文等；

（四）相对方主体资格证明文件的复印件；

（五）其他需要保存的材料。

合同承办单位应当对保存的合同和相关材料进行整理、编目，以备查询。

第十一条 送交法律事务室审核的合同签订后，合同承办单位应当在十五个工作日内将合同原件和相关材料送交法律事务室备案。

第十二条 无论合同是否成立，知情人未经授权不得披露或者不正当地使用缔约过程中的秘密和合同权利义务。

第十三条 违反本规定的单位和个人，依照学校有关规定承担责任。

第十四条 本规定由法律事务室解释。

第十五条 本规定自2005年3月1日起施行。

复旦大学"固定聘期研究员"、"固定聘期副研究员"工作岗位聘任暂行办法（试行）

（2014年1月6日校长办公会议审议通过 校通字〔2014〕7号 2014年4月10日发布）

第一章 总 则

第一条 为认真贯彻学校"服务国家战略"，进一步加强校内优秀青年教师培养力度，创新专业技术岗位聘任机制，特在校内设置"固定聘期研究员"、"固定聘期副研究员"工作岗位。

第二条 "固定聘期研究员"、"固定聘期副研究员"工作岗位的设置，旨在支持具有突出发展潜力的优秀青年教师申报国家重大、重点科研项目，重要人才计划；激发优秀青年教师在科学研究中勇挑重担的工作热情。

第二章 聘任条件

第三条 聘任"固定聘期研究员"工作岗位的基本要求：

1．一般需获得博士学位。

2．已聘任为副教授或副研究员。

3．年龄原则上不超过45周岁，以聘任当年度1月1日为准。

4．研究方向明确，具有突出的学术能力，有潜力承担国家重大科研项目、担任国家级专家委员会成员或申报国家级重要人才计划。

第四条 聘任"固定聘期副研究员"工作岗位的基本要求：

1．一般需获得博士学位。

2．已聘任为讲师或助理研究员。

3．年龄原则上不超过35周岁，以聘任当年度1月1日为准。

4．研究方向明确，具有较为突出的学术能力，有潜力承担国家重要科研项目或申报重要人才计划。

第三章 聘任程序

第五条 聘任程序

1．职能部门推荐：学校相关职能部门可结合重大科研项目、重要人才计划的申报、国家级专家委员会的专家推荐等工作需要和相关教师的综合能力向学校推荐人选；各部门推荐时应征求候选人所在单位的意见。

2．学校审议：学校人才工作领导小组审议各职能部门提出的建议聘任名单，并提出审议意见。

3．学校聘任：学校人才工作领导小组审议意见向校长办公会议通报后，正式聘任。

第四章 岗位权利与岗位职责

第六条 岗位权利

在工作岗位聘任期内，受聘"固定聘期研究员"的教师对外以"研究员"身份进行学术活动；受聘"固定聘期副研究员"的教师对外以"副研究员"身份进行学术活动。

第七条 岗位职责

受聘"固定聘期研究员"、"固定聘期副研究员"的教师，在工作岗位聘期内，应积极申报相关国家科研项目或人才计划,并在入选后高质量完成相应的科研工作。

第五章 管理办法
第八条 "固定聘期研究员"、"固定聘期副研究员"工作岗位设置期限为3年,期满自动终止。

第九条 在工作岗位聘期内,受聘"固定聘期研究员"、"固定聘期副研究员"的教师校内所有待遇不做调整。

第十条 聘期内,受聘"固定聘期研究员"的教师可根据《复旦大学教师高级职务聘任实施办法》申报常规系列教授或研究员,若获聘,"固定聘期研究员"的聘任即告终止;受聘"固定聘期副研究员"的教师可根据《复旦大学教师高级职务聘任实施办法》申报常规系列副教授或副研究员,若获聘,"固定聘期副研究员"的聘任即告终止。

第六章 其他
第十一条 本办法经校长办公会议通过后试行。

第十二条 本办法解释权属复旦大学人事处。

复旦大学国有资产管理暂行办法

(2014年3月24日校长办公会议审议通过 校通字〔2014〕9号 2014年4月30日发布)

第一章 总则
第一条 为加强学校国有资产管理,规范国有资产管理行为,合理配置和有效使用国有资产,防止国有资产流失,确保国有资产的安全与完整,保障和促进学校教学、科研等各项事业的健康发展,根据财政部《事业单位国有资产管理暂行办法》(财政部令36号)、《中央级事业单位国有资产管理暂行办法》(财教〔2008〕13号)、《中华人民共和国企业国有资产法》(中华人民共和国主席令第5号)、《教育部直属高等学校国有资产管理暂行办法》(教财〔2012〕6号)和《教育部关于扩大直属高等学校、直属事业单位无形资产使用和处置权限的通知》(教财函〔2014〕8号)等文件的有关规定,结合我校特点制定本办法。

第二条 本办法适用于学校各院系、各职能部门、二级事业单位、学校所属的企业以及其他相关单位。

第三条 本办法所称国有资产,是指学校占有、使用的,依法确认为国家所有、能以货币计量的各种经济资源的总称。

学校国有资产包括用国家财政性资金形成的资产、国家无偿调拨给学校的资产、按照国家政策规定运用国有资产组织收入形成的资产以及接受捐赠等经法律确认为国家所有的其他资产。其表现形式包括:流动资产、长期投资、固定资产、在建工程、无形资产和待处置资产。

第四条 学校国有资产的管理,坚持资产管理与预算管理相结合的原则;坚持资产管理与财务管理、实物管理与价值管理相结合的原则;坚持安全完整与注重绩效相结合的原则。

第五条 学校实行"统一领导、归口管理、分级负责、责任到人"的管理体制。国有资产管理实行校长负责制,分管副校长协助校长管理。

学校国有资产实行相关职能部门归口管理。各资产使用单位的负责人对本单位使用的国有资产的安全性、完整性和使用的有效性负有直接管理责任。

第六条 学校国有资产管理的主要任务是:建立健全国有资产管理制度和资产管理信息系统,按照各类资产的运行特点和规律,制定分类管理办法,推动资产的有偿使用、资源的优化配置和资本的保值增值,切实维护学校的权益,确保国有资产的安全、完整。

第七条 学校国有资产管理的内容包括:资产配置、资产使用、资产处置、国有资产产权登记与产权纠纷处理、资产评估与资产清查、资产信息管理、绩效考核和监督检查等。

第二章 管理部门及职责
第八条 资产管理处是负责学校国有资产管理工作的职能部门,对学校国有资产实行综合管理,其主要职责是:

(一)贯彻执行国家及上级主管部门国有资产的法律法规和政策,制定学校国有资产管理办法和实施细则;

(二)根据资产的实际使用情况,明确相关资产的授权管理部门、管理目标和考核指标;

(三)负责协调各资产归口管理部门和使用单位落实上级主管部门下达的工作任务;

(四)按照安全完整与注重绩效相结合的原则,建立学校国有资产有偿使用制度和共享共用机制,推动大型仪器设备共享管理;

(五)制定学校国有资产的优化配置方案,办理学校国有资产使用、处置、对外投资、出租、出借等事项的审核、报批手续;

(六)负责学校国有资产产权登记、资产清查、清产核资、资产评估及资产划转等工作;

(七)负责学校所属企业国有资产管理工作,对涉及学校权益的重大事项及对应的清产核资、资产评估、产权登记等事项进行审核,办理相关的报审、备案手续;

(八)负责学校所属企业国有资本经营预算、会计报表等的汇总上报以及国有资本收益的申报、缴纳工作;

(九)负责学校出租、出借资产管理。制定学校经营性资产监督、考核管理办法,对各类投资所涉及的经营性国有资产进行监督管理,确保资本的保值增值;

(十)负责学校国有资产管理体系建设,健全资产的信息管理系统,建立具有专业素质的资产管理队伍,建立廉政风险防控机制;

(十一)接受教育部、财政部等主管部门的监督指导,定期报告国有资产管理工作。

第九条 学校国有资产管理工作按业务分工和资产实际用途实行分类归口管理,由相关职能部门负责。具体分工为:

(一)流动资产:各类资金(库存现金、银行存款、零余额账户用款额度等)、短期投资、债权(应收及预付款项)等流动资产归口财务处管理。存货类(材料、燃料、包装物、低值易耗品等)流动资产归口资产管理处管理;

(二)固定资产:专用设备、通用设备、家具、用具、装具及动植物(含标本)以及房屋构筑物中的公用房产(学校产权或使用权的非住宅房屋、场地或附属设施)归口资产管理处管理。房屋构筑物中的住宅房屋及相关设施归口总务处管理。图书归口图书馆管理。档案、文物和陈列品归口档案馆、博物馆管理;

(三)在建工程:归口基建处管理;

(四)无形资产:商标权、校名校誉、商誉归口学校办公室管理。专利权、著作权、非专利技术归口科技处、文科科研处、医学科研管理办公室以及专用材料与装备技术研究院管理。土地使用权归口资产管理处管理;

(五)长期投资:长期股权投资中投资于企业经营的资产归口校经营性资产管理委员会和上海复旦资产经营有限公司管理。长期股权投资中投资于基金会、校友会的资产归口对外联络与发展处管理。长期债券投资归口财务处管理。其他按投资属性由具体归口职能部门管理;

(六)待处置资产:归口财务处、资产管理处管理。

第十条　各资产归口管理部门的职责是:

(一)负责制定本部门归口管理资产的具体管理办法并组织实施;

(二)负责建立健全本部门归口管理资产的信息管理系统,实施动态监管;

(三)负责本部门归口管理资产的账、卡、物管理和资产清查、登记、统计报告及监督检查工作;

(四)负责盘活本部门归口管理的存量资产,提高资产使用效益;

(五)负责报送学校所属企业合并、分立、改制、上市、增加或者减少注册资本,发行债券,进行重大投资,为他人提供大额担保,转让重大财产,进行大额捐赠,分配利润,以及解散、申请破产等重大事项的相关资料;

(六)配合资产管理处实施国家、学校的规章制度,完成上级主管部门布置的工作任务,定期报送归口管理的资产数据和重大资产使用、处置等事项。

第十一条　各资产使用单位的负责人为资产管理第一责任人,负责本单位各项资产管理工作。

第十二条　各资产使用单位的职责是:

(一)本部门存货(材料、燃料、包装物、低值易耗品等)购置的审批、验收、领用等工作;

(二)本部门固定资产的申购、维护、调拨、转让、报损、报废的审批和管理工作;

(三)组织完成本部门拟申购设备的专家论证、拟报废贵重仪器设备的鉴定等工作;

(四)本部门教学、科研、行政、实验室等用房或场地的管理工作(安排、安全使用);

(五)配合资产归口管理部门实施有关国有资产的清查、界定、登记、统计汇总和监督检查工作。

第三章　资产配置

第十三条　学校国有资产配置是指根据学校事业发展的需要,按照国家有关法律、法规和规章制度规定的程序,通过购置、调剂及接受捐赠等方式为本单位配备资产的行为。

第十四条　学校各单位国有资产配置必须符合以下条件:

(一)现有资产无法满足部门履行职能的需要;

(二)难以与其他部门共享、共用相关资产;

(三)难以通过市场购买产品或者服务的方式代替资产配置,或者采取市场购买方式的成本过高。

第十五条　学校各单位国有资产严格按照国家规定的配置标准执行;对没有规定配置标准的,加强论证、从严控制、合理配置。

第十六条　学校各单位配置资产,要严格按照国家法律、法规和学校规章制度规定的程序进行。纳入政府采购范围的资产,按照政府采购管理的有关规定执行。

第十七条　学校的资产购置,必须严格遵守请购、审批、采购、验收、付款等程序,各归口管理部门和资产使用单位必须加强内部控制。

第十八条　学校各单位在完成资产购置、验收后,资产归口管理部门负责及时办理登记入账手续;对无偿调入或接受捐赠等方式形成的国有资产,按照国家的有关规定办理入账手续。

第四章　资产使用

第十九条　学校国有资产的使用包括自用和对外投资、出租、出借等方式。学校国有资产的使用应首先保证教育事业发展的需要。

第二十条　学校各资产归口管理部门负责建立健全相应的国有资产购置、验收、登记入账、保管、领用、使用、维护、清查、报废、处置审批等相互制约的管理制度。

第二十一条　学校各资产归口管理部门和各使用单位定期对实物资产进行盘点,完善管理资产的相关资料,做到账账、账卡、账实相符;对盘点中发现的问题,查明原因并在资产统计信息报告中反映。

第二十二条　学校各资产归口管理部门和各使用单位积极推动大型仪器设备等资产的共享、共用。对于长期闲置、低效运转和超标准配置的资产,资产归口管理部门应按照优化配置的原则,及时进行合理调剂,提高资产使用效率。

第二十三条　各资产使用单位负责制订本单位管理制度和实施细则,并将国有资产管理责任落实到具体部门和个人。

对大型仪器设备,要建立维护保养制度,编制维修计划,定期检查资产的使用状况;对精密贵重仪器,制定操作规程,并指定专人操作。

第二十四条　各资产使用单位对配备给个人使用的资产,须建立领用、交还制度。工作人员调动时,须办理所使用和保管资产的移交手续。

第二十五条　各资产使用单位不得将其占有、使用的国有资产作为抵押物对外抵押或担保;不得为任何单位(包括所办企业)或个人的经济活动提供担保;不得买卖期货、股票;不得购买企业债券、基金和其他任何形式的金融衍生品或进行其他任何形式的金融风险投资。国家另有规定的,从其规定。

第二十六条 学校利用国有资产对外投资、出租、出借等事项,须履行审批手续。其相应的审批权限和履行手续如下:

(一)凡一次性利用货币资金对外投资50万元(人民币,下同)以下的、一次性利用固定资产投资、出租、出借,单项或批量账面原值在500万元以下的、一次性使用无形资产单项价值或批量价值在800万元以下的,各资产归口管理部门将有关资料经资产管理处会签、报校长办公会议审议通过后,由资产管理处上报教育部办理备案手续;

(二)凡一次性利用货币资金对外投资50万元以上的、一次性利用固定资产投资、出租、出借,单项或批量账面原值在500万元以上的、一次性使用无形资产单项价值或批量价值在800万元以上的,各资产归口管理部门将有关资料经资产管理处会签、报校长办公会议审议通过后,由资产管理处上报教育部,办理教育部、财政部审批、备案手续;

(三)经批准利用非货币性资产对外投资,必须聘请具有相应资质的中介机构,对拟投资资产进行评估,并按照规定履行备案或核准手续。

第二十七条 学校各资产归口管理部门对对外投资、出租、出借的资产实行专项管理。利用国有资产出租,一般采取公开招租的形式确定出租的价格,必要时可采取评审或者资产评估的办法确定出租的价格,期限一般不超过5年。

第二十八条 学校对外投资收益以及利用国有资产出租、出借和科研成果形成的无形资产等取得的收入必须纳入学校预算,统一核算、统一管理。

第五章 资产处置

第二十九条 学校国有资产处置,是指学校对其占有、使用的国有资产进行产权转让或者注销产权的行为。处置方式包括:出售、出让、转让(含股权减持)、对外捐赠、无偿调拨(划转)、盘亏、置换、报废、报损以及货币性资产损失核销等。

第三十条 学校国有资产处置的范围包括:

(一)已超过使用年限无法使用的资产;

(二)因技术原因并经过科学论证,确需报废、淘汰的资产;

(三)因单位分立、撤销、合并、改制、隶属关系改变等原因发生产权或使用权转移的资产;

(四)盘亏、呆账及非正常损失的资产;

(五)闲置、拟置换的资产;

(六)依照国家有关规定需要处置的其他资产。

第三十一条 学校国有资产处置应当遵循公开、公正、公平和竞争、择优的原则。学校出售、出让、转让资产数量较多或者价值较高的,应通过招标、拍卖等市场竞价方式公开处置。未达到使用年限的固定资产报废、毁损,应从严控制。

第三十二条 学校处置的资产应当权属清晰。权属关系不明确或者存在权属纠纷的资产,须待权属界定明确后方可处置。

第三十三条 学校各资产使用单位处置资产,应向资产归口管理部门提交报告,未经批准不得擅自处置。

第三十四条 学校处置国有资产应当按照规定权限办理审核、审批或报备等相关手续,不得擅自处置。其相应审批权限和履行手续如下:

(一)凡一次性核销货币性资产损失50万元以下的、一次性处置其他资产(无形资产除外)单项或批量账面原值在500万元以下的、一次性处置无形资产单项价值或批量价值在800万元以下的,各资产归口管理部门将有关资料经资产管理处会签、报校长办公会议审议通过后,由资产管理处上报教育部办理备案手续;

(二)凡一次性核销货币性资产50万元以上的、一次性处置其他资产(无形资产除外)单项或批量账面原值在500万元以上的、一次性处置无形资产单项价值或批量价值在800万元以上的,各资产归口管理部门将有关资料经资产管理处会签、报校长办公会议审议通过后,由资产管理处上报教育部,办理教育部、财政部审批、备案手续。

第三十五条 学校转让直接持有出资企业国有股权的,按照《企业国有产权转让管理暂行办法》(国资委 财政部令第3号)、《财政部关于企业国有资产办理无偿划转手续的规定》(财管字〔1999〕301号)和《企业国有产权无偿划转管理暂行办法》(国资发产权〔2005〕239号)等规定执行;涉及学校直接持有上市公司国有股权转让,按照《国有股东转让所持上市公司股份管理暂行办法》(国资委 证监会令第19号)和《财政部关于股份有限公司国有股权管理工作有关问题的通知》(财管字〔2000〕200号)等规定执行,资产管理处根据校长办公会议决议,负责办理教育部、财政部审批或备案手续。

第三十六条 学校按照规定报备的文件以及学校主管部门对资产处置事项的批复,是学校调整相关资产、资金账目的凭证和资产处置的依据。

第三十七条 学校国有资产处置收入,在扣除相关税金、评估费、拍卖佣金等相关费用后,按照政府非税收入管理的规定,实行"收支两条线"管理。

第六章 产权登记与产权纠纷处理

第三十八条 学校国有资产产权登记是指国家对学校占有、使用的国有资产进行登记,依法确认国家对国有资产的所有权和学校对国有资产的占有、使用权的行为。

第三十九条 学校国有资产产权登记管理工作由资产管理处负责,包括学校事业单位的产权登记以及学校全资、控股、参股(学校为国有资产第一大股东或唯一股东)企业的产权登记工作。

第四十条 产权纠纷是指由于国有资产所有权、经营权、使用权等产权归属不清而发生的争议。

第四十一条 学校与其他国有单位和国有企业之间发生国有资产产权纠纷的,由当事人双方协商解决;协商不能解决的,由学校向教育部申请调解,或者由教育部报财政部调解,调解不成的,可依法提起诉讼。

第四十二条 学校与非国有单位或者个人之间发生产权纠纷的,由学校提出拟处理意见,经教育部审核并报财政部同意后,与对方当事人协商解决;协商不能解决的,依照司法程序处理。

第七章 资产评估与资产清查

第四十三条 学校有下列情形之一的,应当对相关国有资产进行评估:

(一)整体或者部分改制为企业;
(二)以非货币性资产对外投资;
(三)合并、分立、清算;
(四)资产拍卖、转让、置换;
(五)整体或者部分资产租赁给非国有单位;
(六)确定涉讼资产价值;
(七)法律、行政法规规定的其他需要进行评估的事项。

第四十四条 学校有下列情形之一的,可以不进行资产评估:

(一)经批准部分资产无偿划转;
(二)学校所属非法人二级事业单位之间的合并、资产划转、置换和转让;
(三)发生其他不影响国有资产权益的特殊产权变动行为,报经教育部和财政部确认可以不进行资产评估的。

第四十五条 学校所属单位发生需要进行资产评估事项的,由资产归口管理部门按照国家关于资产评估管理的有关规定,委托具有资产评估资质的评估机构进行评估,并不得以任何形式干预资产评估机构独立执业。评估结果由资产管理处报教育部,办理审批或备案手续。

第四十六条 学校及所属单位有下列情形之一的,按国家有关规定办理资产清查:

(一)根据各级政府及其财政部门专项工作要求,纳入统一组织的资产清查范围的;
(二)进行重大改革或者改制的;
(三)遭受重大自然灾害等不可抗力造成资产严重损失的;
(四)会计信息严重失真或者国有资产出现重大流失的;
(五)会计政策发生重大变更,涉及资产核算方法发生重要变化的;
(六)学校认为应当进行资产清查的其他情形。

第八章 资产信息管理与报告

第四十七条 学校各资产归口管理部门应当按照国有资产管理信息化的要求,配合资产管理处完善国有资产管理信息系统,及时录入相关数据信息,加强国有资产的动态监管,并在此基础上完成国有资产的统计和信息报告工作。

第四十八条 学校资产管理处、财务处会同各资产归口管理部门,按照财政部规定的年度部门决算报表的格式、内容及要求,对学校占有、使用的国有资产状况做出报告。全面、动态地掌握学校国有资产的占有、使用和处置状况,并作为编制学校预算的重要依据。

第九章 资产管理绩效考核

第四十九条 学校各资产归口管理部门要建立和完善相应的国有资产管理绩效考核制度和考核体系,按照社会效益和经济效益相结合的原则,通过科学合理、客观公正、规范可行的方法、标准和程序,真实地反映和评价归口管理的国有资产管理绩效,并将考核结果报送校资产管理处。

第五十条 学校国有资产管理绩效考核,按照分类考核与综合考核相结合、日常考核与年终考核相结合、绩效考核与预算考评相结合等原则,确保学校国有资产的安全性、完整性和有效性。

第五十一条 学校各资产归口管理部门根据国有资产管理绩效考核的结果,查漏补缺、完善制度,加强管理、提高效益。

第十章 监督检查

第五十二条 学校各资产管理部门、各资产使用单位及工作人员,应认真履行国有资产管理的职责,依法维护国有资产的安全完整,提高国有资产使用效益。

第五十三条 学校各资产管理部门和各资产使用单位,应建立健全科学合理、可追溯的国有资产监督管理责任制,将资产监督管理责任落实到具体部门、单位和个人。

第五十四条 学校各资产管理部门对归口管理的相关资产进行监督检查,坚持事前监督与事中监督、事后监督相结合,日常监督与专项检查相结合。

第五十五条 学校审计和监察部门对学校各资产管理部门、各资产使用单位贯彻执行国有资产管理规定进行监督检查。学校资产管理处对各资产归口管理部门和各资产使用单位贯彻执行国有资产管理规定进行监督检查。

第五十六条 校内各单位及其工作人员有违反本办法从事下列行为的,学校各资产管理部门有权责令其改正。学校纪检监察、人事等部门和单位根据管理监督权限,依据国家和学校的有关规定给予处罚、处分,追究相关责任人的责任。

(一)未尽其职责,资产管理不善,造成重大损失的;
(二)未按规定程序报批,擅自占有、使用、处置国有资产或将资产用于经营活动的;
(三)未按规定缴纳国有资产收益的;
(四)对长期闲置或低效运转的资产,拒不服从调剂的;
(五)其他违反本办法行为的。

第五十七条 违反国家国有资产管理规定的其他行为,依据有关的法律、法规处理。

第十一章 附则

第五十八条 本办法自学校通过之日起实行。

第五十九条 本办法由资产管理处负责解释。

复旦大学上海高校智库管理实施细则

（2014年9月29日校长办公会议审议通过 校通字〔2014〕28号 2014年12月11日发布）

第一章 总则

第一条 为贯彻落实教育部《中国特色新型高校智库建设推进计划》，提升复旦大学人文社会科学在国家（区域）发展战略中的决策咨询作用，加强对复旦大学上海高校智库的建设和管理，促进智库体制机制和管理创新，根据《上海高校智库建设实施方案》、《加强上海高校新型智库建设的指导意见》，特制定本实施细则。

第二条 本实施细则适用于我校经上海市教委批准的上海高校智库（以下简称"智库"）。智库的建设和管理严格执行上海市教委有关规定，同时根据我校实际情况，相关具体事宜按本实施细则执行。

第三条 智库应围绕国家和上海的战略需求，聚焦社会主义经济建设、政治建设、文化建设、社会建设、生态文明建设、党的建设和国际关系中的重大问题，进行高层次的应用对策研究。通过体制机制的创新，增强学科发展的动力，提升决策咨询的能力，为党和政府提供高质量的智力支持，使复旦涌现出一批国内一流、国际有影响力的专业型智库，增强复旦在上海以及国家发展中的贡献度和影响力。

第二章 管理体制

第四条 智库由上海市教委和我校共同建设，是独立的开放性研究机构，在校内按照"院校共建"的原则，实行平台化管理体制。

第五条 学校文科科研处是智库管理的职能部门，发挥上下沟通、组织实施、过程与日常管理等功能。

第六条 智库实行主任负责制，智库主任全面负责智库的建设和日常管理。对任职期间因各种原因不能正常履行职责的主任，由学校酌情调整，并报上海市教委备案。

第七条 智库成立管理委员会（或顾问委员会），委员会由5—9人组成，作为智库的主要决策和议事机构，并负责制定本智库的章程，管理委员会名单需报备学校文科科研处。

第三章 建设任务

第八条 智库应明确战略定位，凝练研究方向，突出特色优势，紧紧围绕国家和上海经济社会发展中的重大问题进行长期跟踪研究，把为国家、上海市的宏观政策提供高质量、综合性的智力支持和决策咨询作为智库建设的首要任务。智库应与国家与上海市相关领域的政府部门、行业部门合作，建立起稳定的决策咨询渠道，定期提交高质量、操作性强的系列决策咨询报告，联合开展各类论坛、会议以及提供其他智力服务工作。

第九条 智库需充分依托学科优势，加强学科交叉研究，推动依托学科和新兴学科的发展，优化学科布局，提升学校乃至上海在全国优势学科的地位。

第十条 智库应制定科学的人才规划，坚持培养与引进相结合，注重中青年人才的发掘和培养，建立起长期稳定的跨学科咨询研究团队，并成为有国际影响力的高水平决策咨询人才汇聚地。

智库应建立起"旋转门"制度，与国家部委、上海各委办局等部门密切配合，有计划地推荐智库核心专家到政府部门和国际组织挂职任职，并吸引高层次的党政、企事业单位的优秀咨询研究人员到智库"驻会"研究，形成政产学研用之间人才交叉流动的良好格局。

第十一条 智库应建立专业化的数据库、资料库和网站，并与政府、行业开展数据资料的共同分享，以充足的数据分析来提高研究咨询能力。

第十二条 智库应与国外高水平智库建立起良好的交流合作研究机制，开展联合研究、专家互访、人才联合培养等多种形式的实质性合作，形成国际智库研究和交流网络，提升智库的国际影响力。

第十三条 智库应定期报送出版简报、论文、权威性研究报告等，每年举办有影响的高端论坛，建立与政策制定者、媒体、社会精英以及国际智库等的良好沟通渠道。

第十四条 智库应加强与国内外媒体的合作交流，通过出版物、媒体评论、接受媒体采访等方式向国内外公布研究成果，加强对外宣传；建立信息快速通报和发布机制，针对社会热点问题，积极释疑解惑，引导社会舆论。

第四章 人事管理

第十五条 智库设立相应的管理和研究岗位，岗位设置情况需报备学校文科科研处。

校内人员在智库中承担的工作应纳入其校聘或院聘的岗位职责内容中，工作量计算入所在院系的年终绩效考核中并享受相应的成果奖励。校内人员在智库中取得的成果计入其职称评定的成果考察范围。

第十六条 学校要求智库引进高端人才，智库引进的人才必须通过所在学科和所在院系引进，在岗位职责上明确服务于智库，并负有院系交给的基本教学和人才培养义务。高端人才的引进必须符合学校人事处的相关流程和规定。特别高端人才的引进和待遇学校可以和上海市教委主管部门协商特事特办。

第十七条 智库可根据需要按照人事处规定，聘用项目制研究人员。项目制研究人员必须具有博士学位，在智库中承担明确的任务。项目制研究人员的招聘计划必须先行上报校文科科研处，文科科研处批准后再按照《复旦大学项目制科研人员聘用管理实施细则（试行）》、《复旦大学"科研助理"队伍建设实施方案》的相关流程和规定具体办理。

第十八条 智库可在学校计划范围内根据需要招聘全职博士后。智库根据需要向院系相关学科博士后流动站提出博士后招聘计划，博士后招聘和管理工作按照《复旦大学流动科研人员聘任管理实施办法》执行。

第十九条 学校鼓励智库按需求招聘访问学者，吸引国内外一流政策研究人才到智库工作,实现人才的有效流动。

访问学者招聘计划及给予的待遇需报文科科研处审核。访问学者的津贴需在访问完成提交工作小结和成果后,经文科科研处审核后,予以发放。访问学者的聘任流程和津贴标准按照《复旦大学流动科研人员聘任管理实施办法》执行。

第二十条 智库可根据需要通过人事代理的方式招聘行政助理,行政助理的费用全部由智库承担。行政助理的招聘必须符合《复旦大学租赁制用工"协议工资"管理规定》的相关流程和规定。

第二十一条 学校将根据《加强上海高校新型智库建设的指导意见》的精神,按照市编办、市人力资源社会保障局等部门的规定,对到政府部门和国际组织中挂职任职的智库成员提供可行的人事政策保障。

第五章 经费管理

第二十二条 按照上海市教委和学校财务部门的有关规定,智库经费使用用途如下:40%的经费用于人员聘用和项目研究;20%的经费用于日常办公(含场地租赁费和设备维修费),40%的经费用于购买设备、网站建设、项目库、专题数据库建设等。

第二十三条 学校每年按照上海市教委的要求,按全成本核算原则为智库提供1∶1的配套经费,列入学校年度经费预算。学校配套经费使用原则遵守来源经费的使用要求。

第二十四条 智库所有建设经费的5%可直接提取,用于智库的年终绩效分配。智库不得对校内人员另行发放岗位津贴、酬金、成果奖励。

智库年终绩效的提取需向文科科研处报送年度总结及成果,经审核通过后才予以发放。

第二十五条 智库的所有建设经费由学校财务处统一管理和核算,专款专用。智库的经费使用必须符合学校财务处的相关规定。智库实行严格的预决算制度,智库在每年年底做好年度工作总结和经费决算报告,并提交第二年各项工作计划和经费预算,报学校文科科研处和财务处审核,并报上海市教委备案。

第六章 办公场地

第二十六条 学校为智库落实200平方米的行政办公场地、会议接待、设备运行等用房,智库所在院系有场地条件的由院系提供办公场地。智库场地仅供智库人员使用,使用用途仅限于学术研究。

第七章 附 则

第二十七条 本实施细则自公布之日起实施。

第二十八条 本实施细则由文科科研处负责解释。

复旦大学领导干部经济责任审计规定

(2014年12月17日校长办公会议审议通过 校通字〔2014〕30号 2014年12月30日)

第一章 总 则

第一条 为健全领导干部的监管机制,加强经济责任审计监督和规范审计行为,根据中共中央办公厅、国务院办公厅《党政主要领导干部和国有企业领导人员经济责任审计规定》、《党政主要领导干部和国有企业领导人员经济责任审计规定实施细则》以及《教育部关于做好教育系统经济责任审计工作的通知》、《复旦大学内部审计工作规定》,结合本校实际,制定本规定。

第二条 本规定所称的领导干部,指由学校任命的各单位(部门)、附属医院及有关独立法人单位的主要负责人(以下简称"领导干部"),包括:

(一)院、系、所、中心及学校直属单位的正职或者主持工作一年以上的副职领导干部;

(二)机关部处的正职或者主持工作一年以上的副职领导干部;

(三)附属医院等学校所属事业单位的正职或者主持工作一年以上的副职领导干部;

(四)资产经营公司等学校全资和控股企业的负责人;

(五)以上各单位(部门)由上级领导干部兼任正职领导干部但不实际履行经济责任时,实际负责本单位或部门工作的副职领导干部。

第三条 本规定所称的经济责任,是指领导干部在其任职岗位上管理运用其管辖范围内的资金、资源、资产过程中所应当履行的职责和义务。

第四条 本规定所称的经济责任审计,是指对领导干部任职期间经济责任履行情况所进行的检查、评价和鉴证的行为。

第五条 领导干部经济责任审计的对象范围依照干部管理权限确定。经济责任审计应当坚持任中审计与离任审计相结合,对重点单位或部门、关键岗位的领导干部任期内至少审计一次。

第二章 组织协调

第六条 经济责任审计工作由党委领导、组织部等干部管理部门委托、审计处组织实施,学校有关单位和相关职能部门应当积极配合。

第七条 学校建立经济责任审计工作联席会议(以下简称"联席会议")制度。分管组织工作和协管审计工作的校领导为联席会议召集人;纪检、监察、组织、审计等部门为联席会议的基本成员单位;其他职能部门的负责人可根据需要列席会议。

第八条 联席会议下设办公室,挂靠审计处,对联席会议负责并承担日常的管理运行工作。联席会议办公室主任为审计处副职领导或者同职级领导。

第九条 联席会议的主要职责是,审议相关经济责任审计制度,研究阶段性审计工作原则;指导、监督、检查学校的经济责任审计工作;研究确定年度经济责任审计计划和调整事项;交流、通报审计整改情况和审计结果运用情况;研究、解决经济责任审计工作中遇到的困难和问题。

第十条 经济责任审计应当有计划地进行。每年初或年末,联席会议根据组织部等成员单位提出的当年度或下一年度审计项目的初步意见,根据审计方式的确定原则,结合干部监督管理、党风廉政建设等的需要和审计资源情况,拟定当年度的经济责任审计计划并下达任务。经济责任审计计划一经学校批准,不得随意变更。因特殊原因需作调整的,应当报请联席会议批准。

第三章 审计目标和审计方式

第十一条 经济责任审计应以促进领导干部推动本单位(部门)事业科学发展为目标,以领导干部任职期间管理运用本单位(部门)的资金、资产、资源中的权力运行、职责履行为重点,以领导干部本单位(部门)财务收支和有关经济活动的真实、合法和效益为基础,将任期审计和任中审计方式相结合,将进点审计和送达审计方式相结合,为学校干部管理和监督工作提供决策依据。

第十二条 经济责任审计的方式

(一)按审计实施的时间,可分为任期审计和任中审计。

任期审计。任期审计是指领导干部任期届满,或因调任、提任、退休、辞职等原因离开所在岗位,学校对其任职期间履行经济责任情况所进行的检查和评价。任期审计一般在被审计人离开其任职岗位前后的一年内启动实施。

任中审计。任中审计是指在领导干部任职期间,学校对其已任职期间履行经济责任情况所进行的检查和评价。

(二)按审计实施的方式,可分为进点审计和送达审计。

进点审计是指在审计实施阶段,审计处采用现场核实、访谈取证、内部测试、复核分析等一系列完备的执业手段所开展的检查和评价活动。对于学校所属独立法人单位领导干部以及经济活动体量较大的院系部处领导干部的进点审计,经联席会议批准,可聘请社会中介机构参与审计项目的实施。

送达审计是指以领导干部所在单位(部门)开展自查和领导干部公开述职等活动为基础,审计处对领导干部所在单位(部门)报送的全部资料,按本规定的要求所进行的检查和评价活动。若有需要,送达审计项目亦可转换为进点审计。

第十三条 经济责任审计的方式,由学校经济责任审计联席会议研究并确定。

第四章 职责权限与义务

第十四条 审计处履行经济责任审计职责时,有下列权限和义务。

(一)提请被审计领导干部和所在单位(部门)提供上述与经济责任审计事项有关的资料;

(二)提请学校相关职能部门予以协助,或提供与经济责任审计事项有关资料,或协调解决审计过程中的有关问题;

(三)若发现被审计领导干部所在单位(部门)有违法违规行为的,依照《中华人民共和国审计法》《中华人民共和国审计法实施条例》以及《复旦大学内部审计工作规定》,及时作出恰当处理;

(四)在审计中,审计处和审计人员应当客观公正,实事求是,廉洁奉公,保守秘密,保持职业谨慎,并遵守审计回避制度的规定;

(五)对在审计工作中知悉的被审计领导干部所在单位(部门)的业务活动和经济活动秘密,审计处和审计人员负有保密的义务。

第十五条 在经济责任审计中,被审计领导干部和所在单位(部门)有下列权利和义务。

(一)依照有关规定要求有关审计人员回避;

(二)对审计组的审计报告征求意见稿反映的情况,作出书面解释或提出书面意见。

(三)对审计结果有异议的,可按程序提出申诉。

(四)其他有关法律法规规定的权利。

(五)及时提交下列经济责任履行情况的书面材料:

1. 有关财务收支相关资料;

2. 工作计划、工作总结、会议记录、会议纪要、经济合同、考核检查结果、业务档案等业务资料;

3. 被审计领导干部履行经济责任情况的述职报告;

4. 审计需要的其他资料。

(六)对所提供资料的真实性、完整性负责,并作出书面承诺。

(七)审计实施过程中需要了解情况的协助与配合。

(八)其他有关法律法规规定的义务。

第十六条 学校其他有关单位(部门)应当协助并配合审计处开展经济责任审计工作。

第五章 审计内容

第十七条 根据被审计领导干部职责权限和履行经济责任的情况,审计处应当结合单位、部门的实际,依法依规确定审计内容。在实施审计时,应当充分考虑审计目标、干部管理监督需要、审计资源与审计效果等因素,准确把握审计重点。

第十八条 经济责任审计的基本内容

(一)单位(部门)事业科学发展情况;

(二)遵守法律法规,贯彻执行国家、学校有关经济政策和决策部署情况;

(三)重大经济决策情况;

(四)建立与实施对经济活动风险防范的内部控制情况;

(五)预算执行及财务收支情况、资产安全完整情况;

(六)有关目标责任制完成情况;

(七)履行有关党风廉政建设第一责任人职责情况,以及遵守有关廉洁从政、从业规定的情况;

(八)对以往审计中发现问题的督促整改情况。

第十九条 不同被审计对象基本内容外的其他审计内容

(一)院、系、所及学校直属单位的领导干部。领导干部任职单位重要经济事项管理制度的建立和执行情况;本单位"三重一大"制度的决策和执行情况;本单位教学、科研等重要经济活动内部控制的建立与实施情况;本单位各类财务收支的真实、合法和效益情况;本单位物资采购和实物资产的管理情况;对下属单位或部门的财务收支及相关经济活动的管理和监督情况。

（二）机关部处等职能部门领导干部。领导干部任职部门管理范畴内相关经济活动的管理制度建设情况和对相关经济活动监管情况；本部门重要经济事项管理制度的建立和执行情况；本部门"三重一大"制度的决策和执行情况；本部门经费支出的真实、合法和效益情况；本部门物资采购和实物资产的管理情况。

（三）各附属医院领导干部。领导干部任职单位内部控制制度的建立和执行情况；本单位"三重一大"制度的决策和执行情况；本单位财务收支的真实、合法和效益情况；本单位物资采购和实物资产的管理情况；本单位作为出资人的经济事项监管职责履行情况；对下属部门或单位的财务收支及相关经济活动的监管情况。

（四）资产经营公司等全资及控股企业领导人员。本企业内部控制制度的建立和执行情况；本企业发展战略的制定和执行情况及其效果；本企业财务状况及其经营成果的真实、合法及效益情况；本企业与学校经济往来结算情况；本企业国有资本保值增值和收益上缴情况；本企业对学校授权范围内的全资、控股及参股等投资企业履行出资人经营管理、保值增值和监督职责情况。

第六章 审计程序

第二十条 审计计划阶段

审计处应当根据经济责任审计联席会议的部署，及时将有关经济责任审计项目列入学校年度审计计划。若因外部因素或实施条件发生变化而无法开展审计的，审计处应当及时向协管审计的校领导报告，并报经联席会议批准。

第二十一条 审计准备阶段

（一）党委组织部按照联席会议确定的年度经济责任审计计划，向审计处送达审计委托书。

（二）根据审计委托书和联席会议确定的审计方式，审计处统筹安排后予以审计立项并组成审计组。

（三）审计组开展审前调查，通过征询有关职能部门的意见、下发审计预通知书或审计通知书、被审计领导干部和所在单位（部门）提交按审计要求撰写的述职报告及其他送审资料等必要的工作步骤，制定审计实施方案，经审计处负责人批准后实施。

第二十二条 审计实施阶段

（一）对于采用进点审计方式实施的审计，审计处应当在召开审计进点会的3天前，向被审计领导干部所在单位（部门）送达审计通知书，并通过检查、分析、测试等一系列执业程序，依法依规组织实施审计，在取得充分、可靠审计证据的基础上，编制审计工作底稿，出具审计报告初稿。

（二）对于采用送达审计方式实施的审计，审计处应当在审计通知书中，明确要求被审计领导干部和所在单位（部门）按照时间节点，对经济责任履职情况开展自查活动并撰写自查报告。审计组在对相关送审资料进行必要的检查、分析与测试，调取相应的证明资料，编制审计工作底稿和召开以被审计领导干部所在单位（部门）人员为主参加的领导干部经济责任履职情况述职会议后，出具审计报告初稿。

第二十三条 审计终结阶段

（一）审计组下达审计报告，征求被审计领导干部和所在单位（部门）的意见。根据需要，亦可征求学校有关领导、联席会议基本成员部门或其主管部门的意见。审计报告中涉及的重大经济案件调查等特殊事项，经校领导批准，可以不征求被审计领导干部及其所在单位的意见。

（二）被审计领导干部和所在单位（部门）自接到审计组的审计报告之日起，应当在规定的期限内提出书面意见；未在规定的期限内提出书面意见的，视同无异议。

审计组应当针对被审计领导干部和所在单位（部门）的书面意见，进一步核实情况，并将审计报告和对书面意见的处理说明连同被审计领导干部和所在单位的书面意见一并报送审计处。

（三）审计处结合被审计领导干部和所在单位（部门）的反馈意见，对审计组的审计报告进行审议后，出具审计报告和审计结果报告，上报协管审计的校领导审核批准。

（四）协管校领导批复后，审计处将审计报告和审计结果报告分送联席会议成员单位，同时将审计报告送达被审计领导干部和所在单位。必要时，可以将涉及其他有关职能部门的情况抄送该部门。

（五）对于在审计中发现的违纪违规问题，审计处可出具"审计建议书"和"审计决定书"，要求被审计单位（部门）予以整改、纠正；对于发现的有关学校现行制度或制度执行方面的问题，审计处可以"审计建议书"的形式，及时通报相关职能部门和其分管校领导。

（六）对于被审计领导干部或其所在单位（部门）需进一步核查的事项，或发现存在违法违纪违规的问题，审计处应出具"审计移送处理书"，移交学校纪检部门处理。

第二十四条 领导干部和所在单位（部门）如对正式下达的审计报告持有异议，在收到报告之日起的30天内，可向审计处提出申诉；审计处应自收到申诉之日起的10个工作日内作出复查决定。领导干部如对复查决定仍有异议的，可向联席会议申请复议。

第二十五条 在经济责任审计项目实施过程中，遇有被审计领导干部被有关部门依法依规采取强制措施、立案调查或者死亡等特殊情况，以及不宜再继续进行经济责任审计的其他情形的，审计处报协管校领导批准，或者根据学校干部管理监督部门的要求，可以中止或者终止审计项目。根据需要，对终止审计的项目，经学校批准可对原被审计单位（部门）开展有关专项审计。

第二十六条 每年末，审计处负责将有关审计实施的所有成果文件和审计检查的有关材料，整理成卷，送学校档案馆归档保管。

第七章 审计评价和审计报告

第二十七条 审计处应当依照法律法规、国家或学校政策以及干部考核评价等规定，结合被审计人所在单位的实际情况，根据审计查证或者认定的事实，客观公正、实事求是地进行审计评价。

审计评价应当有充分的审计证据支持,对审计中未涉及、审计证据不适当或者不充分的事项不作评价。

第二十八条 审计评价应当与审计内容相统一。包括领导干部任职期间履行经济责任的业绩、主要问题以及应当承担的责任。

第二十九条 对于领导干部履行经济责任过程中存在问题,审计处应当按照权责一致原则,根据领导干部的职责分工,充分考虑相关事项的历史背景、决策程序等要求和实际决策过程,以及是否签批文件、是否分管、是否参与特定事项的管理等情况,依法依规认定其应当承担的直接责任、主管责任和领导责任。

(一)直接责任。具体包括以下情形:

1. 本人或者与他人共同违反有关法律法规、国家有关规定、单位(部门)内部管理规定的;

2. 授意、指使、强令、纵容、包庇下属人员违反有关法律法规、国家有关规定和单位(部门)内部管理规定的;

3. 未经民主决策、相关会议讨论或者文件传签等规定的程序,直接决定、批准、组织实施重大经济事项,并造成学校利益重大损失、学校资金或国有资产(资源)严重损失浪费以及其他严重损害学校利益等后果的;

4. 主持相关会议讨论或者以文件传签等其他方式研究,在多数人不同意的情况下,直接决定、批准、组织实施重大经济事项,由于决策不当或者决策失误造成学校利益重大损失、学校资金或国有资产(资源)严重损失浪费以及其他严重损害学校利益等后果的;

5. 对有关法律法规和文件制度规定的被审计领导干部作为第一责任人(负总责)的事项、签订的有关目标责任事项或者应当履行的其他重要职责,由于授权(委托)其他领导干部决策且决策不当或者决策失误造成学校利益重大损失、学校资金或国有资产(资源)严重损失浪费以及其他严重损害学校利益等后果的;

6. 其他失职、渎职或者应当承担直接责任的。

(二)主管责任。具体包括以下情形:

1. 除直接责任外,领导干部对其直接分管或主管的工作,不履行或者不正确履行经济责任的;

2. 除直接责任外,主持相关会议讨论或者以文件传签等其他方式研究,并且在多数人同意的情况下,决定、批准、组织实施重大经济事项,由于决策不当或者决策失误造成学校利益损失、学校资金或国有资产(资源)损失浪费以及其他损害学校利益等后果的;

3. 疏于监管,致使所管辖范围、分管单位(部门)发生重大违纪违法问题或者造成重大损失浪费等后果的;

4. 其他应当承担主管责任的情形。

(三)领导责任。指除直接责任和主管责任外,被审计领导干部对其职责范围内不履行或者不正确履行经济责任的其他行为应当承担的责任。

第三十条 审计评价的依据

(一)国家各类法律法规和学校规章制度或规范性文件;

(二)国家和学校有关经济政策和决策部署;

(三)学校和被审计领导干部所在单位(部门)的有关发展规划、年度计划和考核目标等;

(四)被审计领导干部所在单位(部门)的规章制度和相关领导的职责分工文件,有关会议记录、纪要、决议和决定,有关预算、决算和合同,有关内部管理制度和绩效目标;

(五)国家和行业的有关标准;

(六)上级主管部门和学校有关职能部门发布或者认可的统计数据、考核结果和评价意见;

(七)专业机构的意见;

(八)公认的业务惯例或者良好实务;

(九)其他依据。

第三十一条 经济责任审计报告和审计结果报告

(一)审计报告的内容

1. 基本情况,包括审计依据、实施审计的基本情况、被审计领导干部所任职单位(部门)的基本情况、被审计领导干部的任职及分工情况等;

2. 被审计领导干部履行经济责任的主要情况,其中包括以往审计决定执行情况和审计建议采纳情况等;

3. 审计发现的主要问题和责任认定,其中包括审计发现问题的事实、定性、被审计领导干部应当承担的责任以及有关依据,审计期间被审计领导干部和所在单位(部门)对审计发现问题已经整改的,可以包括有关整改情况;

4. 审计处理意见和建议;

5. 其他必要的内容。

审计发现的有关重大事项,可以直接报送校领导或者相关部门,不在审计报告中反映。

(二)审计结果报告的内容

审计结果报告是指审计处在经济责任审计报告的基础上,精简提炼形成的提交干部管理部门存入个人档案的反映审计结果的报告。审计结果报告重点反映被审计领导干部履行经济责任的主要情况、审计发现的主要问题和责任认定、审计处理方式和建议。

第八章 审计结果运用

第三十二条 经济责任审计结果应当作为干部考核、任免和奖惩的重要依据。

学校经济责任审计联席会议和相关部门应当逐步健全经济责任审计情况通报、责任追究、整改落实、结果公告等制度。

第三十三条 经济责任审计联席会议基本成员单位在审计结果运用中的主要职责:

(一)组织部

1. 根据干部管理工作的有关要求,将经济责任审计纳入干部管理监督体系;

2. 根据审计结果和有关规定,对应当作出处理的被审计领导干部及其他有关人员,按照有关规定作出处理;

3. 将经济责任审计结果报告存入被审计领导干部本人档案,作为考核、任免、奖惩被审计领导干部的重要依据;

4. 要求被审计领导干部所在单位(部门)将经济责任履行情况和审计发现问题的整改情况,作为领导班子民主生活会和述职述廉的重要内容;

5. 对审计结果反映的典型性、普遍性、倾向性问题及时进行研究,并将其作为采取有关措施、完善有关制度规定的参考依据;

6. 以适当方式及时将审计结果运用情况反馈审计处。

(二)纪检(监察)

1. 依纪依法受理审计移送的案件线索;

2. 依纪依法查处经济责任审计中发现的违纪违法行为;

3. 对审计结果反映的典型性、普遍性、倾向性问题适时进行研究;

4. 以适当方式将审计结果运用情况反馈审计处。

(三)审计处在审计结果运用中的主要职责:

1. 对审计中发现的相关单位违反国家、学校规定的财务收支行为,依法依规作出处理;对审计中发现的需要移送处理的事项,应当区分情况依法依规移送有关部门处理;

2. 根据干部管理监督部门等的要求,以适当方式向其提供审计结果以及与审计项目有关的其他情况;

3. 协助和配合干部管理监督等部门落实、查处与审计项目有关的问题和事项;

4. 按照有关规定,在一定范围内通报审计结果,或者以适当方式向全校公开审计结果;

5. 对审计发现问题的整改情况进行监督检查;

6. 对审计发现的典型性、普遍性、倾向性问题和有关建议,以综合报告、专题报告等形式报送校领导,提交有关部门。

第三十四条 学校各有关职能部处应在其职能范围内充分运用审计结果,对审计结果反映的典型性、普遍性、倾向性问题及时进行研究,将其作为采取有关措施、完善有关制度规定的参考依据,并以适当方式及时将审计结果运用情况反馈审计处。

第三十五条 被审计领导干部和所在单位根据审计结果,应当采取以下整改措施:

(一)在内部一定范围内通报审计结果和整改要求,及时制定整改方案,认真进行整改,及时将整改结果书面报告审计处和有关干部管理监督部门;

(二)按照有关要求公布整改结果;

(三)对审计决定书,应当在规定期限内执行完毕,并将执行情况书面报告审计处;

(四)根据审计结果反映出的问题,落实有关责任人员的责任,采取相应的处理措施;

(五)根据审计建议,采取措施,健全制度,加强管理。

第九章 法律责任

第三十六条 审计人员若有滥用职权、徇私舞弊、玩忽职守或者泄露所知悉的被审计单位秘密的行为,按照有关法律规定予以处理。

第三十七条 审计处依法实施经济责任审计时,被审计领导干部及其所在单位不得拒绝、阻碍,其他部门和个人不得干涉。

第三十八条 被审计领导干部和所在单位(部门)、有关职能部门或相关人员若拒绝、拖延提供与审计事项有关的资料的,或者提供的资料不真实、不完整,或者拒绝、阻碍检查的,或者转移、隐匿、篡改、毁弃资料的,或者有打击报复审计人员等行为的,审计处可会同联席会议成员单位责令改正;情节严重的,应向学校提出予以警告、通报批评或行政处分等建议;涉嫌犯罪的,应移送有关部门依法追究刑事责任。

第十章 附 则

第三十九条 本规定由审计处负责解释,未尽事宜由联席会议另行说明。

第四十条 本规定自发布之日起施行。2014年1月20日发布的《复旦大学领导干部经济责任审计规定》同时废止。

复旦大学领导干部经济责任审计联席会议制度

(2014年12月17日校长办公会议审议通过 校通字〔2014〕30号 2014年12月30日)

第一章 总 则

第一条 为规范领导干部经济责任审计工作,加强相关部门之间的协调与配合,根据教育部《关于切实做好经济责任审计工作的通知》精神,参照《中央五部委经济责任审计工作联席会议制度》,结合我校实际,制定本制度。

第二条 领导干部经济责任审计联席会议(下称"联席会议")由分管组织工作和协管审计工作的校领导负责召集,基本成员部门为组织部、纪委办(监察处)和审计处,其他职能部门负责人根据需要可列席会议。

第二章 主要职责

第三条 联席会议的主要职责

(一)审议经济责任审计相关制度、规定,报校长办公会议批准后实施。

(二)指导、监督、检查学校的经济责任审计工作,研究阶段性审计工作原则和工作重点,提出开展经济责任审计工作的具体意见。

(三)审议并批准年度经济责任审计计划,研究并确定临时增加的经济责任审计项目。

(四)研究、确定经济责任审计项目采取的审计方式。

(五)交流、通报经济责任审计情况和审计结果运用情况。

(六)研究解决经济责任审计工作中遇到的困难和问题。

(七)基本成员部门各司其职,相互配合,共同做好经济责任审计工作。

第四条 各基本成员部门的主要职责

(一)组织部

1. 根据干部管理工作的需要,每年初或年末向联席会议书面提交当年度或下一年度列入经济责任审计计划的领导干部名单,并根据议事规则提出审计实施方式的初步意见,供联席会议研究决策。若因特殊情况,发生非计划内干部变动的情况,应当及时向联席会议召集人报告。

2. 按照联席会议确定的年度经济责任审计计划,向审计处送达审计委托书,并督促审计处在规定的时间内组织实施。

3. 充分运用经济责任审计结果,将其作为干部考核、任免、奖惩的重要依据,并适时向联席会议反馈。

(二)纪监部门

1. 结合干部监督工作的需要,参与审计实施方式的讨论研究,并可根据实际情况,提出审计对象或重点审计内容的建议。

2. 查处阻挠、拒绝开展经济责任审计工作,或出具伪证、毁灭、转移证据,隐瞒事实真相等错误行为,保障审计工作正常进行。

3. 查处审计中发现的违纪违法问题,督促被审计对象及其所在单位及时向审计处提出整改方案,并对落实情况进行监督检查。

4. 对利用审计结果的情况进行监督检查。

(三)审计处

1. 根据联席会议确定的年度计划,编制经济责任审计工作计划;根据组织部的委托,制定审计项目实施计划。

2. 按照国家及教育部相关规定和联席会议确认的工作原则和工作重点,具体组织实施经济责任审计并出具审计报告。

3. 加强同其他成员单位的协调与沟通,听取有关情况介绍和意见、建议,通报审计情况或请示有关问题。

4. 经校领导批准后,向联席会议成员部门、被审计对象和所在单位送达审计报告,并可视情况向被审计对象所在单位或相关职能部门送达审计建议书或审计决定书。

第五条 联席会议下设办公室,由基本成员部门各指派一名联络员组成。联席会议办公室的日常管理工作由审计处负责,办公室主任由审计处副职领导或者同职级领导兼任。主要职责为:

(一)根据工作需要并经召集人同意,联络各成员部门及时组织召开联席会议;

(二)负责整理印发会议纪要等文件,并根据召集人的指示,分送学校有关领导和部门;

(三)总结经济责任审计工作,并采取适当形式交流、通报情况。

第三章 议事规则

第六条 联席会议实行例会制度,每学期召开一次。若有需要,经召集人批准可随时召开。

第七条 根据干部管理和监督的需要,结合审计资源情况,采取任期审计和任中审计相结合、进点审计和送达审计相结合的方式,有计划、有重点地安排经济责任审计项目。

(二)进点审计或送达审计

具备下列特征或条件的,应当采取进点审计方式,此外均采取送达审计方式。在送达审计实施中若发现重大问题,经联席会议批准,可更改为进点审计方式。

1. 财务收支体量较大或经济活动频繁的院系单位;

2. 担负主要经济管理职能的机关部门,如:财务处、基建处、资产管理处、总务处和科研管理部门等;

3. 学校各附属医院;

4. 学校全资或控股企业;

5. 其他需要重点关注院系或部门。

(二)任期审计或任中审计

1. 任期审计。领导干部任期届满或因各种原因离开所在岗位,均应当进行任期审计。审计实施的启动时间,应当在干部离开任职岗位前后一年的时间之内。

2. 任中审计。任中审计应根据统筹安排的原则,在研究年度经济责任审计计划中提出与确定。若有特殊需要,亦可临时提议并由联席会议确定。

第八条 对于以下无法正常实施审计的情况,一般不再安排经济责任审计。

1. 领导干部任职的单位已被撤并,有关当事人已经无法找到的;

2. 领导干部已定居国外或死亡的;

3. 领导干部已离开任职岗位两年以上的;

4. 领导干部已被纪检监察部门或司法部门立案调查的;

5. 其他不宜安排经济责任审计的情况。

第九条 联席会议审议通过的经济责任审计重要事项,应当由召集人负责向党委常委会汇报。

第十条 与会人员对联席会议所涉及的事项和文件负有保密责任。

第四章 附 则

第十一条 本制度由联席会议办公室负责解释,未尽事宜由联席会议另行说明。

第十二条 本规定自发布之日起施行,2014年1月20日发布的《复旦大学领导干部经济责任审计联席会议制度》同时废止。

学校文件选目

党委文件选目

文 号	文 件 名 称
复委[2014]1号	关于印发《复旦大学党政领导班子党的群众路线教育实践活动整改工作方案》的通知
复委[2014]2号	关于印发《复旦大学校领导接待日制度》的通知
复委[2014]3号	关于印发《复旦大学关于加强党内情况通报制度的实施意见》的通知
复委[2014]4号	关于印发《复旦大学党政领导干部联系基层制度》的通知
复委[2014]6号	关于印发《复旦大学2013年工作要点》的通知
复委[2014]8号	关于校领导2014年定点联系基层单位分工的通知
复委[2014]9号	关于印发《复旦大学党的群众路线教育实践活动专项整治方案》的通知
复委[2014]10号	关于印发《复旦大学党的群众路线教育实践活动整改工作制度建设计划》的通知
复委[2014]12号	关于加强督查督办工作的若干意见
复委[2014]13号	关于印发《复旦大学督查督办工作实施办法》的通知
复委[2014]14号	关于印发《复旦大学深入学习贯彻党的十八届三中全会精神培育和践行社会主义核心价值观系列活动实施方案》的通知
复委[2014]15号	关于印发《复旦大学学生学习践行社会主义核心价值观主题教育活动实施方案》的通知
复委[2014]16号	关于印发《复旦大学关于贯彻落实〈党政机关厉行节约反对浪费条例〉的实施意见》的通知
复委[2014]17号	关于开展二级单位"三重一大"制度执行情况定期报告和不定期抽查工作的通知
复委[2014]18号	关于转发《董宏同志在巡视复旦大学工作动员会上的讲话》的通知
复委[2014]19号	关于印发《朱之文同志在中央第十二巡视组巡视复旦大学工作动员会上的讲话》的通知
复委[2014]20号	关于印发《复旦大学中层领导干部选拔任用工作办法》的通知
复委[2014]21号	关于印发《复旦大学2014年党风廉政建设工作要点》的通知
复委[2014]22号	关于印发《中国梦·复旦梦——"2014年复旦大学校园文化系列活动"方案》的通知
复委[2014]23号	关于调整复旦大学关心下一代工作委员会的通知
复委[2014]24号	关于进一步加强机关作风建设的若干意见
复委[2014]25号	关于印发《复旦大学党政工作部门党组织设置和隶属关系调整方案》的通知
复委[2014]26号	关于学习贯彻习近平总书记五四重要讲话精神的通知
复委[2014]27号	关于印发《复旦大学教职工代表大会实施细则》的通知
复委[2014]28号	关于成立复旦大学科级干部选任领导小组的通知
复委[2014]29号	关于印发《复旦大学科级干部选任工作办法(试行)》的通知
复委[2014]30号	关于同意生物医学研究院党组织设置调整的批复
复委[2014]31号	关于落实党风廉政建设主体责任的实施意见
复委[2014]32号	关于同意社会科学基础部更名的批复
复委[2014]33号	关于成立中央专项巡视整改落实工作领导小组的通知
复委[2014]34号	关于印发《复旦大学关于中央巡视组专项巡视反馈意见的整改工作方案》的通知
复委[2014]37号	关于印发《校领导班子成员执行党风廉政建设责任制实施办法》的通知
复委[2014]38号	关于印发《中共复旦大学委员会关于巡视整改情况的通报》的通知
复委[2014]39号	关于印发《复旦大学关于完善党员干部联系服务群众制度的实施意见》的通知

续 表

文 号	文 件 名 称
复委[2014]40号	关于印发《复旦大学关于建立健全基层党委党建工作责任制的实施办法》的通知
复委[2014]41号	关于印发《复旦大学关于加强学生党员发展和教育管理工作的实施意见》的通知
复委[2014]42号	关于印发进一步加强教职工党支部、本科生党支部、研究生党支部建设的意见的通知
复委[2014]43号	复旦大学关于推进校院两级管理体制改革的若干意见
复委[2014]44号	复旦大学关于深化校院两级人事管理改革的若干意见
复委[2014]45号	复旦大学关于推进校院两级财务管理改革的若干意见
复委[2014]46号	复旦大学关于推进资产管理改革的若干意见
复委[2014]47号	复旦大学关于深化后勤体制改革的若干意见
复委[2014]48号	关于发布《复旦大学章程》的通知
复委[2014]49号	复旦大学关于进一步加强和改进教师思想政治工作的意见
复委[2014]50号	关于认真学习贯彻党的十八届四中全会精神的通知
复委[2014]52号	关于印发《中共复旦大学委员会巡视工作实施方案》的通知
复委[2014]53号	关于印发《复旦大学关于深入推进惩治和预防腐败体系建设的实施意见》的通知
复委[2014]54号	关于印发《复旦大学二级单位和机关部处执行党风廉政建设责任制指导意见(试行)》的通知
复委[2014]56号	关于成立复旦大学干部人事档案专项审核工作领导小组的通知

学校通知一览

文 号*	文 件 名 称	发文日期
1号	关于做好《复旦大学年鉴(2014)》编纂工作的通知	1月3日
2号	关于转发《复旦大学领导干部经济责任审计联席会议制度》等的通知	1月20日
3号	关于转发《复旦大学学术规范实施条例(试行)》的通知	2月21日
4号	关于2013—2014学年第二学期校党政领导接待安排的通知	3月3日
5号	关于2014年清明节放假的通知	3月17日
6号	关于修订《复旦大学合同审核与备案规定》的通知	3月26日
7号	关于转发《复旦大学"固定聘期研究员"、"固定聘期副研究员"工作岗位聘任暂行办法(试行)》的通知	4月10日
8号	关于2014年劳动节和青年节放假的通知	4月16日
9号	关于转发《复旦大学国有资产管理暂行办法》的通知	4月30日
10号	关于转发《复旦大学会计、审计、基建工程专业高级专业技术职务聘任实施办法(试行)》的通知	4月22日
11号	关于转发《复旦大学项目制科研人员聘用管理实施细则(试行)》的通知	4月30日
12号	关于成立新一届复旦大学文化建设委员会的通知	5月6日
13号	关于召开复旦大学第54届田径运动会暨第14届教工运动会的通知	5月6日
14号	关于亚洲相互协作与信任措施会议第四次峰会召开日放假安排的通知	5月12日
16号	关于2014年端午节放假的通知	5月16日
17号	关于成立复旦大学学风建设领导小组的通知	5月12日
18号	关于调整复旦大学辐射防护委员会成员的通知	7月7日
20号	关于2014年暑假安排的通知	6月20日
21号	关于2014年开斋节放假的通知	7月9日

续　表

文　号※	文　件　名　称	发文日期
22 号	关于转发《复旦大学新媒体公共账号建设与管理工作实施办法》的通知	7 月 8 日
23 号	关于开展贯彻执行中央八项规定严肃财经纪律和"小金库"专项治理的紧急通知	8 月 13 日
24 号	关于 2014 年中秋节放假的通知	8 月 21 日
25 号	关于 2014 年国庆节放假安排的通知	9 月 17 日
26 号	关于 2014—2015 学年第一学期校党政领导接待安排的通知	9 月 17 日
27 号	关于转发《复旦大学研究生奖助方案实施办法(暂行)》的通知	11 月 28 日
28 号	关于转发《复旦大学上海高校智库管理实施细则》的通知	12 月 11 日
29 号	关于 2015 年元旦放假的通知	12 月 22 日
30 号	关于修订《复旦大学领导干部经济责任审计规定》等的通知	12 月 30 日
31 号	关于 2015 年寒假安排的通知	12 月 31 日

※　文号为校通字〔2014〕×号。

学校批复一览

文　号※	文　件　名　称	批　复　单　位	发文日期
1 号	关于化学系引进麻生明院士的批复	人事处	1 月 3 日
2 号	关于人才引进事宜的批复	人事处	1 月 3 日
3 号	关于沈元壤教授由复旦讲座教授转为复旦特聘教授的批复	人事处	1 月 3 日
4 号	关于确定新闻学院新一任院长人选的批复	人事处、组织部＊新闻学院＊	1 月 6 日
5 号	关于学生退学事宜的批复	教务处	1 月 7 日
6 号	关于学生退学事宜的批复	研究生院	1 月 7 日
7 号	关于学生退学事宜的批复	教务处	1 月 7 日
8 号	关于人才引进事宜的批复	人事处	1 月 8 日
9 号	关于同意成立复旦—万达信息大数据研究中心的批复	科技处	1 月 17 日
10 号	关于同意成立复旦—张江临床基因组学联合研究中心的批复	科技处	1 月 13 日
11 号	关于同意成立复旦—益邦智慧城市联合研究中心的批复	科技处	1 月 13 日
12 号	关于同意与上海自然博物馆(上海科技馆分馆)共建自然史研究中心事宜的批复	研究生院	1 月 15 日
13 号	关于生物医学研究院教师李伟申请校青年教师原始创新项目的批复	科技处、医学科研办＊	1 月 15 日
14 号	关于原则同意参与组建"国家治理协同创新中心"的批复	文科科研处、科技处＊医学科研办＊	1 月 15 日
15 号	关于同意设立"未来地球计划"亚洲秘书处的批复	外事处、复旦丁铎尔中心＊	1 月 15 日
16 号	关于启动复旦大学校务委员会委员换届的批复	学校办公室	1 月 15 日
17 号	关于原则同意制订《复旦大学公有居住房管理条例》的批复	总务处	1 月 15 日
18 号	关于光华楼节能综合改造的批复	总务处、财务处＊	1 月 15 日
19 号	关于实施北区学生公寓空气源热水器改造的批复	总务处、财务处＊	1 月 15 日
20 号	关于原则同意《复旦大学领导干部经济责任审计联席会议制度》、《复旦大学领导干部经济责任审计规定》的批复	审计处	1 月 15 日
21 号	关于做好 2013 年绩效奖励工作的批复	人事处	1 月 15 日
22 号	关于同意组建复旦大学人才工作领导小组的批复	人事处	1 月 15 日
23 号	关于同意成立复旦大学老年医学研究中心的批复	医学科研管理办公室、上海医学院办公室＊	1 月 20 日

续 表

文号※	文 件 名 称	批 复 单 位	发文日期
24号	关于同意报送《复旦大学新建上海数学中心项目初步设计》的批复	基建处	1月24日
25号	关于贯彻落实中央组织部《关于进一步规范党政领导干部在企业兼职(任职)问题的意见》的批复	组织部	2月19日
26号	关于将上海市静安区中心医院、上海青浦区中心医院纳入复旦大学附属医院建设的批复	医院管理处	2月19日
27号	关于召开2013年复旦大学人才培养工作会议的批复	复旦学院	2月19日
28号	关于召开2013年复旦大学研究生教育工作会议的批复	研究生院	2月19日
29号	关于成立研究生服务中心的批复	研究生院	2月19日
30号	关于延迟转博学生奖学金相关问题的批复	研究生院	2月19日
31号	关于2014年本科留学生招生工作安排的批复	外国留学生工作处	2月19日
32号	关于同意《复旦大学2013年校部机关绩效考核实施方案(试行)》的批复	人事处	2月19日
33号	关于同意成立上海市循证护理中心的批复	医学科研管理办公室	2月21日
34号	关于学生退学事宜的批复	复旦学院	2月26日
35号	关于学生退学事宜的批复	复旦学院	2月26日
36号	关于学生入学资格事宜的批复	复旦学院	2月27日
37号	关于人才引进事宜的批复	人事处	2月28日
38号	关于人才引进事宜的批复	人事处	2月28日
39号	关于2014—2015年度高级专家延聘的批复	人事处	3月4日
40号	关于同意订立"肿瘤医学协同创新中心"框架协议的批复	医学科研办公室	3月5日
41号	关于开展校内"985工程"建设项目验收的批复	发展规划处、财务处※	3月17日
42号	关于确定文科资深教授候选人初选结果的批复	人事处	3月17日
43号	关于制订《复旦大学会计、审计、基建工程系列高级专业技术职务聘任实施办法》的批复	人事处	3月17日
44号	关于职员系列退休人员填写《养老待遇申领表》有关事宜的批复	人事处	3月17日
45号	关于同意成立"复旦学者"项目协调委员会的批复	外事处、发展研究院	3月17日
46号	关于同意成立"复旦大学中国与周边国家关系研究中心"的批复	文科科研处	3月17日
47号	关于同意成立"复旦大学上海自贸区综合研究院"的批复	文科科研处	3月17日
48号	关于同意成立"复旦大学东方管理研究院"的批复	文科科研处	3月17日
49号	关于与Coursera签订课程托管与服务协议的批复	教务处	3月17日
50号	关于修订《复旦大学合同审核与备案规定》的批复	学校办公室	3月17日
51号	关于重新上报《复旦大学枫林校区二号学生书院》等四个项目建议书的批复	基建处	3月17日
52号	关于任命许征副校长为上海数学中心建设项目负责人的批复	基建处	3月17日
53号	关于制订《复旦大学捐赠管理办法(试行)》的批复	对外联络与发展处、财务处※	3月17日
54号	关于与贵州省人民政府战略合作协议事宜的批复	学校办公室	3月17日
55号	关于调整《复旦人文社会科学论丛》(英文刊)编委会成员的批复	文科科研处	3月17日
56号	关于参与"全国大中小学课程德育研究协同创新中心"建设的批复	文科科研处	3月17日
57号	关于建设"复旦大学中国共产党革命精神与文化资源研究中心"的批复	文科科研处	3月17日

续　表

文　号*	文　件　名　称	批　复　单　位	发文日期
58号	关于参与建设"云南天然产物与生物制药协同创新中心"的批复	科技处	3月17日
59号	关于枫林校区新建地下车库项目建议书和项目设计任务书的批复	基建处	3月17日
60号	关于制订《复旦大学学术规范实施条例(试行)》的批复	发展规划处	3月24日
61号	关于订立《蚌埠市与复旦大学全面合作协议》的批复	学校办公室	3月24日
62号	关于上海市分子催化与功能材料重点实验室主任人选的批复	科技处、人事处*	3月25日
63号	关于制订《复旦大学"固定聘期研究员"、"固定聘期副研究员"工作岗位聘用暂行办法(试行)》的批复	人事处	3月18日
64号	关于发放2013年离退休教职工一次性补贴的批复	人事处、财务处*	3月25日
65号	关于订立《山东省与复旦大学战略合作协议》的批复	学校办公室	3月25日
66号	关于签署与美国韦恩大学和美国福特医院合作备忘录的批复	医学科研管理办公室、生物医学研究院*	3月25日
67号	关于2014—2015学年校历事宜的批复	教务处、资产管理处* 基建处*	3月25日
68号	关于中国高校智库论坛筹备工作有关事项的批复	发展研究院、财务处*	3月25日
69号	关于确定文科资深教授最终人选的批复	人事处	3月25日
70号	关于试行《复旦大学项目制科研人员聘用管理实施细则》的批复	人事处	3月25日
71号	关于确定江湾校区2号交叉学科楼用途的批复	发展规划处、基建处*	3月25日
72号	关于与宝山区共建长江西路101号项目的批复	上海复旦资产经营有限公司、科技处* 文科科研处* 发展规划处*	3月25日
73号	关于参与组建上海中医健康服务协同创新中心的批复	科技处	3月25日
74号	关于2013年教师高级职务聘任结果的批复	人事处	3月25日
75号	关于枫林校区改扩建工程搬迁方案的批复	枫林校区管理委员会	3月25日
76号	关于推荐智能化递药教育部重点实验室主任、学术委员会主任的批复	科技处、人事处*	3月21日
77号	关于下拨"能源材料化学协同创新中心"建设培育期支持经费的批复	科技处、财务处*	3月21日
78号	关于同意成立复旦—科恒能源材料化学与工程联合实验室的批复	科技处	4月4日
79号	关于同意将张江校区北部规划为长三角集成电路设计与制造协同创新中心建设使用的批复	科技处	3月10日
80号	关于学生退学事宜的批复	医学教育管理办公室	4月16日
81号	关于学生退学事宜的批复	复旦学院	4月16日
82号	关于学生退学事宜的批复	研究生院	4月16日
83号	关于同意设立复旦大学台湾政治经济研究中心的批复	文科科研处	4月24日
84号	关于制订《复旦大学国有资产管理暂行办法》的批复	资产管理处	4月8日
85号	关于聘任上海超精密光学制造工程技术研究中心主任的批复	科技处、人事处*	5月7日
86号	关于聘任上海工业菌株工程技术研究中心主任、技术委员会主任和管理委员会主任的批复	科技处、人事处*	5月7日
87号	关于推荐先进照明技术教育部工程研究中心主任及技术委员会主任人选的批复	科技处	5月7日
88号	关于2014—2015学年校历的批复	复旦学院、总务处*	5月6日
89号	关于同意新一届文化建设委员会和咨询专家组成员名单的批复	宣传部	5月6日

续 表

文 号※	文 件 名 称	批 复 单 位	发文日期
90 号	关于 100 名管理岗位退休人员"部分退休费"相关事宜的批复	人事处、退管会、财务处*	5 月 6 日
91 号	关于原则同意 2014 年复旦大学预算草案的批复	财务处、发展规划处* 科技处* 文科科研处* 医学科研办* 总务处* 资产管理处* 上海复旦资产经营有限公司*	5 月 6 日
92 号	关于推进"金砖国家大学联盟"组建工作的批复	发展研究院	5 月 9 日
93 号	关于修订《复旦大学行政规章制定条例(试行)》的批复	学校办公室	5 月 9 日
94 号	关于确认、废止和宣布失效第一批规章制度的批复	学校办公室	5 月 12 日
95 号	关于管理学院政立院区项目 EPC 总承包方签约的批复	管理学院	5 月 12 日
96 号	关于同意成立复旦—真龙材料化学联合实验室的批复	科技处	6 月 5 日
97 号	关于学生退学事宜的批复	复旦学院	5 月 22 日
98 号	关于学生退学事宜的批复	医学教育管理办公室、教务处*	5 月 22 日
99 号	关于学生退学事宜的批复	研究生院	5 月 22 日
100 号	关于 2014 年度中央高校改善基本办学条件专项资金修缮项目立项的批复	基建处	5 月 26 日
101 号	关于人才引进事宜的批复	人事处	6 月 10 日
102 号	关于学生退学事宜的批复	复旦学院	6 月 10 日
103 号	关于同意复旦大学附属妇产科医院黄浦院区门诊楼装修及结构加固立项的批复	基建处、妇产科医院*	6 月 13 日
104 号	关于对奚砚昆等作退学处理的批复	复旦学院	6 月 18 日
105 号	关于推荐 2014 年度学校协同创新中心申请教育部认定的批复	科技处	6 月 19 日
106 号	关于非教学科研岗位统一公开招聘的批复	人事处	6 月 19 日
107 号	关于聘请复旦光华人文基金讲席教授事宜的批复	文科科研处、人事处	6 月 19 日
108 号	关于订立《2015 年意大利米兰世博会中国企业联合馆共建合作备忘录》的批复	宣传部	6 月 19 日
109 号	关于 2014 年校区建设情况通报的批复	基建处、学校办公室* 发展规划处*	6 月 19 日
110 号	关于合作建设"糖科学协同创新中心"的批复	医学科研管理办公室	6 月 19 日
111 号	关于制订《复旦大学章程》的批复	发展规划处	6 月 19 日
112 号	关于审议《复旦大学关于进一步提高本科人才培养质量的若干意见(草案)》的批复	复旦学院	6 月 19 日
113 号	关于同意成立复旦大学地球科学前沿研究中心的批复	科技处	6 月 25 日
114 号	关于学生退学事宜的批复	研究生院	6 月 24 日
115 号	关于原则同意签订"乙克"Ⅲ期 B 临床试验相关协议的批复	科技处、上海复旦资产经营有限公司*	6 月 24 日
116 号	关于制订研究生奖助方案事宜的批复	研究生院、研究生工作部* 财务处*	6 月 24 日
117 号	关于落实和公开我校学风建设机构的批复	研究生院	6 月 24 日
118 号	关于同意建立复旦大学附属小学、二附中招生工作联席会议制度的批复	附小、二附中	6 月 24 日
119 号	关于制订复旦大学 2014 年招生章程、招生计划的批复	招生办公室、复旦学院*	6 月 24 日
120 号	关于生命科学学院搬迁江湾校区后邯郸校区空间规划调整的批复	资产管理处、发展规划处*	6 月 24 日
121 号	关于规范我校各级单位新媒体审批流程的批复	宣传部、学校办公室*	6 月 24 日
122 号	关于闵行区人民政府与复旦大学合作共建事宜的批复	上海医学院办公室、医院管理处、招生办公室*	6 月 24 日

续 表

文 号*	文 件 名 称	批 复 单 位	发文日期
123号	关于同意订立《福州市人民政府与复旦大学全面合作协议》的批复	学校办公室	6月24日
124号	关于原则同意《复旦大学109周年校庆学术文化周方案》的批复	宣传部	6月24日
125号	关于原则同意《复旦大学2014年度审计计划》的批复	审计处	6月24日
126号	关于推进"长三角集成电路设计与制造协同创新中心"建设的批复	科技处	6月24日
127号	关于同意免去金力同志复旦大学资产经营有限公司董事长(兼)职务的批复	组织部、上海复旦资产经营有限公司	6月24日
128号	关于审议《复旦大学关于进一步提高研究生培养质量的若干意见(草案)》的批复	研究生院	6月19日
129号	关于审议2014年学校固定资产处置有关事项的批复	资产管理处、学校办公室*	7月11日
130号	关于学生退学事宜的批复	复旦学院	7月11日
131号	关于学生退学事宜的批复	医学教育管理办公室、复旦学院*	7月11日
132号	关于上海复旦复花科技股份有限公司创业奖励股的历史沿革及解决方案的批复	资产管理处	7月11日
133号	关于原则同意调整复旦大学辐射防护委员会成员的批复	现代物理研究所、放射医学研究所	7月17日
134号	关于原则同意《复旦大学校级项目库建设方案》的批复	发展规划处、财务处*	9月12日
135号	关于原则同意《复旦大学财务管理自查自纠工作方案》的批复	学校办公室、财务处、纪委监察处* 资产管理处* 上海复旦资产经营有限公司*	7月17日
136号	关于同意成立复旦大学与厦门医疗卫生合作工作小组的批复	上海医学院办公室	9月12日
137号	关于超精密离子阱预研方案的批复	科技处、财务处*、资产管理处* 基建处*	9月12日
138号	关于复旦管理学奖励基金会和上海复旦大学教育发展基金会变更法定代表人的批复	对外发展联络处	9月12日
139号	关于同意2014年毕业生离校工作方案的批复	学生工作部、研究生工作部	7月17日
140号	关于同意2014年新生入学工作方案的批复	学生工作部、研究生院	7月17日
141号	关于复旦大学大数据中心建设事宜的批复	发展规划处、科技处	9月9日
142号	关于枫林校区西园规划方案部分调整的批复	基建处	9月12日
143号	关于原则同意与光大集团订立合作协议的批复	发展研究院	9月9日
144号	关于进一步做好"校长奖"评选工作的批复	人事处	9月12日
145号	关于人才引进事宜的批复	人事处	9月12日
146号	关于研究生奖助方案的批复	研究生院、研究生工作部、财务处	9月12日
147号	关于国际文化交流学院财务方案的批复	国际文化交流处、财务处	9月12日
148号	关于2014年预算执行过程中若干问题的批复	财务处、发展规划处	9月9日
149号	关于江湾校区生命科学楼教学区改为科研区的批复	资产管理处、生命科学学院、基建处*	9月12日
150号	关于上海市闵行区中心医院成为复旦大学附属医院(筹)的批复	医院管理处	7月17日
151号	关于原则同意成立复旦—Axrtek可见光通信联合研究中心的批复	科技处	9月12日
152号	关于原则同意成立中华古籍保护研究院的批复	图书馆、发展规划处* 资产管理处* 财务处*	9月12日
153号	关于原则同意《复旦大学庆祝建校110周年庆典初步方案(草案)》的批复	学校办公室	9月12日

续 表

文 号※	文 件 名 称	批 复 单 位	发文日期
154 号	关于泰复公司清算及网络学院后期运行中若干问题的批复	网络教育学院、继续教育学院*	9 月 12 日
155 号	关于委派上海复旦复华科技股份有限公司第八届董事会董事人选等事宜的批复	资产管理处、上海复旦资产经营有限公司	9 月 10 日
156 号	关于学生退学事宜的批复	医学教育管理办公室、复旦学院*	9 月 22 日
157 号	关于学生退学事宜的批复	复旦学院	9 月 29 日
158 号	关于学生退学事宜的批复	医学教育管理办公室、复旦学院*	9 月 28 日
159 号	关于学生退学事宜的批复	复旦学院	9 月 29 日
160 号	关于学生退学事宜的批复	医学教育管理办公室、复旦学院*	10 月 13 日
161 号	关于同意成立复旦大学城市发展研究院的批复	文科科研处	11 月 18 日
162 号	关于江湾校区石材幕墙施工整改有关事项的批复	基建处、财务处*审计处*	11 月 14 日
163 号	关于学生退学事宜的批复	复旦学院	11 月 7 日
164 号	关于美国前总统卡特来复旦大学访问相关事宜的批复	外事处、国际问题研究院、财务处、对外发展联络处*	11 月 19 日
165 号	关于同意取消留学生屠云恺录取资格的批复	外国留学生工作处	11 月 10 日
166 号	关于原则同意《复旦大学上海高校智库管理实施细则》的批复	文科科研处	11 月 18 日
167 号	关于同意成立复旦—杜克全球社会政治态度研究中心的批复	文科科研处	11 月 18 日
168 号	关于调整院士、文科资深(杰出)教授、长江、杰青、青年千人岗位津贴的批复	人事处	11 月 18 日
169 号	关于赵东元院士增加住房补贴事宜的批复	人事处	11 月 18 日
170 号	关于同意解除朱依谆药学院院长职务的批复	人事处、纪委监察处	11 月 18 日
171 号	关于研究生奖助方案的批复	研究生院、财务处	11 月 18 日
172 号	关于申报教育部科技成果使用、处置和收益管理改革试点的批复	科技处、资产管理处、上海复旦资产经营有限公司	11 月 18 日
173 号	关于建立复旦—甘肃丝绸之路经济带协同发展研究院的批复	文科科研处	11 月 18 日
174 号	关于同意报送邯郸校区综合游泳馆项目建议书的批复	基建处	11 月 18 日
175 号	关于学生退学事宜的批复	研究生院	11 月 26 日
176 号	关于学生退学事宜的批复	研究生院	12 月 8 日
177 号	关于对胡昕等作退学处理的批复	复旦学院	12 月 8 日
178 号	关于第七届教育部科技委员会候选人相关事宜的批复	科技处	12 月 8 日
179 号	关于原则同意《复旦大学研究生奖助方案实施办法(暂行)》的批复	研究生院、研究生工作部、财务处	12 月 8 日
180 号	关于原则同意 2014 年教师高级职务岗位设置方案的批复	人事处	12 月 8 日
181 号	关于校内岗位聘任实施方案、津贴调整方案事宜的批复	人事处	12 月 8 日
182 号	关于制订《复旦大学管理人员职务职级聘用办法(修订稿)》和《2014—2015 年五级六级职员晋升的岗位设置方案》的批复	人事处	12 月 8 日
183 号	关于学生申诉事项的批复	研究生工作部	12 月 8 日
184 号	关于同意成立复旦大学网络空间安全研究中心的批复	科技处	12 月 11 日
185 号	关于对万政等作退学处理的批复	复旦学院	12 月 25 日

※ 文号为校批字〔2014〕×号。

* 为抄送单位。

· 人 物 ·

教 授 名 录

单 位	姓 名	性别	职 称	单 位	姓 名	性别	职 称
中国语言文学系	裘锡圭	男	教授	中国语言文学系	邵毅平	男	教授
中国语言文学系	王水照	男	教授	中国语言文学系	杨乃乔	男	教授
中国语言文学系	朱立元	男	教授	中国语言文学系	周荣胜	男	教授
中国语言文学系	陈思和	男	教授	中国语言文学系	郑土有	男	教授
中国语言文学系	黄 霖	男	教授	中国语言文学系	查屏球	男	教授
中国语言文学系	申小龙	男	教授	中国语言文学系	祝克懿	女	教授
中国语言文学系	骆玉明	男	教授	中国语言文学系	陈 剑	男	教授
中国语言文学系	陈尚君	男	教授	中国语言文学系	罗书华	男	教授
中国语言文学系	汪少华	男	教授	中国语言文学系	张业松	男	教授
中国语言文学系	袁 进	男	教授	中国语言文学系	周兴陆	男	教授
中国语言文学系	刘 钊	男	教授	中国语言文学系	张豫峰	女	教授
中国语言文学系	朱文华	男	教授	中国语言文学系	杨俊蕾	女	教授
中国语言文学系	汪涌豪	男	教授	中国语言文学系	朱 刚	男	教授
中国语言文学系	栾梅健	男	教授	中国语言文学系	李振声	男	教授
中国语言文学系	郜元宝	男	教授	中国语言文学系	李 楠	女	教授
中国语言文学系	郑元者	男	教授	中国语言文学系	严 锋	男	教授
中国语言文学系	陆 扬	男	教授	中国语言文学系	王宏图	男	教授
中国语言文学系	戴耀晶	男	教授	中国语言文学系	戴从容	女	教授
中国语言文学系	龚群虎	男	教授	中国语言文学系	张宝贵	男	教授
中国语言文学系	吴礼权	男	教授	中国语言文学系	张小艳	女	教授
中国语言文学系	陈引驰	男	教授	中国语言文学系	刘志荣	男	教授
中国语言文学系	戴 燕	女	教授	中国语言文学系	卢英顺	男	教授
中国语言文学系	傅 杰	男	教授	中国语言文学系	谢金良	男	教授
中国语言文学系	张新颖	男	教授	中国语言文学系	周 斌	男	研究员
中国语言文学系	王安忆	女	教授	中国语言文学系	陈维昭	男	研究员
中国语言文学系	陈忠敏	男	教授	中国语言文学系	王才勇	男	研究员
中国语言文学系	殷寄明	男	教授	中国语言文学系	吴兆路	男	研究员
中国语言文学系	施谢捷	男	教授	古籍所	谈蓓芳	女	教授
中国语言文学系	邬国平	男	教授	古籍所	陈正宏	男	教授

续 表

单 位	姓 名	性别	职 称	单 位	姓 名	性别	职 称
古籍所	陈广宏	男	教授	哲学学院	俞吾金	男	教授
古籍所	郑利华	男	教授	哲学学院	吴晓明	男	教授
古籍所	刘晓南	男	教授	哲学学院	张汝伦	男	教授
古籍所	钱振民	男	研究员	哲学学院	冯 平	女	教授
古籍所	郑伟宏	男	研究员	哲学学院	李天纲	男	教授
古籍所	黄仁生	男	研究员	哲学学院	王雷泉	男	教授
古籍所	徐 艳	女	研究员	哲学学院	邓安庆	男	教授
古籍所	苏 杰	男	研究员	哲学学院	杨泽波	男	教授
外文学院	陈亚丽	女	教授	哲学学院	陈学明	男	教授
外文学院	陆谷孙	男	教授	哲学学院	孙承叔	男	教授
外文学院	姜银国	男	教授	哲学学院	张志林	男	教授
外文学院	熊学亮	男	教授	哲学学院	张庆熊	男	教授
外文学院	褚孝泉	男	教授	哲学学院	汪堂家	男	教授
外文学院	张 冲	男	教授	哲学学院	徐洪兴	男	教授
外文学院	余建中	男	教授	哲学学院	莫伟民	男	教授
外文学院	何刚强	男	教授	哲学学院	林宏星	男	教授
外文学院	曲卫国	男	教授	哲学学院	朱宝荣	男	教授
外文学院	魏育青	男	教授	哲学学院	王德峰	男	教授
外文学院	金钟太	男	教授	哲学学院	佘碧平	男	教授
外文学院	王建开	男	教授	哲学学院	汪行福	男	教授
外文学院	谈 峥	男	教授	哲学学院	吴 震	男	教授
外文学院	梁正溜	男	教授	哲学学院	邹诗鹏	男	教授
外文学院	孙 建	男	教授	哲学学院	郑召利	男	教授
外文学院	蔡基刚	男	教授	哲学学院	陈居渊	男	教授
外文学院	沈 黎	女	教授	哲学学院	孙向晨	男	教授
外文学院	姜 宏	女	教授	哲学学院	刘康德	男	教授
外文学院	王滨滨	女	教授	哲学学院	白彤东	男	教授
外文学院	姜宝有	男	教授	哲学学院	李若晖	男	教授
外文学院	汪洪章	男	教授	哲学学院	王新生	男	教授
外文学院	季佩英	女	教授	哲学学院	王金林	男	教授
外文学院	李 征	男	教授	哲学学院	丁 耘	男	教授
外文学院	沈 园	女	教授	哲学学院	黄 翔	男	教授
外文学院	卢丽安	女	教授	哲学学院	郭晓东	男	教授
外文学院	蔡玉子	女	教授	哲学学院	徐英瑾	男	教授
外文学院	康志峰	男	教授	哲学学院	魏明德	男	教授
外文学院	曹京渊	女	正高级讲师	哲学学院	郝兆宽	男	教授
外文学院	曾建彬	男	正高级讲师	哲学学院	邵强进	男	教授
哲学学院	刘放桐	男	教授	哲学学院	张双利	女	教授

续 表

单 位	姓 名	性别	职 称	单 位	姓 名	性别	职 称
哲学学院	魏洪钟	男	研究馆员	文物与博物馆学系	沃兴华	男	教授
哲学学院	王凤才	男	研究员	文物与博物馆学系	陈 淳	男	教授
历史学系	姜义华	男	教授	文物与博物馆学系	陆建松	男	教授
历史学系	吴景平	男	教授	文物与博物馆学系	高蒙河	男	教授
历史学系	韩 昇	男	教授	文物与博物馆学系	陈红京	男	教授
历史学系	李剑鸣	男	教授	文物与博物馆学系	朱顺龙	男	教授
历史学系	朱荫贵	男	教授	文物与博物馆学系	吕 静	女	教授
历史学系	戴鞍钢	男	教授	文物与博物馆学系	刘朝晖	男	教授
历史学系	黄 洋	男	教授	文物与博物馆学系	陈 刚	男	教授
历史学系	章 清	男	教授	历史地理研究所	葛剑雄	男	教授
历史学系	顾云深	男	教授	历史地理研究所	周振鹤	男	教授
历史学系	金光耀	男	教授	历史地理研究所	王振忠	男	教授
历史学系	邹振环	男	教授	历史地理研究所	姚大力	男	教授
历史学系	刘 平	男	教授	历史地理研究所	吴松弟	男	教授
历史学系	王立诚	男	教授	历史地理研究所	满志敏	男	教授
历史学系	冯 玮	男	教授	历史地理研究所	张伟然	男	教授
历史学系	李宏图	男	教授	历史地理研究所	王建革	男	研究员
历史学系	张海英	女	教授	历史地理研究所	安介生	男	研究员
历史学系	孙科志	男	教授	历史地理研究所	侯杨方	男	研究员
历史学系	巴兆祥	男	教授	历史地理研究所	李晓杰	男	研究员
历史学系	郭英之	女	教授	历史地理研究所	张晓虹	女	研究员
历史学系	张 巍	男	教授	历史地理研究所	朱海滨	男	研究员
历史学系	冯贤亮	男	教授	历史地理研究所	韩昭庆	女	研究员
历史学系	高 晞	女	教授	历史地理研究所	杨伟兵	男	研究员
历史学系	余 欣	男	教授	历史地理研究所	傅林祥	男	研究员
历史学系	Fred E. Schrade	男	教授	经济学院	许少强	男	教授
				经济学院	姜波克	男	教授
历史学系	吴晓群	女	教授	经济学院	华 民	男	教授
历史学系	余 蔚	男	教授	经济学院	陈建安	男	教授
历史学系	邓志峰	男	教授	经济学院	黄亚钧	男	教授
历史学系	张荣华	男	教授	经济学院	张晖明	男	教授
历史学系	周 兵	男	教授	经济学院	张 军	男	教授
历史学系	陈 雁	女	教授	经济学院	袁志刚	男	教授
历史学系	王维江	男	研究员	经济学院	李慧中	男	教授
文史研究院创新基地	葛兆光	男	教授	经济学院	刘红忠	男	教授
文史研究院创新基地	李星明	男	研究员	经济学院	石 磊	男	教授
文史研究院创新基地	董少新	男	研究员	经济学院	马 涛	男	教授
文史研究院创新基地	刘 震	男	研究员	经济学院	尹翔硕	男	教授

续表

单 位	姓 名	性别	职 称	单 位	姓 名	性别	职 称
经济学院	谢识予	男	教授	金融研究院	杨 青	女	教授
经济学院	庄起善	男	教授	金融研究院	牛晓健	男	教授
经济学院	唐朱昌	男	教授	国际关系与公共事务学院	竺乾威	男	教授
经济学院	强永昌	男	教授	国际关系与公共事务学院	林尚立	男	教授
经济学院	殷醒民	男	教授	国际关系与公共事务学院	邱柏生	男	教授
经济学院	李洁明	女	教授	国际关系与公共事务学院	樊勇明	男	教授
经济学院	严法善	男	教授	国际关系与公共事务学院	徐以骅	男	教授
经济学院	李维森	男	教授	国际关系与公共事务学院	臧志军	男	教授
经济学院	史正富	男	教授	国际关系与公共事务学院	陈志敏	男	教授
经济学院	朱 叶	男	教授	国际关系与公共事务学院	郭定平	男	教授
经济学院	张中祥	男	教授	国际关系与公共事务学院	陈明明	男	教授
经济学院	孙立坚	男	教授	国际关系与公共事务学院	陈晓原	男	教授
经济学院	张陆洋	男	教授	国际关系与公共事务学院	刘建军	男	教授
经济学院	陈 钊	男	教授	国际关系与公共事务学院	朱春奎	男	教授
经济学院	丁 纯	男	教授	国际关系与公共事务学院	潘忠岐	男	教授
经济学院	车嘉华	男	教授	国际关系与公共事务学院	苏长和	男	教授
经济学院	范剑勇	男	教授	国际关系与公共事务学院	唐亚林	男	教授
经济学院	宋 铮	男	教授	国际关系与公共事务学院	唐贤兴	男	教授
经济学院	王 城	男	教授	国际关系与公共事务学院	唐世平	男	教授
经济学院	程大中	男	教授	国际关系与公共事务学院	陈玉刚	男	教授
经济学院	沈国兵	男	教授	国际关系与公共事务学院	张建新	男	教授
经济学院	陈庆池	男	教授	国际关系与公共事务学院	敬乂嘉	男	教授
经济学院	林 曙	男	教授	国际关系与公共事务学院	顾丽梅	女	教授
经济学院	田素华	男	教授	国际关系与公共事务学院	陈 云	女	教授
经济学院	吴力波	女	教授	国际关系与公共事务学院	李春成	男	教授
经济学院	封 进	女	教授	国际关系与公共事务学院	陈周旺	男	教授
经济学院	陈诗一	男	教授	国际关系与公共事务学院	洪 涛	男	教授
经济学院	寇宗来	男	教授	国际关系与公共事务学院	任军锋	男	教授
经济学院	何光辉	女	教授	国际关系与公共事务学院	薄 燕	女	教授
经济学院	汪立鑫	男	教授	国际关系与公共事务学院	包霞琴	女	教授
经济学院	章 元	男	教授	国际关系与公共事务学院	周志成	男	研究员
经济学院	杨长江	男	教授	国际问题研究院	沈丁立	男	教授
经济学院	王永钦	男	教授	国际问题研究院	吴心伯	男	教授
经济学院	王弟海	男	教授	国际问题研究院	石源华	男	教授
经济学院	干杏娣	女	研究员	国际问题研究院	胡令远	男	教授
金融研究院	陈学彬	男	教授	国际问题研究院	张 卫	男	教授
金融研究院	张金清	男	教授	国际问题研究院	任 晓	男	研究员
金融研究院	张宗新	男	教授	国际问题研究院	赵华胜	男	研究员

续表

单 位	姓 名	性别	职 称	单 位	姓 名	性别	职 称
国际问题研究院	潘 锐	男	研究员	法学院	徐美君	女	教授
国际问题研究院	杜幼康	男	研究员	法学院	汪明亮	男	教授
国际问题研究院	张贵洪	男	研究员	法学院	杜 涛	男	教授
国际问题研究院	信 强	男	研究员	法学院	杜 宇	男	教授
国际问题研究院	刘永涛	男	研究员	法学院	马忠法	男	教授
国际问题研究院	徐静波	男	研究员	法学院	王 伟	男	教授
国际问题研究院	宋国友	男	研究员	社会发展与公共政策学院	彭希哲	男	教授
国际问题研究院	韦宗友	男	研究员	社会发展与公共政策学院	张乐天	男	教授
国际问题研究院	张家栋	男	研究员	社会发展与公共政策学院	王桂新	男	教授
法学院	孙南申	男	教授	社会发展与公共政策学院	瞿铁鹏	男	教授
法学院	陈治东	男	教授	社会发展与公共政策学院	梁 鸿	男	教授
法学院	章武生	男	教授	社会发展与公共政策学院	孙时进	男	教授
法学院	张乃根	男	教授	社会发展与公共政策学院	陈家华	男	教授
法学院	刘士国	男	教授	社会发展与公共政策学院	于 海	男	教授
法学院	胡鸿高	男	教授	社会发展与公共政策学院	刘 欣	男	教授
法学院	谢佑平	男	教授	社会发展与公共政策学院	范丽珠	女	教授
法学院	马贵翔	男	教授	社会发展与公共政策学院	顾东辉	男	教授
法学院	郭 建	男	教授	社会发展与公共政策学院	任 远	男	教授
法学院	王全弟	男	教授	社会发展与公共政策学院	周 怡	女	教授
法学院	张梓太	男	教授	社会发展与公共政策学院	王 丰	男	教授
法学院	董茂云	男	教授	社会发展与公共政策学院	张 力	男	教授
法学院	段 匡	男	教授	社会发展与公共政策学院	桂 勇	男	教授
法学院	陈 梁	男	教授	社会发展与公共政策学院	纳日碧力戈	男	教授
法学院	陈浩然	男	教授	社会发展与公共政策学院	陆康强	男	教授
法学院	龚柏华	男	教授	社会发展与公共政策学院	郭有德	男	教授
法学院	赵立行	男	教授	社会发展与公共政策学院	潘天舒	男	教授
法学院	陈乃蔚	男	教授	社会发展与公共政策学院	张学新	男	教授
法学院	王志强	男	教授	社会发展与公共政策学院	王威海	男	教授
法学院	何 力	男	教授	社会发展与公共政策学院	赵德余	男	教授
法学院	季立刚	男	教授	社会发展与公共政策学院	陈晓云	女	教授
法学院	朱淑娣	女	教授	社会发展与公共政策学院	程 远	男	教授
法学院	潘伟杰	男	教授	社会发展与公共政策学院	王菊芬	女	研究员
法学院	陈 力	女	教授	社会发展与公共政策学院	刘清平	男	教授
法学院	侯 健	男	教授	社会发展与公共政策学院	郭苏建	男	教授
法学院	张建伟	男	教授	新闻学院	童 兵	男	教授
法学院	孙笑侠	男	教授	新闻学院	李良荣	男	教授
法学院	段厚省	男	教授	新闻学院	秦绍德	男	教授
法学院	刘志刚	男	教授	新闻学院	孟 建	男	教授

续表

单 位	姓 名	性别	职 称	单 位	姓 名	性别	职 称
新闻学院	刘海贵	男	教授	国际文化交流学院	高顺全	男	教授
新闻学院	黄 旦	男	教授	国际文化交流学院	沈肖肖	男	研究员
新闻学院	黄 瑚	男	教授	国际文化交流学院	吴中伟	男	正高级讲师
新闻学院	陆 晔	女	教授	国际文化交流学院	彭增安	男	正高级讲师
新闻学院	吕新雨	女	教授	国际文化交流学院	陈 潮	男	正高级讲师
新闻学院	殷晓蓉	女	教授	体育教学部	陈 琪	男	教授
新闻学院	程士安	女	教授	体育教学部	邱 克	男	正高级讲师
新闻学院	顾 铮	男	教授	体育教学部	王方椽	男	正高级讲师
新闻学院	孙 玮	女	教授	体育教学部	陈建强	男	正高级讲师
新闻学院	曹 晋	女	教授	体育教学部	方 川	男	正高级讲师
新闻学院	张涛甫	男	教授	数学科学学院	李大潜	男	教授
新闻学院	谢 静	女	教授	数学科学学院	胡和生	女	教授
新闻学院	陈建云	男	教授	数学科学学院	陈恕行	男	教授
新闻学院	廖圣清	男	教授	数学科学学院	洪家兴	男	教授
新闻学院	朱春阳	男	教授	数学科学学院	肖体俊	女	教授
新闻学院	孙少晶	男	教授	数学科学学院	周 忆	男	教授
新闻学院	周葆华	男	教授	数学科学学院	陈纪修	男	教授
新闻学院	张殿元	男	教授	数学科学学院	吴宗敏	男	教授
马克思主义学院	顾钰民	男	教授	数学科学学院	周子翔	男	教授
马克思主义学院	肖 巍	男	教授	数学科学学院	应坚刚	男	教授
马克思主义学院	杜艳华	女	教授	数学科学学院	东瑜昕	男	教授
马克思主义学院	徐宗良	男	教授	数学科学学院	朱胜林	男	教授
马克思主义学院	高国希	男	教授	数学科学学院	冯建峰	男	教授
马克思主义学院	杨宏雨	男	教授	数学科学学院	陈 猛	男	教授
马克思主义学院	高晓林	女	教授	数学科学学院	邱维元	男	教授
马克思主义学院	王贤卿	女	教授	数学科学学院	吴泉水	男	教授
马克思主义学院	吴海江	男	教授	数学科学学院	郭坤宇	男	教授
马克思主义学院	徐 蓉	女	教授	数学科学学院	程 晋	男	教授
马克思主义学院	李 冉	男	教授	数学科学学院	范恩贵	男	教授
马克思主义学院	董雅华	女	研究员	数学科学学院	汤善健	男	教授
马克思主义学院	刘学礼	男	正高级讲师	数学科学学院	丁 青	男	教授
艺术教育中心	王天德	男	教授	数学科学学院	金 路	男	教授
艺术教育中心	张 同	男	教授	数学科学学院	袁小平	男	教授
艺术教育中心	徐卫宏	男	教授	数学科学学院	楼红卫	男	教授
艺术教育中心	叶 苹	男	教授	数学科学学院	刘宪高	男	教授
艺术教育中心	王作欣	女	教授	数学科学学院	薛军工	男	教授
艺术教育中心	吴亚初	男	教授	数学科学学院	吕 志	男	教授
国际文化交流学院	刘鑫民	男	教授	数学科学学院	潘立平	男	教授

续表

单 位	姓 名	性别	职 称	单 位	姓 名	性别	职 称
数学科学学院	苏仰锋	男	教授	物理学系	马世红	男	教授
数学科学学院	魏益民	男	教授	物理学系	赵 利	男	教授
数学科学学院	张永前	男	教授	物理学系	周 磊	男	教授
数学科学学院	傅吉祥	男	教授	物理学系	马永利	男	教授
数学科学学院	蔡志杰	男	教授	物理学系	吴义政	男	教授
数学科学学院	高卫国	男	教授	物理学系	黄吉平	男	教授
数学科学学院	陈文斌	男	教授	物理学系	盛卫东	男	教授
数学科学学院	林 伟	男	教授	物理学系	施 郁	男	教授
数学科学学院	卢文联	男	教授	物理学系	杨中芹	女	教授
数学科学学院	雷 震	男	教授	物理学系	沈 健	男	教授
数学科学学院	严 军	男	教授	物理学系	韦广红	女	教授
数学科学学院	嵇庆春	男	教授	物理学系	张远波	男	教授
数学科学学院	张云新	男	教授	物理学系	刘晓晗	男	教授
数学科学学院	张 毅	男	教授	物理学系	钟振扬	男	教授
数学科学学院	张国华	男	教授	物理学系	肖 江	男	教授
数学科学学院	谢启鸿	男	教授	物理学系	赵 俊	男	教授
数学科学学院	李洪全	男	教授	物理学系	肖艳红	女	教授
数学科学学院	杨卫红	男	教授	物理学系	向红军	男	教授
数学科学学院	吴 昊	男	教授	物理学系	杨新菊	女	教授
数学科学学院	曹 沅	男	正高级讲师	物理学系	陈 焱	男	教授
物理学系	郝柏林	男	教授	物理学系	谭砚文	女	教授
物理学系	陶瑞宝	男	教授	物理学系	田传山	男	教授
物理学系	王 迅	男	教授	物理学系	吴施伟	男	教授
物理学系	孙 鑫	男	教授	物理学系	陈 唯	男	教授
物理学系	侯晓远	男	教授	物理学系	虞 跃	男	研究员
物理学系	周鲁卫	男	教授	物理学系	刘韡韬	女	研究员
物理学系	金晓峰	男	教授	物理学系	吴 骅	男	研究员
物理学系	吴长勤	男	教授	物理学系	修发贤	男	研究员
物理学系	资 剑	男	教授	物理学系	安正华	男	研究员
物理学系	蒋最敏	男	教授	物理学系	Cosimo Bambi	男	研究员
物理学系	林志方	男	教授				
物理学系	陆 昉	男	教授	物理学系	吴赛骏	男	研究员
物理学系	车静光	男	教授	物理学系	季敏标	男	研究员
物理学系	武汝前	男	教授	物理学系	孔令欣	女	研究员
物理学系	龚新高	男	教授	物理学系	乐永康	男	正高级讲师
物理学系	陈暨耀	男	教授	现代物理研究所	杨福家	男	教授
物理学系	封东来	男	教授	现代物理研究所	邹亚明	女	教授
物理学系	陈张海	男	教授	现代物理研究所	宓 詠	男	教授

续表

单 位	姓 名	性别	职 称	单 位	姓 名	性别	职 称
现代物理研究所	沈 皓	女	教授	化学系	赵东元	男	教授
现代物理研究所	Roger Hutton	男	教授	化学系	孔继烈	男	教授
现代物理研究所	王平晓	男	教授	化学系	张祥民	男	教授
现代物理研究所	陈建新	男	研究员	化学系	贺鹤勇	男	教授
现代物理研究所	宁西京	男	研究员	化学系	周鸣飞	男	教授
现代物理研究所	施立群	男	研究员	化学系	周锡庚	男	教授
现代物理研究所	陈重阳	男	研究员	化学系	徐华龙	男	教授
现代物理研究所	魏宝仁	男	研究员	化学系	蔡文斌	男	教授
环境科学与工程系	庄国顺	男	教授	化学系	夏永姚	男	教授
环境科学与工程系	王祥荣	男	教授	化学系	翁林红	女	教授
环境科学与工程系	戴星翼	男	教授	化学系	王全瑞	男	教授
环境科学与工程系	王德耀	男	教授	化学系	钱东金	男	教授
环境科学与工程系	陈建民	男	教授	化学系	吴宇平	男	教授
环境科学与工程系	刘 燕	女	教授	化学系	高 翔	男	教授
环境科学与工程系	董文博	男	教授	化学系	乐英红	男	教授
环境科学与工程系	杨 新	男	教授	化学系	戴维林	男	教授
环境科学与工程系	李 溪	男	教授	化学系	屠 波	女	教授
环境科学与工程系	隋国栋	男	教授	化学系	丁传凡	男	教授
环境科学与工程系	郭志刚	男	教授	化学系	曹 勇	男	教授
环境科学与工程系	陈 莹	女	教授	化学系	岳 斌	男	教授
环境科学与工程系	郑 正	男	教授	化学系	王文宁	女	教授
环境科学与工程系	包存宽	男	教授	化学系	刘宝红	女	教授
环境科学与工程系	周 斌	男	教授	化学系	乔明华	男	教授
环境科学与工程系	成天涛	男	教授	化学系	吴 劼	男	教授
环境科学与工程系	Marie Harder	女	教授	化学系	傅正文	男	教授
环境科学与工程系	付洪波	男	教授	化学系	陆豪杰	男	教授
环境科学与工程系	王 琳	男	教授	化学系	沈 伟	男	教授
环境科学与工程系	张士成	男	教授	化学系	余绍宁	男	教授
环境科学与工程系	马 臻	男	教授	化学系	华伟明	男	教授
环境科学与工程系	马蔚纯	男	教授	化学系	刘智攀	男	教授
环境科学与工程系	唐幸福	男	教授	化学系	谭相石	男	教授
环境科学与工程系	王新军	男	研究员	化学系	张亚红	女	教授
环境科学与工程系	宋卫华	男	研究员	化学系	邓春晖	男	教授
环境科学与工程系	张立武	男	研究员	化学系	徐 昕	男	教授
化学系	杨芃原	男	教授	化学系	范仁华	男	教授
化学系	金国新	男	教授	化学系	邓勇辉	男	教授
化学系	陈芬儿	男	教授	化学系	熊焕明	男	教授
化学系	唐 颐	男	教授	化学系	涂 涛	男	教授

续表

单 位	姓 名	性别	职 称	单 位	姓 名	性别	职 称
化学系	侯秀峰	女	教授	高分子科学系	李卫华	男	教授
化学系	李振华	男	教授	高分子科学系	陈国颂	女	教授
化学系	张 凡	男	教授	高分子科学系	李同生	男	研究员
化学系	侯军利	男	教授	高分子科学系	魏大程	男	研究员
化学系	王华冬	男	教授	高分子科学系	张 炜	男	正高级实验师
化学系	黎占亭	男	研究员	高分子科学系	丛培红	女	正高级实验师
化学系	李富友	男	研究员	先进材料创新平台	李世燕	男	教授
化学系	余爱水	男	研究员	先进材料创新平台	郑耿锋	男	教授
化学系	易 涛	女	研究员	先进材料创新平台	谷至华	男	研究员
化学系	王忠胜	男	研究员	先进材料创新平台	车仁超	男	研究员
化学系	董安钢	男	研究员	先进材料创新平台	周 刚	男	研究员
化学系	王凤燕	女	研究员	先进材料创新平台	张丽娟	女	主任技师
化学系	王亚军	男	研究员	生命科学学院	长谷川政美	男	教授
化学系	孙正宗	男	研究员	生命科学学院	陈家宽	男	教授
化学系	张 琪	男	研究员	生命科学学院	余 龙	男	教授
化学系	马 达	男	研究员	生命科学学院	罗泽伟	男	教授
化学系	樊惠芝	女	正高级讲师	生命科学学院	卢宝荣	男	教授
高分子科学系	江 明	男	教授	生命科学学院	钟 扬	男	教授
高分子科学系	杨玉良	男	教授	生命科学学院	谢 毅	男	教授
高分子科学系	丁建东	男	教授	生命科学学院	卢大儒	男	教授
高分子科学系	邵正中	男	教授	生命科学学院	马 红	男	教授
高分子科学系	汪长春	男	教授	生命科学学院	钟 江	男	教授
高分子科学系	武培怡	男	教授	生命科学学院	乔守怡	男	教授
高分子科学系	邱 枫	男	教授	生命科学学院	梅岩艾	女	教授
高分子科学系	刘天西	男	教授	生命科学学院	霍克克	男	教授
高分子科学系	陈道勇	男	教授	生命科学学院	蒯本科	男	教授
高分子科学系	周 平	女	教授	生命科学学院	李 博	男	教授
高分子科学系	倪秀元	男	教授	生命科学学院	印春华	男	教授
高分子科学系	张红东	男	教授	生命科学学院	石 建	男	教授
高分子科学系	何军坡	男	教授	生命科学学院	杨金水	男	教授
高分子科学系	姚 萍	女	教授	生命科学学院	谷 迅	男	教授
高分子科学系	陈 新	男	教授	生命科学学院	李 瑶	女	教授
高分子科学系	杨武利	男	教授	生命科学学院	肖向明	男	教授
高分子科学系	彭慧胜	男	教授	生命科学学院	金 力	男	教授
高分子科学系	冯嘉春	男	教授	生命科学学院	沈文辉	男	教授
高分子科学系	卢红斌	男	教授	生命科学学院	吕 红	女	教授
高分子科学系	唐 萍	女	教授	生命科学学院	宋志平	男	教授
高分子科学系	余英丰	男	教授	生命科学学院	季朝能	男	教授

续表

单 位	姓 名	性别	职 称	单 位	姓 名	性别	职 称
生命科学学院	杨继	男	教授	生命科学学院	蔡亮	男	研究员
生命科学学院	董爱武	女	教授	生命科学学院	吴家雪	男	研究员
生命科学学院	吴纪华	女	教授	生命科学学院	郑丙莲	女	研究员
生命科学学院	周淑荣	女	教授	生命科学学院	倪挺	男	研究员
生命科学学院	王学路	男	教授	生命科学学院	甘建华	男	研究员
生命科学学院	赵世民	男	教授	生命科学学院	鲁伯埙	男	研究员
生命科学学院	赵斌	男	教授	生命科学学院	闫致强	男	研究员
生命科学学院	朱乃硕	男	教授	生命科学学院	余巍	男	研究员
生命科学学院	麻锦彪	男	教授	生命科学学院	李继喜	男	研究员
生命科学学院	钟涛	男	教授	生命科学学院	张瑞霖	男	研究员
生命科学学院	David Waxman	男	教授	生命科学学院	苏志熙	男	研究员
				生命科学学院	戚继	男	研究员
生命科学学院	王久存	女	教授	生命科学学院	任国栋	男	研究员
生命科学学院	朱焕章	男	教授	神经生物研究所	杨雄里	男	教授
生命科学学院	全哲学	男	教授	神经生物研究所	孙凤艳	女	教授
生命科学学院	李辉	男	教授	神经生物研究所	郑平	男	教授
生命科学学院	张锋	男	教授	神经生物研究所	张玉秋	女	教授
生命科学学院	马志军	男	教授	神经生物研究所	黄芳	女	教授
生命科学学院	傅萃长	男	教授	神经生物研究所	赵冰樵	男	教授
生命科学学院	杨青	女	教授	神经生物研究所	高艳琴	女	教授
生命科学学院	黄强	男	教授	神经生物研究所	钟咏梅	女	研究员
生命科学学院	葛晓春	女	教授	神经生物研究所	禹永春	男	研究员
生命科学学院	唐翠	女	教授	发育生物学研究所	陶无凡	男	教授
生命科学学院	王红艳	女	教授	发育生物学研究所	吴晓晖	男	教授
生命科学学院	唐惠儒	男	教授	发育生物学研究所	徐人尔	男	教授
生命科学学院	张文驹	男	教授	发育生物学研究所	孙璘	女	教授
生命科学学院	王洪海	男	研究员	发育生物学研究所	邓可京	女	正高级实验师
生命科学学院	方长明	男	研究员	发育生物学研究所	应蓓蓓	女	主任技师
生命科学学院	胡薇	女	研究员	生物医学研究院	Alastair Murchi	男	教授
生命科学学院	王树林	男	研究员				
生命科学学院	田卫东	男	研究员	生物医学研究院	储以微	女	教授
生命科学学院	俞洪波	男	研究员	生物医学研究院	陈东戎	女	研究员
生命科学学院	刘建祥	男	研究员	生物医学研究院	包志宏	男	研究员
生命科学学院	胡跃清	男	研究员	生物医学研究院	刘雷	男	研究员
生命科学学院	张洪	男	研究员	生物医学研究院	张晓燕	女	研究员
生命科学学院	于玉国	男	研究员	生物医学研究院	徐建青	男	研究员
生命科学学院	周旭辉	男	研究员	生物医学研究院	邢清和	男	研究员
生命科学学院	薛磊	男	研究员	生物医学研究院	徐彦辉	男	研究员

续表

单 位	姓 名	性别	职 称	单 位	姓 名	性别	职 称
生物医学研究院	何祥火	男	研究员	信息学院	郑立荣	男	教授
生物医学研究院	于文强	男	研究员	信息学院	刘克富	男	教授
生物医学研究院	胡维国	男	研究员	信息学院	王松有	男	教授
生物医学研究院	文 波	男	研究员	信息学院	李 翔	男	教授
生物医学研究院	汪萱怡	男	研究员	信息学院	许 宁	男	教授
生物医学研究院	温文玉	女	研究员	信息学院	张宗芝	女	教授
生物医学研究院	蓝 斐	男	研究员	信息学院	他得安	男	教授
生物医学研究院	李大强	男	研究员	信息学院	余建军	男	教授
生物医学研究院	余发星	男	研究员	信息学院	陈宜方	男	教授
生物医学研究院	叶 丹	女	研究员	信息学院	邬小玫	女	教授
脑科学研究院	王 云	男	研究员	信息学院	孙耀杰	男	教授
脑科学研究院	Thomas Behnisch	男	研究员	信息学院	李 晶	男	教授
				信息学院	顾晓东	男	教授
脑科学研究院	王中峰	男	研究员	信息学院	林燕丹	女	教授
脑科学研究院	彭 刚	男	研究员	信息学院	蒋寻涯	男	研究员
脑科学研究院	杨振纲	男	研究员	信息学院	徐 敏	男	研究员
信息学院	王 昕	男	教授	信息学院	沈德元	男	研究员
信息学院	王威琪	男	教授	信息学院	赵海斌	男	研究员
信息学院	金亚秋	男	教授	信息学院	郭睿倩	女	研究员
信息学院	陈良尧	男	教授	信息学院	张荣君	男	研究员
信息学院	钱列加	男	教授	信息学院	张善端	男	研究员
信息学院	徐 雷	男	教授	信息学院	吴 翔	男	研究员
信息学院	钱松荣	男	教授	信息学院	徐 丰	男	研究员
信息学院	汪源源	男	教授	信息学院	陆起涌	男	主任技师
信息学院	刘丽英	女	教授	微电子学院	洪志良	男	教授
信息学院	胡 波	男	教授	微电子学院	黄大鸣	男	教授
信息学院	梁荣庆	男	教授	微电子学院	闵 昊	男	教授
信息学院	石艺尉	男	教授	微电子学院	张 卫	男	教授
信息学院	张建秋	男	教授	微电子学院	周 电	男	教授
信息学院	吴嘉达	男	教授	微电子学院	任俊彦	男	教授
信息学院	刘木清	男	教授	微电子学院	曾 璇	女	教授
信息学院	陆 明	男	教授	微电子学院	茹国平	男	教授
信息学院	刘 冉	男	教授	微电子学院	屈新萍	女	教授
信息学院	王 斌	男	教授	微电子学院	曾晓洋	男	教授
信息学院	朱鹤元	男	教授	微电子学院	林殷茵	女	教授
信息学院	庄 军	男	教授	微电子学院	周 嘉	女	教授
信息学院	郑玉祥	男	教授	微电子学院	王伶俐	男	教授
信息学院	迟 楠	女	教授	微电子学院	杨晓峰	男	教授

续表

单 位	姓 名	性别	职 称	单 位	姓 名	性别	职 称
微电子学院	蒋玉龙	男	教授	计算机科学技术学院	张玥杰	女	教授
微电子学院	姜 培	男	教授	计算机科学技术学院	李 伟	男	教授
微电子学院	唐长文	男	教授	计算机科学技术学院	颜 波	男	教授
微电子学院	俞 军	男	教授	计算机科学技术学院	陈翌佳	男	教授
微电子学院	周 鹏	男	教授	计算机科学技术学院	路 红	女	教授
微电子学院	王鹏飞	男	教授	计算机科学技术学院	吴 杰	男	研究员
微电子学院	徐 阳	男	教授	计算机科学技术学院	牛军钰	女	研究员
微电子学院	王俊宇	男	教授	计算机科学技术学院	杨卫东	男	研究员
微电子学院	卢红亮	男	教授	计算机科学技术学院	冯 瑞	男	研究员
微电子学院	江安全	男	研究员	软件学院	赵运磊	男	教授
微电子学院	丁士进	男	研究员	材料科学系	李 劲	男	教授
微电子学院	来金梅	女	研究员	材料科学系	武利民	男	教授
微电子学院	吴东平	男	研究员	材料科学系	吴晓京	男	教授
微电子学院	李 巍	女	研究员	材料科学系	徐 伟	男	教授
微电子学院	孟建熠	男	研究员	材料科学系	李越生	男	教授
微电子学院	孙清清	男	研究员	材料科学系	杨振国	男	教授
微电子学院	吴 昌	男	研究员	材料科学系	孙大林	男	教授
微电子学院	徐鸿涛	男	研究员	材料科学系	叶明新	男	教授
计算机科学技术学院	朱扬勇	男	教授	材料科学系	俞燕蕾	女	教授
计算机科学技术学院	赵文耘	男	教授	材料科学系	范仲勇	男	教授
计算机科学技术学院	薛向阳	男	教授	材料科学系	张 群	男	教授
计算机科学技术学院	陈雁秋	男	教授	材料科学系	崔晓莉	女	教授
计算机科学技术学院	吴百锋	男	教授	材料科学系	贾 波	男	教授
计算机科学技术学院	顾 宁	男	教授	材料科学系	肖 斐	男	教授
计算机科学技术学院	沈一帆	男	教授	材料科学系	周树学	男	教授
计算机科学技术学院	张 亮	男	教授	材料科学系	游 波	女	教授
计算机科学技术学院	周水庚	男	教授	材料科学系	马晓华	女	教授
计算机科学技术学院	汪 卫	男	教授	材料科学系	蒋益明	男	教授
计算机科学技术学院	Rudolf Fleische	男	教授	材料科学系	朱国栋	男	教授
				材料科学系	吕银祥	男	教授
计算机科学技术学院	危 辉	男	教授	材料科学系	陈 敏	女	教授
计算机科学技术学院	黄萱菁	女	教授	材料科学系	余学斌	男	教授
计算机科学技术学院	阚海斌	男	教授	材料科学系	高尚鹏	男	教授
计算机科学技术学院	杨 夙	男	教授	材料科学系	胡新华	男	研究员
计算机科学技术学院	王 新	男	教授	材料科学系	梅永丰	男	研究员
计算机科学技术学院	张军平	男	教授	材料科学系	方晓生	男	研究员
计算机科学技术学院	周向东	男	教授	材料科学系	梁子骐	男	研究员
计算机科学技术学院	王晓阳	男	教授	微纳电子科技创新平台	张世理	男	教授

续表

单 位	姓 名	性别	职 称	单 位	姓 名	性别	职 称
力学与工程科学系	霍永忠	男	教授	管理学院	凌 鸿	男	教授
力学与工程科学系	丁光宏	男	教授	管理学院	洪剑峭	男	教授
力学与工程科学系	唐国安	男	教授	管理学院	朱仲义	男	教授
力学与工程科学系	郑铁生	男	教授	管理学院	吕长江	男	教授
力学与工程科学系	马建敏	男	教授	管理学院	王克敏	女	教授
力学与工程科学系	艾剑良	男	教授	管理学院	骆品亮	男	教授
力学与工程科学系	孙 刚	男	教授	管理学院	范龙振	男	教授
力学与工程科学系	田振夫	男	教授	管理学院	宁 钟	男	教授
力学与工程科学系	倪玉山	男	教授	管理学院	范秀成	男	教授
力学与工程科学系	姚 伟	女	教授	管理学院	刘蔚林	男	教授
力学与工程科学系	徐弘一	男	研究员	管理学院	张 青	男	教授
分析测试中心	李 莉	女	正高级实验师	管理学院	徐剑刚	男	教授
				管理学院	胡建强	男	教授
管理学院	孙 谦	男	教授	管理学院	陈 超	男	教授
管理学院	芮明杰	男	教授	管理学院	马成虎	男	教授
管理学院	项保华	男	教授	管理学院	姚 凯	男	教授
管理学院	李若山	男	教授	管理学院	李 旭	男	教授
管理学院	薛求知	男	教授	管理学院	张成洪	男	教授
管理学院	郁义鸿	男	教授	管理学院	戴 悦	女	教授
管理学院	黄丽华	女	教授	管理学院	方军雄	男	教授
管理学院	陆雄文	男	教授	管理学院	金立印	男	教授
管理学院	杨永康	男	教授	管理学院	黎德元	男	教授
管理学院	许晓明	男	教授	管理学院	徐云杰	男	教授
管理学院	刘 杰	男	教授	管理学院	陈祥锋	男	教授
管理学院	张新生	男	教授	管理学院	张 诚	男	教授
管理学院	苏 勇	男	教授	管理学院	李绪红	女	教授
管理学院	黄 沛	男	教授	管理学院	戴伟辉	男	教授
管理学院	胡君辰	男	教授	管理学院	包季鸣	男	正高级讲师
管理学院	李元旭	男	教授	管理学院	钱世政	男	正高级讲师
管理学院	孙小玲	男	教授	基础医学院	彭裕文	男	教授
管理学院	郑 明	女	教授	基础医学院	汤其群	男	教授
管理学院	周 红	女	教授	基础医学院	谢幼华	男	研究员
管理学院	蒋青云	男	教授	基础医学院	王继扬	男	教授
管理学院	胡奇英	男	教授	基础医学院	何 睿	女	教授
管理学院	劳兰珺	女	教授	基础医学院	刘光伟	男	研究员
管理学院	孔爱国	男	教授	基础医学院	吕鸣芳	女	研究员
管理学院	徐以汎	男	教授	基础医学院	马 端	男	教授
管理学院	原红旗	男	教授	基础医学院	于 敏	男	教授

续表

单 位	姓 名	性别	职 称	单 位	姓 名	性别	职 称
基础医学院	李 希	女	教授	基础医学院	吴兴中	男	教授
基础医学院	谭玉珍	女	教授	基础医学院	雷群英	女	教授
基础医学院	周国民	男	教授	基础医学院	丁忠仁	男	研究员
基础医学院	陈 红	女	教授	基础医学院	党永军	男	研究员
基础医学院	陈思锋	男	教授	基础医学院	陈 舌	女	研究员
基础医学院	李为民	男	教授	基础医学院	甘肖箐	女	研究员
基础医学院	刘秀萍	女	教授	基础医学院	顾建新	男	教授
基础医学院	周 平	女	教授	基础医学院	江建海	男	教授
基础医学院	孙 宁	男	研究员	基础医学院	朱大年	男	教授
基础医学院	许祖德	男	教授	基础医学院	朱依纯	男	教授
基础医学院	朱虹光	男	教授	基础医学院	沈霖霖	女	教授
基础医学院	张志刚	男	教授	基础医学院	陆利民	男	教授
基础医学院	殷莲华	女	教授	基础医学院	宋志坚	男	教授
基础医学院	钱睿哲	女	教授	基础医学院	左 伋	男	教授
基础医学院	David Saffen	男	研究员	基础医学院	刘 赟	男	研究员
基础医学院	赵子琴	女	教授	上海医学院	鲁映青	女	教授
基础医学院	闻玉梅	女	教授	公共卫生学院	郝 模	男	教授
基础医学院	王 宾	男	教授	公共卫生学院	傅 华	男	教授
基础医学院	吴 健	男	教授	公共卫生学院	姜庆五	男	教授
基础医学院	陈 力	男	教授	公共卫生学院	冯学山	男	教授
基础医学院	姜世勃	男	教授	公共卫生学院	宋伟民	男	教授
基础医学院	童舒平	男	教授	公共卫生学院	厉曙光	男	教授
基础医学院	瞿 涤	女	研究员	公共卫生学院	钱 序	女	教授
基础医学院	袁正宏	男	研究员	公共卫生学院	夏昭林	男	教授
基础医学院	高 谦	男	研究员	公共卫生学院	薛 迪	女	教授
基础医学院	蔡启良	男	研究员	公共卫生学院	周志俊	男	教授
基础医学院	陆 路	男	研究员	公共卫生学院	赵根明	男	教授
基础医学院	程训佳	女	教授	公共卫生学院	徐 飚	女	教授
基础医学院	王彦青	女	教授	公共卫生学院	孟 炜	男	教授
基础医学院	吴根诚	男	教授	公共卫生学院	屈卫东	男	教授
基础医学院	马 兰	女	教授	公共卫生学院	陈 文	男	教授
基础医学院	曲卫敏	女	教授	公共卫生学院	林燧恒	男	教授
基础医学院	黄志力	男	研究员	公共卫生学院	吴擢春	男	教授
基础医学院	王海杰	男	教授	公共卫生学院	何 纳	男	教授
基础医学院	李瑞锡	男	教授	公共卫生学院	高燕宁	男	教授
基础医学院	李文生	男	教授	公共卫生学院	陈英耀	男	教授
基础医学院	查锡良	男	教授	公共卫生学院	严 非	女	教授
基础医学院	郭孙伟	男	教授	公共卫生学院	吕 军	女	教授

续 表

单 位	姓 名	性别	职 称	单 位	姓 名	性别	职 称
公共卫生学院	阚海东	男	教授	药学院	李 聪	男	教授
公共卫生学院	陈 刚	男	教授	药学院	陈 钧	男	教授
公共卫生学院	叶 露	女	教授	药学院	张雪梅	女	教授
公共卫生学院	吴 庆	女	教授	药学院	余 科	女	研究员
公共卫生学院	应晓华	男	教授	药学院	胡金锋	男	研究员
公共卫生学院	何更生	女	教授	药学院	赵伟利	男	研究员
公共卫生学院	张蕴晖	女	教授	药学院	鞠佃文	男	研究员
公共卫生学院	郑英杰	男	教授	药学院	杨永华	男	研究员
公共卫生学院	郑频频	女	教授	药学院	周文江	男	主任技师
公共管理与政策创新平台	吴开亚	男	研究员	护理学院	胡 雁	女	教授
药学院	朱建华	男	教授	护理学院	夏海鸥	女	正高级讲师
药学院	陈道峰	男	教授	护理学院	王君俏	女	正高级讲师
药学院	段更利	男	教授	放射医学研究所	卓维海	男	研究员
药学院	张 鹏	男	教授	放射医学研究所	邵春林	男	研究员
药学院	叶德泳	男	教授	放射医学研究所	朱国英	女	研究员
药学院	陆伟跃	男	教授	放射医学研究所	陈红红	女	研究员
药学院	方晓玲	女	教授	实验动物科学部	周光兴	男	研究员
药学院	程能能	男	教授	高等教育研究所	熊庆年	男	研究员
药学院	卢建忠	男	教授	高等教育研究所	林荣日	男	研究员
药学院	蔡卫民	男	教授	高等教育研究所	牛新春	女	研究员
药学院	朱依谆	男	教授	复旦学院	郑方贤	男	研究员
药学院	陈 刚	男	教授	复旦学院	王 颖	女	研究员
药学院	侯爱君	女	教授	继续教育学院	方晶刚	男	研究员
药学院	吴 伟	男	教授	机关	吕晓刚	男	编审
药学院	穆 青	男	教授	机关	陈晓漫	男	教授
药学院	孙 逊	女	教授	机关	汪 玲	女	教授
药学院	沈晓燕	女	教授	机关	蔡达峰	男	教授
药学院	李英霞	女	教授	机关	刘建中	女	教授
药学院	王 洋	女	教授	机关	陈立民	男	教授
药学院	蒋 晨	女	教授	机关	张 农	男	教授
药学院	石乐明	男	教授	机关	余金明	男	教授
药学院	郁韵秋	女	教授	机关	胡建华	男	教授
药学院	王建新	男	教授	机关	周亚明	男	教授
药学院	邵黎明	男	教授	机关	罗 力	男	教授
药学院	张奇志	女	教授	机关	苟燕楠	男	教授
药学院	付 伟	女	教授	机关	许宁生	男	教授
药学院	王永辉	男	教授	机关	陈寅章	男	研究员
药学院	冯美卿	女	教授	机关	廖文武	男	研究员

续表

单 位	姓 名	性别	职 称	单 位	姓 名	性别	职 称
机关	阎嘉陵	男	研究员	中山医院	丁小强	男	教授
机关	张宏莲	女	研究员	中山医院	葛均波	男	教授
机关	姜佩珍	女	研究员	中山医院	樊 嘉	男	教授
校园信息化办公室	闫 华	女	主任技师	中山医院	王小林	男	教授
图书馆	吴格	男	研究馆员	中山医院	谢瑞满	男	教授
图书馆	温国强	男	研究馆员	中山医院	王春生	男	教授
图书馆	杨光辉	男	研究馆员	中山医院	曾蒙苏	男	教授
图书馆	李晓玲	女	研究馆员	中山医院	胡必杰	男	教授
图书馆	眭 骏	男	研究馆员	中山医院	李 明	男	教授
图书馆	龙向洋	男	研究馆员	中山医院	牛伟新	男	教授
出版社有限公司	贺圣遂	男	编审	中山医院	靳大勇	男	教授
出版社有限公司	杜荣根	男	编审	中山医院	吴国豪	男	教授
出版社有限公司	陈麦青	男	编审	中山医院	沈锡中	男	教授
出版社有限公司	孙 晶	女	编审	中山医院	陈 岗	男	教授
出版社有限公司	李 华	男	编审	中山医院	张顺财	男	教授
出版社有限公司	张蕊青	女	编审	中山医院	董 健	男	教授
出版社有限公司	张永彬	男	编审	中山医院	朱同玉	男	教授
复旦资产经营有限公司	蒋国兴	男	教授	中山医院	舒先红	女	教授
总务处	朱克勤	男	研究员	中山医院	亓发芝	男	教授
中山医院	陈灏珠	男	教授	中山医院	邹云增	男	教授
中山医院	汤钊猷	男	教授	中山医院	夏景林	男	教授
中山医院	诸骏仁	男	教授	中山医院	周 俭	男	教授
中山医院	叶胜龙	男	教授	中山医院	钟春玖	男	教授
中山医院	张永康	男	教授	中山医院	钱菊英	女	教授
中山医院	吴志全	男	教授	中山医院	邱双健	男	教授
中山医院	蔡映云	男	教授	中山医院	许剑民	男	教授
中山医院	秦新裕	男	教授	中山医院	周京敏	男	教授
中山医院	蔡定芳	男	教授	中山医院	王向东	男	教授
中山医院	王建华	男	教授	中山医院	刘 澎	男	教授
中山医院	王国民	男	教授	中山医院	张 峰	男	教授
中山医院	祝墡珠	女	教授	中山医院	夏 朴	男	教授
中山医院	高 鑫	女	教授	中山医院	潘柏申	男	研究员
中山医院	季建林	男	教授	中山医院	方 琰	女	研究员
中山医院	徐建民	男	教授	中山医院	李高平	男	研究员
中山医院	白春学	男	教授	中山医院	程韵枫	女	研究员
中山医院	符伟国	男	教授	中山医院	陈瑞珍	女	研究员
中山医院	王文平	男	教授	中山医院	吴伟忠	男	研究员
中山医院	姚礼庆	男	教授	中山医院	宋元林	男	研究员

续表

单 位	姓 名	性别	职 称	单 位	姓 名	性别	职 称
中山医院	孙爱军	女	研究员	中山医院	林江	男	主任医师
中山医院	杨向东	男	研究员	中山医院	臧荣余	男	主任医师
中山医院	徐建鸣	女	主任护师	中山医院	叶青海	男	主任医师
中山医院	徐筱萍	女	主任护师	中山医院	孙惠川	男	主任医师
中山医院	秦薇	女	主任护师	中山医院	姜晓幸	男	主任医师
中山医院	赵慧华	女	主任护师	中山医院	石洪成	男	主任医师
中山医院	潘翠珍	女	主任技师	中山医院	李善群	男	主任医师
中山医院	郭玮	女	主任技师	中山医院	郭剑明	男	主任医师
中山医院	许迅辉	男	主任技师	中山医院	刘厚宝	男	主任医师
中山医院	吕迁洲	男	主任药师	中山医院	姜红	女	主任医师
中山医院	李雪宁	女	主任药师	中山医院	郭大乔	男	主任医师
中山医院	龙作林	男	主任医师	中山医院	周达新	男	主任医师
中山医院	谭云山	男	主任医师	中山医院	张博恒	男	主任医师
中山医院	颜志平	男	主任医师	中山医院	阎作勤	男	主任医师
中山医院	薛张纲	男	主任医师	中山医院	金美玲	女	主任医师
中山医院	汪昕	男	主任医师	中山医院	仓静	女	主任医师
中山医院	张志勇	男	主任医师	中山医院	范薇	女	主任医师
中山医院	朱蕾	男	主任医师	中山医院	张晓彪	男	主任医师
中山医院	顾大镛	男	主任医师	中山医院	杨昌生	男	主任医师
中山医院	朱文青	男	主任医师	中山医院	颜彦	男	主任医师
中山医院	陆维祺	男	主任医师	中山医院	王群	男	主任医师
中山医院	孙益红	男	主任医师	中山医院	童朝阳	男	主任医师
中山医院	任正刚	男	主任医师	中山医院	刘天舒	女	主任医师
中山医院	林宗明	男	主任医师	中山医院	楼文晖	男	主任医师
中山医院	张宏伟	男	主任医师	中山医院	侯英勇	女	主任医师
中山医院	樊冰	男	主任医师	中山医院	丁红	女	主任医师
中山医院	洪涛	男	主任医师	中山医院	姜林娣	女	主任医师
中山医院	曾昭冲	男	主任医师	中山医院	王鲁	男	主任医师
中山医院	陈世耀	男	主任医师	中山医院	姚振均	男	主任医师
中山医院	秦净	男	主任医师	中山医院	费琴明	男	主任医师
中山医院	宿燕岗	男	主任医师	中山医院	孙立安	男	主任医师
中山医院	徐欣	女	主任医师	中山医院	周平红	男	主任医师
中山医院	袁非	男	主任医师	中山医院	宋陆军	男	主任医师
中山医院	徐剑炜	男	主任医师	中山医院	董玲	女	主任医师
中山医院	王艳红	女	主任医师	中山医院	葛棣	男	主任医师
中山医院	张键	男	主任医师	中山医院	钟一红	女	主任医师
中山医院	余优成	男	主任医师	中山医院	纪元	女	主任医师
中山医院	胡予	女	主任医师	中山医院	黄备建	男	主任医师

续表

单　位	姓　名	性别	职　称	单　位	姓　名	性别	职　称
中山医院	黄新生	男	主任医师	中山医院	王葆青	男	主任医师
中山医院	黄晓武	男	主任医师	中山医院	李华茵	女	主任医师
中山医院	张　新	男	主任医师	中山医院	李　敏	女	主任医师
中山医院	姚晨玲	女	主任医师	中山医院	许　明	男	主任医师
中山医院	方　浩	男	主任医师	中山医院	林寰东	男	主任医师
中山医院	张　立	男	主任医师	中山医院	于明香	女	主任医师
中山医院	沈坤堂	男	主任医师	中山医院	韦　烨	男	主任医师
中山医院	范隆华	男	主任医师	中山医院	丁　晶	女	主任医师
中山医院	潘志刚	男	主任医师	中山医院	滕　杰	男	主任医师
中山医院	王齐兵	男	主任医师	中山医院	孙剑勇	男	主任医师
中山医院	谭黎杰	男	主任医师	中山医院	丁文军	男	主任医师
中山医院	周宇红	女	主任医师	中山医院	邹善华	男	主任医师
中山医院	诸杜明	男	主任医师	中山医院	顾建英	女	主任医师
中山医院	张　晖	女	主任医师	中山医院	杨云柯	男	主任医师
中山医院	何　健	男	主任医师	中山医院	李文伟	男	主任医师
中山医院	干育红	女	主任医师	中山医院	张　勇	男	主任医师
中山医院	任　宁	男	主任医师	华山医院	沈自尹	男	教授
中山医院	施东伟	男	主任医师	华山医院	汪　复	女	教授
中山医院	程洁敏	男	主任医师	华山医院	顾玉东	男	教授
中山医院	龚高全	男	主任医师	华山医院	周良辅	男	教授
中山医院	葛圣金	男	主任医师	华山医院	王文健	男	教授
中山医院	陆志强	男	主任医师	华山医院	吕　元	男	教授
中山医院	徐美东	男	主任医师	华山医院	李士其	男	教授
中山医院	王单松	男	主任医师	华山医院	蔡　端	男	教授
中山医院	江孙芳	女	主任医师	华山医院	冯晓源	男	教授
中山医院	戎瑞明	男	主任医师	华山医院	施慎逊	男	教授
中山医院	郭津生	女	主任医师	华山医院	吴　毅	男	教授
中山医院	葛　雷	男	主任医师	华山医院	梁伟民	男	教授
中山医院	陈　斌	男	主任医师	华山医院	鲍伟民	男	教授
中山医院	李　锋	男	主任医师	华山医院	陈　亮	男	教授
中山医院	江　颖	女	主任医师	华山医院	陈世益	男	教授
中山医院	许建芳	女	主任医师	华山医院	董竞成	男	教授
中山医院	何婉媛	女	主任医师	华山医院	顾　勇	男	教授
中山医院	周建军	男	主任医师	华山医院	邹和建	男	教授
中山医院	屠蕊沁	女	主任医师	华山医院	潘　力	男	教授
中山医院	王晓颖	男	主任医师	华山医院	丁　强	男	教授
中山医院	夏　庆	男	主任医师	华山医院	朱宁文	男	教授
中山医院	王毅超	男	主任医师	华山医院	胡仁明	男	教授

续 表

单　位	姓　名	性别	职　称	单　位	姓　名	性别	职　称
华山医院	洪　震	男	教授	华山医院	傅雯雯	女	主任医师
华山医院	劳　杰	男	教授	华山医院	邹　强	男	主任医师
华山医院	施海明	男	教授	华山医院	耿道颖	女	主任医师
华山医院	朱剑虹	男	教授	华山医院	史虹莉	女	主任医师
华山医院	钱建民	男	教授	华山医院	陆福明	男	主任医师
华山医院	钦伦秀	男	教授	华山医院	董　强	男	主任医师
华山医院	李　勇	男	教授	华山医院	赵　霞	女	主任医师
华山医院	金先桥	男	教授	华山医院	李　克	女	主任医师
华山医院	王　毅	男	教授	华山医院	王立伟	男	主任医师
华山医院	施光峰	男	教授	华山医院	俞立英	女	主任医师
华山医院	赵守亮	男	教授	华山医院	孙红英	女	主任医师
华山医院	张继明	男	教授	华山医院	周守静	女	主任医师
华山医院	王明贵	男	教授	华山医院	周丽诺	女	主任医师
华山医院	傅德良	男	教授	华山医院	陈明华	女	主任医师
华山医院	毛　颖	男	教授	华山医院	穆雄铮	男	主任医师
华山医院	陈晓峰	男	教授	华山医院	陈宗祐	男	主任医师
华山医院	吴志英	女	教授	华山医院	张　玉	女	主任医师
华山医院	刘　杰	男	教授	华山医院	王　涛	男	主任医师
华山医院	黄广建	男	教授	华山医院	王惠英	女	主任医师
华山医院	卢洪洲	男	教授	华山医院	顾小萍	女	主任医师
华山医院	徐文东	男	教授	华山医院	顾静文	女	主任医师
华山医院	张文宏	男	教授	华山医院	徐金华	男	主任医师
华山医院	郝传明	男	教授	华山医院	虞　聪	男	主任医师
华山医院	杜建军	男	教授	华山医院	王　怡	女	主任医师
华山医院	肖保国	男	研究员(医学)	华山医院	黎　元	男	主任医师
华山医院	关　明	男	研究员(医学)	华山医院	夏　军	男	主任医师
华山医院	蒋晓飞	男	研究员(医学)	华山医院	李益明	男	主任医师
华山医院	邵建华	女	研究员(医院)	华山医院	杨勤萍	女	主任医师
华山医院	蒋　红	女	主任护师	华山医院	王恩敏	男	主任医师
华山医院	钟明康	男	主任药师	华山医院	张　义	男	主任医师
华山医院	王　斌	女	主任药师	华山医院	于　佶	男	主任医师
华山医院	张　菁	女	主任药师	华山医院	罗心平	男	主任医师
华山医院	施孝金	男	主任药师	华山医院	汪志明	男	主任医师
华山医院	焦　正	男	主任药师	华山医院	胡　锦	男	主任医师
华山医院	叶　纹	女	主任医师	华山医院	赵　军	男	主任医师
华山医院	罗　燕	女	主任医师	华山医院	陈小东	男	主任医师
华山医院	章祖成	男	主任医师	华山医院	夏国伟	男	主任医师
华山医院	戴嘉中	男	主任医师	华山医院	项蕾红	女	主任医师

续表

单 位	姓 名	性别	职 称	单 位	姓 名	性别	职 称
华山医院	秦智勇	男	主任医师	华山医院	吴劲松	男	主任医师
华山医院	马保金	男	主任医师	华山医院	薛 骏	男	主任医师
华山医院	马 昕	男	主任医师	华山医院	朱 巍	男	主任医师
华山医院	唐 峰	男	主任医师	华山医院	项建斌	男	主任医师
华山医院	陈 靖	女	主任医师	华山医院	王小钦	女	主任医师
华山医院	吴 忠	男	主任医师	华山医院	陈 爽	男	主任医师
华山医院	卢家红	女	主任医师	华山医院	何慧瑾	女	主任医师
华山医院	张 荣	男	主任医师	华山医院	姚振威	男	主任医师
华山医院	赵 新	男	主任医师	华山医院	吕飞舟	男	主任医师
华山医院	许小平	男	主任医师	华山医院	白玉龙	男	主任医师
华山医院	管一晖	男	主任医师	华山医院	陈向军	男	主任医师
华山医院	王 欢	女	主任医师	华山医院	叶红英	女	主任医师
华山医院	姚琪远	男	主任医师	华山医院	吴文育	男	主任医师
华山医院	金 忱	男	主任医师	华山医院	汪 寅	男	主任医师
华山医院	钟 良	男	主任医师	华山医院	钟 平	男	主任医师
华山医院	王 翔	男	主任医师	华山医院	顾宇翔	男	主任医师
华山医院	宫 晔	男	主任医师	华山医院	冷 冰	男	主任医师
华山医院	朱利平	男	主任医师	华山医院	胡韶楠	男	主任医师
华山医院	刘兴党	男	主任医师	华山医院	陈进宏	男	主任医师
华山医院	姜昊文	男	主任医师	华山医院	陈波斌	男	主任医师
华山医院	骆肖群	女	主任医师	华山医院	梁晓华	男	主任医师
华山医院	王 坚	男	主任医师	华山医院	唐剑敏	男	主任医师
华山医院	车晓明	男	主任医师	华山医院	张家文	男	主任医师
华山医院	夏 荣	男	主任医师	华山医院	刘含秋	男	主任医师
华山医院	赵 曜	男	主任医师	华山医院	张 权	男	主任医师
华山医院	华鲁纯	男	主任医师	华山医院	贾 杰	女	主任医师
华山医院	陈 彤	女	主任医师	华山医院	徐 可	男	主任医师
华山医院	徐 雷	男	主任医师	华山医院	杨叶虹	女	主任医师
华山医院	孙广滨	男	主任医师	华山医院	赵重波	男	主任医师
华山医院	吕 玲	女	主任医师	华山医院	徐 斌	男	主任医师
华山医院	黄玉仙	女	主任医师	华山医院	董 震	男	主任医师
华山医院	姜建元	男	主任医师	华山医院	殷保兵	男	主任医师
华山医院	黄海辉	女	主任医师	华山医院	罗 奋	男	主任医师
华山医院	黄延焱	女	主任医师	肿瘤医院	蒋国梁	男	教授
华山医院	张 军	男	主任医师	肿瘤医院	师英强	男	教授
华山医院	闻 杰	男	主任医师	肿瘤医院	常 才	男	教授
华山医院	卢 忠	男	主任医师	肿瘤医院	王华英	女	教授
华山医院	郭起浩	男	主任医师	肿瘤医院	蔡三军	男	教授

续表

单 位	姓 名	性别	职 称	单 位	姓 名	性别	职 称
肿瘤医院	邵志敏	男	教授	肿瘤医院	何霞云	女	主任医师
肿瘤医院	彭卫军	男	教授	肿瘤医院	孙孟红	女	主任医师
肿瘤医院	刘鲁明	男	教授	肿瘤医院	张美琴	女	主任医师
肿瘤医院	叶定伟	男	教授	肿瘤医院	陈 震	男	主任医师
肿瘤医院	吴小华	男	教授	肿瘤医院	柳光宇	男	主任医师
肿瘤医院	李 进	男	教授	肿瘤医院	徐 烨	女	主任医师
肿瘤医院	杜 祥	男	教授	肿瘤医院	李文涛	男	主任医师
肿瘤医院	嵇庆海	男	教授	肿瘤医院	王朝夫	男	主任医师
肿瘤医院	周正荣	男	教授	肿瘤医院	盛伟琪	女	主任医师
肿瘤医院	杨 恭	男	研究员	肿瘤医院	曹军宁	女	主任医师
肿瘤医院	欧周罗	男	研究员	肿瘤医院	朱永学	男	主任医师
肿瘤医院	贾立军	男	研究员	肿瘤医院	应红梅	女	主任医师
肿瘤医院	金 伟	男	研究员	肿瘤医院	程 玺	女	主任医师
肿瘤医院	郭 林	女	主任技师	肿瘤医院	赵快乐	男	主任医师
肿瘤医院	翟 青	女	主任药师	肿瘤医院	常建华	男	主任医师
肿瘤医院	杨秀疆	男	主任医师	肿瘤医院	朱 彪	男	主任医师
肿瘤医院	傅 深	男	主任医师	肿瘤医院	樊 旼	男	主任医师
肿瘤医院	吴 毅	男	主任医师	肿瘤医院	杨慧娟	女	主任医师
肿瘤医院	胡超苏	男	主任医师	肿瘤医院	李小秋	男	主任医师
肿瘤医院	陈海泉	男	主任医师	肿瘤医院	王卓颖	男	主任医师
肿瘤医院	章英剑	男	主任医师	肿瘤医院	狄根红	女	主任医师
肿瘤医院	王亚农	男	主任医师	肿瘤医院	戴 波	男	主任医师
肿瘤医院	缪长虹	男	主任医师	肿瘤医院	周良平	男	主任医师
肿瘤医院	郭小毛	男	主任医师	肿瘤医院	李心翔	男	主任医师
肿瘤医院	赵广法	男	主任医师	眼耳鼻喉科医院	王正敏	男	教授
肿瘤医院	顾雅佳	女	主任医师	眼耳鼻喉科医院	周 梁	男	教授
肿瘤医院	傅 红	男	主任医师	眼耳鼻喉科医院	孙兴怀	男	教授
肿瘤医院	周晓燕	女	主任医师	眼耳鼻喉科医院	迟放鲁	男	教授
肿瘤医院	章 真	女	主任医师	眼耳鼻喉科医院	王胜资	女	教授
肿瘤医院	郭伟剑	男	主任医师	眼耳鼻喉科医院	卢 奕	男	教授
肿瘤医院	王 坚	男	主任医师	眼耳鼻喉科医院	郑春泉	男	教授
肿瘤医院	胡夕春	男	主任医师	眼耳鼻喉科医院	徐格致	男	教授
肿瘤医院	吴 炅	男	主任医师	眼耳鼻喉科医院	王德辉	男	教授
肿瘤医院	相加庆	男	主任医师	眼耳鼻喉科医院	张天宇	男	教授
肿瘤医院	杨文涛	女	主任医师	眼耳鼻喉科医院	戴春富	男	教授
肿瘤医院	孟志强	男	主任医师	眼耳鼻喉科医院	李华伟	男	教授
肿瘤医院	虞先濬	男	主任医师	眼耳鼻喉科医院	陈 兵	男	教授
肿瘤医院	吴开良	男	主任医师	眼耳鼻喉科医院	戴培东	男	研究员

续 表

单 位	姓 名	性别	职 称	单 位	姓 名	性别	职 称
眼耳鼻喉科医院	莫晓芬	女	研究员	眼耳鼻喉科医院	江睿	男	主任医师
眼耳鼻喉科医院	吴继红	女	研究员	眼耳鼻喉科医院	陈君毅	男	主任医师
眼耳鼻喉科医院	席淑新	女	主任护师	妇产科医院	刘惜时	女	教授
眼耳鼻喉科医院	曹文俊	男	主任技师	妇产科医院	李大金	男	研究员
眼耳鼻喉科医院	韦蕾	女	主任医师	妇产科医院	金莉萍	女	研究员
眼耳鼻喉科医院	王纾宜	女	主任医师	妇产科医院	杜美蓉	女	研究员
眼耳鼻喉科医院	李筱明	男	主任医师	妇产科医院	丁焱	女	主任护师
眼耳鼻喉科医院	张勇进	女	主任医师	妇产科医院	应春妹	女	主任技师
眼耳鼻喉科医院	钱江	男	主任医师	妇产科医院	刘晓艳	女	主任技师
眼耳鼻喉科医院	吴海涛	男	主任医师	妇产科医院	刘炳坤	男	主任医师
眼耳鼻喉科医院	钱雯	女	主任医师	妇产科医院	郭延荣	女	主任医师
眼耳鼻喉科医院	黎蕾	女	主任医师	妇产科医院	程海东	男	主任医师
眼耳鼻喉科医院	沈雁	女	主任医师	妇产科医院	孙红	女	主任医师
眼耳鼻喉科医院	沙炎	男	主任医师	妇产科医院	周先荣	男	主任医师
眼耳鼻喉科医院	徐建江	女	主任医师	妇产科医院	华克勤	女	主任医师
眼耳鼻喉科医院	戴锦晖	男	主任医师	妇产科医院	李笑天	男	主任医师
眼耳鼻喉科医院	瞿小妹	女	主任医师	妇产科医院	严英榴	女	主任医师
眼耳鼻喉科医院	周行涛	男	主任医师	妇产科医院	徐丛剑	男	主任医师
眼耳鼻喉科医院	肖宽林	男	主任医师	妇产科医院	王文君	女	主任医师
眼耳鼻喉科医院	魏春生	男	主任医师	妇产科医院	张炜	女	主任医师
眼耳鼻喉科医院	罗怡	女	主任医师	妇产科医院	孙晓溪	男	主任医师
眼耳鼻喉科医院	常青	女	主任医师	妇产科医院	鹿欣	女	主任医师
眼耳鼻喉科医院	余洪猛	男	主任医师	妇产科医院	朱瑾	女	主任医师
眼耳鼻喉科医院	李文献	男	主任医师	妇产科医院	任芸芸	女	主任医师
眼耳鼻喉科医院	张朝然	女	主任医师	妇产科医院	顾蔚蓉	女	主任医师
眼耳鼻喉科医院	刘红	女	主任医师	妇产科医院	隋龙	男	主任医师
眼耳鼻喉科医院	龚岚	女	主任医师	妇产科医院	李斌	女	主任医师
眼耳鼻喉科医院	邵骏	男	主任医师	妇产科医院	朱芝玲	女	主任医师
眼耳鼻喉科医院	谢明	女	主任医师	妇产科医院	姜桦	男	主任医师
眼耳鼻喉科医院	王武庆	男	主任医师	妇产科医院	黄绍强	男	主任医师
眼耳鼻喉科医院	钱韶红	女	主任医师	妇产科医院	尧良清	男	主任医师
眼耳鼻喉科医院	姜春晖	男	主任医师	妇产科医院	张国福	男	主任医师
眼耳鼻喉科医院	李厚勇	男	主任医师	妇产科医院	刘智	女	主任医师
眼耳鼻喉科医院	陶磊	男	主任医师	妇产科医院	姚晓英	女	主任医师
眼耳鼻喉科医院	唐作华	女	主任医师	妇产科医院	冯炜炜	女	主任医师
眼耳鼻喉科医院	孙秀敏	女	主任医师	妇产科医院	朱晓勇	男	主任医师
眼耳鼻喉科医院	袁雅生	男	主任医师	妇产科医院	陈晓军	女	主任医师
眼耳鼻喉科医院	王敏	男	主任医师	妇产科医院	张斌	女	主任医师

续表

单 位	姓 名	性别	职 称	单 位	姓 名	性别	职 称
妇产科医院	汪吉梅	女	主任医师	儿科医院	王晓川	男	主任医师
妇产科医院	胡卫国	男	主任医师	儿科医院	董岿然	男	主任医师
妇产科医院	汪 清	女	主任医师	儿科医院	俞 蕙	女	主任医师
妇产科医院	张月萍	女	主任医师	儿科医院	曹 云	女	主任医师
妇产科医院	李桂玲	女	主任医师	儿科医院	罗飞宏	男	主任医师
妇产科医院	王 莉	女	主任医师	儿科医院	周文浩	男	主任医师
妇产科医院	孔凡斌	男	主任医师	儿科医院	李 昊	男	主任医师
妇产科医院	易晓芳	女	主任医师	儿科医院	曾 玫	女	主任医师
儿科医院	王卫平	男	教授	儿科医院	王 炫	男	主任医师
儿科医院	孙 波	男	教授	儿科医院	沈 淳	女	主任医师
儿科医院	郑 珊	女	教授	儿科医院	李 凯	女	主任医师
儿科医院	徐 虹	女	教授	儿科医院	程国强	男	主任医师
儿科医院	黄国英	男	教授	儿科医院	汪永红	女	主任医师
儿科医院	杨 毅	女	教授	儿科医院	刘芳2	女	主任医师
儿科医院	桂永浩	男	教授	儿科医院	毕允力	男	主任医师
儿科医院	贾 兵	男	教授	儿科医院	陆国平	男	主任医师
儿科医院	严卫丽	女	研究员	儿科医院	杨 红	女	主任医师
儿科医院	徐 锦	女	研究员	儿科医院	翟晓文	女	主任医师
儿科医院	钱莉玲	女	研究员	儿科医院	陈 莲	女	主任医师
儿科医院	张玉侠	女	主任护师	儿科医院	丁艳华	女	主任医师
儿科医院	沈国妹	女	主任护师	儿科医院	乔中伟	男	主任医师
儿科医院	王传清	女	主任技师	儿科医院	张晓波	男	主任医师
儿科医院	李智平	女	主任药师	儿科医院	王来栓	男	主任医师
儿科医院	陈 超	男	主任医师	附属医院特设岗位	任 骏	男	教授
儿科医院	马瑞雪	女	主任医师	附属医院特设岗位	张 颖	男	教授
儿科医院	陆铸今	男	主任医师	附属医院特设岗位	马瑞雪	女	主任医师
儿科医院	周水珍	女	主任医师	附属医院特设岗位	许政敏	男	主任医师
儿科医院	周蓓华	女	主任医师	金山医院	樊晓明	男	教授
儿科医院	高鸿云	女	主任医师	金山医院	许国雄	男	研究员
儿科医院	王晓红	女	主任医师	金山医院	王吉平	女	主任护师
儿科医院	许政敏	男	主任医师	金山医院	方忠宏	男	主任药师
儿科医院	陆毅群	男	主任医师	金山医院	孟月生	男	主任医师
儿科医院	王立波	男	主任医师	金山医院	杜玉玲	女	主任医师
儿科医院	王 艺	女	主任医师	金山医院	徐林根	男	主任医师
儿科医院	俞 建	男	主任医师	金山医院	周晓东	男	主任医师
儿科医院	王建设	男	主任医师	金山医院	强金伟	男	主任医师
儿科医院	徐 秀	女	主任医师	金山医院	桂 律	男	主任医师
儿科医院	黄 瑛	女	主任医师	金山医院	左绪磊	男	主任医师

续 表

单 位	姓 名	性别	职 称	单 位	姓 名	性别	职 称
金山医院	鲍晓荣	男	主任医师	金山医院	周元陵	男	主任医师
金山医院	俞建平	男	主任医师	金山医院	张新潮	男	主任医师
金山医院	尹望平	男	主任医师	金山医院	李 卫	男	主任医师
金山医院	乔田奎	男	主任医师	金山医院	张进安	男	主任医师
金山医院	陈 刚	男	主任医师	金山医院	余 海	男	主任医师
金山医院	张友元	男	主任医师	金山医院	龚 辉	男	主任医师
金山医院	祖恒兵	男	主任医师	金山医院	陈英辉	男	主任医师
金山医院	申 捷	男	主任医师	金山医院	卜淑蕊	女	主任医师
金山医院	唐建伟	男	主任医师	金山医院	钟志越	男	主任医师
金山医院	赵文生	男	主任医师	金山医院	方 芳	女	主任医师
金山医院	王 伟	男	主任医师	金山医院	郭毓卿	男	主任医师

（人事处供稿）

逝世人员名录

姓 名	单 位	原职务/职称	出生日期	去世日期	备注
杨幼明	实验动物科学部	教授	1934年04月21日	2014年01月09日	退休
张振方	附属华山医院药剂科	主管/药剂师	1927年3月27日	2014年02月03日	离休
洪文达	经济学院	教授	1923年08月02日	2014年02月05日	退休
王运熙	中国语言文学系	教授	1926年06月29日	2014年02月08日	退休
戎恭炎	学校办公室	教授	1932年10月29日	2014年03月11日	退休
顾邃珏	公共卫生学院	教授	1924年12月01日	2014年03月25日	退休
孙小玲	管理学院	教授	1963年12月19日	2014年04月24日	在职
汪堂家	哲学学院	教授	1962年05月21日	2014年04月24日	在职
竺心影	药学院	教授	1927年01月25日	2014年05月01日	退休
叶 萍	生命科学学院遗传所资料室	馆员	1930年12月31日	2014年05月08日	离休
徐庆富	原上医大药学系	党总支书记	1924年11月30日	2014年05月25日	离休
蒋文华	基础医学院	教授	1922年12月07日	2014年06月22日	退休
陈鸣树	中国语言文学系	教授	1931年10月17日	2014年07月18日	退休
于在学	武装部	副处级调研员	1928年10月11日	2014年07月04日	离休
王建同	原上医大宣传部	副处级调研员	1931年9月18日	2014年07月08日	离休
张本初	附属华山医院	党委纪委书记	1929年11月17日	2014年07月31日	离休
赵衍盛	复旦大学	党委副书记、纪委书记	1940年10月30日	2014年08月14日	退休
林树众	经济学院	教授	1925年07月01日	2014年08月20日	退休
程雨民	外文学院	教授	1926年07月15日	2014年09月01日	退休
孙留全	学校办公室	教授	1932年12月02日	2014年09月11日	退休
陈司霞	原上医大图书馆	科员	1930年1月24日	2014年09月22日	离休

续表

姓　名	单　位	原职务/职称	出生日期	去世日期	备　注
戴耀晶	中国语言文学系	教授	1958年01月28日	2014年09月22日	在职
周　新	计算机科学技术学院	教授	1935年02月24日	2014年10月05日	退休
陈暨耀	物理学系	教授	1950年01月02日	2014年10月06日	在职
刘跃群	信息科学与工程学院	教授	1946年06月09日	2014年10月17日	退休
俞吾金	哲学学院	教授	1948年06月21日	2014年10月31日	在职
顾来仪	药学院	教授	1923年04月24日	2014年11月11日	退休
潘　超	复旦大学总务处	副处级调研员	1923年9月18日	2014年11月28日	离休
张冰天	附属中山医院药剂科	主管/药剂师	1929年9月19日	2014年11月28日	离休
傅昭容	体育教学部	教授	1924年11月02日	2014年12月12日	退休
周斌武	中国语言文学系	教授	1924年12月06日	2014年12月29日	退休
曾道明	外国语言文学学院	教授	1949年05月03日	2014年12月30日	退休

（老干部处、退休教职工管理委员会、人事处供稿）

·表彰与奖励·

先进集体

第四届全国文明单位
复旦大学附属中山医院
全国五好基层关工委先进集体
复旦大学关工委
节约型公共机构示范单位
复旦大学附属上海市第五人民医院
上海市三八红旗集体
复旦大学基础医学院法医学系
上海市教育系统三八红旗集体
外文学院俄语系
第十七届(2013—2014年度)上海市文明单位
复旦大学
复旦大学附属中山医院
2011—2013年度上海市"教育先锋号"
信息科学与工程学院
物理化学系列课程教学团队
教育部"2014年度教育系统官方微博创新奖"
复旦大学官方微博
教育部大学生在线"第六届全国高校百佳网站"
复旦大学网站
第六届"上海市优秀网站"
复旦大学网站
上海市青年文明号
复旦大学附属中山医院肝肿瘤科
复旦大学附属中山医院消化科
复旦大学附属中山医院24病区
复旦大学附属中山医院心内科
复旦大学附属中山医院28病区
复旦大学附属中山医院护理小组
复旦大学附属中山医院手术室
上海市巾帼文明岗
复旦大学附属中山医院检验科临检组
复旦大学附属上海市第五人民医院妇产科医生组
上海市卫生系统"人文关怀、医务职工心理疏导"优秀项目称号
复旦大学附属中山医院"巴林特小组"
2011—2013年度上海市卫生和计生系统退管工作先进集体
复旦大学附属中山医院退管会
上海市教卫党委党建研究会研究课题成果二等奖
计算机科学技术学院
上海市卫生和计划生育委员会五四红旗团组织
复旦大学附属中山医院团委
上海市教卫系统"双先"先进集体
复旦大学老干部党总支
复旦大学附属中山医院分部老干部党支部
复旦大学老教授协会老年学理论组
上海市教卫系统调研成果二等奖
复旦大学老干部处
上海市医学科技奖三等奖
复旦大学附属上海市第五人民医院
第二十六届上海市优秀发明选拔赛职工技术创新奖银奖
复旦大学附属中山医院呼吸科课题组
第二十六届上海市优秀发明选拔赛职工技术创新奖铜奖
复旦大学附属中山医院内镜中心课题组
2014年度上海尚医医务工作者奖励基金会"最佳尚医作品奖"
复旦大学附属中山医院宣传科
2013—2014年度杨浦区健康教育工作先进单位
复旦大学
2014年度复旦大学治安保卫先进组织
复旦大学附属中山医院保卫处
复旦大学上海医学院第一届PBL教案撰写大赛优秀组织奖
复旦大学附属中山医院教育处
复旦大学科技管理先进单位
复旦大学附属中山医院科研处
复旦大学三八红旗集体
经济学院行政办公室
管理学院职业发展与校友中心
化学系化学实验教学中心
生命科学学院党政管理集体
信息学院光源与照明工程系固态照明技术与应用研究中心
计算机科学技术学院行政办公室
高分子科学系共享仪器平台
图书馆办公室
财务处
医院管理处

复旦附中校长办公室
复旦二附中
基础医学院医学实验教学中心
护理学院行政二组
复旦大学附属中山医院检验科临床基础检验组
复旦大学附属中山医院急诊护理组
复旦大学附属华山医院科研处
复旦大学附属华山医院门诊护理组
复旦大学附属肿瘤医院颈胸外科护理组
复旦大学附属眼耳鼻喉科医院四病区护理团队
复旦大学附属妇产科医院妇科
复旦大学附属儿科医院枫林门诊护理组

2014年复旦大学党建课题"特别贡献"奖

复旦大学老干部处

复旦大学优秀妇女组织

经济学院妇女委员会
管理学院妇女委员会
生命科学院妇女委员会
信息科学与工程学院妇女委员会
计算机科学技术学院妇女委员会
图书馆妇女委员会
复旦大学附属中山医院妇女委员会
复旦大学附属华山医院妇女委员会
复旦大学附属肿瘤医院妇女委员会
复旦大学附属眼耳鼻喉科医院妇女委员会
复旦大学附属妇产科医院妇女委员会

复旦大学创建"妇女之家"

护理学院
新闻学院
放医所

复旦大学2013—2014年度先进"教工之家"

信息科学与工程学院工会
生命科学院工会
图书馆工会
复旦附中工会
外国语言文学学院工会
继续教育学院工会
护理学院工会
后勤公司工会

2014年首届复旦大学青年医疗护理技能大赛

冠军：复旦大学附属儿科医院
亚军：复旦大学附属华山医院
季军：复旦大学附属中山医院

2014年度复旦大学五四红旗团组织

计算机科学技术学院团委　国际关系与公共事务学院团委
新闻学院团委　社会发展与公共政策学院团委
肿瘤医院团委

2014年度复旦大学五四优秀团组织

信息科学与工程学院团委　经济学院团委
数学科学学院团委　基础医学院团委
儿科医院团委

2014年度复旦大学五四特色团组织

公共卫生学院团委　材料科学系团委
化学系团委　历史系团委

复旦大学优秀集体标兵

新闻学院2011级本科班
经济学院2011级财保本科班
国际关系与公共事务学院2012级本科生班
社会发展与公共政策学院1173班
物理学系2012级本科生班
信息科学与工程学院电子工程系2012级本科班
计算机科学技术学院2012级本科生班
化学系2011级本科生班
生命科学学院2012级本科班
基础医学院2012级临床医学(八年制)班
化学系分析化学专业12级博士生班
外文学院2013级科学硕士生班
中国语言文学系2013级硕士班
管理学院2013级硕博连读班
生命科学学院2012级硕士遗传班
新闻学院2012级科学硕士班
物理学系2013级研究生班
微电子系2012级研究生班
公共卫生学院2012级硕士班
环境科学与工程系2013级硕士研究生班

2013—2014学年度复旦大学优秀共青团集体

中国语言文学系团委
中国语言文学系2012级团支部
外国语言文学学院团委
外文学院2013级联合团支部
新闻学院团委
新闻学院2012级团支部
历史系团委
历史系2012级团支部
经济学院团委
经济学院2011级经济学系团支部
经济学院2011级保险系团支部
经济学院2012级世界经济系国际经济与贸易专业团支部
哲学学院团委
哲学学院哲学系2012级团支部
国际关系与公共事务学院团委
国际关系与公共事务学院2012级本科生团支部
社会发展与公共政策学院团委
社会发展与公共政策学院2012级团支部
法学院团委
法学院2012级团支部
数学科学学院团委
数学科学学院2012级团支部
物理学系团委
物理学系2012级团支部

环境科学与工程系团委
环境科学与工程系 2012 级本科生团支部
信息科学与工程学院团委
信息科学与工程学院 2012 级微电子本科生团支部
信息科学与工程学院 2012 级光源与照明工程系团支部
信息科学与工程学院 2012 级光科学与工程系本科生团支部
计算机科学技术学院团委
计算机科学技术学院 2012 级本科生团支部
软件学院 2012 级团支部
化学系团委
化学系 2012 级团支部
生命科学学院团委
生命科学学院 2012 级本科生团支部
管理学院团委
管理学院逸格楼团支部
管理学院乐贤楼团支部
力学与工程科学系团委
力学与工程科学系 2012 级团支部
材料科学系团委
材料科学系 2011 级团支部
高分子科学系团委
高分子科学系 2012 级团支部
基础医学院团委
基础医学院 2012 级临五一班团支部
基础医学院 2012 级临床医学八年制团支部
基础医学院 2011 级临床 5 年制 2 班团支部
核科学与技术系团委
核科学与技术系 2012 级团支部
公共卫生学院团委
公共卫生学院 2012 级预防医学团支部
药学院团委
药学院 2012 级团支部
护理学院团委
护理学院 2011 级本科生团支部
中山学生团总支
2009 级临床医学(八年制)1 班团支部
华山学生团总支
2010 级华山临床医学五年制团支部
勤工助学中心团总支
勤工助学中心家教部团支部
复旦大学附属眼耳鼻喉科医院团委
复旦大学附属眼耳鼻喉科医院四病区护理团队团支部
复旦大学附属肿瘤医院团委
复旦大学附属肿瘤医院团委职能 1 团支部
复旦大学附属儿科医院团委
复旦大学附属儿科医院内科团支部
复旦大学附属妇产科医院团委
复旦大学附属妇产科医院行政后勤团支部
网络教育学院团委

网络学院 2009 级国际经济与贸易团支部
两新经济团组织
上海复旦科教器材服务有限公司团支部

复旦大学优秀学生集体
中国语言文学系
中国语言文学系 2011 级本科班
中国语言文学系 2012 级本科班
外国语言文学学院
外国语言文学学院 2012 级小语种班
外国语言文学学院 2013 级英翻小语种班
新闻学院
新闻学院 2013 级本科班
历史系
历史系 2012 级本科生班
历史系 2013 级本科生班
经济学院
经济学院 2012 经济学系(含数理经济)
经济学院 2011 级国际金融系
哲学学院
哲学学院 2012 级本科生班
哲学学院 2013 级本科班
国际关系与公共事务学院
国际关系与公共事务学院 2013 级本科生班
社会发展与公共政策学院
社会发展与公共政策学院 1273 班
法学院
法学院 2011 级本科班
法学院 2012 级本科班
数学科学学院
数学科学学院 2012 级 1 班
数学科学学院 2013 级本科班
物理学系
物理学系 2011 级本科班
环境科学与工程系
环境科学与工程系 2012 级本科班
环境科学与工程系 2013 级本科班
信息科学与工程学院
信息科学与工程学院微电子学系 2012 级本科班
信息科学与工程学院光信息科学与技术系 2012 级本科班
计算机科学技术学院
计算机科学技术学院软件工程 2012 级本科生班
化学系
化学系 2012 级本科生班
生命科学学院
生命科学学院 2013 级本科班
管理学院
管理学院 2011 级本科生班(逸格楼)
管理学院 2012 级本科生班 2 班(且行轩)
力学与工程科学系
力学与工程科学系理论与应用力学 2012 级本科生班

力学与工程科学系理论与应用力学2013级本科生班
材料科学系
材料科学系2011级本科生班
材料科学系2012级本科生班
高分子科学系
高分子科学系2012级本科生班
高分子科学系2013级本科生班
基础医学院
基础医学院临床医学八年制2011级本科2班
基础医学院临床医学五年制2012级本科1班
基础医学院临床医学五年制2012级本科2班
核科学与技术系
核科学与技术系2012级本科生班
核科学与技术系2013级本科生班
公共卫生学院
公共卫生学院2012级预防医学班
公共卫生学院2013级公卫班
药学院
药学院2012级药学班
药学院2013级药学班
护理学院
护理学院2013级专科1班
中山学生团总支
临床医学八年制2010级本科1班
华山学生团总支
临床五年制2011级本科华山班
研究生院
生物医学研究院12级研究生班
基础医学院2013级科研硕士班
2013级社会工作硕士班
药学院2013级博士班
2013级法律硕士（非法学）2班
2013级电子工程系研究生班
经济学院2013科硕
复旦大学心舞舞蹈团
复旦研究生剧社
南（东）苑学生生活园区团工委
复旦大学低碳公益站
勤工助学中心团总支
大家沙龙
张江学生生活园区团工委
张江团工委望道书阁

先进个人

全国五一巾帼标兵
曾　璇

第六届全国优秀科技工作者
孙爱军

2014年度国际护理技能大赛二等奖
秦　瑶　张　琦

2014年全国对口支援西藏先进个人
生命科学学院教授、研究生院院长　钟扬

2014年度教育系统优秀工会工作者
司徒琪蕙

教育部第一届"心中的感动——记教育系统关心下一代优秀人物"征文活动"关心下一代工作优秀人物奖"
张永信

教育部第一届"心中的感动——记教育系统关心下一代优秀人物"征文活动"关心下一代工作优秀人物奖"
钱冬生

教育部第一届"心中的感动——记教育系统关心下一代优秀人物"征文活动"优秀征文奖"
鄂基瑞

上海市五一劳动奖章
姚礼庆

上海市三八红旗手
俞燕蕾　王克敏　李　峻

2013年度第五届上海市五一巾帼奖
姜　红

上海市巾帼建功标兵
高　鑫

上海市优秀志愿者
李　锋　朱延军

上海市教育系统三八红旗手
迟　楠　姜　红　吴燕华

上海市教卫系统"双先"先进个人
郭晓燕　周振汉　张令仪　方林虎　陈桥裕

2010—2013年度上海市教育系统心系教职工的好领导
刘建中

上海市育才奖
储以微　阚海斌　陆伟跃　骆玉明　刘召伟　王桂新
汪　玲　吴泉水　熊学亮　徐　蓉　肖永春　姚　凯
应质峰　张　珣　郑　正

2010—2013年度上海市教育系统优秀工会工作者
金再勤

上海市卫生系统第二届"左英护理奖"
张育红

上海市卫生系统优秀志愿者称号
庄玉忠

上海市卫生和计划生育委员会优秀团干部
沈继平

上海市卫生和计划生育委员会优秀团员
凌　晔

上海市老干部系统"双先"先进个人
张永信

第六届上海市医学会医学科研管理学术年会优秀论文奖
姜 红
上海市住院医师规范化培训优秀管理者
余 情
上海市住院医师规范化培训优秀带教老师
钟 鸣　刘春风
2013年上海市重点工程实事立功竞赛优秀建设者
张群仁
2014年度上海市优秀毕业生名单(本科生)
中国语言文学系
高安琪　沈颖婕　张雪艳　马伊莎　何 齐
外国语言文学学院
王云婷　朱鸿宇　沈 岑　朱思洁　季 晨　江 磊
张静佳　江业弘
新闻学院
马故渊　倪佳炜　陈 逸　沈意沁　陈梦璐　吴诗敏
卢 苑　管 卓　朱 骏　郭若筠
历史学系
陈雅雯　魏灵学
旅游学系
陈嘉熹　徐 烨
文物与博物馆学系
邱宁斌　张 蒙
经济学院
林雯琳　庞锐辉　孟 悦　欧力源　谢佳怡　李润燮
丁墨海　余安琪　刘紫寒　严 皓　王 瞻　王慧超
许煊文　庞恩泽　徐 涨　李萧爽　李加林
哲学学院
杨 宽　蒋晓菲　李 茵
国际关系与公共事务学院
汪 航　郑子昂　赵晓惠　李沁园　李晓磊　程单阳
郑 逸　沈大伟
数学科学学院
黄 健　王伟珅　朱 彀　钱华杰　尹 豪　李 浩
彭 伟　李远帆　邱稔之　李 童
物理学系
亓炳堃　杨慧敏　刘 希　何志帆　赵 越
核科学与技术系
陈辉耀
信息科学与工程学院
张 鹏　李淑雅　舒天民　金敏旻　张序佳　桂梅艳
李慧敏　叶志远　穆敏宏　李先驰　王智鑫　廖 捷
金宇章　梅时良
计算机科学技术学院
徐月晗　马 浩　陈济凡　金凌子　潘 奇
软件学院
张时乐　陈 诚　刘斐敏　王 晨
化学系
丘子杰　郑植芳　王 灿　丁珏瑞

生命科学学院
段 珂　朱思雨　胡钰彬　刘 筱　查史君　王 博
吕垣澄　方 圆
管理学院
梁宋静怡　杨敏莹　沈潇芳　王树君　曾智文
陈华略　贾玉莹　李佳俊　孙谋远
法学院
孙婷婷　王正一　谢伟钦　单伊露　冯佳欢
力学与工程科学系
董彦辰　陈 文
材料科学系
张安琪　廖威栋　裴立远　范嘉伟
高分子科学系
柏文宇　王 恩
社会发展与公共政策学院
付 宇　王莹莹　黄世婷　陈哲媛　张炜华　吴笑悦
张 郁
环境科学与工程系
胡 晓　赵婉竹
基础医学院
王彦熹　刘雨亭
公共卫生学院
徐乃婷　朱 康　刘亦悦
药学院
汪智军　卢逸飞　陈 彦
中山医院
金济福　孙 驰
华山医院
杨雅岚　温 馨
护理学院
富晶晶　张玮楼　靖 夏倩菁　闵 丹　潘 亭
王子依　吴婷婷
华东医院
沈一洲
2014年上海市优秀毕业生名单(研究生)
中国古代文学研究中心
汤志波　潘德宝
中国语言文学系
左轶凡　李 蒙　袁一月　屈 懿　桂 靖　姜舒婷
战玉冰　竺莉莉
外国语言文学学院
管阳阳　庄 蓉　唐吉云　李潇骁
新闻学院
肖 淼　蔡洁晶　刘婧婷　杨 漾　谢振达　彭晓华
曾 艺
历史学系
彭珊珊　徐美超　李春圆　潘 星
历史地理研究中心
陈 熙　崔立钊　魏玉帅

文物与博物馆学系
赵莘　付蓉　蔡董妍
经济学院
高虹　刘冲　严肃　袁盼　陆莹洁　陈奋涛
袁菁　刘渝霞　罗政　邵飞　王栋　陈思
吴清源　郭冬悦　罗梦悦　吴迪　戴慧斐　沈磊
周海琴　熊杰　胡泓鑫　位洪明
哲学学院
葛骏亚　张祖辽　吕哲　姜国敏　邹琴　汤克凤
国际关系与公共事务学院
金孔羽　史梓渊　胡青云　陆健英　徐露萍　杨帆
张婷婷
数学科学学院
徐建　顾旭旻　钟敏　何岱洧　张驰　林宏翔
陈怡瑾
物理学系
马英杰　周诗韵　李宁　沈晓萍　陈松
现代物理研究所
戚强
信息科学与工程学院
吴忠航　李荣玲　李阳　余翀　张冬旭　张请
王宗炎　吴晨璐　曾祥宇　付凌智　余玉华
微电子研究院
俞政　薛元坤　薄一帆　陈建锋
化学系
王思浓　姚子健　邱观音生　司雯　黄丹妮
王欢欢　王明宏　叶红艳
分析测试中心
刘天顺
生命科学学院
王园　李慧　李亭亭　周玮晨　翁敏杰　王海峰
曹琳　杜晓峰　李锡帅　陈安慧　李晓莹　周幸
孙海燕　汪书越　胡璐璐
计算机科学技术学院
郝志军　王琪　李珀瀚　武恒　李杨　田乐
张珂　蔡淞
软件学院
刘媛　王翔　朱珠
管理学院
张华祥　黄骏腾　吴宇笛　孟归弦　蒋琛　董舟菡
赵思然　陆程程　华成　王浚宇　陈佳诗　胡皓悦
胡志杰　李少华　袁敏
法学院
王珉　杨洋　史歌　王若楠　陈熙　任佳宝
翁宏斌　唐漫漫　张晓航　欧士硕　王一川　胡健强
吴玉金　张书染
力学与工程科学系
朱海宁　李亚贝　陈凯
材料科学系
李旭晏　王磊　蒋臻　赵祺旸　姜月　马越跃

社会科学基础部
李洋　张宗峰　李维
高分子科学系
姚响　刘明凯　刘美娇　陈仲欣　李文龙
社会发展与公共政策学院
姜惠敏　陆燕秋　董雪　黄玺
高等教育研究所
郑雨佳　曹春蓉
环境科学与工程系
林琳　张韦倩　黄元龙　王正芳
先进材料实验室
胥明　黄小兰
国际文化交流学院
马思鸣　姜珊　刘丹清
基础医学院
徐巍　余光阳　李备栩　毛蕾蕾　冉苇　钱一凡
胡莹莹　刘艳丰
公共卫生学院
马文娟　王姝　汪萃萃　崔剑岚　唐檬　宫霄欢
唐密
药学院
徐丽丽　胡全银　生世俊　黄澄嵘　曾贤
中山医院
叶乐驰　周少来　崔晓通　王福萍　马姣姣　谭辉
中山医院八年制
丁飞红　江一舟　申丽君
华山医院
冯陈陈　杜昕　李宏福　雷宇　陆蕴红　张备
华山医院八年制
许华　孙峰　杨璐萌
肿瘤医院
刘笛　彭雯婷　王丽莎　贺敏
儿科医院
杨琳　周琦　孙松
妇产科医院
李俊　胡文婷
眼耳鼻喉科医院
李美燕　吴春萍　王鑫
金山医院
杜立环　魏丽
放射医学研究所
暴一众
上海市计划生育科学研究所
曹芸蕾
护理学院
叶晶　谢菲
华东医院
楼旭丹　曾继平
上海市第五人民医院
林荣强　于玲

公共卫生临床中心
王青乐　马　倩
普康医学优秀教师奖教金获奖者
汤其群
陆宗霖奖教金获奖者
胡　雁　易　涛　周　怡
宝钢奖教金优秀教师特等奖获奖者
赵东元
宝钢奖教金优秀教师奖获奖者
黄国英　金　路　钱睿哲　王德峰
港爱赞助优异奖教金获奖者
陈国颂　郭　旸　侯体健　姜育刚　李晓波
梁　咏　孙　梅　孙清清　熊易寒　叶　丹
赵　俊　邹　怡
第一三共制药奖教金获奖者
程　忻　董丽莉　李明清　朱海涛　张　伟
CSC-IBM 奖教金获奖者
赵卫东
复旦大学 2013 年度学生思想政治工作先进个人一等奖
杜楚源
2012—2013 年度复旦大学巾帼建功创新奖
姜　红
复旦大学优秀团干部
陶嘉乐　冯　颖　成　锋
2012—2013 年度复旦大学比翼双飞模范佳侣
仓　静　洪　涛
复旦大学三八红旗手
王滨滨　郭　虹　金秀英　蔡晓月　祁新娥　郑琴琴
薄　燕　李　巍　黄　芳　黄萱菁　牛军钰　游　波
邓　娟　郑煜芳　吕文琦　董新萍　乔琴生　陈永英
岳　娟　苏　华　桂雅平　尤　玲　钱永菊　桂晓琳
曾文姣　黄葭燕　陈　瑛　夏海鸥　叶　丹　侯英勇
陈勤奋　黄　虹　王　莺　曹军宁　周　燕　孔祥梅
华　玮　鹿　欣　王　珏　沈　淳
复旦大学优秀妇女干部
刘军梅　黄艳萍　蔡星星　马　波　王李霞　周卫萍
秦嗣萃　邵建华　刘存娣　王丽平　尤　仁
复旦大学心系女教职工好领导
石　磊　叶耀华　钟　江　周立志　张玥杰　严　峰
秦新裕　马　昕　顾文英　王胜资　徐丛剑
复旦大学心系工会工作的好领导
袁继鼎　尹　晨　屈新萍　钟　江　严　峰　吴　坚
李　倩　周　亚　夏海鸥　王士义
复旦大学优秀基层工会主席
殷莲华　严法善　胡光喜　杨亚军　陈永英　李　峻
曾建彬　刘　华　陈利群　陆汇云
2014 年度复旦大学优秀基层团组织负责人
王茂异　姜云辰　田博毅　刘佳琦　龙子雯
复旦大学优秀学生干部标兵
钟凯旋　付博文　胡文静　袁子辰　文晓博　喻显迪
郑　越　郭丹浩　王　轩　王　喆　王志鹏　刘　婷
尉颖琪　张　依　唐　静　田　佳　林光耀　高　仁
吴焱鑫　李树蕙
复旦大学优秀学生干部
中国语言文学系
郑依梅　杨捃珺　邱大同　吕肖璇　胡　泊　冉　莹
叶　豪　孟羽桐　钱　源
外国语言文学学院
杨天歌　顾　培　陈予昕　周　鸣　邵一帆　谢逸轩
孙琦梦
新闻学院
郑薛飞腾　任　浩　房媛媛　韩水晶　邱明玥
蒋奕羚　查建琨　樊　蓉　李祎宁　武　晔　沈　源
历史系
谢光钰　张宇杰　蒋梓业　彭宇安　陆乐野　张鹤仪
经济学院
徐少丹　吴雨晨　黄温馨　王怿丹　左　旭　王玲心
熊雅文　赵　晴　孙志鹏　段玉柱　薛妍燕　王思珺
刘莹莹　刘亦伟　周薪吉
哲学学院
张　迪　周天明　于丽波　刘朝辉
国际关系与公共事务学院
慕含雨　韩啟凡　崔樱子　陈慈钰　马心怡　孙佳妮
陈辉艳　陈辉艳　唐心怡　温雨彤　刘雨晴　杨雨清
王海程　惠川川　柳宇宁
社会发展与公共政策学院
程千里　汪远解　昌　明　陈炜烨
法学院
张　杰　吴　涛　钱梦珂　代文馨　夏淳慧　蔡启予
韩　康　陆嘉玮　黄治中
数学科学学院
沈思逸　胡天然　马　烨　李睿霖　田　彤　龚　昊
夏瀛韬
物理学系
唐诗翔　张笑颖　李　楠　庄天宇　杨精宇
环境科学与工程系
陈子杰　陈心欣
信息科学与工程学院
曹　瑾　陈光辉　施若画　刘　卓　刘晨光　路天一
魏　钰　戴惟谌　达
计算机科学技术学院
车思彤　顾羽风　陈露薇　陈　恒　朱志斌　路　畅
罗华清　吴亚薇
化学系
戴申恺　申丹阳　吕　浩　黄　山
生命科学学院
胡世桢　黄斯琦　陈天元　徐思佳
管理学院
齐　峰　陈　雅　涂雨薇　周　童　张嘉诚　陈圣仁
金睿诚　刘　洋　程伊晴　金　琼

力学与工程科学系
姚　旭　曾　婧
材料科学系
朱熠民　钱圣晟　杨晓蕾
高分子科学系
李永婧　林佳璐　谢志伟
基础医学院
刘逸奇　成　婧　闫　翀　陈雨佳　韩　晗　奚水君
张泰维　吕洞宾　闫士灿　刘泓源
核科学与技术系
白双瑞　胡　昱
公共卫生学院
任雨萌　彭飘飘　李　达　王　岳
药学院
傅奇琪　王诗雨　刘子宁　袁世豪
护理学院
宋丹菲　陆言庭
中山学生团总支
王轶伦　张丹枫　夏　鑫
华山学生团总支
蒋　龙　程　平　张启麟
书院团工委
刘佳锜　姜昕鸣　唐　程　冯宇辰
研究生院
王　丽　唐荣堂　归彦斌　胡碧琴　郑　灿　徐　晨
朱言音　吴　琦　黄艳艳　徐　琛　李　娜　戴建文
张　倩　王　璁　王英豪　姜雪娇　陈欣怡　张艳梅
何代东　张　亮　张馨赟　乔　悦　李宪辰　黄　媛
王　坚　裘佳杰　曾　益　候一欣　陆红红　杨　超
黄剑钊　王　洁　董加纯　徐世朗　邓凝旖　周　宁
陈才干　沈周锋　尤小芳　严梦玲　饶锦倩　唐　飞
高　颖　高　杰　张　晶　李荟婧　李智奇　廖中强
孙江伟　孙　骥　沈志云　张易明　李永庆　吕　辰
黄曦鹏　邓皓谦　徐会杰　黄　睿
南（东）苑学生生活园区团工委
周　驰　阿　慧　曾小珊　赵怀锐
勤工助学中心团总支
孙天佩　穆泽林　肖　毅
张江学生生活园区团工委
王子源　张　萌
枫林团学
赵雪纯　梁　昕　刘玥辰　琚紫昭　杨建华

复旦大学优秀学生
中国语言文学系
潘樱梅　黄贝盈　王雨堃　陆雨菲　王钰莹　耿　璐
陶嘉尔　陶　熠　庄歆怡　朱子璇　朱今朝　聂冬瑶
向月越　程若茜　陈俊早　胡方舟　谢　雨　耿添舒
朱　悦　谢若耶　李雅婷
外国语言文学学院
杨文婷　龚　璇　何颖文　王　侠　柏　静　于欣荷

董　益　张　悦　励蔚轩　孙雨朦　张一苇　沈　儒
骆佳圆　沈星成　范依昀　方晋清　张佳懿　刘津滔
季雅婷　胡梦霞　刘雪雯　陆晟杰　周瀚阳　刘智佳
过馨妍　侯凌玮　王丰一　贺　盈　殷　雯　张雪瑜
新闻学院
乔有为　许奕丹　孙冰清　成　辰　孙鉴文　王　苗
张丽欣　田　宇　丁雪纯　匡曼宁　屈欢悦　黄佳淳
徐倩宇　刘文轩　管　苗　陈蕾佳　陈敏怡　季　浩
花文妍　顾亦滢　李舒晴　来　珺　崔银月　武从文
唐　雨　李玥娴　范佳来　安晨亮　严　奕　邢天意
孙冰清　戴　畅　任　浩　陈　曦　王雅璇
历史系
孙毓斐　钟明月　金洪吉　曹嘉泗　钟舒健　孙　叶
施　艺　陈雨萌　沈　冲　常钰婕　王娟婷　汪智娅
金之夏　周陈怡人　　　　　谢光钰　陈春艳　黄熠玮
贾　沈　朱唐慧敏　　　　　林语嫣　王嘉琪　胡思清
钟筱婧　徐嘉莹　崔斯瑶　刘傲飞　费芃凡　周雪妍
经济学院
顾智恺　曾永安　陆沛杰　明根那木尔　　　孔德华
于子洋　万　昱　王昕妍　马　婧　张剑宇　白　钰
柳惠泽　刘　意　刘金山　钱　蕾　袁　景　李　萌
王　璇　柯喆宁　张　恺　李　斌　滕　璇　张家铭
宋沛恒　张绮雯　徐浩栋　倪　通　陈　功　沈　忱
范保临　钱　程　郑毓文　刘丽婵　秦若冰　韦一飞
朱慧雯　刘　念　金　烨　张　璐　沙丹青　施　歌
林思婕　林晓威　吴瑞琦　薛思帆　乔佳芬　周志浩
彭超君　林家辉　张希瑞　澹台文赟　　　　吕一品
谭　振　周皓玥　陈功成　李筱妍　祁　望
哲学学院
田博毅　孙尉乔　陈少鹏　钱娅萍　杨文怡　苏思妍
吕　远　宋一帆　赵　骁　吴　昊　孙靖凯　张薇依
龚　博　王修一　黄袁睿静
国际关系与公共事务学院
薛林骐　李诗元　周　微　黄沛璇　陈　树　张鸣宇
魏以宁　戚馨予　张溟翔　米　雪　邵彤晖　吴　桐
何永朋　戴雯斌　杨旭东　马心怡　陆诗怡　湛柳桃
周思颸　刘香君　周文博　顾嘉伟　张　成　张硕楠
奚雯雨　刘　超　郑贤文　高　雅　黄奕奕　江林晚
陶越彦　罗天宇　包琳达　刘梦林　李林霜　张毓雯
张子璇　王　璇　王子雄
社会发展与公共政策学院
朱意书　于佳煖　杨鲲昊　葛晨捷　王　琴　李东雨
王　江　张家豪　孙思凡　李洁莹　胡英帅　施嘉琪
卓一凡　郑　书　吴正宇　陈陆琪
迪丽菲娅·哈木拉提　　　　姚　晔　杨瑜静　唐　乔
翟吉红　朱诗叶　陆奕同
法学院
杨羽潇逍　　　张雨纯　周　茵　刘慧敏　罗晓瑜
徐　欢　张益辉　罗晟君　汪寅晓　李　雄　封　雪
张子璇　张一心　韩　政　顾铮峥　高　妮　郭笑雨

张景菲　宋肇屹　赵诗嘉　仇晟栋　陆佳婧　公惟韬
程一昕　詹孟杰　徐新宇　童　彤　赵容宇　周杰生
数学科学学院
瞿羽成　张　腾　陈筠臻　何洁倩　潘　畅　应　雄
沈启帆　郑玉鹏　何家钧　王季康　孟筱枫　胡诗庭
王汝韵　孙鉴辉　李　林　巴闻嘉　张　科　凌修仪
张　甡　李伟嘉　程　帆　马忠毅　葛　帅　史文菁
徐熙宁　胡飞鸿　韩秀一　沈　铎　宋杰承　由以苓
物理学系
王天一　董知宇　陈　悦　王益琦　王禹涵　王世源
耿鑫宇　沈　策　徐　图　赵正德　药子恒　田博衍
王亦许　王同欣　张宇豪　赵彤彤　张　苣　王思凡
环境科学与工程系
王慧洁　梁耀月　张　琛　林小凤　吴轩浩　余陈阳子
娄华菁　张屿潇　朱胜男　刘旭峰　岑天宇
信息科学与工程学院
宋　川　丁宏伟　潘键恒　张子豪　张　磊　龚　元
李　昕　滕思嘉　张有才　毛一凡　李睿康　顾丁豪
曾　宇　张瀚瑜　杨皓轩　王　泽　秦一帆　潘人建
王　韬　田雪琛　周华羿　彭冠泽　陈　卓　褚　莹
王　灿　李维轩　彭传迪　潘逍遥　赵　正　江智宇
石跃杰　彭紫璇　张欣彤　龚骏一　朱菁景　王　辉
李思琪　冯　皓　杨　瑾　陶欣然　陈滢旭　陈博韬
常奥菲　韦　昕　向　旭　嵇明浩　郝培良
计算机科学技术学院
王德泉　何蒙塔　赖文星　李惠莹　林楚铭　史明阳
肖振宸　李俊楠　余潇龙　宋　浩　水泽农　仝嘉文
詹济源　朱天乐　陈欣轶　陈辛畋　郐正元　许　衍
单张卿　李佳蔚　修泽铱　郑哲东　刘荔林　李俊毅
解　戎　殷　欣　宋丽姗　李　星　何文琦　宋　雪
杨　健　刘庭航　章凌豪　侯天朗　万一木　杨　眉
李金城　李浩田
化学系
曾济人　蔡维真　陈佳璐　周欣然　杨霏辰　臧怪恺
万　里　黄恺翔　宋嘉颖　唐睿蝶　黄道丰　沈奕卿
李　根　冯尔陆　黄志洋　陆　洋　杨思宇　高鹏飞
张渝笛　张慧娟　周　凝
生命科学学院
郭昊天　李柏逸　杨禾青　盛冠　温　泽　王韵丞
陈偲玓　王　浩　齐　湍　潘晗雨　王思源　刘　羽
苏新雅　马思捷　胡叶凡　李刘骏骊　　　　尚雪莹
张　璐　拜亦名　张浦洋　袁祖俍
管理学院
倪文婷　游　悦　陈　都　肖　涵　叶晓东　秦　奇
董　雪　马国良　于　畅　任　桀　殷家伟　刘　玥
徐纯波　冯思佳　林　璐　唐　琪　江珣璠　李　偲
杨雨凡　夏　禹　郭苏楠　王子淳　郑宗亭　黄诗韵
严逸恒　楚　悦　杨益晴　吕方天　耿天骄　翁德明
周燕琦　蒋子涵　余星蓉　郭桂江

力学与工程科学系
柯鸿堂　蒋力夫　郑　悦　徐晓晓　任　珂　黄思林
朱笑涛　顾智博　史无双　杨雪淳　俞惺隆　孙莹莹
王　潇
材料科学系
周　兴　张誉文　杨　辰　张　波　徐　行　余婧雯
杨嘉桦　杜笑天　刘　亦　武　旭　杨茜婷　丁雅纯
卫晨允　唐佳宁　江　乐
高分子科学系
吴皓琪　高　雅　彭夏雨　付鸿博　李　劢　杨于驰
霍继臻　贾　炜　曹屹睿　陆炜进　郦　捷
基础医学院
张懿翔　傅航成　张东辉　蒋琮林　赵　珅　朱逸晖
周星宇　任　杰　胡蔚萍　杨　帆　吕国昌　崔丹妮
黄铿恕　张蕴璐　魏依绸　许佳祺　孙桉融　徐天虹
庄晓楠　程婧仪　陈泓宇　周　鹏　李　健　毛润宇
李　煜　张昊澄　王一婷　刘华华　金明亮　庄骐源
罗颖秀　王　鑫　徐翰林　叶姗姗　徐吉瑛　李沁函
章馨月　孙淑根　邵以琳　尹嘉成　张雅芳　贺轶轩
李欣怡　魏若妍
核科学与技术系
付筱茜　金　越　乔思奇　刘耀伍　白云鹤　刘石坚
公共卫生学院
尤宇璇　姜宜萱　杨智琪　刘安妮　赵春春　董　兰
杨　林　胡若瑜　朱诗静　林　萍　何运臻　孙源瞳
于鹏程　宋丽莹　张馨予　贾玉晟
药学院
胥森瀚　柯梦晶　张文卿　吴冯杰　张楚楚　李诚意
李思瀚　李祉宁　周楚涵　吴剑雄　郁明诚　王　梓
何庆烽　杨陈筠
护理学院
戚炀炀　陈淑君　左依芸　史珮珍　汪　琦　黄梦婷
唐　钦　邱诗慧　夏佳敏　顾佳琪　吴　丹　张　蓉
吴　婷　王　怡　屈晓慧　夏　敏　许佳敏
中山学生团总支
刘丝雨　陈佳惠　李奕洁　艾沓杉　方　婕　李　超
姚光宇　冯青阳　戴肇星　李　冰　唐文博　纪红景
金丽霞　莫　非　顾陈琳　伍秋宁　刘子琪　王子龙
钱思瑶
华山学生团总支
李玮珊　赵邦博　周英杰　刘佩玺　白培德　陈骁俊
刘　曦　孙　翀　苏　娅　李慧洋　苏佳斌　吴俊龙
刘丹丹　杨清銮　关荣源
书院团工委
王震宇　丛佳琦　余　忆　卢红敏　顾恺丰
研究生院
邓富华　黄杨子　杨翼然　储冬冬　周绪情　王乐莎
栾文钰　周君凤　张　宏　常方舟　刘阳军　罗舒芹
金晨斐　张昕晨　孟觉之　高安琪　赵　岩　左玲玲
周文萍　逄亚萍　徐初照　吴　桐　徐玲英　钟　怡

周慧凯	邢宋杰	李宇琳	李基	陈胜菲	朱懿
胡天天	伍振华	叶江英	黄学超	刘凯	胡耀飞
姚亚茜	贺梦楚	岳冰茹	俞淑	薛志宏	王咪帅
饶璨	杭梦圆	高小婷	李金柳	刘文文	汤毅
任迪诗雅		邰桂龙	周晗	熊哲歆	杨宇佳
姚吉璐	周雨蓓	祁宗超	石烁	吕怡	王丹
徐艺萍	毛安然	陆心宇	邵奇慧	李志春	季怡雯
陈康令	张宸榕	王悦婷	陈嘉锰	黄桂婷	吴颖蕾
姜云辰	江天骄	侯宇	卓羽	吴俣霖	陈丽
邱紫阳	孙正杰	范丽军	周通	聂国熹	罗伟杰
李鹏雄	王晶	李自龙	赵中正	金硕	肖竹君
蔡瑾	蒋永翔	李怡卿	蔡华	李艳丽	梁佩佩
何孔多	张静	刘照乾	窦仁峰	杨松波	许鹏
胡时晓	朱凌昊	王子仪	左青松	刘鹏	王浩骏
裴文刚	张靖婉	刘亮兴	罗程	李聪聪	王茂异
张萌	白洁	熊万强	张武能	田颖萍	冯小燕
章芳俊	沈续雨	任宇龙	杨慧丽	蒋昆	盛洁
孔彪	石超	王博洋	李昕骥	李益鹏	濮伟霖
章月蟾	杨婷婷	章亮	潘永强	刘芳	陈璐
尤辰江	王雅琼	楚海燕	李艾昕	赵苏翔	王筱纶
葛琳	钟婉玲	田小录	张群	张珏融	汪琼
李天健	汪志鹏	郭丽丽	何勇	孙记国	陆天
马文杰	郭亦骏	吴承栩	李尚桦	孔凡洲	程杨
胡超	金玮杰	刘梦霞	阳洋	袁晓岩	江国强
沈旸	陈启球	师文	杨润	徐艺嘉	张利冰
宋静远	尹娜	张立东	石国庆	武汪洋	李梦
丁妍	马文儒	曾凡越	张卿隆	章雨婷	曹彬
张毅	马骥	杨柳烨	曹庆	陈萃琳	李昀鋆
叶枝俏	袁晶	程燃	吴凯	郝诗来	纪天一
孙真	吕锴	达佩玫	邢文芳	蒲丛丛	王婷婷
张磊	王智	刘小妮	宿靓	江晓燕	李芳
崔士超	刘君樱	魏金旺	刘鹏程	张一飞	王斌
伍劲屹	张越	赵昂	张哲	周清源	胡霜
葛慧敏	何建明	朱嘉俊	孔文韬	虞莹	林奇
蒋冬先	张潮	田孟鑫	郑龙	胡志强	李龙
王兴旭	张宁	孙丽	焦方阳	严敏骅	李念夷
张珊珊	宋阳	李一鸣	刘文娟	蔡天翼	常坤
黄浩哲	梁晨	张迪	张明星	邹蕾蕾	张玉秋
林海	毛雨晴	邵一叶	杨洋	董忱	李强
苗亚杰	贾秀芬	陈亮	董方元	胡士斌	傅卫辉
王丽君	邓颖	周年伟	李赟	万芊	刘晓
徐翌钦	钱胜沾	吕佳霓	荆翼	王智慧	黄子寒
江玲	左雪君	马莎莎	邱佳梦	杨晓娟	汪艳
强磊	吕佳颖	张晗	钱渊源	马骋	周玉莲
万方	蔡蔚	陈勇臻	赵万素	龚金红	徐金苹
干劲	朱倩倩	姚佩怡			

南（东）苑学生生活园区团工委

赵喆　邹开成　曲柏静　金杨阳

勤工助学中心团总支

白亮　陈瑞　陈雨田　高顺祎　陶醉妮　孙殷阁　刘畅　肖叶微　张琪　高基乔　叶雪锋

复旦大学广播台团支部

王立尧

枫林团学

程曦　张蜜　雷博文　席晓芸　谢作帆　李紫君　刘续洋　孟妍

2013—2014学年度复旦大学优秀共青团干部

中国语言文学系团委

王丽　吕肖璇　陈俊早　邱大同　杨诗云　高安琪　郑依梅

外国语言文学学院团委

龚璇　周鸣　龚莲娜　谢逸轩　杨天歌　顾培　吴伟红　吴梦莹　凌嘉莹　彭华莹　陈雯琦　高楚卿　叶笑圆

新闻学院团委

丁煜堃　张翔宇　孙冰清　刘文轩　顾懿珺　陈琳　孙亮宇　朱安奇　任浩　蒋猛　钟凯旋

历史系团委

徐世朗　陈文东　商思佳　王娟婷　费芃凡　金之夏　吴限　杨康书源　俞越　邱宁斌　孙毓斐　谢光钰　王文佳　黄佳丽

经济学院团委

吴雨晨　黄温馨　王怿丹　池青　刘翀　赵晴　孙志鹏　柳惠泽　申宇萌　李越　梁辰　徐亮　周薪吉　张富绅　梁丹怡　宋喆　朱梦颉　樊洋希　周而全　刘亦伟　薛妍燕

哲学学院团委

李慧　李思铭　张迪　龚博　毛安然

国际关系与公共事务学院团委

陈慈钰　慕含雨　王志鹏　苏怡雨　葛明星　陆婷婷　湛柳桃　韩敔凡　王海程　温雨彤　施嘉恒

社会发展与公共政策学院团委

朱聪　程千里　王征宇　李思滢　于笑雨　唐慧敏　陈欣怡　顾慧玲　庞逸飞

法学院团委

李鲜花　夏渟慧　杨蔚然　李艺辉　王骋嘉　吴祎星　闫然　何代东

数学科学学院团委

朱曾颖　杨舒静　孙鉴辉　陈星豪　王怡璐　喻世辰　李远帆　侯灵子　张晶　喻显迪　李青岳　何之源　肖松　张梦丹

物理学系团委

于飞　唐诗翔　沃弘樑　亓炳堃　陈才干　吴俊　徐亦聪　杨精宇　柯一雄　杨晟祺　毛昊卿

环境科学与工程系团委

柴万力　郑欣璐　黄梦玮　王洁　戴刘冬

信息科学与工程学院团委

罗灵兵　路天一　王新炜　姚远　王磊　王智鑫　洪佳盛　褚莹　邹方堃　李欣慧　赵露阳　胡晓剑　李明昊　宫成竹　杨春然　李紫曌　王晨宇　王新宇

张　洵　刘连亮　陶育东　励观超
计算机科学技术学院团委
李俊楠　伍经纬　杨　健　李逸伦　陈　恒　阮　璐
罗华清　解　戎　郑哲东　王齐童　李俊毅　车思彤
黄超超　宫庆媛
化学系团委
任　佳　申丹阳　黄　山　胡叶凡　杨霏辰　苏　沛
生命科学学院团委
武文韬　黄斯琦　王　铮　娄王莹琦　宋　冰　胡世桢
杜书奇　徐旭鼎　冉子涵　原　野
管理学院团委
杨斌虎　林千叶　冯思佳　王子赫　余凤仪　陈　雅
陈圣仁　陈　铭　张玉兰　李志宁　贾西子　周雨欣
叶源强　符　琳　王世豪　凌　源　邬翰林
力学与工程科学系团委
庄骐源　黄思林　徐晓晓
材料科学系团委
朱熠民　徐静璇　杨媛媛　范圣男　杨晓蕾　张之明
高分子科学系团委
李振华　高　雅　袁富裕　贾　炜
基础医学院团委
周　继　席思达　邵以琳　傅　敏　朱　亮　张昊澄
杨卓然　陈　琛　陈雨佳　韩　晗　裴臻清　刘忠和
唐文怡　刘少华　刘丝雨　寇增伟　梁　昕　张　悦
孙文韬　竺　珂
核科学与技术系团委
付筱茜　陆祺峰
公共卫生学院团委
张　政　曹浩然　董　兰　王晓萍　任雨萌　刘诗宏
药学院团委
张宇杰　臧一佳　柯梦晶　郁明诚　匡宇阳　张文卿
护理学院团委
张雯婷　龚项敏　秦恺丽　顾　川　陆　捷　朱紫雯
程子卉　丁佳妮
中山学生团总支
王智超　方　圆　王　轩　夏　鑫
华山学生团总支
蒋　龙　翟骏宇　苏　娅　杨清銮
复旦学院
解　俊　郑　越　徐真然　郭笑雨　沈　忱
研究生院
吕小艺　曹　祺　张　静　潘亦达　严丽霞　王北辰
徐艳枫　陈至奕　江　玲　钱胜沾　秋钦夫　吴　迪
段天姝　刘　婷　郭建锦　肖　婷　杨晓娟　杨　骞
王　冕
南（东）苑学生生活园区团工委
张方圆　徐媛媛
勤工助学中心团总支
李璇璇　孙天佩　徐　畅

张江学生生活园区团工委
虞圳劭
复旦大学附属眼耳鼻喉科医院团委
徐倩芸
复旦大学附属肿瘤医院团委
李文桦
复旦大学附属儿科医院团委
董晨彬
复旦大学附属妇产科医院团委
李　晶
复旦大学校机关总支
夏天怡
复旦剧社团支部
程佳唯
网络教育学院团委
徐　蕾　刘海芹
两新经济团组织
虞时光
复旦大学广播台团支部
张雯颖　张弘婧

2013—2014学年度复旦大学优秀共青团员
中国语言文学系团委
李红叶　李儵然　李啸宇　吕笑月　程若茜　胡方舟
李琳瑶　刘智毅　潘樱梅　聂冬瑶　朱子璇　储舒婷
齐　悦　耿　璐　罗依頔　沈颖婕　许怡雯　李为洁
何　齐　史鉴东　庄歆怡　叶　豪　冉　莹　朱　悦
胡　泊　应婕晓　钱　源
外国语言文学学院团委
贾　诺　王　迟　刘津滔　余乐涵　王昱衡　陆晟杰
姜昕浴　朱佶明　沈星成　方项宁　翟羽佳　孔维捷
丁晓怡　张　悦　齐卓君　胡益丹　王　侠　郭　蔚
程雪寒　陈韦晔　吴　越　严　思　刘　骏　毕金秋
张佳懿　刘郁希　徐　欢　季雅婷　钱思加　张雪瑜
唐　宁　孙琦梦　梁　然
新闻学院团委
徐　璐　陈　可　戴心怡　郑薛飞腾　杨志伟
吴馨瑜　韩可君　顾懿珺　查建琨　翟亭亭　徐　桑
程彤辉　宫　喆　邱明玥　沈　源　李玥娴　童　渝
樊　蓉　邓漪蒙　雷册渊　冯光莹　范佳来　袁方菱
李舒晴　单子轩　李梦馨　丁　旋　安晨亮　朱质彬
孙津韬　马佳艺　徐倩宇　蓝　萱　许　可　蒋淑蓉
戴　畅　王诗韵
历史系团委
赵丹坤　周康桥　卢佳敏　刘　晓　柳　昊　黄　艳
孙　叶　施　艺　程安祺　史诗田　姜海天　段继明
张天行　赵汝轩　钟明月　刘傲飞　王嘉琪　资安琳
张鹤仪　于淑娟　李　幸　姚亚茜　胡天天　蒋梓业
张宇杰　林汐石　杨康书源　　　　饶培健　陶　蕾
钟筱婧　徐嘉莹　孙　煜　仇圣明

经济学院团委
陆沛杰	左　旭	黄俊杰	熊雅文	王　充	冯正良
李　玥	戎诗雯	李逸霏	谷　烨	丁墨海	邢妍菁
杨　伦	孙雨欣	韩永超	邹文俊	郭玉桐	潘　杰
陈　昕	刘紫寒	王晨蔚	谢楚越	张家铭	杨启宁
郑毓文	马　岩	董虹阳	唐　楠	杨郑晶	李晴圆
刘　璋	林丽婷	柯淑强	毛成学	周龙飞	黄欣怡
李　蕾	澹台文赟		黄梦颖	潘沛宪	唐庆国
罗熙枫	郑　众	寇静怡	陶文逸	王双颖	孟惟齐
郭　昕	柯喆宁	秦　晋	唐文菡	徐睿怡	张　蕊
田　地	杨　扬	鹿译文	朱言音	唐玉堂	曹天睿
邓瑗瑗	姚吉璐	熊哲歆	李筱妍	吴　瑾	徐　晶
毛俊喆	彭超君	张祺杭	童　瞳	苏泓画	桑　宁
董　博	谢欣辰	王耀瑜	田佳音		

哲学学院团委
姚竣夫	李嘉颖	张向霞	徐艺萍	张玮佳	杨　悦
谷恬园	刘珠曼	葛廷壮	胡文静	杨建伟	徐雯茜
许婷婷	曹少莹	史佳文	黄袁睿静		连熠威
姜信辰					

国际关系与公共事务学院团委
李嘉渝	王子雄	张　成	胡瑞雯	李硕丰	戴雯斌
解　俊	袁子辰	杨旭东	陈辉艳	刘佳锜	魏以宁
孙建辉	王　巍	张一鸣	宋彦辰	梅　颉	汪星宇
范颖仟	宋天一	闻　静	唐雪文	束晨阳	葛灏淼
李焕宇	钱滨川	朱宁俊	戴建文	马心怡	杨雨清
周若威	饶文秋	原牧涵	金忆茗	崔樱子	蒋悦玮
张怡龄	张毓雯	陶越彦			

社会发展与公共政策学院团委
高　泰	郭巍蓉	徐清韵	陈哲媛	韦彩恋	陈显志
刘诗超	闻思涵	孙　克	张贤霖	郑媛玲	杜世超
刘　昀	王可心	于佳煖	周文博	张硕楠	柳宇宁
迪丽菲娅·哈木拉提			盛中蕙	汤　琳	李东雨
戚颖颖	宋喜妹	袁　晶	马亦乐	朴海月	张元开
李林霜					

法学院团委
于　童	李姿晓	伍承琳	张益辉	邹子涵	刘慧敏
魏伊桉	罗晟君	韩　政	王　峥	蒋苏扬	费烨琪
符诗婷	王　睿	尚思江	于镇硕	代文馨	仇晟栋
宋肇屹	文景娟	张景菲	金渊莲	任　兵	王佳琦
陈云峰	任菲菲	秦　昀	吴承栩	宋静远	张利冰
黄治中	刘彦辰	聂含秋	付筠青	王翊明	周杰生
朱凌瀚	陆嘉玮				

数学科学学院团委
纪浩然	周　易	李思聪	陈卓伟	俞　晔	沈　铎
任　奕	秦江远	姚怿凡	李骋怀	赵　瞳	冀子瑜
高月洁	车令夫	巴闻嘉	张　腾	刘兆丰	潘江滢
史　润	陈雨婷	马　腾	沈征一	尹　凯	王　玥
许　灏	袁昊宸	徐锡泽	王朝阳	马　融	周　琛
拜　昕	潘笑鸥	徐晗菲	朱瑞鹏	孙慧媛	周　韩
吴　昊	冯唐先	张艳梅	陈博峰	罗　雯	蒋鹏飞

吴冠雄

物理学系团委
董知寰	沈唐尧	江　乐	滕翔宇	杨思宇	唐云浩
田博衍	蒋林静	李　楠	王天一	张奕林	谢一凡
沈金辉	苏子瑜	郑俊超	秦佳俊	何志帆	任天航
孙家耀	张译文	杨德珩	夏　淼	聂国熹	刘章倩

环境科学与工程系团委
李书珂	彭巧云	罗若婷	高　烁	钱　峰	张　潇
黄心怡	刘钦童	荆毓航	关赫楠	袁胜轶	单　颖
高　然	阎方良	陈云路	苏笑茹		

信息科学与工程学院团委
杨　澜	蔡荣荣	芦　航	张澍民	胡雨舟	袁梦焰
宋欣尧	陈滢旭	张有才	孙　瑞	雷　洁	林奇亮
康　萍	胡　直	高　敏	张　均	罗吕根	王泽宇
郭建荣	崔建明	胡　杨	张　成	潘　靖	王凯辉
李　索	苏冬良	刘　畅	廖　捷	易子理	潘逍遥
周文捷	穆泽林	宋　川	石跃杰	朱一涛	敖婷婷
朱嘉叕	顾天宇	陈天然	李浩然	孙　傲	刘泽春
高嘉良	陈伟嘉	刘菁菁	李迎玥	陈艺萌	李睿康
施若画	秦一帆	蒋子涵	戴　惟	徐创业	谌　达
申　晨	孙鹤洋	刘　莎	丁宏伟	聂　勇	蔡　华
杨松波	冯建华	王章玉	周　蔚	张弘强	卫雨青
卢元达	励观超	叶靖雯	张　晨	田雨非	杨　瑾
刘雨溪	黄哲雄				

计算机科学技术学院团委
周　吉	陈裕昕	方菲华	王钧钧	代　杰	魏　钰
丁岱宗	黄先觉	刘旭峰	仝嘉文	王　庶	詹济源
陈奕炜	王德泉	李　星	邹田二龙		胡　晨
曹旭阳	郭丹浩	张　凯	邬志罡	王聪婕	马志凯
周旭晨	黄毓鹏	石　佳	刘进步	周予维	雷添羽
徐琛杰	王　欣	石　凡	修泽铱	李佳蔚	刘荔林
顾羽风	阿卜杜黑力力·黑拜尔			文奕丁	殷　欣
邓凝旖	朱梦哲	吕　洋	翟　芬	宋凯强	田朝阳
陈　斌	梁晓涛	吴亚薇	章竞轩	路　畅	马传昊
侯天朗					

化学系团委
王　祺	王　灿	吴若菲	卢文正	陈嘉莉	毛大可
庄思爽	谢伊沁	陈佳璐	王逸群	史鼎任	唐睿蝶
宋嘉颖	盛弘源	纪广慧	刘梓涵	冯尔陆	席雅琪
戴申恺	孙文杰	吴雅楠	孔　彪	李怡欣	张　亮
吕　浩	唐雪婷				

生命科学学院团委
任泽威	高泽擎	赵怀锐	王效天	鄂川根	邵安琪
杨　影	姚　瑶	张　璐	左俊军	李鹏程	盛　冠
周立波	张成辛	贺郡玥	辛　玥	吴青元	沈佳斌
杨天宇	姚盼同	杨禾青	万津凯	刘诗滢	唐　燕
唐巍玲	刘亚卉	李政雄	杨婷婷	赵苏翔	李益鹏
李蕴彤					

管理学院团委
胡亦斐	卢恒珩	卢汪阳	宋琦琪	熊　珂	李　可

贺骋远	顾恺丰	李皓南	王闻宇	涂雨薇	张涵轩	**中山学生团总支**
成 静	陈 悦	殷家伟	熊 懿	庄中慧	江玗璠	刘歆阳 蔡加彬 耿瑞璇 崔 萌 程羽菲 陆骁霖
李 偲	秦 松	侯 睿	侯耿林	夏 禹	齐 峰	张蔚菁 查孝龙 潘天岳 李 萌 顾陈琳 李 晶
邓曼君	张亚楠	龚陟筠	郑迎秋	曹紫寒	林炤尔	黄嘉楠 陈玉琢
徐纯波	娄雨鸣	赵馨顿	程伊晴	浦佳晨	汪志鹏	**华山学生团总支**
田小录	崇尚涛	马 昊	李作良	金 琼	黄 河	徐 苗 唐梓清 苏佳纯 邢 星 孙 翀 刘 曦
李昆仑						程 平 胡 斌 孙全娅 柴 昉 马睿琦 钱 凯
力学与工程科学系团委						余 纯 关荣源
郭富米	蒋力夫	金玉锋	庞梦非	任 珂	姚 旭	**复旦学院**
孙 樱	郑 悦	曹艳君	张立东	瞿意欢		郑倩如 戴雯斌 魏 然 王宇行 姚光宇 成 婧
材料科学系团委						何 婧 唐 煜 吴可凡 楚 悦
金孟媛	张 波	曹智博	黄宣棋	郭思敏	邢宏远	**研究生院**
陈 妙	朱书影	郝 蕴	彭佳君	周 兴	龚 鑫	林奇涵 孙鹏程 李司东 匡 鹏 郭耀东 陈福月
孙 乙	张碧然	陈 希	杜笑天	田淇方	严 海	韩志斌 王婧婷 李翠仙 牟 艳 凌云龙 徐 焕
刘哲郡	陈珂玮	沈嘉泓				何志杰 赵晨妍 唐 杰 张 静 樊子川 龚小会
高分子科学系团委						李宪辰 方延青 蒋书恒 张 倩 陈孙霞 贾秀芬
丁倩伟	谢 楠	杨于驰	陈晓斌	孔维夫	刘 月	陆晓晓 刘伟利 卢 伟 董文帅 罗子华 刘姗姗
宋文雅	于慧娟	方乐平	杨凤丽	翁德明	周 畅	石丽君 林 声 吕佳颖 马 骋 苗亚杰 钱渊源
曹屹睿	江熹霖					沈志云 孙 骥 张 晗 黄曦鹏 胡碧琴 闵兆飞
基础医学院团委						沈颖竹 郑 灿 王智慧 孙子甲 包雨朦 徐 晨
李沁函	闵衡院	许钧翔	胡千格	徐翰林	杨 奕	孙亚楠 李永庆 邱佳梦 马宝萍 陆红红 张昕晨
任金晓	李若辰	金尚霖	金圣明	俞雷钧	从 爽	强 磊 邱 娜 王咏笑 庄冠婕 张 颖 王 兴
肖 毅	金恺迪	齐铁楠	曹奕凡	王环宇	朴思蓉	李鸿雁 邓春丽 郭家宁张 越 陆闻天 王乐莎
刘伯轩	柳 方	冯杨洋	尹嘉成	景皓佳	刘 畅	**南(东)苑学生园区团工委**
张梦雪	王靖雯	史培培	黄禹铭	张懿华	李芳芳	杜柯贤 蒋韦柳 周 驰 周子涵 许益铭 孙志宇
鄢开戎	王 霄	梁 潇	魏依绸	许佳祺	周 鹏	董伟刚 郭仁玮 王雨奇 陈思嘉
田紫薇	许耀麟	袁 馨	马林晓曦		亓雨禾	**勤工助学中心团总支**
朱奕锜	努尔夏提·阿布力米提		许金枝	李 超		黄淑伊 程 悦 周雪莲 马腾飞 杨 晨 芦 燕
蒋诗阳	毛恒煜	宋 望	刘小妮	王 智	丁倩倩	宋移轩 热娜古丽·赛 杨捃珺 郭 冉 戴祥薇
后 波	张文丽	席晓芸	赵子桐	张欣彤	胡 艳	蒋 琰 方升健 夏 慧 赵君寰
徐吉琰	曹圣轩	李浩东	祁 洁	琚紫昭	刘玥辰	**张江园区团工委**
王预立	赵雪纯	胡玮琦	李紫君			刘庭航 徐 欣 毋 钦 张 弛 邵艺雯
核科学与技术系团委						**复旦大学附属眼耳鼻喉科医院团委**
张雅靖	乔思奇	白双瑞	董钰蓉	姜凯耀		李琪婷 罗似丰 郑洁清
公共卫生学院团委						**复旦大学附属肿瘤医院团委**
孙源瞳	于鹏程	谢秋晨	林 萍	何运臻	张燕东	黄冰倩 瞿 超 胡新懿
王维栋	钟曼尼	徐蕴汶	黄 铖	杨丽冰	陈思佳	**复旦大学附属儿科医院团委**
黄杰英	张天瑞	陈 翀	钱亦然	黄 玥	杨昌源	丁先哲 施 珏 蒋 莅
梁小妞	吕佳颖	马雪梅	孟 妍	王歆悦		**复旦大学附属妇产科医院团委**
药学院团委						郑 东 王懋莉 陈秀英
陈乐章	马 睿	汪智军	蒋果廷	张文卿	李嘉林	**复旦大学校机关总支**
王纬亮	虎思涵	景一贤	王诗雨	李 杨	杨 锋	丁 炜 沈敏虎
王 梓	杨素娜	高西辉	崔 璨	袁世豪	张登高	**复旦剧社团支部**
护理学院团委						周元笙 梅圣莹
张 玮	严 力	潘 亭	吴婷婷	高佳颖	周贝妮	**图书馆团支部**
左依芸	马雪彦	史珮珍	汪 琦	唐 钦	宋丹菲	许 滢
周雨薇	夏佳敏	吴 丹	顾佳琪	万亦婷	武瑞秋	**网络教育学院团委**
陶慧婕	程昱婷	王 玮	方雯倩	万春蕾	屈晓慧	丁 星 侯申龙 潘莉丽 郑泽鹏 胡 欢 陆怡沁
曹婷婷	许佳敏	郁 燕	金 添	沈聪颖	杨建华	崔琪玉 尹诗文

两新经济团组织
吴禅骏
复旦大学广播台团支部
张雯颖　张弘婧

2014年度复旦大学优秀毕业生（本科生）

中国语言文学系
任诗琦　李昌懋　江　珊　翟一琦　张琼予　林丹妮
李逸玲　陈天娇　陈　铭　王　露
外国语言文学学院
曾梦楠　陈雪灵　刘同尘　姜俐娜　冷秋虹　胡佳竹
周瑶群　郝莫云　蔡珠文　鲍轶伦　范佳雯　施贺卓
储依婷　陈依依　殷恺悦
新闻学院
荣　奕　林冬禾　宋　昱　袁鸣徽　杨　媛　蒋　猛
卢芳明　车　锐　韦　薇　郭　飞　肖　曼　赵哲闻
李丹凝　马晓甜　周　丹　张俊杰　兰　彬　陈竑机
康乃馨　许　昊　瞿新能　严雪文
历史学系
成　棣　贾昕功　姜洪越　李音昱
旅游学系
朱晓岚　李易明　范　瑱
文物与博物馆学系
陈嘉艺　鲍文炜　诸　诣　杨　珏　徐　沁
经济学院
潘　杰　袁慧洁　张秉昊　郭玉桐　凌约翰　郭佳永健
刘资颖　李思良　李浏漪　孙骏然　敖传龙　杨　伦
王丽颖　狄陆双　李　越　谢楚越　吕　成　王雪舟
曹一鸣　李　臻　王　麟　杨会强　王若愚　陈　晨
詹陆雨　杨思颖　袁思琼　沈昕怡　孙雨欣　李怡达
刘智琪　袁嘉坤　徐　盛　刘倩茹
哲学学院
庄李俊　李一苇　蒋空空　丁红琪　陈君然　于超艺
国际关系与公共事务学院
张亚宁　邝申达　庞　佳　俞　家　凌　翔　李文杰
罗旭雯　陆婷婷　管云霞　许　多　汪洋洋　柴小英
马妍娇　刁　朔　唐玉梅　沈哲懿
数学科学学院
朱睿敏　邹文倩　陈路扬　陈绿洲　杨　智　王宝贤
崔瀚文　侯灵子　吴索菲　金敦泓　罗楚及　高明远
计　宇　周景珩　王晓晨　薛　菲　杜明星　顾陈琳
刘宇航
物理学系
孙家耀　陈　帜　尹　卓　赵　倩　任天航　林　淼
张　枫　申烟岑　黄梓灿　张　建
核科学与技术系
张雅靖　李清灵
信息科学与工程学院
谭媛媛　蔡荣荣　连宇茜　郑雪莉　张　舜　王德玺
杨　澜　静永超　肖　宇　卢志奇　董世祺　王　琮
林奇亮　刘　昕　孙宜静　王　伟　周成玥　雷　洁
王建波　林　华　于　晶　徐　晋　赵　婧　陈玛欣
朱一涛　敖婷婷　王子頡　郭玮宏
计算机科学技术学院
陈牧昊　李晨杰　陆　蔚　宋壬初　郭俊石　章　超
陈骏明　阿拉法特·居来提　汪雅雯　朱晓荣　万浩杰
软件学院
顾敬潇　朱鹏程　刘　凯　宋卓楠　徐　日　倪敏悦
王　琪
化学系
余骁鹏　任　佳　陈韵乐　李文杰　李佳菁　林韦佳
陈潇杨　王　圣
生命科学学院
汤琬鉴　陈莞尔　尹天舒　郁申量　杨文磊　侯书融
卢飞岳　侯家鹏　郝　运　张恺锐　陈文韬　阚　珊
王点红　蒋　沛　姜　珊
管理学院
周砺灵　徐　熠　王　轩　李嘉颖　陈卿芸　年悦心
谢　天　杜彧文　岑　洁　蔡敏杰　陈昭翰　郑星星
刘正聪　张琦婧　钱心臻　卢　瑶　桑睿恒　钟　媛
石　磊
法学院
杨　军　钟姝琦　郑　飞　傅正豪　刘恩至　田　晴
夏思明　袁雪琪　李　敏　黄　琪　房　昊　黄思颖
力学与工程科学系
李森源　谭　啸　钱　成　苏灵暄　简兆圣
材料科学系
胥博瑞　陈　妙　彭　伟　杨媛媛　林羡云　梁志敏
彭佳君
高分子科学系
王　晗　宋文雅　王文迪　贺思欣
社会发展与公共政策学院
王化险　蒋彦青　李书恒　曹　超　徐清韵　衣　然
李瑾瑾　郑雅君　敬致远　张丽芸　滕春悦　黄梓航
吴丽娟　吴安妮
环境科学与工程系
黄梦玮　李　梦　陈雅欣　曹宗婉　朱诗逸
基础医学院
宁流芳　吴争明　熊露丹
公共卫生学院
李丹戈　李慧楚　侯雪波　李思敏　顾敏娜　方弘昊
药学院
张　宇　朱孟夏　孙墨陶　喻　宙　胡　霜　陈　硕
中山医院
马静雯　刘海宁　张　晶　李高翔
华山医院
曾　妍　黄盈瑜　项金峰　阿米娜·布拉提汗
护理学院
王　玮　王竹敏　吕　娜　陈　艳　周芳芳　李乂凡
薛冰莲　马晓艳　马佳雯　俞瑾娴　王宜贇　郭　季
姚慧敏　戴依蕾　谢玲俐　施冬玲　顾云逸　钱淑佳

黄佳雯　戴萌萌　董　雯　马佳慧　黄　婷　沈智阳
黄怡平
华东医院
林许哲　王乐一　高　琼

2014年复旦大学优秀毕业生名单(研究生)

中国古代文学研究中心
李茜茜　吴　晗　叶翔羚
中国语言文学系
张　冰　陈圣争　刘晓旭　金春华　傅闻捷　曾华珺
郑　莹　周　语　刁俊娅　方　婧　刘　丹　王侃瑜
严　诚　刘存勇
外国语言文学学院
闫　超　张德福　徐晓丹　张　鹤　刘彦晶　张云飞
陶　琳　朱榕祥　马煜明
新闻学院
孙祥飞　罗　莎　邓　希　李梦颖　汪　飞　高　宁
田　园　张绣月　陈怡璇　张天澜　王欣佳　章琪琦
黄　筱
历史学系
唐云路　张晶晶　郑宇麟　顾　宁　陶兴华　贾钦涵
傅　琳
历史地理研究中心
鲍俊林　杨敬敏　崔　乾　冯名梦　于淑娟　江培燕
文物与博物馆学系
黄　洋　孙景宇　高　洋　李明倩　谷　宇
旅游学系
岳　菲　李　欣
经济学院
徐琼怡　张广婷　孙　懿　李长河　梁　振　张晓萌
吕潇潇　代仕娅　郑　颖　范丽晖　陆　迪　陈慧倩
董晓瑜　刘　京　孟　夏　张　煜　洪珍玉　李慧萍
刘　源　楼慧源　苏开亮　唐　哲　魏　鑫　张　新
赵肖萌　周　泱　罗文雯　张紫宸　高中原　李秋实
栗雅欣　许华勇　张益锋　柴　晗　顾丹薇　胡成楠
罗会礼　沈伟杰　吴浩宇　周　倩　程勇军　王海峰
李　程　尹旭东　严国辉　张明升
哲学学院
孙丁瑞　金一苇　尹超凡　陈　焱　吴　韬　杨　欢
张晓萌　王涣婷
国际关系与公共事务学院
张志文　王倩倩　杜旭赟　杨濡嘉　邱昌情　鲁迎春
尹　琼　顾　质　王　帅　潘　成　张冬冬
数学科学学院
赵　鹏　赵　翀　王兆龙　易新蕾　黄　璜　俞冰清
王　方　左一凡　翁嘉迎　王　韩　张雨萌　邱立超
周筱晴　车　辚　李　哲
物理学系
孟现文　徐　丹　刘珩睿　罗　胤　伍子龙　安克难
李小龙　李　娜　逯学曾　潘　虹　王从从

现代物理研究所
赵子龙　陈　曦　刘　娜
信息科学与工程学院
蒋紫东　刘欣瑜　曾　星　马友能　张　洁　马金贵
李　明　张兴旺　楚海港　王宝杰　涂卓麟　李欣颖
汤婵娟　张梦莹　徐文忠　李　毅　瞿敏妮　朱晓石
谢章熠　孟　巍　袁平俊　汪珍妮　张子健　鲍文旭
杨春峰
微电子研究院
丁　娜　张昕睿　于学球　黄　郑　尚　青　吴　越
崔兴美　郑　珊　王　玮
化学系：
刘金龙　王林飞　张　鹏　吕盈盈　郭自洋　刘　熠
廖　蕾　杨杨易金　王雅莉　黄　镇　林　涛
万　丹　周海波　黄　海　尹红锐　夏　冰
生命科学学院
靳桂英　许梦佳　土文超　汪旺生　姚金晶　夏　蓉
李新新　胡慧兰　王　萍　鲁水龙　杨奇奇　杜丽莎
卫田田　胡小绘　阮　婕　杜兴荣　苏　鑫　马　健
张晓萌　王浩珏　马　鑫　赵　地　栾喜梅　崔郁洁
俞天栋　朱杏丽　许　汀　张　璇
计算机科学技术学院
王肇国　王嫣然　黄　兴　张　源　鲍江峰　李晨卉
孙　钊　吴　斌　尹树祥　陈　实　熊　辉　张琼文
张　溢　崔　颖　方　明　贾　强　刘雅诺
软件学院
陈　旭　戴卓方　顾　嘉　牟雁飞　谭　丞　王永峰
管理学院
白晓迪　李作良　崔晓明　韩　惠　魏　璇　潘晶文
王　琦　钟晓天　韦嘉璐　黄　腾　邱　辰　董博琳
林　婧　廖生暖　陈雪丽　刘芮颖　叶明强　王佳文
蒋　媛　王　龙　韩　冬　李文婷　李　奕　邱　峰
司意菲　孙旭东　徐　珺　张　玮　郑幼青
法学院
万伟伟　赵　雯　盛璐璟　万后勇　李华杉　杨寒剑
邓双丽　邵　政　周　琦　崔小倩　王婧如　滑冰清
陆　圳　何　蕾　孟路路　楼　静　孙　镇　贾　雪
史云雅　石洋洋　李姝玥　冯潇剑　李　响　张海鹏
毕　月　赵　阳　胡秀枝　杨经国　李宵骁　许　帆
徐　晨
力学与工程科学系
陈朱杰　徐得元　余宇轩　朱昶帆　范庆波　车小玉
材料科学系
陈　希　梁　倩　肖星星　毛鑫光　彭香艺　叶辰雨
赵文达　吕　平　李立兰　刘　栋　骆小军　郭路清
社会科学基础部
殷凌霄　胡江东　陈　丹　陈少艺
高分子科学系
马万福　凌盛杰　黄　挺　张玲莉　李　婷　张　波
纪珊珊　李　甜　虞桂君　郑　正　田雪娇

社会发展与公共政策学院
芦 炜　乐 昕　顾 浩　余欣甜　文 龙　陶玉龙
王俭勤　窦 方　晋文静　单钰理　吴之远
高等教育研究所
杭玉婷　田澍兴　李 鹏　蓝秋香　王 睿
环境科学与工程系
黄志伟　杨 潇　朱燕妮　史 沫　张 丽　刘 明
张家辉
先进材料实验室
陈旭丽　李卓群　林惠娟　徐 帅　尹辛波
文献信息中心
张 莹
国际文化交流学院
陆 莹　吴金萍　王晶琦　刘玮琳
基础医学院
尚果果　濮宏建　李 倩　刘 杰　邓薇薇　张建平
常娇娇　景 莹　魏丽丽　杨旭光　高 旭　朱景玙
朱鸿明
公共卫生学院
冯楠楠　耿 倩　周晓丹　韩胜昔　茅艺伟　张 晨
王 超　程 佳　孙 昕　周奕男　汪依帆　汤真清
药学院
阚君陶　魏晓丽　李发洁　刘 畅　上官明珠
王 晶　张 弛　谢道涛　刘晓云　范卓洋　吕燕平
薛 浩　赵美艳
中山医院
孔令群　李翅翅　刘卫仁　王兴冈　熊万霞　殷 杰
唐 俊　胡 馗　牟 艳　张培培　谈绮文　刘以梅
赵广垠
中山医院八年制
王一惟　杨宇婧　朱 颖　盛若凡　陈 星　陈 颖
华山医院
方砚田　罗忠光　杨建军　李因涛　赵 苗　张益钧
李天铭　聂立锦　刘疏影　凌 静　胡佳丽
华山医院八年制
李 桐　宁俊杰　杨佑琦　王耀辉　王玉玮　王 晨
肿瘤医院
杨晓晨　杨 莉　余绮荷　刘晓军　戚 鹏　白玉盘
孔芳芳
儿科医院
王 琳　张 鹏　赵 静　梅 枚　程 婕　周秉睿
妇产科医院
包灵洁　邱君君　常凯凯　沈 方
眼耳鼻喉科医院
张 婷　蒋婷婷　贾贤浩　樊 琪　刘 娟　沈 阳
周 健
金山医院
汪星星　李彩贞　石海峰
上海市肿瘤研究所
吴琪俊　张方淋
放射医学研究所
王 强　赵 超
上海市计划生育科学研究所
王克伟　朱圣生
护理学院
傅 亮　禹小娟　车惯红　刘林霞
华东医院
万文斌　张 旭　白爱国
上海市第五人民医院
陈淑香　王兰兰　王会鹏
公共卫生临床中心
王 森　赵思达

·大事记·

1月

1月3日

举行附属华山医院与中航工业西飞公司共建签约仪式。

1月5日

举行吴定良院士诞辰一百二十周年学术活动之"青年学者学术报告专场",由上海人类学学会、复旦大学现代人类学教育部重点实验室、中国科学院—马普学会计算生物学伙伴研究联合主办。

1月7日

上海市副市长翁铁慧一行到附属华山医院调研考察。

解放日报报业集团原党委书记、社长尹明华受聘新闻学院新一任院长。

1月7—8日

中华医学会2014年学术年会暨中华医学科技奖颁奖大会在北京举行。会上,2013年度中华医学科技奖获奖项目揭晓,复旦大学共有6个项目获奖,其中:附属儿科医院黄国英领衔的"川崎病冠状动脉病变的流行病学、临床处理及预测指标研究"项目,附属眼耳鼻喉科医院孙兴怀领衔的"青光眼视网膜神经保护新策略的研究与应用"项目获二等奖;基础医学院朱依纯领衔的"硫化氢多靶点心血管保护作用的发现"项目,附属儿科医院郑珊领衔的"胆道闭锁发病机制研究及临床规范化诊断治疗"项目,附属华山医院张文宏领衔的"结核菌持留与潜伏感染的机制及临床诊断"项目获三等奖;公共卫生学院教授郝模获卫生政策奖。

1月9日

《复旦名师剪影》首发式在光华楼举行。校长杨玉良、校党委副书记刘承功为新书揭幕。该书由复旦大学关心下一代工作委员会、复旦大学老教授协会、复旦大学党委宣传部合作编写出版。

1月10日

著名医学教育家、胸心外科专家,新中国胸心外科奠基人之一,原上海第一医学院院长,复旦大学上海医学院教授、上海市心血管病研究所原所长石美鑫,因病逝世,享年96岁。

1月13日

以交流会形式举办院长、系主任会议,围绕学校当前发展的迫切问题和重中之重集思广益,进行深入探讨。

1月14日

由国际问题研究院牵头组织研究和撰写的年度国际形势与战略分析报告《失范与转型:复旦国际战略报告2013》对外发布,预测2014年国际形势大体趋势,为中国外交决策者提出若干建议。

1月16日

2013年复旦大学研究生教育会议在光华楼举行。

首届"一健康基金"颁奖仪式暨《微生物与感染研究荟萃》首发仪式在枫林校区举行。

1月17日

复旦大学本科人才培养工作研讨会在邯郸校区召开。研讨会为学校未来若干年本科教育教学的发展与改革明确3个核心要点:一是确立本科人才培养在学校和院系工作中的首要地位,二是构建符合世界一流大学标准的本科教育体系,三是明确本科一贯制书院在人才培养中的定位和功能。

复旦大学第十四届纪律检查委员会第三次全体(扩大)会议召开。

学校办公室被国务院扶贫开发领导小组授予"中央国家机关等单位定点扶贫先进集体"称号。

1月20日

《复旦大学领导干部经济责任审计联席会议制度》发布。

1月23日

与安徽省蚌埠市签署全面合作协议。

1月24日

复旦大学2014年春节团拜会在光华楼举行。

1月27日

举行复旦大学与上海市青浦区人民政府合作共建签约揭牌仪式。双方拟在5年内将附属中山医院青浦分院建成复旦大学附属青浦区中心医院(筹)。

1月28日

举行复旦大学与上海市静安区人民政府合作共建签约揭牌仪式。双方拟在5年内将附属华山医院静安分院建成复旦大学附属静安区中心医院(筹)。

1月29日

基础医学院医学分子病毒学教育部/卫生部重点实验室国家"千人计划"学者姜世勃带领陆路副研究员及其他成员发现一种可拮抗"中东呼吸系统综合征冠状病毒"的高效多肽抑制剂,该成果对进一步研究该病毒的入侵机制、研发可用于治疗和预防该病毒的特效药物具有重大意义。该成果发表在《自然通讯》(Nature Communications)上,同日,《自然》(Nature)杂志新闻办公室为该论文的发表发布专题新闻。

2月

2月5日

著名经济学家,中国世界经济学会原副会长,复旦大学经济学院原院长、教授洪文达在上海病逝,享年91岁。

2月8日

著名文史专家、复旦大学中文系教授、复旦大学中国语言文学研究所原所长王运熙逝世,享年88岁。

2月10—12日

"全球卫生核心研究——生殖健康和妇幼卫生"项目启动会在上海举行,由复旦大学全球健康研究所主办。

2月20日

与中国商业飞机有限公司签署战略合作框架协议。双方将在科学研究、人才培养、海外高层次人才合作、行业产业研究等领域展开战略合作。

文史研究院教授葛兆光著《中国思想史》英文版第一卷正式出版,并向全球公开发售。英文版由复旦大学出版社授权、国际一流学术出版公司Brill历时五年翻译完成,第二卷将于年底正式出版。

2月21日

举行党的群众路线教育实践活动督导联络组工作座谈会。

举行附属浦东医院(筹)与美国杜克大学合作办医签约仪式。双方将在国际医疗、迪士尼服务及人员培训等方面进行全面合作。

2月22日

附属医院6名医生启程赴疆,将在喀什地区第二人民医院开展为期3年的援疆工作。

2月24日

厦门市人民政府、复旦大学、厦门大学在沪签署"两校一市"深化战略合作协议。三方将在决策咨询服务、产学研结合、提升厦门医学水平等领域发挥各自优势,开展更加深入的合作。

2月26日

复旦大学哲学和政治学学科,入围世界大学学科排名前20行列,分列第17名和第19名。该排名榜由英国教育咨询机构QS发布。

团中央书记处第一书记秦宜智一行到校考察调研大学生思想引领、大学生创新创业、大学生传统文化教育、学生会社团建设等青年工作,并看望慰问一线团学干部,听取复旦大学共青团工作汇报。

2月28日

党的群众路线教育实践活动总结大会在光华楼举行。校党委书记朱之文作总结报告,中央第43督导组组长朱玉泉出席会议并讲话,校长杨玉良主持会议。

2014年复旦管理学奖励基金会评奖启动仪式暨新闻发布会在上海举行。自2014年起,基金会新设"复旦企业管理杰出贡献奖",奖励在中国企业管理实践领域作出杰出贡献的企业家或企业管理者。

2月间

22位教授入选第十批"国家千人计划",其中青年项目13人。

3月

3月1日

复旦大学生殖与发育研究院揭牌成立。该研究院以附属妇产科医院、儿科医院与上海市计划生育科学研究所为主体,联合生命科学学院、基础医学院、生物医学研究院等生殖与发育相关学科的科研资源共同组建而成,由妇产科医院院长徐丛剑担任执行院长。

在2012—2013年度上海市杰出志愿者等系列荣誉表彰大会上,附属华山医院副教授陈勤奋被评为"上海市杰出志愿者",附属肿瘤医院志愿者服务基地被评为"上海市优秀志愿者服务基地",附属儿科医院志愿者服务基地的《我们的甜橙树》脑瘫儿童关爱行动和附属华山医院志愿者服务基地的"喜乐之家"血透室康乐志愿服务获"上海市优秀志愿服务品牌"称号。

3月2日

《自然·纳米技术》上刊载物理系教授张远波课题组与合作者论文《黑磷场效应晶体管》,该成果成功制备出基于新型二维晶体黑磷的场效应晶体管器件。

附属华山医院派出2名医护人员赴昆明紧急支援"301"暴力恐怖事件伤员救治。

3月3日

全校中层干部大会召开。会上,校党委书记朱之文、校长杨玉良分别就2014年重点工作进行部署。

3月4日

2013年上海大学生年度人物评选活动表彰会在华东理工大学举行,复旦大学博士研究生仰志斌获"2013上海大学生年度人物"称号。

3月5日

校长杨玉良在光华楼主持召开复旦和甘肃合作项目推进会。

"战后亚洲战争罪犯审判与史料整理"国际研讨会在校召开,由复旦大学法学院、国际刑法研究中心及人权研究中心联合主办。联合国南斯拉夫前国际刑事法庭和国际刑事法庭余留机制庭长西奥多·梅隆法官、国际刑事法院汉斯·彼得·考尔法官、联合国南前国际刑事法庭刘大群法官等应邀出席。来自国内外近30名国际刑法专家学者参会。与会专家学者围绕"战争罪犯审判与史料整理"、"东京审判的意义与资料收集"、"中国审判的意义与史料整理"等3个主题展开广泛深入的讨论。

复旦大学—芬兰图尔库大学工程教育国际硕士双学位项目启动。

3月6日

纪念"三八"国际劳动妇女节104周年暨表彰先进大会在光华楼举行。

复旦大学和哈佛大学合作研究的"HFM1基因突变导致隐性遗传卵巢早衰"在《新英格兰医学杂志》上发表。该研究为探索卵巢早衰或卵巢功能不全的发生机理,以及阐明该病的临床高度异质性遗传病因复杂性开辟一个新的研究途径。

3月7日

上海市教育委员会、上海市教育发展基金会公布2013年度"曙光计划"项目评审结果。复旦大学11人入选。

3月8日

复旦大学老年医学研究中心在附属华东医院正式挂牌成立,中心学术委员会主任为闻玉梅院士,名誉主任为副校长桂永浩,主任为华东医院院长俞卓伟。

3月14日

复旦大学3篇学位论文入选2013年全国优秀博士学位论文,另有8篇学位论文入选全国优秀博士学位论文提名论文。

3月17日

成立"复旦学者"项目协调委员会。

3月18日

全校中层干部大会举行,传达全国"两会"精神。

3月19日

中国"脑计划"专家研讨会召开,来自教育部以及复旦、北大、北师大、上海交大等18所高校和附属医院的近50名专家学者,共同研讨如何实施中国"脑计划"研究。

3月20日

图书馆馆长换届,历史地理研究所教授葛剑雄不再担任馆长职务,中文系教授陈思和任图书馆馆长。

3月21日

教育部副部长刘利民一行到校考察调研师资队伍建设情况。

上海市肝病研究所在附属中山医院挂牌成立。

3月22日

在"全球最聪明的商业大脑比赛"中,复旦大学MBA代表队在美国波士顿获得"2014年数字医疗商业大赛"冠军。

3月23日

复旦大学第七期自贸圆桌会议在经济学院举行。

3月24日

美国历史学家、耶鲁大学荣誉教授史景迁在光华楼进行题为"在西方书写中国历史"的讲座。

校党委常委会审议通过《复旦大学关于贯彻落实〈党政机关厉行节约反对浪费条例〉的实施意见》。

3月25日

党委中心组在逸夫楼举行集体学习会,学习习近平总书记在十八届中央纪委三次全会上的重要讲话精神。

与美国韦恩大学和美国福特医院签署合作备忘录。

3月26日

化学系侯军利获2013年度中国化学会青年化学奖,该年度共有10人获奖。

"金砖国家信息共享与交流平台"中文版在复旦大学正式开通。该平台由金砖国家工商理事会中方理事会秘书处与复旦大学金砖国家研究中心共同建设。

确定葛剑雄、葛兆光、俞吾金、陈尚君、李良荣、朱立元、黄霖、姚大力等8位教授为复旦大学文科资深教授。

与宝山区共建长江西路101号项目。

3月27日

2013年度"上海高校后勤标兵"(绿叶奖)表彰大会举行,复旦大学总务处原处长栗建华、后勤公司维修工程中心零修组组长杨非获奖。

3月28日

党委中心组(扩大)学习会举行,经济学院教授孙立坚作题为"中国经济改革的逻辑与上海自贸区建设的意义"的专题报告。

《复旦大学国内公务接待管理办法》发布。

3月30日

生物医学研究院、基础医学院召开国际评估筹备会议,该会议标志着两院国际评估工作正式启动。美国杜克大学教授王小凡担任国际评估组组长。

3月31日

召开中央第十二巡视组巡视复旦大学工作动员会。校党委书记朱之文主持会议并作动员讲话,中央第十二巡视组组长董宏就即将开展的巡视工作作了讲话。中央巡视工作领导小组办公室有关负责同志就配合做好巡视工作提出要求。

4月

4月1日

2013年度上海市科学技术奖励大会在上海展览中心举行。复旦大学获一等奖3项、二等奖12项、三等奖6项。其中,物理系教授封东来领衔的"高温超导体的电子结构研究"项目获自然科学一等奖,附属华山医院教授耿道颖领衔的"基于影像学新技术的脑血管病早期诊疗、预后评估体系的建立与创新性临床应用"项目、附属眼耳鼻喉科医院教授孙兴怀领衔的"青光眼诊治与视功能康复新策略的应用"项目分别获科技进步一等奖。

复旦大学、中国人民大学、四川大学与欧洲学院(College of Europe)在比利时布鲁日市签署战略合作协议,四校将以欧洲学院"中国馆"为新平台,推动中国高校与欧洲学院进一步研究中欧关系,拓宽人文交往领域,增进彼此了解与理解。

复旦大学登陆全球MOOCs平台的首门课程"大数据与信息传播"在Coursera平台上线。

4月2日

复旦发展研究院金融研究中心发布第8期"复旦—ZEW经济景气指数"(CEP)调查结果。从该期开始,发展研究院正式与上海第一财经频道合作,每期发布会当日下午1点在第一财经频道10分钟的直播,由发展研究院教授孙立坚解读指数。

中国福利会副主席、浦东医院名誉院长张文康,达特茅斯大学卫生服务提供科学研究中心主任、美国医学科学院院士阿尔贝特·穆利(Albert Mully),达特茅斯大学卫生保健提供学研究中心中国临床医疗项目主任张蕾到浦东医院参观,交流探讨JCI认证工作。

4月3—5日

2014年上海国际消化内镜研讨会暨第七届中日ESD高峰论坛在附属中山医院举行。4月4日,亚太地区消化内镜ESD专业委员会在中山医院挂牌成立。

4月10日

复旦大学老年医学研究中心在复旦大学附属华东医院挂牌。该研究中心由附属华东医院、基础医学院、药学院、公共卫生学院、生物医学研究院以及附属中山医院、华山医院等共同组建。华东医院院长、教授俞卓伟担任研究中心主任。

首届"上海肾脏周"暨第九届"世界肾脏日"大型科普宣教活动在附属中山医院启动。

4月11日

校长杨玉良应邀参加澳大利亚总理托尼·阿博特(Tony Abbott)在上海世博中心举行的"澳大利亚周·中国"活动的午宴。

4月11—13日

"国家大型健康队列建设与应用"为主题的香山科学讨论会议在上海召开,会议邀请陈竺、李立明、王辰、俞顺章和金力担任会议执行主席。国内外各所高校、研究所以及国家相关部委的50余位专家应邀参会，其中17位专家作会议报告。

4月13日

复旦大学第二十二次研究生代表大会在光华楼举行，校党委副书记尹冬梅出席会议。

与会代表以无记名投票方式选举产生55名第二十二届研究生委员会正式委员和3名候补委员。林光耀当选为研究生会主席。

全国首部由在校师生自编自导自演、反映大学生参军题材的原创话剧《天之骄子》在上海戏剧学院实验剧场首次面向社会公演。该剧由艺术教育中心、校文化建设办公室、复旦剧社联合推出，入选上海校园文化传承创新行动计划之大学生话剧艺术展演重点资助剧目。

4月14日

复旦大学校友、微软全球执行副总裁陆奇做题为"未来十年IT新趋势"的演讲。

比较全球化研究中心特聘顾问、教授曹景行做"比较视野中的大陆和台湾全球化进程"的主题演讲。

4月15日

复旦大学2014年加强党风廉政建设干部大会在光华楼召开，总结2013年全校党风廉政建设情况，部署2014年工作。

4月16日

"复旦大学儿科医疗联合体"签约暨揭牌仪式在复旦大学附属儿科医院举行。联合体由上海医学院及附属儿科医院共同牵头，联合提供儿科和新生儿服务的其他8家附属医院组建而成。

"复旦大学围产医学中心"在儿科医院成立。

附属浦东医院（筹）和云南省文山市人民医院签订合作协议。

附属上海市第五人民医院中医科博士孙文善参加2014旧金山国际中医药学术交流研讨会并作主题报告。会议在加州大学旧金山分校医学院（UCSF）举行，参会人员来自加州各地区中医针灸临床医师以及国内中医药院校和附属医院等单位。

4月6—16日

受外交部委托，复旦大学国际问题研究院常务副院长、美国研究中心教授吴心伯率领外交部第41批专家学者小组赴美进行为期10天的调研活动。访美期间，代表团参加第六届"中美危机规避与合作"研讨会，研讨会由复旦大学、中国现代国际关系研究院以及美国和平研究所共同举办。

4月17日

国际问题研究院被外交部正式确定为"外交部政策研究课题重点合作单位"(2013—2015)。

上海市科学技术委员会向复旦大学上海市超精密光学工程技术研究中心授牌。

经济学院"千人计划"特聘教授张中祥当选为亚太政策研究会（Asia and the Pacific Policy Society, APPS）会士。

世界首例应用机器人辅助同时切除肠肝肺病灶微创术，在附属中山医院完成。

4月18—25日

复旦大学六届教代会暨十七届工代会第二次会议在校召开。大会听取并审议校长杨玉良的《学校工作报告》以及《复旦大学章程》起草说明、常务副校长陈晓漫的《2013年度财务工作报告》、工会主席刘建中的《2014年教代会、工会工作报告》、党委副书记刘承功的《2014年复旦大学校园文化系列活动方案》宣讲、教代会提案工作委员会主任王丽军的《提案工作报告》。大会投票表决原则通过《复旦大学教职工代表大会实施细则》（修订草案）、《复旦大学工会章程》（草案）。

4月19—21日

2014年度谈家桢遗传学国际论坛在光华楼举行。美国国家科学院院士、美国杜克大学教授菲利普·本斐（Philip Benfey），美国国家科学院院士、美国弗罗里达大学教授哈里·科里（Harry Klee），美国德克萨斯大学奥斯汀分校教授理查德·芬尼尔（Richard H. Finnell），美国耶鲁大学教授许田，美国科罗拉多大学教授韩珉，中国科学院院士、清华大学教授孟安明，中国科学院院士、中国科学院上海生命科学研究院植物生理生态所研究员韩斌等出席。

4月21日

召开党委常委会，专题研究校院两级管理有关议题。中央第十二巡视组彭文耀、吴钢运全程列席会议。

常务副校长陈晓漫和绿地控股集团执行副总裁许敬代表双方签署《复旦大学管理学院政立院区项目开发建设合作协议》。

4月22日

举行"80后的世界——复旦大学长三角社会变迁调查发布会"。该调查由复旦大学社会科学数据研究中心主持。

化学系举行"纪念吴浩青先生百年诞辰暨电化学学术论坛"。

发布《复旦大学会计、审计、基建工程专业高级专业技术职务聘任实施办法（试行）》。

4月23日

"阅读，点亮梦想"——2014年校园文化系列活动开幕式暨第二届复旦大学读书节主题活动在图书馆举行。

4月24日

在第二届中国（上海）国际技术进出口交易会上展出12项科研成果，其中9项带有实物展出，覆盖生物、医药、计算机、材料、化学等多个领域。

国际关系与公共事务学院举行题为"拐点—走向有机政治—十八届三中全会的政治意义"的党建论坛"国箴务实论坛——十八届三中全会精神系列讲座"第六讲。中央第十二巡视组组长董宏等一行3人参加论坛。

4月25日

《安徒生在中国》（*Hans Christian Andersen in China*）论文集英文版和丹麦文版正式出版。同日，该书首发仪式在北京中国妇女儿童博物馆举行。

4月29日

"中国种子：文明传承与创新"——中国企业联合馆首场主题论坛暨中企联与复旦大学合作签约仪式在管理学院举行。论坛由复旦大学、《解放日报》和中国企业联合馆共同主办。

4月30日

《德国应用化学》(Angew. Chem. Int. Ed.)在线发表高分子科学系教授彭慧胜课题组论文"Wearable Solar Cellsby Stacking Textile Electrodes"。该研究通过一种叠加织物电极的新方法,成功制备出织物太阳能电池,这类电池可以编到各种织物中,为实现可穿戴电子设备提供一种新的有效方法。

《复旦大学国有资产管理暂行办法》发布。

《复旦大学项目制科研人员聘用管理实施细则(试行)》发布。

4月间

聘请来自全国各高校、科研院所和研究生教育主管部门的36位研究生教育专家和导师对全校12个院系的研究生进行问题驱动型质量大检查。共面谈学生近千名,发放问卷近800份。

第九届国家图书馆文津图书奖公布获奖名单,复旦大学出版社出版的《科学外史》入选为推荐图书。

5月

5月4日

"当代青年的价值追求"——纪念五四运动95周年主题座谈会举行。

5月8日

中共复旦大学第十四届委员会常务委员会第十五次会议专题学习习近平总书记5月4日在北京大学师生座谈会上的讲话。

5月9日

与闵行区人民政府正式签订"共建医教研协同型健康服务体系"合作协议。双方计划用5年时间,探索医改与教改的深度融合,共建医疗"联合体"、医教研"结合体"以及健康服务"综合体"。

与福州市人民政府签订校、市全面合作协议。双方将重点在决策咨询服务、产业转型升级、人才交流培养、医疗卫生合作方面开展工作。

5月10日

公共卫生安全教育部重点实验室学术委员会会议在公共卫生学院召开。

5月10—11日

"翻译与比较文化研究:中西对话"国际研讨会在光华楼举行,由复旦大学中文系、密歇根大学、复旦大学文学翻译研究中心及中华文明研究中心共同举办。

5月12日

确认、废止和宣布失效第一批共69项规章制度。

成立复旦大学学风建设领导小组。

5月13日—14日

教育部在四川省成都市召开全国高校校园文化建设工作推进会。复旦大学"十年坚持口述历史教育,充分发掘大学育人功能"项目获得第七届高校校园文化建设优秀成果特等奖。校党委副书记刘承功与会作交流发言。

5月14日

校长杨玉良一行拜访美国唐仲英基金会中国办事处。

召开机关作风建设大会,正式下发《关于进一步加强机关作风建设的若干意见》,公布《机关作风与效能建设考核办法》、《机关工作人员行为规范》。

5月15日

"纪念中法建交50周年"官方系列活动之一——复旦大学法国研究中心成立仪式暨第一届复旦中法论坛在复旦大学举行。法国原驻华大使毛磊,国务院参事室特约研究员、中国原驻法大使吴建民受聘为复旦大学法国研究中心顾问。复旦大学与法兰西公学院签约开展合作。

九三学社上海高校论坛第51次会议在枫林校区召开,论坛主题为"新时期大学生综合素质的培养和新路径"。由九三学社上海市委员会主办,九三学社复旦大学委员会承办。

高分子科学系教授彭慧胜当选为英国皇家化学学会会士(FRSC)。

5月16日

复旦大学第54届田径运动会暨第十四届教工运动会开幕式在正大体育馆举行。学校各院系、附属单位组成的32支队伍参加比赛。

上海市副市长翁铁慧、市府副秘书长宗明、市卫生计生委主任沈晓初等一行到附属华东医院视察亚信峰会期间医疗保障工作。

5月17日

学习贯彻习近平总书记系列讲话和党的十八届三中全会精神专题培训班在光华楼东辅楼吴文政报告厅举行开班仪式。

著名大气科学家、芬兰赫尔辛基大学教授马克库·库马拉(Markku Kulmala)受聘为复旦大学荣誉教授。

举办"复旦法兰西论坛",法兰西共和国外交和国际发展部长洛朗·法比尤斯(Laurent Fabius)作题为"面对气候失序,人类如何保护环境"的演讲。该论坛由复旦大学法国研究中心主办。

复旦大学教师教学发展中心主办第三届"创新教与学"研讨会,会议主题为"教育信息化促进教学创新"。来自全国60余所高校和高教研究机构的近260位学者和管理者与会交流研讨。

5月18日

附属华山医院完成2014年国际田联钻石联赛(上海站)医疗保障任务。

5月19日

与法国奥尔良大学签署校际交流合作协议。

5月20日

复旦大学庆祝建校109周年第48届科学报告会暨学术文化周开幕式在光华楼举行。校长杨玉良出席并致辞,校党委副书记刘承功主持报告会。中文系教授戴从容、高分子系教授彭慧胜、基础医学院教授何睿以及微电子学院教授王鹏飞等4位青年学者分别代表文、理、医、工学科作报告。

巴基斯坦总统马姆努恩·侯赛因到访,出席由高等教育出版社、巴基斯坦驻华大使馆联合主办,复旦大学协办的《乌尔都语汉语词典》新书发布会。

校长杨玉良在光华楼作题为"深化改革:面向未来的内涵发展"的校情报告,与复旦大学第四十三次学生代表大会代表面对面交流。

全国护理领域首家区域性循证护理中心"上海市循证护理中心"在

护理学院挂牌成立,护理学院院长、教授胡雁担任中心主任。该中心由复旦大学牵头,上海4所高校护理学院及33家医院加盟。

复旦大学2013年三星奖学金颁奖仪式在逸夫科技楼举行。

5月22日

联合国秘书长潘基文到访,发表题为"我们想要一个什么样的世界——以联合国和普通公民的视角"的演讲。

中共中央总书记、国家主席、中央军委主席习近平在出席亚洲相互协作与信任措施会议上海峰会后,在上海召开外国专家座谈会。国际问题研究院访问学者加齐(巴基斯坦籍)、现代物理所罗杰(英国籍)、环境科学与工程系玛丽·哈德(英国籍)和物理系考西莫(意大利籍)受邀参加座谈会。

毛裕民捐赠支持复旦大学祖嘉生物博物馆建设。

学校召开2014年研究生管理干部和导师培训大会。

5月23日

2013年诺贝尔经济学奖得主罗伯特·席勒(RobertShiller)、彼得森国际经济研究所所长亚当·珀森(AdamPosen)受聘为复旦大学发展研究院国际顾问委员会委员。

由复旦大学金融研究中心和德国法兰克福大学金融研究中心共同主办的第一届上海—法兰克福国际金融论坛在复旦大学举行,主题为"金融创新与金融稳定:欧洲经验与中国选择"。来自德国法兰克福大学、法兰克福金融研究中心、复旦大学、北京师范大学以及上海财经大学的17位著名学者参会。从2014年起,论坛每年计划在上海和法兰克福各举办一次。

5月24日

由上海复旦大学校友会、上海医科大学校友会主办,主题为"中国医药的未来"的第二届复旦—张江论坛暨复旦大学109周年校庆学术报告会在枫林校区举行。

5月24—26日

由复旦大学、韩国高等教育财团主办,复旦发展研究院承办的"上海论坛2014"在上海举行,主题为"亚洲转型:寻求新动力"。论坛共设9个分论坛,共有来自近40个国家和地区的700余位政、商、学界精英和媒体代表参加,在参会人数和规模上再次扩大。

5月25日

复旦大学第四十三次学生代表大会在逸夫科技楼举行。大会对学生委员会提交的《复旦大学学生会章程(草案)》提出修正案,并表决通过。大会选举法学院学生蔡启为为新一任学生会主席。

5月25日

华东人民革命大学建校65周年纪念会暨华东革大纪念碑揭幕典礼在复旦大学举行。

5月26日

2013年上海市级教学成果奖获奖项目揭晓,复旦大学共有46项成果获奖,其中特等奖4项,一等奖22项,二等奖20项。

档案馆举办《上海解放复旦新生——音像档案资料新闻发布会》,首次向社会公布一批珍贵档案。

5月27日

举行109周年校庆升旗仪式。

"文明. 梦想——明代名士笔下的中华传统文化"专题展览展示活动在蔡冠深人文馆开幕。

5月28—30日

由中国工程院、美国中华医学基金会、国家自然科学基金委主办,上海医学院、附属华东医院承办的2014"国际老年医学学术研讨会"在枫林校区召开。

5月29日

复旦大学校庆109周年联合捐赠仪式在逸夫科技楼二楼多功能厅举行。包括与浙江龙盛集团股份有限公司签订"复旦大学龙盛教育基金";与上海东方希杰商务有限公司签订"复旦大学东方CJ海外学生交流基金";与福美基金会签订"福美—复旦海外学子交流助学基金";与江泉先生签订"复旦大学江新林人文优才奖助学金";与汪新芽校友签订"复旦大学发展研究院金融智库建设"和"复旦大学世界经济研究所发展基金"。校长杨玉良向五位捐赠代表颁发赠证书及纪念品。

5月31日

2014复旦大学校友返校日在江湾校区举行。

5月间

Shanghai, GlobalContender: The Free Trade Zone and the International Financial Center,在复旦大学金融研究中心发布。该书由复旦大学金融研究中心主任孙立坚主编,中心博士后研究人员参与撰写,汇集复旦大学金融研究中心的政策咨询与学术探讨的研究成果,系第一本聚焦于上海建设自贸区和国际金融中心英文研究专著,由上海人民出版社出版发行。

上海图书奖(20011—2013)公布获奖名单,复旦大学出版社获得特等奖1项,一等奖2项,2等奖3项,提名奖2项,特等奖为《裘锡圭学术文集》。

6月

6月1日

厦门市第一家儿童专科医院厦门市儿童医院(复旦大学附属儿科医院厦门分院)开业。

厦门市儿童医院是复旦大学与厦门市政府"校市共建"医疗项目,是厦门市市委、市政府重大民生工程。

6月2日

中法两国第一个数学国际联合实验室——"中法应用数学国际联合实验室"(LIASFMA)在厦门大学举行签字和揭牌仪式。校长杨玉良代表中方在协议书上签字。"中法应用数学国际联合实验室"办公室设在复旦大学,中国科学院院士、数学科学学院教授李大潜任该实验室的中方主任。

6月6日

附属妇产科医院举行130周年院庆活动,《红房子130年》新书在庆典上首发。

我国第一个专门从事肿瘤转移复发临床与基础研究的机构——复旦大学肿瘤转移研究所在上海成立。以"肿瘤转移研究的现状与未来"为主题的首届肿瘤转移学术论坛同时举行。

世界卫生组织老龄化和生命历

程部主任约翰·皮尔德(JohnBeard)在枫林校区作主题为"老龄化、创新与城市"的演讲。

6月7日

"中国金融消费权益保护研究中心"正式揭牌成立。该中心由中国人民银行金融消费权益保护局与复旦大学管理学院联合创设。

举行卢鹤绂(1914—1997)诞辰100周年纪念会。在纪念会上，卢鹤绂家属向学校捐赠一批珍贵史料，《卢鹤绂院士百年诞辰纪念文集》正式首发，上海市副市长赵雯、校长杨玉良和卢鹤绂之子卢永亮共同为卢鹤绂铜像揭幕。

启动治疗性疫苗国家工程实验室建设。

复旦大学医学形态学平台"两馆一中心"(人体科学馆、病理标本博物馆、临床解剖中心)落成暨揭牌仪式在上海医学院举行。

6月9日

复旦大学研究生服务中心正式对外办公，全年无休，保证寒暑假、节假日、周末都有工作人员值班。

6月10日

"中国人类蛋白质组计划"(CNHPP)在北京全面启动实施，将绘制人类蛋白质组生理和病理精细图谱，构建人类蛋白质组"百科全书"。复旦大学多个科研团队作为核心团队之一深度参与CNHPP计划。

6月13日

校董谢明一行到访，校长杨玉良参与会见，双方就海外交流项目、医疗合作等方面充分交换意见和看法，并商讨未来合作的可能。

6月14日

附属肿瘤医院质子重离子中心(上海市质子重离子医院)专业团队运用重离子(碳离子)放射治疗技术，为一位71岁的前列腺癌患者进行第一次针对肿瘤病灶的"立体定向爆破"治疗获得成功。标志着上海市质子重离子医院正式进入临床阶段。

"观·价值：热贡唐卡精神世界的文化认同——世界非物质文化遗产热贡唐卡精品特展"在复旦大学博物馆开幕。

6月15日

校长杨玉良署名文章《中国一流大学的文化自觉与文化担当》在《光明日报》头版刊登。

6月17日

与英国FutureLearn公司就慕课建设签署合作备忘录。该项目为国家总理李克强访英期间宣布的一系列中英合作协议之一。

6月19日

举行"传播复旦精神，服务国家人民"——2014年赴西部、基层、国家重点单位就业毕业生出征仪式。

校党委书记朱之文在枫林校区明道楼向枫林校区及中山、华山、儿科、肿瘤、妇产科、眼耳鼻喉科等附属医院的70余位老干部通报学校工作。

上海医学院科学家团队在探索遗传性线粒体疾病治疗研究方面取得突破性，研究论文日前发表于国际顶级学术期刊《细胞》。该项研究成果由复旦大学医学神经生物学国家重点实验室博士沙红英、教授朱剑虹课题组，联合安徽医科大学教授曹云霞团队和复旦大学附属华山医院神经外科、脑科学研究院、基础医学院等单位科学家共同完成。

6月20日

复旦大学"努力前程交相勉"毕业研究生代表座谈会在光华楼举行。

6月23日

"第七期全国省级博物馆馆长专业管理干部培训班"开班，该培训班由文博系承办。

6月24日

复旦大学第三期青年教师教学发展研修班结业活动在光华楼教师教学发展中心多功能厅举行。

《光明日报》总编辑何东平一行到访，与学校相关部门负责同志就合作事宜座谈交流。

6月25日

复旦大学六届二次教师代表大会征集提案送达会在校工会201会议室召开。

复旦大学2014届赴主流媒体就业毕业生座谈会举行。

6月26日

首届"复旦大学青年医疗护理技能大赛"在附属华山医院举行。

6月27日

复旦大学2014届本(专)科生、研究生毕业典礼暨学位授予仪式在正大体育馆举行。

6月29日

复旦大学校友会举行成立三十周年庆典暨专场交响音乐会，庆典主题为"感恩复旦，逐梦中华"。

6月30日

"复旦特聘教授授聘仪式暨学术报告会"在邯郸校区逸夫科技楼举行，美国科学院院士、加州大学伯克利分校教授沈元壤受聘为复旦大学特聘教授。

由复旦大学和重庆出版集团联袂打造的理论通俗读物《中国特色社会主义"五大建设"丛书》，在上海举行新书首发式和赠书仪式。复旦大学社会主义核心价值观宣讲"进课堂，进社区，进企业，进军营，进网络"活动同时启动。该丛书共11册。

复旦管理学奖励基金会第二届理事会第十二次会议召开。经会议表决，基金会法定代表人、执行副理事长变更为复旦大学党委书记朱之文。

复旦大学新增硕士学位授权二级学科点1个(美学)，新增博士学位授权二级学科点5个(人口学、人类学、生物统计学、数据科学、临床口腔医学)。

7月

7月1日

举行复旦大学纪念中国共产党成立93周年暨基层党组织建设座谈会。

美国国立卫生研究院(NIH)院长弗朗西斯·柯林斯博士应邀到枫林校区作题为"生物医学研究中的绝佳机遇"的演讲。

法国国家健康与医学研究院院长伊夫·利维(Yves levy)，国际事务部主任菲利普·阿瑞纳斯(Philippe Arents)，法国驻上海总领馆科技领事弗雷德里克(Frederic Bretar)等一行5人到访附属肿瘤医院。

7月2日

复旦大学2014年上半年纪检监察工作暨纪委第五次全体(扩大)会

议召开。

7月3日

国防大学战略研究所所长、教授金一南应邀到校作题为"中国梦——从民族救亡到民族复兴"的专题报告。

与闵行区政府合作共建复旦大学附属闵行区中心医院（筹）签约揭牌仪式在闵行区举行。

附属华山医院与甘肃省人民医院签订为期2年的合作共建协议。

上海科技大学校长江绵恒一行到访。

7月4日

党委书记朱之文、校长杨玉良等实地查看医学院学生搬迁准备工作。

7月6—7日

中央第十二巡视组到校，向复旦大学反馈专项巡视情况，传达习近平总书记关于巡视工作的重要讲话精神。

7月7日

校长杨玉良应韩国高等教育财团邀请访韩。期间，与诺贝尔物理学奖得主朱棣文共同到青瓦台总统府会见韩国总统朴槿惠。

7月7日

校党委发文批复，同意社会科学基础部更名为马克思主义学院。

7月8日

校长杨玉良在首尔举行的"科技创新的新领域"论坛开幕式上，发表题为"人文在科学技术与教育中"的演讲。

7月9日

党委书记朱之文主持召开党委常委会议，传达学习习近平总书记关于巡视工作的重要讲话精神，研究部署中央巡视组反馈意见的整改落实工作。

7月11日

附属医院工作扩大会议在闵行区召开。

7月15—20日

附属华山医院医疗保障团队完成第十九届国际泳联跳水世界杯医疗保障任务。

7月17日

与贵州省人民政府在贵阳市签订战略合作协议。双方将在战略决策咨询、科技创新与成果转化、人才培养、干部培训交流等方面加强合作。

7月18日

复旦大学上海医学院第一届董事会第二次会议在复旦大学枫林校区举行。

7月19日

第八届复旦管理学国际论坛在校举行。论坛主题为"公共治理的转型与现代化"。全国政协原副主席、复旦管理学奖励基金会理事长徐匡迪出席活动。

7月20日

党委书记朱之文主持召开党委常委会议，审议并原则通过《复旦大学关于中央巡视组反馈意见的整改工作方案》。

7月22—24日

中国高等教育学会外国留学生教育管理分会2014年学术年会在沈阳召开，会上表彰了在来华留学教育工作中表现突出的院校和个人，复旦大学获得"全国来华留学教育先进集体"称号。

7月25日

科技部党组书记、副部长王志刚一行到校调研。

与山东省人民政府签署战略合作协议，与济宁市高新区签署合作备忘录。双方将在人才培养、医疗卫生、文化合作、金融发展、协同创新等方面开展合作。

7月27日—8月10日

复旦中华文明国际暑期研修班第二期"中华文化与中国宗教研究"举行，由中外著名学者杜赞奇（Prasenjit Duara）、卓新平、刘笑敢等主讲系列课程，并邀请葛剑雄、李天纲、陈引驰、安伦等教授举办专题讲座。暑期班学员包括60名青年学者，来自中国内地、港澳台和国外。学员间进行多场专题研讨会，就彼此研究进行交流。

7月28日

校党委印发《复旦大学关于中央巡视组专项巡视反馈意见的整改工作方案》。

7月29日

举行"新媒体环境下的高校舆情引导与应对"——2014年教育新闻宣传经验交流会。21所部属高校的新闻宣传工作负责人参加会议并作经验交流。

7月30日

校党委召开专题会议，部署中央巡视组专项巡视整改工作。

8月

8月4—5日

教育部副部长、中纪委驻教育部纪检组长王立英到校指导学校巡视整改有关工作。8月5日上午，王立英到枫林校区改造现场调研。

8月6日

国家卫生与计划生育委员会副主任王国强、国家中医药管理局医政司长蒋健等一行到附属肿瘤医院调研中医药工作。

8月8日

与厦门市人民政府签约，合作共建复旦大学附属中山医院厦门医院。

8月12日

上海市肾病与透析研究所在中山医院正式挂牌成立，中山医院肾内科主任丁小强任研究所所长。

8月20日

复旦大学专项巡视整改工作领导小组办公室牵头召开整改工作推进会。

8月21日

信息工程与科学学院通信系、电磁波信息科学教育部重点实验室在全光Nyquist信号产生、探测与处理的最新研究发现——《高速全光奈奎斯特信号的产生于全带宽相干探测》("High Speed All Optical Nyquist Signal Generation and Full-band Coherent Detection")，

刊发于《自然》杂志（Nature）旗下期刊《科学报告》（Scientific Reports）。该成果首次实现全光Nyquist信号的完整产生与相干探测，对未来超高速光传输网络、全光信号处理具有重要意义。该成果由信息学院博士研究生张俊文，在信息学院教授余建军和导师迟楠的指导下完成。

8月22日

举行专题座谈会，纪念邓小平同

志诞辰110周年。

8月25日

对口支援西藏工作20周年电视电话会议在北京召开,生命科学院教授、中组部第六、第七批援藏干部钟扬受到表彰。

8月26—29日

由中国教科文卫体工会、教育部教师工作司主办的第二届全国高校青年教师教学竞赛在华中农业大学举行,生命科学学院教师吴燕华获得一等奖。

8月27—9月1日

受中国红十字会总会委托,由附属华山医院承办的2014年中国红十字医疗救援队培训及演练在上海举行。

8月29日

召开"《美国哈佛大学图书馆藏未刊中国旧海关史料(1860—1949)》新书发布暨旧海关出版物与近代中国研究报告会"。该报告会由复旦大学中国历史地理研究所、美国哈佛大学哈佛燕京图书馆、广西师范大学出版社集团有限公司共同主办。

8月30日

附属儿科医院院长、教授黄国英课题组发现一种在新生儿出生后24至72小时内采用"心脏听诊和经皮血氧饱和度测试"的简易方法,两三分钟内就可对新生儿先天性心脏病进行筛查,对早期识别和诊断先心病具有重要意义。该成果刊登于国际顶尖学术期刊《柳叶刀》(The Lancet)。

8月31日

附属眼耳鼻喉科医院青光眼遗传学研究成果在《自然·遗传学》上发表。该成果首次发现ABCA1基因与原发性开角型青光眼存在显著关联,并提出ABCA1基因与开角型青光眼的最重要的危险因素——高眼压的表型相关的新观点。该研究在同种疾病的同类研究中是样本数量最大的亚洲人群研究,填补国际上这一领域的空白。

物理系教授吴施伟、刘韡韬课题组,与教授龚新高的计算组合作,由博士研究生江涛、刘珩睿等通过"折纸"方式,研究与天然结构截然不同的二硫化钼双层材料,并通过样品实现对二硫化钼能带结构、能谷、自旋电子态的操控。该项研究工作("Valley and band structure engineering off olded MoS2bilayers")在《自然·纳米技术》(Nature Nanotechnology)上在线发表。

生命科学学院教授钟涛研究团队,在心脏发育和细胞纤毛生物学领域取得突破性进展。研究发现,前列腺素信号通路能够调控细胞纤毛生长和心脏左右不对称发育。最新成果在国际著名细胞生物学杂志《自然·细胞生物学》(Nature Cell BIology,IF20)上在线发表。

9月

9月1日

《求是》杂志2014年第17期刊发校党委文章《引领中青年教师健康成长》。

48集重大革命历史题材电视连续剧《历史转折中的邓小平》在光华楼举行开播发布会。

9月1—4日

校党委第十四届委员会第五次全体(扩大)会议光华楼召开。校党委书记朱之文、校长杨玉良围绕学校改革工作总体考虑和部署作报告。学校就提高人才培养质量、校院两级管理体制改革及配套的人事管理、科研管理、财务管理、资产管理、后勤管理等综合改革方案征求意见,人事、科技、财务、总务后勤、资产管理、人才培养等部门介绍相关改革方案,信息办负责同志介绍学校公共信息服务平台建设情况。

9月3日

教育部副部长李卫红一行到校,考察复旦大学中国共产党革命精神与文化资源研究中心建设情况。

9月4日

芬兰籍教授哈努·谭沪伦(HannuTenhunen)获得2014年度上海市"白玉兰纪念奖"。

9月5日

复旦大学牵头的项目"我国临床医学教育综合改革的探索和创新"获第七届高等教育国家级教学成果特等奖,实现上海市高等教育在国家级教学成果特等奖方面的"零的突破"。

9月6日

中欧高级别人文交流对话机制第二次会议在北京钓鱼台国宾馆举行。校长杨玉良、副校长冯晓源参会。国际关系与公共事务学院张骥带领15名中欧学生代表参加"东西文明交流互鉴——中欧学生学者文明担当对话"的论坛。

9月9日

美国前总统吉米·卡特偕夫人罗斯琳·卡特和美国卡特中心人员一行到访。美国研究中心与美国卡特中心正式签署合作备忘录,双方将围绕"中美新型大国关系"开展合作研究。

举办2014中美青年高峰论坛,主题为"青年桥梁:学习,体验和联系"(Youthas Bridge: Learning, Experienceand Connection)。该次论坛由上中国华侨公益基金会、北京大学中美人文交流基地、上海市华侨事业发展基金会、上海市对外文化交流协会、美国十万强基金会共同主办,复旦大学国际关系与公共事务学院承办。

9月10日

中国教育工会上海市委员会举办"青春在讲台——首届上海高校青年教师教学竞赛总结表彰会",生命科学学院吴燕华获得上海市"五一"劳动奖章;管理学院戴理瑾和微电子学院蒋玉龙获得上海市三等奖;生命科学学院乔守怡获得上海市最佳指导奖;复旦大学获得上海市优秀组织奖。

9月12日

复旦大学2014级本(专)科、研究生新生开学典礼在正大体育馆举行。

由复旦大学经济学院教授徐桂华主笔的《上海市重大经济决策咨询报告选——来自复旦发展研究院的报告》由复旦大学出版社出版。该书汇集1993—2003年上海市重大经济决策咨询报告的汇编,是复旦发展研究院自建院以来,历年给政府决策咨询、献言献策的研究汇总。

9月13日

"2014求是奖颁奖典礼"在美国研究中心举行,物理系赵俊教授获

"求是杰出青年学者奖"。典礼由香港求是科技基金会主办，复旦大学承办。

9月15日

国际工业与应用数学联合会（ICIAM）公布，将授予复旦大学数学科学学院教授、中国科学院院士李大潜苏步青奖（ICIAM SuBuchin Prize），以表彰他对应用数学及对数学科学在发展中国家的传播所做出的杰出贡献。

9月15—18日

亚太地区伦理审查委员会论坛（简称 FERCAP）专家检查组及学员一行13人到上海市公共卫生临床中心对伦理委员会进行正式认证检查。

9月16日

附属儿科医院正式通过国际医院联合评审委员会（JCI）评审，成为国内首个通过第五版JCI认证的儿童专科医院，也成为亚洲首个通过第五版JCI认证的学术医学中心。

9月17日

"光荣与力量"第四届感动上海年度十大人物评选结果在广电大厦演播厅揭晓，复旦大学校友、附属华山医院首例器官捐献者管莹荣获特别奖。

9月19日

"2014全国大学生就业最佳企业评选"百佳企业发布暨校企合作对接会在复旦大学举行，由教育部高校学生司指导，全国高等学校学生信息咨询与就业指导中心主办。

9月23日

校长杨玉良在甘肃河西学院参加"甘肃省高等学校校长论坛"，并赴张掖中学看望在该校进行社会实践的浦东复旦附中分校的老师和学生。

9月24日

英国诺丁汉大学校长大卫·格林纳威（David Greenaway）教授率团访问复旦大学。两校签署复旦—诺丁汉新汉学研究院的正式合作协议。

9月25日

"民族脊梁学界楷模——人民科学家钱学森"2014上海高校主题活动开幕式在光华楼举行。

9月26日

第七届上海青年科技英才名单揭晓，复旦大学4名科研人员获得"上海青年科技英才"称号，分别是：化学系邓勇辉、生物医学研究院徐彦辉、基础医学院王满宁、公共卫生学院阚海东。该奖项由上海市科学技术协会和上海科技发展基金联合设立。

由复旦发展研究院主办，中共甘肃省张掖市委、复旦—甘肃丝绸之路经济带协同发展研究院协办的"2014复旦发展论坛"在复旦大学光华楼一楼学生广场举行，主题为"生态·经济·文化——丝绸之路经济带的战略前景"。论坛由复旦发展研究院金融研究中心主任孙立坚主持。复旦大学校党委副书记、复旦发展研究院副院长刘承功致辞。甘肃省张掖市市委书记陈克恭、外交部亚洲司副司长杨健、复旦大学生物多样性研究所教授陈家宽、复旦大学历史地理研究所教授侯杨方等嘉宾作主题演讲，并就丝绸之路经济带的多角度发展、多维度推进进行交流和讨论。

第七届上海青年科技英才颁奖仪式在上海科学会堂召开。生物医学研究院研究员徐彦辉、公共卫生学院教授阚海东、基础医学院副教授王满宁获得第七届上海青年科技英才奖。

复旦大学—巴黎高师人文合作项目签约仪式在复旦大学中华文明国际研究中心举行。复旦大学中华文明国际研究中心主任金光耀与法国巴黎高等师范学院文化迁变与传播研究中心主任埃思巴涅（Michel Espagne）代表双方签约。两校计划开展以跨学科、跨文化为特征的人文学科多向度交流合作，合作领域涵盖文明对话、人文研究、人才培养、学术出版等。

9月26—27日

由复旦大学和新西兰奥克兰大学共同主办、复旦发展研究院和奥克兰大学孔子学院承办的第二届"大洋洲中国论坛"在新西兰奥克兰大学举行，复旦大学特聘教授、中国发展模式研究中心主任张维为作为唯一的受邀学者，在9月27日上午的学术沙龙上作题为《中国的民主观》的演讲，并与与会的新西兰政商界人士展开讨论。

9月27日

举行"金砖国家发展与中国自贸区建设论坛"。由中国社会科学院经济研究所、复旦大学复旦发展研究院、《经济研究》编辑部共同主办。

为庆祝孔子学院创办10周年，复旦大学孔子学院日活动在邯郸校区光华楼东草坪举行。

9月30日

美国纽约西奈山医院肝病科主任、复旦大学美国籍顾问教授思考特·劳伦斯·福瑞德曼（Scott Laurence Friedman）获颁2014年中国政府友谊奖。

由上海龙华古寺、上海市慈善基金会徐汇分会和附属儿科医院共同建立的"生命源泉——龙华古寺儿科肾病基金"在甘肃省人民医院举行自动腹膜透析仪捐赠仪式。

10月

10月2日

马玉章先生百岁寿诞晚宴在复旦大学卿云宾馆举行。马玉章先生出生于1914年，其祖父是中国著名教育家、复旦大学创始人和震旦大学首任校长马相伯先生。

10月3日

复旦大学文史研究院前院长、教授葛兆光凭借《中国再考——领域·民族·文化》一书，获得第26届亚洲·太平洋奖的最高奖。

10月7日

美国加州大学圣巴巴拉分校教授、复旦大学顾问教授中村修二（美籍日裔）与日本科学家赤崎勇、天野浩等3人获2014年诺贝尔物理学奖。

10月9日

校党委中心组举行集体学习会，学习10月8日习近平总书记在中央党的群众路线教育实践活动总结大会上的重要讲话精神，书记朱之文主持学习会。

上海市副市长翁铁慧一行来到校考察调研，听取学校关于国际合作办学、学科建设、资产管理、校园基本建设等方面的工作汇报，并就相关工作同与会人员进行交流研讨。

校长杨玉良出席在清华大学召

开的第十二届"一流大学建设系列研讨会",并作题为"新高考方案下的社会公平与大学责任"的专题报告。

10月10日

校党委公布《中共复旦大学委员会关于巡视整改情况的通报》。

聘任葛剑雄、葛兆光、俞吾金、陈尚君、朱立元、黄霖、姚大力等7人为文科资深教授。

10月11日

全国古籍保护工作会议在北京国家图书馆召开。图书馆馆长陈思和代表复旦大学图书馆出席文化部"国家古籍保护人才培训基地"颁牌仪式,研究馆员吴格获得"全国古籍保护工作先进个人"称号。

10月12日

2014年全国高校共青团组织建设专题培训班开班仪式在逸夫楼报告厅举行。

10月12—21日

复旦发展研究院与北美地区合作伙伴墨西哥蒙特雷科技大学在墨西哥签署合作备忘录,在墨西哥瓜达拉哈拉设立海外中国研究中心"复旦发展研究院复旦—蒙特雷科技中国拉美研究中心",是复旦大学在拉美合作建立的第一个、海外建立的第三个中国研究中心。

10月15日

复旦大学钰翔助学金捐赠签约仪式在逸夫科技楼举行。钰翔助学金将每年支持10位家境贫困的学生完成四年本科学业,首期持续8年,并优先考虑复旦大学对口扶贫云南大理州永平县的家境困难的学生。

举行上海医学院首届微课教学比赛决赛。

10月16日

教育部公布第二批"十二五"普通高等教育本科国家级规划教材书目,复旦大学共有22部教材入选。

复旦大学传播与国家治理研究中心率领研究团队对新浪微博平台上覆盖多元职业、多元社会群体的网络用户进行长期跟踪分析,发布《中国网络社会心态报告(2014)》,从社会议题、社会情绪、群体认同与网络行动、社会思潮等4个层面,全面系统地深度呈现当前中国网络的社会心态,取得广泛社会共鸣和影响。

10月16—17日

上海市副市长翁铁慧率上海市教育委员会、卫生与计划生育委员会等部门负责同志前往喀什考察调研。上海市第五人民医院援疆干部、泽普县人民医院急诊科副主任刘建军详细汇报一例重症颅脑外伤合并多发伤患儿病情以及治疗现状。

10月17日

校党委书记朱之文,副校长许征、陆昉,副书记刘承功,校长助理丁光宏等到复旦大学附属中学、复旦大学第二附属中学、复旦大学附属小学等附属基础教育机构考察。

上海台湾大学生创业实训基地挂牌成立,是我国第二家面向台湾大学生的创业扶持服务平台。

10月18日

"第十八届世界管理论坛暨东方管理论坛暨苏东水教授执教60周年庆贺会"在管理学院举行。论坛主题为"东方管理理论与实践——过去、现在、未来"。

"复旦大学光源与照明工程系建系30周年系庆暨先进照明技术趋势发展论坛"在逸夫科技楼报告厅召开。复旦大学校友会照明同学会在大会上正式揭牌,成为复旦大学第一个正式揭牌的行业分会。

上医校友会药学分会在张江校区成立。上医校友会已有北京等32个地域性分会,药学分会是首个专业分会。

"2014年上海国学研究生学术论坛"在光华楼举行,由上海市学位委员会、复旦大学研究生院、复旦大学中国学研究中心主办。

10月18日—19日

第七届全国大学生创新创业年会在西安交通大学举行,由教育部和科技部联合主办。复旦大学获评"2012—2014年度国家级大学生创新创业训练计划实施工作先进单位"。

10月20日

教育部核准发布《复旦大学章程》。

新奇的自旋轨道耦合物理研讨会(The International Workshop on Novel Properties of Spin-orbit Coupling in Condensed Matters)在校举行,由复旦大学主办,物理系教授金晓峰任大会主席。2007年诺贝尔物理学奖获得者、法国科学院院士阿尔伯特·费尔(Albert Fert)在会上作题为"Spin-orbitronics: a new direction in spintronics"的邀请报告。

10月22日

校党委印发《复旦大学关于推进校院两级管理体制改革的若干意见》及人事、财务、资产、后勤管理改革的4个配套文件。

10月23日

"第十一届长三角科技论坛院士圆桌会议"在上海举行,由复旦大学承办。

化学系教授周鸣飞科研团队相关研究论文《IX价铱化合物的表征》("Identification of an iridium-containing compound with a formal oxidation state of IX")发表在《自然》(Nature)上。该研究采用脉冲激光溅射—超声分子束载带技术在气相条件下制备了四氧化铱离子,并成功获得气相四氧化铱离子的红外振动光谱,首次证实气相四氧化铱离子具有正四面体结构,其中的铱处于IX价态,从而在实验上确定了IX价态化合物的存在。

10月24日

"法治中国的新格局——学习党的十八届四中全会精神研读座谈会"在江湾校区举行,由复旦发展研究院、党委宣传部、文科科研处、法学院联合举办。

教育部党组副书记、副部长杜玉波视察上海医学院,了解枫林校区基本建设进展及整体规划情况,并表示教育部将进一步关注枫林校区改扩建工程,支持上海医学院发展。

举行全校骨干教师和干部大会。会上中组部干部宣读中共中央、国务院关于复旦大学校长职务任免的决定,任命许宁生为复旦大学校长,杨玉良不再担任复旦大学校长职务。

10月25日

举行法科教育设立百年纪念会,回顾百年法科教育历程,展望依法治国大格局下法学教育的转型发展。会上,复旦大学与上海市高级人民法院正式签署战略合作协议。

党委书记朱之文主持召开党委常委会，集中学习党的十八届四中全会精神，并对学校传达学习和贯彻落实工作作出部署。

与俄罗斯乌拉尔联邦大学合作协议签署仪式。

校董廖凯原一行到访，参加法学院"法科教育设立百年纪念会"，并就法哲学发表主题演讲。

10月25—26日

第五届张培刚发展经济学优秀成果奖颁奖典礼暨2014年中国经济发展论坛在武汉举行。复旦大学经济学院教授陈诗一凭借专著《能源、环境和中国经济转型》("Energy, Environment and China Economic Transformationin")获得优秀成果奖。

10月26日

浦江创新论坛·未来科学论坛在上海东郊宾馆会议中心举行，主题为"拓展认知的疆界"，由复旦大学主办。

10月29日

何梁何利基金2014年度颁奖大会在北京举行，中国科学院院士、数学科学学院陈恕行获颁何梁何利"科学与技术进步奖"。

校董李和声一行到访，了解由其捐赠的京剧项目情况，并探讨未来合作的方向。

10月31日

著名哲学家、复旦大学文科资深教授、校学术委员会副主任、当代国外马克思主义研究中心主任俞吾金因病逝世，享年66岁。

复旦大学管理学院第一届国际顾问委员会第二次全体会议在复旦大学举行。

管理学院举办"复旦全球领袖论坛"。校长许宁生出席论坛并致辞，学院院长陆雄文主持，约600名师生参加论坛。

10月31日—11月3日

在由美国麻省理工学院举办的国际遗传工程机器设计竞赛(iGEM)世界锦标赛中，生命科学学院组织的iGEM团队获得大赛金奖。

10月间

诺丁汉大学授予国际关系与公共事务学院教授郭定平名誉教授称号。

学校获得上海市第十届邓小平理论和宣传优秀成果奖17项、上海市第十二届哲学社会科学优秀成果奖80项，经济学院伍柏麟教授、外文学院陆谷孙教授获学术贡献奖。

11月

11月1日

复旦版"2013年度中国最佳医院综合排行榜"、"2013年度中国最佳医院专科汇总排行榜"和"2013年度中国医院最佳专科声誉排行榜"在上海发布，全国100家最佳医院和30个最佳专科榜上有名。"2013年度中国最佳医院综合排行榜"中，附属华山医院、中山医院分别名列第6和第7名。

召开第十六届"莙政基金"管理委员会会议。

举办"人才工程"预备队二十周年队员返校日暨庆祝大会。

11月3日

校党委书记朱之文、副校长桂永浩等会见即将赴西非塞拉利昂抗击埃博拉疫情的复旦大学附属公共卫生临床中心教授、著名传染病专家卢洪洲。

第四届"海峡两岸欧盟研究论坛"在复旦大学开幕，主题为"新形势，新机制与新欧洲"。首届论坛始于2011年，由复旦大学欧洲问题研究中心和台湾大学倡议发起。

11月4日

校党委中心组举行扩大学习会，邀请著名军事专家、海军网络安全和信息化专家咨询委员会主任尹卓将军作题为"我国周边安全形势与钓鱼岛问题"的专题报告。

全国人大常委会委员、教科文卫委员会主任委员柳斌杰一行到校调研科技成果转化工作。

德国法兰克福大学校长、教授维尔纳·穆勒爱思特(WernerMüller-Esterl)率团访问复旦大学。

美国塔夫茨大学药物开发研究中心教授肯尼思·凯丁(KennethKaitin)访问复旦大学上海医学院，并作题为"The Changing Landscapeof Bioinnovation Economic Challengesin CNSDrug Development"的学术报告。

11月5日

举办复旦大学陈灏珠院士医学人才培养基金启动仪式。该基金前身为2007年设立的"复旦大学陈灏珠院士医学奖助学基金"，用于奖助家庭经济较困难而品学兼优的医学生。

11月6日

上海市社会科学界第十二届学术年会暨第十届邓小平理论研究和宣传成果、第十二届哲学社会科学优秀成果奖颁奖典礼在上海展览中心举行。复旦大学共获奖96项，其中一等奖26项。经济学院教授伍柏麟、外国语言文学学院教授陆谷孙获哲学社会科学优秀成果学术贡献奖。

11月7日

基础医学院和附属中山医院签署三份合作协议，分别是《复旦大学基础医学院与复旦大学附属中山医院学科建设合作框架协议》、《基础医学院病理学科与中山医院相关学科合作协议》以及《基础医学院人体解剖学科与中山医院相关学科合作协议》。

11月8日

复旦大学城市发展研究院正式揭牌成立。研究院是以复旦大学社会发展与公共政策学院、环境科学与工程系和复旦规划建筑设计研究院作为核心单位，充分发挥文、理、工、医综合优势，并联合多个院系及依托20多个校级研究中心平台共同组建而成的新型智库。

《长沙马王堆汉墓简帛集成》出版座谈会在逸夫科技楼举行，座谈会由校出土文献与古文字研究中心主办。

11月10日

校党委印发《复旦大学关于进一步加强和改进教师思想政治工作的意见》。

复旦招办—上海中学"创新素养培育实验项目"签约仪式在上海中学举行。

11月11日

国际顶级学术期刊《自然》在线发表生物医学研究院研究员、附属肿瘤医院双聘教授徐彦辉，博士研究生郭雪、王玲（共同第一作者）团队的研究成果。该团队应用X射线晶体学等研究方法,首次发现人体内一种名叫"DNMT3A"蛋白酶在抑制状态和激活状态下的三维晶体结构,并成功揭示了"DNMT3A"蛋白酶是如何在人体基因DNA上精确建立"甲基化修饰"的机制。

11月12日

艺术教育中心复旦剧社的原创军旅题材话剧《天之骄子》获中国校园戏剧奖金奖,复旦大学获优秀组织者。

《21世纪资本论》作者、巴黎经济学院经济学教授托马斯·皮凯蒂(ThomasPiketty)作题为"财富与收入分配"的报告。该活动由复旦大学经济学院、中信书院与第一财经联合主办。

11月12—13日

第二届中英全球卫生对话暨中英全球卫生支持项目第一次年度会议召开,由公共卫生学院承办。

11月13日

复旦大学《校史通讯》出版百期庆祝座谈会在复旦大学蔡冠深人文馆举行。

11月14日

"复旦大学管理学院—新南威尔士大学商学院合作MBA项目"签约仪式在管理学院举行。

复旦大学第五届董事会第四次会议在枫林校区治道楼召开,来自国内外二十多位校董及校董代表出席会议。

复旦大学教育发展基金会十周年庆活动在上海东方艺术中心举行。

召开全校研究生奖助方案公布会议,颁布新的奖助方案。

11月15日

上海复旦大学教育发展基金会第二届理事会第十五次会议、复旦大学教育发展基金会(海外)董事会会议在上海召开。会议选举许宁生理事/董事担任上海基金会副理事长和海外基金会董事会副主席,选举袁正宏监事担任监事长,选举潘俊理事担任上海基金会秘书长,选举周立志担任上海基金会副秘书长。

卫生部近视眼重点实验室新一届学术委员会在附属眼耳鼻喉科医院召开第一次会议。

11月16日

第二届上海医学院文化论坛在枫林校区明道楼举行。论坛主题为"正谊明道·团结创新",由上海医学院校友会、复旦校友会、上海复旦校友会生物医药医务界同学会共同举办。

附属公共卫生临床中心百年华诞庆典暨中山医院南院揭牌仪式举行,公共卫生医疗中心正式成为复旦大学附属中山医院南院。

11月17日

副校长林尚力率代表团访问瑞典隆德大学、哥本哈根大学亚洲研究中心。

信息科学与工程学院2014年度国际鉴评会在光华楼举行。

11月18日

复旦大学2013—2014学年光华奖学金颁奖大会在逸夫楼报告厅举行。

先进材料实验室郑耿锋教授课题组论文"Reduced Mesoporous Co3O4 Nanowires as Efficient Water Oxidation Electrocatalysts and Supercapacitor Electrodes",在《先进能源材料》(Advanced Energy Materials)期刊上发表,并被选为该期杂志的封面。该论文第一作者为先进材料实验室2012级硕士研究生王永成。

11月19日

《光明日报》副总编辑李春林一行到访,在复旦发展研究院与相关部门负责同志进行座谈交流,文科科研处、复旦发展研究院、上海市高校智库研究和管理中心等单位的负责同志介绍单位情况和合作意向。

11月20日

复旦大学唐仲英科研究院"PM2.5"研究项目捐赠签约仪式在学校光华楼举行,该笔捐赠旨在支持复旦大学"PM2.5"项目研究。

11月22日

复旦大学首届乐跑赛在邯郸校区举行,该赛事由校体育教学部主办,全校师生及校友1100余人参加。

11月23日

福建省省委常委、厦门市市委书记王蒙徽、校党委书记朱之文一行在厦门调研复旦中山厦门医院的筹建情况。

11月24日

召开党委常委会,学习贯彻中共中央办公厅印发的《关于坚持和完善普通高等学校党委领导下的校长负责制的实施意见》。

2014年上海市社科普及工作经验交流会在上海市社联举行,复旦大学获评"2014年社科普及工作先进集体",教授葛剑雄、吴晓明等被评为"2014年上海市优秀社科普及专家"。

11月26日

中国科学院院士、复旦大学化学系教授赵东元获宝钢优秀教师特等奖。赵东元指导的博士生孔彪获得宝钢教育基金优秀学生奖学金特等奖。

11月27日

2013—2014年度上海市职工职业道德建设"双十佳"表彰大会在上海科学会堂举行。附属儿科医院获"上海市职工职业道德建设十佳标兵"称号,同时获"上海市五一劳动奖状"。

11月28日

召开中央专项巡视党建主要问题整改工作推进会,深入学习贯彻习近平总书记在党的群众路线教育实践活动总结大会上的讲话精神,进一步推进中央专项巡视党建有关主要问题整改工作。

11月29日

2014年复旦管理学奖励基金会颁奖典礼在北京举行。中国科学院大学管理学院院长成思危获得"复旦管理学终身成就奖"。国务院发展研究中心研究院李善同、中山大学校长助理马骏、中国科学院农业政策研究中心研究院张林秀获得"复旦管理学杰出贡献奖"。中共中央候补委员、海尔集团董事局主席兼首席执行官张瑞敏获得首届"复旦企业管理杰出贡献奖"。全国政协原副主席、复旦管理学奖励基金会理事长徐匡迪、中国科学院院长白春礼等出席活动。

11月30日

举行复旦大学"中华古籍保护研究院"暨"国家古籍保护人才培训基

地"揭牌仪式。复旦大学与国家图书馆签署联合培养"古籍保护方向"图书情报专业硕士协议。国家图书馆馆长韩永进受聘为名誉院长。

卫生部卫生技术评估重点实验室学术委员会年度会议在枫林校区卫生管理大楼召开。

12月

12月2日

"航天英雄"杨利伟将军应邀到校,为《军事理论》共享课程作题为"勇于担当、共筑梦想"的跨校直播互动课。

12月3日

国际问题研究院发布专题研究报告"人文外交:中国特色的外交战略、制度与实践",首次明确提出"人文外交"概念。

12月4日

党委中心组(扩大)邀请法学院教授潘伟杰讲解"维护宪法权威以推进当代中国法治国家建设进程"。

12月5日

"2014鲁迅文化论坛"上揭晓"2014中国文艺·全球推介"20部优秀本土原创作品。中国语言文学系教授张新颖的《沈从文的后半生》、国际关系与公共事务学院博士包刚升的《民主崩溃的政治学》。

12月6—7日

2014首届"中国大学智库论坛"年会在上海举行,由教育部和上海市政府共同指导,复旦大学和智库论坛秘书处主办。论坛年会的主题是"建设法治中国,推进国家治理体系和治理能力现代化"。教育部副部长李卫红、上海市副市长翁铁慧出席论坛年会并致辞。全国人大、全国政协、最高人民法院、最高人民检察院、中国法学会相关部门领导和高校知名专家作专题报告。来自全国75所高校的近300位专家学者参加论坛研讨。复旦大学校长许宁生在论坛上致辞,校党委书记朱之文主持论坛。

12月7—8日

第九届全球孔子学院大会于在福建省厦门市举行。会上,复旦大学共建的奥克兰孔子学院、爱丁堡大学苏格兰孔子学院上获得"孔子学院开创者奖"。

12月8日

《国际纽约时报》发布"全球大学就业能力排行榜"上,复旦大学三年蝉联中国大陆第2,全球排名第36位,较2013年上升7位。

12月9日

与《中国日报》社签署战略合作协议。双方将根据国家战略部署并结合国家和区域经济发展需求开展密切合作,提升双方的海内外影响力。未来将在新闻报道、学生社会实践基地建设、促进复合型国际化人才培养、宣传活动合作等方面建立工作机制,并定期更新合作内容。

青春力量——2014年复旦大学"一二·九"主题歌会决赛在正大体育馆举行。

12月10日

外交部原部长李肇星受邀在复旦大学学生会星空讲坛暨人文大讲堂为复旦大学师生作题为"说不尽的外交"的演讲。

12月11日

《复旦大学上海高校智库管理实施细则》发布。

12月12日

爱尔兰总统迈克尔·希金斯(President Michael D. Higgins)携夫人一行到访。希金斯为复旦师生作题为"新全球秩序的出现与多边体系的重要性"的演讲。

美国哈佛大学政府管理系教授、哈佛燕京学社社长裴宜理(Elizabeth J. Perry)教授到访复旦大学中华文明国际研究中心,与该中心签署合作备忘录。

智能化递药教育部及全军重点实验室2014年度学术年会在张江校区召开。

12月12—16日

英国科学院院士、剑桥大学克莱尔学院教授胡司德访问学校并发表演讲。主题分别为"陶化鸟兽:战国秦汉文献中动物界的概念"、"中国早期生态史的历史编纂学问题"、"古代中国插图史与本草略记:关于李约瑟与本草研究的一些想法"。

12月13日

第十七届"上海十大杰出青年"评选颁奖活动举行。高分子科学系、先进材料实验室教授彭慧胜当选"上海十大杰出青年"。

计算机科学技术学院"睿齐团队"(队员:屠仁龙、杨悦、周传杰)提交的作品获得2014年全国高校移动互联网应用开发创新大赛全国一等奖。该竞赛由教育部科技发展中心主办,北京联合大学承办。

上海市法官、检察官遴选(惩戒)委员会成立大会上,法学院教授章武生受聘为上海法官检察官遴选(惩戒)委员会委员。

12月15日

附属中山医院的医疗信息化应用水平近日通过HIMSSEMRAM(美国医疗卫生信息与管理系统协会电子病历应用成熟度模型)6级认证,成为上海首家通过该国际认证的医院。

12月15—18日

印度古文献学系列讲座在校举行。法兰西学院院士、法国亚洲学会副主席皮埃尔-西尔万·菲利奥扎((Pierre Sylain Filliozat)访问学校并发表演讲。主题分别为"印度的写本遗产"、"传统印度的抄写匠职业"、"印度铭文研究史"、"从铭文看卡纳达语字母的发展"。

12月16日

复旦大学15人入选2015年上海市青年科技英才扬帆计划。

高校脑科学专家研讨会在复旦大学召开,共有45所高校及其附属医院的近百名相关学科的院士、长江学者和学科带头人参会。

国家自然科学基金重大项目"应对老龄社会的基础科学问题研究"项目启动会在复旦大学举行。该项目是复旦大学人文社科领域首次作为牵头单位承担的国家自然科学基金重大项目。

第二届上医文化论坛在枫林校区明道楼举行。

12月17日

复旦大学节能监管平台通过住建部、教育部验收。

由中共上海市委宣传部、上海市文化广播影视管理局主办的第六届"上海文学艺术奖"颁奖典礼在上海大剧院举行,教授陆谷孙、王安忆获杰出贡献奖。

由复旦大学金砖国家研究中心、复旦大学经济学院编撰的《金砖国家贸易发展年度报告(2013—2014年)》在"第三届金砖国家财经论坛"正式发布。

12月18日

《自然》(Nature)出版《2014自然指数中国增刊》,介绍中国主要科研机构和大学对全球科学发展的贡献、科研产出领先的十大城市,以及国际科研合作情况。其中,上海篇重点报道复旦大学科研成果在上海乃至中国相关领域的突出贡献。

12月19日

全国港澳研究会会长、国务院港澳办原常务副主任陈佐洱先生一行到访。陈佐洱为复旦师生作题为"百年沧桑的香港与'一国两制'的实践"的演讲。

12月19—20日

复旦大学人口与发展政策研究中心与联合国人口基金驻华代表处在上海联合举办"面向未来的中国人口研究"暨第三次生育政策研讨会。

12月20日

软件学院副教授杨珉当选第十三届"上海IT青年十大新锐"。

"治国理政——中国共产党的探索与实践"全国大学生交流论坛在复旦大学举行。

12月21—22日

在中国学位与研究生教育学会成立20周年纪念大会上,研究生院廖文武获得"首届中国研究生教育学会研究生教育成果奖二等奖"和"突出贡献奖"。

12月22日

由中宣部、国家网信办、国家新闻出版广电总局、中国记协联合举办的"好记者讲好故事"全国巡讲上海首场报告会在复旦大学拉开序幕。

经中国学位与研究生教育学会第五届二次全体常务理事、理事会议讨论决定,复旦大学副校长陆昉当选为常务理事,研究生院培养办主任廖文武当选为理事(高级个人会员)。

12月23日

复旦大学2013—2014学年奖学金颁奖典礼在正大体育馆举行。

复旦—瑞南"一带一路"战略合作暨丝绸之路奖教金奖学金签约仪式在光华楼思源报告厅举行。

12月24日

脑科学研究院教授马兰领衔的"精神药物成瘾和记忆机制"创新研究群体通过国家自然科学基金委员会组织的实施情况考核评估,成为复旦大学第一个获得第三轮共计9年期资助的创新研究群体。

附属金山医院获得上海市卫生和计划生育委员会颁发的《上海市职业病诊断机构批准证书》。

12月26日

《化学化工新闻》(Chemical & Engineering,简称C&EN)杂志发布2014年十大化学研究,复旦大学化学系教授周鸣飞科研团队关于过渡金属高氧化价态研究成果入选。

校长许宁生与来自新闻、经济、中文、国际关系、法学、哲学、华山医院、儿科医院、中山医院等9个院系的15名留学生代表进行座谈,听取他们对学校工作的意见和建议。

12月27日

"复旦大学学生咨询科技开发中心"创立30年暨校友返校日活动在光华楼袁天凡报告厅举行。

12月29日

复旦大学社会科学数据平台正式上线仪式在上海举行。该平台是第一家中国高校社会科学数据平台,为高校、研究机构和政府部门提供科研数据的存储、发布、交换、共享与在线分析等功能。

12月间

经济学院陈诗一入选国家百千万人才工程。

由复旦大学发展研究院副院长彭希哲担任项目负责人、复旦大学作为牵头单位,联合中国人民大学、北京大学、浙江大学、上海社会科学院共同申报的国家自然科学基金重大项目"应对老龄社会的基础科学问题研究",获得国家自然科学基金委员会的批准资助,资助总经费1 800万元。该项目是复旦大学人文社科领域首次作为牵头单位承担的国家自然科学基金重大项目。

统计数据

2014年复旦大学综合统计数据(1)

项目	数量	单位	项目	数量	单位
综合部分：			11. 占地面积	245.00	万平方米
1. 直属院(系)*	31	个	其中：邯郸校区	105.50	万平方米
2. 科研机构	469	个	枫林校区	19.21	万平方米
其中：国家重点实验室	5	个	江湾新校区	97.47	万平方米
国家哲学社会科学创新基地	7	个	张江校区	22.82	万平方米
省部级设置的研究机构	68	个	12. 建筑面积	200.20	万平方米
3. 普通本专科专业			其中：教学科研	59.58	万平方米
本科	70	个	教工单身宿舍	13.63	万平方米
高职	1	个	财务部分：		
双学位	0	个	1. 固定资产	81.11	亿元
4. 网络教育专业			2. 财务收支情况		
专升本(非全日制)	11	个	本年总收入	45.75	亿元
第二本科	10	个	本年总支出	44.44	亿元
高中起点本科(在线)	2	个	3. 资产状况		
高中起点专科(在线)	6	个	本年末资产	146.85	亿元
5. 继续教育专业			本年末负债	11.92	亿元
夜大学			本年末净资产	134.93	亿元
本科	9	个	对外交流：		
专科升本科	24	个	1. 本年国际交流情况		
专科	2	个	签定交流协议	34	个
自学考试			主办国际会议	69	次
本科	6	个	2. 本年聘请专家情况		
专科	5	个	名誉教授	3	人
6. 博士后流动站	35	个	兼职教授	9	人
7. 博士点			3. 本年来华专家情况		
学术学位一级学科授权	35	个	长期专家	108	人
专业学位授权	2	个	短期专家	1 200	人
8. 硕士点			优秀学者授课项目	53	个
学术学位一级学科授权	6	个	4. 来访团组		
专业学位授权	27	个	来宾批次	400	批次
9. 一级学科国家重点学科	11	个	来宾人次	3 834	人次
二级学科国家重点学科	19	个	5. 本年出国人员情况	6 816	人次
10. 藏书	552.8	万册	国际会议	3 138	人次

续表

项　　目	数　量	单　位	项　　目	数　量	单　位
合作研究	694	人次	延长事宜	28	人次
访问考察	582	人次	留学进修	1 931	人次
长期任教	28	人次	其他	238	人次
讲学、培训实习	177	人次	其中：学生出国(境)	2 517	人次

＊不含继续教育学院、网络教育学院

（学校办公室整理）

2014年复旦大学综合统计数据(2)

项　　目	数　量	单　位	项　　目	数　量	单　位
在校学生数：	43 759	人	副研究员	118	人
（一）研究生	16 599	人	3. 职　工	2 595	人
博士生	5 711	人	其中：正高级	44	人
硕士生	10 888	人	副高级	279	人
（二）本专科生	12 747	人	（二）中国科学院院士	29	人
本科生	12 041	人	中国工程院院士	8	人
专科生	706	人	（三）长江学者	123	人
（三）留学生	3 103	人	（四）在职博士生指导教师	1 517	人
其中：攻读学位生	1 906	人	（五）复旦大学杰出教授	2	人
（四）网络教育学生	1 482	人	（六）离退休人数	4 972	人
其中：本科生	1 111	人	其中：正副高级职称	2 179	人
（五）成人教育学生	9 828	人	**科学研究部分(理科、医科)：**		
1. 业余	9 828	人	1. 专利授予	572	项
其中：本科生	9 401	人	2. 科研获奖	48	项
2. 脱产	0	人	其中：国家级	2	项
其中：本科生	0	人	省部级	46	项
其他人员：			3. 发表论文	8 459	篇
（一）博士后在站人员	940	人	其中：国外学术刊物	5 424	篇
博士后出站人员	277	人	全国学术刊物	3 035	篇
累计博士后出站人员	2 913	人	4. 科技专著	56	部
（二）自学考试毕业生	1 224	人	**科学研究部分(文科)：**		
其中：本科生	797	人	1. 提交有关部门报告数	104	篇
（三）进修生结业生	718	人	其中：被采纳数	100	篇
（四）短训班学生结业生	21 667	人	2. 科研获奖	98	项
师资部分：			国家级	0	项
（一）教职工总数(不含附属医院)	5 409	人	省部级	98	项
1. 专任教师	2 421	人	3. 发表论文	2 302	篇
其中：教　授	902	人	国外学术刊物	217	篇
副教授	863	人	国内学术刊物	2 060	篇
2. 专职科研人员	303	人	港澳台刊物	25	篇
其中：研究员	100	人	4. 发表译文	23	篇

续表

项　　目	数　量	单　位	项　　目	数　量	单　位
5. 专著	181	部	7. 古籍整理	13	部
6. 译著	43	部	8. 电子出版物	45	件

（学校办公室整理）

2014年复旦大学本科生分专业学生人数统计

专 业 名 称	在 校 学 生 数					
	合计	一年级	二年级	三年级	四年级	五年级及以上
普通本科生	12 041	2 964	3 224	2 546	2 909	398
其中：女	5 922	1 508	1 613	1 187	1 417	197
高中起点本科	12 041	2 964	3 224	2 546	2 909	398
哲学	74	1	5	31	37	0
哲学(国学方向)	14	0	4	5	5	0
哲学(武警班)	38	0	38	0	0	0
宗教学	5	0	0	3	2	0
哲学类	118	66	52	0	0	0
经济学	164	0	52	48	64	0
经济学(数理经济方向)	63	0	20	16	27	0
经济学类	255	255	0	0	0	0
财政学	88	0	24	25	39	0
金融学	166	0	65	40	61	0
保险	63	0	0	22	41	0
保险学	24	0	24	0	0	0
国际经济与贸易	174	0	52	59	63	0
法学	403	76	109	110	108	0
社会科学试验班	228	228	0	0	0	0
政治学与行政学	78	0	24	23	31	0
国际政治	155	0	58	33	64	0
社会学	162	2	65	34	61	0
社会工作	58	0	21	15	22	0
思想政治教育	13	0	0	0	13	0
思想政治教育(武警班)	0	0	0	0	0	0
汉语言文学	203	0	79	52	72	0
汉语言	80	4	28	21	27	0
中国语言文学类	89	89	0	0	0	0
英语	102	3	45	15	39	0
俄语	57	17	12	9	19	0
德语	60	17	14	9	20	0
法语	68	17	16	24	11	0
日语	51	15	14	4	18	0
朝鲜语	45	16	13	2	14	0

续表

专业名称	在校学生数					
	合计	一年级	二年级	三年级	四年级	五年级及以上
翻译	44	1	20	12	11	0
英语类	70	70	0	0	0	0
新闻学	91	0	0	32	59	0
新闻学(武警班)	110	40	0	36	34	0
广播电视新闻学	49	0	0	23	26	0
广播电视学	1	0	1	0	0	0
广告学	60	0	0	30	30	0
传播学	66	0	0	28	38	0
新闻传播学类	184	83	101	0	0	0
历史学	133	1	49	43	40	0
博物馆学	41	0	0	17	24	0
文物与博物馆学	25	0	25	0	0	0
历史学类	83	83	0	0	0	0
数学与应用数学	285	0	0	129	156	0
信息与计算科学	103	0	0	43	60	0
数学类	291	129	162	0	0	0
物理学	319	2	119	94	104	0
自然科学试验班	427	426	0	1	0	0
化学	290	2	100	96	92	0
应用化学	36	0	20	15	1	0
生物科学	293	0	106	88	99	0
生物技术	56	0	22	18	16	0
心理学	64	0	26	14	24	0
统计学	20	0	0	0	20	0
理论与应用力学	94	0	44	33	17	0
材料物理	88	1	38	32	17	0
材料化学	59	0	18	25	16	0
高分子材料与工程	107	1	47	26	33	0
电气工程及其自动化	110	0	38	33	39	0
电子科学与技术	57	0	26	19	12	0
通信工程	142	0	49	45	48	0
微电子科学与工程	81	1	80	0	0	0
微电子学	154	0	4	71	79	0
光电信息科学与工程	19	0	19	0	0	0
光信息科学与技术	50	0	0	22	28	0
电子信息科学与技术	255	0	92	76	87	0
技术科学试验班	431	431	0	0	0	0
计算机科学与技术	223	0	73	75	75	0
软件工程	260	67	90	74	29	0
软件工程(爱尔兰班)	48	0	0	0	48	0

续表

专 业 名 称	在 校 学 生 数					
	合计	一年级	二年级	三年级	四年级	五年级及以上
信息安全	61	0	31	15	15	0
信息安全(保密方向)	27	0	4	12	11	0
飞行器设计与工程	43	0	17	18	8	0
核工程与核技术	60	32	28	0	0	0
核技术	51	0	0	27	24	0
环境科学	99	0	59	20	20	0
环境科学(环境工程方向)	28	0	0	14	14	0
环境科学(环境管理方向)	29	0	0	15	14	0
生物医学工程	45	0	12	14	19	0
基础医学	101	34	34	18	8	7
临床医学(八年制)	759	145	146	117	110	241
临床医学(六年制)	8	0	0	0	0	8
临床医学(五年制)	606	140	200	93	75	98
临床医学(五年制)(武警班)	20	20	0	0	0	0
预防医学	298	70	78	58	53	39
预防医学(武警班)	20	20	0	0	0	0
药学	310	107	91	57	55	0
药学(临床药学方向)	18	0	0	8	10	0
法医学	41	19	6	8	3	5
护理学	140	59	29	28	24	0
管理科学	11	0	0	0	11	0
信息管理与信息系统	4	0	0	0	4	0
保密管理	41	18	23	0	0	0
工商管理	1	0	0	0	1	0
市场营销	10	0	1	0	9	0
会计学	32	0	0	0	32	0
财务管理	65	0	0	0	65	0
工商管理类	391	132	158	101	0	0
公共事业管理	71	18	22	19	12	0
行政管理	118	0	40	33	45	0
旅游管理	116	6	42	21	47	0
护理(高职)	706	237	238	231	0	231

(复旦学院供稿)

2014年复旦大学授予学生学士学位情况统计(1)

单位:人

毕 业 人 数			结业人数		未授予学位数	授 予 学 位 数	
合计	本科	专科	本科	专科		授予数	授予学位比率(%)
3 147	2 915	232	59	1	71	2 914	97.62%

注:未含留学生、网络教育学院和继续教育学院;
"毕业人数"指获得毕业证书的人数;
"未授予学位数"含结业(59人)、肄业(11人)和获毕业证书但未获学士学位者(1人);
"授予学位比率"为:授予学位数/应毕业人数(获毕业证书人数+获结业证书人数+肄业人数)。

(复旦学院供稿)

2014年复旦大学授予学生学士学位情况统计(2)

单位:人

学科	文学	历史学	经济学	法学	哲学	理学	工学	医学	管理学	小计
人数	437	68	319	354	50	1 030	184	246	226	2 914

注:未含留学生、网络教育学院和继续教育学院数据。

(复旦学院供稿)

2014年复旦大学全国高考分省市录取分数统计

省市	文史				理工				医学			
	最高分	平均分	最低分	录取排名	最高分	平均分	最低分	录取排名	最高分	平均分	最低分	录取排名
安徽	639	634	630	54	648	641	634	247	643	627	620	632
北京	660	650	643	—	701	678	670	—	664	658	653	—
福建	662	656	653	53	674	668	663	204	669	657	647	676
甘肃	630	627	625	24	662	658	655	74	655	652	648	150
广东	662	655	652	90	683	671	668	224	674	664	649	1 178
广西	660	652	643	62	679	672	666	162	674	671	664	185
贵州	679	676	674	30	675	668	663	136	638	638	638	580
海南	854	849	844	26	843	836	833	57	829	829	828	70
河北	655	650	647	56	701	697	694	143	693	690	685	364
河南	625	620	618	83	683	677	673	216	673	672	672	250
黑龙江	658	653	649	50	687	682	680	112	682	676	671	272
湖北	630	624	619	54	674	670	667	130	671	665	663	228
湖南	666	663	659	61	678	673	668	199	665	663	661	335
吉林	654	649	645	70	694	690	687	150	689	688	685	180
江苏	397	390	387	90	411	400	388	900	406	403	402	110
江西	620	613	608	65	669	662	659	121	664	662	660	111
辽宁	650	645	642	43	682	679	677	107	678	674	671	214
内蒙古	639	636	634	18	675	672	668	70	664	657	643	450
宁夏	632	631	628	17	660	656	649	60	657	654	652	48
青海	625	623	621	15	645	638	632	55	639	633	627	69
山东	673	669	665	94	700	697	694	206	691	690	686	536
山西	603	599	597	53	667	663	660	155	660	651	641	607
陕西	663	663	663	36	687	686	683	144	684	658	621	3 897
上海	523	515	510	—	539	516	507	—	518	504	497	—
四川	625	621	617	96	665	657	654	194	662	656	652	218
天津	652	645	638	60	681	676	673	125	666	663	661	290
西藏	672	665	658	—	—	—	—	—	—	—	—	—
西藏(民)	539	539	539	—	—	—	—	—	—	—	—	—
新疆	638	634	631	—	668	658	655	—	664	659	654	—
新疆民考汉	654	648	643	—	618	614	608	—	—	—	—	—
新疆双语班	—	—	—	—	669	633	610	—	—	—	—	—
云南	675	673	670	30	696	688	678	145	687	664	644	978

续 表

省 市	文 史				理 工				医 学			
	最高分	平均分	最低分	录取排名	最高分	平均分	最低分	录取排名	最高分	平均分	最低分	录取排名
浙 江	714	710	705	102	733	728	723	252	730	727	725	218
重 庆	662	656	650	60	667	657	652	161	657	655	651	170
港澳台	609	586	562	—	696	667	635	—	666	654	641	—

（复旦学院供稿）

2014年复旦大学上海市高考分专业录取分数统计

招生代码	科 类	编码	专业名称	最高分	平均分	最低分
10246（文理类）	文 史	001	朝鲜语（提前批）	510	506	504
		002	俄语（提前批）	518	517	516
		003	思想政治教育（提前批）	523	520	519
		01	经济学类	520	514	510
		02	社会科学试验班	516	514	512
		03	新闻传播学类	518	514	510
		04	中国语言文学类	515	515	515
	理 工	051	核工程与核技术（提前批）	525	509	500
		052	思想政治教育（提前批）	525	522	519
		51	工商管理类	511	511	511
		52	经济学类	539	517	508
		53	数学类	518	513	507
		54	新闻传播学类	517	516	515
		55	自然科学试验班	513	513	513
19246（医学类）	文 史	001	护理学（提前批）	462	451	445
		701	护理（高职）	325	293	281
	理 工	051	法医学（提前批）	496	487	480
		052	护理学（提前批）	456	447	437
		51	临床医学（8年制）	518	504	497
		751	护理（高职）	305	270	260

（复旦学院供稿）

2014年复旦大学分办学形式研究生数统计

单位：人

	毕业生数	授予学位数	招生数		在校学生数						
			总计	应届生	总计	一年级	二年级	三年级	四年级	五年级	预计毕业生数
总 计	4 777	4 395	5 272	3 374	16 599	5 369	5 373	5 595	113	149	6 483
总计中：女	2 433	2 218	2 694	1 876	8 243	2 755	2 801	2 592	52	43	3 033
博士研究生	1 088	1 048	1 408	994	5 711	1 505	1 482	2 462	113	149	2 537
学术型学位博士	950	906	1 379	979	5 377	1 379	1 326	2 410	113	149	2 373
国家任务学术型学位博士	916	878	1 379	979	5 109	1 379	1 269	2 199	113	149	2 162
委托培养学术型学位博士	26	23	0	0	184	0	48	136	0	0	136

续 表

	毕业生数	授予学位数	招生数		在校学生数						预计毕业生数
			总计	应届生	总计	一年级	二年级	三年级	四年级	五年级	
自筹经费学术型学位博士	8	5	0	0	84	0	9	75	0	0	75
专业学位博士	138	142	29	15	334	126	156	52	0	0	164
国家任务专业学位博士	136	140	29	15	330	126	156	48	0	0	160
委托培养专业学位博士	0	0	0	0	3	0	0	3	0	0	3
自筹经费专业学位博士	2	2	0	0	1	0	0	1	0	0	1
硕士研究生	3 689	3 347	3 864	2 380	10 888	3 864	3 891	3 133			3 946
学术型学位硕士	2 040	1 703	1 686	1 370	5 226	1 686	1 785	1 755			1 855
国家任务学术型学位硕士	1 880	1 534	1 686	1 370	4 972	1 686	1 690	1 596			1 679
委托培养学术型学位硕士	55	55	0	0	156	0	52	104			104
自筹经费学术型学位硕士	105	114	0	0	98	0	43	55			72
专业学位硕士	1 649	1 644	2 178	1 010	5 662	2 178	2 106	1 378	0	0	2 091
国家任务专业学位硕士	217	214	2 178	1 010	2 712	2 178	277	257	0	0	260
委托培养专业学位硕士	532	531	0	0	1 404	0	676	728	0	0	730
自筹经费专业学位硕士	900	899	0	0	1 546	0	1 153	393	0	0	1 101

（研究生院供稿）

2014年复旦大学攻读博士学位研究生分学科、分专业学生数统计

单位：人

专 业 名 称	专业代码	年制	毕业生数	授予学位数	招生数		在 校 生 数						预计毕业生数
					计	应届生	合计	一年级	二年级	三年级	四年级	五年级及以上	
总 计	43200	0	1 088	1 048	1 408	994	5 711	1 505	1 482	2 462	113	149	2 537
其中：女	432002	0	493	444	609	435	2 379	670	638	976	52	43	1 017
学术型学位博士	43210	0	950	906	1 379	979	5 377	1 379	1 326	2 410	113	149	2 373
其中：女	432102	0	411	359	596	426	2 194	596	555	948	52	43	925
国家任务学术型学位博士	43211	0	916	878	1 379	979	5 109	1 379	1 269	2 199	113	149	2 162
人类生物学	071099	5	0	0	0	0	1	0	1	0	0	0	0
生物物理学	071011	5	0	0	0	0	1	0	1	0	0	0	0
微生物学	071005	5	0	0	0	0	1	0	1	0	0	0	0
粒子物理与原子核物理	070202	5	0	0	1	1	2	1	1	0	0	0	0
临床药学	100799	4	0	0	2	2	5	2	0	3	0	0	0
生物化学与分子生物学	071010	6	0	0	0	0	1	0	1	0	0	0	0
药剂学	100702	6	0	0	0	0	6	0	3	2	1	0	0
药理学	100706	6	0	0	0	0	1	0	0	0	0	0	0
药物分析学	100704	6	0	0	0	0	1	0	1	0	0	0	0
药物化学	100701	6	0	0	0	0	2	0	2	0	0	0	0
软件工程	083599	5	0	0	5	5	5	5	0	0	0	0	0
中国史	060299	5	0	0	1	1	1	1	0	0	0	0	0
世界史	060399	5	0	0	1	1	1	1	0	0	0	0	0

续表

专业名称	专业代码	年制	毕业生数	授予学位数	招生数 计	招生数 应届生	在校生数 合计	一年级	二年级	三年级	四年级	五年级及以上	预计毕业生数
光学工程	080399	5	0	0	2	2	2	2	0	0	0	0	0
药物化学	100701	5	0	0	1	1	1	1	0	0	0	0	0
中国古代文学	050105	5	0	0	0	0	1	0	0	0	0	1	1
材料物理与化学	080501	5	0	0	4	4	19	4	7	2	3	3	3
高分子化学与物理	070305	5	0	0	11	11	65	11	19	11	9	15	15
流体力学	080103	5	0	0	3	3	26	3	6	3	4	10	10
计算数学	070102	5	0	0	10	10	33	10	13	3	1	6	6
微电子学与固体电子学	080903	5	0	0	12	12	41	12	10	5	4	10	10
有机化学	070303	5	0	0	3	3	8	3	2	1	1	1	1
环境科学	083001	5	0	0	3	3	10	3	1	1	3	2	2
人体解剖与组织胚胎学	100101	5	0	0	0	0	6	0	4	1	0	1	1
生物化学与分子生物学	071010	5	0	0	15	15	79	15	18	17	18	11	11
计算机软件与理论	081202	5	0	0	7	7	18	7	3	3	2	3	3
计算机应用技术	081203	5	0	0	2	2	10	2	4	3	0	1	1
历史地理学	060206	5	0	0	0	0	1	0	0	0	0	1	1
中国近现代史	060205	5	0	0	0	0	1	0	0	0	0	1	1
社会管理与社会政策	120499	5	0	0	0	0	1	0	0	0	0	1	1
生态学	071399	5	0	0	2	2	5	2	2	0	0	1	1
遗传学	071007	5	0	0	3	3	10	3	3	2	0	2	2
植物学	071001	5	0	0	0	0	1	0	0	0	0	1	1
基础数学	070101	5	0	0	21	21	59	21	21	6	5	6	6
理论物理	070201	5	0	0	16	16	63	16	20	8	7	12	12
凝聚态物理	070205	5	0	0	37	37	114	37	33	22	7	15	15
电磁场与微波技术	080904	5	0	0	3	3	10	3	0	1	2	4	4
电路与系统	080902	5	0	0	1	1	10	1	3	2	1	3	3
光学	070207	5	0	0	13	13	62	13	18	16	8	7	7
药剂学	100702	5	0	0	5	5	9	5	0	0	2	2	2
物理电子学	080901	5	0	0	5	5	17	5	6	2	2	2	2
放射医学	100106	5	0	0	0	0	2	0	0	1	0	1	1
社会医学与卫生事业管理	120402	5	0	0	0	0	1	0	0	0	0	1	1
卫生毒理学	100405	5	0	0	0	0	1	0	0	0	0	1	1
化学生物学	070399	5	0	0	4	4	17	4	7	4	1	1	1
物理化学(含:化学物理)	070304	5	0	0	10	10	24	10	3	3	4	4	4
病原生物学	100103	5	0	0	4	4	30	4	8	6	8	4	4
法医学	100105	5	0	0	0	0	3	0	2	0	0	1	1
分子医学	100199	5	0	0	0	0	3	0	1	1	0	1	1
药理学	100706	5	0	0	4	4	15	4	2	5	3	1	1
专门史	060203	5	0	0	0	0	1	0	0	0	0	1	1

续表

专业名称	专业代码	年制	毕业生数	授予学位数	招生数		在校生数							预计毕业生数
					计	应届生	合计	一年级	二年级	三年级	四年级	五年级及以上		
生物信息学	071099	5	0	0	0	0	4	0	2	1	0	1		1
概率论与数理统计	070103	5	0	0	0	0	4	0	3	0	0	1		1
应用数学	070104	5	0	0	19	19	55	19	22	9	2	3		3
运筹学与控制论	070105	5	0	0	8	8	20	8	7	2	2	1		1
无机化学	070301	5	0	0	5	5	16	5	1	6	3	1		1
医学电子学	083199	5	0	0	0	0	5	0	0	1	2	2		2
艺术人类学与民间文学	050199	5	0	0	0	0	1	0	0	0	0	1		1
分析化学	070302	5	0	0	1	1	6	1	0	2	3	0		0
病理学与病理生理学	100104	5	0	0	2	2	8	2	0	5	1	0		0
疾病蛋白组学	100199	5	0	0	0	0	16	0	2	13	1	0		0
神经生物学	071006	5	0	0	16	16	40	16	18	5	1	0		0
原子与分子物理	070203	5	0	0	2	2	4	2	0	1	1	0		0
中国哲学	010102	5	0	0	0	0	1	0	0	0	1	0		0
材料学	080502	5	0	0	2	2	7	2	3	2	0	0		0
流行病与卫生统计学	100401	5	0	0	1	1	3	1	1	1	0	0		0
免疫学	100102	5	0	0	0	0	5	0	3	2	0	0		0
生理学	071003	5	0	0	0	0	4	0	3	1	0	0		0
生物医学工程	083199	5	0	0	3	3	6	3	2	1	0	0		0
中西医结合基础	100601	5	0	0	1	1	5	1	3	1	0	0		0
生物力学	083199	5	0	0	1	1	2	1	0	1	0	0		0
发育生物学	071008	5	0	0	1	1	4	1	1	1	0	1		1
环境工程	083002	5	0	0	0	0	1	0	1	0	0	0		0
环境管理	120499	5	0	0	0	0	2	0	2	0	0	0		0
医学系统生物学	100199	5	0	0	14	14	24	14	10	0	0	0		0
国外马克思主义哲学	010199	3	0	0	2	2	4	2	2	0	0	0		0
经济哲学	010199	3	0	0	0	0	3	0	1	2	0	0		2
产业组织学	020299	3	0	0	0	0	5	0	1	4	0	0		4
法学理论	030101	3	0	0	0	0	2	0	1	1	0	0		1
法律史	030102	3	0	0	0	0	4	0	2	2	0	0		2
影视文学	050199	3	0	0	0	0	4	0	1	3	0	0		3
信息管理与信息系统	120199	3	0	0	0	0	7	0	3	4	0	0		4
市场营销	120299	3	0	0	0	0	9	0	5	4	0	0		4
财务学	120299	3	0	0	0	0	10	0	6	4	0	0		4
当代中国史	060299	3	1	0	0	0	1	0	0	1	0	0		1
疾病蛋白组学	100199	3	2	0	0	0	1	0	0	1	0	0		1
经济思想史	020102	3	0	0	1	1	3	1	1	1	0	0		0
应用经济学	020299	3	0	0	5	4	5	5	0	0	0	0		0
区域经济学	020202	3	1	0	1	1	4	1	1	2	0	0		2

续表

专业名称	专业代码	年制	毕业生数	授予学位数	招生数		在校生数						预计毕业生数
					计	应届生	合计	一年级	二年级	三年级	四年级	五年级及以上	
统计学	020208	3	1	0	2	2	3	2	0	1	0	0	1
法学	030199	3	0	0	19	8	19	19	0	0	0	0	0
考古学	060199	3	0	0	5	2	17	5	5	7	0	0	7
中国史	060299	3	0	0	28	19	93	28	33	32	0	0	32
边疆史地	060299	3	0	0	1	1	1	1	0	0	0	0	0
人类生物学	071099	3	0	0	5	5	10	5	0	5	0	0	5
材料学	080502	3	0	0	2	2	6	2	1	3	0	0	3
环境工程	083002	3	0	0	9	6	11	9	2	0	0	0	0
生物力学	083199	3	0	0	2	2	5	2	1	2	0	0	2
软件工程	083599	3	0	0	2	1	2	2	0	0	0	0	0
医学系统生物学	100199	3	0	0	16	11	29	16	13	0	0	0	0
老年医学	100203	3	0	0	2	0	2	2	0	0	0	0	0
麻醉学	100217	3	1	0	1	0	14	1	3	10	0	0	10
全科医学	100299	3	0	0	2	0	2	2	0	0	0	0	0
药物分析学	100704	3	0	0	4	1	7	4	3	0	0	0	0
临床药学	100799	3	0	0	1	1	3	1	2	0	0	0	0
护理学	101199	3	0	0	2	0	4	2	2	0	0	0	0
工商管理	120299	3	0	0	20	15	20	20	0	0	0	0	0
旅游管理	120203	3	0	0	2	1	11	2	3	6	0	0	6
教育经济与管理	120403	3	0	0	5	0	7	5	2	0	0	0	0
环境管理	120499	3	0	0	4	0	8	4	3	1	0	0	1
科学技术哲学	010108	3	0	0	2	0	9	2	2	5	0	0	5
环境科学	083001	3	15	13	7	4	51	7	10	34	0	0	34
生物医学工程	083199	3	4	2	3	1	8	3	4	1	0	0	1
医学电子学	083199	3	2	2	0	0	3	0	0	3	0	0	3
人体解剖与组织胚胎学	100101	3	5	2	4	0	12	4	2	6	0	0	6
免疫学	100102	3	7	3	5	2	16	5	4	7	0	0	7
病原生物学	100103	3	23	16	22	8	60	22	15	23	0	0	23
病理学与病理生理学	100104	3	11	4	14	8	36	14	12	10	0	0	10
法医学	100105	3	1	1	0	0	6	0	1	5	0	0	5
放射医学	100106	3	4	5	2	2	8	2	3	3	0	0	3
分子医学	100199	3	2	4	1	0	3	1	0	2	0	0	2
医学信息学	100199	3	0	1	1	0	3	1	0	2	0	0	2
内科学	100201	3	36	32	58	31	185	58	41	86	0	0	86
儿科学	100202	3	19	15	17	10	76	17	21	38	0	0	38
神经病学	100204	3	12	10	9	5	27	9	7	11	0	0	11
精神病与精神卫生学	100205	3	1	1	0	0	6	0	1	5	0	0	5
皮肤病与性病学	100206	3	5	5	3	0	9	3	3	3	0	0	3

续 表

专 业 名 称	专业代码	年制	毕业生数	授予学位数	招生数		在校生数						预计毕业生数
					计	应届生	合计	一年级	二年级	三年级	四年级	五年级及以上	
影像医学与核医学	100207	3	13	13	17	8	54	17	15	22	0	0	22
临床检验诊断学	100208	3	1	1	2	0	6	2	1	3	0	0	3
外科学	100210	3	38	51	56	36	188	56	49	83	0	0	83
妇产科学	100211	3	10	11	10	9	36	10	12	14	0	0	14
眼科学	100212	3	8	6	12	10	32	12	8	12	0	0	12
耳鼻咽喉科学	100213	3	16	15	17	11	59	17	20	22	0	0	22
肿瘤学	100214	3	21	21	26	14	102	26	27	49	0	0	49
康复医学与理疗学	100215	3	1	1	1	0	5	1	1	3	0	0	3
运动医学	100216	3	1	1	1	0	5	3	1	1	0	0	1
流行病与卫生统计学	100401	3	7	8	11	4	50	11	15	24	0	0	24
劳动卫生与环境卫生学	100402	3	6	5	6	3	23	6	8	9	0	0	9
营养与食品卫生学	100403	3	3	2	3	0	7	3	2	2	0	0	2
中西医结合基础	100601	3	1	2	2	1	5	2	2	1	0	0	1
中西医结合临床	100602	3	5	4	5	3	20	5	6	9	0	0	9
药物化学	100701	3	3	3	12	10	41	12	11	18	0	0	18
药剂学	100702	3	3	5	8	6	29	8	6	15	0	0	15
生药学	100703	3	1	2	6	5	15	6	4	5	0	0	5
儿少卫生与妇幼保健学	100404	3	2	3	2	0	8	2	2	4	0	0	4
药理学	100706	3	11	5	17	11	53	17	14	22	0	0	22
卫生毒理学	100405	3	1	1	2	0	6	2	1	3	0	0	3
管理科学与工程	120199	3	5	8	11	10	36	11	4	21	0	0	21
物流与运营管理	120199	3	1	1	0	0	0	0	0	0	0	0	0
会计学	120201	3	0	4	0	0	15	0	7	8	0	0	8
企业管理(含:财务管理、市场营销、人力资源管理)	120202	3	14	7	0	0	34	0	6	28	0	0	28
东方管理学	120299	3	2	2	0	0	5	0	1	4	0	0	4
行政管理	120401	3	6	6	3	3	13	3	4	6	0	0	6
社会医学与卫生事业管理	120402	3	4	2	14	3	49	14	11	24	0	0	24
社会管理与社会政策	120499	3	4	3	6	1	37	6	6	25	0	0	25
公共政策	120499	3	3	4	3	1	12	3	4	5	0	0	5
马克思主义哲学	010101	3	10	9	6	4	26	6	7	13	0	0	13
中国哲学	010102	3	3	3	5	5	25	5	8	12	0	0	12
外国哲学	010103	3	7	6	7	7	40	7	9	24	0	0	24
伦理学	010105	3	1	1	3	2	9	3	3	3	0	0	3
宗教学	010107	3	3	3	2	1	13	2	5	6	0	0	6
金融学(含:保险学)	020204	3	8	8	11	7	41	11	10	20	0	0	20
产业经济学	020205	3	4	6	1	1	16	1	5	10	0	0	10
国际贸易学	020206	3	2	2	3	2	12	3	3	6	0	0	6

续表

专业名称	专业代码	年制	毕业生数	授予学位数	招生数 计	招生数 应届生	在校生数 合计	一年级	二年级	三年级	四年级	五年级及以上	预计毕业生数
数量经济学	020209	3	1	1	1	1	2	1	0	1	0	0	1
宪法学与行政法学	030103	3	1	1	0	0	6	0	3	3	0	0	3
民商法学(含：劳动法学、社会保障法学)	030105	3	6	6	0	0	23	0	6	17	0	0	17
国外马克思主义	010199	3	1	1	0	0	6	0	0	6	0	0	6
政治经济学	020101	3	5	5	5	1	20	5	5	10	0	0	10
西方经济学	020104	3	9	8	9	8	34	9	10	15	0	0	15
世界经济	020105	3	3	3	9	5	21	9	5	7	0	0	7
人口、资源与环境经济学	020106	3	4	4	5	2	14	5	2	7	0	0	7
中外政治制度	030202	3	2	3	2	1	13	2	3	8	0	0	8
中共党史(含：党的学说与党的建设)	030204	3	1	2	4	1	12	4	4	4	0	0	4
国际政治	030206	3	10	9	7	6	38	7	7	24	0	0	24
国际关系	030207	3	2	3	4	3	20	4	2	14	0	0	14
外交学	030208	3	3	3	1	0	8	1	2	5	0	0	5
社会学	030301	3	5	2	8	5	45	8	9	28	0	0	28
国民经济学	020201	3	4	5	0	0	0	0	0	0	0	0	0
诉讼法学	030106	3	5	5	0	0	15	0	6	9	0	0	9
国际法学(含：国际公法、国际私法、国际经济法)	030109	3	5	5	0	0	17	0	5	12	0	0	12
政治学理论	030201	3	7	6	5	3	25	5	8	12	0	0	12
马克思主义基本原理	030501	3	4	4	2	1	12	2	3	7	0	0	7
马克思主义中国化研究	030503	3	2	2	1	0	7	1	2	4	0	0	4
思想政治教育	030505	3	10	8	11	1	44	11	12	21	0	0	21
文艺学	050101	3	1	1	5	3	23	5	5	13	0	0	13
语言学及应用语言学	050102	3	1	1	4	2	15	4	2	9	0	0	9
汉语言文字学	050103	3	1	1	4	3	33	4	11	18	0	0	18
中国古典文献学	050104	3	2	2	4	4	25	4	5	16	0	0	16
中国古代文学	050105	3	6	5	8	4	48	8	11	29	0	0	29
中国现当代文学	050106	3	3	3	6	3	26	6	6	14	0	0	14
比较文学与世界文学	050108	3	1	1	4	3	26	4	3	19	0	0	19
中国文学批评史	050199	3	1	1	2	0	14	2	4	8	0	0	8
艺术人类学与民间文学	050199	3	2	2	0	0	8	0	1	7	0	0	7
现代汉语语言学	050199	3	1	1	0	0	6	0	2	4	0	0	4
中国文学古今演变	050199	3	1	1	3	2	9	3	1	5	0	0	5
英语语言文学	050201	3	4	4	6	2	33	6	6	21	0	0	21
外国语言学及应用语言学	050211	3	9	8	8	2	25	8	4	13	0	0	13
新闻学	050301	3	5	4	10	5	41	10	13	18	0	0	18

续表

专业名称	专业代码	年制	毕业生数	授予学位数	招生数 合计	招生数 应届生	在校生数 合计	一年级	二年级	三年级	四年级	五年级及以上	预计毕业生数
传播学	050302	3	6	5	7	3	31	7	5	19	0	0	19
广播电视学	050399	3	6	6	1	0	6	1	4	1	0	0	1
媒介管理学	050399	3	2	2	0	0	1	0	0	1	0	0	1
考古学及博物馆学	060199	3	4	4	0	0	6	0	0	6	0	0	6
文物学	060199	3	6	5	0	0	5	0	0	5	0	0	5
史学理论及史学史	060201	3	1	3	0	0	4	0	0	4	0	0	4
历史文献学（含：敦煌学、古文字学）	060202	3	1	1	0	0	4	0	0	4	0	0	4
专门史	060203	3	1	1	0	0	10	0	0	10	0	0	10
中国古代史	060204	3	3	3	0	0	13	0	1	12	0	0	12
中国近现代史	060205	3	6	6	0	0	12	0	0	12	0	0	12
历史地理学	060206	3	6	5	0	0	17	0	0	17	0	0	17
人口史	060299	3	4	4	0	0	2	0	1	1	0	0	1
世界史	060399	3	3	5	4	2	27	4	8	15	0	0	15
无机化学	070301	3	19	19	16	13	53	16	12	25	0	0	25
分析化学	070302	3	8	8	6	5	29	6	10	13	0	0	13
有机化学	070303	3	6	5	13	9	39	13	8	18	0	0	18
物理化学（含：化学物理）	070304	3	12	13	30	28	76	30	14	32	0	0	32
高分子化学与物理	070305	3	26	26	18	16	73	18	23	32	0	0	32
应用化学	070399	3	3	3	0	0	3	0	0	3	0	0	3
化学生物学	070399	3	6	8	7	4	22	7	5	10	0	0	10
基础数学	070101	3	9	11	4	3	29	4	4	21	0	0	21
计算数学	070102	3	7	7	1	1	7	1	0	6	0	0	6
概率论与数理统计	070103	3	3	3	3	3	10	3	1	6	0	0	6
应用数学	070104	3	9	9	3	0	14	3	7	4	0	0	4
运筹学与控制论	070105	3	2	2	1	1	5	1	4	0	0	0	0
理论物理	070201	3	9	11	7	0	34	7	9	18	0	0	18
粒子物理与原子核物理	070202	3	3	3	2	1	4	2	1	1	0	0	1
植物学	071001	3	4	3	4	4	17	4	3	10	0	0	10
原子与分子物理	070203	3	5	4	1	0	14	1	6	7	0	0	7
凝聚态物理	070205	3	24	22	6	6	45	6	11	28	0	0	28
光学	070207	3	14	13	6	6	34	6	8	20	0	0	20
生理学	071003	3	6	5	2	2	8	2	3	3	0	0	3
微生物学	071005	3	2	5	12	8	27	12	5	10	0	0	10
神经生物学	071006	3	27	26	41	40	68	41	7	20	0	0	20
遗传学	071007	3	30	29	36	35	104	36	14	54	0	0	54
发育生物学	071008	3	6	4	4	3	12	4	1	7	0	0	7
生物化学与分子生物学	071010	3	41	38	41	35	99	41	10	48	0	0	48

续表

专业名称	专业代码	年制	毕业生数	授予学位数	招生数 计	招生数 应届生	在校生数 合计	在校生数 一年级	在校生数 二年级	在校生数 三年级	在校生数 四年级	在校生数 五年级及以上	预计毕业生数
生物物理学	071011	3	4	3	4	4	8	4	0	4	0	0	4
生物信息学	071099	3	2	4	6	4	19	6	3	10	0	0	10
生态学	071399	3	7	7	7	6	28	7	3	18	0	0	18
统计学	071499	3	0	1	0	0	0	0	0	0	0	0	0
流体力学	080103	3	6	5	5	3	22	5	6	11	0	0	11
光学工程	080399	3	1	1	3	3	7	3	3	1	0	0	1
计算机系统结构	081201	3	7	6	0	0	5	0	2	3	0	0	3
计算机软件与理论	081202	3	11	12	5	4	87	5	16	66	0	0	66
计算机应用技术	081203	3	3	3	9	4	34	9	4	21	0	0	21
材料物理与化学	080501	3	11	11	16	11	53	16	12	25	0	0	25
物理电子学	080901	3	9	10	4	2	13	4	3	6	0	0	6
电路与系统	080902	3	7	7	6	0	24	6	4	14	0	0	14
微电子学与固体电子学	080903	3	7	8	27	16	89	27	19	43	0	0	43
电磁场与微波技术	080904	3	1	1	2	2	11	2	5	4	0	0	4
委托培养学术型学位博士	43212	0	26	23	0	0	184	0	48	136	0	0	136
马克思主义哲学	010101	3	0	0	0	0	1	0	0	1	0	0	1
中国哲学	010102	3	0	0	0	0	3	0	0	3	0	0	3
宗教学	010107	3	0	0	0	0	2	0	0	2	0	0	2
国外马克思主义	010199	3	0	0	0	0	1	0	0	1	0	0	1
经济思想史	020102	3	0	0	0	0	4	0	1	3	0	0	3
西方经济学	020104	3	0	0	0	0	5	0	1	4	0	0	4
人口、资源与环境经济学	020106	3	0	0	0	0	1	0	0	1	0	0	1
国民经济学	020201	3	0	0	0	0	1	0	0	1	0	0	1
国际贸易学	020206	3	0	0	0	0	1	0	1	0	0	0	0
数量经济学	020209	3	0	0	0	0	2	0	2	0	0	0	0
法律史	030102	3	0	0	0	0	1	0	1	0	0	0	0
诉讼法学	030106	3	0	0	0	0	1	0	1	0	0	0	0
环境与资源保护法学	030108	3	0	0	0	0	1	0	1	0	0	0	0
国际法学(含：国际公法、国际私法、国际经济法)	030109	3	0	0	0	0	2	0	1	1	0	0	1
国际关系	030207	3	0	0	0	0	2	0	1	1	0	0	1
社会学	030301	3	0	0	0	0	1	0	0	1	0	0	1
汉语言文字学	050103	3	0	0	0	0	1	0	1	0	0	0	0
中国古典文献学	050104	3	0	0	0	0	1	0	1	0	0	0	0
中国文学古今演变	050199	3	0	0	0	0	1	0	0	1	0	0	1
艺术人类学与民间文学	050199	3	0	0	0	0	1	0	1	0	0	0	0
外国语言学及应用语言学	050211	3	0	0	0	0	1	0	1	0	0	0	0
新闻学	050301	3	0	0	0	0	3	0	1	2	0	0	2

续 表

专业名称	专业代码	年制	毕业生数	授予学位数	招生数 合计	招生数 应届生	在校生数 合计	一年级	二年级	三年级	四年级	五年级及以上	预计毕业生数
传播学	050302	3	0	0	0	0	3	0	1	2	0	0	2
考古学	060199	3	0	0	0	0	1	0	1	0	0	0	0
历史地理学	060206	3	0	0	0	0	1	0	0	1	0	0	1
专门史	060203	3	0	0	0	0	2	0	0	2	0	0	2
世界史	060399	3	0	0	0	0	2	0	0	2	0	0	2
中国史	060299	3	0	0	0	0	7	0	2	5	0	0	5
粒子物理与原子核物理	070202	3	0	0	0	0	1	0	0	1	0	0	1
凝聚态物理	070205	3	0	0	0	0	1	0	0	1	0	0	1
光学	070207	3	0	0	0	0	1	0	0	1	0	0	1
微生物学	071005	3	0	0	0	0	3	0	1	2	0	0	2
遗传学	071007	3	0	0	0	0	2	0	1	1	0	0	1
生态学	071399	3	0	0	0	0	3	0	0	3	0	0	3
生物信息学	071099	3	0	0	0	0	1	0	0	1	0	0	1
光学工程	080399	3	0	0	0	0	2	0	2	0	0	0	0
材料物理与化学	080501	3	0	0	0	0	2	0	1	1	0	0	1
材料学	080502	3	0	0	0	0	1	0	0	1	0	0	1
物理电子学	080901	3	0	0	0	0	1	0	0	1	0	0	1
电路与系统	080902	3	0	0	0	0	2	0	0	2	0	0	2
微电子学与固体电子学	080903	3	0	0	0	0	23	0	5	18	0	0	18
电磁场与微波技术	080904	3	0	0	0	0	3	0	1	2	0	0	2
计算机系统结构	081201	3	0	0	0	0	1	0	0	1	0	0	1
计算机应用技术	081203	3	0	0	0	0	6	0	1	5	0	0	5
环境科学	083001	3	0	0	0	0	6	0	3	3	0	0	3
生物力学	083199	3	0	0	0	0	1	0	0	1	0	0	1
皮肤病与性病学	100206	3	0	0	0	0	1	0	1	0	0	0	0
流行病与卫生统计学	100401	3	0	0	0	0	1	0	0	1	0	0	1
药物化学	100701	3	0	0	0	0	2	0	0	2	0	0	2
药剂学	100702	3	0	0	0	0	4	0	1	3	0	0	3
生药学	100703	3	0	0	0	0	1	0	1	0	0	0	0
药理学	100706	3	0	0	0	0	3	0	0	3	0	0	3
管理科学与工程学科	120199	3	0	0	0	0	3	0	0	3	0	0	3
会计学	120201	3	0	0	0	0	1	0	0	1	0	0	1
企业管理(含：财务管理、市场营销、人力资源管理)	120202	3	0	0	0	0	4	0	0	4	0	0	4
东方管理学	120299	3	0	0	0	0	1	0	0	1	0	0	1
财务学	120299	3	0	0	0	0	1	0	1	0	0	0	0
环境管理	120499	3	0	0	0	0	2	0	1	1	0	0	1
物理化学(含：化学物理)	070304	3	1	0	0	0	6	0	3	3	0	0	3

续表

专业名称	专业代码	年制	毕业生数	授予学位数	招生数		在校生数						预计毕业生数
					计	应届生	合计	一年级	二年级	三年级	四年级	五年级及以上	
耳鼻咽喉科学	100213	3	1	0	0	0	0	0	0	0	0	0	0
社会医学与卫生事业管理	120402	3	1	0	0	0	1	0	0	1	0	0	1
社会管理与社会政策	120499	3	1	0	0	0	1	0	0	1	0	0	1
政治经济学	020101	3	2	1	0	0	4	0	0	4	0	0	4
世界经济	020105	3	4	4	0	0	12	0	3	9	0	0	9
金融学（含：保险学）	020204	3	2	2	0	0	9	0	1	8	0	0	8
产业经济学	020205	3	0	1	0	0	4	0	0	4	0	0	4
产业组织学	020299	3	1	1	0	0	0	0	0	0	0	0	0
民商法学（含：劳动法学、社会保障法学）	030105	3			0	0	1	0	0	1	0	0	0
媒介管理学	050399	3	1	1	0	0	0	0	0	0	0	0	0
中国近现代史	060205	3	1	1	0	0	0	0	0	0	0	0	0
有机化学	070303	3	1	1	0	0	1	0	1	0	0	0	0
神经生物学	071006	3	1	1	0	0	0	0	0	0	0	0	0
计算机软件与理论	081202	3	1	1	0	0	7	0	0	7	0	0	7
医学信息学	100199	3	1	1	0	0	0	0	0	0	0	0	0
内科学	100201	3	1	1	0	0	0	0	0	0	0	0	0
影像医学与核医学	100207	3	2	2	0	0	0	0	0	0	0	0	0
外科学	100210	3	1	1	0	0	1	0	0	1	0	0	1
妇产科学	100211	3	1	1	0	0	0	0	0	0	0	0	0
康复医学与理疗学	100215	3	1	1	0	0	0	0	0	0	0	0	0
中西医结合基础	100601	3	0	0	0	0	0	0	0	0	0	0	0
自筹经费学术型学位博士	43213	0	8	5	0	0	84	0	9	75	0	0	75
世界经济	020105	3	1	1	0	0	0	0	0	0	0	0	0
金融学（含：保险学）	020204	3	2	1	0	0	2	0	0	2	0	0	2
新闻学	050301	3	1	1	0	0	3	0	1	2	0	0	2
传播学	050302	3	1	1	0	0	3	0	0	3	0	0	3
社会医学与卫生事业管理	120402	3	1	1	0	0	0	0	0	0	0	0	0
耳鼻咽喉科学	100213	3	1	0	0	0	0	0	0	0	0	0	0
东方管理学	120299	3			0	0	5	0	0	5	0	0	5
人口、资源与环境经济学	020106	3	0	0	0	0	1	0	0	1	0	0	1
产业经济学	020205	3	0	0	0	0	2	0	0	2	0	0	2
民商法学（含：劳动法学、社会保障法学）	030105	3	0	0	0	0	2	0	1	1	0	0	1
国际法学（含：国际公法、国际私法、国际经济法）	030109	3	0	0	0	0	2	0	0	2	0	0	2
政治学理论	030201	3	0	0	0	0	2	0	0	2	0	0	2
国际政治	030206	3	0	0	0	0	2	0	0	2	0	0	2

续表

专业名称	专业代码	年制	毕业生数	授予学位数	招生数		在校生数							预计毕业生数
					计	应届生	合计	一年级	二年级	三年级	四年级	五年级及以上		
国际关系	030207	3	0	0	0	0	2	0	0	2	0	0		2
社会学	030301	3	0	0	0	0	4	0	0	4	0	0		4
语言学及应用语言学	050102	3	0	0	0	0	1	0	1	0	0	0		0
汉语言文字学	050103	3	0	0	0	0	1	0	0	1	0	0		1
中国古典文献学	050104	3	0	0	0	0	1	0	0	1	0	0		1
中国古代文学	050105	3	0	0	0	0	3	0	0	3	0	0		3
中国现当代文学	050106	3	0	0	0	0	1	0	0	1	0	0		1
比较文学与世界文学	050108	3	0	0	0	0	2	0	0	2	0	0		2
广播电视学	050399	3	0	0	0	0	2	0	0	2	0	0		2
考古学	060199	3	0	0	0	0	0	0	0	0	0	0		0
考古学及博物馆学	060199	3	0	0	0	0	3	0	0	3	0	0		3
专门史	060203	3	0	0	0	0	1	0	0	1	0	0		1
中国古代史	060204	3	0	0	0	0	1	0	0	1	0	0		1
中国近现代史	060205	3	0	0	0	0	3	0	0	3	0	0		3
文物学	060299	3	0	0	0	0	2	0	0	2	0	0		2
中国史	060299	3	0	0	0	0	1	0	0	1	0	0		1
化学生物学	070399	3	0	0	0	0	1	0	0	1	0	0		1
材料物理与化学	080501	3	0	0	0	0	4	0	2	2	0	0		2
微电子学与固体电子学	080903	3	0	0	0	0	9	0	3	6	0	0		6
皮肤病与性病学	100206	3	0	0	0	0	1	0	0	1	0	0		1
外科学	100210	3	0	0	0	0	2	0	0	2	0	0		2
妇产科学	100211	3	0	0	0	0	0	0	0	0	0	0		0
管理科学与工程	120199	3	0	0	0	0	2	0	0	2	0	0		2
物流与运营管理	120199	3	0	0	0	0	1	0	0	1	0	0		1
会计学	120201	3	0	0	0	0	1	0	0	1	0	0		1
企业管理(含:财务管理、市场营销、人力资源管理)	120202	3	0	0	0	0	7	0	0	7	0	0		7
旅游管理	120203	3	0	0	0	0	3	0	1	2	0	0		2
教育经济与管理	120403	3	0	0	0	0	0	0	0	0	0	0		0
公共政策	120499	3	0	0	0	0	1	0	0	1	0	0		1
专业学位博士	43220	0	138	142	29	15	334	126	156	52	0	0		164
其中:女	432202	0	82	85	13	9	185	74	83	28	0	0		92
国家任务专业学位博士	43221	0	136	140	29	15	330	126	156	48	0	0		160
临床医学八年制	105100	2	0	0	0	0	209	97	112	0	0	0		112
精神病与精神卫生学	105100	3	0	0	0	0	1	0	1	0	0	0		0
工程	085200	3	0	0	4	0	16	4	4	8	0	0		8
生物与医药	105500	3	0	0	8	0	20	8	12	0	0	0		0
内科学	105100	3	30	31	5	4	20	5	5	10	0	0		10

续表

专业名称	专业代码	年制	毕业生数	授予学位数	招生数		在校生数						预计毕业生数
					计	应届生	合计	一年级	二年级	三年级	四年级	五年级及以上	
儿科学	105100	3	2	2	0	0	5	0	0	5	0	0	5
神经病学	105100	3	11	11	1	1	6	1	2	3	0	0	3
皮肤病与性病学	105100	3	4	4	1	1	4	1	2	1	0	0	1
影像医学与核医学	105100	3	7	8	1	1	9	1	4	4	0	0	4
外科学	105100	3	38	38	5	5	27	5	10	12	0	0	12
妇产科学	105100	3	7	8	2	1	6	2	2	2	0	0	2
眼科学	105100	3	6	7	0	0	2	0	0	2	0	0	2
耳鼻咽喉科学	105100	3	2	2	0	0	0	0	0	0	0	0	0
肿瘤学	105100	3	22	22	2	2	3	2	1	0	0	0	0
康复医学与理疗学	105100	3	1	1	0	0	0	0	0	0	0	0	0
麻醉学	105100	3	5	5	0	0	1	0	1	0	0	0	0
中西医结合临床	105100	3	1	1	0	0	1	0	0	1	0	0	1
委托培养专业学位博士	43222	0	0	0	0	0	3	0	0	3	0	0	3
工程	085200	3	0	0	0	0	3	0	0	3	0	0	3
自筹经费专业学位博士	43223	0	2	2	0	0	1	0	0	1	0	0	1
内科学	105100	3	1	1	0	0	1	0	0	1	0	0	1
眼科学	105100	3	1	1	0	0	0	0	0	0	0	0	0

(研究生院供稿)

2014 年复旦大学攻读硕士学位研究生分学科、分专业学生数统计

单位：人

专业名称	专业代码	年制	毕业生数	授予学位数	招生数		在校生数						预计毕业生数
					计	其中：应届毕业生	合计	一年级	二年级	三年级	四年级	五年级及以上	
总　计	43100	0	3 689	3 347	3 864	2 380	10 888	3 864	3 891	3 133	0	0	3 946
其中：女	431002	0	1 940	1 774	2 085	1 441	5 864	2 085	2 163	1 616	0	0	2 016
学术型学位硕士	43110	0	2 040	1 703	1 686	1 370	5 226	1 686	1 785	1 755	0	0	1 855
其中：女	431102	0	1 085	920	917	781	2 834	917	1 067	850	0	0	900
国家任务学术型学位硕士	43111	0	1 880	1 534	1 686	1 370	4 972	1 686	1 690	1 596	0	0	1 679
软件工程	083599	3	1	0	0	0	0	0	0	0	0	0	0
生物力学	080199	3	2	0	0	0	0	0	0	0	0	0	0
公共政策	120499	3	0	0	1	1	2	1	0	1	0	0	1
生态学	071399	3	10	7	12	12	32	12	11	9	0	0	9
工商管理	120299	3	13	0	28	24	92	28	27	37	0	0	37
马克思主义哲学	010101	3	9	8	6	5*	24	6	9	9	0	0	9
中国哲学	010102	3	10	9	13	13	27	13	7	7	0	0	7
外国哲学	010103	3	15	13	9	9	29	9	10	10	0	0	10
逻辑学	010104	3	1	1	2	2	8	2	2	4	0	0	4

续 表

专 业 名 称	专业代码	年制	毕业生数	授予学位数	招生数 计	其中：应届毕业生	在校生数 合计	一年级	二年级	三年级	四年级	五年级及以上	预计毕业生数
伦理学	010105	3	4	3	3	3	9	3	3	3	0	0	3
宗教学	010107	3	2	2	6	5	14	6	4	4	0	0	4
科学技术哲学	010108	3	1	1	3	2	13	3	5	5	0	0	5
国外马克思主义	010199	3	3	2	2	2	5	2	2	1	0	0	1
政治经济学	020101	3	10	8	9	5	25	9	9	7	0	0	7
经济思想史	020102	3	2	2	2	0	6	2	2	2	0	0	2
经济史	020103	3	1	1	1	0	3	1	1	1	0	0	1
西方经济学	020104	3	20	15	15	14	47	15	16	16	0	0	16
世界经济	020105	3	28	26	37	23	80	37	24	19	0	0	19
人口、资源与环境经济学	020106	3	7	6	8	7	29	8	9	12	0	0	12
应用经济学	020299	3	4	0	5	5	20	5	3	12	0	0	12
国民经济学	020201	3	4	4	4	4	11	4	3	4	0	0	4
区域经济学	020202	3	4	3	4	2	9	4	3	2	0	0	2
财政学(含：税收学)	020203	3	7	7	10	9	31	10	10	11	0	0	11
金融学(含：保险学)	020204	3	42	39	66	24	137	66	41	30	0	0	30
产业经济学	020205	3	1	0	0	0	1	0	0	1	0	0	1
国际贸易学	020206	3	9	9	9	6	26	9	9	8	0	0	8
劳动经济学	020207	3	2	2	3	2	9	3	3	3	0	0	3
数量经济学	020209	3	2	2	4	2	9	4	3	2	0	0	2
统计学	020208	3	2	0	2	1	5	2	3	0	0	0	0
法学理论	030101	3	9	8	4	4	12	4	4	4	0	0	4
法律史	030102	3	6	6	5	4	14	5	4	5	0	0	5
宪法学与行政法学	030103	3	5	5	7	7	18	7	6	5	0	0	5
刑法学	030104	3	3	3	5	5	13	5	4	4	0	0	4
民商法学(含：劳动法学、社会保障法学)	030105	3	13	14	11	8	37	11	11	15	0	0	15
诉讼法学	030106	3	8	8	7	6	20	7	9	4	0	0	4
经济法学	030107	3	6	6	4	4	14	4	4	6	0	0	6
环境与资源保护法学	030108	3	4	4	3	2	8	3	3	2	0	0	2
国际法学(含：国际公法、国际私法、国际经济法)	030109	3	15	15	16	10	43	16	12	15	0	0	15
政治学理论	030201	3	12	13	12	9	36	12	10	14	0	0	14
科学社会主义与国际共产主义运动	030203	3	2	2	2	0	11	2	3	6	0	0	6
中共党史(含：党的学说与党的建设)	030204	3	3	2	4	3	9	4	3	2	0	0	2
国际政治	030206	3	10	11	5	5	19	5	6	8	0	0	8
国际关系	030207	3	16	15	17	14	48	17	16	15	0	0	15

续 表

专业名称	专业代码	年制	毕业生数	授予学位数	招生数 计	招生数 其中：应届毕业生	在校生数 合计	一年级	二年级	三年级	四年级	五年级及以上	预计毕业生数
外交学	030208	3	5	6	0	0	3	0	3	0	0	0	0
社会学	030301	3	14	13	18	17	58	18	19	21	0	0	21
人口学	030302	3	0	0	4	2	10	4	3	3	0	0	3
人类学	030303	3	1	1	2	2	10	2	4	4	0	0	4
民俗学(含：中国民间文学)	030304	3	0	0	2	2	5	2	2	1	0	0	1
马克思主义基本原理	030501	3	6	5	3	3	9	3	3	3	0	0	3
马克思主义中国化研究	030503	3	1	1	3	1	11	3	3	5	0	0	5
思想政治教育	030505	3	12	12	4	4	18	4	7	7	0	0	7
课程与教学论	040102	3	5	5	1	1	7	1	3	3	0	0	3
高等教育学	040106	3	4	4	2	2	12	2	3	7	0	0	7
心理学	040299	3	4	4	9	8	27	9	8	10	0	0	10
文艺学	050101	3	9	7	7	5	24	7	7	10	0	0	10
语言学及应用语言学	050102	3	5	5	5	5	15	5	5	5	0	0	5
汉语言文字学	050103	3	10	10	14	9	41	14	13	14	0	0	14
中国古典文献学	050104	3	5	5	8	6	23	8	6	9	0	0	9
中国古代文学	050105	3	15	13	18	14	50	18	15	17	0	0	17
中国现当代文学	050106	3	10	9	11	9	31	11	11	9	0	0	9
比较文学与世界文学	050108	3	11	9	11	9	26	11	7	8	0	0	8
中国文学批评史	050199	3	2	2	4	4	12	4	3	5	0	0	5
艺术人类学与民间文学	050199	3	2	2	2	2	7	2	2	3	0	0	3
现代汉语语言学	050199	3	1	1	2	2	5	2	0	3	0	0	3
对外汉语教学	050199	3	5	5	0	0	8	0	0	8	0	0	8
中国文学古今演变	050199	3	2	1	0	0	1	0	0	1	0	0	1
文学写作	050199	3	1	1	0	0	0	0	0	0	0	0	0
英语语言文学	050201	3	15	13	17	10	52	17	18	17	0	0	17
俄语语言文学	050202	3	1	1	2	2	6	2	3	1	0	0	1
法语语言文学	050203	3	4	4	5	4	12	5	4	3	0	0	3
德语语言文学	050204	3	3	3	1	1	4	1	1	2	0	0	2
日语语言文学	050205	3	2	2	2	1	9	2	2	5	0	0	5
亚非语言文学	050210	3	3	3	3	1	10	3	4	3	0	0	3
外国语言学及应用语言学	050211	3	4	4	3	3	7	3	3	1	0	0	1
新闻学	050301	3	24	21	31	16	68	31	19	18	0	0	18
传播学	050302	3	14	14	12	11	33	12	8	13	0	0	13
广告学	050399	3	9	9	8	4	23	8	6	9	0	0	9
广播电视学	050399	3	7	7	7	7	26	7	7	12	0	0	12
媒介管理学	050399	3	1	1	1	1	2	1	0	1	0	0	1

续表

专业名称	专业代码	年制	毕业生数	授予学位数	招生数 计	其中:应届毕业生	在校生数 合计	一年级	二年级	三年级	四年级	五年级及以上	预计毕业生数
广播电视艺术学	130302	3	1	1	0	0	0	0	0	0	0	0	0
电影学	130303	3	3	3	0	0	0	0	0	0	0	0	0
考古学	060199	3	1	0	5	5	21	5	9	7	0	0	7
考古学及博物馆学	060199	3	6	6	0	0	0	0	0	0	0	0	0
历史地理学	060206	3	13	13	0	0	2	0	0	2	0	0	2
历史文献学(含:敦煌学、古文字学)	060202	3	1	1	0	0	0	0	0	0	0	0	0
专门史	060203	3	2	3	0	0	2	0	0	2	0	0	2
中国古代史	060204	3	7	7	0	0	1	0	0	1	0	0	1
中国近现代史	060205	3	9	9	0	0	0	0	0	0	0	0	0
世界史	060399	3	10	11	14	13	40	14	13	13	0	0	13
文物学	060399	3	3	2	0	0	0	0	0	0	0	0	0
中国史	060299	3	4	1	39	35	106	39	34	33	0	0	33
史学理论及史学史	060201	3	2	3	0	0	0	0	0	0	0	0	0
基础数学	070101	3	10	10	3	3	19	3	4	12	0	0	12
计算数学	070102	3	11	10	3	3	16	3	1	12	0	0	12
概率论与数理统计	070103	3	5	2	4	3	19	4	5	10	0	0	10
应用数学	070104	3	9	8	0	0	14	0	2	12	0	0	12
运筹学与控制论	070105	3	8	8	2	2	10	2	1	7	0	0	7
理论物理	070201	3	9	7	0	0	7	0	0	7	0	0	7
粒子物理与原子核物理	070202	3	1	4	4	3	11	4	4	3	0	0	3
原子与分子物理	070203	3	5	6	2	1	9	2	2	5	0	0	5
凝聚态物理	070205	3	20	25	2	1	8	2	1	5	0	0	5
光学	070207	3	12	6	7	7	24	7	7	10	0	0	10
无线电物理	070208	3	0	0	2	2	4	2	1	1	0	0	1
无机化学	070301	3	17	12	13	10	41	13	16	12	0	0	12
分析化学	070302	3	13	10	10	10	26	10	7	9	0	0	9
有机化学	070303	3	12	8	13	10	36	13	12	11	0	0	11
物理化学(含:化学物理)	070304	3	43	19	25	24	61	25	25	11	0	0	11
高分子化学与物理	070305	3	34	34	47	42	136	47	47	42	0	0	42
化学生物学	070399	3	8	6	3	2	14	3	8	3	0	0	3
应用化学	070399	3	2	0	0	0	1	0	0	1	0	0	1
植物学	071001	3	9	2	0	0	11	0	4	7	0	0	7
动物学	071002	3	3	3	0	0	4	0	1	3	0	0	3
生理学	071003	3	2	1	4	4	11	4	4	3	0	0	3
微生物学	071005	3	13	5	8	7	23	8	8	7	0	0	7

续表

专业名称	专业代码	年制	毕业生数	授予学位数	招生数 计	其中：应届毕业生	在校生数 合计	一年级	二年级	三年级	四年级	五年级及以上	预计毕业生数
神经生物学	071006	3	53	19	36	23	78	36	33	9	0	0	9
遗传学	071007	3	59	27	42	42	114	42	38	34	0	0	34
发育生物学	071008	3	4	1	5	4	7	5	2	0	0	0	0
细胞生物学	071009	3	2	1	3	3	4	3	1	0	0	0	0
生物化学与分子生物学	071010	3	53	20	45	35	106	45	34	27	0	0	27
生物物理学	071011	3	10	8	4	4	15	4	6	5	0	0	5
生物信息学	071099	3	12	5	9	9	24	9	12	3	0	0	3
人类生物学	071099	3	5	0	0	0	6	0	4	2	0	0	2
一般力学与力学基础	080101	3	0	1	0	0	1	0	0	1	0	0	1
固体力学	080102	3	0	1	2	2	5	2	1	2	0	0	2
流体力学	080103	3	9	7	3	3	11	3	4	4	0	0	4
工程力学	080104	3	7	7	7	7	12	7	3	2	0	0	2
光学工程	080399	3	6	5	11	9	26	11	9	6	0	0	6
材料物理与化学	080501	3	23	20	20	20	68	20	26	22	0	0	22
材料学	080502	3	3	3	6	3	14	6	3	5	0	0	5
物理电子学	080901	3	14	14	19	17	47	19	17	11	0	0	11
电路与系统	080902	3	23	23	24	20	73	24	24	25	0	0	25
微电子学与固体电子学	080903	3	87	67	73	71	224	73	75	76	0	0	76
电磁场与微波技术	080904	3	2	1	4	4	11	4	5	2	0	0	2
光电系统与控制技术	080999	3	9	10	6	5	19	6	4	9	0	0	9
通信与信息系统	081001	3	19	19	18	16	52	18	17	17	0	0	17
计算机系统结构	081201	3	1	1	2	1	11	2	6	3	0	0	3
计算机软件与理论	081202	3	77	76	63	54	226	63	78	85	0	0	85
计算机应用技术	081203	3	31	30	25	25	80	25	27	28	0	0	28
飞行器设计	082501	3	6	6	6	4	17	6	4	7	0	0	7
环境科学	083001	3	19	13	21	17	64	21	22	21	0	0	21
环境工程	083002	3	7	8	12	12	35	12	11	12	0	0	12
生物医学工程	083199	3	2	3	5	5	16	5	10	1	0	0	1
医学电子学	083199	3	7	7	0	0	8	0	0	8	0	0	8
人体解剖与组织胚胎学	100101	3	2	3	2	2	9	2	3	4	0	0	4
免疫学	100102	3	5	7	5	4	16	5	6	5	0	0	5
病原生物学	100103	3	18	13	18	18	55	18	22	15	0	0	15
病理学与病理生理学	100104	3	10	7	14	10	39	14	16	9	0	0	9
法医学	100105	3	4	4	4	3	12	4	4	4	0	0	4
放射医学	100106	3	7	6	7	6	21	7	8	6	0	0	6
分子医学	100199	3	3	6	1	1	6	1	3	2	0	0	2

续表

专业名称	专业代码	年制	毕业生数	授予学位数	招生数 合计	招生数 其中:应届毕业生	在校生数 合计	一年级	二年级	三年级	四年级	五年级及以上	预计毕业生数
医学信息学	100199	3	0	1	0	0	2	0	2	0	0	0	2
疾病蛋白组学	100199	3	0	1	0	0	1	0	0	1	0	0	1
医学系统生物学	100199	3	4	0	1	0	8	1	7	0	0	0	0
内科学	100201	3	38	26	41	33	103	41	38	24	0	0	24
儿科学	100202	3	19	8	19	16	48	19	15	14	0	0	14
老年医学	100203	3	0	0	2	2	7	2	4	1	0	0	1
神经病学	100204	3	6	2	7	6	18	7	5	6	0	0	6
皮肤病与性病学	100206	3	1	1	3	2	6	3	3	0	0	0	0
影像医学与核医学	100207	3	7	7	21	18	45	21	14	10	0	0	10
临床检验诊断学	100208	3	5	5	7	5	18	7	8	3	0	0	3
外科学	100210	3	29	20	30	21	80	30	30	20	0	0	20
妇产科学	100211	3	13	9	14	11	33	14	12	7	0	0	7
眼科学	100212	3	12	6	8	7	20	8	8	4	0	0	4
耳鼻咽喉科学	100213	3	6	3	6	5	20	6	7	7	0	0	7
肿瘤学	100214	3	21	25	24	18	60	24	19	17	0	0	17
康复医学与理疗学	100215	3	2	3	4	4	11	4	4	3	0	0	3
运动医学	100216	3	1	0	1	0	2	1	1	0	0	0	0
麻醉学	100217	3	0	0	3	1	5	3	0	2	0	0	2
急诊医学	100218	3	1	0	0	0	5	0	3	2	0	0	2
全科医学	100299	3	0	0	0	0	2	0	0	2	0	0	2
护理学	101199	3	10	11	6	5	19	6	6	7	0	0	7
口腔临床医学	100302	3	0	0	1	1	2	1	0	1	0	0	1
流行病与卫生统计学	100401	3	15	15	20	17	54	20	17	17	0	0	17
劳动卫生与环境卫生学	100402	3	7	7	7	7	22	7	8	7	0	0	7
营养与食品卫生学	100403	3	4	4	3	3	11	3	4	4	0	0	4
儿少卫生与妇幼保健学	100404	3	2	2	4	4	11	4	3	4	0	0	4
卫生毒理学	100405	3	3	3	2	2	5	2	1	2	0	0	2
社区卫生与健康促进	100499	3	4	4	0	0	2	0	0	2	0	0	2
中西医结合基础	100601	3	3	4	5	5	15	5	5	5	0	0	5
中西医结合临床	100602	3	4	4	1	1	7	1	3	3	0	0	3
药物化学	100701	3	18	12	14	9	33	14	11	8	0	0	8
生药学	100703	3	3	3	3	3	10	3	3	4	0	0	4
药剂学	100702	3	20	20	11	8	35	11	12	12	0	0	12
药物分析学	100704	3	4	4	7	7	13	7	3	3	0	0	3
药理学	100706	3	16	7	16	8	48	16	17	15	0	0	15
临床药学	100799	3	0	0	2	2	4	2	2	0	0	0	0

续 表

专 业 名 称	专业代码	年制	毕业生数	授予学位数	招生数 计	其中：应届毕业生	在校生数 合计	一年级	二年级	三年级	四年级	五年级及以上	预计毕业生数
社会医学与卫生事业管理	120402	3	19	19	18	16	49	18	15	16	0	0	16
管理科学与工程	120199	3	10	1	13	12	45	13	12	20	0	0	20
信息管理与信息系统	120199	3	0	0	0	0	1	0	0	1	0	0	1
市场营销	120299	3	0	0	0	0	2	0	0	2	0	0	2
会计学	120201	3	0	0	0	0	2	0	0	2	0	0	2
企业管理（含：财务管理、市场营销、人力资源管理）	120202	3	1	2	0	0	4	0	0	4	0	0	4
旅游管理	120203	3	6	6	5	3	13	5	3	5	0	0	5
财务管理	120299	3	46	46	0	0	3	0	0	3	0	0	3
金融工程管理	120299	2	35	33	2	0	41	2	39	0	0	0	39
财务学	120299	2	0	0	1	0	45	1	44	0	0	0	44
行政管理	120401	3	13	13	15	15	37	15	13	9	0	0	9
教育经济与管理	120403	3	5	5	1	1	13	1	4	8	0	0	8
社会保障	120404	3	6	6	7	7	16	7	5	4	0	0	4
环境管理	120499	3	6	6	6	5	20	6	5	9	0	0	9
图书馆学	120501	3	3	3	3	2	9	3	4	2	0	0	2
戏剧与影视学	130399	3	0	0	2	2	8	2	3	3	0	0	3
委托培养学术型学位硕士	43112	0	55	55	0	0	156	0	52	104	0	0	104
世界经济	020105	3	0	0	0	0	1	0	0	1	0	0	1
区域经济学	020202	3	0	0	0	0	1	0	0	1	0	0	1
金融学（含：保险学）	020204	3	34	33	0	0	84	0	41	43	0	0	43
国际关系	030207	3	0	0	0	0	1	0	0	1	0	0	1
外交学	030208	3	0	0	0	0	11	0	0	11	0	0	11
英语语言文学	050201	3	2	2	0	0	2	0	0	2	0	0	2
新闻学	050301	3	18	19	0	0	53	0	11	42	0	0	42
广播电视学	050399	3	1	1	0	0	0	0	0	0	0	0	0
通信与信息系统	081001	3	0	0	0	0	0	0	0	0	0	0	0
旅游管理	120203	3	0	0	0	0	2	0	0	2	0	0	2
图书馆学	120501	3	0	0	0	0	1	0	0	1	0	0	1
自筹经费学术型学位硕士	43113	0	105	114	0	0	98	0	43	55	0	0	72
宗教学	010107	3	0	0	0	0	0	0	0	0	0	0	0
世界经济	020105	2	14	14	0	0	17	0	17	0	0	0	17
区域经济学	020202	3	0	0	0	0	0	0	0	0	0	0	0
财政学（含：税收学）	020203	3	1	1	0	0	1	0	1	0	0	0	0
金融学（含：保险学）	020204	3	73	74	0	0	18	0	5	13	0	0	13
产业经济学	020205	3	0	0	0	0	2	0	0	2	0	0	2

续 表

专 业 名 称	专业代码	年制	毕业生数	授予学位数	招生数		在 校 生 数						预计毕业生数
					计	其中：应届毕业生	合计	一年级	二年级	三年级	四年级	五年级及以上	
国际贸易学	020206	3	0	0	0	0	5	0	3	2	0	0	2
数量经济学	020209	3	0	0	0	0	0	0	0	0	0	0	0
民商法学(含：劳动法学、社会保障法学)	030105	3	0	0	0	0	2	0	0	2	0	0	2
经济法学	030107	3	0	0	0	0	1	0	0	1	0	0	1
环境与资源保护法学	030108	3	0	0	0	0	0	0	0	0	0	0	0
国际法学(含：国际公法、国际私法、国际经济法)	030109	3	1	1	0	0	3	0	1	2	0	0	2
政治学理论	030201	3	0	0	0	0	1	0	0	1	0	0	1
国际政治	030206	3	1	1	0	0	2	0	1	1	0	0	1
国际关系	030207	3	0	0	0	0	2	0	0	2	0	0	2
心理学	040299	3	0	0	0	0	0	0	0	0	0	0	0
语言学及应用语言学	050102	3	2	2	0	0	2	0	0	2	0	0	2
汉语言文字学	050103	3	0	0	0	0	2	0	1	1	0	0	1
中国古代文学	050105	3	1	1	0	0	0	0	0	0	0	0	0
中国现当代文学	050106	3	0	0	0	0	1	0	0	1	0	0	1
现代汉语语言学	050199	3	1	1	0	0	0	0	0	0	0	0	0
对外汉语教学	050199	3	0	0	0	0	1	0	0	1	0	0	1
英语语言文学	050201	3	0	0	0	0	1	0	1	0	0	0	0
新闻学	050301	3	0	0	0	0	1	0	0	1	0	0	1
传播学	050302	3	2	2	0	0	2	0	1	1	0	0	1
广告学	050399	3	2	2	0	0	10	0	3	7	0	0	7
广播电视学	050399	3	0	0	0	0	2	0	1	1	0	0	1
公共关系	050399	3	0	0	0	0	2	0	0	2	0	0	2
考古学	060199	3	0	0	0	0	3	0	2	1	0	0	1
考古学及博物馆学	060199	3	1	1	0	0	0	0	0	0	0	0	0
中国近现代史	060205	3	1	1	0	0	0	0	0	0	0	0	0
中国史	060299	3	0	0	0	0	1	0	0	1	0	0	1
世界史	060399	3	0	0	0	0	1	0	1	0	0	0	0
有机化学	070303	3	0	0	0	0	0	0	0	0	0	0	0
遗传学	071007	3	0	0	0	0	1	0	0	1	0	0	1
生物化学与分子生物学	071010	3	0	0	0	0	0	0	0	0	0	0	0
材料物理与化学	080501	3	1	1	0	0	1	0	0	1	0	0	1
微电子学与固体电子学	080903	3	0	0	0	0	1	0	1	0	0	0	0
计算机软件与理论	081202	3	0	0	0	0	2	0	1	1	0	0	1
计算机应用技术	081203	3	0	0	0	0	2	0	0	2	0	0	2

续 表

专 业 名 称	专业代码	年制	毕业生数	授予学位数	招 生 数		在 校 生 数						预计毕业生数
					计	其中：应届毕业生	合计	一年级	二年级	三年级	四年级	五年级及以上	
病理学与病理生理学	100104	3	0	1	0	0	0	0	0	0	0	0	0
皮肤病与性病学	100206	3	1	2	0	0	0	0	0	0	0	0	0
流行病与卫生统计学	100401	3	0	0	0	0	0	0	0	0	0	0	0
营养与食品卫生学	100403	3	0	0	0	0	1	0	1	0	0	0	0
中西医结合临床	100602	3	0	0	0	0	1	0	0	1	0	0	1
药物化学	100701	3	0	4	0	0	0	0	0	0	0	0	0
药剂学	100702	3	1	2	0	0	0	0	0	0	0	0	0
药理学	100706	3	1	2	0	0	0	0	0	0	0	0	0
企业管理（含：财务管理、市场营销、人力资源管理）	120202	3	0	0	0	0	2	0	0	2	0	0	2
旅游管理	120203	3	0	0	0	0	1	0	0	1	0	0	1
财务学	120299	3	0	0	0	0	1	0	1	0	0	0	0
行政管理	120401	3	1	1	0	0	0	0	0	0	0	0	0
专业学位硕士	43120	0	1 649	1 644	2 178	1 010	5 662	2 178	2 106	1 378	0	0	2 091
其中：女	431202	0	855	854	1 168	660	3 030	1 168	1 096	766	0	0	1 116
国家任务专业学位硕士	43121	0	217	214	2 178	1 010	2 712	2 178	277	257	0	0	260
金融	025100	3	0	0	6	1	6	6	0	0	0	0	0
物流工程	085200	2	1	1	3	3	3	3	0	0	0	0	0
内科学	105100	3	44	45	49	38	150	49	37	64	0	0	64
儿科学	105100	3	15	15	21	20	64	21	23	20	0	0	20
老年医学	105100	3	2	2	2	2	5	2	1	2	0	0	2
神经病学	105100	3	6	6	12	12	32	12	11	9	0	0	9
皮肤病与性病学	105100	3	3	2	5	5	12	5	5	2	0	0	2
金融	025100	2	0	0	215	153	215	215	0	0	0	0	0
税务	025300	2	0	0	23	17	23	23	0	0	0	0	0
国际商务	025400	3	35	35	49	35	118	49	34	35	0	0	35
保险	025500	2	0	0	29	21	29	29	0	0	0	0	0
资产评估	025600	3	0	0	20	10	20	20	0	0	0	0	0
法律（非法学）	035100	3	2	2	158	102	165	158	2	5	0	0	5
法律（法学）	035100	2	0	0	21	15	22	21	1	0	0	0	1
社会工作	035200	3	0	0	79	39	81	79	1	1	0	0	1
教育	045100	2	0	0	12	10	12	12	0	0	0	0	0
汉语国际教育	045300	2	0	0	31	21	31	31	0	0	0	0	0
英语笔译	055100	2	0	0	22	14	22	22	0	0	0	0	0
新闻与传播	055200	2	0	0	62	55	63	62	1	0	0	0	1
出版	055300	2	0	0	21	19	22	21	1	0	0	0	1

续表

专 业 名 称	专业代码	年制	毕业生数	授予学位数	招生数 计	其中：应届毕业生	在校生数 合计	一年级	二年级	三年级	四年级	五年级及以上	预计毕业生数
文物与博物馆	065100	2	0	0	18	12	18	18	0	0	0	0	0
光学工程	085200	2	0	0	2	1	2	2	0	0	0	0	0
材料工程	085200	2	0	0	15	12	15	15	0	0	0	0	0
电子与通信工程	085200	2	0	0	17	13	17	17	0	0	0	0	0
集成电路工程	085200	2	0	0	17	15	17	17	0	0	0	0	0
计算机技术	085200	3	0	0	52	30	52	52	0	0	0	0	0
软件工程	085200	3	0	0	6	5	6	6	0	0	0	0	0
化学工程	085200	2	0	0	10	7	10	10	0	0	0	0	0
环境工程	085200	2	0	0	17	13	17	17	0	0	0	0	0
生物医学工程	085200	2	0	0	12	12	12	12	0	0	0	0	0
生物工程	085200	3	0	0	25	17	26	25	1	0	0	0	0
影像医学与核医学	105100	3	19	18	32	30	77	32	24	21	0	0	21
外科学	105100	3	23	22	54	43	111	54	28	29	0	0	29
妇产科学	105100	3	8	8	17	15	51	17	16	18	0	0	18
眼科学	105100	3	5	4	14	13	31	14	9	8	0	0	8
耳鼻咽喉科学	105100	3	7	7	10	7	20	10	7	3	0	0	3
肿瘤学	105100	3	19	19	17	17	42	17	15	10	0	0	10
康复医学与理疗学	105100	3	3	3	7	7	17	7	6	4	0	0	4
运动医学	105100	3	0	0	1	1	2	1	1	0	0	0	0
麻醉学	105100	3	10	10	17	15	34	17	10	7	0	0	7
急诊医学	105100	3	4	4	7	7	18	7	5	6	0	0	6
中西医结合临床	105100	3	4	4	7	4	13	7	3	3	0	0	3
全科医学	105100	3	0	0	27	27	44	27	17	0	0	0	0
临床检验诊断学	105100	3	2	2	0	0	8	0	1	7	0	0	7
临床病理学	105100	3	0	0	10	10	18	10	8	0	0	0	0
精神病与精神卫生学	105100	3	0	0	0	0	1	0	1	0	0	0	0
口腔医学	105200	3	5	5	8	7	18	8	7	3	0	0	3
公共卫生	105300	3	0	0	34	29	34	34	0	0	0	0	0
护理	105400	3	0	0	16	14	16	16	0	0	0	0	0
药学	105500	3	0	0	30	27	30	30	0	0	0	0	0
工商管理	125100	3	0	0	598	0	598	598	0	0	0	0	0
公共管理	125200	3	0	0	189	0	190	189	1	0	0	0	0
旅游管理	125400	3	0	0	35	0	35	35	0	0	0	0	0
戏剧	135100	2	0	0	17	8	17	17	0	0	0	0	0
委托培养专业学位硕士	43122	0	532	531	0	0	1404	0	676	728	0	0	730
金融	025100	3	0	0	0	0	5	0	0	5	0	0	5

续 表

专业名称	专业代码	年制	毕业生数	授予学位数	招生数 计	其中：应届毕业生	在校生数 合计	一年级	二年级	三年级	四年级	五年级及以上	预计毕业生数
法律(非法学)	035100	3	0	0	0	0	2	0	1	1	0	0	1
社会工作	035200	3	1	1	0	0	11	0	8	3	0	0	3
教育	045100	2	0	0	0	0	1	0	1	0	0	0	1
出版	055300	2	2	2	0	0	0	0	0	0	0	0	0
文物与博物馆	065100	2	1	1	0	0	0	0	0	0	0	0	0
计算机技术	085200	3	5	5	0	0	5	0	0	5	0	0	5
电子与通信工程	085200	2	0	0	0	0	1	0	1	0	0	0	1
物流工程	085200	2	0	0	0	0	0	0	0	0	0	0	0
内科学	105100	3	0	0	0	0	9	0	9	0	0	0	0
外科学	105100	3	0	0	0	0	2	0	2	0	0	0	0
妇产科学	105100	3	0	0	0	0	1	0	1	0	0	0	0
耳鼻咽喉科学	105100	3	0	0	0	0	1	0	1	0	0	0	0
肿瘤学	105100	3	0	0	0	0	2	0	2	0	0	0	0
公共卫生	105300	3	1	1	0	0	4	0	1	3	0	0	3
药学	105500	3	0	0	0	0	3	0	0	3	0	0	3
工商管理	125100	3	384	383	0	0	961	0	455	506	0	0	506
公共管理	125200	3	123	123	0	0	350	0	165	185	0	0	185
旅游管理	125400	3	15	15	0	0	46	0	29	17	0	0	17
自筹经费专业学位硕士	43123	0	900	899	0	0	1546	0	1153	393	0	0	1101
内科学	105100	3	1	2	0	0	3	0	2	1	0	0	1
儿科学	105100	3	0	2	0	0	1	0	1	0	0	0	0
金融	025100	2	163	164	0	0	167	0	167	0	0	0	167
税务	025300	2	18	18	0	0	21	0	21	0	0	0	21
国际商务	025400	2	19	19	0	0	17	0	17	0	0	0	17
保险	025500	2	19	19	0	0	21	0	21	0	0	0	21
法律(非法学)	035100	3	163	192	0	0	378	0	187	191	0	0	191
法律(法学)	035100	2	29	0	0	0	30	0	30	0	0	0	30
社会工作	035200	3	17	17	0	0	129	0	82	47	0	0	47
教育	045100	2	5	5	0	0	21	0	21	0	0	0	21
汉语国际教育	045300	2	24	24	0	0	62	0	62	0	0	0	62
英语笔译	055100	2	26	26	0	0	32	0	32	0	0	0	32
新闻与传播	055200	2	39	39	0	0	45	0	45	0	0	0	45
出版	055300	2	18	18	0	0	24	0	24	0	0	0	24
文物与博物馆	065100	2	15	15	0	0	14	0	14	0	0	0	14
光学工程	085200	2	1	1	0	0	1	0	1	0	0	0	1
材料工程	085200	2	14	14	0	0	21	0	21	0	0	0	21
精神病与精神卫生学	105100	3	0	1	0	0	0	0	0	0	0	0	0
电子与通信工程	085200	2	10	10	0	0	12	0	12	0	0	0	12

续表

专业名称	专业代码	年制	毕业生数	授予学位数	招生数 计	其中：应届毕业生	在校生数 合计	一年级	二年级	三年级	四年级	五年级及以上	预计毕业生数
影像医学与核医学	105100	3	0	1	0	0	0	0	0	0	0	0	0
护理	105400	3	13	13	0	0	29	0	14	15	0	0	15
公共卫生	105300	3	25	25	0	0	60	0	33	27	0	0	27
集成电路工程	085200	2	52	52	0	0	69	0	69	0	0	0	69
计算机技术	085200	3	43	43	0	0	87	0	51	36	0	0	36
化学工程	085200	2	6	6	0	0	14	0	14	0	0	0	14
环境工程	085200	2	14	14	0	0	14	0	14	0	0	0	14
生物工程	085200	3	27	18	0	0	66	0	29	37	0	0	37
物流工程	085200	2	1	1	0	0	4	0	4	0	0	0	4
外科学	105100	3	3	2	0	0	6	0	3	3	0	0	3
妇产科学	105100	3	1	1	0	0	0	0	0	0	0	0	0
眼科学	105100	3	0	1	0	0	0	0	0	0	0	0	0
耳鼻咽喉科学	105100	3	0	1	0	0	2	0	1	1	0	0	1
肿瘤学	105100	3	1	2	0	0	0	0	0	0	0	0	0
药学	105500	3	30	30	0	0	52	0	28	24	0	0	24
工商管理	125100	2	88	88	0	0	103	0	103	0	0	0	103
戏剧	135100	2	15	15	0	0	16	0	16	0	0	0	16
软件工程	085200	3	0	0	0	0	19	0	9	10	0	0	10
皮肤病与性病学	105100	3	0	0	0	0	3	0	2	1	0	0	1
麻醉学	105100	3	0	0	0	0	0	0	0	0	0	0	0
旅游管理	125400	3	0	0	0	0	3	0	3	0	0	0	0

（研究生院供稿）

2014年复旦大学授予博士学位人员分学科门类统计

单位：人

学科	哲学	经济学	法学	文学	历史学	理学	工学	医学	管理学	临床医学	合计
合计	24	56	64	60	39	392	17	240	40	152	1 084
其中：单证生								1		10	11
留学生	1	2	4	9	1	2	1	3	2		25

（研究生院供稿）

2014年复旦大学授予硕士学位人员分学科门类统计

单位：人

学科	哲学	经济学	法学	教育学	文学	历史学	理学	工学	医学	管理学	艺术学	金融	税务	国际商务	保险	法律	社会工作	汉语国际教育	翻译	新闻与传播	出版	文物与博物馆	工程	临床医学	口腔医学	公共卫生	护理	药学	工商管理	高级管理人员工商管理	公共管理	会计	旅游	艺术	学期合计
合计	48	310	201	15	205	58	606	64	242	149	4	164	18	94	19	316	18	5	26	27	39	20	16	722	217	5	152	13	30	497	285	243	63	15	15	4 921
其中：单证生		23	1	2	3		38									122			1					557	23		126			4	285	120	63			1 371
留学生	9	41	48		23			8				40						1	1				10							22	2(2)		1(1)			206(3)

（研究生院供稿）

2014年复旦大学外国留学生人数统计

单位：人

	长 期 学 生								短期学生	合 计
	本 科	硕 士	博 士	普 进	高 进	学 者	语 进	小 计		
在校生数	1 047	675	184	488	107	10	592	3 103	697	3 800
招 生 数	139	196	28	481	102	0	555	1 501	697	2 198
毕结业生数	335	172	13	741	203	1	712	2 177	697	2 874

（外国留学生工作处）

2014年复旦大学成人本专科分专业学生数统计

单位：人

专 业 名 称	专业代码	年制	毕业生数	授予学位数	招生数	在 校 生 数						预计毕业生数
						合计	一年级	二年级	三年级	四年级	五年级	六年级及以上	
总 计			2 591	645	2 722	9 828	2 722	2 873	2 949	659	625	0	3 116
总计中：女			1 807	476	1 920	6 922	1 920	2 027	2 067	486	422	0	2 168
成人本科生	42200	0	2 424	645	2 632	9 401	2 632	2 728	2 801	615	625	0	2 924
其中：女	422002	0	1 682	476	1 855	6 608	1 855	1 920	1 964	447	422	0	2 026
业余本科	42220	0	2 424	645	2 632	9 401	2 632	2 728	2 801	615	625	0	2 924
其中：女	422202	0	1 682	476	1 855	6 608	1 855	1 920	1 964	447	422	0	2 026
高中起点本科	42221	0	520	74	508	2 774	508	524	502	615	625	0	625
国际经济与贸易	3520201020	5	90	19	38	290	38	34	62	75	81	0	81
金融学	3520201040	5	52	13	48	239	48	36	48	49	58	0	58
会展经济与管理	3521103110	5	32	4	20	124	20	23	21	30	30	0	30
英语	3520502010	5	25	5	37	170	37	40	31	32	30	0	30
行政管理	3521103010	5	37	4	25	213	25	44	37	58	49	0	49
人力资源管理	3521102050	5	65	15	75	380	75	85	74	77	69	0	69
工商管理(物流方向)	3521102990	5	56	5	37	194	37	35	26	43	53	0	53
工程管理	3521101040	5	30	6	30	181	30	37	27	45	42	0	42
药学	3521008010	5	64	1	69	388	69	78	72	85	84	0	84
护理学	3521007010	5	65	2	129	595	129	112	104	121	129	0	129
计算机科学与技术	3520806050	5	4	0	0	0	0	0	0	0	0	0	0
专科起点本科	42222	0	1 904	571	2 124	6 627	2 124	2 204	2 299	0	0	0	2 299
计算机科学与技术	3530806050	3	41	11	45	143	45	39	59	0	0	0	59
心理学	3530715010	3	121	45	92	362	92	115	155	0	0	0	155
护理学	3531007010	3	226	35	466	1093	466	341	286	0	0	0	286
药事管理	3531008100	3	8							0	0	0	
药学	3531008010	3	76	4	191	410	191	109	110	0	0	0	110
预防医学	3531002010	3	5							0	0	0	
软件工程	3530806110	3	40	13	52	162	52	53	57	0	0	0	57
工程管理	3531101040	3	44	6	42	143	42	47	54	0	0	0	54
工商管理(物流方向)	3531102990	3	67	17	33	180	33	77	70	0	0	0	70
人力资源管理	3531102050	3	247	104	278	924	278	364	282	0	0	0	282

续 表

专业名称	专业代码	年制	毕业生数	授予学位数	招生数	在校生数							预计毕业生数
						合计	一年级	二年级	三年级	四年级	五年级	六年级及以上	
国际商务	3531102110	3	17	7	0	25	0	0	25	0	0	0	25
会计学	3531102030	3	160	49	104	385	104	127	154	0	0	0	154
工商管理	3531102010	3	100	43	153	415	153	130	132	0	0	0	132
行政管理	3531103010	3	120	37	82	364	82	98	184	0	0	0	184
英语	3530502010	3	54	12	118	348	118	114	116	0	0	0	116
汉语言文学	3530501010	3	42	11	32	118	32	44	42	0	0	0	42
会展经济与管理	3531103110	3	32	13	20	88	20	31	37	0	0	0	37
电子商务	3531102090	3	19	6	19	71	19	22	30	0	0	0	30
公共关系学	3531103050	3	71	29	74	245	74	97	74	0	0	0	74
金融学	3530201040	3	68	25	84	262	84	88	90	0	0	0	90
传播学	3530503050	3	60	16	61	191	61	63	67	0	0	0	67
新闻学	3530503010	3	66	26	53	208	53	83	72	0	0	0	72
国际经济与贸易	3530201020	3	98	40	68	252	68	86	98	0	0	0	98
金融工程	3530201090	3	30	8	0	50	0	23	27	0	0	0	27
社会工作	3530303020	3	43	6	26	86	26	24	36	0	0	0	36
社会学	3530303010	3	1	0	0	0	0	0	0	0	0	0	0
法学	3530301010	3	48	8	31	102	31	29	42	0	0	0	42
成人专科生	41200	0	167	0	90	427	90	145	148	44	0	0	192
其中：女	412002	0	125	0	65	314	65	107	103	39	0	0	142
业余专科	41220	0	167	0	90	427	90	145	148	44	0	0	192
其中：女	412202	0	125	0	65	314	65	107	103	39	0	0	142
高中起点专科	41221	0	167	0	90	427	90	145	148	44	0	0	192
应用英语	3620502010	3	16	0	0	38	0	25	13	0	0	0	13
行政管理	3621103010	3	51	0	68	219	68	75	76	0	0	0	76
药学	3621008010	4	35	0	0	44	0	0	0	44	0	0	44
护理学	3621007010	4	10	0	0	0	0	0	0	0	0	0	0
国际商务	3621102110	3	3	0	0	0	0	0	0	0	0	0	0
国际经济与贸易	3620201020	3	26	0	22	94	22	31	41	0	0	0	41
财务管理	3621102040	3	10	0	0	0	0	0	0	0	0	0	0
金融管理与实务	3620201040	3	16	0	0	32	0	14	18	0	0	0	18

（继续教育学院供稿）

2014复旦大学高等教育自学考试毕业生统计

单位：人

专业类别	护理学		机关管理及办公自动化		计算机软件	计算机网络	计算机信息管理	新闻学		行政管理	行政管理学	合计
	专科	本科	专科	本科	本科	专科	本科	专科	本科	专科	本科	
上半年	31	127	16	9	19	46	31	17	29	84	200	609
下半年	22	78	14	11	10	22	50	10	12	165	221	615
合计	53	205	30	20	29	68	81	27	41	249	421	1 224

（继续教育学院供稿）

2014年复旦大学继续教育学院各类学生数统计

单位：人

学 历 教 育							非学历教育
夜 大 学			自 学 考 试				结业证书
招 生	毕 业	授予学位	报考门次	报考人数	毕 业	授予学位	
2 722	2 591	645	60 364	22 455	1 224	376	30 446

（继续教育学院供稿）

2014年复旦大学网络教育本专科分专业学生数统计

专 业 名 称	专业代码	毕业生数	授予学位数	招 生 数		在校生数
				计	春季招生	
总　计	001	844	223	7	4	1 482
总计中：女	002	511	138	4	3	677
本科生	42300	658	223	7	4	1 111
其中：女	423002	393	138	4	3	469
高中起点本科	42301	84	0	0	0	82
国际经济与贸易	020401	50	0	0	0	45
新闻学	050301	34	0	0	0	37
专科起点本科	42302	574	223	7	4	1 029
新闻学	050301	46	13	0	0	68
广告学	050303	0	2	0	0	1
工商管理	120201	52	8	0	0	116
会计学	120203	111	33	1	1	194
人力资源管理	120206	0	0	1	1	185
行政管理	120402	60	27	2	1	121
行政管理(人力资源)	120402	133	33	0	0	0
旅游管理	120901	8	2	0	0	13
国际经济与贸易	020401	25	9	0	0	54
法学	030101	47	6	0	0	69
英语(商务)	050201	5	6	0	0	18
心理学	071101	0	0	0	0	0
日语(商务)	050207	0	0	0	0	0
计算机科学与技术	080901	35	6	2	1	106
计算机科学与技术(网络)	080901	0	0	0	0	0
计算机科学与技术(软件)	080901	0	0	0	0	0
经济学(工商管理)	020101	0	0	0	0	0
金融学	020301	52	78	1	0	84
专科生	41300	186	0	0	0	371
其中：女	413002	118	0	0	0	208
高中起点专科	41301	186	0	0	0	371
会计	620203	49	0	0	0	94

续 表

专 业 名 称	专业代码	毕业生数	授予学位数	招生数		在校生数
				计	春季招生	
国际经济与贸易	620303	32	0	0	0	64
工商管理	620599	0	0	0	0	80
行政管理	650203	89	0	0	0	92
人力资源管理	650204	0	0	0	0	25
新闻学	670311	16	0	0	0	16

(网络教育学院供稿)

2014年复旦大学科研经费与科技成果统计

类 别		计量单位	数 量			
科研经费到款	小 计	万元	115 372.33			
	国家自然科学基金委员会	万元	30 723.89			
	国家"973计划"和重大科学研究计划	万元	11 551.15			
	国家"863计划"	万元	3 699.96			
	国家科技支撑计划	万元	1 154.21			
	国家科技重大专项	万元	9 181.37			
	科技部其他	万元	5 497.58			
	教育部	万元	1 867.24			
	卫生部	万元	7 688.71			
	上海市科学技术委员会	万元	11 816.86			
	上海市教育委员会	万元	812.00			
	上海市卫生局	万元	3 261.64			
	其他上海市项目	万元	1 625.35			
	国际合作项目(外国基金会/非赢利组织等)	万元	1 637.22			
	企事业单位委托项目	万元	23 980.56			
	其他国家部委项目	万元	874.59			
	出版科技专著	部	56			
学术论文	小 计	篇	8 459			
	国外学术刊物	篇	5 424			
	全国学术刊物	篇	3 035			
		计量单位	小 计	一等奖	二等奖	三等奖	其 他
获奖情况	国家级 小 计	项	2				
	国家最高科学技术奖	项	0				
	自然科学奖	项	0				
	技术发明奖	项	0				
	科技进步奖	项	2		2		
	省部级 小 计	项	46				
	上海市科学技术奖	项	22	3	5	11	3
	高等学校科学技术奖	项	18	6	12		
	中华医学科技奖	项	6		3	2	1

续表

类别		计量单位	数量
专利	申请 小计	项	588
	申请 发明	项	548
	申请 实用新型	项	40
	获授权 小计	项	286
	获授权 发明	项	258
	获授权 实用新型	项	28

注：1. 科研到款经费包含了直接到复旦财务的科研经费和直接拨付到附属医院的科研经费。
2. 附属医院的出版科技专著、学术论文和专利未纳入统计。
3. 以上获奖均为第一完成单位（或第一完成人）。其中"上海市科学技术奖"中的"其他"为杰出青年贡献奖（1）、国际合作奖（2）；"中华医学科技奖"中的"其他"为卫生政策奖，其他奖无该类别。

（科技处供稿）

2014年复旦大学文科科研成果统计(1)

学科门类	出版著作（部）					古籍整理（部）	译著（部）	发表译文（篇）	电子出版物（件）
	合计	专著		编著教材	工具书参考书				
		合计	被译成外文						
合　计	324	181	6	128	15	13	43	23	45
管理学	34	16	0	17	1	0	4	1	31
马克思主义	5	3	0	1	1	0	0	0	0
哲学	29	14	0	15	0	0	7	6	0
逻辑学	3	2	0	1	0	0	0	0	0
宗教学	4	2	1	2	0	0	1	1	0
语言学	24	7	0	12	5	1	1	0	0
中国文学	30	22	0	8	0	2	1	0	0
外国文学	22	5	0	13	4	0	13	12	0
艺术学	6	4	0	1	1	0	0	0	0
历史学	50	34	3	14	2	8	7	2	1
考古学	5	5	0	0	0	0	0	0	0
经济学	33	24	1	9	0	0	3	0	11
政治学	35	15	0	20	0	0	2	0	0
法学	8	8	0	0	0	0	1	0	1
社会学	13	7	1	6	0	0	1	1	0
民族学与文化学	1	1	0	0	0	0	0	0	0
新闻学与传播学	16	9	0	6	1	0	1	0	0
图文、情报、文献学	2	0	0	2	0	2	0	0	0
教育学	2	2	0	0	0	0	0	0	0
统计学	0	0	0	0	0	0	0	0	0
心理学	2	1	0	1	0	0	0	1	0
体育学	0	0	0	0	0	0	0	0	0

（文科科研处供稿）

2014年复旦大学文科科研成果统计(2)

学科门类	发表论文(篇)				获奖成果数(项)				研究与咨询报告(篇)	
	合计	国内学术刊物	国外学术刊物	港澳台刊物	合计	国家级奖	部级奖	省级奖	合计	其中：被采纳数
合 计	2 302	2 060	217	25	98	0	1	97	104	100
管理学	312	281	31	0	7	0	0	7	26	25
马克思主义	39	39	0	0	2	0	0	2	3	3
哲 学	255	247	8	0	14	0	0	14	0	0
逻辑学	3	3	0	0	0	0	0	0	0	0
宗教学	19	14	5	0	0	0	0	0	0	0
语言学	117	102	14	1	5	0	0	5	0	0
中国文学	209	189	11	9	5	0	0	5	0	0
外国文学	136	102	32	2	1	0	0	1	0	0
艺术学	8	2	0	0	0	0	0	0	1	0
历史学	349	311	28	10	10	0	0	10	0	0
考古学	54	51	1	2	1	0	0	1	0	0
经济学	271	233	38	0	21	0	1	20	47	45
政治学	146	140	6	0	16	0	0	16	1	1
法 学	62	55	6	1	5	0	0	5	0	0
社会学	57	39	18	0	2	0	0	2	8	9
民族学与文化学	6	6	0	0	0	0	0	0	0	0
新闻学与传播学	152	147	5	0	7	0	0	7	17	17
图书、情报、文献学	19	19	0	0	1	0	0	1	0	0
教育学	53	50	3	0	0	0	0	0	0	0
统计学	5	0	5	0	0	0	0	0	0	0
心理学	14	10	4	0	0	0	0	0	0	0
体育学	14	14	0	0	1	0	0	1	1	1

(文科科研处供稿)

2014年复旦大学教职工人员统计

单位：人

类别	合计	教学科研人员		思政	行政	教辅	工勤	项目制人员	后勤、企业、其他			
		小计	专任教师	专职科研						合计	后勤	企业	其他
总 计	5 409	2 724	2 421	303	90	854	914	119	20	688	326	332	30
其中：女	2 275	913	837	76	67	509	548	33	16	189	84	103	2
正高级	1 046	1 002	902	100	0	16	20	0	0	8	2	6	0
副高级	1 266	981	863	118	6	97	137	0	0	45	10	35	0
中 级	2 152	724	639	85	64	600	614	0	2	148	55	87	6
初 级	342	7	7	0	16	106	137	1	17	58	17	31	10
无职称	603	10	10	0	4	35	6	118	1	429	242	173	14

(人事处供稿)

2014年复旦大学退休人员情况统计

单位：人

退休总人数				4 883	
其 中			男：2 263		女：2 620
50岁以下		0	50～59岁		863
60～69岁		1 740	70～79岁		1 426
80～89岁		779	90岁以上		75
教 学 人 员		行 政 人 员		工 勤 人 员	
教　授	847	正副局级	22	技术工	757
副教授	1 034	处　级	57		
高　工	173	副处级	64	普通工	460
讲　师	817	干　部	336		
其　它	235	医护人员	77	征地农民	4
合　计	3 106	合　计	556	合　计	1 221
中共党员		1 578	民主党派		380

注：数据截至2014年12月底。

(退休教职工管理委员会供稿)

2014年复旦大学附属医院人员情况统计

单位：人

	中山医院	华山医院	肿瘤医院	妇产科医院	儿科医院	眼耳鼻喉科医院	合　计
正高级职称小计	189	165	67	44	54	54	573
教授(研究员)	61	49	18	4	11	16	159
主任医(药、护、技)师	128	116	49	40	43	38	414
副高级职称小计	350	281	152	95	89	101	1 068
副教授(副研究员)	34	38	9	6	5	10	102
副主任医(药、护、技)师	312	235	143	89	83	89	951
其他职称	4	8			1	2	15
中级职称小计	972	675	366	274	297	288	2 872
讲师(助理研究员)	46	20	59	19	29	15	188
主治医(药、护、技)师	880	609	293	244	259	235	2 520
其他职称	46	46	14	11	9	38	164
初级职称小计	1 643	1 394	1 002	604	980	412	6 035
助教(研究实习员)	20	3	50	29	23	3	128
医(药、护、技)师	1 534	1 259	901	549	549	275	5 067
其他职称	92	132	51	26	408	134	843
未评职称	198＋295(规培医师)	37	102	320	8	41	1 001
工勤人员	148	86	35	40	30	22	361

(人事处供稿)

2014年复旦大学因公出国(境)情况统计

出访地 \ 类别	参加会议	合作研究	访问考察	长期任教	短期讲学	培训实习	延长事宜	进修学习	其他事宜	合 计
美 国	860	259	125	4	5	49	22	486	16	1 826
日 本	316	56	73	5	6		1	223	22	702
香 港	186	62	103		20	11		192	76	650
台 湾	183	94	73		8	2		153	12	525
英 国	143	31	28	5		5		113	4	329
韩 国	193	3	20	2	8	2		50	3	281
德 国	88	37	18	2	2	21	1	71	24	264
澳大利亚	117	21	28	1		7	1	67	3	245
法 国	113	35	14		1	2	1	71	2	239
新加坡	81	17	23		5	5		77	8	216
加拿大	88	11	2			2	2	106		211
芬 兰	22	9	27					55		113
西班牙	88	2				1		8		99
瑞 典	39	10	2	1	1	2		38	4	97
意大利	69	10	3	1	1			7	2	93
奥地利	35					3		52	2	92
瑞 士	51	11	1			1		9	2	75
荷 兰	25	2	3					21	7	58
丹 麦	26	1	6					22	1	56
俄罗斯	24	2	8					13	6	53
墨西哥	6				1			34	4	45
印 度	43									43
泰 国	40	1							2	43
比利时	16		4		1			15	3	39
澳 门	21	3	11	1				2	1	39
新西兰	19	3		2				11		35
印 尼	31								3	34
巴 西	17	2						5	10	34
土耳其	32		1							33
马来西亚	19	2							10	31
希 腊	19							1		20
爱尔兰	10					1		9		20
波 兰	11	3						5		19
捷 克	16		1							17
越 南	16									16
葡萄牙	9							3	2	14
匈牙利	1	1			1	1		4		8
南 非	7								1	8

续表

类别 出访地	参加会议	合作研究	访问考察	长期任教	短期讲学	培训实习	延长事宜	进修学习	其他事宜	合计
以色列	3		1			1		2		7
尼泊尔	1								5	6
老挝	1		4		1					6
朝鲜	4	2								6
阿联酋	6									6
菲律宾	5									5
沙特	2	1	1							4
塞尔维亚	4									4
巴基斯坦	4									4
哈萨克斯坦	3									3
智利	2									2
斯里兰卡		2								2
摩洛哥	2									2
秘鲁	1				1					2
蒙古	2									2
柬埔寨	2									2
哥伦比亚	2									2
白俄罗斯								2		2
巴拿马	2									2
阿根廷	2									2
阿尔巴尼亚									2	2
约旦	1									1
危地马拉								1		1
塔吉克斯坦			1							1
斯洛文尼亚	1									1
塞拉利昂									1	1
挪威								1		1
尼日利亚	1									1
孟加拉			1							1
毛里求斯			1							1
卢森堡								1		1
卡塔尔		1								1
吉尔吉斯坦			1							1
古巴	1									1
格鲁吉亚	1									1
刚果	1									1
厄瓜多尔					1					1
冰岛								1		1

续 表

出访地 \ 类别	参加会议	合作研究	访问考察	长期任教	短期讲学	培训实习	延长事宜	进修学习	其他事宜	合 计
巴哈马	1									1
埃塞俄比亚	1									1
埃 及	1									1
阿 曼	1									1
合计(共80个国家、地区)	3 138	694	582	28	61	116	28	1 931	238	6 816

(一)按出国(境)时间统计

时 间	<1个月	1~3个月	3~6个月	>6个月	合 计
总批次	3 309	333	420	321	4 383
总人次	5 143	541	747	385	6 816

(二)按出国(境)人员类别统计(其中副局以上36人,副处以上571人次)

人次 \ 类别	学 生	教 师	博士后	人事代理人员	附属医院
6 816	2 517	2 668	56	131	1 444

(三)出国(境)人员按出访类别统计

类 别	参加会议	合作研究	访问考察	长期任教	短期讲学	培训实习	延长事宜	进修学习	其他	合计
批次	2 388	557	299	28	58	87	28	850	88	4 383
人次	3 138	694	582	28	61	116	28	1 931	238	6 816

(五)分院系明细表

单 位 \ 类别	参加会议	合作研究	访问考察	长期任教	短期讲学	培训实习	延长事宜	进修学习	其他事宜	合计
管理学院	149	59	121		15	7		142	90	583
经济学院	108	15	31		6			176	2	338
国关学院	140	22	15		4	3	2	129	20	335
外文学院	39	9	15	3	1	1	1	145		214
新闻学院	28	6	26				1	122	8	191
社会发展与公共政策学院	53	15	14					101	2	185
社会科学基础部	3							8		11
历史学系	52	32	4		7			70	3	168
旅游学系								1		1
文物与博物馆学系	3	1	2					12		18
历史地理研究所	13	3	2					3	1	22
中文系	28	12	6	7	5	1		86	7	152
出土文献与古文字研究中心	9	2	1							12
文史研究院	2	2	1					1		6

续表

类别＼单位	参加会议	合作研究	访问考察	长期任教	短期讲学	培训实习	延长事宜	进修学习	其他事宜	合计
古籍所	6	1	1		1					9
法学院	30	11	6		1			59	8	115
哲学学院	39	12	5		2			44	4	106
国际文化交流学院	32		6	5	4	1		2	3	53
图书馆	8	1	3							12
孔子学院办公室				11						11
体育教学部	4								3	7
复旦学院	1		2					1	2	6
艺术教育中心								2	3	5
社会科学高等研究院	1		1							2
信息学院	153	35	13			1		92	7	301
物理学系	137	102	7		3	2		42	4	297
现代物理研究所	18	1	1					9		29
化学系	116	28	31		2	1	2	106	1	287
先进材料实验室	8	8	3					1		20
数学学院	74	48	6		2			57	2	189
生命学院	92	42	12					35	1	182
计算机学院	71	16	16		2			35	8	148
微电子学院	23	8						6		37
软件学院	11	3	1					21	1	37
环境科学与工程系	53	16	1			2	1	28	2	103
材料科学系	27	12	2					24	1	66
高分子科学系	21	9	6					17		53
力学系	14	4	2		1			16	3	40
财务处			4							4
档案馆			1							1
党委宣传部	1		2							3
发展规划处	1		1							2
发展研究院	6	1	1					1		9
复旦学院								1		1
教务处	8	3	6						1	18
科技处	9	2	1							12
审计处									1	1
团委	2							2		4
外国留学生工作处	1		4						4	9
外联处	2		5	1					4	12

续 表

类别 单位	参加会议	合作研究	访问考察	长期任教	短期讲学	培训实习	延长事宜	进修学习	其他事宜	合 计
外事处	32	1	22		1			5	9	70
文科科研处	2		1							3
信息办	2							1	1	4
学工部	2	4	3					4	1	14
学联体								1		1
学校办公室	15	4	5						2	26
研工部	1	3								4
研究生院	4	1	8							13
医院管理处			1							1
资产管理处		2	1							3
产业化与校产管理办公室						1				1
复旦附中	6		25						11	42
复旦二附中									1	1
出版社	6		1						2	9
复旦附小								6		6
资产经营有限公司						1				1
公共卫生学院	111	13	11			7		31		173
药学院	47	15	2			3	1	17	1	86
护理学院	11	2	15			1		30		59
生物医学研究院	43	7	4					1	1	56
上海医学院	94	29	13		2	9	2	85	9	243
脑科学研究院	12	5					2	3		22
放射医学研究所	5	2						2		9
发育生物学研究所	3	2			1					6
公共卫生中心	3		1						1	5
神经生物学研究所	4									4
中山医院	386	7	23			19	7	26		468
华山医院	267	16	25		1	36	1	55	1	402
肿瘤医院	214	18	18			10	2	24	1	287
儿科医院	122	7	5		1	3	4	19		161
五官科医院	112	9	4			3	2	13		143
妇产科医院	36	6	6	1		3		8	1	61
第五人民医院	2							1		3
华东医院								2		2
合计	3 138	694	582	28	61	116	28	1 931	238	6 816

(外事处供稿)

2014年复旦大学接受境内外各类捐赠收入统计

单位：万元

捐赠来源 接受单位	校友(含师生员工)	校董	其他企业、团体及个人	合计
复旦大学财务处	92.93	—	6 474.41	6 567.34
上海复旦大学教育发展基金会	2 565.23	1 309.46	4 290.24	8 164.93
复旦大学教育发展基金会(海外)	121.05	775.58	268.03	1 164.66

注：1. 财务处来自"其他企业团体"的捐赠收入中，包括来自复旦大学教育发展基金会捐赠的5 048.62万元。
    2. 上海复旦大学教育发展基金会来自"其他企业团体"的捐赠收入中，包括来自复旦大学教育发展基金会(海外)捐赠865万元。
    3. 复旦大学教育发展基金会(海外)捐赠收入为外汇，表中的人民币金额是根据年末汇率的折算值。

（对外联络与发展处供稿）

2014年复旦大学占地面积统计

单位：平方米

校区	占地面积	权属
邯郸校区	863 472	学校使用权
枫林校区	192 123	学校使用权
邯郸校区新闻学院	58 825	非学校使用权
北区学生公寓	109 592	学校使用权
北区三角地加规划道路	23 140	非学校使用权
张江校区	228 176	非学校使用权
江湾校区一期	908 004	非学校使用权
江湾校区二期	66 667	学校使用权
网络学院		
继续教育学院	3 757	租用
总计	2 449 998	学校使用权

（资产管理处、网络教育学院、继续教育学院供稿）

2014年复旦大学校舍面积统计

单位：平方米

权属 校区	学校产权			非学校产权			租用		总计
	邯郸校区	枫林校区	江湾校区	张江校区	新闻学院	药学院	网络教育学院	继续教育学院	
总计(平方米)	1 266 738	317 402	181 569	75 559	67 710	31 246	8 100	8 222	1 956 546
一、教学及辅助用房	323 487	84 171	51 333	50 309	44 148	25 839	7 200	8 222	594 709
教室	45 830	10 775	13 017	16 923	2 850	0	6 400	8 222	104 017
图书馆	23 535	1 000	19 213	8 805	2 850	0			55 403
实验室、实习场所	137 285	14 201	0	2 000	0	5 622	800		159 908
科研用房	87 246	50 603	19 104	19 924	38 448	20 217			235 542
体育馆	26 115	4 792	0	2 657	0	0			33 564
会堂	3 477	2 800	0	0	0	0			6 277
二、校机关办公用房、档案馆等	77 473	24 844	21 125	7 408	3 500	0	900		135 250
三、生活用房	446 986	48 726	96 072	17 842	7 084	5 407			622 117
学生宿舍(公寓)	287 244	17 741	47 761	0	7 084				359 830

续表

权 属	学 校 产 权			非学校产权			租 用		总 计
校 区	邯郸校区	枫林校区	江湾校区	张江校区	新闻学院	药学院	网络教育学院	继续教育学院	
学生食堂	30 628	5 599	5 731	4 149	0				46 107
教工集体宿舍	72 112	18 116	33 280	4 299	0	4 928			132 735
教工食堂	6 961			0	0	0			6 961
生活福利及附属用房	50 041	7 270	9 299	9 394	0	479			76 483
四、其他用房	132 944	23 411	13 039	0	12 978	0			182 372
五、教工住宅（未售）	14 560	0	0	0	0	0			14 560
六、教工住宅（已售）	271 288	136 251	0	0	0	0			407 539

（资产管理处、网络教育学院、继续教育学院供稿）

2014年复旦大学施工、竣工房屋情况统计

类 别	施工房屋面积		竣工房屋面积	在建项目计划总投资（万元）	竣工项目计划总投资（万元）	竣工价值（万元）
	合 计	其中：本年开工				
总计	174 012	0	3 815	108 782	2 649	2 062
一、教学、行政用房	172 892	0	3 815	108 522	2 649	2 062
（一）教室						
（二）实验室						
（三）科研用房	172 892	0	0	108 522	0	0
1. 江湾校区生命科学院教学楼	39 474			22 974		
2. 江湾校区物理科研楼	28 998			18 912		
3. 江湾校区化学楼	59 410			36 501		
4. 江湾校区环境科学楼	24 380			15 905		
5. 枫林校区一号科研楼	20 630			14 230		
（四）图书馆	0	0	0	0	0	0
（五）体育馆	0	0	0	0	0	0
（六）工厂						
（七）校、系行政用房	0	0	3 815	0	2 649	2 062
子彬院改扩建			3 815		2 649	2 062
二、生活及福利附属用房	1 120	0	0	260	0	0
（一）学生宿舍						
（二）学生食堂	0	0	0	0	0	0
（三）教工及家属住宅	0	0	0	0	0	0

续表

类别	施工房屋面积		竣工房屋面积	在建项目计划总投资（万元）	竣工项目计划总投资（万元）	竣工价值（万元）
	合计	其中：本年开工				
（四）福利及附属用房	1 120	0	0	260	0	0
江湾校区后勤宿舍	1 120			260		

注：1. 江湾校区二期室外因为没有面积，所以未进入此表统计，计划总投资为9 987万元。
　　2. 未包括列入教育部计划但尚未开工的项目。

（基建处供稿）

2014年复旦大学图书馆情况统计

单位：册、件、种、个

项目	数量	单位	项目	数量	单位
一、文献资源收集情况			当年购置文献 d) 当年购置电子外文报刊	51 541	种
1. 纸质图书累积量	4 568 887	册	3. 电子书、刊以外的数据库	14	个
a) 中文纸质图书累积量	3 649 489	册	4. 当年购置其他类型文献		册/件
b) 外文纸质图书累积量	919 398	册	5. 其他来源新增文献	81 857	册
2. 纸质报刊累计量（合订本）	578 234	册	二、当年文献资料利用		
3. 电子图书累积量	2 492 323	册	1. 外借图书	479 871	册
a) 中文电子图书累积量	2 114 885	册	2. 馆际互借借入量	2 295	册
b) 外文电子图书累积量	377 438	册	3. 馆际互借借出量	495	册
4. 电子期刊累积量	67 259	种	4. 文献传递传入量	7 888	篇
a) 中文电子期刊累计量	15 718	种	5. 文献传递传出量	7 597	篇
b) 外文电子期刊累积量	51 541	种	6. 中文期刊全文下载量	10 370 669	篇次
5. 电子书、刊以外的数据库	118	个	7. 英文期刊全文下载量	7 355 411	篇次
当年购置文献 1. 当年购置图书	234 547	册	8. 文摘数据库检索量	5 020 528	次
a) 当年购置纸质中文图书	61 416	册	9. MetaLib/SFX系统登录量	1 063 769	人次
b) 当年购置纸质外文图书	20 119	册	10. 科技查新课题	163	个
c) 当年购置电子中文图书	130 462	册	11. 查收查引服务	1 029	项
d) 当年购置电子外文图书	22 550	册	三、其他		
2. 当年购置报刊	73 589	种	1. 一般阅览室座位	2 210	座
a) 当年购置纸质中文报刊	4 232	种	2. 电子阅览室座位	139	座
b) 当年购置纸质外文报刊	1 495	种	3. 自习室座位	358	座
c) 当年购置电子中文报刊	16 321	种	4. 周开放阅览室时间	105	小时

（图书馆供稿）

2014年复旦大学档案馆基本情况统计

项目	数量	单位	备注
一、馆藏全部档案			
全宗	12	个	

续 表

项　目			数　量	单　位	备　注
案卷			368 708	卷	
案卷排架长度			11 060	米	
录音、录像、影片档案			3 941	盘	
照片档案			56 441	张	
底图			1 095	张	
二、本年进馆档案					
1. 接收档案					
案卷			19 215	卷	
录音、录像、影片档案			2 397	盘	
照片档案			5 127	张	
底图				张	
2. 征集档案			382	件	
三、本年移出档案				卷	
四、本年销毁档案			0	卷	
五、馆藏档案的历史分期					
1. 建国前档案			27 898	卷	
明清以前档案				件	
明清档案			6	卷	
民国档案			27 892	卷	
革命历史档案				卷	
2. 建国后档案			340 810	卷	
六、馆藏资料			4 975	册	
七、档案编目情况					
手工目录	案卷目录		235	本	
	全引目录			本	
	专题目录	簿式	50	本	
		卡片式	32 989	张	
	重要文件目录	簿式		本	
		卡片式		张	
机读目录	案卷级		28.30	万条	
	文件级		74.79	万条	
八、开放档案情况					
1. 建国前档案					
全宗			7	个	
案卷			27 785	卷	
2. 建国后档案					
全宗			5	个	
案卷			191 716	卷	
3. 开放档案目录					
案卷级			5.76	万条	

续表
续表

项　目	数　量	单　位	备　注
文件级	17.27	万条	
九、本年利用档案人次	2 264	人次	
1. 台港澳同胞	9	人次	
2. 外国人	9	人次	
十、本年利用档案	9 789	卷次	
1. 所属时期			
建国前档案	1 279	卷次	
建国后档案	8 510	卷次	
2. 利用者类别			
单位	1 592	卷次	
个人	8 197	卷次	
十一、本年举办档案展览	3	个	
十二、本年接待参观展览人次	10 000	人次	
十三、本年利用资料人次	108	人次	
十四、本年利用资料	641	册次	
十五、本年编研档案资料			
其中：1. 公开出版	57.2	万字	
2. 内部参考		万字	
十六、档案馆总建筑面积	3 300	平方米	

（档案馆供稿）

复旦大学2014届毕业生情况统计

学　历	总人数	就业人数（总计4 103）			国内升学	出国出境深造	定向委培	未就业	就业率(%)	签约率(%)
		签约就业	灵活就业	自主创业						
本　科	2 875	886	35	10	891	933	35	85	97.04	95.48
硕　士	3 323	2 289	6	11	87	192	654	84	97.47	96.96
博　士	1 078	636	2	6	77	70	242	45	95.83	95.08
高　职	233	223	2	0	0	0	0	8	96.57	95.71
总　计	7 509	4 034	45	27	1 055	1 195	931	222	97.04	96.04

（党委学生工作部供稿）

复旦大学2014年国家学生体质健康标准测试统计表

年　级	总人数	优秀人数	优秀率	良好人数	良好率	及格人数	及格率	不及格人数	不及格率	合格率
2014级	2 805	34	1.21%	658	23.46%	2 021	72.05%	92	3.28%	96.72%
2013级	3 027	100	3.30%	1 089	35.98%	1 758	58.08%	80	2.64%	97.36%
2012级	2 379	39	1.64%	588	24.72%	1 636	68.77%	116	4.88%	95.12%
2011级	2 537	16	0.63%	369	14.54%	1 959	77.22%	193	7.61%	92.39%
全　校	10 748	189	1.76%	2 704	25.16%	7 374	68.61%	481	4.48%	95.52%

（体育教学部供稿）

2014年各附属医院工作量情况统计

单位：人次

医院	门急诊次数 小计	门诊	急诊	住院手术人次	期内出院人数
中山医院	3 296 928	3 109 973	186 955	58 650	87 848
华山医院	3 702 445	3 520 122	182 323	40 069	64 999
妇产科医院	1 476 815	1 449 657	27 158	37 492	59 546
儿科医院	2 260 871	2 007 523	253 348	17 063	37 241
眼耳鼻喉科医院	1 668 610	1 616 142	52 468	33 130	33 998
肿瘤医院	1 127 757	1 125 680	2 077	48 714	52 086
华东医院	1 684 529	1 600 118	84 411	17 373	37 308
金山医院	1 358 043	1 126 438	231 605	14 879	26 091
第五人民医院	2 011 795	1 811 307	200 488	14 833	30 760
公共卫生临床中心	285 773	285 772	1	5 270	12 653
浦东医院	1 594 613	1 236 531	358 082	16 813	36 833
青浦区中心医院	1 699 303	1 445 294	254 009	17 145	31 803
静安区中心医院	985 052	858 444	126 608	10 112	20 437
闵行区中心医院	2 518 890	2 158 830	360 060	20 626	38 149
闵行区精神卫生中心	14 752	14 752	0	0	256
合 计	25 686 176	23 366 583	2 319 593	352 169	570 008

（医管处供稿）

2014年各附属医院工作质量情况统计

医院	治愈率(%)	好转率(%)	病死率(%)	病床周转率(次/床)	床位使用率(%)	出院者平均住院日(天)	门诊与出院诊断符合率(%)	入院与出院诊断符合率(%)	入院三日确诊率(%)	手术并发症发生率(%)	手术前后诊断符合率(%)	无菌手术化脓率(%)
中山医院	30.93	65.52	0.60	54.09	103.61	7.02	99.95	99.96	97.10	0	99.97	0
华山医院	37.65	58.77	0.47	40.49	109.05	8.15	100	100	99.88	0	100	0.04
妇产科医院	57.97	5.88	0.03	74.43	101.09	5.02	/	/	/	/	/	/
儿科医院	52.08	44.23	0.60	53.08	109.85	7.64	99.96	99.98	99.99	0	99.99	0.01
眼耳鼻喉科医院	96.64	2.83	0.002	79.07	79.45	3.68	99.99	99.99	100	/	99.98	0.01
肿瘤医院	47.26	44.09	0.19	42.92	94.80	8.43	99.57	99.57	97.31	1.18	99.00	/
华东医院	24.71	70.69	1.46	29.89	103.46	9.27	/	/	94.47	0	/	0
金山医院	45.62	49.09	0.61	37.27	88.68	8.67	98.48	99.16	99.35	/	99.62	0.07
第五人民医院	42.89	54.03	1.09	41.01	93.30	8.18	98.95	99.07	94.51	/	99.07	0.02
公共卫生中心	11.44	82.29	1.15	29.91	92.05	11.48	100	100	100	/	100	0.16
浦东医院	58.23	37.47	1.62	36.83	96.79	9.62	98.58	99.30	87.52	/	99.50	/
青浦区中心医院	55.92	40.60	1.04	40.52	93.63	8.40	100	100	99.84	0.12	100	0.03
静安区中心医院	27.00	68.51	2.32	32.54	103.83	11.72	99.70	99.33	99.62	0	99.87	0
闵行区中心医院	47.68	47.31	1.67	47.10	106.83	8.27	99.80	99.85	99.29	0	99.79	/
闵行区精神卫生中心	0.78	63.67	13.67	0.04	114.76	309.24	93.35	97.26	97.26	/	/	/

（医管处供稿）

2014年复旦大学附属中学基本情况统计

单位：人

教职工数					在校学生数
党政干部(教师)	教师	职员	工人	合计	
8	173	49	0	222	(本部)1 418 (国际部)381

(复旦大学附属中学供稿)

2014年复旦大学第二附属中学基本情况统计

单位：人

教职工数					在校学生数	毕业生数	考取大学人数	考取重点中学人数	考取中专技校职校人数
党政干部(教师)	教师	职员	工人	合计					
3	61		3	64	691	171	40	122	2

(复旦大学第二附属中学供稿)

2014年复旦大学附属小学基本情况统计

单位：人

教职工数					在校学生数	毕业生数
党政干部	教师	职员	工人	合计		
5	41	1	0	47	739	109

(复旦大学附属小学供稿)

·索　引·

(1) 本索引主体采取主题分析索引方法,按主题词首字汉语拼音字母顺序排列。辅助的附表索引按首字汉语拼音字母顺序排列。
(2) 索引名称后的数字表示内容所在的页码,数字后面的a、b、c表示栏别(即指该页码自左至右的版面区域)。表格标题和表格中的内容页码后另注有"表"字,图片页码后另注有"图"字。
(3) 在主题分析索引中,为便于读者检索,在复旦大学所属的二级单位和在复旦大学发生的事件名称前的"复旦大学"或"复旦"字样,除易产生歧义者外均予省略;内容有交叉的,将重复出现。
(4) 除"表彰与奖励"、"大事记"外,年鉴的各部分内容均列入索引范围,以供检索使用。

NUM

《1925·身影》　94b,94c
2011协同创新中心　37a,39a,78c,212b
3D腹腔镜　361b
5A评级　264c
863　79a,80a,81b,86b,88b,89c,90a,103a,103b,104a,106b,109a,114a,116c,118a,194a,204,225a,226b,314a,354a,358c,491(表)
973计划　45b,47b,77a,77c,78c,79c,80a,86b,88b,89a,89c,103a,103b,104a,104b,106b,108c,114a,116c,117c,118a,194a,195a,203,491(表)
985工程　44b,57a,69b,100a,101a,106a,120a,354a,397(表)

A

AAPS　114b,114c
ACM国际大学生程序设计竞赛　47a,86a,124a
ACM国际会议　86c
ACM上海卓越科学家　86c
ACM中国新星奖　86c
Acs Nano　105c
Advanced Energy Materials　48a,105b,455b
Advanced Science　105b
Angew. Chem. Int. Ed.　82a,83a,447a
埃博拉　46a,112a,311b,311c,353a,354b,373a,373b,454b
爱媛大学　61a,61b
安全教育微课程　338b
《安徒生在中国》　63b,446c
奥地利文学在中国　63c

B

巴基斯坦　46b,48a,93b,103b,215(表),253a,255(表),256(表),320a,447c,448a,496(表)
巴黎第一大学　59a,59b
白玉兰纪念奖　83c,252a,321b,451b
百年诞辰　48b,79c,80b,261c,262a,446c,449a
柏年助学金　263a
拜罗伊特青年音乐节　94c
搬迁　17b,46b,91a,91b,110b,118b,125a,224b,225a,300a,301a,302c,306a,306b,308b,311c,312b,312c,328b,328c,333b,334a,355b,357c,360c,369b,398(表),399(表),450a
包春雷　54b,94c
宝钢教育奖　80c,104c
保密专业师资培训　87c
保险专业学位双硕士　135b,137a
本科培养模式　68a
毕业晚会　70b,343c
表观遗传学　117a,117c,236(表),238(表),239(表)
表观遗传学实验室　117b
宾州州立大学　91c
病毒进入抑制剂　110b,260(表)
博士生学术论坛　59b,63a,69a,70b,84a,104c,105a,333a
博物馆馆长　61b,63b,449b
补贴调整　340c

C

Cell　48a,90c,117b,118a,359a
材料科学系　50b,53a,88a,88b,88c,105a,127(表),168(表),170(表),171(表),195b,197(表),199(表),200(表),201(表),203(表),205(表),206(表),209(表),210

（表），241（表），244（表），248（表），272a，284a，295a，308c，309（表），317（表），332（表），335（表），336（表），349b，413（表），428b，429a，430a，431b，432a，434a，435b，437a，439a，440b，441b，498（表）

财务信息系统　313c

蔡达峰　49b，154（表），264a，324a，324b，326a，326b，416（表）

长江学者　14b，37a，44a，45b，56a，67c，68b，69c，71b，75c，77a，79c，80a，81a，81b，83b，85a，88a，89c，90a，102b，104a，104b，106a，108c，111a，114a，116b，117c，118a，118b，125a，231a，231b，232c，359a，456c，459（表）

长三角药物化学　114c

车仁超　105c，170（表），410（表）

陈广宏　52b，100c，152（表），221（表），403（表）

陈灏珠　107c，175（表），197（表），233（表），261c，263a，352a，417（表），454c

陈纪修　46a，75c，125c，156（表），231b，246（表），321b，407（表）

陈建民　50a，83a，172（表），196（表），242（表），245（表），409（表）

陈建强　53b，95a，95c，96a，96b，97a，98a，98b，99b，407（表）

陈立民　49b，51b，52a，60a，65a，94c，95c，172（表），250c，251a，264a，317b，323c，324a，324b，416（表）

陈良尧　50a，84a，159（表），236（表），243（表），244（表），247（表），412（表）

陈尚君　50b，56a，152（表），232c，234（表），248（表），402（表），445a，453a

陈诗一　71b，148（表），213a，220（表），235（表），244（表），245（表），405（表），454a，457c

陈树渠　216（表），261c，262a，266（表）

陈湘琳　57c

陈晓漫　49b，73a，76c，95c，156（表），199（表），232c，242（表），247（表），251a，264a，324a，342a，416（表），446b，446c

陈至立　73c，262b，264a

成思危　240（表），264a，455c

成玮　57b

程士安　48a，131（表），154（表），351c，407（表）

抽查　2a，18b，30b，135a，136a，312c，315b，315c，316a，316c，365a，368b，394（表）

传播驿站　68b

传播与中国　68c

传媒与舆情调查中心　68b，68c，69a

创青春　73a，343b，344b

创新　4a，4b，5a，5b，6b，11a，12b，14a，14b，16a，20a，21a，22a，22b，24a，24b，25a，25b，28a，28b，29b，30a，31b，32b，33a，34b，35a，35b，36b，37a，38b，39a，39b，42b，43a，43b，44b，45a，45b，46a，47a，47b，48b，60a，61c，65b，66c，67a，68a，69a，69b，69c，70a，72c，73a，74a，75a，77b，77c，78c，79a，79c，80a，81b，82a，83c，84a，84b，85a，85b，86a，86b，92c，101a，101c，102b，103a，104a，104c，106b，106c，107a，108c，109b，110b，111a，113a，113b，114a，116c，118a，118b，120c，121b，124b，124c，125b，125c，131（表），134（表），135a，135b，137a，137b，189b，190b，194b，200（表），202（表），209（表），210（表），211（表），212b，213b，214（表），215（表），221（表），223c，225c，227b，228a，228c，229a，231b，234（表），247（表），251c，252a，261a，263c，301b，308a，309（表），311c，317c，318a，318b，319b，327a，330（表），331（表），332a，336（表），338c，340b，343a，343b，351c，354c，355b，356a，357a，358c，366c，369b，371a，371b，372c，376b，377a，377b，382b，387b，396（表），404（表），410（表），413（表），416（表），427a，427b，433a，445b，446a，446b，447c，448a，449a，450a，451b，454a，455b，456c，458（表）

创新创业　45a，77b，124b，125b，135b，229a，264a，329c，332a，444a，453b

创新教育　124b，325b，326a

创新人才推进计划　14b，194b，195b，195c，206（表）

创新实验室　87b，309（表）

创新素养培育实验项目　125c，454c

创新团队发展计划　104a，113a

创新型人才国际合作培养项目　70b，137a

创新研究群体　45b，75c，77c，78c，104a，106b，109b，118a，118b，194a，195a，195b，206（表），457b

D

大检查　30b，45a，134b，136a，447a

大气颗粒物污染防治重点实验室　82c，83a，194b，232b，309（表）

大赛　47b，62b，62c，63c，66b，66c，73a，74c，76a，83c，86b，87c，92b，94a，104c，110b，114b，116a，124c，190a，225b，226a，229a，320a，332c，333b，342a，342c，343b，344b，349b，352c，354b，355b，357c，360a，377a，377b，427b，428a，430b，445a，449b，454c，456c

《大数据与信息传播》　48a，125a

大型科学仪器设施共享　308c

大学生合唱　94b，94c

丹麦女王　63b

《当代修辞学》　224b，224c

党派团体　6b，15b，31b，323a，324a，324b

党外代表　323a，323c，324b

档案馆日　304a

邓春晖　47b，161（表），206（表），409（表）

第五届全国大学生数学竞赛(决赛) 47b,124c
电子工程系 84b,127(表),349b,428b,430a
电子化学和表面催化 104c
电子束离子阱和先进光源 79b,259(表)
丁光宏 49b,50a,51b,125c,170(表),195c,196(表),198
　(表),263a,264b,324b,326a,326b,414(表),453b
丁建东 81b,82a,163(表),195(表),205(表),236(表),
　241(表),244(表),410(表)
丁青 76b
定西市 114b,115a,349a,353b
东方管理研究院 73b,73c,215(表),397(表)
东方讲坛 58b
《东吴学术》年谱丛书 305a
东亚环境史 101b
东亚青年史学家 60c
董健 47b,208(表)
董事会 4a,13a,107b,108b,252c,261b,262a,263a,263b,
　264b,401(表),450b,455a
董文博 82c,169(表),326b,409(表)
对分课堂 75a
对口支援 45b,107b,137c,213a,213b,307a,307c,318c,
　321b,354b,355c,361c,363a,366c,368c,369c,370a,
　371b,374c,375a,430b,451a
多孔无机材料 104c

E

EFL 写作 64a
儿科医院 46a,48a,50b,55a,107a,125c,136c,177(表),
　178(表),179(表),185(表),187(表),191(表),196(表),
　197(表),200(表),201(表),207(表),209(表),210(表),
　237(表),239(表),260(表),288b,298b,306a,310(表),
　317(表),326b,349a,352a,352c,353a,359c,364c,365b,
　366b,366c,367a,424(表),428a,428b,429a,432b,437b,
　439b,442b,443a,444b,446a,448c,451a,452b,452c,
　455c,457c,494(表),499(表),505(表)
二附中 376b,399(表),428a,499(表)
二级学科 44a,64b,65b,67b,69b,71b,71c,75b,79c,82b,
　83b,83b,84c,85a,85c,88b,88c,89b,100c,107a,108c,
　109b,110b,110c,113c,121(表),122(表),136b,136c,
　141(表),142(表),144(表),449c,458(表)

F

FIST 45a,57a,74b,86a,102b,134b,135b,136a
发布会 48a,57a,67a,72b,103c,253c,263c,301b,304a,
　304c,305a,305b,320a,361c,444b,445c,446c,447c,
　448b,451b
发育生物学研究所 103c,198(表),236(表),241(表),244
　(表),411(表),499(表)
发展研究院发展基金 262c,266(表)
法国研究中心 46b,48a,63b,103b,104a,215(表),253a,
　320b,447b,447c
法科教育设立百年 49b,65b,453c,454a
法兰克福大学 107b,253c,255(表),448a,454b
法学院 49a,50a,52b,64b,64c,65a,65b,83b,87b,94a,
　95a,121b,126(表),149(表),150(表),151(表),191
　(表),218(表),219(表),220(表),221(表),235(表),241
　(表),244(表),249(表),259(表),269a,283a,295a,
　304a,317(表),322(表),323c,325a,332(表),334(表),
　336(表),341c,349(表),350b,406(表),428b,429b,
　431b,432a,433b,434b,436(表),438a,440b,441b,444c,
　448b,453c,454a,456a,456c,498(表)
法制校园 338b
反冲离了动量谱仪 79b
返校日 115a,261a,262b,302a,329a,448c,454b,457c
访问学者 12b,61a,65c,69b,76b,81c,88b,102a,253a,
　359a,362c,367a,379a,387c,388a,448a
放射医学研究所 54a,118c,175(表),198(表),250a,
　289b,299a,300c,317(表),400(表),416(表),432b,
　442b,499(表)
放射专业标准 119a
分析测试中心 31a,54b,100a,162(表),199(表),202
　(表),284b,310(表),414(表),432a
分校区管理体制改革 301c
《分子细胞》 117b
分子细胞生物学实验室 117b
风险防控 3b,31a,229b,300c,315b,316a,356b,360a,
　363b,371b,383c
封东来 77c,78a,78c,159(表),195a,206(表),235(表),
　239(表),247(表),408(表),445b
冯晓源 49b,50a,73a,104c,178(表),209(表),227a,
　252c,253a,253c,254b,258c,259(表),262a,262c,
　263a,263b,264b,264a,265b,419(表),451c
福庆师培 106c,125c
辐射防护委员会 55b,395(表),400(表)
辅导员年度人物 90b,329b,332c,333c
妇产科医院 47b,48b,50b,55a,116a,136c,181(表),
　194a,196(表),197(表),210(表),211(表),212(表),
　289a,298b,306a,310(表),317(表),325b,326b,326c,
　335(表),349a,352a,352b,352c,362c,363c,364c,365a,
　365b,399(表),423(表),424(表),428a,429a,432b,
　437b,439b,442b,444b,448c,494(表),499(表),505(表)
附小 77c,341c,377b,399(表),499(表)
附中 266(表),376a,376b,377b,428a,452a,499(表)
附属医院工作 4b,31b,46a,108a,353b,450a

复旦—艾伯特　70c
《复旦大学ESI全景报告》　44b,120c
复旦大学城市发展研究院　75a,75b,83a,320b,401(表),
　454c
复旦大学杜威中心　59b
复旦大学儿科医疗联合体　353a,366c,368a,369c,446a
复旦大学管理学院—新南威尔士大学商学院　74a,455a
复旦大学国家意识形态建设研究中心　92c,93a,93b,93c
《复旦大学国有资产管理暂行办法》　308c,395(表),398
　(表),447a
复旦大学就业与社会保障研究中心　70b,70c
复旦大学两岸政治与经济研究中心　66b
《复旦大学领导干部廉政手册》　315a,316a
复旦大学世界经济研究所　71a,214(表),322(表),448b
复旦大学围产医学中心　366c,446a
复旦大学医学图书馆联盟　302c,303c
复旦大学章程　6a,9a,9b,18a,44b,49a,120c,319c,342a,
　395(表),399(表),446b,453b
复旦丁铎尔中心　82c,396(表)
复旦附中文理学院　376a,376b
复旦管理学　66c,102b,113b,262a,262b,262c,263c,
　264a,320b,400(表),444b,449c,450b,455c
复旦管理学院—伦敦商学院　73a
复旦华盛顿　262c
《复旦教育论坛》　224a
复旦剧社　47b,94a,94b,94c,437b,439b,446a,455a
《复旦兰台》　304a
复旦全球领袖　72b,73c,454a
复旦—瑞南　264b,457b
复旦—盛大　229a,264a
复旦水平测试　125a
《复旦宋代文学研究书系》　56b,57b
复旦—乌尔姆　70a,70b
复旦新闻大讲堂　69a
《复旦学报(社会科学版)》　223a
《复旦学报(医学版)》　225a
《复旦学报(自然科学版)》　224c
《复旦中国国家安全战略报告》　67a
傅华　111b,112c,113a,113c
傅吉祥　75c,76b,156(表),195b,197(表),210(表),235
　(表),408(表)

G

GMAC　73c,74a
《葛剑雄文集》　101c

H

Hannu Tenhunen　252a

Hans Christian Andersen in China　63b,446c
History of Modern Optics and Optoelectronics development
　in China　84a
郝模　111b,113a,443a
洪远朋　70c,147(表)
洪震　226c,369c,370a
侯嘉莉　80c
侯体健　57b,57c,433a
侯杨方　101a,101c,155(表),214c,263b,404(表),452b
胡司德　100b,456b
护理学院　54a,115a,116a,116b,128(表),129(表),187
　(表),191(表),207(表),248(表),253c,274b,289b,
　300a,300c,306a,307b,311(表),317(表),320b,332
　(表),350b,416(表),428a,429a,430a,431b,432b,434a,
　435b,437a,439a,440b,442b,448a,499(表)
沪港创意创业　229c
华东书籍装帧设计双年　305b
华东医院　46a,108a,176(表),177(表),178(表),182
　(表),196(表),290a,299a,306a,310(表),332(表),
　352a,373c,374a,374b,375a,375b,375c,431b,
　432b,441a,442b,444c,445c,447c,448b,499(表),505
　(表)
华民　70c
华山临床医学中心　360b,360c
华山医院　47b,50b,55a,59b,107a,108b,117a,122(表),
　136c,174(表),175(表),176(表),177(表),178(表),179
　(表),180(表),181(表),182(表),184(表),185(表),196
　(表),197(表),198(表),199(表),200(表),201(表),207
　(表),208(表),209(表),210(表),211(表),212(表),
　226b,226c,227a,228a,233(表),237(表),238(表),240
　(表),243(表),244(表),288a,297b,310(表),317(表),
　323c,326b,332(表),333c,340a,340b,349a,351c,352a,
　353a,358a,358c,359a,359c,360a,360b,360c,366c,419
　(表),420(表),421(表),425(表),428a,431b,432b,
　440b,442a,442b,443a,443c,444b,445b,445c,447c,
　449b,450a,451a,452a,454b,457c,494(表),499(表),
　505(表)
化学楼　46b,104c,300b,501(表)
化学系　47b,50a,53c,79c,80b,80c,95a,104c,121b,125c,
　127(表),130(表),160(表),161(表),162(表),163(表),
　164(表),195b,195c,196(表),197(表),198(表),199
　(表),200(表),201(表),202(表),204(表),206(表),207
　(表),208(表),209(表),210(表),211(表),233(表),235
　(表),236(表),238(表),240(表),242(表),243(表),245
　(表),248(表),251c,259(表),271b,280a,293b,309
　(表),317(表),320a,321a,321b,322(表),332(表),335
　(表),336(表),350b,377c,396(表),409(表),410(表),

427a,427b,428b,429a,429b,431a,432a,433b,435a,
437a,438b,440b,441b,445a,446c,452b,453c,455c,
457c,498(表)

环境科学楼　46b,300b,501(表)

环境科学与工程系　50a,53a,75b,82b,82c,83a,112c,127
(表),169(表),170(表),172(表),173(表),188(表),189
(表),195b,196(表),199(表),200(表),201(表),205
(表),206(表),207(表),208(表),210(表),218(表),242
(表),245(表),253a,259(表),272a,285a,295b,309
(表),317(表),326b,334(表),336(表),409(表),428b,
429a,429b,431b,432b,433b,435a,436b,438b,440b,
442a,448a,454c,498(表)

换届　4a,44b,47a,50b,58b,66a,66b,77c,78b,81c,95c,
121b,191c,225a,250b,250c,316b,339b,340b,371b,
371c,396(表),445a

黄蓓　57b

黄国英　48a,50b,55a,125b,177(表),196(表),209(表),
264b,324b,367a,424(表),433a,443a,451a

黄霖　56a,232c,445b,453a

黄荣华　305b

J

JCI 认证　367a,445c,452a

Journal of clinical investigation　117b

Journal of Neuroscience　118b

基础教育联盟　261c,263a

基础医学院　47b,53a,107a,107c,108c,109b,109c,110a,
110b,110c,117a,117b,124c,127(表),131(表),134
(表),164(表),165(表),166(表),167(表),173(表),174
(表),175(表),181(表),185(表),186(表),187(表),
194a,195b,195c,195(表),196(表),197(表),198(表),
199(表),200(表),201(表),202(表),204(表),205(表),
206(表),207(表),208(表),209(表),211(表),225a,238
(表),240(表),242(表),244(表),245(表),260(表),
263b,263c,273b,286a,296a,300c,306c,310(表),317
(表),320c,321c,332(表),350b,356b,414(表),415
(表),425(表),427a,428b,428a,429b,430a,431b,432b,
434a,435b,437a,439a,440b,442a,443a,443c,444b,
445b,445c,447c,449b,452b,454c

基因、细胞治疗及药物递送纳米载体　114b

嵇庆海　183(表),362a,422(表)

吉米·卡特　48a,104a,451c

急诊室　357b

计算机科学技术学院　47b,50a,53b,85c,86c,87b,121b,
124c,127(表),130(表),133(表),169(表),172(表),173
(表),191(表),196(表),197(表),198(表),199(表),200
(表),201(表),202(表),203(表),205(表),210(表),259
(表),260(表),273b,281a,294b,301b,310(表),316a,
317(表),329c,332(表),334(表),336(表),337(表),
350a,350b,413(表),426(表),427b,428a,428b,429a,
429b,431a,432a,433b,435a,437a,438b,440b,441b,
456b

纪如荣　118b,237(表)

加齐　253a,448a

加州大学洛杉矶分校　113c

健走　342c

姜育刚　85c,86a,86c,87b,169(表),321b,433a

讲师团　108c,301c,332b

奖助方案　45a,136c,333a,396(表),399(表),400(表),
401(表),455a

蒋晨　47b

蒋平　82c,252c

交流会　77c,81c,88c,94b,112a,135a,257(表),305c,
352c,363b,443b,450c,455c

交流计划　252c

教代会　18a,19b,20a,40b,43b,110a,303b,307a,313a,
341a,342a,342b,446b

教师教学发展　45a,75a,102b,125a,125b,125c,447c,
449b

教学成果奖　34b,45a,71c,77b,80b,86a,89a,92c,93b,
93c,107a,111b,124b,131c,448b

教学科研实践基地　49a,65a

教育发展基金会　46b,101a,261a,261b,261c,262c,263b,
264c,322(表),330(表),400(表),444c,455a,500(表)

揭牌　48a,49a,65a,73b,74c,75b,76b,86c,108b,115a,
117a,303b,303c,320b,324a,364b,366c,367a,369c,
370a,373b,376a,443c,444b,446b,448c,449a,450a,
453b,454c,455b,456a

金甫暻　57c

金力　14a,76b,90a,90c,91a,91b,91c,115a,118b,209
(表),229c,230b,400(表),445c

金路　75c,125c

金山医院　55a,176(表),178(表),180(表),183(表),
289a,298b,306a,352a,352c,353a,368a,369a,369b,
369c,370a,370b,424(表),425(表),432b,442b,457b,
505(表)

金砖国家　190b,190c,213b,218(表),399(表),445a,
452c,457a

经济学院　50a,53a,58a,69b,70a,70c,71a,71b,71c,95a,
121b,126(表),128(表),129(表),130(表),131(表),132
(表),135b,137a,147(表),148(表),149(表),189b,191
(表),192(表),213a,216(表),217(表),219(表),220
(表),221(表),222(表),223(表),224c,235(表),238
(表),240(表),242(表),244(表),245(表),250c,259

(表),261c,263b,270a,277a,292a,304c,305a,306a,309(表),317(表),321b,322(表),329c,331(表),334(表),335(表),336(表),337(表),349(表),404(表),405(表),425(表),427b,428a,428b,429b,430a,431a,432a,433b,434b,436b,438a,440a,441a,443c,445a,445b,446b,451c,454a,454b,454c,455a,457a,457c,497(表)

九三学社 48b,323a,323b,324a,325a,325b,325c,326b,327b,447b

就业 45a,45b,66b,70a,70b,72c,80b,82a,87c,88b,89b,90b,104c,114b,216(表),222(表),229(表),307a,319a,322(表),329b,329c,333b,334b,334c,352b,449b,452a,456b,504(表)

聚合物分子工程国家重点实验室评 82b

捐赠 7b,13a,13b,46b,48b,64a,76b,107c,110b,261a,261b,261c,262a,262b,262c,263a,263b,263c,302a,303a,303b,304a,304c,308a,360a,383b,384a,384b,384c,385b,397(表),448a,448b,449a,452c,453c,454a,455b

莙政基金 125c,454b

K

开工 46b,300a,300b,360b,360c,369c,374b,501(表),502(表)

抗震救灾 357b

考西莫 253a,448a

柯灵权 102a

科技产业 229c

科技元勘 59a

《科学》 82a,320c

《科学外史》 304b,304c,305b,447a

科研经费管理 3a,30a,31a,313c,364a

孔彪 80c,321b,455c

孔子学院 25b,46b,52a,56c,65c,92a,92b,94a,94c,189a,253b,253c,322(表),452a,452c,456a,498(表)

跨国药企 115a

跨文化北欧文学 63c

跨文化阅读 63b

跨学科研究 58c,59a,71b

会计制度 313b

L

老教授协会 250b,250c,340b,427b,443b

老年理论 250c

老年医学中心 195c,202(表),353b,357c

乐跑 77a,95c,261a,311a,341c,455b

雷群英 47b,109a,109b,175(表),194a,195b,195c,203(表),205(表),206(表),209(表),415(表)

李大金 47b,55a,55b,181(表),194a,197(表),203(表),326(表),364c,423(表)

李端树 55a,264b,362a

李富友 80a,80b,161(表),209(表),236(表),410(表)

李贵 57b

李进 209(表),362a

李善同 264a,455c

李卫红 49a,451b,456a

李翔 47b,83b

李晓杰 102a,154(表),404(表)

李新煜 80c

李泽君 80c

李致公 87b

力学与工程科学系 50a,53b,88c,89b,127(表),132(表),163(表),168(表),170(表),191(表),195c,196(表),198(表),205(表),207(表),208(表),272a,284a,295a,309(表),317(表),332(表),414(表),429a,429b,430a,431b,432a,434a,435b,437a,439a,440b,441b

历史学系 52b,59c,60a,60b,60c,121c,126(表),131(表),132(表),155(表),188(表),191(表),217(表),234(表),246(表),259(表),267a,278b,291b,317(表),332(表),335(表),404(表),431a,431b,440a,441a,497(表)

粒子放射治疗 252a,260(表),362a

廉政风险 2a,3b,31a,229b,300c,315b,316a,356b,356c

烈士纪念日 327b,333c,339b

《临床研究杂志》 117b

林尚立 49a,49b,57a,57b,59b,65a,67a,68b,73b,73c,75b,120a,137(表),150(表),214(表),221(表),224a,234(表),242(表),245(表),258(表),259(表),262a,264a,303c,304c,324b,405(表)

林相荣 251c

临床教学基地 108b,355b

刘宝 113b

刘承功 49b,55b,73a,95b,95c,258(表),262b,264a,317b,319b,319c,443a,446b,447b,447c,452b,453b

刘旦初 251c

刘放桐 58b,59b,146(表),219(表),234(表),248(表),403(表)

刘建祥 90c,166(表),205(表),411(表)

刘金华 52b,60a

刘利民 232a,232b,445a

刘韡韬 48a,159(表),320c,408(表),451a

刘鑫民 92b,407(表)

留学复旦 190c

留学基金 62c,70b,86b,111c,135b,137a,189a

留学生事务中心 190c

《柳叶刀》 48a,111c,451a

卢鹤绂　48b,79c,304a,318c,319b,449a
卢洪洲　46a,55b,176(表),373b,420(表),454b
鲁迅文学奖　56b,57b
陆昉　48b,49b,50a,50b,55b,65a,95b,95c,125c,131(表),136a,136b,159(表),243(表),247(表),252c,254b,259(表),263a,264b,376b,408(表),453b,457b
陆克文　104a
《路翎全集》　57a
旅游发展与社会转型　60a
论坛　5a,14a,42b,45b,47b,48a,48b,49a,56b,56c,58c,59a,59b,61b,62c,63a,64c,66a,66b,66c,67a,67b,68c,69a,69c,70a,70c,71a,71b,72b,72c,73b,73c,74c,80b,81a,81c,84b,87c,89a,90b,90c,91a,92a,101a,101b,102a,102c,103b,103c,105a,105b,108b,108c,110b,112a,113b,114c,115a,115b,115c,116a,124c,135b,137a,137b,212c,213b,213c,216(表),224c,229a,250b,250c,252a,252c,257(表),259(表),260(表),262c,263c,266(表),301a,304c,305a,320a,323a,323b,325a,325b,325c,326a,326b,328c,332b,333a,342b,345(表),352c,355a,356b,362b,367a,368a,371b,373a,374a,387b,387c,398(表),445c,446b,446c,447b,447c,448a,448b,448c,450a,450b,451c,452a,452b,452c,453b,453c,454a,454b,455b,456b,456c,457a
罗杰　79b,253a,448a

M

MAQC国际研究计划　114c
MBA　46a,71c,72a,72b,72c,74a,146(表),320a,344b,344c,445a,455a
Molecular Cell　117b
MOOC　48a,94b,107a,113c,125a,125b,306a,307b,320a,320b,345(表),365c,445c
马骏　72c,264a,455c
马克思主义学院　4b,53b,58c,92b,92c,93a,93b,93c,131(表),150(表),151(表),260(表),284b,295a,317(表),407(表),450a
马克思主义哲学　59b,139(表),146(表),147(表),234(表),278b,292b,467(表),469(表),472(表),476(表)
马兰　47b,109a,109b,118b,194a,194b,195,324c,457b
马姆努恩·侯赛因　48a,253a,255(表),256(表),447c
玛丽·哈德　82c,253a,448a
迈克尔·希金斯　48a,254b,456b
美国国立卫生研究院　107b,108a,253b,449c
《美国化学会·纳米》　105c
美国药学会　114b,114c
《梦的N次方》　76c
密码研究　87c

《面向未来30年的上海》　113b
民主党派　10a,65b,323a,323b,323c,324a,324b,325a,326a,326b,326a,326b,359c,364b,494(表)
《明清徽商与淮扬社会变迁》　102a
明清江南社会与文化　60c
模拟法庭　65a
莫斯科测量与制图国立大学　101b,101c
慕课　113c,261c,320a,320b,321a,338c,365c,449b

N

Nature　48a,78a,80b,81c,104b,116c,117a,443c,450c,453c,457a
Nature Cell Biology　48a,90c
Nature Communications　78a,104b,361c,443c
Nature Genetics　117a,118a,361c
Nature Nanotechnology　48a,78a,451b
南北五校　59b
南丁格尔　116b,371c
脑科学研究院　47b,54a,107a,117c,118a,118c,195b,205(表),206(表),207(表),208(表),212(表),237(表),240(表),259(表),300c,311(表),317(表),325c,412(表),449b,457b,499(表)
年会　49a,58c,68b,68c,69a,71a,73b,74a,87a,93b,102b,103b,107a,111b,112a,112b,114c,117a,117c,125b,125c,224c,225b,250c,252a,253c,260(表),303b,311a,320b,329b,333c,341a,361b,361c,362a,362b,431a,443a,450b,453b,454c,456a,456b
宁树藩　69b,153(表),251b
《凝聚态光学研究前沿》　84a
凝聚态物理　78c,141(表),159(表),160(表),235(表),236(表),239(表),244(表),279(表),286(表),293a,296a,466(表),471(表),473(表),479(表)
诺丁汉大学　253c,254(表),258(表),321a,452a,454a

O

欧美同学会　323c,324a,324c

P

PBL导师培训班　110b,368c
PLOS Genetics　90c
排行榜　44b,66b,120c,213a,374a,454b,456b
潘基文　46b,48a,253a,256(表),320a,448a
培训班　4b,47a,61b,70b,77c,88b,109c,110b,112c,115b,125c,191b,318a,323b,323c,324b,328b,333a,363c,368c,447c,449b,453a
培养质量　17b,35b,36a,45a,76a,124c,135a,136a,231c,399(表),400(表),451b

彭慧胜　53a,81b,82a,104b,163(表),236(表),320c,321c,335(表),410(表),447a,456b,456c
彭丽媛　63b
彭希哲　50a,147(表),214a,214(表),242(表),246(表),320b,406(表),457c
批判传播学　68b,68c
皮埃尔—西尔万·菲利奥扎　100c
普洱市　374c,375a

Q

QS　44b,65c,66b,444a
《气候变化2014：气候变化减缓》　82c
迁建　369c
《乾隆朝中缅冲突与西南边疆》　102a
钱睿哲　53b,109a,125c,174(表),415(表),433a
侨法宣传　323c,324a
青年教师教学竞赛　71c,90a,91b,125b,131(表),132(表),321c,451a,451c
青年教师拓展交流　125c
青年领导力　344a
青年全球治理创新设计大赛　66b,66c
求是奖　232c,451c
求是杰出青年学者奖　78b,78c,232c,321b,452a
全国部分地区大学生物理竞赛　47b,124b
全国大学生电子设计竞赛模拟电子系统专题邀请赛　47b,124c,133(表)
全国大学生电子设计竞赛嵌入式系统专题邀请赛　47b,124c,133(表)
全国大学生化学实验邀请赛　80c
全国大学生基础医学创新论坛　47b,124c,134(表)
全国大学生数学建模竞赛　47b,76a,124b,133(表)
全国大学生药苑论坛　47b,124c,134(表)
全国高校物理基础课程青年教师讲课比赛　78b
全国模范　46a,75c,125c,321b
全国文物与博物馆专业学位研究生教育指导委员会　61c
全科医学　46a,108a,129(表),131(表),143(表),146(表),355b,355c,468(表),481(表),485(表)
全面深化改革时代与国家治理体系现代化　102c
全球教育项目　82c,259(表)
全资控股企业　228c,229c

R

人才工程　14b,45b,70b,104a,118a,231a,231b,328b,328c,329a,332c,454b,457c
人类学民族学研究所　74a,74c,320c
任免　10a,49c,60a,356a,369c,391c,393a,453c
日本语学　64a

日军侵华铁证　304a
软件学院　85c,87a,127(表),135b,200(表),201(表),273b,285b,301b,337(表),413(表),429a,431a,432a,440b,441b,457a,498(表)

S

Science　70c,72a,82c,105b,114b,118b
Scott Laurence Friedman　252a,356b,452c
三月会议　78a
三重一大　2a,4b,15a,15b,31b,40b,89b,93a,229b,250a,302a,315a,316a,323b,352b,356a,356c,389b,390a,394(表)
沙红英　48a,320c,449b
沙祖康　103c,213c,240(表)
山东　45b,48a,76c,112a,213b,265(表),321a,362b,377a,377c,398(表),450b
伤员抢救　360b
上海IT青年十大新锐　87b,457a
上海大学生年度人物　47b,105c,321b,444b,444c
上海发展战略研究公众咨询委员会　71a
上海法官检察官遴选　65b,456c
《上海高校建筑文化》　304b
上海高校人文社会科学研究基地　70b
上海国际艺术节　94c
上海化学嘉年华　80b,80c
上海论坛2014　113b,213b,448a
上海青年科技英才　80a,109b,111a,116c,117a,117c,321b,452a,452b
上海市大学生化学实验竞赛　80c
上海市第五人民医院　55a,208(表),290a,299a,306a,352a,370b,371c,372a,427a,427b,432b,442b,446a,453b
上海市第一康复医院　108b,359c
上海市第一中级人民法院　64b,65a
上海市工程技术研究中心　194b,195c
上海市伦理学　59b
上海市逻辑学会　58c
《上海市民就医情况调查报告》　113b
上海市循证护理中心　116a,116b,320b,397(表),447c
上海市哲学社会科学　45b,59c,60a,62a,65c,67a,69c,72a,93a,93c,212a,321c
《上海市政府系统舆情应对案例分析研究(2013)》　68c
上海市重点实验室　14b,75b,85c,108c,194b,195c,354a
上海数学史　60b
上海万科儿童医院　366b
上海校友会　262b,263c,265(表),327b
上海医学院　11b,12a,44a,45a,46a,50b,52b,106a,106b,

107a,107b,107c,108a,108b,108c,109b,110b,110c,
113a,113c,115a,116a,116b,120a,120b,121b,121c,
125c,129(表),131(表),132(表),137a,190b,202(表),
225a,253b,253c,259(表),261c,263c,320b,320c,352b,
352c,353a,353c,361b,362a,364c,365c,366c,367a,
368c,371a,396(表),399(表),400(表),415(表),427b,
443b,446a,448b,449a,449b,450b,453a,453c,454b,
455b,499(表)

《上海自贸区解读》 304c,305a

上医文化 107c,108b,108c,263c,301a,456c

上医校友会网站 107c,262a

上医校友会药学分会 115a,453b

邵志敏 50b,182(表),196(表),237(表),239(表),325a,
361c,362b,422(表)

社会发展与公共政策学院 50a,53a,74a,75b,83a,121b,
132(表),192(表),214a,217(表),219(表),235(表),238
(表),240(表),242(表),246(表),269b,284b,295b,
316a,317(表),323c,332(表),350b,363b,406(表),
428a,428b,429b,431b,432b,433b,434b,436b,438a,
440b,442a,454c,497(表)

社会科学高等研究院 102b,215(表),235(表),238(表),
259(表),498(表)

社会科学暑期高级讲习班 102c

社会科学数据平台 45b,49a,49b,213c,457c

社区领袖 68c

射击 95a,338c,339a

《歙县里东乡传统农村社会》 102a

神经科学新技术 118c

《神经科学杂志》 118b

神经生物学研究所 102c,198(表),237(表),499(表)

沈健 78a,78b,78c,195a

沈银忠 373b

沈元壤 78b,241(表),396(表),449(表)

生命科学学院 46b,47b,48a,50a,53b,89b,91a,91b,91c,
104c,121a,124c,125b,127(表),130(表),131(表),132
(表),134(表),164(表),165(表),166(表),167(表),168
(表),173(表),195b,196(表),197(表),198(表),199
(表),200(表),201(表),202(表),203(表),204(表),205
(表),206(表),207(表),208(表),209(表),218(表),233
(表),236(表),243(表),246(表),259(表),263b,272b,
280b,293b,306a,309a,316(表),317(表),329b,332
(表),334(表),335(表),341c,350b,399(表),400(表),
410(表),411(表),425(表),427b,428a,428b,429a,
429b,430b,431b,432b,433b,435b,437a,438b,440b,
441b,444b,451a,451b,451c,454a

生物医学研究院 47b,54a,107a,109b,116b,117a,117c,
167(表),174(表),194a,195b,201(表),202(表),205
(表),206(表),207(表),208(表),209(表),211(表),239
(表),241(表),300c,311(表),317(表),321a,321b,322
(表),335(表),360b,394(表),396(表),398(表),411
(表),412(表),430a,444b,445b,445c,452b,454c,499
(表)

生殖与发育研究院 364b,444b

生殖与发育医学进展探索 137a

《失范与转型：复旦国际战略报告2013》 103c,443b

《失衡与重构：复旦国际战略报告2014》 103c

"十三五"规划专家委员会委员 70c

时代格 60b

实验动物科学部 54a,119b,289b,317(表),416(表),425
(表)

实验语言学 57a

世界管理论坛 73b,453b

世界家庭医师组织 108a

《世界经济文汇》 224c

世界马克思主义经济学奖 70c

首发式 63b,108a,250b,304c,443b,449c

暑期社会实践项目 68c,114b

暑期学校 66a,74b,80b,112b,113c,135b,189c,190b,
370c

数据科学重点实验室(筹) 86c

数学科学学院 14a,50a,53a,75b,76a,76b,76c,125c,127
(表),129(表),130(表),133(表),156(表),157(表),
195b,196(表),197(表),198(表),199(表),202(表),206
(表),(表)202,208(表),209(表),210(表),211
(表),233(表),235(表),243(表),244(表),246(表),
271a,279a,292b,310(表),317(表),335(表),336(表),
349a,349b,350b,407(表),408(表),428a,428b,429b,
431a,432a,433b,435a,436b,438a,440a,441a,448c,
452a,454a

《数学年刊》 75b,225b

数学与科学前沿 76c

双硕士学位项目 66a,70b,135b

双重领导 136b

丝绸之路历史地理信息系统 214b

思考特·劳伦斯·福瑞德曼 252a,356b,356c

思想理论动态座谈会 93c

思想政治教育工作室 333c

苏州博物馆 61b,61c

孙兴怀 55a,181(表),195b,205(表),225c,264b,368a,
422(表),443a,445b

T

The Lancet 48a,451a

The New England Journal of Medicine 116c,117a,117b

塔夫兹大学 361b
台大一复旦 58c
谈家桢生命科学讲坛 90b,90c
唐幸福 83a,169(表),205(表),320c,409(表)
唐仲英科学研究院 PM2.5 研究项目 83a
陶磊 80c,377c
讨论会 56b,60a,260,445c
特长生 79b,85c,124a,125b
特聘教授 44a,56a,56c,58b,66c,67c,69c,71b,75c,76b,
  77b,78b,79c,81a,81b,83b,84b,85a,88a,89c,90a,
  102b,104a,104b,106a,108c,111a,114a,116c,117c,
  118a,118b,125a,232c,237(表),241(表),354a,367b,
  396(表),446b,449c,452b
体育教学部 53b,95a,95b,95c,252c,317(表),407(表),
  426(表),455b,498(表)
天然药物 113c,114c,199(表),260(表)
《天之骄子》 47b,58b,94c,446a,455a
通信科学与工程系 84c,127(表)
铜像 48b,116b,449a
统一审计 229c,230a
图书馆馆长 49a,57b,303b,303c,445b,453a,456a
图书情报专业硕士点 303c
推进会 20a,76c,317a,444c,447b,450c,455c
退(离)休教师协会 250b,250c
退休教职工医疗补充金实施办法 250b,250c

U

U21 卫生科学 253c,260(表)

W

WHO 199(表),227b,354b,373b
外国语言文学学院 52b,61c,121a,126(表),128(表),129
  (表),191(表),192(表),252b,267b,275b,291a,317
  (表),332(表),334(表),350a,426(表),428a,428b,
  429b,431a,431b,433b,434a,436b,437a,440a,441a,
  454c
外国专家座谈会 82c,252a,253a,448a
外研社杯 63c
晚会 68a,68b,94a,261a,264c,342c,343c
汪萱怡 117b,174(表),412(表)
王德峰 55b,58a,58b,125c,146(表),403(表),433a
王德耀 54b,304c,305b,409(表)
王国强 362a,366b,450c
王梦筼 209(表),362a
王水照 56b,57c,152(表),220(表),234(表),248(表),
  334(表),402(表)
王天德 55b,94c,407(表)

王晓阳 50b,53b,86c,169(表),196(表),238(表),413
  (表)
王学路 91a,165(表),236(表),411(表)
王振忠 101c,102a,154(表),404(表)
王志强 65b,76a,149(表),221(表),406(表)
网络空间安全研究中心 87c,88a,195c,202(表),401(表)
危旧楼拆除 300b
微纳系统中心 84a,85a
《微生物与感染》 226a,226b
《微生物与感染研究荟萃》 107c,108a,443b
微信公众号 58a,225a,332a,333c
魏庆义 183(表)
文波 47b,194a,266
文化建设委员会 55b,319b,319c,395(表),398(表)
文科资深教授 45b,59b,232c,397(表),398(表),445b,
  453a,454a
文物与博物馆学系 52b,60c,126(表),217(表),219(表),
  267a,285b,296a,310(表),404(表),431a,432a,440a,
  441a,497(表)
问题驱动型 135a,136a,447a
翁铁慧 49a,73c,329a,372b,374c,443a,447b,452c,453b,
  456a
《我国临床医学教育综合改革的探索和创新》 45a,48b,
  321c,355b
无党派人士 323b,323c,324c
吴方言 56c,57c
吴浩青 80b,322(表),446c
吴建民 48a,103c,447b
吴力波 71a,148(表),405(表)
吴施伟 48a,77a,78a,78c,159(表),205(表),320c,408
  (表),451a
吴松弟 52b,101a,101c,154(表),214(表),246(表),404
  (表)
吴小华 183(表),294a,361c,422(表)
吴晓明 49b,50a,51b,58a,58b,121a,131(表),146(表),
  219(表),223(表),234(表),243(表),248(表),321b,
  324b,334(表),403(表),455c
吴燕华 45a,90a,91b,125b,130(表),131(表),132(表),
  321c,341c,430b,451a,451c
吴义政 47b,77a,159(表),194a,203(表),408(表)
吴宇平 47b,80a,162(表),206(表),409(表)
"五一"劳动奖章 91b,125b,451c
五一劳动奖状 374b,374c,455c
伍柏麟 71a,147(表),212a,220(表),321b,454b,454c
物理科研楼 46b,300b,501(表)
物理学系 14a,47b,50a,53a,77a,78a,78b,78c,121c,
  124c,127(表),129(表),130(表),131(表),133(表),157

(表),158(表),159(表),160(表),194a,195a,195b,198(表),200(表),201(表),202(表),203(表),204(表),205(表),206(表),207(表),209(表),243(表),247(表),259(表),260(表),271(表),279b,293a,309(表),317(表),332(表),336(表),350a,408(表),426(表),428b,429b,431b,432a,433a,435a,436b,438b,440a,441a,498(表)

X

系庆 67b,84a,453b
《细胞》 48a,117a,118b,320c,449b
夏令营 71a,74c,76a,76b,77b,80c,81a,85c,86b,118a,125b,136c,229c,323b
厦门 46a,66b,71b,76b,76c,90c,92b,107b,116c,212a,265(表),314b,321a,353a,353b,356a,356b,357c,366c,367a,373c,400(表),444a,448c,450c,455b,455c,456a
《先进科学》 105b
《先进能源材料》 48a,105b,321a,455b
现代物理研究所/核科学与技术系 79a
宪法日 319b,327c,332b,333b
香山会议 118b
校内巡视 2a,16b,30b,41b,316a,316c,352b
校企联合 194b,195c
校庆 13b,89a,101c,107b,250a,261a,262a,319c,341c,342b,400(表),448a,448b
校友年度捐赠网 262c,263c
校院两级财务管理体制改革 313b
协同创新 14a,35a,37a,38b,39a,62b,66b,66c,76c,78c,79c,81c,85b,87b,91a,91b,91c,118c,190c,212b,301b,301c,396(表),397(表),398(表),399(表),400(表),450b
协议 37a,38a,45b,46a,46b,48a,49a,61b,61c,62c,65a,66a,70a,73a,73b,74a,74b,76b,79a,80b,81c,82c,83a,83c,84a,91b,91c,101c,104a,107b,110c,112b,115a,135b,137c,252b,253c,254c,258(表),262b,262c,263b,263c,264b,305b,307c,313a,321a,321b,323b,324a,353a,353b,356a,356b,357c,359c,361a,370a,374c,375a,381c,382b,388a,397(表),398(表),399(表),400(表),443c,444a,445a,446a,446c,447a,447c,448c,449b,450a,452a,452c,453c,454a,454c,456a,456b,458(表)
《泄密取证技术》 87c
心理健康教育中心 136b,328a,329a,329b
新媒体传播 68a
新生研讨课 45a,106c,109a,124b,125a
《新闻大学》 224b
新闻教育良师奖 69b,251b
新闻学院 48a,50a,53a,63b,67b,68a,68b,69b,104c,126(表),128(表),130(表),131(表),151(表),153(表),154(表),192(表),217(表),219(表),220(表),221(表),222(表),223(表),234(表),235(表),241(表),247(表),249(表),251b,268a,276b,291b,306a,309(表),317(表),326b,331(表),348(表),349b,350a,350b,396(表),406(表),407(表),428a,428b,429b,431a,433b,434b,436b,437b,440a,441a,443a,497(表),500(表)
《新英格兰医学杂志》 116c,117a,117b,320c,444c
信息科学与工程学院 47b,50a,53b,83b,85a,121b,124c,127(表),130(表),133(表),196(表),197(表),199(表),200(表),201(表),202(表),203(表),218(表),248(表),272b,279b,293a,309(表),317(表),329c,332(表),334c,336(表),341b,349b,350a,350b,426(表),427b,428b,429a,431a,432a,433a,435a,436b,438b,440a,441b,455b
徐彦辉 47b,117a,117b,117c,167(表),194c,205(表),206(表),207(表),211(表),321a,321b,411(表),452b,454c
许宁生 43,49a,49b,50b,73c,118b,136c,233(表),244(表),247(表),253c,254b,259(表),263b,263c,264a,317b,324a,416(表),453c,454a,455a,456a,457c
许晓茵 53b,86c,324c
许征 95b,397(表),453b
宣传工作会议 319c
宣讲招待会 78a
薛其坤 232c
学风建设领导小组 55b,135a,395(表),447b
学前教育 305a
学生健康素养评价指标体系 113a
学术贡献奖 62a,71a,220(表),321b,454b,454c
学术规范委员会 44b,50b,120a,121a,121b,136b,379a,379b,379c,380a,380b,380c,381a,381b,381c
学术委员会 6a,7b,10a,11b,40b,44b,50a,59b,59c,76b,81c,90c,93b,108a,112a,116b,120a,120b,121a,374a,374b,374c,379a,379b,379c,380a,380b,380c,381a,381b,398(表),444c,447a,454a,455a,456a

Y

YICGG2014 66c
亚联董 252c,254(表)
亚太道德教育 93b,260(表)
亚信峰会 357b,360b,374c,447c
言语与听力科学 57a
研究生服务中心 45a,134b,136b,397(表),449a
《研究与发展管理》 71b,225c
研讨会 48b,49a,56b,56c,57c,60a,60b,60c,61c,62b,63b,63c,64b,64c,67b,70a,70c,71a,73b,74b,77b,78b,

78c,82c,84a,90b,92a,93b,100b,100c,101c,104c,107b,108a,110c,112a,113a,114c,115a,115b,118b,120a,124c,224c,250a,252b,259(表),260(表),304c,305a,329b,340a,355a,356c,358c,364a,366a,367a,372c,374a,443b,344c,445a,445c,446a,446b,447b,447c,448b,450b,453a,453b,456c,457a

研修班 45a,57a,101a,125a,125b,318a,328b,359a,449b,450b

眼耳鼻喉科医院 50b,55a,89a,107a,116a,136c,181(表),182(表),195b,196(表),197(表),198(表),205(表),208(表),209(表),211(表),225c,233(表),289a,298b,317(表),349a,352a,352c,367b,368a,422(表),423(表),428a,429a,432b,437b,439b,442b,443a,445b,451a,455a,505(表)

杨利伟 49a,456a

杨珉 47b,86b,87b,194a,457a

杨蓉蓉 92b,284a

杨玉良 1a,14a,24,26,29a,36a,42,47a,48a,48b,49a,49b,50a,54a,68b,73a,76b,78b,95b,104a,108a,108b,110b,136a,137(表),163(表),213c,224c,232c,233(表),236(表),244(表),252b,252c,253a,253b,258(表),262b,263b,264a,303a,324a,342a,351c,353c,410(表),443a,444b,444c,445c,446b,447b,447c,448b,448c,449a,449b,450a,451b,451c,452a,452b,453c

杨煜达 101c,102a

杨振纲 47b,118b,165(表),206(表),207(表),212(表),237(表),412(表)

仰志斌 47b,105c,296a,321b,333c,444c

姚大力 155(表),232c,234(表),246(表),404(表),445b,453a

药学院 47b,50b,54a,107a,110c,113c,114a,114b,114c,115a,124c,128(表),129(表),130(表),131(表),134(表),167(表),185(表),186(表),187(表),191(表),192(表),196(表),197(表),200(表),201(表),205(表),206(表),207(表),233(表),237(表),239(表),241(表),243(表),247(表),253c,259(表),260(表),266(表),274b,287a,297a,301b,311(表),317(表),320c,332b,401(表),416(表),425(表),426(表),429a,430b,431b,432b,434a,435b,437b,439a,440b,442a,445c,499(表)—496(表)

液晶研究进展 88c

一带一路 264b,457b

一二·九 68a,68c,74c,76a,76c,94b,342b,349b,456b

一号医学科研楼 46b,300b

一健康基金 107c,111a,443b

医改与公共治理 67a,113b

医疗保障 46b,111c,112a,341b,357b,360c,368b,369a,369c,370c,373c,374c,447c,450c

医疗救援 357b,451a

医学人才培养基金 107c,261c,263a,454c

医院品管圈 357c

遗传工程国家重点实验室 89b,90c,91a,309(表)

遗传与发育 91a,91b,91c

义诊 5b,29b,325b,326b,326c,352c,353b,354c,360a,361c,363a,363b,364a,366c,374b

艺术教育中心 54a,93c,94c,131(表),251c,407(表),446a,455a,498(表)

意向书 59a,59b,91b,258(表)

尹冬梅 48b,49b,55b,95b,113a,131(表),136a,136b,258(表),262b,263c,264b,297a,317b,446a

尹弘 73c

尹明华 53a,68a,68b,443a

印度古文献学 100c,456c

英国外交大臣 252b,256(表)

迎新系统 136c,307a

《应用化学》 81c,82a,82c,83a

优化 2b,5a,6b,7a,7b,8a,12a,13a,16a,22a,23a,27a,27b,30b,32a,39b,41b,86a,115a,120a,189a,189b,209(表),210(表),211(表),219(表),223c,232b,239(表),303a,305c,306b,313a,313c,328b,328c,333a,339c,343c,344c,364a,364c,374a,376c,383b,384c,387b

优秀医院院长 368a

优秀志愿者 66b,357b,361b,371c,430b

于利希研究所 253b,254(表)

俞麟 81b,82a

俞吾金 50a,58b,59b,131(表),137(表),214(表),223(表),232c,234(表),244(表),248(表),307b,332c,403(表),426(表),445a,453a,454a

舆情好信息奖 68b

禹贡学会 101b

《预防医学》 106c,111b,113c,320b

钰翔助学金 262c,453a

预约报销 313c

袁正宏 14a,49b,51a,95b,108b,109b,121c,173(表),196(表),209(表),242(表),245(表),253b,263b,264b,317b,351c,415(表),455a

袁志刚 49b,50b,52b,70c,71a,137(表),147(表),214(表),219(表),221(表),235(表),242(表),245(表),264c,404(表)

援藏 137c,451a

援建 110c,354c,361b

援疆 316c,353a,361b,363a,364a,366a,371b,444a,453b

远东历史地理与制图学 101c,260(表)

院庆 48b,107b,363a,364c,373b,448c

·索引·

云南大学 45b,58c,101c,307a,307c

Z

在线捐赠 107c,263c
战后亚洲战争罪犯审判与史料整理 64c,259(表),444c
战略 4b,7b,10a,14a,19a,20b,21a,21b,22b,23a,25b,29a,29b,33b,34a,35a,35b,36b,37a,37b,38a,38b,39a,39b,40a,41a,45b,46a,48a,49a,62a,65c,67a,67b,71a,75b,82b,87b,91b,103c,108b,113b,115a,120a,120b,121a,136a,137c,200(表),212c,213a,213b,214(表),216(表),219(表),220(表),221(表),222(表),223(表),228c,253c,254(表),264b,302a,305b,318b,319a,321a,321b,322(表),333b,343c,353a,353b,355a,356a,356b,357c,359a,359b,361b,382b,387a,387b,390a,397(表),398(表),443b,444a,445b,450a,450b,452b,453c,456a,456b,457b
张晖明 71a,147(表),404(表)
张军 71a,85c,86b,169(表),210(表),213c,222(表),224c,413(表)
张林秀 264a,455c
张汝伦 58b,59a,131(表),146(表),221(表),243(表),248(表),403(表)
张瑞敏 264a,455c
张伟然 101c,102a,154(表),404(表)
张新颖 56b,57b,152(表),402(表),456a
张玉秋 118b,164(表),242(表),246(表),411(表),436a
张远波 47b,48a,78a,159(表),206(表),239(表),320c,408(表),444b
张祖华 116b
章培恒讲座 100b
章武生 65b,149(表),244(表),406(表),456c
招标 4b,31a,31b,56b,300a,300c,308a,314c,352b,357a,359b,364a,367c,374b,385b
赵东元 46a,49b,50a,51a,54a,80b,80c,104c,105a,125c,131(表),162(表),198(表),205(表),209(表),233(表),235(表),245(表),321b,401(表),409(表),433a,455c
赵俊 77a,78c,232c,321b,451c
赵卫东 86a,86b,87a,87b,433a
哲学学院 50a,52b,57c,58a,58b,58c,59a,59b,94c,121b,125c,126(表),128(表),131(表),132(表),146(表),147(表),213a,217(表),218(表),219(表),220(表),221(表),222(表),223(表),234(表),243(表),244(表),247(表),248(表),263b,267b,278b,292b,317(表),321b,321c,331(表),334(表),335(表),350b,403(表),404(表),425(表),426(表),428b,429b,431a,432a,433b,434b,436(表),438a,440a,441a,498(表)
浙江省文物考古研究所 61a,61c

争创一流 102b,120a,120c,121c
征兵 338c,339a
整改工程 300a,300b
整改工作 1a,1b,4a,6b,20a,28a,28b,29a,29b,30a,31a,32b,33a,33b,40a,46b,47a,47b,77c,81c,114b,213a,300a,300b,302a,314a,317a,317b,321c,323a,324c,332a,352a,363b,367c,394(表),450b,455c
郑耿锋 48a,105b,161(表),205(表),321a,410(表),455b
政立院区 73a,73c,399(表),446c
职工代表大会 6b,7b,9a,10a,11a,13b,15b,20a,31b,40b,120b,230b,342a,342b,356c,394(表),446b
职业病诊断 368a,370a,457b
志愿者服务基地 361b,370a,444b
质子重离子中心 362c,449a
致青春 77c,261a,264c
智慧屋 328b
中法应用数学国际联合实验室 75b,76b,320b,448c
《中古文学的地理意象》 102a
《中国癌症杂志》 227b,361a
中国—澳大利亚空气质量科学与管理研究中心 83a
中国大问题 71b
中国大学生物理学术竞赛 47b,77b,124c,133(表)
中国大学智库论坛 45b,49a,213c,320b,456a
《中国感染与化疗杂志》 227c
中国古籍研讨会 100c
中国宏观经济 71a,71b
中国金融消费权益保护研究中心 73b,449a
《中国近代当代光学、光子学发展史》 84a
中国力量 93a,342c,343c,344a
中国历史地理研究所 52b,100c,101c,303c,451a
《中国临床神经科学》 226c
《中国临床医学》 227a
中国梦 5a,6b,27a,27b,35b,36b,43b,44b,58a,70b,73a,74c,75b,84a,93a,102c,251a,259(表),322(表),323b,327b,332b,339b,371c,394(表),450a
中国脑计划 118b
中国日报社 45b,48a,321b
中国商业飞机有限公司 48a,321a,444a
中国文学古今演变研究 100b
中国校园戏剧奖 47b,58b,455a
中国新闻传播学科 69a
《中国行政区划通史·五代十国卷》 102a
《中国循证儿科杂志》 226b,226c
《中国眼耳鼻喉科杂志》 225c
《中国医学计算机成像杂志》 227a
中国与欧洲 63b,259(表)
中国语言文学系 50a,52b,56a,126(表),128(表),129

(表),130(表),131(表),132(表),151(表),152(表),153(表),192(表),218(表),219(表),220(表),234(表),243(表),244(表),248(表),252b,259(表),260(表),266b,275a,290b,303c,317(表),329c,331(表),334(表),335(表),350a,350b,402(表),425(表),426(表),428b,429b,431a,431b,433b,434a,436b,437b,440a,441a,456a

中国哲学 59b,139(表),146(表),278(表),292(表),467(表),469(表),472(表),476(表)

中国政府友谊奖 252a,321b,452c

中华古籍保护研究院 45b,49a,302c,303c,320c,400(表),455c

《中华手外科杂志》 228a

中华医学科技奖 113a,321c,354c,363a,443a,491(表),492(表)

中软吉大·问鼎杯 86b,87c

中山医院 46a,47b,50a,54b,58b,106c,107a,108a,109b,110c,116a,122(表),136c,166(表),173(表),174(表),175(表),176(表),177(表),178(表),179(表),180(表),181(表),182(表),183(表),184(表),185(表),195b,196(表),197(表),198(表),199(表),200(表),201(表),202(表),205(表),206(表),207(表),208(表),209(表),210(表),211(表),212(表),227b,227c,233(表),237(表),239(表),241(表),243(表),259(表),260(表),287b,297a,310(表),317(表),326,340b,349a,351c,352a,352c,353a,353b,353c,354b,355b,356a,357b,365c,373b,417(表),418(表),419(表),426(表),427a,428a,431b,432b,440b,442a,443c,445a,445c,446b,450c,454b,455b,456c,457c,494(表),499(表),505(表)

钟妮 90b,329b

钟涛 48a,90a,90c,320c,451b

钟扬 136a,136b,137c,283a,318c,321b,430b,451a

肿瘤防治宣传周 361c

肿瘤医院 50b,55a,106c,107a,116a,136c,173(表),178(表),179(表),180(表),182(表),183(表),185(表),195b,195c,196(表),197(表),198(表),199(表),200(表),201(表),202(表),203(表),204(表),205(表),206(表),207(表),208(表),209(表),210(表),211(表),212(表),227b,227c,237(表),239(表),241(表),260(表),288b,298a,310(表),316,317a,326b,349a,352a,360c,361b,362c,421(表),422(表),428a,429a,432b,437b,439b,442b,444b,449a,449c,450c,454c,494(表),499(表),505(表)

《肿瘤影像学》 227c,361a

肿瘤转移研究所 117a,195c,199(表),360b,448c

重大科研仪器研制 77c,78c,194a,195a,320b

重绘 60b

周鸣飞 48a,80b,162(表),198(表),235(表),242(表),245(表),321a,409(表),453c,457c

周文重 103c

周振鹤 50b,102a,154(表),220(表),221(表),234(表),246(表),325b,404(表)

朱春艳 332c,333c

朱刚 57b

朱剑虹 47b,48a,179(表),208(表),237(表),238(表),320c,420(表),449b

朱立元 50a,56a,56b,137(表),151(表),222(表),232c,234(表),244(表),248(表),402(表),445c,453a

朱之文 1a,14,18,20,26,29,33,36,47a,48b,49a,49b,50a,73a,75b,91b,95c,108a,110c,136a,232b,232c,253c,262b,263b,263c,264b,317b,324c,325c,339c,342b,353c,373b,394(表),444b,445b,449b,450a,451b,452c,453b,454a,455c,456a

珠海校友会 261a,262a,265(表)

烛心社 333b,334a

主题教育 5a,58a,70b,84a,90b,116a,318c,327b,332b,333b,333c,342b,342c,343a,349b,378a,394(表)

住院医师 46a,48b,108a,135a,352b,353a,354a,355b,357b,358b,365c,370c,371a,371c,374a,431a

驻华大使 48a,103c,253a,254a,256(表),257(表),447b

专题网站 318a

专题展览 319b,448b

专项巡视 1a,2a,2b,3a,6b,18b,22b,29a,29b,30a,30b,32b,33b,46b,47a,66a,77c,81c,213b,302a,314b,315a,315c,317c,317b,318b,323a,324c,352a,367c,394(表),450a,450b,455c

卓越新闻传播人才教育培养基地 68b

《自然》 48a,78a,78b,80b,81c,116c,117a,321a,443c,450c,453c,454c,457a

《自然·纳米技术》 48a,320c,444b,451b

《自然·细胞生物学》 48a,90c,320c

《自然·通讯》 81b,320c,361c

《自然·遗传学》 117a,361c,451a

自主设置 11a,11b,100c,136b

宗教与现代性 59a

棕榈教育骑士勋章 57b

附表索引

NUM

2013—2014学年本(专)科生奖学金项目一览表 329
2014复旦大学高等教育自学考试毕业生统计 489
2014届本(专)科生"我心目中的好老师"名单 331
2014届本(专)科生"我心目中的好老师"提名奖名单 332
2014年党委中心组学习一览表 321
2014年第二届北京大学人学生基础医学创新论坛复旦大学获奖一览表 134
2014年第二届全国高校青年教师教学竞赛奖复旦大学获奖一览表 131
2014年度复旦大学获国家社科基金重大项目、重点项目立项一览表 219
2014年度复旦大学科技成果一览表 208
2014年度复旦大学学生社团一览表 344
2014年度复旦大学研究生校内外自由申报奖项获奖一览表 334
2014年度新增理工科、医科人才项目一览表 206
2014年复旦大学本科生分专业学生人数统计 460
2014年复旦大学本科修读第二专业及第二学位专业设置 128
2014年复旦大学本专科专业设置 126
2014年复旦大学博士生指导教师一览表 146
2014年复旦大学成人本专科分专业学生数统计 488
2014年复旦大学成人高等学历教育专业设置 191
2014年复旦大学档案馆基本情况统计 502
2014年复旦大学第二附属中学基本情况统计 506
2014年复旦大学东方讲坛一览表 322
2014年复旦大学分办学形式研究生数统计 464
2014年复旦大学附属小学基本情况统计 506
2014年复旦大学附属医院人员情况统计 494
2014年复旦大学附属中学基本情况统计 506
2014年复旦大学攻读博士学位研究生分学科、分专业学生数统计 465
2014年复旦大学攻读硕士学位研究生分学科、分专业学生数统计 476
2014年复旦大学基础医学院第二届学生实践创新论坛复旦大学获奖一览表 134
2014年复旦大学基金会接受大额捐赠一览 266
2014年复旦大学继续教育学院各类学生数统计 490
2014年复旦大学奖教金一览表 249
2014年复旦大学教职工人员统计 493
2014年复旦大学接受境内外各类捐赠收入统计 500
2014年复旦大学举办橱窗展一览表 322
2014年复旦大学举办海内外国际会议一览表 259
2014年复旦大学科研经费与科技成果统计 491
2014年复旦大学全国高考分省市录取分数统计 463
2014年复旦大学上海市高考分专业录取分数统计 464
2014年复旦大学施工、竣工房屋情况统计 501
2014年复旦大学实验室一览表 309
2014年复旦大学授予博士学位人员分学科门类统计 487
2014年复旦大学授予硕士学位人员分学科门类统计 487
2014年复旦大学授予学生学士学位情况统计 462,463
2014年复旦大学图书馆情况统计 502
2014年复旦大学团委颁发奖项获奖名单 349
2014年复旦大学退休人员情况统计 494
2014年复旦大学外国留学生人数统计 488
2014年复旦大学网络教育本专科分专业学生数统计 490
2014年复旦大学文科科研成果统计 492,493
2014年复旦大学文科科研获奖一览表 220
2014年复旦大学校舍面积统计 500
2014年复旦大学新签合作协议(海外)一览表 258
2014年复旦大学新增名誉教授、顾问教授、兼职教授名录 248
2014年复旦大学因公出国(境)情况统计 495
2014年复旦大学占地面积统计 500
2014年复旦大学综合统计数据 458,459
2014年高教社杯全国大学生数学建模竞赛复旦大学获奖一览表 133
2014年各附属医院工作量情况统计 505
2014年各附属医院工作质量情况统计 505
2014年国际遗传工程机器设计竞赛世界锦标赛(团队赛)复旦大学获奖一览表 134
2014年国家级教学成果奖复旦大学获奖一览表 131
2014年上海高校本科重点教学改革项目复旦大学获奖一览表 132
2014年教育部精品视频公开课复旦大学获奖一览表 131
2014年全国大学生电子设计竞赛模拟电子系统专题邀请

赛(TI杯)复旦大学获奖一览表　133
2014年全国大学生电子设计竞赛嵌入式系统专题邀请赛
　　（英特尔杯）复旦大学获奖一览表　133
2014年全国大学生药苑论坛复旦大学获奖一览表　134
2014年上海市高校外国留学生英语授课示范性课程复旦
　　大学获奖一览表　132
2014年上海市精品课程复旦大学获奖一览表　131
2014年上海市师范性全英语教学课程复旦大学获奖一览
　　表　131
2014年"十二五"国家级规划教材复旦大学获奖一览表
　　128
2014年首届上海高校青年教师教学竞赛奖复旦大学获奖
　　一览表　132
2014年新增重要理工科、医科科研项目一览表　203
2014年重要代表团来访情况一览　254

B

毕业生名录　266

C

"长江学者奖励计划"特聘/讲座教授名录　234

D

第38届ACM国际大学生程序设计竞赛全球总决赛复旦
　　大学获奖一览表　133
第六届"研究生心目中的好导师"名单　334
第三届全国大学生基础医学创新论坛暨实验设计大赛复
　　旦大学获奖一览表　134
第五届全国大学生数学竞赛（决赛）复旦大学获奖一览表
　　133
第五届中国大学生物理学术竞赛（团队赛）复旦大学获奖
　　一览表　133

F

复旦大学(文科)杰出教授　234
复旦大学(文科)特聘资深教授　234
复旦大学2014届毕业生情况统计　504
复旦大学2014亮点十组数字　319
复旦大学2014年度享受政府特殊津贴专家（在职）名录
　　244
复旦大学2014年国家学生体质健康标准测试统计表　504
复旦大学2014年学术之星名单　335
复旦大学2014年研究生奖学金设置情况一览表　335
复旦大学担任全国和上海市、区政协委员名录　324
复旦大学当选各民主党派中央、市委领导成员名录　326
复旦大学当选全国和上海市、区人大代表名录　324
复旦大学党委下属二级党组织一览表　317
复旦大学第六届教职工代表大会执行委员会　342
复旦大学第十七届工会经费审查委员会　342
复旦大学第十七届研究生支教团志愿者　348
复旦大学第五届董事会名单　264
复旦大学发展与规划委员会名单　121
复旦大学各民主党派委员会成员名录　326
复旦大学国家哲学社会科学创新基地一览表　214
复旦大学国家重点学科名单　121
复旦大学及原上海医科大学校友会一览表　265
复旦大学教育部人文社会科学重点研究基地一览表　214
复旦大学老龄工作委员会　251
复旦大学理工科、医科研究所一览表　197
复旦大学理工科、医科研究中心一览表　199
复旦大学联合实验室一览表　202
复旦大学培养研究生学科、专业目录（学术学位）　139
复旦大学培养研究生学科、专业目录（学业学位）　144
复旦大学上海高校一流学科名单　123
复旦大学上海市社会科学创新研究基地、上海发展战略研
　　究所工作室一览表　214
复旦大学上海市重点学科名单　122
复旦大学特聘教授（研究员）　241,237
复旦大学文科研究机构一览表　214
复旦大学校友会第二届理事会成员名单　264
复旦大学一级学科博士学位授权点一览表　138
复旦大学重点实验室一览表　195

G

国家级有突出贡献的中青年科技专家（在职）名录　243
国家林业局野外台站一览表　196
国务院学位委员会成员（复旦大学）　137
国务院学位委员会第六届学科评议组成员名单（复旦大
　　学）　137

J

教授名录　234
教育部工程研究中心一览表　197

Q

千人计划（国家、地方）入选表　234

S

上海市工程研究中心一览表　197
上海市人民政府参事室参事　325
上海市文史馆馆员　323,325
逝世人员名录　425

W

网络教育学院专业设置　192

X

学校批复一览　396
学校通知一览　395

Z

中国科学院、中国工程院院士(复旦大学)　233

图书在版编目(CIP)数据

复旦大学年鉴.2015/《复旦大学年鉴》编纂委员会编. —上海:复旦大学出版社,2017.9
ISBN 978-7-309-12869-7

Ⅰ.复… Ⅱ.复… Ⅲ.复旦大学-2015-年鉴 Ⅳ.G649.285.1-54

中国版本图书馆 CIP 数据核字(2017)第 040296 号

复旦大学年鉴.2015
《复旦大学年鉴》编纂委员会　编
责任编辑/胡春丽

复旦大学出版社有限公司出版发行
上海市国权路 579 号　邮编:200433
网址:fupnet@fudanpress.com　http://www.fudanpress.com
门市零售:86-21-65642857　团体订购:86-21-65118853
外埠邮购:86-21-65109143　出版部电话:86-21-65642845
浙江新华数码印务有限公司

开本 890×1240　1/16　印张 34　字数 1207 千
2017 年 9 月第 1 版第 1 次印刷

ISBN 978-7-309-12869-7/G·1696
定价:168.00 元

如有印装质量问题,请向复旦大学出版社有限公司出版部调换。
版权所有　侵权必究